# JONAS COHN'S AUSGABE DER TIL

Kritische Werke
der *spezifischen* Schema
Münchner Ausgabe

Durchgesehen und Nachlese
mit Anmerkungen zur kritischen Ausgabe
Sachse, Julius und Ulrich Kolbert

Band 2
Illustrationen

# JOHANN WOLFGANG GOETHE

Sämtliche Werke
nach Epochen seines Schaffens
Münchner Ausgabe

Herausgegeben von Karl Richter
in Zusammenarbeit mit Herbert G. Göpfert,
Norbert Miller und Gerhard Sauder

Band 8.2
Kommentar

# BRIEFWECHSEL ZWISCHEN SCHILLER UND GOETHE IN DEN JAHREN 1794 BIS 1805

Herausgegeben von Manfred Beetz

Carl Hanser Verlag München

ISBN 3-446-16035-3 (Leinen)
ISBN 3-446-16036-1 (Leder)
Alle Rechte vorbehalten
© 1990 Carl Hanser Verlag München Wien
Einbandgestaltung: Christian Diener München
Satz: Kösel Kempten
Druck und Bindung: Friedrich Pustet Regensburg
Printed in Germany

# Inhaltsübersicht

## Einführung
7

## Abbildungen von Handschriften
35

## Goethe
über den Briefwechsel
49

## Zeitgenossen
über den Briefwechsel
63

## Zur Textgestalt
131

## Kommentar
133

## Register
701

## Inhaltsverzeichnis
795

# EINFÜHRUNG

## Eine »grosse Gabe« für die Deutschen?

Während der Redaktion seiner Korrespondenz mit Schiller schrieb Goethe am 30. Oktober 1824 dem Freund Zelter zur anstehenden Edition: »Es wird eine große Gabe sein, die den Deutschen, ja ich darf wohl sagen den Menschen geboten wird« (S. 51). Nicht ganz drei Jahrzehnte nach Erscheinen der Ausgabe (1828/29) modellierte Ernst Rietschel sein Denkmal des Dioskurenpaars vor dem Deutschen Nationaltheater in Weimar, dem späteren Tagungsort der Weimarer Nationalversammlung. 1919, im Zuge der Beratungen über die neue Reichsverfassung, beschwor Friedrich Ebert eindringlich den ›Geist von Weimar‹. Goethes und Schillers vereinte Literaturpolitik nahm in der deutschen Geschichte einen nicht zu übersehenden Einfluß auf das kulturelle und politische Leben der Nation. In den Standbildern des 19. Jahrhunderts erstarrte freilich der lebhafte Gedankenaustausch zweier überaus gegensätzlicher Autoren zur Pose erhabener Harmonie. Sie überdeckt eine von Selbstkritik begleitete, langjährige Bemühung der Auseinandersetzung und Annäherung, die auf beiden Seiten von einer außerordentlichen Dialogfähigkeit zeugt.

Das notorische Interesse beider Literaturproduzenten gerade am entstehenden Werk, an aktuellen handwerklichen und ästhetischen Problemen, ihr Ringen um ein Konzept klassischer Literatur wurde posthum von der Kanonisierung ihrer vollendeten Dichtungen verdrängt. Die zur Einheit und Größe der deutschen Dichterfürsten aufblickende Haltung kennzeichnet im 19. Jahrhundert teilweise auch die Rezeption des Briefwechsels. Dem Hang zur Monumentalisierung leisteten vielleicht Wilhelm von Humboldt und Varnhagen von Ense Vorschub, nicht aber der Herausgeber der Briefe selbst. Goethe konstatiert zwar, daß ohne das Zweckbündnis mit dem Freund die Geschichte der deutschen Literatur anders aussähe; ironisiert im selben Atemzug jedoch auch den Kontrast zwischen Schillers pompöser ›Horen‹-Einladung zu Beginn und der leidigen Manuskriptnot, die den Redakteur bald in Verlegenheit setzt (Goethe an Schultz, 10. Januar 1829; S. 59). Im zitierten Brief an Zelter hält Goethe selbstkritisch für das »Lehrreichste« am ganzen Briefwechsel, wie »zwei Menschen, die ihre Zwecke gleichsam par force hetzen ‹...› ihre Zeit zersplittern, so daß doch im Grunde nichts der Kräfte, der Anlagen, der Absichten völlig Wertes herauskommt.« Schillers Briefe stuft Goethe nicht ganz zu Unrecht in ihrem gedanklichen Reichtum höher ein als die eigenen (Goethe an Schultz, 3. Juli 1824; Frommann an Gries, 11. Februar 1825; s. S. 50, 68).

Die Leserkritik entzündet sich seit Grabbe, Börne und Gervinus an der (vermeintlichen) politischen Abstinenz der Korrespondenten, an ihren Ungerechtigkeiten gegen Schriftstellerkollegen, an gewissen Sprachusancen und insbesondere an Goethes unkritischer Aufnahme aller »Erbärmlichkeiten« des Privatlebens, so daß er letzten Endes »nichts als eine Sammlung billetmäßiger Lappalien« (Grabbe), »Wasser in Likörgläschen« (Börne) anzubieten habe (vgl. S. 106, 119. G. G. Gervinus: ›Über den Göthischen Briefwechsel‹. Leipzig 1856, S. 96f.)

Daß Goethe den rituellen Billettverkehr und Gelegenheitsnotizen, die ihren Zweck mit der Adressateninformation erfüllten, nicht aus dem unter erheblichen Schwierigkeiten zusammengebrachten Konvolut aussortierte, hat konzeptionelle Gründe. Der – nach Schillers Anregungen (Nr. 4, 7, 270, 477, 915) – sich selbst historisch gewordene Herausgeber sucht mit der Publikation der Briefe den autobiographischen Anschluß an die *Campagne in Frankreich* und die *Belagerung von Maynz* (vgl. G. an Schultz, 3. Juli 1824). Was Goethe Schiller verdankt, welchen unersetzlichen Stellenwert der Dialog mit ihm für den eigenen Stufengang und die Ausbildung der Weimarer Klassik einnahm, konnte Goethe gerade anhand der Zeitbezogenheit des dokumentarischen Materials demonstrieren (Goethe an Schultz, 10. Januar 1829; S. 58f.). Insofern der Herausgeber nicht aus subjektiver Sicht die Partnerschaft reflektiert, sondern die Quellen sprechen läßt, zeigt er den eigenen

Entwicklungsstand vor drei Jahrzehnten am unverstelltesten. Indem er Schiller zum Leben erweckt, wird er dessen Andersartigkeit am objektivsten gerecht. Die zeitgenössischen Briefe geben »das unmittelbarste, reinste und vollständigste Zeugnis« der vielfältigen Aktivitäten des klassischen Jahrzehnts (vgl. *Tag- und Jahres-Hefte* zu 1794; Bd. 14, S. 34; Widmung, Bd. 8.1, S. 8).

Gerade die ›Lappalien‹ leuchten das Panorama der Kulturarbeit und der publizistischen Tätigkeit des Duumvirats aus, eröffnen den lebensnahen Blick auf die amtlichen Funktionen Goethes im Bildungswesen, angefangen von der Aufsicht über Universitätsinstitute und die Fürstliche Bibliothek, über die Theaterleitung, den Neubau eines Schlosses und zweier Theater, bis zu den Museumsaufgaben im Fürstlichen Münzkabinett und in den Bildersammlungen. Die Korrespondenz vermittelt dem Leser einen fesselnden Einblick in die ebenso vitalen wie breitgefächerten Interessen, die den beiden Dilettantismusgegnern selbst den Vorwurf des Dilettantismus eintrugen. Nicolai fand, »daß in den Gedichten der Herren manches nichts taugt, daß die Philosophie und die Ästhetik, und die Kritik, und die Optik, und die Mineralogie, und die Botanik, und die Geschichte, und die Memoiren und die Musenalmanache dieser Herren ganz artig, aber doch nicht weither sind.« (F. Nicolai: Anhang zu Friedrich Schillers Musen-Almanach für das Jahr 1797. Berlin und Stettin o. J., S. 83 f.)

Tief beeindruckt von Goethes Universalität zeigte sich hingegen Schiller. Wiederholt rühmt er in Briefen an Dritte Goethes stupende Kenntnisse auf weiten Sektoren der Geistes- und Naturwissenschaften (Schiller an Körner, 1. November 1790; an Hoven, 22. November 1794; an Gräfin Schimmelmann, 23. November 1800). An der Summe dessen, was beide unternahmen, planten, ausführten, was sie lasen, wieviele Personen – lebende und verstorbene – in ihr Blickfeld traten, zeichnet sich allein schon für den Zeitraum von 1794 bis 1805 ein kultureller Horizont ab, hinter dem andere Autoren ihr Leben lang zurückblieben.

An literarischer Ernte brachten die gemeinsamen Jahre für Goethe die Fertigstellung von *Wilhelm Meisters Lehrjahren*, die *Unterhaltungen deutscher Ausgewanderten*, die

Publikation der *Römischen Elegien* und *Venezianischen Epigramme*, das Epos *Herrmann und Dorothea*, seine *Natürliche Tochter*, den *Benvenuto Cellini* neben Dramenübersetzungen, zahlreiche Balladen, Elegien und Lieder sowie die in Bd. 4.2 und 6.2 versammelten Schriften zur Literatur und Kunst. Für Schiller die großen Abhandlungen der ästhetischen Briefe, ›Über naive und sentimentalische Dichtung‹ und die Meisterstücke seiner klassischen Dramen vom ›Wallenstein‹ bis zum ›Tell‹. Als gemeinsame Erfolge: Schillersche Bearbeitungen von Dramen Goethes, poetologische Gruppenarbeiten und den kalkulierten *Xenien*-Skandal. Dabei darf man den Ertrag nicht nur an den fertiggestellten Werken messen. Goethe kam einen wesentlichen Schritt im *Faust* voran. Schiller insistierte auf dessen Wiederaufnahme und drängte Goethe in geradezu ängstlicher Sorge zur Fertigstellung, als ahnte er, daß sie für ihn selbst zu spät kommen könnte.

Die konzentrierten Verhandlungen über Probleme, wie sie sich im Prozeß der literarischen Produktion stellen, und insbesondere die tastende Suche nach Lösungen, sind das wohl faszinierendste Schauspiel, das dieser Briefwechsel bietet. Am eindruckvollsten manifestiert sich der Weimarisch-Jenaische Ideenhandel im Dialog über *Wilhelm Meisters Lehrjahre* und den ›Wallenstein‹. Um dem fixierten Schriftstellergespräch seine spezifischen Reize abzugewinnen, sollte der Leser mit vertrauten Konsumgewohnheiten brechen und das vorherrschende Interesse am fertigen Kunstprodukt auf das entstehende verlagern. Schiller erklärte unumwunden, der fertige ›Wallenstein‹ interessiere ihn nicht mehr (Nr. 459). Die Entstehung eines Werks aus der Produzentensicht nachvollziehen, heißt, es nicht mehr ex post, sondern ex ante, als noch zu bewältigende Aufgabe sehen zu lernen. Wer die Chance des Schriftstellerbriefwechsels nutzt und die Textherstellung als einen Problemlöseprozeß im Dialog verfolgt, mit allen sich stellenden Konzeptions-, Kompositions- und Formulierungsproblemen, wer an Lösungsversuchen den Spielraum von Textentscheidungen ermißt, befaßt sich keineswegs mit einem vorästhetischen Stadium des Kunstwerks. Nimmt man mit Schiller den Prozeßcharakter der Kunst ernst, »die immer

dynamisch und lebendig entstehen und wirken muß«
(Schiller an Süvern, 26. Juli 1800), die er auch im Brief an
Körner vom 21. Januar 1802 bestimmt als »etwas das immer
*wird* und nie *ist*«, deuten sich Fluchtlinien zu Hegels These
an, daß die eigentliche Wahrheit der Kunst in der Bewegung
des Begreifens liegt, die das Einzelne als Moment des
Ganzen sichtbar zu machen sucht.

Wer von dieser Privatkorrespondenz die Brillanz ausgefeilter Kurzessays, geistreiche Aperçus oder den geschliffenen Stil klassischer Epistolographie durchwegs erwartet, sieht sich oft enttäuscht. Stilistisch bevorzugen die Reflexionen, Informationen, Anregungen und Bittschreiben der Freunde eine mittlere Stillage zwischen dem Konversationston und der theoretischen oder erzählenden Prosaform. Belohnt findet sich der Leser durch anderes. Er wird Augenzeuge, wie Verschwiegenes oder Halbbewußtes, das der Schreiber mitteilend erst von sich selbst erfährt, zutage tritt. Er erlebt das flüchtige Aufblitzen neuer Ideen, den Zauber der Intuition. Goethe gewährt seltener als Schiller Einblicke ins intimere Schreibgeschäft. Normalerweise hütet er den schöpferischen Bezirk wie ein Arcanum und vertraut der Kreativität des Unbewußten. Hier gestattet er sich und dem Beobachter den nüchternen Blick hinter die Kulissen zweier als Idole verehrter Autoren, vor ihrer Inthronisation als Klassiker. Wir besuchen ihre Werkstatt, nehmen teil an ihrem Arbeitsalltag, bemerken, welche Hindernisse und Schwierigkeiten zu überwinden waren, und wie sich beide zur Produktion hetzen (vgl. Goethe zu Eckermann, 23. März 1829; Bd. 19, S. 298). Selbst über die Weihnachtsfeiertage reißt gewöhnlich der sachbetonte Gedankenaustausch nicht ab. Momente der Behaglichkeit und Entspannung sind unter den mehr als tausend Briefen rar – sie hätten dem selbstgestellten hohen Anspruch dieser exzeptionellen literarischen Kommunikation widersprochen. Nicht die Intimität der Aussprache und Anrede suchen sie – Goethe diktiert die meisten Briefe, Schiller vergißt bezeichnenderweise Goethes 50. Geburtstag –, sondern die Intimität der Kunst. Deren Inneres wollen sie sich durch Diskussion und sachbetonte Kooperation erschließen.

Die langen Debatten zum Verhältnis von Natur und

Kunst, Poesie und Geschichte, zur Tauglichkeit von Stoffen für die literarische und künstlerische Behandlung, zur Gattungspoetik, über die Stellung des Schriftstellers zum Publikum, zu Dilettantismus und Trivialliteratur führen zu einer Fülle bemerkenswerter Ergebnisse. Innerhalb des ästhetischen Autonomiekonzepts, das gewiß zu Unrecht mit politischem Eskapismus gleichgesetzt wurde, gewinnt der organologische Begriff der ›Ganzheit‹ poetologischen und anthropologischen Gehalt (Nr. 365, 402, 434, 811, 919). Im Briefgespräch entwickeln beide Autoren den folgenreichen klassischen Symbolbegriff (Nr. 329, 332, 357, 459) und plädieren mit ihm temperamentvoll gegen »servile Naturnachahmung« (Nr. 397, 743, 756). Schiller entdeckt den »Antagonism zwischen dem Inhalt und der Darstellung« (Nr. 377) und – als erster Literaturwissenschaftler – die Bauart des ›analytischen Dramas‹ (Nr. 367). Die Gattungsdiskussion zu Epos und Drama endigt keineswegs mit der idealtypischen Kontrastierung von Differenzmerkmalen (s. zu Nr. 302). Wiederum ist es Schiller, der über die moderne Vermischung von Epos und Tragödie sich an eine Vorstellung des epischen Theaters herantastet (Nr. 395, 397). Nicht mehr tradierte Gattungsnormen können die Form festlegen; ein beweglicher Gattungsbegriff soll vielmehr gestatten, die entsprechende Form aus dem jeweiligen Stoff zu entwickeln (Nr. 756). So sehr die Bedeutung der Gegenstandswahl 1797 für beide Autoren nach enervierenden Fragmenterfahrungen ins Zentrum der Überlegungen rückt (Nr. 304, 361, 592), kommt Schiller nach der Differenzierung von Gehalt und Stoff zu der Erkenntnis, daß letztlich die Behandlung und das poetische Subjekt den Ausschlag geben (Nr. 279, 362).

## Polarität und Steigerung

Goethe bewunderte Schillers ästhetische Kompetenz. Gegenüber Wilhelm von Humboldt unterstrich er die Bereicherung, die ihm der Dialog mit Schiller über das Schreibgeschäft und seine Grundlagen verschaffte. Nachdem er zwanzig Jahre ohne einen echten Dialog in ästhetischen Fragen habe auskommen müssen, finde er nun in Schiller den kongenialen Ansprechpartner (Humboldt an seine Frau, 7. April 1797). Hierin genau sucht der Briefwechsel seinesgleichen: Zwei literarische Genies mühen sich in intensivem Austausch und kreativem Wettbewerb um »wechselseitige Perfektibilität« (Nr. 347), begleiten in fortlaufender Kritik und Anregung die literarischen und wissenschaftlichen Unternehmen des andern. Goethe wird von Schiller gefordert. Schiller entlockt ihm aufschlußreiche Äußerungen zur Selbstdeutung und schriftstellerischen Praxis (vgl. Nr. 188). Goethe teilt nicht, wie bei anderen Briefpartnern, souverän Einsichten, Reflexionen und Lebensklugheiten mit, sondern setzt sich in einem symmetrischen Dialog mit einem gleichwertigen Partner auseinander. Allein schon Schillers Rang verurteilt jede einseitige Ausgabe der Goethebriefe – wie in der Weimarer Ausgabe – von vorneherein zum editorischen Torso. Den präzisen und detaillierten Bezugnahmen im Schriftverkehr wird auch keine Regestform gerecht. Der Wortlaut der Briefe des einen ist meist die unerläßliche Vorgabe für das Verständnis der Antworten des andern.

Wenn Goethe mehrfach die Seltenheit des Falles betont, »daß man sich mit- und aneinander bildet« (Nr. 186, 559), so leitet sich das dankbare Erstaunen von dem nie verdrängten Bewußtsein der Gegensätzlichkeit ihrer Naturen her (vgl. Nr. 4, 7, 209, 272, 401, 428, 449). Die »ungeheure Kluft zwischen unsern Denkweisen«, an die Goethe in *Glückliches Ereignis* erinnert, ließ lange Zeit nicht an eine Allianz denken (Bd. 12, S. 88). Inwiefern repräsentieren die einträchtigen Dioskuren tatsächlich »zwei Geistesantipoden«, zwischen denen »mehr als Ein Erddiameter die Scheidung mache« (ebenda)?

Goethe übertreibt nicht: Ihre Anthropologie, Erkenntnistheorie, Naturbetrachtung, Ästhetik, poetische Produktionsweise, Geschichtsbetrachtung unterschieden sich so gravierend, daß der entscheidende Schritt darin lag, die Gegensätze als spannungsvolle, aufeinander bezogene »Pole« zu entdecken (ebenda und Nr. 449). Die Ausgangspositionen der Gesprächspartner charakterisiert Goethe in *Einwirkung der neueren Philosophie:* »er predigte das

Evangelium der Freiheit, ich wollte die Rechte der Natur nicht verkürzt wissen« (Bd. 12, S. 97). Suchte Goethe seit der italienischen Reise die naturwissenschaftliche Legitimierung seiner Dichtung, so mühte sich Schiller, in dessen Ästhetik historische Betrachtungen und Geschichtsentwürfe Dreh- und Angelpunkte der Argumentation darstellen, um eine naturrechtliche Legitimierung seiner Dramatik. Die moralische Autonomie erweist sich nach Schiller in der Auflehnung gegenüber Naturzwängen, auf der Basis eines Dualismus von Sinnlichkeit und Sittlichkeit. Für Goethe hingegen stellt das Human-Sittliche keinen selbständigen, von der sensuellen Physis ablösbaren Wert dar (vgl. G. an Meyer, 27. April 1789). Geist und Natur sind neuplatonisch und spinozistisch aufeinander bezogen. Nach seinem Naturverständnis manifestieren sich das Innere und das Äußere aneinander in wechselseitiger Abhängigkeit. Darum mußte er Schillers abwertende Äußerungen über die »bloße Natur« als Affront empfinden (*Einwirkung der neueren Philosophie;* Bd. 12, S. 97). Goethes Hylozoismus-These von der Allbeseeltheit der Natur setzt Schiller in der Nachfolge Kants eine deutlichere Trennung der Reiche der Natur entgegen.

Erkenntnistheoretisch und real gelten nach Goethe für Subjekt und Objekt die gleichen Naturgesetze (vgl. *Maximen und Reflexionen,* Nr. 1344, 1376; Bd. 17). In der Einleitung zur *Farbenlehre* zitiert er die Vorsokratiker und Plotin mit dem Axiom, »nur von Gleichem werde Gleiches erkannt« (Bd. 10, S. 20). Für Schiller treten demgegenüber Subjekt und Objekt in eine erkenntniskritische Spannung zueinander. Im Initiationsgespräch des »glücklichen Ereignisses« offenbaren sich die grundlegenden Auffassungsunterschiede an der Idee der Urpflanze, die nach Goethe als »Gesetz aller Erscheinungen« in der Erfahrung uns entgegentritt, während Schiller an der unaufhebbaren Inkongruenz zwischen konstruktiver Idee und Sinneserfahrung festhält (Bd. 12, S. 89; vgl. *Maximen und Reflexionen,* Nr. 1136; Bd. 17).

Während sich Goethes Realismus auf der Grundlage seiner Naturanschauung und Naturforschung entfaltete, ging Schillers Idealismus mit seinem Philosophie- und Ge-

## POLARITÄT UND STEIGERUNG 15

schichtsinteresse einher. Zwar bleibt auch Goethes Geschichtsinteresse während der Klassikepoche lebendig, jedoch mit signifikanten Unterschieden zu demjenigen Schillers. Inhaltlich konzentriert sich Goethe auf die Literatur und Kunst der Antike und – vorübergehend – auf die Geschichte des Alten Testaments. In Goethes Denkmodell vom Eigenen und Fremden steht das Einsgefühl von Vergangenheit und Gegenwart im Vordergrund, nicht die zeitliche Sukzession. Schiller dagegen verfolgt in seinen Dramen politische Tendenzen in der europäischen Geschichte vom Spätmittelalter bis in die Gegenwart. Doch trotz universalgeschichtlicher Herleitung bestehender Verhältnisse aus der Vergangenheit verliert er nie das Neue und Revolutionäre im historischen Progreß, die Verschiedenartigkeit der Epochen aus den Augen.

Aus ihren unterschiedlichen Grundpositionen und Hauptinteressen resultierten greifbare Disparitäten der Wahrnehmung, der Rezeption und poetischen Produktion. Der Empiriker Goethe vertraut seiner Naturbeobachtung und Erfahrung auch in der Poesie. Er vergleicht die Strudelbeschreibung in Schillers ›Taucher‹, die dieser einer rein literarischen Erfahrung – der Homerlektüre – verdankt, auf der Schweizer Reise mit dem Rheinfall bei Schaffhausen und anerkennt ihre Genauigkeit (Nr. 366, 368). Die ihm von Schiller vorgeschlagenen epischen Motive von Reiseberichten lehnt Goethe für eine Bearbeitung allein schon darum ab, weil ihm »das unmittelbare Anschauen« fehlt (Nr. 423, 424). Im Einklang mit der schaffenden Natur akzentuiert Goethe auch in der poetischen Hervorbringung das organische Wachstum, das passive Gewährenlassen. Entsprechend geduldig wartet er bei der dichterischen Produktion auf die geeignete Stimmung und Intuition. Der Empfänglichkeit des naiven Genies stellt Schiller die Selbsttätigkeit des sentimentalischen gegenüber. Als Prototyp des letzteren erobert er sich in mühevollem Studium die Kenntnisse zur Materialbeherrschung, plant, berechnet, revidiert; greift in kritischer Kontrolle Textprobleme an. Der eher weiblich empfangende Goethe – Schiller vermutet hinter dem ihm unbekannten Autor des *Elpenor*-Fragments eher eine Verfasserin (Nr. 475) – spricht gern von traumartigen

Zwängen beim Schaffensprozeß, vertraut der fruchtbaren Dunkelheit in sich, den Tiefen des Unbewußten. Sie kehren in seinen Definitionen des Schönen wieder: »je inkommensurabeler und für den Verstand unfaßlicher eine poetische Produktion, desto besser« (Goethe zu Eckermann, 6. Mai 1827; Bd. 19, S. 572. Vgl. auch *Maximen und Reflexionen*, Nr. 256, 384, 1107, 1347; Bd. 17). Schiller unterstreicht dagegen in seinem Schönheitsbegriff der »Freiheit in der Erscheinung« die »innere Notwendigkeit der Form« (Kalliasbriefe, 23. Februar 1793). Er bemüht sich um Gedankenklarheit und Prägnanz und drängt Goethe in den *Lehrjahren* und auch im *Faust* zur deutlicheren Herausschälung der »Idee« (Nr. 187, 190, 231, 332). Goethe zieht unter rezeptionsästhetischem Aspekt deren geheimes Wirken und die poetische Indirektheit der Aussage vor. Der Sinnüberschuß des symbolischen Einzelfalls erlaubt vielfältigere Anschlußmöglichkeiten als die explizite, begriffliche Aussage.

Auch die Bereitschaft, über literarische Pläne in Dialog zu treten, entsprach konsequent den antitypischen Dichterprofilen: Weil Goethe weiß, »daß Eindrücke bei mir sehr lange im Stillen wirken müssen«, schweigt er oft über poetische Vorhaben, trägt Stoffe jahrelang mit sich herum (Nr. 307, 372, 402, 466 und Bd. 19, S. 66). Anders der ›sentimentalische‹, bohrend reflektierende Freund. Er braucht das Gespräch über Projekte, Produktionsprobleme, Werkeinteilungen und wirbt bei Goethe für mehr Offenheit und die Mitteilung der Inspirationen und kreativen Denkspiele (Nr. 307, 372, 493).

Schillers analytische Begabung weist sich an der Trennschärfe exakter Grenzziehungen oder an der verblüffenden Konstruktion terminologischer Oppositionen aus. Sie sind weniger Goethes Sache. Er nimmt sie als Durchgangsstadien für Synthesen, stellt Zusammenhänge her und bleibt bemüht, Antithesen als fruchtbare polare Spannungen zu interpretieren. Dabei unterstützt ihn seine Fähigkeit, Gegenstände zu umkreisen, sie – wie in den *Maximen und Reflexionen* – aus den verschiedensten Blickrichtungen zu beleuchten und selbst entgegengesetzte Perspektiven gleichzeitig festzuhalten.

Angesichts solcher Kontraste war es für keinen von beiden leicht, sich auf den andern einzulassen. Beide lernten, ihre Gegensätze als dynamisch aufeinander bezogene Polaritäten zu sehen. ›Polarität‹ stellt für Goethe nicht nur eine wissenschaftliche Beobachtungs- und Reflexionskategorie dar, sondern gewinnt ebenso Bedeutung für die Erkenntnis des eigenen Lebens. Das Grundgesetz der durchgängig beseelten Welt offenbart sich für ihn auch in seinem persönlichen Verhältnis zu Schiller (vgl. Nr. 449). Im eingangs erwähnten Brief an Zelter kennzeichnet Goethe die sich ergänzende Verschiedenheit mit dem Begriff der ›wechselseitigen Steigerung‹, so daß in der Alterssicht »Polarität« und »Steigerung« als die »zwei großen Triebräder der Natur« auch die Antriebskräfte für die Entwicklung des Briefdialogs mit Schiller ausmachen (vgl. *Erläuterung zu dem aphoristischen Aufsatz ›Die Natur‹;* Bd. 18). Die Aufnahme des Entgegengesetzten ins eigene Wesen macht Goethe überdies zu einem Programmpunkt der Selbstbildung, die über die Entfernung von der eigenen Natur zur Identität findet (*Einleitung in die Propyläen;* Bd. 6.2, S. 25).

Auch Schiller deutet die unaufhebbaren Unterschiede als dialektische Gegenpole und bewertet am Schluß seiner Abhandlung ›Über naive und sentimentalische Dichtung‹ deren Verbindung als höchste Stufe der Poesie. Damit erweist sich seine Freundschaft mit Goethe als krönende Erfüllung eines poetologischen Ideals.

Jeder sucht also im andern die komplementäre Hälfte humaner und poetischer Möglichkeiten. Die Offenheit für die Andersartigkeit des Partners, das Sich-gegenseitig-Gelten-Lassen neutralisierte zudem wohltuend die latente Konkurrenzsituation der beiden Großschriftsteller.

Was hatten sie im einzelnen voneinander? Sie leisteten einander maieutische Dienste bei der Geburt einer klassischen deutschen Literatur. Sie machten sich gegenseitig zu den ersten Lesern ihrer größeren Arbeiten, zu Lektoren, die durch Beifall ermuntern und durch kompetente Kritik fördern. Jeder fand so im andern einen Idealrezipienten, dessen verständnisvolles Urteil für Fehlrezeptionen des Publikums entschädigte. Die ausdrücklichen Bitten um Kritik – Goethe äußert sie bei den *Lehrjahren*, den *Römischen Elegien* und *Venezianischen Epigrammen*, dem Zyklus *Vier Jahreszeiten*, der *Farbenlehre*, der Übersetzung *Rameaus Neffe*; Schiller bei Balladen und Gedichten, bei der Arbeit an ›Wallenstein‹, ›Maria Stuart‹ und ›Wilhelm Tell‹ – verraten ein ungewöhnliches Maß an Selbstkritik, ungewöhnlich zumindest bei derart erfolgreichen und ingeniösen Begabungen. Schiller kann im Brief an Humboldt vom 21. August 1795 nur staunen über Goethes Empfänglichkeit für seine Kritik an den *Lehrjahren*. Goethe bittet Schiller, ihm seine Träume auszulegen, ihn mit dem eigenen Werk bekannter zu machen (Nr. 186, 306, 331). Inmitten der »empirischen Weltbreite« und ihres Trubels schafft Schiller für Goethe Inseln der Sammlung, die ihm die Konzentration auf Poesie ermöglichen (Nr. 353, 356). Kontrastreich waren ihre Lebensweisen, Berufs- und Arbeitsverhältnisse: Goethe, »in die Welt geworfen«, klagt oft über zuviel Zerstreuung, Schiller, der – von Krankheit gezeichnet – jede schmerzfreie Stunde für die Poesie nutzt, klagt vor seinen »Papiernen Fensterscheiben« über zuviel Einsamkeit (Nr. 110, 294, zu Nr. 550). Indem der um ein Jahrzehnt Jüngere den Älteren »von der allzu strengen Beobachtung der äußern Dinge« auf sich selbst zurückführt, schenkt er ihm »eine zweite Jugend« und macht ihn wieder zum Dichter (Nr. 402). Mittelbar vergleicht Goethe so den erneuernden Einfluß des Freundes mit der Regeneration durch das Italienerlebnis. Schiller weckt in Goethe das in den neunziger Jahren erloschene Theaterinteresse und bringt ihn vom allzu »steifen Realism« ab, so daß er sich »bei jeder Art von Tätigkeit ⟨...⟩ idealistisch« verhält (Nr. 406, 455 und Goethe zu Eckermann, 26. Juli 1826; Bd. 19, S. 164). Nicht zuletzt macht ihn Schiller mit den modernen Strömungen der Philosophie und Ästhetik vertraut und fördert Goethe als Theoretiker bei der Erhellung grundlegender Kunstprinzipien. Unter Schillers Einfluß modifiziert Goethe die seit Italien festgehaltene Idee einer Kongruenz von Gesetzen der Natur und der Kunst, um in verschiedenen Beiträgen deren Differenz zu unterstreichen. Die Eigengesetzlichkeit der Kunst wird nachgerade zu einem Leitmotiv des klassischen Jahrzehnts (vgl. *Über Laokoon*, *Über Wahrheit und Wahrscheinlichkeit der Kunst-*

*werke;* Bd. 4.2, S. 77f., 90–95. *Einleitung in die Propyläen, Der Sammler und die Seinigen;* Bd. 6.2, S. 13–20, 79–83, 106f., 110; zu Nr. 354, 397, 536, 743). Schiller unterstützt Goethe bei der methodologischen Klärung naturwissenschaftlicher Fragen, macht ihm anhand der Kantschen Kategorientafel Vorschläge zur wissenschaftstheoretischen Synthese von Empirismus und Rationalismus und drängt mit Erfolg auf eine systematisierende Anwendung der Kategorien in der *Farbenlehre* (Nr. 405, 409, 410, 422, 425–428).

Umgekehrt führt Goethe Schillers spekulativen Geist näher an die Anschauung der Objekte heran, ins »Begrenzte« (Nr. 330). Schillers – früher subjektiv geprägte – Dramatik nähert sich unter Goethes Mitwirkung dessen »Maxime des objektiven Verfahrens« (Goethe zu Eckermann, 31. März 1830; Bd. 19, S. 367). Schiller nimmt lebhaften Anteil an Goethes naturwissenschaftlichen Untersuchungen, insbesondere an Magnetismus, Farbenwesen und morphologischen Studien. Er lernt von Goethes Naturbeobachtung – etwa zum Flugbild der Kraniche – für seine Balladen (Nr. 359, 360). Goethes Kenntnisse und Studien der bildenden Kunst vertiefen Schillers Antikebild. Schiller kommt Goethe in einem wesentlichen Schritt, in der Ablehnung einer rein spekulativen Ästhetik, entgegen (zu Nr. 477). Damit gerät er gleichzeitig in größere Distanz zu Wilhelm von Humboldt. Die praxisbezogene Beschäftigung mit Literaturtheorie soll in erster Linie handwerkliche Probleme analysieren und bewältigen helfen. Bei den Arbeiten an ›Wallenstein‹, ›Maria Stuart‹, der ›Jungfrau von Orleans‹ akzeptiert Schiller – trotz der aufrechterhaltenen Unterscheidung von poetischen und theatralischen Erfordernissen – Goethes Insistieren auf einer gezielteren Bühnenwirksamkeit der Stücke (vgl. zu Nr. 388, 585). Er hat »alle seine späteren Stücke«, erinnert sich Goethe gegenüber Eckermann am 14. November 1823, »Szene für Szene mit mir durchgesprochen« (Bd. 19, S. 66).

Zeitgenossen fiel der wechselseitige Einfluß auf die Dramatik etwa anhand von Schillers ›Prolog‹ und ›Wallensteins Lager‹ oder Goethes *Natürlicher Tochter* in die Augen (vgl. Caroline Schlegel an Novalis, 15. November 1798. L. F. Hubers Rezension im ›Freimütigen‹ vom 25. Oktober

1803). Mit amüsiertem Stolz berichtet Schiller Goethe, daß man ihre Arbeiten verwechsle, und ist sich mit ihm einig darin, daß sie die *Xenien* als gemeinsames Eigentum betrachten (Nr. 132, 177, 203, 234). Zahlreiche Blätter im Goethe- und Schiller-Archiv in Weimar dokumentieren die gemeinsam verantwortete Textniederschrift an der Mischung der handschriftlichen Züge.

Auch die bisher einseitig herausgestellten Unterschiede in der poetischen Arbeitsweise geraten durch den Informationsaustausch in Bewegung. Schillers planendes und Goethes intuitives Produzieren beginnen, sich gegenseitig anzustecken. Schiller denkt nach Goethes Beispiel daran, sein Gedicht ›Die Glocke‹ noch ein Jahr mit sich herumzutragen, es »warm« zu halten, bis es seine wahre Reife erlangt (Nr. 365). Goethe wiederum sammelt methodisch Material, legt Akten an, bespricht mit Schiller Aufzeichnungs-, Gliederungs- und Wahrnehmungsschemata (Nr. 355, 359, 366, 460, 462). Wieviel an Bewußtheit den unbewußten Schöpfungsvorgang begleitet, sieht Goethe an der Seite Schillers mehr und mehr ein (s. zu Nr. 123; Nr. 756, 786, 811, 812, 867.)

Trotzdem wird keiner der beiden sich selber untreu (vgl. *Jacobi;* Bd. 14, S. 327). Im Verlauf des langjährigen und rührigen Empfangens und Gebens stellt sich eine ausgeglichene Bilanz ein, die doch wohl die Eigenständigkeit der Partner belegt. Zu Beginn wehrte sich Schiller noch gegen die Versuchung allzugroßer Assimilation an das übermächtige Vorbild des Älteren. Deshalb schrieb er – so berichtet der Schiller wenig geneigte Eckermann – den Aufsatz ›Über naive und sentimentalische Dichtung‹ (Bd. 19, S. 367). Das instinktsichere Festhalten am Eigenen beeinträchtigte auf beiden Seiten nicht die Aufgeschlossenheit und Lernbereitschaft.

Wie Schiller Anregungen Goethes etwa zu den ›Kranichen des Ibycus‹ oder zur Kapuzinerpredigt in ›Wallensteins Lager‹ ablehnt bzw. übergeht, so distanziert sich der ›Selbstbewahrer‹ Goethe unter Berufung auf die »Verschiedenheit unserer Naturen« von Schillers weitreichenden Änderungsvorschlägen an den *Lehrjahren* oder der *Iphigenie* (Nr. 192, 209, 362, 395, 520, 839, 853). Die Ablehnung von

Kritik führt keineswegs zu nachhaltigen Verstimmungen. Selbst in der Zustimmung deutet sich gelegentlich noch eine leise, aber charakteristische Reserviertheit an. Wenn etwa Goethe beipflichtend glaubt, die ihm geschilderten Motive in der ›Jungfrau von Orleans‹ auch ›nach seiner Art zu denken‹ billigen zu können (Nr. 794). Am eigenen Konzept halten beide Gesprächspartner auch dort fest, wo die gemeinsame Terminologie oberflächlich auf Konvergenzen deutet. ›Symbol‹, ›Einheit im Mannigfaltigen‹, ›Gesetz‹, ›Idee‹, das ›Dauernde‹ bedeuten beim einen und beim andern durchaus Verschiedenes. Die von Goethe in seiner Skizze *Jacobi* (Bd. 14, S. 327) und nachdrücklicher noch von Varnhagen (S. 75) aus dem Briefwechsel eskamotierten Mißverständnisse resultieren zum Teil aus solchen Begriffsäquivokationen. Grenzen des gegenseitigen Verständnisses deuten sich gelegentlich in subjektiven Urteilen und Interpretationen an. So akzeptiert beispielsweise Goethe Schillers philosophische Gedichte nur als »Spaß« und preist an ›Wallensteins Tod‹ das Übergehen des Historisch-Politischen ins Überzeitlich-Menschliche als die Krönung der Trilogie (Nr. 378, 591). Ebenso zeichnen sich Verständnisschranken in Schillers Wünschen nach dem klärenden Hervortreten der philosophischen Idee im *Faust* und in den *Lehrjahren* ab.

Selbst seine Einstellung gegenüber Goethes nichtlegalisierter Beziehung zu Christiane Vulpius läßt soziale Vorurteile und Befangenheit im konventionellen Normenkodex der Gesellschaft erkennen. Schiller ignorierte Goethes Lebensgefährtin wie andere Freunde auch, und faßte im Briefwechsel ihren Namen nur mit Fingerspitzen an (Nr. 240, 745). Als Adressat von Grüßen Schillers muß Meyer Goethes spätere Frau vertreten, während Goethe sich Schillers Gattin unablässig empfiehlt. In Briefen an Dritte hat Schiller nur Spott oder Bedauern für die »elenden häuslichen Verhältnisse« Goethes und seine niederdrückende, »unglückliche Ehescheue« übrig (an Humboldt, 26. Oktober 1795; an Körner, 21. Oktober 1800; an Gräfin Schimmelmann, 23. November 1800). Erst gegen Ende des Briefwechsels, bei der Gratulation zu Christianes fünfter Niederkunft, werden »der Kleinen« warme, freundschaftliche

Empfehlungen übermittelt (Nr. 883). Daß trotz aller Mißverständnisse und Gegensätze die Annäherung der Schriftstellerkollegen gelang, hat mannigfache geschichtliche Gründe.

## Annäherungen im historischen Kontext

An der Titulatur des ersten Briefs ist Schillers Bemühen ablesbar, diplomatische Beziehungen zu Goethe anzuknüpfen. Die Kontaktaufnahme war einerseits durch aktuelle literaturpolitische Intentionen motiviert, andererseits durch biographische und poetische Erfahrungen, die eine längere Vorgeschichte haben. Der unmittelbare Auslöser für Schillers Vorstoß war das Zeitschriftenprojekt der ›Horen‹, für das Goethes zugkräftiger Name werben konnte. Im Programm der Monatsschrift zielt Schiller auf die ästhetische Einigung des politisch in Parteien zerfallenen Publikums und auf die Erziehung zu wahrer Humanität durch »Schönheit« (›Horen‹-Ankündigung). In Goethes spontaner Zusage zur Mitwirkung spielen zeitgeschichtliche Krisenerfahrungen eine nicht zu unterschätzende Rolle. Die Wellenbewegungen der Revolution im benachbarten Frankreich hatten Jena erreicht: Goethe oblag an der Universität seinerzeit die Vermittlung zerstrittener politischer Fraktionen unter den Professoren, von denen einige zu Schillers Mitarbeitern gehörten. Zudem waren Studentenunruhen zu beschwichtigen. In einer Zeit, schreibt Goethe an seinem fünfundvierzigsten Geburtstag an Fritz von Stein, in der ›die leidige Politik und der unselige körperlose Parteigeist alle freundschaftliche Verhältnisse aufzuheben« droht, komme ihm Schillers Angebot wie gerufen. Unter literatursoziologischen Aspekten analysierte Goethe Mitte der 90er Jahre ähnlich wie Schiller die Wirkungen des deutschen Privinzialismus und Partikularismus auf die deutsche Literatur (*Literarischer Sansculottismus;* Bd. 4.2, S. 16–18).

Schillers Offerte bot für Goethe Aussichten auf Schlichtungsmöglichkeiten und friedlichen Interessenausgleich in kriegerischen Zeitläufen. In den Briefwechsel dringt bis

1801 unüberhörbar das Geräusch der Koalitionskriege in West- und Südeuropa herein. Goethe sollte 1795 als offizieller Kriegsberichterstatter nach Frankfurt reisen. Wegen der gefährlichen Kriegswirren wurde das Unternehmen abgebrochen (Nr. 107, 108). Goethe gab wiederholt aktuelle Kriegsberichte an Schiller weiter, wie dieser umgekehrt auch an Goethe (Nr. 197, 198, 202, 203, 212, 365). Beide waren vom Vorstoß der französischen Armee betroffen, auch ihre Verwandten waren in Mitleidenschaft gezogen (Nr. 192, 279, 314, 366, 436, 441). Die Friedensschlüsse von Basel 1795, Leoben und Campo Formio 1797, Lunéville 1801 betrafen die sächsischen Herzogtümer wie die konkrete politische Zukunft von Schillers Gönner Carl Theodor von Dalberg (vgl. Nr. 197, 365, 849, 879). Der Beitritt Sachsens zum preußisch-französischen Sonderfrieden von Basel belohnte Ende 1796 Goethes langjährige Neutralitätspolitik (Nr. 197).

Schillers in den ersten großen Briefen artikuliertes Angebot einer gemeinsamen Zukunft versprach literarisch jedem von ihnen die Überwindung einer Schriftstellerkrise, in die beide – getrennt – geraten waren. Schiller hatte sich im vergangenen Jahrzehnt auf das Studium der Philosophie und Geschichte verlegt, Goethe auf das der bildenden Kunst und Natur. Die kühle öffentliche Resonanz auf die 1790 erschienenen Schriften Goethes war wenig dazu angetan, seine Isolation nach der italienischen Reise aufzubrechen (vgl. *Schicksal der Handschrift;* Bd. 12, S. 69f. und *Campagne in Frankreich;* Bd. 14, S. 464–468; sowie zu Nr. 469). In der zunehmenden Gefahr der Entfremdung vom Publikum brachten Schillers erhellende Porträtbriefe (Nr. 4 und 7) unverhofftes Licht in eine von Ratlosigkeit und Depression gekennzeichnete Lebensphase Goethes (vgl. Nr. 5). Auf einem solchen kulturphilosophischen Reflexionsniveau hatte noch niemand bisher die Summe von Goethes Existenz gezogen. In der dialektischen Vermittlung von naiver und sentimentalischer Poesie, von Antike und (nordischer) Moderne, von Realismus und Idealismus, Intuition und Spekulation umreißt Schiller Goethes künstlerische und wissenschaftliche Intentionen. Durch Differenzierung ihrer komplementären Rollen deutet Schiller, indem er Schlußgedanken seiner Abhandlung ›Über naive und sentimentalische Dichtung‹ vorwegnimmt, die Fruchtbarkeit eines Bündnisses an. Sein Eingeständnis eigener Probleme und Unzulänglichkeiten durfte als Vertrauens- und Verständnisangebot gelesen werden.

Ende der achtziger Jahre hatte Goethe noch Karl Philipp Moritz und Johann Heinrich Meyer als Gesprächs- und Briefpartner Schiller vorgezogen. Auch Vermittlungsbemühungen gemeinsamer Freunde – Körners, Wilhelm von Humboldts, der Familie von Lengefeld – fruchteten damals wenig. Im Dichter der ›Räuber‹ lehnte Goethe seine eigene überwundene Sturm-und-Drang-Periode ab. Selbst an ›Don Carlos‹ übersah der in Italien Verwandelte und Wiedergeborene, daß auch sein Verfasser auf dem Weg zur Klassik war (*Glückliches Ereignis;* Bd. 12, S. 86f.). Seit 1788 hatte sich Schiller in das Studium der antiken Literatur vertieft und Orientierung an der wegweisenden »Simplizität« der Griechen gesucht (Schiller an Körner, 6. März und 20. August 1788; 26. November 1790). Dies alles ging Goethe erst in den Gesprächen von 1794 und im Briefwechsel auf. Im Frühsommer 1794 war Meyer nach Dresden gegangen. Dem vereinsamten Goethe, der Ausschau nach einem Gesprächspartner hält, tritt in Schiller ein Ebenbürtiger entgegen, der bereit ist, ihn anzuerkennen.

Die Überwindung des primären Mißtrauens verlangte von Schiller noch höhere Anstrengungen als von Goethe. Schiller war ihm sozial und ökonomisch unterlegen; Goethe verdiente das Zehnfache dessen, was der Geschichtsprofessor in Jena bezog. Dieser hatte auch als Poet lange Zeit Goethe gegenüber Minderwertigkeitsgefühle (vgl. Nr. 110). Noch am 27. Juni 1796 kommentierte er Körners Vergnügen über das ihm zugestellte Gedicht ›Klage der Ceres‹ mit der Einschränkung: »Aber gegen Göthen bin ich und bleib ich eben ein poetischer Lump.« Dem Dresdener Freund gestand Schiller im September weitere Selbstzweifel als Dichter, seine Angst vor ›Wallenstein‹. Schiller versprach sich durch die Teilnahme an Goethes literarischer Arbeit die Weckung seiner eigenen dichterischen Produktivität. In den Jahren 1787–89, während Schiller in Weimar wohnte, hätte es an Gelegenheiten zu einer Annäherung nicht gefehlt. Doch Goethe hielt sich bedeckt. Auch Schiller war nach außen auf einen Sicherheitsabstand bedacht. Eine unterschwellige Haßliebe zu Goethe meldet sich in Briefen an Vertraute: Der Jüngere vergleicht seine Mordgedanken gegenüber der überlebensgroßen Figur Goethe mit den Rivalitätsgefühlen, die Brutus gegen Cäsar beseelt haben mögen, und betrachtet den bewunderten Egoisten »wie eine stolze Prüde, der man ein Kind machen muß, um sie vor der Welt zu demütigen« (an Körner, 2. Februar 1789). Von gemischten Gefühlen zeugen mehrere Charakterisierungen des unnahbaren Geheimrats: »Goethe ist noch gegen keinen Menschen ⟨...⟩ zur Ergießung gekommen« (an Caroline von Beulwitz, 5. Februar 1789).

Der innere Dialog mit einem projizierten Goethebild ersetzte bis zur folgenreichen Begegnung im Sommer 1794 die reale Interaktion mit dem lebendigen Partner. Die Berichte beider über die erste Annäherung nach dem Besuch der ›Naturforschenden Gesellschaft‹ in Jena und nach einer gemeinsamen Einladung bei Humboldts am 22. Juli 1794 weichen voneinander in den bezeichneten Gesprächsthemen ab: Goethe nennt die Urpflanze, Schiller Kunsttheoretisches (*Glückliches Ereignis;* Bd. 12, S. 88 f. und Paralipomena zu den *Tag- und Jahres-Heften;* WA I 36, S. 250; siehe auch zu Nr. 3). Daß beide im Rückblick die Begegnung zu einer Sternstunde stilisieren, die sie nur in einem einzigen, unwiederholbaren Augenblick zusammenführen konnte, darf als beiderseitiger Rationalisierungsversuch gelten (Goethe zu Eckermann, 24. März 1829; Bd. 19, S. 299; siehe auch Nr. 7). Beiden war es peinlich, so lange nebeneinander her gelebt zu haben.

Man muß sich in der ersten Phase des Kennenlernens der neuerworbenen Gemeinschaft stets von neuem versichern. In Anspielung auf die Zeugungsmetaphorik des Sturm und Drang für die künstlerische Produktion werden die *Xenien* als gemeinsam gezeugte Bastarde aus der Taufe gehoben (Schiller an Körner, 1. Februar 1796). Schiller schreibt zum lustvollen *Xenien*-Vergnügen: »so was belohnt sich zum Glück, wie das Kindermachen, von selbst« (Nr. 225).

Im Briefwechsel selbst könnte man leicht das Kind einer Vernunftehe sehen. Jedoch überschreitet er oft den bloßen

Geschäftsverkehr, und die intellektuelle Erotik einer unsentimentalen, von Achtung getragenen Freundschaft läßt Bewunderung in Zuneigung übergehen. Schillers Aphorismus von der Macht des Vortrefflichen, gegenüber dem es »keine Freiheit gibt als die Liebe« (Nr. 181), drückt ungeheuchelte Verehrung ebenso für die Kunst wie für ihren Schöpfer aus. Das auf die *Lehrjahre* gemünzte Kompliment nimmt Goethe als versteckte Hommage an den Freund in die *Wahlverwandtschaften* II/5 (Bd. 9, S. 439) auf.

Im Fortgang des Briefwechsels tritt Schiller zunächst als der Werbende in Erscheinung. Seine Briefe fallen entschieden länger aus als Goethes Antworten. Die Huldigungen, die Schiller Goethe darbrachte, der erstaunten Welt vor Augen zu führen, wird Goethe von maliziösen Kritikern sogar als Hauptmotiv für die Publikation unterstellt (Grabbe, siehe S. 109f.). Doch Schiller spart bald schon nicht mit Kritik. Und ihr setzt Goethe ja gleichfalls mit der Veröffentlichung des Briefwechsels ein Denkmal. Das literarische Zweck- und Freundschaftsbündnis besteht seine erste Probe an Schillers engagierter produktiver Kritik der entstehenden *Lehrjahre*. Die programmatisch »neue Art von Kritik, nach einer genetischen Methode« bleibt bis heute lesenswert (Nr. 110). Goethe fordert zunächst Schillers Stellungnahmen heraus und betont seine Aufnahmewilligkeit und Wißbegier. Schiller geht von fördernder Bewunderung und scharfsichtiger Figurencharakterisierung zu vorsichtiger, dann entschiedener Detailkritik über, bis hin zu grundsätzlichen Vorbehalten gegen die wirkungsästhetische Konzeption als Bildungsroman. Goethes Empfänglichkeit geht nach und nach in eine eher genierte Bereitwilligkeit über. Wo ihn Schiller zu sehr philosophisch bedrängt, wehrt er weltmännisch ab: Die letzten bedeutenden Worte und Erklärungen, die sich dem Autor verweigern, möge Schiller selbst einfügen (Nr. 188). Das 8. Buch geht ohne dessen letzten Segen an den Verleger (Nr. 209).

Die poetische Gemeinschaftsproduktion der *Xenien* erfüllt 1795/96 – literaturgeschichtlich betrachtet – ein ganzes Aufgabenpaket. Die »poetische Teufelei« nach außen festigt nach innen die noch junge Allianz. Keiner soll das Autorenteam spalten können (Schiller an Humboldt, 1. Februar

1796). Versuche dazu hat es genug gegeben. Man denke nur an die von Friedrich Schlegel und Johann Friedrich Reichardt gezielt verfolgte Trennungsstrategie (s. zu Nr. 240 und 265). Der Rundumschlag gegen die Hauptrepräsentanten der deutschen Literatur in der zweiten Hälfte des 18. Jahrhunderts ist Teil einer umfassenden literarischen Bestandsaufnahme und Kritik. Die *Xenien* verfolgen eine Doppelstrategie: Sie sind einerseits ein offensiver literarischer Feldzug, der die Rangverhältnisse in der deutschen Literaturszene richtigstellen will, andererseits dienen sie zur Verteidigung gegen Kritik, zur Abwehr gegen Mißverständnisse der Rezeption. Humorvolle Distanz zum Literaturbetrieb und Spott über ihn stiften im Briefwechsel auch sonst die Verständnisgemeinschaft der vielfach Unverstandenen. Als Oppositionsbewegung stellte die Weimarer Klassik Ende 1796 unter den zahlreichen literarischen Bewegungen, Gruppen, Fraktionen eine kleine Minderheit dar (vgl. Nr. 117). Darüber können auch die mitwirkenden Freunde wie Wilhelm von Humboldt und Johann Heinrich Meyer nicht hinwegtäuschen. Die geistreiche Abgrenzung gegenüber der älteren und jüngeren Generation in den *Xenien* ging nicht ohne Ungerechtigkeiten ab. Auch in ihren brieflichen Äußerungen vergriffen sich die streitbaren Klassiker, weniger der älteren Generation gegenüber als der jüngeren. Im Urteil über die noch weniger Etablierten wichen Goethes und Schillers Stellungnahmen allerdings voneinander ab. Beruht die gemeinsame Kritik an Jean Paul auf vielleicht entschuldbaren Mißverständnissen (vgl. Nr. 178, 209, 210), so zeugt Goethes Empfehlung an Hölderlin, besser kleine Gedichte zu machen (Nr. 359), von kaum begreiflicher Verständnislosigkeit. Auch die differenzierte Detailkritik an einzelnen Hymnen ist nicht frei von inneren Widersprüchen (Nr. 337). Schiller brachte seinem jungen Bewunderer mehr Verständnis entgegen (Nr. 338). Dafür verleiteten ihn Angriffe Friedrich Schlegels und Ressentiments, in denen sich persönliche Animositäten mit literaturtheoretischen Differenzen mischen, zu parteilicher Blindheit gegenüber den innovatorischen Leistungen der Frühromantik (Nr. 315, 631). Der von ihr gefeierte Goethe sah auch sie positiver (vgl. Bd. 6.1, S. 854–860). Die Befangenheit gegenüber den Brüdern Schlegel führte Schiller so weit, August Wilhelms *Herrmann und Dorothea*-Rezension a priori, noch vor der eigenen Lektüre, abzulehnen (Nr. 393). Ähnlich deuten Schillers gönnerhafte Urteile über Frauenliteratur auf gewisse Vorurteile, denen ein eher konservatives, der Romantik fremdes Weiblichkeitsbild zugrunde liegt, wie es auch mehrere seiner Gedichte, nicht jedoch die Dramen, propagieren (vgl. Nr. 338, 485, 805). Goethes Urteile klingen hier weniger männlich-selbstherrlich (Nr. 339, 391).

Zahlreichen literarischen Urteilen Schillers und Goethes wird man besser gerecht, wenn man sie nicht als olympische Schiedssprüche sieht, die von höherer Warte erteilt werden, sondern unter den Wettbewerbsbedingungen des literarischen Marktes: als Strategien und literaturpolitische Stellungnahmen, die der inneren Stabilisierung und äußeren Absicherung einer klassischen deutschen Literatur verpflichtet sind. Auch die gemeinsame Rezensionspolitik, bei der Schiller selbst vor Drohungen nicht zurückschreckt, wird notgedrungen in den Dienst des Kampfes um Anerkennung und Marktanteile gestellt (vgl. Nr. 15, 136, 137, 524, 823). Keine einzige der gegründeten Zeitschriften – weder Schillers ›Horen‹, noch sein ›Musen-Almanach‹, noch Goethes *Propyläen* – hat die Gunst eines treuen Publikums gefunden, keine einzige hat fünf Jahre überlebt.

Nach den *Lehrjahren* erreicht die enge und ergiebige Zusammenarbeit ihren zweiten Höhepunkt in Goethes Mitwirkung an Schillers ›Wallenstein‹-Produktion. Wie grundlegend Goethe als kompetenter Kritiker, Berater und Freund zum Gelingen der Trilogie beitrug, kann hier nur angedeutet werden. Goethe trug entscheidend sowohl durch das Beispiel seiner historischen Dramen wie durch seine natur- und kunstwissenschaftlichen Reflexionen zur objektivierenden Historisierung, epischen Distanzierung und Kunstformung bei. Er sorgte literaturpolitisch für die Distribution von Textauszügen, lancierte Vorrezensionen (*Eröffnung des Weimarischen Theaters;* Bd. 6.2, S. 642 bis 661), verfaßte zusammen mit Schiller die ›Piccolomini‹-Kritik, um Gegnern die Rezension »aus den Zähnen« zu reißen (Schiller an Körner, 29. Oktober 1798). Er inszenierte die Uraufführung, war Theaterleiter und Dramaturg, der Texteingriffe vornahm, sich um die Bühnenwirksamkeit der Trilogie kümmerte und Schiller überhaupt zur Teilung des monströsen einteiligen Dramas bewog (vgl. *Wallenstein. From the German of Frederick Schiller;* Bd. 18). Am 31. August 1798, während der Arbeit an ›Wallenstein‹, zieht Schiller im Brief an Körner eine Zwischenbilanz der letzten vier Jahre mit Goethe, in denen sich beide in einem lebendigen Austausch zunehmend näher gekommen seien.

Mit der Arbeit an ›Wallenstein‹ verliert Schiller seine Unterlegenheitsgefühle gegenüber Goethe. Während für Schiller die grandiose Erfolgsserie seiner klassischen Dramen beginnt, hat Goethe bis zu Schillers Tod wenig Vergleichbares mehr vorzuweisen. Mit Schillers Umzug nach Weimar im Dezember 1799 ändert sich die Kommunikationsweise für wichtige Informationen: Wenn Goethe nicht gerade die Einsamkeit des Arbeitsdomizils im Jenaer Schloß aufsucht, wird der mündliche Dialog bevorzugt. Das schlägt sich rein äußerlich bereits im Umfang der Korrespondenz in Goethes sechsbändiger Ausgabe nieder. Bis zum 4. Band füllt der Briefwechsel eines Jahres jeweils einen Band, sieht man vom 1. Band ab, der eineinhalb Briefjahre enthält. Der 5. Band umfaßt noch die Korrespondenz der Jahre 1799 und 1800, der letzte und keineswegs umfangreichste alle Briefe von 1801 bis 1805.

Signalisiert die nachlassende Schreibfreude nicht doch auch wachsende Distanz und Entfremdung? Goethe selbst führt den Rückgang gehaltvoller Briefe und die Zunahme bloßer Billetts auf den gemeinsamen Wohnort zurück (Goethe an Schultz, 3. Juli 1824; S. 51). Aber hatten sie nicht schon einmal erfahren, daß geistige Nähe von räumlicher unabhängig ist? In jedem Fall wird man sich von Varnhagens idealisierender Deutung verabschieden müssen, die im fortgeführten Dialog nur eine »gleichmäßige, ununterbrochne Steigerung« wahrnimmt (siehe S. 75).

Seit der Jahrhundertwende schwindet das Erkenntnisinteresse an der Literaturtheorie. Sie wird in der Korrespondenz zu einem eher peripheren Thema. Die Neugier des Sich-Kennenlernens und die frühere Spannung der Auseinandersetzung weicht in den letzten Jahren einer selbstverständlichen Vertrautheit. Eintrübungen des früheren optimistischen Vertrauens auf das gemeinsame Leistungspotential bleiben nicht aus. Schon 1799 mahnt Schiller mit erhobenem Zeigefinger: »Eine so lange Pause, als Sie dasmal in der Poesie gemacht haben, darf nicht mehr vorkommen« (Nr. 581). 1801 und 1803 äußert er sich in Briefen an Dritte mehrfach desillusioniert von Goethes Unproduktivität, der sich in Liebhaberbeschäftigungen verzettele (Schiller an Cotta, 17. Juni und 10. Dezember 1801). Da »Goethe sein Hinschlendern so überhand nehmen läßt« und offensichtlich nicht mehr daran glaubt, in Weimar etwas Gutes zu realisieren, denkt Schiller sogar an einen andern Wohnort und Wirkungskreis: »wenn es nur irgendwo leidlich wäre, ich ginge fort.« (Schiller an Wilhelm von Humboldt, 17. Februar 1803). In der schmerzlichen Enttäuschung über Goethes Produktionspause sind die einstigen Rivalitätsgefühle völlig verstummt. Schiller glaubte zu wissen, was Goethe leisten könnte, und zu sehen, was er in Wahrheit leiste. Schillers Trauer über die Diskrepanz war nicht ganz begründet. Er verleiht seiner Enttäuschung wenige Wochen vor der Uraufführung der *Natürlichen Tochter* Ausdruck, die ohne Wissen Schillers entstanden war. Doch auch dieses Drama erfüllte nicht alle seine Erwartungen. Er kritisierte die »erstaunlichen Long⟨u⟩eurs« im Brief an Charlotte vom 6. Juli 1803. Daß auch Goethe Anlaß zur Klage hatte, etwa über Schillers zurückhaltende Mitwirkung an den *Propyläen*, bezeugt ein Brief an Meyer vom 10. Mai 1799. »Von Schillern hoffe ich lieber gar nichts«, resigniert Goethe. Bei der Entwicklung von Plänen und Aussichten sei er groß, »aber Beistand zu einem bestimmten Zweck muß man von ihm nicht erwarten«. Trotz unausbleiblicher Entzauberungen wird jedoch keiner des fortdauernden Gesprächs überdrüssig. Nach Schillers Übersiedlung belebt sich sofort die schriftliche Kommunikation, wenn die mündliche unterbrochen ist. Der Briefwechsel selbst überliefert allenfalls die Hälfte dessen, was zwischen Schiller und Goethe verbal verhandelt wurde. Bereits in der Zeit vor Schillers Umzug, von 1794 bis 1799, hatten beide über wechselseitige längere Besuchsaufenthalte an ca. 580 Tagen Gelegenheit, miteinander zu sprechen. Wie intensiv sie diese Gelegenheit oft nutzten, berichtet Schiller an Humboldt am 9. November 1795: »Wir sitzen von Abend um 5 Uhr bis Nachts 12 und 1 Uhr beisammen, und schwatzen«.

Nach Schillers Tod bewahrte Goethe einen der letzten Briefe Schillers »als ein Heiligtum« unter seinen Schätzen (Goethe zu Eckermann, 24. Februar 1825; Bd. 19, S. 131). Wie wichtig ihm die Originalbriefe waren, zeigen Goethes letztwillige Verfügungen im Testament vom 5. Januar und im Kodizill vom 22. Januar 1831: »Alle Aufmerksamkeit verdient das Kästchen, welches bei Großherzoglicher Regierung niedergestellt ist; es enthält die Originalbriefe meiner Korrespondenz mit Schiller, welche erst im Jahr 1850 herausgegeben werden sollen« (S. 61).

## Zur Edition des Briefwechsels

Seit 1823 – fast gleichzeitig mit dem Zelter-Briefwechsel – bereitete Goethe das Konvolut der mit Schiller gewechselten Briefe zum Druck vor. Nach jahrelangen und schwierigen Verhandlungen mit Schillers Erben konnte 1828 und 1829 der *Briefwechsel zwischen Schiller und Goethe in den Jahren 1794 bis 1805* in sechs Oktavbänden bei Cotta in Stuttgart und Tübingen erscheinen. Mit Rücksicht auf die in den Briefen erwähnten Zeitgenossen hielt Goethe einige Schreiben zurück, kürzte Namen ab oder chiffrierte sie.

Die zweite, nach den Handschriften ergänzte Ausgabe von Hermann Hauff erschien 1856 in zwei Bänden. Sie enthielt alle in Goethes Kästchen testamentarisch verwahrten Briefe.

Die vierte Ausgabe des Briefwechsels, 1881 herausgegeben von Wilhelm Vollmer, ergänzte Hauffs Edition um zwölf neue Briefe nach den Handschriften, ferner um drei andernorts publizierte Briefe. Vollmer vervollständigte nicht nur Fragmentarisches und füllte Textlücken auf, sondern erstellte als erster aufgrund des Vergleichs von Handschriften und Drucken ein detailliertes Variantenverzeichnis zu jedem Brief.

Nach den getrennten Editionen der Goethe- und der Schiller-Briefe in der Weimarer Ausgabe und bei Fritz Jonas (1892-96) verglich Hans Gerhard Gräf erneut die Drucke mit den Handschriften. Seine zusammen mit Albert Leitzmann edierte Studienausgabe von 1912 umfaßt mit den Nachträgen von Günter Schulz 1011 Briefnummern. Vor allem mit Leitzmanns Kommentarteil, der Vorarbeiten von Riemer, Düntzer, von der Hellen und Jonas nutzt, stellt sie eine Pionierleistung dar. Hildegard Schubart hat die Ausgabe von Gräf/Leitzmann 1955 einer nochmaligen Textrevision unterzogen.

Die historisch-kritische Schiller-Nationalausgabe bringt als einzige Edition einen buchstabengetreuen Abdruck der Handschriften und damit den verläßlichsten Text der Briefe. Die präzisen Kommentare der Nationalausgabe liegen zu Schillers Briefen vollständig vor, zu Goethes Briefen bis 1798.

Siegfried Seidel, Mitherausgeber der Nationalausgabe, folgt deren Kommentar in seiner Studienausgabe von 1984. Er zieht die Handschriften zum Vergleich heran, paßt jedoch Rechtschreibung und Zeichensetzung den heute gültigen Regeln an.

Der Briefwechsel zwischen Goethe und Schiller wurde in die Münchner Werk-Ausgabe aufgenommen, weil Goethe selbst ihm Werkcharakter zuerkannt und ihn in der Absicht herausgegeben hat, damit die Reihe seiner autobiographischen Schriften fortzuführen – die Jahreszahlen im Titel des Erstdrucks verdeutlichen diesen Hintergrund (vgl. S. 50f.). In der übrigen Korrespondenz wurde eine solche Bewertung nur dem Briefwechsel mit Zelter zuteil. Goethe wollte die Korrespondenz mit Schiller als ein Ganzes aufgefaßt wissen: Der Briefwechsel »macht einen tüchtigen Schlußstein, meine und Schillers Werke zusammenzuhalten und zu stützen. Der Begriff was wir beide gewollt, wie wir uns an einander gebildet, wie wir einander gefördert, wie weit wir mit unsern Leistungen gediehen und warum nicht weiter? wird alles klarer und muß denen die auch bestrebsam sind zur guten Leuchte dienen.« (Goethe an Ernst von Schiller und Cotta, 26. Januar 1827; S. 54f.). Die Korrespondenz schließt sich auch als ein zentrales Zeugnis der ästhetischen Reflexion an Goethes Schriften zu Literatur und Kunst in der Klassikepoche an.

Die vorliegende Ausgabe bietet 1015 Briefe, erweitert also die bis heute vollständigste Edition von Seidel noch einmal um zwei Briefe (Nr. 881 und 887). Wiederentdeckt wurde im Goethe- und Schiller-Archiv in Weimar die als verschollen geltende Handschrift eines Briefkonzepts Goethes an Schiller (Nr. 16; sie ist auf S. 35 ff. reproduziert).

Als Ergänzung zum Überlieferungsteil der Nationalausgabe ist den Kommentaren zu den einzelnen Briefen ein Verzeichnis der sinntragenden Abweichungen des Erstdrucks von den Handschriften sowie der von Goethe für den Erstdruck vorgenommenen Streichungen ganzer Briefe oder einzelner Passagen vorangestellt. So kann Goethes Redaktionsarbeit rekonstruiert werden. Für die Goethe-Forschung mag das ein Anreiz sein zur genaueren Analyse der redaktionellen Eingriffe und Verschleierungen: Wen schont Goethe, wen schont er nicht? Wo macht er privat geäußerte Urteile zu öffentlichen, wo retuschiert er?

Mit den Erstdruckangaben getilgter Passagen oder ganzer Briefe, die in Goethes Ausgabe von 1828/29 fehlen, gestattet der Kommentar die historische Einordnung rezeptionsgeschichtlicher Wirkungen.

Die Datierungsbegründungen der Forschung wurden nicht ungeprüft übernommen. Jüngere Ergebnisse anderer Editoren und eigene Recherchen führten auch gegenüber der Nationalausgabe, deren Kommentarbände zu den Goethebriefen seit dem November 1798 bislang noch ausstehen, zu mehreren Umdatierungen, vorsichtigeren Einschätzungen, Erhärtungen hypothetischer Datierungen und begründeten Entscheidungen bei offengelassenen Alternativen. Bei den folgenden Briefen werden Datierungsfragen diskutiert: Nr. 30, 68, 92, 157, 194, 228, 329, 363, 447, 471, 516, 526, 563, 571, 577, 633, 658, 676, 747, 763, 772, 812, 824, 832, 853, 899, 900, 905, 925, 945, 946, 956, 969, 975, 993, 997, 1000, 1007, 1012, 1013, 1014.

Die Neuausgabe des oft und sorgfältig edierten Briefwechsels kann sich durch die Erweiterung des Textbestands, die Berichtigung von Fehlern, die Erläuterung bislang unerklärter Textabschnitte und die Korrektur von sachlichen Irrtümern legitimieren. Aufgrund neuerer Forschungsergebnisse und eigener Nachprüfungen ließen sich gegenüber der Nationalausgabe gelegentliche Irrtümer und Fehldatierungen berichtigen, Ungenauigkeiten und Vermutungen präzisieren (Nr. 282, 342, 344, 461, 519, 521, 960, 976). Bedeutsamer dürften naturwissenschaftliche, philosophische, poetologische und biographische Aufschlüsse zu zahlreichen ›blinden‹ Stellen sein. Im folgenden sei eine Auswahl von Briefen genannt, in denen der Kommentar durch Ergänzung, Kritik, eigene Thesen den Forschungsstand der Nationalausgabe und der anderen Ausgaben weiterführt: Nr. 3, 16, 20–23, 29, 49, 67, 106, 123, 144, 148, 164, 173, 188, 192, 202, 237, 239, 241, 246, 248, 249, 253, 254, 259, 262, 264, 268, 276, 280, 285, 299, 305, 314, 326, 329–332, 334, 338, 340, 361, 388, 394–397, 399, 402, 405, 409, 412, 414, 415, 423–425, 429, 432, 435, 436, 462, 474, 477, 486, 487, 490, 501, 510, 520, 524, 527, 562, 565, 579, 612–614, 629, 631, 656, 672, 712, 730, 734, 770, 847, 852–854, 872, 909, 910, 927–930, 936, 940, 943, 969, 1000. Viele Fragen bleiben auch in dieser Ausgabe noch offen – eine Herausforderung für künftige Editoren.

16. Goethe an Schiller; Weimar, zwischen 8. und 19. Oktober 1794

nicht eine Würze, wie ich
es selbst kaum gedacht
hätte. Die Bezeichnung
der beyden Wege die
unsre Untersuchung zu
nehmen, die Mey-
nung war was derzeit
den Gedanken, daß man
einem Postulat zu
nennen berechtigt
und was zunächst
daraus folgt, ist von
der Art daß sich auch
selbst Wort und Ar-
beit unterschei-
den können, der
Gedanke durch einen
Gedanklichen Gedenkten
an nichts erinnern
müssten, scheint mir
sehr täuschen und
der Versuch nicht geschieden, weil jedoch nur
Gegenstand der Schön-
heit mindern oder
entstehen, als eine

den beliebten Puncten
kann, scheint mir sehr
weit hergeholt,
wenn sie uns alles die
nicht schönes dagegen
anlegen; das bestimmt
hat sich nicht mit der Schönheit verträgt, scheinen
doch Wahrheit und Lassen-
heit nicht nothwendige
Bedingungen der Schön-
heit; sondern umgekehrt
ihre Bedingungen
durch Wohlgefallen
an der Schönheit sein,
so muß ich noch alle war-
ten, bis sie mir dieß
Räthsel auflösen ob-
gleich ich außerdem
noch zu wünschen hätte
Bilder ihrer Art, ehe-
gestalt dem Tage vor
Ihren kommen, und den
sie nehmen möchte.

Lassen sie mich da-
gegen aus meinem Such-
in der Regine beides die
ich durch suche und das

ssprechen, lassen Sie mich
wie ich immer gethan
von Einzelnen und
Nachbarigen besonders
ausgehen, und zu fra-
gen, was denn der
Künstler zu thun habe,
damit nach seinen viel-
fältigen einzelnen Be-
mühungen, der Hauptzweck
am Ende nicht Hasarde-
gehe, und Aufsaugest er
ist Ihar!

Da wir beyde bekennen
daß wir darjenige noch
nicht wißten, wenigstens
noch nicht deutlich und
bestimmt wüßten, wegen
wir uns so aber nicht
sollten; sondern viel
mehr suchen, da wir
einander nicht belahen
wollen, sondern einer
dem andern nach zu
helfen, und ihn zu was
von druckt, wenn er
wie es nur leider zu-
weilen geschieht zu

3

zu einsseitig von oben fallt
so laßen sie mich voll
kommner Rundungen die
gänzlich wieder Augen
stehen, laßen sie und
recht verstehen wie viele
gute Rundung bilden,
verwehren daß sich über
den Finsern ein Becken
bildet, daß sich selbst
rollende, laßen sie
und ihre Nachspüren,
wie es sich stellt und
bevor du legt zu Tren
begehen, und wie dort
gehende Rundproduct
aber wie ein schöner
Naturproduct, zuletzt
uns gleichsam durch
ein unentsprechendes
Wunders zu entstehen
scheinen.
Laßen sie mich bey mei
ner Herrüsmungen, die
Mars Rundt Rauschen
wenn ich immer gleich
uns Altvaterrundts by
hundert Sculpturen und

3

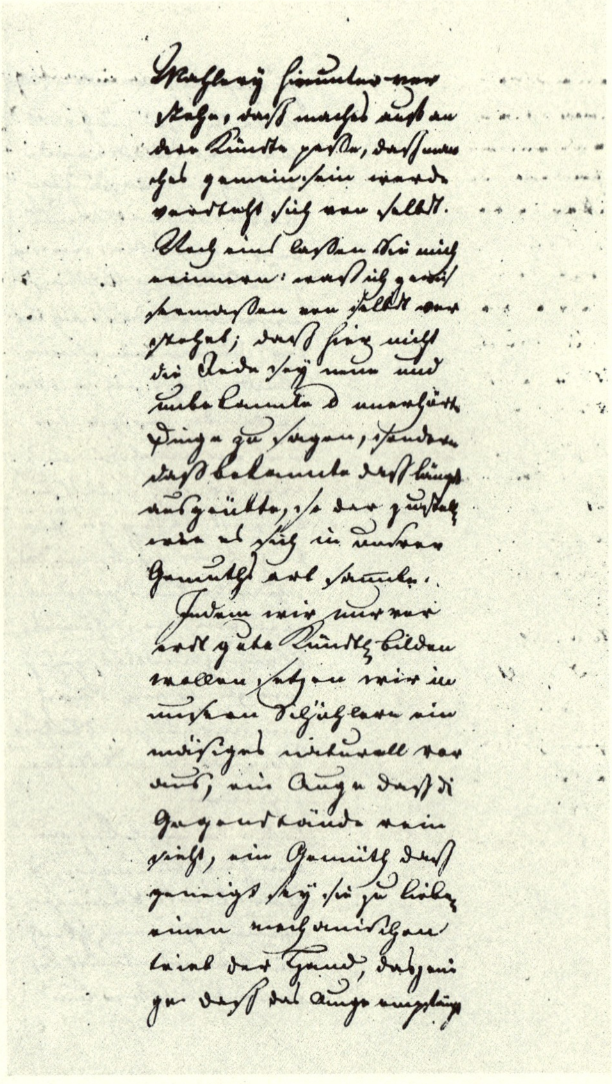
[illegible]
stehe, dass macht auch an
der Kunst [illegible], dass [illegible]
[illegible]
[illegible] sich von selbst.
Nach [illegible] nicht
[illegible]: was ich [illegible]
[illegible] von selbst [illegible]
[illegible]; dass [illegible] nicht
die [illegible] und
[illegible] unerhörte
Dinge zu sagen, sondern
[illegible] bekannte [illegible]
[illegible], so der [illegible]
[illegible] sich in unserm
Gemüthe [illegible].
Indem wir nur vor
[illegible] gute Künstler bilden
wollen, setzen wir in
unsern Schülern ein
mäßiges Naturell vor-
aus, ein Auge das die
Gegenstände rein
sieht, ein Gemüth das
geneigt sey sie zu lieben
einen mechanischen
Trieb der Hand, dasjeni-
ge was das Auge empfängt

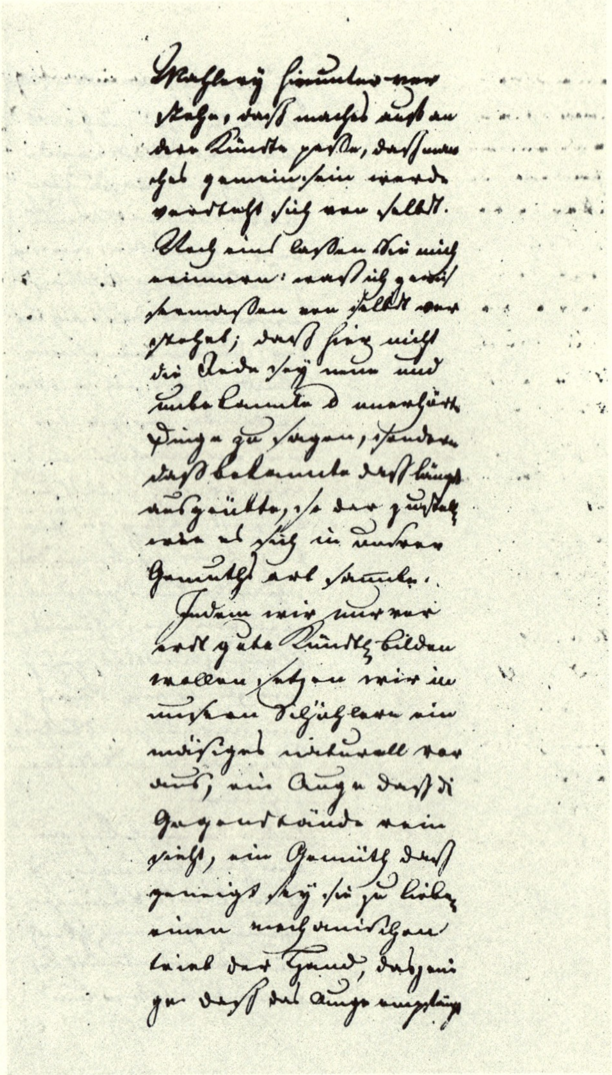

gleichsam unmittelbar
in irgend eine Materie
wieder hinzugeben, und
so fangen wir denn
wie wir diese bilden
wollen? damit sie in
Stand gesetzt werden,
sich über weitere Fort-
pflanzung in der Folge selbst
mit zu bilden.

Leonhardi da Vinci sagt
in seiner Schrift über die
bildende Kunst, mit
diesen, ausdrücklichen
Worten an: wenn
ein Schüler in das
gesprächig und Auswahl
nie, sich gesprächig
nicht hat, so mag er
einen Meister auch
suchen.

Lassen sie mich auch
gleich erinnern machen
wie, daß unsere Schüler
auf sie gefaßt sein
die noch von Leidlehre
wieder nach zu bilden
werden, lassen sie uns
zu denn unsere Schüler

in verschiedene Küsten eintheilen, und sehen wie sie zu decoriren zu bevölkern sehen, ob ihnen sie mit Staarn versehen, und können eine Küste weiter zurück liß es ist noch wienet und sich diese Küste selbst ansieht hat. Künstlern die zu schnell und ohne nach bereitung in das Fach vor das Kunst gewiesen werden, gleichen den Menschen die vom Glück zu schnell erhoben von den sie weiten sich in ihren Zustand nicht zu finden können von dem was ihnen zugeeig unt wird sollen noch all einmer mehr sehr oder sorglicher Gebrauch machen.

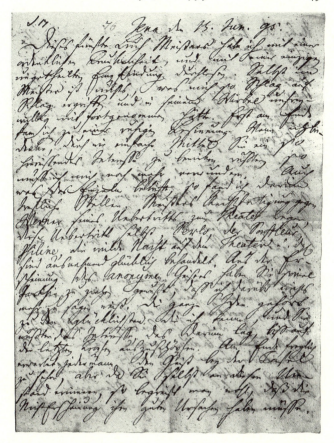

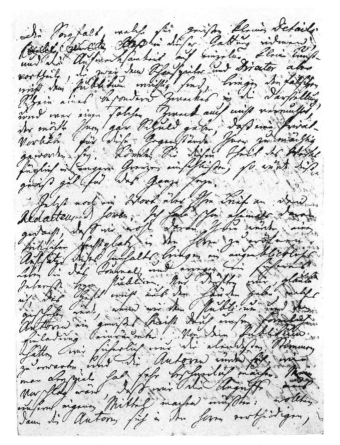

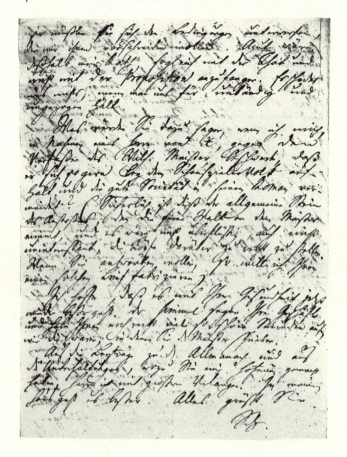

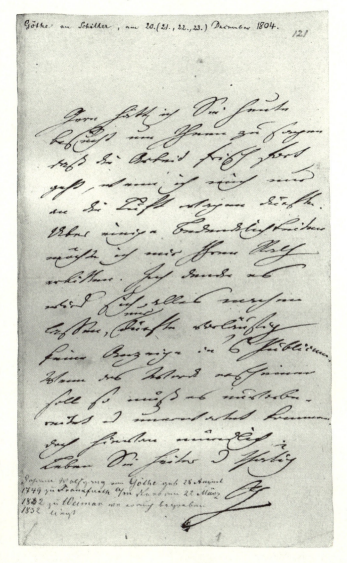

989. Goethe an Schiller                  Weimar, 23. Dezember 1804

ABBILDUNGSNACHWEIS

*16. Goethe an Schiller; Weimar, zwischen 8. und 19. Oktober 1794:* Goethe- und Schiller-Archiv, Weimar

*75. Schiller an Goethe; Jena, 15. Juni 1795:* Goethe- und Schiller-Archiv, Weimar

*989. Goethe an Schiller; Weimar, 23. Dezember 1804:* The British Library, The Manuscript Collections, London

# GOETHE
## ÜBER DEN BRIEFWECHSEL
## MIT SCHILLER

*Goethe an Cotta. Weimar, 11. Juni 1823:*
Hiebei muß ich gestehen daß ich mich umsehe nach jungen Männern, denen man Redaktion von Papieren übertragen könnte, welche selbst zu leisten man wohl die Hoffnung aufgeben muß.
  Bis jetzt tat ich das Möglichste um auszusondern und sodann wieder zu versammeln was zusammen gehört. (wie ich denn in den letzten Wochen die sämtlichen Schillerschen Briefe von 1794 bis 1805, von der ersten Einladung zu den Horen an bis wenige Tage vor seinem Abscheiden, als den größten Schatz den ich vielleicht besitze zusammengebracht und geordnet habe) Allein die Zeit reicht nicht zu und man muß nach und nach fremden Beistand einzuleiten suchen.

*(Goethe/Cotta II, S. 101)*

*Goethe an Wilhelm von Humboldt. Weimar, 22. Juni 1823:*
Ihr Brief, teurer verehrter Freund, kam zur merkwürdigen Stunde, die ihn doppelt interessant macht; eben waren die Schillerschen Briefe gesammelt und ich betrachte sie vom Anfang durch, und da find ich denn die schönsten Spuren unseres glücklichen und fruchtbaren Zusammenseins. Die Einladung zu den Horen macht den Anfang mit einem Schreiben vom 13. Juni 1794. Da es denn so weiter fortgeht und sich mit jedem Briefe die Verehrung des außerordentlichen Geistes, die Freude über dessen Einwirkung auf unsere Gesamtbildung steigert und erhöht. Seine Briefe sind ein unendlicher Schatz, dergleichen Sie auch reichlich besitzen; und wie man durch sie bedeutend vorwärts gekomen, so muß man sie wieder lesen, um vor Rückschritten bewahrt zu sein, wozu uns die liebe Umwelt täglich und stündlich einzuladen geneigt ist.
  Denken Sie sich nun selbst, mein Wertester, wie höchst willkommen Ihre Anmeldung mir in diesem Augenblicke erscheint, worauf ich denn nach reiflichem Nachdenken freundlichst raten wollte, gegen Ende Oktobers bei uns einzutreffen. Sollten die Götter nicht anders über uns disponieren, so finden Sie mich, und was Ihnen sonst lieb und wert ist, gewiß allhier versammelt; stille vertrauliche Kommunikation kann mit geselligen Unterhaltungen gar anmutig abwechseln, und wir erfreuen uns vor allen Dingen

eben an dem Schillerschen Briefwechsel, da Sie denn auch von Ihrer Seite einige Jahrgänge mitbringen und wir in fruchtreicher Gegenwart uns an den früheren schönen Blüten aufs neue auferbauen und erquicken können.

*(WA IV 37, S. 92f.)*

*Goethe an Cotta. Weimar, 30. Mai 1824:*
Die Redaktion meiner Korrespondenz mit Schiller ist ein höchst bedeutendes und in manchem Sinne wohl erfreuliches Geschäft; allein die Bemühung ist größer als ich mir denken konnte, und eine etwas leicht-gemütlich übernommene Last. Die Originale betreffend läßt sich nichts voraussagen; zu sekretieren, ist der Masse nach wenig, allein im Ganzen sind, man darf wohl sagen, die tiefsten Geheimnisse der Freundschaft zerstreut; Äußerungen über Personen und Verhältnisse, vielleicht manchmal im augenblicklichen Humor, die man kaum später irgend jemand vertrauen dürfte; auch bin ich nicht einmal bis zur Hälfte der Durchsicht gekommen und läßt sich also noch manches überdenken und überlegen.

*(Goethe/Cotta II, S. 114)*

*Goethe an Schultz. Weimar, 3. Juli 1824:*
Ich selbst fahre an einer sogenannten Chronik meines Lebens fort, wo ich die lakonische Abfassung, die schon durchaus vollständig ist, nun zu erweitern und aufzuklären hoffe. Dabei tritt der wichtige Umstand ein, daß die Schillerische Familie mir meine Briefe an diesen hohen Freund bis auf das letzte Billetchen übergeben hat, die ich nun mit seinen, gleichfalls heilig aufgehobenen Briefen und Blättern in einander arbeite und dem gewiß allgemeinen Wunsch, von einem solchen Verhalten Kenntnis zu nehmen, entgegen arbeite. Alle Freunde, die Schillers Briefe von 1802, jetzt in Kunst und Altertum abgedruckt, gesehen, haben sogleich gewünscht, meine Erwiderungen dagegen zu lesen. Diese sind freilich zur Aufklärung und Belebung höchst notwendig, aber im innern und selbstständigen Wert kommen sie den Schillerischen nicht bei; er war geneigter zum reflektieren über Personen und Schriften als ich, und seine höchst freien brieflichen Äußerungen sind als unbedingter augenblicklicher Erguß ganz unschätzbar. Unser beiderseitiges munteres Leben und redliches Streben stimmt zu freudiger Heiterkeit, die freilich leider auch, durch Leiden und Quengeleien des Tags, dem Beschauer oft verkümmert wird; doch dadurch wird es ja ein wahres Bild des beschatteten buntgrauen Erdenlebens. Die Korrespondenz geht ununterbrochen von 1794 bis 1805. Die ersten Jahre höchst reich und prägnant, weil wir uns erst begreifen

mußten und, an verschiedenen Orten lebend, briefliche Unterhaltung ernstlich zu pflegen genötigt wurden. Späterhin hatte sich die Gesinnung schon ausgeglichen, wir wohnten an Einem Orte und so ist wenig Schriftliches übrig geblieben.

Aus jenen Jahrzahlen sehen Sie daß sich diese Dokumente unmittelbar an die Campagnen anschließen, und also ohne weiteres den Freunden, die an meiner Vergangenheit Teil nehmen, eine willkommene ausführliche Gabe versprechen.

*(WA IV 38, S. 181f.)*

*Goethe an Zelter. Weimar, 24. August 1824:*
Gewiß freut es dich wenn ich vermelde daß die ganze zehnjährige Korrespondenz mit Schiller von seiner und meiner Seite in meinen Händen und beinahe schon völlig redigiert sei. Tritt sie hervor so wird sie dem Einsichtigen den Begriff von einem Zustande geben und von Verhältnissen die so leicht nicht wiederkommen.

*(WA IV 38, S. 229)*

*Goethe an Zelter. Weimar, 30. Oktober 1824:*
Ich schließe nun auch das naturwissenschaftliche Heft, das dieses Jahr unschicklicherweise retardiert worden, redigiere meine Korrespondenz mit Schiller von 1794 bis 1805. Es wird eine große Gabe sein, die den Deutschen, ja ich darf wohl sagen den Menschen geboten wird. Zwei Freunde der Art, die sich immer wechselseitig steigern indem sie sich augenblicklich expectorieren. Mir ist es dabei wunderlich zu Mute, denn ich erfahre was ich einmal war.

Doch ist eigentlich das Lehrreichste der Zustand in welchem zwei Menschen, die ihre Zwecke gleichsam par force hetzen, durch innere Übertätigkeit, durch äußere Anregung und Störung ihre Zeit zersplittern; so daß doch im Grunde nichts der Kräfte, der Anlagen, der Absichten völlig Wertes herauskommt. Höchst erbaulich wird es sein; denn jeder tüchtige Kerl wird sich selbst daran zu trösten haben.

*(WA IV 38, S. 278f.)*

*Goethe an Knebel. Weimar, 24. Dezember 1824:*
Meine Korrespondenz mit Schiller, die nun fast beisammen ist, hat mir Unterhaltung und Belehrung gegeben; sie endigt 1805, und wenn man denkt, daß 1806 die Invasion der Franzosen eintrat, so sieht man beim ersten Anblick, daß sie eine Epoche abschließt, von der uns kaum eine Erinnerung übrig bleibt. Jene Weise sich zu bilden, die sich aus der langen Friedens-Epoche des Nordens entwickelte und immerfort steigerte, ward gewaltsam unterbro-

chen, alles von Jugend und Kindheit auf ward genötigt sich anders
zu bilden, da es denn auch in einer tumultuarischen Zeit an
Verbildung nicht fehlte. Desto reiner steht jenes Zeugnis einer
Epoche da, die vorüber ist, nicht wieder kommt und dennoch bis
auf den heutigen Tag fortwirkt und nicht über Deutschland allein
mächtig lebendigen Einfluß offenbart. Vergnügen wir uns, daß wir
daran Teil nahmen und noch immer sind, was und wie wir waren,
und daß unsere Freundschaft sich auch eben so dauerhaft bewährte.

(WA IV 39, S. 54)

*Goethe an Zelter. Weimar, 11. April 1825:*
Mein neues Heft Kunst und Altertum erscheint bald; meine Briefe
an Schiller nehmen sich nicht übel aus. Die Bemerkung die du
machst, daß er in gewissen Dingen mit mir nicht einig ist, wie z. B.
wegen der innern oder äußern Furien, diese wird sich auf eine
merkwürdige Weise wiederholen, wenn die sämtliche Korrespondenz zum Vorschein kommt. Auch schon in diesem Jahrgange
findet sich verschiedenes der Art, und ich habe das Vergnügen zu
sehen daß sehr viele für mich votieren, da ich ihm niemals widersprach, sondern ihn, wie in allen Dingen, also auch bei meinen
eigenen Sachen gewähren ließ.

(WA IV 39, S. 181)

*Goethe: Literarisches Konversationsblatt. Über Kunst und Alter-
tum. Fünften Bandes zweites Heft. 1825:*
Freundschaft kann sich bloß praktisch erzeugen, praktisch Dauer
gewinnen. Neigung, ja sogar Liebe hilft alles nichts zur Freundschaft. Die wahre, die tätige, produktive besteht darin, daß wir
gleichen Schritt im Leben halten, daß er meine Zwecke billigt, ich
die seinigen, und daß wir so unverrückt zusammen fortgehen, wie
auch sonst die Differenz unserer Denk- und Lebensweise sein
möge.

In der zweihundertundvierzigsten Nummer des diesjährigen
Konversationsblattes erschien mir besonders willkommen der dort
eingelegte Brief. ⟨Über das neueste Heft von Goethes Kunst und
Altertum. Schreiben an einen Freund.⟩ Er war mir so rührend als
aufmunternd. Gleichgestimmt mit dem Verfasser sprech ich dankbar dagegen aus:

Das Vorzüglichste, was wir durch Mitteilung älterer Briefe
gewinnen, ist: uns in einen früheren, vorübergegangenen, nicht
wiederkehrenden Zustand unmittelbar versetzt zu sehen. Hier ist
nicht Relation noch Erzählung, nicht schon durchgedachter und
durchgemeinter Vortrag; wir gewinnen eine klare Anschauung

jener Gegenwart, wir lassen auf uns einwirken wie von Person zu Person.

Wenn nun dieses aber für alle Zukunft gilt, so bedeuten solche Dokumente doch am meisten, ein- für allemal, demjenigen, der solche Zeit mitverlebte; älter oder jünger, er wird in jenen Zustand zurückgesetzt, wohin Gefühl, Einbildungskraft, Erinnerungsgabe ihn kaum so lebhaft wieder hinstellen könnte.

Man lese gedachten Brief und sehe, wie ein damals jüngerer, nun in Jahren gleichfalls herangekommener jene gleichzeitigen älteren Männer am besten versteht und sich selbst überzeugt, wie er nach und nach in eine hohe Kultur hineingewachsen sei.

Dieser unbekannte Freund erhöht meinen Mut bei dem schwierigen Geschäft einer Redaktion meines Briefwechsels mit Schiller. Ich werde sie auch um seinetwillen beeilen und ihm zuliebe laß ich meine Briefe von 1802 in diesem Hefte abdrucken. Er wird sie nun mit den Schillerischen von diesem Jahre verschränken und sich in Gefühlen, Beobachtungen und Betrachtungen gar gestärkt finden.

*Goethe an Caroline von Wolzogen, geb. von Lengefeld. Weimar, 10. Juli 1825:*
Das Besondere jedoch worüber ich zu sprechen wünschte ist unser bisher stockendes Geschäft; die Redaktion der bewußten Briefe ist zwar weit genug gediehen allein zu einem Abschluß schwer zu gelangen; die schönsten und geistreichsten Stellen, die man nicht missen möchte, die als Würze des vielen Gleichgültigen unentbehrlich scheinen, sind solche die entweder noch Lebende, oder die Freunde kurz Verstorbener notwendig verletzen würden; wie lange man daher den Druck hinzuhalten habe wüßte ich nicht zu sagen.

Damit aber die Schillerischen nicht ihres zu erwartenden Anteils an diesem Unternehmen noch ferner entbehren, so macht es mir Vergnügen erklären zu können daß ich zu Michael im Stande bin denselben mit zwei tausend Talern vorläufig abzutragen; wobei ich zugleich für mich und die Meinigen verspreche, daß wenn in der Folge auf irgend eine Weise sich ein höherer Gewinn daraus ziehen ließe, solcher im Sinne der alten unverbrüchlichen Freundschaft jener Seite mit zu Teil werden solle.

*(WA IV 39, S. 245 f.)*

*Goethe: Promemoria an die Großherzoglich Sächsische Regierung. Weimar, 18. Januar 1827:*
Die zwischen Schiller und Goethe von dem Jahre 1794–1805 geführte Korrespondenz ist nunmehr zusammengeordnet, redigiert und eine reinliche Abschrift davon besorgt worden, so daß

allenfalls ein Abdruck derselben dem Publikum mitgeteilt werden könnte.

Zugleich hat man die Originale auf eben die Weise geordnet, numeriert, nach Jahren zusammengelegt in ein Kästchen gebracht, welches zugefestigt und versiegelt, noch außerdem in Wachstuch eingenäht und dieses gleichfalls versiegelt und mit einer Inschrift versehen worden. Nun wünschen sowohl die Schillerschen als die Goethischen von beiden Seiten, daß es Großherzoglicher Regierung gefallen möge, gedachtes Kästchen in obgemeldtem Zustande geneigtest anzunehmen und in *scrinio principis* zu verwahren.

Die Absicht der Interessenten ist hiebei, daß solches bis zu dem Jahre 1850 daselbst verbleibe, sodann aber den Erben und Erbnehmern oder deren Bevollmächtigten zu weiterer Disposition übergeben werde. Man behält sich vor, ein versiegeltes Schreiben beizulegen, einige nähere Bemerkungen über den Inhalt zu dereinstiger Notiz dererjenigen enthaltend, welche Gebrauch von diesem Nachlaß zu machen berechtigt sind.

*(WA IV 42, S. 294)*

*Goethe an Sulpiz Boisserée. Weimar, 19. Januar 1827:*
Fortfahrend in meiner testamentarischen Vorsorge habe den 30. Dezember die Notiz wegen der Schillerschen Korrespondenz abgesendet, die nun auch wohl angekommen und zu freundlicher Abschließung des Geschäftes Anlaß geben wird. Die Originale sind nun bei Großherzoglicher Regierung niedergelegt.

Und so habe ich denn, das endliche Ende vorzubereiten, auf unserm neuen *lieu de repos*, neben der Fürstlichen Gruft, ein anständiges Gehäus projektiert, wo sie dereinst meine Exuvien und die Schillerschen wiedergewonnenen Reste zusammen unterbringen mögen.

*(WA IV 42, S. 20)*

*Goethe an Cotta. Weimar, 26. Januar 1827:*
An Freund Boisseree habe ich diese Tage gesendet was zwischen Ernst von Schiller und mir bei seinem letzten Hiersein verhandelt worden. Unsere Vorschläge sind der früheren Verabredung gemäß und ich darf wohl sagen daß die Masse Manuskript wie sie da liegt einen tüchtigen Schlußstein macht meine und Schillers Werke zusammen zu halten und zu stützen. Der Begriff, was wir beide gewollt, wie wir uns aneinander gebildet, wie wir einander gefördert, was uns gehindert wie weit wir mit unsern Leistungen gediehen, und warum nicht weiter? wird alles klarer und muß denen die auch bestrebsam sind zur guten Leuchte dienen.

Alle Freunde die ich in diese Bände hineinsehen lassen wünschen baldigsten Abdruck und ich mit ihnen, besonders um der älteren Mitlebenden willen, denen dergleichen höchst willkommen ist.

*(Goethe/Cotta II, S. 194f.)*

*Goethe an Ernst von Schiller. Weimar, 26. Januar 1827:*
Nun kann ich endlich, teuerster junger Freund, vermelden wie das zwischen uns Verabredete nunmehr seine Erledigung gefunden hat. Vorerst sind die sämtlichen, in Ihren Händen schon befindlichen Papiere, die Herausgabe meiner Korrespondenz mit Ihrem seligen Herrn Vater betreffend, am 1. Januar nach Stuttgart abgegangen, da denn von dorther weitere Erklärung zu erwarten steht.

Sodann wird aus beiliegenden Abschriften ersichtlich: daß das Kästchen mit den Originalbriefen bei Großherzoglicher Regierung wohlgepackt und gesiegelt niedergelegt worden. Die Abschrift der geordneten Briefe, wie Sie solche gesehen, liegt vollständig redigiert und korrigiert bei mir verwahrt, und kann an den Verleger, wenn er die Gebühr leistet, ungesäumt verabfolgt werden.

Und so wäre denn dieses in gar manchem Sinne bedeutende Geschäft auf jede Weise sicher gestellt, die Masse Manuskript, wie sie daliegt, macht einen tüchtigen Schlußstein, meine und Schillers Werke zusammenzuhalten und zu stützen. Der Begriff was wir beide gewollt, wie wir uns an einander gebildet, wie wir einander gefördert, wie weit wir mit unsern Leistungen gediehen und warum nicht weiter? wird alles klarer und muß denen die auch bestrebsam sind zur guten Leuchte dienen.

*(WA IV 42, S. 22)*

*Goethe an Cotta. Weimar, 12. März 1827:*
⟨...⟩ Die Schillerische Korrespondenz liegt auf die näher zugesagte Erklärung zum einpacken bereit; ihr baldiges Erscheinen wird großen Einfluß auf die Ausgabe der Werke beider Freunde beweisen.

*(Goethe/Cotta II, S. 198)*

*Goethe an Cotta. Weimar, 17. Dezember 1827:*
Ich werde sorgen daß wo möglich jederzeit über die andere unserer Lieferungen etwas auffallend Neues angeschlossen werde; eine immer lebhaftere Teilnahme des Publikums muß uns freilich höchst erwünscht sein.

Hiezu wird die Schillerische Korrespondenz gewiß das Ihrige beitragen; es ist dieses wundersame Manuskript, wie es vor mir liegt von größter Bedeutung; es wird im Augenblick die Neugierde befriedigen und für die Folge in literarischer, philosophischer, ästhetischer Hinsicht, ja nach vielen andern Seiten hin höchst wirksam bleiben.

Da nun Ew: Hochwohlgeboren diese Angelegenheit wieder in Erinnerung bringen, so habe ich jenes Aufsatzes zu gedenken, welchem im Januar des laufenden Jahres durch Herrn Sulp. Boisserée an Dieselben gesendet und von welchem ich auf jeden Fall eine Abschrift beilege. Ihre Einstimmung in die getanen Vorschläge wird dem Geschäft sogleich die erwünschte Richtung geben. Einer Assignation auf die verlangte Summe von Acht Tausend Talern auf die Herren Frege und Comp. soll sodann die Absendung des Manuskriptes nachfolgen, welches eine weit größere Masse enthält als ich jemals vermutete.

Ich lege, damit sich Dieselben davon selbst überzeugen können, einige Blätter bei und bemerke daß solcher einzeln gezählter Blätter 900 sind, nicht gerechnet die vielen späterhin nach und nach eingeschobenen; woraus denn hervorgeht daß gar wohl 5 bis 6. schickliche Oktavbände damit gefüllt werden.

Daß ich ohne vorgängigen Abschluß des Geschäftes das Manuskript nicht ausliefere, werden Dieselben in der Betrachtung billigen, daß ich den Schillerischen Erben, worunter sich zwei Frauenzimmer befinden, responsable bin und ich mich daher auf alle Fälle vorzusehen habe. Der hiesige Schillerische Anwalt Herr Rat Kuhn übernähme den jenseitigen Anteil am schicklichsten und ich würde, nachdem ich nicht allein selbst befriedigt, sondern auch von dorther gesichert wäre, das schon längst eingepackte Kästchen auf die Post geben und ein Geschäft, das mir viele Mühe, Sorgen und Kosten gemacht, käme doch endlich zu Stande.

Denn ich will nur gestehen daß mir ein gutmütiger Leichtsinn bei unentgeltlicher Übernahme der Redaktion zu einem unberechenbaren Zeitaufwand und zu einem nicht geringen Schaden gereichte.

Von einer frühern Übereinkunft mit Frau von Schiller, welche bloß Bezug auf die Schillerische Familie hätte, findet sich nichts unter meinen Papieren. Ich übernahm ohne Weiteres die gemeinsame Angelegenheit und führte sie treulich einen gedeihlichen nunmehr zu hoffenden Abschluß entgegen.

*(Goethe/Cotta II, S. 223 f.)*

*Goethe an Sulpiz Boisserée. Weimar, 8. März 1828:*
Der von Ihnen, mein Wertester, angekündigte Brief des Herrn v. Cotta ist angekommen, aber leider von der Art, daß man mit Ehren darauf nicht antworten kann. Da sich jedoch daraus ergibt, daß die Angelegenheit wegen der Schillerischen Korrespondenz

sich gar leicht beendigen läßt, so darf ich Sie wohl ersuchen, nach soviel Anderem auch dieses gefälligst zu übernehmen.

Man hat auf eine unverantwortliche Weise gehandelt, daß man mir die an die v. Schillerschen geleisteten Vorschüsse und Stückzahlungen verheimlichte und mich dadurch in dem Irrtum ließ, als sei ich gegen jene noch wegen des ganzen Betrags ihres Anteils am Honorar verpflichtet und responsabel, weshalb ich denn auch mit allem Recht das Manuskript zurückhielt, bis ich nicht sowohl mich als vielmehr sie befriedigt wüßte.

Jedermann wird diese Vorsicht billigen, über welche Herr v. Cotta sich höchst unanständig gebärdet, indem er zugleich gestehen muß, daß er selbst durch jene Verheimlichung Schuld an der ganzen Verzögerung sei; denn warum geht er nicht eher mit diesem Bekenntnis hervor?

Doch ich muß inne halten, um nicht die tiefe Indignation wieder aufzuregen, die ich bei Lesung jenes Schreibens heftig empfand; ich eile vielmehr, Ihnen beiliegenden Aufsatz zu empfehlen, welcher, wenn ich nicht irre, alle Teilnehmer zufrieden stellt, wie es schon vor zwei Jahren hätte geschehen können, wäre man nicht, und zwar ganz ohne Not, gegen mich rückhaltig gewesen.

Übrigens werden Sie, mein Freund, gewiß billigen, daß ich nachstehenden Vertrag als mit der J. G. Cottaischen Buchhandlung abzuschließen behandle. Denn diese ist es ja allein, welche bisher von Frege und Comp. in Leipzig anerkannt und auf deren Kredit gezahlt worden.

*(WA IV 44, S. 13 ff.)*

*Goethe an Cotta. Weimar, 8. März 1828 (über Boisserée gesandter Vertragsentwurf):*
Übereinkunft wegen Herausgabe der Goethe-Schillerischen Korrespondenz.

1.) Das Honorar für das redigierte Manuskript wird auf
Acht Tausend Taler
festgesetzt.

2.) Die J. G. Cottasche Buchhandlung erklärt: daß, nach Ausweis ihrer Bücher und Rechnungen, die von Schillerischen Erben für die denenselben gebührende Hälfte von Vier Tausend Talern, durch Vorschüsse und Stückzahlungen vollkommen befriedigt sind.

3.) Gedachte Buchhandlung verpflichtet sich hierüber ein legales Zeugnis von Seiten der Schillerischen Erben beizubringen, wodurch zugleich Unterzeichneter aller ferneren Ansprüche entbunden, auch gebilligt würde daß der Verlagshandlung das gesamte Manuskript inzwischen eingehändigt worden.

4.) Die J. G. Cottasche Buchhandlung zahlt auf die Goethesche Seite fallende Hälfte an
Vier Tausend Talern
in zwei Terminen, den ersten Ostern, den zweiten Michael 1828.

5.) Das Verlagsrecht wird auf zwölf Jahre zugestanden und zwar von der Erscheinung an des Werks im Publikum.

6.) Die erste Ausgabe wird in Oktav veranstaltet, sollte man jedoch in der Folge eine Taschenausgabe belieben so wird man alsdann über den zu entrichtenden Nachschuß des Honorars Übereinkunft zu treffen haben.

7.) Frei-Exemplare erhalten
die Goetheschen
 Velinpapier 12.
 Gewöhnlich Pap. 8.
Mit den Schillerischen wird die Verlagshandlung unmittelbar deshalb überein kommen.

8.) Sobald Unterzeichneter eine mit dem Vorstehenden übereinstimmende schriftliche Zusicherung erhält, geht alsobald das vollständige Manuskript an die Verlagshandlung ab.

9.) Die Aushängebogen werden sukzessiv, wie sie die Presse verlassen anher gesendet.

Weimar den 8. März 1828.         JWvGoethe
*(Goethe/Cotta II, S. 231)*

*Goethe an Cotta. Weimar, 30. November 1828:*
Wie ich die Widmung dieser Briefsammlung an Ihro Majestät dem König verstehe, möchte ich mich gern deutlich ausdrücken. Es ist hier von keiner gewöhnlichen Dedikation die Rede, sondern, wenn die Sechs Bände vollendet vor uns liegen, soll mir hoffentlich etwas gelungen sein was, darauf Bezug habend, das Allgemeine, Würdige und Schickliche ausspräche. Es klingt dieses freilich einigermaßen mystisch, mehr kann ich jedoch nicht sagen und wünsche nur indessen daß man das was ich mir vorsetzte als etwas Selbstständiges betrachten und erwarten möge.
*(Goethe/Cotta II, S. 239f.)*

*Goethe an Schultz. Weimar, 10. Januar 1829:*
Und eben diese Korrespondenz würdigen Sie vollkommen richtig; man könnte sagen, ich sei sehr naiv dergleichen drucken zu lassen; aber ich hielt gerade den jetzigen Zeitpunkt für den eigentlichen, jene Epoche wieder vorzuführen, da, wo Sie, mein verehrter Freund, und so manche andere treffliche Menschen jung waren und strebten und sich zu bilden suchten, da, wo wir Älteren aufstrebten, uns auch zu bilden suchten und uns mitunter unge-

schickt genug benahmen; solchen damals Gleichzeitigen kommt es eigentlich zu Gute, d. h. zu Heiterkeit und Behagen. Denn was kann heiterer sein, daß es beinahe komisch wird, die Briefe mit der pomposen Ankündigung der Horen anfangen zu sehen und gleich darauf Redaktion und Teilnehmer ängstlich um Manuskript verlegen.

Das ist wirklich lustig anzuschauen, und doch, wäre damals der Trieb und Drang nicht gewesen, den Augenblick aufs Papier zu bringen, so sähe in der deutschen Literatur alles anders aus. Schillers Geist mußte sich manifestieren; ich endigte eben die *Lehrjahre*, und mein ganzer Sinn ging wieder nach Italien zurück. Behüte Gott! daß jemand sich den Zustand der damaligen deutschen Literatur, deren Verdienste ich nicht verkennen will, sich wieder vergegenwärtige; tut es aber ein gewandter Geist, so wird er mir nicht verdenken, daß ich hier kein Heil suchte; ich hatte in meinen letzten Bänden bei Göschen das Möglichste getan, z. B. in meinen *Tasso* des Herzensblutes vielleicht mehr, als billig ist, transfundiert, und doch meldete mir dieser wackere Verleger, dessen Wort ich in Ehren halten muß: daß diese Ausgabe keinen sonderlichen Abgang habe.

Mit *Wilhelm Meister* ging es mir noch schlimmer. Die Puppen waren den Gebildeten zu gering, die Komödianten den Gentleman zu schlechte Gesellschaft, die Mädchen zu lose; hauptsächlich aber hieß es, *es sei kein Werther*. Und ich weiß wirklich nicht, was ohne die Schillerische Anregung aus mir geworden wäre. Der Briefwechsel gibt davon merkwürdiges Zeugnis. Meyer war schon wieder nach Italien gegangen, und meine Absicht war, ihm 1797 zu folgen. Aber die Freundschaft zu Schillern, die Teilnahme an seinem Dichten, Trachten und Unternehmen hielt mich, oder ließ mich vielmehr freudiger zurückkehren, als ich, bis in die Schweiz gelangt, das Kriegsgetümmel über den Alpen näher gewahr wurde. Hätt es ihm nicht an Manuskript zu den Horen und Musenalmanachen gefehlt, ich hätte die Unterhaltungen der Ausgewanderten nicht geschrieben, den Cellini nicht übersetzt, ich hätte die sämtlichen Balladen und Lieder, wie sie die Musenalmanache geben, nicht verfaßt, die Elegien wären, wenigstens damals, nicht gedruckt worden, die Xenien hätten nicht gesummt, und im Allgemeinen wie im Besondern wäre gar manches anders geblieben. Die sechs Bändchen Briefe lassen hievon gar vieles durchblicken.

*(WA IV 45, S. 116 ff.)*

*Goethe zu F. von Müller über das Aufgeben seines Journals über Kunst und Altertum. 17. Mai 1829:*
Wenn man *in* und *für* die Zeit schreibt, ist es gar zu unangenehm,

zu finden, daß man nichts auf sie wirkt. Ja, wenn man Schillers und meinen Briefwechsel liest – da findet man wohl, daß diese Kerls es sich ganz anders sauer werden, ganz höllisch ernst sein ließen. Und man wundert sich, daß sie sich so viele Mühe geben mochten; die albernen Bursche *dachten* nach, suchten sich alles klar zu machen, Theorien von dem, was sie geschaffen hatten, zu ergrübeln; hätten es sich leichter machen können und lieber was Frisches schaffen.

*(Müller, S. 154)*

*Goethe an Zelter. Weimar, 10. Juli 1829:*
Eigentlich für solche alte Käuze, wie du bist, hab ich, mein Teuerster, die Schillerische Korrespondenz schon gegenwärtig drucken lassen; die Jetzt- und Folgewelt mag sie hinnehmen, wie sie kann, für sie bleibt dies Wesen alles historisch, und auch so wird es manchem Verständigen dienlich und heilsam werden; denen aber, die damals schon lebten und wirkten, dient es zu größerer Vollständigkeit und Bequemlichkeit, wenn auch sie das Fazit ihres Lebens zu ziehen Lust haben.

*(WA IV 45, S. 186 f.)*

*Goethe an Adele Schopenhauer. Weimar, 16. Januar 1830:*
Wenn Sie mir nun freundlich melden von den günstigen Wirkungen des, nicht ohne Bedenklichkeit herausgegebenen Briefwechsels, ist es mir höchst willkommen, denn es bestärkt mich im Glauben: gerade diese Mitteilung werde einem freien, wohldenkenden Geist, wenn er sie mit anderen gleichzeitigen Vertraulichkeiten, wie Freunde sich einander offenbarten, vergleicht, ganz gewiß einen schönen Aufschluß über die innern ethischen Verhältnisse unseres Literar-Wesens, aus welchem so manches Löbliche hervorgegangen, sich zu gewinnen in den Stand setzen.

Daß etwas für unsern Freund v. Schlegel Bedenkliches darin möchte enthalten sein, wüßte ich mich nicht zu erinnern. Seit dem Druck hab ich die Briefe nicht wieder angesehn, ja, seit der, vor Jahren durchgeführten Redaktion, niemals ganz durchaus gelesen. So viel aber weiß ich recht gut: daß ich Schillern oft zu beschwichtigen hatte, wenn von den talentvollen Brüdern die Rede war; er wollte leben und wirken, deshalb nahm er es vielleicht zu empfindlich wenn ihm etwas in den Weg gelegt wurde, woran es denn die geistreichen jungen Männer mitunter nicht fehlen ließen.

*(WA IV 46, S. 212 f.)*

*Goethe an Carlyle. Weimar, 14. Juli 1829:*
Die angekündigte Sendung geht erst jetzt ab; diese Verspätung aber gibt mir glücklicherweise Gelegenheit von meinem Briefwechsel

mit Schiller die ersten Teile beizulegen; Sie werden darin zwei Freunde gewahr werden, welche, von den verschiedensten Seiten ausgehend, sich wechselseitig zu finden und sich an einander zu bilden suchen. Es wird Ihnen diese Sammlung von mehr als einer Seite bedeutend sein, besonders da Sie auch Ihre eigenen Lebensjahre, auf welcher Stufe des Wachstums und der Bildung Sie gestanden, an den Datums rekapitulieren können.

*(WA IV 46, S. 10f.)*

*Goethe an Carlyle. Weimar, 13. ⟨14.⟩ April 1830:*
Ferner finden Sie beigelegt:

2) Die vier noch fehlenden Bände gedachter Briefe. Mögen sie Ihnen als Zauberwagen zu Diensten stehen um sich in die damalige Zeit in unsre Mitte zu versetzen, wo es eine unbedingte Strebsamkeit galt, wo niemand zu fordern dachte und nur zu verdienen bemüht war. Ich habe mir die vielen Jahre her den Sinn, das Gefühl jener Tage zu erhalten gesucht und hoffe es soll mir fernerhin gelingen.

*(WA IV 47, S. 18)*

*Goethe: Kodizill zum Testament. Weimar, 22. Januar 1831:*

IV.

Meine mit Schillern geführte Korrespondenz ist abgedruckt in dem Cotta'schen Verlag herausgegeben. Alle wechselseitigen Obliegenheiten sind erfüllt und hier nur zu bemerken: daß das Verlagsrecht von Herausgabe des letzten Teils an auf 12 Jahre bestimmt ist. Alles was sonst etwa dieses Verhältnis Betreffende zu wissen könnte gewünscht werden, davon geben die Akten hinreichende Nachricht.

V.

Korrespondenz mit Schiller anno 1850 herauszugeben.

Alle Aufmerksamkeit verdient das Kästchen, welches bei Großherzoglicher Regierung niedergestellt ist; es enthält die Originalbriefe meiner Korrespondenz mit Schiller, welche erst im Jahr 1850 herausgegeben werden sollen, wovon die Akten das Weitere nachweisen.

Wie sich auch die weltlichen Sachen bilden, so werden diese Papiere von großem Werte sein:

a) wenn man bedenkt, daß die deutsche Literatur sich bis dahin noch viel weiter über den Erdboden ausbreiten wird;

b) daß darin nahe bis 500 Briefe von Schillers eigner Hand befindlich; daß ferner

c) die Anekdotenjagd so viele Namen, Ereignisse, Meinungen und Aufklärungen finden wird, die, wie wir in jeder Literatur sehen, von älteren Zeiten her immer mehr geschätzt werden; so wird man begreifen, was ein kluger Unternehmer aus diesen Dingen werde für Vorteil ziehen können. Deshalb das Ausbieten dieses Schatzes nicht privatim, sondern durch die Zeitungen und zwar auch durch die ausländischen zu besorgen und den Nachkommen die Früchte väterlicher Verlassenschaft zu steigern sein werden.

Meine Enkel sind alsdann längst mündig und mögen nach dieser Anweisung ihre eigenen Vorteile wahren. Die Hälfte des Erlöses kommt den Schillerischen Erben zu, weshalb denn in diesem Geschäft die nötige Vorsicht zu brauchen ist.

*(WA I 53, S. 336 f.)*

*Goethe an Carl Friedrich Zelter. Weimar, 20. Oktober 1831:*
Schiller war mit Recht auf sie ⟨die Gebrüder Schlegel⟩ erbost; wie er ihnen im Wege stand, konnt er ihnen nicht in den Weg treten. Er sagte mir einmal, da ihm meine allgemeine Toleranz, sogar die Fördernis dessen was ich nicht mochte, nicht gefallen wollte: »Kotzebue ist mir respektabler in seiner Fruchtbarkeit als jenes unfruchtbare, im Grunde immer nachhinkende und den Raschfortschreitenden zurückrufende und hindernde Geschlecht.«

Daß August Schlegel so lange lebt, um jene Mißhelligkeiten wieder zur Sprache zu bringen, muß man ihm gönnen. Der Neid, so viele wirksamere Talente auftauchen zu sehen, und der Verdruß, als junger Ehemann so schlecht bestanden zu haben, können unmöglich das Innere dieses guten Mannes ins Wohlwollen gelangen lassen.

Wir wollen das alles wie seit so vielen Jahren vorübergehen lassen und immer nur auf das hinarbeiten was wirksam ist und bleibt. Ich habe gar manche hübsche Faden fortzuspinnen, zu haspeln und zu zwirnen, die mir niemand abreißen kann.

*(WA IV 49, S. 119 f.)*

# ZEITGENOSSEN
## ÜBER DEN BRIEFWECHSEL
## ZWISCHEN SCHILLER UND GOETHE


*Wilhelm von Humboldt an Caroline von Humboldt. Weimar, 12. November 1823:*
Zwischen Goethe und der Schiller ist eine Art Angelegenheit über die Briefe Schillers und Goethes. Goethe möchte diesen Briefwechsel zusammen drucken lassen, und die Lücken von der Zeit, wo sie zusammen waren, erzählend ausfüllen. Wenn er diese Idee ausführt, so ist sie für die Leser offenbar die beste. Die Schiller aber möchte, und mit Recht, den aus diesen Briefen zu ziehenden Vorteil nicht für die Kinder aufgeben. Sie hält also Goethes Briefe zurück und hat einige von Goethe gemachte Vorschläge, sie für eine geringe Summe zurückzukaufen, abgeschlagen. Ich habe nun dadurch, daß ich Goethen meine Schillerschen Briefe gegeben, ihn aber gebeten habe, sie, wenn er sie gelesen hätte, der Schillern zu geben, und daß ich ihm so indirekt zu Gemüte geführt, daß von Schiller geschriebene Briefe von seinen Freunden billig als Eigentum der Kinder angesehn werden, eine neue Bewegung in die Sache gebracht, und beide Teile haben mich nun gebeten, sie zu vermitteln. Ob das aber gelingen wird, steht doch dahin. Denn obgleich beide sich ehren und lieben, so bestehen sie doch gegenseitig auf ihren Meinungen.
*(Wilhelm und Caroline von Humboldt, Bd. 7, S. 174f.)*

*Wilhelm von Humboldt. Über Schiller:*
In jene Periode der Rückkehr Schiller's zur dramatischen Dichtung fällt auch der Anfang seines vertrauteren Umgangs mit Göthe, und gewiß als die am stärksten und bedeutendsten mitwirkende Ursach. Der gegenseitige Einfluß dieser beiden großen Männer auf einander war der mächtigste und würdigste. Jeder fühlte sich dadurch angeregt, gestärkt und ermutigt auf seiner eigenen Bahn, jeder sahe klarer und richtiger ein, wie auf verschiedenen Wegen dasselbe Ziel sie vereinte. Keiner zog den Andern in seinen Pfad herüber, oder brachte ihn nur ins Schwanken im Verfolgen des eignen. Wie durch ihre unsterblichen Werke, haben sie durch ihre Freundschaft, in der sich das geistige Zusammenstreben unlösbar mit den Gesinnungen des Charakters und den Gefühlen des Herzens verwebte, ein bis dahin nie gesehenes Vorbild auf-

gestellt, und auch dadurch den Deutschen Namen verherrlicht. Mehr aber darüber zu sagen, würde teils überflüssig sein, teils verbietet es eine natürliche und gerechte Scheu. Schiller und Göthe haben sich in ihren Briefen selbst so klar und offen, so innig und großartig über dies einzige Verhältnis ausgesprochen, daß so Gesagtem noch etwas hinzuzufügen niemand versucht werden kann.

⟨...⟩ Der neuere Dichter ist fast notwendig auf den Punkt gestellt, sich Rechenschaft von seinem Schaffen geben zu müssen. Alles fordert ihn dazu auf; der Hang des Zeitalters, auch in dem, was sich unter kein Gesetz zu beugen scheint, doch allgemeine Gesetze aufzusuchen, dann die Vielfachheit der vor ihm betretenen Bahnen; Vergleichungen und Rückblicke auf sein eigenes Tun drängen sich ihm auf. Am wenigsten darf diese Betrachtung bei Göthe und Schiller aus den Augen gelassen werden, sie gehört notwendig zu ihrer Charakterisierung und Beurteilung. Beide haben sich auch darüber mit so ungemeiner Klarheit ausgesprochen, gegen einander in ihrem ewig denkwürdigen Briefwechsel, jeder besonders, Schiller in den Briefen an Körner und mich, Göthe in so vielen Stellen seiner Schriften, aber ganz vorzüglich in dieser Reise. In beiden aber entsprang diese Wachsamkeit auf das eigene Schaffen aus viel höheren Gründen, als den oben berührten. In beiden lebte ein Ideal der Poesie und Kunst, das ihnen in ihrer an Produktionen so reichen Laufbahn immer klarer zur Anschauung kam; für dieses arbeiteten sie. Der Künstler ist nur dadurch Künstler. Es mischt sich aber wohl Rücksicht der Persönlichkeit, Beziehung auf Zeit und Publikum bei. In ihnen ist die würdevollste Stellung derer, welchen der Dichter sein Werk zunächst bestimmt, die richtigste Bewahrung der Unabhängigkeit von fremdem Urteil und eine totale Enthäußerung von aller Prätension und Persönlichkeit der Kunst gegenüber.
*(Wilhelm von Humboldts Gesammelte Schriften, 6. Bd. Hg. von A. Leitzmann. Berlin 1907. S. 522f. und 545f.)*

*Caroline von Wolzogen an Goethe. Weimar, 21. Februar 1824:*
Verehrter Freund! Meine herannahende Abreise regt mich an, über eine Sache mit Ihnen zu sprechen, die mir nahe liegt, und die ich entschieden wünschte, um befreiten Herzens zu sein. Gedrungen, mich ihrer anzunehmen, durch Vermächtnis meines seligen Mannes und durch den leidenden Augenzustand meiner Schwester, der ich gern jede Bewegung des Gemüts und jede Mühe des Schreibens erspare, erlaube ich mir, Ihnen meine Ansicht vorzulegen; ich glaube, daß die Meinen mit dieser Ansicht ganz einverstanden sind. Sie werden sich entsinnen, daß sogleich nach dem Hinschei-

den unseres unsterblichen Freundes (ich glaube, durch Cotta wurde es ausgesprochen) von einem Austausche Ihrer Briefe gegen die Schillerschen die Rede war. Sie gingen darauf nicht ein. Es lag in der Art meines Mannes, immer nach Motiven der Ehre und Zartheit zu handeln. Er ehrte Ihr Gefühl und glaubte selbst, es sei noch nicht an der Zeit, individuelle Verhältnisse vor fremden Augen zu enthüllen. Als Vormund der Kinder hielt er es indessen für Pflicht, auch äußeren Vorteil zu bedenken.

Die vertrauliche Wechselrede der ersten Geister unseres und vieler Jahrhunderte hätte für die Nachwelt einen unberechenbaren Wert und könnte das merkwürdigste Werk unserer Literaturgeschichte werden. Da jedes menschliche Verhältnis den Stürmen unbekannten Geschickes unterworfen ist, so mußte mein Mann, wie Jeder, der für Andere zu sorgen hat, möglichst Sicherheit und Ordnung des ihm Anvertrauten herstellen. In diesem Sinn wurden Ihre Briefe aufbewahrt. Für Frauen, die allein in der Welt stehen, ist die Handlungsart der geliebten Hingeschiedenen der sicherste und treuste Leitstern in den ihnen oft fremden Dingen des Lebens. Meine Schwester fühlt die Pflicht, in diesem Sinn fortzuhandeln.

Unser gemeinsamer Freund Humboldt sagte uns, daß Sie jetzt wünschen, die Briefe zusammenzustellen und der Welt mitzuteilen, und daß Sie die Gesinnung der Familie über die Art, wodurch Jedem das Seine dabei zu Teil werden könne, wissen wollen. Cotta hat sich immer als Ehrenmann und Freund der Familie gezeigt. Mir dünkt, ob ich mich gleich in diesem Verhältnisse nicht als vollkommen orientiert ansehen kann, nach dem Maßstabe, wie sonst Schillers Arbeiten und die Ihren bezahlt wurden, würde Cotta nicht anstehen, eine beträchtliche Summe für die einzig merkwürdige Korrespondenz zu geben und, da sie gewiß viele Auflagen haben wird, einen Teil des Gewinnes für die Zukunft zu versprechen. Sind Sie es zufrieden, daß wir ihn darüber befragen, und daß er den Schillerschen Kindern die Hälfte der Summe garantiert, so wie ihren Anteil des künftigen Gewinns? Ist dies geschehen, so erhalten Sie Ihre Briefe zurück und können über die Schillerschen als Ihr Eigentum schalten.

Meine Schwester wünscht, Sie möchten in der Folge, wenn Sie das, was Ihnen mitteilbar schien, benutzt hätten, ihr die Originale als einen teuren Schatz des Herzens zurückgeben, wenigstens so darüber verfügen, daß er nie in fremde Hände fiele. Für jetzt wünscht sie die an Humboldt gerichteten Briefe zu besitzen, die dieser Ihnen für sie zustellt.

Im Vertrauen, welches Schiller gegen Sie in der Seele trug, läge die Sache sonach in Ihren Händen. Ich kenne die Gesinnungen, in

denen er in ähnlicher Lage für die Ihrigen gehandelt haben würde, und fühle, daß Sie nicht anders handeln können.
*(Mommsen I, S. 474f.)*

*Charlotte und Caroline Schiller an Cotta. Weimar, 26. März 1824:*
Nach einer durch Göthe, mit Herrn von Humboldt im November vorigen Jahres, angeknüpften, und durch meine Schwester fortgesetzten Negociation, über die Herausgabe der Korrespondenz, von der so lange die Rede war; sende ich Ihnen anbei das Resultat in einer Erklärung Göthe's mit. Wenn Sie diesen Antrag annehmen, und uns also die Hälfte des Honorars; wie die des Anteils an künftigen Auflagen garantiert ist, geben wir die Göthischen Briefe sogleich an ihn heraus.

Göthe ist in dem Augenblick sehr warm über dieses Unternehmen; seine Gesundheit ist so hergestellt, daß er hoffen kann, er werde dieses, und noch mehreres Andere vollenden; und nach der Meinung unserer Freunde ist es das günstigste was wir unter den vorliegenden Umständen, tun können, darauf einzugehen. Was er wie Göthe selbst gesteht, an der Masse durch meines seligen Mannes Briefe zu vor hält, ersetzt er durch die Mühe und Auslage der Redaktion; und da seine Hand und sein Name freilich beim Publikum von hoher Bedeutung dabei sind, für Sie, wie für uns, so finden wir im ganzen diese Proposition sehr billig und annehmbar.

Ihre so vielfach erprobte treue Freundschaft gegen meinen seligen Mann, und die Hinterbliebenen läßt mich hoffen, daß Sie auch hierbei in Rücksicht unserer, das Möglichste tun werden.

Ein einzig interessantes Werk für alle Zeiten wird dadurch entstehen. Haben Sie die Güte mir Ihren Entschluß hierüber sobald als möglich mitzuteilen, damit wir die Göthischen Briefe mit Sicherheit abliefern können.
*(Goethe/Cotta II, S. 229)*

*Charlotte von Schiller an Cotta. Weimar, 16. April 1824:*
Da Sie verehrtester Freund! den angetragenen Verlag nach Göthes Bedingung zu übernehmen sich bereitwillig erklärt, so habe ich seine Briefe an Schiller ihm übergeben. Er wird sogleich die Redaktion beginnen und eine reine Abschrift fertigen lassen. Wir freuen uns beiderseits der Erneuerung früherer Verhältnisse. Die Überlassung des Original Manuskripts nach Vollendung des Druckes findet jedoch manches Bedenken, und erst im Gefolge der Redaktion wird es sich ausweisen, in wiefern solches tunlich sei. Das Übrige was in diesem Geschäfte noch näher zu bestimmen wäre; haben Sie die Güte mit Göthe, mit welchem wir jederzeit Rücksprache nehmen, weiter zu verhandeln; da wir dann zu dem

Verabredeten unsere Zustimmung zu geben, nicht ermangeln werden.

Übrigens freue ich mich sehr aus Ihren Äußerungen Ihrer immer gleichen Freundschaft und Anteil an Schiller und uns. Mit den besten Wünschen für Ihr Wohlsein so wie für das der lieben Ihrigen bleibe ich stets erfüllt.

Mich Ihnen mit Freundschaft empfehlend nenne ich mich mit vollkommener Hochachtung  Ihre ergebenste Freundin
Charlotte von Schiller geborne von Lengefeld.
*(Goethe/Cotta II, S. 230)*

*Cotta an Goethe. Stuttgart, 8. Mai 1824:*
Frau von Schiller hat mir die freudige Nachricht gegeben, daß die Korrespondenz zwischen Ihnen und Schiller nun in meinem Verlage erscheinen werde; ich kann nicht schildern, wie sehr mich dies vergnügt und wie gespannt meine Erwartung ist.    Daß ich die vorgeschlagene Bedingungen sogleich zugestand, wird Frau von Schiller ausgerichtet, so wie meinen Wunsch beigefügt haben, daß ich seinerZeit die Originalien besitzen möchte, als ein teures seltenes Denkmal für meine Nachkommen –    Ist es möglich, so bin ich von Ihrer Gewogenheit die Erfüllung dieses meines Wunsches gewiß –
*(Goethe/Cotta II, S. 113)*

*Charlotte Schiller an Cotta. Reichenberg, 3. Juli 1824:*
Sie haben vielleicht indessen Nachrichten von GehRat v. Goethe? Er hat mir noch viel Empfehlungen aufgetragen. Seine Tätigkeit ist recht lebendig wieder erwacht, und im September erscheint gewiß Ein Band. Es ist mir eine große Beruhigung, daß wir uns darüber verständigt haben. Denn es wird gewiß ein Werk seltener Art. Es ist mir sehr lieb, daß es noch zur Sprache bei Goethens Lebzeiten kam, denn so kann es niemand anders drucken, als Goethe selbst. Seine Liebe und wahre Anhänglichkeit an Schiller rührt mich tief. Es ist mir auch als hätte ich mehr Teil an seinem Leben und Zuständen zu nehmen, da ich seine Freundschaft erkenne ⟨...⟩
*(Briefwechsel zwischen Schiller und Cotta. Hg. von W. Vollmer, Stuttgart 1876, S. 574f.)*

*C. F. E. Frommann an J. D. Gries. Stuttgart, 11. Februar 1825:*
In Weimar waren wir am 20. Dezember bei Goethe, und ich hatte bei ihm ein höchst erfreuliches und belehrendes Stündchen. Er war sehr heiter und gemütlich, und sprach besonders über seine jetzige Arbeit, *die Herausgabe des Briefwechsels zwischen ihm und Schiller,* wozu Frau von Schiller alle Briefe Goethes hergegeben, so

daß es gewissermaßen ein gemeinschaftliches Unternehmen wird, 3 Bände in groß 8. Viel höchst Interessantes (auch als Zwischenrede von Goethe) wird dieses Werk enthalten über eine Periode unsrer Literatur, die einzig ist und bleibt. ›Mich freut es‹, sagte Goethe, ›daß ich dies noch ausführen konnte, daß auch Sie und andre teilnehmende Freunde sich jener einzigen Zeit noch einmal erfreuen können.‹ Und dann wieder: ›Wie viel gehaltreicher, tiefer sind Schillers Briefe, als die meinigen!‹ – Kurz, ich möchte jedes Wort niedergeschrieben haben. Fast eine Stunde sprach er so, höchst geistreich, lebendig und offen.

(JbGG 5, 1918, S. 251f.)

*Perthes an Rist. Gotha, Dezember 1828:*
Lange hat mir nichts so wehe getan und mich so indigniert als dieses Buch! Wie war es Goethe möglich, solche Briefe drucken zu lassen? Daß dieser Briefwechsel ⟨zwischen Schiller und Goethe⟩ keinen Inhalt hat, ist natürlich, weil beide Männer nahe genug beieinander wohnten, um alles Wichtige mündlich zu verhandeln. Das Bemerkenswerte des ganzen ersten Bandes füllt kaum einen Bogen. Schwach zu werden, ist Goethe wie jeder alte Mann berechtigt; aber nicht Schwäche, sondern etwas anderes hat ihn verleitet, solche Dinge drucken zu lassen.

(Bode III, S. 267)

*Gries an Rist. Jena, Ende 1828:*
Du billigst die Herausgabe des Briefwechsels zwischen Goethe und Schiller nicht. Ich habe geglaubt, daß jeder Deutsche, dem die beiden größten Dichter der Nation wert sind, für die Mitteilung dieser Herzensergießungen höchst dankbar sein müßte. Denn wer auch nicht mit allen ihren Äußerungen übereinstimmen kann, dem muß es doch wenigstens höchst anziehend sein, zu erfahren, wie diese beiden Männer über die bedeutendsten Menschen, Werke und Ereignisse ihrer Zeit gedacht und geurteilt haben. Mein Interesse wird freilich noch dadurch vermehrt, daß ich beide persönlich gekannt habe, daß ich an Ort und Stelle war und viele von den Anspielungen, die dem Publikum rätselhaft sein müssen, zu deuten vermag. Ich leugne nicht, daß ich gern die gesamte literarische Ausbeute der zehn letzten Jahre für dieses eine Buch hingeben würde. Der dritte Band ist mir noch interessanter als die beiden ersten, obwohl ich eben nicht Ursache habe, für die Äußerungen über meinen armen »Phaëthon« sehr dankbar zu sein ⟨...⟩

Ein wesentlicher Mangel dieses Briefwechsels zwischen Goethe und Schiller, der aber in der Natur der Sache gegründet ist, liegt darin, daß die Freunde sich zwischendurch so oft sahen und sprachen. Durch diese mündlichen Unterhaltungen entstehen in der Korrespondenz so oft Lücken; manchmal finden wir Fragen, worauf die Antwort fehlt, und dergleichen mehr. Das ließ sich aber nun einmal nicht ändern, ohne das Vorhandene zu verstümmeln, und ich wenigstens bin Goethe sehr dankbar, daß er dies nicht getan.

*(Bode III, S. 267 f.)*

*Perthes an Rist. Gotha, April 1829:*
Der zweite Teil ⟨»Briefwechsel zwischen Schiller und Goethe«⟩ ist inhaltsschwer, aber Schillers wegen schmerzt er mich tief. Wie hoch oder niedrig die Kritik auch Schiller als Dichter, Historiker und Philosoph stellen mag, immer wird man ihn edel und hohen Zielen nachstrebend finden müssen. Daraus vor allem erklärt sich die mächtige Einwirkung auf die Jugend nicht nur seiner, sondern jeder Zeit. In diesem Briefwechsel zeigt er sich im Geschäftsverkehr, zum Beispiel als Herausgeber der »Horen«, des »Almanachs«, kleinlich und berechnend und widerlich gereizt gegen solche, welche er zuerst gereizt hatte. Für den zarten Sinn Goethes spricht es nicht, daß er durch solche Bekanntmachung sich an dem Namen seines Freundes versündigte. Doch das beiseite, frage ich bei aller Freude an dem Schönen und Geistvollen dieser Briefe: was ist der Grund und was das Ziel der Männer, die sie schrieben? In Schiller lag ein tiefes religiöses Bedürfnis, aber gegen Goethe wagt er nur ein einziges Mal es zu berühren und nennt es gleichsam zur Entschuldigung Metaphysik, die lange nicht über seine Schwelle gekommen sei. Arme Menschen, diese großen Geister, und weit zurückbleibend hinter dem vorwärtsdringenden Gang der Zeit! Sachte schieben sie jedes Interesse an den gewaltigen Bewegungen zurück, welche unsere Zeit neu sich schuf, und haben ebendeshalb auch kein Gefühl für das Vaterland. Mit vornehmer Geringschätzung betrachten und behandeln sie von ihrer Geisteshöhe herab das Menschengeschlecht und können doch nicht lassen, kleinlich um dessen Gunst und Beifall sich abzumühen. Grade deshalb, weil meine Verehrung für Goethe und Schiller so groß ist, ergreift mich Schmerz und Unwillen über die Offenbarungen sittlichen Unwertes.

*(Bode III, S. 274)*

*C. L. F. Schultz an Goethe. Wetzlar, 6. Mai 1829:*
Welche erquickende Nahrung mir die Fortsetzungen Ihres Briefwechsels mit Schiller geben, fühlen Sie selbst. Wie freue ich mich nun zunächst auf die große Epoche der *Propyläen!* Alles entwickelt sich auf das Heiterste; und so genießen wir nun dieses uns Jüngeren

verborgen gebliebene herrliche Leben in voller Gegenwart mit, sehen die leibliche Klarheit dessen, was uns zwischen den Wolken einer verworrenen Zeit oft nur ungewiß entgegenstrahlte, finden uns ausdrücklich belehrt, bestärkt und bestätigt in dem, was wir oft kaum ahnen konnten. Zieht die Welt von diesen Lehren nicht allen Vorteil, so hat es wenigstens nicht an liebevoller Sorgfalt gefehlt, sie ihr eindringlich zu machen; ja man möchte sich jetzt ein recht langes Leben wünschen, um nachholend benutzen zu können, was so lange unverstanden hinter uns zurückgeblieben war.

Sagen muß ich es, daß Schiller erst jetzt mir so wert geworden ist, wie ich sonst immer bedauerte, ihn nicht schätzen zu können. Jetzt erst tritt er in das wahre Verhältnis, wo er uns lieb und teuer wird, wie er war und wie er schien. Denn nur so konnte er sein, nur so begreift man ihn und mag ihn gelten lassen. In dem falschen Lichte, in dem die Menge ihn hielt, gestehe ich, daß seine Erscheinung mir meistens wehe tat, und ich selten reine Freude an ihm finden konnte. Sie vermögen nicht zu erkennen, wie es unser einem damit ergehen mußte; aber genießen Sie um so reiner den Dank, uns Schillern als den gezeigt zu haben, der er zu sein verdiente. Für mich ist er eine neue Person; und ist es nicht ein Großes, seine Zeit um einen solchen Mann reicher zu finden?

*(Mommsen I, S. 518f.)*

*Cotta an Goethe. Weimar, 10. Oktober 1829:*
Als ich den König von Bayern in Brükenau sprach und ihn durch die guten Nachrichten über Ihr Befinden und geistige Tätigkeit erfreut, frug er mich, wie es mit der Dedikation von Göthe und Schillers Briefwechsel stünde? ich erwiderte darauf, daß nach Hochdero Erklärung diese bei dem letzten Band erfolgen werde.

Nun ist dieser gedruckt und sollte gegen November ausgegeben werden – auch werde ich in etwa 8–10 Tagen nach München gehen, wo der König wahrscheinlich danach fragen wird; – dörfte ich daher mir nicht dahin einige Worte erbitten, was ich ihm zu sagen habe? und in wie lange ich den sechsten Band noch zurückhalten soll?

*(Goethe/Cotta II, S. 247)*

*Karl August Varnhagen von Ense: Rezension über den »Briefwechsel zwischen Schiller und Goethe in den Jahren 1794 bis 1805. Erster und zweiter Teil.« 1829*
»Das Resultat eines solchen Buches muß immer die eigene freie, nur nicht willkürliche Produktion des Lesers sein; es muß eine Art von Belohnung bleiben, die nur dem Würdigen zuteil wird, indem sie dem Unwürdigen sich entziehet.« Indem wir diesen Spruch

*Schillers* über ›Wilhelm Meisters Lehrjahre‹ nebst der verwandten Äußerung *Goethes:* »daß sich der Leser sehr produktiv verhalten muß, wenn er an irgend einer Produktion Teil nehmen will,« aus diesem Briefwechsel heraus an die Spitze unsrer Anzeige stellen, geben wir dem Leser schon den ganzen Sinn dieser letztern. Darf jene Bemerkung bei einem kunstgebildeten Ganzen, einem abgerundeten Geisteswerke stattfinden, und sich überhaupt jeder schriftlichen Überlieferung mehr oder minder anschließen, so muß sie nur um so stärker von solchen Mitteilungen gelten, die aus einer großen Fülle hin und her flutender Lebenswogen gleichsam nur als einzelne Tropfen auf solchen Blättern bewahrt worden, während die übrige Flut durch die Bewegung selbst in das Allgemeine des zusammenströmenden Lebens wirksam, aber ununterscheidbar sich ergossen hat. Diese Blätter demnach sind schon von Anfang Bruchstücke, welche jedoch die Kraft haben, auf ein Ganzes, dem sie gehören, den Leser zurückzuführen, und ihm die Aufgabe, das Verdienst und die Belohnung stellen, die schöne, belebte Gestalt dieses Ganzen nach der Wahrheit aufzufassen. Hiezu behülflich zu sein, höhere Gesichtspunkte sogleich anzudeuten, dem Verständnisse nähere Wege zu bezeichnen, das ist es, was die Kritik hier schicklich zu wählen hat, und wenn ihr Geschäft hiebei von einiger Anmaßung begleitet erscheint, so kann sie in der Ausübung desselben um so bescheidner bleiben, da sie ohnehin, wie für das Buch so auch für sich, nur auf würdige Leser rechnet; mit der blöden Menge, für die es not wäre, daß man bei einer solchen Erscheinung alles rechtfertigte, den Inhalt, die Abfassung, die Herausgabe – denn offenbar wird hier der Lesewelt etwas geboten, welches ihr ursprünglich nicht bestimmt war, und worauf das Publikum, als das jedesmalige vom Tage, niemals vorbereitet ist – mit dieser Menge haben wir es hier nicht zu tun; es mag zuweilen nötig sein, ihr strafend entgegenzutreten, aber sie nur laufen zu lassen, ist in den meisten Fällen schon genug.

Diese Bruchstücke sind indes nicht sowohl zu ergänzen, als vielmehr selbst Ergänzungen. Sie sind es für die reichste und schönste Lebensgruppe unserer Geistesbildung, für die größten unserer in solcher Art nationalen Denkmale. Da kann freilich den vollen Gewinn der Betrachtung nur der Kundige, und besonders der Tätige haben, in desto höherem Grade, jemehr er schon das allgemeine Besitztum sich angeeignet hat und das Zusammengehörige überall zu verknüpfen weiß. Wer hier einen unmittelbaren Ertrag schwelgerischer Gefühlserregung, dramatischer Spannung, anspruchsvoller, eingerahmter Schilderungen erwartet, der muß sich getäuscht finden; allein er verbinde den dargebotenen Stoff mit dem in dieser Art schon vorrätigen, er stelle das einzelne in seine rechten Beziehungen, und ihm wird es nicht an freudiger Teilnahme, nicht an merkwürdigen Aufschlüssen, noch an reizenden Bildern fehlen. Bleibt auch dem anteilvollsten Leser vieles gleichwohl nur als Kleinigkeit, dem kundigsten nur als Rätsel übrig, so ist doch nicht zu verkennen, daß in anscheinend Geringfügigem oft erst die rechte Färbung für das Wichtigere gewonnen wird, und daß das Rätselhafte, hier wie im Leben, stets anregt, und in den meisten Fällen der gefundene Schlüssel – findbar ist er doch meist – immer Befriedigung gewährt, unabhängig von dem Inhalte, den er aufschließt.

Notwendig ist in dieser Beziehung ferner, daß der Leser nie einen Augenblick vergesse, wer hier vor ihm spricht: Goethe und Schiller sind es, welche hinter diesen Blättern stehen, und sie durch ihren Geisteshauch bewegen; die schönsten Namen unserer Nation, ihr bekannt und wert in voller Gebühr, mit welchen sich nicht leicht etwas verbinden kann, was demjenigen Empfänger gleichgültig bliebe, dem die Literatur eine Sache nicht bloß der dürftigen Tagesunterhaltung ist, sondern des reichsten Lebensgewinnes längst geworden; Schiller und Goethe sind es, die hier auftreten, dem vollen Anteil des Lesers schon vertraut, von denen er gern jedes wissen mag; nicht unbekannte Neulinge, denen aus solchen Blättern erst ein Anteil erwachsen soll! Hier hat die Autorität, das Wohlerworbene und Aufgesammelte, durch den Namen am schnellsten bezeichnet und daher ihm vorzugsweise verknüpft, in ganzer Macht zu walten; hier ist ihre wahre Stätte, wo sie mit Recht herrschen darf, das engere Gebiet, auf welches man sie zurückführen muß aus so vielen andern weiten Räumen, wo ihre Verehrung unrechtmäßig betrieben wird. Wenn wir aber wollen, daß hier die Autorität gelten soll, meinen wir damit noch nicht, sie sollte Mängel zu decken oder Lücken auszufüllen habe; keineswegs! sie soll nur von dem Kreise, wo das Edle waltet, dem aus Früherem schon gebührt, was ihm auch in Jetzigem nicht mangelt, das Gemeine zurückweisen, den Unverstand fernhalten, die stets bereitstehen, sich keck einzudrängen, wo solche Wache fehlt. Die Autorität, die wir ansprechen, rechtfertigt sich durch das Dargebotene vollkommen, dasselbe kann die gewährte nur bestätigen und würde die versagte auch aus eigner Macht erobern. Und wie könnte es anders sein, wie wäre hier ein Inhalt möglich, der nicht an und für sich schon den reinsten Wert verbürgte? Zwei der höchsten und begabtesten Naturen, welche, in reiferem Alter einander nahgestellt, zuerst nur abstoßend aufeinander wirken, finden in edlem Bedürfnis ihrer Seelen dennoch die Mittel und Wege, sich so zu rücken und zu stellen, daß diejenigen Seiten ihres Wesens einander berühren, durch welche das innigste Zusammenwirken, die glücklichste

Erhöhung der Kräfte, die höchste Geistesfreundschaft errungen wird. Diese Freundschaft, durchaus reif und männlich, ohne sentimentalen oder andern unreinen Beisatz, jeder Übertreibung fern, ist darin wieder auch jugendlich, daß sie dennoch auf gemeinsames Empfinden und Schauen der Welt, ja auf gemeinsames Dichten gegründet ist; sie schreitet so großartig und stark in ihrer wohlgemessenen Bahn, daß für diese beiden Männer die Störungen gar nicht vorhanden scheinen, welche sonst aus gemeiner Welt auch den höchsten Jugendfreundschaften drohen. Mit liebevollem, freien Sinne betrachten sie einander, unterscheiden wechselseitig ihr Wesen und ihre Kräfte, lassen das Verschiedenartige mit Anerkennung gelten, und indem sie einander weder meistern noch schmeicheln, gewinnen sie durch Wahrheit und Liebe nur um so mächtigeren Einfluß wechselseitig einer auf den andern. Dies ist der höhere Lebensvorgang, der sich durch diese Briefe hinzieht; eine solche Erscheinung kann sich nicht entwickeln, ohne den anziehendsten Reiz auf diejenigen Zuschauer auszuüben, welche den Faden derselben im Gewirre der Einzelheiten festzuhalten wissen, und wir gestehen, daß uns die Einsicht in dieses so würdige als eigentümliche Verhältnis schon ein genugsamer Gewinn deucht, der diesem Buche zu verdanken ist.

Mit diesem unmittelbar auf die Personen bezogenen Interesse verbindet sich noch ein anderes, auf ihre Werke sich verbreitendes, zunächst auf diejenigen, mit deren Entwurf, Ausarbeitung oder Herausgabe die beiden Freunde in dieser Zeit ihres regen Verkehrs vorzugsweise beschäftigt waren. Unsern Blicken enthüllt sich da die gewaltigste Tätigkeit; nur innerhalb der Zeit, welche die beiden ersten Teile dieses Briefwechsels umfassen, beggenen uns hier von Schiller die Abhandlung ›Über naive und sentimentale Dichtung‹, ›Wallenstein‹, und eine Anzahl seiner bedeutendsten Gedichte, von Goethe die ›Lehrjahre Wilhelm Meisters‹, die ›Unterhaltungen deutscher Ausgewanderten‹, das ›Leben Cellinis‹, mancherlei Gedichte, und endlich ›Hermann und Dorothea‹; von Schiller blicken überdies die geschichtlichen Arbeiten, von Goethe die naturwissenschaftlichen Forschungen aus dem Hintergrunde bedeutend hervor. Die gegenseitige Teilnahme beider an ihren Werken, mit so neidloser Anerkennung und doch scharfer Prüfung, so hochstehendem Lobe und unverhohlenem Tadel, die Art, wie sie sich wahrhaft fördern, von dem innerlichsten Aufschlusse bis zu dem äußerlichsten Rat, alles dies bildet um die Erzeugnisse, deren objektiver Wert uns längst erfüllt hat, eine subjektive Atmosphäre von Besonderheiten, in welchen jener sich nur um so heller abspiegelt. So sind die ausführlichen Briefe Schillers über ›Wilhelm Meisters Lehrjahre‹ und Goethes eigne Mitteilung über das Entste-

hen und Fortrücken dieses inhaltschweren und heitergeformten Buches ein reichhaltiger Kommentar zu demselben, und könnten für sich allein schon als eine kleine Schrift bestehen, zu dem Besten gehörig, was Schiller je geschrieben. Die Arbeiten und Werke der *vereinten* Tätigkeit werden zum Teil erst durch diese Briefe in ihrem wahren Grunde aufgehellt; so die Herausgabe der ›Horen‹, aus welchen der ganze Briefwechsel seinen Anfang nimmt, und deren Richtung und Anordnung auf vielen Seiten der vorliegenden beiden Bänden verhandelt wird; so ganz besonders die Entstehung der ›Xenien‹, zu deren Mutwillen die beiden rüstigen, tapfern Männer wie zu einer muntern, aber auch ernsten und höchst notwendigen Jagdlust sich vereinigt haben. ⟨...⟩
*(Mandelkow I, S. 429 ff.)*

*Karl August Varnhagen von Ense: Rezension über den »Briefwechsel zwischen Schiller und Goethe in den Jahren 1794 bis 1805. Dritter bis sechster Teil.« 1830*
Daß bei diesem Briefwechsel auf ein größeres Ganze zurückzugehen sei, auf ein Ganzes der Literatur und des Lebens, woraus die köstlichsten Bruchstücke dargereicht werden, durften wir gleich beim Anfang der dankenswerten Mitteilung äußern. Jetzt, nachdem die Sammlung vollständig vorliegt, haben wir jene Ansicht zwar ausdrücklich zu bestätigen, können sie eben deshalb aber für unsre gegenwärtige Betrachtung auch wieder verlassen, um dagegen einen andern Gesichtspunkt auszuwählen, der sich im Zuge des Weiterlesens nicht minder anbietet und den früheren nicht aufhebt, wiewohl im Gegensatze mit ihm diesen Briefwechsel hiewieder als ein Ganzes, ein in sich selbst Abgeschlossenes und Gerundetes, erscheinen läßt. Dieser Gesichtspunkt ist der eines mächtigen Einblicks in die wunderbaren Werkstätten der dichterischen Hervorbringung, in die Antriebe, Gänge, Kräfte und Leitungen des dazugehörigen Schriftstellens. In der Tat ist hier das Innere der Verwaltung der größten literarischen Güter, welche die Deutschen in neuerer Zeit aufweisen können, ohne Rückhalt offen dargelegt, als eine Art – wenn der Ausdruck erlaubt ist – von Musterwirtschaft, deren Umsicht, Klarheit, Würdigkeit, Gemeinwirkung und Eigenerfolg als ein höchstes Beispiel vor Augen stehen. Vom ersten Keimen und Wahrnehmen, Emporwachsen und Entwerfen, Erblühen und Ausbilden, bis zum Reifen und Vollenden – denn allerdings müssen hier, wie diese Bezeichnungen tun, Naturgabe und Kunstbildung als zusammenwirkend vereint werden – und dann, vom wohlbedachten Hinaustreten in die Öffentlichkeit, von der Sorge für die leibhafte Ausstattung in Druck und Papier und Umschlägen, bis wieder zu den allgemeinen

und besondern Verhältnissen der Autoren und Leser, den Rücksichten, Wagnissen und Sicherheiten der groß- und kleinen Fahrten, den offnen und heimlichen Fehden, Bündnissen, Reibungen, Vermittelungen – ist aller Betrieb und Zubehör, innerer und äußerer, wesentlicher und zufälliger, die Mysterien wie die Ausübungsformen des literarischen Ritter- und Gewerbtums, in einem großartigen, aufrichtigen und in seiner Art geradezu einzigen Bilde, für Freund und Feind enthüllt und ausgebreitet. Kein andres Buch bringt in solcher Hinsicht dem Weihegenossen und dem Weihesuchenden, dem jüngeren Schriftsteller überhaupt und dem aufstrebenden Dichter insbesondre, eine so reiche, tiefgehende, erhebende und anmutige Unterweisung und Beispielkräftigung. Denn wenn Johannes Müller seinen Freund Bonstetten in jugendlichen Briefen, die noch jeden Leser begeistert haben, zum Vertrauten seiner Geschichtsstudien macht, so ist diese Mitteilung doch nur beschränkt und einseitig, es fehlt die Fülle des Dichters und die Reife des schon bewährten Meisters, und es fehlt die Erwiderung, da das Trachten des Jünglings auch neben dem Freunde nur einsam bleibt. Hier aber bildet sich vor unsern Augen ein schon im Beginn gewichtvolles Freundschaftsverhältnis aus, entfaltet in rascher Wechselwirkung die gewaltigsten Kräfte und gibt sich der Welt in Taten kund, welche für die deutsche Literatur entscheidend sind, und denen, bei aller Verschiedenheit der Eigenschaften, eine treue Gemeinschaft des Sinnes und der Absicht zum Grunde liegt. In solches eigentümliche Reich produktivster Freundschaft führen uns diese reichlichen Briefe und Zettel – ihrer sind in allem 971 an der Zahl, davon wir keinen missen möchten, – so vertraulich als geistvoll ein.

Im Fortgange der Briefe mehren sich nur stets die Zeugnisse der seltensten Achtung, des Vertrauens, der Innigkeit, der zärtlichen Fürsorge, die gleichwohl immer in einer fast schüchternen Ernsthaftigkeit und Würde bleiben, denn alles Gefühl und alle Neigung, aufbrausender Jugend entwachsen, läutert sich zu klarer Schönheit und freier Sicherheit des Umgangs. Auch findet man, von dem gleich ersten Eindruck so reiner Stimmung schon befangen, es nur ganz einfach und richtig, in dem neunjährigen lebhaftesten, alles Empfindlichste und Reizbarste des Gemüts und Geistes berührenden Verkehr nirgends auf eine Spur von Störung, von Mißverständnis zu treffen, und keine Veränderung in dem schönen Verhältnisse wahrzunehmen, als seine gleichmäßige, ununterbrochne Steigerung. Auch andre Freunde fanden Raum hinzutreten und mehr oder minder sich anzuschließen; die Verbindung Wilhelms von Humboldt mit Goethen und Schiller, Wolfs und vor allen Meyers, ist in demselben Charakter; aber so wie die beiden *Dichter* zueinander standen, was *sie* einander in glücklicher Nähe und Wechselwirkung leisten und sein konnten, das vermochte keiner von ihnen nach andrer Seite zu wiederholen, und ihre Freundschaft bleibt schlechthin einzig. Nicht ohne Bewegung liest man, mit welcher Geistesfreudigkeit der treffliche Schiller die Überlegenheit des Freundes anschaut und preiset, indem er von ihm an Meyer schreibt: »Unser Freund hat sich in diesen letzten Jahren wirklich selbst übertroffen. Sein episches Gedicht haben Sie gelesen; Sie werden gestehen, daß es der Gipfel seiner und unserer ganzen neueren Kunst ist. Ich hab' es entstehen sehen, und mich fast eben so sehr über die Art der Entstehung als über das Werk verwundert. Während wir andern mühselig sammeln und prüfen müssen, um etwas Leidliches langsam hervorzubringen, darf er nur leis an dem Baume schütteln, um sich die schönsten Früchte, reif und schwer, zufallen zu lassen. Es ist unglaublich, mit welcher Leichtigkeit er jetzt die Früchte eines wohlangewandten Lebens und einer anhaltenden Bildung an sich selber einerntet, wie bedeutend und sicher jetzt alle seine Schritte sind, wie ihn die Klarheit über sich selbst und über die Gegenstände von jedem eitlen Streben und Herumtappen bewahrt. Doch Sie haben ihn jetzt selbst, und können sich von allem dem mit eignen Augen überzeugen. Sie werden mir aber auch darin beipflichten, daß er auf dem Gipfel, wo er jetzt steht, mehr darauf denken muß, die schöne Form, die er sich gegeben hat, zur Darstellung zu bringen, als nach neuem Stoffe auszugehen, kurz daß er jetzt ganz der poetischen Praktik leben muß. Wenn es einmal Einer unter Tausenden, die darnach streben, dahin gebracht hat, ein schönes vollendetes Ganzes aus sich zu machen, der kann meines Erachtens nichts besseres tun, als dafür jede mögliche Art des Ausdrucks zu suchen, denn, wie weit er auch noch kommt, er kann doch nichts Höheres geben.« Und ebenso klar und unschuldig spricht er aus, was für Frucht ihm selbst von daher geworden: »Ich finde augenscheinlich, daß ich über mich selbst hinausgegangen bin, welches die Frucht unsers Umgangs ist; denn nur der vielmalige kontinuierliche Verkehr mit einer so objektiv mir entgegenstehenden Natur, mein lebhaftes Hinstreben danach und die vereinigte Bemühung, sie anzuschauen und zu denken, konnte mich fähig machen, meine subjektiven Grenzen so weit auseinanderzurücken. Ich finde, daß mich die Klarheit und Besonnenheit, welche die Frucht einer spätern Epoche ist, nichts von der Wärme einer frühern gekostet hat. Doch es schickte sich besser, daß ich das aus Ihrem Munde hörte, als daß Sie es von mir erfahren.« Dagegen drückt Goethe seinerseits nicht minderes aus: »Das günstige Zusammentreffen unserer beiden Naturen hat uns schon manchen Vorteil verschafft, und ich hoffe, dieses Verhältnis wird immer gleich fortwirken. Wenn ich Ihnen zum Repräsentanten mancher Objekte diente, so haben Sie mich von der allzu strengen Beobachtung der äußern Dinge und ihrer Verhältnisse auf mich selbst zurückgeführt. Sie haben mich die Vielseitigkeit des innern Menschen mit mehr Billigkeit anzuschauen gelehrt, Sie haben mir eine zweite Jugend verschafft und mich wieder zum Dichter gemacht, welches zu sein ich so gut als aufgehört hatte.« Bis zum dichterischen Ausdruck steigert sich in Schiller das anschauende Wohlgefallen: »Wie beneide ich Sie – ruft er aus – um Ihre jetzige nächste Tätigkeit! Sie stehen auf dem reinsten und höchsten poetischen Boden, in der schönsten Welt bestimmter Gestalten, wo alles gemacht ist, und alles wieder zu machen ist. Sie wohnen gleichsam im Hause der Poesie, wo Sie von Göttern bedient werden.« Der ganze Briefwechsel ist erfüllt von solchen Stellen der höchsten Würdigung, der freiesten, dankbarsten Anerkennung. Wenn man alles zusammennimmt, was Goethe und Schiller während ihrer großen Laufbahn weit und breit überschwänglich an Lob und Ehren und Bewunderung geerntet, und den Sinn und Wert der Aussprüche vergleicht, so dürfte man unter so vielem Schönen und Großen doch kaum anstehen, diesen gegenseitigen Bekenntnissen auch an geistigem Werte den ersten Platz anzuweisen. Das Beste, was jeder an solchem Preisen gewann, kam aus dem Schoße stiller Freundschaft, und lag als verschwiegenes Kleinod aufbewahrt, um erst nach dreißig Jahren in ungeschwächtem Glanze vor der Welt zu leuchten! Man hat sich oft wundern wollen, und es als eine stolze Unempfindlichkeit getadelt, daß Goethe auf die beeiferten, alles überfliegenden Huldigungen, mit welchen ihn die sonst tadelkühnsten Kritiker jahrelang umdrängten, stets geschwiegen und nicht einmal etwas wie eine Empfangsbescheinigung darüber ausgestellt hat, für welche Art von Verschmähung man sich auch nachher durch mühsame Einziehung des verschwendeten Lobes und durch allerlei übelwollenden Tadel öffentlich und heimlich zu rächen gesucht; allein wir sehen jetzt, welch andres, höheres, von jeder Nebenabsicht freies, wohltuenderes Lob in derselben Zeit er aus edelster Hand empfing, und wie er bei solchen Schätzen im Pulte von jenen gröberen Gaben, deren er auch sonst nicht bedurfte, nicht sehr bewegt werden konnte. ⟨...⟩ *(Mandelkow I, S. 435 ff.)*

*August Wilhelm Schlegel. 1830:*
*Dichterischer Briefwechsel, aufbewahrt für die Nachwelt*
  Morgen-Billett
  Damit mein Freund bequem ins Schauspiel rutsche,
  So steht ihm heut zu Diensten meine Kutsche.

Antwort
Ich zweifle, daß ich heut ins Schauspiel geh';
Mein liebes Fritzchen hat die Diarrhee.

(Oellers, S. 492)

*August Wilhelm Schlegel. 1830:*
*An Schiller*
Unwissend darfst du Friedrich Schlegel schelten?
Wie? meinst du selber für gelehrt zu gelten?
Du warst verblendet, daß es Gott erbarm'!
Der Bettler Irus schilt den Krösus arm.

*An die Dichter der Xenien*
(Monostrophische Ode in dem Silbenmaße: Ehret die Frauen)
»Was einer einbrockt, das muß er auch essen.«
Hattet den rostigen Spruch ihr vergessen,
Als ihr die Xenien botet zum Schmaus?
Was ihr gefrevelt in schwärmender Jugend,
Kommt euch, bei reiferer männlicher Tugend,
Auf dem Theater zu Hof und zu Haus.
Stella, Clavigo, Kabale, Fiesko,
Räuber, gemalt in dem krudesten Fresko,
Brüteten Iffland und Kotzebue aus.

(Oellers, S. 491 f.)

*August Wilhelm Schlegel:*
*Goethes und Schillers Briefwechsel*
Viel kratzfüßelnde Bücklinge macht dem gewaltigen Goethe
Schiller; dem schwächlichen nickt Goethes olympisches Haupt.

(Oellers, S. 493)

*August Wilhelm Schlegel. 1830:*
*Auf Veranlassung des Briefwechsels zwischen Schiller und Goethe*
1.
Erst brachte seinem Schiller Goethe
Das derb materiell Konkrete:
Das sollt' ihm stärken Leib und Seele;
Doch würgt' es hart ihn in der Kehle,
Was niemand leichtlich wohl vermeidet,
Wenn er die Krebs' in Viertel schneidet.

Dann brachte Schiller das Abstrakte,
Auch das Verzwickte, das Vertrackte.

Da schnitt nun Goethe viel Grimassen:
Doch wußt' er sich ein Herz zu fassen.
Konnt' es dem Gaumen nicht behagen,
Verdaut' er's doch mit tapferm Magen.

So lebten sie, in solchem Handel,
Friedlich beisammen ohne Wandel.
Nie sah man, zu der Welt Gedeihen,
Sich edle Geister so kasteien.
Laß, Publikum, dich's nicht verdrießen!
Du mußt die Qual nun mitgenießen.

2.
Sie dachten die Naturen auszuwechseln,
Und wechselten nur fruchtlos manchen Brief.
Originales will der Eine künstlich drechseln;
Der Andre spinnewebt spekulativ.
Kaum kennt man noch den Zauberer der Geister,
Wenn er beim Grübler dort in dumpfer Kammer haust.
Doch jeder bleibt er selbst: der Famulus, der Meister;
Der blasse Wagner und der kräft'ge Faust.

3.
Weil kein frisches Gefühl dem vertrockneten Herzen entströmte,
Alles in Röhren gepumpt, nannt' er sich sentimental.
Weil er die Nacht in Toboso vergeblich gesucht die Prinzessin,
Auch Windmühlen bekämpft, nannt' er sich Idealist.

4.
Gar schön grüßt Goethe Schillers liebe Frau;
Die Gute grüßt; sie grüßt, und hört nicht auf zu grüßen,
Dreihundertsechzigmal! Ich zählt' es ganz genau:
Vier Bogen füllt es an, der Käufer muß es büßen.

5. *Wichtige Belehrung für die Küchenpost.*
   ›*Briefwechsel*‹, *T. II, S. 31*
Ja, weiser Goethe! Du hast wahrlich recht!
Den Kaviar muß man beim Frost versenden.
Vom feuchten Wetter wird das Salz geschwächt;
Die Eier faulen dann, und schmecken schlecht.
Doch dünn gesalzne Brief' in sechs geräum'gen Bänden,
Die lassen sich in jeder Jahreszeit spenden
Und sind dem stumpfen Leser immer recht.

*(Oellers, S. 489 ff.)*

*Anonyme Rezension über den ›Briefwechsel zwischen Schiller und Goethe‹ aus der ›Evangelischen Kirchen-Zeitung‹. 1830*
Auch der größten Geister, die im Gebiete der schönen Künste gewaltet haben, will sich die Nachwelt nur dann recht erfreuen, wenn sie in ihrem Leben ein harmonisch ausgebildetes Ganzes findet und das Sittliche in ihnen mit dem Schönen innig verbunden und sich gegenseitig durchdringend sieht. Selbst die Zeitgenossen, wenn sie nicht durch eine bloß verständige Betrachtung der Kunst einseitig geworden sind, sondern die Werke derselben mit ihrem ganzen Menschen anschauen, ersetzen sich gern die mangelnde Kenntnis von dem Leben der Künstler durch die geheime Annahme, daß diese auch edle Menschen gewesen sein müßten, um so Herrliches hervorzubringen. Tiefer kann man sie daher kaum verwunden, als wenn man ihnen diese Täuschung raubt, und Flecken zeigt, die sie nicht sehen wollen, um in ihrer Bewunderung und Freude nicht gestört zu werden. Sie bieten dann wohl ihre ganze Gabe, zu entschuldigen, auf, und nehmen ihre Lieblinge mit demselben Scharfsinn und Eifer in Schutz, mit welchem die Nachwelt versucht, mit Gründen aus unendlicher Entfernung hergeholt, die ihr wert gewordenen Männer der Vorzeit in *der* Reinheit darzustellen, die ihnen durch mannigfache Anklagen verkümmert werden will. Denn vermag es diese um keinen anderen Preis, so tut sie es auf Kosten entweder des Zeitalters, in dem diese Männer lebten, und scheut sich nicht, es unter Verdienst herabzuwürdigen, oder des historischen Glaubens, und vermißt sich, auch gültige Zeugnisse in Verdacht zu ziehen. Will aber die Rettung auch auf diesem Wege nicht gelingen, so strebt sie wenigstens zu zeigen, daß ihre Männer doch ein wenig besser oder nicht schlechter als ihre Zeit, und auch in ihren Schwächen und Lastern noch liebenswürdig waren. So stark verrät sich, wenigstens in der christlichen Welt, das Verlangen, jedes ausgezeichnete Talent von der Schmach zu befreien, daß es auf einem unsittlichen Lebensgrunde ruhe; so fest ist in ihr der Glaube, daß auch den trefflichsten Erzeugnissen der Kunst noch etwas gebreche, wenn des Künstlers Herz und Leben irgendwie verdächtig sei. Es scheint ihr gewiß, daß reine und vollkommene Lebensbilder in sich aufnehmen und wiedergeben oder erschaffen, nur dem möglich werde, der selber rein sei, und daß man *den* nur ungeteilt bewundern könne, der die Plastik an sich genug geübt habe, um für seine künstlerische Plastik eine sichere Hand zu besitzen.

Der beste Dienst ist's also nicht, den man dem künftigen Rufe großer Künstler erweist, wenn man die Geheimnisse ihres Verkehrs mit sich selber und untereinander zutage bringt, und die Zeitgenossen samt der Nachwelt in die verborgenen Kammern führt, in denen ihre Werke bereitet worden sind, vorausgesetzt, daß allerlei darin zu finden ist, was man ungern sieht. Der Schleier, den sie selbst um ihre sittlich mißgestalteten Bildungen gehangen hatten, ließ es früher unentschieden, ob sie daran mit innerem Wohlgefallen gearbeitet, und verstattete noch immer, zu glauben, daß sie nur die Natur in voller Wahrheit wiedergeben und die Kunst allein walten lassen wollten. Auch ihr eigenes Leben beschreibend, genügten sie noch dem sittlichen Bedürfnisse ihrer Bewunderer, indem sie Wahrheit und Dichtung geschickt zu mischen wußten, und vorsichtig übertünchten, was durch Nacktheit beleidigen mochte. Jener Schleier wird zerrissen, und diese Vorsicht vereitelt, wenn man die Türen zu ihren Werkstätten auftut.

Der beste Dienst möchte daher auch den Männern, welche die Überschrift nennt, nicht erwiesen sein, indem man ihren Briefwechsel, wie er eben war, bekanntmachte, und ihre vertraulichen Mitteilungen dem öffentlichen Urteile hingab. Ohne Zweifel ward dabei dem Glanze ihres Ruhmes vertraut, der die kleinen Flecken zu naturgemäßen Äußerungen überfließender Kraft verklären würde. Je weniger kühn aber diese Hoffnung bei ihrer allgemeinen Vergötterung scheint, desto sicherer möchte sie täuschen; auch gegen diese Männer wird die Nachwelt den Charakter ihres Urteils nicht verleugnen, und bei hoher Bewunderung ihrer Dichtergröße bedauern, daß ihre sittlichen und religiösen Zustände mit ihren poetischen nicht im Einklange waren, und daß sie den Einflüssen des Christenglaubens verschlossen blieben, für welchen auch das Leben seiner würdigsten Bekenner sie nicht zu gewinnen vermochte.

⟨...⟩ So wird dem Leser die Geschichte ihrer Werke aus der ergiebigsten Periode ihres Lebens vorgeführt; vor seinen Augen werden sie erzeugt, geboren, vollendet, und wie viel jeder zu jedem durch Ermunterung, Prüfung und Lobpreisung mitgewirkt habe, dargestellt. Besonders anziehend ist es aber, zu betrachten, wie in beiden das früher isolierte Gefühl der Superiorität über alle Dichter ihrer und der nächstvergangenen Zeit durch ihre Verbindung zu einer Stärke erwächst, die sie ermutigt, als Züchtigende und Gebietende aufzutreten. Daß es so reich begabter Männer Beruf sei, die Armen und Schwachen niederzuhalten, den Dünkel der Halbleute zu beschränken, und jedem aufstrebenden Geiste die Grenzen zu zeichnen, innerhalb deren er sich bewegen dürfe, wer leugnet das? Es soll dies jedoch im Namen der Kunst, und kann deshalb ohne Leidenschaft oder mit der edlen Leidenschaft geschehen, die vor jeder Entweihung der Kunst einen Abscheu trägt, und selbst darniederbeugend noch erheben will, was sich erheben läßt. Unsere Hypopheten verraten es aber in diesem Wörterbuche zu den ›Horen‹ und ›Xenien‹, wie stark sie nur sich selbst und nicht ihre Göttin meinten, wenn sie das Mangelhafte in anderen verspotteten oder den Tadel, der ihnen selber galt, verlachten, und aus der Identifikation ihrer Personen und der Kunst spricht ein Übermut heraus, der seine Lust am Geißeln hat, und keine andere Grenze, als politische Vorsicht kennt. ‹...›

Nach diesen Äußerungen sind beide Männer in ihrem Unmut über das Publikum ebenso einstimmig, als sie sich verschieden gegen dasselbe verhalten. *Schiller* würdigt es als besonnenen Feind eines tiefen Ingrimms; *Goethe* verachtet es als eine rohe Masse, mit der seine gewaltigen Hände spielen. *Schiller* verlangt Anerkennung seines hohen Talents als eine Pflicht, *Goethe* erwartet sie als einen Tribut. *Schiller* nimmt die Menschen für verständiger, *Goethe* für beschränkter, als sie sind. *Schiller* begehrt, daß man ihm den Beifall freiwillig bringe; *Goethe* ergötzt sich an den Reverenzen der Puppen, die er selber lenkt. Von dem Einen verwünscht, von dem Anderen verhöhnt, ist das Publikum aber doch der Götze, dem beide opfern und von dessen günstigen Blicken sie entzückt werden. Unumwunden sich dies einzugestehen, sind sie zwar weit entfernt; aber indirekt bekennen sie es deutlich genug, teils durch jene Klagen, teils durch den Versuch, sich damit zu beruhigen, daß es ihnen schon gelungen sei, und immer mehr gelingen werde, das Publikum zu einer würdigen Aufnahme und Beurteilung ihrer Unternehmungen und Werke zu bestimmen. ‹...›

Die hier ausgesprochene Erwartung blickt indes nur an wenigen Stellen dieser Briefe durch, obwohl es grade der erhabene Gedanke, die Mitwelt zu besserem Geschmacke zu erziehen, war, der sie über alle Verunglimpfung und Nichtachtung hinwegsetzen konnte, wenn sie die Kunst von ihren Personen unterschieden hätten. Dies vermochten sie aber nicht über sich und rauben uns damit viel von dem Glauben an die Kraft und Würde der Dichtkunst, die sie vielfältig rühmen. Sie ist nach ihren Beteuerungen das Höchste, was der Mensch erreichen, das Teuerste, was er immer verehren, das Seligste, was er sich bereiten kann; sie führt auch zur Moralität. Ihnen selbst ist sie der stete Gedanke ihres Lebens, ja das wahre Leben selbst und die Religion, und den größten Wert haben in ihren Augen diejenigen, die entweder Dichter sind, oder ihre Werke zu würdigen wissen. Sie ehren zwar alle Wissenschaften und edlen Künste, stellen sie aber unter die Poesie. Nur die Betrachtung der Natur, der *Schiller* aus Liebe zu *Goethen* eine gewisse Huldigung erweist, und die Philosophie machen eine Ausnahme davon, ohne darum auf gleicher Stufe mit der Dichtkunst zu stehen. »Zum Philosophieren ist schon der halbe Mensch genug, und die andere Hälfte kann ausruhen; aber die Musen saugen einen aus. – Soviel ist gewiß, der Dichter ist der einzige wahre *Mensch* und der beste Philosoph ist nur eine *Karikatur* gegen ihn. Das Menschliche ist immer nur der Anfang des Poetischen, das nur der Gipfel davon ist« (Sch.). 〈...〉 Könnte es hienach unverständlich bleiben, wie weit sich der von der Dichtkunst gewirkte moralische Rigorismus innerhalb der Grenzen der höchsten Liberalität gegen alles, was Natur ist, erstrecke, so möchte er sich noch besser aus den Mitteilungen über die Familien beider Männer interpretieren lassen. *Goethe* hat vor *Schiller* den Vorteil voraus, daß er ihn an der Seite einer Gattin weiß und diese in seinen Briefen mit begrüßen kann. *Schiller* erwidert dies nur durch Mitsorge bei der Geburt und für die Pflege der Kinder seines Freundes und nennt nie eine Ehegenossin desselben. – Auch stehen mit diesem Gegenstande *Schillers* Worte an *Goethe* über ein Urteil *Jacobis* in einiger Verbindung. »Könnte er Ihnen zeigen«, spricht er, »daß die Unsittlichkeit Ihrer Gemälde nicht aus der Natur des Objekts fließt, und daß die Art, wie sie dasselbe behandeln, nur von Ihrem Subjekt sich herschreibt, so würden Sie allerdings dafür verantwortlich sein, aber nicht deswegen, *weil Sie vor dem moralischen, sondern weil Sie vor dem ästhetischen Forum fehlten. Aber ich möchte sehen, wie er das zeigen wollte.*«

Es bleibt noch übrig, aus diesem Briefwechsel darzutun, in welchem Verhältnisse beide Männer zum Christentume standen und ihr Gemeinschaftliches darin, wie ihr Besonderes anzudeuten. Daß sie es gekannt, und hin und wieder einiger Betrachtung gewürdigt haben, ist unverkennbar. *Goethe* namentlich war früherhin mit der Brüdergemeinde und mit wahren Christen außer ihr vertraut, und einige derselben, unter andern *Jung* und das Fräulein *von Klettenberg*, ihm vorzüglich wert geworden. Die Ausarbeitung des religiösen Buches im ›Wilhelm Meister‹ wäre »ihm unmöglich gewesen, wenn er nicht früher die Studien nach der Natur dazu gesammelt hätte.« Nach seiner Gabe, alle Lebenserscheinungen in sich aufzunehmen, hatte er auch diese beachtet, und einen Eindruck davon empfangen, von welchem aus er ihnen Duldung schenkte. Nach seiner Meinung beruhen die Erfahrungen solcher Leute »auf der edelsten Täuschung und der zartesten Verwechslung des Subjektiven und Objektiven.« *Schiller* war durch diese Schule nicht gegangen; er hatte einen metaphysischen Gott, und mochte nicht begreifen, wie andere einen andern haben könnten. Jede lebendige Erhebung einer Seele zu einem moralischen höchsten Wesen, jede Regung des Glaubens an dessen Offenbarung in Schrift, Gemüt und Leben, erschien ihm entweder als Schwärmerei oder als Falschheit. 〈...〉 Auf der anderen Seite verleugnet er aber auch nicht eine gewisse Hochachtung vor dem Christentume, oder vielmehr vor dem, was *er* sich daraus macht. »Ich finde in der christlichen Religion virtualiter die Anlage zu dem Höchsten und Edelsten. – – Hält man sich an den eigentlichen Charakterzug des Christentums, der es von allen monotheistischen Religionen unterscheidet, so liegt er in nichts anderem, als in der *Aufhebung des Gesetzes*, des Kantschen Imperativs, an dessen Stelle das Christentum *eine freie Neigung* gesetzt haben will. Es ist also in seiner reinen Form, Darstellung schöner Sittlichkeit oder der Menschwerdung des Heiligen, und in diesem Sinne die einzige *ästhetische* Religion; daher ich es mir auch erkläre, warum diese Religion bei der weiblichen Natur soviel Glück gemacht und *nur in Weibern noch in einer gewissen erträglichen Form* angetroffen wird.« Wie indes diese Stelle in einem Tone gefaßt ist, der hinreichend beweist, daß *Schiller* sich ganz außerhalb des Christenglaubens befand, so zeigen auch andere Äußerungen, wie entschieden er ihn von sich gewiesen habe. Was sich wohl bei manchem anderen findet, der, um sich die Wehen der neuen Geburt zu ersparen, allen Einwirkungen des Christentums verschlossen bleibt, nämlich Anerkennung der großen Verdienste desselben um die Menschheit, davon ist in diesen Briefen keine Spur. ⟨...⟩ Auch in *Goethes* Briefen bleibt ihm diese Gerechtigkeit versagt, obwohl er damals, als er sich »ein Christentum zu seinem Privatgebrauche bildete«, es durch fleißiges Studium der Geschichte zu begründen suchte. (›Aus meinem Leben‹ B. XV.) ⟨...⟩ Statt dieser Anerkennung verkündigt bei beiden sich vielfach, bisweilen auch in der Form des Spottes\*, eine mit dem Willen verwachsene Verkennung des göttlichen Wortes. ⟨...⟩

Man wird hienach nicht glauben, daß die ›Bekenntnisse einer schönen Seele‹ im ›Wilhelm Meister‹ mehr als die Frucht künstlicher Selbstversetzung in ein fremdes Gebiet gewesen, oder gar aus einzelnen Stunden eigener Bewegung zum Leben in Christo hervorgegangen sein möchten. *Stolberg* scheint diese Meinung gehabt zu haben, wenn er, wie *Schiller* anderen nacherzählt, den Roman bis auf jenes sechste Buch verbrannte, dieses aber besonders binden ließ, in allem Ernste für eine Anempfehlung der Herrnhuterei hielt, und sich sehr daran erbaute. Wer den Inhalt dieser Bekenntnisse mit eigenen Erfahrungen im christlichen Leben und mit dem

---

\* Aus den hier folgenden Stellen wird sich ergeben, daß es nicht Ehrfurcht vor der göttlichen Offenbarung, sondern nur politische Vorsicht war, wenn sich beide hüteten, das Christentum direkt und öffentlich anzugreifen. »Vorzüglich aber und unbedingt wird sie (die Monatsschrift der ›Horen‹) sich alles verbieten, was sich auf *Staatsreligion* und politische Verfassung bezieht.«

göttlichen Worte vergleicht, wird bald erkennen, wie weit die Darstellung von der Natur abweiche. Wir setzen dies Abweichende nicht in die Vermeidung der »trivialen Terminologie der Andacht«, wodurch er – nach *Schiller* – »den Gegenstand zu purifizieren und gleichsam wieder ehrlich zu machen suchte.« Wir finden es vielmehr in der zu leichtsinnigen Behandlung, die auch *Schiller* an einigen Stellen wahrgenommen hatte, und in vielen einzelnen Ausdrücken, in denen sich die lächelnde Miene und die im Grunde der Seele des Verfassers liegende Verachtung der Sache kundgibt. Mehr aber noch ergibt sich zum Beweise aus einzelnen von *Goethes* Standpunkte aus notwendigen, aber unwahren Zügen im Bilde der schönen Seele. ⟨...⟩

Nach diesem und anderem urteilen wir, daß dies Kunstwerk nicht nach der Natur gebildet, und daß es dem großen Meister übel geraten sei. Er scheint dies selbst geahndet zu haben, indem er seine Lust zur Ausarbeitung dieses Buches einen *sonderbaren Instinkt* nennt, und *Schiller* erkennt, dies Gemälde könne weniger als irgendein anderes aus *Goethes* Individualität fließen. ⟨...⟩ Es ist ihm darin, wie gewiß Tausenden unter den gelehrten und gebildeten Lesern des ›Wilhelm Meister‹, ergangen, deren Leben ohne alle Beziehung auf Gott steht, die den Gedanken an ihn mit einer Art von Gespensterfurcht fliehen, und daher auch von dieser mangelhaften Auffassung und Darstellung eines religiösen und christlichen Lebens in höheren Ständen auffallend bewegt werden.

An die Stelle des abgewiesenen Christentums hatte *Goethe* in seinem Leben das realistische Streben nach vollkommen ausgebildeter Natur, *Schiller* die Metaphysik gesetzt. ⟨...⟩

Es wird demnach als völlig entschieden anzunehmen sein, daß beide Männer sich von dem Christentume nichts zu eigen gemacht hatten, als was ihnen davon durch Geburt und Erziehung in der christlichen Welt aufgedrungen war, als entschieden, daß sie aller Einladung, es zu prüfen, mit festem Unglauben und Widerwillen entgegenkamen, als entschieden, daß weder das heilige Leben, noch die tiefen Worte Jesu als bloßen Menschen betrachtet, noch die unbestreitbar heilvolle Wirksamkeit der von ihm über die Welt verbreiteten Ideen, ihre Gemüter je zu ihm hinzuziehen vermochten, daß sie sich vielmehr über jedes Bedürfnis einer Religion erhaben glaubten, und was sich davon in ihnen regen wollte, durch die vergötternde Anschauung ihrer eigenen Naturen* befriedigt fühlten. Ihnen hat auch die Seite des Christentums, von welcher es

---

\* – – – – Vergönnet mir
Nur einen Augenblick aus Mir herauszutreten,
Gleich will ich Euren Gott anbeten.  *Schiller*

vielen ehrwürdig wird, die sonst ihre Herzen nicht unter das sanfte Joch des Erlösers beugen mögen, keinen beifälligen Blick abgewinnen können. Wir meinen die dem Heidentume fremde Menschenliebe, die Christus gepredigt und in das Leben eingeführt, und die Sorge, die seine Religion für die zahllosen Armen und Elenden getragen, und zu welcher sie auch in den finstersten Zeiten des Mittelalters mächtig begeistert hat. Die äußere günstige Lage, in der sich beide Männer fanden, vereinigte sich mit ihrem auf Kunst und Wissenschaft beschränkten Sinn, um ihre Aufmerksamkeit von den hohen Verdiensten des Christentums um die leidende Menschheit abzulenken. Wieviel aber durch ihre feindselige Stellung gegen das Evangelium und durch ihre Unbekanntschaft mit seinem wahren Wesen ihrem großen Talent an Stoff, und ihren Produktionen an innerer Wahrheit, an Macht über die Gemüter, und an Dauer des Ruhms entzogen worden sei, haben schon längst alle zu würdigen gewußt, die des Erlösers Erscheinung lieb haben. Die Verehrung, welche die Mitwelt den Namen dieser Männer erweist, erinnert an das Wort des Welterlösers: »Sie haben ihren Lohn dahin.« Eins aber dürfte man in Zukunft lobender noch als heute anerkennen: die Offenheit, mit welcher sie sich vom Christentume lossagten. Beschämt steht ihnen die Menge derer gegenüber, die es versuchen, den Schimmer ihrer Lampen für sein Sonnenlicht auszugeben, damit sie der wohltuenden Wärme des christlichen Himmels mit einem Scheine des Rechts genießen können.

*(Oellers, S. 247–260)*

*Anonyme Rezension über den ›Briefwechsel zwischen Schiller und Goethe‹ aus der Zeitschrift ›Hermes‹\*. 1830*
*Erster bis dritter Teil*
Goethe und Schiller! Selten sind in dem Gebiete der Literatur zwei gleichzeitige Namen solcher Art, noch seltener in solcher Beziehung aufeinander genannt worden. Wir Deutschen waren seit geraumer Zeit gewohnt, mit ihnen das Höchste in unserer Literatur auszusprechen; es war uns erfreulich, diese Männer so eng verbunden zu wissen; und wie viele trauerten, als ein hartes Geschick sobald den jüngern Freund dem ältern entriß! Es lag in Schillers frühzeitigem Hinscheiden eine ernste Mahnung, daß das Geschick das wahrhaft Schöne und Große selten auf lange Zeit der

---

\* Um einem Mißverständnisse vorzubeugen, bemerkt der Vf. dieser Rezension, daß die Anzeige von dem 1. und 2. Bande des ›Briefw.‹ in den ›Blättern für literarische Unterhaltung‹, 1829, Nr. 66 und 67, ebenfalls von ihm verfaßt ist.

Erde gönnt. Und dennoch fehlte es nicht an solchen, die, statt die Eigentümlichkeit beider Männer sich klar zu machen und zu forschen, wie gerade diese Eigentümlichkeit eine solche Verbindung erzeugen mußte, Goethe und Schiller in Opposition treten ließen und abwechselnd den einen über den andern erhoben, und dies nicht ohne kleinliche Befangenheit und Parteigeist. 〈...〉

Will man eine große Erscheinung beurteilen, so muß man mit ihr die Zeit betrachten, in die sie fällt. Folgen wir diesem Grundsatze auch hier. Jene Periode der aufbrausenden Opposition gegen die Fesseln, in denen die deutsche Dichtkunst lag, war lange vorüber, sie war nur als Opposition von Bedeutung, und konnte nichts von Wert und Dauer schaffen, wie denn Goethe dessen ›Götz von Berlichingen‹ zum Teil aus ihr hervorging, gar bald einsah, daß er sie verlassend einen andern Weg einschlagen müsse. Die Verwirrung in der schönen Literatur war durch jene Opposition nur vermehrt, und es würde auf die Anspannung, wie gewöhnlich, eine große Mattigkeit gefolgt sein, wenn nicht anderweitige, an sich lobenswürdige Interessen sich eingemischt hätten. Aber diese, wie sie behandelt wurden, waren nicht der Art, daß sie die echte Poesie fördern konnten. Vaterland, Freiheit, Religion und Tugend werden immer den von ihnen erfüllten poetischen Genius zu den herrlichsten Dichtungen begeistern, sie werden ein Boden sein, auf dem erquickliche Früchte wachsen; auch durch sie wird der Dichter segensreich wirken. Aber wer durch die Poesie dieselben fördern und verbreiten *will*, der entsagt dem schönen Vorrechte der Dichtkunst, ihrer Freiheit, und macht die zur Dienerin, die Herrin sein sollte. Dazu liegt ein Fehlgreifen in Hinsicht auf den Stoff ganz nahe; der jenen Gegenständen verwandteste wird leicht als der beste erscheinen, und das Talent arbeitet sich an einem Stoffe ab, der keine reine künstlerische Gestaltung zuläßt. So der hohe Geist Klopstocks am Messias, an Hermann; Voß, der es so redlich meinte, so warm fühlte für Tugend und Vaterland, konnte seinen in mancher Hinsicht so ausgezeichneten Gedichten doch nur einen bedingten Wert verleihen; die centaurisch einherfahrenden Stolberge wurden bald gezähmt, obwohl nicht durch die Muse, die so manchen schönen Keim, wenigstens bei dem jüngern, zu pflegen gefunden hätte. Eine echt dichterische Natur war Bürger, jedoch von untergeordnetem Range, sie bedurfte des Idealen, um sich an ihm zu erbauen; aber dies fand sie nicht um sich, und sie neigte sich manchmal zum Gemeinen, was Matthisson durch Glätte und gehaltlose Empfindsamkeit vermied. Wieland, so reich begabt, verschmähte in jugendlich-lebhaftem Sinne die Fesseln, welche die obengenannten Dichter sich angelegt; aber wie munter er auch in den Gefilden Griechenlands scherzte, das Ideale, wie die Griechen es erkannt, blieb ihm sein Lebenlang fremd, und seine vielen, großenteils so anmutigen Dichtungen sind mehr heitere Kompositionen, in denen er seine Eigentümlichkeit kundgibt, und Darstellung eigner Lebensweisheit unter der Maske fremder Personen und Völker, als wahre Kunstgebilde. So erschien Lessingen das neue Evangelium, das er ankündigte, nicht. Die Kraft, den Donner seiner Worte hatte man vernommen, das verzehrende Feuer seiner Kritik war gesehen worden; aber das stille sanfte Wehen der echten Poesie wurde noch erwartet.

Unter den deutschen Dichtern der damaligen Zeit ragte einer vor durch ungemeine Kraft, die, anfangs zurückgedrängt, sich durch gewaltige Explosionen kundgab und mehr vernichtend als schaffend wirkte. Ideales konnte sie nicht erzeugen: denn es fehlte ihr die Ruhe, und den sichern Blick auf die Erscheinungen in der Welt hatten einengende Verhältnisse getrübt; auch sie war eine Opposition. Doch nahm man in ihr bald eine hohe sittliche Richtung wahr, und wohin sie sich wenden mochte, überall wurden die Gegenstände durch sie von dem Gemeinen geschieden und verklärt. Aber es war noch nicht die Verklärung der echten Poesie. Schillers Eigentümlichkeit, durch Natur, Lage und Verhältnisse so bedingt, so empfänglich für Freundschaft und derselben bedürftig, verlangte einen Impuls von außen, um über sich hinauszugehen, das reine Schöne zu gewahren und desselben mächtig zu werden. Er bedurfte, als die höhere Schönheit sich seinem Geiste offenbart hatte, eines Freundes, der ihm half bei dem schwierigen Unternehmen, *das* sich durch die Tat anzuzeigen, was nicht in seiner innersten Natur lag. Er selbst sagt von sich: »Da mir noch so manche, selbst die geringsten Mittel fehlen, wodurch man sich das Leben und die Menschen näher bringt, aus seinem engen Dasein heraus und auf eine größere Bühne tritt, so muß ich wie ein Tier, dem gewisse Organe fehlen, mit denen, die ich habe, mehr tun lernen, und die Hände gleichsam mit den Füßen ersetzen. In der Tat verliere ich darüber eine unsägliche Kraft und Zeit, daß ich die Schranken meiner zufälligen Lage überwinde und mir eigene Werkzeuge zubereite, um einen mir so fremden Gegenstand, als mir die lebendige Welt ist, zu ergreifen.« (Briefw. II, 261. fg.)

Andrer Art war Goethe. Von der Natur zum Dichter berufen, das Siegel des Genius auf der Stirn, fand er sich früh in einer Umgebung, die, was die Natur ihm geschenkt, auf das freundlichste hegte und pflegte. In einer reichen mannigfaltigen Welt erging sich der jugendliche Blick, der, wie nur je einer, die schwierige Kunst des Sehens mit Leichtigkeit übte. War es auch keine griechische Welt, so war sie doch recht geeignet, Herz und Gemüt, diese mächtigen Hebel der neuern Poesie, zu bewegen und zu bilden;

und als der Geist, durch äußere Umstände begünstigt, in Italien gereift und zur Entfaltung gebracht, die höhere Schönheit, wie sie des Griechen Eigentum war, erkannte, lag in dem Gemüte ein reicher, immer sich mehrender Stoff bereit, dem Genius zur Gestaltung dargeboten. Und dennoch bedurfte auch dieser Mann eines Freundes und Beistandes.

Er war Realist in dem Sinne, wie jeder echte Dichter es sein muß; aber eben dieser Umstand erschwerte ihm die Klarheit über sein eigenes Ich, wie er selbst (I, 22) klagt; er strebte nach Grundsätzen und konnte in keiner Weise dieser seiner Zeit so natürlichen Foderung ausweichen, die zu erfüllen dem Realismus, der sich an das Zerstreute hält, bei weitem schwieriger sein muß als dem Idealisten, dem Philosophen überhaupt. Dazu kam dieser und jener – um Goethes eigenen Ausdruck zu gebrauchen – realistischer Tic (II, 121), der ihn manchmal zu einer perversen Manier verführte (II, 124). Er befand sich in einer Krise, die ihn fühlen ließ, was er bedurfte, und eine gütige Vorsehung führte ihm Schillern zu, der im reichsten Maße sein Bedürfnis befriedigte.

In der Tat, es möchte sich in der ganzen Geschichte der Literatur, soweit sie uns bekannt ist, kein zweites Beispiel finden von einem Begegnen zweier Männer, die, beide groß, sich in ihren Bedürfnissen gegenseitig auszuhelfen so imstande gewesen wären. Wir haben in dem Briefwechsel das herrliche Schauspiel, die ausführlichste Schilderung, wie dieses geschieht; wir sehen wie jede der beiden Naturen das ihr Gehörige, aber Fehlende von der andern aufnimmt, das keiner Aufnahme Fähige abstößt, wie dieser Prozeß in der belebenden Wärme der Freundschaft vor sich geht; und, wie uns denn die Kunst etwas sehr Hohes dünkt, wie wir uns der Freundschaft eines Heinrich und Sully, eines Luther und Melanchthon freuen, so tragen wir kein Bedenken, diesen großen Mustern die Freundschaft zwischen Goethe und Schiller anzureihen.

Schiller war weit über die Periode hinaus, in der er ›Die Räuber‹ und die diesen verwandten Schauspiele gedichtet hatte, sein ›Don Carlos‹ hatte ihn in eine höhere Region erhoben: die Kantsche Philosophie, seiner Natur so zusagend, führte ihn zu Erforschung der letzten Gründe der Kunst; und wenn dieselbe hier nicht ausreichen konnte (wie denn die Philosophie, die eine wahre Ästhetik erzeugt, noch nicht gefunden scheint), so bedurfte er um so mehr einer Anschauung dessen in der Wirklichkeit, was er im Bereich des Gedankens suchte; und welche wäre ihm wünschenswerter gewesen, als die, welche Goethe ihm geben konnte! ⟨...⟩ Goethe sah die Zeit, in der er den ›Götz‹ und ›Werther‹ gedichtet, weit hinter sich; seine ›Iphigenia‹ und ›Tasso‹ hatten gezeigt, wie er in den höhern Regionen der Poesie sich einen Boden errungen, und der achtsame Kritiker mußte gespannt sein, welche Früchte dem Manne, der damals in seinen kräftigsten Jahren stand, auf diesem Boden gedeihen würden. Aber einen Kritiker, wie er ihn wünschte, hatte er noch nicht gefunden, ebensowenig kam das Publikum ihm entgegen; und dennoch war die Folge eben jenes Realismus, daß er eines Anstoßes bedurfte, er sehnte sich nach Aufklärung über die Grundsätze seiner Kunst, die durch gemeinsame Forschung harmonisch-gestimmter Freunde am sichersten gefunden werden. Gerade zu rechter Zeit fand er Schillern, und wir hören aus seinem eigenen Munde: »Schiller habe ihn wieder zum Dichter gemacht, was zu sein er so gut als aufgehört«.

Merkwürdig ist der Moment des Zusammentreffens. Wir wissen aus Körners Nachrichten von Schillers Leben, wie sie im Jahre 1788 sich in Rudolstadt zum erstenmal sahen, und erkennen die Wahrheit in Schillers Bekenntnis: »Vieles, was mir jetzt noch interessant ist, was ich noch zu wünschen und zu hoffen habe, hat seine Epoche bei Goethe durchlebt. Sein ganzes Wesen ist schon von Anfang her anders angelegt als das meinige, unsre Vorstellungsarten scheinen wesentlich verschieden«. Lesen wir nun (›Morphologie‹, I. 90 fg.), wie Goethe, aus dem kunstreichen Italien zurückkehrend, in seiner höhern Ansicht der Kunst bestärkt und gekräftigt, auf Schillers ›Räuber‹ stößt, durch sie ein Vorurteil gegen den Dichter faßt, das durch den ›Carlos‹ nicht gehoben werden konnte, vielmehr durch den Aufsatz ›Über Anmut und Würde‹ gemehrt ward; wie beide Männer sich abermals in Jena begegnen, die Natur der Pflanze Anlaß wird zu gegenseitiger Mitteilung, in dieser die verschiedene Grundansicht beider sich klar ausspricht, aber beide eben hier innewerden, welchen Gewinn sie gegenseitig voneinander ziehen können; wie sie einander anziehen und jeder bald fühlt, daß er den andern nicht loslassen könne: – dann haben wir das schönste Schauspiel vor Augen: wir sahen, wie in dieser Welt der Einzelheiten, der Trennungen und des Bedürfens die verschiedenartigen Kräfte sich zu gegenseitiger Aushülfe suchen und finden, wie Natur und Freiheit ineinandergreifen, wie – dies sind Goethes eigne Worte – »durch den größten, vielleicht nie ganz zu schlichtenden Wettkampf zwischen Objekt und Subjekt ein Bund geschlossen wird, der ununterbrochen gedauert und für die Freunde und für andre manches Gute gewirkt hat«. Wir können hinzusetzen, Schiller habe Goethe durch Teilnahme, Geist und Sitte recht eigentlich erobert.

Wie mancher, der jene Worte las – nicht treffender konnte in der Tat das Verhältnis Goethes zu Schiller in Kurzem ausgesprochen werden –, hat sich wohl nach einer genaueren, ausführlicheren

Darstellung dieser Freundschaft gesehnt! Von Zeit zu Zeit gab Goethe Hoffnung auf eine solche, in der ›Farbenlehre‹ (II, 691) und an andern Orten. Aber schöner konnte sie nicht erfüllt werden, als durch Bekanntmachung des Briefwechsels. Spät ward die Hoffnung erfüllt; aber die Nachwelt wird, indem sie Goethes gedenkt, nicht zu beherzigen unterlassen, daß er die Jahre seines ruhmgekrönten hohen Alters zum Teil auf ein Denkmal verwandt, das seinen Freund wie kein andres ehrte; das ein echtes, gründliches Dokument wäre einer der edelsten Freundschaften, die je auf Erden existiert; das im vollen Leben zeigte, wie in der Zerstückelung und Dürre der vaterländischen Literatur sich nach Grundsätzen eine Kunst erbaute, die auch über des Vaterlands Grenzen hinaus als Muster dienen kann.

Denn die Kunst und namentlich die Dichtkunst ist der eigentliche Gegenstand dieser Briefe. Wer, vorläufig das Datum der Briefe ansehend, in denselben Urteile und Betrachtungen über die ungeheuern Ereignisse der Zeit von so bedeutenden Männern zu finden hofft, der wird sich sehr getäuscht finden. Kaum, daß man zufällig einmal an Krieg und Zerstörung und Fortschreiten der revolutionären Macht erinnert wird; der Mann, der damals auf aller Lippen war, der bald ganz Europa bewegen sollte, wird in den 3 ersten Teilen des Briefwechsels nicht genannt, und jene zufälligen Erinnerungen dienen nur, uns recht anschaulich zu machen, wie die beiden Freunde sich in ein stilles Asyl geflüchtet, in dem sie nicht ohne Teilnahme, aber ruhig und sicher dem Weltgewirr zusehen und unter Eroberungen materieller Art im Gebiete des Geistes unermüdet erobern und schaffen. Schiller, obgleich seiner Natur nach der Freiheit hold, konnte die von den Franzosen gepredigte nicht mit heitern Blicken ansehen; die Opposition, die sich gegen dieselbe erhob, mußte ihm bedenklich erscheinen, oft ihn mit Sorge erfüllen. Goethe hatte die Not der Zeit auf dem traurigsten Schauplatze mit eignen Augen angesehen; sie hatte ihn, wie er selbst bekennt, furchtbar verstimmt; und auch in dieser Hinsicht sorgte die Vorsehung gütig für ihn, da sie gerade zu rechter Zeit ihm den Mann zuführte, der, wenn irgendeiner, imstande war, eine bessere Meinung in ihm zu erzeugen und zu nähren, ihn mit der Welt und den Menschen auszusöhnen. Das Jahr 1792 sah Goethen in der Campagne, das nächste vor Mainz; im Jahre 1794 beginnt der Briefwechsel.

»Die Poesie«, schreibt Goethe im Jahre 1797 an Schiller (III, 67), »wie wir sie seit einiger Zeit treiben, ist eine gar zu ernsthafte Beschäftigung«. Wer hier fragen kann, ob die Poesie ein Gegenstand sei, der die Tätigkeit solcher Kräfte, solches Nachdenkens, wie wir in den Briefen der Freunde aufgeboten sehn, verdient, für den ist der Briefwechsel nicht: er wird die Seele desselben nicht begreifen können. Wer aber die Dichtkunst als ein hohes, der Welt vom Schöpfer anvertrautes Gut betrachtet; wer sie als eins der Mittel ansieht, wodurch der Mensch, die Schranken des Irdischen durchbrechend, sich mit dem Höheren, Himmlischen in Verbindung setzt, als ein Organ, vermittelst dessen das Zerstreute und Zufällige, das Gemeine und Widerwärtige der Welt sich zu Harmonie und Schönheit verklärt; wer gefühlt und erkannt hat, wie das Bedürfnis, das Verlangen nach ihr sich alle Jahrhunderte hindurch in den verschiedensten Stimmen der Völker und Geschlechter, bewußt oder unbewußt, ausspricht: der wird die uns gereichte Gabe, in der wir unsere größesten Dichter die Poesie »als eine sehr ernsthafte Beschäftigung« treiben sehn, mit Entzücken empfangen und auch uns gern folgen, wenn wir ihren Reichtum und ihre Fülle im einzelnen darzulegen suchen.

Die Eröffnung des Briefwechsels macht eine Einladung zur Teilnahme an den ›Horen‹, von Schiller, der diese Zeitschrift herauszugeben willens war, an Goethe gesandt. Sie, in den Ausdrücken höchster Ehrerbietung, die sich noch in scheuer Ferne hält, abgefaßt, wird von diesem freundlich, ja freudig aufgenommen, und gleich der erste Brief desselben gibt uns den Gesichtspunkt, den wir oben für die Beurteilung Goethes in der Periode des Briefwechsels so fruchtbar fanden. Er fühlt das Bedürfnis einer Verbindung mit tüchtigen Männern, die manches, was bei ihm ins Stocken geraten, wieder in einen lebhaften Gang bringen sollen, und es ist ihm um die Grundsätze seiner Kunst zu tun (I, 10).
⟨...⟩
Fühlte ein mit Goethes und Schillers Geist Vertrauter sich veranlaßt, über die Art nachzudenken, wie sich wohl die Freundschaft zwischen beiden Männern erzeugt und begründet habe; dächte er sich diese Art als recht gründlich, geistig, idealisch – er müßte, nach dem Lesen dieser Briefe, gestehen, die Wirklichkeit übertreffe seine Vorstellung. So vertrauensvoll, so großartigbescheiden, so wahr erkennend die eigne und des Freundes Natur tritt Schiller Goethen entgegen; so anerkennend, dankbar, aufrichtig begegnet ihm der letztere. Das schöne Schauspiel, das uns eine beginnende große Freundschaft genetisch entfaltet, liegt in diesen Briefen vor unsern Augen. Goethe, mit der ihm eigentümlichen Besonnenheit, erkennt, was Schiller ihm dargeboten, und die Fülle der Liebe, mit der dieses geschieht; er ist gleich darauf bedacht, daß das angeknüpfte Verhältnis recht fest begründet werde ⟨...⟩

Was mochte während jener vierzehn Tage in Schillers Geiste vorgehn! Eines großartigen, edlen Strebens sich bewußt, aber aufrichtig gegen sich selbst und seit geraumer Zeit nachdenkend über die Grundsätze der Kunst, mußte er sich gestanden haben, daß die Art, in der er dieselbe bis dahin geübt, nicht die rechte sei, noch nicht die, die er sich anzueig⟨n⟩en vermöge. Der obenerwähnte Brief, in dem er seine Gedanken über die Entwickelung des dichterischen Genius in Goethe ausspricht – wenngleich er sich dieselbe zu sehr von einem logischen Bewußtsein begleitet denken mochte – tut dar, daß er eine höhere Kunst ahnete, ja erkannte. Er bedurfte des Anschauens, des lebendigen Umgangs mit einem Meister, der die Welt klar überblickte, die Gegenstände sah, wie sie sind, dieselben auf sich einwirken ließ und, indem er den eignen künstlerischen Geist zum Brennpunkte machte, sich weit über die gemeine Vorstellung von Realismus und Objekt erhob. Nun hatte Schiller den wahren Dichter gesehn; daß seine Erwartungen mehr als erfüllt waren, geht aus seinen Briefen hervor: wie denn das wahrhaft Große, wenn es erblickt wird, immer die Vorstellung übertrifft, die man von ihm hegte; und daß diese Anschauung von großem Einfluß auf ihn war, das beweist sein ›Wallenstein‹, das beweisen alle seine nach dieser Epoche entstandenen Werke. ⟨...⟩

Hier gewinnen wir die Ansicht einer sehr bedeutenden Seite des Briefwechsels. Wir finden in demselben – wenn auch, wie es seine Natur mit sich bringt, fragmentarisch – das Entstehen einer wahrhaft großartigen Kritik, und das in Männern, denen von der Natur das höchste Recht erteilt war, eine solche zu schaffen. Hatte auch Lessing eine Bahn gebrochen und auf dieser sich groß gezeigt, so war doch seine Kritik mehr mit den alten Mustern beschäftigt; in Hinsicht auf die neuere Poesie zeigte er sich mehr negierend als produzierend, und er selbst war zu wenig Dichter, als daß er für sein Jahrhundert eine vollgültige Kritik der Poesie hätte aufstellen können. Was ihm nicht gelang, wie hätte das andern seiner Zeit gelingen sollen? Daher herrschte, als Goethe und Schiller korrespondierten, die größte Verwirrung in den Grundsätzen, ja, es waren so gut als keine da ⟨...⟩. Hier ist Schiller höchst lehrreich. Welche Kluft zwischen seinen ›Räubern‹ und dem ›Wallenstein‹! Und was in dem dem letzteren Produkte zunächst vorangehenden Zeitraume mit ihm vorging, davon geben uns seine Briefe Rechenschaft. Wir sehen in ihnen, wie sein großer Geist lernt und faßt, wie der Freund ihm redlich beisteht; und auch diesen sehen wir sich über sich selbst aufklären, des Freundes Einsicht benutzen; und beide kommen am Ende auf Resultate, auf Grundsätze, und in dieser Hinsicht dürfen wir den Briefwechsel eine ernste, lebendige, die geistvollste Kritik der Poesie nennen. Wir können keinen bessern Kommentar zu ihren reifsten Werken erwarten.

Und noch in einer andern Hinsicht ist uns der Briefwechsel als Kritik bedeutend. In der Zeit, da er geführt wurde, bildete sich eine

neue poetisch-kritische Schule. Sie machte Goethen zu ihrem Abgott, und viele mögen denselben bloß durch die Gläser, die diese Schule schliff, betrachtet, viele mögen ihn mit jenen Koryphäen verbündet geglaubt haben. Wer wird leugnen, daß jene Männer viel und zum Teil Tüchtiges wirkten! wer aber auch, daß sie zu großen Irrtümern Anlaß gaben, und daß ihre Poesie bald eine sehr unerfreuliche Spielerei, einen gewissen Mystizismus, im Gegensatz gegen die wahre Klassizität, erzeugte! In dem Briefwechsel finden wir klar ausgesprochen, was der Verständige sich freilich längst schon gesagt hatte, daß Goethe, weit entfernt, von dem Weihrauch dieser Anbeter umnebelt zu sein, wie Gegner ihm vorwarfen, mit dem gediegenen Freunde festen Schrittes seinen Weg ging; wie sie früh warnten\*, das Würdige, das diese Schule hervorbrachte, zu schätzen wußten; aber einen zu hohen Begriff von dem wahrhaft Klassischen hatten, als daß sie es hätten in Opposition treten lassen können mit dem Romantischen, dessen Verkündiger sich jene mit Vorliebe nannten. Schiller, das sehen wir aus vielen Stellen des Briefwechsels, war gereizt gegen diese Schule, von der er freilich Unbilden erlitten hatte; Goethe betrachtet sie ruhiger, wie irgendein andres seltsames Phänomen der Zeit.
⟨...⟩

Die kritischen Unterhaltungen der beiden Freunde haben größtenteils die Werke zum Gegenstande, mit denen sie eben beschäftigt waren, und hier haben wir es als eine Gunst des Geschicks zu betrachten, daß der Briefwechsel gerade in eine Zeit fällt, in der einige der bedeutendsten Produkte beider Dichter entstanden. In den drei vor uns liegenden Teilen sehen wir ›Die Horen‹ entstehen, Schiller entfaltet seine philosophische Ästhetik in den ›Briefen über die ästhetische Erziehung des Menschen‹; ›W. Meister‹ wird vollendet; dem ›Musenalmanach‹ wenden die Freunde mehre⟨re⟩ ihrer schönsten Gedichte zu; die ›Xenien‹ spuken; ›Hermann und Dorothea‹ wird dem Dichter von den Musen eingegeben; ›Wallenstein‹ nahet sich immer mehr seiner Vollendung, und manche kleinere, aber bedeutende Schrift der Freunde fällt zwischen diese größeren, Epoche machenden.
⟨...⟩

Die bedeutendste und interessanteste Partie der Korrespondenz in den 3 ersten Teilen bilden ohne Zweifel die Briefe über den ›W. Meister‹; über keinen der vielen Gegenstände, die berührt werden, ist zusammenhängender und ausführlicher geredet; die

---

\* Findet in Einem die Vielen, empfindet die Vielen wie Einen;
  Und ihr habt den Beginn, habet das Ende der Kunst.
                                              *Goethe.*

Briefe Schillers über diesen Gegenstand machen einen bedeutenden Teil des 2. Tls. aus*, und die schriftliche Unterhaltung wird hier, zum Glück für die Leser, durch keine mündliche unterbrochen. Man weiß in der Tat nicht, was man hier das Interessanteste nennen soll, ob die Freude Schillers, da er nur erst den Anfang des Werkes liest, und den Eindruck, den dieser auf ihn macht; oder die anfängliche Dunkelheit bei ihm, aus der er sich allmählich in eine so klare Einsicht hineinliest und -denkt; oder seine Herzensergießungen, da das Ganze vor seiner Seele steht; oder die Verschiedenheit der Naturen beider Freunde, die dennoch am Ende sich kundgibt; oder die Gefügigkeit, womit Goethe die Erinnerungen des Freundes annimmt und nutzt, und die Dankbarkeit, womit Schillers wahrhaft freundschaftliches Benehmen ihn erfüllt.

Wir sehen den Roman Band vor Band gewissermaßen entstehen; wir erfahren, wie lange dieses Werk des Dichters Seele füllte, wie es sich nach und nach ausbildete (schon in der ›Italienischen Reise‹, im Jahre 1786, wird seiner gedacht), bis endlich die Zeit der Reife und Vollendung nahete ⟨...⟩

Als aber nun der ganze Roman vollendet vor Schillern liegt, da haben wir in ihm eine Erscheinung, wie sie sich uns nicht leicht zum zweitenmal darbieten möchte. Wir sehen in ihm den wahren Leser, in dem Interesse, Gefühl, Auffassungsgabe, Urteil und das Vermögen, des Dichters Schöpfung zu eigenem Genusse nachzuschaffen, in der schönsten Harmonie sich offenbaren. Er liest das letzte Buch im Manuskripte; und wie entzückt er darüber ist, verliert er nie die Besonnenheit, die ihn [!] zu manchen, zum Teil gegründeten Ausstellungen Anlaß gibt. ⟨...⟩

Nicht so reichhaltig und ausführlich, aber von ganz besonderem Reize sind die Unterhaltungen der Freunde über mehre⟨re⟩ ihrer kleinern Gedichte, von denen so manche in den Schillerschen ›Musenalmanach‹ aufgenommen wurden. ⟨...⟩

Nicht minder interessant sind die Verhandlungen über Schillers ›Kraniche des Ibykus‹. Hier lesen wir (III, 217) von Goethe eine Bemerkung, die uns recht lebendig zeigt, wie der Umgang mit der Natur und die Betrachtung derselben auch dem Dichter zustatten kommt, wie das Naturgemäße so oft mit dem Schönen Hand in Hand geht.

Dem ›Musenalmanach‹ vom Jahre 1797 waren die ›Xenien‹ zugewandt worden. Aus der Biographie Schillers von Körner wußten wir bereits, daß die Freunde ursprünglich ein Andres beabsichtigten, als später der Almanach bot. Die ernsten, Kunst,

---

* II, 69–136. Viele andere Stellen über den ›W. Meister‹ sind in den drei Tln. des Briefwechsels zerstreut.

Leben, Sitte betreffenden Distichen sollten mit den satirischen, den eigentlichen Xenien, ein Ganzes bilden. Hierüber werden wir durch den Briefwechsel weiter aufgeklärt. Es ist nicht zu verkennen, daß ein solches Ganze den »heitern Eindruck«, den man beabsichtigte, sicherer gemacht, »das Gefällige und Ergötzliche, das jedem liberalen Gemüte zusagen müßte« (II, 230) besser erreicht haben würde, und wir können nicht anders, als in Goethes Klage einstimmen, da er (II, 158) »das schöne Karten- und Luftgebäude mit den Augen des Leibes so zerstört, zerrissen, zerstrichen und zerstreuet sieht«; welcher Übelstand durch Schillers nachmalige Redaktion nicht ganz gehoben ward. Für diesen Verlust erhalten wir einigen Ersatz durch die Unterhaltung der Freunde über das merkwürdige Produkt, das zu seiner Zeit so großen Hader und Lärm erregte. Wir sehen sie gereizt, sehen manches Menschliche einfließen; dennoch walten auch hier der Ernst und die Wahrheit, und die Muse ist am Ende die besänftigende Göttin. 〈...〉

Die Partie des 2. Bandes, die Schillers Bedrängnisse schildert, in die ihn der Selbstverlag des Xenien-Almanachs bringt, hätte Rez〈ensent〉 gern abgekürzt gesehen. Indes trug ihn der gute Humor leicht darüber weg, in den er durch die Annahme versetzt wurde, eine komische Nemesis habe Schillern, der durch seinen Almanach so großen Rumor in Deutschland erzeugte, doch auch zur Vergeltung einen Schabernack antun und einigen Spektakel ins Haus bringen wollen; wie er selbst klagt (II, 198): »So sehe ich mich frühe für das Böse gestraft, das wir den schlechten Autoren erzeigt haben«.

〈...〉

Darin besteht überhaupt ein großer Genuß, den uns der Briefwechsel gewährt, daß wir erkennen, mit welcher Leichtigkeit Goethe *die schwere Kunst des Sehens* übt, und wie Schiller durch den Freund darin vervollkommnet wird. Gewiß, wenn wir den bei weitem größten Teil der ästhetischen Lehrbücher und der poetischen und künstlerischen Produkte selbst betrachten, wir werden finden, daß diese Kunst, und nicht allein bei den Deutschen, in der neuern Zeit wenig geübt worden, daß aus diesem Mangel eine grenzenlose Verwirrung hervorgegangen ist.

Über den ›Wallenstein‹ wird ohne Zweifel der 4. Band des Briefwechsels sich weiter verbreiten. Doch auch schon im 2. und 3. wird desselben öfters gedacht. 〈...〉 Den mächtigen Abstand zwischen ›Don Carlos‹ und ›Wallenstein‹ wird keiner, der nur einiges Urteil hat, verkennen; daß von der einen zur andern Tragödie ein Fortschritt zum Wahren, zur reineren Kunst gemacht war, leuchtet jedem Einsichtsvollen ein. Schiller hatte sein eigentliches Feld gefunden, auf welchem uns ›Wallenstein‹ die glänzendste Eroberung scheint; und wenn er jenes Streben nach sentimentaler Idealität nicht ganz abstreifen konnte, wenn an reiner Wahrheit, am eigentlich Klassischen sein großer Freund ihn übertrifft: die Erfindung mächtiger Motive und herzergreifender Szenen, eine großartige theatralische Wirkung wird immer als ein seltener herrlicher Ruhm Schillern zugestanden werden. Der verrät gewiß einen geringen Sinn für dramatische Kunst, der die Szene, wo Max und Thekla durch Wallenstein geschieden werden, diese in so manchen Bezügen große Szene, nicht bewundert.

⟨...⟩

Die erwähnten Werke der Freunde haben uns einigermaßen als Meilensteine und Wegweiser auf dem langen Wege durch den Briefwechsel gedient. Aber gelegentlich wird noch über manches andere Werk geredet. So über den ›Faust‹, der Schillern sehr am Herzen liegt, den aber Goethe ziemlich kalt behandelt, ja zu den »Possen« rechnet (III, 150 fg.). Die Verehrer dieses bewunderungswürdigen Produkts werden hierüber stutzen; indes die Verehrer Goethes und der Kunst, bei aller Begeisterung für den Faust, es natürlich finden und sich in dem Glauben bestärkt fühlen werden, daß nur *der* den Dichter zu beurteilen imstande ist, den der ›Faust‹ gegen die ›Natürliche Tochter‹ nicht besticht.

Auch sind die Unterhaltungen über die kleineren Schriften Goethes, Laokoon und Moses, von großem Interesse, und wir verfolgen mit Teilnahme die Metamorphosen, die ein ursprünglich als Epos aufgefaßter Gegenstand erfährt, bis er in unsern Tagen erst als Novelle an das Licht tritt.

Aber die Werke der Korrespondierenden selbst – sind sie auch die Hauptangeln, um die der Briefwechsel sich dreht – sind doch nicht der einzige Gegenstand desselben. Auch manche andre kommen zur Sprache, von Herder, Jean Paul, Stolberg und meh⟨re⟩ren; wie denn viele der bedeutendsten Männer jener Zeit, die einen zu ihrem Vorteil, die andern zu ihrem Nachteil, an uns vorübergeführt werden. Wir nennen hier nur *Wilhelm von Humboldt*, den wir als einen der vornehmsten Freunde der Korrespondierenden kennenlernen, als einen Mann voll Interesse für alles Bedeutende und Große; *Meyer*, an dem die Freunde mit so herzlicher Neigung hangen, dessen Forschungen im Gebiete der bildenden Kunst von ihnen mit der liebevollsten Teilnahme verfolgt werden (ein Brief Schillers an ihn (III, 169), ein Kleinod der Sammlung, stellt uns die Verbindung der drei Freunde in dem erfreulichsten Lichte; auf die innigste, anmutigste Weise dar); *F. H. Jacobi*, – wie wahr ist über diesen sonst so ausgezeichneten Mann Schillers Wort bei Gelegenheit einer Äußerung desselben über den ›W. Meister‹ (I, 124): »Jacobi ist einer von denen, die in den Darstellungen des Dichters nur ihre Ideen suchen und das *was sein soll*, höher halten als das *was ist*« –; *Reichardt*, den, das erfahren wir hier, die ›Xenien‹ mit gutem Fug anfeindeten. Der Gebrüder *Schlegel* ist oben gedacht worden; die Art, in der *Voß* aufgeführt wird, zeigt, wie die Freunde das Tüchtige zu schätzen wußten; *Herder* wird auch in vertraulicher Mitteilung, wie es sich gebührte, mit Würde und Anstand behandelt ⟨...⟩. *Wieland* konnte in diesem Briefwechsel nicht wohl anders als Opposition erscheinen; doch wird seiner (III, 127) von Goethe mit alter Liebe gedacht. Für *Stolberg* konnte sich diese nicht regen: aus mehreren Äußerungen Goethes sehen wir, wie der in ›Kunst und Altert.‹ (V. 3) mitgeteilte Aufsatz über Platos ›Jon‹ entstehen mußte; *Lavaters* Name schon erweckt in den Freunden eine Art Grauen. *Nicolai* reizt nicht, aber er regt an, und hilft den Geist und die Stimmung wecken, aus denen die ›Xenien‹ hervorgingen; *Klopstocks* wird mehrmals gedacht; auch er macht Opposition, und es ist interessant, wahrzunehmen, wie ihm Goethe erscheint, wie dieser dagegen, freilich in einer spätern Zeit, den Sänger des ›Messias‹ ganz als einen poetischen Stoff und mit großer Liebe behandelt (›Aus meinem Leben‹, 10. Buch). Über die Weise, in der *Jean Paul* aufgeführt wird, werden viele Leser zürnen. Das kommt aber bloß von ihrer Subjektivität her; wenige haben den Sinn für die Wahrheit, womit die Freunde sprechen, und für die Liebe und Humanität, womit es geschieht. ⟨...⟩ – Dies sticht sehr ab gegen die Weise, in der Jean Paul über Goethe und Schiller in dem Briefwechsel mit seinem Freunde redet. Auf welcher Seite die Wahrheit, die Erkenntnis, Liebe und Humanität ist, *das* zu entscheiden, überlassen wir dem verständigen Leser.

Überhaupt, wie manches strenge Urteil die Freunde auch fällen, wie kräftig sie sich in vielen Stellen des Briefwechsels über das Publikum äußern mögen, Gerechtigkeit, Milde und Billigkeit waltet im ganzen durch den Briefwechsel und ist ein schöner Charakterzug desselben. ⟨...⟩ Dieser Ernst, diese Konsequenz und die obenerwähnte Milde mußten zusammentreffen, um den Charakter zu erzeugen, der im Briefwechsel, wie in andern Mitteilungen, so anspricht, so erbaut, eine große Kraft und Wirksamkeit so segensreich lenkt; und Schiller war auch in dieser Hinsicht würdig, Goethes Freund zu sein.

Nicht allein die Dichtkunst ist Gegenstand der Unterhaltung in dem Briefwechsel. Auch von den bildenden Künsten ist oftmals die Rede, und mancher Punkt, der später in den ›Propyläen‹ ausführlicher behandelt ward, wird hier schon besprochen. Man erkennt den gewaltigen Einfluß, den die griechische Kunst in ihren verschiedenen Zweigen auf die Freunde übt. Interessant ist es auch, zu sehen, wie der erste Versuch, philosophische Ideen durch die Kunst darzustellen, wodurch späterhin diese in seltsame Verirrungen geriet, auf die Freunde wirkt. ⟨...⟩

In Briefen, von Goethe an einen teilnehmenden Freund geschrieben, würde es befremden, wenn nicht auch von der Natur die Rede wäre. Seiner Beschäftigung mit derselben gedenkt er oft, und seine Liebe zu ihr, die zu dem vertraulichsten Umgange führt, wird uns auch hier sichtbar. Sie entzündet auch den Freund; und zu dem, was Goethe in der ›Farbenlehre‹ über Schiller sagt, finden wir hier erfreuliche Dokumente.

Wie mannigfaltig aber auch die Gegenstände sein mögen, die in dem Briefwechsel unsre Aufmerksamkeit erregen, unser Denken beschäftigen – immer werden wir zu Betrachtung der beiden Freunde, der Schreibenden selbst, zurückgezogen; und wenn wir diese 3 Bände zu Ende gelesen (sie enthalten die Briefe von den Jahren 1794 bis 1797), so steht Goethe lebendig vor unserer Seele, körperlich und geistig gesund und kräftig, von edlem Selbstbewußtsein erfüllt, in ruhiger Größe, lebhaft und aufgeregt, insofern der Haß gegen das Gemeine und Schlechte und die Wirksamkeit für tiefe Studien und unsterbliche Werke es erfordern, immerfort tätig im weiten Gebiete der Kunst und Natur, mitteilend, anerkennend, andere entzündend und fortreißend, herrschend, aber mit Liebe. Mit Trauer sehen wir dagegen Schiller oft leidend, durch körperliche Schwäche gehemmt in seinem großartigen Streben; aber erhebend ist der Anblick, wie der Edle auch so diesem Streben treu bleibt, und es freut uns zu sehen, wie Goethes Freundschaft ihn erquickt und die Kraft mehrt, die er, zu unserm Erstaunen, selbst aufbietet, um seinen Geist tätig zu erhalten und Großes zu schaffen. ⟨...⟩

Indem Rez⟨ensent⟩ seine Arbeit übersieht, ist ihm seltsam zumute. Er suchte in einer gewissen Ordnung die Mannigfaltigkeit des Briefwechsels mitzuteilen, und sieht nun, daß er das Charakteristische desselben in seiner Darstellung gar nicht hat erscheinen lassen. Denn dieses besteht vorzüglich in der Mitteilung, dem Aussprechen dessen, was die momentane Stimmung und Beschäftigung eingab, also recht eigentlich in jener Mannigfaltigkeit. Sie ist es, die dem Briefwechsel den frischen Lebenshauch gibt, der ihn so anziehend macht, und deshalb möchten wir, wiewohl wir oben den Wunsch ausgesprochen, hier und da möge einiges weggelassen oder abgekürzt sein, manches Unbedeutende, Einzelne aus dem täglichen Leben der Freunde nicht missen. Das Leben ist nicht in jedem Momente bedeutend; und es ist erfreulich, ausgezeichnete Menschen sich wie andre Geringere gebaren zu sehen. Aller Schein von lästigem Selbstgefühl, von Affektation und Vornehmigkeit verschwindet so, und in diesem Sinne nehmen wir nicht den mindesten Anstoß, wenn wir die Freunde sehen, wie sie sich gute Zwiebacke und Fische zusenden. Auch erfreut es, daß Menschlichkeiten und Schwächen der Korrespondierenden keineswegs bedeckt sind; denn auch sie sind Menschen, die aber bei ihrer Größe, ihrem großen reinen Willen und Schaffen auch für ihre Schwächen keineswegs das Licht zu scheuen haben.

Gar manche Ereignisse aus dem Leben Goethes und Schillers, die in den 3 ersten Teilen des Briefwechsels berührt werden, hat der Rez⟨ensent⟩ nicht erwähnt, und es ist ihm lieb, daß die Fortsetzung desselben ihn manches nachzuholen veranlassen wird. So ist noch gar nicht der höchst interessanten Reise, die Goethe im Jahre 1797 macht, und die ihn über Frankfurt, Stuttgart, Tübingen in die Schweiz zu seinem Freunde Meyer führt, gedacht worden. Doch sind von dieser Reise die ausführlichsten und interessantesten Briefe von Goethe geschrieben. Man sieht mit Vergnügen, wie sich das Welt- und Menschenwesen vor seinem ruhigen, klaren Blicke bewegt; merkwürdige psychologische Erfahrungen teilt er mit, die er an sich selbst macht, die ihm der Freund, »der gewöhnliche Deuter seiner Träume«, erklärt, in denen man, wie die pathologische Erscheinung der Farben auf die Gesetze des Sehens führt, die Operationen des gesunden, kräftigen Dichtergeistes erkennt. Mehre⟨re⟩ der lieblichsten Gedichte, von Goethe auf dieser Reise gedichtet, werden mitgeteilt, und wir genießen die längst bekannten wie im Reiz der Neuheit, der jugendlichen Frische. Diese Reise, wie auch sonst wohl ein Verhältnis durch zeitige Trennung bewährt wird, erscheint wie ein Dokument, das die Echtheit und Tüchtigkeit der entstandenen Freundschaft beurkundet. »Die Poesie«, sagt Goethe in Beziehung auf sie (›Kunst und Altert.‹ IV, 3. S. 156) »hatte uns für Nähe und Ferne miteinander verbunden; und so blieben wir im fortwährenden Austausch unserer neuesten Leistungen, Vorsätze und Ideen.«

*Vierter bis sechster Teil*
Statt den Inhalt der 3 letzten Teile des Briefwechsels, wie wir bei den ersten es getan, im einzelnen zu durchlaufen, begnügen wir uns damit, einige Gesichtspunkte hervorzuheben, die uns für die Betrachtung und das Verständnis des Ganzen fruchtbar erscheinen. Wie bedeutend diese 2. Hälfte des Werkes, und namentlich die Briefe vom Jahre 1798 und 1802 auch sind, so bieten sie doch dem Anzeiger weniger Hauptpunkte, an die er seine Bemerkungen knüpfen könnte. Am Ende des Jahres 1799 zog Schiller nach Weimar; längere Briefe wurden nur gewechselt, wenn einer der

Freunde sich für eine kurze Zeit in Jena, Lauchstädt und an einigen andern Orten aufhielt; die übrige Korrespondenz ging von Haus zu Haus, und besteht zum Teil aus bloßen Billetts, die dem Leser das Bild eines immer fortgesetzten lebhaften Verkehrs lebendig erhalten, weiter aber kein großes Interesse gewähren. Der Wunsch drängt sich auf, Goethe möge in frühern Jahren zu der Redaktion des Briefwechsels geschritten sein und den Mangel bedeutender Briefe durch Zwischenreden und Erläuterungen ersetzt haben. Aber dieser Wunsch bescheidet sich zu schweigen, wenn wir bedenken, wie tätig Goethe in den letzten Jahren für eigene neue Schöpfungen war, und er löset sich in Dank auf, dafür, daß er im hohen Greisenalter, in Jahren, eigner Produktion minder günstig, sich diesem gewiß schwierigen Geschäfte unterzog. Und wer sähe nicht gern die Denkmale eines 12 Jahre hindurch ununterbrochen dauernden Geistesverkehrs zweier großen Geister, auf die unsre Nation stolz ist, lebendig in ihrer Gesamtheit vor Augen!

Was jene Einzelheiten betrifft, so genügt es hier zu sagen, daß Goethe sich in der Zeit, die wir genauer verfolgen können, ernstlich mit der *Farbenlehre* und andern naturhistorischen Studien beschäftigte, den ›Faust‹ fortsetzte, die ›Achilleis‹, wie die erst vor kurzem bekannt gewordene ›Helena‹ begann, und den ›Mahomet‹ und ›Tancred‹ bearbeitete; Schiller den ›Wallenstein‹ vollendete, an den sich dann bald ›Maria Stuart‹ und die übrigen Dramen schlossen, die die Hoffnung weckten und eine Zeitlang erhielten, die deutsche Bühne werde sich durch sie zu etwas Großem und Eigentümlichem gestalten. Leider ist von Goethes ›Natürlicher Tochter‹ kaum die Rede; aber von großem Interesse sind die Briefe, die die Vollendung und Aufführung des ›Wallenstein‹ betreffen; die, in denen Schiller versucht, den Freund zum Behuf seiner Naturforschungen in die Philosophie einzuführen; nicht weniger die die ›Achilleis‹ betreffenden, die uns zugleich den Genuß ahnen lassen, den das Studium des Homer den Freunden gewährte. Wir fügen die Briefe hinzu, in der[!] von einer Bearbeitung der Goetheschen ›Iphigenie‹ für die Bühne die Rede ist.

Ein sich uns zunächst darbietender Gesichtspunkt, aus dem wir den Briefwechsel gern betrachten, ist der, daß wir ihn als einen Teil der Biographie Goethes und Schillers ansehen. In den 6 vor uns liegenden Bänden der ersteren ist noch manche Lücke auszufüllen, noch manches zuzufügen. Der Briefwechsel kann als eine bedeutende Ergänzung betrachtet werden; indem er 12 Jahre, und zwar sehr wichtige und tatenreiche, aus des Dichters Leben begreift (das Wort *Dichtung* auf dem Titel der Biographie hat uns nie Sorgen gemacht; in dem Briefwechsel kann vollends von ihr nicht die Rede sein). Vielleicht wird auch in einer der folgenden Lieferungen von

Goethes ›Sämtlichen Werken‹ der oben ausgesprochene Wunsch, daß wir Erläuterungen und Ergänzungen zu den Lücken im Briefwechsel erhalten möchten, in Erfüllung gehen. Wie wichtig auch in Hinsicht auf Schillers Leben diese Briefe sind, welche Krisis in demselben sie bezeichnen, ist oben dargetan worden.

In Goethes Selbstbiographie (›Aus meinem Leben‹, II, 12 der 1. Ausgabe) ist von der Weise die Rede, in welcher der angehende Jüngling sich zur deutschen Schulphilosophie verhielt; an dies Verhältnis wird sich mancher erinnern, es wird manchem bedeutend werden, wenn er im 4. Teile des Briefwechsels die Bemühungen Schillers liest, seinen Freund zu einer philosophischen Behandlung seiner Naturstudien zu bringen, oder wenn er Goethen (VI, 165) diejenigen, die keine Ahnung von einer Naturphilosophie haben, zu den Glückseligen zählen hört. Dennoch wies er diese Philosophie nicht ab; aber was ihm die Genugtuung gab, daß ein Schelling die ›Metamorphose der Pflanzen‹ und die ›Farbenlehre‹ dem eigenen System passend fand und diese dem letztern einzuverleiben wußte, das war gewiß nicht das aus der Schule der Naturphilosophen Gewonnene.

⟨...⟩ welch ein Genuß, den Mann nun in dem eroberten Gebiete des Schönen walten zu sehen! Und wo könnten wir dies schöner als in Ergießungen und Mitteilungen gegen den geliebtesten und vertrautesten seiner Freunde, gegen einen Gleichgesinnten! Das war Schiller, und der Briefwechsel mit ihm ist das herrlichste Dokument für Goethes Leben; in ihm sehen wir den Baum, an dem zugleich Blüten und Früchte prangen, und die goldene Frucht wird uns in silbernen Schalen gereicht.

Goethe hat in den verschiedenen Perioden seines Lebens und seiner Kunst eine verschiedene Kritik erfahren, im Guten und Bösen. Wenn in den beiden letztern Dezennien dieselbe sich gegen ihn richtete, so war es vor allem, um den Mangel an Gemüt, an Deutschheit bei ihm zu rügen. Da hier nicht der Ort ist, zu zeigen, wie die Kunst über dem Gemüt und der Nationalität steht, wie sie diese wohl in sich faßt, aber sich nicht von ihnen bestimmen und beherrschen läßt, so erfreut es uns, aus dem Briefwechsel ein bedeutendes Wort Schillers über diesen Punkt ausheben zu können ⟨...⟩

Ein anderer Gesichtspunkt, aus welchem wir den Briefwechsel zu betrachten haben, ist dieser: er führt uns in die Werkstatt der Dichter ein. Am 15. April 1797 schreibt Goethe seinem Freunde: »Die Poesie, wie wir sie seit einiger Zeit treiben, ist eine gar zu ernsthafte Beschäftigung«. Und wie ernst sie dieselbe trieben, davon ist das ganze Werk ein unumstößlicher Beweis. Das »*zu* ernsthaft« ist nicht auf den Gegenstand der Beschäftigung zu beziehen; denn welcher Ernst wäre zu groß für diese Sache! Es erinnert nur an das Wort, das ein Diplomat über Goethe aussprach: »Das ist auch einer, der sich's hat sauer werden lassen!« (›Kunst und Altert.‹ II, 1. S. 148). Sehen wir nun auf das Einzelne der Beschäftigung, wie diese großen Dichter die gehörige Stimmung erwarten und benutzen ⟨ein schönes Wort finden wir hierüber von Schiller, da er den ›Wallenstein‹ beginnt (II, 34); und Goethe macht sich über den Freund Q. lustig, der ihn versicherte, »mit der Stimmung seien es Narrenspossen; er brauche nur Kaffee zu trinken, um, so gerade von heiler Haut, Sachen zu schreiben, worüber die Christenheit sich entzücke« (IV, 300)⟩, wie sorgsam, ja ängstlich sie bei der Wahl des Stoffs zu Werke gehen, wie sie über die Form im Höchsten und Kleinsten ratschlagen, wie gewissenhaft sie ihre Zeit nutzen ⟨Schiller entsagt einem Genusse, der ihn äußerst reizen mußte, um die freie Zeit, die ihm seine Kränklichkeit ließ, dem ›Wallenstein‹ zuzuwenden (IV, 175)⟩, wie sie eilen, der Welt etwas zu geben, und säumen, damit sie etwas Rechtes geben, wie Übelbefinden und andre Unfälle sie vor allem deshalb betrüben, weil sie dadurch in ihrem Streben nach dem großen Ziele aufgehalten werden, ja, wie namentlich Schiller die Gewalt der Krankheit besiegt, um schaffen zu können: betrachten wir dieses alles, wie es hier, nicht in einem Roman, nicht in einer Biographie, sondern in der lebendigsten augenblicklichen Wirklichkeit uns vor Augen liegt, dann erfüllt uns das Gefühl der reinsten Bewunderung und Ehrfurcht, und wir meinen, in der Wärme dieses Gefühls, die Werke des Dilettantismus, gegen den der Briefwechsel mit Ernst und Zorn ankämpft, müßten auf zahllosen von ihren Urhebern selbst errichteten Scheiterhaufen flammend aufgehen und in Asche zerstieben.

Mußte die Männer, die auf diese Weise und so Großes schufen, ein edles Selbstgefühl erfüllen, wenn sie um sich her einen frivolen Dilettantismus, die seltsamsten Extravaganzen oder Verworrenheit in den Begriffen von der Kunst erblickten, so ist die Bemerkung um so erfreulicher, daß sie an ihrer Nation nicht verzweifelten, daß sie jedes Talent, jede einigermaßen bedeutende Wirksamkeit in der Kunst und den Wissenschaften, womit sie sich beschäftigten, mit Teilnahme betrachteten und ermunterten. Dieses Interesse an der Bildung anderer spricht sich in gar manchem Briefe erfreulich aus. ⟨...⟩

Und wie auch auf das selbständigste, vollendetste Gedicht immer noch einiges Licht von der Zeit, der Persönlichkeit des Urhebers fällt, so kommt uns auch durch den Briefwechsel ein neues, eigentümliches Leben in die Werke der Dichter, die zu der Zeit, da er geführt ward, entstanden: sie werden uns nicht lieber, nicht schöner, nicht vollkommener; aber auch die Blume kann uns durch kein naturhistorisches Werk lieber werden, und doch sehen wir sie mit größerer Bewunderung an, wenn wir die ›Metamorphose der Pflanzen‹ gelesen haben. Goethe selbst will seine Biographie als eine Konfession über das Entstehen seiner Werke betrachtet wissen; wie könnte er reinere und reichere Bekenntnisse über eine bedeutende Periode seines Lebens geben, als in diesen Briefen! Und wir dürfen hinzusetzen: was von ihm gilt, das gilt auch von seinem Freunde.

Es ist wohl natürlich, daß der Stil ausgezeichneter Schriftsteller sich auch in schriftlichen Mitteilungen kundgibt, die, wenigstens in der Zeit der Abfassung, nicht für das Öffentliche bestimmt waren. Aber hier dürfen wir unter den übrigen Tugenden des Werkes den Stil, der in ihm herrscht, nicht übergehen. Schillers Prosa, selbst in seinen historischen Werken, ist rhetorisch, in dieser Art oft zum Bewundern, wie z. B. in der Erzählung vom ›Sonnenwirt‹; er würde, in andern Zeiten und unter einem andern Volke, ein herrlicher Redner auf dem Forum und vor Gericht geworden sein. Goethen ward im vollen Maße das os rotundum, das Horaz an den Griechen preist. Beides zeigt sich in dem Briefwechsel. Die Briefe Schillers über den ›Wilhelm Meister‹ im 2. Bande sind auch in Hinsicht auf den Stil musterhaft, und der 424. Brief, wo Goethe über die ›Odyssee‹ redet, erinnert an seine schönsten prosaischen Werke.

Auch Personen von mancherlei Art und bedeutende Werke der Kunst werden uns in den letzten Bänden vorgeführt. Unter den Personen erscheint vor allem Frau von Staël merkwürdig; sie ist der Gegenstand mehr als eines Briefes, und höchst interessant ist zu lesen, wie diese Frau den Dichtern zu schaffen macht, wie sie dieselben ängstigt und dennoch immerfort mit Auszeichnung und Gerechtigkeit behandelt wird. ⟨...⟩

Der Schluß des ganzen Werks, das in einem tiefempfundenen Schreiben von Goethe dem Könige von Bayern gewidmet ist, hat uns mit Wehmut erfüllt, die jeder, der Schillern verehrt (und wen soll man verehren, wenn nicht diesen so Großen als Liebenswürdigen! dessen menschliches, für alle edlere Verhältnisse reingestimmtes Herz sich in unzähligen Stellen des Briefwechsels kundgibt) mitempfinden wird. Der letzte Brief ist von ihm am 24. April 1805 geschrieben; also nur 15 Tage vor seinem Tode. Die Worte Goethes:

    Den Liebenswürd'gen soll der Tod erbeuten?
    Ach! wie verwirrt solch ein Verlust die Welt!

fielen dem Anzeiger mit ihrer Gewalt aufs Herz. Er wandte schnell seinen Blick auf die Bände des Werks und fand Beruhigung in dem

Gedanken, wie viel und wie Großes Schiller in dem letzten Teile seines Lebens, in dem er so Herrliches schuf, auch genoß. Sein Auge fiel auf das Wort, das er im 535. Briefe an den Freund richtet: »Es ist eine rechte Gottesgabe um einen weisen und sorgfältigen Freund«; und auch Goethe wird sich jetzt noch freuen, daß er ihm damals erwiderte: »Es freuet mich, daß ich Ihnen etwas habe wiedererstatten können von der Art, in der ich Ihnen so manches schuldig geworden bin.«

*(Oellers, S. 260–286)*

*Christian Dietrich Grabbe: Etwas über den Briefwechsel zwischen Schiller und Goethe in den Jahren 1794 bis 1805 (6 Teile, Stuttgart und Tübingen, Cotta'sche Buchhandlung), so wie auch einiges über die ebengenannten beiden Dichter selbst und über unsere Zeit.*
Die Guillotine der Revolution steht still und ihr Beil rostet, – mit ihm verrostet vielleicht auch manches Große, und das Gemeine, in der Sicherheit, daß ihm nicht mehr der Kopf abgeschlagen werden kann, erhebt gleich dem Unkraut sein Haupt. Napoleons Schlachtendonner sind gleichfalls verschollen. Seine Feinde denken seiner nicht mehr, weil sie ihn nicht mehr sehen noch hören, – Freunde, die ihn kannten, sterben allmählich aus, – jugendliche Enthusiasten bewundern wohl seinen Kriegesglanz, von dem ihnen noch einige Augenzeugen zu erzählen wissen, begreifen aber schwerlich seinen Charakter, seine Sendung und seine Zeit.

⟨…⟩ Endlich finden sich da auch Briefwechsel Verstorbener oder Lebender ein, selbst solche bei welchen für den Briefsteller und den Briefempfänger nichts wünschenswerter gewesen wäre, als daß man sie ewig unter ihrem Siegel hätte ruhen lassen und nie der Welt zum Skandal mitteilen sollen. Der über seine Klugheit närrisch gewordene Hamann, welchen Goethe vielleicht eben deshalb, weil er ihn nicht versteht, als Philosophen bei uns einschwärzen will, muß jetzt, nach dem Tode, seine Briefe zum Druck hergeben, – Lessing, Winkelmann, G. Forster, Jean Paul müssen desgleichen tun. Gut, es findet sich stets in diesen Briefen etwas Interessantes, und klärte es auch nur den Charakter dieser Männer auf. Aber da kommt auch noch der Briefwechsel zwischen Schiller und Goethe, und etwas Unbedeutenderes (man möchte sagen Elenderes) ist seit Langem nicht gedruckt.

Die Briefe eines Cicero, eines Plinius geben uns wichtige Aufschlüsse über die Zeit, in der sie geschrieben wurden, – die Briefe aus dem Jahrhundert Ludwigs XIV (von Bussy-Rabutin, von der Sevigné p. p.) zeigen einen eleganten Konversationston, eine außerordentliche Feinheit des Styls, – die Briefe Friedrichs des Einzigen, mit Voltaire, d'Argens u. A. gewechselt, lassen uns überall Geister erkennen, welche die alte Zeitlage erkennend, reformierend in das neue Weltalter schritten, – aber der Schiller-Goethische Briefwechsel, in sechs Bänden dem Publico vorgelegt, welches vielleicht im Vertrauen auf die Firmen Schiller und Goethe tüchtig loskaufen wird, – hat keines der den obigen früheren Briefsammlungen beiwohnenden Interessen, ist weiter nichts als eine Sammlung billetmäßiger Lappalien, wobei anfangs Schiller und Goethe, besonders in ihren staatsbürgerlichen und schriftstellerischen Verhältnissen zu einander, an nichts weniger als deren dereinstige Publikation gedacht haben.

Ex post, nach mehr als 20 Jahren, hat sich jedoch Goethe eines Schlimmeren besonnen. Er selbst hat wahrscheinlich diese Trivialitäten herausgegeben. Sicher glaube ich freilich an ein solches Vergehen gegen Schiller und gegen sich selbst noch nicht recht. Indes – wo kommen die von Schiller an Goethe gerichteten Billette her, wenn letzterer sie nicht zum Druck ausgeliefert hat? Und – ach! – beginnt der sechste Teil nicht mit einer Dedikation an den König von Baiern, nach welcher jeder unseren Dichterliebling (Dichterfürst ist für ihn zu viel) als Herausgeber der qu. Briefsammlung halten muß?

Schiller und Goethe, ihr beiden Heroen am deutschen Dichterhimmel, brauchtet euren Glanz nicht mit den Erbärmlichkeiten eures Privatlebens zu umnebeln – Recht gut, daß man eure Charaktere kennen lernt, aber so manche Elendigkeiten, die wir nicht zu wissen brauchten, dabei! – Auch das mag gut sein, wenigstens bei dem blinden Bewunderer Menschenkenntnis verbreiten, – aber war es (gelinde ausgedrückt) klug oder delikat, daß Goethe sie bekannt machte? Was Schiller oder Goethe künstlerisch oder moralisch sind, weiß der Gebildete auch ohne diese Briefe.

Das literarische Gesindel, welches nichts kann, als Nachschreien und Nachbeten, wird nicht ermangeln auch diesen Briefwechsel zum Himmel zu erheben. Die Berliner Jahrbücher der Literatur, in denen die Rezensionen von den Rezensenten unterzeichnet werden, und das im belletristischen Fache sehr überflüssig, da man die darin an hohlen Phrasen sich abwürgenden Menschenkinder schon kennt oder schon nicht achtet, haben in ihrem breiten, nach der Schule schmeckenden Style bereits nicht versäumt, dies auf Kosten Schillers zu tun, der immer nur als Schildknappe neben Goethe mitgehen soll. Auch auf Kosten der Wahrheit, – Herr Varnhagen von Ense, der mehr Kenntnis, und die ist auch so arg nicht, als Urteil besitzt, hätte sich z.B. recht hüten sollen, Schiller und den jetzigen König von Baiern am Schlusse seiner Kritik in eine poetische Bekanntschaft zu bringen, die nie existiert hat. Andere Journale machen es indes eben so, und Mancher heult mit, weil er muß.

Schmutz ist Schmutz und kommt er auch aus dem Palaste eines sogenannten Dichterfürsten. Beschenkt dieser die Welt mit Sächelchen, die wie die qu. Briefsammlung oft nichts enthalten, als Einladungen zum gemeinsamen Ausfahren, Grüße an die liebe Frau, an Carlchen bisweilen dazu, so schütze uns Gott, wenn etwa Napoleon, der an Kraft, Geist, Charakter und Wirksamkeit etwas mehr als Goethe und Schiller bedeutet, ja, auf ihre Dichtungen (Schillers Wallenstein, Goethe's Werke seit 1813) sichtbaren Einfluß gehabt hat, alle seine Tagsbefehle, freundschaftlichen Billets, Lizenzzettel pp ediert hätte. Hält Goethe sich für so wichtig, glaubt es sei zu seiner und zu Schillers dereinstigen Charakterschilderung so nötig, daß er nach Schillers Tode diese Briefwechselei herausgibt, so hätte er doch den Leser und das Papier mit den Visiten- und Küchen-Charten (denn viele Billette sind nichts weiter) verschonen sollen. Er konnte ja, wenn »Grüße und Einladungen zum Mitspeisen« so große Bedeutung auf die Bildung und das Wesen zweier Dichter haben, sie nur chronologisch anzeigen – einige hundert Seiten hätte er gespart.

Wer diesen Briefwechsel in das Publikum gegeben hat, ist auch im Stande, seine und Schillers abgetragene Hosen lithographieren zu lassen. Goethe irrt sich aber, wenn er etwa glaubt jeder Leser würde sein Verhältnis zu Schiller so annehmen, wie es hier sich darstellt. Ohne Kontrolle nichts Gewisses in der Welt – Sollte Schiller an dritte Personen so über Goethe geschrieben haben, wie an Goethe selbst? Man hat Grund zu zweifeln, selbst nach der behutsamen Körner'schen Biographie vor Schillers Werken. Es wäre dankenswert, wenn noch lebende Freunde Schillers, die mit ihm briefgewechselt haben, nun auch die empfangenen Briefe edierten.

Das Widerlichste der qu. Briefwechselei ist der Anfang des 6ten Teils desselben, die Dedikation an den jetzigen König von Baiern. Meine Leser und ich werden sich freuen, wenn dieser Punkt beseitigt ist, darum zuerst Einiges über ihn. Man begeift die Verblendung nicht, mit der Goethe dergleichen drucken lassen sollte. Der Besuch, den der Baierkönig ihm vor einigen Jahren gemacht hat, scheint Se. Weimarische Exzellenz, von deren Vornehmtun schon Bürger zu singen wußte, ganz in eine baierische verwandelt zu haben. Goethe, der seit mehr als einem halben Jahrhundert von dem Weimarischen Regentenhause unterstützte, beinah verzogene Dichter, entblödet sich nicht, in jener Dedikation dem Könige von Baiern zu sagen »wie sehr Schiller das Glück Sr Majestät anzugehören, wäre zu wünschen gewesen, und wie durch allerhöchste Gunst Schillers Dasein durchaus erleichtert, häusliche Sorge entfernt, seine Umgebung erweitert« pp. geworden sein würden. Welch ein Gallimathias von höfischer Kriecherei, Unwahrheit und poetischem Schwulst! Haben Goethes Schmeichler ihn so angesteckt, daß er selbst einer wird?

Ich will davon absehen, daß es zweifelhaft bleibt, ob der mit Recht für die Finanzen seines Landes sorgende König von Baiern, Schiller in das von Goethe geträumte Utopien befördert hätte, denn nach dem Tode Schillers läßt sich leicht *sagen*, aber nicht mehr *tun*, man würde ihn bei seinem Leben gern glücklicher gemacht haben, als er war. 〈...〉

Aber womit kann Goethe beweisen, Schiller habe so in häuslicher Sorge und drückendem Dasein gelebt, daß es für ihn ein *Glück* gewesen wäre, wenn er dem Könige von Baiern angehört, und dieser sein Dasein erleichtert hätte? Grade der Briefwechsel beweist das Gegenteil, und auch ohne denselben wußte der Unterrichtete es besser. Bedeutendes Vermögen, enorme Einkünfte hatte Schiller nicht, aber siehe den Briefwechsel: glücklich, ohne Geschäftssorgen konnte er durch die Gnade seines Herzoges leben, konnte, ungeachtet er Professor in Jena war, und dort seine Funktionen hätte verrichten müssen, nach Belieben in seinem Garten daselbst oder in Weimar wohnen und dichten. Goethe mißt, so ausgeschrien seine angebliche Objektivität ist, hier mit einem subjektivem Maßstabe: *er* war seit seiner frühesten Jugend an ein Mehreres gewöhnt, als Schiller je besaß.

Und was heißt es, der König würde Schillers Umgebung erweitert haben? Vielleicht, daß er ihn statt in Jena oder Weimar in München oder Rom (von letzterem soll der König in dieser Beziehung gesprochen haben), als zwei größeren Städten, plazierte? Ich denke Schiller hätte solche Anerbietungen so gut abgelehnt, als seine bekannte Berufung nach Berlin. Nicht auf die Größe der Städte, auf die Geister, welche darin hausen, kommt es an. München wird schwerlich, und Rom wird kaum einen Kreis von Geistern wie Herzog Karl August und Amalia, wie Wieland, Herder, Goethe selbst, Fichte, Schelling, (den jetzt München als Bruchstück aus dieser Versammlung besitzt), die beiden Humboldts, wieder vereinigen können. Die Unterhaltung mit ihnen war einem Schiller sicherlich werter als jede sonstige äußerliche Erweiterung seiner Umgebung. Dieses Erweitern scheint einer von den vagen Ausdrücken zu sein, deren sich Goethe so häufig bedient, wenn er nicht weiß, was er zu sagen hat oder sagen will, z. B. wunderlich, behaglich u.s.w., so wie er seine ganze Lebensbeschreibung dadurch in ein häßliches Zwielicht stellt, daß er sie Dichtung und Wahrheit tituliert.

Und nun die Briefwechselei selbst: fast überall begleitet den Leser die Erinnerung, daß Schillers Manen finster auf dessen Publikation herabsehen. Goethe hat oft der Nation, im Vertrauen auf seinen Ruhm, Lappalien dargeboten, hat oft das Sprichwort haud multa, sed multum nicht beherzigt, jetzt übersieht er das wieder, und größtenteils auf Kosten Schillers, der in dem Punkte ganz anders dachte.

Obgleich Goethe nach einer Ankündigung der Gesamtausgabe seiner Werke selbst ziemlich unumwunden und in einem entschuldigenden Tone eingesteht, daß er wegen sich und der Seinigen auch pekuniäre Interessen zu schätzen wisse, will ich glauben, daß bei dem Briefwechsel das Honorar, welches die getäuschten Käufer mit tüchtigen Prozenten dem Buchhändler wieder bezahlen müssen, ihm Nebensache gewesen sei. Hauptsache war wohl, wie schon oben im Vorübergehen angedeutet ist, der erstaunten Welt die Huldigung, welche Schiller für Goethe privatim ausdrückte, die freundliche Annahme dieser Huldigung durch Goethe, und billigerweise auch das vornehme Zuneigen und Entgegenkommen desselben zu Schiller, mitzuteilen. sc.: »Einer der gewaltigsten, vielleicht der erste vaterländische Dichter, den Mancher hat über mich setzen wollen, hat meine überwiegenden Geisteskräfte anerkannt, und mir, als ich auf seine Bitte ihm die Hand darbot, im Vertrauen dieselbe geküßt« – möchte etwas von den Ideen des Herausgebers gewesen sein. Das dürfte bei Goethe, der in seiner Zeitschrift Kunst und Altertum nicht ermüdet die Leser mit Wiederabdruck günstiger Rezensionen seiner Werke zu belästigen, mittelmäßige Lobgedichte auf sich selbst zu kommunizieren, und hinterdrein zu erklären, eben nicht auffallen.

Das Verhältnis beider Dichter zu einander könnte indes auch etwas von dem Folgenden an sich haben: Goethe, der dichtende Weltmann, Schiller, der auch etwas zur Weltklugheit genötigte Dichter, – beide wohl einsehend, es sei ein Staatsstreich von ihnen, wenn sie, während ihre Anhänger sich wütend befehdeten, insgeheim miteinander Eins wären, – Schiller durch seine Lage gezwungen, in Sr Exzellenz, dem Staatsminister Herrn von Goethe den Protektor am Weimarischen Hofe zu finden, aber als gleich großer Dichter dieses unter Freundes-Namen verbergend – – Man denke weiter nach. Sollte es anders Schillers, des ernsten Kritikers Ernst gewesen sein, Goethe's Produkte von dem schlechtesten bis zum besten wie Kraut und Rüben durcheinander zu loben? Oder kannte er als Dramatiker seinen Mann? Im Briefwechsel scheint Schillern die Goethische Farbenlehre, von der er nicht einmal etwas versteht (etwa manche alberne historische Behauptungen ausgenommen, die Schiller erkannte und verachten mußte, wie

z. E. Rom die Wolfstochter und Räuberbraut wäre aus einem *behaglichen* Zustande in die Breite der Weltherrschaft gediehen) eben so hoch zu schätzen wie wahrhaft reichhaltige, wenn auch nicht großartige und nach Goethes bequemer Manier sogar *künstlerisch* unvollendete Werke: Wilhelm Meisters Lehrjahre und Faust. Werden Goethes kleine, oft treffliche Lieder, manchesmal mit Recht gelobt, so ist aber auch in dem Briefwechsel das kalte Ding, Hermann und Dorothea, in Gefühl und Vers weit unter der Louise von Voß stehend, vermutlich unter qualhaften Anstrengungen entstanden, um ein genialeres Gegenstück jener Louise zu bilden, beinah als ein Ideal der epischen Dichtkunst gepriesen! – Und Schiller *kannte zu jener Zeit den Homer gut genug.*

Ach, wie devot fängt Schiller den Briefwechsel an. Wie formell und schmeichelhaft kommt er dem Hochwohlgeborenen Herrn, Hochzuverehrenden Herrn Geheimer-Rat im Kurialstyl entgegen. Aber wie selbstbewußt und seinem dichterischen und bürgerlichen Range angemessen, weiß Herr von Goethe mit einem »Ewr Wohlgeboren« zu antworten, und wie berechnet nennt er in der Antwort Woltmann, Fichte, von Humboldt, Schiller *wackere* Männer! Was würde Er sich auch vergeben haben, wenn Er sie Männer genannt hätte, die mindestens so ausgezeichnet waren wie Er. In nämlicher Art geht es fort durch die ganze Briefwechselei.

Ein anderer Grundton dieser Briefwechselei ist die ewige Caresse, welche Schiller dem Herrn von Goethe, abgesehen von allen Standesverhältnissen, wegen seines überlegenen Genies glaubt machen zu müssen. Goethes Genie ist dem Schillerschen *nicht* überlegen gewesen, um so unwahrscheinlicher als grade Bescheidenheit, die gern etwas annimmt, aber nie mit sich selbst renommiert, Quelle und Zeichen des Genies ist. Herr von Goethe denkt aber darin wie eine journalistische Ephemere: er hat von Schiller Manches angenommen, publiziert die Manier, wie er dabei verfuhr, im Briefwechsel jedoch auf eine Art, als hätte er *nie* etwas angenommen. Die Zukunft wird dartun, wie man solches Verfahren erkennt.\*

Ferner wimmelt der Briefwechsel von den elendesten Lappalien, und leider habe ich dieser schon so erwähnen müssen, daß es

---

\* Kaum ist etwas widriger, als wenn ein Autor zwanzig, dreißig Druckbogen füllt, und dann versichert, es wäre hier nicht der Ort dazu, weiter über die Sache zu sprechen. Vorliegenden Falls ist nun der Ort dazu, und doch deut' ich Vieles bloß an, grade weil es der Leser in der qu. Briefwechselei nachzusuchen und zu finden vermag, ohne den Setzer dieses zu belästigen. Er leihe die Briefwechselei aus irgend einer Leihbibliothek und bei offenen Augen wird er finden:

unverzeihlich wäre, sie weiter auseinanderzusetzen, oder den Schmutz noch einmal dem Leser vor die Augen zu halten. Einladungen zum wilden Schweinesbraten, zum Ausfahren, noch dazu in einem affektiert nachlässigen Style vorgebracht, wie z. B. »grüßen Ihre liebe Frau« (statt grüßen *Sie* p.p.) bedurften keiner Herausgabe des Schiller-Goethischen Briefwechsels, um zu zeigen, daß sie existierten. Man hat in Weimar eine lächerliche, manches Gemüt empörende neue Beiseitsetzung des Schillerschen Schädels auf der dortigen Bibliothek (ob Goethe mit Schuld war? nach der Analogie der Edition des Briefwechsels sollte man es mutmaßen) für gut gefunden und ausgeführt – nun, weder Schillers Gebeine, noch Schillers Geist haben jetzt noch nötig sich vor Zorn umzukehren, – Andere sorgen ja nach alle diesem genug dafür.

Wenigstens recht bewegend und etwas aufrührend ist es nächstdem für jeden Deutschen, wenn er sieht, wie im Briefwechsel Schiller und Goethe (ob aus *Rücksichten* gegen einander? ob *freimütig?*) die größten Geister ihrer Zeit und ihres Vaterlandes als Lumpen behandeln. Klopstock, Wieland, Garve, Herder, Jean Paul, Tieck p.p., bedeuten nach diesem Briefwechsel nicht viel mehr als Spreu unter den zwei Weizenkörnern: Goethe und Schiller. Auch die Ausländerin, der wir zumeist die Beförderung des deutschen literarischen Ruhms im Auslande verdanken, und welche Goethe so eher achten sollte, als er gegen diesen Ruhm (v.⟨ide⟩ viele Stellen in seinem Journal Kunst und Altertum) nichts weniger als gleichgültig ist, die geniale Stael, bekommt ihr unverdientes Teil. Daß aber Goethe auch die Gebrüder August Wilhelm und Friedrich Schlegel nicht verschont hat, jetzt noch dazu der Welt zeigt, daß er es nicht getan, ist bemerkenswerter als alles Andere. Goethe scheint denn doch seinen Ruhm vor Allem zu lieben, und wer hat diesen Ruhm, wie er momentan grade ist, anders erschaffen, als die beiden Schlegel? Ein wenig Dankbarkeit, ein wenig Delikatesse gegen die beiden ihm befreundeten Männer, hätte man erwarten sollen. Goethe, von jeher in ältester und neuester Geschichte kein tiefsehender Politiker, indem ihm, wie außer der schon angezogenen Stelle der Farbenlehre auch jedes seiner historischen Dramen beweist, dazu die Kenntnisse fehlen, hält vielleicht

1) daß ich Recht habe,
2) daß man mir nicht verdenken darf, wenn ich der Trivialitäten wegen, welche hier erwähnt werden, sowohl sie nicht abzuschreiben als Tinte und Papier zu schonen gedenke. Was ich sage, hoff' ich beweisen, das heißt, wahrscheinlich machen zu können. Mehreres verlangt kaum ein Jurist, noch weniger ein Schöngeist, wenn er – Menschen kennt.
Grabbe.

die Schlegel für untergegangen und wähnt wohl deshalb sich sehr hoch zu stellen, wenn er dartut, wie er auch Diener, die ihn zum Götzen machten, bloß als Gewürm betrachtet hat, – aber er irrt sich: ihre Schule lebt, wenn sie auch ihre Lehrer kaum noch kennt, – es lebt überdem noch Mancher, der recht gut weiß, *warum* die Schlegel ihn anbeten ließen, und ein paar Leute sind da, die es weder den Schlegel's verdenken, daß sie zu ihrer Zeit aus weltklugen und sonstigen Ursachen immer den verstorbenen Shakspeare über den lebenden Herrn von Goethe, so arg sie ihn auch erhoben, setzten, noch sich ganz des Zweifels entwöhnen können, ob Goethe dieses, vielleicht sich selbst halb unbewußt, nicht übel genommen bis auf den heutigen Tag. Goethe, der Sohn einer mehr gebildeten, mehr bewegten Zeit hat jeden Vorzug, den die *Zeit* ihm vor dem englischen Dramatiker geben konnte, – aber Shakspeares Geistesgröße hat er nicht – Gesetzt, daß Shakspeare jetzt lebte, und einen Robespierre schriebe, Goethe das Gleiche versuchte – wer würde wählen zwischen der Schilderung des empörten Meeres, wahr, roh und prächtig, wie Shakspeare sie oft (leider auch nicht immer!) gibt, oder zwischen der Darbietung eines Glases Champagner, wohlschmeckend, aber gekünstelt zubereitet, lieblich und nett, wie Goethe z. B. im Egmont uns den Trank reicht? – Ob Goethe, ob die Schlegel dieses Verhältnis gefühlt, ob erstere darum den Goethe nur zu einem der niederern Götzen, den Shakspeare zum Abgott gemacht haben, und ob Goethe dieses übel nahm oder übel nimmt, stehe dahin. Mir ist es gleichgültig. Die Zeit ist der beste Rezensent, und wird endlich entscheiden.

Hin und wieder fallen übrigens dem Leser in dem Briefwechsel einige gute Stellen auf. Wie gern würde ich nach so vielem, und wie mir scheint, so gerechten Tadel, diese Bogen damit füllen. Aber auch diese Stellen sind meistens nur halbwahre, unklare *Gedanken* (fast sämtlich von Schiller), oder ein paar *Notizen* (fast sämtlich von Goethe), welche Tausende grade so gut an das Licht gefördert haben. Und wie selten trifft man in dem Wuste auf diese Erträglichkeiten! In sechs Teilen, wie dieser Briefwechsel enthält, fördert auch der mittelmäßigste Schriftsteller bisweilen ein tüchtiges Wort zu Tage.

Selbst bei den tüchtigen Worten geht der Herausgeber so leicht zu Werke (ich würde sagen *freimütig*, wenn nicht Alles auf Kosten Schillers und aus Ursache der eigenen blinden Eitelkeit gedruckt da läge), daß man deutlich merkt, wie sehr man den beiden Herren erst auf den Nagel fühlen muß, sobald man ihren Worten glauben will. Trotz ihres vorgerückten Alters kennen beide weder recht einen Aristoteles noch einen Thomasius, – weder griechische noch französische Tragiker, – sie verwundern sich wie Kinder, wenn sie etwas Ansprechendes darin finden, urteilen aber (besonders Goethe) auch wie Kinder frisch darauf los.

Das Angenehmste bei dem traurigen Briefwechsel ist für den Verehrer Schillers, das Gefühl, welches ihn bei den zwei letzten Teilen desselben ergreift. Freilich ist der Inhalt dieser zwei Teile so unbedeutend als der vier früheren Teile, und Schiller würde nimmer sie publiziert haben, – freilich gehen darin die Schillerschen Komplimente an Goethe vorwärts, und Goethe scheint sie noch immer für Ernst zu halten, – freilich hätte Goethe das Publikum auch mit diesen zusammengestoppelten, modo gedruckten, Billetten verschonen sollen, – aber Eines fühlt und sieht man: der Dichter Schiller überflügelt endlich sein Verhältnis zu dem großen Herrn in Kunst und Staat, – seine Kraft wächst und wächst, er fördert Meisterstück auf Meisterstück, – er fühlt sich groß, auch neben Goethe, – seine Billette an ihn werden kürzer, trockener, – er tritt aus der subordinierten Rolle hervor, und ist: Schiller, der mindestens mit Goethe gleichberechtigte Genius.

Das Gefühl dieser Erhebung von Seiten Schillers wird indes etwas gedämpft, wenn man (wie hier der Fall ist) dabei sieht, wie Goethes produktive Kraft immer mehr sinkt, wie er, in der Angst, etwas zu leisten, aus sich selbst heraus, auf das Feld der Vielwisserei flüchtet. Da sammelt er ein, statt als Poet zu schaffen, – behaglich, in beliebiger Form teilt er das Eingesammelte denen mit, die es genießen wollen, – tiefwissenschaftliche Bildung eines Newton, Alexander von Humboldt oder Winkelmann (in den Fächern dieser Leute beschäftigt er sich besonders) verrät er nirgends, und so schleppt er sein späteres literarisches Leben dahin bis auf den heutigen Tag. Selbst seine Poesien werden oft nur naturhistorische Anschauungen, aber auch bei alle dem quält der treumütige Schiller sich ab, nicht Abwege, sondern Goethische Objektivität oder Universalität zu erblicken.

(...)

Von diesen Nachkläffern großer Männer, welche letztere sie mit ihren Tönen anbellen oder vergöttern, wie denn grade die Mode ist, auf diese Männer zurück. Schiller hält sich selbst, besonders in dem Briefwechsel, für subjektiv, Goethe leugnet seine Objektivität nicht, viele Belletristen schwören auf Schillers Sub- und Goethes Objektivität, und die ganze Sache ist ein Traum, ein Streit um philosophische Worte, die so oft ein Wesen bezeichnen wollen, das nicht existiert. Man zeige mir von den Homeriden bis zu Goethe, von Alexander dem Großen bis Napoleon einen Menschen, der nicht subjektiv gedichtet oder gehandelt hätte. Jeder Mensch hat seinen eigenen Schnabel, und dem geht er nach. Schiller und Goethe so gut wie ich.

Schiller strebt ernst zum Idealen und Erhabenen, – Goethe hin und wieder desgleichen, aber seine Eigentümlichkeit ist Anmut, mit einiger Empfindung koloriert, und ein kluges, zeitgemäßes Schmiegen in jede Form.

Verschieden wie das Leben beider Männer, ist ihre Poesie. Goethe, begabt mit vielem Talent, war Sohn wohlhabender Eltern. Nahrungssorgen drückten ihn niemals, und seine Grillen werden ihm bei solchen Umständen, und bei dem leichten Temperamente, welches in seiner glücklichen Lage gedieh, die Brust auch nicht all zu stark zerrissen haben. Er studierte mehr, um den einmal nötigen akademischen Cursus zu machen, als sich zum Broderwerbe vorzubereiten. Sein Goetz von Berlichingen brachte ihm Ruf. Werther gleichfalls. Der Herzog von Weimar stellte ihn an, und ließ ihm auch im Staatsdienst ziemlich freien Lauf. Goethe reisete oft, und wohin er wollte.

In Goethes langem Leben wäre also beinahe nichts, was ihn zur Poesie, einer Tochter des Schmerzes, hätte aufregen können, wenn er nicht, wie er selbst verraten hat, in der Jugend eine Brustwunde empfing, aus der bei so Manchem Jamben, Hexameter p.p. getröpfelt sind: die Liebe. Es war aber nicht die ideale Liebe Dantes, noch dessen Patriotismus. ⟨...⟩

Dennoch bleibt im Munde seiner Kritikaster Goethe noch stets objektiver als Schiller.

Nur in den kleineren, lyrischen und erzählenden Gedichten Goethes, möchte diese größere Objektivität statt finden. Diese Gedichte entstanden bei ihm aus augenblicklichem Gefühl. Sobald er aber selbst in diesem Fache größere Kompositionen versucht, wie etwa die Braut von Corinth, wird er matt, verrät angestrengte, und doch nicht tiefe Überlegung, und steht seinem großen Nebenbuhler weit nach. Da möchte denn doch Mancher auch hier Schillers gedrängte Gedankenreihe, geistvolle Auffassung, dramatische Berechnung und herrliche Sprache, deren Klänge schon an sich, fast so wie die Bibelübersetzung von Luther, das Herz erheben, den Goethischen Versuchen vorziehen.

Schiller hatte einen ganz anderen inneren und äußeren Lebenslauf als Goethe. Niederen Standes, in die Stuttgarter Militärschule gezwängt, um von da aus die Brot:Karriere zu machen, erschuf er, um seine vom bürgerlichen Lebensverhältnis gedrückte Brust zu lüften, die Räuber. Nachher verliebte er sich, und außer tiefgefühltem Schmerz, schafft nichts mehr als Liebe (einerlei, ob unglücklich oder glücklich) den Poeten, – aber er *genoß* in seiner Jugend der Liebe nicht, wie Goethe vermutlich getan. Herr Buchhändler Schwan in Mannheim hielt es für rätlich, dem jungen unbemittelten, bloß von seinem Geiste zehrenden Mann die Hand seiner

Tochter Laura zu verweigern. So erreichte er das Mannesalter, ohne äußeres Glück gekannt zu haben. Er mußte sich in sich selbst zurückziehen, und mit Idealen begnügen. Doch ein Geist wie der seinige, zwar übervoll von Gedanken, tüchtige und phantastische durcheinander, aber auch im Drama unaufhörlich mit der Darstellung der realen Welt beschäftigt, merkte bald daß poetische Gebilde nicht bloß Gedanken sein, sondern auch Form und Körper haben wollen. Und da strebte er denn mit der ihm eigentümlichen Kraft, die Welt, das Leben, und den Menschen aus Erfahrung und Geschichte kennen zu lernen, und daß er mehr und mehr diese Kenntnis errang, bezeugen seit dem Wallenstein alle seine großen Werke. Er wird mit Ausnahme der Braut von Messina (die vielleicht viele Anklänge früherer Zeit und früheren Naturells ausspricht, und ihm dadurch für stets die Brust lüftete) immer wahrer, objektiver, und in Naturschilderungen eben so trefflich als Goethe. Man lese nur den Tell und das Fragment vom Demetrius.

Schillers Geist und Fleiß hatten am Ende seiner Laufbahn das *erobert*, was Goethes Talent und Glück bei dem Anfang der Goethischen *besaßen*. Schiller begann mit einer Semele und schloß mit einem Tell, Goethe begann mit dem Werther und dem Goetz von Berlichingen, und schloß mit der natürlichen Tochter und den Wahlverwandschaften. Die Belletristen mögen über den Unterschied dieses verschiedenartigen Endes urteilen. Was Goethe *seit* den Wahlverwandtschaften und der natürlichen Tochter geliefert hat, verdient nur, daß seine Lobhudler in berüchtigter Art es loben. Darum erwähn' ich es nicht.
*(Christian Dietrich Grabbe: Werke und Briefe. Historisch-kritische Gesamtausgabe in sechs Bänden. Hg. von der Akademie der Wissenschaften in Göttingen. Darmstadt 1966. Bd. 4. S. 93 – 110)*

*Adele Schopenhauer an Goethe. Bonn, 3. Januar 1830:*
Es macht mir eine ganz sonderbare rührende Freude zu sehen, in welcher Art hier in Bonn Ihr und Schillers Briefwechsel so lebendig eingreift in das Gegenwärtige. Die Leute sind hier so allgemein damit beschäftigt, mit den Details so genau bekannt, das Einzelne der damaligen Interessen tritt wieder so gegenwärtig nah und weckt eine solche Menge Gedanken in diesen Männern, daß ich mir gestehen muß, noch nichts Ähnliches erfahren zu haben. Denn in unserm weimarischen Kreise war mehr Enthusiasmus als Interesse und war einmal ein solches lebendiges Ergreifen da, so geschah dies dem Einzelnen aber nicht im Allgemeinen. Oder ein Mensch, der neu und begeisternd die Gefühle aufreizt, erweckte diesen Enthusiasmus, es war nicht diese jugendfrische und doch *ernste* Teilnahme an dem Gange fremder Ideen, sondern Vorliebe für ein

einzelnes Talent oder für eine Persönlichkeit. Ich bin überzeugt, Sie würden Freude daran haben.

⟨...⟩ Daß Schlegel den Briefwechsel liest, weiß ich, daß für ihn der Moment, in welchem er erscheint, gerade nachdem man hier Ihr Verhältnis zu ihm als völlig hergestellt betrachtete, in Verlegenheit setzt, ist wohl klar, doch hat er nie eine ungünstige, nie auch nur die leiseste Äußerung gegen Sie sich erlaubt, wie Alle sagen. Gegen Schiller scheint er gereizt, man spricht von Briefen Schillers, die Er drucken lassen will, man hat ihm jedoch abgeraten von mehreren Seiten. Natürlich halten wir uns sehr still und vorsichtig. Schlegel hat hier ohnedies einen harten Stand, man ist fast allgemein gegen ihn eingenommen seiner oft verletzenden Eitelkeit wegen, Einzelne sind ihm dagegen sehr zugetan. Wir selbst stehen auf recht freundlichem Fuße zusammen, werden seine Vorlesungen »über Geschichte deutscher Literatur« mithören, was ohnehin die halbe Stadt tut, und er gefällt mir weit besser als sonst. Erstlich erzählt er in Gesellschaften oft sehr angenehm, besonders Geschichten die auf der schmalen Linie des Anstandes stehen und noch habe ich sie *nicht* von ihm überschreiten sehen. Dann aber interessiert mich noch Vieles, was ich bei ihm sehe und besonders die Art, wie er über Frau von Staël spricht. Bekanntlich, lieber Vater, bin ich ein Frauenzimmer, demnach freut mich treue Verehrung eines berühmten Mannes, wenn sie auch nicht *mir* gilt...

Was *mir* Ihr Briefwechsel mit Schiller war, was er wachrief und wirkte, könnte ich vielleicht Ihnen sagen, weil mir Ihr Auge hilft, aber ich kann es nicht schreiben. Abgesehen von allem Übrigen ist dies Ihr geistiges Zusammenwirken- und Leben für mich eine Beruhigung, die mir das Leben überhaupt lieber macht. Es ist mir trotz aller Freundschaft, die ich gefunden, oft sehr schwer geworden, mein Wesen so allein still für mich hinzutreiben, so ists eine besondere Wohltat zu sehen, wie hie und da den höheren Naturen auch das höhere Glück zu teil wird. Mir ist manches Beispiel bekannt von befreundeten ausgezeichneten Männern, welche gemeinschaftlich ein und dasselbe Werk betrieben, keines aber von zwei Freunden, die wie Sie Beide an ganz verschiednen Produktionen arbeitend, einander fortdauernd fördernd zur Seite gestanden und so Einer auf des Andern Schöpfung eingewirkt hätten.

*(GJb 19, S. 75f.)*


*August Wilhelm Schlegel an Ludwig Tieck. Bonn, 15. Januar 1830:*
*Teuerster Freund!*
Hier sende ich Dir einige Späße, welche ich Dich bitte mit aller möglichen Diskretion anonym in eins der gelesensten Tageblätter

zu bringen, deren ja eine Menge in Deiner Nähe erscheint. Hast Du diese erst fein säuberlich angebracht, dann will ich Dir noch einige esoterische, bloß zu Deinem Ergötzen mitteilen.
Den Briefwechsel habe ich erst jetzt gelesen: Du kannst denken, welchen Eindruck er auf mich gemacht hat. Oft habe ich gelacht, oft großes Erbarmen mit beiden gehabt, besonders aber mit dem kranken Uhu Schiller. Daß er nicht bloß auf Friedrich, sondern auch auf mich einen so unversöhnlichen Haß geworfen hatte, war mir doch einigermaßen neu. Mir ist es recht lieb, er ist nun vogelfrei für mich, da mir bisher die Rücksicht auf ein ehemaliges Verhältnis immer noch Zwang antat. Mit Goethe hatte ich in jener Zeit keine Ursache unzufrieden zu sein, er benahm sich ganz loyal gegen mich, auch war er viel zu klug, um sich, wie Schiller, zu überreden, wir jungen Leute wären gar nicht da, und würden nie etwas in der Welt bedeuten. Auf Goethe bin ich eigentlich nur deswegen böse, weil er durch Bekanntmachung solcher Erbärmlichkeiten sich und seinen Freund so arg prostituiert. Eine der lustigsten Partien ist die von dem Kunstbavian und die enthusiastische Bewunderung der beiden großen Männer für ihn. Das arme abgeschabte Tier wird nun hier auf den Jahrmarkt gebracht, um genärrt zu werden, nachdem offenkundig geworden, daß es weder zeichnen noch malen, weder sprechen noch schreiben, weder denken noch imaginieren kann. Ich habe etwa 20 Briefe von Schiller und 30 von Goethe. Was meinst Du, soll ich diese nun bei dieser Gelegenheit drucken lassen, und eine kurze Erzählung meiner persönlichen Verhältnisse mit beiden beifügen? Wäre es nicht vielleicht auch gut, die Aufsätze von Friedrich, welche den großen Haß entzündet haben, wieder abdrucken zu lassen? Ich erinnere mich unter andern, daß seine Anzeige der Xenien ein Meisterstück von Witz war. Ich habe deshalb nach Reichardts Journal »Deutschland« verschrieben; aber die Frage ist, ob sich noch Exemplare finden? Vielleicht hast Du es selbst, oder findest es in einer Familien-Bibliothek? Laß mich doch wissen.
*(Briefe an L. Tieck. Hg. von K. von Holtei. 3. Band. Breslau 1864. S. 298 f.)*

*Cotta an Goethe. März 1830:*
Stellen sie sich vor, wie ich mich in meinem Kalkül über den Absatz des Briefwechsels gestoßen habe; von 3000 Ex Auflage habe ich die Kosten auf 2000 Ex verteilt und nicht die Hälfte, kaum 900 Ex sind abgesetzt und so geht wenigstens das halbe Kapital verloren und ich riskiere noch, daß, wenn auswärtige Nachdrucker die Briefe in die Werke aufnehmen, der auswärtige Absatz für die Werke und die Briefe mir verkümmert wird –

Was könnte ich noch von andrer den Buchhandel nicht berührender schwerer Erfahrung sagen!
*(Goethe/Cotta II, S. 254)*

*Carlyle an Goethe:*
But chiefly I must thank you for that noble *Briefwechsel* which does »like a magic chariot« convey me into beloved scenes, and seasons of the glorious Past, where Friends ever dear to me, though distant, though dead, speak audibly. So pure and generous a relation as yours with Schiller, founded on such honest principles, tending towards such lofty objects, and in its progress so pleasant, smooth and helpful, is altogether unexampled in what we Moderns call Literature; it is a Friendship worthy of Classical days, when men's hearts had not yet become incapable of that feeling, and Art was, what it ever should be, an inspired function, and the Artist a Priest and Prophet. The world is deeply your debtor, first for having acted such a part with your Friend, and now for having given us this imperishable memorial of it, which will grow in value, as years and generations are added to it. You will forgive me also if I fancy that herein I have got a new light upon your character; and seen there, in warm, beneficent activity, much that I only surmised before. To Schiller, whose high and true, yet solitary, pain-stricken, self-consuming spirit is almost tragically apparent in these letters, such a union must have been invaluable; to you also it must have been a rare blessing, for »infinite is the strength man lends to man«. I am to finish the last volume to-night, and shall take leave of it with a mournful feeling, as of a fine Poem, not written but acted, which had been cut short by death.
*(Mommsen I, S. 527)*

*Ludwig Börne: Aus meinem Tagebuche. 1830*
*Frankfurt, den 30. April*
Kostbar ist ein Brief, den Goethe auf einer Reise nach der Schweiz aus Frankfurt an Schiller geschrieben. Wer ihn ohne Lachen lesen kann, den lache ich aus. Goethe, der an nichts Arges denkt und im Schoße des Friedens ruhig und guter Dinge lebt, entdeckt plötzlich in der Residenz seines Lebens deutliche Spuren von *Sentimentalität.* Erschrocken und argwöhnisch, wie ein Polizeidirektor, sieht er darin demagogische Umtriebe des Herzens – demagogische Umtriebe, die, als gar nicht *real*, sondern *nebulistischer* Natur, ihm noch verhaßter sein müssen als Knoblauch, Wanzen und Tabakrauch. Er leitet eine strenge Untersuchung ein. Aber – es war noch im achtzehnten Jahrhundert – nicht ohne alle Gerechtigkeit und bedenkend, daß ihm doch auf der ganzen Reise nichts, gar nichts

»*nur irgend eine Art von Empfindung gegeben hätte*«, findet er, daß, was er für Sentimentalität gehalten, nur eine unschuldige wissenschaftliche Bewegung gewesen sei, die ein leichtes Kunstfieber zur Folge hatte. Die Gegenstände, welche das Blut aufgeregt, seien *symbolisch* gewesen. Für Zeichen dürfen sich gute Bürger erhitzen, aber nicht für das Bezeichnete. Darauf wird das Herz in Freiheit gesetzt, versteht sich gegen Kaution, und es wird unter Polizeiaufsicht gestellt. Doch will Goethe die Sache nicht auf sich allein nehmen; er berichtet an Schiller, als seinen Justizminister, darüber und bittet ihn gehorsamst, das *Phänomen* zu erklären. Schiller lobt Goethe wegen seiner Achtsamkeit und seines Eifers, beruhigt ihn aber und sagt, die Sache habe nichts zu bedeuten.

Dieser Kriminalfall ist wichtig, und ich wünschte, Jarke in Berlin behandelte ihn mit demselben Geiste, mit dem er in Hitzigs Journal Sands Mordtat besprochen.

Die Briefe ergötzen mich bloß, weil sie mir Langeweile machen. Etwas weniger langweilig, würden sie mich entsetzlich langweilen. Wären sie gefällig, was wär's? Schiller und Goethe! Aber daß unsere zwei größten Geister in ihrem Hause, dem Vaterlande des Genies, so nichts sind – nein, weniger als nichts, so wenig – das ist ein Wunder, und jedes Wunder erfreut, und wäre es auch eine Verwandlung des Goldes in Blei.

Wasser in Likörgläschen! Ein Briefwechsel ist wie ein Ehebund. Die Stille und die Einsamkeit erlaubt und verleitet viel zu sagen, was man andern verschweigt, ja was man mitteilend erst von sich selbst erfährt. Und was sagen sie sich? Was niemand erhorchen mag, was sich auf dem Markte hätten zuschreien dürfen.

Anfänglich schreibt Schiller: »*Hochwohlgeborener Herr, Hochzuverehrender Herr Geheimrat!*« Nun, diese Etikette hört freilich bald auf; aber es dauert noch lange, bis Schiller Goethes Hochwohlgeburt vergißt, und nur einmal in zehen Jahren ist er Mann genug, ihn *mein Freund, mein teurer Freund* zu nennen. Goethe aber vergißt nie seine Lehnsherrlichkeit über Schiller, man sieht ihn oft lächeln über dessen Zimmerlichkeit und ihn als einen blöden Buchdichter genädig und herablassend behandeln. Er schreibt ihm: *mein Wertester, mein Bester*.

Welch ein breites Gerede über Wilhelm Meister! *Quel bruit pour une omelette!* »Es sieht zuweilen aus, als schrieben Sie *für* die Schauspieler, da Sie doch nur *von* den Schauspielern schreiben wollen« – tadelt Schiller. Auch findet er unzart, daß Wilhelm von der Gräfin ein Geldgeschenk annimmt. Bei Goethe aber finden sich immer nur Maitressen oder *hommes entretenus;* wahre Liebe kennt er, erkennt er nicht und läßt sie nicht gelten. Der dumme

Schiller! Ist nicht Wilhelm Meister ein bloßer Bürger, der keine Ehre zu haben braucht?

Mich ärgert von solchen Männern das pöbelhafte Deklinieren der Eigennamen. Sie sagen: die *Humboldtin,* sprechen von *Körnern, Lodern, Lavatern, Badern.* Auch bedienen sie sich, am meisten aber Schiller, einer zahllosen Menge von Fremdwörtern, und das ganz ohne Not, wo das deutsche Wort viel näher lag. *Stagnation, convenient, avanciert, incalculabel, Obstakeln, embarrassieren, retardieren, Desavantage, Arrangements, satisfeciert, Aperçüs, Detresse, Tournüre, repondieren, incorrigibel.* Und solche Männer, die in ihren Werken so reines Deutsch schreiben! Ist das nicht ein Beweis, daß ihnen Leben und Kunst getrennt war, daß ihr Geist weit von ihrem Herzen lag?

Goethes Lieblingsworte sind: *heiter, artig, wunderlich.* Er fürchtet sogar sich zu wundern; was ihn in Erstaunen setzt, ist wunderlich. Er gönnt dem armen Worte die kleine Ehre der Überraschung nicht. Er scheut alle enthusiastischen Adjektive; – man kann sich so leicht dabei echauffieren.

Wie freue ich mich, daß der Konrektor Weber, der in den kalten Berliner Jahrbüchern den neuen Goethe mit brühheißem Lobe übergossen, nicht mehr in Frankfurt ist, sondern in Bremen vergöttert. Er ist ein starker, kräftiger Mann, und wenn er mich totschlagen wollte, ich könnte es ihm nicht wehren.

⟨...⟩

*Frankfurt, den 4. Mai*

Schiller wünscht die Chronologie von Goethes Werken zu kennen, um daraus zu sehen, wie sich der Dichter entwickelt habe, welchen Weg sein Geist gegangen sei. Er spricht von dessen *analytischer Periode.* Ihm wird die gebetene Belehrung, und darauf anatomiert er seinen hohen Gönner kalt wie ein Prosektor, aber bei lebendigem Leibe, und hält ihm, unter dem Schneiden, Vorlesungen über seinen wundervollen Bau. Goethe verzieht keine Miene dabei und erträgt das alles, als ginge es ihn selbst nichts an. Er schreibt seinem Zergliederer: »Zu meinem Geburtstage, der mir diese Woche erscheint, hätte mir kein angenehmeres Geschenk werden können als Ihr Brief, in welchem Sie mit freundschaftlicher Hand die Summe meiner Existenz ziehen.« Und jetzt bittet er Schiller, ihn auch mit dem Gange *seines* Geistes bekannt zu machen. Das alles ist um aus der Haut zu fahren! Freilich hat das Genie seine Geheimnisse, die wir anderen nicht kennen, noch ahnden. Aber ich hätte es nicht gedacht, daß es Art des Genies wäre, so sich selbst zu beobachten, so sich selbst nachzugehen auf allen Wegen, von der Laufbank bis zur Krücke. Ich meinte, das wahre Genie sei ein

Kind, das gar nicht wisse, was es tut, gar nicht wisse, wie reich und glücklich es ist. Schiller und Goethe sprechen so oft von dem *Wie* und *Warum*, daß sie das *Was* darüber vergessen. Als Gott die Welt erschuf, da wußte er sicher nicht so deutlich das Wie und Warum, als es Goethe weiß von seinen eigenen Werken. Wer göttlichen Geistes voll, wer, hineingezogen in den Kreis himmlischer Gedanken, sich für Gott den Sohn hält – weicht auch die feste Erde unter seinen Schritten –, der mag immer gesund sein, nur verzückt ist er. Aber für Gott den Vater? Nein. Das ist Hochmut in seinem Falle, das ist Blödsinn. Nichts ist beleidigender für den Leser als eine gewisse Ruhe der schriftstellerischen Darstellung; denn sie setzt entweder Gleichgültigkeit oder Gewißheit zu gestalten voraus. So mit dürrem Ernste von sich selbst zu reden, ohne Eigenliebe, ohne Wärme, ohne Kindlichkeit, das scheint mir – ich mag das rechte Wort nicht finden. Wie ganz anders Voltaire! Seine Eitelkeit macht uns ihm gewogen. Wir freuen uns, daß ein Mann von so hohem Geiste um unser Urteil zittert, uns schmeichelt, zu gewinnen sucht.

Die Liebe hat die Briefpost erfunden, der Handel benutzt sie. Schiller und Goethe benutzen sich als Bücher; es ist eine didaktische Freundschaft, ein wechselseitiger Unterricht zwischen ihnen. Unsere beiden Dichter haben eigentlich ganz verschiedene Muttersprachen. Freilich versteht jeder auch die des andern, soviel man sie aus Buch und Umgang lernen kann; aber Goethe macht sich's wie ein Franzose immer bequem und redet mit Schiller seine eigene Sprache, und Schiller, als gefälliger Deutscher, spricht mit dem Ausländer seine ausländische. Von ihrer Freundschaft halte ich nicht viel. Sie kommen mir vor wie der Fuchs und der Storch, die sich bewirten: der Gast geht hungrig vom Tische, der Wirt, übersatt, lacht im stillen. Doch kommt Storch Schiller besser dabei weg, als Fuchs Goethe. Ersterer kann in Goethes Schüssel sich wenigstens seinen spitzen idealen Schnabel netzen; Goethe aber, mit seiner breiten realistischen Schnauze, kann gar nichts aus Schillers Flasche bringen.

Goethe schreibt: »Ich bin jetzt weder zu Großem noch zu Kleinem nütze und lese nur indessen, um mich im Guten zu erhalten, den Herodot und Thukydides, *an denen ich zum ersten Male eine ganz reine Freude habe, weil ich sie nur ihrer Form und nicht ihres Inhalts wegen lese«.* Bei den Göttern! Das ist ein *Egoist,* wie nicht noch einer! Goethe ummauert nicht bloß *sich,* daß ihn die Welt nicht überlaufe; er zerstückelt auch die Welt in lauter Ichheiten und sperrt jede besonders ein, daß sie nicht heraus könne, ihn nicht berühre, ehe er es haben will. Hätte er die Welt geschaffen, er hätte alle Steine in Schubfächer gelegt, sie gehörig zu *schematisie-*

*ren;* hätte allen Tieren nur leere Felle gegeben, daß sie Liebhaber ausstopfen; hätte jede Landschaft in einen Rahmen gesperrt, daß es ein Gemälde werde, und jede Blume in einen Topf gesetzt, sie auf den Tisch zu stellen. Was in der Tat wäre auch *nebulistischer,* als das unleidliche Durcheinanderschwimmen auf einer Wiese! Goethes Hofleute bewundern das und nennen es *Sachdenklichkeit;* ich schlichter Bürger bemitleide das und nenne es *Schwachdenklichkeit.* Alle Empfindungen fürchtet er als wilde mutwillige Bestien und sperrt sie, ihrer Meister zu bleiben, in den metrischen Käfig ein. Er gesteht es selbst in einem Kapitel der Wahrheit aus seinem Leben, daß ihn in der Jugend jedes Gefühl gequält habe, bis er ein Gedicht daraus gemacht und so es los geworden sei. Bewahre der gute Gott mich und meine Freunde, daß wir nicht jeden Zug des Herzens als ungesunde Zugluft scheuen! Lieber nicht leben, als solch einer hypochondrisch-ängstlichen Seelendiät gehorchen! Tausendmal lieber krank sein!

Goethe *diktiert* seine Briefe auch aus Objektivsucht. Er fürchtet, wenn er selbst schriebe, es möchte etwas von seinem Subjekte am Objekte hängen bleiben, und er fürchtet Sympathie wie ein Gespenst. Er lebt nur in den Augen: wo kein Licht, ist ihm der Tod. Das Licht zu schützen, umschattet er es. Was ist Form? Der Tod der Ewigkeit, die Gestalt Gottes... Ist Goethe glücklich zu nennen? Er ist so arm und so allein! Ihm kommt jeder Wunsch erst nach dessen Erfüllung, er begehrt nur, was er schon besitzt. Aber die Welt ist groß und der Mensch ist klein; er kann nicht alles fassen. Nur die Sehnsucht macht reich, nur die Religion, die, uns der Welt gebend, uns die Welt gibt, tut genug. Ich möchte nicht Goethe sein; er glaubt nichts, nicht einmal, was er weiß.

Ein Narr im *Gesellschafter* oder in einem andern Blatte dieser Familie ließ einmal mit großen Buchstaben drucken: *Goethe hat sich über die französische Revolution ausgesprochen.* Es war ein Trompetenschall, daß man meinte, ein König würde kommen, und es kam ein Hanswurst. Und doch wäre Goethe, gerade wegen seiner falschen Naturphilosophie, der rechte Mann, die französische Revolution gehörig aufzufassen und darzustellen. Aber er haßte die Freiheit so sehr, daß ihn selbst seine geliebte Notwendigkeit erbittert, sobald sie ein freundliches Wort für die Freiheit spricht. Er schreibt an Schiller: »Ich bin über des *Soulavie mémoires historiques et politiques du règne de Louis XVI.* geraten.... Im ganzen ist es der ungeheure Anblick von Bächen und Strömen, die sich nach Naturnotwendigkeit von vielen Höhen und vielen Tälern gegeneinander stürzen und endlich das Übersteigen eines großen Flusses und eine Überschwemmung veranlassen, in der zugrunde geht, wer sie vorhergesehen hat, so gut als der sie nicht ahnete. Man sieht in dieser ungeheuren Empirie nichts als Natur und nichts von dem, was wir Philosophen gern Freiheit nennen möchten.« Goethe, als Künstler Notwendigkeit und keine Freiheit erkennend, zeigt hier eine ganz richtige Ansicht von der französischen Revolution, und ohne daß er es will und weiß, erklärt er sie nicht bloß, sondern verteidigt sie auch, die er doch sonst so hasset. Er hasset alles *Werden*, jede *Bewegung*, weil das Werdende und das Bewegte sich zu keinem Kunstwerke eignet, das er nach seiner Weise fassen und bequem genießen kann. Für den wahren Kunstphilosophen aber gibt es nicht Werdendes noch Bewegtes; denn das Werdende in jedem Punkte der Zeit, das Bewegte in jedem Punkte des Raumes, den es durchläuft, *ist* in diesem Punkte, und der schnelle Blick, der ein so kurzes Dasein aufzufassen vermag, wird es als Kunstwerk erkennen. Für den wahren Naturphilosophen gibt es keine Geschichte und keine Gärung; alles ist geschehen, alles fest, alles erschaffen. Aber Goethe hat den Schwindel wie ein anderer auch, nur weiß er es nicht, daß das Drehen und Schwanken in der Vorstellung liegt und nicht in dem Vorgestellten.

⟨...⟩

*Soden, den 18. Mai*
Ich war immer erstaunt, daß unsern zwei größten Dichtern der Witz gänzlich mangelt; aber ich dachte: sie haben Adelstolz des Geistes und scheuen sich, da, wo sie öffentlich erscheinen, gegen den Witz, der plebejischer Geburt ist, Vertraulichkeit zu zeigen. Im Hause, wenn sie keiner bemerkt, werden sie wohl witzig sein. Doch als ich ihren Briefwechsel gelesen, fand ich, daß sie im Schlafrocke nicht mehr Witz haben als wenn den Degen an der Seite. Einmal sagt Schiller von Fichte: »Die Welt ist ihm nur ein Ball, den das Ich geworfen hat und den es bei der Reflexion wieder fängt.« Man ist erstaunt, verwundert; aber diese witzige Laune kehrt in dem bändereichen Werke kein zweites Mal zurück.

Der Mangel an Witz tritt bei Goethe und Schiller da am häßlichsten hervor, wo sie in ihren vertraulichen Mitteilungen Menschen, Schriftsteller und Bücher beurteilen. Es geschieht dieses oft sehr derb, oft sehr grob; aber es geschieht ohne Witz. Das Feuer brennt, aber es leuchtet auch; das Licht warnt vor dem Schmerz und bezahlt ihn. Tadel ohne Witz ist Glut ohne Licht. Das Lob braucht den Witz, verträgt ihn nicht; Wohlgefallen ist nur, wo Einheit der Empfindung, und der Witz trennt, zerreißt. Der Tadel braucht ihn; der Witz macht ihn milder, erhebt den Ärger zu einem Kunstwerke. Ohne ihn ist Kritik gemein und boshaft.

Ich weiß nicht, wie hoch die Gesetzbücher der Ästhetik den Witz stellen; aber ohne Witz, sei man noch so großer Dichter, kann man nicht auf die Menschheit wirken. Man wird nur Menschen bewegen, Zeitgenossen, und sterben mit ihnen. Ohne Witz hat man kein Herz, die Leiden seiner Brüder zu erraten, keinen Mut, für sie zu streiten. Er ist der Arm, womit der Bettler den Reichen an seine Brust drückt, womit der Kleine den Großen besiegt. Er ist der Enterhaken, der feindliche Schiffe anzieht und festhält. Er ist der unerschrockene Anwalt des Rechtes und der Glaube, der Gott *sieht*, wo ihn noch kein anderer ahndet. Der Witz ist das demokratische Prinzip im Reiche des Geistes; der Volkstribun, der, ob auch ein König wolle, sagt: *ich will nicht!*

Der Verstand ist Brot, das sättigt; der Witz ist Gewürz, das eßlustig macht. Der Verstand wird verbraucht durch den Gebrauch, der Witz erhält seine Kraft für alle Zeiten. Goethes und Schillers so verständige Lehren nützen nicht mehr; denn man hat ihre Lehren befolgt, und neues Wissen braucht neue Regeln. Auch Lessing und Voltaire haben gelehrt, die Kunst und ihre Zeit haben von ihnen gelernt; aber ihre Lehren sind für immer. Sie kämpften mit dem Witze, und der Witz ist ein Schwert, das in jedem Kampfe zu gebrauchen. Die Geschichte zählt große Menschen, die sind *Register der Vergangenheit:* so Goethe und Schiller. Sie zählt wieder andere, die sind *Inhaltsverzeichnis der Zukunft:* so Voltaire und Lessing.

– Ihr, die ihr nicht Menschen, nur Göttern glaubt: so hört doch einmal, was eure verehrten Orakel sprechen! Schiller, wo er an Goethe von dem schlechten Absatze der *Propyläen* berichtet, spricht von der »ganz unerhörten Erbärmlichkeit des Publikums«... Er schreibt: »Ich darf an diese Sache gar nicht denken, wenn sie mein Blut nicht in Bewegung setzen soll, denn einen so niederträchtigen Begriff hat mir noch nichts von dem deutschen Publikum gegeben«... Er meint: »Den Deutschen muß man die Wahrheit so derb sagen, als möglich.« Ach! diese Wahrheit habe ich schon oft gesagt und derber als Schiller. Man muß nicht aufhören, sie zu ärgern; das allein kann helfen. Man soll sie nicht einzeln ärgern – es wäre unrecht, es sind sogar gute Leute, man muß sie in Masse ärgern. Man muß sie zum Nationalärger stacheln, kann man sie nicht zur Nationalfreude begeistern, und vielleicht führt das eine zum andern. Man muß ihnen Tag und Nacht zurufen: Ihr seid keine Nation, Ihr taugt nichts als Nation. Man darf nicht vernünftig, man muß unvernünftig, leidenschaftlich mit ihnen sprechen; denn nicht die Vernunft fehlt ihnen, sondern die Unvernunft, die Leidenschaft, ohne welche der Verstand keine Füße hat. Sie sind ganz Kopf – *caput mortuum*. Europa gärt, steigt, klärt sich auf; Deutschland trübt sich, sinkt und setzt sich ganz unten nieder. Das nennen die Staatschemiker: die Ruhe, den Frieden, den trocknen Weg des Regierens.

Doch haben Goethe und Schiller das Recht, auf das Volk, dem sie angehören, so stolz herabzusehen? Sie weniger als einer. Sie haben es nicht geliebt, sie haben es verachtet, sie haben für ihr Volk nichts getan. Aber ein Volk ist wie ein Kind, man muß es belehren, man kann es schelten, strafen; doch soll man nur streng scheinen, nicht es sein; man soll den Zorn auf den Lippen haben und Liebe im Herzen. Schiller und Goethe lebten nur unter ausgewählten Menschen, und Schiller war noch ein schlimmerer Aristokrat als Goethe. Dieser hielt es mit den Vornehmen, den Mächtigen, Reichen, mit dem bürgerlichen Adel. *Der* Troß ist zahlreich genug; es kann wohl auch ein Unberechtigter ihrem Zuge folgen und sich unentdeckt in ihre Reihen mischen; und wird er entdeckt, man duldet ihn oft. Schiller aber zechte mit dem *Adel der Menschheit* an einem kleinen Tischchen, und den ungebetenen Gast warf er zornig hinaus. Und seine Ritter der Menschheit wissen das Schwert nicht zu führen, sie schwätzen bloß und lassen sich totschlagen; es ist ein deklamierender Komödiantenadel. Marquis Posa spricht in der Höhle des Tigers wie ein Pfarrer vor seiner zahmen Gemeinde und vergißt, daß man mit Tyrannen kämpfen soll, nicht rechten. Der Vormund eines Volkes muß auch sein Anführer sein; einer Themis ohne Schwert wirft man die Waage an den Kopf.

Wenn Gottes Donner rollen und niederschmettern das Gequieke der Menschlein da unten: dann horcht ein edles Herz und jauchzet und betet an, und wer angstvoll ist, hört und ist still und betet. Der Dämische aber verstopft sich die Ohren und hört nicht und betet nicht und betet nicht an. Schiller, während der heißen Tage der französischen Revolution, schrieb in der Ankündigung der *Horen*: »Vorzüglich aber und unbedingt wird sich die Zeitschrift alles verbieten, was sich auf Staatsreligion und politische Verfassung bezieht.« So spricht noch heute jeder Lump von Journalist, wenn er, um die Leser lüstern zu machen nach dem neuen Blatte, sie versichert, es werde das reine Gold der Novellen, der Theaterberichte mitteilen, ohne alle garstige Legierung mit Glaube und Freiheit. Schiller war edel, aber nicht edler als sein Volk. So sprach und dachte auch Goethe. Sendet *dazu* der Himmel der durstigen Menschheit seine Dichter, daß sie trinken, sie mit den Königen und daß wir, den Wein vor den Augen, den sie nicht mit uns teilen, noch mehr verschmachten? Und so denkend und so sprechend, geziemet es ihnen zu klagen: »So weit ist es noch nicht mit der Kultur der Deutschen gekommen, daß sich das, was den Besten gefällt, in Jedermanns Hände finden sollte?« Wie kann sich in Jedermanns Hände finden, wonach nicht Jedermann greift, weil es, wie Religion und Bürgertum, nicht Jedermann angeht? Soll etwa das deutsche Volk aufjauchzen und die Schnupftücher schwenken, wenn Goethe mit Myrons Kuh liebäugelt?

*Soden, den 20. Mai*

Ich habe Goethes und Schillers Briefe zu Ende gelesen; das hätte ich mir nicht zugetraut. Vielleicht nützt es meiner Gesundheit als Wasserkur. Mich für meine beharrliche Diät zu belohnen, will ich mir die hochpreislichen Rezensionen zu verschaffen suchen, die über diesen Briefwechsel gewiß erschienen sein werden. Ich freue mich sehr darauf. Was werden sie über das Buch nicht alles gefaselt, was nicht alles darin gefunden haben! Goethe hat viele Anhänger, er hat, als echter Monarch, es immer mit dem literarischen Pöbel gehalten, um die reichen unabhängigen Schriftsteller in die Mitte zu nehmen und einzuengen. Er für sich hat sich immer vornehm gehalten, er hat nie selbst von oben gedrückt; er ist stehengeblieben und hat seinen Janhagel von unten drücken lassen. Nichts ist wunderlicher als die Art, wie man über Goethe spricht – ich sage die *Art;* ich sage nicht, es sei wunderlich, daß man ihn hochpreist; das ist erklärlich und verzeihlich. Man behandelt ihn ernst und trocken als ein Corpus Juris. Man erzählt mit vieler Gelehrsamkeit die Geschichte seiner Entstehung und Bildung; man erklärt die dunkeln Stellen; man sammelt die Parallelstellen; man ist ein Narr. Ein Bewunderer Goethes sagte mir einmal: um dessen Dichtwerke zu verstehen, müsse man auch seine naturwissenschaftlichen Werke kennen. Diese kenne ich freilich nicht; aber was ist das für ein Kunstwerk, das sich nicht selbst erklärt? Weiß ich denn ein Wort von Shakespeares Bildungsgeschichte und verstehe ich den Hamlet darum weniger, soviel man etwas verstehen kann, das uns entzückt? Muß man, den Macbeth zu verstehen, auch den Othello gelesen haben? Aber Goethe hat durch sein diplomatisches Verfahren die Ansicht geltend gemacht, man müsse *alle* seine Werke kennen, um jedes einzelne gehörig aufzufassen; er wollte in Bausch und Bogen bewundert sein. Ich bin aber gewiß, daß die erbende Zukunft Goethes Hinterlassenschaft nur *cum beneficio inventarii* antreten werde. Ein Goethepfaffe, der so glücklich war, eine ganze Brieftasche voll ungedruckter Zettelchen von seinem Gotte zu besitzen, breitete einmal seine Reliquien vor meinen Augen aus, fuhr mit zarten, frommen Fingern darüber her und sagte mit Wasser im Munde: »*Jede Zeile ist köstlich!*« Mein guter Freund wird diesen Briefwechsel, der funfzigtausend köstliche Zeilen von Goethe enthält, als ein *grünes Gewölbe* anstaunen: ich aber gebe lieber für das Dresdner meinen Dukaten Bewunderung hin.

Aber in dem letzten Bande der Briefsammlung ist es geschehen, daß Goethe einmal, ein einziges Mal in seinem langen Leben, sich zur schönen Bruderliebe wandte, weil er sich vergessen, sich verwirrt und vom alten ausgetretenen Wege der Selbstsucht abgekommen war. In der Zueignung des Buches an den edlen König von Bayern, worin er diesem Fürsten für die von ihm empfangenen Beweise der Gnade dankt, gedenkt er Schillers, des verstorbenen Freundes, und beweint, daß nicht auch er, da er noch lebte, sich solcher fürstlichen Huld zu erfreuen gehabt; ja ihn rührt der Gedanke, daß Schiller vielleicht noch lebte, wäre ihm solche Huld zu Teile geworden. Goethe sagt: »Der Gedanke, wieviel auch er von Glück und Genuß verloren, drang sich mir erst lebhaft auf, seit ich Ew. Majestät höchster Gunst und Gnade, Teilnahme und Mitteilung, Auszeichnung und Bereicherung, wodurch ich frische Anmut über meine hohen Jahre verbreitet sah, mich zu erfreuen hatte... Nun ward ich zu dem Gedanken und der Vorstellung geführt, daß auf Ew. Majestät ausgesprochene Gesinnungen dieses alles dem Freunde in hohem Maße widerfahren wäre; um so erwünschter und förderlicher, als er das Glück in frischen, vermögsamen Jahren hätte genießen können. Durch allerhöchste Gunst wäre sein Dasein durchaus erleichtert, häusliche Sorgen entfernt, seine Umgebung erweitert, derselbe auch wohl in ein heilsameres besseres Klima versetzt worden, seine Arbeiten hätte man dadurch belebt und beschleunigt gesehen, dem höchsten Gönner selbst zu fortwährender Freude, und der Welt zu dauernder Erbauung.«

Dürfen wir unsern Augen trauen? Der Geheimerat von Goethe, der Karlsbader Dichter, wagt es, deutsche Fürsten zu schelten, daß sie Schiller, den Stolz und die Zierde des Vaterlandes, verkümmern ließen? Er wagt es, so von höchsten und allerhöchsten Personen zu sprechen? Ist der Mann jung geworden in seinem hohen Alter? Ach nein, es ist Altersschwäche; es war keine freie Bewegung der Seele, es war ein Seelenkrampf gewesen. Aber das verdammt ihn, daß er nicht vierzig Jahre früher und auch bei jedem Anlasse so hervorgetreten – das verdammt ihn, weil wir jetzt sahen und erkannten, wie er hätte wirken können, wenn er es getan. Er hat durch die wenigen Worte seines leisen Tadels ein Wunder bewirkt! Er hat die festverschlossene, uneindringliche Amtsbrust eines deutschen Staatsdieners wie durch Zauberei geöffnet! Er hat den fünfundzwanzigjährigen Frost der strengsten Verschwiegenheit durch einen einzigen warmen Strahl seines Herzens aufgetaut! Kaum hatte Herr von Beyme, einst preußischer Minister, Goethes Anklage gelesen, als er bekannt machte: um den Vorwurf, den Goethe den Fürsten Deutschlands macht, daß Schiller keinen Beschützer unter ihnen gefunden, wenigstens von seinem Herrn abzuwenden, wage er, die *amtlich nur ihm bekannte Tatsache* zur allgemeinen Kenntnis zu bringen, daß der König von Preußen Schillern, als dieser den Wunsch geäußert, sich in Berlin niederzulassen, aus freier Bewegung einen Gehalt von dreitausend Talern jährlich und noch andere Vorteile gesichert hatte. Warum hat Herr von Beyme diesen schönen Zug seines Herrn so lange verschwiegen? warum hat er gewartet, bis eingetroffen, was kein Gott vorhersehen konnte, daß Goethe einmal menschlich fühlte? Daß der König von Preußen strenge *Gerechtigkeit* übt, das weiß und preist das deutsche Vaterland; aber seinen Dienern ziemte es, auch dessen *schöne* Handlungen, die ein edles Herz gern verbirgt, bekannt zu machen, damit ihnen die Huldigung werde, die ihnen gebührt, und damit sie die Nachahmung erwecken, die unsern engherzigen Regierungen so große Not tut.

In den europäischen Staaten, die unverjüngt geblieben, fürchten die Herrscher jede Geisteskraft, die ungebunden und frei nur sich selbst lebt, und suchen sie durch verstellte Geringschätzung in wirklicher Geringschätzung zu erhalten. Wo sie dieses nicht vermögen, wo ein Talent sich durchgeschlagen und sich Hochachtung erbeutet, da schmieden sie es an die Schulbank, um es festzuhalten, oder spannen es vor die Regierung, um es zu zügeln. Ist die Regierung voll und kann keiner mehr darin untergebracht werden, zieht man den Schriftstellern wenigstens die Staatslivree an und gibt ihnen Titel und Orden; oder man sperrt sie in den Adelshof, nur um sie von der Volksstadt zu trennen. Daher gibt es nirgends mehr Hofräte als in Deutschland, wo sich doch die Höfe am wenigsten raten lassen. In Östreich, wo die Juden seit jeher eines großen Teil des bürgerlichen und alle staatsbürgerliche Rechte entbehren; in diesem Lande, wo man an Gottes Wort nicht deutelt und alles läßt, wie es zur Zeit der Schöpfung gewesen, adelt man doch die niedergehaltenen Juden und macht sie zu Freiherrn, sobald sie einen gewissen Reichtum erlangt. So sehr ist dort die Regierung besorgt und bemüht, dem Bürgerstande jede Kraft, selbst den Reichtum und seinen Einfluß zu entziehen! Es ist zum Lachen, wenn man liest, welchen Weg der Ehre Schiller gegangen. Als er in Darmstadt dem Großherzog von Weimar seine Räuber vorgelesen, ernannte ihn dieser zum *Rat*, der damalige Landgraf von Darmstadt ernannte ihn auch zum Rat; Schiller war also zweimal Rat. Der Herzog von Meiningen ernannte ihn zum *Hofrat;* der deutsche Kaiser adelte den Dichter des Wilhelm Tell. Dann ward er *Professor* in Jena, er bekam Brot, er mußte aber arbeiten, und nur wenige Jahre lebte er frei und seiner Würde angemessen in Weimar von der Gunst seines Fürsten. Kein Zweiter übernahm die irdischen Sorgen dieses ätherischen Geistes, Gold hat ihm keiner gegeben. Doch ja – ein Erbprinz und ein Graf haben ihre beiden Herzbeutel zusammengeschossen und haben *in Kompagnie* dem Dichter auf *drei Jahre* einen Gehalt von tausend Talern gegeben. Wen Gott empfiehlt, der ist bei unsern regierenden Herren schlecht empfohlen. Und wäre es denn Großmut, wenn deutsche Fürsten das Genie würdiger unterstützen, da sie doch die alleinigen und unbeschränkten Verwalter des Nationalvermögens sind?

Goethe hätte ein Herkules sein können, sein Vaterland von großem Unrate zu befreien; aber er holte sich bloß die goldenen Äpfel der Hesperiden, die er für sich behielt, und dann setzte er sich zu den Füßen der Omphale und blieb da sitzen. Wie ganz anders lebten und wirkten die großen Dichter und Redner Italiens, Frankreichs und Englands! *Dante*, Krieger, Staatsmann, ja Diplomat, von mächtigen Fürsten geliebt und gehaßt, beschützt und verfolgt, blieb unbekümmert um Liebe und Haß, um Gunst und Tücke, und sang und kämpfte für das Recht. Er fand die alte Hölle zu abgenutzt und schuf eine neue, den Übermut der Großen zu bändigen und den Trug gleißnerischer Priester zu bestrafen. *Alfieri* war reich, ein Edelmann, adelstolz, und doch keuchte er wie ein Lastträger den Parnaß hinauf, um von seinem Gipfel herab die Freiheit zu predigen. *Montesquieu* war ein Staatsdiener, und er schrieb seine persischen Briefe, worin er den Hof verspottete, und seinen Geist der Gesetze, worin er die Gebrechen Frankreichs richtete. *Voltaire* war ein Höfling; aber nur schöne Worte verehrte er den Großen und opferte ihnen nie seine Gesinnung auf. Er trug eine wohlbestellte Perücke, feine Manschetten, seidene Röcke und Strümpfe; aber er ging durch den Kot, sobald ein Verfolger um Hülfe schrie, und holte mit seinen adeligen Händen schuldlos Gerichtete vom Galgen herab. *Rousseau* war ein kranker Bettler und hülfsbedürftig; aber nicht die zarte Pflege, nicht die Freundschaft, selbst der Vornehmen, verführte ihn, er blieb frei und stolz und starb als Bettler. *Milton* vergaß über seine Verse die Not seiner Mitbürger nicht und wirkte für Freiheit und Recht. So waren *Swift, Byron*, so ist *Thomas Moore*. Wie war, wie ist *Goethe?* Bürger einer freien Stadt, erinnert er sich nur, daß er Enkel eines Schultheißen ist, der bei der Kaiserkrönung Kammerdienste durfte tun. Ein Kind ehrbarer Eltern, entzückte es ihn, als ihn einst als Knabe ein Gassenbube Bastard schalt, und er schwärmte mit der Phantasie des künftigen Dichters, wessen Prinzen Sohn er wohl möchte sein. So war er, so ist er geblieben. Nie hat er ein armes Wörtchen für sein Volk gesprochen, er, der früher auf der Höhe seines Ruhms unantastbar, später im hohen Alter unverletzlich, hätte sagen dürfen, was kein anderer wagen durfte. Noch vor wenigen Jahren bat er die »hohen und höchsten Regierungen« des deutschen Bundes um Schutz seiner Schriften gegen den Nachdruck. Zugleich um gleichen Schutz für alle deutschen Schriftsteller zu bitten, das fiel ihm nicht ein. Ich hätte mir lieber wie einem Schulbübchen mit dem Lineal auf die Finger klopfen lassen, ehe ich sie dazu gebraucht, um mein *Recht* zu betteln, und um *mein* Recht allein!

Goethe war glücklich auf dieser Erde, und er erkennt sich selbst dafür. Er wird hundert Jahre erreichen; aber auch ein Jahrhundert geht vorüber, und ewig sitzt die Nachwelt. Sie, die furchtlose, unbestechliche Richterin, wird Goethe fragen: Dir ward ein hoher Geist, hast du je die Niedrigkeit beschämt? Der Himmel gab dir eine Feuerzunge, hast du je das Recht verteidigt? Du hattest ein gutes Schwert, aber du warst nur immer dein eigner Wächter! Glücklich hast du gelebt, aber du *hast* gelebt.

*(Ludwig Börne: Sämtliche Schriften. Neu bearb. und hg. von J. und P. Rippmann. Bd. 2, Düsseldorf 1964, S. 769 ff.)*

# ZUR TEXTGESTALT

Der Text der vorliegenden Ausgabe basiert auf der Handschriftenwiedergabe in der Nationalausgabe. Zweifelsfälle, die sich aus einem Vergleich der Abweichungen in den Überlieferungsbeschreibungen Vollmers und der Nationalausgabe sowie aus der systematischen Kollationierung aller Briefe von Goethe aus den Jahren 1801 und 1802 ergaben, wurden nach erneuter Einsicht in die Handschriften entschieden. Mehrere Lesefehler der Nationalausgabe sind nach zweifacher Überprüfung an den Handschriften verbessert: So war »das« (NA) durch »was« (376,30) zu ersetzen, »goldnen« durch »goldene⟨n⟩« (447,37), »sämmtlich« durch »sammtlich« (833,16), »Muße« durch »Muse« (854,33), »aufs Land« durch »auf Land« (857,32), »das« durch »die« (909,38), »ließ« durch »ließe« (967,28), »Memoires« durch »Memories« (988,17), »Voten« durch »Noten« (999,24).

Die Orthographie wurde gemäß den Richtlinien der Münchner Ausgabe (Bd. 1.1, S. 753) modernisiert: Interpunktion, Laut- und Formenstand blieben erhalten, ebenso die Schreibung von Eigennamen und die originale Groß- und Klein-, Getrennt- und Zusammenschreibung; die überlieferte Schreibung blieb auch dort erhalten, wo durch eine Modernisierung bestimmte Bedeutungsschichten verdeckt oder verändert worden wären. Die originalgetreue Getrenntschreibung bewahrt beispielsweise die lokale Bedeutung von »vorn herein« (96,6) oder die Mehrdeutigkeit von »zusammen schreiben« (875,9), »zusammen kommen« (893,31). Bei der Modernisierung von Fremdwörtern sind glättende Eingriffe behutsamer als sonst üblich vorgenommen, um dem Leser nicht sprachhistorische oder stilistische Valenzen der epochenüblichen Verwendung und Aussprache vorzuenthalten. Bei den zahlreichen Entlehnungen aus dem Französischen – soweit sie nicht ins heutige Deutsch eingegangen sind – wurde lediglich die Endung modernisiert. Abkürzungen im Text werden nur dort in spitzen Klammern aufgelöst, wo sie sich vom heutigen Leser nicht ohne weiteres erschließen lassen. Unaufgelöst blieben »M.« für »Madame«, »D.« für »Doktor«, »H. H.« für »Herren« sowie Abkürzungen von Währungen, etwa »Laubt.« für »Laubtaler«, »d.« für »Dukaten«, »rt.« für »Reichstaler«. Eindeutige Schreibversehen werden im Text richtiggestellt, sachliche Irrtümer im Kommentar korrigiert. Die Präsentation der chronologisch numerierten Briefe folgt in der Lokalisierung der Orts- und Datumsangaben den Präferenzen beider Autoren: Von Ausnahmen wie Reisebriefen abgesehen zieht Schiller den Briefbeginn, Goethe das Briefende für die zeitlichen und örtlichen Rahmenangaben vor. Auch kleinere stil- und situationsbedingte Variationen der Datierung (»Weimar, am...«, »Weimar, den ...«) oder Abkürzungen (»d.« für »den«) bleiben im Originalwortlaut erhalten. Um jedoch dem Benutzer die rasche Identifizierung eines Briefs zu erleichtern, bringt die Kopfzeile in spitzen Klammern am Briefbeginn auch dort Orts- und Datumsangabe, wo sie ursprünglich am Briefende plaziert waren. Nach der Briefnummer ist in der Kopfzeile lediglich der Verfasser, nicht auch der – bei einem Briefwechsel zwischen zwei Partnern offenkundige – Adressat des Briefs genannt. In die Kopfzeile wurden alle im Gesamtbrief genannten Schreibdaten aufgenommen. Die vom Schreiber im Kontext ergänzten Daten und Absendevermerke sind ebenso wie Herausgeberkonjekturen zur Datierung in spitzen Klammern der Überschriftdatierung beigefügt.

# KOMMENTAR

Bei jedem Brief, zu dem Erstdruckvarianten vorliegen oder Datierungsfragen erörtert werden, ist den eigentlichen Erläuterungen ein editorischer Teil vorgeschaltet. Im Variantenverzeichnis steht vor dem Doppelpunkt *kursiv* die Version unserer Ausgabe und damit der Handschrift, danach die des Erstdrucks. Erstdruckangaben, die auf Sch./G.² und spätere Drucke verweisen, beinhalten die Fehlanzeige der betreffenden Briefe oder Passagen in Sch./G.¹ Paralipomena sind unter die editorischen Notizen zu den Einzelbriefen aufgenommen.

Der Kommentar eines Briefs setzt die Kenntnis des unmittelbar vorangehenden Bezugsbriefs voraus. Seine Information und die Erläuterungen zu ihm werden im Kommentar des Antwortbriefs nicht mehr wiederholt. Nur bei Zusatzinformationen, die einen Ausdruck oder Abschnitt des vorangehenden Briefs in einen neuen Verweisungszusammenhang stellen, wird die vorhergehende Briefnummer aufgeführt. Werden Briefe Dritter an Goethe oder Schiller erwähnt, ist auf die Erstdruckangabe verzichtet. Sie kann aus der Schiller-Nationalausgabe oder der Regestausgabe der Briefe an Goethe leicht ermittelt werden. Außer bei zugänglichen Briefausgaben bekannter Autoren sind Druckangaben hingegen den Briefen Dritter aneinander beigegeben. Sie sind ebenso wie Briefe Goethes und Schillers an Dritte nach dem Datum zitiert. Bei Brief- und Tagebuchbelegen fällt die Angabe der Jahreszahl weg, wenn sie mit der Jahreszahl der Kopfzeile des Briefs übereinstimmt.

Anders als bei ihren sonstigen literarischen Arbeiten verzichten Schiller und Goethe in dem ursprünglich nicht zur Publikation bestimmten Briefwechsel auf jede leserfreundliche Verständnishilfe. Die Vertrautheit mit zwei ineinandergreifenden Lebenswelten, die der Schreiber beim Adressaten voraussetzt, macht die Korrespondenz um ein Vielfaches erläuterungsbedürftiger als die wissenschaftlichen und poetischen Veröffentlichungen beider Verfasser. Schon Goethe dachte deshalb an einen Kommentar.

Dem Bemühen, knapp mitzuteilen, was an Hintergrundinformationen zum Verständnis einer Textstelle nötig ist, sind Grenzen gesetzt. Schillers und Goethes Beziehungen zu Zeitgenossen, zur Weltliteratur, Kunst, Philosophie, zu eigenen literarischen, ästhetischen, naturwissenschaftlichen, historischen und publizistischen Arbeiten, sollen wenigstens durch ein Netz von Verweisen angedeutet werden, das sich im bisher ausführlichsten Werk- und Personenregister (S. 719 ff.) niederschlägt. Knotenpunkte wichtiger Informationen stellen vielfältige Verbindungen her und ersparen Wiederholungen. Profilierende Erläuterungen suchen die große Menge der erwähnten Personen nach ihrer historischen Bedeutung und biographischen Relevanz für Goethe und Schiller unterscheidbar zu machen.

Zur Notation:

s. zu Nr. 10         siehe Kommentar zu Briefnummer 10
s. Nr. 10            siehe den Text von Briefnummer 10
                     (+ Kommentar)

Für Worterklärungen gilt die Unterscheidung:
frz.                 französisch für ...
(frz.)               aus dem Französischen für ...

## Abkürzungen

| | |
|---|---|
| ALG | Archiv für Litteraturgeschichte. Hg. von Richard Gosche und Franz Schnorr von Carolsfeld. 15 Bde. Leipzig 1870–1887 |
| ALZ | Allgemeine Literatur-Zeitung. Jena und Leipzig (s. Register) |
| BA | Goethe. Berliner Ausgabe. 22 Bde. Berlin/Weimar 1960–1978 |
| Boas | Eduard Boas: Schiller und Goethe im Xenienkampf. 2 Bde. Stuttgart/Tübingen 1851 |
| Bode | Wilhelm Bode (Hg.): Goethe in vertraulichen Briefen seiner Zeitgenossen. 1749–1803. Berlin 1918. Neu hg. von Regine Otto und Paul-Gerhard Wenzlaff. 3 Bde. München 1982 |
| Böttiger, Literarische Zustände | Karl August Böttiger: Literarische Zustände und Zeitgenossen. Hg. von K. W. Böttiger. 2 Bde. 1838. Neudruck Frankfurt 1972 |
| Braun, Goethe | Goethe im Urteile seiner Zeitgenossen. Schiller und Goethe im Urteile ihrer Zeitgenossen. 2. Abt. Goethe. Hg. von Julius W. Braun. 3 Bde. Berlin 1883–1885 |
| Braun, Schiller | Schiller und Goethe im Urteile ihrer Zeitgenossen. 1. Abt. Schiller. Hg. von Julius W. Braun. 3 Bde. Leipzig/Berlin 1882 |
| ›Calender‹ | Schillers Calender. Nach dem im Jahre 1865 erschienenen Text hg. von Ernst Müller. Stuttgart 1893 |
| Carl August/Goethe | Briefwechsel des Herzogs-Großherzogs Carl August mit Goethe. Hg. von Hans Wahl. 3 Bde. Berlin 1916–1918 |
| Caroline | Caroline. Briefe aus der Frühromantik. Nach Georg Waitz vermehrt. Hg. von Erich Schmidt. 2 Bde. Leipzig 1913 |
| Caroline Schlegel, Briefe | Caroline ⟨Schlegel⟩. Briefe an ihre Geschwister, ihre Tochter Auguste, |

| | |
|---|---|
| | die Familie Gotter (...). Hg. von Georg Waitz. Leipzig 1871 |
| Charlotte | Charlotte von Schiller und ihre Freunde. Hg. von Ludwig Urlichs. 3 Bde. Stuttgart 1860–1865 |
| Diezmann | August Diezmann: Aus Weimars Glanzzeit. Ungedruckte Briefe von und über Goethe und Schiller. Leipzig 1855 |
| Düntzer | Heinrich Düntzer: Schiller und Goethe. Übersichten und Erläuterungen zum Briefwechsel zwischen Schiller und Goethe. Stuttgart 1859 |
| Düntzer, Zur deutschen Literatur | Zur deutschen Literatur und Geschichte. Ungedrucktes aus Knebels Nachlaß. Hg. von Heinrich Düntzer. Nürnberg 1858 |
| ED | Erstdruck (s. Sch./G.¹) |
| Fambach, Goethe | Oscar Fambach: Goethe und seine Kritiker. Düsseldorf 1955 |
| Fambach, II–IV | Oscar Fambach: Ein Jahrhundert deutscher Literaturkritik. Bde. II–IV. Berlin 1957–59 |
| Fichte | J. G. Fichte-Gesamtausgabe der Bayerischen Akademie der Wissenschaften. Hg. von R. Lauth und H. Jacob. Stuttgart-Bad Cannstatt 1964 |
| GA | Goethe. Gedenkausgabe der Werke, Briefe und Gespräche. Hg. von Ernst Beutler. 24 Bde. Zürich 1948–1960 |
| GaS | Goethes amtliche Schriften. Veröffentlichung des Staatsarchivs Weimar. Hg. von Willy Flach und Helma Dahl. 4 Bde. Weimar 1950–1987 |
| Genast | Aus dem Tagebuche eines alten Schauspielers. Von Eduard Genast. 4 Bde. Leipzig 1862 |
| Gespräche | Goethes Gespräche in vier Bänden. Eine Sammlung zeitgenössischer Berichte aus seinem Umgang aufgrund der Ausgabe (...) von Flodoard Freiherrn von Biedermann ergänzt und hg. von Wolfgang Herwig. Zürich und Stuttgart 1965 ff. |

| | |
|---|---|
| Goethe Handbuch | Goethe Handbuch. Goethe, seine Welt und Zeit in Werk und Wirkung. Hg. von A. Zastrau. Bd. 1. Stuttgart 1961 (s. Zeitler) |
| GJb | Goethe-Jahrbuch |
| Goethe-Wörterbuch | Goethe Wörterbuch. Hg. von der Akademie der Wissenschaften der DDR, der Akademie der Wissenschaften in Göttingen und der Heidelberger Akademie der Wissenschaften. Stuttgart 1978 ff. |
| Goethe/Cotta | Goethe und Cotta. Briefwechsel 1797–1832. Textkritische und kommentierte Ausgabe. 4 Bde. Hg. von Dorothea Kuhn. Stuttgart 1979–1983 |
| Gräf, Goethe über seine Dichtungen | Hans Gerhard Gräf: Goethe über seine Dichtungen. Versuch einer Sammlung aller Äußerungen des Dichters über seine poetischen Werke. 3 Tle. in 9 Bänden. Frankfurt 1901–1914 |
| Gräf, Goethes Briefwechsel mit seiner Frau | Goethes Briefwechsel mit seiner Frau. Hg. von Hans Gerhard Gräf. 2 Bde. Frankfurt/M. 1916 |
| Gräf/Leitzmann | Der Briefwechsel zwischen Schiller und Goethe. Im Auftrag des Goethe- und Schiller-Archivs nach den Handschriften hg. von Hans Gerhard Gräf und Albert Leitzmann. 3 Bde. Leipzig 1912 (1911) (Weitere Auflagen 1955, 1964) |
| Grumach | Goethe. Begegnungen und Gespräche. Hg. von Ernst Grumach und Renate Grumach. Berlin 1965 ff. |
| GSA | Goethe- und Schiller-Archiv, Weimar |
| HA | Johann Wolfgang von Goethe: Werke. Hamburger Ausgabe in 14 Bden. Hg. von Erich Trunz. Hamburg/München 1948 ff. Goethes Briefe in 4 Bden. Hg. von Karl Robert Mandelkow. Hamburg 1962 ff. Briefe an Goethe in 2 Bden. Hg. von K. R. Mandelkow. Hamburg 1965/69 |

| | |
|---|---|
| Hagen | Waltraud Hagen: Die Drucke von Goethes Werken. Berlin 1971, 2., durchgesehene Auflage 1983 |
| Hahn | Goethe in Weimar. Ein Kapitel deutscher Kulturgeschichte. Hg. von Karl-Heinz Hahn. Leipzig, Zürich, München 1986 |
| Henkel/Schöne | Henkel, Arthur und Albrecht Schöne: Emblemata. Handbuch zur Sinnbildkunst des XVI. und XVII. Jahrhunderts. Stuttgart 1967 |
| Herder SW | Herders sämtliche Werke. Hg. von Bernd Suphan. 33 Bde. Berlin 1877–1913 |
| Humboldt | Wilhelm von Humboldt: Gesammelte Schriften. Hg. von der Königl.-Preußischen Akademie der Wissenschaften. 17 Bde. Berlin 1903–1936 |
| Wilhelm und Caroline von Humboldt | Wilhelm und Caroline von Humboldt in ihren Briefen. Hg. von Anna von Sydow. Berlin 1907 |
| JALZ | Jenaische Allgemeine Literatur-Zeitung (s. Register) |
| JbGG | Jahrbuch der Goethe-Gesellschaft |
| Jonas | Schillers Briefe. Hg. von Fritz Jonas. Bde. 1–7. Stuttgart, Leipzig, Berlin, Wien 1892–1896 |
| Keller | Werner Keller: Goethes dichterische Bildlichkeit. Eine Grundlegung. München 1972 |
| Knebel | K. L. von Knebels literarischer Nachlaß und Briefwechsel. Hg. von K. A. Varnhagen von Ense und Th. Mundt. 3 Bde. Leipzig 1840 |
| LA | Goethe. Die Schriften zur Naturwissenschaft. Hg. im Auftrag der Deutschen Akademie der Naturforscher (Leopoldina) zu Halle von Dorothea Kuhn u. a. 17 Text- und 11 Kommentarbände. Weimar 1947 ff. |

| | |
|---|---|
| Mandelkow | Goethe im Urteil seiner Kritiker. Dokumente zur Wirkungsgeschichte Goethes in Deutschland. Teil I 1773–1832. Hg. von Karl Robert Mandelkow. München 1975 |
| Marbacher Schillerbuch | Marbacher Schillerbuch. Hg. von Otto Güntter. 3 Bde. Marbach 1905–1909 |
| Mommsen | Momme Mommsen unter Mitwirkung von Katharina Mommsen: Die Entstehung von Goethes Werken in Dokumenten. 2 Bde. Berlin 1958 |
| Morris | Max Morris: Goethe Studien. 2 Bde. Berlin 1902 |
| Müller | Kanzler von Müller: Unterhaltungen mit Goethe. Kleine Ausgabe. Hg. von Ernst Grumach mit Anmerkungen von Renate Fischer-Lamberg. Weimar 1959 |
| NA | Schillers Werke. Nationalausgabe. Im Auftrag des GSA und des Schiller-Nationalmuseums hg. von Julius Petersen, Hermann Schneider, Norbert Oellers und Siegfried Seidel. Weimar 1943 ff. |
| Nerrlich | Briefe von Charlotte von Kalb an Jean Paul und dessen Gattin. Hg. von Paul Nerrlich. Berlin 1882 |
| Oellers | Schiller – Zeitgenosse aller Epochen. Dokumente zur Wirkungsgeschichte Schillers in Deutschland. Hg. von Norbert Oellers. Tl. I. Frankfurt 1970 |
| Ortlepp | Paul Ortlepp: Schillers Bibliothek. In: Zuwachs der Großherzogl. Bibliothek zu Weimar in den Jahren 1911–1913. Weimar 1914 |
| Riemers Briefe | Briefe von und an Goethe. Desgleichen Aphorismen und Brocardica. Hg. von Friedrich Wilhelm Riemer. Leipzig 1846 |
| Riemer, Mitteilungen | Friedrich Wilhelm Riemer: Mitteilungen über Goethe. 2 Bde. Berlin 1841 |

| | |
|---|---|
| RA | Briefe an Goethe. Gesamtausgabe in Regestform. Hg. von Karl-Heinz Hahn. Weimar 1980 ff. |
| Ruppert | Goethes Bibliothek. Katalog. Bearbeitet von Hans Ruppert. Weimar 1958 |
| Scheidig | Walter Scheidig: Goethes Preisaufgaben für bildende Künstler. 1799–1805. Weimar 1958 (SchrGG 57) |
| Schelling SW | Friedrich Wilhelm Joseph von Schellings sämtliche Werke. Hg. von K. F. A. Schelling 1. Abt., Bde. 1–10. 2. Abt. Bde. 1–4. Stuttgart und Augsburg 1856–1861 |
| Schelling, Briefe | F. W. J. Schelling: Briefe und Dokumente. 3 Bde. Hg. von Horst Fuhrmans. Bonn 1962–1975 |
| Sch. | Schiller |
| Sch./G.[1] | Briefwechsel zwischen Schiller und Goethe in den Jahren 1794 bis 1805. Tl. 1–6. Stuttgart und Tübingen 1828–1829 (Erstdruck) |
| Sch./G.[2] | Briefwechsel zwischen Schiller und Goethe in den Jahren 1794 bis 1805. Zweite, nach den Original-Handschriften vermehrte Ausgabe. Hg. von Hermann Hauff. 2 Bde. Stuttgart und Augsburg 1856 |
| Sch./G.[3] | Briefwechsel zwischen Schiller und Goethe in den Jahren 1794 bis 1805. Dritte Ausgabe. Hg. von Wilhelm Vollmer. 2 Bde. Stuttgart 1870 |
| Sch./G.[4] | Briefwechsel zwischen Schiller und Goethe. Vierte Auflage. Hg. von Wilhelm Vollmer. 2 Bde. Stuttgart 1881 |
| Schiller SW | Friedrich Schiller. Sämtliche Werke. Hg. von Gerhard Fricke und Herbert G. Göpfert. 5 Bde. München 1980 |
| Schillers Persönlichkeit | Schillers Persönlichkeit. Urteile der Zeitgenossen und Documente ges. von Max Hecker und Julius Petersen. 3 Bde. Hildesheim-New York 1976 |
| Schiller/Cotta | Briefwechsel zwischen Schiller und Cotta. Hg. von Wilhelm Vollmer. Stuttgart 1876 |

| | |
|---|---|
| Schlegel/Schiller/ Goethe | August Wilhelm und Friedrich Schlegel im Briefwechsel mit Schiller und Goethe. Hg. von Josef Körner und Ernst Wieneke. Leipzig (1926) |
| F. an A. W. Schlegel | Friedrich Schlegels Briefe an seinen Bruder August Wilhelm. Hg. von O. F. Walzel. Berlin 1890 |
| Kritische F.-Schlegel-Ausgabe | Kritische Friedrich-Schlegel-Ausgabe. Hg. von Ernst Behler unter Mitwirkung von Jean-Jacques Anstett und Hans Eichner. Paderborn 1979 |
| Schleiermacher | Aus Schleiermacher's Leben. In Briefen. 3. Bd. Hg. von Ludwig Jonas und Wilhelm Dilthey. Berlin 1861 |
| Schmidt/Suphan | Xenien 1796. Nach den Handschriften des GSA hg. von Erich Schmidt und Bernhard Suphan. Weimar 1893 |
| SchrGG | Schriften der Goethe-Gesellschaft |
| Seidel | Der Briefwechsel zwischen Schiller und Goethe. 3 Bde. Hg. von Siegfried Seidel. München und Leipzig 1984 |
| Starnes | Thomas C. Starnes: Christoph Martin Wieland. Leben und Werk. 3 Bde. Sigmaringen 1987 |
| Steiger | Goethes Leben von Tag zu Tag. Eine dokumentarische Chronik von Robert Steiger. Bde. III und IV. München 1984 und 1986 |
| Tieck/Schlegel | Ludwig Tieck und die Brüder Schlegel. Briefe. Auf der Grundlage der von Henry Lüdeke besorgten Edition neu hg. von Edgar Lohner. München 1972 |
| Von und an Herder | Von und an Herder. Ungedruckte Briefe aus Herders Nachlaß. Hg. von Heinrich Düntzer und F. G. Herder. Leipzig 1862 |
| WA | Goethes Werke. Abteilungen I, II, III, IV. Hg. im Auftrage der Großherzogin Sophie von Sachsen. 133 in 143 Bdn. Weimar 1887–1919 (›Weimarer Ausgabe‹) |

| | |
|---|---|
| Wahl, Ur-Xenien | Ur-Xenien. Nach der Handschrift des Goethe- und Schiller-Archivs in Faksimile-Nachbildung hg. von Hans Wahl. Weimar 1934 |
| Wahl, Zeichnungen | Hans Wahl: Zeichnungen von Johann Heinrich Meyer. Weimar 1918 |
| Wander | Deutsches Sprichwörter-Lexikon. Ein Hausschatz für das deutsche Volk. Hg. von Karl Friedrich Wilhelm Wander. Leipzig 1867ff. Neudruck Darmstadt 1964 |
| Wolzogen, Literarischer Nachlaß | Literarischer Nachlaß der Frau Caroline von Wolzogen. Hg. von K⟨arl⟩ H⟨ase⟩. 2 Bde. Leipzig 1848 und 1849 |
| Wolzogen, Schillers Leben | ⟨Wolzogen, Caroline von:⟩ Schillers Leben, verfaßt aus Erinnerungen der Familie, seinen eigenen Briefen und den Nachrichten seines Freundes Körner. 2 Tle. Stuttgart/Tübingen 1830 |
| Zeitler | Goethe-Handbuch. Hg. von Julius Zeitler. 3 Bde. Stuttgart 1916–1918 |

Aus Band 4.1, S. 1132f., sind die Siglen für die Distichen übernommen: X = *Xenien*; TV = *Tabulae votivae*; Hb = Distichen des ›Musen-Almanachs‹.

WIDMUNG  WEIMAR, 18. OKTOBER 1829

*Textgrundlage und Erstdruck:* Sch./G.¹, VI (1829).

7 5 *König von Bayern:* Ludwig I. von Bayern (1786–1868) regierte 1825–1848. Er hatte G. anläßlich eines Geburtstagsbesuchs 1827 das Großkreuz des Verdienstordens der bayrischen Krone verliehen und ihn porträtieren lassen. Den letzten Anstoß zur Widmung gab G. ein Brief Cottas vom 10. Oktober 1829. In der ursprünglich als »höhere poetische Widmung« geplanten Dedikation weicht G. schließlich auf den kurialen Prosastil aus. Vgl. G. an Cotta, 25. Oktober 1829. – *12 Neigung:* Seinen Sch.-Enthusiasmus dokumentierte der bayrische König sowohl in Privatgesprächen wie öffentlich. Er gehörte zu den Initiatoren des später von Rietschel ausgeführten G.-Sch.-Denkmals in Weimar. – *37–85 als er das Glück ⟨...⟩ Erbauung:* Das hier kundgegebene Bedauern über Sch.s Angewiesenheit auf das fürstliche Mäzenatentum seiner Zeit wirbelte politischen Staub auf. Der ehemalige preuß. Staatsminister Carl Friedrich von Beyme (1765–1838) sah sich 1830 in der ALZ zu einer »Berichtigung« des »Vorwurf⟨s⟩ für die Fürsten Deutschlands, welche Zeitgenossen Schiller's waren« – insbesondere des Königs von Preußen – veranlaßt. Friedrich Immanuel Niethammer (1766–1848) empfand wiederum diesen preuß. Einbürgerungsversuch von Sch. als Affront gegen den Weimarer Hof. Börne begrüßte G.s späte Fürstenkritik (S. 127ff.). Vgl. M. und K. Mommsen: ›Die Entstehung von G.s Werken in Dokumenten‹. Bd. 1 (Berlin 1958), S. 80–87. Hier S. 107f.

# 1794

1. Schiller  Jena, 13. Juni 1794

11,14 *denselben:* dieselben; 11,17 *Zeitschrift mit mir vereinigt:* Zeitschrift vereinigt; 11,24 *Unternehmung:* Unternehmungen. Im Erstdruck (1828) als Beilage: Sch.s Einladung zur Mitarbeit ›Die Horen‹ (NA 22, S. 103–105).

11 *6 Beiliegendes Blatt:* Sch.s Einladung zur Mitarbeit an seiner Monatsschrift ›Die Horen‹ (1795–1798), die sich zur bedeutendsten Zs. der Weimarer Klassik entwickelte. Durch die Versammlung der »vorzüglichsten Schriftsteller der Nation« hoffte Sch. das nach Autorengemeinden zersplitterte Publikum zu vereinen und ein Forum für sein kulturreformatorisches Programm zu schaffen. – *16 Fichte:* Johann Gottlieb F. (1762–1814), der Sch. bewunderte, war Ende 1793 auf Empfehlung G.s und Hufelands nach Jena berufen worden, s. Bd. 4.2, S. 1229 ff.; Michaelis' Bericht in NA 42, S. 205 f. Bekannt gemacht hatten ihn der ›Versuch einer Kritik aller Offenbarung‹ (Königsberg 1792) und vor allem seine 1793 erschienenen bürgerlich-revolutionären Frühschriften ›Zurückforderung der Denkfreiheit von den Fürsten Europens‹, ›Beitrag zur Berichtigung der Urteile des Publikums über die französische Revolution‹. Am 7. Juni war eine Weisung von Herzog Carl August an G. zur Kontrolle von Fichtes Vorlesungen ergangen (GaS II, 1, Nr. 74). – *Woltmann:* Carl Ludwig W. (1770–1817), als Historiker Sch.s Kollege in Jena, war ein Anhänger naturrechtlicher Ideen. Der Mitherausgeber der ›Allgemeinen Sammlung Historischer Memoires‹ setzte Sch.s ›Geschichte des Dreißigjährigen Kriegs‹ fort. – *17 von Humboldt:* Wilhelm von H. (1767–1835). Der vielseitig interessierte Privatgelehrte, Schriftsteller, spätere Kulturpolitiker und Staatsmann hatte sich bis 1793 vor allem mit politischen und rechtsphilosophischen Fragen beschäftigt; vgl. seine ›Ideen über Staatsverfassung, durch die neue französische Constitution veranlaßt‹ (1791), ›Ideen zu einem Versuch, die Grenzen der Wirksamkeit des Staats zu bestimmen‹ (1792). Von G. wie Sch. als kundiger Altphilologe und Gesprächspartner in Fragen der Ästhetik hochgeschätzt, lebte er als Freund und Nachbar Sch.s von 1794–1797 – mit Unterbrechungen – in Jena. Seine Braut Caroline von Dacheröden war Charlotte Schillers Freundin. Sch. wie G. lernten den um 8 bzw. 18 Jahre Jüngeren 1789 kennen; mit Sch. stand er seit dem Frühjahr 1794 in regem Gedankenaustausch. Er gehörte später zum Kreis der ›Weimarischen Kunst-

freunde‹ und blieb G. über 30 Jahre verbunden. Die Briefwechsel Humboldts mit Sch. und G. zählen zu den bedeutendsten der Goethezeit. Seine Porträts beider Dichterpersönlichkeiten überragen andere zeitgenössische Darstellungen. In seinem Nekrolog G.s betont er die Einheit von G.s dichterischen, künstlerischen und naturwissenschaftlichen Arbeiten und nimmt damit Einsichten der G.-Forschung des 20. Jh.s vorweg, die entscheidend auch das Konzept der Münchner Ausgabe prägen. – *19 Urteile eines engern Ausschußes:* gemäß § 4 im ›Contract über die literarische Monatsschrift Die Horen‹ zwischen Sch. und Cotta vom 28. Mai 1794 (NA 27, S. 208–210). Der Ausschuß setzte sich aus G., W. von Humboldt, Fichte, Herder, Körner und Christian Jakob Zahn zusammen. Sch. hatte Johann Friedrich Cotta (1764–1832) vor kurzem – auf seiner Schwabenreise im Frühjahr – kennengelernt und mit ihm Zeitschriften- und Zeitungspläne besprochen. Der Tübinger Verlagsbuchhändler stand seinem Hause seit sieben Jahren vor. Mit Hilfe des Kapitals seines finanzkräftigen Teilhabers Dr. iur. Zahn gelang es Cotta innerhalb von zehn Jahren, aus einem maroden Familienunternehmen den angesehensten deutschen Verlag zu machen. Vgl. Nr. 12.

2. GOETHE   WEIMAR, 24. JUNI 1794

11,40 *von ganzem:* mit ganzem. – Zur Vorfassung von G.s erstem Brief an Sch. vgl. WA IV 10, S. 394 f. Hochschul- und staatspolitische Hintergründe der Konzeptkorrektur des Briefs erläutert K.-H. Hahn: ›Im Schatten der Revolution‹. In: Jb. des Wiener G.-Vereins 81–83 (1977–79), S. 48–54.

11 *40 von der Gesellschaft sein:* vgl. auch G. an Fichte, 24. Juni. Zu G.s Beiträgen in den ›Horen‹ s. Bandeinführung, S. 9 f., 22.

3. GOETHE   WEIMAR, 25. JULI 1794

12 *22 die Schocherische Abhandlung:* Christian Gotthold Schocher (1736–1810): ›Soll die Rede auf immer ein dunkler Gesang bleiben, oder können ihre Arten, Gänge und Beugungen nicht anschaulich gemacht und nach Art der Tonkunst bezeichnet werden?‹. Leipzig 1791. Der Autor – Magister der Philosophie – wirkte in Leipzig als Privatlehrer und Rezitator. – *25 Diderot:* Denis Diderot: ›Les bijoux indiscrets‹. Paris 1748. – *Moritz:* Karl-Philipp Moritz: ›Versuch einer deutschen Prosodie‹. Berlin 1786. – *28 öftere Auswechslung der Ideen:* Vorausgegangen war um den 20. Juli mindestens ein folgenreiches Gespräch über die Urpflanze und kunsttheoretische Fragen im Anschluß an eine Sitzung der

›Naturforschenden Gesellschaft‹ in Jena. Vgl. *Glückliches Ereignis* (Bd. 12, S. 88 f.); Sch. an Körner, 1. September 1794; s. Einführung. M. Gerhard zweifelt den naturwissenschaftlichen Inhalt des Gesprächs sowie den historischen Aussagewert von G.s Darstellung an. Dagegen sprechen: 1. G.s Publikationsorgan von *Glückliches Ereignis* in: *Zur Naturwissenschaft überhaupt ⟨...⟩ Zur Morphologie* (1817). 2. Sch.s Anerkennung von G.s Naturerkenntnis und die Erwähnung des »Zufall⟨s⟩« ihrer Begegnung in Nr. 4 und 7. Die gemeinsame Einladung bei Humboldt hätte Sch. wohl kaum als »Zufall« apostrophiert. Vgl. M. Gerhard: ›Wahrheit und Dichtung in der Überlieferung des Zusammentreffens von G. und Sch. im Juli 1794‹. In: JFDH 1974. Ob Sch.s Gesprächsbeitrag den Kalliasbrief vom 23. März 1793 zum Inhalt hatte, wie Schulz und Müller-Seidel vermuten, bleibt ungewiß: Sch. unterbreitet G. den Kalliasbrief zur Bestätigung erreichter Übereinstimmung am 31. August als Novum, ohne jede gesprächserinnernde Bezugnahme. Vgl. G. Schulz: ›In wiefern die Idee: Schönheit sei Vollkommenheit mit Freiheit, auf organische Naturen angewendet werden könne‹. In: GJb N.F. 14/15 (1952/53), S. 151. W. Müller-Seidel: ›Naturforschung und deutsche Klassik‹. In: V. J. Günther – H. Koopmann u. a. (Hg.): ›Untersuchungen zur Literatur als Geschichte‹. Berlin 1973, S. 65 ff. – *31 nach Dessau:* G. begleitete Herzog Carl August auf einer dreiwöchigen Reise nach Wörlitz, Dessau, Leipzig und Dresden.

4. SCHILLER                          JENA, 23. AUGUST 1794

13,30 *erneuerter:* erneuter; 14,24 *ein:* in; 14,36 *Geist bei der:* Geist der; 14,38 *hatten:* haben; 15,1 *umsetzen:* umwandeln; 15,6 *ist):* bleibt); 15,31 *noch auf einige:* noch einige; 15,32 *derselben:* derselbigen. – Veröffentlichung auch im ›Morgenblatt für gebildete Stände‹ 1828, Nr. 275 (15. November).
*Erläuterung:* Zur Einordnung und Charakterisierung des von Sch. entworfenen ›Geburtstagsporträts‹ G.s s. Einführung, S. 23 f.

13 *31–14,2 Sie suchen ⟨...⟩ einzudringen:* Sch. bezieht sich auf G.s intensive morphologische und evolutionsgeschichtliche Untersuchungen, die nach der ital. Reise die seinerzeit angestellten Betrachtungen zum Grundbauplan der Pflanze in der vergleichenden Anatomie der Wirbeltiere weiterführten und um Probleme der Beziehung von Typus und entwicklungsgeschichtlicher Variation kreisten; s. Bd. 4.2, S. 1019 ff.
14 *9 Achill in der Ilias:* ›Ilias‹, 9. Gesang, Verse 410 ff. – *Phtia:* Heimat Achills. – *17 der große Styl:* Anspielung auf G.s Definition des Stils, dem die Erkenntnis des notwendigen Wesens der Dinge

gelingt, vgl. *Einfache Nachahmung der Natur, Manier, Styl* (›Teutscher Merkur‹, Februar 1789, Bd. 1), s. Bd. 3.2, S. 186; Sch. über Stil in ›Kallias oder Über die Schönheit‹, 28. Februar 1793 (Schiller SW V, S. 429f.); ferner Nr. 294, 418, 458, 1014. – *18 Ihr griechischer Geist ⟨...⟩ nordische Schöpfung:* vgl. Nr. 467.

16 *7 das neue Journal:* ›Die Horen‹. – *10 Ihren Roman: Wilhelm Meisters Lehrjahre,* s. zu Nr. 5. – *14 meine Frau:* Charlotte Schiller, geb. von Lengefeld (1766–1826).


5. GOETHE                    ETTERSBURG, 27. AUGUST 1794

17,14 *entdecken werden, über:* entdecken, über; 17,15 *gleich sehr deutlich:* gleich deutlich; 17,30 *Sinne jetzt nur:* Sinne nur. – Veröffentlichung auch im ›Morgenblatt für gebildete Stände‹ 1828, Nr. 277 (18. November).

17 *22 Unger:* Johann Friedrich Gottlieb U. (1753–1804), Buchdrucker und Verleger in Berlin, Professor der Holzschneidekunst, Erfinder der nach ihm benannten Fraktur. In Ungers Verlag erschienen 1792–1800 ›Goethe's neue Schriften‹ in sieben Bänden, als Bände 3–6 (1795/96) *Wilhelm Meisters Lehrjahre* in der Unger-Fraktur (s. Bd. 5, S. 699), sowie Sch.s ›Musen-Almanach für das Jahr 1796‹. – *29 schon solange geschrieben:* zur frühesten entstehungsgeschichtlichen Notiz vgl. Tgb., 16. Februar 1777; s. Bd. 5, S. 613–625. Das 6. Buch von *Wilhelm Meisters theatralischer Sendung* war am 11. November 1785 fertig.


6. GOETHE                      WEIMAR, 30. AUGUST 1794

Die Beilage fehlt im Erstdruck.

18 *3 Beiliegende Blätter: In wiefern die Idee: Schönheit sei Vollkommenheit mit Freiheit, auf organische Naturen angewendet werden könne,* Bd. 4.2, S. 185–188, 1043–1046. Zu G.s Versuch, in dem von G. Schulz entdeckten Aufsatz, die Kantisch-Schillersche Freiheitsidee auf die eigene Morphologie anzuwenden, vgl. G. Schulz, ›In wiefern die Idee‹, s. zu Nr. 3. – *5–7 wie jener Knabe ⟨...⟩ unternahm:* Anspielung auf eine Legende um den Kirchenlehrer Augustinus.


7. SCHILLER                       JENA, 31. AUGUST 1794

19,3 *Erkenntnis:* Kenntnis. Zur reinschriftlichen Vorfassung vgl. NA 27, S. 269–271. Der abgesandte Brief zeigt eine gewähltere Diktion und verstärkt die Insinuation gegenüber dem Adressaten.

18 *18 Freunde Körner:* Christian Gottfried K. (1756–1831) bekleidete nach seiner juristischen Habilitation in Leipzig die Stelle eines Oberappellationsgerichtsrats in Dresden. Der hochgebildete, schreibende und komponierende Vater des Dichters der Befreiungskriege war seit 1785 eng mit Sch. befreundet. G. kannte ihn seit 1789 und stand mit ihm bis 1821 in lockerem Briefverkehr. – *Zusammenkunft:* vom 26. bis 28. August.

19 *17 kompromittiert zu haben:* hier: ›sich zu berufen, sich zu beziehen ... auf‹.

20 *7 Ihres Aufsatzes:* s. zu Nr. 6. – *12 in beifolgenden Papieren:* die in den Kallias-Briefen Sch.s an Körner vom 23. und 28. Februar 1793 enthaltenen Abhandlungen ›Freiheit in der Erscheinung ist eins mit der Schönheit‹ und ›Das Schöne der Kunst‹. Die »Idee: Schönheit sei Vollkommenheit mit Freiheit« hatte Sch. hier bereits auf organische Naturen (Vögel) angewendet. – *27 einige Ideen von Körner über Deklamation:* Christian Gottfried Körner: ›Ideen über Deklamation‹. In: ›Neue Thalia‹, Bd. 4 (1793).

8. GOETHE WEIMAR, 4. SEPTEMBER 1794

20 *37 übersendeten Manuskripte:* die Kallias-Briefe, s. zu Nr. 7. – *das Bruchstück:* Sch.s ›Fortgesetzte Entwicklung des Erhabenen‹. In: ›Neue Thalia‹ 4 (1793). (Späterer Titel: ›Über das Pathetische‹).

21 *14 besuchen:* Sch. war vom 14. bis 27. September G.s Gast in Weimar. – *26 Charis:* Friedrich Wilhelm B. von Ramdohr: ›Charis oder Über das Schöne und die Schönheit in den nachbildenden Künsten‹. Leipzig 1793.

9. SCHILLER JENA, 7. SEPTEMBER 1794

22,22 *seinem:* seinen.

22 *1 meine Krämpfe:* im Unterleib, aufgrund einer chronischen Bauchfellentzündung. Vgl. E. Ebstein: ›Schillers Krankheiten‹. In: ›Jb. der Slg. Kippenberg‹ Nr. 6 (1926). – *20 dem Kinde:* Karl Schiller (1793–1857). – *nach Rudolstadt:* zu ihrer Mutter Louise von Lengefeld. – *22 seinem Kleinen:* W. von Humboldts Sohn Wilhelm (1794–1803). – *inokulieren:* ›impfen‹. – *25 keine Metaphysik:* J. G. Fichte? – *26 Ramdohrs Charis:* s. zu Nr. 8. Friedrich Wilhelm B. von Ramdohr (1752–1822), nach dem Studium der Rechts- und Altertumswissenschaften in Göttingen, Hofgerichtsassessor in Hannover, seit 1788 Oberappellationsgerichtsrat in Celle, kannte die bedeutendsten Kunstsammlungen Mitteleuropas. Als Kunstschriftsteller entwarf er eine sensualistische Ästhe-

tik, in der er sich einer Psychologie des Unbewußten nähert. – *31 Schrift über die niederländische Schule:* F. W. B. von Ramdohr: ›Beschreibung der Gemäldegalerie des Freiherrn von Brabeck zu Hildesheim, mit ⟨...⟩ einer Abhandlung über die Kunst, das Schöne in den Gemälden der niederländischen Schule zu sehen.‹ Hannover 1792.

**23** *16 Bruchstück ⟨...⟩ über das Erhabene:* s. zu Nr. 8. – *17 den Anfang:* ›Vom Erhabenen‹. In: ›Neue Thalia‹ 3 (1793). – *24 über Matthisons Gedichte:* Sch.s Rezension erschien in der ALZ Nr. 298 und 299 vom 11. und 12. September 1794. 1791 war in Zürich eine Sammlung von Friedrich Matthissons (1761-1831) klassizistisch-sentimentalen Lyriktexten erschienen, deren dritte Auflage der Besprechung Sch.s zugrunde liegt. Seinen ästhetischen Auffassungen kamen in den 90er Jahren Matthissons Gedichte näher als die des originelleren G. A. Bürger. Sch., der Matthisson im Februar 1794 kennengelernt hatte, rechnete mit Beiträgen für die ›Horen‹. Später äußerte sich Sch. kritisch zu den Texten des engen Freundes von K. L. von Knebel, s. Nr. 501, 506. – *A⟨llgemeine⟩ L⟨iteratur⟩ Z⟨eitung⟩:* Die von Christian Gottfried Schütz (1747–1832) zusammen mit Bertuch und Wieland gegründete ›Allgemeine Literatur-Zeitung‹ (ALZ) erschien unter dem Hg. Schütz in Jena 1785–1803. 1803 wechselte Schütz nach Halle über und nahm die fast täglich erscheinende Zeitung mit. In Jena wurde unter G.s maßgeblicher Mitwirkung 1804 die ›Jenaer Allgemeine Literatur-Zeitung‹ (JALZ) gegründet, die Eichstädt bis 1841 herausgab, s. zu Nr. 921. Als Rezensionsblatt und Organ des Kantianismus in Deutschland besaß die ALZ internationalen Ruf.

10. GOETHE                          WEIMAR, 10. SEPTEMBER 1794

**24** *5 den Tag:* Sch. kam mit W. von Humboldt am 14. September und blieb bis 27. September in Weimar. – *9 Charis:* s. zu Nr. 8. – *18 englischen Iphigenie:* ›Iphigenia in Tauris, a tragedy written originally in German by J. W. von Goethe‹. Berlin 1794 (Nachdruck der Übersetzung W. Taylors von 1793).

11. SCHILLER                         JENA, 12. SEPTEMBER 1794

25,2 *Art:* Weise.

**24** *25 Sonntag:* 14. September. – *27 H. v. Humboldt:* W. von Humboldt pendelte vom 14. bis 27. September mehrmals zwischen Jena und Weimar hin und her, s. zu Nr. 9. – *30 Ramdohr:* s. zu Nr. 9; vgl. Sch. an Körner, 12. September. Ramdohr besuchte G. am 18. September. – *32 Buch über die Liebe:* Friedrich Wilhelm B.

von Ramdohr: ›Venus Urania. Über die Natur der Liebe, über ihre Veredelung und Verschönerung‹. Leipzig 1794.
25 *1 Fridrich Jacobi:* F. H. Jacobi an W. von Humboldt, 2. September; Jacobi an Sch., 10. September. In seiner Zusage zur Mitarbeit an den ›Horen‹ verhehlte Friedrich Heinrich Jacobi (1743–1819) Sch. gegenüber nicht seine Verwunderung über die strikte Ausklammerung politischer Themen. Sch.s Einladung zur Mitarbeit datiert vom 24. August, s. zu Nr. 1. – *5 Abhandlung von Maimon über den Schönheitsbegriff:* Salomon Maimon: ›Über die Ästhetik‹. In: Ders.: ›Streifereien im Gebiete der Philosophie‹. Berlin 1793. Der Kantianer und Kantkritiker Salomon M. (1754–1800) lebte als Philosoph und Schriftsteller in Berlin.

12. SCHILLER                                    JENA, 29. SEPTEMBER 1794

25,25 *Horenverleger:* Herrn Verleger; 26,2–4 *die ⟨...⟩ gerechnet hat:* zuerst in Sch./G.² (1856) 26,21 *Loder:* K.

25 *17 alle die Ideen:* Über den Inhalt der Gespräche mit G. äußert sich Sch. in den Briefen an seine Frau, 20. September; an Cotta, 2. Oktober; an Körner, 9. Oktober; an Hoven, 21. November. – *24 Brief von unserm Horenverleger:* Cotta an Sch., 15. September. – *26–28 Ich hatte ihm ⟨...⟩ vorgestellt:* Sch. an Cotta, 1. September. – *36 seinem Associé:* Christian Jakob Zahn; s. zu Nr. 1.

26 *1 HandelsCompagnie in Calb:* ›Zeughandlungs-Companie‹ in Calw. Bei dem prosperierenden gewerblichen ›Verlag‹ – einer Organisationsform kapitalistischer ›Hausindustrie‹ – standen Ende der 1780er Jahre einschließlich der Manufaktur rund 5000 Gewerbetreibende unter Vertrag. – *4 Extremitäten:* ›Notsituationen‹. – *9 beifolgendes Blatt:* s. S. 27: (Beilage). – *11 Arends:* G. kannte den Hamburger Baumeister Johann August Arens (1757–1806) seit seinem Römischen Aufenthalt 1787. Er lieferte bis 1791 die entscheidenden Pläne für den Schloßbau, s. zu Nr. 486. – *13 Hirt:* Der Kunstschriftsteller und Archäologe Aloys Ludwig Hirt wurde 1795 von J. H. Meyer zur Mitarbeit an den ›Horen‹ aufgefordert, zu denen er 1796/97 vier Aufsätze beisteuerte. G. hatte ihn 1787 in Rom kennengelernt; s. Nr. 339. – *18 Ramdohr:* vgl. G. an Meyer, 15. September. – *21 Loder:* Justus Christian L. (1753–1832), Professor der Medizin in Jena, seit 1803 in Halle.

13. GOETHE                                      WEIMAR, 1. OKTOBER 1794

26,30 *und daß die:* und die; 26,36 *Publico:* Publikum. Im Erstdruck die Beilage (27,16–21) als eigener Brief; Nr. 13 nach Nr. 14.

26 *29 vierzehntägigen Konferenz:* s. zu Nr. 10. – *35 sinne ich auf Vehikel:* vgl. G.s *Erste Epistel,* s. zu Nr. 17.

27 *11 Albrecht:* der Theaterschriftsteller und Arzt in Hamburg Johann Friedrich Ernst A. (1752–1814), nicht der von früheren Kommentatoren vermutete Sprachlehrer und Historiker Heinrich Christoph A. (1763–1800). Mit der Familie des erstern, der 1808 eine Prosa-Bearbeitung des ›Don Carlos‹ edierte, hatte Sch. 1785 in Leipzig und Gohlis engen Kontakt. – *12 Rezension des Woldemars:* W. von Humboldts Rezension der Neuausgabe von F. H. Jacobis ›Woldemar‹ erschien in der ALZ 26./27. September. Vgl. auch G. an Jacobi, 31. Oktober.

14. GOETHE                                WEIMAR, 8. OKTOBER 1794

s. zu Nr. 13.

27 *27 das gerettete Venedig:* Deutscher Titel der Übersetzung von Thomas Otways ›Venice Preserved or a Plot Discover'd‹ (1682), die Johann Jakob Valett 1794 in Bayreuth veröffentlichte; vgl. Bd. 4.2, S. 15 und 928. – *31 Don Carlos:* Sch. wohnte der Aufführung seines Stücks in Weimar am 18. Oktober nicht bei; s. Nr. 18. – *34 bekannten Zwecke:* G. hatte Sch. im September eindringlich zur Vollendung der ›Malteser‹ für das Weimarer Theater zu überreden versucht; vgl. Sch. an seine Frau, 20. September. Das Fragment gebliebene Projekt hat Sch. länger als jedes andere von ›Don Carlos‹ bis zum ›Tell‹ begleitet; vgl. NA 12, S. 13–87.

15. SCHILLER                                 JENA, 8. OKTOBER 1794

28 *4 unsre Korrespondenz eröffnen:* Vereinbart war die Veröffentlichung eines gemeinsamen Briefwechsels über »schöne Kunst« und »gemischte Materien« in den ›Horen‹; vgl. Sch. an Cotta, 2. Oktober; an Körner, 9. Oktober; an Charlotte Schiller, 20. September. Den beigelegten ersten Brief, der verloren ging, erbat Sch. am 19. Oktober 1795 von G. zurück, s. Nr. 112. – *Einige dringende Geschäfte:* Sch.s Rezension ›Über den Gartenkalender auf das Jahr 1795‹ erschien in der ALZ vom 11. Oktober. – *13 Mit Hof⟨rat⟩ Schütz ⟨...⟩ unsere Angelegenheit:* Mit dem Herausgeber der ALZ – s. zu Nr. 9 – verhandelte Sch. über die Besprechung seiner ›Horen‹ im ungewöhnlichen Monatsturnus. Seinen literaturpolitischen Schachzug und die von Schütz gestellte Bedingung erläutert er im Brief an Cotta vom 2. Oktober; vgl. Cotta an Sch., 21. Oktober; zu Nr. 30. – *25 Schütz hat mir angetragen:* Schütz an Sch., 1. Oktober. Die *Wilhelm Meister-*

Rezension übernahm später Ludwig Ferdinand Huber (ALZ 1./2. Januar 1801); s. zu Nr. 62.

16. GOETHE  WEIMAR, ZWISCHEN 8. UND 19. OKTOBER 1794

Auf S. 35 ff. ist die von Martin Ehrenzeller wiedergefundene Handschrift GSA 29, 335 II wiedergegeben: Das von G. nicht durchgesehene handschriftliche Original des Schreibers Götze ist bis heute unbefriedigend ediert. Die Hs. weist gegenüber dem NA-Druck vier Einschübe – darunter einen von sieben Zeilen – auf, ferner 14 syntaktisch-semantische Abweichungen und ca. 100 Abweichungen in Interpunktion und Orthographie. Gegenüber dem korrekteren Textapparat von Suphans Erstdruck (GJb 16 (1895), S. 30–33) zeigt die Hs. die nämlichen Abweichungen in Interpunktion und Orthographie sowie acht semantisch-syntaktische Varianten. Gleichzeitig mit dem Erstdruck auch in WA IV 18 (Nr. 3094c). Gegenüber den kühnen Emendationen vermeintlicher Hörfehler, die Suphan und Minor unterstellen, beruht unser Text auf bewußt behutsamer Emendation: Solange der Wortlaut einen denkbaren Sinn ergab, blieb er gewahrt.

28 *37 Ihr Brief:* s. zu Nr. 15.

29 *18 Wahrheit und Bestimmtheit:* Die meisten Briefkommentatoren – auch die NA 35 und Seidel – übernehmen Minors Emendation der ursprünglichen Lesart ›Wahrheit‹ in ›Freiheit‹. P. Menzer (›Goethes Ästhetik‹. Köln 1957, S. 84) lehnt die Emendation ab. Die Originallesart behält im thematischen Kontext der Kalliasbriefe ihren guten Sinn! – *27 von Skulpturen und Malereien ⟨...⟩ ausgehen:* ein Leitgedanke der Weimarer Klassik, vgl. *Materialien zur Geschichte der Farbenlehre, (Konfession des Verfassers)* (Bd. 10, S. 903–908); Bd. 14, S. 907; Bd. 6.2, S. 979 f.; Nr. 295, 296. – *40 wie wir gute Künstler bilden:* Der kunstdidaktische und -pädagogische Impuls wurde von den ›Weimarischen Kunstfreunden‹ später in zahlreichen Beiträgen der *Propyläen* und in den Preisaufgaben fortgeführt; s. Bd. 6.2.

30 *3 das schönste Kunstprodukt eben wie ein schönes Naturprodukt:* s. zu Nr. 280 und 399. – *9 gemein:* ›allgemein‹, ›übertragbar‹. – *25 Leonardi da Vinzi:* Lionardi da Vinci: (1452–1519): ›Das Buch von der Malerei‹ (›Trattato della Pittura‹, Paris 1651). Nach dem Codex Vaticanus 1270 hg. von H. Ludwig in drei Bd.en, I (Osnabrück 1970), S. 104 f. (Beginn des 2. Teils). G. las Leonardos Werk 1791. Vgl. *Italienische Reise (Rom, 9. Februar 1788)*.

17. SCHILLER                           JENA, 17. OKTOBER 1794

31,13f. *fortzusetzen, die ‹...› ließ. Den:* fortzusetzen. Den. Im Erstdruck Nr. 17 nach Nr. 18.

31 *4 komme ich Morgen:* s. zu Nr. 14. – *8 meinen Briefen an den Pr‹inzen› v‹on› Aug‹ustenburg›:* Die seit dem Juli 1793 dem Prinzen Friedrich Christian von Schleswig-Holstein-Augustenburg (1765–1814) zum Dank für ein dreijähriges Stipendium übersandten Briefe Sch.s waren durch einen Brand des Kopenhagener Schlosses am 26. Februar 1794 vernichtet worden. Sch. entsprach der Bitte des Herzogs um eine Abschrift mit der Abhandlung ›Über die ästhetische Erziehung des Menschen in einer Reihe von Briefen‹. – *10 für das erste Stück der Horen:* ›Über die ästhetische Erziehung‹, Briefe 1–9., ›Horen‹ I/1, S. 7–48. – *11 Dienstag:* 21. Oktober. – *12 die neulich berührte Materie:* s. zu Nr. 15. – *14 Den Elegien und der Epistel:* G. übersandte die *Römischen Elegien* am 26. Oktober (s. zu Nr. 20) und die *Erste Epistel* am 28. Oktober (Bd. 4.1, S. 660–663).

18. GOETHE                            WEIMAR, 19. OKTOBER 1794

*Datierung:* vgl. W. Fielitz in ALG 4 (1874), S. 465. Erstdruck datiert mit 16. Oktober; s. zu Nr. 17.

31 *22 Aufführung des Carlos:* am 18. Oktober. – *25 Maltheser Rittern:* s. zu Nr. 14. – *29 Ihren ersten Brief:* s. zu Nr. 15. – *einige Blätter:* Nr. 16. – *34 Gerning:* Johann Isaak von G. (1757–1830), Legationsrat und Schriftsteller in Frankfurt/M. Der Jurist und Münzsammler war ein Freund G.s und seiner Mutter. Er hielt sich 1793/94 am Hof des Königs von Neapel auf und besuchte in den 90er Jahren wiederholt Weimar und Jena.

19. SCHILLER                           JENA, 20. OKTOBER 1794

32,20 *sagte:* sage; 32,22 *darin:* darinne.

32 *3 den Anfang:* Sch. legte die ersten neun Briefe ›Über die ästhetische Erziehung des Menschen‹ bei, s. zu Nr. 17. – *Tanz der Horen:* Die mit den Musen oft in einem Atemzug genannten ›Horai‹ – Allegorien des Kreislaufs der Jahreszeiten und der Monate – tanzen in der griech. Mythologie den Reigen nach himmlischen Klängen, s. Nr. 413. Einen Tanz der Horen mit Apollo entwarf J. H. Meyer für das ›Römische Haus‹ im Weimarer Park. – *6 Ihre und meine Beiträge:* neben Sch.s ästhetischen Briefen G.s *Erste Epistel* und den 1. Tl. der *Unterhaltungen deutscher Ausgewanderten* (›Horen‹ I/1 (1795)); s. Bd. 4.1, S. 436–456. – *8 Beitrag*

*von Herdern:* Herder steuerte erst zum 3. Stück der ›Horen‹ 1795 einen Beitrag bei. – *19 den politischen Jammer:* Damit spricht Sch. die Analyse der Entfremdungsstruktur in der modernen arbeitsteiligen Gesellschaft in den Briefen 5 und 6 an sowie das an der Frz. Revolution zutage tretende Zirkelproblem einer wechselseitigen Abhängigkeit von Verbesserung der Staatsverfassung und Veredlung des Charakters des Einzelnen im 4., 7. und 9. Brief. Die Ausklammerung des Politischen im ›Avertissement vom 10. Dezember 1794‹ erweist sich als Konsequenz der politisch-moralischen Auswegslosigkeiten. – *27 Ihr Portrait:* im Künstlerporträt des 9. Briefs. – *34 Herdern:* s. zu Nr. 1. – *35 prevenieren:* (lat./frz.) ›vorher benachrichtigen‹; vgl. Sch. an Herder, 25. Oktober. – *39 Engel:* Der Prinzenerzieher, Lehrer der Brüder von Humboldt und popularphilosophische Schriftsteller Johann Jakob E. (1741–1802), ein Hauptrepräsentant der Berliner Aufklärung, war zusammen mit Ramler 1786–94 Direktor des Berliner Nationaltheaters. Nach seiner Entlassung lebte er vier Jahre in Schwerin, bevor er nach Berlin zurückkehrte.

33 *4 Aufsatz zu schicken versprochen:* Engel an Sch., 25. Juni 1794 und 18. Januar 1795. – *6 Juden Buchhändler:* Salomo Michaelis (1768–1844). Sch. schloß mit dem Verlagsbuchhändler am 15. August den Kontrakt (vgl. NA 27, S. 210f.). Vgl. auch Michaelis an Sch., 11. Dezember. Michaelis verlegte nach bald auftretenden Zahlungsschwierigkeiten lediglich den ›Musen-Almanach‹ für 1796; s. Nr. 126.

20. GOETHE          WEIMAR, 26. OKTOBER 1794

33,30 *lebte ⟨...⟩ leben:* lobte ⟨...⟩ loben; *34,24 beisammen:* zusammen; *34,31 brauchten:* brauchen.

33 *23 übersandte Manuskript:* ›Über die ästhetische Erziehung‹, Briefe 1–9. – *32 Meyer:* Der Schweizer Johann Heinrich M. (1759–1832) studierte die für ihn maßstabsetzenden Kunstwerke der Antike und Raffaels in Rom, wo er G. kennenlernte. Vgl. *Italienische Reise,* 3. November 1786. Am 21. August 1789 machte G. dem ›Kunstmeyer‹ brieflich das Angebot seines Lebens: zwei Jahre mit Unterstützung G.s und des Herzogs in Italien zu verbringen und anschließend nach Weimar zu ziehen. Hier wohnte er mit Unterbrechungen 1791–1802 als treuer Freund G.s im Dachgeschoß des Hauses am Frauenplan, das er 1792 klassizistisch einrichtete. 1795 wurde der Kunstexperte Professor am Zeicheninstitut. 1802 gründete er seinen eigenen Hausstand. Zu G.s Hochschätzung seines Hausgenossen s. Bd. 6.2, S. 944f. – *35 Herders beiliegendes Billet:* Der Inhalt des verloren gegangenen Billetts läßt

sich aus Briefen Sch.s an G. (Nr. 21) und an Körner vom 7. November sowie dessen Antwort vom 20. November erschließen. Johann Gottfried Herder (1744–1803) verabscheute die »Kantische⟨n⟩ Sünden« in Sch.s ästhetischen Briefen. Zur Abneigung Herders gegen Kant, von der Sch. Körner schon am 24. Juli 1787 berichtet, und der wachsenden Distanz des Generalsuperintendenten gegenüber G., Sch. und dem Jenaer Kantianismus vgl. *Tag- und Jahres-Hefte* zu 1795 (Bd. 14, S. 45); Nr. 151, 168, 356. Herder und Kant wurden Kontrahenten. Herders Historismus vertrug sich nicht mit Kants Fortschrittsdenken, das Analogiedenken von Natur und Mensch in Herders ›Ideen‹ nicht mit der Kantischen Betonung der Trennung von Tier- und Menschennatur. Über den Einfluß Herders auf den jungen G. s. *Dichtung und Wahrheit*, 10. und 12. Buch (Bd. 16, S. 434 ff., 550).

34 *6 die Elegien:* Die *Römischen Elegien* gingen bis zum Erscheinen im 6. Stück der ›Horen‹ 1795 (unter dem Titel *Elegien*) noch mehrmals hin und her; s. Bd. 3.2, S. 38. – *8 Admissibilität:* (frz.) ›Zulässigkeit‹; hier: ›Publikationseignung‹. – *12 Die Epistel:* vgl. Nr. 22. – *14 des Romans: Wilhelms Meisters Lehrjahre.* – *18 ein Büchelchen Epigrammen:* G.s *Venezianische Epigramme* erschienen anonym in Sch.s ›Musen-Almanach für das Jahr 1796‹, s. Bd. 3.2, S. 83. – *31 Die zweite Epistel:* Die am 23. Dezember 1794 von G. übersandte *Zweite Epistel* erschien im 2. Stück der ›Horen‹ von 1795 (Bd. 4.1, S. 664–666). – *32 Humors:* ›Gestimmtheit‹, ›Laune‹.


21. SCHILLER                                    JENA, 28. OKTOBER 1794

35,31 *derselben:* desselben; 37,1 *daraus:* davon; 37,4 *bald miteinander in:* bald in.

34 *37 mit meinen Ideen einstimmig:* in der Beurteilung der ›Ästhetischen Briefe‹ 1–9; vgl. Nr. 20.

35 *10 Widerspruch Herders:* vgl. Nr. 20. – *11 meinen Kantischen Glauben:* Angesteckt von Reinholds Kant-Enthusiasmus hatte sich Sch. 1787 zunächst in Kants kleinere geschichtsphilosophische Aufsätze vertieft, bevor er 1791/92 die ›Kritik der Urteilskraft‹ und die ›Kritik der reinen Vernunft‹ studierte. Seit dem Jahreswechsel 1792/93 erarbeitet sich Sch. ungeachtet der noch weithin kantianischen Abhandlung ›Vom Erhabenen‹ eine eigenständige Position. Er glaubt, den objektiven Begriff des Schönen und des Geschmacks, an dem Kant verzweifelte, gefunden zu haben (Brief an Körner, 21. Dezember 1792), führt Kants Ästhetik weiter in den Kalliasbriefen (18. und 19. Februar 1793) und kritisiert dessen überzogenen moralischen Rigorismus in den Ab-

handlungen ›Über Anmut und Würde‹, ›Über den moralischen Nutzen ästhetischer Sitten‹, sowie im Brief an den Prinzen von Augustenburg vom 3. Dezember 1793. Sein Unbehagen an Kants Definition der ›Freiheit‹ als Imperativ, der sich dem natürlichen Impuls unnachsichtig entgegenstellt, formuliert Sch. in der Folgezeit mehrfach. Vgl. Xenien X 388, 389, Bd. 4.1, S. 822; Nr. 558. Nicht zuletzt unter G.s Einfluß akzentuierte Sch. als Ziel der menschlichen Entwicklung den harmonischen Menschen in seiner Totalität gegenüber Kants ›Vernunftmenschen‹ und anerkannte die Natur als Wert, sah sie nicht mehr nur als Widersacherin des Geistes. Kant reagierte auf Sch.s Kritik in der 2. Auflage von ›Die Religion innerhalb der Grenzen der bloßen Vernunft‹ (1794) im ganzen zustimmend, auch wenn er der Einladung zur Mitarbeit an den ›Horen‹ nicht Folge leistete. – *35 Philosophie unsers Freundes Fichte:* Fichte übersandte G. bogenweise ›Über den Begriff der Wissenschaftslehre‹ (1794) und ›Grundlage der gesamten Wissenschaftslehre‹ (1794/95). G. dankt für die am 21. Juni »übersendeten ersten Bogen« am 24. Juni (Bd. 4.2, S. 854, 1231–1235). Am 30. September erhält G. weitere Bogen. – *40 Weisshuhn:* Auf Einladung seines Schulfreundes und Kommilitonen Fichte war der Leipziger Magister der Philosophie Friedrich August Weißhuhn (1759–1795) 1794 nach Jena gekommen. Um sich hier als Privatdozent zu etablieren, erschien ihm die Widerlegung des Fichteschen Idealismus der geeignetste Hebel. Er rezensierte 1794 Fichtes Programm ›Über den Begriff der Wissenschaftslehre‹. Die weitere Kontroverse rückte Niethammer in den 2. Band seines ›Philosophischen Journals‹ 1795 ein; s. zu Nr. 51. Vgl. auch W. von Humboldt an Sch., 22. September; Sch. an Erhard, 26. Oktober; *Tag- und Jahres-Hefte* zu 1795 (Bd. 14, S. 41 f.).

36 *5–1 Nach den mündlichen Äußerungen Fichtes (...) erwarteten:* Fichtes ›Grundlage der gesamten Wissenschaftslehre‹ war seit dem 16. Juni 1794 bogenweise erschienen, davon bis zur Michaelis-Messe der 1. und 2. Teil Erst der dritte, ethisch-praktische Teil der ›Wissenschaftslehre‹ begründet die Notwendigkeit der Vorstellung des Objekts als Ding an sich aus dem Abhängigkeitsverhältnis der Selbstsetzung des unendlich strebenden Ich vom Nicht-Ich. Das absolute Ich – die Zielscheibe von Sch.s Spott – muß sich nach Fichte erst die Welt der Gegenstände schaffen, um an ihrem Widerstand tätig werden zu können. – *12 Elegien: Römische Elegien,* s. zu Nr. 20. – *22 die Geschichte des ehrlichen Prokurators aus dem Boccaz:* Die entsprechende Novelle entstammt nicht Boccaccios ›Decamerone‹. G. benützte für die *Unterhaltungen deutscher Ausgewanderten* als Quelle die letzte der ›Cent Nouvelles nouvelles‹ (1482). Vgl. ›Horen‹ I/4 (Bd. 4.1,

S. 476–494). Er besaß eine Neuausgabe der frz. Novellensammlung von 1786. – *28 Aufsatz über Landschaftsmalerei:* Er ist nicht überliefert.

37 *3 Prof. Meyer:* J. H. Meyer lebte seit Ende September 1794 wieder in G.s Haus. Einen Bericht über Meyers erste Begegnung mit Sch. gibt Eckermann unter dem 31. März 1831 wieder (Bd. 19, S. 447). Für das 2. Stück der ›Horen‹ von 1795 lieferte Meyer die ›Ideen zu einer künftigen Geschichte der Kunst‹; s. zu Nr. 20. – *7 eine Büste von einem deutschen Bildhauer:* Johann Heinrich Danneckers (1758–1841) Schiller-Büste – das Vorbild jener kolossalen Idealbüste, die der Jugendfreund Sch.s nach dessen Tod schuf – war Anfang Oktober eingetroffen; vgl. Sch. an Dannecker, 5. Oktober. – *12 die Malteser:* s. zu Nr. 14. – *13 einen kleinen Versuch über das Naive:* Aus ihm entstand Sch.s große Abhandlung ›Über naive und sentimentalische Dichtung‹ (›Horen‹ 1795, 11. und 12. St.; 1796, 1. St.). – *16 Geburtstag der Herzogin:* Louise von Sachsen-Weimar-Eisenach, geb. Prinzessin von Hessen-Darmstadt (1757–1830). Der 30. Januar wurde in Weimar mehrfach mit festlichen Theateraufführungen gefeiert. G. hätte am 30. Januar 1795 gern ›Die Malteser‹ aufgeführt. Vgl. Sch. an seine Frau, 20. September.

22. GOETHE                                    WEIMAR, 28. OKTOBER 1794

37 *28 Ihre Briefe:* ›Über die ästhetische Erziehung‹, Briefe 1–9; s. zu Nr. 17. – *37 erste Epistel:* als Eröffnung der ›Horen‹, s. zu Nr. 17. Zur zweiten und dritten Epistel s. Nr. 20, 35. – *mit einigen Kleinigkeiten:* Sie sind nicht bekannt. – *38 die Erzählung: Die Geschichte des ehrlichen Prokurators,* s. Nr. 21. – *40 Brief von Maimon nebst dem Aufsatze:* David Veit hatte G. am 19. Oktober zwei Briefe des kritischen Kantianers Salomon Maimon vom 2. und 28. September 1794 zusammen mit dessen Plan einer Theorie der Erfindung übergeben. Der an Sch. weitergereichte Aufsatz war weder Maimons 1791 erschienene Rezension von G.s *Metamorphose der Pflanzen,* wie Seidel vermutet, noch der 1795 gedruckte Aufsatz ›Das Genie und der methodische Erfinder‹, wie Gräf/Leitzmann annehmen, sondern der von G. Schulz erstmalig veröffentlichte Plan zu einem – auch von Schulz verkannten – Aufsatz: zu Maimons ›Über den Gebrauch der Philosophie zur Erweiterung der Erkenntnis‹, der in Niethammers ›Philosophischem Journal‹ 1795 erschien. Vgl. Günter Schulz: ›Salomon Maimon und Goethe‹, in: Goethe, JbGG N.F. 16 (1954). Der von Schulz genannte Aufsatz stellt nur eine um fast die Hälfte gekürzte Fassung des größeren Beitrags dar; s. Nr. 11.

23. GOETHE  WEIMAR, 1. NOVEMBER 1794

38,9 *gegen:* um.

38 *9 mit Meyern:* G. und J. H. Meyer blieben vom 2. bis 6. November in Jena und speisten mit Schillers und Humboldts am 3. und 4. November.


24. SCHILLER  JENA, 16. NOVEMBER 1794

38,27 *Rheinholdische:* \*\*\*; 38,40 *Erf⟨urt⟩:* Frankfurt.

38 *25 beifolgendem Bilde:* Sch. übersandte den nach seinem Porträt von Anton Graff angefertigten Kupferstich Johann Gotthard Müllers; s. zu Nr. 361. – *29 Stolbergen:* Die Grafen Christian (1748–1821) und Friedrich Leopold zu Stolberg (1750–1819) kamen auf Klopstocks Empfehlung zum Göttinger Hain. Ihre Gedichte gaben die Brüder 1779 heraus. Christian übersetzte Sophokles (1787), homerische Hymnen und Idyllen. G.s Bibliothek enthielt die vierbändige ›Reise in Deutschland, der Schweiz, Italien und Sizilien in den Jahren 1791 und 1792‹ (Königsberg und Leipzig 1794) des literarisch bedeutsameren, mit Voß und Klopstock befreundeten F. L. zu Stolberg. – *31 ihm geschrieben:* Sch. an Cotta, 14. und 16. November. – *33 die Witwe:* Lustspiel von Joseph Schreyvogel (1768–1832), das Sch. im letzten Stück der ›Neuen Thalia‹ 1793 (erschienen 1795) publizierte. – *37 Mskrpt von Meyern:* s. zu Nr. 21. Meyer übersandte seinen ›Horen‹-Beitrag am 22. November; vgl. Sch. an Meyer, 30. November. – *39 v. Humboldt:* W. von Humboldt verbrachte den Mittag und Abend des 21. November bei G. und reiste am 22. November nach Erfurt.


25. GOETHE  WEIMAR, 27. NOVEMBER 1794

39 *8 das Manuskript:* der einleitenden Rahmenhandlung der *Unterhaltungen deutscher Ausgewanderten* für das 1. Stück der ›Horen‹, s. zu Nr. 19. – *12 die zweite Epistel:* s. zu Nr. 20. – *13 zum zweiten Stücke:* der ›Horen‹ 1795, s. Bd. 4.1, S. 457–476. – *18 Unger:* s. zu Nr. 5. – *strudeln:* ›einen Wirbel veranstalten‹, ›etwas überstürzen‹. – *19 ersten Buches:* von *Wilhelm Meisters Lehrjahren.* – *22 ästhetisch kritischen Session:* G. trug am 21. November in der ›Freitagsgesellschaft‹ den 4. Gesang der ›Ilias‹ in der Voßschen Übersetzung vor und kommentierte die Sitzung (vgl. WA I 42/2, S. 454–456 (›Vorarbeiten und Bruchstücke‹, XIV). Zur Gründung und Wiederbelebung der ›Freitagsgesell-

schaft‹, ihren Statuten und Mitgliedern s. Bd. 4.2, S. 809–815, 864–883, 1214–1217, 1237–1243. – *27 der Monatschrift:* ›Die Horen‹.

26. SCHILLER                  JENA, 29. NOVEMBER 1794

40,3 *zu:* so; 41,4 *Geh.rat:* Hofrat; 41,15 *Ihr:* ihr; 41,27 *diesem Stücke:* diesen Stücken; 41,29 *besten:* ersten; 41,40 *es:* solches.

39 *39 Ihren Erzählungen: Unterhaltungen deutscher Ausgewanderten.* Seiner Enttäuschung über G.s Rahmengeschichte verleiht Sch. im Brief an Körner vom 5. Dezember deutlicheren Ausdruck als in den vorsichtig-kritischen Anmerkungen an G., hinter denen sich politische Differenzen verbergen.

40 *2 den strittigen Punkt:* Er kann sich auf die Auseinandersetzungen in der Rahmenhandlung der *Unterhaltungen* selbst beziehen oder auf ein Gespräch über sie zwischen Sch. und G., der sich mit Herzog Carl August vom 18. bis 20. November in Jena aufhielt. – *9 Sie veranlassen:* ›Sie nicht veranlassen‹. – *10 Onus:* (lat.) ›Last‹, ›Bürde‹. – *20 ein Morceau aus der Niederländischen Geschichte:* Sch.s ›Merkwürdige Belagerung von Antwerpen in den Jahren 1584 und 1585‹ erschien erst im 4. und 5. Stück der ›Horen‹ 1795. Den freien Bogen füllte der Beitrag Fichtes ›Über Belebung und Erhöhung des reinen Interesse ⟨!⟩ für Wahrheit‹. – *27 Expediens:* (lat.) ›Ausweg‹, ›Notbehelf‹. – *34 Annonce an das Publikum:* ›Avertissement‹ im Intelligenzblatt der ALZ vom 10. Dezember; auch dem 1. Stück der ›Horen‹ vorangestellt, s. zu Nr. 19. Schon die Namen der drei ›Horai‹, ›Dike‹, ›Eunomia‹ und ›Eirene‹, stehen für ein politisches Friedensprogramm. – *40 Interlocutor:* (lat.) ›mediale Gesprächsfigur‹.

41 *3 Vorwort:* ›Fürsprache‹. – *4 hitzigen Karl:* vgl. Bd. 4.1, S. 444. – *15 mit der AuslegungsSucht oft Ihr Spiel treiben:* Im Gespräch des alten Geistlichen mit Louise in der einleitenden Rahmenhandlung wird die von Sch. angesprochene Faktizitätsillusion und Interpretationslust thematisiert (Bd. 4.1, S. 455 f.). Zur Vieldeutigkeit des *Märchens* s. zu Nr. 121. – *22 Sottise von Herrn Unger:* s. Nr. 25. – *25 die Bruchstücke von Ihrem Faust: Faust. Ein Fragment.* Leipzig 1790. (Bd. 3.1, S. 521 ff.). – *39 ästhet⟨ischen⟩ Briefen:* deren zweiter Teil (Briefe 10–16) für das 2. Stück der ›Horen‹ 1795.

## 27. GOETHE                  WEIMAR, 2. DEZEMBER 1794

42,17 *Sordinen:* Sourdinen; 42,17 *Carlen:* Carln. – WA IV 10, S. 403 f. bietet die engl. Übersetzung einer abweichenden zweiten Hs. des Briefs.

42 *13 Prologus:* die einführende Rahmenhandlung der *Unterhaltungen deutscher Ausgewanderten,* s. zu Nr. 19. – *17 Sordinen:* (ital.) ›Dämpfer‹. – *Forte:* ital. ›Stärke‹, ›Unterstützung‹. – *18 Ihr historischer Aufsatz:* Sch.s ›Merkwürdige Belagerung von Antwerpen‹, s. zu Nr. 26. – *21 die Erzählung:* G. wollte offensichtlich die *Unterhaltungen* in den ›Horen‹ I/2 mit der moralischen Prokurator-Novelle fortsetzen, s. Nr. 21, 22. Er entschied sich jedoch dafür, ihr Gespenster- und Liebesgeschichten vorzuschalten. – *25 Roman: Wilhelm Meisters Lehrjahre.* – *26 die Fortsetzung Ihrer Briefe:* ›Über die ästhetische Erziehung des Menschen‹. G. las Brief 10–16 Mitte Januar 1795 in Jena. – *33 homerischen Unterhaltungen:* s. zu Nr. 25. G. wurde von der Lesung möglicherweise zu seinen Übersetzungen aus ›Ilias‹ und ›Odyssee‹ angeregt; s. Bd. 4.1, S. 645–651.

## 28. SCHILLER                  JENA, 3. DEZEMBER 1794

43 *9 Brief von Cotta:* vom 24. November. – *12 die Erzählungen:* die einleitende Rahmenhandlung der *Unterhaltungen deutscher Ausgewanderten,* die G. zur Überarbeitung in Händen hatte, s. Nr. 27. – *19 die Ankündigung des Journals:* s. zu Nr. 26.

## 29. GOETHE                  WEIMAR, 5. DEZEMBER 1794

44,7 *erschiene:* erschien'; 44,10 *Bücherverleiher:* Buchverleiher.

43 *33 das Manuskript:* der einleitenden Rahmenerzählung der *Unterhaltungen deutscher Ausgewanderten.* – *38 Ihre Anzeige:* die Ankündigung der ›Horen‹, s. Nr. 26. – *40 Gespenstermäßigen Mystifikations Geschichte:* Biographisch geht G.s Spukgeschichte der Sängerin Antonelli auf einen Bericht über die Pariser Schauspielerin Clairon de la Tude zurück, der am Weimarer Hof Gesprächsstoff war. Vgl. RA 1, Nr. 1075; Charlotte von Stein an Charlotte Schiller, 19. Februar 1795. 1799 teilte Mlle. Clairon in ihren ›Mémoires‹ die unerklärlichen Begebenheiten selbst mit. G. hatte von Gore ein handschriftliches Exemplar der ›Apparition de Mademoiselle Clairon‹ entliehen. Vgl. Gore an G., Mitte Oktober 1796; G. an Prinz August von Gotha, 24. Oktober 1796.

44 *10 Voigt:* Johann Gottfried V. betrieb in Jena eine Leihbibliothek. – *12 Zufälle:* ›Anfälle‹, s. zu Nr. 299.

30. SCHILLER  JENA, 6. ⟨5.⟩ DEZEMBER 1794

*Datierung:* vgl. H. Prascheks Argumente für eine Fehldatierung Sch.s in: GJb N.F. 27 (1965), S. 339–341.
45,2 *Indicium:* Judicium.

44 *25 Fichte hat noch einen Vierten Aufsatz:* ›Über Belebung und Erhöhung des reinen Interesse für Wahrheit‹ erschien als 4. Beitrag des 1. Stücks der ›Horen‹ 1795. – *28 das Avertissement:* s. zu Nr. 26. – *35 die BelagerungsGeschichte von Antwerpen:* Sie erschien anders als die aufgezählten übrigen Stücke nicht im 2. Stück der ›Horen‹ 1795. Vgl. zu Nr. 26. – *38 die Namen:* Von Cotta ist dieser Wunsch nicht belegt, dagegen von Kant (Kant an Sch., 30. März 1795). Mit Ausnahme eines Beitrags Karl Theodor von Dalbergs erschienen die Arbeiten in den ›Horen‹ – vor allem auf G.s Drängen – anonym, wurden freilich im Inhaltsverzeichnis der jeweiligen Jahrgänge namentlich aufgeschlüsselt. Vgl. Sch. an Cotta, 14. November 1794 und Nr. 31. Über den Mitarbeiterkreis war das Publikum durch Sch.s ›Avertissement‹ vom 10. Dezember 1794 im Bilde, s. zu Nr. 26. Ungenannt blieben die Verfasser der *Unterhaltungen deutscher Ausgewanderten* (G.) und der Gedichte ›Die Teilung der Erde‹ und ›Die Taten der Philosophen‹ (Sch.).

45 *2 Indicium:* Plausibler als die Bedeutung ›Indiz‹ erscheint die Annahme eines Schreibfehlers für ›Iudicium‹. – *10 der Rezensionen:* Nach Sch.s literaturpolitischer Strategie sollte jedes ›Horen‹-Stück in der angesehenen ALZ entgegen sonstigen Gepflogenheiten monatlich von einem Mitglied der ›Horen‹-»Societät« rezensiert werden. Später wurde eine vierteljährliche Besprechung vereinbart. Vgl. Sch. an Schütz, 30. September und 12. November; Sch. an Cotta, 2. Oktober; Schütz an Sch., 14. Dezember.

31. GOETHE  WEIMAR, 6. DEZEMBER 1794

45,34 *versagen:* vorenthalten; 46,13 *grüßt vielmals:* grüßt Sie vielmals.

45 *39 Cotta:* s. zu Nr. 30.

32. SCHILLER  JENA, 9. DEZEMBER 1794

46,24 *trefflichen:* vortrefflichen; 46,31 *nebst dem:* danebst der; 46,37 *sich auch recht:* sich recht; 47,16 *beidem:* beiden; 47,26f. *und ⟨...⟩ ergeben:* zuerst in Sch./G.[4] (1881); 47,32 *heitererm:* heiterem; 47,39 *Hufeland der Jurist:* X.; 47,40 *et de quibusdam:* et quibusdam.

46 *20 das erste Buch:* Die nämliche ungeteilte Zustimmung äußert Sch. im Brief an Körner vom 19. Dezember 1794. Vorausgegangen waren gemeinsame Gespräche über die Komposition der *Lehrjahre,* vgl. Sch. an Körner, 9. Oktober 1794. – *35 etwas von dem fernern Gang ‹...› divinieren:* Sch. erneuert das mündlich vereinbarte Versprechen einer »antizipierenden Kritik«, vgl. Sch. an Körner, 9. Oktober 1794. – *divinieren:* (lat.) ›erraten‹. – *37 H. v. Humb‹oldt›:* vgl. W. von Humboldt an G., 15. Juni 1795.

47 *3 langen ZwischenZeit:* s. zu Nr. 5. – *14 Theatralischen Wirtschaft und Liebschaft:* Die Beurteilungskompetenz erwarb Sch. am Mannheimer Theater, als er die schöne Katharina Baumann anschwärmte. – *25 Namen ‹...› bei Cotta Arrest:* s. Nr. 30, 31. – *27 Avertissement:* s. zu Nr. 26. – *30 nach Weihnachten ‹...› hieher:* G. besuchte mit Meyer Jena vor Weihnachten, vom 17. bis 19. Dezember. – *34 Mlle Clairon:* s. zu Nr. 29. – *39 Hufeland:* Der Jenaer Professor der Rechte Gottlieb Hufeland (1760–1817) – nicht zu verwechseln mit dem gleichnamigen Mediziner – war verwandt mit C. G. Voigt und hatte sich für Sch.s Berufung nach Jena eingesetzt. Seine ›Lehrsätze des Naturrechts und der damit verbundenen Wissenschaften zu Vorlesungen‹ (Jena 1790) weisen den Mitherausgeber der ALZ und späteren ›Horen‹-Mitarbeiter als Anhänger naturrechtlicher Ideen aus. – *40 jener gute Freund de rebus omnibus ‹...›:* Die auf Pico della Mirandola (1463–1494) zurückgehende Sentenz ›Von allem und noch einigem mehr‹ könnte auf den umtriebigen Böttiger anspielen, s. zu Nr. 434.

33. GOETHE                    WEIMAR, 10. DEZEMBER 1794

48 *11 meines Romans: Wilhelm Meisters Lehrjahre.* – *21 H. v. Humbolds Stimme:* Ein entsprechender Brief W. von Humboldts aus der Zeit fehlt. – *24 Verschweigen der Namen:* s. Nr. 30–32. – *27 Claironischen Geschichte:* s. zu Nr. 29.

34. SCHILLER                    JENA, 22. DEZEMBER 1794

49,8–11 *Ohnehin ‹...› tun:* zuerst in Sch./G.² (1856); 49,21 *wird:* will.

48 *38 eine Anschauung der Horen:* durch die Aushängebogen des 1. Stücks.

49 *4 zusammen gehen:* ›schrumpfen‹. – *19 sollicitiere:* (frz.) ›ersuche Sie dringend‹, ›flehe‹. – *Zweite Epistel:* G. übersandte sie am 23. Dezember, s. zu Nr. 20. – *21 Schütz:* Die erste und einzige Besprechung von C. G. Schütz erschien in Nr. 28/29 der ALZ vom 31. Januar 1795, s. zu Nr. 9. – *26 Frau von Kalb:* Sch.s ehemalige

Freundin und Geliebte, Charlotte von Kalb (1761–1843), die Tochter des Marschalks von Ostheim, war seit 1783 unglücklich mit Heinrich von Kalb, einem Offizier in frz. Diensten verheiratet. In Mannheim hatte sie 1784 mit Sch. Freundschaft geschlossen und ihm gesellschaftlichen Schliff vermittelt. Als sich Sch. 1789 definitiv von ihr abwendet, stürzt für sie eine Welt zusammen. 1793 vermittelt ihr Sch. in einer zurückhaltenden Empfehlung Hölderlin als Hauslehrer für ihren Sohn Fritz. Der Besuch in Jena diente der Klärung der schwierig gewordenen Lehrer-Schüler-Beziehung zwischen dem Hofmeister und ihrem Sohn.

35. GOETHE                                      WEIMAR, 23. DEZEMBER 1794

49,36–40 *Unsre (...) sein:* zuerst in Sch./G.² (1856); 50,8 *Kalb:* K.

49 *33 Die Hexameter:* der *Ersten Epistel,* s. zu Nr. 17 und 22. – *36 das Honorar:* s. zu Nr. 34. Sch. schlug für G. bei Cotta ein etwas höheres Honorar heraus. Vgl. Sch. an Cotta, 22. Dezember; Cotta an Sch., 31. Dezember.

50 *1 zweite Hälfte:* vgl. die Entwürfe in Bd. 4.1, S. 1113–1116. Eine dritte Epistel publizierte G. nicht. – *3 Gespenster Geschichten:* s. zu Nr. 29. – *8 Frau v. Kalb:* vgl. Charlotte von Kalbs Briefe an G. vom Dezember 1794 (GJb 13 (1892), S. 48).

36. GOETHE                                      WEIMAR, 25. DEZEMBER 1794

50 *16 alten Oberreits:* Der bedürftige Arzt, Alchimist, Philosoph und Entdecker des Nibelungenlieds Jacob Hermann Obereit (1725–1798) war seit 1763 Mitglied der Münchener Akademie der Wissenschaften. Auf Einladung seines Freundes Wieland war er nach Sachsen gekommen, wo er sich seit 1783 aufhielt. Seit 1791 lebte er mit einer schmalen Pension Herzog Georgs von Sachsen-Meiningen in Jena und blieb bis an sein Lebensende auf die Unterstützung der Weimarer Freunde angewiesen. Vgl. G. an F. H. Jacobi, 25. Dezember 1792; Voigt an G., 10. Dezember 1794. Obereit hatte G. am 9. November und 20. Dezember 1794 seine Not geschildert (vgl. GJb 28 (1907), S. 202). – *18 Sonnabend:* 27. Dezember. – *22 drittes Buch:* von *Wilhelm Meisters Lehrjahren.*

1795

37. SCHILLER                                  JENA, 2. JANUAR 1795

53,22 *dieses Erste Stück:* dieses Stück; 53,25 *ihn im:* ihm in; 54,13 *wenigen:* einigen.

53  9 *wann Sie kommen:* G. kam mit Meyer am 11. Januar und blieb bis 23. Januar 1795 in Jena. – *10 mit dieser Arbeit:* ›Über die ästhetische Erziehung des Menschen‹ (Briefe 10-16), erschienen im 2. Stück der ›Horen‹ 1795. – *13 Die Epistel:* G.s *Zweite Epistel,* s. zu Nr. 20. – *16 noch mehr Mskrpt zum 1sten Stück:* vgl. Cotta an Sch., 23. Dezember 1794. – *18 die Fichtische Abhandlung:* ›Über Belebung und Erhöhung des reinen Interesse für Wahrheit‹, s. zu Nr. 26. – *20 Prof. Meyer:* Heinrich Meyers Aufsatz erschien ungeteilt im 2. Stück der ›Horen‹ 1795, s. zu Nr. 21. – *33 Die Klopstokkische Ode:* Sie läßt sich aufgrund des verloren gegangenen, am 29. Dezember 1794 abgesandten G.-Briefs an Sch. (vgl. *Postsendungen,* WA IV 10, S. 432) nicht zweifelsfrei unter mehreren 1794 erschienenen Oden Klopstocks identifizieren.
54  2 *Frau von Kalb:* s. zu Nr. 34 und 35. – *12 philosophischer Zynismus:* Die griech. Philosophenschule der Kyniker war dafür bekannt, daß sie das Ideal der Bedürfnislosigkeit bis zur Mißachtung von Anstandsregeln trieb.


38. GOETHE                                   WEIMAR, 3. JANUAR 1795

54,32 *denke:* gedenke.

54  29 *erste Band:* Wilhelm Meisters Lehrjahre erschien bei Unger in Berlin 1795/96 in vier kleinen Bänden, von denen jeder zwei Bücher des Romans enthielt, s. zu Nr. 5. – *32 Die Gespenstergeschichten:* s. zu Nr. 29. – *34 Ihre Arbeit:* der zweite Teil der Briefe ›Über die ästhetische Erziehung‹, vgl. Nr. 37 und Sch. an Körner, 5. Januar.


39. GOETHE                                   WEIMAR, 7. JANUAR 1795

55  3 *das dritte Buch:* von *Wilhelm Meisters Lehrjahren* im Manuskript. – *5 Sonnabends:* 10. Januar. – *5 meine Märchen:* die beiden Spukgeschichten, mit denen die *Unterhaltungen deutscher Ausgewanderten* im 2. Stück der ›Horen‹ fortgesetzt wurden, s. zu Nr. 25. – *6 meines großen Vorfahren:* Der Aufklärer Justus Christian Hennings (1731–1815), Professor der Philosophie in Jena,

durchleuchtete in mehreren Werken abergläubische Vorstellungen, u. a. in: ›Von den Ahndungen und Visionen‹ (Leipzig 1777). – *10 Club:* Der Klub meist jüngerer Jenaer Professoren traf sich mit Studenten wöchentlich in der akademischen Gaststätte ›Die Rose‹. – *12 Ihre neue Arbeit:* s. zu Nr. 38.

40. SCHILLER                    JENA, 7. JANUAR 1795

55,27 *geistiger:* geistlicher; 56,4 *und alle Philosophie:* und Philosophie.

55 *22 Exemplare des Romans:* 1. Band der *Lehrjahre,* s. zu Nr. 38.

56 *5 Antithesis:* Schreibfehler für »Analysis«? – *9 unsre Kantianer:* in Jena. – *20 Metaphysik des Schönen:* s. zu Nr. 38. – *23 Menschheit:* ›Menschsein‹, ›menschliche Natur‹. – *26 Ihr Hiersein:* vom 11. bis 23. Januar 1795. – *30 Ihre Epigramme:* Venezianische Epigramme, s. zu Nr. 20.

41. GOETHE                    WEIMAR, 10. JANUAR 1795

57 *10 Manuskript:* der Spukgeschichten der *Unterhaltungen deutscher Ausgewanderten* im 2. Stück der ›Horen‹ 1795, s. zu Nr. 25. – *12 Hennings:* s. zu Nr. 39.

42. SCHILLER                    JENA, 25. JANUAR 1795

57,40 *ersehen:* gesehen.

57 *21 einen Tag länger:* G. hielt sich mit Meyer vom 11. bis 23. Januar in Jena auf. – *24 Meyer:* für seinen ›Horen‹-Beitrag, s. zu Nr. 21. – *28 Cotta schreibt:* Cotta an Sch., 15. Januar. – *32 ein Paquet an Jacobi:* Nicht Sch., sondern G. verschickte das Paket. Dem Brief vom 25. Januar an Jacobi wollte Sch. das 1. ›Horen‹-Stück beilegen, das G. acht Tage später zusammen mit dem 1. Band von *Wilhelm Meisters Lehrjahren* übersandte, s. Nr. 43 und 44. – *33 den bewußten Brief:* G. an F. H. Jacobi, 2. Februar. Anders als Mandelkow annimmt (vgl. HA Briefe an Goethe I, S. 609 f.), wurde schließlich Sch.s eigener Brief an Jacobi zur Beilage in G.s Sendung; vgl. Jacobi an G., 18. Februar. – *36 dem Herzog:* Carl August von Sachsen-Weimar-Eisenach (1757–1828) regierte seit 1775. G. verdankte dem Weimarer Herzog, mit dem ihn eine lebenslange Freundschaft verband, soziale Position und Besitz: Seit 1779 war G. Geheimer Rat im weimarischen Kabinett, seit 1782 nobilitiert; 1776 hatte ihm der Herzog Haus und Garten an der Ilm geschenkt, 1794 das Haus am Frauenplan. Unter G.s

Zeugnissen einer Wertschätzung aus 50jähriger Kenntnis vgl. G. zu Eckermann, 23. Oktober 1828 (Bd. 19, S. 627–632); *Dichtung und Wahrheit* (Bd. 16, S. 685, 786, 823 ff.); *Ilmenau* (Bd. 2.1, S. 82–87); *Briefe aus der Schweiz 1779* (s. zu Nr. 154; Bd. 2.2, S. 919 ff.), *Venezianische Epigramme* Nr. 34 b; *Campagne in Frankreich* (Bd. 14); s. Nr. 43, 644. – *39 überschickten Göttinnen:* Meyer übersandte Sch. am 23. Januar Abbildungen vom Haupt der Juno Ludovisi und von der Minerva. – *40 unser großer Ofenfreund:* J. H. Meyer. Von der Kälte berichtet G. an Voigt am 16. Januar.

58 *3 den Kummer über die Sterblichkeit abgerechnet:* ironischer Seitenhieb auf des Grafen Friedrich Leopold zu Stolberg Reisebeschreibung (1794), derzufolge der Gedanke des Todes die griechische Götterjugend überschattete, s. zu Nr. 24. G. äußerte sich ähnlich spöttisch, vgl. Böttiger, Literarische Zustände, Bd. 1, S. 50; Xenion *Der Antiquar* (X 17, Bd. 4.1, S. 778).

## 43. GOETHE                                    WEIMAR, 27. JANUAR 1795

58,21 *an die vorgesetzten:* an vorgesetzte; 58,28–35 Die Nachschrift im Erstdruck ein eigener Brief; 58,37 f. *Bitte ‹...› werde.:* zuerst in Sch./G.⁴ (1881).

58 *15 ein Wort schrieben:* Der von Sch. am 28. Januar an Carl August geschriebene Brief wurde bisher nicht aufgefunden, vgl. Nr. 44. – *18 Mein drittes Buch:* s. zu Nr. 39. – *20 anhaltender Theater qual:* Am 27. Januar wurde in Weimar J. F. Jüngers Lustspiel ›Die Geschwister vom Lande‹ gegeben, am 31. Januar Wenzel Müllers Oper ›Das Sonnenfest der Braminen‹; vgl. *Herzogliches Hoftheater zu Weimar 1795* (Bd. 4.2, S. 15 u. 928). – *24 in Jena:* während des Aufenthalts von G. und Meyer vom 11. bis 23. Januar. – *28 der Aufsatz:* Wilhelm von Humboldt: ›Über den Geschlechtsunterschied und dessen Einfluß auf die organische Natur‹ (›Horen‹ 1795, 2. Stück). Sch. ließ das Zitat Alexander von Humboldts tilgen, vgl. Sch. an Cotta, 30. Januar. – *37 das Paket an Jacobi:* s. zu Nr. 42.

## 44. SCHILLER                                      JENA, 28. JANUAR 1795

59,13 *Schütz:* J.

59 *8 Paquet an Jacobi:* s. zu Nr. 42. – *9 An den Herzog:* s. zu Nr. 43. – *12 Rezens(ion) der Horen von Schütz:* Sie erschien am 31. Januar 1795 in der ALZ, Nr. 28/29. – *18 der Epistel:* G.s Erste Epistel, s. zu Nr. 17. – *20 Kollusion:* (lat./frz.) ›geheimes Einverständnis‹. – *24 An Herdern:* Der Brief Sch.s fehlt. – *25 mein*

*Gesuch:* um Herders Beitrag für das 3. Stück der ›Horen‹ 1795, vgl. Herder an Sch., 4. Februar. – *29 Centaur des IVten Stücks:* das 6. Stück der ›Horen‹, das G.s *Römische Elegien* und den 3. Teil von Sch.s Briefen ›Über die ästhetische Erziehung‹ enthielt, war als 4. Stück geplant. Der gegensätzlichen Schwerpunkte wegen nannte es G. einen ›Centaur‹, vgl. Sch. an Körner, 25. Januar 1795; Nr. 68, 73, 82. – *30 Die Kinder:* Sch.s Sohn Carl und Humboldts Sohn Wilhelm, vgl. Sch. an Körner, 5. Februar. – *31 Zufälle:* ›Komplikationen‹, s. zu Nr. 299.

45. GOETHE　　　　　　　　　　　　WEIMAR, 11. FEBRUAR 1795

59 *38 mein viertes Buch:* von *Wilhelm Meisters Lehrjahren* im Manuskript.
60 *1 den Damen:* Caroline von Humboldt und Charlotte Schiller. Caroline von Humboldt, geb. von Dacheröden (1766–1829), war Mitglied des Berliner ›Tugendbundes‹ um Henriette Herz und mit den Schwestern von Lengefeld befreundet. – *4 Sonnabend:* 14. Februar. G. kam an diesem Tag, wie aus Nr. 46 und dem Fehlen einer Verabredungsänderung hervorgeht.

46. GOETHE　　　　　　　　　　　　WEIMAR, 18. FEBRUAR 1795

60 *12 neulich:* am 14. Februar. – *15 Vorschlag:* Das Ehepaar Sch. folgte G.s Einladung nicht. – *17 wo anders:* etwa bei Frau von Stein. – *18 das alte Quartier:* G.s Haus am Frauenplan, s. zu Nr. 8. – *22 Schema:* Zu *Wilhelm Meisters Lehrjahren* sind keine Schemata unter den Paralipomena überliefert, s. Bd. 5, S. 709 f. – *25 die Kantischen Beobachtungen:* Immanuel Kant: ›Beobachtungen über das Gefühl des Schönen und Erhabenen‹. 1. Aufl. Königsberg 1764; 3. Aufl. Riga 1771. – *32 H. v. Humbold:* Alexander von Humboldt (1769-1859) hielt sich vom 14. bis 19. Dezember 1794 in Jena auf. G.s Bekanntschaft mit dem Naturforscher und Bayreuther Oberbergmeister wurde 1794 durch dessen älteren Bruder Wilhelm vermittelt. Die wissenschaftliche Vielseitigkeit Alexander von Humboldts und die Lebendigkeit seines Geistes bewunderte G. mehrfach, s. zu Nr. 306; Gespräch mit Eckermann am 11. Dezember 1826 (Bd. 19, S. 168). In den *Tag- und Jahres-Heften* zwischen 1794 und 1816 geht G. wiederholt auf den anregenden naturwissenschaftlichen Gedankenaustausch mit A. von Humboldt ein (Bd. 14, S. 28, 36, 53, 171, 186, 232, 251).

47. SCHILLER                                    JENA, 19. FEBRUAR 1795

61,13 *und es ist:* und ist.

61 *14 Körner schrieb mir:* Körner an Sch., 10. Februar. – *32 Herder ‹...› Aufsatz:* ›Das eigene Schicksal‹. In: ›Horen‹ 1795, 3. St.

62 *2 nach Tübingen zu vocieren:* Jakob Friedrich Abel (1751–1829), der frühere Philosophielehrer an der Karlsschule und jetzige Professor in Tübingen, hatte sich für Sch.s Berufung nach Tübingen auf einen Lehrstuhl für Geschichte und Ästhetik eingesetzt; vgl. Abel an Sch., 29. Januar und 6. März; Cotta an Sch., 9. und 20. Februar; Kaspar Schiller an den Sohn, 10. Februar; Sch.s Absage an Abel vom 3. April. – *16 H. von Humboldt:* Alexander von Humboldt. – *19 die Weißhuhnischen Blätter:* Der für die ›Horen‹ bestimmte Aufsatz von Friedrich August Weißhuhn ›Beiträge zur Synonymistik‹ erschien posthum in Niethammers ›Philosophischem Journal‹ 1795 (H. 1), s. zu Nr. 21.


48. GOETHE                                      WEIMAR, 21. FEBRUAR 1795

62 *31 das Manuskript des vierten Buches:* von *Wilhelm Meisters Lehrjahren.* – *32 die Synonymen:* von Weißhuhn, vgl. zu Nr. 47. – *33 Stundentanz:* etymolog. Anspielung auf die ›Horen‹, s. Nr. 19 und 324.


49. SCHILLER                                    JENA, 22. FEBRUAR 1795

64,8 *beisammen:* zusammen.

63 *9 Geld-Geschenkes:* im 1. Kap. des 4. Buchs von *Wilhelm Meisters Lehrjahren* (Bd. 5, S. 202 ff.). – *17 Remboursement:* frz. ›Erstattung‹, ›Rückvergütung‹. – *24 Hamlet: Lehrjahre,* 4. Buch, 3. Kap., 13.–16. Kap. (Bd. 5, S. 214–216, 243–257). – *37 Körner:* Körner an Sch., 16. Februar. – *40 etwas daraus in Musik:* Die bisherigen Kommentatoren nehmen einhellig Mignons Lied *Kennst du das Land* (*Lehrjahre* III/1) als Textvorlage für Körners Komposition an. Dagegen spricht: 1. Im Sch.-Körner-Briefwechsel zwischen dem 7. Januar und 16. Februar 1795 fehlt jeder Hinweis darauf, daß Sch. das von G. am 7. Januar erhaltene Manuskript des 3. Buchs der *Lehrjahre* an Körner ganz oder auszugsweise weiterreichte. Dieser hatte seit der ersten Februarwoche lediglich den publizierten 1. Band (mit den Büchern I und II) in Händen. Vgl. Körner an Sch., 10. Februar 1795. Körner, der G. erst nach der Italienzäsur kennenlernte, gehörte ferner nicht zum Kreis der Rezipienten, denen G. das Manuskript der *Theatra-*

*lischen Sendung* zugänglich machte. 2. G. charakterisiert den Text als »Romanze« und greift damit eine Gattungskennzeichnung auf, die in den *Lehrjahren* (II/11) *Der Sänger* erhält, so daß diese Ballade weit eher als Kompositionsvorlage in Frage kommt (Bd. 5, S. 127f.). Körners Komposition blieb unpubliziert.

64 *5 Cotta bittet:* vgl. Cotta an Sch., 18. Februar. – *10 Prokurator:* s. zu Nr. 21 und Nr. 50.

50. GOETHE                       WEIMAR, 25. FEBRUAR 1795

64,29 *in völliger Zierlichkeit, zum vierten:* im vierten Stück in völliger Zierlichkeit.

64 *23 das vierte Buch:* von *Wilhelm Meisters Lehrjahren* im Manuskript. – *24 Obelos:* griech. ›Spieß‹. ›Obeloi‹ nannten die alexandrinischen Philologen die unechte Stellen in Handschriften kennzeichnenden Striche. – *25 desideriis:* lat. ›Wünschen‹. – *29 Prokurator:* vgl. zu Nr. 21. – *31 Die Synonymen:* s. zu Nr. 47. – *36 Des Verfassers Grille:* Wegen Weißhuhns Verweigerung der Inskription an der Universität Jena war es im Januar zwischen ihm und dem Prorektor zu einer scharfen Auseinandersetzung gekommen, die einen offiziellen Schriftverkehr nach sich zog. Einen drohenden Injurienprozeß konnten Sch., Niethammer und C. G. Voigt noch verhindern, vgl. Nr. 51; NA 35, S. 520; *Tag- und Jahres-Hefte* zu 1795 (Bd. 14, S. 41f.).
65 *1 Forum privilegiatum:* lat. ›privilegierter Gerichtsstand‹. – *2 transzendent:* doppelsinnige Anspielung auf Weißhuhns Transzendentalphilosophie und die Etymologie des lat. Verbs im Sinne von ›übertretend‹, ›zu weit gehend‹.. – *8 Voigt:* Johann Heinrich Voigt (1751-1823), Professor der Mathematik in Jena und Prorektor 1795. – *Die Romanze: Was hör' ich draußen vor dem Tor,* s. zu Nr. 49.

51. SCHILLER                        JENA, 27. FEBRUAR 1795

65,30 *fruchtlos:* lang; 66,11 *versichert:* beteuert; 66,25 *8 und ¼:* acht und einen halben.

65 *25 mein Geschäft:* ›Über die ästhetische Erziehung des Menschen‹, Brief 17–27; s. zu Nr. 17.
66 *3 Transzendentalphilosophen:* F. A. Weißhuhn, vgl. Nr. 50. – *5 Niethammers mediation:* die Vermittlung Friedrich Immanuel Niethammers (1766-1848), des Jenaischen Philosophieprofessors und Herausgebers des ›Philosophischen Journals einer Gesellschaft Teutscher Gelehrten‹; s. zu Nr. 47. – *6 zeitigen Prorektor:* Johann Heinrich Voigt, s. zu Nr. 50. – *10 Prof. Schmidt:* Carl

Christian Erhard Schmid (1761-1812), Hg. des ›Philosophischen Journals für Moralität, Religion und Menschenwohl‹. Im 2. Stück des 4. Bandes war Weißhuhns Besprechung des Fichteschen Programms ›Über den Begriff der Wissenschaftslehre‹ erschienen, s. zu Nr. 21. – *17 Prorektor Schmidt:* Johann Wilhelm Schmidt (1744-1798). – *21 Die neuen Horen:* das 2. Stück des Jg.s 1795; vgl. Cotta an Sch., 18. Februar.

### 52. GOETHE WEIMAR, 28. FEBRUAR 1795

66 *37 Synonymen:* s. zu Nr. 47. – *38 gestrigen Gesellschaft:* G.s ›Freitagsgesellschaft‹, vgl. Nr. 25.
67 *6 Die Weish〈uhnische〉 Sache:* s. Nr. 50. – *7 amicalen:* lat. ›freundschaftlichen‹, ›gütlichen‹. – *8 Annäherung an Ihren Zweck:* die Fertigstellung der ›Briefe über die ästhetische Erziehung des Menschen‹. – *12 Brief von Jacobi:* F. H. Jacobi an G., 18. Februar. Den Brief kommentiert G. in den *Tag- und Jahres-Heften* zu 1795 (Bd. 14, S. 38). Er hat seine wechselvolle emotionale Beziehung und intellektuelle Auseinandersetzung mit dem Schriftsteller und Philosophen F. H. Jacobi wiederholt öffentlich reflektiert. Nach den enthusiastischen Momenten der Jugendfreundschaft von 1774 nimmt G. Anzeichen geistiger Distanz wahr, die zu einer wachsenden Entfremdung wurden. Vgl. *Dichtung und Warheit,* 14. Buch (Bd. 16, S. 661f., 666–670, 1038–1042). In der *Campagne in Frankreich* sieht sich G. weder in seinen naturwissenschaftlichen noch seinen literarischen Bestrebungen 1792 vom Pempelforter Kreis verstanden (s. Bd. 14, S. 464–474, 800–805). Vgl. auch *Jacobi* (Bd. 14, S. 327f.). – *14 ersten Band:* von *Wilhelm Meisters Lehrjahren.*

### 53. SCHILLER JENA, 1. MÄRZ 1795

67 *23 der Horen:* Jg. 1795, 2. St. – *26 Die Jacobische Kritik:* s. zu Nr. 52. Zu Sch.s Autonomieästhetik s. zu Nr. 354.
68 *7 Weißhuhn:* s. zu Nr. 50.

### 54. SCHILLER JENA, 8. MÄRZ 1795

68,20 *erwartend, von Ihrer gegenwärtigen Beschäftigung zu hören:* erwartend von Ihrer gegenwärtigen Beschäftigung.

68 *15 Hoffnung:* vgl. Nr. 52. – *20 Ihrer gegenwärtigen Beschäftigung:* Arbeit am 4. Buch von *Wilhelm Meisters Lehrjahren.* – *22 schon auf Johanni:* Am 24. Juni hatte G. das Manuskript des 5. und 6. Buches noch nicht fertig, s. G. an Unger, 18. Mai. Nachdem

der 2. Band (3. und 4. Buch) Anfang Mai auf dem Markt war, erhielt Unger am 4. Juli 1795 wiederum eine Manuskriptsendung (RA I, Nr. 1361), s. zu Nr. 5, 38. – *29 Aufsatze:* J. H. Meyer: ›Ideen zu einer künftigen Geschichte der Kunst‹, s. zu Nr. 21. – *30 schreibt mir Cotta:* Cotta an Sch., 24. Februar. – *34 Schreibp⟨apier⟩ ⟨...⟩ Postpapier:* Über die Probleme, die das ›Horen‹-Format in Postpapier aufwarf, s. Cotta an Sch., 15. Januar. Cotta ließ 1400 Exemplare auf Schreibpapier und 100 auf Postpapier drucken, s. Cotta an Sch., 24. Februar.

55. GOETHE                                   WEIMAR, 11. MÄRZ 1795

69 *5 Einige Schauspieler:* In Ifflands ›Verbrechen aus Ehrsucht‹ gastierten am 7. März der spätere Wochenregisseur Karl Heinrich Schall (um 1765–1806), der als Schauspieler engagiert wurde, und Friedrich Freuen (1760–1834). Vgl. *Herzogliches Hoftheater zu Weimar* [1795], Bd. 4.2, S. 14. – *11 der größte Teil des vierten Buchs:* der *Lehrjahre*. Nach Unger nur dessen Hälfte. Unger an G., 10. März. – *12 der Prokurator:* s. zu Nr. 21. – *22 das erste spukt aber schon genug:* zur Rezeption der ›Horen‹-Ankündigung und des 1. Stücks s. NA 27, S. 232–234. – *23 Meyer dankt für die Redaktion seiner Ideen:* Bei Übersendung des Manuskripts seiner ›Ideen zu einer künftigen Geschichte der Kunst‹ schwebte J. H. Meyer noch eine durchgängige Umarbeitung vor, die Sch. unnötig fand. Sch.s Angebot, die allenfalls notwendigen stilistischen und grammatikalischen Glättungen zu übernehmen, akzeptierte der Schweizer dankbar. Vgl. Meyer an Sch., 22. November und 2. Dezember 1794; Sch. an Meyer, 30. November 1794. – *25 Darstellung Perugins, Bellins und Mantegnas:* J. H. Meyer: ›Beiträge zur Geschichte der neuern bildenden Kunst‹ (›Horen‹ 1795, 9. St.). Die ital. Renaissance-Maler Pietro Perugino (Vanucci) (1446–1524), Giovanni Bellini (1426–1516) und Andrea Mantegna (1431–1506) lebten in Rom und Perugia, Venedig, Padua und Mantua. Vgl. Meyer an Sch., 20. März. – *27 Beilage:* Sie ist nicht überliefert. G. gehörte einer Lesegesellschaft an, s. zu N. 125. – *29 kleine Rezension:* Einige der Inhaltsübersichten sind zusammen mit G.s kritischen Anmerkungen wiedergegeben in Bd. 4.2, S. 469–481. – *40 Jakobi:* Brief an G., 1. März.

56. GOETHE                                   WEIMAR, 18. MÄRZ 1795

70,29 *etwas:* was.

70 *13 das religiose Buch:* Wilhelm Meisters Lehrjahre, 6. Buch (Bekenntnisse einer schönen Seele). – *21 Palmarum:* 29. März. –

*24 Der Prokurator:* s. zu Nr. 21, 55. – *28 zu kommen:* G. kam mit Meyer am 29. März und blieb bis 2. Mai in Jena. – *30 letzten Arbeiten:* ›Briefe über die ästhetische Erziehung des Menschen‹, 17.–27. Brief. – *37 v. Humbold:* An G.s naturwissenschaftlichen Forschungen nahmen die Brüder Humboldt und der Anatomieprofessor J. C. Loder lebhaften Anteil; vgl. *Tag- und Jahres-Hefte* zu 1790 und 1794/1795 (Bd. 14, S. 17, 28, 36). Wilhelm von Humboldt skelettierte Vögel unter der Leitung Loders und sammelte Schädel als Materialien für eine »monographie des Keilbeins«; W. von Humboldt an G., Ende Januar 1795.

57. GOETHE                    WEIMAR, 19. MÄRZ 1795

Im Erstdruck nach Nr. 58.

71  *9 Dem Prokurator:* s. zu Nr. 21.

58. SCHILLER                  JENA, 19. UND 20. MÄRZ 1795

71,29 *beschauend und müßig:* beschauend müßig; 72,2 *mir bloß wie:* mir wie; 72,25–36 Die Nachschrift vom 20. März im Erstdruck ein eigener Brief; 72,31 *anders recht erinnere:* anders erinnere. S. zu Nr. 57.

71  *22 das Gemälde:* Bekenntnisse einer schönen Seele in *Wilhelm Meisters Lehrjahre.* – *35 meinen philosophischen Arbeiten:* ›Briefe über die ästhetische Erziehung des Menschen‹. – *38 Belagerung von Antwerpen:* ›Merkwürdige Belagerung von Antwerpen in den Jahren 1584 und 1585‹, s. zu Nr. 26. – *40 wenn Sie kommen:* s. zu Nr. 56.

72  *9 Montag:* 23. März. – *19 Das Siegel:* Das von Meyer und G. entworfene und von Friedrich Wilhelm Facius gestochene Siegel diente der Kennzeichnung der ›Horen‹-Sendungen im Postverkehr mit Cotta. Vgl. Sch. an Cotta, 14. November 1794 und 29. März 1795; Sch. an Meyer, 27. Januar und 5. Februar; Meyer an Sch., 2. Februar und 20. März. – *26 Die Erzählung:* die *Geschichte des ehrlichen Prokurators,* s. zu Nr. 21 und 55. – *31 Wenn ich mich ⟨...⟩ recht erinnere:* Sch.s Erinnerung trog.

59. GOETHE                    WEIMAR, 21. MÄRZ 1795

73  *5 des vierten Buches:* von *Wilhelm Meisters Lehrjahren.* – *8 Antw⟨erpen⟩:* s. zu Nr. 58 und 26. – *13 Jahresfeier:* um den 20. Juli, s. zu Nr. 3.

60. SCHILLER                                   JENA, 25. MÄRZ 1795

73,37 *ich vor der Hand verlangen:* ich verlangen.

73 *20 einen Brief:* Abel an Sch., 6. März; vgl. Nr. 47. – *31 an d. G⟨eheimen⟩ R⟨at⟩ Voigt:* Sch. an Voigt, 26. März. Christian Gottlob Voigt (1743–1819) – G.s vertrautester Kollege im Weimarer ›Conseil‹. In seiner Karriere – 1777 Regierungsrat in Weimar, 1783 Geheimer Archivar, 1791 Mitglied des Consiliums, 1794 Geheimer Rat – wuchs er in den 90er Jahren in die Schlüsselrolle des maßgeblichen Ministers hinein. Er war Mitarbeiter G.s in der Bergwerks- und Ilmenauer Steuerkommission, betreute mit G. die Weimarer und Jenaer Bibliotheksbestände (s. zu Nr. 387, 432) sowie das Botanische Institut. Als Gründungsmitglied der ›Freitagsgesellschaft‹ arbeitete er zusammen mit G. ihre Statuten aus. Seit 1797 war Voigt der für alle Hochschulfragen zuständige Minister.

74 *1 Nächsten Sonntag:* Vom 29. März (Sonntag) bis 2. Mai hielten sich G. und Meyer in Jena auf.

61. GOETHE                                     WEIMAR, 3. MAI 1795

74 *12 die Elegien:* die *Römischen Elegien* für das 6. Stück der ›Horen‹ 1795, s. zu Nr. 17, 20. – *16 Für den Kalender:* Hier blitzt zum ersten Mal die Idee der *Xenien* für den ›Musen-Almanach‹ für 1797 auf, s. zu Nr. 133.

62. SCHILLER                                   JENA, 4. MAI 1795

74 *30 meiner Gesundheit:* Sch. litt seit Wochen an heftigem Katarrh, vgl. Sch. an Körner, 1. Mai. – *33 für den Almanach:* s. zu Nr. 61. – *37 Freitags:* 8. Mai. – *38 Huber schreibt:* Huber an Sch., 20. April. Für Ludwig Ferdinand Huber (1764–1804), den Sohn eines Sprachlehrers und einer Französin, nahm Französisch den Rang einer Muttersprache ein. Zum Kreis von Körner und den Schwestern Stock gehörig, machte der zeitlebens erfolglose Literat nach einem Huldigungsbrief an Sch. dessen persönliche Bekanntschaft in Leipzig und Gohlis und teilte in Dresden ein Zimmer mit dem überlegenen und bewunderten Freund.

75 *3 Der Chronologie der Horen nach:* Die 3. Fortsetzung der *Unterhaltungen deutscher Ausgewanderten* erschien im 7. Stück der ›Horen‹ 1795 (Bd. 4.1, S. 494–513), s. zu Nr. 19, 21, 25, 27, 29. – *6 Epistel:* Die ⟨Dritte Epistel⟩ blieb Fragment, s. zu Nr. 35.

## 63. Goethe          Weimar, 12. und 14. Mai 1795

75 *14 Elegieen:* s. zu Nr. 61 und Nr. 62. – *16 in Jena:* vom 29. März bis 2. Mai. – *20 Flußfieber:* rheumatisches Fieber. – *27 die 2$^{te}$ und die 16$^{te}$ wegläßt:* Die Originalfassungen der 2. und 16. Römischen Elegie sind nur unvollständig in WA I 1, S. 412, 419, 423f. und I 53, S. 454 wiedergegeben. Zwei weitere *Priapeia,* die den Zyklus der *Erotica Romana* auf 24 Elegien erweitert hätten, wagte G. für die ›Horen‹ gar nicht in Betracht zu ziehen, vgl. Bd. 3.2 – *29 kurrenteres:* lat. hier: ›nahtlos Passendes‹ (vgl. ›Kurrentschrift‹). – *37 des Romans: Wilhelm Meisters Lehrjahre.*

76 *1 Meyer:* J. H. Meyer bereitete die ›Beiträge zur Geschichte der neuern bildenden Kunst‹ für die ›Horen‹ 1795 vor, s. zu Nr. 55. – *5 Jacobi:* F. H. Jacobi hatte nach dem ersten Versprechen im Brief an G. vom 16. Dezember 1794 zum zweiten Mal am 18. Februar 1795 einen Beitrag für die ›Horen‹, und zwar »binnen 14 Tagen«, zugesagt. Erst im Juli 1795 übersandte er seine ›Zufälligen Ergießungen eines einsamen Denkers in Briefen an vertraute Freunde‹, erschienen in den ›Horen‹ 1795, 8. St., s. Jacobi an Sch., 7. Juli. – *6 Fritz von Stein:* Gottlob Friedrich Konstantin von Stein (1772–1844) war 1783–1786 G.s Hausgenosse. G. erzog den jüngsten Sohn Charlottes wie seinen eigenen. – *prorogiert:* (lat./frz.) ›verlängert‹, ›vertagt‹. – *12 die Abhandlung:* Carl Ludwig Fernow: ›Über den Stil in den bildenden Künsten‹. In ›Neuer Teutscher Merkur‹, April, Mai, Juli und August 1795. G. schrieb die mit ›F.‹ chiffrierte Abhandlung zunächst Fichte zu, s. Nr. 79. – *17 prostituieren:* (lat.) ›bloßstellen‹. – *18 des Herrn von Rochows:* Der Domherr zu Halberstadt, Pädagoge und Schriftsteller Friedrich Eberhard Freiherr von Rochow (1734-1805) hatte in der ›Neuen Deutschen Monatsschrift‹ (hg. von Friedrich Gentz), Januar 1795, den Beitrag ›Form‹ geschrieben, den G. als »empirische Sudelei« abqualifizierte. Vgl. Bd. 4.2, S. 473f.

## 64. Schiller          Jena, 15. Mai 1795

76,32 *ganze zweite Elegie:* ganze Elegie; 76,34 *tun würde:* würde tun können; 76,40 *herstellen können. Gerne:* herstellen. Gerne; 77,30 *Novitäten:* Varietäten; 77,30 *melden:* sagen; 77, 32 *eine sehr unglückliche:* eine unglückliche.

76 *36 Reticenz:* (lat./frz.) ›Verschweigung‹, ›Übergehung‹. – *40 Montag:* 18. Mai.

77 *2 meinem Aufsatz:* ›Die schmelzende Schönheit. Fortsetzung der Briefe über die ästhetische Erziehung des Menschen‹. In: ›Horen‹ 1795, 6. St. – *3 Unfall:* ›Krankheitsanfall‹. – *11 Nur bittet*

*er sehr:* Die Bitte um »größere Mannichfaltigkeit« wurde von Cotta nicht schriftlich vorgetragen, wie Seidel unterstellt (Seidel III, S. 44), sondern allenfalls mündlich, vermutlich bei Cottas Besuch Ende April. – *13 an Ihren Unterhaltungen irre:* vgl. Körner an Sch., 8. Mai; W. von Humboldt an Sch., 17. Juli (Bd. 4.1, S. 1057f.). – *21–23 Das Publikum ⟨...⟩ Bildung:* vgl. ähnliche Urteile in Nr. 102, 130, 454; zu Nr. 122, 501. – *31 Fichte:* Er hatte den Sonntag als Vorlesungstag einbezogen und den Kampf mit den geheimen Jenaer Studentenorden aufgenommen. Studentische Ausschreitungen führten zu seiner Beurlaubung im Sommer. Fichte zog sich zu Wieland nach Oßmannstedt zurück. Vgl. C. G. Voigt an G., 11. Januar; G. an Voigt, 10. April; Fichte an G., 24. Juni 1794 (Bd. 4.2, S. 1221f., 1230ff.). – *32 Woltmann:* Carl Ludwig Woltmann: ›Plan für historische Vorlesungen‹. Jena und Leipzig 1795. – *39 Ihre Beiträge zu dem M⟨usen⟩ Almanach:* Der ›Musen-Almanach‹ für 1796 enthält neben den *Venezianischen Epigrammen* noch zahlreiche Versdichtungen G.s: *Nähe des Geliebten, Der Besuch, Verschiedene Empfindungen an Einem Platze, Meeresstille, Glückliche Fahrt, Kophtische Lieder, Antwort bei einem gesellschaftlichen Fragespiel, Prolog zu dem Schauspiele Alte und neue Zeit,* s. Bd. 2.1, S. 97, 99; Bd. 4.1, S. 202f., 666f. – *40 Herder:* vgl. Herder an Sch., 9. Mai.

**78** *1 Reichardt:* vgl. Reichardt an Sch., 20. Juli. Johann Friedrich Reichardt (1752–1814), seit 1776 Königl. Preußischer Hofkapellmeister bei Friedrich dem Großen, hatte als bedeutendster Liedkomponist der frühen Weimarer Klassik Gedichte G.s vertont und die Musik zu einigen Singspielen und Dramen G.s geschrieben; s. Nr. 147. Das im Briefwechsel seit 1789 sich dokumentierende freundschaftliche Verhältnis zwischen G. und dem Sympathisanten der Französischen Revolution war nach Unstimmigkeiten anläßlich des *Groß-Cophta* bereits reservierter geworden; vgl. Bd. 4.1, S. 943 f., Nr. 65; Humboldt an Sch., 9. Februar 1796; *Tag- und Jahres-Hefte* zu 1795 (Bd. 14, S. 37f.). Mehr als den Menschen und politisch engagierten Hg. Reichardt schätzte Sch. zunächst noch den Komponisten. Vgl. Sch. an Körner, 30. April 1789; Sch. an Reichardt, 3. und 28. August 1795. – *Hufeland:* der Jenaer Jurist Gottlieb Hufeland. – *3 die Luise von Voß:* Johann Heinrich Voß: ›Luise. Ein ländliches Gedicht in drei Idyllen‹. Königsberg 1795. Teile des Versepos hatte der Verfasser im Hamburger ›Musenalmanach‹ 1783/1784 und im ›Teutschen Merkur‹ 1784 publiziert. – *4 Den Aufsatz im D⟨eutschen⟩ Merkur:* vgl. Nr. 63. – *10 Cotta:* s. Cotta an Sch., 6. Mai.

## 65. GOETHE WEIMAR, 16. MAI 1795

78,18 *mit:* auf; 78,24 *des deutschen Autorwesens:* des Autorwesens.

78 *18 Elegien:* den *Römischen Elegien* für den Druck im 6. Stück der ›Horen‹ 1795. – *20 siebenten Stück:* der ›Horen‹ 1795. Es enthielt die 3. Fortsetzung der *Unterhaltungen deutscher Ausgewanderten.* – *27 R(eichardt):* s. Nr. 64; vgl. Reichardt an G., 7. April. – *29 Louise:* s. zu Nr. 64. – *31 Terpsichore:* Die ersten beiden Bände von Herders Übertragung der Dichtungen Jakob Baldes waren unter dem Titel ›Terpsichore‹ 1795 in Lübeck erschienen; vgl. Herder an Sch., 14. Mai.; G.s *Tag- und Jahres-Hefte* zu 1795 (Bd. 14, S. 43); Sch. an Herder, 17. Mai. – *35 Trinitatis:* 31. Mai. – *37 Claudine:* Die Aufführung von Vulpius' Prosabearbeitung des Singspiels *Claudine von Villa Bella* in der Komposition Reichardts fand am 30. Mai 1795 statt (Bd. 4.2, S. 15, 927f.). – *39 Moniteur:* ›Gazette nationale ou le Moniteur Universel‹, 10. April 1795 (Über Kant und Fichte). Die 1789 gegründete Tageszeitung bleibt eine der wichtigsten Quellen für die Geschichte der Französischen Revolution.

## 66. GOETHE WEIMAR, 16. MAI 1795

79 *14 zweiten Band:* G. hatte den 2. Band von *Wilhelm Meisters Lehrjahren* (Buch 3 und 4) eben von Unger erhalten; vgl. Unger an G., 7. Mai; G. an Unger, 18. Mai.

## 67. GOETHE WEIMAR, 17. MAI 1795

79,32 *angezeignete Stelle:* angezeichneten Stellen; 79,36–80,5 *Wolfs ⟨...⟩ zugedacht:* zuerst in Sch./G.² (1856); 80,9 *auch:* nach; 80,14 *sich noch schicklich:* sich schicklich.

79 *31 Die zwei:* Die 2. und 16. *Römische Elegie,* s. Nr. 63. – *32 Die angezeignete Stelle:* vermutlich Verse 14/15 der 6. Elegie. – *34 Noten:* ›Fußnoten‹. – *36 Vorrede zur Ilias:* Friedrich August Wolf: ›Homeri et Homeridarum opera et reliquiae. Ex veterum criticorum notationibus optimorumque exemplarium fide rec. Frid. Aug. Wolfius‹. P. I. Ilias. Halis 1794. (Vgl. Ruppert Nr. 1278). Die 28seitige lat. Vorrede ist wiedergegeben in F. A. Wolf: ›Kleine Schriften‹ I (Halle 1869), S. 197–212. G. Schulz (NA 35), Seidel und Mandelkow identifizieren das Werk mit Wolfs ›Prolegomena ad Homerum‹ (Halle 1795), deren Kenntnis sie bei G. allerdings zu früh ansetzen. Wolf übersandte erst am 22. Juni 1795 ein noch ungebundenes Exemplar der ›Prolegomena‹ mit der Bitte um Prüfung ihrer Thesen; Böttiger überreichte es G. am 25.

Juni. W. von Humboldts Bemerkung »Die Prolegomena beschäftigen ihn sehr ernstlich« (Brief an Wolf, Anfang Juni 1795) dürfte sich gleichfalls auf die ›Ilias‹-Vorrede beziehen, in der Wolf Hauptthesen seiner ›Prolegomena ad Homerum‹ vorwegnimmt. G. antwortete dem Hallenser Gelehrten am 5. Oktober 1795 nach dem Karlsbadreise. Zu diesem Brief liegt ein älteres Konzept vor, in dem G. seinen Vorsatz zu der neuen Lektüre beteuert (vgl. WA IV 10, S. 420). Am 19. und 20. April 1797 meldet G.s Tgb. die Beschäftigung mit den »Prolegomena von Wolf«, im Dezember 1820 die (erneute) Lektüre. Der Begründer der modernen Altphilologie fesselte von nun an zunehmend G.s Aufmerksamkeit, die durch die im November 1793 und im Winter 1794/95 wieder aufgenommene Homerlektüre geschärft war. Die Entwicklung der Weimarer Klassik ist ohne den Gedankenaustausch mit der Altertumswissenschaft Wolfscher Prägung undenkbar. G. hat in den *Tag- und Jahres-Heften* wiederholt unterstrichen, was er im Kreis der Weimarer Kunstfreunde diesem Lehrer W. von Humboldts verdankt, ohne die Differenzen in der historischen Einordnung von Gemälden und der praxisbezogenen Kunstbetrachtung zu unterschlagen, die ihn als produktiven Künstler und umgänglichen Kenner vom kritischen, eigenwilligen Fachgelehrten trennten, vgl. Bd. 14, S. 56, 94, 131–136.

80 *4 Eine tüchtige Epistel:* G.s Urteil über Wolfs Homeriden-These fiel ausgewogener aus als ursprünglich beabsichtigt aus. Die ironischen Anspielungen auf Wolf in den *Xenien* X 91, 264, Hb 352 halten sich mit denen auf Wolfs Gegner die Waage, vgl. X 366–369 (Bd. 4.1, S. 715, 787, 807, 819f.). G. würdigt die Homerkritik Wolfs in der Elegie *Herrmann und Dorothea,* Verse 27–30 (Bd. 4.1, S. 859); s. zu Nr. 253. – *6 v. Humbold:* Wilhelm von Humboldt. – *9 ich ⟨...⟩ bald auch:* G. kam am 31. Mai und blieb bis 3. Juni.

68. SCHILLER                JENA, 17. ODER 18. MAI 1795

*Datierung:* Fielitz' Umdatierung auf den 18. Mai wird von den späteren Kommentatoren übernommen, obwohl keineswegs ausgeschlossen werden kann, daß die von Fielitz bemühte reitende Post Sch. noch am Abend die Sendung aushändigte; vgl. ALG 4 (1875). 80,38 *der einzelnen Elegien:* der Elegien; 81,1 *wie bei den:* in beiden.

80 *20 II Teil Meisters:* s. Nr. 66. – *26 Anmerkungen:* G. verzichtete auf sie. – *29 Montag:* 25. Mai. – *33 die Terpsichore:* vgl. Nr. 65. – *35 Dichter:* Jakob Balde (1603–1668), barocker Liederdichter und Jesuit.

**81** *1 Episteln:* s. zu Nr. 17, 20. – *2 der Centaur:* vgl. zu Nr. 44.
– *6 meine Briefe:* ›Über die ästhetische Erziehung des Menschen‹,
17.–27. Brief (›Horen‹ 1795, 6. St.). – *11 wieder 3 Mitarbeiter:*
Jakob Christian F. Habel aus Kirberg bei Limburg/Lahn bot am
20. April Gedichte für die ›Horen‹ an; Schubarts Sohn Ludwig
Albrecht (1765–1811) schrieb am 12. Mai aus Leipzig. Ihre Bereitschaft zur Mitarbeit hatten unaufgefordert bereits der Nürtinger
Diakon Immanuel David Mauchart (1764–1826), J. H. Voß und
Reichardt erklärt, von denen Sch. nur Voß akzeptierte, s. Nr. 64.

### 69. GOETHE                                    WEIMAR, 18. MAI 1795

**81** *19 Die letzten Elegien:* s. Nr. 67. – *21 Liedchen:* zum ›Musen-Almanach‹ für 1796, s. zu Nr. 64. – *24 komme ich bald:* G.
kam am 31. Mai.

### 70. SCHILLER                                    JENA, 21. MAI 1795

**81,35** *ob aus:* ob es aus; **81,37** *einige:* einigen; **81,38** *geben:* gäbe;
**82,11** *wieder hier zu:* wieder zu.

**81** *32 H(err) Michaelis:* vgl. Michaelis an Sch., 11. Dezember
1794. Michaelis schildert einen Jenabesuch (NA 42, S. 205 f.). –
*35 deliberieren:* (lat.) ›überlegen‹. – *den Beiträgen:* s. zu Nr. 64. –
*37 Stoff zu Vignetten:* In der Ankündigung des ›Musen-Almanachs
für das Jahr 1796‹ weist Michaelis auch auf Bildornamente hin:
›12 Bl. Kalender. 260 S. Apollokopf als Titelkupfer gestochen von
Joh. Friedrich Bolt‹. Zu J. H. Meyers Almanach-Illustrationen
vgl. H. Wahl: ›Zeichnungen von J. H. Meyer‹ (Weimar 1918),
S. 11 und Tafel XII.
**82** *1 Romanzen:* Balladen oder Romanzen G.s enthielt der
›Musen-Almanach‹ für 1796 nicht. – *6 Claudine:* s. zu Nr. 65.

### 71. GOETHE                                    WEIMAR, 10. JUNI 1795

**82** *21 die liebe Frau:* Charlotte Schiller informierte am 8. Juni
brieflich G. auf Wunsch ihres Gatten über dessen gesundheitliche
Besserung und die Erkrankung ihres Sohnes Carl. – *24 bei meiner
Rückkunft:* Vom 31. Mai bis 3. Juni hatte sich G. in Jena aufgehalten. – *ein Recidiv des Backengeschwulstes:* vgl. Nr. 63. Ein »tumor
maxillaris« verunstaltete G., so daß er – Böttiger zufolge – »wie
eine Kropfgans« aussah; Böttiger an F. A. Wolf, 11. Juni 1795. –
*27 Humbold:* W. von Humboldt hatte G. am 3. Juni nach Weimar
zurückbegleitet. – *28 Roman: Wilhelm Meisters Lehrjahre.* –
*30 Epoche macht:* s. zu Nr. 72. – *nächsten Sonnabend:* 13. Juni. –

*33 ein Tragelaph:* (griech.) ›Bockshirsch‹. Das antike Fabeltier steht für ein wunderliches, uneinheitliches Phantasieprodukt. Gemeint ist Jean Pauls Roman ›Hesperus. Oder 45 Hundsposttage‹ (Berlin 1795). Vgl. Jean Paul an G., 4. Juni. Ein differenzierteres Werturteil formuliert G. in Nr. 76; vgl. auch zu Nr. 129.

72. GOETHE                                    WEIMAR, 11. JUNI 1795

83,5 *meine Plane:* meinen Plan. Die Nachschrift 87,17 steht im Erstdruck vor dem Datum.

83 *3 des fünften Buches:* von *Wilhelm Meisters Lehrjahren.* – *3 macht Epoche:* s. zu Nr. 558. – *9 nach Carlsbad:* G. verließ Weimar am 29. Juni und kehrte am 11. August 1795 zurück, in Karlsbad hielt er sich vom 4. Juli bis 8. August auf. – *10 ehmals:* 1785 und 1786. – *11 Kalender:* Sch.s ›Musen-Almanach für das Jahr 1796‹. – *15 Brief eines Mitarbeiters:* s. Nr. 74, 75. Die nicht erhaltenen Prosakonzepte von G.s Briefen an den Redakteur der ›Horen‹ wurden aus der Briefform in die Poesie der Distichen übersetzt; vgl. die Xenien *Horen. Erster Jahrgang, Briefe über ästhetische Bildung, Modephilosophie, W.v.H.* und andere, die das Verhältnis von Poesie, Moral und Politik glossieren (Bd. 4.1, S. 752, 799f., 807). – *17 Carl:* Sch.s 1793 geborener Sohn.

73. SCHILLER                                    JENA, 12. JUNI 1795

83,34 *Geschäft zum andern war:* Geschäft war; 84,5 *die erste Semestre:* das erste Semester.

83 *23 H⟨err⟩ v. Humboldt:* vgl. zu Nr. 71. – *25 auf eine Zeit lang verlassen:* zur Kur in Karlsbad vom 4. Juli bis 8. August. – *28 Hippokrene:* Dichterquelle auf dem Helikon. – *31 Mein Fieber:* s. Nr. 71. – *38 Poesie des Lebens:* ED: ›Musen-Almanach für das Jahr 1799‹.

84 *4 Centaur:* s. zu Nr. 44. – *5 Semestre:* ›Halbjahr‹ (bei Sch. Femininum). – *11 für das 7$^{te}$ Stück:* G. hielt sein Versprechen, vgl. Nr. 65 und 78. – *14 in instanti:* lat. ›augenblicklich‹. – *17 Hesperus:* s. zu Nr. 71. G. hatte vorläufig nur den ersten von drei Bänden des Romans übersandt. – *22 die Lebensläufe:* Theodor Gottlieb von Hippel: ›Lebensläufe nach aufsteigender Linie‹. Berlin 1778–81. – *23 Meine Frau:* Charlotte Schiller war an Masern erkrankt; vgl. Sch. an Körner, 2. Juni.

74. GOETHE                                    WEIMAR, 13. JUNI 1795

84 *33 die Konzepte:* Die Briefkonzepte sind nicht überliefert, s. zu Nr. 72. – *40 Unterhaltungen:* s. zu Nr. 78.
85 *1 des fünften Buchs:* von *Wilhelm Meisters Lehrjahren.* – *4 die Epistel:* Sch.s Gedicht ›Poesie des Lebens‹, s. Nr. 73.

75. SCHILLER                                    JENA, 15. JUNI 1795

Wiedergabe der Handschrift auf S. 43 ff. 85,12 *durchlesen:* gelesen; 86,32 *unserm eigenen Mittel:* unsern eigenen Mitteln; 87,6 *stellen.:* stellen. ⟨Nur eine Satzperiode eingeklammert⟩.

85 *10 Dieses fünfte Buch: Wilhelm Meisters Lehrjahre,* 5. Buch, Kap. 1–12. Mit den zustimmenden Passagen von Sch.s abwägender Kritik deckt sich weitgehend die gleichzeitige Reaktion Wilhelm von Humboldts (vgl. Bd. 5, S. 654). – *23 soviel Partie:* (frz.) ›eine solche Menge‹. – *30 die Person des Gespenstes:* Das Geheimnis, um das auch die Humboldts rätselten, wird erst im 8. Buch, Kap. 3 und 6, gelüftet; vgl. W. von Humboldt an G., 15. Juni.
86 *1 hermineutischen:* (griech.) Wortspiel mit dem Doppelsinn von ›Auslegung‹ und ›Bettpfosten‹ (griech. ›hermis, -inos‹). – *5 Schauspielwesen ⟨...⟩ mehr Raum:* Den ästhetischen Bedenken Sch.s korrespondieren Herders moralische Bedenklichkeiten; vgl. Herder an Gräfin Baudissin, 1796 (Bd. 5, S. 660 f.). – *20 Ihre Briefe an den Redakteur der Horen:* Der Gedanke wurde aufgegeben, s. Nr. 72. – *32 aus unserm eigenen Mittel:* ›Mitte‹, ›Kreis‹. – *37 Proposition:* (lat.) ›Vorschlag‹.
87 *3 der allgemeine Stein des Anstoßes:* Die von Sch. erahnte soziale Rezeptionsschwelle wurde in der Tat bei höheren Schichten wirksam, vgl. Christian Garve an Christian Felix Weiße, 23. Januar 1795; W. von Humboldt an G., 22. August 1795; Charlotte von Stein an F. von Stein, 25. Oktober 1796 (Bd. 5, S. 652 f., 661). – *8 mit Ihrer Gesundheit:* vgl. Nr. 71. – *12 Beiträge zu dem Almanach:* s. zu Nr. 64.

76. GOETHE                                    WEIMAR, 18. JUNI 1795

87 *29 der frühern Behandlung: Wilhelm Meisters theatralische Sendung* (Bd. 2.2). – *32 Briefe an den Herausgeber:* s. Nr. 72 und 75. – *35 Ende der andern Woche ⟨...⟩ die versprochene Erzählung:* s. Nr. 78. – *37 Sonnabend:* 20. Juni. – *Meyers Aufsatz:* Die Ausführungen zu Giovanni Bellini und Mantegna integrierte Meyer in seinen Beitrag zum 9. Stück der ›Horen‹ 1795, s. Nr. 55.
88 *3 Tragelaph:* s. Nr. 71 und 73. – *10 Die vier Wochen in*

*Carlsbad:* vom 4. Juli bis 8. August 1795. – *11 naturwissenschaftlichen Bemühungen:* vgl. LA Bd. 1, S. 241; ⟨*Acta geführt auf einer Reise nach Carlsbad im Juli 1795*⟩ (Bd. 4.2, S. 502–504). Sie stehen auch im Zusammenhang mit dem 5. Buch von *Wilhelm Meisters Lehrjahren.* Die Karlsbader Zerstreuungen vereitelten die guten Arbeitsvorsätze; vgl. *Tag- und Jahres-Hefte* zu 1795 (Bd. 14, S. 34) sowie Nr. 81 und 83; G. an Christiane Vulpius, 19. Juli. – *16 Schrift:* Ob es sich, wie Sch. vermutet, um eine Arbeit Obereits handelt, bleibt angesichts der Überlieferungslücke fraglich; vgl. Nr. 77.

77. SCHILLER                              JENA, 19. JUNI 1795

88,37 *Eifersucht wegen des:* Eifersucht des.

88 *26 das Mskrpt von Meyern:* die Einleitung seiner ›Beiträge zur Geschichte der neuern bildenden Kunst‹, s. zu Nr. 55 und Nr. 76. – *30 Fichte einen Aufsatz:* Johann Gottlieb Fichte: ›Über Geist und Buchstab in der Philosophie‹. Fichte übersandte das umstrittene Manuskript am 21. und 22. Juni, Sch. lehnte es am 24. Juni ab. – *31 die Unterhaltungen:* s. zu Nr. 78. – *32 Nächsten Montag:* 22. Juni.

89 *6 Sie bald wieder zu sehen:* s. Nr. 78.

78. GOETHE                                WEIMAR, 27. JUNI 1795

89 *13 Eine Erzählung:* von Ferdinand und Ottilie als 3. Fortsetzung der *Unterhaltungen deutscher Ausgewanderten* (›Horen‹ 1795, 7. St.), s. zu Nr. 62. – *ein Blättchen:* eines der Gedichte für den ›Musen-Almanach für das Jahr 1796‹, vgl. zu Nr. 64. – *14 Montags:* Am 29. Juni (Montag) traf G. in Jena ein und reiste am 2. Juli 1795 nach Karlsbad weiter. – *15 Voß:* vgl. Voß an G., 8. Juni; G. an Voß, 1. Juli; s. zu Nr. 312. Abhandlungen sind von Johann Heinrich Voß in den ›Horen‹ nicht erschienen. – *18 Herder verspricht:* Sein Aufsatz ›Homer, ein Günstling der Zeit‹ erschien im 9. Stück der ›Horen‹ 1795. – *19 Jakobi:* vgl. G. an Jacobi, 2. Februar; Jacobi an G., 18. Februar; Sch. an Jacobi, 25. Januar und 29. Juni. Jacobi übersandte seinen Aufsatz ›Zufällige Ergießungen eines einsamen Denkers an vertraute Freunde‹ (›Horen‹ 1795, 8. St.) am 3. Juli; vgl. Jacobi an Sch., 7. Juli.

79. SCHILLER                              JENA, 6. JULI 1795

90,12 *Fernow:* F.; 90,14 und 90,16 *Baggesen:* B.; 90,20 *seinem schuldigen Haupte:* seinem Haupte; 90,25 *habe noch:* habe ich noch. Im Erstdruck sind Nr. 79 und Nr. 80 unter nur einer Briefnummer gedruckt.

89 *28 Eine große Expedition der Horen:* für das 8. Stück 1795, vgl. Sch. an Cotta, 6. Juli 1795. – *32 viere wegstreichen:* Vor dem Kuraufenthalt in Karlsbad (4. Juli–8. August) hielt sich G. vom 29. Juni bis 2. Juli in Jena auf. – *33 Von Fichte:* Fichte an Sch., 27. Juni. Die Auseinandersetzung um Fichtes Beitrag ›Über Geist und Buchstab in der Philosophie‹ (vgl. zu Nr. 77) betrifft u. a. den Darstellungsstil in philosophisch-ästhetischen Fragen – ein Thema, auf das Sch. im nächsten ›Horen‹-Beitrag ›Von den notwendigen Grenzen des Schönen, besonders im Vortrag philosophischer Wahrheiten‹ ausführlich eingeht; vgl. Sch. an Fichte, 4. August.

90 *9 die Tochter vom Hofr. Schütz:* Friederike Henriette Sophie E. S. Schütz (1781–1795). – *12 Fernow:* Carl Ludwig Fernow (1763–1808) bereiste 1793/94 mit Baggesen Südeuropa, bevor er sich in Rom für ein Jahrzehnt niederließ. 1804 stieß er zum Kreis der ›Weimarischen Kunstfreunde‹. – *14–16 Baggesen selbst erzählte:* Der dän. Dichter, Professor in Kiel und Kopenhagen Jens Immanuel Baggesen (1764–1826) – mit Schiller seit 1790 persönlich bekannt – hatte ihm 1791 das Stipendium des Prinzen von Augustenburg und des Grafen Schimmelmann vermittelt. Am 24. März 1795 war er mit seiner Frau, der Enkelin Albrecht von Hallers, und Wielands Tochter Charlotte nach Jena gekommen; Ende Mai/Anfang Juni hielt sich der weitgereiste Autor zuletzt in Sachsen auf; vgl. Baggesen an Sch., 9. Juni. – *18 dem großen Ich in Oßmannstädt:* Fichte, s. zu Nr. 64. – *22 Woltmann ⟨...⟩ Roman:* Karl Ludwig Woltmann: ›Mathilde von Meerveld‹. Altenburg 1799. – *25 Humboldt:* Wegen der Erkrankung seiner Mutter war er am 1. Juli nach Berlin und Tegel gereist. – *27 die mitgenommene Beschäftigung:* s. Nr. 76. – *29 den Rest des Vten Buchs:* G. überreichte ihn persönlich am 11. August; vgl. auch Nr. 72. – *31 2 Exemplarien:* des 6. Stücks der ›Horen‹ 1795 an Herzog Carl August und J. H. Meyer; vgl. Carl August an Sch., 9. Juli; Meyer an Sch., 14. Juli.

80. GOETHE                                    KARLSBAD, 8. JULI 1795

91,18 *Demütigungen:* wunderlichen Verwechselungen; 91,21 *Giaffar der Barmecide:* der Ardinghello; 91,23 *Klingers hinterlaßne arabische Garderobe:* Heinses Mantel; 91,25 *in dem vorteilhaftesten Lichte erschien:* mich schon vertraulicher zu nähern wagen durfte. S. zu Nr. 79.

**91** *3 Frl. von Göchhausen:* Louise von Göchhausen (1747–1807), Hofdame der Herzoginmutter, reiste nach fünfwöchigem Aufenthalt in Karlsbad zurück nach Weimar. – *4 Nach überstandnen 〈...〉 Wegen:* vgl. 〈*Acta geführt auf einer Reise nach Carlsbad im Juli 1795*〉 (Bd. 4.2, S. 502–504). – *8 Die Gesellschaft:* G. lernte u. a. Friederike Brun, Rahel Levin, Marianne Meyer und ihre Schwester Sara Wolff, Friederike Unzelmann, Therese Brzozowska, Friedrich Leopold von Kircheisen kennen. – *12 einen kleinen Roman:* vermutlich mit Marianne Meyer (1770–1812), der späteren Frau von Eybenberg. G. stand mit ihr bis 1810 in Briefwechsel; vgl. GJb 14 (1893), S. 27–46; W. von Humboldt an Sch., 12. Oktober; G. an Christiane, 7. und 15. Juli. – *15 Gesinnungen 〈...〉 Begebenheiten:* Anspielung auf *Wilhelm Meisters Lehrjahre*, 5. Buch, Kap. 7 (Bd. 5, S. 306). – *21 Giaffar der Barmecide:* Friedrich Maximilian Klingers ›Geschichte Giafars des Barmeciden‹ war 1792/94 anonym erschienen. – *31 Märchen:* Bilder eines Spaziergangs an der Saale bei Jena inspirierten G. zum *Märchen*, dem Schlußteil der *Unterhaltungen deutscher Ausgewanderten* (›Horen‹ 1795, 10. St.), Bd. 4.1, S. 519–550; vgl. Gespräche I, Hg. von W. Herwig, Nr. 1210.

81. GOETHE                KARLSBAD, 19. JULI 1795

Auf dem Brief Notiz von Sch.: »erhalten den 27. Jul.«; *92,15 hiesigen Aufenthaltes:* Hierseins; *92,22 Mad. Brun:* V.; *92.23 Fernows:* F.; *92,25 Freundin wird:* Freunde werden; *92,28 Frau:* Personen; *92,29 braucht:* brauchen; *92,29 sie und ihr:* dieser; *92,30 haben:* hat; *92,33 diesem und anderm:* diesen; *92,34 für:* vor.

**92** *6 Frl. v. Beulwitz:* Hofdame in Weimar, eine der beiden Schwestern von Sch.s früherem Schwager Friedrich Wilhelm Ludwig von Beulwitz. – *11 kleinen Abenteuern:* s. zu Nr. 80. – *14 ein Epigramm:* der *Venezianischen Epigramme*, s. zu Nr. 83 und 85. – *16 an guten Werken arm:* vgl. 1 Tim. 6,18; Offb. 3,1 f.; Römer 2,7; Mt. 5,16. – *18 das Osmanstädter Ich:* Fichte, s. Nr. 79. – *22 Mad. Brun:* Friederike Brun (1765–1835), die norddt. Pastorentochter, hatte 1789 ihr Gehör verloren und 1791 mit ihrem Mann, einem Kopenhagener Konferenzrat, Südeuropa bereist. Mit Matthisson und der Fürstin von Dessau reiste die empfindsamklassizistische Dichterin 1795 über die Schweiz nach Rom, ihrer künftigen Wahlheimat. Zu ihren Tagebuchaufzeichnungen über die Begegnungen mit Sch. und G. vgl. Schillers Persönlichkeit III, S. 29; Gespräche I, Nr. 1222-1226; s. Sch.s Stammbuchblatt ›Für Friederike Brun‹ (9. Juli 1795). – *Abhandlung Fernows:* s. zu Nr. 63. – *31 Schlange Mosis:* vgl. 1. Moses 3,1–6.

## 82. SCHILLER  JENA, 20. JULI 1795

93,9 *Klingerische:* Heinsesche; 93,11, *einem solchen Namen:* einer solchen Firma; 93,17 *unterdessen:* indessen; 94,2 *ich Ihnen nicht:* ich nicht.

93  *5 meine Frau Ihnen geschrieben:* Charlotte Schiller an G., 17. Juli, über die heftigen Krämpfe ihres Mannes. – *6 Brief von mir:* Nr. 79. – *8 Der Ihrige:* Nr. 80. – *9 die Klingerische Maske:* s. Nr. 80. – *11 bei Damen:* s. zu Nr. 80. – *16 Rest des V Buchs:* s. zu Nr. 79. – *17 Centaur:* 6. Stück der ›Horen‹ 1795, s. zu Nr. 44. – *19 zu skandalisieren:* Sch. sieht die Rezeption noch zu euphorisch. Er übergeht die Bedenken, die der Herzog gegenüber der Direktheit der *Römischen Elegien* äußerte, vgl. Carl August an Sch., 9. Juli; Charlotte von Stein an Lotte Schiller, 7. November 1794. Herder, Baggesen, Charlotte von Stein, Böttiger, später J. B. von Alxinger nahmen moralischen Anstoß. – *Die eigentlich gefürchteten Gerichtshöfe:* Jakobs ›Annalen der Philosophie‹ in Halle, Manso in der ›Neuen Bibliothek der schönen Wissenschaften und der freien Künste‹, F. L. W. Meyers ›Berlinisches Archiv der Zeit und ihres Geschmacks‹ kritisierten Sch.s ›Ästhetische Briefe‹ ebenso wie Klopstock, Herder, F. Schlegel, Markus Herz, J. G. Dyk. Anerkennend sprach von Sch.s Abhandlung Friedrich Gentz im Augustheft der ›Neuen Deutschen Monatsschrift‹. – *24 Leipziger Schriftsteller:* Karl Ludwig M. Müller: ›An den Verfasser der Briefe über ästhetische Erziehung des Menschen in den Horen‹. In: ›Neuer Teutscher Merkur‹ 1795, 11. St. – *26 zwei neue Aufsätze:* Lazarus Bendavid: ›Über griechische und gotische Baukunst‹; Karl Heinrich von Gros: ›Über die Idee der Alten vom Schicksal‹. Beide in: ›Horen‹ 1795, 8. St. – *31 Deliberationen:* (lat.) ›Überlegungen‹. – *39 Jacobi:* s. zu Nr. 78; Sch. an Jacobi, 9. Juli 1795.

94  *5 von mancherlei Dingen:* u. a. von der Französischen Revolution, historischen Wahrheiten und Vorurteilen, von Religion, Semiotik und Erkenntnistheorie, von ›König Ödipus‹ und ›Lear‹. – *6 Von Herdern:* Anders als Schulz und Seidel vermuten, denkt Sch. vorrangig nicht an die von Herder bisher nur prinzipiell erklärte Bereitschaft zur Mitwirkung am ›Musen-Almanach‹ (vgl. Herder an Sch., 9. Mai), sondern an einen möglichen ›Horen‹-Beitrag über Wolfs Homeriden-Thesen. Vgl. Sch. an Herder, 17. Mai; Herder an Sch., 26. Mai. Herder sandte seine Abhandlung ›Homer, ein Günstling der Zeit‹ (›Horen‹ 1795, 9. St.) am 22. August. ›Homer und Ossian‹ erschien im 10. Stück der ›Horen‹ 1795. Im verloren gegangenen Brief Sch.s an Herder vom 2. August übermittelte Sch. mit dem vorläufigen Almanachmanuskript wohl erst Herder den Wunsch um Gedichtbeiträge, dem Herder am 5. August ent-

sprach. – *7 Humboldt:* vgl. W. von Humboldt an Sch., etwa 10. Juli 1795, und zu Nr. 79. – *9 Meine Poesien ⟨...⟩:* Sch.s ›Das Reich der Schatten‹ (›Horen‹ 1795, 9. St.) und ›Der Tanz‹ (›Musen-Almanach‹ für 1796) wurden Anfang August fertig.; s. zu Nr. 86.

83. GOETHE                                      KARLSBAD, 29. JULI 1795

Auf dem Brief Notiz von Sch.: »erhalten 3. August«.

94 *20 noch früher als ich selbst:* Der Brief traf in Jena am 3. August, G. am 11. August ein. – *21 Ihr letztes:* Nr. 82. – *Ihr erster Brief:* Nr. 79. – *22 der zweite:* Charlotte Schillers Brief vom 17. Juli, s. zu Nr. 82. – *31 Das fünfte Buch:* von *Wilhelm Meisters Lehrjahren.* – *33 Epigrammen: Venezianische Epigramme.* Zur Arbeit an der Druckvorlage für den ›Musen-Almanach‹ für 1796 s. Nr. 85. – *34 neuen Beiträgen:* s. zu Nr. 82.

95 *4 Kalve:* Johann Gottfried Calve (1757–1805), Verleger und Buchhändler in Prag.

84. SCHILLER                                      JENA, 11. AUGUST 1795

*Datierung:* s. ›Calender‹-Eintrag und Briefschluß.
95,21 *Schreibfehler:* Schriftsteller-Namen.

95 *18 in diesem Buch:* G. überreichte bei seinem Jenabesuch Sch. am 11. August das Manuskript von Kap. 13–16 des 5. Buchs und des ersten Teils des 6. Buchs von *Wilhelm Meisters Lehrjahren.* – *24 Gedicht am Schluß: Heiß mich nicht reden, heiß mich schweigen,* Verse 7 und 11 (Bd. 5, S. 359). – *27 das Mskrpt:* des 2. Teils vom 5. Buch. Das Teilmanuskript des 6. Buchs übersandte Sch. am 17. August.

85. GOETHE                                      WEIMAR, 17. AUGUST 1795

95,38 *und der:* und um der; 95,40 *den:* dem; 96,1 *vor:* für; 96,33 *Anfangs September:* Anfang Septembers.

95 *37 die Sammlung Epigrammen: Venezianische Epigramme,* anonym erschienen in Sch.s ›Musen-Almanach für das Jahr 1796‹.
96 *6 vorn herein:* in räumlicher Bedeutung, vgl. Fresenius in GJb 15, S. 254. – *9 Nro. 78:* = Nr. 79: *Weiß hat Newton gemacht* (Bd. 3.2, S. 142). – *21 Elegien: Römische Elegien.* – *24 kurze Noten:* Den geplanten Anhang mit Anmerkungen publizierte G. nicht; in G.s Nachlaß sind einige Noten erhalten. – *33 nach Ilmenau:* Wegen eines Stollenbruchs des Ilmenauer Bergwerks hielt sich G. vom 25./26. August bis 5. September in Ilmenau auf; vgl. Nr. 92 und *Tag- und Jahres-Hefte* zu 1795 (Bd. 14, S. 34 f.); Bd. 4.2, S. 1208 f.

**97** *1 Unterhaltungen:* Die 4. Fortsetzung der *Unterhaltungen deutscher Ausgewanderten* erschien im 9. Stück der ›Horen‹ 1795 (Bd. 4.1, S. 513–518). – *3 Hymnus: Auf die Geburt des Apollo. Nach dem Griechischen,* ebenda (Bd. 4.1, S. 670–674). – *5 Drama und Roman:* vgl. Sch. an Körner, 2. Juni; an Humboldt, 21. August. Die Arbeit an *Wilhelm Meisters Lahrjahren* gab G. u. a. den Anstoß zur Reflexion der Gattungsunterschiede in *Über epische und dramatische Dichtung* (Bd. 4.2, S. 126–128, 1010–1018); *Wilhelm Meisters Lehrjahre,* 5. Buch, 7. Kap. (Bd. 5, S. 306). – *6 Märchen:* s. zu Nr. 80. – *13 Cellini:* Die im Februar 1796 erst begonnene Übersetzung des *Benvenuto Cellini* erschien in den ›Horen‹ 1796/1797 in 11 Fortsetzungen; s. zu Nr. 148. – *19 zu vereinigen:* ›in der Flüssigkeit zu lösen‹, vgl. Nr. 331.

86. SCHILLER                             JENA, 17. AUGUST 1795

97,34 *dieses VIte Buch:* das fünfte; 98,16 *»leichtsinnige«:* leichtsinnige; 98,35 *eigentümlichen:* eigentlichen; 98,38 *Gesetzes oder des:* Gesetzes des; 99,8 *ein wenig hätte mögen klingen:* hätte mögen ein wenig anklingen.

**97** *32 Meister:* s. zu Nr. 84.
**98** *23 Erscheinung des Oheims:* Bd. 5, S. 403 ff.
**99** *2 ästhetische Religion:* Sch.s kritische Ausführungen sind charakteristisch für seine ästhetisch relativierende Einordnung des Christentums; vgl. *Tabulae votivae Mein Glaube* (Bd. 4.1, S. 762); ferner ›Über den Gebrauch des Chors in der Tragödie‹ (NA 10, S. 15). – *10 Ihre Wünsche:* s. Nr. 85. – *13 Intelligenzblatt:* ALZ Nr. 76 vom 15. Juli 1795. – *20 Das Märchen:* vgl. Nr. 80, 91, 92 und 102. – *24 einigen Gedichten:* vermutlich die an W. von Humboldt am 21. August abgehenden Gedichte ›Die Ideale‹, ›Natur und Schule‹ (später ›Der Genius‹), ›Der spielende Knabe‹, ›Ilias‹, ›Das Kind in der Wiege‹, ›Das verschleierte Bild zu Sais‹, die im ›Musen-Almanach für das Jahr 1796‹ bzw. im 9. Stück der ›Horen‹ 1795 erschienen. Vgl. Humboldt an Sch., 31. August. Seit Juni 1795 schreibt Sch. nach siebenjährigem Schweigen wieder Gedichte.

87. GOETHE                               WEIMAR, 17. AUGUST 1795

**99** *40 Meyer:* J. H. Meyer reiste am 2. Oktober nach Italien, vgl. dazu *Tag- und Jahres-Hefte* zu 1795 (Bd. 14, S. 36); Sch. an Humboldt, 5. Oktober 1795.
**100** *1 bald möglichst besuchen:* Montag, den 24. August; vgl. Nr. 91.

## 88. GOETHE　　　　　　　　　WEIMAR, 18. AUGUST 1795

100,15 *doch wohl auch:* doch auch; 100,34 *grüßt vielmals:* grüßt Sie vielmals.

100 *9 Hymnus:* s. zu Nr. 85. – *10 Zerstreuung:* G. beschäftigte sich im Zuge seiner Arbeit an der *Farbenlehre* mit der Physiologie des Sehnervs; G. an Sömmerring, 17. August; s. zu Nr. 371. – *11 Beschluß der Geschichte:* Ferdinands späteres Verhalten in der 4. Fortsetzung der *Unterhaltungen deutscher Ausgewanderten,* s. zu Nr. 85. – *17 siebenten Buche:* irrtümlich für »sechsten«. – *24 im achten Buche:* Wilhelm Meisters Lehrjahre, 8. Buch, 3. Kap. – *35 symbolischen Nadeln:* s. Nr. 86.

## 89. GOETHE　　　　　　　　　WEIMAR 21. AUGUST 1795

101 *4 mein diesmaliger Beitrag:* der Schluß von Ferdinands Geschichte und die Überleitung zum *Märchen,* s. zu Nr. 88. – *6 Herders Homer:* ›Homer, ein Günstling der Zeit‹ (›Horen‹ 1795, 9. St.). – *Die erste Portion des Märchens:* G. brachte die erste Hälfte des *Märchens* wahrscheinlich bei seinem Jenabesuch am 24. August mit, vgl. Nr. 80, 91 und 92.

## 90. SCHILLER　　　　　　　　　JENA, 22. ⟨21.⟩ AUGUST 1795

*Datierung:* Zur Umdatierung vgl. Praschek in GJb N. F. 27 (1965), S. 341 f.

101 *20 Extremität:* äußersten Notsituation. – *21 Schuld der Literatur Zeitung:* Honorar für die im Frühjahr 1788 erschienenen Rezensionen Sch.s, vgl. Sch. an Körner, 12. Juni 1788. – *23 Ihre heutige Mission:* der letzte Teil von Ferdinands Geschichte aus den *Unterhaltungen deutscher Ausgewanderten,* s. zu Nr. 89. – *27 Apollo:* Auf die Geburt des Apollo, s. zu Nr. 85. – *33 Herders Abhandlung:* s. zu Nr. 89. Herder übersandte sie tags darauf. – *34 apparition:* frz. ›Erscheinung‹. – *35 allerlei Curiosa:* zur geteilten Rezeption von G.s bisherigen Beiträgen zu den ›Horen‹ und Sch.s ästhetischen Briefen in der Berliner Literaturszene, zu Klatsch über Karlsbader Bekanntschaften G.s und hohe Honorarzahlungen für die *Lehrjahre* vgl. Humboldt an Sch., 15. August. – *37 wenn Sie hieher kommen:* am 24. August, s. Nr. 91.

## 91. GOETHE  WEIMAR, 22. AUGUST 1795

102 *4 Die erste Hälfte des Märchens:* Es erschien vollständig im 10. ›Horen‹-Stück 1795, s. zu Nr. 80. – *6 Montags:* 24. August. – *8 nach Ilmenau:* s. zu Nr. 85.

## 92. GOETHE  WEIMAR, 24. ODER 25. AUGUST 1795

*Datierung:* Die NA und Seidel schließen sich Fielitz' plausibler Umdatierung auf den 25. August aufgrund des Empfangsvermerks in Sch.s ›Calender‹ an. Es kann aber nicht ganz ausgeschlossen werden, daß G. das später beförderte Billett wie angegeben am Abend des 24. August schrieb und am 25. August nach Ilmenau aufbrach. Vgl. Grumach IV, S. 173 ff.
102,18 *heitrer:* heiter.

102 *17 Geh⟨eimen⟩ R⟨at⟩ Voigt:* Christian Gottlob Voigt war u. a. Mitglied der Ilmenauer Bergwerkskommission. – *4 des Märchens:* Bei seinem Jenabesuch am 24. August überließ G. den bislang geschriebenen Teil des *Märchens* Sch., s. Nr. 80 und 101.

## 93. GOETHE  ILMENAU, 29. AUGUST 1795

102,33 *verstrichen:* verflossen; 102,38 *den:* der; 102,40 *einen größern:* ein größerer.

102 *30 Carlsbad:* beim Kuraufenthalt vom 4. Juli bis 8. August. – *32 Ilmenau:* s. zu Nr. 85. – *34 in den Geschäften:* Anordnungen zum Hütten- und Schmelzwesen, Poch- und Waschwerk, Schacht- und Grubenbau und zur Stollensanierung; vgl. das Protokoll vom 5. September in: Grumach IV, S. 174 ff.; G. an Voigt, 2. September; *Amtliche Schriften* in Bd. 4.2, S. 767–808.

## 94. SCHILLER  JENA, 29. AUGUST 1795

103,13 *aufeinander« recht:* auf einander recht«.

103 *11 Das Märchen:* s. Nr. 80, 89. – *15 im Voltairischen Geschmack:* vgl. Voltaires ›Zadig‹ und ›Micromégas‹. – *24 das Ende wäre nicht vom Anfang getrennt:* G. wünschte die Aufteilung auf zwei ›Horen‹-Stücke, s. Nr. 96. Es erschien jedoch nach Sch.s Vorschlag ungeteilt im 10. Stück der ›Horen‹ 1795. – *31 Epigramm:* s. Nr. 95 und 96. – *39 Geburtstag:* am 28. August.

104 *3 H. v. Humboldt:* Sch. legte W. von Humboldts Brief an G. vom 22. August bei; vgl. RA I, Nr. 1386.

95. SCHILLER                    JENA, 31. AUGUST 1795

105,2 *nro 28:* No. 29.

104 *9 Andenken aus Ilmenau:* Nr. 93. – *14 Subskriptionsliste:* von Cotta, vgl. Sch.s ›Calender‹, 31. August. Sie wurde dem 12. Stück der ›Horen‹ 1795 beigegeben. Vgl. Cotta an Sch., 7. August. – *16 Meinen und H. v. Humboldts Brief:* s. zu Nr. 94. – *27 101. Epigramm:* der *Venezianischen Epigramme* (Bd. 3.2, S. 148). – *34 Frau von Kalb:* Sie war nur kurze Zeit bei Sch.s, vgl. Charlotte von Kalb an Charlotte Schiller, 8. September in: Charlotte II, S. 224f.

105 *2 nro 28:* im Druck das 29. Epigramm. G. verbesserte »unterständig« in »unbeständig«, s. Nr. 96. – *7 Resolvieren Sie (...) darauf:* (lat.) ›Beschließen Sie ... darüber‹, ›Lösen Sie ... es auf‹.

96. GOETHE                    ILMENAU, 3. SEPTEMBER 1795

105,28 *Leben Sie recht wohl.:* zuerst in Sch./G.⁴ (1881).

105 *15 Das Epigramm:* das 29. der *Venezianischen Epigramme*, s. zu Nr. 95. – *19 Das Märchen:* s. zu Nr. 80 und 91. – *23 Zug:* ›Anziehungskraft‹. – *27 Sonntag:* 6. September.

97. GOETHE                    WEIMAR, 7. SEPTEMBER 1795

105,33 *und H. v Humbolds:* und Humboldts; 106,8 *drinne:* drinnen.

105 *34 Das Paket der Horen (...):* 8. St. 1795; vgl. Sch.s ›Calender‹, 30. August, Nr. 94. – *40 Jakobis Aufsatz:* s. zu Nr. 78. Jacobi vergleicht im ersten Abschnitt Ludwig XVI. mit Lear und Oedipus.
106 *2 das zweite:* Der 2. Abschnitt handelt von der Religion. – *8 Alten von Ferney:* Voltaire, s. zu Nr. 94. – *11 Schluß des sechsten Buches:* von *Wilhelm Meisters Lehrjahren*. – *15 langen Pause:* Von 1790 bis 1795 dauerte Sch.s lyrische Abstinenzzeit.

98. SCHILLER                    JENA, 9. SEPTEMBER 1795

106,28 *Resolution:* Resolutionen. Im Erstdruck ohne die Beilage 107,20–40; s. zu Nr. 99; 107,23 *neuern:* neuen; 107,26 *Gedicht:* Gedichte; 107,27 *Herders Homer:* Homer von Herder.

106 *24 Zurückkunft:* am 6. September von Ilmenau nach Weimar. – *27 Das Märchen:* s. Nr. 80, 94, 96. – *29 aus meinen Abhandlungen:* ›Von den notwendigen Grenzen des Schönen besonders im Vortrag philosophischer Wahrheiten‹, vgl. Beilage (S. 107).
107 *2 aus Cottas Briefen:* vgl. Cotta an Sch., 25. August. Ein

weiterer Brief Cottas ging möglicherweise verloren. Sch. an Cotta, 3. ⟨4.?⟩ September. – *13 über das Naive:* Unter diesem Titel erschien im 11. Stück der ›Horen‹ das erste Drittel der Abhandlung ›Über naive und sentimentalische Dichtung‹.

## 99. SCHILLER                        JENA, 13. SEPTEMBER 1795

108,7 *Stand:* Zustande. Die Beilage zu Nr. 98 im Erstdruck zwischen *enthält* (108,23) und *In dem* (108,24) eingefügt.

**108** *10 bald abreiset:* J. H. Meyer reiste am 2. Oktober nach Italien ab. – *11 Vincenza:* Sch. verwechselt hier geographische Daten. G. verweist auf die einbogige Rialtobrücke in Venedig, s. Nr. 101. – *14 zu einem Hexameter:* vgl. ›Elegie‹, Verse 131 f. im 10. ›Horen‹-Stück 1795 (= ›Der Spaziergang‹, Verse 127 f.). – *16 Epigramme:* G. steuerte keine weiteren bei. – *18 Herdern:* Sch.s briefliche Anfragen an Herder vom 13. und 14. September sind nicht erhalten (vgl. ›Calender‹-Einträge). Herder legte seinen Antworten vom 25. und 30. September Abhandlungen und Gedichte bei. Die Aufsätze ›Homer und Ossian‹, ›Das Fest der Grazien‹ erschienen im 10. und 11. Stück der ›Horen‹ 1795, die Epigramme ›Der rauschende Strom‹, ›Leukothea's Binde‹, ›Die Horen‹, ›Der Gesang des Lebens‹, ›Drei Schwestern‹, ›Der Strom des Lebens‹, ›Die Königin‹, ›Mars als Friedensstifter‹ in den drei letzten Stücken des Jahrgangs 1795. Zusätzlich brachte Herder noch die Übersetzung des hymnischen Gebets von Proklus ›Pallas-Athene‹ sowie die Verserzählungen ›Der heilige Wahnsinn‹ und ›Amor und Psyche‹ ein. – *25 eine Replique:* ›Berichtigung eines auffallenden Mißverständnisses in den Horen‹, in: ›Berlinisches Archiv der Zeit und ihres Geschmacks‹ 1795, 2. Bd. Verfasser war der Berliner Prediger und Schriftsteller Daniel Jenisch (1762–1804), dessen Aufsatz ›Über Prose und Beredsamkeit der Deutschen‹ G. zu seinem Beitrag *Literarischer Sansculottismus* (›Horen‹ 1795, 5. St.; Bd. 4.2, S. 15–20) provoziert hatte. Trotz seiner Aussöhnungsbemühungen geriet Jenisch bald auch in die Schußlinie der *Xenien*; vgl. Bd. 4.2, S. 928–934; s. Nr. 100, 101, 122; Humboldt an Sch., 23. Oktober und 13. November. – *27 Hamburger Zeitung:* ›Staats- und Gelehrte Zeitung des Hamburgischen unparteiischen Korrespondenten‹, 5. September 1795, Nr. 142. Die 1710 von H. H. Holle gegründete Zeitung war zu Beginn des 19. Jh.s das auflagenstärkste Blatt Europas. – *30 Der Almanach:* ›Musen-Almanach für das Jahr 1796‹. Zur Aufhellung der Michaelis-Affäre und zum Druck des ›Almanachs‹ bei Unger vgl. Humboldt an Sch., 29. August, 31. August und 8. September. – *31 in 3 Wochen:* Humboldt traf erst ein Jahr später, am 1. November 1796, wieder ein.

100. GOETHE　　　　　　　　WEIMAR, 14. SEPTEMBER 1795

109,4 *mir aber nicht:* mir nicht; 109,11 *Mineralogie:* mineralogische.

**109** *4 Besuch:* G. kam am 5. Oktober, s. zu Nr. 103. – *6 drei Parzen:* Die von Stoelzel gestochene Zeichnung J. H. Meyers bildete das Titelkupfer von C. W. Hufelands in alle europäische Sprachen übersetztem Bestseller ›Kunst, das menschliche Leben zu verlängern‹ (Jena 1797, 1860 in 8. Auflage). Vgl. G. an Meyer, 18. März 1797. Herder beschrieb die Zeichnung im epideiktischen Bildepigramm ›Die Parzen‹ (Herder SW 29, S. 227f.) – *11 nach den Alpen:* zu G.s umfangreichen Vorarbeiten für die geplante Reise vgl. den Faszikelband ⟨*Vorbereitungen zur zweiten Reise nach Italien*⟩ (Bd. 4.2, S. 519–605), der Kollektaneen zur Mineralogie, Botanik, Kulturgeschichte, Ethnographie neben bibliographischen Angaben zur Reiseliteratur enthält. G. plante mit Meyer ein umfangreiches Werk über Italien. Vgl. Humboldt an Sch., 25. August, und Nr. 114. – *20 Horen:* Nach dem *Märchen* steuerte G. nichts mehr für den ›Horen‹-Jg. 1795 bei. – *23 Der gezüchtigte Tersit:* s. zu Nr. 99 und Bd. 4.2, S. 934. Thersites verkörpert in Homers ›Ilias‹ den Prototyp des häßlichen, keifenden Hetzers. – *27 die Subskribenten:* s. Nr. 95. Cotta berichtete von »halbjährigen Abbestellungen«; Cotta an Sch., 11. September.

101. GOETHE　　　　　　　　WEIMAR, 16. SEPTEMBER 1795

109,37 *einbogigte:* einbogige; 109,38 *dreibogigt:* dreibogig; 109,39 *zu:* in; 110,3 *Gentsch:* Genz.

**109** *35 Anfrage:* s. Nr. 99. – *38 Palladio:* Andrea P. (1508–1580). Der führende ital. Renaissancearchitekt und bahnbrechende Lehrmeister des europäischen Klassizismus bestimmte entscheidend auch G.s klassische Ästhetik; vgl. *Baukunst* (Bd. 4.2, S. 56); *Italienische Reise, (Verona bis Venedig, Venedig 1786)* (Bd. 15).
**110** *1 Pater peccavi:* lat. Beichtformel: ›Vater, ich habe gesündigt‹; s. Nr. 99. – *3 Gentsch:* Friedrich Gentz (1764–1832), die »Feder Europas«, der zu einem der einflußreichsten Publizisten der Napoleonischen Zeit aufstieg, sympathisierte zunächst mit der Französischen Revolution, bevor er zu den Konservativen überschwenkte. Derzeit in preußischen Ämtern trat er 1802 in österreichische Dienste und wurde ein Vertrauter Metternichs. In der von ihm herausgegebenen ›Neuen Deutschen Monatsschrift‹, Augustheft 1795, bezieht sich Gentz anerkennend auf Sch.s ästhetische Briefe. – *9 Märchen:* s. zu Nr. 80 und 92.

## 102. Schiller    Jena, 18. September 1795

110 *19 die tröstlichen Nachrichten:* s. Nr. 100 und 101. – *24 Engel:* Johann Jakob Engel: ›Herr Lorenz Stark‹. 1. Tl. (›Horen‹ 1795, 10. St.). Vgl. Engel an Sch., 31. August; Sch., G. und Humboldt fanden Engels »Charaktergemälde« zu flach, s. zu Nr. 19 und Nr. 122, 131, 132; Sch. an Humboldt, 9. November; Humboldt an Sch., 20. November. – *29 Oblationen:* (lat./frz.) ›Opfergaben‹, ›Offerten‹. – *30 Sie noch sorgen:* G. erfüllte Sch.s Hoffnungen nicht, s. zu Nr. 99. – *36 Herdern:* s. zu Nr. 99. – *37 Anthologie:* die ›Anthologia Graeca‹ des Meleager von Gadara, aus der Herder zahlreiche Epigramme übersetzt hatte; vgl. Herder SW 26, S. 3–147. – *39 Humboldt schreibt:* Humboldt an Sch., 31. August und 11. September.

111 *1 das Archiv d⟨er⟩ Zeit und die Genzische Monatsschrift:* s. zu Nr. 99 und 101. – *4 Sie bald hier:* G. kam am 5. Oktober, s. Nr. 107.

## 103. Goethe    Weimar, 23. September 1795

111 *11 Das Märchen:* s. zu Nr. 80, 91, 92 und 101. – *Sonnabends:* 26. September. – *15 besonders die liebe Frau:* s. Nr. 94. – *17 zu kommen:* Meyer reiste am 2. Oktober nach Italien ab und blieb einen Tag bei Sch., G. ritt am 5. Oktober nach Jena; vgl. Sch. an Humboldt, 5. Oktober.

## 104. Goethe    Weimar, 26. September 1795

111,29 *ich in dieser:* ich dieser.

111 *29 meine Tonne gewälzt:* Anspielung auf Swifts satirisches Märchen ›A Tale of a Tub‹ (London 1704). – *30 aus beiliegendem:* dem fertigen Manuskript des *Märchens*. – *32 à l'ordre du jour:* frz. ›an der Tagesordnung‹. – *32 Der Landgraf von Darmstadt:* Ludwig X. (1753–1830), der Bruder der Weimarer Herzogin, ab 1806 Großherzog Ludwig I. von Hessen-Darmstadt. – *33 die dortigen Emigrierten:* aus Frankreich. – *34 replizieren:* (frz.) ›zurückziehen‹. – *der Kurfürst von Aschaffenburg:* Friedrich Karl J. Freiherr von Erthal (1719–1802), seit 1774 Mainzer Kurfürst. Aschaffenburg war seine Sommerresidenz. – *36 Ach! warum ⟨...⟩:* Die Schlußverse der Liedeinlage im *Märchen* (Bd. 4.1, S. 534).

112 *4 Meyer packt:* s. zu Nr. 103. – *5 regalieren:* (frz.) ›bewirten‹, ›erfreuen‹.

105. SCHILLER  JENA, 2. OKTOBER 1795

112,12 *Ihnen noch bestens:* Ihnen bestens; 112,29 *eine sehr gute:* eine gute.

112 *12 von unserm Freunde:* J. H. Meyer, s. zu Nr. 103. – *14 Unger pressiert:* Nicht erst am 6. Oktober, wie die NA 28 und Seidel vermerken, drängte Unger G. zum Abschluß des 3. Bandes von *Wilhelm Meisters Lehrjahren*, sondern bereits am 22. September; s. zu Nr. 5. – *17 Übermorgen:* s. zu Nr. 103. – *19 Humboldt:* Der neuerliche Rückfall, den seine erkrankte Mutter erlitt, zwang W. von Humboldt zur Verlängerung des Aufenthalts in Tegel. Humboldt an Sch., 22. September. – *21 das Archiv der Zeit:* s. zu Nr. 99. – *23 Neuen MonatsSchrift:* s. zu Nr. 101. – *26 Gedichte:* Zu den im September entstandenen Gedichten zählen die ›Elegie‹, ›Stanzen an den Leser‹, das Lied ›Der Abend‹. Zu mehreren Epigrammen vgl. Herder an Sch., 10. Oktober. – *28 Akquisition für die Horen:* wörtlich übernommen aus einem Brief Herders, der Knebels Übertragung von 18 Properz-Elegien zur Publikation empfiehlt. Herder an Sch., 30. September; s. zu Nr. 121. G. hatte den Vorschlag der ›Elegien‹-Publikation in den ›Horen‹ Knebel gemacht, der Herder davon berichtete. – *30 Das Märchen:* s. zu Nr. 80 und 104.

106. GOETHE  WEIMAR, 3. OKTOBER 1795

112 *40 Morgen:* s. zu Nr. 103.

113 *5 noch einige Versuche:* Zwei bis drei weitere Märchenprojekte nennt G. im Verlauf des Briefwechsels: die Fortsetzung des *Märchens, Die neue Melusine* und eine weitere »Idee«, s. Nr. 120, 121, 129, 278. – *7 Montags:* 5. Oktober. Bis zum 10. Oktober wartete Unger in Berlin vergeblich auf die restliche Manuskriptsendung der *Bekenntnisse einer schönen Seele*, s. zu Nr. 5. Am 16. Oktober bestätigte Unger von Leipzig aus die Manuskriptsendung. – *13 Die Knebelischen Elegien:* 18 ›Elegien von Properz‹ in Knebels Übersetzung erschienen in den ›Horen‹ 1796 (1., 3., 9. und 11. St.). Mit Prosaübersetzungen hatte Knebel schon 1788 begonnen; die Distichenform verdankt er G.s *Römischen Elegien.* – Zu G.s und Sch.s Überarbeitung der Übersetzung s. Nr. 121, 127, 128, 131. Am 26. September las Knebel G. einige Elegien vor, am 3. Oktober besuchte ihn G. (Grumach IV, S. 178 ff.). Carl Ludwig von Knebel (1744-1834), ehemaliger Offizier, Erzieher des Prinzen Constantin von Sachsen-Weimar, war G.s Duz- und »Urfreund« seit 1774. Ursprünglich der Berliner Aufklärung verbunden, stand das spätere Gründungsmitglied der ›Freitagsgesell-

schaft‹ in seinen vielseitigen natur- und geschichtsphilosophischen wie ästhetischen Interessen besonders Herder nahe, sympathisierte wie dieser mit der Frz. Revolution. Sch., der Knebels Properz-Elegien seit 1789 kannte, konnte sich mit dem zeitweiligen Verehrer seiner Braut nicht recht anfreunden. Knebel machte kein Hehl aus seiner Abneigung gegenüber spekulativer Philosophie. Texteingriffe Sch.s und Setzerversehen führten im Dezember 1795 und nach Erscheinen des 3. ›Horen‹-Stücks 1796 zu Verstimmungen; s. Knebel an G., 15. und 22. Dezember 1795; Knebel an Sch., 16. April 1796.

107. GOETHE   WEIMAR, 6. UND 10. OKTOBER 1795

113,37f. *schicklich und anmutig schließen:* schicklich schließen; 114,2 *höchstens:* ungefähr. Der Briefteil vom 10. Oktober (114,19–30) im Erstdruck ein eigener Brief; die Schluß-Xenien (114,32–37) fehlen.

113 *27 Ihren Gedichten:* s. zu Nr. 105. – *35 Das kleine Gedicht:* ›Stanzen an den Leser‹ (›Musenalmanach für das Jahr 1796‹). Der ›Horen‹-Jahrgang schloß mit Sch.s ›Mars als Friedensstifter‹. – *39 Frau von Stael:* G.s Übersetzung von Madame de Staëls romanpoetologischem ›Essai sur les Fictions‹ (Lausanne 1795) unter dem Titel *Versuch über die Dichtungen* (›Horen‹ 1796, 2. St.); vgl. Bd. 4.2, S. 23–47; 939–948; Bd. 14, S. 115ff., 325–327; 738; s. zu Nr. 129 und 485.

114 *4 kleinen Vorrede:* Sie unterblieb. – *14 in Ihrer Arbeit:* In einer abschließenden Fußnote der Übersetzung hatte Sch. einen Kommentar zur Abhandlung angezeigt, der aber nicht erschien; vgl. auch Sch. an Humboldt, 5. Oktober 1795. – *16 Tanz der Horen:* s. zu Nr. 19. – *21 Adieu, ⟨...⟩:* Über G.s Reise nach Eisenach vgl. *Tag- und Jahres-Hefte* zu 1795 (Bd. 14, S. 35). – *24 Von Franckfurt:* G. sollte im Auftrag des Herzogs als Kriegsberichterstatter nach Frankfurt reisen; vgl. Carl August an G., 9. August und 3. Oktober. Der Plan wurde wegen seiner Gefährlichkeit aufgegeben. G. kehrte von Eisenach am 20. Oktober nach Weimar zurück, s. Nr. 108. – *26 schreibe ich:* G. schrieb an Humboldt erst am 3. Dezember. – *mein Roman:* der 3. Band von *Wilhelm Meisters Lehrjahren.* – *27 Loder:* G. hatte 1794/95 bei Loder in Jena anatomische Vorlesungen gehört, s. zu Nr. 12. – *Prof. Hufeland:* Gemeint sein dürfte – anders als die NA 35 registriert – der Jurist, nicht der Mediziner Hufeland. G. unterschied die Namensvettern im Tgb. mit den Titeln »Prof.« bzw. »Rat«; vgl. Tgb, 23. und 26. Februar 1796. Er reservierte den Rats- oder Hofratstitel für den Mediziner C. W. Hufeland (vgl.

WA I 40, S. 482; Nr. 233). Gottlieb Hufeland hatte auf Sch.s Bitte hin seine Mitarbeit an den ›Horen‹ zugesagt und war 1793 in Jena Professor geworden; vgl. ›Avertissement‹ vom 10. Dezember 1794. – *32 Welch ein erhabner Gedanke ⟨…⟩:* Die späteren gegen Newtons Farbenlehre gerichteten *Xenien* (X 164 und DaN 23, Bd. 4.1, S. 795 und 828) stehen hier in der älteren Fassung.

108. GOETHE  EISENACH, 13. OKTOBER 1795

Erste Veröffentlichungen in: Bovet, ›Catalogue d'une collection‹. Paris 1883; U. Weisstein in ›Frankfurter Zeitung‹ 1884, Nr. 172, Beilage vom 20. Juni, und L. Geiger in GJb 6 (1885).

115 *13 versetzen:* zu G.s Retuschen, zu grammatischen und stilistischen Unstimmigkeiten der Übersetzung s. Bd. 4.2, S. 939–948. – *17 gleich sollen Sie es haben:* s. Nr. 111 und zu Nr. 107. – *19 Ihre Noten:* vgl. auch Sch. an Humboldt, 5. Oktober. Die Anmerkungen unterblieben, s. zu Nr. 107. – *23 den Roman:* das 7. Buch von *Wilhelm Meisters Lehrjahren.*

109. GOETHE  EISENACH, 16. OKTOBER 1795

115 *33 meine Reise nach Franckfurt:* s. zu Nr. 107. G. sah seine Vaterstadt erst im Sommer 1797 wieder. – *34 Die Frau von Stael ⟨…⟩:* Die Übersetzung *Versuch über die Dichtungen* wird vor dem Übersetzer eintreffen, s. zu Nr. 107 und Nr. 111. – *36 wegen des Quartiers:* G. wollte sich in Humboldts leerstehende Jenaer Wohnung, gegenüber von Sch., im von Hellfeldschen Haus einmieten. W. von Humboldt antwortete am 23. Oktober auf Schs. briefliche Anfrage vom 5. Oktober.

110. SCHILLER  JENA, 16. OKTOBER 1795

117,6 *übrig:* nötig.

116 *9 länger in Eisenach:* s. zu Nr. 107. – *13 Der Schatten des Riesen:* Zitat aus G.s *Märchen* (Bd. 4.1, S. 522 f.) als Anspielung auf die Franzosen, die Mannheim am 20. September eingenommen hatten. – *15 Papiernen Fensterscheiben:* metaphorisch für die Optik des Gelehrten, der die Welt aus der Studierstube nur durch Papier hindurch sieht. Ähnlich J. G. Herder: ›Journal meiner Reise im Jahr 1796‹. In: Herder SW 4, S. 347. – *19 Ihr Brief:* Nr. 107. – *23 Herder:* vgl. Herder an Sch., 10. Oktober. – *38 Solution:* frz. ›Lösung‹. – *39 Den Staelischen Bogen:* s. zu Nr. 107.

117 *1 Meine Bemerkungen darüber:* s. zu Nr. 107. – *7 den*

*nächsten Montag:* 21. Oktober. An diesem Tag erhielt Sch. G.s Sendung (›Calender‹). – *8 Aufsatz über die Grazien:* ›Das Fest der Grazien‹ (›Horen‹ 1795, 11. St.). – *10 noch einen Aufsatz:* ›Iduna, oder der Apfel der Verjüngung‹ (›Horen‹ 1796, 1. St.). Sch. erhielt den Beitrag am 30. Oktober (›Calender‹). – *12 über das Naive:* s. zu Nr. 98. – *14 kleinen poetischen Zugaben:* Im 11. Stück der ›Horen‹ erschienen von Sch. die Gedichte ›Die Teilung der Erde‹, ›Die Taten der Philosophen‹, ›Theophanie‹, ›Einem jungen Freund als er sich der Weltweisheit widmete‹, ›Archimedes und der Schüler‹; von Herder: ›Die Horen‹, ›Der heilige Wahnsinn‹. Hymnen enthält ferner Herders Beitrag ›Das Fest der Grazien‹. – *17 auf der Zeile:* die ›Zeil‹, Geschäftsstraße im Zentrum Frankfurts. – *20 dem andern Stück:* ›Die Taten der Philosophen‹. – *28 neue Art von Kritik:* vgl. Nr. 178, 181–183, 187f., 190, 231, 234, 249, 370. – *31 meine Schwiegermutter:* Louise von Lengefeld (1743–1823) blieb bis zum 31. Oktober in Jena. 1788 waren sich Sch. und G. in Rudolstadt im Garten der Witwe von Lengefeld begegnet. Ihr Mann war Pächter eines Guts gewesen, das dem Weimarischen Oberstallmeister von Stein (1735–1793), Charlottes Gatten, gehörte. – *35 italienischen Wanderer:* J. H. Meyer; vgl. zu Nr. 103 und Nr. 118.

111. GOETHE                                EISENACH, 17. OKTOBER 1795

118 *3 Mittwoch:* 21. Oktober. G. kehrte am 22. nach Weimar zurück. – *4 die Abhandlung: Versuch über die Dichtungen,* s. zu Nr. 107. – *5 nicht ⟨...⟩ durchsehen können:* Die im Druck beibehaltenen Übersetzungsfehler sind in WA I 40, S. 204–241 verbessert; vgl. auch Bd. 4.2, S. 940–948. – *7 besuche ich Sie:* G. kam erst am 5. November nach Jena. – *8 das zerstreute Leben:* Der Hof weilte in Eisenach. G. traf frz. Emigrierte und enttäuschte u. a. den Offizier und Sohn des führenden Ministers Ludwig von Fritsch. Vgl. *Tag- und Jahres-Hefte* zu 1795 (Bd. 14, S. 35f.), Grumach IV, S. 181; zu Nr. 371.

112. SCHILLER                                JENA, 19. OKTOBER 1795

118,19 *tat:* tut; 118,22 *dafür:* davor; 118,24 *Frau Stael:* Frau von Stael; 118,31 *übergehen:* übergeben.

118 *17 willkommen in Weimar:* G. kehrte von Eisenach und Gotha erst am 22. Oktober nach Weimar zurück. – *24 Die Frau Stael:* Die Übersetzung ihrer Abhandlung *Versuch über die Dichtungen,* s. zu Nr. 111. – *25 Meinen Brief:* Nr. 110; vgl. auch

Nr. 116. – *28 des Quartiers wegen:* s. zu Nr. 109. – *34 Roman:* den letzten Band von *Wilhelm Meisters Lehrjahren*. G. schloß das Manuskript Ende Juni 1796 ab.

**119** *1 den Brief:* Er ging verloren; vgl. Nr. 15 und 116. – *2 nach meiner Zurückkunft:* s. zu Nr. 8. – *4 Ich denke jetzt:* Es blieb beim Gedanken. – *5 Schwiegermutter:* s. zu Nr. 110.


113. SCHILLER                    JENA, 24. OKTOBER 1795

Erstdruck in Sch./G.² (1856).

**119** *11 mit dem Expressen:* vgl. Sch.s ›Calender‹. – *14 Ausfall Wolfs:* F. A. Wolfs Polemik gegen Herders ›Horen‹-Aufsatz ›Homer, ein Günstling der Zeit‹ – s. zu Nr. 89 – erschien in der ALZ vom 24. Oktober unter dem Titel ›Ankündigung eines deutschen Auszugs aus Prof. Wolf's Prolegominis ad Homerum und Erklärung über einen Aufsatz im IX Stücke der Horen‹ (Fambach III, S. 664 ff.). Über den Verfasser des ›Horen‹-Beitrags war Wolf durch Böttigers Brief vom 8. Oktober informiert. Herder, dem der Vorwurf eines metaphorisch aufgeputzten Plagiats gemacht wird, zitiert neben anderen Altphilologen (Wood, Blackwell, de Villoison, Ilgen) auch anerkennend Wolfs Einleitung zur ›Ilias‹-Ausgabe (s. zu Nr. 67), nicht aber die ihm bekannten ›Prolegomena ad Homerum‹. Auch Humboldt kritisierte – noch ohne Kenntnis von Wolfs ALZ-Artikel – Herders Vagheiten. Sch. hingegen reagierte empört. Er fühlte sich zurecht von Wolf angegriffen, der irrtümlich das Sch.sche Epigramm ›Ilias‹ Herder zuschrieb und es aufspießte. Humboldt und Körner brachten schließlich Sch. vom Plan einer öffentlichen Erklärung ab. Am Ende verzichteten sowohl Sch. wie Herder auf eine öffentliche Replik. – *20 mit Herdern darüber kommunizieren:* Ob G. mit Herder die Angelegenheit besprach, bleibt fraglich. Herder besuchte Sch. am 26. Oktober, der ihm am 30. brieflich G.s Vorschlag mitteilte, die Kontroverse im allgemeineren *Xenien*-Rahmen abzuhandeln, s. Nr. 116. – *24 sehe ich Sie morgen:* s. zu Nr. 111. – *27 »Über das Naive«:* s. zu Nr. 98. Sch. schickte das Manuskript am 26. Oktober an Cotta.


114. GOETHE                      WEIMAR, 25. OKTOBER 1795

**119** *36 das Intelligenzblatt:* s. zu Nr. 113. – *37 in der Komödie:* Gegeben wurde ›Dienstpflicht‹ von Iffland. – *40 einen neuen Weltbürger:* den am 30. Oktober geborenen und am 16. November verstorbenen Sohn Karl von Christiane und G., ihr 4. Kind. Vgl. Gräf, G.s Briefwechsel mit seiner Frau I, S. 484.

120 *2 Effluvien:* (lat./frz.) ›Ausflüssen‹, ›Ausdünstungen‹. – *6 Italiänischen Kollektaneen:* s. zu Nr. 100. – *15 Jene Blätter:* s. zu Nr. 112.

## 115. SCHILLER     JENA, 26. OKTOBER 1795

121,9 *Philister:* Gegner; 121,13–16 *Voß (...) abominable sind.:* zuerst in Sch./G.² (1856).

120 *25 Das Produkt:* Versuch über die Dichtungen, s. zu Nr. 107. – *27 zum Kommentieren:* Der vom ›Horen‹-Herausgeber am Ende des Essays angekündigte Kommentar erschien nicht. – *33 verführen:* vgl. ›Horen‹ 1796, 2. St., S. 21 f., 29, 44. Im frz. Original ›séduire‹. G. hatte das ›Produkt‹ für retuschierbedürftig erachtet, s. Nr. 111.
121 *3 Paktolus:* lydischer, wegen seines Goldsandes berühmter Fluß. – *4 Wolfischen Ausfall:* s. zu Nr. 113. – *12 die zwei neuen MusenAlmanache:* ›Musen-Almanach fürs Jahr 1796. Hg. von Johann Heinrich Voß. Hamburg‹ – ›Musenalmanach 1796. Göttingen‹ [Hrsg. von Karl Reinhard]. Vgl. das Xenion *Vossens Almanach* (Bd. 4.1, S. 805). – *13 29 Stücke:* Außer den namentlich unterzeichneten 29 Stücken stammen auch die mit »P« chiffrierten sieben Beiträge von Voß. – *15 abominable:* frz. ›schrecklich‹. – *16 Herdern:* Er hatte Sch. gerade besucht (›Calender‹).

## 116. GOETHE     WEIMAR, 28. OKTOBER 1795

121,34 *ein kurzes Gericht:* ein Gericht.

121 *25 meiner Rückkunft:* am 22. Oktober. – *26 das verlangte Manuskript:* vgl. Nr. 112 und 15. – *30 das Teil des Dichters:* ›Die Teilung der Erde‹ (›Horen‹ 1795, 11. St.); vgl. zu Nr. 110. – *34 ein kurzes Gericht:* Anregung zu den *Xenien.* – *35 der Günstling der Zeit:* F. A. Wolf, s. zu Nr. 113. – *36 Das hällische philosophische Journal:* W. F. A. Mackensens Rezension der ersten drei ›Horen‹-Stücke 1795 in den ›Annalen der Philosophie und des philosophischen Geistes‹. (Halle und Leipzig, 2. – 12. Oktober 1795. Hg. von Ludwig Heinrich Jacob) enthält vor allem einen ausführlichen Verriß der Sch.schen Briefe ›Über die ästhetische Erziehung‹ (Fambach II, S. 151–168). – *38 in Bündlein bindet:* vgl. Mt. 13,30.
122 *1 Frau Mutter:* der Schwiegermutter Louise von Lengefeld.

117. SCHILLER  JENA, 1. NOVEMBER 1795

122,14 *Jacob in Halle:* J. in H.; 122,15 *Manso:* M.; 122,16 *Wolfs:* W.; 122,20 *Anwendungen:* Anwendung. Im Erstdruck Nr. 117 vor Nr. 111.

122 *10 Evenement:* frz. ›Ereignis‹. Hier: Christianes Niederkunft, s. zu Nr. 114. – *13 Ecclesia militans:* lat. ›streitende Kirche‹. – *14 Jacob in Halle:* s. zu Nr. 116, 143. Den Philosophieprofessor und seine Zs. nehmen mehrere Xenien aufs Korn, vgl. Hb. 97, 330, 422f., 439; X 53–55 (Bd. 4.1, S. 687, 713, 723, 725); Nr. 143; Schmidt/Suphan Nr. 734. – *15 Manso:* Der Breslauer Gymnasialdirektor, Dichter und Historiker Johann Kaspar Friedrich Manso (1760–1826) kritisierte in der von J. G. Dyk hg. ›Neuen Bibliothek der schönen Wissenschaften und der freien Künste‹ (September-Heft) im Rahmen einer Rezension der ›Horen‹-Stücke 1–4 insbesondere Sch.s ästhetische Briefe. Manso störte ihre unklare, prätentiöse Begrifflichkeit und Argumentation (vgl. Fambach II, S. 126–150). Gegen die »Schmierer zu Leipzig« (Sch. an Cotta, 30. Oktober) wandten sich die Xenien Hb. 323–327, X 36–38, 45–49 (Bd. 4.1, S. 712, 780f.). – *16 Wolfs:* s. zu Nr. 113. – *17 Nicolai:* Friedrich N. (1733–1811), der Freund Lessings und Mendelssohns und Hg. des riesigen Rezensionsorgans der ›Allgemeinen Deutschen Bibliothek‹, darf als einer der wichtigsten Repräsentanten der friderizianischen Aufklärung, ja als ihr führender Organisator gelten. Sch.s Informationen waren doppelt gefiltert: W. von Humboldt, der als Quelle irrtümlich den 10. anstelle des 11. Bandes von F. Nicolais ›Beschreibung einer Reise durch Deutschland und die Schweiz im Jahre 1781‹ (1796) angibt, nennt als Gewährsmann für die Invektiven des Berliner Buchhändlers den Bibliothekar J. E. Biester. Vgl. Humboldt an Sch., 23. Oktober. Nicolai hatte den *Werther* parodiert; jetzt begannen ihm Klassik und Romantik verdächtig zu werden. Auf dem Boden einer pragmatischen, von Wolff, Locke und den frz. Enzyklopädisten gespeisten Vernunftphilosophie wandte er sich gegen jeglichen spekulativen Subjektivismus Kantischer oder Fichteanischer Prägung, u. a. gegen die abstrakte Dunkelheit der ästhetischen Briefe Sch.s. – *27 in Text und Noten:* Neben den *Xenien*, die bald ein wahres Kreuzfeuer auf Nicolai eröffneten (X 184–206, 254, Bd. 4.1, S. 798–800, 806), wies Sch. auch im ›Beschluß der Abhandlung über naive und sentimentalische Dichter‹ auf die Gefahren hin, die dem Schönen durch die »Platitüde« drohen (›Horen‹ 1796, 1. St.). – *28 insignen:* (lat.) ›auffallenden‹. – *30 die neuen MusenAlmanache:* s. Nr. 115. Sch. erhielt von Voß aus Eutin am 30. und 31. Oktober zwei ›Almanach‹-Sendungen.

## 118. GOETHE                         WEIMAR, 1. NOVEMBER 1795

122 *38 Statt eines artigen Mädchens:* s. Nr. 115 und zu Nr. 114.
123 *1 für ein Mädchen:* Sch.s Töchter Caroline und Emilie wurden 1799 und 1804 geboren. – *2 Ich komme:* G. kam am 5. November und blieb bis zum 11. November. – *4 viel zu sagen:* Die abendlichen Gespräche mit Sch. dauerten gewöhnlich von 17 Uhr bis nach Mitternacht (Sch. an Humboldt, 9. November). Sie drehten sich um Architektur, Optik, Naturhistorie, griechische Literatur und Kunst (ebenda). – *5 Durch äußre Veranlassung:* den Schloßbau, vgl. WA I 34/2, S. 146; s. zu Nr. 486. – *7 einiges ⟨...⟩ zusammengestellt:* vgl. *Baukunst 1795* (Bd. 4.2, S. 53–64, 955–958). – *9 Von Meyern:* Meyer an G., 20. Oktober. Der Brief schildert Meyers Reiseeindrücke von Nürnberg und München. Ihm beigegeben waren Beschreibungen von Kunst- und Architekturdenkmälern in Nürnberg, Regensburg und München, u. a. des Nymphenburger Schlosses, s. zu Nr. 99.

## 119. SCHILLER                           JENA, 4. NOVEMBER 1795

123,25 *dürfte:* könnte; 124,16 *abgeben lassen, wie:* abgegeben, wie; 124,17 *verordnet:* verlassen.

123 *21 Humboldten:* vgl. Humboldt an Sch., 30. Oktober, und zu Nr. 109. – *23 Hellfeld:* Der Medizinprofessor Christian August Friedrich von Hellfeld (1757–1840) war der Vermieter von Humboldts Wohnung. G. nahm sie nicht in Anspruch. – *28 einen Brief von Humboldt an ihn:* Der Brief war Humboldts Schreiben an Sch. beigelegt. – *35 Ihre Elegien: Römische Elegien* (›Horen‹ 1795, 6. St.). – *36 D⟨oktor⟩ Gros:* Karl Heinrich von G. (1765–1840) bemühte sich um eine außerordentliche juristische Professur in Jena, nachdem Humboldt sich vergeblich für ihn bei Hardenberg in Berlin verwandt hatte; vgl. Humboldt an Sch., 30. Oktober. Von 1788–92 hatte Gros als Prinzenerzieher in Württemberg gewirkt. Sch. lernte seinen Landsmann 1793 in Jena kennen und schätzen (Sch. an Fischeritz, 11. Februar 1793; an Körner, 29. Dezember 1794). Charlotte Schiller, die Gros als einen »der klügsten Menschen« bewunderte, erinnert sich: »Er war in Jena eine Zeit lang unser täglicher Umgang« (Ch. Schiller an Knebel, 13. November 1819, in: H. Düntzer (Hg.): ›Briefe von Schiller's Gattin an einen vertrauten Freund‹. Leipzig 1856, S. 464f.). 1796 wurde der ›Horen‹-Mitarbeiter zum Professor der Rechte nach Erlangen berufen. – *38 Bewunderer:* der Göttinger Altphilologe Christian Gottlob Heyne (1729–1812). – *38 den Brief:* K. H. Gros an W. von Humboldt, 12. Oktober (erscheint als Nachtrag RA 1, Nr. 1431a).

124 *8 Meister:* Sch. erhielt den 3. Band (Buch 5 und 6) von *Wilhelm Meisters Lehrjahren* am 18. November (›Calender‹). – *9 Ungers:* s. zu Nr. 5. – *14 letzten Montag:* 2. November. Sch. selbst erhielt an diesem Tag eine größere Sendung von Exemplaren des 10. Stücks der ›Horen‹; vgl. Cotta an Sch., 23. Oktober. – *16 von Imhof:* Amalie von Imhoff (1776–1831), Nichte Charlotte von Steins, Dichterin und Mitarbeiterin an den ›Horen‹ 1797, s. zu Nr. 418. – *18 Cotta entschuldigt sich:* Cotta an Sch., 23. Oktober.

120. SCHILLER  JENA, 20. NOVEMBER 1795

124,33 *schickte:* schickt; 125,11 *Soden:* P.

124 *25 Den Verlust:* der Tod von G.s neugeborenem Sohn am 16. November, s. zu Nr. 114. – *28 meinem Kleinen:* Sch.s zweijähriger Sohn Karl. – *31 meiner Abhandlung:* ›Die sentimentalischen Dichter‹ (›Horen‹ 1795, 12. St.); vgl. Sch.s ›Calender‹, 13. und 20. November. – *33 Schlegel:* August Wilhelm Schlegel (1767–1845) übersandte mit seinem Brief vom 9. November die Fortsetzung seiner Briefe ›Über Poesie, Sylbenmaß und Sprache‹ (›Horen‹ 1796, 1. St.). Die ersten beiden Briefe waren im 11. Stück der ›Horen‹ 1795 erschienen. Schlegel war von Sch. zur Mitarbeit an den ›Horen‹ eingeladen worden; vgl. Schlegels ›Horen‹-Rezension in der ALZ 4.–6. Januar 1796 (Bd. 4.1, S. 1063 f.). – *34 Humboldts:* Sch. nahm Humboldts Reaktion vorweg; vgl. Humboldt an Sch., 20. November 1795 (Bd. 4.1, S. 1059). – *36 das neue:* s. Nr. 106, 121.

125 *1 den neuen Teil des Meisters:* G. hatte den 3. Band von *Wilhelm Meisters Lehrjahren* am 17. November an Charlotte Schiller übersandt (WA IV 50, S. 134). – *2 schon allerlei Urteile:* vgl. Körner an Sch., 6. November; A. W. Schlegel an Sch., 9. November; W. von Humboldt an Sch., 31. August; Charlotte von Stein an Charlotte Schiller, 11. November (Bd. 5, S. 657). – *9 den letzten Teil:* Er erschien im Oktober 1796. – *11 von Soden:* Friedrich Julius Heinrich Reichsgraf von S. (1754–1831), Dramatiker und Nationalökonom, seit 1792 preuß. Minister in Ansbach, quittierte 1796 den Staatsdienst. Seit 1802 fungierte er als Theaterleiter in Bamberg und Würzburg. Vgl. *Des neuen Alcinous erster Teil,* Verse 17 f. (Bd. 6.1, S. 63). Soden war ein glühender Sch.-Verehrer; vgl. seinen Huldigungsbrief vom 14. November. – *12 Aurora:* ›Aurora oder das Kind der Hölle. Schauspiel in fünf Akten.‹ (Chemnitz 1795) war auf süddeutschen Bühnen bereits mit großem Erfolg aufgeführt worden. – *13 Biondetta:* Deutscher Titel der Übersetzung von Jacques Cazottes Roman ›Le diable amoureux‹ (Paris 1772), die 1792 in Berlin erschien und die literarische Vorlage für Sodens Drama darstellte.

121. GOETHE                         WEIMAR, 21. NOVEMBER 1795

125,26–126,36 *Heute habe ⟨...⟩ dem armen:* zuerst in Sch./G.² (1856); 126,36–38 *Roman ⟨...⟩ wiederkehren werde:* zuerst in Sch./G.³ (1870); 127,8 *auch hier guten:* auch guten; 127,19 *neulich sprachen:* neulich so sprachen.

125 *26 properzische Elegien:* vgl. Knebel an G., 21. November. Davon wurden 16 Elegien, zu denen noch zwei weitere kamen, in den ›Horen‹ 1796 veröffentlicht, s. zu Nr. 106. Eine erweiterte Buchausgabe erschien 1798 unter dem Titel ›Elegiien von Properz‹ in Leipzig. G. und Sch. überarbeiteten Knebels Übersetzung, s. Nr. 127, 128, 131; Sch. an A. W. Schlegel, 10. Dezember; Sch. an Humboldt, 17. Dezember. – *32 sogleich zu bezahlen:* s. Nr. 122, 123, 151, 152. – *38 auf dreimal:* Die Properz-Elegien erschienen in vier ›Horen‹-Stücken, s. zu Nr. 106.

126 *3 Vorrede Stolbergs:* ›Auserlesene Gespräche des Platon übersetzt von Friedrich Leopold Graf zu Stolberg.‹ 3 Teile Königsberg 1796⟨95⟩–97, Tl. 1, Vorrede. Fritz Stolberg war der jugendliche Begleiter G.s auf der ersten Schweizer Reise von 1775 gewesen und zählte innerhalb der Sturm und Drang-Bewegung zur christlich-konservativen Fraktion. Das 1784 erneuerte Verhältnis zu G. erhielt nach der Italienreise einen unheilbaren Riß, den die religiöse Entwicklung des Grafen in den 90er Jahren noch verschärfte; s. Nr. 123. G. »züchtigte« Stolberg mit dem Xenion *Dialogen aus dem Griechischen* (X 116; Bd. 4.1, S. 789). Den kritischen 1796 entstandenen Aufsatz *Plato als Mitgenosse einer christlichen Offenbarung* (vgl. Bd. 4.2, S. 47–52) veröffentlichte G. erst nach Stolbergs Tod 1826 in ›Über Kunst und Altertum‹ (Bd. 5, H. 3); vgl. G. an Humboldt, 3. Dezember. – *9 Kriegserklärung gegen die Halbheit:* Im Xenion *Der moderne Halbgott* (X 118, Bd. 4.1, S. 790) wird unter Bezugnahme auf Stolbergs Vorrede der Verfasser als christlich geschwächter Herkules persifliert; vgl. auch X 72, 117 (Bd. 4.1, S. 784, 789) und zu Nr. 122. – *14 in der Continuation:* ›kontinuierlich‹. – *19 in einer Vor- oder Nachrede:* An ihre Stelle traten die naturwissenschaftlichen *Xenien* und G.s Polemischer und Historischer Teil der *Farbenlehre* (Bd. 10, S. 275–919). Kritische Stimmen zu G.s *Beiträgen zur Optik* (1791/92; Bd. 4.2, S. 264–315) nennt W. von Humboldt an Sch., 11. Dezember. – *22 Retizenz:* lat. ›Verschweigen‹. – *23 Lichtenberg:* vgl. Lichtenberg an G., 7. Oktober 1793, 18. April 1794; G. an Lichtenberg, 11. Mai, Juni 1792 (Bd. 4.2, S. 319ff.), 11. August, 20. Oktober, 29. Dezember 1793, 9. Juni 1794; *Materialien zur Geschichte der Farbenlehre* (Bd. 10, S. 913f.). Vom 26. bis 29. September 1783 hatte G. Lichtenberg in Göttingen besucht. Georg Christoph L.

(1742–1799), Professor der Physik und Astronomie in Göttingen, galt in der europäischen Naturwissenschaft als einer der bedeutendsten Lehrer der Experimentalphysik. Unter deutschen Zeitgenossen machten ihn seine Satiren und Polemiken berühmt, nach seinem Tod die Aphorismen. Als Aufklärer hatte Lichtenberg den *Werther* abfällig beurteilt und als Naturwissenschaftler G. im Brief vom 7. Oktober 1793 präzeptoral belehrt. – *26 Erxlebens Compendio:* ›Anfangsgründe der Naturlehre. Entworfen von Johann Christian Polykarp Erxleben. 6. Aufl. Mit Verbesserungen und vielen Zusätzen von G. C. Lichtenberg.‹ Göttingen 1794. Lichtenbergs Bearbeitung ist eine seiner Hauptschriften als Naturwissenschaftler, die G. eifrig studierte und zitiert (*Beiträge zur Optik. 1. Stück*, § 28.; Bd. 4.2, S. 274. *Zur Farbenlehre;* Bd. 10, S. 839 und 914). Lichtenberg hatte G.s »Farben-Geschichte« einem Nachlaßvermerk zufolge in der 6. Aufl. zu zitieren beabsichtigt. – *34 sentimentale Stimmung:* s. zu Nr. 355 und Nr. 357. G. kannte bereits die Sch.sche Verwendung des Begriffs »sentimentalisch«, s. Nr. 122.

127 *8 Das sechste Buch: Bekenntnisse einer schönen Seele* in: *Wilhelm Meisters Lehrjahre.* Stimmen dazu: Böttiger, Literarische Zustände 1, S. 169; Charlotte von Stein an F. von Stein, 29. November 1795 (Bd. 5, S. 657f.); Knebel an G., 21. November. – *14 Die Zeugnisse für mein Mädchen:* s. Nr. 120. Körner an Sch., 6. November; Ch. von Kalb an G., bis 18. November; G. an Ch. von Kalb, 18. November. G. sammelte zeitgenössische Interpretationen seines deutungsoffenen *Märchens* und faßte 1816 drei Interpretationen tabellarisch zusammen (Bd. 4.1, S. 1054f.). – *17 Der letzte Band:* Er erschien Oktober 1796. – *18 die Plane:* Sch.s ausführliche Rezension des Romans, s. Nr. 122. – *20 Das neue Märchen:* G. führte es nicht aus. Auch *Die neue Melusine* – in der Sesenheimer Zeit erzählt – wurde erst 1812 vollendet und 1816/18 veröffentlicht, vgl. *Dichtung und Wahrheit* (Bd. 16, S. 479ff.). – *29 zu besuchen:* G. weilte vom 3. bis 17. Januar 1796 in Jena.

122. SCHILLER JENA, 23. NOVEMBER 1795

127,35 *Knebelsche:* Schmidtische; 128,3–27 *Was den ⟨...⟩ Artikel:* zuerst in Sch./G.² (1856); 128,28 *Stolberge, Lichtenberge:* St., L.; 128,39 *unsers Professor Voigts:* \*; 129,4 *Stolbergs:* St.s; 129,13 *Humboldt:* Ein Freund.

127 *35 die Knebelsche Arbeit:* s. Nr. 121 und 127. – *39 Lorenz Stark:* Johann Jakob Engel: ›Herr Lorenz Stark. Ein Charaktergemälde‹ (›Horen‹ 1795, 10. St., 1796, 2. St.), s. zu Nr. 102.

128 *5 das häufige Aufkündigen der Subskription:* vgl. Cotta an

Sch., 9. November und 22. Dezember, s. zu Nr. 100, 152, 413. – *15 die 3 Lieferungen:* s. zu Nr. 106. – *23 bei Fichte im Vorschuß:* Cotta hatte Fichtes Bitte um den Vorschuß erfüllt; vgl. Fichte an Cotta, 27. April. – *25 Weißhuhns:* Friedrich August Weißhuhn: ›Das Spiel in strengster Bedeutung‹ (›Horen‹ 1795, 5. St.). Das Honorar für den Aufsatz hatte zunächst Sch. zur Deckung der Beerdigungskosten für den am 21. April 1795 verstorbenen Verfasser vorgestreckt; vgl. Niethammer an Sch., 21. April; Sch. an Cotta, 19. Februar 1796 (Beilage). – *28 Stolberge:* s. zu Nr. 121. In seinen ›Gedanken über Herrn Schillers Gedicht: Die Götter Griechenlands‹ (›Deutsches Museum‹ 1788, Bd. 2) (Fambach II, S. 44–49) hatte F. L. zu Stolberg Sch.s erster Fassung des »unchristlichen« Gedichts »Lästerung« vorgeworfen. Diese Rezension wurde ihrerseits im Xenion *Der Ersatz* verlästert (X 117, Bd. 4.1, S. 789). – *31 Seien Sie versichert ⟨...⟩:* Über restriktive Publikumserwartungen äußert sich Sch. ähnlich zu Beginn der Rezension ›Über die Iphigenie auf Tauris‹ (NA 22, S. 211); vgl. Sch. an Humboldt, 9. November, Nr. 220, 253, 356. – *35 Newton:* Isaak N. (1643–1727): Mehrere *Xenien* beschäftigen sich mit seiner Lichttheorie. Ferner: *Venezianische Epigramme,* Nr. 78 (Bd. 3.2, S. 142); vgl. auch ⟨*Zu Optik und Farbenlehre*⟩ (Bd. 4.2, S. 267 ff., 328 ff., 355, 360, 372 ff, 376–387, 413, 425–429; *Zur Farbenlehre* (Bd. 10, S. 275–472, 740–765, 784–792). – *39 Voigts:* Johann Heinrich V., Mathematiker in Jena, s. zu Nr. 50.

129 *4 Stolbergs Delictum:* die Vorrede zu seinen ›Platonischen Gesprächen‹, s. zu Nr. 121. – *9 Jenisch in Berlin:* s. zu Nr. 99. Zum unveröffentlicht gebliebenen Rettungsversuch des Berliner Predigers ›Über Schillers Genie und seine ästhetischen Briefe‹ vgl. Humboldt an Sch., 13. November. Humboldt hatte Sch. am 6. November ein Schreiben von Jenisch mit einer Huldigungsadresse beigelegt. – *14 Genz:* Friedrich von Gentz, der 1795 die ›Neue Deutsche Monatsschrift‹ gründete, gehörte zu Humboldts engerem Bekanntenkreis in Berlin, s. zu Nr. 101. – *23 Eine Beurteilung Ihres Meisters:* s. zu Nr. 110. – *25 a propos:* frz. ›passend‹, ›zur rechten Zeit‹. – *27 ein Morceau:* frz. ›ein Teil‹ (als Vorabdruck für die ›Horen‹). – *31 Archenholz:* Johann Wilhelm von Archenholtz (1743–1812): ›Sobiesky. Ein historisches Fragment.‹ (›Horen‹ 1795, 12. St.). Sch. kannte Archenholtz von Dresden her und hatte ihn zur Mitarbeit an den ›Horen‹ eingeladen (Sch. an Archenholtz, 7. November 1794). Die Werke des in Hamburg lebenden historischen Schriftstellers und Herausgebers der historischen Zs. ›Minerva‹ – ›Geschichte des siebenjährigen Krieges‹ (2 Bde., 1793), ›Annalen der britischen Geschichte‹ (20 Bde., 1788–98), ›England und Italien‹ (5 Bde., 1795) – waren weit verbreitet. Nach dem

›Calender‹-Eintrag erhielt Sch. Archenholtz' ›Sobiesky‹ schon am 21. November. – *37 von Herdern:* Sch. hatte die Abhandlung ohne den Schlußteil über die Idylle (s. zu Nr. 120 und Nr. 125) am 23. November an Herder geschickt, der sie am 25. November an G. weiterleitete, s. Nr. 123.

130 *7 effleuriert:* (frz.) ›gestreift‹. – *11 Elegien: Römische Elegien,* s. zu Nr. 20. – *12 Wieland einen kleinen Streifschuß:* in: ›Die sentimentalischen Dichter‹ (›Horen‹ 1795, 12. St., S. 43–45). – *15 öfters derb genug hören ließ:* Wieland vermißte an Sch.s Jugenddramen Feinheit und Delikatesse (Sch. an Körner, 28. Juli 1787). Am 8. Mai 1785 erstellte er für den Herzog von Weimar ein ungünstig ausfallendes Gutachten über den 1. Akt des ›Don Carlos‹. Im August und September 1787 übte Wieland schonende Kritik am ›Dom Karlos‹ (vgl. Sch. an Körner, 8. August und 14. Oktober 1787; Wielands Rezension im ›Anzeiger des Teutschen Merkur‹).

123. GOETHE     WEIMAR, 25. NOVEMBER 1795

130,31 *von je her alles was vernünftig:* alles was von jeher vernünftig; 131,10–14 *Wegen ‹...› Neuejahr:* zuerst in Sch./G.² (1856).

130 *26 die neueste Sudelei:* die Vorrede Stolbergs zu ›Auserlesene Gespräche des Platon‹, s. zu Nr. 121. – *27 Die angestrichene Stelle:* vgl. auch G. an Humboldt, 3. Dezember. Zwei Stellen kommen nach den Angaben der Münchner Ausgabe und der NA in Frage. Bd. 4.2, S. 949 kennzeichnet eine andere Stelle als NA 36 II, S. 39 (Seidel III, S. 79). Gräf/Leitzmann zitieren bereits die nämliche Stelle wie die NA und Seidel, jedoch mit der Quellenangabe ‹von Stolberg›, »Gesammelte Werke 17, XI«. Nachforschungen von M. Ehrenzeller im Goethehaus Weimar und Nachfragen bei Volker Wahl vom GSA Weimar sowie bei N. Oellers, dem Hg. der NA 36, erbrachten folgende Auskünfte:
1. Auszuschließen ist die Quellenangabe von Gräf/Leitzmann, die sich auf die spätere Stolbergsche Gesamtausgabe ›Gesammelte Werke der Brüder Christian und Friedrich Leopold Grafen zu Stolberg. Bd. 1–20. Hamburg 1820–25‹ (Ruppert Nr. 1163) bezieht. (Der 1824 erschienene Bd. 17 in G.s Bibliothek enthält keine Anstreichungen).
2. Die in der NA 36 II, S. 39 zitierte Ausgabe ›Auserlesene Gespräche des Platon übersetzt von Friedrich Leopold Graf zu Stolberg. 3 Tl.e. Königsberg 1796 ‹recte: 1795› –1797, Tl. 1, S. XI (Ruppert Nr. 1321) enthält die von K. H. Kiefer in Bd. 4.2, S. 949 vermerkte Anstreichung. (Rupperts Angabe »unaufgeschnitten« stimmt nicht ganz: Vorrede und ›Ion‹ sind aufgeschnitten!).

3. Die Stellenangabe der NA 36 II hat semantisch die höhere Plausibilität. N. Oellers beruft sich zudem auf Werkautopsie. G. gab möglicherweise Sch. ein anderes Exemplar (mit der in NA vermerkten Anstreichung) weiter, das vor Jahren noch im Schillerhaus Weimar aufbewahrt wurde.

– *29 Wie unwissend:* Stolberg hatte in Sokrates' Bekenntnis zu seiner Unwissenheit keine Ironie gefunden; vgl. hierzu die unveröffentlichten Xenien *Sokrates* (Schmidt/Suphan Nr. 723, 724); vgl. auch G. an Humboldt, 3. Dezember. – *32 λογος:* griech. (göttliches) ›Wort‹, ›Christus‹. – *33 meine liebe Christin:* die ›schöne Seele‹; vgl. Bd. 5, S. 397. – *36 Brief von Prinz August:* Prinz August von Sachsen-Gotha und Altenburg an G., 22. November. Der Bruder des regierenden Herzogs Ernst II. Ludwig und Gast der ›Freitagsgesellschaft‹ hatte in einem launigen Brief an G. vom 8. September 1793 Kant als Verfasser des *Bürgergenerals* vermutet (Bd. 4.1, S. 965f.). Vgl. Bd. 14, S. 512. G. stand mit dem hochadligen Diplomaten und Schöngeist seit seinem ersten Weimarer Aufenthalt auf freundschaftlichem Fuße. – *39 Das Exemplar von Humbold:* der 3. Band der *Lehrjahre,* den G. am 17. November an Charlotte Schiller für Humboldt sandte, s. zu Nr. 120. W. von Humboldt hatte sich bereits von Unger ein Exemplar aushändigen lassen, vgl. Humboldt an Sch., 27. November.

131 *1 Hederichs Lexikon:* Benjamin Hederich: ›Gründliches mythologisches Lexikon‹. Hg. von J. J. Schwabe. Leipzig 1770. – *das 7ᵗᵉ Stück der Horen:* s. Nr. 125. – *3 Auf Ihren Aufsatz:* ›Die sentimentalischen Dichter‹ (›Horen‹ 1795, 12. St.). – *5–7 so wenig man mit Bewußtsein (...) Arbeiten:* Über das notwendige Zusammenspiel von Intuition und Reflexion äußert sich G. ähnlich im letzten Brief an W. von Humboldt, 17. März 1832. – *15 Der Weißhunische Aufsatz:* Friedrich August Weißhuhn: ›Sätze und Gegensätze zur Grundlegung eines neuen Systems der Philosophie‹. In: ›Philosophisches Journal einer Gesellschaft Teutscher Gelehrten‹ 1795. Bd. 2; vgl. auch G. an Humboldt, 3. Dezember. – *25 wegen der Subskription der Horen:* vgl. Nr. 122 und 134.

124. GOETHE                    WEIMAR, 29. NOVEMBER 1795

131 *32 Ihre Abhandlung:* ›Die sentimentalischen Dichter‹ ohne den Schlußteil über die Idylle, s. Nr. 125. – *33 so gut behandelt:* vgl. ›Horen‹ 1795, 12. St., S. 36f. – *34 Beifall gebe:* vgl. G. an W. von Humboldt, 3. Dezember. – *39 aus einer allzugroßen Vorliebe (...) ungerecht war:* vgl. *Italienische Reise. An Herder,* 17. Mai 1787; G. an Herder ca. 10. Juli 1772; *Literarischer Sansculottismus,* s. zu Nr. 99.

132 *7 diese Tage wieder:* G. nahm nach kurzer Unterbrechung wieder die Arbeit am letzten Band der *Lehrjahre* auf, s. Nr. 121.

125. SCHILLER                        JENA, 29. NOVEMBER 1795

132,29–31 *Ich kanns ⟨...⟩ gut sei?:* zuerst in Sch./G.² (1856); 133,8 *Stolbergische:* St.

132 *22 Der Brief des Prinzen:* s. Nr. 123. – *25 die Diderotische Erzählung ⟨...⟩:* In seiner handschriftlichen ›Correspondance littéraire, philosophique et critique‹ (1780–82) teilte Baron von Grimm Diderots ›La Religieuse‹ dem Prinzen August von Sachsen-Gotha mit, der u. a. G. und Herder Einblick in das ›geschriebene Journal‹ gewährte. Die postum (1796) erschienene Erzählung wurde 1797 ins Deutsche übersetzt. – *28 Jaques le Fataliste:* Diderots Roman fand sich in der nämlichen ›Correspondance‹ 1778–1780. Sch. selbst hatte nach einer Abschrift Heribert von Dalbergs einen Abschnitt übersetzt und unter dem Titel ›Merkwürdiges Beispiel einer weiblichen Rache‹ in der ›Thalia‹ 1785, H. 1, veröffentlicht. Vor der Publikation des frz. Originalwerks 1796 hatte Wilhelm Christhelf Sigmund Mylius (1754–1827) 1792 in Berlin eine deutsche Übersetzung herausgebracht: ›Jakob und sein Herr‹ (2 Bde). – *32 das verlangte 7ᵗᵉ Stück:* s. Nr. 123. – *Ich erwarte ⟨...⟩:* Sch. mußte sich noch einen Monat gedulden, s. Nr. 138. – *35 JournalGesellschaft:* eine Weimarer Lesegesellschaft für Zeitschriften, der G. angehörte, s. Nr. 55. – *37 Clio:* ›Klio. Eine Monatsschrift für die französische Zeitgeschichte‹. Leipzig 1795–96. – *38 Europæische Annalen:* hg. von Ernst Ludwig Posselt. Tübingen 1795–1806. – *39 Flora:* ›Flora. Teutschlands Töchtern geweiht von Freunden und Freundinnen des schönen Geschlechts‹. Tübingen 1793–1803.

133 *3 Herrn -us:* Friedrich Wilhelm Facius (1764–1843) lebte seit 1789 als Münzen- und Gemmenschneider in Weimar, wo sich G. für seine Ausbildung einsetzte; s. zu Nr. 58. – *5 1/2 Carolin:* 3 Reichstaler 4 Groschen. – *8 Die Stolbergische Vorrede:* s. zu Nr. 121. – *12 Von Jacobi:* Friedrich Heinrich Jacobi schrieb Sch. den letzten Brief am 23. September 1795. Nach Kritik an der Aufnahme der *Römischen Elegien* in die ›Horen‹ brach er die Korrespondenz ab, obwohl Sch. am 5. Oktober ihm mit einem Brief mehrere Gedichte übersandt hatte. Auch die Fortsetzung von Jacobis ›Zufälligen Ergießungen eines einsamen Denkers‹ erschien nicht mehr, s. zu Nr. 11, 52, 63. – *16 meinen Aufsatz:* ›Die sentimentalischen Dichter‹, s. zu Nr. 120 und Nr. 124. *18 Dienstags:* 1. Dezember. – *19 Humboldten:* vgl. Sch. an Humboldt, 29./30.

November. – *26 Der Rest:* Er ging G. im Manuskript nicht mehr zu, s. Nr. 128. – *27 kopiert:* ›abgeschrieben‹. – *28 Ein Nachtrag:* ›Beschluß der Abhandlung über naive und sentimentalische Dichter‹ (›Horen‹ 1796, 1. St., insbesondere S. 88–100). – *33 Nicolai:* s. Nr. 117; Sch. an Körner, 2. November. – *33 regalieren:* (frz.) ›jemandem auftischen‹.

126. SCHILLER  JENA, 8. DEZEMBER 1795

134,1f. *dem der ⟨...⟩ stehen muß,:* zuerst in Sch./G.² (1856); 134,16 *IIten:* eilften; 134,40 *Was für klägliche Postanstalten!:* zuerst in Sch./G.⁴ (1881).

**133** *39 Die Horen:* 1795, 11. St. Sie waren am 8. Dezember eingetroffen (›Calender‹).

**134** *12 ziemlich interessanten Aufsatz.* ›Beschluß der Abhandlung über naive und sentimentalische Dichter‹, s. zu Nr. 125. – *14 in dem neuen-Jahrstück:* In ihm erschien nichts von G., sieht man von seiner Redaktion der Knebelschen Properz-Übersetzung ab; s. zu Nr. 106. – *15 Den Staelischen Aufsatz:* s. zu Nr. 107. – *19 der MusenAlmanach:* ›für das Jahr 1796‹, verlegt von Salomo Michaelis. Humboldt hatte 50 Friedrichsdor des Verlagsbuchhändlers am 27. November an Sch. übersandt, der den Betrag am 2. Dezember erhielt (›Calender‹). – *19 epigrammatisches Honorar:* für G.s *Venezinianische Epigramme,* s. Nr. 128. – *20 Zecchinen:* (ital. ›zecca‹) venezianische Golddukaten. – *21 über den Epigrammen:* in der biographischen Schreibsituation der ›Inschriften‹; vgl. Epigramm Nr. ⟨60⟩ und das Motto der Epigrammsammlung (Bd. 3.2, S. 78, 94). – *22 Bettinen und Lacerten:* Freudenmädchen von Venedig, vgl. *Venezianische Epigramme* Nr. 37–41, 43, 44, 47, 67–70, 72 (Bd. 3.2, S. 133–136, 140f.). – *23 der dumme Mensch:* Michaelis' Vertrauensmann Friedländer hatte ihn um 1000 Reichstaler erleichtert und Briefe kassiert (Humboldt an Sch., 8. September). Sch. hatte am 2. August die Fortsetzung des Almanachs Cotta übertragen. Michaelis trat dem Buchdrucker Unger gegenüber weiterhin als Almanach-Verleger auf. Vgl. Humboldt an Sch., 27. November. Die von Michaelis am 15. und 28. Dezember abgeschickten Almanach-Exemplare erhielt Sch. erst am 16. und 18. Januar 1796 (›Calender‹). – *25 Ifland:* August Wilhelm Iffland (1759–1814), einer der bedeutendsten zeitgenössischen Schauspieler, seit 1779 Theaterdirektor in Mannheim, wo ihn G. im gleichen Jahr kennengelernt hatte. Vgl. ⟨*Besuch von Iffland, auf meiner Reise über Mannheim nach der Schweiz im Jahre 1779*⟩, Bd. 4.2, S. 507. Schauspiele von Iffland waren seit 1791 am Weimarer Theater aufgeführt worden. Vgl. *Tag- und*

*Jahres-Hefte,* Bd. 14, S. 19ff., 39, 47. Das von Iffland im Oktober angebotene Gastspiel nahm G. am 4. November erfreut an. Die politische Lage zwang Iffland, sein einmonatiges Gastspiel bis zum 25. März 1796 aufzuschieben, s. Nr. 129. – *26 Thalia und Melpomene:* die Musen der Komödie und Tragödie. – *28 einen alten Bekannten:* Sch. kannte Iffland seit der Uraufführung der ›Räuber‹ am Mannheimer Nationaltheater 1782 und arbeitete mit ihm in der Mannheimer Zeit eng zusammen. Iffland war für Sch. ein Partner, Berater, aber auch Dramatikerrivale. – *33 Verte:* lat. ›wende um‹, ›b.w.‹. – *39 Montags:* 14. Dezember.

127. GOETHE                    WEIMAR, 9. DEZEMBER 1795

135 *3 beiliegendes Blättchen:* Es ist nicht erhalten. Zur »Weimarischen Journal-Gesellschaft« s. zu Nr. 125. – *7 meine Elegien:* Knebels Properz-Übersetzungen in G.s Überarbeitung. NA (36 II, S. 58) nimmt mit WA und L. Blumenthal bei »meine« Hörfehler des Schreibers für »einige« an. – *12 neuen Stücke:* wohl Hörfehler für »neun« Stücke: Die neun Elegien des Properz erschienen zusammen in den ›Horen‹ 1796, 1. St. – *16 neuen Subskription:* s. Nr. 122, 130, 134. – *17 die sentimentalischen Dichter:* s. Nr. 120, 125. – *24 einem alten Freunde:* Wieland, s. Nr. 122. Bald nach seinem Eintreffen in Weimar 1775 hatte G. enge freundschaftliche Kontakte zum Erzieher Carl Augusts geknüpft. Wieland war später Gründungsmitglied der ›Freitagsgesellschaft‹ (1791). Vgl. auch *Literarischer Sansculottismus,* Bd. 4.2, S. 18; *Dichtung und Wahrheit,* Bd. 16, S. 293 ff., 819, 823; *Tag- und Jahres-Hefte* zu 1794/95, Bd. 14, S. 32 und 45; *Zu brüderlichem Andenken Wielands,* Bd. 9, S. 945–965. Differenzen deuteten sich in der Einstellung zum Kantianismus an; s. Bd. 14, S. 45; zu Nr. 608. Vgl. Wieland an G., 16. Dezember 1795.

128. SCHILLER                    JENA, 13. DEZEMBER 1795

135,36 *Idylle:* Idyllen; 136,3–18 *Die Elegien (...) Properz senden.:* zuerst in Sch./G.² (1856).

135 *37 Der eigentliche Schluß:* s. zu Nr. 125. – *38 Sie und W(ieland):* s. Nr. 122 und 124.

136 *3 nebst meinen Anmerkungen:* Von den 26 Beanstandungen Sch.s an der Übersetzung akzeptierte Knebel zunächst nur sieben; für den Druck in den ›Horen‹ 1796, 1. St., wurden schließlich 19 berücksichtigt. Vgl. Knebel an G., 15., 17., 22. Dezember; A. Leitzmann: ›Schiller und Knebels Properz‹, in: Neophilologus 18 (1933); L. Blumenthal: ›Schillers und Goethes Anteil an

Knebels Properz-Übertragung‹, in: JDSG 3 (1959). – *7 die Voßischen – Rigoristen:* J. H. Voß assimilierte ohne Rücksicht auf die eigensprachlichen Besonderheiten den deutschen Hexameter den antiken Regeln der Silbenlänge. Sch. selbst unterwarf seine ›Elegien‹ den Metrikregeln der Voß-Schule, vgl. Sch.s Briefe an Humboldt und Cotta vom 7. September. In der Vorrede seiner Übersetzung von Vergils ›Georgiken‹ (1789) hatte Voß Normen deutscher Hexameter aufgestellt. G. äußerte sich mehrfach zum Voßischen Rigorismus, vgl. *Tag- und Jahres-Hefte* zu 1793/94 (Bd. 14, S. 21, 29f.), *Campagne in Frankreich* (Bd. 14, S. 513f.); s. zu Nr. 938. – *16 Das Geld:* 15 Louisdor als Honorar für die *Venezianischen Epigramme,* s. zu Nr. 126. – *Auf Neujahr:* Sch. sandte Knebel lediglich 15 Louisdor, und dies erst am 7. Februar 1796.

129. GOETHE                    WEIMAR, 15. DEZEMBER 1795

136,31 *gegenwärtig:* jetzt; 136,33 *arme Teufel:* gute Mann; 137,20 *eine:* die.

136 *23 eine Quittung:* s. Nr. 126, 128. – *28 Das Gedicht:* ›Die Teilung der Erde‹ (›Horen‹ 1795, 11. St.). – *30 gemacht habe:* Sch. nannte sich auch im Jahresverzeichnis des 12. Stücks nicht. – *31 die Hundsposttage:* Jean Pauls ›Hesperus‹, s. zu Nr. 71, Nr. 73, 76. Seit dem *Werther* errang kein deutscher Roman mehr einen derart sensationellen Erfolg. Der Verfasser stieg zu einem Lieblingsschriftsteller des deutschen Lesepublikums auf. Wieland las den ›Hesperus‹ gleich dreimal hintereinander, Herder war tief beeindruckt. Böttiger zufolge stellte Wieland den Autor über Herder und Sch. (Literarische Zustände I, S. 167). Charlotte von Stein, das Ehepaar von Kalb, von Knebel, von Einsiedel schätzten das Werk (›Jean Pauls Persönlichkeit in Berichten der Zeitgenossen‹. Hg. von E. Berend. Berlin 1956). Vgl. das Xenion *Hesperus* (Schmidt/Suphan Nr. 733). – *33 der arme Teufel im Hof:* Unter drückendsten materiellen Verhältnissen hatte sich Jean Paul bis 1793 als Hauslehrer durchbringen müssen. Er lebte noch immer ärmlich in Hof; vgl. Hb 322, 365 (Bd. 4.1, S. 712, 716). – *35 der bedenklichen Note:* gegen Wieland in: ›Die sentimentalischen Dichter‹, s. Nr. 122, 125, 128. – *38 beiliegenden Hymnus:* K. L. M. Müller: ›An den Verfasser der Briefe über ästhetische Erziehung des Menschen in den Horen‹, s. zu Nr. 82 (vgl. ›Schiller – Zeitgenosse aller Epochen‹. Hg. von N. Oellers. Tl. I. Frankfurt 1970, S. 481f.).

137 *1 jenen Sämann:* Mt. 13,3–8, 18–23; Mk. 4,3–8, 14–20; Lk 8,5–8, 11–15; s. Nr. 538. – *4 Anmerkungen zu den Elegien:* Sch.s Korrekturen zu Knebels Properzübersetzungen, s. zu Nr. 105, 106. – *wir:* G. und Knebel. – *8 der Roman: Wilhelm*

*Meisters Lehrjahre. – 14 den Stahlischen Aufsatz:* s. zu Nr. 107. – *15 nebst den Erzählungen:* Die deutsche Ausgabe der Erzählungen von Madame de Staël erschien 1797 in Frankfurt und Leipzig, s. zu Nr. 485. – *16 Die französischen Exemplare:* Der ›Recueil de morceaux détachés par M^ad la B^ne Staël de Holstein‹ (Lausanne/Paris 1795) enthält: ›Epître au Malheur ou Adèle et Edouard‹, ›Essai sur les Fictions‹, ›Trois Nouvelles‹, ›Mirza ou Lettre d'Un Voyageur‹, ›Adélaide et Théodor‹, ›Histoire de Pauline‹; s. Bd. 4.2, S. 939. – *19 zweite Märchen:* Über ein Jahrzehnt schrieb G. kein zweites Märchen mehr, s. zu Nr. 121 und Nr. 278. – *21 Auslegung des ersten:* s. zu Nr. 121. – *23 beiliegendem Briefe:* Prinz August von Sachsen-Gotha an G., 13. Dezember (Bd. 4.1, S. 1060f.). – *24 der religieuse:* s. Nr. 125. In den ›Horen‹ erschien kein Vorabdruck der Erzählung Diderots. – *28 Travestierung der Claironischen Geschichte:* s. zu Nr. 29. – *30 Ifland:* Iffland an G., 5. Dezember; s. Nr. 126. – *den Überwindern:* der frz. Besatzung in Mannheim, s. zu Nr. 110. – *33 aufs Neuejahr:* vom 3. bis 17. Januar 1796.

138 *1 die betrübtesten Beispiele:* Die Auseinandersetzungen G.s mit Caroline Herder (1750–1809) wegen der herzoglichen Zuwendungen für Herders Kinder schwelten trotz Knebels Vermittlung weiter; vgl. Caroline Herder an G., 29. Oktober; G. an Caroline Herder, 30. Oktober; Knebel an G., 8. Dezember; Knebel an Caroline Herder, 13. Dezember. Über die wachsende Distanz zu Herder vgl. *Tag- und Jahres-Hefte* zu 1795 (Bd. 14, S. 45); s. zu Nr. 20. – *4 ein wenig gezeichnet:* Zeichnen war ein Hobby Charlotte Schillers, das G. förderte; vgl. Charlotte Schiller an G., 16. November; G. an Charlotte Schiller, 17. November (WA IV 50, S. 134).

130. SCHILLER          JENA, 17. DEZEMBER 1795

138 *13 die philosophische Bude schließe:* Nach den Briefen ›Über die ästhetische Erziehung des Menschen‹ und der Abhandlung ›Über naive und sentimentalische Dichtung‹ legte Sch. keine größere philosophisch-ästhetische Abhandlung mehr vor; vgl. auch Nr. 40, 477. – *16 der scharfsinnige Prinz:* August von Sachsen-Gotha. – *25 Clara du Plessis:* August Lafontaine: ›Klara du Plessis und Klairant‹. Berlin 1794. Das abfällige Urteil gegenüber dem vielgelesenen Verfasser von Trivialromanen impliziert eine positive Würdigung Jean Pauls. – *28 Das Gedicht:* von K. L. M. Müller, s. zu Nr. 82. – *32 die Widersacher:* Absprechende Urteile über Sch.s ästhetische Briefe fällten u. a. Klopstock, Herder, F. Schlegel, Nicolai, J. K. F. Manso, M. Herz, J. G. Dyk, W. F. A. Mackensen, J. J. Horner, von Ramdohr. Vgl. NA 27, S. 237 ff. und

Nr. 116, 117. – *34 Cotta:* Seine Briefe vom 3. und 6. Dezember, die Sch. am 14. und 16. Dezember erhielt, sind nicht erhalten. – *35 neuen Subskription:* vgl. Nr. 122. – *38 Herdern:* Sch.s Brief an Herder vom 22. Dezember ist nicht überliefert. In seiner Antwort vom 23. lehnt Herder eine Übersetzung ab und äußert moralische Bedenken gegenüber einer Veröffentlichung der ›Nonne‹ in den ›Horen‹, s. Nr. 125, 129. – *39 Staelischen Aufsatz:* s. zu Nr. 107.
139 *2 aufgemutzt:* ›vorgeworfen‹.

131. GOETHE                                    WEIMAR, 17. DEZEMBER 1795

139 *10 Anmerkungen:* s. Nr. 128. – *16 Herrn Stark:* s. Nr. 102, 122. – *21 Novellen des Cervantes:* Die Weimarer Bibliothek besaß zwei französische Ausgaben der ›Novelas ejemplares‹ (¹1613) von 1621 und 1625. Vgl. auch Knebel an G., 17. und 22. Dezember.

132. SCHILLER                                    JENA, 23. DEZEMBER 1795

139,36 *kleinen:* kleine; 140,31 *jungen:* jüngern; 140,34f. *Wenn er ⟨...⟩ gutes davon.:* zuerst in Sch./G.⁴ (1881); 140,37 *noch nicht:* nicht wieder. Im Erstdruck Nr. 133 vor Nr. 132.

139 *34 die Elegien:* des Properz in Knebels Übersetzung, die Sch. und G. redigierten, s. zu Nr. 106. – *38 Lorenz Stark:* s. Nr. 102, 122. – *Humboldt:* Humboldt an Sch., 20. November.
140 *1 die Leichtigkeit des Schönen:* vgl. *Der schöne Geist und der Schöngeist* (Bd. 4.1, S. 760). – *4 die göttliche Platitüde:* Über die »geliebte Göttin« der »Platitüde« vgl. ›Beschluß der Abhandlung über naive und sentimentalische Dichter‹ (›Horen‹ 1796, 1. St., S. 98f.). – *6 die schönen Abbildungen:* 40 von Wilhelm Gottlieb Becker (1753–1813) erläuterte Kupfer in dem Bildband ›Das Seifersdorfer Tal‹ (Leipzig und Dresden 1792), s. Nr. 135. Becker, Moral- und Geschichtsprofessor an der Ritterakademie in Dresden, war seit 1795 Inspektor der dortigen Antikengalerie. – *10 Rackenitz Schrift:* Joseph Friedrich Freiherr von Racknitz: ›Briefe über die Kunst an eine Freundin‹. Leipzig 1795; s. Nr. 136. – *12 Herder:* Herder an Sch., 23. Dezember, s. zu Nr. 130. – *14 künftige Ostern:* Eine deutsche Übersetzung (›Die Nonne‹) von Carl Friedrich Cramer erschien Ostern 1797 in Riga. – *18 den Roman: Wilhelm Meisters Lehrjahre.* – *16 Entreprise:* frz. ›Unternehmen‹. – *21 Teilung der Erde:* in: ›Horen‹ 1795, 11. St. – *24 Literarische Sansculottism:* s. Nr. 99. – *26 Rezension der Horen:* Schütz führte sein Vorhaben einer Rezension der philosophischen und historischen ›Horen‹-Beiträge – vom 1. Stück der ›Horen‹ abgesehen – nicht aus. Vgl. Schütz an A. W. Schlegel, 27. Novem-

ber 1795; an Sch., 6. Januar 1796; Sch. an A. W. Schlegel, 10. Dezember; s. zu Nr. 15. – *31 dem jungen Schlegel:* dem 28jährigen August Wilhelm Schlegel (1767–1845); Sch. an A. W. Schlegel, 29. Oktober; A. W. Schlegel an Sch., 9. November. Er besprach die poetischen Beiträge der ›Horen‹ 1795 in der ALZ 1796, Nr. 4–6 (Bd. 4.1, S. 1062–1064). Vgl. Schütz an Sch., 6. Januar 1796; Sch. an Schlegel, 8. Januar 1796; an Humboldt, 25. Dezember 1795, 9./11. und 25. Januar 1796. Bis ins Frühjahr 1797 stand Sch. mit A. W. Schlegel auf gutem Fuß und bewog ihn zum Umzug nach Jena 1796. – *32 Unterhaltungen: Unterhaltungen deutscher Ausgewanderten,* s. zu Nr. 19. – *33 heute:* A. W. Schlegels Brief vom 18. ⟨?⟩ Dezember empfing Sch. am 23. – *36 der Almanach:* Sch. erhielt die ersten Exemplare des ›Musen-Almanachs‹ für 1796 am 30. Dezember 1795 über Humboldt.

133. GOETHE                    WEIMAR, 23. DEZEMBER 1795

141,17 *gekommen:* zugekommen; 141,21–26 *Daß* ⟨...⟩ *erlassen.:* zuerst in Sch./G.² (1856); 141,30 *abdrucken:* drucken; 141,35 *Aufklärungen:* Erklärungen. S. zu Nr. 132.

141 *5 besuchen zu können:* Vom 3. bis 17. Januar 1796 war G. in Jena. – *13 von Freundin Charlotte:* Nur die Ankündigung des Interpretationsbriefs von Charlotte von Kalb, nicht er selbst, ist erhalten; Ch. von Kalb an G., nach dem 18. November (Bd. 4.1, S. 1059). Die Grundgedanken ihrer Deutung resümiert G. in der Tabelle von 1816; s. zu Nr. 34 und 121. – *21 Den Einfall* ⟨...⟩*:* Die Geburtsstunde der *Xenien,* die G. und Sch. im ›Musen-Almanach‹ für 1797 veröffentlichten. Nach den Enttäuschungen der letzten fünf Jahre über den Geschmack des deutschen Publikums und aufgestautem Unmut über die ›Horen‹-Rezeption – der befreiende Durchbruch. Jetzt sucht das Duumvirat die zeitkritische offensive Auseinandersetzung mit den Hauptrepräsentanten der Literatur des späten 18. Jahrhunderts. – *16 Xenia des Martials:* griech. ›Gastgeschenke‹. In Martials 13. Buch der Epigramme mit dem Titel ›Xenia‹ sind es Textgeschenke, Monodistichen, entworfen als spöttische und launige Begleittexte zu Saturnaliengeschenken. – *20 Hier ein Paar:* G. schickte sie erst am 26. Dezember. – *21 Subskription:* s. Nr. 122 und 134; vgl. Sch. an Humboldt, 25. Dezember; Cotta an Sch., 14. Januar 1796. – *24 dieser edle Sosias:* In Plautus' Komödie ›Amphitruo‹ der komische Diener, in den sich der Handelsgott Mercurius verwandelt. ›Sosius‹ hieß ferner eine von Horaz erwähnte Familie von Verlagsbuchhändlern in Rom. – *25 Epiphaniae:* Fest der Erscheinung des Herrn am 6. Januar, Dreikönigsfest. – *Des P⟨ater⟩ Castels Schrift:* Louis Bertrand

Castel (1688–1757): ›L'optique des couleurs, fondée sur les simples observations et tournée sur-tout à la pratique de la peinture, de la teinture et des autres arts coloristes‹. Paris 1740. Vgl. Historischer Teil der *Farbenlehre* (Bd. 10, S. 817–823). – *30 das wahre Verhältnis:* In der Ablehnung von Newtons Farbenlehre stimmte G. mit Castel überein. – *33 einige Varianten:* von Charlotte von Kalbs Interpretation abweichende Deutungen des *Märchens*. Vgl. auch G. an Prinz August von Gotha, 21. Dezember (Bd. 4.1, S. 1059).

## 134. SCHILLER  JENA, 25. DEZEMBER 1795

142,9–27 *Was ⟨...⟩ wird.:* zuerst in Sch./G.² (1856); 142,29 *nebst einer:* und eine; 142,33 f. *hat glücklicherweise Schlegel:* hat Schlegel; 142,34 *Schlegel und nicht Schütz rezensiert:* Schlegel rezensiert; 143,34 *Dieser:* Schütz. Vollständig zuerst in Sch./G.⁴ (1881)

142 *3 einen kleinen Beitrag:* Er ist nicht erhalten. – *13 Ungers:* Unger hatte in der Anzeige von Reichardts Zs. ›Deutschland‹ im ALZ-Intelligenzblatt vom 11. November 1795 den ›Horen‹ einen Seitenhieb verpaßt; vgl. Humboldt an Sch., 27. November. – *21 Jubilate:* der dritte Sonntag nach Ostern. – *22 »eine wohlberechnete Sonnenfinsternis«:* Zitattravestie aus G.s Egmont 4. Aufzug (Bd. 3.1, S. 298). – *28 Trauerspiel nebst einer Operette:* Carl Ludwig von Woltmann: ›Cecilie von der Tiver‹ und ›Gerichtshof der Liebe‹. Die literarischen Manuskripte des Historikers blieben unpubliziert. Gegenüber Humboldt spricht Sch. vom Libretto einer Oper; vgl. Sch. an Humboldt, 25. Dezember. – *32 L⟨iteratur⟩ Z⟨eitung⟩:* ›Allgemeine Literatur Zeitung‹, s. zu Nr. 132.

## 135. GOETHE  WEIMAR, 26. DEZEMBER 1795

143,30–36 *Die ⟨...⟩ worden.:* zuerst in Sch./G.² (1856). Im Erstdruck Nr. 135 vor Nr. 136.

143 *3 Ein paar Produkte:* Von ihnen ist nur der ›Theater Kalender. Mannheim 1796‹ bekannt, s. zu Nr. 136. – *7 ein Dutzend:* die Xenien *Deutsche Monats-Schrift, Jacobis Taschenbuch, Journal des Luxus und der Moden, Allgemeine Literatur Zeitung, Voßens Almanach, Minerva, Flora, Die Horen, Merkur, Urania, Genius der Zeit, Archiv der Zeit, Schillers Almanach* (von 1797), *Fichtes Wissenschaftslehre,* vgl. ›Ur-Xenien‹. Hg. von Hans Wahl. Weimar 1934, Bl. 1 f.. Möglicherweise fehlten die beiden letzten Xenien, s. Nr. 140. Zu den Zss. vgl. G.s Inhaltsangaben und Kurzkritiken in ⟨*Monatsschriften 1794 und 1795*⟩ (Bd. 4.2, S. 469–481). – *11 der neuen Generation:* A. W. Schlegel. – *16 in*

*unsern Arbeiten verwechselt:* s. Nr. 132. – *25 meinen beliebigen Spaß:* Er unterblieb; vgl. das Xenion *Das Märchen* (X 137, Bd. 4.1, S. 792). – *30 Seifersdorfer Unwesens:* s. Nr. 132. – *31 die Trude:* Als weiblichen Alp und Zauberin etikettiert G. die als überspannt geltende Gräfin Christine von Brühl (1756–1816), die Herrin von Seifersdorf. G. war ihr 1782 begegnet und hatte sie 1785 in Karlsbad näher kennengelernt. Vgl. G.s Stammbuchverse und das Lied an die Gräfin (Bd. 2.1, S. 103, 105). Ihr Englischer Garten war mit idealischen Büsten von G., Herder, Wieland sowie mit Altären, Statuen und Portalen ausstaffiert. Vgl. Körner an Sch., 19. Oktober 1787; Sch. an Körner, 19. Dezember 1787. – *32 Wielands Empfang:* Von Dresden aus hatte Wieland am 13. August 1794 mit seinem Verleger Göschen die bei Radeberg gelegenen Anlagen des Grafen Brühl besucht; vgl. Wieland an Sophie Reinhold, 26./27. August 1794. Zu Gräfin Brühls Bericht vom musisch inszenierten Empfang Wielands vgl. Starnes, Wieland II, S. 379. – *39 einige gute Zeit:* vom 3. bis 17. Januar 1796 in Jena.

136. SCHILLER                JENA, 29. DEZEMBER 1795

144,19–28 *Ich habe ⟨...⟩ leise anrühren.:* zuerst in Sch./G.² (1856); 145,1 *die ein gewisser Hofrat:* die Hofrat; 145,2 *Metamorphosen:* Metamorphose; 145,7 *der gute Freund:* der Freund; 145,24 *eine allgemein gute:* eine gute; 145,35 *Böttiger:* P. S. zu Nr. 135.

144  3 *Der Gedanke:* s. Nr. 133, 135. – *5 die Götter und Göttinnen:* G.s Distichen auf Zeitschriften mit mythologischen Namen, s. zu Nr. 135. – *11 die Stolbergische Sippschaft:* s. Nr. 121 – Nr. 123; X 72, 116–118, 357; Hb. 99 (Bd. 4.1, S. 784, 789 f., 818, 686). – *12 Rackenitz:* Joseph Friedrich Freiherr von Racknitz (1744–1818) war Hofmarschall in Dresden, s. Nr. 132; vgl. Hb 407, X 28, Bd. 4.1, S. 721, 779 – *Ramdohr:* s. zu Nr. 9.; vgl. Hb 406, Bd. 4.1, S. 721. – *13 Ichs und NichtIchs:* Anspielung auf Fichtes ›Wissenschaftslehre‹; vgl. J. G. Fichte: ›Über den Begriff der Wissenschaftslehre‹ (1794). Ders.: ›Grundlage der gesamten Wissenschaftslehre‹ (1794/95). s. Nr. 79; vgl. X 380, Bd. 4.1, S. 821; Schmidt/Suphan Nr. 729. – *Nicolai:* s. Nr. 117; vgl. in Bd. 4.1: Hb 112, S. 688; Hb 246–284, S. 703–707; Hb 343–346, S. 714; Hb 471, S. 729; Hb 492, S. 731; Hb 439–441, S. 735 f. – *14 die Leipziger GeschmacksHerberge:* J. G. Dyks ›Neue Bibliothek der schönen Wissenschaften und der freien Künste‹; s. zu Nr. 117; vgl. in Bd. 4.1: Hb 326 und 327, S. 712; Schmidt/Suphan Nr. 748. – *15 Thümmel:* Auf die ersten Bände von Moritz August von Thümmels (1738–1817): ›Reise in die mittäglichen Provinzen von Frankreich im Jahre 1785 bis 1786‹ (10. Bde. Leipzig

1791–1805) zielt ein G.-Xenion (Schmidt/Suphan Nr. 736; Ur-Xenien Bl. 9). – *Göschen ⟨...⟩:* Georg Joachim Göschen (1752–1828). Zwischen dem Leipziger Buchhändler, Verleger des ›Don Carlos‹ und der ›Neuen Thalia‹, und dem Konkurrenten Cotta war es 1795 auf der Leipziger Buchmesse zu einem heftigen Auftritt gekommen; Cotta an Sch., 8. Mai. Als Thümmels »Stallmeister« wird Göschen aufgrund seines Romans ›Johanns Reise‹ (Leipzig 1793) tituliert, den G. mit dem Xenion *Göschen* aufs Korn nimmt (Bd. 4.1, S. 810; Ur-Xenien Bl. 8). – *17 in der großen Rezension:* A. W. Schlegels Rezension für die ALZ, 4.–6. Januar 1796, lag Mitte Dezember bereits fertig vor, so daß die Druckbogen von ›Die sentimentalischen Dichter‹ (12. ›Horen‹-St. 1795) für ihn zu spät kamen. Schütz seinerseits lieferte die versprochene ergänzende Rezension nicht mehr; s. zu Nr. 132. – *22 ich ließ ihn merken:* vgl. Sch. an Schütz, 28. November. – *23 genieren:* (frz.) ›einengen‹, ›hemmen‹. – *31 der Archenholz⟨ische⟩ Aufsatz:* s. Nr. 122. Sch. rezensierte ihn nicht. – *36 Woltmanns Trauerspiel ⟨...⟩:* s. zu Nr. 134.

145 *1 eine Zoonomie:* Erasmus Darwin: ›Zoonomie oder Gesetze des organischen Lebens. Aus dem Englischen übersetzt und mit einigen Anmerkungen begleitet von J. D. Brandis.‹ 1. Abt. Hannover 1795, S. 183 f. – *Hofrat Brandis:* Joachim Dietrich Brandis (1762–1846), Arzt in Braunschweig, später Professor in Kiel. – *2 Ihre Schrift: Versuch die Metamorphose der Pflanzen zu erklären* (1790), Bd. 3. Geleitet vom Evolutionsprinzip (›Zoonomie‹, Kap. 39) beschreibt E. Darwin Kennzeichen des Lebens wie Wachstum, Bewegung, Stoffwechsel, Reizbarkeit, Fortpflanzung an Vegetabilien und spürt an Mimosen und fleischfressenden Pflanzen Kriterien animalischen Lebens auf. Die lebenden Knospen des Baums ähneln Darwin zufolge den aus Tieren entstandenen Korallenzweigen. Der Gedanke der Analogie von Organen, der Metamorphose und Evolution verbindet G.s und E. Darwins Auffassungen. – *6 »Ein neuer Beweis ⟨...⟩ Wahrheit sei«:* Sch. paraphrasiert den Text. Wörtlich folgert Brandis: »daß Dichtkunst den Sinn für Wahrheit selbst im wissenschaftlichen sehr veredelt«. Die Anmerkung wendet sich unter Berufung auf G. gegen schwärmerische Poeten, die alles Wissenschaftliche hassen, weil sie es nicht kennen (a.a.O.). – *12 den Roman: Wilhelm Meisters Lehrjahre,* s. Nr. 137. – *13 nulla dies sine Epigrammate:* lat. ›Kein Tag ohne Epigramm!‹ Analog zum antiken Sprichwort: ›nulla dies sine linea‹. – *15 Teurung:* hier: ›Rarheit an Stücken‹. – *18 Adelphi:* (griech./lat.) ›Die Brüder‹. Die Komödie von Terenz wurde erst am 24. Oktober 1801 in Weimar aufgeführt, s. zu Nr. 872, 934. – *18 Romanus:* Karl Franz Romanus (1731–1787). Die Terenzbear-

beitung des Geh. Kriegsrats in Dresden ›Die Brüder‹ (Dresden und Warschau 1761) war am 17. Juli 1767 in Hamburg uraufgeführt worden. Zu Romanus' Bearbeitung äußert sich Lessing im 70.–73. und 96.–99. Stück der ›Hamburgischen Dramaturgie‹. – *29 TheaterKalender:* ›Theater Kalender‹. Hg. von Heinrich Gottlieb Schmieder. Mannheim 1796, S. 3 ff. nennt 25 europäische Dramatiker. Neben Leisewitz, Klinger, Babo und den Stolbergen werden auch Sch. und G. gerühmt. Die 2. Abt. führt 381 deutschsprachige Autoren an. – *32 Julius Cæsar:* ebenda S. 163. Fragmente zu einem 1770/71 geplanten *Caesar*-Drama liegen von G. allerdings vor, vgl. Bd. 1.1, S. 386, 915 f. – *35 Böttiger:* Karl August B. (1760–1835), Gymnasialdirektor, literarischer Journalist und Klatschkolumnist in Weimar, der umtriebige ›Magister ubique‹, s. Nr. 434.

137. GOETHE                    WEIMAR, 30. DEZEMBER 1795

Erstdruck in: Riemers Briefe von und an G. (1846). 146,20 *dieses:* des; 146,21 *jenes:* jener.

**146** *3 die Xenien:* s. Nr. 135. – *5 Charis:* F. W. B. von Ramdohr: ›Charis oder über das Schöne und die Schönheit in den nachbildenden Künsten‹. Leipzig 1793, s. Nr. 8, 9. – *6 Johann:* Göschens Roman, s. zu Nr. 136. – *7 ins Gelag hineinschreiben:* ›ohne Überlegung herunterschreiben‹. – *13 wieder Händel:* G. erinnert an Sch.s Rezensionspolitik, die Verleumdungsklagen wegen des Vorwurfs heraufbeschwor, Cotta bezahle die Rezensionen der ›Horen‹ in der ALZ. Vgl. Fambach II, S. 111–125; s. zu Nr. 15. – *15 über die Lebenskraft:* J. D. Brandis: ›Versuch über die Lebenskraft‹. Hannover 1795, S. 6. Der Verfasser hatte G. sein Werk übersandt; vgl. *Tag- und Jahres-Hefte* zu 1795, Bd. 14, S. 46. – *19 als Dichter:* Der zu seiner Zeit berühmte englische Naturforscher, Arzt und Dichter Erasmus Darwin (1731–1802) regte seinen großen Enkel Charles Darwin zur Evolutionstheorie an. E. Darwin veröffentlichte vor seiner ›Zoonomia, or the laws of organic life‹ (London 1794/96‹) ausführliche Lehrgedichte unter dem Titel ›The botanic garden‹ (London 1792). G. bespricht das Werk in Nr. 414. – *21 jener Tragödie:* des Historikers Woltmann, s. zu Nr. 134. – *23 Ziegler:* Friedrich Julius Wilhelm Z. (1759–1827): ›Barbarei und Größe‹. Wien 1793. In Weimar wurde das vieraktige Trauerspiel des Wiener Dramatikers und Schauspielers nur einmal – am 29. Dezember – aufgeführt. – *24 ein Schauspieler fast um seine Nase (...):* Heinrich Becker, der Mann von Christiane (Neumann-)Becker (s. Bd. 6.1, S. 879 f.). Becker schildert die wahrhaft blutige Hinrichtungsszene im Brief an Caroline Bechstein vom 6. Februar 1796 (GJb 29 (1908), S. 22–24). – *26 Be-*

*arbeitung der Adelphen ⟨...⟩:* K. F. Romanus: ›Die Brüder‹, s. zu Nr. 136. G. wagte bereits »als Kind den Terenz nachzuahmen« (*Dichtung und Wahrheit,* 3. Buch; Bd. 16, S. 117). – *28 Sie wieder zu sehen:* 3.–17. Januar 1796 in Jena. – *35 Von Meyern:* Meyer an G., 22./24. November 1795. – *36 sitzt nun freilich im Rohre:* Anspielung auf das Sprichwort ›Wer im Rohr sitzt, hat gut Pfeifen schneiden‹. – *37 die andern Gesellen:* einer deutsch-römischen Lesegesellschaft, die Meyers kunsthistorische Arbeiten wenig schätzen und stattdessen Böttiger feiern.

147 *1 von sich und Hirt:* J. H. Meyer lieferte nicht, wie angekündigt, Briefe für die ›Horen‹. Erst seinem Brief an G. vom 29. Juli 1796 legte er seine Beschreibung ›Neueste Zimmerverzierung in Rom‹ bei, die im 9. ›Horen‹-Stück 1796 erschien. Aloys L. Hirt übersandte am 12. April 1796 seine ›Reise von Grottaferrata nach dem Fucinischen See und Monte Cassino im Oktober 1794‹ (›Horen‹ 1796, 11. und 12. St.), die G. enttäuschte. Vgl. G. an Meyer, 20. Mai 1796; s. zu Nr. 12. – *3 ein Brief von Oberreit:* vom 26. Dezember 1795. Obereit legte dem Brief seine Kantkritik ›Finale Vernunftkritik für das grade Herz‹ (Nürnberg 1796) nebst einem ›Avertissement‹ bei. Zu Obereits Bittstellerbrief vom letzten Jahr s. Nr. 36. – *5 unsern Herrschaften:* Carl August und Louise Auguste von Sachsen-Weimar-Eisenach.

138. SCHILLER                    JENA, 30. DEZEMBER 1795

147 *12 des Almanachs:* ›Musen-Almanach für das Jahr 1796‹. Hg. von Schiller. Neustrelitz, bei dem Hofbuchhändler Michaelis. – *13 Humboldt:* vgl. Sch.s ›Calender‹, 30. Dezember; Sch. an Humboldt, 4. Januar 1796. – *14 Buchhändler:* Michaelis, s. Nr. 126.

# 1796

139. GOETHE  WEIMAR, 2. JANUAR 1796

151,6 *vier, bei:* vier Uhr, bei.

151 *6 einzutreffen hoffe:* G. hielt sich vom 3. bis 17. Januar 1796 in Jena auf und besuchte Sch. fast täglich. Vgl. G. an Christiane Vulpius, 8. Januar; Tgb., 4.–14. Januar; Sch. an Humboldt, 9./11. Januar; Sch. an Körner, 18. Januar; Funck an Körner, 17. Januar (NA 36 II, S. 102 ff.).

140. SCHILLER  JENA, 17. JANUAR 1796

151,15 *nah:* noch. Im Erstdruck nach Nr. 146 eingeordnet.

151 *14 4 Almanache:* Die von Michaelis mit der zweiten Sendung am 28. Dezember 1795 überstellten zehn Exemplare des ›Musen-Almanachs‹ erhielt Sch. am 16. Januar 1796, zwei Tage vor der ersten Sendung. – *66 Xenien:* Sch. zählt eine für zehn Distichen berechnete Lücke und sein erstes Xenion (Bd. 4.1, X 595, S. 743) zu den 55 eigenen hinzu, so daß er – anders als Wahl (›Ur-Xenien‹, ⟨S. 14⟩) und die NA 28 berechnen – die Summe richtig beziffert. – *15 nah an 80:* zu G.s *Xenien* s. zu Nr. 135.

141. SCHILLER  JENA, 18. JANUAR 1796

151 *23 dem armen Tiere:* s. Nr. 126 und 138. – *25 Mitarbeiter ad extra:* die auswärtigen Mitarbeiter. – *das eigentliche Paquet:* 16 Musenalmanache (davon acht englisch Velinpapier für G., Herder und Sch.). Vgl. Michaelis an Sch., 15. Dezember 1795. – *29 Die noch restierenden Bogen:* wohl Manuskriptblätter der *Xenien,* vgl. Nr. 143. Zwei von Sch. eigenhändig mit 31 frühen Xenien beschriebene Bogen schenkte G. dem Grafen Schlitz am 26. März 1816; vgl. Wahl, ›Ur-Xenien‹, S. ⟨15 f.⟩, ⟨18⟩. Die von Michaelis am 28. Dezember 1795 übersandten Separata der *Epigramme. Venedig 1790* (Berlin 1796) kommen kaum in Frage. – *31 eins von den schlechtern Exemplarien:* G. schickte einen ›Musen-Almanach‹ in der billigeren Ausstattung zurück, s. Nr. 142.

152 *1 Die Gesundbrunnen:* vgl. Bd. 4.1, X 140, S. 691, X 108, S. 788. Der Titel kann sich ebenso auf geographische Räume (Karlsbad, Deutschland) wie auf einen literarischen Text (das Lehrgedicht des Arztes Valerius Wilhelm Neubeck: ›Die Gesundbrunnen‹. Breslau 1795) beziehen.

### 142. GOETHE WEIMAR, 20. JANUAR 1796

152,10 *spricht gut von:* spricht von.

**152** *10 Jedermann spricht gut:* vgl. Knebel an G., 3. Januar; Carl August an G., 13. Januar. – *12 Die Epigramme:* die »poetische Teufelei« der *Xenien* als Frucht der gemeinsamen Produktion der letzten Wochen, vgl. Sch. an Körner, 18. Januar. G. schickte die Abschrift am 4. Februar. – *15 Die neue Oper:* ›Die neuen Arkadier‹ von Christian August Vulpius. Musik von Franz Xaver Süßmayer (1766–1803), s. Nr. 150. – *19 besuche ich Sie:* G. kam am 16. Februar für einen Monat nach Jena.

### 143. SCHILLER JENA, 22. JANUAR 1796

G. redigierte die beiden *Xenien* Sch.s folgendermaßen; 153,13 *elender:* ärmlicher; 153,17–19 Der Kantianer / Sollte Kantische Worte der hohle Schädel nicht fassen? / Hast Du in hohler Nuß nicht auch Devisen sehn.

**152** *25 eine kleine Lieferung:* neben den beigegebenen *Xenien* (Bd. 4.1, X 11, S. 777; vgl. S. 826; Schmidt/Suphan Nr. 760) wohl einer der Bogen, die G. dem Grafen Schlitz schenkte, s. zu Nr. 141. – *38 Ihre Epigramme:* Epigramme. Venedig *1790.* (›Musen-Almanach‹ für 1796); s. Bd. 3.2. Über kritische Stimmen hatten vorher Humboldt (29. Dezember 1795) und Körner (1. Januar 1796) berichtet.

**153** *1 Emigrierten:* die meist adligen oder geistlichen französischen Emigranten, die nach ihrer Ausweisung aus Erfurt im Herbst 1795 ins Weimarer Herzogtum aufgenommen worden waren; sie stießen auch in Weimar vielfach auf Ablehnung. Vgl. Sch. an Huber, 10. Februar 1796; *Tag- und Jahres-Hefte* zu 1795 (Bd. 14, S. 44). – *Hundsposttagen:* Jean Pauls Roman ›Hesperus‹, s. Nr. 129. – *6 Gerning:* J. I. von Gerning übernahm mehrfach geschäftliche Aufträge G.s für Kunstobjekte, wissenschaftliche Instrumente und Fragen der Innendekoration, s. zu Nr. 18 und 153. – *12 An einen gewissen moralischen Dichter:* gegen Klopstock. – *17 Jakob der Kantianer:* Ludwig Heinrich von Jakob in Halle hatte im 118.–122. Stück seiner ›Annalen der Philosophie und des philosophischen Geistes‹ 1795 eine Rezension der ›Horen‹ (von Mackensen) publiziert, die Sch.s ästhetische Briefe aus dogmatisch-kantianischer Position angreift, s. zu Nr. 117. – *22 Freiheit:* Das gegen J. F. Reichardt gerichtete Xenion setzte G. unter den Brief.

144. GOETHE WEIMAR, 23. JANUAR 1796

153,30 *nächsten acht Tage:* nächsten Tage; 153,35 *mich wieder sobald:* mich sobald; 154,3–18 *Die verlangten ⟨...⟩ beschäftigt ist.:* zuerst in Sch./G.² (1856).

153 *31 die Darmstädter Herrschaft:* Ludwig X., Landgraf von Hessen-Darmstadt, der Bruder der Herzogin Louise, hielt sich mit Gemahlin, Tochter und einem Gefolge von 22 Personen vom 23. bis 26. Januar in Weimar auf. – *32 Cour:* Empfang bei Hofe; vgl. G.s Tgb., 24. Januar. – *Montag:* 25. Januar; G. wohnte der Aufführung von Mozarts ›Don Giovanni‹ nicht bei. – *34 die Advokaten:* A. W. Iffland: ›Die Advokaten‹ (Leipzig 1796). – *die neue Oper:* s. zu Nr. 142. – *36 Das achte Buch:* G. beendete *Wilhelm Meisters Lehrjahre* zur Jahresmitte.

154 *6 halt:* Schreibversehen für ›hält‹; vgl. Nr. 145 (S. 155, Z. 2). – *14 nach Frankfurth schreiben:* G. schrieb nicht an Gerning, wie die NA (36 II) und Seidel vermuten, sondern an den Tapetenfabrikanten Johann Andreas Benjamin Nothnagel (1729–1804), wie angekündigt montags, den 25. Januar; vgl. WA I 11, S. 345. Dieser antwortete am 30. Januar (RA 2, Nr. 42). – *17 Eckebrecht:* Der Weimarer Dekorationsmaler Johann Friedrich Eckebrecht (1746–1796) führte drei von G. entworfene Bühnenprospekte für die Oper ›Die neuen Arkadier‹ aus.

145. SCHILLER JENA, 24. JANUAR 1796

154,35 *Charlotte Kalb:* die Freundin; 154,37–155,4 *Es ⟨...⟩ vor.:* zuerst in Sch./G.² (1856); 155,8 *und sehr freigebig:* und freigebig.

154 *28 Katastrophe eines Romans:* Abschluß der *Lehrjahre.* – *29 1000 Epigrammen:* den *Xenien.* – *zwei weitläuftigen Erzählungen aus Italien und China:* G.s Tgb. vermerkt während der Zeit seines Jenabesuchs am 12. Januar »kam der chinesische Roman zur Sprache« und am 15. Januar »Die Charaktere der Italiänischen Städte und andres auf Reisen bezügliches«. Die letztere Eintragung bezieht sich vermutlich auf das geplante umfangreiche Werk über Italien (s. zu Nr. 100) und nicht auf eine erwogene Fortsetzung der *Unterhaltungen deutscher Ausgewanderten*, wie Gräf/Leitzmann und die NA (28) nahelegen: Denn im Brief an Meyer vom 22. Januar macht G. unter den Auspizien seiner dritten Italienreise den Freund in Rom auf Philaletes' Schrift ›Questiones Forcianae‹ aufmerksam, in der »die Sitten und Arten der verschiedenen Bewohner Italiens« charakterisiert seien. Dieses Werk ist in den ⟨*Vorbereitungen zur zweiten Reise nach Italien*⟩ notiert; vgl. Bd. 4.2, S. 549. Der »chinesische Roman« ist möglicherweise das Sch. 1794

vom Übersetzer Christoph Gottlieb von Murr zugegangene Werk
›Haoh Kjöh Tschwen, d.i. die angenehme Geschichte des Haoh
Kjöh‹ (Leipzig 1766), das Sch. selbst später zu bearbeiten begann.
Vgl. NA 16, S. 361ff.; Sch. an Unger, 29. August 1800. – *35 Charlotte Kalb:* s. zu Nr. 34.

155 *5 Woltmann:* zu seinem Besuch vgl. Sch. an Humboldt,
25. Januar. – *6 den zwei Theaterstücken:* s. zu Nr. 134 und
Nr. 136. – *12 die Observanz:* die (strenge) Regel ›Kein Tag ohne
Epigramm!‹, s. Nr. 136.


146. GOETHE                                           WEIMAR, 27. JANUAR 1796

155,28 *Tage nun an:* Tage an.

155 *18 Mit der ganzen Sammlung:* der Abschrift der *Xenien,* s.
Nr. 142, 150. – *19 mein Beitrag:* elf Xenien, vgl. Wahl, ›Ur-
Xenien‹, Bl. 5-7; Bd. 4.1, X 170, S. 694; X 290, S. 708; X 295,
S. 709; X 328, S. 712; X 371, S. 717; X 372, S. 717; X 407, S. 721;
X 451, S. 727; X 23, S. 828; Schmidt/Suphan, Nr. 721, 728. –
*20 vorgesetzte Zahl:* 1000, s. Nr. 145 und Sch. an Körner, 1. Februar; an Humboldt, 1. Februar. – *28 recht bunt:* s. Nr. 144, 148;
ferner: Theaterproben 26.–28. Januar (Tgb.).


147. SCHILLER                                           JENA, 27. JANUAR 1796

156,1 *Lebenden namentlich betrifft:* Lebenden betrifft; 156,8 *Der
Aufsatz:* Die Aufsätze; 156,10 *aufgestellt:* vorgestellt; 156,16 *neuern:* neuen; im Erstdruck nach Nr. 142 eingeordnet.

155 *38 Die den Newton betreffen:* Bd. 4.1, X 170, S. 649; X 23,
S. 828 in der älteren Fassung, s. Nr. 107.

156 *5 Reichardten unsern soi disant Freund:* Das zunächst
freundschaftliche Verhältnis der Autorenkoalition zu J. F. Reichardt war bereits getrübt. Er hatte 1793 seinen Kompositionen
›Musik zu Goethes Werken‹ I eine hymnische Widmung an G.
vorangestellt und für die ersten drei Bände der *Lehrjahre* bis dato
sieben (insgesamt acht) Musikbeilagen geliefert (s. Bd. 5, S. 857),
später Voß-Lieder für die ›Horen‹ und Sch.s ›Der Tanz‹ vertont.
Sch. hatte die Übersendung des Journals ›Frankreich‹ mit einem
spöttischen Antwortbrief quittiert und dafür einen Seitenhieb auf
die ›Horen‹ in der Anzeige von Reichardts anderer Zeitschrift
›Deutschland‹ einstecken müssen, s. zu Nr. 64 und 134; s. Nr. 148;
Sch. an Reichardt, 3. August 1795; vgl. Sch. an Humboldt, 1. Februar. – *soi disant:* frz. ›sogenannt‹. – *6 mit einigen Xenien:* Es
wurden fünf Dutzend! s. Nr. 148. – *eine Rezension:* der ersten
sechs ›Horen‹-Stücke in ›Deutschland‹ 1796, Bd. 1 (Januar),

(s. Bd. 4.1, S. 1064–1066). – *7 Unterhaltungen:* G.s *Unterhaltungen deutscher Ausgewanderten* prangerte Reichardt als kaum verschleierte reaktionäre Tendenzliteratur an (s. Bd. 4.1, S. 1064–1066). – *9 von Fichte und Woltmann:* Fichte: ›Über Belebung und Erhöhung des reinen Interesse für Wahrheit‹ (›Horen‹ 1795, 1. Stück). – C. L. Woltmann: ›Beitrag zu einer Geschichte des französischen National-Charakters‹ (Horen 1795, 5. Stück). – *12 Voßens Gedichte:* ›Weihe der Schönheit‹, ›Sängerlohn‹ (›Horen‹ 1795, 5. Stück). – *der Rhodische Genius:* Alexander von Humboldt: ›Die Lebenskraft oder der Rhodische Genius‹ (›Horen‹ 1795, 5. Stück). – *15 Ingrimm:* Haßgefühle Reichardts gegen Sch. und G. erwähnt F. Schlegel im Brief an A. W. Schlegel vom 28. Juli 1796. – *16 Heinses musikalischer Roman:* Wilhelm Heinse: ›Hildegard von Hohenthal‹. 2 Bände. Berlin 1795/96; s. Nr. 149; G.s gleichnamiges Xenion (Bd. 4.1, X 372, S. 717; Wahl, ›Ur-Xenien‹ Bl. 5). – *20 auch in den Horen:* Hier unterblieb die Polemik.

148. GOETHE WEIMAR, 30. JANUAR 1796

157,12 *nun doch:* doch nun; 157,13 *Piographie:* Biographie; 157,28 *wir da die:* wir die; 158,1 *geliebt: gibt.*

156 *30 zur gestrigen Redoute:* ein Maskenzug zu Ehren der Herzogin Louise am Vorabend ihres Geburtstags. Die orientalischen Masken und das Sklavenballett beschreibt Amalie von Imhoff in einem Brief an F. von Stein vom 15. Februar (Archiv für Literaturgeschichte 4, S. 397f.). – *34 Kompliment an die Herzogin:* von G. verfaßt: »Sklaven sollten wir haben in Deiner Gegenwart? Alle,/Fürstin, machest Du frei, alle verbindest Du Dir.« (Bd. 4.1, S. 843). – *37 ein paar Irrlichter:* Die Irrwische (aus G.s *Märchen*) und ihre Kleidung beschreibt ›Das Journal des Luxus und der Moden‹ (März 1796), S. 143f. (NA 36 II, S. 123–125). Ebenda eines der verstreuten Gedichte.
157 *1 Die Disticha:* Wahl zählt bis dato 165 Xenien (›Ur-Xenien‹, S. ⟨16⟩). – *3 Abhandlung pag⟨ina⟩ 18:* K. A. Böttiger: ›Gemalte und geschriebene Neujahrsgeschenke der alten Römer‹ (›Journal des Luxus und der Moden‹, Januar 1796, S. 18–25), zwei von Böttiger übersetzte Martial-Xenien. – *4 daß ihm auch eins:* vgl. Bd. 4.1, X 335, S. 713, X 10, S. 759 (Das von der NA zitierte Nr. 413 geht eher auf F. K. Forberg als auf Böttiger). – *10 die Abhandlung Cellinis:* ›Due trattati di Benvenuto Cellini scultore fiorentino, uno dell' oreficeria e l'altro della scultura‹ (Florenz 1731). G. hatte die Schrift über die Goldschmiedekunst von Lichtenberg erbeten und beide Traktate erhalten; G. an Lichtenberg, 7. Dezember 1795; Lichtenberg an G., 15. Januar 1796. – *13 die*

*kleine Piographie:* G.s Teilübersetzung der Autobiographie Benvenuto Cellinis (1500–1572) erschien in elf Fortsetzungen in den ›Horen‹ 1796/97 (»Piographie« ist möglicherweise ein Wortspiel mit ›Biographie‹ – so im Erstdruck – und ›Hagiographie‹, latinisiert). Die Vita des ital. Goldschmieds, Erzgießers und Münzschneiders erschien 1728 in Neapel (Ruppert Nr. 54); vgl. Bd. 7. – *17 Brief von Meyer:* Meyer an G., 8. Januar; G. an Meyer, 8. Februar. – *23 Genius:* s. zu Nr. 348. – *25 Brief an die Herzogin Mutter:* Meyers Brief an Anna Amalia war dem Brief an G. beigelegt. In den visualisierten Allegorien Kantischer Ideen erkannte G. ein Xenien-Sujet und erbat dazu am 8. Februar nähere Informationen, die Meyer am 25. Februar lieferte. Die von A. J. Carstens und J. E. Hummel gestalteten Gemälde ›Zeit und Raum‹ provozierten das Xenion *Das neueste aus Rom* (Bd. 4.1, S. 792), s. Nr. 154. Vgl. auch *Über die Gegenstände der bildenden Kunst* (Bd. 4.2, S. 124). – *31 Einen Verfasser:* Johann Friedrich Reichardt gab die Monatsschrift ›Deutschland‹ 1796 bei Unger in Berlin in vier Bänden heraus. In ihr erschienen die scharfen Rezensionen der ›Horen‹ und des Sch.schen ›Musen-Almanachs‹ von Reichardt und F. Schlegel. Reichardt gab ferner 1795–97 zusammen mit Pieter Poel in Altona die politische Monatsschrift ›Frankreich‹ heraus; Poel führte sie von 1798–1802 allein weiter. – *32 Karnevals Gips-Drageen:* G. vergleicht die *Xenien* mit den abfärbenden Konfettikörnern aus Gips, (nicht aus Zucker, wie die NA 36 II und Seidel von Gräf übernehmen), die im Römischen Karneval als Wurfmunition dienten. Vgl. *Das Römische Carneval* (1789), Kap. »Confetti« (Bd. 3.2, S. 234). – *36 seinen besonderen Tribut:* s. zu Nr. 64 und 147. Für den ›Musen-Almanach‹ hatte Reichardt zuletzt von G. *Nähe des Geliebten, Meeresstille, Glückliche Fahrt, Kophtisches Lied* vertont, von Sch. ›Die Macht des Gesanges‹ und ›Würde der Frauen‹. – *39 Bassa von 3 brennenden Fuchsschwänzen:* ironische Anspielungs-Kontamination auf die hohe militärische Würde eines türkischen ›Pascha mit drei Roßschweifen‹ und die alttestamentarische Geschichte Simsons, der 300 gefangene Füchse in Paare gebunden mit Fackeln zwischen zwei Schwänzen in die Felder der Philister jagte (Richter 15, S. 4f.). Vgl. Bd. 4.1, S. 676, X 9. – *40 künftigen Mittewoch:* den 3. Februar. G. schickte die Abschrift der Distichen am 4. Februar.

149. SCHILLER                JENA, 31. JANUAR 1796

158,31 *darüber bei mir finden:* darüber finden; 158,32 *erdenklichen:* ordentlichen; 158,39 *Nekyomantie:* Nekromantie.

158 *8 Ausgang der Festivität:* Premiere von Ifflands ›Die Advokaten‹ zur Feier des Geburtstags der Herzogin Louise am 30. Januar. – *11 wenn Sie herkommen:* am 16. Februar. – *12 sich 〈...〉 präzipitieren:* (lat./frz.) ›sich niederschlagen‹. – *22 bei andern Veranlassungen:* Reichardt hatte in seiner Rezension der ersten sechs ›Horen‹-Stücke neben dem Aufsatz *Literarischer Sansculottismus* G.s *Erste Epistel* und die *Römischen Elegien* unter ästhetischen Maßstäben gewürdigt, zugleich aber politische und moralische Kritik geübt, s. zu Nr. 147. – *24 Heinses Buch:* s. zu Nr. 147. – *36 in dem Gericht:* Homer, ›Odyssee‹, 22. Gesang; vgl. Bd. 4.1, X 414, S. 722; X 461, S. 728. – *39 Nekyomantie:* Weissagungen Verstorbener und Totenbeschwörungen aus dem 11. Gesang der ›Odyssee‹ und dem 6. Gesang der ›Äneis‹ waren die Quelle für den Unterweltzyklus der *Xenien;* vgl. Bd. 4.1, S. 456–734; S. 815–822.

159 *1 Newtons:* s. zu Nr. 107,147. Xenien zu Newton; Bd. 4.1, X 170–182, S. 694–796; X 5 f., S. 826; X 23, S. 828. – *eine Komödie in Epigrammen:* Sie blieb ungeschrieben.

150. GOETHE                    WEIMAR, 4. FEBRUAR 1796

159 *13 Die erste Abschrift:* die 63 ›Ur-Xenien‹ in der Hs. von J. J. L. Geist, s. Nr. 142, 146. – *21 das 7ᵗᵉ Buch:* der *Lehrjahre.* Sch. erhielt es ein Vierteljahr später; vgl. Sch. an Körner, 23. Mai. – *24 das 8ᵗᵉ Buch:* Es lag Sch. Ende Juni vor. – *26 das Werk des Cellini:* s. zu Nr. 148. – *30 sein Leben:* Nr. 148. – *36 Partikulier:* (frz.) ›Privatmann‹.

160 *3 das neue Stück der Horen:* Die Januar-Stücke der ›Horen‹ 1796 erhielt Sch. am 7. Februar, s. Nr. 151. – *5 der neuen Oper:* Die Premiere der ›Neuen Arkadier‹ fand am 2. Februar statt, s. zu Nr. 142. Die Bühnenprospekte und Dekorationen waren von G. entworfen; vgl. G. an Meyer, 8. Februar. – *7 artig:* s. zu. Nr. 296. – *9 das Buch:* Christian August Vulpius: ›Die neuen Arkadier‹. Weimar 1796.

151. SCHILLER                    JENA, 5. FEBRUAR 1796

160,37 *und das leerste:* und leerste; 160,38 *nichts:* nicht; 160,39 *3, 4:* drei bis vier; 161,1 *Tourville:* Joinville; 161,10 *p〈er〉:* mit der; 161,23–27 *An 〈...〉 sein.:* zuerst in Sch./G.⁴ (1881).

160 *20 Die Sammlung:* der *Xenien.* – *23 konfisziert werden:* Sch.s ›Musen-Almanache‹ für 1796 und 1797 wurden von der seit 1790 zunehmend repressiven österreichischen Zensur verboten, s. Nr. 197. Auch als Lyriker hatte Sch. schon früh – bei der ›Elegie

auf den frühzeitigen Tod J. C. Weckerlins‹ (1781) – Eingriffe des Zensors hinnehmen müssen, vgl. *Xenien* Hb. 412. – *27 Reichardt:* s. Nr. 147–149. – *28 auch als Musiker angreifen:* Körner hatte im Brief an Schiller vom 28. Januar Kompositionen Reichardts für den ›Musen-Almanach‹ kritisiert (s. zu Nr. 148); vgl. Bd. 4.1, X 338–340, S. 713 f. – *33 aus dem Cellini:* s. zu Nr. 148. – *38 das III Horenstück:* Es blieb ohne einen eigenen Beitrag G.s.

161 *1 Tourville:* Johann Friedrich Gerber: ›Der Ritter von Tourville‹ (›Horen‹ 1796, 2. und 3. Stück). Der Gerichtssekretär Gerber (1761–1814) in Reval, Mitglied und Autor des dortigen Liebhabertheaters, gehörte dem Kreis um Kotzebue an. Vom Publikum wurde der Beitrag wohlwollend aufgenommen. – *Von dem Properz:* Sch. erhielt Knebels Fortsetzung der Elegien-Übersetzung am 13. Februar, vgl. Nr. 156. Sie erschien im 3. Stück der ›Horen‹ 1796. – *2 Herder:* vgl. Herder an Sch., 20. Januar, s. zu Nr. 20 und 130. Einen Anstoß zur Entfremdung hatte Sch.s Brief an Herder über dessen ›Horen‹-Beitrag ›Iduna‹ vom 4. November 1795 gegeben. Sch. formuliert hier eine Gegenposition zu Herders Auffassung vom Zusammenhang zwischen Poesie und Leben und dem Stellenwert der nordischen Mythologie für die deutsche Dichtung. – *7 mein Aufsatz:* ›Beschluß der Abhandlung über naive und sentimentalische Dichter‹ (›Horen‹ 1796, 1. Stück). – *11 seit dem Montag:* 1. Februar; vgl. ›Calender‹. – *12 Der neue Druck:* Den präzisen Vorstellungen, die Sch. bezüglich Druckbild, Papier und Einband der ›Horen‹ in mehreren Briefen an Cotta geäußert hatte, suchte der Verleger zu entsprechen; vgl. Sch. an Cotta, 30. Oktober, 16. November, 11. Dezember 1795; Cotta an Sch., 9. und 25. November, 22. Dezember 1795. – *17 Körner schreibt:* Körner an Sch., 28. Januar. Körner kam mit seiner Familie, der Schwägerin und Graf Geßler am 27. April für drei Wochen nach Jena. – *20 auch Schlegel:* Sch. hatte A. W. Schlegel zur Übersiedlung von Braunschweig nach Jena angeregt. Vor der Übersiedlung im Juli 1796 kam Schlegel Mitte Mai zu Besuch. – *21 auch Funck:* Karl Wilhelm Ferdinand von Funck (1761–1828), der zuletzt vom 7. bis 10. Januar 1796 in Sch.s gastlichem Haus gewohnt hatte, kam 1796 nicht mehr nach Jena. Vorher hatte der sächsische Husaren-Rittmeister, dessen Bekanntschaft mit Sch. Körner 1790 vermittelte, Sch. im Mai und Juli 1793 besucht; vgl. auch Funck an Körner, 17. Januar 1796 (NA 36 II, S. 102–104). Der Sch. sympathische ›Horen‹-Beiträger hatte schon an der ›Thalia‹ mitgearbeitet, ebenso an der ALZ. – *23 An Knebeln:* s. Nr. 121–123, 152.

152. SCHILLER  JENA, 7. FEBRUAR 1796

161,38–162,3 *Für ⟨...⟩ beträgt.*: zuerst in Sch./G.² (1856); 162,6 *hiesigen Buchhandlungen:* hiesige Buchhandlung; 162,12–14 *Hiebei ⟨...⟩ lassen.*: zuerst in Sch./G.² (1856).

161 *34 die neuverjüngte Hore:* 1. Stück 1796 in neuer Ausstattung, s. Nr. 151.

162 *1 sich ausgebeten:* vgl. Sch. an Cotta, 30. Oktober 1795 und 12. Februar 1796; Cotta an Sch., 24. Februar 1796. – *4 die Abbestellungen:* vgl. Cotta an Sch., 22. Dezember 1795, 1. Februar 1796, s. Nr. 122. – *13 Beilage an Herdern:* Die Antwort auf Herders Brief vom 20. Januar ist nicht erhalten. – *15 Medailleur Abramsen:* Den verlorengegangenen Brief vom königl. preuß. Münzmeister Abraham Abramson (1754–1811) erhielt Sch. am 6. Februar. In seinem gleichfalls fehlenden Antwortbrief vom 12. Februar gab er die Zustimmung zum Medaillieren und wies Abramson in Zweifelsfragen an Humboldt; vgl. Humboldt an Sch., 5. März; Humboldt an K. G. von Brinkmann, März 1796. Auf der Kunstausstellung der Berliner Akademie 1797 war ein Schillermedaillon – möglicherweise von Abramson, der Jena im Mai 1796 besuchte – präsentiert. – *19 neue Xenien:* Sie lagen dem Brief nicht bei, s. Nr. 156. – *20 Raptus:* lat. ›Hingerissenheit‹, ›Anfall‹, ›Verzückung‹. – *das wandernde Exemplar:* der ›Ur-Xenien‹.

153. GOETHE  WEIMAR, 10. FEBRUAR 1796

163,7–16 *Die ⟨...⟩ zusammennotieren.*: zuerst in Sch./G.² (1856).

162 *29 die Redoute:* am Fastnachtsdienstag. – *30 das angekommene Paket:* die für Sch. aus Frankfurt bestellten Bordüren und Tapeten (vgl. ›Calender‹), s. Nr. 143, 144. – *34 Die Elegien:* Die zweite Lieferung der Properz-Übertragung von Knebel für das 3. Stück der ›Horen‹ schickte G. Sonnabend, den 13. Februar. – *36 Montag:* G. kam am Dienstag, dem 16. Februar. – *39 Beschluß der Abhandlung:* ›Beschluß der Abhandlung über naive und sentimentalische Dichter, nebst einigen Bemerkungen einen charakteristischen Unterschied unter den Menschen betreffend‹ (›Horen‹ 1796, 1. Stück).

163 *1 höre ich von auswärts:* vgl. Marianne Meyer an G., 2. Februar (GJb 14, 1893). – *11 daß die Boukets fallen:* ›daß die Blumenmuster nach unten zeigen‹.

## 154. GOETHE WEIMAR, 12. FEBRUAR 1796

163,37 *leidenschäftliches:* leidenschaftliches.

**163** *21 die versprochene Elegien:* s. Nr. 153 und 156. – *28 abermalige Ankunft von fremden Prinzen:* Am 11. Februar trafen Prinz Friedrich von Sachsen-Gotha und Erbprinz Friedrich Ludwig von Mecklenburg-Schwerin ein. Von der Redoute für die Prinzen am 14. Februar berichtet Amalie von Imhoff im Brief an F. von Stein vom 15. Februar (Archiv für Literaturgeschichte 4, S. 398), s. Nr. 144. – *35 eine sehr subjektive Schweitzerreise:* Den Bericht seiner zweiten Schweizerreise von 1779 hatte G. 1780 in Briefform größtenteils ausgearbeitet und u.a. Wieland vorgelesen, der das »Poem« als »eines von seinen meisterhaftesten Produkten« rühmte, in dem »der Ich, der Ille ego, überall durchschimmert« (Wieland an Merck, 16. April 1780; vgl. Bd. 2.2, S. 923). Aus diesem Reisebericht – später *Briefe aus der Schweiz. 1779. Zweite Abteilung* – stellte Sch. den ›Horen‹-Beitrag (1796, 8. Stück) *Briefe auf einer Reise nach dem Gotthardt* zusammen. Die von G. am 18./19. Februar 1796 als fingierte Blätter Werthers ausgearbeiteten *Briefe aus der Schweiz. Erste Abteilung* (Bd. 4.1, S. 630–644) wurden zusammen mit der *Zweiten Abteilung* (Bd. 2.2, S. 595–647) erst 1808 publiziert (vgl. Bd. 4.2, S. 1099f.). *–37 ein leidenschäftliches Märchen:* G. ersann es nicht mehr.

**164** *2 was die Personen bezeichnet:* Sch. eliminierte die Erwähnungen der Weimarer Reisegesellschaft (Herzog Carl August, Oberförster von Wedel). – *6 Meyer:* vgl. Meyer an G., 24.–27. Januar. – *negotiiert:* (lat.) ›verhandelt‹. – *die aldobrandinische Hochzeit:* ein antikes Wandgemälde der augusteischen Zeit aus dem Besitz des Kardinals Aldobrandini (1571–1621). Meyers Aquarell-Kopie, an der er bis in den April arbeitete, hängt in G.s Weimarer Haus am Frauenplan; vgl. Meyer an G., 8. Januar, 12. Februar, 25. Februar, 19. März, 3. April 1796, s. Nr. 369 (17. Oktober 1797). Vgl. *Zur Farbenlehre* Didaktischer Teil, § 860; Bd. 10, S. 250; Historischer Teil, S. 545–550; C. A. Böttiger: ›Die aldobrandinische Hochzeit‹. Dresden 1810, s. Nr. 369 und Bd. 4.2, S. 1204. – *9 kantischen Gemälden:* s. Nr. 148. – *10 Nachricht im Merkur:* im Bericht K. L. Fernows über eine römische Ausstellung des Malers A. J. Carstens (›Neuer Teutscher Merkur‹, Juni 1795). Fernow hatte im Winter 1795/96 in der Wohnung des Prinzen August von England in Rom vor deutschen Künstlern Vorträge über Kants Ästhetik gehalten, s. zu Nr. 276.

155. SCHILLER    JENA, 12. FEBRUAR 1796

164,34 *letztern:* letzten.

**164** *18 Tapeten:* s. Nr. 143–145, 153. – *29 Humboldt:* vgl. Humboldt an G., 9. Februar (über den 3. Band der *Lehrjahre* und das *Märchen*). – *30 jetzt kein Kaviar:* so Humboldt an Sch., 2. Februar. Am 9. Februar konnte er G. sechs Fäßchen senden, der eines davon am 16. Februar an Charlotte von Kalb schickte, s. zu Nr. 182. – *32 hieher kommen:* G. weilte vom 16. Februar bis 16. März in Jena. – *33 MondLandschaften:* vermutlich als Vorlage für Zeichnungen Charlotte Schillers, s. zu Nr. 129. – *die Komödiensammlung:* vielleicht von Stücken des Weimarer Theaters. – *36 ein neuer Teil der Memoires:* ›Allgemeine Sammlung Historischer Memoires vom zwölften Jahrhundert bis auf die neuesten Zeiten‹. Hg. von F. Schiller. 2. Abteilung. Bd. 10. Jena 1795. Der Band enthält ›Biographische Nachrichten von erlauchten Damen Frankreichs‹, von Pierre de Bourdeilles, Seigneur de Brantôme (ca. 1527–1614), u. a. ›Maria Stuart, Königin von Schottland, ehemals auch von Frankreich‹. Vgl. R. Boxberger in ›Allgemeine Zeitung‹ 1868, Nr. 351 und 353.

**165** *1 öffentlich davon losgesagt:* Heinrich Eberhard Gottlob Paulus, der seit 1792 die Redaktion übernommen hatte, begründete in der Vorrede zum 8. Band der 2. Abteilung (S. III) 1794 Sch.s Schritt mit gesundheitlichen Rücksichten und Reisepflichtungen.

156. GOETHE    WEIMAR, 13. FEBRUAR 1796

165,16f. *Für ⟨...⟩ beste.:* zuerst in Sch./G.² (1856); 165,22 *nach irgend einer:* nach einer; 166,14 *gearbeitet ist,:* gearbeitet,.

**165** *10 die Elegien:* Knebels Properz-Übersetzung, s. Nr. 153. – *16 dankt der Autor:* Knebel an G., ca 8. Februar. – *18 Abramson:* s. Nr. 152. – *20 unserm Klauer:* Martin Gottlieb K. (1742–1801), der Weimarer Bildhauer, hat G. mehrfach modelliert, Sch. nie. – *34 Montags:* 15. Februar. – *38 wieder einmal einige Worte von Humbold:* Humboldts Brief an G. vom 9. Februar 1796 beantwortet G.s Brief vom 3. Dezember 1795. Humboldt hatte zuletzt am 22. August 1795 an G. geschrieben.

**166** *1 der Schweitzerreise:* s. Nr. 154. – *8 Meyer:* Meyer an G., 24.–27. Januar. – *9 Aldobrandinische Hochzeit:* s. Nr. 154. – *10 in Dresden angefangen:* vgl. G. an Meyer, 3. März. Als Frucht von Meyers Studien in der Dresdner Antikensammlung und Gemäldegalerie von April bis September 1794 verbucht G., der die Galerie selbst wiederholt – 1794 zum dritten Mal – besuchte, einen Gewinn an objektiver Kunstbetrachtung durch genaue Analyse und Beobachtung der leitenden Absichten, handwerklichen Techniken und Ausführungsweisen von Kunstwerken. Vgl. G. an Meyer, 3. März; *Dresdner Galerie*, Bd. 4.2, S. 481–502, 1121.

157. SCHILLER  JENA, ANFANG MÄRZ 1796 ODER MÄRZ 1797

*Datierung:* Sabine Schäfer hat aufgrund der Foliierungsziffer, einer Bleistiftnotiz (›März 96‹) sowie von Heftungsspuren und Wasserzeichen das Billet gegenüber der NA 29, Nr. 57, S. 292 um ein Jahr vordatiert (S. Schäfer: ›Zur Erschließung der Registratur der bei G. eingegangenen Briefe‹; in: K.-H. Hahn (Hg.): ›Im Vorfeld der Literatur‹. Weimar 1989.) Gräf/Leitzmann und Oellers/Stock glauben in ihren Datierungsbegründungen für 13. März bzw. März 1797 den – möglichen – Inhaltsbezug auf den ›Musen-Almanach für das Jahr 1796‹ ausschließen zu können. Die fast durchgängige Ablehnung des *Xenien*-Almanachs macht 1797 als Datum weniger wahrscheinlich.
Erstdruck in JbGG 6 (1919).

166 *24 literarische Curiosa:* Möglicherweise befand sich die Horenrezension (1795, 1.–6. Stück) der ›Oberdeutschen allgemeinen Litteraturzeitung‹ aus Salzburg darunter, auf die Humboldt Sch. am 9. Februar 1796 hinwies.

158. SCHILLER  JENA, NACH 6. ⟨8.?⟩ MÄRZ 1796

*Datierung:* vgl. NA 28, S. 540 f.
167,1 f. *doch desto zeitiger:* doch zeitiger.

166 *34 den Abend nicht kommen:* G. hielt sich vom 16. Februar bis 16. März in Jena auf. – *37 Niethammer:* s. zu Nr. 51. – *40 die kleine Tänzerin:* Sie ist bisher nicht identifiziert. War es »die kleine Frau« Paulus, der G. im Mai das Manuskript von ›Alexis und Dora‹ verehrte? S. Nr. 163. G.s Flirt mit ihr wurde zum Stadtgespräch, vgl. Grumach V, S. 89 f. und Nr. 192.

159. SCHILLER  JENA, 18. MÄRZ 1796

167,8 *will:* kann; 167,25. *Charlotte Kalb:* C.

167 *9 an meinen Wallenstein:* Die aus der Arbeit an der ›Geschichte des Dreißigjährigen Kriegs‹ entsprungene Idee eines Wallensteindramas hatte Sch. schon 1791/92 beschäftigt (Sch. an Körner, 12. Januar 1791, 25. Mai 1792, 17. März 1794). Über den sich zeitweilig vordrängenden Plan zu einem Malteser-Drama siegte im Gespräch mit G. das Wallensteinsujet. Vgl. Sch. an Humboldt,

21. März. – *11 merkwürdige Konstellation:* Stand der Gestirne. Anspielung auf Wallensteins Sternenglauben und auf das erneute Zusammentreffen Sch.s – diesmal an G.s Seite – mit Iffland, der vom 28. März bis 25. April in Weimar an 14 Abenden gastierte, s. zu Nr. 126. – *25 Brief von Charlotte Kalb:* Er ging verloren. – *28 Cellini:* vgl. G.s Tgb., 24. Februar und 14. März über den Abschluß der *Cellini*-Übertragung für das 4. und 5. Stück der ›Horen‹ 1796, s. Nr. 148.

160. GOETHE                    WEIMAR, 21. APRIL 1796

167,40 *zurück zu erhalten.:* zurück.

167 *35 Cellini:* die erste Fortsetzung von G.s Übertragung *Benvenuto Cellini* für das 5. Stück der ›Horen‹ 1796, s. zu Nr. 148. – *zurück kommen:* Sch. hatte vom 23. März bis 20. April bei G. in Weimar gewohnt und fuhr am 25. April zur Aufführung seiner *Egmont*-Bearbeitung noch einmal für einen Tag zurück. – *38 die Anzeige zu Egmont:* Auf dem Besetzungsplan trug Sch. die Dramenfiguren und ihre Titulaturen ein, G. die Namen der Schauspieler, s. Nr. 161.

168 *1 vierwochentlichen Abenteuer:* G. war vom 16. Februar bis 16. März in Jena gewesen, Sch. eine Woche später für einen Monat in Weimar. – *5 den treuen Beistand:* Sch.s Mitwirkung an der Theaterleitung und Dramaturgie – insbesondere durch die *Egmont*-Bearbeitung – während Ifflands Gastspielzeit in Weimar; vgl. Charlotte von Stein an Fritz von Stein, 14. April 1796 (H. Düntzer: Charlotte von Stein, Goethe's Freundin. Stuttgart 1874, II, S. 41).

161. SCHILLER                    JENA, 21. APRIL 1796

168,24 f. *Der ‹...› mitgenommen.:* zuerst in Sch./G.² (1856).

168 *14 Wir sind gestern:* Sch. war mit seiner Familie von G. einen Monat als Gast aufgenommen worden. – *19 Montag:* Am 25. Januar wurde *Egmont* aufgeführt. – *24 Coffre Stränge:* Kofferschnallen.

162. GOETHE                    JENA, ANFANG MAI 1796

*Datierung:* vgl. NA 36 II, S. 227. Erstdruck in Sch./G.⁴ (1881).

168 *31 in der künstlichen Wüste:* im Jenaer Schloß, um *Wilhelm Meisters Lehrjahre* zu vollenden. Sie wurden am 26. Juni fertig. G. blieb vom 28. April bis 8. Juni in Jena. – *33 die Freunde:* Körner hielt sich mit seiner Familie, seiner Schwägerin Dora Stock und

Karl Friedrich Graf von Geßler vom 27. April bis 17. Mai in Jena auf, s. zu Nr. 7; vgl. Tagebucheintrag, 1. Mai 1796. G. hatte vom 25. September bis 3. Oktober 1790 acht Tage bei Körner in Dresden verbracht. – *35 die Victoria:* eine Statuette, die G. minutiös im Brief an Meyer vom 20. Mai 1796 beschreibt. Durch die Vermittlung G. Hufelands und Körners erwarb G. den klassizistischen Bronzeguß aus dem Nachlaß Johann Friedrich Wackers (1730–1795), des Inspektors des Dresdner Münzkabinetts und der Antikengalerie, vom damaligen Besitzer August von Seckendorff. Vgl. RA 2, Nr. 210 und 216.

163. GOETHE                              JENA, 20. MAI 1796

Erstdruck in Sch./G.⁴ (1881).

**169** *3 nach Weimar:* vgl. Tgb., 20. Mai, G. an C. G. Voigt, 20. Mai. – *5 sehe Sie morgen:* Vermutlich sahen sich G. und Sch. nicht; vgl. Sch. an Körner, 23. Mai; G.s Tgb. 21. Mai. – *unsrer gestrigen Lektüre:* 7. Buch von *Wilhelm Meisters Lehrjahren*; vgl. Sch. an Körner 23. Mai; G. an Meyer, 20. Mai; Nr. 165. – *8 Manusk⟨ript⟩ mit diesem Billet an die kleine Frau:* Vermutlich die erste Reinschrift von G.s *Alexis und Dora* für Elisabeth Friederike Caroline Paulus (1767–1844), die hübsche Frau des Jenaer Orientalisten, die unter dem Pseudonym ›Eleutheria Holberg‹ selbst literarisch dilettierte; vgl. Karl Alexander Freiherr von Reichlin-Meldegg: ›Heinrich Eberhard Gottlob Paulus und seine Zeit‹. Bd. 1. Stuttgart 1853, S. 335f.; zu Nr. 158. Nach G.s Tgb. und Paulus' Bericht kann seine Frau die Idylle bereits am 14. Mai erhalten haben. Das Manuskript des 7. Buchs der *Lehrjahre*, das G. von Sch. am 10. Juni zurückerhielt, dürfte schwerlich gemeint sein. – *11 August freut sich auf Carlen:* G.s sechsjähriger Sohn spielte gerne mit Sch.s noch nicht dreijährigem Erstgeborenen; vgl. Charlotte von Stein an Fritz von Stein, 14. April 1796; s. zu Nr. 160. August war mit seiner Mutter vermutlich bereits am 19. Mai zu Besuch gekommen. Vgl. G.s Tgb., 19. und 23. Mai. Der NA 36 II und Seidel zufolge traf er erst nach G.s Schreiben ein.

164. GOETHE      JENA, ENDE MAI ODER ANFANG JUNI 1796

*Datierung:* s. NA 36 II: Noch im Brief an Meyer, 20. und 22. Mai, hatte G. geklagt, daß er sein Romanprojekt in den letzten 14 Tagen nicht vorangebracht habe, während die Tagebucheinträge vom 27. Mai bis 3. Juni auf eine intensive Beschäftigung mit *Wilhelm Meisters Lehrjahre* deuten. Mit der Cellini-Übersetzung gab sich G. laut Tgb. vom 26. bis 29. Mai ab.

Erstdruck unvollständig in Sch./G.² (1856); 169,36f. *Auf ⟨...⟩ versinkt.:* zuerst in Sch./G.⁴ (1881).

**169** *17 Eine nicht hält mich ⟨...⟩:* K. Mommsen bezieht den Hexameter angesichts der Italienpläne G.s biographisch auf Christiane Vulpius und Sch., s. Bd. 4.1, S. 1204. Literarisch läge auch ein Anklang an G.s ⟨Hero und Leander⟩-Projekt nahe. – *21 Übung in Distichen:* die Gemeinschaftsproduktion der *Xenien.* – *24 Villegiatur:* ital. ›Landaufenthalt‹. – *25 Glas Kubus und das große hohle Prisma:* für G.s Versuche zur Optik, vgl. Nr. 259, 412. – *27 Der Roman:* das 8. Buch der *Lehrjahre.* – *30 Rückkehr nach Weimar:* G. kehrte am 8. Juni zurück. – *31 nächsten Lieferung Cellini:* Die dritte Fortsetzung für das 7. Stück der ›Horen‹ 1796 übersandte G. am 14. Juni (die zweite Fortsetzung hatte Sch. im Mai erhalten und am 18. Mai an Cotta gesandt). Die abschließende Doppelseite der dritten Fortsetzung gibt die ›Stammtafel des Hauses Medici‹ wieder. Vgl. Bd. 7. – *36 Hero und Leander:* G. verzichtete auf den Stoff, Sch. gestaltete ihn 1801.

165. SCHILLER                         JENA, 10. JUNI 1796

170,21 *Zwieback ⟨...⟩ werden.:* zuerst in Sch./G.⁴ (1881); im Erstdruck Nr. 165 nach Nr. 166.

**170** *6 2 fertigen Stücke:* G.s Verstexte *Alexis und Dora* und *Musen und Grazien in der Mark* (›Musen-Almanach für das Jahr 1797‹), s. Nr. 166 und 168. – *7 Seltern:* Mit der Bitte an Friederike Helene Unger um Kompositionen von Karl Friedrich Zelter (1758–1832) leitete G. am 13. Juni 1796 die seine Altersjahre bestimmende Freundschaft mit dem Berliner Komponisten und Handwerksmeister ein. Nach der ersten Bekanntschaft G.s mit Kompositionen von Zelter 1795 hatte die Frau des Berliner Verlegers G. am 3. Mai 1796 Zelters ›Zwölf Lieder am Klavier zu singen‹ (1796) übersandt. Unter ihnen fand G. Vertonungen von Liedern der *Lehrjahre* und von Friederike Bruns Gedicht ›Ich denke dein‹, das ihn zur Kontrafaktur anregte. In seiner Antwort auf Sch.s Brief vom 8. August übernahm Zelter am 13. August die Komposition einiger Gedichte für den Musenalmanach 1797, u.a. Sch.s ›Der Besuch‹ (später: ›Dithyrambe‹) und G.s *Musen und Grazien in der Mark, So laßt mich scheinen.* – *13 mein neuestes Gedicht:* ›Klage der Ceres‹ (›Musen-Almanach für das Jahr 1797‹). – *18 die Zeichnungen von Hirt:* Seinem ›Horen‹-Beitrag ›Reise von Grottaferrata nach dem Fucinischen See und Monte Cassino‹ (s. Nr. 137) hatte Hirt Zeichnungen über die Anlage des Fucinischen Sees beigegeben, die Sch. zu übersenden vergaß, s. Nr. 12, 166, 194. –

*19 Mskrpt des Meisters:* das 7. Buch der *Lehrjahre*. – *24 Die Proben:* Eine bloße Papierprobe lag bei, s. Nr. 166. – *Montag:* 13. Juni. – *Göpferdt:* Der Jenaer Buchdrucker Johann Christian Gottfried Göpferdt (1755–1814) konnte noch am gleichen Tag die Schriftproben vorlegen; vgl. Sch. an Cotta, 10. Juni.

166. GOETHE                                    WEIMAR, 10. JUNI 1796

170,33 *Güte und mir:* Güte mir; 170,33 *siebente Buch nächstens:* siebente Buch des Romans nächstens; 171,9 *mir:* mich; s. zu Nr. 165.

170 *30 in Weimar angekommen:* am 8. Juni. – *31 Cellini:* s. Nr. 168. – *32 der Roman:* G. beendete *Wilhelm Meisters Lehrjahre* am 26. Juni. – *34 die versprochenen Epigramme:* 30 *Xenien.* – *37 schicken Sie mir:* s. Nr. 176, 177. – *40 der Gefährliche:* Es gibt kein Xenion mit dieser Überschrift. Wenn der Titel geändert wurde, kommen mehrere Xenien in Frage, z.B. Bd. 4.1, X 108, S. 688; X 52, S. 782; X 128, S. 791.
171 *4 Inkulpationen:* lat. ›Beschuldigungen‹. – *5 Die Idylle: Alexis und Dora* (›Musen-Almanach‹ für 1797) Bd. 4.1, S. 844–855, s. Nr. 168. – *ein Gedicht: Musen und Grazien in der Mark* (ebenda, S. 68), Bd. 4.1, S. 856f.

167. SCHILLER                                 JENA, 11. ⟨12.⟩ JUNI 1796

171 *26 meine Ceres:* ›Klage der Ceres‹ (›Musen-Almanach‹ für 1797). – *30 nächsten Freitag:* 17. Juni. Sch. schickte sie am 27. und 28. Juni (Nr. 177, 178). – *36 Körner schreibt:* Körner an Sch., 7. Juni. – *die Victorie:* s. Nr. 162.
172 *1 Herder schrieb:* Herder an Sch., 11. Juni. – *2 die Humanität:* ›Briefe zu Beförderung der Humanität‹. 7. und 8. Sammlung. Riga 1796. – *2 Beiträge:* Am 23. Juli erhielt Sch. von Herder für den ›Musen-Almanach‹ für 1797 zwölf Gedichte. In das 11. Stück der ›Horen‹ 1796 nahm Sch. Herders ›Die Trösterinnen‹, in das 1. Stück der ›Horen‹ 1797 ›Die Freundschaft‹ auf. Vgl. Nr. 151.

168. GOETHE                                    WEIMAR, 14. JUNI 1796

172,21 *und Empfindung:* und die Empfindung; 173,11 *Bemühung:* Bemühungen; 173,27; *das der:* daß es der.

172 *9 Cellini:* die dritte Fortsetzung von G.s Übertragung für das 7. ›Horen‹-Stück 1796. – *13 das nächste Stück:* Die vierte Fortsetzung erschien im 9. ›Horen‹-Stück. – *18 die Idylle:* s.

Nr. 166. – *die Parodie:* G.s *Musen und Grazien in der Mark* (s. zu Nr. 166) parodiert Friedrich Wilhelm August Schmidts, des Predigers in Werneuchen, ›Kalender der Musen und Grazien für das Jahr 1796‹; vgl. auch *Xenien* Hb Nr. 457; Bd. 4.1, S. 726. – *19 die Schriftprobe:* von Sch.s Gedicht ›Klage der Ceres‹ für den Druck des ›Musen-Almanachs‹, s. Nr. 165. – *33 Das Gedicht des Cellini:* G. hat es nicht übersetzt. – *34 Herr Schlegel:* A. W. Schlegel wohnte seit Mai zunächst allein, ab Juli 1796 mit seiner Frau Caroline in Jena. G. sieht in ihm einen anregenden Gesprächspartner, hervorragenden Shakespeare-Übersetzer und ästhetischen Bündnisgenossen der Weimarer Klassik, bedauert lediglich die spürbare »demokratische Tendenz« bei ihm; G. an Meyer, 20./22. Mai 1796; an Humboldt, 27. Mai; A. W. Schlegel an G. J. Göschen, 24. Juni. – *35 Das Sonnet: Wer wird uns trösten, Freund.* Im Textzusammenhang der Cellini-Übersetzung Benedetto Varchi zugeschrieben (›Horen‹ 1796, 7. Stück, S. 27).

173 *1 Die Kupfer:* Kupferstiche als Illustrationen zu Hirts Beitrag, s. zu Nr. 165. – *5 Donnerstag:* Am 16. Juni übersandte G., wie angekündigt, Unger das Manuskript des 7. Buchs von *Wilhelm Meisters Lehrjahren*, s. Nr. 165. – *6 Compelle:* lat. ›Nötigung‹ (wörtlich: ›zwinge!‹). – *das achte Buch:* s. Nr. 166. – *7 extendieren:* (lat.) ›ausdehnen‹, ›erweitern‹. – *8 Brief von Meyer:* Meyer an G., 18. Mai. Im Zuge der Expansionspolitik des Pariser Direktoriums trat Napoleon seinen oberitalienischen Siegeszug an, der bis 1799 zur Gründung von fünf italienischen Tochterrepubliken führte. – *14 Herders zwei neue Bände:* s. zu Nr. 167. – *17 macht einem nicht wohl:* Die Enttäuschung G.s über Herders moralisierende Literaturbetrachtung und mangelnde Verstehensbereitschaft der aktuellen ästhetischen Bestrebungen der beiden Weimarer Klassiker führte zur endgültigen Abwendung von Herder und korrespondiert mit Sch.s herber Kritik in Nr. 171. Im Brief an Meyer vom 20. Juni nimmt G. Schillers Einwände gegen Herders Bewertungskriterien der deutschen Literatur noch einmal auf.

169. SCHILLER                JENA, 17. JUNI 1796

173,36 *Antwort:* Antworten; 174,2 *Sie ihn dieses:* Sie dieses; 174,9 *ist jetzt gleich:* ist gleich.

173 *36 Montag:* 20. Juni. – *37 Voß erwarten:* Johann Heinrich Voß (1751–1826), der berühmte Übersetzer griechischer und römischer Literatur, Autor der auch von G. geschätzten ›Luise‹ und Verstheoretiker, hatte G. in Weimar 1794 besucht. G. und Sch. schwärmten von seinen Homer-Übertragungen. Neben eigenen Liedern steuerte Voß Idyllenübersetzungen von Theokrit und

Tibull für die ›Horen‹ 1795 und 1796 bei. Auf ihn waren freundliche Xenien mit gelegentlich humorvoll-kritischen Untertönen gemünzt (Bd. 4.1, S. 785, 790f., 805, X 75, 120, 129, 248; vgl. Hb 405, S. 721), s. Nr. 434, 312, 641. Trotz der (verlorengegangenen) Besuchsankündigung, die Sch. am 16. Juni erhielt, kam Voß nicht. Reichardt hatte ihm abgeraten.– *39 Sonntag:* 19. Juni.

174 *3 Giebichenstein:* Reichardts Besitz in der Nähe von Halle, der bald zum gastlichen Sammelpunkt der Frühromantiker wurde.

170. GOETHE                                           WEIMAR, 18. JUNI 1796

174,17 *Gegenwart wieder zu:* Gegenwart zu; 174,18 *gegenwärtig:* jetzt; 174,19 *und glücklich:* und so glücklich.

174 *15 Voß:* s. zu Nr. 169. – *10 über acht Tage:* G. hielt sein Versprechen, s. Nr. 175. – *27 andere Gäste:* J. F. Reichardt. – *30 Komm nur von Giebichenstein:* vgl. Bd. 4.1, S. 831. Das gegen Reichardt gerichtete Distichon wurde nicht unter die *Xenien* des ›Musen-Almanachs‹ für 1797 aufgenommen. – *Malepartus:* frz. ›schlimmes Loch‹, Höhle des Reineke Fuchs; vgl. Bd. 4.1, S. 1033. – *36 Schlegeln:* A. W. Schlegel, s. zu Nr. 168.

175 *1 Richter:* Jean Paul besuchte Weimar vom 10. Juni bis 3. Juli. Am 17. Juni war er mit Knebel G.s Tischgast; vgl. Jean Paul an Otto, 18. Juni 1796. – *2 besuchen:* Der Besuch fand eine Woche später statt, s. Nr. 178.

171. SCHILLER                                           JENA, 18. JUNI 1796

175,33 *mehr von dem was:* mehr was; 175,38 *den Reim:* die Reime; 176,15 *Charlotte Kalb:* C.; 176,16 *Fr. v. Stein:* eine Freundin.

175 *8 Voß:* s. zu Nr. 169. – *9 ob Sie kommen:* G. kam erst am 16. Juli nach Jena. – *12–30 Die Idylle ⟨...⟩ festhalten möchte:* Nach A. Schöne haben Sch.s Bemerkungen die Geschichte der Rezeption von *Alexis und Dora* nachhaltiger als G.s Verse bestimmt. A. Schöne: ›Götterzeichen. Liebeszauber, Satanskult‹. München 1982, S. 66, 92. Sch. wendet hier seine Idyllentheorie auf G.s Idylle an. Vgl. ›Über naive und sentimantalische Dichtung‹, NA 20, S. 414, 417, 428ff., 437, 467. – *26 noch nicht ganz zu rechtfertigen:* Die Idylle als »poetische Darstellung unschuldiger und glücklicher Menschheit« zeigt den Menschen Sch. zufolge im »Zustand der Unschuld, d.h. in einem Zustand der Harmonie und des Friedens mit sich selbst und von aussen« (ebenda, S. 467, 449). Borchmeyer lehnt die Erklärung durch Sch.s Idyllentheorie ab, s. D. Borchmeyer: ›Des Rätsels Lösung in Goethes *Alexis und Dora*‹. In:

P. Chiarini (Hg.): ›Bausteine zu einem neuen Goethe‹. Frankfurt 1987, S. 85. – *31 Herders Buch:* ›Briefe zu Beförderung der Humanität‹. 7. und 8. Sammlung. Riga 1796, s. Nr. 166, 168.
176 *4 Konfessionen:* vgl. die Briefe 102–107. – *7 Nicolai:* vgl. Herders 105. Brief. – *Eschenburg:* Johann Joachim E. (1743–1820), Hofrat, Literat, Shakespeare-Übersetzer, Literarhistoriker in Braunschweig. Gegen ihn richten sich die Xenien Hb 113 und 364 (Bd. 4.1, S. 675 und 716). Vgl. Herders 106. Brief. – *9 die Stolberge und mich* ⟨...⟩: vgl. Herders 102. Brief. – *Kosegarten:* Gotthardt Ludwig K. (1758–1808), Schriftsteller und Propst in Altenkirchen auf Rügen. Der Mitarbeiter Sch.s an den ›Horen‹ und Musenalmanachen, der empfindsame Gedichte, Idyllen und Romane schrieb, wird im Distichon Hb 367 (Bd. 4.1, S. 717) verteidigt. – *11 Kleist:* Ewald Christian von K. (1715–1759), preußischer Offizier, Lyriker und Epiker. – *Gerstenberg:* Heinrich Wilhelm von G. (1737–1823), dänischer Resident in Lübeck, Dichter. Zunächst Anakreontiker, später einflußreicher Programmatiker, Dramatiker und auch Lyriker des Sturm und Drang. – *Geßner:* Salomon G. (1730–1788), Zürcher Dichter und Maler, Verfasser pastoraler Rokoko-Idyllen. – *14 Richtern:* s. Nr. 170; vgl. Charlotte von Kalb an Jean Paul, 19. Juni (Nerrlich S. 11). – *15 Charlotte Kalb:* Sie war eben aus Weimar eingetroffen. – *16 Fr⟨au⟩ von Stein:* Susanne Wilhelmine Elisabeth Freifrau von Stein (1737–1797), eine Tante Charlotte von Kalbs, mußte sich am 19. Juni einer Krebsoperation unterziehen. – *17 mit Iffland:* G. versuchte, Iffland fest für Weimar zu verpflichten. Iffland floh im Juli vor den Franzosen von Mannheim nach Hannover und nahm nach einem Gastspiel in Hamburg die Berufung des preußischen Königs nach Berlin an. Er leitete das Königliche Nationaltheater in Berlin von 1796 bis zu seinem Tod 1814. Vgl. Bd. 4.1, S. 843. – *22 Humboldt:* Er schrieb erst am 25. Juni an G. – *24 schreibt er:* W. von Humboldt an Sch., 11. Juni 1796. – *24 Cellini:* der Anfang von G.s *Cellini*-Übersetzung im 4. ›Horen‹-Stück 1796. – *25 Montag:* 20. Juni. Sch. schickte die Xenien eine Woche später, s. Nr. 177 und 178. – *28 Die Homerischen Parodien:* der in den ›Musen-Almanach‹ für 1797 aufgenommene Unterweltzyklus der *Xenien*, Hb. 461–522 (Bd. 4.1, S. 728–735). – *32 die lieblichen und gefälligen Xenien:* die *Tabulae votivae* (Bd. 4.1, S. 757–771). – *38 Mit ihrer Gesundheit:* Charlotte Schiller hatte krampfartige Schwangerschaftsbeschwerden.

172. SCHILLER                    JENA, 20. JUNI 1796

177,3 *doch:* noch; 177,25 f. *Meine ⟨...⟩ erhalten?:* zuerst in Sch./
G.² (1856).

177 *3 Voß:* s. zu Nr. 169. Sein Brief an Sch. ist nicht erhalten. –
*7 Reichardt:* s. Nr. 147–149. – *13 der Roman: Wilhelm Meisters
Lehrjahre,* s. Nr. 170 und 176. – *16 Die neue Lieferung Cellini:* für
das 7. ›Horen‹-Stück 1796, s. Nr. 168. – *24 Alle Neune:* die Musen;
vgl. das 27. der *Epigramme. Venedig 1790;* Bd. 3.2, S. 90. –
*26 Brief vom Sonnabend:* Nr. 171.


173. GOETHE                    WEIMAR, 21. UND 22. JUNI 1796

178,29 *darüber nicht ein:* darüber ein; 178,39 *führt:* zieht; 179,14
*es uns durchaus:* es durchaus.

178 *5 Sonnabend:* 25. Juni. G. schickte das letzte Buch der
*Lehrjahre* am 26. Juni. – *6 Klage der Ceres:* vor allem die 9. Strophe
(Verse 97–108), s. Nr. 165 und 168. – *7 verschiedene Versuche:* s.
Tagebucheinträge vom 17. und 20. Juni und *Tag- und Jahres-Hefte*
zu 1796 (Bd. 14, S. 49), *Wirkung des Lichts auf organische Körper
im Sommer 1796* (Bd. 4.2, S. 204–211, 1053). – *8 jene Idee:* die
mythologische Umsetzung der Wirkung des Lichtes und der Jahreszeiten auf die Pflanzen (›Klage der Ceres‹, Strophen 8–11). –
*13 eine Anzahl Pflanzen im Finstern zu erziehen:* s. ⟨*Aufzucht von
Pflanzen im Dunkeln*⟩ Bd. 4.2, S. 212–218, 1054 ff. – *25 Zelter:* s.
zu Nr. 165. Sch. schrieb an ihn am 8. August. – *26 ein Lied
Mignons:* Mignons Abschiedslied *So laßt mich scheinen, bis ich
werde* erschien doch im Roman (s. Nr. 176). Der ›Musen-Almanach‹ brachte das Lied in Zelters Vertonung unter den Notenbeilagen. – *30 die Kriegs Erklärung:* an den Komponisten Reichardt,
der bislang für die Komposition der *Wilhelm Meister*-Lieder zuständig war (s. zu Nr. 147) und den von Unger übersandten Text
prompt vertonte. Da Unger von G. zu spät informiert wurde,
erschien im gedruckten letzten Band zunächst Reichardts Komposition als Beilage, bevor sie Unger auf G.s Intervention hin gegen
Zelters Vertonung austauschte. Vgl. Unger an G., 24. September
und 11. Oktober 1796; Bd. 5, S. 517 f. und 859. Reichardt publizierte seine Komposition auch in der Zs. ›Deutschland‹ (1796). –
*34 von der notwendigsten Gattung:* wohl nicht die gefälligen und
wohlmeinenden Distichen, wie die NA 36 II vermutet, sondern die
noch »zur Verknüpfung der verschiedenen Materien« fehlenden, s.
Nr. 171, 174, 178. Erstere schienen G. schon ausreichend
(Nr. 171), während Sch. hier noch einen Bedarf sah (Nr. 177). Im
Kontext der »Kriegs Erklärung« treten sie für G. momentan in den

Hintergrund. – *35 die Idylle: Alexis und Dora*, s. zu Nr. 166. – *36–39 Für die Eifersucht ⟨...⟩ führt:* vgl. G. zu Eckermann, 25. Dezember 1825 (Bd. 19, S. 150). – *40 aus der Kunst ⟨...⟩ pathetischen Gang:* vgl. G.s Rezension ⟨*Johann Heinrich Voß: Lyrische Gedichte*⟩ (Bd. 6.2, S. 570). G. hat jedoch das ursprünglich »Idylle« untertitelte Gedicht später unter seine *Elegien* eingereiht. Anfänglich sollte es »eine Heroide werden«. Vgl. F. Schlegels Briefe an seinen Bruder August Wilhelm. Hg. v. O. F. Walzel (Berlin 1890), S. 284.

179 *2 Abschiedsverbeugung des Dichters: Alexis und Dora*, Verse 157f. als Anspielung auf Theokrits 11. Idylle. – *7 Richter:* s. zu Nr. 170. Jean Paul besuchte Sch. in Jena am 25. Juni. – *14 Cellini:* G. brachte die nächste Lieferung der Übersetzung bei seinem Besuch am 16. Juli mit. – *18 ein Pasquill:* Die anonyme politische Satire ›Germania im Jahr 1795‹ (Stuttgart 1796) stammt aus der Feder des österreichischen Publizisten und Geheimagenten Karl Glave-Kolbielski (1752–1831), der die letzten zwei Jahrzehnte seines Lebens meist in Gefängnissen zubrachte. In fünf Akten und fünf Auftritten, denen als musikalisches Nachspiel ›Die Liebe im Reichsnarrenspitale‹ folgt, werden die deutsche Reichsversammlung und die politischen Verhältnisse in Württemberg attackiert und mit revolutionären Parolen konfrontiert.

174. SCHILLER                    JENA, 24. JUNI 1796

179,36 *politischen:* poetischen; 180,2 *wann:* wenn; 180,10f. *wahrscheinlich länger in:* wahrscheinlich in.

179 *30 die Broschüre:* ›Germania im Jahre 1795‹, s. zu Nr. 173. – *39 Meyers Lebhaftigkeit:* Lebhafte Zustimmung zu Sch.s ›Krieg mit den Pfuschern‹ äußerte Meyer anläßlich der Lektüre von ›Beschluß der Abhandlung über naive und sentimentalische Dichter‹ im Schreiben an G. vom 28. Mai/4. Juni 1796, das dieser seinem letzten Brief an Sch. beilegte.

180 *6 Humboldt:* Sein Brief ging verloren. – *8 Morgen:* vgl. W. von Humboldt an G., 25. Juni. – *9 Seine Mutter:* Maria Elisabeth von Humboldt (1741–1796) starb am 14. November 1796. – *12 An Zelter:* Sch. schrieb am 8. August. – *13 meine Ceres*: Zelter vertonte Sch.s Gedicht nicht; vgl. Sch. an Zelter, 18. August. – *20 Die Xenien:* Sch. übersandte sie am 27. (Montag) und 28. Juni, s. Nr. 177 und 178. – *25 wohl auf 700:* Im ›Musen-Almanach für das Jahr 1797‹ erschienen 679 Monodistichen; im einzelnen 414 *Xenien*, 103 *Tabulae votivae*, 53 vermischte Epigramme, die Zyklen *Die Geschlechter, Eisbahn, Vielen* und *Einer*. Die Trennung in Zyklen und Gruppen erfolgte erst Anfang August; s. Nr. 203.

175. GOETHE                                      WEIMAR, 25. JUNI 1796

180,37 *diese:* die; 181,20 *wohl, grüßen:* wohl, und grüßen.

180 *31 das Fastnachtsspiel:* ›Germania im Jahre 1795‹, s. zu Nr. 173. – *34 nach einigen Broschüren:* ›Der Kongreß zu Bopfingen‹ (Mannheim 1796), ›Rescript des Herzogs N.N. an seinen Comitialgesandten in Regensburg‹ (Mannheim 1796), ›Epistel an den jungen Mann, der an Teutschlands Reichsstände ein Wort zu seiner Zeit verfasset hat‹ (Regensburg 1795), ferner Beiträge zum Basler Friedensinstrument von 1795. – *35 ein Dutzend Xenien:* Die erwogenen Xenien zur politischen Tagesgeschichte unterblieben. – *38 Anfang künftiger Woche:* Die von G. am Sonntag (26. Juni) ausgefertigte Manuskriptsendung erhielt Sch. montags. – *40 zurück nehmen:* Sch. gab die Xenien seinen Briefen vom 27. und 28. Juni bei.


176. GOETHE                                      WEIMAR, 26. JUNI 1796

181,29f. *manches nach der Intention zu:* manches zu.

181 *27 das große Werk:* Wilhelm Meisters Lehrjahre, 8. Buch. – *34 die Xenien:* s. Nr. 177. – *36 in allerlei Geschäften:* Vor allem Ilmenauer Bergwerksangelegenheiten nahmen G. bis Mitte Juli in Anspruch. – *40 Das Lied von Mignon:* s. zu Nr. 173.

182 *2 ein anderes:* Als letzten Beitrag zum ›Musen-Almanach‹ für 1797 übersandte G. am 10. August die Jean-Paul-Parodie *Der Chinese in Rom* (Bd. 4.1, S. 857f.). Das Lied *An Mignon* erschien erst im ›Musen-Almanach‹ für 1798 (Bd. 4.1, S. 903), s. Nr. 187.


177. SCHILLER                                      JENA, 27. JUNI 1796

182,21 *ohngefähr zurück:* ungefähr noch zurück; 182,38 *schönern:* schönen.

182 *21 noch 80:* Sch. schickte sie am 28. Juni. – *31 Ihren Spiritus:* Johann Ludwig Geist (1776–1854). Er war von 1795–1804 G.s Schreiber und Diener. Gebildet und musikalisch verfügte er über Lateinkenntnisse und zeigte zudem botanische Interessen. Ihm diktierte G. die Mehrzahl der an Sch. gerichteten Briefe. – *34 Fallen Ihnen Überschriften ein:* G. trug sie hie und da nach. – *38 die wichtigsten Antiken:* G. griff den Vorschlag nicht auf.


178. SCHILLER                                      JENA, 28. JUNI 1796

183,18 *vermischt:* gemischt; 183,10 *die:* diese; 183,21 *worden:* wurde; 184,21 *in frischem:* im frischen.

183 *16 das 8te Buch:* von *Wilhelm Meisters Lehrjahren,* s. Nr. 176. – *24 das Lied:* Mignons Abschiedslied, s. zu Nr. 173.
184 *18 das Konzept vom siebenten Buche:* G. schickte es tags darauf. Das von J. L. Geist geschriebene Manuskript ist die einzige erhaltene Hs. eines Buches aus dem Roman. – *35 Sonnabend:* 2. Juli.
185 *3 den neuen Cellini:* s. zu Nr. 173. – *5 meiner Frau ⟨...⟩:* vgl. Charlotte Schiller an G., 1. Juli 1796. – *7 Hesperus:* Gemeint ist der Autor des Romans: Jean Paul. In schriftlichen und mündlichen Berichten über seinen Besuch bei Sch. am 26. Juni bedient sich Jean Paul der Gebirgsmetaphorik (›felsigt‹, ›Eis‹, ›Gletscher‹) zur Kennzeichnung von Sch.s Kälte und Größe. Gleichwohl habe ihn Sch. als Mitarbeiter für die ›Horen‹ gewinnen wollen. Vgl. Jean Paul an C. Otto, 26. Juni; Helmina von Chézy: ›Unvergessenes. Denkwürdigkeiten aus dem Leben der H. v. Chézy‹. Leipzig 1858, T. 1, S. 150; vgl. auch Charlotte Schiller an G., 1. Juli 1796.

179. GOETHE  WEIMAR, 29. JUNI 1796

185,24 f. *Ihre Gesinnungen erst:* erst Ihre Gesinnungen; 185,28 *gut ist, denn:* gut denn; 185,33 *würdigen, ernsten und:* würdigen und; *für eingenommen:* für ihn eingenommen.

185 *27 äußere Geschäfte:* s. zu Nr. 176. – *31 Ihre Lebensart:* s. Einführung, S. 18.
186 *3 Anmutung:* ›Neigung‹, ›tendenzielle Übereinstimmung (mit)‹.

180. GOETHE  WEIMAR, 1. JULI 1796

186 *12 morgen früh:* G. konnte den am 2. Juli begonnenen Brief an Sch. erst am 7. Juli vollenden, s. Nr. 186. – *13 äußeren Dingen:* s. zu Nr. 176. – *14 Belobungsschreiben:* W. von Humboldt an G., 25. Juni 1796. – *18 Ihren Bemerkungen:* s. Nr. 178, 181–183, 187, 190, s. auch Einführung, S. 26. Zu G.s Hochschätzung von Sch.s kritischer Anteilnahme vgl. G. an Meyer, 5. Dezember 1796, *Tag- und Jahres-Hefte* zu 1795 (Bd. 14, S. 59).

181. SCHILLER  JENA, 2. JULI 1796

187,25 *bewegte:* beengte; 187,35 *schöne Gleichheit:* schöne Klarheit, Gleichheit; 188,28 f. *ihn aber aus:* ihn aus; 189,1 *weniger tief beklagen:* weniger beklagen; 189,34 *weicher:* reichlicher; 190,2 *das:* dies; 190,7 *Erinnerungen:* Erinnerung; 190,8 *doch so ganz:* doch ganz; 190,19 *poetische:* schöne; 190,26 *ja in gewissem Sinn empörend:* ja empörend.

**186** *33 Stetigkeit, aber noch nicht die Einheit:* Eine kontinuierliche Entwicklung garantierte für Sch. angesichts der Welt- und Gestaltenfülle des Romans sowie vielfachen Gattungsanleihen beim Theater-, Bildungs-, Sozial- und Zeitroman »noch nicht die Einheit« der gedanklichen und künstlerischen Konzeption. G. war anderer Auffassung, s. zu Nr. 186.

**187** *7 die nächsten vier Monate:* Dazu kam es nicht, obwohl der Briefdialog über die *Lehrjahre* neben dem über ›Wallenstein‹ zu den intensivsten und ausführlichsten Diskussionen in der Korrespondenz führte. – *18–22 Wie lebhaft ⟨...⟩ als die Liebe:* vgl. *Die Wahlverwandtschaften*, 2. Teil, 5. Kap. (Bd. 9, S. 439), *Maximen und Reflexionen* (Bd. 17, Nr. 45).

**188** *10–13 das praktisch ungeheure, das furchtbar pathetische ⟨...⟩ von den Mißgeburten des Verstandes ableiten:* ›praktisch‹ = ›sittlich‹. Zum Pathetischen im Schicksal Mignons s. Nr. 370, 388. Mit Blick auf die Lesung des Abbé in Buch 8, Kap. 9 (Bd. 5, S. 580–593) sucht Sch. der Alogik des Tragischen und Unbewußten im Roman zu steuern. – *18 gegen Marianen allein:* G. ging auf Sch.s Bedenken nicht ein. – *31 die Richardsohns:* die empfindsamen Nachahmer des engl. Romanciers Samuel Richardson (1689–1761), dessen Briefromane ›Pamela‹, ›Clarissa Harlowe‹ und ›Sir Charles Grandison‹ eine unerhörte Wirkung auf die europäische Literatur des 18. Jahrhunderts ausübten. – *34 Ein kleines Bedenken:* Sch. nimmt es zu Beginn von Nr. 182 zurück.

**190** *11 die »sentimentalischen« Foderungen:* hier: ›Forderungen der Empfindsamkeit, der Rührung‹. G. beherzigte Sch.s Einwand und fügte zwischen Mignons Tod und Wilhelms Interesse für die Instrumententasche noch eine Szene ein; vgl. *Lehrjahre*, 8. Buch, 5. Kap. (Bd. 5, S. 545 ff.), s. auch Nr. 188. – *28 die Erscheinung des Markese:* G. motivierte die Einführung des Marchese Cipriani im 2. und 7. Kap. des 8. Buchs (Bd. 5, S. 510) auf Sch.s Vorschlag hin noch besser, s. Nr. 188 und 231.

**191** *17 Meine Frau ⟨...⟩:* Charlotte Schiller an G., 1. Juli 1796 (GJb 4, 1883). – *34 de mauvaise grace:* frz. ›widerstrebend‹, ›ungern‹.

182. SCHILLER                           JENA, 3. JULI 1796

192,18 *wünschte:* wünsche; 193,2 *von:* zu; 193,12 *Bemerkung:* Bemerkungen; 194,40 *und der Philisterhaftigkeit:* und Philisterhaftigkeit; 195,1 *Hange:* Gange.

**192** *9–11 wie schön und wahr ⟨...⟩ nuanciert sind:* Sch. stellt die drei weiblichen Figuren in die Anthropologie seiner ästhetischen Systematik. – *18 Ich wünschte ⟨...⟩:* G. ging auf den Wunsch ein, s.

Nr. 188 und *Lehrjahre,* 8. Buch, 10. Kap. (Bd. 5, S. 608). Zu Sch.s Begriff der ›schönen Seele‹ vgl. ›Über Anmut und Würde‹ (NA 20, S. 287); Sch. an Körner, 18. und 19. Februar 1793. – *29 Saal der Vergangenheit: Lehrjahre,* 8. Buch, 5. Kap.

**193** *6 Memento mori:* lat. ›Gedenke des Sterbens‹. Motto von Mönchsorden und beliebte didaktische Literaturgattung vom Mittelalter bis zum Barock.

**194** *14 nicht gehörig motiviert:* G. holte die Motivierung nach, s. Nr. 188 und *Lehrjahre,* 8. Buch, 3. Kap. (Bd. 5, S. 530). – *16 Der Graf souteniert:* (frz. ›soutenir‹) ›behauptet‹, s. Nr. 183. Zum Grafen vgl. 8. Buch, 10. Kap. – *20 Felix ⟨...⟩ einen so wichtigen Erfolg:* indem er der Vergiftung entgeht; vgl. 8. Buch, 10. Kap. – *27 Werners traurige Verwandlung:* vgl. 8. Buch, 1. Kap. (Bd. 5, S. 500ff.).

**195** *3 chronologischen Verstoß:* G. behob ihn im 1. Kap. des 8. Buchs durch Werners Bericht über seine Familie, in dem er sich die ökonomische Zukunft seines Kindes ausmalt, s. Nr. 188 (Bd. 5, S. 502f.). – *22 Humboldts Brief:* Humboldt an G., 25. Juni, s. Nr. 180. – *23 die Idylle: Alexis und Dora.* – *26 »Ewig, sagte sie leise«:* Vers 101 (vgl. auch Vers 109); vgl. auch F. Schlegel an A. W. Schlegel, 15. Juni. Pickering interpretiert Zeit und Kairos als Zentralthema der Idylle, für Borchmeyer ist das Gelöbnis ewiger Treue als der alles erhellende Augenblick das Lösungswort des Rätsels. Pickering, F. P.: ›Der zierlichen Bilder Verknüpfung‹, in: Euphorion 52 (1958), S. 348ff. Borchmeyer, ›Des Rätsels Lösung‹ (s. zu Nr. 171), S. 70, 74, 84. – *34 Die Kleinigkeiten, die er tadelt:* Humboldt an G., 25. Juni. G. ging auf Humboldts metrische Kritik an Vers 76, 82, 120 nicht ein. – *39 für einander und an einander:* G. behielt das Wortspiel bei; vgl. Vers 14.

183. SCHILLER                                    JENA, 5. JULI 1796

196,39f. *diese innere:* die innere; 197,20 *ein sehr schöner:* ein schöner; 197,24 *hinaus:* heraus; 197,36 *erst einmal:* einmal erst; 197,40 *denken:* sehen; 198,4f. *diesen Verhältnissen:* diesem Verhältnis; 198,21 *übrigens sehr schön:* übrigens schön; 198,37 *aristokratischste:* aristokratische; 199,8 *Abkunft:* Herkunft; 199,9f. *als dann manche:* einige; 199,24–30 *Haben ⟨...⟩ finde.:* zuerst in Sch./ G.² (1856).

**196** *39 rektifiziert:* lat. ›berichtigt‹.

**197** *6 idealistisch:* ›allgemein gültig und konstruktiv‹. Vgl den Schluß von ›Über naive und sentimentalische Dichtung‹. – *11 wenn er Theresen seine Lebensgeschichte: Lehrjahre,* 8. Buch, 1. Kap. – *18 Theresen einen Sinn:* vgl. 8. Buch, 4. und 5. Kap. – *30–32 daß*

*Wilhelm anfängt, sich ⟨...⟩ mehr zu fühlen:* 8. Buch, 1. und 5. Kap. – *35 »Sie sind bitter ⟨...⟩«:* 8. Buch, 5. Kap. (Bd. 5, S. 548). – *37 Ich gestehe ⟨...⟩:* Zur Möglichkeit, daß G. Schillers sozial-psychologische Einwände berücksichtigte, vgl. N. Oellers in JDSG 15 (1971), S. 497 f.

198 *28 »sansküflottisches«:* ›Bürgerlich-Revolutionäres‹. Die Hosenlänge war in Frankreich zur Zeit der Französischen Revolution ein Merkmal sozialer Distinktion. Anspielung auf G.s ›Horen‹-Beitrag von 1795 *Literarischer Sansculottismus* (Bd. 4.2, S. 15–20). – *35 durch ein paar Worte:* G. griff den Vorschlag auf, s. Nr. 188; 8. Buch der *Lehrjahre*, 2. Kap. (Bd. 5, S. 509). Über Mißheiraten scherzt Therese im 7. Buch, 6. Kap (Bd. 5, S. 463).

199 *21 den Vieilleville:* ›Memoires de la vie de François de Scepeaux Sire de Vieilleville et Comte de Duretal. Composés par Vincent Carloix‹. 5 Bde. Paris 1757. Auszüge aus W. von Wolzogens Übersetzung, die Sch. redigierte, erschienen in den ›Horen‹ 1797, s. zu Nr. 329. Der frz. Marschall lebte von 1510 bis 1571. Vgl. G.s Tgb., 7. Mai 1796. – *26 Facius:* s. Nr. 125. – *27 Der Kaviar:* vgl. Sch. an Humboldt, 25. Januar 1796; Humboldt an Sch., 9. Februar und 26. März 1796.

184. GOETHE                                      WEIMAR, 5. JULI 1796

200,9 *denke:* gedenke; 200,9 *alsdann:* also; 200,14 *weghelfen:* hinweghelfen.

199 *35 Ihren ersten Brief:* Nr. 181. – *fing ich an:* s. Nr. 186. – *37 wahrhaft irdischen Geschäften:* der Ilmenauer Bergwerkssessionen, vgl. Tgb., 2.–6. Juli; [Vortrag am 6. Juli 1796]; Bd. 4.2, S. 887 f.

200 *3 eine Auskunft:* Nr. 188 und Beilage. – *7 Cellini:* Am 16. Juli brachte G. nach Jena die nächste Folge seiner *Cellini*-Übersetzung für das 9. ›Horen‹-Stück 1796 mit. – *10 Anfang August:* G. schickte den letzten Romanteil erst Ende August nach Berlin an Unger; vgl. Tgb., 26. August 1796.

185. SCHILLER                                      JENA, 6. JULI 1796

200,24 *Kalbische und Steinische:* K. und St.; 200,28 *die Familie Kalb:* Q.

200 *24 die Kalbische und Steinische Familie:* Charlotte von Kalb und ihr Mann und wohl auch Dietrich Philipp von Stein (1741–1803), dessen Frau in Jena operiert worden war, s. Nr. 171. – *25 der Idylle: Alexis und Dora;* vgl. Charlotte von Kalb an Jean Paul, 9. Juli (Nerrlich, S. 16). – *29 dem Päckchen:* vgl. Vers 61, s. Nr. 186.

186. GOETHE WEIMAR, 2. UND 7. JULI 1796

Erstdruck in Sch./G.² (1856). Das ursprüngliche Brieffragment enthält bedeutungsvolle Textvarianten. 201,15-17 *Mängeln (...) Gebrauch machen:* Mängeln. Ihre Bemerkungen sind ganz richtig und ich habe nun das eigentlich gehörige sogleich entdeckt und werde bei der neuen Abschrift von allen Ihren Erinnerungen Gebrauch machen. 201,26 nach *Ihnen befinde:* Sehr erwünscht ist es, daß Sie die ganze Masse noch einmal übersehen könnten ehe Sie mir das achte Buch zurück geben und mir Ihre Gedanken ausführlicher darüber sagen. Ich selbst werde vielleicht noch lange nicht im Stande sein, diesen Blick zu tun und was ich nicht durch Ihre Augen sehen könnte mir vielleicht lange verborgen bleiben. Ich selbst glaube kaum, daß eine andere Einheit als die der fortschreitenden Stetigkeit in dem Buche zu finden sein wird, doch das mag sich zeigen und da es eine Arbeit so vieler Jahre und wenn nicht ein Günstling doch ein Zögling der Zeit ist, so bin ich, wenn man kleines mit großen vergleichen darf hier zugleich Homer und Homeride bei einem obgleich nur im allgemeinen angelegten Plan, bei einer ersten Halbarbeit und der zweiten Umarbeitung bei einer tausendfältigen Abwechslung der Zustände war es vielleicht das Gemüt allein das diese Masse bis auf den Grad organisieren konnte. Helfen Sie mir nun, da wir so weit sind, durch Ihre liebevolle Teilnahme, bis ans Ende und durch Ihre Betrachtung über das Ganze auch für die Zukunft. Ich werde, in so fern man in solchen Dingen Herr über sich selbst ist mich künftig nur an kleinere Arbeiten halten, nur den reinsten Stoff wählen um in der Form wenigstens alles tun zu können was meine Kräfte vermögen. Außer Hero und Leander habe ich eine bürgerliche Idylle im Sinn, weil ich so etwas auch muß gemacht haben. Leben Sie recht wohl und schreiben Sie mir von Zeit zu Zeit. Diese Woche habe ich manches im irdischen ja in unterirdischen Geschäften zu tun, und es wird mir immer äußerst wohltätig sein, wenn mich ein Laut von Ihnen aus der Gesellschaft der Kobolde heraus ruft (vgl. NA 36 II, S. 280; ›Die Grenzboten‹ 1873 (Juli), Nr. 41).

201 *3 Ihren erquickenden Brief:* Nr. 181. – *16 wie zu helfen sei:* s. Nr. 188. – *28 Ihrem ersten Brief:* Im Tgb. zählt G. Sch.s Brief vom 2. Juli als ersten der drei in Folge geschriebenen Briefe Sch.s vom 2./3./5. Juli. Von dem schon beantworteten Schillerbrief vom 28. Juni sieht G. dabei ab. – *29 äußere und innere Hindernisse:* s. zu Nr. 184. – *37 künftigen Mittwoch:* schon vier Tage früher, am 9. Juli, zeigte G. seine Änderungen an. – *39 Sonnabend den 16$^{ten}$:* Am 16. Juli kam G. mit dem *Cellini*-Manuskript nach Jena und erhielt das achte Buch der *Lehrjahre* zurück.

**202** *1 schicke ich ihr Exemplar:* G. überbrachte gleichfalls Sch.s *Xenien*-Manuskript. – *3 die Idylle: Alexis und Dora.* – *7 obligates Werk:* Bei G. oft: ›streng geregelter, engegeführter, kunstvoll arrangierter Text, der an den Leser hohe Ansprüche stellt‹. Vgl. A. Schöne: ›Götterzeichen, Liebeszauber, Satanskult‹, München 1982, S. 67. Neben ›verbindlich‹ kann ›obligat‹ auch ›schwierig‹ heißen. Zu G.s Enttäuschung über das mangelnde Kunstverständnis seiner Rezipienten vgl. Nr. 220, 253, 355, 416, 488, 616; G. an Reichardt, 28. Februar 1790; Distichon *Das gewöhnliche Schicksal* (Bd. 4.1, S. 770). Noch im Alter weist G. die Kritik zurück, vgl. G. zu Eckermann, 25. Dezember 1825 (Bd. 19, S. 151). – *15 Sorglich: Alexis und Dora,* Vers 61. – *36 das Briefchen:* Charlotte Schiller an G., 1. Juli.

### 187. Schiller — Jena, 8. Juli 1796

203,17 *bloß:* bloße; 203,30 *Werk der:* Werk jener; 204,24 *es:* sie; 205,17 *deutlicher:* deutlich; 205,23 *es auch nicht:* es nicht; 205,32 *und der:* unter der; 205,33 f. *Dichterwerks:* Dichtwerks; 206,18 *ist, und daraus (...) entspringen. Daß:* ist. Daß; 206,21 *vagen:* regen; 206,30 *schöne:* schönste; 206,40 *Irrigkeit:* Innigkeit; Die Nachschrift 208,1–10 im Erstdruck bei Nr. 190. – Teilveröffentlichung des Briefs bis 207,18 *schon genug* auch im ›Morgenblatt für gebildete Stände‹ 1828, Nr. 299 (13. Dezember).

**203** *8 rektifizieren:* s. zu Nr. 183. – *14 Epopee:* Epopöe, Götter- und Heldenepos. – *27 fodern ihr Korrelatum:* zu den Freimaurerbegriffen ›Lehrjahre‹, ›Meisterschaft‹ im Roman vgl. 7. Buch, 9. Kap; 8. Buch, 5. und 7. Kap.; G. über die Fortsetzung der *Lehrjahre*: s. Nr. 192. Vgl. auch G.s Gespräch mit dem Kanzler Müller, 8. Juni 1821; Müller S. 47. – *35 schöne Zweckmäßigkeit:* vgl. Sch.s 21. ästhetischen Brief. Zu G.s Begriff der inneren Zweckmäßigkeit s. Bd. 4.2, S. 1025 f.

**204** *11 hätte ich doch gewünscht:* Gegen die Zumutung tiefgreifender konzeptioneller Veränderungen wehrte sich G. unter Hinweis auf seine anders geartete Dichternatur. Praktikables übersetzte er jedoch in seine Sprache, s. Nr. 188, 209, 212. – *14 Ökonomie:* s. zu Nr. 242. – *20 einen historischen Aufschluß:* vor allem in den Kapiteln 5, 6, 9 und 10 des 8. Buchs. – *22 den ästhetischen Aufschluß (...) über die poetische Notwendigkeit:* Die zwischen Ernst und Spiel irritierend schwankende Lenkung Wilhelms durch die Turmgesellschaft soll in ihrer Funktion deutlicher der Struktur des Romans integriert und aus den Maximen der Gesellschaft ableitbar werden. Vgl. G. Storz: ›Figuren und Prospekte‹. Stuttgart 1963, S. 123 f. – *36 Condescendenz:* (frz. ›condescendance‹)

›Nachgiebigkeit‹, ›Anpassung‹. G. verwendete das Wort im 8. Buch des Romans (Bd. 5, S. 407).
205 *24 Wilhelm zu einem Gegenstand:* G. griff Sch.s Anregung im 3. und 5. Kap. des 8. Buches auf (Bd. 5, S. 522 f.), s. Nr. 188.
206 *20 von dem idealischen zum reellen:* Sch. schwebt die von ihm beschriebene Synthese von Idealismus und Realismus im ›Beschluß der Abhandlung über naive und sentimentalische Dichter‹ vor. – *24 Bestimmtheit (...) Bestimmbarkeit:* Zwei zentrale Begriffe der Sch.schen Ästhetik; vgl. ›Über die ästhetische Erziehung des Menschen‹, 23. Brief (NA 20, S. 383 ff.), s. zu Nr. 301; ›Über die notwendigen Grenzen beim Gebrauch schöner Formen‹ (NA 21, S. 13 ff.); ›Über naive und sentimentalische Dichtung‹ (NA 20, S. 456, 470, 475 f.). Vgl. *Lehrjahre*, 8. Buch, 5. Kap. (Bd. 5, S. 550 f. und 554). – *35 den Begriff der Lehrjahre und der Meisterschaft:* vgl. 7. Buch, 9. Kap.; 8. Buch, 5. und 7. Kap. (Bd. 5, S. 496 ff., 550 f., 572).
207 *10 noch etwas klärer gemacht:* vgl. S. 257,21. Sch.s wirkungsästhetischem Appell folgte G. nur unter Vorbehalten; s. Nr. 188. Er wahrte die Symbolik des Offenen und Unausgesprochenen. Zur Einarbeitung der zweiten Hälfte des Lehrbriefs, s. Nr. 190. Vgl. auch G. zu Eckermann, 18. Januar 1825; Bd. 19, S. 128 f. – *19 das Exemplar der Xenien:* s. Nr. 189. – *25 noch zum Almanach:* s. Nr. 176 und 179. – *26 Gedicht von Mignon:* s. zu Nr. 176. – *31 die Wochen meiner Frau:* Ernst Schiller kam am 11. Juli zur Welt. – *39 Muratorischen Sammlung:* Lodovico Antonio Muratori: ›Rerum Italicarum scriptores‹. 25 Bde. Mailand 1723–1751; von Funck benötigte sie für seinen Beitrag ›Robert Guiscard‹, der in den ›Horen‹ 1797 erschien. Vgl. Funck an Sch., 28. Juni, s. Nr. 188 und 189.
208 *3 an Bolt:* vgl. Sch. an Bolt, 7. ⟨8.⟩ Juli 1796, s. Nr. 189. Der Berliner Zeichner und Kupferstecher Johann Friedrich Bolt (1769–1836) hatte für Sch.s ›Musen-Almanach für das Jahr 1796‹ als Titelkupfer den Kopf des Apollo von Belvedere gezeichnet und gestochen. – *6 Lipsens Kupferstich:* Der Zürcher Kupferstecher und Maler Johann Heinrich Lips (1758–1817) hatte 1791 während seiner Lehrtätigkeit am Weimarer Zeicheninstitut das Goetheporträt gestochen. – *7 das Portrait von Meier:* Sch. dachte an das von Meyer 1794 gemalte Aquarell.

188. GOETHE  WEIMAR, 9. JULI 1796

Veröffentlichung ohne Beilage (210,6–21) auch im ›Morgenblatt für gebildete Stände‹ 1828, Nr. 301 (16. Dezember). Erstdruck der

Beilage: WA I 21 (1898), S. 333, nicht erst bei Gräf/Leitzmann, wie die NA berichtet. 209,29f. *so eine:* eine so.

208 *16 nach Ihren Bemerkungen:* G.s Brief beantwortet nicht nur, wie die NA 36 II schreibt, Sch.s Brief vom 8. Juli, sondern reagiert mit der Beilage auch auf Sch.s Briefe vom 2., 3. und 5. Juli 1796. – *17 suppliren:* (frz.) ›ergänzen‹. – *25 realistischen Tic:* Anspielung auf Sch.s Dichtertypologie im ›Beschluß der Abhandlung über naive und sentimentalische Dichter‹. Als ›Realisten‹ bezeichnete sich G. in Nr. 150, 455, 812. Ebenso charakterisiert Schiller G. in Nr. 4, 190 und 358, ferner im Brief an Humboldt, 17. August 1797. – *28 incognito:* vgl. *Dichtung und Wahrheit*, 13. Buch (Bd. 16, S. 627); G. an C. F. von Reinhard, 22. Juni 1808.

209 *8 zu Gunsten seines Äußerlichen:* vgl. *Lehrjahre*, 8. Buch, 1. Kap. (Bd. 5, S. 500f.). – *12 Die zweite Hälfte:* vgl. 8. Buch, 5. Kap. (Bd. 5, S. 551 ff.). – *39 selbst hinzu zu fügen:* G. entschied sich später anders, s. Nr. 214. In den explizierten Lehren sah G. nicht das Kernstück der *Lehrjahre*.

210 *2 Cellini:* s. Nr. 186. – *3 für den Almanach:* Neben den *Xenien* und der Idylle *Alexis und Dora* steuerte G. bald noch einige Epigramme für den ›Musen-Almanach‹ für 1797 bei. – *6 ›Beilage‹* Zum achten Buche:

1.) s. Nr. 181; vgl. Bd. 5., S. 545 ff.
2.) s. Nr. 181; Bd. 5, S. 546f.
3.) s. Nr. 183; Bd. 5, S. 509
4.) s. Nr. 181; Bd. 5, S. 510 und 567
5.) s. Nr. 182; Bd. 5, S. 608
6.) s. Nr. 182; Bd. 5, S. 530
7.) s. Nr. 182; Bd. 5, S. 502f.

189. GOETHE                    WEIMAR, 9. JULI 1796

211,3 *Sie wohl:* Sie recht wohl; 211,6–10 *Muratori (...) Blätter.:* zuerst in Sch./G.² (1856). Im Erstdruck Nr. 189 nach Nr. 190.

210 *26 die ernsthaften und wohlmeinenden:* Sie wurden im Unterschied zu den polemischen *Xenien* als *Tabulae votivae* im ›Musen-Almanach‹ für 1797 veröffentlicht, s. Bd. 4.1, S. 757–771. – *30 des Portraits:* s. Nr. 187. – *33 Bolt:* s. zu Nr. 187. – *35 Meyers Zurückkunft:* H. Meyer kehrte erst im November 1797, nach zweijährigem Aufenthalt, von Italien nach Weimar zurück. – *39 die Familie vermehrt:* s. zu Nr. 187. – *Carln:* Sch. schickte seinen Sohn nicht zu G.

211 *6 Muratori:* s. zu Nr. 187. – *Vielleville:* s. zu Nr. 183. – *7 Die Rechnung:* s. zu Nr. 183. – *9 Cellini:* G. brachte am 16. Juli einen Bogen mehr mit.

190. SCHILLER  JENA, 9.-11. JULI 1796

212,13 *wohl auch:* auch wohl; 212,24 *gut bedient:* gut dabei bedient; 213,5 *nie:* nicht; 213,11 *Sie:* sie; 213,27 *bloß:* nur; 213,33 *und das Moralische:* und Moralische; 214,9 *Hange:* Gange; 214,30 *des:* eines; 216,4 *könne:* könnte; s. zu Nr. 189; die Nachschrift 216,11-25 bildet im Erstdruck eine eigene Nummer.

211 *16 jene zwei Punkte:* s. Nr. 187. – *18 realistischen Tic:* s. Nr. 187.

212 *1 einige Erinnerungen ⟨...⟩:* G. ging auf sie ein; vgl. *Lehrjahre,* 8. Buch, 5., 1. und 6. Kap. (Bd. 5, S. 552, 501f., 562). – *26 die zweite Hälfte des Lehrbriefs:* G. fügte Abschnitte daraus in das 5. Kap. des 8. Buches ein (Bd. 5, S. 551-553).

213 *7 ein paar Zeilen:* vgl. Bd. 5, S. 504f.; G. fügte noch einiges über die Begrenzung des unbedingten Strebens durch die Tat ein; vgl. ebenda, S. 551 und 554. – *7 gegen die Metaphysik Fronte machen:* ›der Metaphysik genügen‹, nach der ital. idiomatischen Wendung ›fare fronte a ...‹. – *18 sentimentalischen Charakter, wie Wilhelm:* im Sinn der Reflexionsbemühung und Suche nach der verlorenen Einheit der Natur; vgl. ›Über naive und sentimentalische Dichtung‹ (NA 20, S. 441, 432, 430f.).

214 *28-30 Realist ⟨...⟩ Idealisten:* s. den Schlußteil der Abhandlung ebenda, S. 707ff., s. zu Nr. 358. – *36 die Materies quaestionis:* (lat.) die ›fraglichen Punkte bzw. Themen‹.

215 *4 Reich der Schatten:* Sch. gab dem Gedicht später den Titel ›Das Ideal und das Leben‹. – *5 den ästhetischen Briefen:* vgl. NA 20, 309-412. – *9 ob Sie den Grafen ⟨...⟩:* G. folgte dem Vorschlag im 10. Kap. des 8. Buches; Bd. 5, S. 598-600 – *22 noch eine Erinnerung:* Im Saal der Erinnerung (8. Buch, 5. Kap.) äußert sich Wilhelm in der endgültigen Fassung keineswegs nur über den »Stoff der Kunstwerke«. Anders als die NA 28 vermutet, dürfte G. die Anregung aufgegriffen haben (Bd. 5, S. 543). – *39 ist mir beigefallen:* G. übernahm Sch.s Einfall nicht, vgl. Bd. 5, S. 551f.

216 *13 Niederkunft:* Sch.s Sohn Ernst wurde am gleichen Tag geboren, s. Nr. 191. – *14 Stark:* s. zu Nr. 191. – *19 Schlegel ist mit seiner Frau:* Eine Woche nach der Eheschließung mit Caroline Böhmer war A. W. Schlegel in Jena angekommen. Das Ehepaar hatte Sch. am 9. Juli besucht; vgl. Caroline Schlegel an Luise Gotter, 11. Juli (Caroline I, S. 389f.). – *20 die kleine Paulus:* Elisabeth Friederike C. Paulus kam Mitte Oktober nach Jena zurück; Caroline Schlegel an Luise Gotter 15. (-17.) Oktober (Caroline I, S. 401). – *21 ihre kranke Mutter:* Friederika Elisabetha Paulus, geb. Bilfinger. – *22 Mittwoch:* 13. Juli.

191. SCHILLER　　　　　　　　　　JENA, 11. JULI 1796

**216** *30 die Niederkunft:* Charlotte Schillers. – *31 Starks:* Johann Christian Stark d. Ä. (1753–1811), Professor der Medizin in Jena, Sch.s Hausarzt. – *33 ein Junge:* Ernst Friedrich Wilhelm (1796–1841).

192. GOETHE　　　　　　　　　　WEIMAR, 12. JULI 1796

Erstdruck nicht erst in Sch./G.² (1856), wie NA 36 II notiert, sondern in Sch./G.¹ (1828); dort nach dem falschen Schlußdatum eingeordnet; 217,31 *einen:* einem; 217,32 *so einer:* einer so.

**217** *9 Knabenpaar:* Karl und Ernst Schiller. – *12 künftigen Sonnabend:* 16. Juli, G.s Anreisetag in Jena. – *18 künftig die Figuren:* früheste Erwähnung einer Fortsetzung der *Lehrjahre*. Der erste Teil von *Wilhelm Meisters Wanderjahre* erschien erst 25 Jahre später. – *19 Ihr heutiger Brief:* Nr. 190. – *27 Die Xenien:* im weiteren Sinn, der auch die *Tabulae votivae* einschloß, s. zu Nr. 174. – *28 Cellini:* die für das 9. ›Horen‹-Stück bestimmte vierte Fortsetzung. – *29 Schlegeln und seine Frau:* s. Nr. 190. G. begegneten die Jungvermählten am 17. Juli; vgl. Caroline Schlegel an Luise Gotter, 17.–20. Juli (Caroline I, S. 391). – *31 die kleine Freundin:* die Frau des Orientalisten Paulus, s. Nr. 190 und zu Nr. 158. – *32 einer kritischen Zeit:* Im Verlauf des ersten Koalitionskriegs hatten frz. Truppen rheinische und schwäbische Gebiete besetzt, württembergische Artillerie, Infanterie und Kavallerie war aufgezogen, die Stuttgarter Bürgerschaft in bewaffneter Alarmbereitschaft. Am 17. Juli kam es zum Waffenstillstand zwischen Frankreich und Württemberg. – *35 in Ihrem friedlichen Tal:* im Sinn von ›arkadischem Refugium‹; vgl. G.s Gedicht *Ilmenau am 3. September 1783* (Bd. 2.1, S. 82); Sch. an Humboldt, 29. und 30. November 1795; Nr. 239.

193. SCHILLER　　　　　　　　　　JENA, 12. JULI 1796

218,7 *wie:* als; 218,20f. *verstorben:* gestorben.

**218** *3 die kleine Gesellschaft:* Sch.s Frau im Wochenbett und ihr Sohn Ernst. – *9 zurücksende:* Sch. gab G. das Manuskript in Jena zurück. – *13 das Monatsstück zu füllen:* Das 8. Stück der ›Horen‹ von 1796 brachte den Schluß von Woltmanns historischem Aufsatz ›Theoderich‹, von Samuel Gottlieb Bürde übersetzte engl. Elegien, G.s *Briefe auf einer Reise nach dem Gotthardt* und ›Gemil und Zoe‹ von Gerhard Anton von Halem. Die für das 8. ›Horen‹-Stück gedachte vierte *Cellini*-Fortsetzung konnte wegen kriegsbedingter Postunterbrechung erst im 9. Stück erscheinen, s. Nr. 203. – *14 der Zeichnung und dem Kupferstich:* s. Nr. 165, 194. – *16 Ihren Kopf:* s. Nr. 187, 189. – *20 Uz:* Der Anakreontiker Johann Peter Uz (1720–1796), den Sch. auch als Lehrdichter schätzte, war am 12. Mai gestorben; vgl. NA 42, S. 153; ›Über naive und sentimentalische Dichtung‹ (NA 20, S. 485). Der Plan, ein Porträt von Uz als Titelkupfer für den ›Musen-Almanach‹ für 1797 zu wählen, wurde aufgegeben. – *22 Honneteté:* frz. ›Ehrbarkeit‹, ‹Schicklichkeit‹. – *23 durch Knebeln:* s. Nr. 194. – *26 Frau Charlotte:* Charlotte von Kalb. – *29 einen Wilhelm:* s. Nr. 191; Anspielung auf G.s Romanhelden.

194. GOETHE                    WEIMAR, 13. ODER 14. JULI 1796

*Datierung:* Die Datierung in NA 36 II auf den 13. Juli überzeugt nicht restlos. Sch. schrieb am Dienstagabend, so daß der Brief mit der Botenfrau, die Jena am Dienstagabend verließ, nicht mehr befördert werden konnte. Sch. selbst rechnete gar nicht mit G.s Kommen zur Taufe (s. Nr. 193). Die Grüße an die Taufgesellschaft können am Tauftag geschrieben sein. Dem Zusammenfall von Daten der Weltgeschichte und denen der persönlichen Biographie hat G. nachgeholfen. Vgl. G. an Christiane, 3. Juli 1810.
Erstdruck in Riemers Briefe (1846).

218 *38 neue lebendige:* s. Nr. 191. – *Frau Gevatterin:* Charlotte von Kalb.
219 *1 Sonnabends:* 16. Juli. G. blieb drei Tage in Jena. – *3 mein Ehestand:* G. betrachtete sich mit Christiane Vulpius als »verheiratet nur nicht mit cermonie«; Charlotte von Stein an Fritz von Stein, 17. Mai 1796 (Grumach IV, S. 222). – *4 die französi(si)sche Revolution:* der Sturm auf die Bastille am 14. Juli 1789. – *7 Die Kupferstiche:* Von den vorgesehenen zwei Kupferstichen zu Hirts ›Horen‹-Beitrag ›Reise nach Grottaferrata‹ ging auf dem Transport nach Tübingen eine Kupferplatte verloren, s. Nr. 165, 214, 217. – *11 um Uz angehen:* G. an Knebel, Mitte Juli 1796, s. Nr 193.

195. GOETHE                    WEIMAR, 20. JULI 1796

219 *16 Hofrat Loders:* vgl. G.s Tgb., 19. Juli. – *17 Am Roman:* Die Arbeit am letzten Buch der *Lehrjahre* beanspruchte G. noch vier Wochen, s. Nr. 215. – *18 Pyrmonter:* Quellwasser aus Bad Pyrmont. – *einen kleinen Aufsatz:* G.s Tagebuchnotiz (20. Juli) »Über Methode in der Physik« bestätigt den Entwurf zu einem Aufsatz. Von ihm ist nichts erhalten.

## 196. SCHILLER   JENA, 22. JULI 1796

219,31 *unserm:* unsern; 219,37 *noch:* und.

219 *32 meiner Schwiegermutter:* Sch. hatte unmittelbar nach der Niederkunft seiner Frau die »chère Mère« zu kommen gebeten. Louise von Lengefeld blieb vom 14. bis 25. Juli in Jena. – *33 Schlegels:* A. W. Schlegel und seine Frau. – *35 Depesche an Cotta:* Sch. an Cotta, 22. Juli. – *37 Die Frankfurther Begebenheiten:* s. zu Nr. 197.

220 *4 Koadjutor:* Karl Theodor von Dalberg (1744–1817) hielt sich vom Mai bis Oktober 1796 im Hochstift Konstanz auf. Der Statthalter in Erfurt und Mäzen Sch.s wurde nicht gefangen genommen. Sch.s ökonomische Perspektiven gründeten sich seit 1790 auf die politische Karriere des Mainzer Koadjutors; vgl. NA 42, S. 127 f.

## 197. GOETHE   WEIMAR, 22. UND 23. JULI 1796

220,26–221,23 *Den 23.ᵗᵉⁿ Juli ⟨...⟩ bombardiert ward, vor Augen...:* im Erstdruck ein eigener Brief; 221,2 *davor:* dafür; 221,3 *modifiziert:* mortifiziert; 221,15 *Schwaben und Baiern:* Schwaben, Bayern; 221,25–33 *Ich ⟨...⟩ auch.:* zuerst in Sch./G.² (1856).

220 *10 zwei Briefe von Meyer:* Die Briefe Meyers vom 15. Juni aus Rom und vom 24./25. Juni aus Florenz erhielt G. am 21. Juli. – *11 Landsmanne:* der Schweizer Architekt Hans Kaspar Escher (1775–1859); vgl. Meyer an G., 24. April 1796. – *15 ein Briefchen:* Ob es sich um Voigts Schreiben an G. vom 21. Juli handelt, wie NA 36 II behauptet, erscheint fraglich. G. schöpfte seine Kriegsnachrichten größtenteils aus diesem Brief. Wenn er beilag, waren G.s Informationen redundant. Infrage käme auch der Brief von Kirms vom 18. Juli, der neben dem Frankfurter Kriegsgeschehen Gerüchte von angeblichen Friedensverhandlungen des Herzogs Georg I. von Sachsen-Meiningen kolportiert. – *16 Frankfurth:* Über das Bombardement seiner Heimatstadt durch General Jourdan in der Nacht vom 12./13. Juli, die Zerstörung der Judengasse und andere Einzelheiten unterrichtete G. der genannte Brief von Kirms. Die Kapitulationsbedingungen nennt ein Brief Voigts an G. vom 18. Juli. – *18 Künftigen Mittwoch:* Weder am 27. Juli noch in den folgenden Wochen schickte G. das Romanmanuskript an Sch. – *28 Kordon:* ›militärischer Sperriegel‹, hier: zum Schutz der Grenze vor den andrängenden frz. Truppen, s. Nr. 212. – *30 repousiert:* (frz.) ›zurückgedrängt‹. – *30 5 Meilen:* eine geographische Meile = 7,42 km. – *31 dort schon angelangt:* Nachdem die frz. Armee Schweinfurt eingenommen hatte, gab der kaiserliche

General von Wartensleben Würzburg preis. – *35 retro zu spedieren:* ›zurückzubefördern‹. – *37 Würtenberg macht Friede:* Dem Friedensvertrag vom 7. August zwischen Frankreich und Württemberg ging das Abkommen zum Waffenstillstand vom 17. Juli voraus. – *38 Manheim:* Die Stadt von Sch.s Jugenddramen war bereits seit dem 11. Juli in frz. Hand.

**221** *2 Vivres:* frz. ›Lebensmittel‹. – *3 modifiziert:* vermutlich Hörfehler des Schreibers für ›mortifiziert‹. – *8 Zeit zu gewinnen:* vgl. G. an Voigt, 22. Juli. – *10 König von Preußen:* Friedrich Wilhelm II. (1744–1797), seit 1786 preußischer König; vgl. Voigt an G., 20. Juli. – *12 Landgrafen von Hessen:* s. zu Nr. 104. – *13 Frieden für Chursachsen:* Im April 1795 hatte Preußen den Sonderfrieden von Basel ausgehandelt, dem sich der sächsische Kurfürst zunächst nicht anschloß, weil er eine Friedensregelung auf Reichsebene anstrebte. Erst im August 1796 akzeptierte Friedrich August III. als Hauptmann des obersächsischen Reichskreises die preußische Neutralitätsvermittlung. Am 29. Dezember 1796 wurde der Beitritt Kursachsens und seiner Verbündeten zum preußisch-französischen Vertrag ratifiziert und damit auch G.s langjährige Neutralitätspolitik belohnt. Vgl. H. Tümmler: ›Goethe in Staat und Politik‹. Köln/Graz 1964, S. 33 f. – *20 Von meiner Mutter:* Sie schrieb am 22. Juli, s. Nr. 200. – *25 meine Tonne zu wälzen:* s. zu Nr. 104. – *31 das Condeische Corps:* Ludwig Joseph von Bourbon, Prinz von Condé (1736–1818), entging der Gefangennahme durch die Franzosen. Bis zum Frieden von Lunéville (1801) kämpfte er mit seinem Truppenverband auf russischer und Schweizer Seite gegen Frankreich.

198. SCHILLER  JENA, 23. ⟨25.?⟩ JULI 1796
*Datierung:* vgl. NA 28, S. 600.

**222** *5 in Stuttgardt:* Frz. Truppen nahmen Stuttgart am 18. Juli ein. – *10 Von meiner Familie:* Den letzten Brief seiner Mutter, vom 28. Juni, hatte Sch. am 4. Juli erhalten. Einen Kriegsbericht seiner Schwester Christophine Reinwald an ihren Mann vom 1. Juli erhielt Sch. am 13. Juli. – *11 Briefe der kleinen Paulus:* s. Nr. 190. – *19 Neulich erfuhr ich:* Für den in der Forschungsliteratur seit Sch.s Brief kolportierten Vorfall fehlt jede weitere Bestätigung. – *21 das VIte Buch:* Bekenntnisse einer schönen Seele. – *Ahrnts Paradiesgärtlein:* Johann Arndt: ›Paradyss Gärtlein‹. Leipzig 1612 (1. Auflage). Das unter Lutheranern überaus populäre Andachtsbuch von Johann Arndt (1555–1621), den die Pietisten als ihren Vorläufer betrachteten. – *25 Von Baggesen ⟨...⟩:* Publiziert wurde schließlich nur das Lobepigramm ›Schiller's Musenalmanch 1796‹. Die aggressive Pointe gegen G.s *Venezianische Epigramme* unterblieb im Druck. Vgl. auch Humboldt an Sch., 20. September. Baggesen äußerte erhebliche Vorbehalte gegen G. und kritisierte auch Sch.s Horenankündigung. In Sch.s Nachlaß finden sich Spottverse, die u. U. auf Baggesen zielen; vgl. Schmidt/Suphan, ›Xenien 1796‹, S. 208, zu Nr. 817 (X 275, Bd. 4.1, S. 809). – *31 Avis:* frz. ›Informationen‹. – *32 von Xenien:* s. Nr. 202. – *34 in Wien verboten:* vgl. das Distichon *Besorgnis* (Hb 443, Bd. 4.1, S. 726), das nicht in den gleichfalls verbotenen ›Musen-Almanach für das Jahr 1797‹ aufgenommen wurde.

223 *1 Unger über seine beiden VerlagsSchriften:* Verfasser und Publikationsorgan des Epigramms sind unbekannt. – *3 Journal Deutschland:* hg. von Reichardt. – *11 8te Buch:* s. Nr. 209, 214. – *12 die Naturhistorischen Dinge:* Unter ›Naturgeschichte‹ verstand man im 18. Jahrhundert die in erster Linie systematische Behandlung der anorganischen und organischen Naturgegenstände, s. *[Betrachtung über Morphologie]* (Bd. 4.2, S. 198 f. und S. 1052). – *13 mündlich:* G. hielt sich vom 18. August bis 5. Oktober in Jena auf. – *Herder:* s. zu Nr. 167. – *16 facit indignatio ⟨...⟩:* lat. ›der Unwille macht den Vers, wie er kann‹. Juvenal, Satiren 1, Verse 79 f.

199. GOETHE                    WEIMAR, 26. JULI 1796

223,28 *Manuskript erst herüber:* Manuskript herüber.

223 *23 Brief von Meyer:* Meyer an G., 5. Juli 1796. – *27 Sonnabend:* 30. Juli, s. Nr. 202. – *29 das Manuskript:* der *Xenien.* – *33 Die Abschrift des Romans:* G. übersandte die redigierte Fassung des 8. Buchs der *Lehrjahre* Sch. nicht mehr. Sie ging am 26. August an den Verleger Unger. Doch s. zu Nr. 209. – *35 10<sup>ten</sup> besuche ich Sie:* G. kam acht Tage später. – *37 das politische Urteil:* s. Nr. 197. – *40 Kants Aufsatz:* ›Von einem neuerdings erhobenen vornehmen Ton in der Philosophie‹ (in: ›Berlinische Monatsschrift‹ Mai 1796) richtet sich gegen J. G. Schlosser, den Stolbergkreis, Herder u.a.; vgl. Xenion *An Kant,* Bd. 4.1, S. 783, X 63; s. zu Nr. 315).

224 *5 sollen ihn⟨en⟩ übel bekommen:* vgl. die Xenien X 275 und X 279 (Bd. 4.1, S. 809). – *9 dem Kleinen:* Ernst Schiller, s. Nr. 191.

200. GOETHE                    WEIMAR, 28. JULI 1796

224,25 *Frauens:* Frauen; 224,35 *wünschte:* wünsche; 224,37 *Hofkammerrat:* Kammerrat.

224 *21 von Lauchstädt aus:* Die Gastspiele in dem kleinen, renommierten Bad, der Sommerresidenz des kursächsischen Hofs

in der Nähe von Merseburg, waren für das Weimarer Theater eine willkomme Quelle von Nebeneinnahmen; vgl. zu. Nr. 463, 623. Die Truppe gastierte vom 24. Juni bis 8. August in Lauchstädt, danach in Rudolstadt. Zum Gastspiel in Jena kam es nicht. Vgl. G. an Kirms, 13. September 1796. – *27 an Gotha:* C. G. Voigt griff G.s Vorschlag auf, sich mit dem sachsen-gothaischen Minister Sylvius Ludwig Freiherr von Frankenberg (1729–1815) ins Benehmen zu setzen; vgl. G. an Voigt, 25. Juli; Voigt an G., 26. Juli. – *29 Akademie:* die Jenaer Universität. – *30 Prorektor:* Johann Jakob Griesbach (1745–1812), Professor der Theologie und Gast in G.s ›Freitagsgesellschaft‹; seit 1795 Vermieter von Sch.s Wohnung am unteren Löbdergraben (Schloßgasse 17). – *35 die Mere coupable:* Pierre Augustin Caron de Beaumarchais (1732–1799): ›La mère coupable ou l'autre Tartuffe‹. Paris 1794. G. war von Louise von Göchhausen etwa am 26. Juli um die Komödie gebeten worden. – *37 Kirms:* Franz K. (1750–1826) war im Vorstand der Hoftheaterintendanz mit der Geschäftsführung des Weimarer Theaters betraut. – *39 Brief von meiner Mutter:* Katharina Elisabeth Goethe an G., 22. Juli; (mit der Schilderung der Einnahme Frankfurts durch die Franzosen). Vgl. *Tag- und Jahres-Hefte* zu 1796 (Bd. 14, S. 50).

225 *1 Konfusion und Bewegung:* Von den militärischen Vorkehrungen und den gleichzeitigen fieberhaften diplomatischen Bemühungen um ein Neutralitätsabkommen mit Frankreich unterrichteten G. die täglichen Briefe Voigts aus Eisenach.

201. SCHILLER                                   JENA, 28. JULI 1796

*Datierung:* vgl. Sch.s ›Calender‹.
226,15 *diesen:* den.

225 *20 die Komödie:* Das von G. erwogene Gastspiel der Weimarer Truppe in Jena kam nicht zustande. – *21 Hausherrn:* Griesbach, s. zu Nr. 200. – *24 der Kleine:* s. Nr. 191. – *30 den Roman:* das 8. Buch der *Lehrjahre.* – *34 Meyers Stimme:* s. Nr. 199.

226 *3 Die Idylle:* G.s Alexis und Dora. – *4 Eisbahn:* s. Bd. 4,1, S. 756f. – *5 Mittelalter und Individualität:* s. Bd. 4,1, S. 693, Hb 154 und 155. – *9 die Newtoniana:* s. Bd. 4,1, S. 694ff., Hb 170, 172–181. Die gegen Newton gerichteten *Xenien* wurden nicht zu einem Gedicht vereinigt. – *15 Meiers tröstliche Nachrichten:* Meyer erwartete G. im Herbst in Italien (vgl. Meyer an G., 5. Juli).

202. GOETHE                                    WEIMAR, 30. JULI 1796

227,17 *darinne:* darin; 227,28f. *Wetterscheidung:* Wetterscheide; 227,34 *Sie wieder eine:* Sie eine.

**226** *26 Eudämonia:* griech. ›Glück‹. Hier Name der reaktionären Zs. ›Eudämonia, oder deutsches Volksglück‹. Hg. (E. A. A. von Göchhausen?), L. A. C. von Grolmann, J. A. Starck. Leipzig, Frankfurt, Nürnberg 1795–1798. Aus unnötigen metrischen Bedenken wurden die Distichen *Zeichen der Hunde* und *Der Bär wehrt die Fliegen* aus den *Xenien* ausgegliedert (s. Hb 100 und 442, Bd. 4.1, S. 687 und 726). – *30 Karten und Luftgebäude:* Die für die Distichensammlung erwogenen Kompositionsprinzipien der Kontrastvereinigung und abschließenden Milderung wurden durch Sch.s Redaktion aufgehoben, die auf eine Trennung der polemischen *Xenien* und der neutralen *Tabulae votivae* hinauslief, s. Nr. 204. – *35 renunziieren:* (lat.) ›aufkündigen‹, hier: ›verzichten‹.

**227** *4 wenn ich komme:* G. kam am 18. August. – *7 alles wegbliebe, was in unserm Kreise:* Herder, Wieland und Iffland kamen glimpflich davon. – *16 Beobachtungen über Pflanzen und Insekten:* vgl. Tgb. vom 25. und 30. Juli. Ferner ⟨*Aufzucht von Pflanzen im Dunkeln*⟩ (Bd. 4.2, S. 219ff.); *Entomologische Studien* (ebenda, S. 232f.); *Tag- und Jahres-Hefte* zu 1796 (Bd. 14, S. 49). – *18 Stetigkeit:* ›kontinuierliche gesetzmäßige Entwicklung‹, als »Grundsatz« fundiert im Gesetz des ›All und Einen‹; vgl. Nr. 209. – *22 an elementarischen und geistigen Naturen:* G. übertrug den Stetigkeitsgedanken, der auf dem scholastischen Axiom ›Natura non facit saltus‹ basiert, auch auf Unorganisches. Vgl. WA II 10, S. 69. M. Semper: ›Die geologischen Studien Goethes‹ (Leipzig 1914), S. 117, 125, 135, 246. Zur Übertragung des Begriffs der ›Stetigkeit‹ auf literarische Produktionen vgl. W. von Humboldt: ›Über Göthe's Herrmann und Dorothea, §§ LXXXIII, XCIII, s. zu Nr. 465. Sch., ›Über naive und sentimentalische Dichtung‹ (NA 20, S. 496). – *25 Das französische Ungewitter:* Ein Neutralitätsabkommen am Jahresende verschonte Kursachsen und die sächsischen Herzogtümer vor kriegerischen Auseinandersetzungen, s. Nr. 197, 207. – *30 in Rudolstadt:* Ein Vogel- und Scheibenschießen fand am 15. August statt. Das Weimarer Ensemble spielte dort vom 12. August bis 30. September, s. Nr. 200. – *34 vom Cellini:* Die Lieferung für das 10. ›Horen‹-Stück 1796 übergab G. Schiller in Jena am 7. September. – *37 Nachricht aus Schwaben:* Neue Briefe von seiner Mutter und seiner Schwester Christophine erhielt Sch. erst Mitte August. – *38 Cranach:* Kronach in Oberfranken.

**228** *1 Kordon:* (frz.) ›Sperriegel‹. – *5 in Ihrer Nähe:* G. blieb – mit einer kurzen Unterbrechung am 1. September – vom 18. August bis 5. Oktober in Jena.

203. SCHILLER                    JENA, 31. JULI 1796

228,12 *ungern(er)*: ungerner; 228,21 *zwei letzten Monate:* zwei Monate; 228,35 *niemanden angreifen:* in einander greifen; 229,14 *Kotzebuischen und Schröderischen Stücken:* Kotzebuischen Stükken; 229,30 *Hess:* *.

228 *12 ungern(er)*: zur Textkonjektur eines schwäbischen Komparativs vgl. Textvarianten und N. Oellers in JDSG 15 (1971), S. 499. – *14 ein gewisses Ganzes:* s. zu Nr. 202. – *17 Konvenienz:* ›Bequemlichkeit‹. – *23 der andere Teil:* die *Tabulae votivae* (Bd. 4.1, S. 757–771). – *34 Ihren Namen:* s. Nr. 204. – *37 auf Reichardt:* s. Nr. 204. – *38 Stolberg:* F. L. von Stolbergs ideologischer Protest ›Gedanken über Herrn Schillers Gedicht: »Die Götter Griechenlands«‹ (›Deutsches Museum‹ 1788, 8. Stück) markiert zum ästhetischen Neuhumanismus Sch.s die christlich-konservative Gegenposition. Zu Stolbergs Entfremdung von G. s. zu Nr. 24, 121, 198. – *40 Schlosser:* Johann Georg S. (1739–1799), G.s Schwager, in zweiter Ehe seit 1798 mit Johanna Fahlmer verheiratet. Dem Juristen und – seit 1794 – freien Schriftsteller sind unter den *Tabulae votivae* bzw. der Sammelhs. die Distichen *Theophagen* und *Liebe und Begierde* gewidmet (TV 45 und Hb 635, Bd. 4.1, S. 763 und 748). Sie zielen auf Schlossers Schrift ›Fortsetzung des Platonischen Gesprächs von der Liebe‹. (Hannover 1796). Seine Affinität zum Eutiner Stolbergkreis nimmt ein unveröffentlichtes Distichon der Sammelhs. aufs Korn (Hb 429; Bd. 4.1, S. 724).

229 *5 Wieland:* vgl. das Xenion *Zeichen der Jungfrau* (X 76, 104, Bd. 4.1, S. 785); vgl. ferner Hb 321, 337, 363, 428, 445 (ebenda, S. 712f., 716, 724, 726), X 360–362 (ebenda, S. 819); s. zu Nr. 122 und 127. – *8 Odiosa:* lat. hier: ›die bissigen, provozierenden Texte‹. – *11 Dialog mit Shakespear:* Die 23 Distichen (Hb 499–521, Bd. 4.1, S. 732–735) wurden später unter dem Titel ›Shakespears Schatten‹ in Sch.s Gedichten zusammengefaßt. Hb 507 spielt auf die prosaische ›Hamlet‹-Bearbeitung von Schröder an, Hb 513 auf das bürgerliche Personal der Stücke von Schröder, Kotzebue und Iffland, die Lit[...]
›Förster‹ durch ›Pfarrer‹. – Schröder [...]
zwei Vertreter der Trivialdramatik des 18. Jahrhu[...]
Ludwig Schröder (1744–1816) verhalf als Schauspi[...]
des Hamburger Nationaltheaters der charakterisie[...]s-
druckskunst des Sturm und Drang zum Durchbruch. [...]on
Kotzebue (1761–1819) war mit seinen 200 Theaters[...] der

meistgespielte deutsche Autor der Goethezeit. Der Diplomat, Schriftsteller und Theaterdirektor sprach in Rührstücken und Satiren die Gefühle des zeitgenössischen adligen und bürgerlichen Publikums an. – *13 Spiritus:* G.s Sekretär Geist. – *20 für das 8te Stück:* Die vierte Fortsetzung der *Cellini*-Übertragung erschien erst im 9. ›Horen‹-Stück 1796, s. Nr. 193. – *24 seit 8 Tagen:* s. zu Nr. 198. – *30 Heß:* Johann Carl Heß (1751–1816), Archivar und Hofrat in Gotha, seit 1792 auch kaiserlicher Kanzleisekretär in Coburg. – *seine Frau:* Johanna Wilhelmina, geb. Hufeland (geb. 1759, gest. ?), war eine Schwester des Jenaer Mediziners. – *33 die Komödie:* s. zu Nr. 201. – *38 werden Sie Iffland:* Iffland wurde noch im nämlichen Jahr Theaterdirektor in Berlin.

230 *1 Mlle. Witthöft:* Die Mannheimer Schauspielerin Christine Henriette Withoeft (1763–1832) hatte 1795 den Schauspieler Nicola geheiratet. – *3 der kleine:* s. Nr. 191. – *6 naturhistorischen Sachen:* s. zu Nr. 198.

204. SCHILLER                JENA, 1. AUGUST 1796

230,29 *dem:* den; *Ganze:* Ganzes; 231,1 *meinen:* meine; 231,1 *heißen, wie ich denke) zu:* heißen) zu.

230 *20 Ihre Wünsche:* s. Nr. 202. – *21 die Konvenienz:* die Normen der Angemessenheit. – *25 die unschuldigen Xenien:* Sie firmierten in der Mehrzahl als *Tabulae votivae* (Bd. 4.1, S. 757–771) und wurden im ›Musen-Almanach‹ den *Xenien* vorangestellt. – *28 die lustigen: Xenien*; ebenda, S. 776–825. – *30 die Epigramme:* G.s *Epigramme. Venedig 1790* im ›Musen-Almanach‹ für 1796 (Bd. 3.2). – *36 auf Reichardt:* In einer Salve folgten dann doch 21 Distichen gegen Reichardt aufeinander, die übrigen wurden gestreut, s. Bd. 4.1, S. 677–681.

231 *6 diejenigen politischen Xenien:* Mit G.s Namen waren der Zyklus *Die Eisbahn* (Bd. 4.1, S. 756f.) sowie eine Serie von Distichen ( u.a. Hb 64, 69–74, 77–81, S. 682 ff.) gekennzeichnet. Die Zyklen *Vielen* und *Einer* waren mit »G.« und »S.« signiert (ebenda, S. 771–775). Vgl. auch den Zyklus *Vier Jahrszeiten* (S. 832–842). – *14 H. v. Funck:* Der Brief des sächsischen Husarenrittmeisters K. W. F. von Funck fehlt.

205. GOETHE                WEIMAR, 2. AUGUST 1796

232,11 *Jahr wieder auf:* Jahr auf.

231 *26 abreisen sollte:* Die Wirren des ersten Koalitionskrieges zwangen G., die geplante dritte Italienreise zurückzustellen. –

*35 Meyers Beobachtungen:* Meyers letzten Brief (vom 11. Juli aus Florenz) hatte G. am 1. August erhalten.
232 *4 Sie bald zu besuchen:* s. zu Nr. 202. – *7 der Kalender:* ›Musen-Almanach für das Jahr 1797‹. – *8 Vorspiel:* die unpolemischen Distichen. – *Nachspiel:* das Strafgericht der *Xenien* als Beschluß des Almanachs.

206. SCHILLER                                              JENA, 5. AUGUST 1796

232,29 f. *doch noch nicht:* doch nicht; 232,32 *auch:* noch; 233,7 *alles wohl:* alles recht wohl.

232 *21 Matthison:* Zwischen 1785 und 1811 bestritt Friedrich Matthisson (1761–1831) seinen Lebensunterhalt als Hauslehrer eines Lyoner Großkaufmanns und Reisebegleiter Adliger. Seit 1794 begleitete er die Fürstin von Dessau auf Reisen nach Italien, Österreich und in die Schweiz. – *30 Hirt:* A. L. Hirt hatte Rom im Mai 1796 nach vierzehnjährigem Aufenthalt verlassen. – *36 ernsthafter Xenien:* s. Nr. 204.
233 *4 mit retournierendem Boten Mädchen:* tags darauf. – *an Göpferdt:* J. C. G. Göpfert druckte in Jena den ›Musen-Almanach‹. – *5 nicht allein:* Sch.s Schwägerin war mit ihrem Mann Wilhelm von Wolzogen zu Besuch.

207. GOETHE                                              WEIMAR, 6. AUGUST 1796

233 *13 ci devant Xenien:* (frz. ›vorher‹). Die den eigentlichen polemischen *Xenien* vorausgehenden Distichen vor allem der *Tabulae votivae,* s. zu Nr. 204. – *18 Die nächste Woche:* G. kam erst am 18. August nach Jena. – *25 die Beschreibung: Beobachtungen über die Entwickelung der Flügel des Schmetterlings Phalaena grossularia;* Bd. 4.2, S. 232f; s. zu Nr. 202.
234 *Friede und Ruhe:* Ein Waffenstillstandsabkommen zwischen Sachsen und Frankreich schuf die Voraussetzung für das Neutralitätsabkommen im Dezember des gleichen Jahres; vgl. *Tag- und Jahres-Hefte* zu 1796, Bd. 14, S. 50; s. zu Nr. 197. – *9 tela cellulosa:* ›zelluläres Gewebe‹ (Nicht ›Zellulose‹, wie die NA 36 II und Seidel übersetzen!). Beim Stachelbeerspanner bewirkt die in die Lakunen der Flügel eingepumpte Hämolymphe ihre Ausbreitung (s. Bd. 4.2, S. 1057f.).

208. SCHILLER                                              JENA, 8. AUGUST 1796

234 *22 in dem Herzen und den Lungen:* Als Mediziner sieht Sch. die Analogie zur Ontogenese der Lunge bei Säugetieren

richtig: Erst mit der Geburt entfalten sich die zusammengefalteten Lungenbläschen. Das Loch in der Scheidewand der Herzkammern schließt sich. Damit können sich im Blutkreislauf sauerstoffreiches und -armes Blut nicht mehr vermischen. *– 23 die Lichtseite:* vgl. G.s *Beobachtungen über die Entwickelung der Flügel des Schmetterlings*, s. zu Nr. 207. *– 31 in Weißenfels:* Die Zusammenkunft fand nicht statt. *– 32 Kurfürsten von Sachsen:* Friedrich August III. (1750–1827). *– 33 König von Preußen:* Friedrich Wilhelm II. hatte am 5. August einen Neutralitätsvertrag mit Frankreich geschlossen, dem sich Kursachsen und die sächsischen Herzogtümer am 29. Dezember förmlich anschlossen, s. zu Nr. 197. *– 35 Aus Schwaben:* s. zu Nr. 198. Die Briefe seiner Schwester und Mutter vom 20. bis 22. Juli empfing Sch. erst Mitte August. *– 38 Schlegels Bruder:* Friedrich Schlegel (1772–1829) traf am 7. August in Jena ein, wo er fast ein Jahr blieb. *– 39 eine große Reise:* vom 3. August bis 16. September; vgl. Humboldt an Sch., 2. August; Humboldts Tagebuch in ›W. von Humboldts Gesammelte Schriften‹ Bd. 14, S. 258–352.

235 *1 Freunde und Feinde:* J. H. Voß und J. G. Schlosser in Eutin, Matthias Claudius und F. H. Jacobi in Wandsbek, den frz. Residenten Graf Reinhard in Hamburg. F. L. von Stolberg hielt sich gerade in Kopenhagen auf. Aus dem geplanten Besuch bei Archenholtz wurde nichts; s. Nr. 234. *– 5 Das 8te Buch:* von *Wilhelm Meisters Lehrjahren,* s. zu Nr. 199 und Nr. 209. *– 8 Volkmanns Geschichte:* Johann Jakob Volkmann (1732–1803): ›Historisch-kritische Nachrichten aus Italien‹. 3 Bde. Leipzig 1770/71. Sch. benutzte neben zwei kunsthistorischen Schriften von Winckelmann den dritten Band für sein Gedicht ›Pompeji und Herkulanum‹.

209. GOETHE                             WEIMAR, 10. AUGUST 1796

236,6 *kennen:* erkennen; 236,9 *niemals ganz befriedigen:* niemals befriedigen; 236,31 *natürlicher Sohn ‹...› Braunschweig:* im Erstdruck als Apposition nach *Forstenburg* (236,21).

235 *19 verschiedene Umstände:* Am 9. August hatte G. an einer Bergwerkssession teilnehmen müssen; am 14. August schickte er Voigt ein eiliges *Promemoria wegen Ilmenau*. Erst am 18. August konnte er sich freimachen. *– 25 Büttnerischen Bibliothek:* Christian Wilhelm Büttner (1716–1801), der Philosophieprofessor, Natur- und Sprachforscher, Gast in G.s ›Freitagsgesellschaft‹, war 1782 an die Jenaer Universität berufen worden und mittlerweile emeritiert. Er wohnte im Jenaer Schloß und hatte seine reichhaltige naturwissenschaftliche Bibliothek gegen eine lebenslängliche Pen-

sion an die Universität abgetreten. Nach seinem Tod suchte G. den Nachlaß des Sammlers für Jena zu erwerben. – *28 Venuti:* Niccolo Marcello Marchese di Venuti (1700–1755) war Archäologe. – *29 über die Schmetterlinge:* s. Nr. 207. – *32 bei andern Schmetterlingen (...) Schlupfwespen:* s. *Entomologische Studien* (Bd. 4.2, S. 235 ff.) – *34 Stetigkeit:* s. Nr. 202.

236 *3 Der Roman:* Die Überarbeitung des 8. Buchs der *Lehrjahre* war am 16. August abgeschlossen. – *4 zu Ihren Ideen:* s. Nr. 181, 183, 187, 190. – *7 ohne es Ihnen weiter zu zeigen:* G. nahm das Manuskript des 8. Buchs mit nach Jena und behielt es noch eine Woche, in der Sch. möglicherweise Einblick gewährt wurde. – *13 ein kleiner Beitrag:* die Jean Paul-Parodie *Der Chinese in Rom* (›Musen-Almanach‹ für 1797). – *15 eine arrogante Äußerung:* Jean Paul an Knebel, 3. August. Mit Bezug auf dessen Übersetzung der Properz-Elegien, s. zu Nr. 105, 106 (nicht etwa auf G.s *Römische Elegien*!): »Jetzt indes braucht man einen Tyrtäus mehr als einen Properz.« (Tyrtaios verfaßte kriegerische Elegien). – *19 Mattei:* Karl Matthaei (1744–1830), seit 1794 Hauslehrer in Berlin, vorher Privatsekretär und Hofmeister bei Maria Antonia di Branconi, verbrachte den Sommer in Weimar, bevor er im September mit seinem Schützling, dem Prinzen Emil von Holstein-Augustenburg, in die Schweiz und nach Italien aufbrach. – *21 Grafen Forstenburg:* Karl Anton Ferdinand Graf von Forstenburg (1767–1794), der Sohn des Erbprinzen (und späteren Herzogs) von Braunschweig und seiner Mätresse di Branconi. – *22 Frau von Brankoni:* Maria Antonia di Branconi (1746–1793) war nach dem Tod ihres Mannes ein Jahrzehnt bis 1777 die Geliebte des Erbprinzen von Braunschweig gewesen und lebte danach zeitweilig in der Schweiz, wo sie G. 1779 kennengelernt hatte, sowie in Frankreich. – *27 Herzogs von Braunschweig:* Karl Wilhelm Ferdinand (1735–1806), seit 1785 Herzog von Braunschweig.

210. SCHILLER    JENA, 10. AUGUST 1796

236 *33 das Mskrpt:* s. zu Nr. 207 *(Beobachtungen über die Entwickelung der Flügel des Schmetterlings Phalaena grossularia).* – *36 Der Chinese:* s. zu Nr. 209.

237 *7 Freitag:* 12. August.

211. SCHILLER    JENA, 12. AUGUST 1796

237,21 f. *Woche Septembers:* Woche des Septembers; 237,38 *ihm gar nicht:* ihm nicht.

**237** *15 ein Gedicht:* ›Pompeji und Herkulanum‹. – *den Botentag:* (den heutigen) Freitag. – *20 AlmanachsBogen:* ›Musen-Almanach für das Jahr 1797‹. – *24 Ihre Idylle: Alexis und Dora.* – *die Epigramme:* G.s Epigramme. Venedig 1790 (Bd. 3.2). – *26 Mit meinen Arbeiten:* An größeren Verstexten Sch.s enthielt der ›Musen-Almanach‹ für 1797 ›Das Mädchen aus der Fremde‹, ›Pompeji und Herkulanum‹, ›Klage der Ceres‹, ›Die Geschlechter‹, ›Der Besuch‹. – *34 Mattei:* s. zu Nr. 209. – *35 Mein Schwager:* Wilhelm von Wolzogen (1762–1809) war am 12. August nach Jena zurückgekehrt, s. zu Nr. 206. Im Dezember 1796 trat er als Kammerherr in weimarische Dienste, s. Nr. 257. – *36 seiner Frau:* Caroline von Wolzogen, geb. von Lengefeld und geschiedene von Beulwitz (1763–1847). – *40 nicht zu lange mehr aus:* G. kam am 18. August.

212. GOETHE                                WEIMAR, 13. AUGUST 1796

238,17 *daran:* davon; 238,23 *gut:* wohl; 238,23 *recht:* gar; 238,27 *Conz:* C.; 239,25 *gar noch nicht:* gar nicht.

**238** *11 staatliches:* vermutliches Schreibversehen für ›stattliches‹. – *14 Die Eisbahn:* s. Bd. 4.1, S. 756f.; G.s Umdruckwunsch für die 16 Distichen wurde wahrscheinlich entsprochen; vgl. Sch. an Cotta, 18. August und Nr. 213. – *19 durch einen kleinen Strich:* Stattdessen wurden die Distichen durch größere Durchschüsse voneinander abgesetzt. – *22 Sophie Mereau:* mit ihren Gedichtbeiträgen ›Andenken‹ und ›Die Landschaft‹ (›Musen-Almanach‹ für 1797, S. 57f. und 147–151). – *23 Der Imperativ:* in der zweiten Zeile von Herders Gedicht ›Die verschiedene Weise der Moral‹ (ebenda, S. 25–27). – *26 das Gedicht von Conz:* ›Die Musen‹ (ebenda, S. 42–49). – *28 die Kobolde:* Friedrich Ludwig Wilhelm Meyer (1759–1840): ›Königin Kobold‹ (ebenda, S. 63–65). Sch. hatte das Gedicht des Berliner Autors bereits um eine Strophe gekürzt. – *31 Romanze:* Erst zum ›Musen-Almanach‹ für 1798 steuerte G. Romanzen bzw. Balladen bei. – *33 künftigen Mittwoch:* 17. August. – *35 das Achte Buch:* s. zu Nr. 209. – *37 zu 2 Bänden erweitern:* G. verzichtete darauf. – *40 beiliegender Wundergeschichte:* Meyer hatte seinem Brief vom 19. bis 21. Juli einen Zeitungsbericht über römische Wundererscheinungen – Muttergottesbilder sollten die Augen bewegt haben – beigelegt; vgl. G.s Übersetzung des Berichts in JbGG 20, S. 79f.

**239** *3 das Mandat:* s. zu Nr. 214. – *8 der Transport der Kunstsachen:* die von Napoleon erpreßten Transaktionen italienischer Kunstschätze, s. zu Nr. 339 und 411. – *12 Madonna della Seggiola:* (auch ›della Sedia‹) Raffaels volkstümliches Gemälde im Palazzo Pitti von Florenz. – *14 von Michelange:* Michelangelos Gemälde

›Heilige Familie‹ in den Uffizien. – *15 mein nächstes kommen:* s. zu Nr. 205. – *17 Politica:* Das Waffenstillstandsabkommen vom August neutralisierte den Konflikt mit Frankreich, s. zu Nr. 197, 202, 207.

213. SCHILLER            JENA, 15. AUGUST 1796

240,1 *über Frankfurt Briefe:* Briefe über Frankfurt.

239 *32 Briefe aus Schwaben:* von Schillers Mutter vom 6. August, seiner Schwester Christophine Reinwald vom 7. August (nicht vom 20. Juli, wie NA 28 und Seidel vermuten) und zwei Briefe von Cotta (5. August und 8. August). – *36 meines Vaters:* Johann Kaspar Schiller (1723–1796) starb am 7. September. Zu seinem schmerzhaften Siechtum vgl. Elisabetha Schiller an Sch., 6. August. – *38 Meine jüngste Schwester:* Karoline Christiane (Nanette) Schiller (1777–1796) war bereits am 23. März gestorben. – *40 meine zweite:* Louise Schiller (1766–1836) war im März und April schwer erkrankt.

240 *2 gegenwärtige Bestellung:* Sch. an Cotta, 15. August. – *8 Decke ⟨zum⟩ Almanach:* Das von G. entworfene Umschlagornament stach der Weimarer Kupferstecher Johann Christian Thomas Starke (um 1764–1840). – *18 Die Eisbahn:* s. Nr. 212. Die Umstellung ließ sich leicht arrangieren, weil beim Probedruck ohnehin noch zwei Schillergedichte für den ersten Bogen fehlten.

214. GOETHE            WEIMAR, 16. AUGUST 1796

240,40 *Publikum:* Publicum; 241,10 *Aufwand:* Aufenthalt.

240 *25 Donnerstag:* 18. August. – *27 Die Ätzdrücke:* s. zu Nr. 194. – *35 wir selbst:* G. entwarf eine ornamentale Einfassung für die Decke des Almanachs; Xenien erhielt der Umschlag nicht. – *39 La Mère Coupable:* s. Nr. 200. – *40 Ein Publikum:* G. dürfte ›Publicum‹ oder ›Publicatum‹ (lat. ›öffentliche Verlautbarung‹) diktiert haben: das in Nr. 212 erwähnte scharfe Mandat. Vgl. JbGG 20, S. 80–83, und Variantenverzeichnis.

241 *3 Ein nagelneues Märchen:* ›Princesse perruche‹ von Prinz August von Sachsen-Gotha. Trotz wiederholter Mahnungen des Verfassers vollendete G. die begonnene Übersetzung nicht. Vgl. Prinz August an G., 3. November 1796, 10. und 20. Dezember, G. an Prinz August, 24. Oktober 1796. – *12 von hier abgehen:* G. schickte das Manuskript des letzten Buchs der *Lehrjahre* erst zehn Tage später von Jena aus an Unger. – *16 Debauche:* frz. ›Ausschweifung‹. – *22 Frau Schwägerin:* s. zu Nr. 211. Caroline von Wolzogen, geb. von Lengefeld, hatte mit ihrer Mutter und Schwe-

ster G. im Sommer 1786 in Karlsbad getroffen und war aufmerksame Zeugin der ersten näheren Begegnung zwischen G. und Sch. am 7. September 1788 in Rudolstadt gewesen. Sie verbrachte jetzt die Sommermonate in Bauerbach und Jena. – *23 Schwager:* Wilhelm von Wolzogen bemühte sich um eine Anstellung am Weimarer Hof, s. zu Nr. 211.

215. GOETHE                     WEIMAR, 17. AUGUST 1796

241,31 *ich morgen wieder:* ich wieder; 241,35 *und:* oder; 241,36 *Ihre schönen Sprüche:* Ihre Sprüche.

241 *30 Morgen Abend:* G. traf am 18. August in Jena ein und blieb bis zum 5. Oktober im Schloß einlogiert. – *31 tabulas votivas:* die unpolemischen Distichen des ›Musen-Almanachs‹ für 1797; s. zu Nr. 204. – *35 ein Matz:* ›ein Dutzendmensch‹.

242 *8 den Roman los:* vgl. Tagebuchnotiz vom 16. August und zu Nr. 214. – *zu tausend andern Dingen Lust:* G. begann im September mit der intensiven Arbeit an *Herrmann und Dorothea*.

216. SCHILLER                     JENA, 5. OKTOBER 1796

242,34 *schönste:* beste.

242 *16 angelangt sein:* G. kehrte am 5. Oktober nach Weimar zurück. – *18 Titelkupfer:* die für den ›Musen-Almanach‹ für 1797 von Bolt gezeichnete und gestochene tanzende Terpsichore, die Sch. miserabel fand. Aus Berlin waren nach Bolts Sendung von 50 Exemplaren vom Verlagsbuchhändler Johann Karl Philipp Spener (1749–1827) 1462 Abdrücke eingegangen. Vgl. Bolt an Sch., 20. September; Spener an Sch., 27. September. – *20 der Buchbinder:* Johann Heinrich Christoph Unruh (1753–1809) aus Weimar. – *Freitag:* 7. Oktober. – *22 zu senden:* s. Nr. 220. – *22 Die Musik Noten:* Zelters Kompositionen trafen erst am 8. Oktober ein. – *26 eine Quantität Titelbogen:* s. Nr. 220 und 224. – *30 Humboldt schreibt:* Humboldt an Sch., 1. Oktober. – *Ihre Idylle: Alexis und Dora*.

217. GOETHE                     WEIMAR, 8. OKTOBER 1796

243 *5 Ettersburg:* nordwestlich von Weimar gelegener Ort, in dessen Nähe die Nationalsozialisten das KZ Buchenwald errichteten. Das gleichnamige Schloß war die Sommerresidenz der Herzogin Anna Amalia und Ort des Liebhabertheaters. Auch der Herzog hielt sich dort auf; vgl. Carl August an G., 3. Oktober. – *6 Schwansee:* nordwestlich von Weimar liegender Ort. – *7 Jacobsvorstadt:*

der früher vor der Stadtmauer gelegene, heute ›Jakobsviertel‹ genannte Stadtteil. – *Bertuchs Hause:* Das stattliche Wohnhaus von Friedrich Justin Bertuch (1747–1822), Legationsrat und Inhaber des Weimarischen Landes- und Industrie-Comptoirs, beherbergt heute das Stadtmuseum. – *9 unsere mordbrennerischen Füchse:* die in Weimar bereits kursierenden *Xenien.* Anspielung auf Xenion X 43 (Hb 9), Bd. 4.1, S. 781 und 676. – *14 Buchbinder:* Unruh lieferte die letzten der von ihm gebundenen Almanachexemplare am 13. Oktober, s. Nr. 223. – *Dienstag:* 11. Oktober. – *20 die zweite Ausgabe:* Die zweite Auflage des ›Musen-Almanachs‹ für 1797 erschien Anfang Dezember 1796. – *22 Hirtische Platte:* Die erste Platte für die dem ›Horen‹-Beitrag von Hirt zugrundeliegende Karte ging auf dem Transport nach Frankfurt verloren, s. zu Nr. 194 und 258. – *24 die andere:* ›Risse über den Emissär des Fucinischen Sees‹ (›Horen‹ 1796, 12. Stück). – *27 Schwager:* s zu Nr. 214. – *28 den Scheffhaurischen Antrag:* Einzelheiten über den Antrag des Stuttgarter Professors der Bildhauerkunst Philipp Jakob Scheffauer (1756–1808), eines Mitschülers von Sch. auf der Karlsschule, sind nicht bekannt. – *30 die Frauenzimmer:* Sch.s Frau und ihre Schwester, s. zu Nr. 211.

218. SCHILLER                    JENA, 9. OKTOBER 1796

243  *38 Schwager:* s. zu Nr. 214. – *39 Terpsichore:* s. zu Nr. 216.
244  *4 verloren gegangen:* s. Nr. 220–223. – *10 das Böse:* den *Xenien*-Eklat. – *13 die zu späte Sendung:* Zelters Kompositionen waren erst gestern eingetroffen, s. zu Nr 165. Die Notenbeilagen wurden dem Almanach als eigenes Heft beigegeben. – *18 Decken:* Umschläge. – *18 der hiesige Buchbinder:* Friedrich Ernst Bauer (1755–1803). – *22 der Abdrucker:* Der von Starke angefertigte Stich wurde in Weimar gedruckt; vgl. Sch. an Cotta, 18. August, und Nr. 250. – *31 sehr gefallen:* vgl. Sch. an Zelter, 16. Oktober. – *32 Mignon:* Zelters Vertonung von *Mignons Abschiedslied,* s. zu Nr. 173. – *der Besuch:* später ›Dithyrambe‹. – *34 an Herder:* Die Notenbeilagen enthielten auch Vertonungen Herderscher Lieder (›Zauberei der Töne, Macht der Liebe‹, ›Der Wechsel der Dinge‹). – *36 Brief von Körner:* vom 5. Oktober. Der Brief ist Körners erste Reaktion auf den übersandten ›Musen-Almanach‹ für 1797.
245  *4 restiert:* (lat.) ›übrig ist‹. – *5 Geist:* G.s Sekretär.

219. GOETHE    WEIMAR, 9. OKTOBER 1796

245,17 *Buchhandlung:* Hofbuchhandlung.

**245** *37 Schwager:* s. zu Nr. 214. – *17 Die Hofmannische Buchhandlung:* Die von Karl Ludolf Hoffmann (1729–1780) begründete Buchhandlung in Weimar wurde von der Witwe Eva Dorothea weitergeführt und 1802 vom Sohn Johann Wilhelm übernommen.

220. GOETHE    WEIMAR, 10. OKTOBER 1796

246,22–39 *Hier ⟨...⟩ 300.:* zuerst in Sch./G.² (1856).

**245** *29 eines Geschäfts:* Sch. organisierte selbst die Versendung der Almanach-Pakete in die verschiedenen Reichsterritorien und übernahm die Abrechnung, s. auch Nr. 222. – *33 Geist:* s. zu Nr. 218. – *37 Schwager:* s. zu Nr. 214. – *39 der Buchbinder:* s. zu Nr. 216.

**246** *4 zweiten Auflage:* Die zweite Auflage des ›Musen-Almanachs‹ für 1797 wurde im November 1796, die dritte Auflage im Februar 1797 besorgt. – *11 die Musik:* Zelters ›Melodien zum Schillerschen Musen-Almanach‹, s. zu Nr. 165 und 218. – *15 Körnerschen Brief:* s. zu Nr. 218. – *18 Starken:* s. zu Nr. 213. – *19 die Rechnung:* s. Nr. 226.

221. SCHILLER    JENA, 10. OKTOBER 1796

247,12 *von:* an; 247,15 *hiesigen Buchhandlungen:* hiesiger Buchhandlung.

**247** *3 Hoffmann:* s. zu Nr. 219. – *4 Industrie Comtoir:* Sammelname für alle von Bertuch in Weimar geführten Geschäftsunternehmen (Verlag, geographisches Institut, Buchdruckerei, Kunstanstalt, mehrere Fabriken), s. zu Nr. 217. – *9 Velin- oder holl⟨ändische⟩ Exemplarien:* Über die verschiedene Ausstattung des ›Musen-Almanachs‹ für 1797 vgl. Sch. an Cotta, 30. August und 17. September; Cotta an Sch., 24. Juni. Neben 60 Velinexemplaren und 440 auf gutem holländischem Postpapier – in Gold- oder Farbschnitt – wurden 1500 auf gewöhnlichem Druckpapier, broschiert oder gebunden herausgebracht. – *11 Mittwoch:* 12. Oktober. – *12 Melodien:* s. zu Nr. 220 und 165. – *13 Sonnabend:* 15. Oktober. – *24 Decken:* Umschläge des Almanachs. – *Hirts Aufsatz:* ›Reise von Grottaferrata nach dem Fucinischen See‹, s. zu Nr. 137. Sch. schickte den ersten Teil des Aufsatzes am 12. Oktober an Cotta. – *25 Abdruck des Kupfers ⟨...⟩:* ein Abzug von der später verlorengegangenen Kupferplatte mit der Kartenskizze zu Hirts Beitrag; s. zu Nr. 217, 258; Sch. an Cotta, 12. Oktober.

222. SCHILLER                    JENA, 11. OKTOBER 1796

in der Hs. zunächst 248,28 *S\*\**: Schle.

247 *36* 100 *DruckPap⟨ier⟩ Exemplare:* s. zu Nr. 221 und 224. 248 *3 Emballage:* frz. ›Verpackung‹. – *4 Gabler:* Christian Ernst G. (1770–1821), Buchhändler und Verleger in Jena. – *13 Freundin Sxx:* Caroline Schlegel (1763–1809) hatte ihrem Brief vom 3. Oktober an Luise Gotter Abschriften von fünf gegen Manso gerichteten Xenien und eines auf Ramdohr gemünzten Xenions mit einer distanzierten Bemerkung beigegeben (X 33–37, Bd. 4.1, S. 780 und X 119, ebenda S. 790); vgl. Caroline I, S. 399. Caroline konnte die Xenien X 273 und 347 (Bd. 4.1, S. 808, 817) auf sich selbst beziehen. – *14 Gottern:* Friedrich Wilhelm Gotter (1746–1797), Schriftsteller in Gotha und einer der angesehensten deutschen Theaterkritiker. – *17 vom 7ten und Anfang des 8ten Buchs:* Der vierte Band der *Lehrjahre* erschien bereits Mitte Oktober auf der Leipziger Messe, bevor ihn G. zu Gesicht bekam. Er schickte die Aushängebogen des 8. Buchs ein paar Tage später an Sch. und den fertigen Band am 22. Oktober, s. Nr. 226, 228, 231, 232. – *28 Der Weimarische Buchhändler:* J. H. C. Unruh.


223. GOETHE                    WEIMAR, 12. OKTOBER 1796

249,20 *unserer Freundin S.:* unserer S.

249 *12 Homanns:* s. Nr. 219. – *13 das Industrie-Comptoir:* von Bertuch, s. zu Nr. 221. – *16 Sonnabends:* 15. Oktober. – *18 Starkes Rechnung:* 31 Reichstaler und 17 Groschen; vgl. Sch. an Cotta, 25./26. Oktober. – *22 solchen Glauben:* Mt 8,10; Lk 7,9. – *24 Die guten Exemplare:* auf Velinpapier, s. zu Nr. 221. – *26 Melodien:* s. zu Nr. 220.


224. SCHILLER                    JENA, 12. OKTOBER 1796

250,9 f. *mir in Händen haben:* mir haben; 250,34 *wünschten:* wünschen; ergänzt nach 250,35 *verzehren möchten:* Leben Sie recht wohl.

249 *35 vermißte 100 Exempl.:* s. Nr. 222. – *38 Buchbinder:* F. E. Bauer.

250 *1 Quantums:* 384 Exemplare, s. Sch. an Cotta, 12. Oktober. – *8 Hoffmann:* s. Nr. 219. – *22 Die erste Lieferung:* den ersten Teil von Hirts Reisebeschreibung für das 11. Stück der ›Horen‹ 1796, s. Nr. 137. – *23 Abdruck des Kupfers:* s. Nr. 221. – *25 Cellini:* Die von G. am 17./18. Oktober übersandte siebte Fortsetzung der Übertragung erschien im 1. ›Horen‹-Stück 1797. – *29 Herdern:* s.

Herder an Charlotte Schiller, 1. Oktober. – *31 p(er) Briefpost:* Sch. hatte bislang lediglich die Vorausexemplare des 7. und 8. ›Horen‹-Stücks in Händen. Die fertigen Exemplare trafen erst am 15. Oktober ein.

225. SCHILLER                                JENA, 14. OKTOBER 1796

251,18f. *Machen ⟨...⟩ gefaßt.:* zuerst in Sch./G.² (1856); auf der Adresse vermerkt: »nebst einer Büchse«.

251 *11 Blumenbach:* Johann Friedrich B. (1752–1840), Professor der Medizin und Anatomie in Göttingen. Über seinen Besuch in Jena vgl. Caroline Schlegel an Luise Gotter, 15. (–17.) Oktober (Caroline I, S. 400f.). – *15 Lavater:* Der Besucher war nicht Kaspar Lavater, sondern dessen Bruder Diethelm (1743–1826), Arzt und Apotheker in Zürich. Zu Sch.s skeptischer Einstellung gegenüber Lavaters Physiognomik vgl. Sch., ›Versuch über den Zusammenhang der tierischen Natur des Menschen mit seiner geistigen‹, § 22. – *16 Paulus:* Der Jenaer Orientalist Heinrich Eberhard Gottlob P. (1761–1851) war 1793 zur theologischen Fakultät übergewechselt. Er blieb mit seinen rationalistischen Erklärungen der Wunder Jesu ein Stein des Anstoßes. Die Eisenacher Konsistorialräte forderten später ein Verbot seiner Theologievorlesungen und akademische Polizeiaufsicht. Zu seiner Abwanderung nach Würzburg 1803 s. zu Nr. 934. – *17 etwas gröblich:* Die entmythologisierende Übersetzung einer Bibelstelle durch Paulus hatte Johann Kaspar Lavater (1741–1801) in seinem ›Vermächtnis an seine Freunde‹ (Zürich 1796) »dumm« und »frech« gescholten und damit eine Briefkontroverse ausgelöst, die der Bruder in diplomatischer Mission ausräumen sollte; vgl. H. Düntzer: Schiller und Goethe, S. 108. – *19 Die Mereau:* Sophie M., geb. Schubert (1770–1806), war unter ihrem Mädchennamen bereits Mitarbeiterin der ›Thalia‹ gewesen. Seit 1793 lebte sie als Frau des Bibliothekars F. E. K. Mereau in Jena und steuerte für die ›Horen‹ wie den ›Musen-Almanach‹ für 1796 Prosatexte und Lyrik bei. – *20 was zu erzählen:* s. Nr. 232.

226. GOETHE                                  WEIMAR, 15. OKTOBER 1796

251,32 *Expedition:* Reise; 252,19 *letzte:* Letztere; 252,35 *mir:* nur.

251 *28 die Rechnung:* für die Herstellung des ›Musen-Almanachs‹ für 1797; vgl. Sch. an Cotta, 25. und 26. Oktober. – *32 Italiänischen Expedition:* Die eigene geplante Italienreise verschiebt G. im Brief an Meyer vom 12. Oktober auf das Frühjahr: Gerning, der im Herbst noch nach Neapel wolle, gebe er eine Sendung für Meyer mit. – *38 Holländische:* s. zu Nr. 221.

252 *1 der Decke:* s. zu Nr. 213. – *9 mit anscheinender Liberalität:* Die von G. herausgespürte Mißbilligung der *Xenien* entsprach der tatsächlichen Rezeption seiner Umgebung. Vgl. die Urteile von Böttiger, Herder, Caroline Schlegel, Jean Paul, Charlotte von Stein in: W. Bode: ›G. in vertraulichen Briefen‹. Berlin 1918, S. 568ff. – *13 der Prophet:* Johann Kaspar Lavater, s. zu Nr. 225; vgl. Bd. 1.1, S. 247, Xenion 20 (Bd. 4.1, S. 778). – *16 Blumenbach:* G. war mit dem Mediziner und Naturforscher seit 1783 bekannt; s. *Tag- und Jahres-Hefte* zu 1801 (Bd. 14, S. 69f.). – *21 bis zur niederträchtigsten Schmeichelei:* Der Bruch mit Lavater, mit dem G. in den 70er Jahren intensiv kooperiert hatte, war längst vollzogen. G. verurteilte Lavaters Eitelkeit, Proselytenmacherei und politische Skrupellosigkeit brieflich wie poetisch; vgl. G. an Herder, 7. Juni 1793; an F. Jacobi, 7. Juli 1793; Xenien 12, 20, 21 (Bd. 4.1, S. 777f.); *Venezianische Epigramme* Nr. 15, 52 (Bd. 3.2, S. 127, 137); vgl. auch *Campagne in Frankreich* (Bd. 14, S. 476f.). – *25 Geschichte der kleinen Schönheit:* der 26jährigen Sophie Mereau, s. zu Nr. 225 und 232. – *27 Cellini:* siebte Fortsetzung, s. Nr. 228. – *28 noch zwei Abteilungen:* Es wurden vier: die 8.–11. Fortsetzung in den ›Horen‹ 1797. – *30 Die zwei armen letzten Gesänge:* von G.s *Herrmann und Dorothea.* Seit dem September waren vier Gesänge des bürgerlichen Epos vollendet, das sich schließlich auf neun Gesänge (2035 Verse) auswuchs. – *31 Limbo:* (lat. ›Limbus‹) die für ungetaufte Kinder und Fromme von katholischen Theologen entworfene Vorhölle, vgl. Nr. 598. – *32 Prosa:* hier: ›Plattheit‹, ›Alltäglichkeit‹. – *39 erhalten Sie eins:* G. übersandte den letzten Band der *Lehrjahre* eine Woche später, s. Nr. 233.

253 *1 meine Freitagsgesellschaft:* zu der von G. mit Freunden 1791 in Weimar gegründeten Vereinigung von Gelehrten und Schriftstellern vgl. Bd. 4.2, S. 809–815, 864ff., 1214ff; ferner *Tag- und Jahres-Hefte* zu 1796 (Bd. 14, S. 51). – *9 Hauptmann Rösch:* Jakob Friedrich Rösch (1743–1841), der 1771–1794 Artillerietechnik und Kriegsbauwesen an der Karlsschule gelehrt hatte, galt als Militärfachmann zeitweilig auch am Weimarer Hof als Kandidat für eine Anstellung; vgl. Nr. 231.

227. SCHILLER   JENA, 16. UND 17. OKTOBER 1796

*Datierung:* vgl. NA 28, S. 640.

253 *18 Zwei Monatstücke Horen:* das 7. und 8. ›Horen‹-Stück 1796. – *20 Böhme:* Adam Friedrich B. (1735–1809), Buchhändler und Verleger in Leipzig, Cottas Kommissionär. – *die Almanache:* Exemplare des ›Musen-Almanachs für das Jahr 1797‹. – *28 zweite*

*Auflage:* s. zu Nr. 220. – *35 Gabler:* s. zu Nr. 222. – *38 Das Insekt:* J. F. Reichardt; vgl. Xenion 80 (Bd. 4.1, S. 785). Nach Reichardts Rezension der ›Horen‹ 1795 und des 1. Stücks von 1796, die vom Januar bis April 1796 in seinem Journal ›Deutschland‹ erschienen war, übernahm im September F. Schlegel die (anonym erschienene) Rezension des 2.–6. Stücks der ›Horen‹ 1796. Die Fortsetzung der Rezension (7.–12. Stück der ›Horen‹) erschien im Dezember; vgl. Fambach II, S. 276–295). – *40 Gegen den Cellini:* gegen die erste Fortsetzung im 5. Stück der ›Horen‹.

254 *3 Aufsatz der Stahl:* s. zu Nr. 107. Schlegel hatte den »wässerigen Text« Mme de Staëls und deren »kontrerevoluzionäre Poesie« abqualifiziert, s. Bd. 4.2, S. 940. – *5 Mit Lavatern:* s. zu Nr. 225. – *8 Schlegel:* A. W. Schlegel kehrte am 17. Oktober zurück. – *14 Brief von Körner:* Körner an Sch., 11.–14.? Oktober. Den am 17. Oktober erhaltenen Brief übersandte Sch. G. am 18. Oktober.

228. GOETHE    WEIMAR, 17. ODER 18. OKTOBER 1796

*Datierung:* Die seit Vollmer in den Editionen vertretene Schreibfehlerhypothese – G. schrieb »17. Octbr« – wird von G.s Postskript Nr. 230 nicht definitiv bestätigt. Möglicherweise blieben Brief und Paket zusammen einen Tag liegen. G. hielt sich zwischen 16. und 19. Oktober meist beim erkrankten Herzog auf.
Erstdruck in Sch./G.² (1856).

254 *21 Beiliegendes Paket:* die Aushängebogen von *Wilhelm Meisters Lehrjahren,* 8. Buch, s. Nr. 222, 226, 231. – *22 Cellini:* die für das 1. ›Horen‹-Stück 1797 bestimmte siebte Fortsetzung. – *25 Prophetenkind:* Lavaters jüngerer Bruder als ›kleiner Prophet‹, s. zu Nr. 225. – *27 bis in die 4$^{te}$ Generation:* Numeri 14, 18; s. zu Nr. 226. Ein Jahr später – auf der dritten Schweizer Reise – besuchte G. Diethelm Lavater in Zürich. – *29 des neuen Gedichtes: Herrmann und Dorothea,* s. zu Nr. 226. – *34 Fisch und Vögel:* vgl. Tgb., 25. Oktober, und Nr. 236. Zum Stellenwert der Anatomie im System der Naturwissenschaften, s. *[Betrachtung über Morphologie];* Bd. 4.2, S. 198 f.

229. SCHILLER    JENA, 18. OKTOBER 1796

255,17 *sagt:* sagte; 255,18 *unter andern auch:* auch unter andern; 255,23 *Sie wohl:* Sie recht wohl.

255 *3 Körners Brief:* vom 11.–14.? Oktober, der eine ausführliche Rezension des ›Musen-Almanachs‹ für 1797 enthielt. – *7 der Horen:* s. zu Nr. 227. – *10 Humboldts:* Der Brief, den Sch. am

15. Oktober erhielt, ist nicht überliefert. W. von Humboldts Familie traf am 28. Oktober wieder in Jena ein, er selbst erst am 1. November, nachdem er in Halle F. A. Wolf und Reichardt besucht hatte. – *13 Schlegel:* s. zu Nr. 227. – *17 in L⟨eipzig⟩ rumort:* Den Leipziger Verlagsbuchhändler, Schriftsteller, Übersetzer und Herausgeber der ›Neuen Bibliothek der schönen Wissenschaften‹ J. G. Dyck sowie deren Beiträger – u.a. Jacobs – trafen einige Xenien (X 45 f., 69, 88, 292; Bd. 4.1, S. 781, 784, 786, 811), s. Nr. 251 und zu Nr. 117. Vgl. auch den Brief von Christian Felix Weiße, 12. November: »Der Schillersche ›Almanach‹ ist aller Welt ein Ärgernis«; Bode II, S. 84. Weiße hatte die ›Neue Bibliothek‹ bis Anfang der 80er Jahre redigiert. Böttiger an Göschen, 28. Dezember 1796, und Göschen an Böttiger, 2. Januar 1797 (GJb 6, S. 103, 107). – *18 die Herzogin:* Louise von Sachsen-Weimar-Eisenach. – *19 zierlichen Jungfrau:* das Wieland neckende Xenion X 76 (Bd. 4.1, S. 785) – *20 Das Xenion »Wieland! ⟨...⟩«:* X 40 (Bd. 4.1, S. 781) richtet sich gegen Manso. – *21 die neue Ausgabe:* Bei Göschen in Leipzig erschienen 1794–1802 zwei Gesamtausgaben Wielands – in Großoktav und Oktav – mit 39 + 6 Bänden.

230. GOETHE WEIMAR, 19. OKTOBER 1796

255,39 *einmal wieder:* wieder einmal; 256,8 *zwei letzten:* zweiten; 256,34 *Pack Dienstag:* Pack am Dienstag.

255 *32 einige Tage behalten:* s. Nr. 233. – *34 Grüßen Sie ⟨...⟩:* Sch. kam G.s Bitten im Brief an Körner vom 28. Oktober nach. – *36 neuen Gedichte: Herrmann und Dorothea,* s. zu Nr. 226. – *38 Spitz von Gibichenstein:* der in Giebichenstein bei Halle lebende Komponist Reichardt; vgl. insbesondere die Xenien 210–213 (Bd. 4.1, S. 801) und Nr. 170.

256 *2 des Cellini:* s. Nr. 227. Neben F. Schlegel kommt für die *Cellini*-Kritik als Verfasser auch Ludwig Tieck in Betracht. – *7 das Ganze nachdrucken:* G.s Befürchtung bewahrheitete sich nicht. – *8 die zwei letzten Lieferungen:* s. zu Nr. 226. – *10 eine vollständige Ausgabe:* Sie erschien 1803 bei Cotta (2 Teile). – *14 an Boie:* Sch. an Boie, 23. November 1796, als Antwort auf Boies Brief vom 10. September, dem der dänische Staatsrat und Übersetzer mehrere Beiträge für die ›Horen‹ beigelegt hatte. Heinrich Christian B. (1744–1806), Hg. des ›Göttinger Musen-Almanachs‹, war in den 70er Jahren der Mittelpunkt des Göttinger ›Hains‹. Er hatte auch G. zur Teilnahme bewogen. Der Freund G. A. Bürgers und Schwager von J. H. Voß gab 1776–1791 die Monatsschrift ›Deutsches Museum‹ heraus. – *15 englische Übersetzung:* ›The Life of

Benvenuto Cellini‹, übersetzt von Thomas Nugent. 2 Bde. London 1771. – *durch Eschenburg:* Boies Exemplar der engl. Übersetzung war über Eschenburg und G. Hufeland zu G. gelangt; vgl. Hufeland an G., 28. Juni 1796; G. an Hufeland, 1. Juli 1796; ferner Nr. 243. – *20 besuche ich Sie:* G. kam erst am 13. Januar 1797. – *24 man quält mich:* Der Herzog, Herder, C. G. Voigt, Charlotte von Stein beanspruchten Exemplare der ›Horen‹-Stücke. – *27 eine neue Arbeit:* Am 22. Oktober 1796 notiert Sch. im ›Calender‹: »an den Wallenstein gegangen«, s. Nr. 233. – *34 Dienstag:* 18. Oktober, s. Nr. 228.

231. SCHILLER                    JENA, 19. OKTOBER 1796

257,8 *Ganze:* Ganzes; 257,22 *ich nun in:* ich in; 258,3 *ja 24 Ldors gut:* ja – gut; 258,8–17 *Den Major ⟨...⟩ drücken.:* zuerst in Sch./G.² (1856).

257 *3 heutigen Paket:* die Aushängebogen des 8. Buchs der *Lehrjahre* und eine *Cellini*-Lieferung, s. Nr. 226 und 228. – *15 Ihre Veränderungen:* s. Nr. 188 ⟨Beilage⟩. – *21 deutlichere Pronunciation der Hauptidee:* (lat. ›pronuntiatio‹) ›Vortrag‹, ›Ausdruck‹, s. Nr. 187 und 332. – *28 Szene nach Mignons Tod:* s. Nr. 181. – *33 Der Markese:* s. Nr. 181. – *34 Lothario:* s. Nr. 183.

258 *1 die überschickten Rechnungen:* s. Nr. 226. – *5 Cellini:* s. zu Nr. 228. – *Das Schiff:* ›Die Horen‹. – *7 ein historischer Aufsatz von Funk:* K. W. F. von Funck: ›Robert Guiscard‹ (›Horen‹ 1797, 1.–3. Stück). Funck an Sch., 13. Oktober. – *8 Major Rösch:* s. zu Nr. 226. – *9 mein Schwager:* Wilhelm und vor allem der Offizier Ludwig von Wolzogen kannten Rösch recht genau.

232. SCHILLER            JENA, 18. ODER 19. OKTOBER 1796

*Datierung:* s. NA 28, S. 644f. Der handschriftliche Befund und fehlende Markierungen des Briefrahmens sprechen dafür, Nr. 231 und 232 als zwei Teile eines Schreibens zu betrachten, das G.s Briefe vom 15. und 17./18. Oktober beantwortet, wobei Nr. 231 bereits auf Nr. 226 einzugehen beginnt.
Erstdruck in Prager Tagblatt, 5. Mai 1935.

258 *22 Unsre Dichterin:* Sophie Mereau. – *vor ein paar Tagen:* Sch. erhielt den Brief am 14. Oktober. – *23 ihrem Mann:* dem Jenaer Bibliothekar Friedrich Ernst Karl Mereau (1765–1825), von dem sie sich 1801 scheiden ließ. 1803 heiratete sie Clemens Brentano. – *Liebhaber:* Georg Philipp Schmidt aus Lübeck (1766–1849). Mit dem 20jährigen Jenaer Medizinstudenten hatte Frau Mereau am 22. September eine vierzehntägige Reise nach

Berlin und Potsdam unternommen. – *29 Abschied:* Am 6. Oktober trug sie in ihr Tagebuch ein: »Reise nach Hause. Abschied von Liebe«. – *37 schrieb ich ihr:* Sch. an S. Mereau, 16. oder 17. Oktober. – *39 zu mir zu kommen:* Sie nahm die Einladung an.
259 *7 große Briefschuld:* Sch. trug sie am 17. Oktober ab.

### 233. GOETHE  WEIMAR, 22. OKTOBER 1796

259,16–18 *Sie Loder JustizR:* Sie JustizR.; 259,27 *verleben:* verlieren.

259 *14 des letzten Bandes:* Die Bandexemplare von *Wilhelm Meisters Lehrjahren* (7. und 8. Buch) waren am 21. Oktober eingetroffen. – *17 Loder:* s. Nr. 107. – *18 JustizR. Hufeland:* der Jurist Gottlieb Hufeland, s. Nr. 107. – *19 HofR. Hufeland:* Christoph Wilhelm H. (1762–1836), seit 1793 Professor der Medizin in Jena. Von 1783–1793 war er der Arzt G.s, der ihn und seinen Vater im *Faust* verewigte (Bd. 6.1, S. 1003). C. W. Hufeland, seit 1791 Mitglied der ›Freitagsgesellschaft‹, wurde einer der berühmtesten Ärzte seiner Zeit. Das von ihm seit 1795 betreute ›Journal der praktischen Arzneikunde und Wundarzneikunst‹ (bis 1836 83 Bde.) gehörte zu den angesehensten deutschen Zss. der Medizin. – *21 Humboldt:* s. zu Nr. 229. – *22 Körnerische Brief:* s. Nr. 229. – *24 über den Roman:* der größtenteils in den ›Horen‹ 1796 (12. Stück) publizierte Brief Körners an Sch., 5. ⟨–13.?⟩ Oktober 1796; Bd. 5, S. 662–669.

### 234. SCHILLER  JENA, 23. OKTOBER 1796

260,1 *liberaleren:* liberalen; 260,26f. *er ⟨...⟩ Null.:* zuerst in Sch./ G.² (1856); 260,28 *interessieren jeden:* interessieren einen jeden; 261,7 *Interesse:* Interesses.

259 *37 Almanach:* ›Musen-Almanach für das Jahr 1797‹. – *überrascht:* Humboldts Brief, den Sch. am 22. Oktober erhielt, ist nicht überliefert.
260 *8 die Eisbahn:* Bd. 4.1, S. 756f. – *9 Musen in der Mark: Musen und Grazien in der Mark;* Bd. 4.1, S. 856f. – *10 Tabulis votivis:* Bd. 4.1, S. 757–771. – *11 Genz:* F. von Gentz. – *16 Hufeland:* vermutlich der Mediziner C. W. Hufeland. Dem Juristen las G. Ende Oktober *Herrmann und Dorothea* vor (Grumach IV, S. 253). – *22 Humboldt:* s. zu Nr. 229. – *24 Stolbergen:* F. L. von Stolberg, s. zu Nr. 208. – *25 Claudius:* Matthias C. (1740–1815). Sch. hatte G. in Nr. 171 seine Verärgerung über Herders ›Briefe zu Beförderung der Humanität‹ (7. und 8. Sammlung) offenbart, in denen Sch. mit zweitklassigen Autoren – u.a. Claudius – in einen

Topf geworfen werde. Zu Humboldts Besuch bei Claudius vgl. seinen gerechteren Tagebucheintrag in ›W. von Humboldts Gesammelte Schriften‹, Bd. 14, S. 341. – *28 Ihre SchweitzerBriefe:* s. zu Nr. 154. – *34 meine Schwägerin:* Caroline von Wolzogen.

**261** *4 bald wieder:* s. zu Nr. 230. – *7 den Wallenstein:* Sch.s ›Calender‹: »22. Oktober 1796 *an den Wallenstein gegangen,* denselben am 17. März 1799 geendigt fürs Theater und in allem 20 Monate voll mit sämtlichen drei Stücken zugebracht«. – *13 dem Kupferstecher:* Rechnung Starkes vom 12. Oktober. – *dem Buchbinder:* Rechnung Unruhs vom 14. Oktober. – *15 an Cotta:* Sch. an Cotta, 25. und 26. Oktober. – *17 für den Hirtischen Aufsatz:* für die von Starke hergestellten zwei Kupferplatten zu den Abbildungen, s. zu Nr. 217 und 137.

235. SCHILLER                          JENA, 25. OKTOBER 1796

261,30 *des Hirtischen Aufsatzes:* des – Aufsatzes; 262,11 *wisse:* weiß; auf der Adresse vermerkt: »nebst einer Schachtel«.

**261** *30 Rest des Hirtischen Aufsatzes:* die zweite Hälfte von Hirts ›Reise von Grottaferrata‹, die im 12. ›Horen‹-Stück 1796 erschien, s. zu Nr. 137. – *32 Sonnabend:* 29. Oktober, s. Nr. 238.

**262** *6 Schlegel:* A. W. Schlegel. – *7 der Herzog von Gotha:* Ernst II. Ludwig von Sachsen-Gotha (1745–1804), regierender Herzog seit 1772. – *8 wegen Schlichtegrolls:* (Adolf Heinrich) Friedrich Schlichtegroll (1765–1822), Gymnasiallehrer in Gotha und Hg. des ›Nekrologs merkwürdiger Deutschen‹. Den verunglimpfenden Nachruf auf G.s 1793 verstorbenen Freund Karl Philipp Moritz im ›Nekrolog auf das Jahr 1793‹, 4. Jg. 2. Bd. (Gotha 1795), S. 169–276, aus der Feder des Gothaer Professors Lenz nahmen drei Xenien ins Visier (X 44, 77, 178; Bd. 4.1, S. 781, 785, 792); vgl. auch Hb 328 (ebenda, S. 712), s. Nr. 236. Schlichtegroll distanzierte sich von den ihm unterschobenen Anti-Xenien. Vgl. Fambach II, S. 389 ff. Die Verärgerung des Gothaer Herzogs meldet auch Böttiger an F. Schulz, 30. Oktober 1796 (GJb 1, S. 319 f.). – *9 Schütz:* Der Hg. der ›Allgemeinen Literatur-Zeitung‹ verzichtete auf eine Rezension des ›Musen-Almanachs‹ für 1797.

236. GOETHE                          WEIMAR, 26. OKTOBER 1796

262,19 *ein paar Stück:* ein Stück; 266,22 *Den Hirtischen Aufsatz:* Den – Aufsatz. Vom Brief existiert eine umfangreichere, kassierte Hs. mit einer Überlegung zur Publikation von *Herrmann und Dorothea* in den ›Horen‹. Nach dem dritten Absatz (»naiv« 262,40) heißt es: »Ich habe auch schon gedacht, ob man nicht die drei Gesänge meines epischen Gedichts indessen sollte etwa ins erste Stück geben bis das liebe Frühjahr die übrigen brächte. Es ist aber auch gewagt den Anfang besonders von so einer kleinen Komposition die sich leicht übersehen läßt zu publizieren und dann muß man doch auch den leidigen Mammon gedenken, denn da das Ganze so stark wird als die Luise von Voß, so würde es wenigstens einen halben Band meiner Schriften geben, wobei ich denn noch den Spaß hätte es auf Einmal gedruckt zu sehen ich weiß daher nicht recht was man tun oder lassen soll.« (NA 36 II, S. 378; ›Die Grenzboten‹ 1873, Nr. 41).

262 *20 philosophischen Journals:* ›Philosophisches Journal einer Gesellschaft Teutscher Gelehrten‹. Hg. von F. J. Niethammer. Neustrelitz 1795–97; hg. von F. J. Niethammer und J. G. Fichte. Jena und Leipzig 1797–1800. – *22 Den Hirtischen Aufsatz:* s. zu Nr. 137 und 238. – *28 Das Tagebuch: Tagebuch der italienischen Reise für Frau von Stein 1786* (Bd. 3, S. 7–158). G. bearbeitete es erst zwei Jahrzehnte später, s. Bd. 15.

263 *3 die Xenien:* ›Musen-Almanach für das Jahr 1797‹, S. 197–302, Bd. 4.1, S. 776–825. – *die Tabulas votivas:* ›Musen-Almanach‹, S. 152–182; s. zu Nr. 204, 215. – *6 in Gotha:* Mit dem Hof, den der gelehrte Herzog zu einer wissenschaftlichen Akademie machte, waren der Philologe Jacobs sowie Thümmel verbunden. G. stand 1780–1788 mit dem vielseitig interessierten Fürsten in Briefwechsel. – *11 den nekrologischen Schnabel:* Schlichtegroll, s. zu Nr. 235. – *12 armen Moritz:* Karl Philipp Moritz (1756–1793) verarbeitete seine bitteren Jugenderfahrungen im autobiographischen Roman ›Anton Reiser‹. Die Freundschaft mit G. datiert von Rom, wo Moritz' kunsttheoretische Auffassungen entscheidenden Einfluß auf die Ausbildung der klassischen Ästhetik nahmen, s. Bd. 15; Nr. 235, zu Nr. 463. – *19 die Eingeweide der Tiere:* s. Nr. 228. – *23 bald wieder zu sehen:* s. zu Nr. 230.

237. SCHILLER JENA, 28. OKTOBER 1796

263,30 *Herzog, 1:* Herzog und eins; 263,35 *noch:* auch; 264,8f. *daß Voß darin:* daß ... darin; 264,12 *als Böttiger gemeint:* als ... gemeint; 264,35 *Den ⟨...⟩ miserable.:* zuerst in Sch./G.² (1856).

263 *29 das IXte Horenstück:* Es enthielt neben einem Beitrag J. H. Meyers Übersetzungen aus der Feder von G., Knebel, Mereau und Voß. – *30 Inlage:* Ihr Inhalt ist unbekannt. – *32 Fr⟨au⟩ von Humboldt ⟨...⟩:* Caroline von Humboldt mit ihren Kindern Caroline (1792–1837) und Wilhelm (1794–1803). – *33 bei Wolfen:* Humboldt hatte bei F. A. Wolf studiert und war mit ihm seit 1792 befreundet. – *34 in 3 Tagen:* s. zu Nr. 229. – *37 Nicolai:* zur

Reaktion des Berliner Buchhändlers und Schriftstellers auf die *Xenien* und deren Hintergründe s. zu Nr. 117, 136, 281. – *38 Zöllner:* Johann Friedrich Z. (1753–1804), Propst und Schriftsteller in Berlin. – *39 mit Biestern gelungen ist:* Johann Erich Biester (1749–1816), Bibliothekar in Berlin, Hg. der ›Berlinischen Monatsschrift‹, hatte W. von Humboldt über die gehässigen Ausfälle Nicolais gegen die ›Horen‹ im 11. Band seiner ›Beschreibung einer Reise‹ (1796) informiert, s. zu Nr. 117.

**264** *3 Meyer:* Friedrich Ludwig Wilhelm Meyer, dessen (mit Rambach herausgegebenes) ›Berlinisches Archiv der Zeit‹ ein Xenion einstecken mußte (X 255; Bd. 4.1, S. 806); vgl. auch Hb 434 (ebenda, S. 725). Das anfänglich gute Einvernehmen zwischen dem Mitarbeiter und dem Hg. des ›Musen-Almanachs‹ bekam deutliche Risse; vgl. Sch. an F. L. W. Meyer, 14. September 1795. – *5 Wohlfeile Achtung:* X 92, Bd. 4.1, S. 787. Das Xenion könnte Klopstock meinen. – *9 Voß darin gelobt:* s. zu Nr. 169, 269, 279. – *11 Nekrologischen Raben:* Schlichtegroll, s. zu Nr. 235. – *hinter Wieland: Zeichen des Raben* bezieht sich syntaktisch auf das vorangehende *Zeichen der Jungfrau,* das auf den 63jährigen Wieland gemünzt war (X 76 und 77, Bd. 4.1, S. 785). – *12 Bötticher:* Als flinker Journalist schrieb der Gymnasialdirektor vorsorglich Nachrufe auf noch Lebende. – *13 der erste gedruckte Angriff:* Rudolf Zacharias Bekker (1752–1822), der Gothaer Hg. des ›Kaiserlich privilegierten Reichs-Anzeigers‹, konterte in der N° 251 seiner Zeitung (28. Oktober) auf das sie verspottende Xenion (X 252, Bd. 4.1, S. 806) mit einem verunglückten Distichon. – *20 Die jungen Nepoten:* Xenion 341 (Bd. 4.1, S. 816) richtet sich an die Brüder Schlegel selbst. – *22 ein Artikel:* ›Über einige neuere Charlatanerien unserer Litteratur‹, in: ›Allgemeiner litterarischer Anzeiger‹. (Leipzig 27. September 1796); vgl. Fambach II, S. 298 f. – *272 Journalen:* ›Deutschland‹, ›Frankreich‹. – *33 meiner Arbeit:* ›Wallenstein‹. – *35 Voßischen Almanach:* ›Musenalmanach für das Jahr 1797‹. Hg. von J. H. Voß.

238. GOETHE                WEIMAR, 29. OKTOBER 1796

265,9 f. *vom Prinzen August,:* von –,; 265,10 f. *Der Hirtische Aufsatz:* Der – Aufsatz; 265,15 *ist fertig:* ist wieder fertig.

**265** *3 einige Tage nach Ilmenau:* Der Bruch des Martinrodaer Stollens am 24./25. Oktober trug neben den bescheidenen Erträgen zur baldigen Stillegung des 1792 mit viel Elan aufgenommenen Bergwerkunternehmens bei, s. *[Zum Bruch des Martinrodaer Stollens];* Bd. 4.2, S. 890–893, 1208 f.; G. an Voigt, 31. Oktober/ 1. November, 3. und 6. November. G. blieb vom 30. Oktober bis

9. November in Ilmenau. – *7 in Halle:* vgl. die ›Annalen der Philosophie und des Philosophischen Geistes‹. Hg. von L. H. von Jakob. Halle, Leipzig 1795–97. Vgl. X 53 ff., 70, 253, 297 (Bd. 4.1, S. 782, 784, 806, 811); s. Nr. 240. – *8 besuche ich Sie:* G. kam erst am 13. Januar 1797. – *Gotha:* s. Nr. 235, 236. – *9 vom Prinzen August:* Die Distichen des Bruders des regierenden Herzogs von Sachsen-Gotha sind nicht überliefert. – *10 Der Hirtische Aufsatz:* s. zu Nr. 235. – *11 die Kupferplatte:* s. zu Nr. 234; vgl. Sch. an Cotta, 2. November. – *13 epischen Gedichts: Herrmann und Dorothea,* s. Nr. 241. – *15 Meyer:* Meyer an G., 7. Oktober 1796. – *15 seine Kopie:* s. Nr. 212.

239. Schiller      Jena, 31. Oktober 1796

265,29 *oder:* und; 266,1 *letztern:* letzten; 266,6 *an Mlle. Vulpius geschrieben:* an – geschrieben; 266,17 *Die Gothaischen Epigramme:* Die – Epigramme.

265 *26 Ihrem einsamen Tal:* s. zu Nr. 192. – *29 Apotheker:* Figur aus *Herrmann und Dorothea.* G. hatte im September in Jena Sch. vier Gesänge vorgelesen; vgl. Sch. an Körner, 28. Oktober. – *29 ein grünes Haus: Herrmann und Dorothea* II, Vers 189, III, Verse 81 f. – *31 Körner:* Körner an Sch., 28. Oktober. – *34 Von Leipzig:* Den Brief von Cottas Kommissionär Böhme erhielt Sch. am 28. Oktober; vgl. Sch. an Cotta, 25. und 26. Oktober. – *35 Exemplarien:* vom ›Musen-Almanach für das Jahr 1797‹.

266 *6 an Mlle Vulpius:* Der Brief Sch.s vom 31. Oktober an Christiane Vulpius (1764–1816), G.s spätere Frau, fehlt. – *12 neuen Auflage:* Sch. an Cotta, 31. Oktober. Die zweite Auflage mit 500 Exemplaren erschien im Dezember 1796 und war Ende des Monats bereits vergriffen; s. Nr. 242. – *31 Humboldt:* s. zu Nr. 229.

240. Schiller      Jena, 2. November 1796

266 *38 freut sich gar sehr auf Sie:* Humboldt besuchte G. spätestens am 29., eventuell schon am 23. November, s. Nr. 247, 250. – *40 die schwanger ist:* Caroline von Humboldt gebar ihren Sohn Theodor am 19. Januar 1797.

267 *1 Reichardt:* Auf der Rückreise von Berlin nach Jena hatte Humboldt Reichardt am 29. Oktober in Giebichenstein besucht. – *2 in 14 Tagen hier:* Reichardt kam nicht. – *3 Friderich Schlegeln:* Als Rezensent – u.a. der ›Horen‹ – arbeitete Friedrich Schlegel (1772–1829) an Reichardts Zeitschrift ›Deutschland‹ mit (s. zu Nr. 227), nachdem er sich vergeblich um die ›Horen‹-Mitarbeit

beworben hatte. – *6 sentimentalisch:* ›empfindsam‹. – *7 Sie hätten keinen Anteil:* Bei F. Schlegel und Reichardt gingen von 1796 an tendenziell allianzspaltende Bekundungen der Hochschätzung G.s mit der gleichzeitigen Abqualifizierung Sch.s einher; s. Nr. 265. – *10 Ihre Stücke:* Als G.-Texte sind im ›Musen-Almanach für das Jahr 1797‹ gekennzeichnet: *Alexis und Dora,* 16 Distichen, *Das Heilige und Heiligste, Der Freund, Musen und Grazien in der Mark, Der Chinese in Rom, Die Eisbahn,* s. Bd. 4.1, S. 754–757, 844–858. – *16 Wolf:* F. A. Wolf kam in den *Xenien* glimpflich davon, s. zu Nr. 113; X 91, 264, 366–371 (Bd. 4.1, S. 787, 807, 819f.), Hb 352 (S. 715). – *Eberhardt:* Johann August Eberhard (1739–1809), Philosophieprofessor in Halle. – *17 Klein:* Eine Tochter des Hallischen Rechtsprofessors Ernst Ferdinand Klein (1744–1810) war mit einem Sohn Nicolais verheiratet gewesen, s. zu Nr. 237. – *18 Partikularitäten:* (lat./frz.) ›Einzelheiten‹. – *mündlich:* s. zu Nr. 238.

241. GOETHE                                        WEIMAR, 12. NOVEMBER 1796

267 *27 beiden Briefe:* Nr. 239 und 240. – *28 Cimmerien:* Bei Homer das im äußersten Westen gelegene Land, wo immerfort Nebel und Finsternis herrscht (Odyssee XI, Verse 13–19). – *31 mit beiden Werklein:* vermutlich die *Tabulae votivae* und *Xenien,* s. zu Nr. 204, 215, 236. Denkbar sind auch der ›Musen-Almanach‹ für 1797 und *Wilhelm Meisters Lehrjahre.*

268 *7 das Voigtische Mineraliencabinet:* die Mineraliensammlung des Ilmenauer Bergrats und Gastes der ›Freitagsgesellschaft‹ Johann Carl Wilhelm Voigt (1752–1821), eines Bruders von Christian Gottlob Voigt. – *9 diese Betrachtungen erneuert:* geologische und mineralogische Studien als ⟨*Vorbereitung zur Zweiten Reise nach Italien*⟩ (s. Nr. 100) und auf der Reise nach Karlsbad, s. Tgb. 1795, 2.–4. Juli). – *10 die berühmte Morphologie:* (griech.) ›Lehre von der Gestalt‹. Der von G. in die Biologie eingeführte Morphologiebegriff bezeichnet »die Lehre von der Gestalt der Bildung und Umbildung der organischen Körper« (*Betrachtung über Morphologie überhaupt;* Bd. 4.2, S. 201). Über die Beziehungen der Morphologie zur Physik und Chemie, s. ebenda und *Morphologie;* Bd. 4.2, S. 188 und 200ff.; s. auch *Tag- und Jahres-Hefte* zu 1790; Bd. 14, S. 17, und *Zur Morphologie. Erster* und *Zweiter Band;* Bd. 12, S. 9–384. – *15 zur Prosa:* die *Cellini-*Übertragung. – *22 das Exemplar:* der letzte Band der *Lehrjahre,* s. Nr. 233 und 234.

242. SCHILLER  JENA, 13. NOVEMBER 1796

269,19 *Sie Böttichers Schrift:* Sie – Schrift; 269,22 *Frau Charlotte darin:* Frau – darin.

268 *30 wieder in unserer Nähe:* G. war am 9. November von Ilmenau nach Weimar zurückgekehrt. – *38 des Koadjutors Brief:* Karl Theodor von Dalberg an Sch., 6. November 1796. Am 10. November traf von Dalberg G. am Weimarer Hof. – *40 recht moralischen Ruf:* ironischer Kommentar zu dem von Dalberg dokumentierten Verständnis für den Xenienkampf, das sich an Sch.s Gedicht ›Die Ideale‹ klammerte.

269 *1 neuen Auflage:* s. zu Nr. 239. – *6 zu der Decke:* s. zu Nr. 213. – *8 die Boltische Kupferplatte:* s. Nr. 216 und 245. – *12 Quellen zu meinem Wallenstein:* Im erneuten Quellenstudium nach der ›Geschichte des Dreißigjährigen Kriegs‹ vertiefte sich Sch. in seine Hauptquelle C. G. von Murr: ›Beiträge zur Geschichte des dreißigjährigen Krieges‹ (Nürnberg 1790), die auch ›Alberti Fridlandi perduellionis Chaos‹ enthält, und in J. C. von Herchenhahn: ›Geschichte Albrechts von Wallenstein‹ (Altenburg 1790/91). – *13 Ökonomie des Stücks:* im übertragenen Sinn des 18. Jahrhunderts – »die ganze Einrichtung der Endzwecke und Mittel« (Adelung) – seit Racine (Widmung des ›Britannicus‹) und Lessing (›Briefe, die neueste Litteratur betreffend‹, 81. Brief) ein geläufiger poetologischer Begriff; vgl. auch Sch. an Schütz, 22. Januar 1802. – *15 rektifiziere:* (lat.) ›berichtige‹. – *19 Böttichers Schrift:* (Karl August Bötticher:) ›Entwickelung des Ifflandischen Spiels in vierzehn Darstellungen auf dem Weimarischen Hoftheater im Aprilmonat 1796‹. Leipzig 1796, s. zu Nr. 159. – *21 Brief von der Frau Charlotte:* Charlotte von Kalb an Iffland, 17. April 1796. Bötticher gab den Brieftext anonym wieder. – *24 Champion:* frz. ›Vorkämpfer‹, ›Verfechter‹. – *Manso:* Der in den *Xenien* arg gebeutelte Manso publizierte anonym Ende 1796 zusammen mit J. G. Dyck ein Bändchen Anti-Xenien, s. Nr. 251 und 252. – *23 ein Blättchen Hexameter:* Es ist nicht überliefert. – *26 unsere bisherigen Angreifer:* s. Nr. 237. – *28 Alexander v Humboldt:* Im Brief an Reichardt vom 12. Februar 1797 bedauerte allerdings A. von Humboldt den durch die *Xenien* gestifteten Unfrieden. – *32 Humboldts:* Caroline und Wilhelm.

243. GOETHE  WEIMAR, 14. NOVEMBER 1796

*Datierung:* s. Fielitz, ALG 4, 470 und Nr. 244. Niethammer übersandte die oberdeutsche Literaturzeitung am 14. November. 270,6 *bitte:* erbitte.

**269** *40 Bei dem einen:* dem »Blättchen Hexameter«.
**270** *2 bei dem andern:* dem Brief Dalbergs. – *4 erquicklichen Wasser:* s. Nr. 239. – *6 Die oberdeutsche Literatur-Zeitung:* Die in Salzburg erscheinende ›Oberdeutsche allgemeine Litteraturzeitung‹ (4. November 1796, Stück 132) brachte eine wohlwollende Rezension des ›Musen-Almanachs‹ für 1797 (vgl. Fambach II, 306–313); vgl. Niethammer an G., 14. November. – *10 à son aise:* frz. ›ungezwungen‹, ›entzückt‹. – *13 Das verlangte Buch:* Böttigers Schrift. – *20 formidabel:* (frz.) hier: ›großartig‹, ›außergewöhnlich‹. – *Sein böser Wille gegen Sie:* In dem von Böttiger zitierten Brief hatte Charlotte von Kalb ihre Abneigung gegenüber Sch.s ›Räubern‹ deutlich zu verstehen gegeben. Die von Sch. Franz Moor zugedachte körperliche Häßlichkeit fand Böttiger ebensowenig befriedigend wie Sch.s *Egmont*-Bearbeitung. – *25 Sans replique:* frz. ›unwiderleglich‹. – *26 literarischen Sanskülottismus:* s. zu Nr. 99. – *28 Meyer grüßt:* Meyer an G., 13. Oktober.

## 244. GOETHE WEIMAR, 15. NOVEMBER 1796

271,5–14 *Voßens Almanach* ⟨...⟩ *wollen.:* zuerst in Sch./G.² (1856); 271,29 *Arbeit künftig besonders:* Arbeit besonders.

**270** *38 zweiten Auflage:* s. zu Nr. 239.
**271** *5 Voßens Almanach:* s. zu Nr. 237. – *11 Creator Spiritus:* lat. ›Schöpfer Geist‹, (Hl. Geist). Hier auf den Hg. Voß bezogen. – *21 meines epischen Gedichts: Herrmann und Dorothea.* – *23 Humboldts gelegentlich vorzulesen:* G. las am 29. November; vgl. Humboldt an G., 24. November; Caroline von Humboldt an Rahel Levin, 1. Dezember; an C. G. von Brinckmann, 3. Dezember (Grumach IV, S. 259f.). – *24 Die englische Übersetzung von Cellini:* s. zu Nr. 230. – *34 zu vollenden:* Die Übersetzung für die ›Horen‹ beendete G. erst im Juni 1797. Die vervollständigte Buchausgabe erschien mit einem *Anhang zur Lebensbeschreibung des Benvenuto Cellini, bezüglich auf Sitten Kunst und Technik* 1803 bei Cotta, s. Bd. 7. – *34 ajüstieren:* (frz.) ›zurechtmachen‹. – *36 Die Naturbetrachtungen:* s. Nr. 241, 242. – *38 subjektivem Ganzen:* s. ⟨*Betrachtung über Morphologie*⟩ und *Betrachtung über Morphologie überhaupt,* Bd. 4.2, S. 200, 202. – *39 die Welt des Auges* ⟨...⟩ *erschöpft wird:* s. ⟨*Betrachtung über Morphologie*⟩ und *Betrachtung über Morphologie überhaupt;* Bd. 4.2, S. 200, 202. In der tatsächlich erschöpfenden Gliederung der optischen Welt gibt G. später der Farbe (genetisch) den Vorrang vor der Gestalt, s. *Das Auge* (Bd. 6.2, S. 814).

245. SCHILLER                    JENA, 18. NOVEMBER 1796

273,14 *Pfennig:* Pfennige; 273,33 *vom:* von; 274,3–7 *Mein (...) würde.:* zuerst in Sch./G.² (1856); 174,9 *Leben Sie wohl.:* zuerst in Sch./G.⁴ (1881). – Beilage zuerst in NA 29 (1977).

272 *10 die Schimmelmann:* Charlotte von Schimmelmann an Sch., 1.(?) und 8. November 1796. Gräfin Schimmelmann gehörte mit ihrem Mann, dem dänischen Finanzminister und Mäzen Sch.s, und Baggesen zum Kopenhagener Kreis von Schillerverehrern um den Prinzen von Augustenburg. Sie erwähnt neben ablehnender Kritik »auch aufrichtige Klagen der gutgesinnten« über den ›Musen-Almanach‹ für 1797. – *17 des Verführers:* Charlotte von Schimmelmann hatte in ihrem Brief moralische und soziale Kritik an G.s Charakter und privaten Verhältnissen geübt. Auch der Herzog von Augustenburg schrieb die Xenien dem verderblichen Einfluß G.s auf Sch. zu, der seinerseits G. im nicht überlieferten Brief an die Gräfin verteidigte (vgl. NA 36 II, S. 425). – *22 selbst für sentimentalische Leser:* vgl. Sch. über G. in ›Über naive und sentimentalische Dichtung‹ (NA 20, S. 459 f.), s. zu Nr. 190. – *23 neuerdings im Meister:* Der letzte Band der *Lehrjahre* war im Oktober erschienen. – *im Almanach:* Er enthielt u.a. *Alexis und Dora.* – *39 Körner über Meister:* Körner an Sch., 5. (-13.?) November 1796. Körners Brief, der ohne den Einleitungs- und Schlußteil im 12. Stück der ›Horen‹ 1796 unter dem Titel ›Über Wilhelm Meisters Lehrjahre (aus einem Brief an den Herausgeber der Horen)‹ erschien, gehört zu den bedeutendsten zeitgenössischen Würdigungen des Romans, s. Bd. 5, S. 662–669.

273 *16 nach Ihnen:* G. publizierte im ›Musen-Almanach‹ für 1798 mehrere Balladen, Romanzen und Gedichte; vgl. Bd. 4.1, S. 658, 863–877, 886–903. – *17 der Wallenstein:* Die Trilogie wurde erst im März 1799 fertig. – *34 ihrer Qualifikation zur Tragödie:* s. Nr. 249. – *38 Tableau:* frz. ›Gemälde‹, ›Schilderung‹. – *die Maltheser:* Das Sch. seit 1788 beschäftigende Projekt blieb ein Fragment, s. zu Nr. 14.

274 *3 Schwager:* s. zu Nr. 211. Wolzogens Bewerbung ins Geheime Conseil wurde zunächst abgelehnt. Im Dezember jedoch kam man ihm auf Fürsprache des Herzogs von Meiningen entgegen: Wolzogen wurde Kammerherr und Kammerrat, 1801 schließlich Oberhofmeister und Geheimrat. Vgl. Carl August an G., 8. Dezember 1796, und Nr. 254. – *Henderichs:* Der Geheime Kammerrat und Nachfolger G.s im Wegebau, Franz Ludwig Albrecht von Hendrich (1752–1828), quittierte 1796 den Weimarer Dienst, in den er später zurückkehrte. – *11 (Beilage):* Sie war für den Weimarer Kupferstecher Starke bestimmt und betraf die

Ausstattung der zweiten Auflage des ›Musen-Almanachs‹ für 1797, s. zu Nr. 221; vgl. Sch. an Cotta, 2. November. – *13 Kupferplatte:* s. Nr. 216 und 242. – *18 Decke und Titelkupfer:* Die Almanachdecke gestaltete J. H. Meyer; vgl. H. Wahl: ›Zeichnungen von J. H. Meyer‹. Weimar 1918, S. 11; s. zu Nr. 216. – *wir:* G. und Sch. oder Pluralis modestiae.

246. GOETHE  WEIMAR, 19. NOVEMBER 1796

274,31 *Freiheit:* Klarheit; 275,3 *Leser produktiv:* Leser sehr produktiv; 276,7–9 *Von dem ⟨...⟩ Gelingen.:* zuerst in Sch./G.² (1856).

274 *37 die unterstrichene Stelle:* Der erste Absatz von Körners Brief: »Besondere Kunst finde ich in der Verflechtung zwischen den Schicksalen und den Charakteren.« (Bd. 5, S. 663).

275 *7 ich kanns zu Kopf nicht bringen:* Zitat aus der Fabel ›Kuckuck und Nachtigall‹, die Herder 1773 in ›Von deutscher Art und Kunst‹ publizierte. – *10 mir neulich jemand geschrieben:* F. H. Jacobi an G., 9. November. – *11–14 »Nein! ⟨...⟩ bindet«:* Lehrjahre, 3. Buch, 11. Kap (Bd. 5, S. 192 f.). – *18 meine Idylle: Alexis und Dora.* – *21 Hippokrene:* die mythologische Dichterquelle auf dem Helikon. – *22 sich mausen:* ältere Form von ›sich mausern‹. – *28 Meyer grüßt:* Meyer an G., 13. Oktober und Mitte Oktober 1796. – *30 Escher:* Johann E. (1754–1819), Kaufmann in Zürich, nicht dessen in Florenz lebender Sohn Hans Kaspar, den die NA 36 II und die HA nennen, ist hier gemeint, wie aus der Korrespondenz Sch.s und Cottas (Sch. an Cotta, 7. September 1796; Cotta an Sch., 16. September und 11. November 1796) sowie Nr. 247 und 321 hervorgeht. – *31 alle gebildete Anwohner der Ostsee:* F. L. von Stolberg, G. H. L. Nicolovius und J. G. Schlosser in Eutin, Propst Kosegarten auf Rügen; vgl. Nicolovius an F. Jacobi, 20. November. Der Publizist und Hg. August Hennings in Plön; Gräfin Schimmelmann an Gräfin Luise Stolberg, 17. Dezember (Bode II, S. 85 f., 91 f.).

276 *1 Kontorsionen:* (lat.) ›Verdrehungen‹. – *4 Sie bald sehe:* s. zu Nr. 238. – *7 Dienstgesuch:* von Wolzogens.

247. SCHILLER  JENA, 22. NOVEMBER 1796

276,19 f. *Erzählung Agnes:* Erzählung Der Agnes; 276,29 *schreibest:* schreibst; 276,40 *an:* von.

276 *16 Humboldten:* Ob sich G. und W. von Humboldt bereits am 23. und nicht erst am 29. November trafen, ist unsicher. Eine Einladung G.s zum 26. November muß Humboldt verschie-

ben (Humboldt an G., 24. November). Seine Frau berichtet von einem Wiedersehen G.s am 29. November nach eineinhalb Jahren; Caroline von Humboldt an Rahel Levin, 1. Dezember (Grumach IV, S. 260). – *17 nach Erfurt:* Humboldt reiste in Begleitung seiner Familie, Caroline von Wolzogens und Burgsdorffs am 23. November nach Erfurt zurück. Am 26. reiste er weiter nach Schmalkalden und kehrte am 27. November nach Erfurt zurück. Von dort begaben sich Humboldts und von Burgsdorff am 29. November zu G. nach Weimar. – *20 Agnes von Lilien:* Den anonym erschienenen Fortsetzungsroman von Caroline von Wolzogen eröffnete das 10. ›Horen‹-Stück 1796. Die weiteren Fortsetzungen des ersten Teils erschienen in den ›Horen‹ 1796, 12. Stück, 1797, 2. und 5. Stück. – *21 Archiv der Zeit:* Im ›Berlinischen Archiv der Zeit‹ (November 1796) erschien ›Der zweite Wettstreit aus Klopstocks grammatischen Gesprächen‹. Für die großen literarischen Tendenzen des letzten Jahrhundert-Drittels zeigte Klopstock (1724–1803) wenig Verständnis mehr. Seiner Hochschätzung religiöser und vaterländisch-germanischer Dichtung war die Orientierung der Weimarer Klassik an der heidnischen Antike ein Ärgernis. G. reagierte gelassen; vgl. Caroline Schlegel an Luise Gotter, 25. Dezember (Caroline I, S. 410 f.). – *24 Epigrammen:* G.s *Venezianische Epigramme,* Nr. 29; Bd. 3.2, S. 90. – *33 Rezension des jungen Schlegels:* Friedrich Schlegel verriß anonym in Reichardts Zs. ›Deutschland‹ 1796 die dritte Fassung von F. H. Jacobis Roman ›Woldemar‹ (1796), dessen zweite Fassung (1794) Humboldt in der ALZ 1794 wohlwollend rezensiert hatte. (Fambach III, S. 592–607; IV, S. 52–67); s. Nr. 13. – *35 grünen Brief:* Jacobi bevorzugte grünes Schreibpapier. Seinen – allenfalls fragmentarisch erhaltenen – Brief an Humboldt über Schlegels Verriß kündigte er G. an. Jacobi an G., 9. November; vgl. Fambach IV, S. 69.

277 *1 Cotta beklagt sich:* Cotta an Sch., 11. November. – *5 der neue Almanach:* die zweite Auflage des ›Musen-Almanachs‹ für 1797.

248. GOETHE   WEIMAR, 26. NOVEMBER 1796

277,21 *Humboldts:* Humboldt.

277 *14 Kartenblatt:* Es ist nicht überliefert. – *16 Gebrauch davon machen:* Es war zu spät: am 3. Dezember erschien bereits die zweite Auflage. – *17 erst Dienstag:* 29. November. – *20 herüber zu kommen:* s. Nr. 249. – *25 auf einen Tag:* s. zu Nr. 238. – *26 viele Dinge:* G. arbeitete an *Herrmann und Dorothea.* Der Verlagsbuchhändler Vieweg hatte bei Böttiger vorgefühlt, ob G. für die

Herausgabe eines Kalenders zu gewinnen sei; vgl. Böttiger an G., 25. November. Auch naturwissenschaftliche Fragen beschäftigten G. Ende November, wie der Brief W. von Burgsdorffs an C. G. von Brinckmann, 12. Dezember 1796, belegt (Grumach IV, S. 259). – *28 Brief von Humboldt:* W. von Humboldt an G., 24. November (Bd. 5, S. 669 f.), (Über Körners Rezension der *Lehrjahre*.), s. Nr. 249.

249. SCHILLER                JENA, 28. NOVEMBER 1796

277,40 *nur:* nun; 278,5 *jetzt noch sehr:* jetzt sehr; 279,18 *bestimmungslose:* besinnungslose; 279,24 *heikeligter:* heikliger; 279,28 *individual:* individuell.

278 *2 Ihren neuesten Entdeckungen und Bemerkungen:* s. Nr. 248, über *Xenien* und »viele Dinge«. – *29 Tragödien Ökonomie:* s. zu Nr. 242. – *30 Proton-Pseudos:* (griech.) ›erste Täuschung‹, ›falsche Grundannahme‹. Gemeint sein dürfte Wallensteins unbeirrbares Vertrauen zu Oktavio, das erst später durch eine Traumerzählung (Wallensteins Tod II/3) motiviert wird; vgl. Nr. 539. – *33 der eigne Fehler des Helden:* vgl. Sch.s ›Über die tragische Kunst‹ (NA 20, S. 155 f.). Später, bei der Lösung, »tun die Umstände eigentlich alles zur Krise«; Nr. 367. Vgl. auch die als Titelvignette Cotta vorgeschlagene Nemesis, Sch. an Cotta, 30. November. – *35–37 Macbeth ⟨...⟩ geht:* Sch.s spätere ›Macbeth‹-Bearbeitung folgt dem Leitstern der Einheit von Charakter und Schicksal. – *39 Humboldts Erinnerungen:* W. von Humboldt an G., 24. November 1796. Gegenüber Körner – vgl. zu Nr. 245 – betont Humboldt an Wilhelm Meister die »durchgängige Bestimmbarkeit, ohne fast alle wirkliche Bestimmung«, eine Offenheit, die unterschiedlichste Rezipienten zu Konkretisationen auffordere; vgl. Bd. 5, S. 669 f. Zu Sch.s souveräner Diskussionsleitung vgl. G. an Meyer, 5. Dezember.
279 *36 grüßen Sie Humboldts:* s. zu Nr. 247 und 250.

250. GOETHE                WEIMAR, 30. NOVEMBER 1796

280,7 *recht sehr,:* recht,; 280,14 *im:* in dem.

280 *7 Ihren Zweck:* bei ›Wallenstein‹. – *9 Starke:* Der Weimarer Kupferstecher lieferte die Abzüge der Umschlagzeichnung zur Zweitauflage des ›Musen-Almanachs‹ für 1797, s. zu Nr. 245. – *11 Burgsdorf:* der mit Humboldts befreundete und gereiste Gutsherr Wilhelm von Burgsdorff (1772–1822), s. zu Nr. 247. Der junge märkische Adlige verkehrte bei Sch., Körner, Rahel Levin, Tieck, Wackenroder. Vgl. W. von Humboldt an Sch., 28. Juli

1795; Sch. an Körner, 21. November; W. von Humboldt an K. G. von Brinckmann, 9. Dezember 1796, Burgsdorff an Brinckmann, 12. Dezember (Grumach IV, S. 259 f.). – *13 neues Werk:* A.-L.-G. de Staël-Holstein: ›De l'Influence des passions sur le bonheur des individus et des nations‹. Lausanne 1796. G. erhielt das Werk von Mme de Staël selbst zugeschickt. Vgl. GJb 26 (1905), S. 294.

251. GOETHE                                    WEIMAR, 5. DEZEMBER 1796

280,32 *ließ:* ließe; 281,16 *Humboldt:* Humboldts.

280 *27 in einigen Tagen:* s. Nr. 253. – *33 für die Horen:* Sch. winkte ab, s. Nr. 255. – *35 die Übersetzung:* Sie erschien 1797 in Zürich, s. zu Nr. 255. – *37 der böse Wille unserer Gäste:* (Johann Kaspar Friedrich Manso und Johann Gottfried Dyk:) ›Gegengeschenke an die Sudelköche in Jena und Weimar von einigen dankbaren Gästen‹. o. O. (Leipzig) 1797. Auf die Anti-Xenien reagierten Jacobs, Garve, Wieland und selbst Böttiger ablehnend, der Weimarer Hof hingegen schadenfroh, s. NA 36 II, S. 413.

281 *8 das Theater:* Nach dem Scheitern des Plans, Iffland für Weimar zu gewinnen, befriedigten die Aufführungen G. wenig. Am 29. November gaben die Kulissen für eine Cimarosa-Oper Anlaß zur Kritik. G. an Genast und Seyfarth, 29. November. Bedeutende Produktionen fehlten: Am 3. Dezember wurde die Oper ›Die heimliche Heirat‹ von Cimarosa aufgeführt, am 6. Dezember das Lustspiel ›Der Eheprokurator‹ von C. F. Bretzner in der Vulpius-Bearbeitung, am 8. Dezember die Oper ›Das rote Käppchen‹ von Karl Ditters von Dittersdorf. – *10 eine neue Einrichtung:* Seit 1797 lösten sich die Schauspieler Becker, Genast, Schall wöchentlich – als sog. ›Wöchner‹ – in der Regie ab, s. Nr. 573. – *12 jungen Jacobi:* Carl Wiegand Maximilian J. (1775–1858) war während seines Jenaer Medizinstudiums vom Mentor G. väterlich gefördert und unterstützt worden. Der an Naturwissenschaften interessierte dritte Sohn von F. H. Jacobi promovierte 1797 in Jena über ein Thema der Physiologie und reüssierte später als Psychiater. Er traf von Wandsbek Mitte Dezember ein und wohnte bei G.; vgl. Max Jacobi an G., 24. November; G. an F. H. Jacobi, 26. Dezember 1796. – *18 Ihre Arbeit:* ›Wallenstein‹.

252. SCHILLER                                    JENA, 6. DEZEMBER 1796

282,13 *unsrigen:* unsern; 282,26 *aufnähmen:* nähmen; 282,35 *erweitert:* gestärkt; 282,37 *jetzt nicht:* jetzt noch nicht.

281 *26 Arbeit:* ›Wallenstein‹. – *34 alsdann:* auch am 13. Januar 1797 kam G. nur für einen Tag. – *35 schmutzige Produkt:* die Anti-Xenien von Manso und Dyk.

282 *8 Moderatisten:* (lat.) ›die Gemäßigten‹. Die Urteile von Wieland, Voigt, Caroline Schlegel und Böttiger sagt Sch. korrekt voraus. Vgl. Wieland an Göschen, 29. November; an Reinhold, 2. Dezember; Wielands Rezension im ›Neuen Teutschen Merkur‹ 1797 (s. zu Nr. 269); Böttiger an Jacobs, 9. Oktober; an J. von Müller, 7. Dezember; Voigt an G. Hufeland, 14. Dezember; Caroline Schlegel an Böttiger, 5. Januar 1797 (Boas II, S. 83; Gespräche I, S. 654–657; Bode II, S. 76f., 89; Grumach IV, S. 258; Caroline I, S. 413). – *21 Stimmen auch für die Xenien:* Es gab private Akklamation in der engeren G.-Sch.-Gemeinde. Außer der auch warnenden Rezension der ›Oberdeutschen allgemeinen Literaturzeitung‹ (s. Nr. 243) ist keine öffentliche Zustimmung bekannt. – *17 die ganze Dykische Partei:* s. zu Nr. 229. – *24 Schrift der M. Stael:* s. zu Nr. 250. – *27 Agnes von Lilien:* s. zu Nr. 247. – *30 die Schlegels:* F. Schlegel tippte erst auf G., dann auf Sch.; vgl. Schlegel an Körner, 30. Januar 1797. Auch Minna Körner, K. T. von Dalberg und K. F. von Funck vermuteten Sch. als Verfasser (vgl. NA 29, S. 330f.). Zu den Brüdern Schlegel vgl. Sch. an Cotta, 2. Januar 1797; Sch. an Körner, 23. Januar 1797. – *32 Madame Schlegel:* Caroline Schlegel an Luise Gotter, 12. Dezember (Caroline I, S. 407f.). – *37 Vierten Bande:* s. zu Nr. 245.

253. GOETHE                              WEIMAR, 7. DEZEMBER 1796

283,28 *Dückischen:* Dyk'schen; 284,3 *Rücken und Zurechtlegen:* Rücken Zurechtlegen; 284,25 *kann:* könne.

283 *9 Das Werk der Madam Stael:* s. zu Nr. 250. – *12 die eminentesten Stellen:* s. Nr. 251. – *17 Sendung Cellini:* Sie erschien im 2. ›Horen‹-Stück als achte Fortsetzung der Übertragung. – *19 eine Elegie:* die Elegie *Herrmann und Dorothea.* Da Sch. die Publikation momentan unratsam fand, wurde das Gedicht erst 1800 im 7. Band von G.s *Neuen Schriften* veröffentlicht, s. Nr. 255; s. Bd. 4.1, S. 858f. – *20 mein neues Gedicht:* das Epos *Herrmann und Dorothea.* – *21 ein neues Buch Elegien:* nach den *Römischen Elegien,* auf deren Rezeption die Elegie *Herrmann und Dorothea* Bezug nimmt. Den Elegienplan gab G. auf. – *22 Die zweite:* Die nächste Elegie (*Amyntas*) verfaßte G. auf der dritten Schweizer Reise 1797. – *28 Den Dückischen Ausfall:* zu Dyks und Mansos Anti-Xenien s. Nr. 251. Die vom ED legitimierte Textnormalisierung in den meisten Ausgaben (Vollmer, Gräf/Leitzmann, GA, HA, Seidel) nivelliert das fränkisch-sächsische Wortspiel.

284 *5 Advokat des Teufels:* ›Advocatus Diaboli‹: katholischer Geistlicher, der in kirchlichen Heilig- bzw. Seligsprechungsprozessen die Einwände gegen den Kandidaten vorträgt. – *13 noch einmal (...) ärgern:* Die Provokateure verzichteten darauf. – *16 Agnes:* ›Agnes von Lilien‹, s. zu Nr. 247 und Nr. 252. – *20 Verfasser des Herrn Starke:* J. J. Engels Romanfragment ›Herr Lorenz Stark‹ (›Horen‹ 1795/96), s. zu Nr. 122.

254. GOETHE                    WEIMAR, 9. DEZEMBER 1796

Erstdruck in Sch./G.² (1856).

284 *35 Der Wunsch Ihres Schwagers:* s. zu Nr. 211 und 245. – *36 Herz(og) von Mein(ingen):* Herzog Georg von Sachsen-Meiningen (1761–1803) hatte sich 1789 auch für Sch.s Anstellung an der Universität Jena eingesetzt.

285 *3 den Auftrag:* Carl August an G., 8. Dezember. – *23 Catharina sei endlich (...):* Zarin Katharina II. von Rußland (1729–1796) war am 17. November gestorben. Die literarisch hochgebildete Machtpolitikerin, die durch die Ermordung ihres Mannes 1762 zur Regierung gekommen war, verdiente sich ebenso durch ihre erotischen Passionen wie durch ihre Hegemonialpolitik den Beinamen ›die Große‹.

255. SCHILLER                    JENA, 9. DEZEMBER 1796

285,29 *überschickte:* Übersendete; 285,37 f. *einen einzigen Schwung:* einen Schwung; 286,20 *letzten:* letztern.

285 *29 das vorgestern überschickte:* Mme de Staëls Schrift und G.s Elegie *Herrmann und Dorothea,* s. zu Nr. 253. – *32 bestimmte Existenz:* G. wagt in der aktuellen literarischen Rezeptionssituation mit seiner Elegie ein sehr persönliches Bekenntnis zur eigenen, von der Antike legitimierten Lebens- und Kunstauffassung. Zu den biographischen Bezügen vgl. Bd. 4.1, S. 1208 f.

286 *6 Tort:* frz. ›Unrecht‹. – *8 Heftigkeit und Plumpheit:* Dyks und Mansos ›Gegengeschenke an die Sudelköche‹, s. zu Nr. 251. – *14 Zeitungsblatt:* Die ›Hamburger Neue Zeitung. Drittes Stück der Beiträge von gelehrten Sachen v. 1796‹ (Dezember) brachte eine ironische Rezension des ›Musen-Almanachs‹ für 1797 in 66 schwunglosen Distichen (vgl. Fambach II, S. 320–323). – *17 Repartie:* frz. ›Erwiderung‹. – *19 Reichardt:* als eine Hauptzielscheibe der *Xenien.* – *Baggesen:* zu Sch.s Verdacht s. Nr. 198. – *28 assekurieren:* (ital.) ›sichern‹. – *34 eine Übersetzung davon:* Frau Baronin Staël von Holstein: ›Über den Einfluß der Leidenschaften auf das Glück ganzer Nationen und einzelner Menschen‹.

Übersetzung von Leonhard Meister. Zürich und Leipzig 1797, s. zu Nr. 250. – *37 neuen Ausgabe:* die zweite Auflage des ›Musen-Almanachs‹ für 1797. – *38 Brieflein von Voß:* Sch. erhielt den (fehlenden) Brief, in dem Voß seine Ankunft meldet und sich zum *Xenien*-Almanach äußert, am 7. Dezember, s. Nr. 256. – *40 seine Jugend:* Anspielung auf die Verse 13–16 der Elegie und das (G. und Sch. gemeinsame) Renaissancethema der Regeneration durch die Antike, s. Nr. 270 und 402.

256. GOETHE WEIMAR, 10. DEZEMBER 1796

287,10 *ich schönstens:* zum schönsten; 287,37 *daher:* deshalb; 287,39 *nur wenig:* nur ein wenig.

287 *12 nicht liegen bleiben:* Die zweite Auflage des ›Musen-Almanachs‹ für 1797 war binnen kurzem vergriffen. – *13 der Elegie:* Herrmann und Dorothea (erschienen 1800). – *14 Gesellen bald nachfolgen:* s. zu Nr. 253. – *17 Freunden und Wohlwollenden:* Körner, Knebel, der Hofdame Henriette ⟨Albertine Antonie⟩ von Wolfskeel ⟨von und zu Reichenberg⟩, Prinz August von Gotha; vgl. G. an Körner, 8. Dezember; Knebel an G., etwa 10. Dezember; von Wolfskeel an G., nach 10. Dezember; August von Sachsen-Gotha an G., 15. Dezember. – *22 etwas für den Almanach:* zugunsten des *Xenien*-Almanachs. G. traf am selben Tag Böttiger und Herder mittags bei Knebel. Die bald erscheinende Schrift ›Ein paar Worte zur Ehrenrettung unsrer teutschen Martiale‹ (1797) war von einer Ehrenrettung allerdings weit entfernt. – *27 Exercitium:* lat. ›Übung‹, ›Gedicht‹. Die Rezension in der ›Hamburger Neuen Zeitung‹. – *31 Herr F\*:* zur Signatur des anonymen Rezensenten (Johann Reinhold Forster? Christoph Daniel Ebelung? Ernst C. Trapp?) s. Bd. 4.1, S. 831.

288 *3 wie Voß sich beim Almanach:* bei Sch.s ›Musen-Almanach für das Jahr 1797‹, s. zu Nr. 255; vgl. auch G. an Voß, 6. Dezember. – *4 seine Ankunft:* Eine Hirnhautentzündung vereitelte die angekündigte Reise nach Jena; vgl. Boie an Sch., 12. Dezember. – *5 gestrigen Brief:* Nr. 254. – *baldige Antwort:* Nr. 257. – *6 Diderots Werk:* ›Essais sur la peinture‹, postum hg. von E. Buisson. Paris 1796. G. publizierte seine Übersetzung zweier Kapitel (*Diderots Versuch über die Malerei*) in den ›Propyläen‹ I/2 und II/1 1799, s. Bd. 7.

257. SCHILLER JENA, 10. DEZEMBER 1796
Erstdruck in Sch./G.⁴ (1881).

288 *16 Schwager:* Wilhelm von Wolzogen, s. Nr. 254. – *23 Tod des Herzogs Karl:* Herzog Karl Eugen von Württemberg (1728–1793) war vor drei Jahren gestorben. – *25 eine leere Hofstelle:* die Titularstelle eines herzoglich-württembergischen Legationsrats. – *33 à deux mains:* frz. ›zwei Ämter in Personalunion‹, bei Wolzogen: der diplomatische Dienst und die Architektur. – *38 ziemlich lange:* Als Zögling der Karlsschule war der um drei Jahre jüngere Wolzogen noch nicht in engeren Kontakt zu Sch. getreten. Dies geschah dann 1783. Vgl. Sch. an Wolzogen, 25. Mai 1783. Enge Beziehungen banden Sch. an die Familie der Frau von Wolzogen, auf deren Gut Bauerbach er 1782/83 gelebt hatte. Im Herbst 1787 hatte Sch. zusammen mit Wolzogen erneut Bauerbach besucht sowie Meiningen und Rudolstadt. – *39 gewissen Suite:* (frz.) ›längere Zeit‹.

258. SCHILLER JENA, 12. DEZEMBER 1796

289,34 *ganz lebe und leben:* lebe und ganz leben; 290,4–9 *und* ⟨...⟩ *sollten.:* zuerst in Sch./G.² (1856).

289 *13 Eilfte HorenStück:* von 1796. Laut ›Calender‹ ging nur ein Exemplar an G. – *14 Morgen der Rest:* s. Nr. 261. – *15 Titelkupfer:* s. zu Nr. 216. Die Abzüge von Bolts Terpsichore für die zweite und dritte Auflage des Almanachs wurden von Starke in Weimar hergestellt, s. Nr. 245. – *17 Freitag:* 16. Dezember, s. Nr. 259. – *21 Diderot:* s. zu Nr. 256. – *30 mir verschreiben:* ›schriftlich mit Rabatt bestellen‹; vgl. Sch. an Cotta, 2. Januar 1797. Sch. hatte bei Buchbestellungen einen Rabatt von 25% mit Cotta vereinbart. Sch. an Cotta, 30. November; Cotta an Sch, 13. Dezember. – *32 Staelischen Schrift:* s. zu Nr. 250 und Nr. 253. – *33 meine eigene Arbeit:* ›Wallenstein‹. – *36 Neuesten über die Xenien:* möglicherweise ⟨anonym:⟩ ›Berlocken an den Schillerschen Musenalmanach auf das Jahr 1797‹. Jena und Weimar ⟨recte: Weißenfels⟩ 1796; vgl. Eduard Boas: ›Sch. und G. im Xenienkampf‹. Tl. 2, Stuttgart und Tübingen 1851, S. 92–101. – *39 gesammelt drucken zu lassen:* Die Idee wurde fallen gelassen.

290 *1 Neue Auflage:* s. zu Nr. 239. Der Verkauf von 200 Exemplaren deckte bereits die Herstellungskosten, s. Nr. 245. – *4 Agnes von Lilien:* der Roman Caroline von Wolzogens, s. Nr. 247. – *5 Beulwitz:* Wilhelm Ludwig von Beulwitz (1755–1829), Hofrat in Rudolstadt, war von 1785–1794 mit Schillers Schwägerin Caroline verheiratet gewesen. Sie hatte sich

1783/84 in ihren Vetter Wilhelm von Wolzogen verliebt; die Mutter zwang ihr jedoch die glücklose Ehe mit dem Landjunker auf. Frau von Lengefeld berichtete ihrer Tochter Charlotte Schiller von der Begeisterung des jetzigen Ehepaars Beulwitz über den anonym erschienenen Roman (Charlotte II, S. 13). – *seiner Frau:* seit 1794 Henriette Sophie, geb. von Bibra (1768–1826). – *9 alle Freunde:* vor allem die Humboldts und Körner. – *12 1 Kupferplatte:* s. zu Nr. 217. Sie war Mitte Oktober in Weimar abgegangen. – *13 den 4 Dez:* Cottas Brief an Sch. ging verloren; vgl. auch Cotta an Sch., 30. November. – *15 Die Zweite:* s. zu Nr. 217. Sie war am 5. November abgeschickt worden und am 21. November in Tübingen eingetroffen.

259. GOETHE                              WEIMAR, 14. DEZEMBER 1796

290,23 *simpliziert:* simplifiziert.

290  *21 meine Optika:* Seit 1789 beschäftigte sich G. mit Optik und Farbenlehre. Auch während der Campagne in Frankreich wurden die Forschungen und Studien weitergeführt. Vgl. neben zahlreichen kleinen Publikationen vor allem G.s *Beiträge zur Optik. Erstes* und *Zweites Stück* (1791/92); Bd. 4.2, S. 264–315. Zu Optik und Farbenlehre s. Bd. 4.2, S. 260–441, 1062–1093; s. zu Nr. 121, 122, 133, 164. – *22 Mein Vortrag ⟨...⟩ Elementarerscheinungen:* G.s Ausführungen, die er Knebel übersandte, betrafen »Elementarerscheinungen«, noch nicht die »Refraktion«; s. G. an Knebel, Mitte Dezember 1796. Die *Elementarerscheinungen,* auf die Farbphänomene bezogen werden, sind magnetische, turmalinische, elektrische; vgl. *Zur Einleitung ⟨Farbe als Erscheinung⟩* (Bd. 6.2, S. 816) und *⟨Physische Wirkungen⟩* (Bd. 6.2, S. 822f.). Am 12. November 1798 bringt ein »Fruchtbares Gespräch mit Schiller über die Methode des Vortrags der Farbenlehre« weitere Klärung (Tgb.). – *26 Den Sonntägigen Brief:* Nr. 257. – *29 die flinke Terpsichore ⟨...⟩:* Die tanzende Muse auf dem Titelkupfer des ›Musen-Almanachs‹ für 1797 (2. Auflage) erschien unerwartet schnell, s. Nr. 258. Bereits am Titelkupfer des ›Musen-Almanachs‹ mäkelten Rezensenten herum; vgl. Fambach II, S. 316ff.

260. SCHILLER                              JENA, 14. DEZEMBER 1796

290,37 *am Wallenstein so emsig:* so emsig am Wallenstein; 291,3–7 *Ich lebe ⟨...⟩ Zirkel.:* zuerst in Sch./G.² (1856); 291,7 *Terpsichores:* Terpsichore.

290 *38 gestrigen Botengang:* Dienstag.

291 *2 bewußten Sache:* die Stellenbewerbung von Sch.s Schwager W. von Wolzogen am Weimarer Hof, s. Nr. 254 und 257. – *3 ich lebe sehr gern mit meiner Schwägerin:* Unter den Schwestern Lengefeld hatte Sch. die temperamentvolle, geistreiche Caroline zeitweilig gegenüber der jüngeren, passiveren Lotte favorisiert, die seine Frau wurde. – *8 uns allen:* Schillers, Wollzogens, Humboldts.

## 261. SCHILLER        JENA, 16. DEZEMBER 1796

Im Erstdruck nach Nr. 262. 291,38 *zu:* zur.

291 *16 sehen werden:* Sie sahen sich erst am 13. Januar in Jena wieder. – *17 die Optica:* s. Nr. 259. – *18 die Widersacher:* die Anhänger Newtons, s. zu Nr. 406. – *22 meine Arbeit:* ›Wallenstein‹. – *31 der erste Akt:* In der noch einteiligen Dramenkonzeption entsprach der erste Akt ungefähr ›Piccolomini‹ I und II der späteren Trilogiefassung. – *37 Prosa:* Mit der Jambenfassung beginnt Sch. erst am 4. November 1797. Humboldt hatte zur Prosa geraten. Vgl. Sch. an Körner, 28. November 1796; Sch. an Humboldt, 21. März 1796. – *39 die noch restierenden HorenStücke:* ›restierenden‹ = (lat./frz.) ›übrigen‹, s. Nr. 258. – *40 Knebel:* Von Knebels Properzübersetzungen war im 11. ›Horen‹-Stück 1796 die Elegie ›Cynthiens Schatten‹ erschienen.

## 262. GOETHE        WEIMAR, 17. DEZEMBER 1796

292,9 *als:* da; 292,13 *sobald:* so; 292,16 *Geschäft als:* Geschäft, denn als; 292,28 *als an den:* als den; s. zu Nr. 261.

292 *10 den ersten Akt nach dem Neuen Jahre:* Sch. schilderte den ausführlichen Plan der ersten drei Akte der einteiligen Dramenfassung G. am 22. Februar 1797, s. Nr. 272. – *12 eine Reise:* nach Leipzig, s. Nr. 264. – *15 Die Optica:* s. Nr. 259. – *18 Knebel:* vgl. Knebel an G., 13. Dezember, Mitte Dezember 1796; G. an Knebel, Dezember 1796 (WA IV 18, Nr. 3439[a]). Knebel, der von G. eines der ersten Exemplare der *Beiträge zur Optik* (1. Stück) erhalten hatte, gab naturwissenschaftlichen Studien gegenüber philosophischer Spekulation eindeutig den Vorzug. Vgl. Sch. an Körner, 12. August 1797, s. Nr. 264, 265. – *22 Frau von Stael:* s. zu Nr. 250. – *24 jedermann verlangt danach:* Knebel bat im Namen »sehr begierige⟨r⟩ Leserinnen« um das Buch; Knebel an G., Mitte Dezember 1796. – *25 Im Merkur:* Im Dezemberheft des ›Neuen Teutschen Merkur‹ hatte Böttiger das Werk angezeigt. – *26 Diderot:* s. zu Nr. 256. – *31 Jakobi:* Max Jacobi, s. zu Nr. 251; vgl. G. an F. H. Jacobi, 26. Dezember.

263. SCHILLER                    JENA, 18. ⟨19.⟩ DEZEMBER 1796

*Datierung:* Sch. erhielt Boies Brief am 19. Dezember.
293,10 *Ihrem:* ihrem; *sie:* Sie.

**292** *37 Boje:* Boie an Sch., 12. Dezember, s. zu Nr. 230, 244. – *das Original zu Cellini:* die englische Übersetzung von Nugent, s. zu Nr. 230.
**293** *1 Madame Stael:* s. zu Nr. 250. – *5 Morgen:* Dienstag, 20. Dezember. – *8 seine Familie:* Körners Frau Minna (1762–1843), die Schwägerin Dora Stock (1760–1832). – *Ihre Elegie: Herrmann und Dorothea.* G. hatte Körner am 8. Dezember eine Abschrift des Gedichts übersandt, s. zu Nr. 256; vgl. Körner an Sch., 15. Dezember, Körner an G., 17. Dezember. – *10 epischen Gedichte:* dem Epos *Herrmann und Dorothea.*


264. GOETHE                      WEIMAR, 21. DEZEMBER 1796

**293** *18 Das Werk der Frau von Stael:* s. zu Nr. 250 und 262. – *20 Knebeln:* Knebel war mit Böttiger und den Macdonalds vom 21. bis 23. Dezember in Jena (NA 42, S. 220 f.). Er besuchte Sch. zweimal. Vgl. Knebel an G., 23. ⟨?⟩ Dezember. – *21 hilft mir:* s. Nr. 262, 265. – *23 die Tafeln dazu:* Dem ersten Band von G.s *Zur Farbenlehre* (Tübingen 1810) sind 17 Tafeln beigegeben. Hier sind vermutlich Vorzeichnungen von Tafeln zur Refraktion von 1796 gemeint, s. Bd. 10, Tafel V und VI. – *24 Einen flüchtigen Entwurf zur Vorrede:* Unter den Paralipomena zur *Farbenlehre* konnte der Entwurf bisher nicht identifiziert werden. Er dürfte ein Konzept zum Aufsatz ⟨*Über Newtons Hypothese der diversen Refrangibilität*⟩ dargestellt haben, der als Einleitung zu einer größeren Abhandlung gedacht war, s. Bd. 4.2, S. 1087. Vgl. Knebel an G., 13. und Mitte Dezember; G. an Knebel, Dezember 1796 (WA IV 18, Nr. 3439[a]). – *25 kommuniziere ihn nächstens:* Dies geschah möglicherweise mündlich am 21. Februar 1797 (vgl. G.s Tgb.). – *30 Exemplar meines Romans:* s. Nr. 323, 416; vgl. G. an Boie, 6. Juni 1797. – *37 Den dritten Feiertag:* G. trat die Reise erst Mittwoch, den 28. Dezember, an. Er hielt sich vom 29. Dezember bis 2. Januar und vom 6. bis 10. Januar in Leipzig auf; dazwischen vier Tage in Dessau. – *39 fragen Sie diesen Freund:* vgl. Humboldt an G., 23. Dezember. Humboldt erwähnt noch C. E. Kapp. – *Professor Ludwig:* Der Naturwissenschaftler Christian Friedrich L. (1757–1823) beschäftigte sich mit Anatomie und Botanik. – *40 Magister Fischer:* Den Biologen, Geologen und späteren Professor Gotthelf F. (1771–1853) sprach G. mehrfach in Leipzig. Am

31. Dezember las er dessen ›Versuche über die Schwimmblase der Fische‹ (Leipzig 1795).
294 *5 physisch, manches zu leiden:* Über die Anstrengungen der Reise nach Leipzig s. Nr. 267. In fast elfstündiger Schlittenfahrt ging es am 2. Januar wegen Tauwetters auf einer »sehr schlechte⟨n⟩ Bahn« von Leipzig nach Dessau (Tgb.); G. an Christiane, 3. Januar 1797. – *8 Meine Fisch- und Wurmanatomie:* Am 22. Dezember demonstrierte G. der Herzogin eine »Raupen Anatomie« (Tgb.), s. Nr. 228. – *9 fruchtbare Ideen:* zur Metamorphose. Am 20. Januar 1797 meldet das Tgb. die »Fortsetzung der Demonstration über die Metamorphose der Insekten« bei der Herzogin. Vgl. *Punkte zur Beobachtung der Metamorphose der Raupe,* Bd. 4.2, S. 240 ff.; G. an Fürstin Gallitzin, 6. Februar; *Über Metamorphose der Schmetterlinge am Beispiel der Wolfsmilchraupe* (ebenda, S. 236–239), s. zu Nr. 280. – *11 in dem dramatischen Felde:* ›Wallenstein‹. – *12 der Januar hingeht:* Am 13. Januar sahen sich G. und Sch. – *15 Literarischen Gastmahl:* Neben Caroline und A. W. Schlegel hatte G. am 19. Dezember auch Herder und Knebel zum Symposion geladen; vgl. Caroline Schlegel an Luise Gotter, 25. Dezember (Caroline I, S. 410 f.).


265. SCHILLER           JENA, 25. DEZEMBER 1796

294 *22 Paquet:* Es enthielt das 10. Stück von Reichardts Zs. ›Deutschland‹ mit der »Erklärung des Herausgebers an das Publikum, über die *Xenien* im Schillerschen ›Musen-Almanach‹ für 1797« (Fambach II, S. 349–352) und Sch.s verlorengegangenes Konzept einer Replik. – *28 bloß mit mir:* Ohne seine tiefe Enttäuschung über den Rückenangriff G.s zu verbergen, verfolgte Reichardt eine Trennungspolitik gegenüber dem Duumvirat, indem er wie F. Schlegel die literarische Potenz G.s weit über die Sch.s stellte, s. Nr. 240; Göschen an Böttiger, 2. Januar 1797 (GJb 6, S. 103). – *32 Ignorieren (...) nicht:* Reichardt forderte in der ›Erklärung‹ öffentliche Beweise für die *Xenien*-Injurien; vgl. auch J. D. Sander an Böttiger, 7. Februar 1797 (GJb 17, S. 232). – *insolenten:* (lat.) ›unverschämten‹. – *38 Sie selbst:* s. Nr. 266, 271.
295 *1 schreibt Ihnen Humboldt:* W. von Humboldt an G., 23. Dezember. – *4 Tätigkeit:* G.s Beschäftigung mit der *Farbenlehre.* – *8 die Schottländer:* Der schottische Hauslehrer James Macdonald (1771–1810) und sein Zögling William Macdonald (1780–1841) waren zusammen mit G., Herder und Böttiger am 10. Dezember Knebels Gäste gewesen (NA 42, S. 220 f.).

266. GOETHE                    WEIMAR, 27. DEZEMBER 1796

*Datierung:* Nach dem Fourierbuch brachen G. und der Herzog am
28. Dezember bereits um 7 Uhr morgens zur Reise nach Leipzig
auf. Am 27. Dezember erhielt G. das am 25. Dezember abge-
schickte Paket.
Erstdruck in Sch./G.⁴ (1881), ohne 295,26 *Durch Zufall ⟨...⟩
geblieben.* Dieser Satz des fragmentarisch überlieferten Briefs zuerst in Gräf/Leitzmann (1912).

295  *27 äußerst zerstreut:* Die letzten Vorbereitungen zur Reise
nach Leipzig und Dessau waren zu treffen, s. zu Nr. 264. – *31 Der
Gegner:* J. F. Reichardt. – *36 Meo voto:* lat. ›nach meiner Ansicht‹.
296  *2 kontestieren litem:* (lat.) ›machen einen Prozeß anhängig‹. Die Sch. zurückgezahlte Ehrabschneidung stellte schon
Reichardt auf eine Stufe mit einer Verleumdungsklage; vgl. ›Erklärung des Herausgebers‹ (Fambach II, S. 349f.); s. zu Nr. 265. –
*3 Exzeptionen:* (lat.) ›Einsprüchen‹. – *6 von zwei Journalen:* Reichardt gab anonym ›Deutschland‹ und ›Frankreich‹ heraus. –
*7 von einem Journal und einem Almanach:* ›Die Horen‹ und
Sch.s ›Musen-Almanach‹, s. zu Nr. 227. – *26 einen solchen Aufsatz:* Er kam nicht zustande. – *28 Bemerkungen über die Elegie:*
Herrmann und Dorothea, s. Nr. 255.

1797

267. GOETHE　　　　　　　　　　　LEIPZIG, 1. JANUAR 1797

299,31 *literarischen:* belletristischen; 300,1 *so zu:* so gut zu.

299 *4 von hier weggehe:* s. zu Nr. 264. – *6 Windweben:* ›Schneewehen‹. – *10 eine Menge Menschen:* vgl. Tgb., 29. Dezember 1796 – 1. Januar 1797. Mit Herzog Carl August verkehrte G. in der hochadligen und großbürgerlichen Leipziger Gesellschaft. – *14 alte Freunde und Bekannte:* Franz Lerse (1749–1800), G.s Jugendfreund; Adam Friedrich Oeser (1717–1799), Direktor der Kunstakademie und G.s Zeichenlehrer während seiner Studentenzeit in Leipzig; Christian Felix Weiße (1726–1804), Lessings Studienfreund und Schöpfer des deutschen Singspiels, nach Gellert Deutschlands populärster Schriftsteller. Vgl. *Dichtung und Wahrheit,* 8. und 9. Buch, Bd. 16, S. 332 ff., 352 ff., 402 f. – *15 einige vorzügliche Kunstwerke:* G. besichtigte die von Oeser dekorierte Nikolaikirche, die Kunstsammlung des Barons Stosch, die »Kupfer der französischen Schule«; er nennt Gemälde des sog. Domenichin (›Hagar mit Kind und Engel‹), von Gérard de Lairesse, Sébastien Bourdon und anderen Niederländern; Tgb., 30. Dezember 1796 – 1. Januar 1797; G. an Meyer, 19. Januar. – *18 Neujahrs-Tag:* zum näheren Programm s. Tgb., 1. Januar. – *28 zurückzukehren:* G. kam am 10. Januar nach Weimar zurück. – *32 manche gute Bemerkung:* Angesichts der zahlreichen Leipziger *Xenien-*Opfer versuchte G. verbindlich zu bleiben und abzuwiegeln. Göschen an Böttiger, Ende Dezember 1796 (GJb 6, S. 102). – *33 Gegenmanifest:* s. Nr. 265 und 266. – *38 Doktor Fischern:* s. Nr. 264.

268. GOETHE　　　　　　　　　　　WEIMAR, 11. JANUAR 1797

300 *15 zu Ihnen hinüber kommen:* G. kam am 13. Januar. – *17 Ober-Bergrat Humboldt:* Alexander von Humboldt hielt sich seit Jahresbeginn zwei Wochen in Jena auf. Seinen Wunsch nach einer Zusammenkunft mit G. hatte Wilhelm von Humboldt weitergegeben; W. von Humboldt an G., 10. Januar. – *20 Herrn Gentsch:* Friedrich von Gentz hatte W. von Humboldt um die Besorgung einiger Bücher über die Französische Revolution aus der Weimarer Bibliothek gebeten; W. von Humboldt an G., 10. Januar. – *27 meines epischen Gedichts:* des Epos *Herrmann und Dorothea.* – *30 die kleinen:* Sch.s Söhne Carl und Ernst, W. von

Humboldts Kinder Caroline und Wilhelm. – *32 Mit dem Buche:* Bei der Einladung zum »literarischen Gastmahl« G.s am 19. Dezember hatte A. W. Schlegel Wackenroders und Tiecks ›Herzensergießungen eines kunstliebenden Klosterbruders‹ (Berlin 1797; recte: 1796) mitgebracht; vgl. *Tag- und Jahres-Hefte* zu 1802; Bd. 14, S. 97. – *33 damals gegenwärtigen Freunde:* neben dem Ehepaar Schlegel auch Herder und Knebel, s. zu Nr. 264; vgl. G. an Knebel, 11. Januar, Knebel an G., 11. Januar. – *36 wo es steckt:* Herder hatte das Buch; Herder an G., 11. Januar. – *38 schönen Frau:* eine schöne Unbekannte.

269. SCHILLER                                JENA, 11. JANUAR 1797

301,27 *darin:* darein.

301 *4 Ihrer Zurückkunft:* G. war vom 28. Dezember 1796 bis 10. Januar 1797 mit dem Herzog verreist gewesen; s. zu Nr. 264. – *5 Abwesenheit von Jena:* seit dem 5. Oktober 1796. – *8 Geschäft:* ›Wallenstein‹. – *20 Gartenhaus:* Im 18. und 19. Jh. waren Gartenhäuser als geräumige Sommerwohnungen bei gehobenen bürgerlichen Schichten sehr viel populärer als heute in Deutschland. Sch. dachte konkret an G.s Gartenhaus – s. Nr. 275 und 276 – und erinnerte sich seiner produktiven Schaffensperioden in Ferienhäusern und Gartenlauben von Mannheim, Bauerbach, Gohlis, Loschwitz. – *26 Reichardtische Sache:* s. Nr. 265 und 266. – *32 Wieland:* Er veröffentlichte seine dialektische Rezension ›Die Musen-Almanache für das Jahr 1797. Ein Gespräch zwischen einem Freund und Mir.‹ (Fambach II, S. 353–388) im ›Neuen Teutschen Merkur‹ 1797 in zwei Teilen (Januar und Februar). Das Januar-Stück bereitet den Leser auf eine kritische Rezension des Sch.schen Almanachs vor; s. zu Nr. 252. – *36 Aufträge:* Grüße an die Brüder Humboldt und A. W. Schlegel. – *37 das XIIte Horenstück:* Sch. erhielt es am 9. Januar. Es brachte u. a. Körners Rezension der *Lehrjahre,* s. zu Nr. 245.

270. SCHILLER                                JENA, 17. JANUAR 1797

302,9 *erfreut:* freut; 302,27 *noch neuerlich:* noch auch neuerlich.

302 *3 Geschäft:* ›Wallenstein‹. – *5 Besuch:* am 13. Januar. – *7 Beschreibungen:* der zweiwöchigen Reise nach Leipzig und Dessau, s. zu Nr. 264. – *12 dem Werke: Herrmann und Dorothea* (Epos), s. Nr. 268. – *22 Kunst- und Wissenschaft:* Bildende Kunst und Naturwissenschaften gaben auch G.s weiterer poetischer Entwicklung wesentliche Impulse. – *25 zweite Jugend:* s. Nr. 255 und 402. – *27 kleine und große Idylle: Alexis und Dora, Herrmann und*

*Dorothea* (Epos). – *28 Elegie:* die Elegie *Herrmann und Dorothea,* s. zu Nr. 253. – *28 alten Elegien: Römische Elegien* (›Horen‹ 1795), s. zu Nr. 20 und Bd. 3.2, S. 38 ff. – *28 Epigramme: Venezianische Epigramme,* s. zu Nr. 20 und Bd. 3.2, S. 83 ff. – *30 Meister: Wilhelm Meisters Lehrjahre,* s. Bd. 5. – *30 die Geschichte:* Die Entstehungsgeschichte der angesprochenen Werke der Klassik brachte G. nicht zu Papier, s. Bd. 3. – *34 Lenzischen Verlassenschaft:* Aus der literarischen Hinterlassenschaft von Jakob Michael Reinhold Lenz (1751–1792) besaß G. einige Manuskripte, die auf den Weimarer Aufenthalt des Sturm und Drang-Autors im Jahr 1776 zurückgingen; s. zu Nr. 275. – *36 veränderten Plan:* vermutlich der Reiseplan für Italien. G. wollte Ostern mit dem Grafen Fries und Lerse von Leipzig aus über Wien und Triest reisen und so die Kriegsschauplätze umfahren. G. an Meyer, 19. Januar; Nr. 271. – *38 italienischen Papiere:* s. Nr. 236. Von der *Italienischen Reise* G.s, die erst 1816–1829 in drei Teilen erschien, brachten die ›Horen‹ keinen Vorabdruck. – *39 Cellini:* s. zu Nr. 276.

303 *Reichardts Abfertigung:* s. Nr. 265 und 266.

271. GOETHE                    WEIMAR, 18. JANUAR 1797

303 *7 neulich:* am 13. Januar. – *11 eine Zeit:* G.s nächster Jenaaufenthalt erstreckte sich vom 20. Februar bis 31. März. – *13 die Tragödie:* ›Wallenstein‹. – *21 auf diesem Strom mein Fahrzeug:* die Schiffahrtsmetaphorik in ihrer biographischen wie poetologischen Bedeutung. Seit der Antike verglichen Autoren die poetische Produktion mit einer Schiffahrt. Vgl. E. R. Curtius: ›Europäische Literatur u. lateinisches Mittelalter‹. Bern und München 1965 (5. Aufl.), S. 138 ff. – *23 eine Reise:* s. zu Nr. 264. – *31 Der versprochene Aufsatz:* gegen Reichardt, s. Nr. 265 und 266. – *36 wieder auf einen Tag:* G. kam am 12. Februar für zwei Tage. – *38 Cellini:* s. zu Nr. 276. – *39 die im nächsten Stück erwartet wird:* vermutlich die für das 1. ›Horen‹-Stück bestimmte 7. Fortsetzung. Gegen die von der NA 36 II vermutete 8. Fortsetzung spricht, daß Sch. das 1. Stück der ›Horen‹ 1797 erst am 6. und 8. Februar erhalten hat, sowie Nr. 272.

272. SCHILLER                    JENA, 24. JANUAR 1797

304,25 *rennen:* werfen.

304 *11 Arbeit:* ›Wallenstein‹. – *16 mit dem Objekte übereinstimmend:* Eine wachsende Sachadäquatheit erhoffte sich Sch. von G.s Einfluß; vgl. Sch. an Körner, 3. Juli 1796; s. Nr. 347, 401. – *17 Was ich Ihnen also vorlege:* Am 22. Februar eröffnet Schiller G.

»den ausführlichen Plan der drei ersten Akte seines Wallensteins« (in der einteiligen Fassung); vgl. G.s Tgb. - *26 recht bald:* G. kam am 12. Februar. - *26 neueste von Cellini:* das Manuskript der siebten Fortsetzung, s. Nr. 228. - *28 Humboldtin:* Am 19. Januar brachte Caroline von Humboldt ihren Sohn Theodor zur Welt.

273. SCHILLER                                    JENA, 27. JANUAR 1797

305,17 *etwas:* was; 305,31 *Amtsgeschäften:* Geschäften.

304 *36 mit Farben beschäftigt:* vgl. das Stichwort »Optic« in den Tagebucheinträgen vom 22. bis 26. Januar. Der verlorengegangene Brief G.s, den Sch. am 25. Januar erhielt, muß Sch. über G.s gegenwärtige Studien zur Optik und Farbenlehre informiert haben; vgl. auch Nr. 259, 261, 262, 264, 265, 274. - *37 eine Beobachtung:* vgl. LA II/3, S. 288.

305 *24 Campe:* Der Pädagoge Joachim Heinrich C. (1746-1818) verfaßte neben Reiseberichten zahlreiche Kinder- und Jugendschriften. Der von ihm gegründete Verlag wurde 1799 von seinem Schwiegersohn J. F. Vieweg übernommen. Der Braunschweiger Schulrat und Kanonikus reagierte im 7. Stück der ›Beiträge zur weitern Ausbildung der deutschen Sprache‹ (o. O. ⟨Braunschweig⟩ o. J.) auf die Xenienvorwürfe eines pedantischen Sprachpurismus mit »Bemerkungen« zu G.s Sprachbereicherungen und mit Replik-Xenien: ›Doppelverse (Distichen), ein Gegengeschenk für die Verfasser der Xenien‹ (s. Boas II, S. 45 ff.). Campe verübelte Sch. die *Xenien* keineswegs; s. Campe an Sch., 9. März 1798. - *26 Pedanten:* s. X 151 und 152, Bd. 4.1, S. 794 (vgl. Boas, S. 45) - *Waschfrau:* X 87, Bd. 4.1, S. 786 (Boas, S. 46 f.). - *27 Archiv des Geschmacks:* Im ›Berlinischen Archiv der Zeit und ihres Geschmacks‹ (Januar 1797) erschien vom Hg. Friedrich Ludwig Meyer eine anonyme Sammelrezension ›Die neuesten Musenalmanache‹ mit kritischen Bemerkungen zu Sch.s ›Musen-Almanach‹ für 1797 (Braun, Schiller II, S. 226-242). Der Rezensent, der Vulpius als *Xenien*verfasser verdächtigte, verdenkt G. insbesondere den Beitrag *Literarischer Sansculottismus;* s. zu Nr. 82, 99 und 237. Im Mai erschien im ›Archiv‹ eine weitere *Xenien*-Kritik. - *28 Genius der Zeit:* Von Hennings scharfe, moralische Abrechnung mit dem Verfasser der *Xenien* erschien in ›Der Genius der Zeit‹ 1796, 12. Stück (Fambach II, S. 316-318); vgl. X 257, Bd. 4.2, S. 807. - *29 Wandsbecker Boten:* Den Namen der 1771-1775 von ihm hg. Zeitung machte sich Matthias Claudius als Künstlername zu eigen. Er brachte eine kleine Broschüre unter dem Titel ›Urians Nachricht von der neuen Aufklärung, nebst

einigen andern Kleinigkeiten. Von dem Wandsbecker Boten‹ (Hamburg 1797) mit einigen Anti-Xenien heraus, von denen zumindest die Parodie auf ein Distichon der *Eisbahn* gelungen ist (s. Boas, Xenienkampf II, S. 87–92). Gegen Claudius' Übersetzung eines dunklen theosophischen Werks richtete sich Xenion 18 (Bd. 4.2, S. 778). – *31 Amtsgeschäften:* Neben Vertragsverhandlungen und Ansuchen um Gehaltsaufbesserungen mußte sich G. mit dem Projekt einer Salpeterfabrik befassen. Vgl. K. S. A. von Göchhausen an G., 21. Januar; von Trütschler an G., 23. Januar; s. Nr. 274.

274. GOETHE  WEIMAR, 29. JANUAR 1797

306,15 *Farbenbeobachtung:* Farbenbetrachtung; 306,22 *etwas:* es.

306 *2 Dem. Jagemann:* Caroline J. (1777–1848), die Tochter des Bibliothekars der Herzoginmutter Anna Amalia, war bis 1796 in Mannheim engagiert. Sie stieg zur unbequemen Diva des Weimarer Theaters auf, die G. in Bühnenangelegenheiten hineinredete, und blieb es bis zum Tod des Herzogs, dessen Mätresse sie wurde. Vgl. ›Die Erinnerungen der Karoline Jagemann‹. Hg. von E. von Bamberg. Dresden 1926, I, S. 96; G. an Carl August (Untertänigstes pro Memoria), 27. Januar (WA IV 30, S. 61 f.). – *6 mein episches Gedicht:* Durch Böttigers Vermittlung gelang der Verlagsvertrag mit Johann Friedrich Vieweg (1761–1835) in Berlin für G.s Epos *Herrmann und Dorothea*. Es erschien Ende September 1797 als ›Taschenbuch für 1798‹, s. Bd. 4.1, S. 551–629. – *7 einige artige Begebenheiten:* s. zu Nr. 296. Die Honorarvorstellungen bei Vieweg und G. (1000 Taler) deckten sich auf Anhieb. G. hatte am 16. Januar seine versiegelte Honorarforderung Böttiger übergeben und gleichzeitig ein Angebot von ihm erbeten mit der Drohung, die Verhandlungen abzubrechen, sofern das Angebot unter G.s Forderung läge; s. WA IV, Nr. 3468 und 3469; Böttiger an Vieweg, 29. Januar; Böttiger an G., 28. Januar. Vieweg verlangte außer dem Abdrucksrecht in einem Kalender 1798 das alleinige Verlagsrecht für die beiden folgenden Jahre sowie das Recht auf eine billigere Zweitausgabe. Vieweg an G., 21. Januar; G. an Vieweg, 30. Januar. – *10 die Farbentafeln:* s. zu Nr. 264 und 273. – *11 in Betrachtung organischer Naturen:* Am 20. und 27. Januar setzte G. bei Herzogin Louise seine Demonstration über die Metamorphose der Insekten fort. Der in Leipzig mehrfach konsultierte Naturforscher G. Fischer übersandte G. ein wissenschaftliches Werk sowie Literaturhinweise zur Anatomie der Schlangen: Fischer an G., 19. Januar und 29. Januar; s. Nr. 207–209, 264. – *16 mir schon bekanntes Phänomen:* G.s entsprechende Notiz

stammt etwa von 1793; s. LA II/3, S. 288. – *21 auf Italien sich beziehende Bücher:* W. von Humboldt plante bis in den Sommer 1797 eine Italienreise; vgl. Humboldt an Wolf, 3. Februar; an Sch., 23. und 25. Juli. Bei seinem letzten Jenabesuch am 13. Januar hatte Humboldt mit G. gesprochen (G.s Tgb.). – *22 Mittwoch:* 1. Februar. – *23 Xenialischen Dingen:* neuen Reaktionen auf die *Xenien*. – *28 eine augenblickliche Visite:* Vor seinem langen Jena-Aufenthalt kam G. am 12. Februar für einen Tag zu Besuch, s. zu Nr. 271.

275. SCHILLER                                JENA, 31. JANUAR 1797

306 *36 Akquisition:* Caroline Jagemann. – *37 epische Werk: Herrmann und Dorothea.* – *38 einen glänzenden Absatz:* In der zeitgenössischen Rezeption wurde das Epos zu G.s populärstem Werk nach dem *Werther*. »Schneider – Nätherinnen – Mägte alles ließt es«, schrieb G.s Mutter an G. am 12. März 1798; s. zu Nr. 467. Bald nach dem ED erschienen Übersetzungen ins Dänische, Französische, Englische. G. erlebte über 30 Neuauflagen. Dennoch kam Vieweg wegen der hohen Produktionskosten vorläufig nicht auf seine Rechnung (vgl. Scheibe in JbGG N.F. 23).

307 *6 ein Gartenhaus hier:* Garten und Gartenhaus des verstorbenen Rechtsprofessors Johann Ludwig Schmidt (1726–1792) auf dem sog. ›Jüdengraben‹ an der Leutra in Jena erwarb Sch. am 16. März für 1150 Reichstaler. Er bezog das Gartenhaus am 2. Mai (vgl. S. Seidel, ›Schillers Garten in Jena. Eine Zeichnung G.s‹. Hg. von NFG Weimar 1981). Vgl. Charlotte Schiller an F. von Stein, 3. März (Bode II, S. 102). – *8 notwendig auf einen Garten sehen muß:* s. zu Nr. 269 und 281. Gesundheitliche Rücksichten gaben wohl den Ausschlag, s. Nr. 282. – *12 lieber in Weimar:* Sch. konnte seinen Wunsch erst im Dezember 1799 realisieren, s. Nr. 276. – *14 Nach den Erkundigungen:* durch Frau von Stein; vgl. Charlotte von Stein an Charlotte Schiller, 30. Januar (nicht April!) (Charlotte II, S. 318 f.). – *16 Ihrem Gartenhause:* Abbildungen von G.s unterem Gartenhaus am ›Stern‹ in den Parkanlagen des Ilmtals in K.-H. Hahn (Hg.): ›Goethe in Weimar‹. Leipzig 1986, S. 218, 257–262. G. hatte es von 1776–1782 bewohnt. – *20 ohne sich zu verinteressieren:* ohne Rendite abzuwerfen. Der Herzog hatte G.s Garten für 150 Taler pro Jahr gepachtet und die Pacht nach zwei Jahren gekündigt. Carl August an C. G. Voigt 1796 (Grumach IV, S. 269). – *29 Die Entfernung:* ca. 1 km von der Stadtmitte.

308 *1 Körner wünscht:* Körner hatte auf G.s Bitte ihm ein in Weimar fehlendes Duett aus Cimarosas Oper ›Il matrimonio secreto‹ in Dresden besorgt und einen Auktionskatalog der Wak-

kerschen Sammlung beigelegt; s. zu Nr. 276 und 162; G. an Körner 8. Dezember; Körner an G., 17. Dezember 1796; an Sch., 21. Januar 1797.

276. GOETHE  WEIMAR, 1. FEBRUAR 1797

308,37 *doch etwas:* doch immer etwas.

308 *9 starken Heft Cellini:* die Manuskripte der 8. und 9. Fortsetzung von G.s Übertragung für das 2. und 3. Stück der ›Horen‹ 1797. Sowohl der Umfang der Lieferung wie der Brief Sch.s an Cotta vom 1. Februar und Sch.s akute Herausgebernöte (s. Nr. 277) sprechen gegen die Annahme der NA 36 II und Seidels, das »Heft« sei im 3. ›Horen‹-Stück aufgegangen; s. zu Nr. 271. Zum Maskulinum ›Heft‹ vgl. Adelung 2, S. 1053. – *10 der letzte:* G. schickte noch zwei weitere Fortsetzungen am 12. April und 13. Juni. – *11 einige Lenziana:* s. Nr. 270. Von den Lenzmanuskripten, die G. besaß, erschienen in den ›Horen‹ 1797 (4. und 5. Stück) der Roman ›Der Waldbruder, ein Pendant zu Werthers Leiden‹ und im ›Musen-Almanach für das Jahr 1798‹ das Gedicht ›Die Liebe auf dem Lande‹ sowie ›Tantalus. Ein Dramolet, auf dem Olymp‹. – *24 der Schmidtische:* s. zu Nr. 275 und 277. Sch. an Gottlieb Hufeland, 5. Februar; an Cotta, 6. Februar. Sch. bezog das Gartenhaus am 2. Mai. – *26 Herr Schwager:* Der frisch installierte weimarische Kammerherr Wilhelm von Wolzogen zog im Herbst 1797 nach Weimar um; vgl. auch Frau von Stein an Charlotte Schiller, 20. Januar und 11. Februar (Charlotte II, S. 318 ff.). – *29 ohne Schaden wieder los:* Im Juni 1802 verkaufte Sch. das Anwesen an den Juristen Anton Friedrich Justus Thibaut (1772–1840) mit einem Verlust von 150 Talern; s. Nr. 842. – *31 einen wunderlichen Aufsatz:* ›Schreiben Herrn Müllers Mahlers in Rom über die Ankündigung des Herrn Fernow von der Ausstellung des Hrn. Professor Carstens in Rom‹. Den Aufsatz, den G. von Friedrich Bury aus Rom erhielt, übernahm Sch. in das 3. und 4. Stück der ›Horen‹ 1797 (vgl. Bury an G., 7. Januar; G. an Bury, 28. April). Die Kritik des Schriftstellers und Malers Friedrich Müller (1749–1825) in Rom richtet sich gegen den Beitrag Fernows ›Über einige neue Kunstwerke des Hrn. Prof. Carstens‹ (in: ›Neuer Teutscher Merkur‹, Juni 1795), s. zu Nr. 154. – *35 Grundsätzen:* Ein Kunstwerk muß nach Maler Müller durch sich selbst, aufgrund seiner Naturwahrheit, überzeugen. Handwerkliches Know-how sei für den Künstler wie für den Ästhetiker unerläßlich. Vgl. ›Horen‹ 1797, 3. St., S. 22; 4. St., S. 6 f. – *39 teile es alsdenn mit:* s. Nr. 278.

309 *3 pro und contra:* Die diskussionsanregende Schlußbemer-

kung unterblieb, ebenso wie die Diskussion im ›Merkur‹. Die schiedsrichterliche Rolle, die G. vorschlägt, deutet auf eine implizite Anerkennung der Verdienste Carstens' als klassizistischer Anreger. – *4 rechtliche Notdurft:* das rechtlich für notwendig Erachtete. – *6 mancherlei Albernheiten:* s. Nr. 63, 79, 81, zu Nr. 154. In ›Neuer Teutscher Merkur‹ 1796, 3. Stück, war Fernows ›Einleitung in eine Reihe von Vorlesungen über Ästhetik, vor einer Gesellschaft teutscher Künstler und Kunstfreunde in Rom‹ erschienen. Die deutsche Künstlerfraktion um Maler Müller in Rom, zu der Josef Anton Koch, Hirt, Rehberg, Johann August Nahl gehörten, hielt, wie G. damals auch, Fernow für unbefugt; vgl. G. an Bury, 28. April. – *7 debitiert:* (frz.) ›absetzt‹. – *8 Körnern:* Sch. gab G.s Dank an Körner am 7. Februar weiter. – *10 auf dem Theater:* Cimarosas Oper ›Die heimliche Heirat‹ war zuletzt am 28. Januar gespielt worden. – *11 bald bei Ihnen:* s. zu Nr. 274.

277. SCHILLER                                    JENA, 2. FEBRUAR 1797

309,32 *müßte er freilich:* müßte freilich; 309,37–310,10 zuerst in Sch./G.² (1856).

309 *27 der Tod und das unglückliche Leben des Verfassers:* Die gesellschaftlichen Verhältnisse trugen wesentlich zum Ruin von G.s Jugendfreund Lenz bei: Wegen Taktlosigkeiten 1776 vom Herzog aus Weimar verwiesen, schlug er sich als Hofmeister mühselig durch und starb im Elend nach 15jähriger Geisteskrankheit 1792 in Moskau; vgl. *Dichtung und Wahrheit*, 14. Buch (Bd. 16, S. 632ff.). – *31 Nachfolger des Cellini:* Die letzte Fortsetzung der Übertragung erschien im 6. Stück der ›Horen‹ 1797. – *Vieilleville:* s. zu Nr. 183. – *37–310,3 Niethammer ⟨...⟩ Lange:* Nach einer theologischen Habilitation (1792) war Niethammer 1793 außerordentlicher Professor der Philosophie an der Universität Jena geworden, wo er – aus finanziellen Erwägungen – nun in die theologische Fakultät überwechseln wollte. Sein Konkurrent Samuel Gottlieb Lange (1767–1823) war erst seit 1795 habilitiert, seit 1796 Professor, und hielt theologische und philosophische Vorlesungen. Beiden Bewerbern wurde die Auflage einer theologischen Promotion als Voraussetzung für das Extraordinariat in Theologie gemacht. Nachdem es 1798 zunächst Lange erhielt, fiel es bald Niethammer zu, weil Lange im selben Jahr einen Ruf nach Rostock annahm. Vgl. Niethammer an G., 11. Februar; G. an Voigt, 1. und 11. März; s. Nr. 450, 934.

310 *13 Humboldt:* W. von Humboldt verließ Jena am 25. April, s. zu Nr. 305. – *14 meine Frau ist ohne Gesellschaft:* s. zu Nr. 45. – *16 Gartenhaus des Geh. rat Schmidt:* Der Garten des

Weimarer Kammerpräsidenten Johann Christoph Schmidt (1727–1807) lag neben dem Garten G.s. Sch. kaufte den Garten von Schmidts Jenaer Namensvetter; s. zu Nr. 275 und 276.

278. GOETHE  WEIMAR, 4. FEBRUAR 1797

310,29 *wenige:* einige; 310,35 *sich selbst ganz:* sich ganz; 311,1 *bleibts:* bleibt; 311,9 *das:* dies; 311,29 *gekommen:* zugekommen; 311,30 *zu verständig und verständlich:* zu verständlich; 311,39 *nicht in Augenblicken:* in Augenblicken nicht.

310 *28 Redoute:* am 3. Februar, s. G.s Tgb. G. wirkte an der Gestaltung der Redoute aktiv mit, vgl. Gräfin Egloffstein an G., 4. Februar. – *30 Opus des Maler Müllers:* s. zu Nr. 276. – *37 Ariel:* Luftgeist in Shakespeares ›Sturm‹; vgl. ›Schreiben Herrn Müllers Mahlers‹ (›Horen‹ 1797, 4. Stück, S. 8). Hier spricht er auch von seinen Pflichten. Vgl. *Faust I,* Verse 4239–42, 4391–94 (Bd. 6.1, S. 661, 665).

311 *1 Stein, den wir in des Nachbars Garten werfen:* die Kritik Maler Müllers an einem Beitrag Fernows, der in Wielands ›Neuem Teutschen Merkur‹ erschienen war; s. zu Nr. 276. – *7 Gesang eines wunderlichen Gedichtes:* möglicherweise von Max Jacobi, vgl. G.s Tgb., 17. Januar. Auch J. I. Gernings ›Friedensode‹ oder sein 20-Seiten Hymnus ›Das achzehnte Jahrhundert. Säcularischer Gesang‹ (Grimma 1801) kommen in Betracht. Der Verfasser übersandte sie G. am 29. Januar und machte auf eigene Gedichte für den Sch.schen ›Musen-Almanach‹ für 1798 aufmerksam; s. Nr. 279; G. an Meyer, 14. Juli (Bd. 4.2, S. 613). – *13 eine poetische Schule:* Die Idee einer Kunstschule beschäftigte die Weimarer Kunst- und Literaturfreunde früh; vgl. Nr. 16, 487. – *24 den 12$^{ten}$:* s. zu Nr. 274. – *21 Die Anstellung der Jagemann:* s. Nr. 274. – *27 Den Vieilleville:* s. Nr. 183. G. entlieh das Werk am 8. Februar. – *28 die Idee zu einem Märchen:* entweder ein neues Projekt oder die Fortsetzung des *Märchens,* von der mehrfach die Rede war; s. Nr. 120, 121, 129. – *31 das Schiffchen:* zur poetologischen Metapher s. zu Nr. 271. – *34 Das Märchen mit dem Weibchen: Die neue Melusine* erschien 1816–1818 im ›Taschenbuch für Damen‹ 1817 und 1819 und wurde in *Wilhelm Meisters Wanderjahre* (Bd. 17) aufgenommen, s. zu Nr. 121. – *37 Vollendung des Gedichtes:* G. vollendete das Epos *Herrmann und Dorothea* am 7. Juni (Bd. 4.1).

279. SCHILLER  JENA, 7. FEBRUAR 1797

312,23 *oder:* und; 313,5 *bestes feinstes Wesen zusammen:* mein Bestes zusammen.

312 *10 Reichtum von Sachen:* s. Nr. 276, 278. – *12 Garten:* s. Nr. 275, 276. – *13 eine Liebesszene:* ›Piccolomini‹ III,4–6 in der späteren Trilogie-Fassung, s. Nr. 388, 539. – *16 Maler-Müllerische Skriptum:* s. zu Nr. 276. – *21 Guß des Perseus:* in der 9. Fortsetzung der *Cellini*-Übertragung (›Horen‹ 1797, 3. St., S. 67–72). – *23 Mantua:* Im ersten Koalitionskrieg setzte Bonaparte seinen atemberaubenden Siegeslauf in Oberitalien mit der erfolgreichen Belagerung des Festungsquadrats von Mantua (Mai 1796–2. Februar 1797) fort, in das der junge General die überlegenen österreichischen Armeen getrieben hatte. – *26 das Epos:* zum ›wunderlichen Gedicht‹ s. zu Nr. 278. – *27 wenn Sie kommen:* s. zu Nr. 274.

313 *1 Wielandische Oration:* Der zweite Teil von Wielands Almanach-Rezension, s. zu Nr. 269. Aspekte seiner Rezension hatte Wieland schon im Brief an Reinhold vom 2. Dezember 1796 formuliert. Vgl. auch Böttiger, Literarische Zustände I, S. 204; Knebel an Böttiger, 5. Februar (Fambach II, S. 386f.). – *3 Reichsanzeiger:* Beckers ›Reichs-Anzeiger‹ hatte den ersten öffentlichen Angriff gegen die *Xenien* gestartet, s. zu Nr. 237. Das Xenion 252 *Reichsanzeiger* (Bd. 4.1, S. 806) interpretiert Sch. als Vorweg-Persiflage der Dialogform von Wielands Rezension. – *4 Arbeit:* am ›Wallenstein‹. – *10 Elegie:* die Elegie *Herrmann und Dorothea*, s. zu Nr. 253.

280. GOETHE  WEIMAR, 8. FEBRUAR 1797

314,2 *nichts:* etwas.

313 *23 die letzte Lieferung Cellini:* s. zu Nr. 276. – *27 das Kunstwerk gleichsam zum Naturprodukt:* Seit der italienischen Reise imponieren G. antike Kunstwerke aufgrund ihrer Gesetzlichkeit und »Notwendigkeit«, die sie zugleich zu den höchsten Naturwerken machen. Vgl. Nr. 16, zu Nr. 399. *Italienische Reise,* 6. September 1787; ähnlich 28. Januar, 17. Mai, 11. August 1787. – *29 Metamorphose der Insekten:* G. beobachtete Wolfsmilchraupen (Sphinx euphorbiae); vgl. *Punkte zur Beobachtung der Metamorphose der Raupe,* Nr. 170 (Bd. 4.2, S. 248). Ferner: *Über Metamorphose der Schmetterlinge am Beispiel der Wolfsmilchraupe,* ebenda, S. 236–239; s. zu Nr. 209, 264, 274; vgl. G.s Tgb., 27. Januar, 6. und 7. Februar. – *38 Gartenhaus:* s. zu Nr. 275.

314 *Sonntags:* 12. Februar; s. Nr. 282.

281. Schiller                             Jena, 9.(10.) Februar 1797

*Datierung:* vgl. Fielitz ALG 4, S. 471.
314,14 *anschließen ließen:* schließen wollten; 314,19 *aber noch nicht:* aber nicht; 314,21 *1200:* 1200 Rtlr.; 314,22 *Hand zwar nur:* Hand nur.

314 *11 Brief von Meiern:* J. H. Meyer an G., 20. Oktober 1795; s. zu Nr. 118. Von Meyer erschien kein entsprechender Beitrag in den ›Horen‹. – *17 Copia:* mittellat. ›Abschrift‹. – *18 Nicolai:* C. F. Nicolais ›Anhang zu Friedrich Schillers Musen-Almanach für das Jahr 1797‹. Berlin und Stettin o. J. (1797). Als eine Hauptzielscheibe der *Xenien,* verspottet zudem von Sch.s Parabel ›Der Fuchs und der Kranich‹, holt Nicolai zum Gegenschlag gegen die eitlen Genies aus. Seine 217 Seiten umfassende Generalabrechnung wiederholt die eigene populäraufklärerische Kritik an der idealistisch-spekulativen Terminologie Sch.s und prangert wiederum G.s literarische ›Jugendsünden‹ – *Werther* und Satiren – an. – *20 zweites Gebot:* Schmidt akzeptierte das Angebot, s. zu Nr. 275. – *23 Hundert Taler:* Die Baumaßnahmen verschlangen 500 Taler. – *25 ist mir alles wert:* s. zu Nr. 275. Sch. war selbst noch nie Grundbesitzer gewesen und fühlte sich durch Landbesitz gesichert; vgl NA 42, S. 227f., Nr. 310 und 441. – *27 zu raten und zu helfen:* Als Gartenarchitekt und Bauherr beriet G. Schiller am 18. März. – *29 die Horen:* Exemplare des 1. Stücks 1797, die Sch. am 8. Februar erhielt. – *30 Inlage:* Sie ist nicht überliefert. – *31 Auftrag an meinen Schwager:* wohl die Aufforderung zum Dienstantritt in Weimar. Wolzogen hielt sich mit seiner Frau noch in Württemberg auf, s. Nr. 283.


282. Goethe                              Weimar, 11. Februar 1797

314,39 *morgen:* am; 315,11 *mit mir kommt:* mit kommt.

314 *39 über manches ausreden:* vor allem über Literatur, s. NA 42, S. 223. – *morgen Abend:* G. blieb doch noch über Nacht. – *40 auf längere Zeit:* vom 20. Februar bis 31. März.
315 *3 bonus odor ex re qualibet:* vgl. Juvenals Satiren 14, Vers 204: ›Angenehm ist der Duft (des Gewinns) aus jeder beliebigen Sache‹. Anspielung auf das gegen den kapitalstarken Großbürger und Buchhändler Nicolai gerichtete Xenion *Lucri bonus odor* (X 206, Bd. 4.1, S. 800), das dessen Reaktion voraussagt; s. zu Nr. 117. – *12 Hufelands:* die Familie des Juristen Gottlieb Hufeland. Die bloße Vermutung der NA 36 II wird durch C. G. Voigts Brief an G. Hufeland vom 18. Februar zur Gewißheit (Diezmann S. 71).

283. SCHILLER JENA, 17. FEBRUAR 1797

316,7 *Wünschten:* Wünschen; 316,10 *ohngefähr auf 13 gr.:* ohngefähr 13 gr.; 316,14 *Ihren Geschäften:* Ihrem Geschäft.

315 *19 neulich:* am 13. Februar. – *27 Gartenhaus:* s. zu Nr. 275. – *30 Arbeit:* am ›Wallenstein‹. – *32 Mein Schwager:* W. von Wolzogen kehrte im März aus Württemberg zurück; s. zu Nr. 281 und 245. – *33 wegen seiner Wohnung:* das auf Vermittlung Charlotte von Steins gemietete Haus des Hofadvokaten und Stadtsyndikus Johann Adam Stötzer (auch: Stützer) (1733–1809) in Weimar, in dem später Wieland wohnte (Charlotte II, S. 318 ff). Im Mai 1798 kauften Wolzogens die Hälfte des Hauses von Rentkommissar Schmidt in der Schloßgasse gegenüber der alten Hauptwache. – *35 dem Kinde:* Adolf von Wolzogen (1795–1825). – *38 Ihr Gartenhaus:* s. zu Nr. 275 und Nr. 276.

316 *1 Blatterninokulation:* Pockenimpfung. An den Folgen der Impfung vom 4. April erkrankten die Babys: Sch.s sieben Monate alter Sohn Ernst ebenso wie Caroline Humboldts vier Wochen alter Säugling Theodor, s. Nr. 297. – *7 Ihren Almanach:* G.s Epos *Herrmann und Dorothea* brachte Vieweg als ›Taschenbuch für 1798‹ in fünf Ausstattungen heraus: auf Postpapier, »geringerem« und »gewöhnlichem« Papier, mit verschiedenen Einbänden. Vgl. die Anzeige im Intelligenzblatt der ›Allgemeinen Literatur-Zeitung‹ vom 25. Oktober: »Herrmann und Dorothea 〈...〉 kostet in Bänden von gewirkter Seide 2 Rthlr. 12 gr. – in Maroquin gebunden 2 Rthlr. 4 gr. und in Pappe mit bunden und weißen Umschlägen 1 Rthlr. 12 gr. und 1 Rthlr. 8 gr.«. – *10 Buch:* 24 Bogen Schreibpapier (25 Bogen Druckpapier). – *15 vollenden:* s. zu Nr. 278.

284. GOETHE WEIMAR, 18. FEBRUAR 1797

316,36 *zum Teil:* teilweise.

316 *22 epischen Gedichtes:* Herrmann und Dorothea. Sch. kannte bereits drei Gesänge aus G.s Rezitation; s. zu Nr. 239. – *23 Ihre Bemerkungen 〈...〉:* Schon am ersten Tag seines langen Jenaaufenthalts (20. Februar–31. März) besuchte G. Schiller mittags. Am 21. Februar war G. bei W. von Humboldt. – *28 bald im Reinen:* Am 1. März war der 4. Gesang fertig (G.s Tgb.), s. Nr. 287. – *35 Germarische Haus:* das Haus der drei Geschwister von Germar, der Kinder des am 8. November 1796 verstorbenen Stadtkommandanten Wilhelm Heinrich von Germar (1735–1796) in der heutigen Böttchergasse. Wegen seiner Nähe zum Zucht- und Irrenhaus hatte Caroline von Wolzogen den Vorschlag gegenüber Charlotte von Stein abgelehnt (Charlotte II, S. 318 f.).

317 *5 Meyer grüßt:* Meyer an G., 13.–15. Januar. – *sehr artiges Titelkupfer:* für den ›Musen-Almanach‹ für 1798, s. Nr. 323. – *6 freilich ⟨...⟩ sehr guten Kupferstechers:* Den Stich führte der Stuttgarter Kupferstecher A. L. d'Argent aus. Mit Bolts Titelkupfer zum ›Musen-Almanach‹ für 1797 waren weder G. noch Sch. zufrieden; s. zu Nr. 216. – *9 Der heutige Oberon:* Die Oper ›Oberon, König der Elfen‹ von Paul Wranitzky (1756–1808) war von der Weimarer Truppe zuletzt am 6. September 1796 in Rudolstadt gespielt worden. Heute debütierte Caroline Jagemann.

285. GOETHE                          JENA, 27. FEBRUAR 1797

317 *16 betrübten Umständen:* vgl. G.s Tgb., 27. und 28. Februar: »Wegen des Katarrhs zu Hause«. – *19 arme Intelligenz:* Parodistische Anspielung auf die Einleitung von Fichtes ›Versuch einer neuen Darstellung der Wissenschaftslehre‹, der im ›Philosophischen Journal einer Gesellschaft Teutscher Gelehrten‹ 1797 (Bd. 5, H. 1) erschien. Der Erklärungsgrund der Erfahrung und aller Bewußtseinszustände ist im Fichteschen Idealismus die »freihandelnde Intelligenz«. »Diese ist ihm nur tätig, und absolut, nicht leidend«. (J. G. Fichte, Gesamtausgabe I, 4 (1970), S. 192, 199). G. erhielt das Heft des ›Philosophischen Journals‹ bei Sch. und diskutierte es mit ihm und Niethammer; s. Tgb. und Nr. 286. – *20 durch einen freien Denkactus:* G.s Ironie zielt auf Fichtes Diskreditierung der Empiriker, die nach Fichte dogmatisch den Dingen der Objektwelt verhaftet bleiben und sich nicht zu der von Erfahrung unabhängigen Selbständigkeit des »freien DenkActs« erheben. (Fichte, ebenda, S. 194, 206). – *22 Liquiriziensaft:* Lakritzensaft. – *25 zur Herrlichkeit poetischer Darstellungen:* selbstironische Rollendistanzierung gegenüber der Arbeit an *Herrmann und Dorothea.* – *29 auf einige Tage:* s. Nr. 287, 289.

286. SCHILLER                        JENA, 27. FEBRUAR 1797

*Datierung:* vgl. NA 29, S. 371.

317 *40 Elementarphilosophie:* Das Grundgesetz der Vernunft gilt nach Fichte sowohl für die theoretische wie praktische Philosophie (Moral). Die ›Wissenschaftslehre‹ rekonstruiert den Weg von der Tathandlung zur Tatsache (Fichte, Gesamtausgabe I, 4, S. 173, 205).

318 *3 Fichtens Aufsatz:* Am 12., 14. und 19. März wurden bei Sch. Fichtes ›Vorerinnerung‹ und ›Einleitung‹ zum ›Versuch einer neuen Darstellung der Wissenschaftslehre‹ (in der mangelhaften Späthschen Ausgabe) vorgelesen und von Niethammer, W. von

Humboldt und G. diskutiert. Vgl. G. an Meyer, 18. März. – *10 übermorgen:* Sch. und G. sahen sich am 5. März wieder. Vgl. G.s Tgb., Nr. 289 und 292.

287. GOETHE                                  JENA, 1. MÄRZ 1797

318 *16 Katarrh:* s. Nr. 285. – *19 die Insekten:* Vom 25. Februar bis 1. März beschäftigte G. sich täglich mit biologischer Fachliteratur über Insekten. – *20 den vierten Gesang:* von *Herrmann und Dorothea,* s. zu Nr. 284. – *23 von Ihrer Seite fleißig:* Am 22. Februar hatte Schiller G. »den ausführlichen Plan der drei ersten Akte seines Wallenstein« (in der noch einteiligen Fassung) geschildert (G.s Tgb.), s. Nr. 288. – *25 Kräutertee:* s. Nr. 288.

288. SCHILLER                                JENA, 1. MÄRZ 1797
*Datierung:* s. NA 29, S. 372.

318 *32 Loders Kräutertee:* s. Nr. 285 und 287. – *37 zwei Piccolominis:* Max und Octavio in ›Wallenstein‹. – *39 beiliegendes:* Der Inhalt der nicht erhaltenen Beilage kann aus Nr. 290 und C. G. Voigts Briefen an G. vom 2., 4. und 9. März erschlossen werden. – *40 die Sache quaestionis:* (lat.) die ›fragliche‹ Angelegenheit: Sch.s Gartenkauf verzögerte sich, weil das Vormundschaftsamt wegen des unmündigen Erben des verstorbenen Besitzers J. L. Schmidt eingeschaltet werden mußte; s. zu Nr. 275 und Nr. 290.
319 *1 Obstakeln:* (lat.) ›Hindernissen‹. – *3 Voigt:* s. Nr. 289. – *6 morgen:* s. zu Nr. 286.

289. GOETHE                                  JENA, 1. MÄRZ 1797
319,17 zuerst in Sch./G.² (1856).

319 *13 an Geh.Rat Voigt:* G.s Brief an Voigt, den dieser am 2. März beantwortete, ist nicht überliefert. – *15 ein monstroses Manuskript:* wahrscheinlich Friedrich Eberhard Rambachs (1767–1826) Lustspiel ›Der Hochverrat, oder Emigrant‹ (Leipzig 1798), das der Berliner Gymnasiallehrer mit dem stillen Wunsch einer Aufführung in Weimar am 11. Februar zur Beurteilung übersandt hatte. Vgl. G. an Rambach, März 1797 (WA IV 12, S. 451f.) und 11. Dezember; G. an Kirms, 25. Oktober; s. Nr. 379. – *22 ans Ziel:* G. arbeitete intensiv am Epos *Herrmann und Dorothea,* das er im Juni vollendete; s. Nr. 290, 291. – *26 Buch:* s. zu Nr. 283.

290. GOETHE                           JENA, 3. MÄRZ 1797

320,6 *leiden:* erleiden.

319  *37 asthenischen:* (griech.) ›schwachen‹; s. zu Nr. 285. – *40 an Voigt:* s. Nr. 288, 289.

320  *1 Pupillen-Deputation:* (lat. ›pupillus‹: ›Waise‹, ›Mündel‹) ›Vormundschaftsamt‹; s. zu Nr. 288; vgl. Voigt an G., 2. März. – *4 Faselius:* Der Jenaer Stadtschreiber Johann Christian Wilhelm Faselius (gest. 1833) war Kurator der verwitweten Schwiegertochter des Gartenbesitzers Schmidt, s. zu Nr. 288. – *5 Syndikus Asverus:* Der Jurist Ludwig Christoph Ferdinand A. (1759–1830) war Universitätssyndikus in Jena und wurde im März Gerichtssekretär; vgl. Voigt an G., 4. März. – *hinüber:* zum akademischen Syndikat. – *6 drüben:* beim Vormundschaftsamt.

291. GOETHE                           JENA, 4. MÄRZ 1797

320  *16 Die Arbeit:* an *Herrmann und Dorothea,* 6. Gesang. – *19 zwei Tage:* s. zu Nr. 278.

292. SCHILLER                         JENA, 4. MÄRZ 1797

*Datierung:* vgl. NA 29, S. 373.
321,1 *vorbereitet:* zubereitet.

320  *33 noch nicht auszugehen:* s. Nr. 285. – *35 Gedicht: Herrmann und Dorothea.* – *idyllisch ‹...› in seinem höchsten Gehalte:* als sentimentalische Utopie und letztes Ziel der Kultur; vgl. ›Über naive und sentimentalische Dichtung‹ (NA 20, S. 467f., 471ff.). – *40 Peripetie:* (griech.) ›Handlungsumschwung‹. Sch. könnte das Einverständnis von Herrmanns Vater gemeint haben, das fremde Mädchen zur Prüfung ins eigene Haus zu nehmen (5. Gesang, Verse 117f.), oder die von der NA 29 bezeichnete Passage des 9. Gesangs.
321  *4 morgen:* G. besuchte Sch. am 5. März.

293. SCHILLER                         JENA, 4. APRIL 1797

321,35 *mit besonders großem:* mit großem; 322,27f. *Wurzeln weiter ausdehnt:* Wurzeln ausdehnt; 322,31 *teurerer:* teurer.

321  *13 die größte Einsamkeit:* Nach 40tägigem Aufenthalt in Jena war G. am 31. März nach Weimar zurückgekehrt, wohin ihm W. von Humboldt am 2. April folgte. – *15 weibliche Gesellschaft:* Charlotte Schiller war mit Caroline von Wolzogen nach Weimar gereist, um ihrer Schwester beim Umzug zu helfen. – *18 Szena-*

*rium:* Es ist nicht überliefert. – *23 Cardo rei:* lat. ›Angelpunkt‹. – *24 poetische Fabel:* zu Sch.s Rezeption der Aristotelischen Poetik, s. Nr. 311. – *28 die tiefliegende Wahrheit:* vgl. Sch., ›Über die tragische Kunst‹ (NA 20, S. 166f.). – *34 Philoctet und die Trachinierinnen:* Tragödien von Sophokles. Sch. besaß die Sophokles-Gesamtübersetzung von Christian Graf zu Stolberg (Leipzig 1787). Daneben eine Teilübersetzung von J.J. Steinbrüchel (1. Bd. 1763). – *37 Dejanira:* Frau des Herakles, Protagonistin der ›Trachinierinnen‹.

322 *6 idealische Masken:* Im attischen Drama trugen die Schauspieler stark typisierte Masken; vgl. auch lat. ›persona‹ = ›Maske‹. Vgl. Sch., ›Über das Pathetische‹ (NA 20, S. 218). – *9 Ajax:* Tragödie von Sophokles. – *11 Creon:* Ödipus' Schwager und königlicher Nachfolger tritt in den beiden Ödipustragödien und in der ›Antigone‹ von Sophokles auf. – *17 pour la bonne bouche:* frz. ›als Leckerbissen‹. – *18 Fragment aus dem Aristophanes:* Übersetzung der ersten 251 Verse aus ›Lysistrata‹ (Humboldt, Bd. 8); vgl. W. von Humboldt an Wolf, 31. März. – *21 PergamentBogen:* Liiestråle an Sch., 12. März 1797 (und Beilage). Joachim Vilhelm Liliestråle (1721–1807), der ehemalige schwedische Justizminister, war 1797 Vizepräsident der Kongliga Svenska Vetenskaps Akademien. Die Urkunde der Aufnahme Sch.s in die Königliche Akademie der Wissenschaften wurde am 14. Februar ausgestellt. – *24 eine Pension:* Sch. erinnert an das dreijährige Stipendium des dänischen Prinzen von Augustenburg von 1791–94. – *29 Cellini:* s. Nr. 298. – *32 Geister:* aus *Herrmann und Dorothea* sowie der Idee zu einem neuen Epos, *Die Jagd,* aus dem später die *Novelle* wurde (G.s Tgb., 23. März); W. von Humboldt an Caroline von Humboldt, 7. April.

294. GOETHE                                   WEIMAR, 5. APRIL 1797

323,27 *schreiben Sie mir:* schreiben mir.

323 *4 vielerlei kleiner Geschäfte:* Ankauf einer mineralogischen Sammlung, Besichtigung des Schloßneubaus, Angelegenheiten der Bibliothek und der Zeichenschule, zahlreiche Besprechungen; vgl. G.s Tgb., 1.–4. April. – *6 allerlei tun:* Über metrische Verbesserungen am Epos *Herrmann und Dorothea* beriet sich G. mit W. von Humboldt, der mit ihm in Weimar am 2. April und täglich vom 5. bis 8. April zusammenkam; s. W. von Humboldt an Caroline von Humboldt, 7. April; Nr. 296. – *10 Styl:* vgl. G.s Definition des Stils im Aufsatz *Einfache Nachahmung der Natur, Manier, Styl* (Bd. 3.2, S. 186f.); s. zu Nr. 4. – *11 Manier wie bei den Franzosen:* An der abstrahierenden Stilisierung der ›Tra-

gédie classique< drängt sich nach G. die Subjektivität der Autoren vor. – *20 Vieilleville:* s. zu Nr. 183 und Nr. 277. – *22 Frau:* Charlotte Schiller hatte G. in Weimar ein Billett geschrieben (GJb 8, S. 39).

295. SCHILLER                                   JENA, 7. APRIL 1797

323,39 *das:* der.

323 *36 kabbalistischen und astrologischen Werken:* Für die astrologischen Szenen im »Wallenstein« erbat Sch. von Körner Literatur; Sch. an Körner, 9. März. Körner, der sich früher mit okkulten Wissenschaften befaßt hatte, stand seinem Freund mit ausführlichen Literaturangaben und Exzerpten zu Diensten; Körner an Sch., 14. März. – *38 Dialogen über die Liebe:* ›Leonis Hebraei de Amore Dialogi tres.‹ Ins Lateinische übersetzt von Johannes Carolus Saracenus. In: ›Artis Cabalisticae: Hoc est, Reconditae Theologiae et Philosophiae Scriptorum‹. Tomus I. Basileae (1587). – *aus dem Hebräischen:* Der Kabbala-Titel und der Nachname des Verfassers, den Sch. als Gattungsnamen las, führten ihn irre. Die ital. ›Dialoghi d'amore‹ (Rom 1535 postum) stammen von dem jüdischen Arzt und Renaissanceplatoniker Leone Ebreo (ca. 1460–1521).

324 *1 Die Vermischung:* vgl. Körner an Sch., 14. März. – *6 lasse ich ihnen heraus schreiben:* Die Beilage ist wiedergegeben in NA 29, S. 380f.; vgl. auch Sch. an Körner, 7. April. – *9 poetische Dignität:* Die Zurichtung des barocken Aberglaubens für ein zeitgenössisches, aufgeklärtes Publikum blieb für Sch. noch länger ein Problem; vgl. Nr. 548–552; Sch. an Iffland, 24. Dezember 1798. – *11 Behandlung der Charaktere:* s. Nr. 293 und 294. – *12 wieder zusammen kommen:* G. besuchte Jena am 29./30. April. – *16 von den bildenden Künsten:* G.s *Einfache Nachahmung der Natur, Manier, Styl* ist ein kunstwissenschaftlicher Beitrag zur Malerei; s. Nr. 294. – *18 Julius Caesar mit Schlegeln:* A. W. Schlegels Übersetzung des 3. Aktes von Shakespeares ›Julius Caesar‹ erschien im 4. Stück der ›Horen‹ 1797. Die von Sch. angesprochenen Volksszenen folgen der Ermordung Caesars. G. kannte Schlegels Übersetzung von einer Rezitation bei Humboldt am 28. März. Zur Gesamtübertragung der Shakespeare-Dramen s. zu Nr. 466 und 925. – *27 embarrassieren:* (frz.) ›verwirren‹. – *39 mir schon zu schaffen gemacht hat:* Zur Bewältigung einer großen Stoffmasse bei ›Don Carlos‹, vgl. Sch. an Huber, 5. Oktober 1785; bei ›Wallenstein‹, s. Nr. 242, 494; Sch. an Körner, 21. November 1796. Zu Bearbeitungsproblemen in der Historiographie vgl. Sch.s Zeugnis in Wolzogen, Schillers Leben, S. 250.

325 *1 Cellini:* Sch. erhielt das Manuskript von G. Mittwoch, den 12. April, s. Nr. 298. – *6 großen Posttag:* Sch.s ›Calender‹ verzeichnet weitere Briefe an Cotta, Körner, Nöhden und Spener.

296. GOETHE  WEIMAR, 8. APRIL 1797

325,17 *und sie so:* und so; 326,7 *Sie fleißig:* Sie recht fleißig.

325 *13 Humboldt:* s. zu Nr. 294. – *14 beiliegenden Brief:* W. von Humboldt an Caroline von Humboldt, 7. und 8. April. – *16 prosodisches Gericht:* über die metrischen Verbesserungen zu G.s *Herrmann und Dorothea* vgl. W. von Humboldt an seine Frau, 7./8. April; Nr. 294, 300, 456; W. von Humboldt an G., 6. und 30. Mai (mit ausführlichen prosodischen Korrekturen). – *18 Die ersten:* Gesang 1–4. – *19 doppelten Inschriften:* aus dem Namen einer Muse und einem Inhaltstitel. Die Unterteilung in neun Gesänge anstelle der ursprünglichen sechs geht auf G.s Aufenthalt in Jena zurück. – *artig:* ›gefällig‹, ›hübsch‹, ›schicklich‹. – *20 abzusenden:* s. Nr. 300. – *23 Schluß:* s. Nr. 326. – *26 etwas bunt ⟨...⟩:* Ostern stand am 16. April bevor. Für die Aufführung von Haydns Oratorium ›Die sieben letzten Worte unseres Erlösers am Kreuz‹ an Karfreitag probierte G. am 12. und 13. April, s. Nr. 300. Am 14. April trafen der Erbprinz von Hessen-Darmstadt mit Gefolge, Graf Frieß(s) und Lerse ein, am 19. April kam Alexander von Humboldt. Zur großen Tafel im Schloß wurde in der Osterwoche fast täglich gebeten. Vgl. A. von Humboldt an G., 14. April. Daneben standen die Wasserbauarbeiten an der Leutra auf der Tagesordnung; vgl. Goetze an G., 7. und 16. April. – *31 letzten Gedicht:* dem Epos *Herrmann und Dorothea*. – *32 von der bildenden Kunst:* s. Nr. 16; vgl. G. an Meyer, 28. April. Zur malerischen und plastischen Objektivität vgl. W. von Humboldt: ›Über Göthes Herrmann und Dorothea‹, XIV; s. zu Nr. 465. – *33 einem gleichzeitigen ⟨...⟩ Werke:* vgl. G. E. Lessing: ›Laokoon oder über die Grenzen der Malerei und Poesie‹. – *38 Gruppen:* Tableaus und lebende Bilder als malerische Personengruppierungen. – *40 Aristophanes:* s. zu Nr. 293.

326 *8 Almanach:* Der ›Musen-Almanach für das Jahr 1798‹ wurde der ›Balladen-Almanach‹.

297. SCHILLER  JENA, 12. ⟨11.?⟩ APRIL 1797
*Datierung:* vgl. NA 29, S. 383.
326,21 *bitte ja:* bitte ich ja.

326 *27 Ernst:* Sch.s zweiter Sohn (geb. 11. Juli 1796); s. zu Nr. 283. – *21 Cellini:* s. zu Nr. 298.

298. GOETHE   WEIMAR, 12. APRIL 1797

326,37 *durch die Wüsten:* in der Wüste.

326 *29 Cellini:* die für das 4. ›Horen‹-Stück 1797 bestimmte 10. Fortsetzung. Den Schluß der Übertragung sandte G. am 13. Juni; vgl. Nr. 326. – *31 patriarchalischen Überresten:* vgl. WA I 7, S. 309–335 (Paralipomena II. *Moses*). Seit seiner Jugend beschäftigte sich G. intensiv mit dem ›Alten Testament‹ und der Bibelkritik; s. *Dichtung und Wahrheit*; Bd. 16, S. 136–157, 298 f., 543–546. Vgl. *Zwo wichtige bisher unerörterte biblische Fragen*, Bd. 1.2, S. 434–443. Aus der Weimarer Bibliothek entlieh G. um den 10. April zahlreiche Werke zur alttestamentlichen Geschichte, zur biblischen Hermeneutik und Geographie (u. a. von Clericus, Herder, Eusebius Hieronymus, Blasius Ugolinus, Eichhorn), in die er sich vom 9. bis 13. April vertiefte. Vgl. *Noten und Abhandlungen zu besserem Verständnis des West-östlichen Divans*, (*Nähere Hülfsmittel*); Bd. 11. – *32 aufs neue ⟨...⟩ die Widersprüche:* vgl. *Dichtung und Wahrheit*, Bd. 16, S. 137, 544; s. Nr. 300.

327 *1 Aufsatze:* s. zu Nr. 310. Er erschien erst 1819 in den *Noten und Abhandlungen zu besserem Verständnis des West-östlichen Divans* (*Altestamentliches, Israel in der Wüste*). Ende Juli 1811 entwarf G. das ⟨*Schema der Hebräischen Urgeschichte*⟩. – *3 Humboldts:* beide Brüder und Caroline von Humboldt. – *4 Berlinischen Monatsschrift:* Die von Johann Erich Biester hg. Monatsschrift stellte mit dem Jg. 1796, dessen letzte Nummern 1797 folgten, ihr Erscheinen ein.

299. SCHILLER   JENA, 14. APRIL 1797

327,17 *Ausbrechen:* Herausbrechen; 327,37 *hellblauem:* hellbraunem.

327 *12 Ernstgen:* s. zu Nr. 283 und Nr. 297. – *14 Zufälle:* schwäb. ›Erkrankungen‹, ›körperliche Gebrechen‹; s. zu Nr. 44. – *20 Garten:* Das am 16. März erworbene Gartenhaus bezog Sch. am 2. Mai; s. zu Nr. 275. – *26 mit dem neuen Testament Krieg:* vgl. *Zwo wichtige bisher unerörterte biblische Fragen, Andere Frage*, Bd. 1.2, S. 440–443. – *29 raisonable:* frz. ›vernünftig‹, hier: ›maßvoll‹. – *34 mechanischen Nachbildung von Malereien:* die serienmäßige Produktion von Tapetengemälden. Das vom Kaufmann Johann Böninger und dem Maler Johann Peter Langer 1794 in Duisburg gegründete mechanographische Unternehmen bestand von 1798–1803 in Düsseldorf; vgl. Böninger und Langer an Sch., 20. März; dieselben an G., 20. März; s. Nr. 304. – *36 Clio:* Sch.

erhielt als Tapetenmuster die Muse der Geschichte, G. die der Tragödie (Melpomene).
328 *10 Humboldt:* W. von Humboldt war am 9. April von Weimar nach Jena zurückgekehrt. – *10 Chor aus Ihrem Prometheus:* G. beschäftigte schon länger der Tragödienplan ⟨*Der gelöste Prometheus*⟩ (Bd. 4.1, S. 191); vgl. Sch. an Körner, 10. April 1795; D. Veit an R. Levin, 2./11. Oktober 1796. Novalis an A. W. Schlegel, 25. Dezember 1797; vgl. Grumach IV, S. 250; WA IV 11, S. 331 f. und 441; Nr. 329, 330, 347. Sch. könnte den Chordialog kennengelernt haben. W. von Humboldt schickte seiner Frau am 3. April »eine Abschrift eines angefangenen Chores aus Goethes gelöstem Prometheus, ein Gespräch der Okeaniden mit Prometheus«, (Bd. 4.1, S. 983); vgl. auch Nr. 330. – *13 zweite Kind:* Wilhelm von Humboldt (1794–1803). – *15 das Mädchen:* Caroline von Humboldt (1792–1837). – *16 großen Reisen:* Humboldts planten eine Italienreise. W. von Humboldt brach am 25. April nach Berlin und Dresden auf, wohin ihm die Familie Ende Mai folgte. Im Herbst reisten Humboldts nach Wien und Paris; s. zu Nr. 305. – *17 bald:* G. besuchte Jena am 29./30. April.

300. GOETHE   WEIMAR, 15. APRIL 1797

329,4 *dahinaus:* dahin hinaus.

328 *24 durch Humboldt:* A. von Humboldt an G., 14. April. – *Ernst:* s. Nr. 297 und zu Nr. 283. – *28 Oratorium:* Am Karfreitag, 14. April, war Haydns Oratorium ›Die sieben letzten Worte unseres Erlösers am Kreuz‹ in Weimar aufgeführt worden. – *29 Historische Kunst:* bei Oratorien auf die Rezitative des Evangelisten bezogen; vgl. G. an Zelter, 4. August 1803. – *32 in dem Einen, was not ist:* vgl. Lk 10,41 f. Angesichts von Sch.s ›Wallenstein‹-Problemen möglicherweise konkret auf die epischen Aspekte des Dramas bezogen. – *34 Montags:* 17. April. – *34 vier Ersten Musen:* die ersten vier Gesänge von *Herrmann und Dorothea*. – *36 prosodischen Bemerkungen Freund Humboldts:* W. von Humboldts, s. Nr. 296. – *38 die Kinder Israel in der Wüste:* s. zu Nr. 298.

329 *1 kritisch historisch-poetische Arbeit:* vgl. G.s Tgb., 9. April–29. Mai. In Fortführung der Bibelkritik von Semler, Michaelis, Herder und Eichhorn sucht G. den historischen Kern aus Bericht, Parabel und Poesie zu schälen und stuft die alttestamentarischen Berichte und Chronologien als »eine Art von Poesie« ein. *Noten und Abhandlungen zu besserem Verständnis des West-östlichen Divans*, Paralip. II (WA I 7, S. 328); s. zu Nr. 298. – *2 sich selbst widersprechen:* zu Widersprüchen der Chronologie und

Geographie vgl. *Noten und Abhandlungen, Israel in der Wüste*; Bd. 11. – *6 meine Meinung:* G.s Hypothese war, daß der Zug der Israeliten durch die Wüste »keine vierzig, sondern kaum zwei Jahre gedauert« habe (Ebenda).

301. SCHILLER   JENA, 18. APRIL 1797

329,20–330,2 zuerst in Sch./G.² (1856).

**329** *20 echappiere:* (frz.) ›entwische‹. – *21 Bautterweck:* Friedrich Bouterwek (1766–1828) hatte die Lehren Kants popularisiert und verfaßte daneben belletristische und literarhistorische Werke. Aus seiner geringen Meinung vom Göttinger Rhetorikprofessor machte Sch. kein Hehl; vgl. Sch. an Charlotte von Lengefeld und Caroline von Beulwitz, 15. November 1789; Nr. 405; an Körner, 15. Oktober 1792; vgl. DaN 36 (Bd. 4.1, S. 829); Xenion 282 (ebenda, S. 809). – *31 unser Woltmann:* s. zu Nr. 1. – *33 seine Menschengeschichte:* Carl Ludewig Woltmann: ›Grundriß der ältern Menschengeschichte‹, 1. Teil. Jena 1797. Sch.s Kritik bezieht sich auf die prätentiöse ›Einleitung‹, die eine philosophische Grundlegung der Historie unternimmt; s. Nr. 304. – *35 Impudenz:* (lat.) ›Unverschämtheit‹. – *Niaiserie:* frz. ›Dummheit‹. – *37 Fronte:* (ital./frz.) ›Stirn‹, ›Front‹.

**330** *1 wir alle den Spott:* Sch. dachte an die poetischen und historischen Beiträge des Jenaer Kollegen in den ›Horen‹ 1795 und 1796 und im ›Musen-Almanach‹ für 1796. – *3 meinen Arbeiten:* ›Wallenstein‹. – *4 wir einander:* innerhalb der Familie, vgl. Sch. an Körner, 21. April. – *6 Suppuration:* (lat.) ›Eiterung‹. Der kleine Ernst hatte Windpocken und zahnte, s. Nr. 297. – *7 Zufälle:* s. zu Nr. 44 und 299. – *8 Garten:* s. zu Nr. 299. – *13 durchgängig bestimmt:* ›Durchgängige Bestimmtheit‹ ist in Sch.s Poetik ein zentraler ästhetischer Leitbegriff; vgl. ›Über die tragische Kunst‹, ›Über naive und sentimentalische Dichtung‹, ›Über die notwendigen Grenzen beim Gebrauch schöner Formen‹ (NA 20, S. 161f., 164f., 456, 470, 481; 21, S. 5, 13f.); s. zu Nr. 187 und Nr. 364. – *16 detaillierte Erzählung:* Sie ist nicht überliefert. – *19 wie rasch die Natur:* vgl. Sch. an Körner, 28. Oktober 1796, Sch. an Meyer, 21. Juli 1797; Nr. 756.

302. GOETHE   WEIMAR, 19. APRIL 1797

Erstdruck in ›Morgenblatt für gebildete Stände‹ 1829, Nr. 47 (24. Februar). 330,33–37 fehlt im Erstdruck; 330,33–35 zuerst in Sch./G.¹; 330,36f. zuerst in Sch./G.² (1856); 331,4 *teilen Sie mirs:* teilen mirs; 331,10 *andere:* andern.

330 *38 alte Testament:* s. zu Nr. 298 und 300. – *39 Homer:* Seit seiner Kindheit begleitete G. die Homerlektüre in allen wichtigen Lebensepochen. – *39 Eichhorns Einleitung:* Johann Gottfried Eichhorn (1752–1827), ›Einleitung ins Alte Testament‹. 3 Bde. Leipzig 1780–83. Der Göttinger Theologe, Orientalist und Philosoph war der exponierteste Vertreter der historisch-kritischen Bibelhermeneutik. Vgl. G.s Tgb., 13. April und zu Nr. 298. – *40 Wolfs Prolegomena:* s. zu Nr. 67. F. A. Wolf hatte in seinen historisch-kritischen ›Prolegomena ad Homerum‹ (Halle 1795) zu belegen versucht, daß ›Ilias‹ und ›Odyssee‹ ursprünglich nur mündlich überliefert waren, bevor sie von mehreren Bearbeitern aufgezeichnet und aus einer Sammlung verschiedener Einzelgesänge zu der uns vertrauten Form zusammengefügt wurden. Vgl. G. an Wolf, 26. Dezember 1796.

331 *7 Gedanken über das epische Gedicht:* Der jetzt einsetzende intensive Gedankenaustausch über die Gattungskriterien von Epos und Drama war schon von der Arbeit an *Wilhelm Meisters Lehrjahren* angeregt worden, s. zu Nr. 85. Die Hauptphasen der Gattungsdiskussion, die zum gemeinsam verantworteten Aufsatz *Über epische und dramatische Dichtung* führte (Bd. 4.2, S. 126–128), liegen im April und Dezember 1797; Nachträge im Februar und August 1798; s. Nr. 303–307, 394–398, 423 f., 494. – *19 Alexandrinern:* Griechische Philologen in Alexandria aus dem 3. und 2. vorchristlichen Jahrhundert gaben nach Wolf den Homerischen Epen die überlieferte Form. – *24 mein Gedicht:* das Epos *Herrmann und Dorothea*. In der gleichnamigen Elegie thematisiert G. den Einfluß Homers und Wolfs; s. zu Nr. 253. – *30 Rezension:* hier im textkritischen Sinn der ›Fassung‹. – *32 retardierende Motive:* Ähnlich fiel schon die immanente poetologische Reflexion in *Wilhelm Meisters Lehrjahre*, 5. Buch, 7. Kap. aus (Bd. 5, S. 306); vgl. *Über epische und dramatische Dichtung* (Bd. 4.2, S. 127). – *40 subordinierte historische Gattung:* tieferstehende episch-narrative Gattung, s. zu Nr. 300 und Nr. 304.

332 *meines zweiten Gedichts:* ⟨*Die Jagd*⟩, s. zu Nr. 293. Aus dem Stoff des fallengelassenen Eposplans entstand ⟨1827⟩ die 1828 publizierte *Novelle*.

303. SCHILLER                                JENA, 21. APRIL 1797

Erstdruck wie Nr. 302. 332,26 *verweilen uns mit:* verweilen mit; 332,36 *setzt:* versetzt; 332,39 *Ihrer neuen Epopee:* Ihrer Epopee; 333,4–6 *Leben* ⟨...⟩ *herzlich.:* zuerst in Sch./G.¹ (1829).

332 *16 ein Geschäft:* Vielleicht betraf es den nicht überlieferten Brief an Bertuchs Industriecomptoir vom 21. April, s. zu Nr. 217,

221. – *27 die höchste Freiheit des Gemüts:* vgl. *Über epische und dramatische Dichtung* (Bd. 4.2, S. 127 f.). – *39 neuen Epopee:* ⟨*Die Jagd*⟩, s. Nr. 394.
333 *4 Patient:* Ernst Schiller, s. zu Nr. 283 und Nr. 297.

304. GOETHE  WEIMAR, 22. APRIL 1797

333,12–334,27 zuerst in Sch./G.⁴ (1881); 335,22 *Inspektor von der:* Inspektor der; 335,24 *Art dort dem:* Art dem; 335,28 *Wände:* Wand.

333 *24 beinah:* modifiziert syntaktisch das Vorangehende. – *29–33 In meinem Herrmann* ⟨...⟩ *angeht:* Nach der Einwilligung des Vaters zur Heimholung Dorotheas (*Herrmann und Dorothea*, 5. Gesang) verzögern Prüfungen Dorotheas und innere Widerstände Herrmanns im parallel gebauten 2. Teil das happy end. Ein neues Epos beginnt unter doppeltem Aspekt: Beide Protagonisten machen sich zum Subjekt ihrer Bestimmung füreinander; Rückblenden rekapitulieren im 6. und 9. Gesang die für das Los der Flüchtlinge haftbare Revolutions- und Zeitgeschichte. – *38 retrograde:* (lat.) ›zurückschreitende‹, s. Nr. 394. – *37 wie in der Odisse:* Die Abfahrt aus Troja und Odysseus' erste Reiseabenteuer werden als Binnenerzählung erst in den Gesängen 9–12 nachgeholt.
334 *7 neuer Stoff:* ⟨*Die Jagd*⟩, s. zu Nr. 302. – *18 subordinierten Klasse historischer Gedichte:* s. zu Nr. 302. – *24 so oft* ⟨...⟩ *vergriffen:* G. überblickte eine stattliche Sammlung von Fragmenten: *Belsazar, Der Tugendspiegel, Caesar, Mahomet, Prometheus* (Bd. 1.1, S. 281 f., 287 f., 386, 516–519, 669–680), *Elpenor, Der Falke, Das Hofleben, Revision* (Bd. 2.2, S. 357–359, 492 ff.), *Die Geheimnisse, Der Hausball* (ebenda, S. 333–349, 773 ff.), *Nausikaa* (Bd. 3), *Die Aufgeregten, Das Mädchen von Oberkirch* (Bd. 4.1, S. 131–191); s. Nr. 391. – *27 schicke ich nächstens:* G. unterließ es, s. Nr. 307. – *28 vorigen Briefe:* Nr. 299 und 301. – *29 Woltmanns Menschengeschichte:* s. zu Nr. 301. Das von Woltmann am 14. April übersandte Werk las G. im Kontext seiner Bibelstudien am 15. und 16. April; s. Nr. 298 und 302. Zum Vorwurf der unkritischen Rezeption biblischer Schriften vgl. G. an Woltmann, 26. April. – *36 Eichhorns Einleitung:* s. zu Nr. 302. – *37 Herderischen Arbeiten:* ›Vom Geist der Ebräischen Poesie‹. 2 Tle. Dessau 1782/83; ›Älteste Urkunde des Menschengeschlechts‹. 4 Tle. Riga 1774–76.
335 *1 Duisburger Fabrik:* s. zu Nr. 299. – *3 Freunde im Modejournal:* In dem von Bertuch und Kraus hg. ›Journal des Luxus und der Moden‹ erschien 1798 eine Preisliste. Für den ›Neuen Teutschen Merkur‹ verfaßte Böttiger einen Artikel über die mechano-

graphischen Gemälde. Vgl. G. an Böttiger, 26. April und 3. Juni 1797; G. an Langer, 26. April, Sch. an Langer, 12. April. – *5 poligraphischen Gesellschaft:* Der engl. Maler Joseph Booth (geb. ca. 1750, gest. nach 1800) hatte in den 80er Jahren des 18. Jh.s ein Unternehmen zur Vervielfältigung von Gemälden gegründet und zwei Werke ›on the polygraphic art‹ 1784 und 1788 publiziert. – *12 konkurrieren:* (lat.) hier: ›zusammentreffen‹, ›zusammenarbeiten‹. – *18 rektifiziert:* (lat.) ›berichtigt‹. – *22 Lange:* Johann Peter Langer (1756–1824), Direktor der Düsseldorfer Kunstakademie und Bönigers künstlerischer Beirat, s. zu Nr. 299. Vgl. G.s *Flüchtige Übersicht über die Kunst in Deutschland* aus: *Die Preisaufgabe betreffend*; in: *Propyläen* III/2 (1800) (Bd. 6.2, S. 433–436). – *23 interessiert:* (frz.) ›finanziell beteiligt‹. – *32 Garten:* s. zu Nr. 299. – *34 Humboldt:* s. Nr. 299.

305. SCHILLER                                          JENA, 25. APRIL 1797

336,4 *folgt:* erfolgt; Die Nachschrift 337,37–338,34 *Was ⟨...⟩ verändern* im Erstdruck ein eigener Brief.

336 *9 Plan:* ⟨*Die Jagd*⟩. – *15 pragmatische DichtungsArten:* die eine Handlung (griech. ›πρᾶγμα‹) darstellenden Gattungen des Epos und Dramas, vgl. Nr. 311 (S. 345,20f.). Die Erläuterung der NA 29, S. 67 (»Alle in der literarischen Praxis vorkommenden Dichtungsarten«) geht am Sinnzusammenhang vorbei. – *30 neuen Gedicht:* ⟨*Die Jagd*⟩. – *39 Humboldten:* Das Urteil W. von Humboldts, das Sch. hier wiedergibt, widerspricht Humboldts brieflicher Äußerung an seine Frau vom 7. April. In den *Tag- und Jahres-Heften* zu 1797 bedauert G., den Bedenken der Freunde Gehör geschenkt zu haben (Bd. 14, S. 52f.). Ähnlich *Gespräche mit Eckermann*, 18. Januar 1827 (Bd. 19, S. 193).

337 *3 mir zuerst davon:* am 23. März. – *17 Species:* lat. ›Art‹; Unterbegriff zu ›genus‹ (Gattung). Zum Musterfall des Einzelwerks, das eine Gattung repräsentiert s. Nr. 311, 370. – *24 Begriff der Komödie:* In Sch.s Poetik setzt die Komödie, die sich an den Verstand des Rezipienten wendet, beim Produzenten höhere poetische Fähigkeiten als die Tragödie voraus; vgl. ›Über naive und sentimentalische Dichtung‹ (NA 20, S. 444ff.); ›Tragödie und Komödie‹ (NA 21, S. 91–93). – *32 Regenspurger FriedensNachricht:* Der Präliminarfrieden von Leoben (Steiermark) zwischen Österreich und Frankreich beendete am 18. April 1797 den 1. Koalitionskrieg; vgl. auch G.s Tgb., 24. April. – *39 Zwillingen des Shakespear:* Wieland hatte Shakespeares ›Comedy of Errors‹ in seiner Übersetzung (1764) den Titel ›Die Irrungen oder Die doppelten Zwillinge‹ gegeben.

338 *5 die Räuber:* Ursprünglich begannen ›Die Räuber‹ mit Karls Auftritt. Sch. zog das handlungserregende Moment der Franz-Intrige vor. – *16 Kausalität ⟨...⟩ Substantialität:* Seit Aristoteles traditionelle Kategorien der Philosophie; in Kants ›Kritik der reinen Vernunft‹ (›Die transzendentale Analytik‹, I. Buch, Kap. 1.3) sind es Relationsbegriffe. – *21 Duisburger Unternehmen:* s. zu Nr. 299 und zu Nr. 304. – *25 Garten:* s. zu Nr. 299. – *26 Kleine:* Ernst, s. zu Nr. 283 und Nr. 297. – *28 Humboldt:* W. von Humboldt reiste nach Berlin, von dort über Dresden nach Wien; im Herbst schließlich zu einem längeren Aufenthalt nach Paris. Sch. sah ihn erst vier Jahre später wieder. Auch der Briefwechsel ging im Lauf der Jahre zurück; s. zu Nr. 299.

306. GOETHE                    WEIMAR 26. APRIL 1797

339,8 *dem:* den; 339,13 *kann nun nichts:* kann nichts; 339,35 f. *zu seinem Zweck, sondern immer von seinem Zweck abführen:* zu seinem Zweck abführen.

338  *40 in Frankfurth:* Über den Friedensakt in Frankfurt berichteten Zeitungen: das 64. Stück des ›Frankfurter Staats-Ristretto‹ 1797 und die ›Extra-Beilage der Frankfurter Kaiserl. Reichs-Ober-Post-Amts-Zeitung‹ vom 22. April 1797 (Zu Einzelheiten vgl. NA 37 II, S. 32); s. auch G.s Mutter an G., 2. Juni.

339  *4 roten Hause:* einem berühmten Frankfurter Gasthof auf der Zeil. – *5 ihr Geld und ihr Leiden:* Frankfurt hatte 1796 ansehnliche Kriegskontributionen zu zahlen und war beschossen worden; s. Nr. 197, 200. – *10 heutigen Briefe:* Nr. 305. – *12 meine Träume erzählen ⟨...⟩:* griech. und lat. Sprichwort (»meum somnium mihi narras«). G. spricht gegenüber Sch. mehrfach die Hoffnung aus, er möge ihm klarmachen, was er – G. – selbst nur dunkel ahne; vgl. Nr. 186 und 331. Die Wendung erläutert Riemer (Mitteilungen S. 362). – *14 Plan schicken:* s. zu Nr. 304 und Nr. 307. – *19 welcher andern Form:* Aus dem geplanten Epos ⟨Die Jagd⟩ wurde später die *Novelle,* s. zu Nr. 302. – *22 Humboldt:* Alexander von Humboldt war vom 19. bis 25. April eine Woche lang G.s Gast im Haus am Frauenplan. Zu G.s außerordentlicher Bewunderung dieses naturwissenschaftlichen Experten vgl. G. an Carl August, Anfang März; G. an Unger, 28. März. – *23 naturhistorischen Arbeiten:* s. zu Nr. 198. Am 26. und 27. April beschäftigte sich G. mit seiner Knochensammlung, am 29. und 30. April besichtigte er in Jena mit A. von Humboldt die naturgeschichtliche Sammlung des Direktors des Botanischen Instituts, Prof. Karl Batsch (1761–1802). A. von Humboldt schlug G. die Herausgabe seiner anatomischen Versuche vor; vgl. Caroline an W. von Humboldt, 1. Mai (Gru-

mach IV, S. 307f.). – *32 das Schicksal:* Zur Rolle des Schicksals in der Tragödie und des Zufalls im Roman vgl. *Wilhelm Meisters Lehrjahre,* Bd. 5, S. 306; Sch. an Körner, 2. Juni 1795. – *38 Desavantage:* frz. ›Nachteil‹, ›Schaden‹.

340 *2 Agentien:* (lat.) ›Antriebskräfte‹. – *Zug der Argonauten:* die mythologische Fahrt Jasons und seiner griechischen Gefährten auf dem Schiff Argo nach Kolchis um des Goldenen Vlieses willen. Zu Sch.s gegenteiliger Auffassung s. Nr. 499.

307. GOETHE  WEIMAR, 28. APRIL 1797

340,17 *den Resultaten:* dem Resultate. – In einem erhaltenen Konzept zum Brief finden sich zwei Zusätze. Nach »Natur und Einheit« (340,38): »Aristoteles, den die Herrn immer gern meistern möchten und den ich in diesen Tagen auch wieder vornehmen will scheint mir diese Sache viel besser getroffen zu haben«. Nach »wichtigste« (341,11): »⟨A. von⟩ Humboldts Gegenwart hat meine Schadelstette wieder einigermaßen in Bewegung gesetzt ich weiß nicht wie lange das Leben das durch ihn erregt worden fortdauern wird.«

340 *8 neuen Gedichtes:* ⟨Die Jagd⟩, s. zu Nr. 302. – *15 Mitteilung noch zurückhalten:* Reaktion auf Nr. 305; vgl. Nr. 372, 402, 466.; G. zu Eckermann, 14. November 1823 (Bd. 19, S. 66) und 18. Januar 1827 (ebenda, S. 193); ebenso *Der Versuch als Vermittler von Objekt und Subjekt* (Bd. 4.2, S. 325); *Tag- und Jahres-Hefte* zu 1803 (Bd. 14, S. 103). – *23 Schlegels Abhandlung:* Friedrich Schlegel ›Über die Homerische Poesie. Mit Rücksicht auf die Wolfischen Untersuchungen.‹ Erschienen in: ›Deutschland‹ (1796), 11. Stück. – *26 rechten Wege:* Schlegel findet in Auseinandersetzung mit der Aristotelischen Poetik ähnliche Differenzkriterien zwischen Epos und Drama wie G. und Sch. – *30 neuern Idee:* nach Wolfs These, s. zu Nr. 302. F. Schlegel war ein Schüler Wolfs. – *32 keine Einheit:* vgl. F. Schlegel, ›Über die Homerische Poesie‹, Kritische Ausgabe ⟨hg. von E. Behler⟩ I, S. 124, 131.

341 *10 einen kleinen Aufsatz:* Über epische und dramatische Dichtung, s. zu Nr. 302. – *13 Aristoteles wieder:* G.s erste Lektüre der Aristotelischen Poetik lag 30 Jahre zurück, s. Nr. 312. Er las sie wieder in der Übertragung von Curtius; s. zu Nr. 310. – *20 in Schutz nimmt:* Aristoteles verteidigt Dichter in Kap. 13, 18f., 22, 25. – *24 begünstigten Teile:* der Tragödie. – *30 Verse:* Strophen. – *die empfindsame Gärtnerin:* ⟨Haus-Park⟩ (Bd. 4.1, S. 862). Die Parodie auf Claudius wurde erst 1827 publiziert. – *31 Musen und Grazien in der Mark:* s. zu Nr. 168. – *35 vergangenen Monats:*

April. – *36 Geschäftssachen:* Bergbauangelegenheiten; vgl. Carl August an G., 28. April; Voigt an G., 24. April; Voigt besuchte G. am 28. April. – *37 besuche ich Sie:* G. kam am nächsten Tag.

308. Schiller                                         Jena, 28. April 1797

342  *5 Rudolst⟨ädter⟩ Fürsten:* Fürst Ludwig Friedrich II. von Schwarzburg-Rudolstadt (1767–1807). – *6 Kinder:* Günther (1793–1867) und Thekla (1795–1861) sollten wie Sch.s Sohn Ernst gegen Pocken geimpft werden; s. zu Nr. 283. – *7 Humboldtische Visite:* Alexander von Humboldt hielt sich von Anfang März bis Ende Mai in Jena (bzw. Weimar) auf; vgl. Caroline an W. von Humboldt, 1. Mai. – *9 Sonntag Abends ein Mehreres:* 30. April. Anders als die NA 29 und Seidel vermuten, dürfte Sch. einen Brief gemeint haben. Der Absendetermin von Sch.s Brief spricht gegen eine Kenntnis um G.s Besuch am 29. und 30. April in Jena. (Außerdem schrieb Sch. auch am Sonntag; s. Nr. 68 und 125.)

309. Schiller                                         Jena, 2. Mai 1797

342,27 *würden:* werden.

342  *16 Garten:* s. zu Nr. 275. – *25 Arbeit:* am ›Wallenstein‹. – *26 Text vom Don Juan:* Eine deutsche Fassung von Lorenzo da Pontes Libretto zu Mozarts Oper ›Don Giovanni‹, s. Nr. 144 und zu Nr. 310. In Weimar war die Oper zuletzt am 18. März aufgeführt worden. – *28 eine Ballade:* Von der unvollendeten Ballade ⟨›Don Juan‹⟩ sind Fragmente erhalten; vgl. NA 2 I, S. 422–424. – *32 eine Zeit lang:* G. lebte vom 19. Mai bis 16. Juni in Jena.

310. Goethe                                           Weimar, 3. Mai 1797

343,18 *tun:* machen; 343,19 *wünsche Glück:* wünsche Ihnen Glück; die Nachschrift 343,13–20 im Erstdruck ein eigener Brief.

342  *38 Moses:* s. zu Nr. 298 und 300. – *39 Güßefeld:* Franz Ludwig Güssefeld (1744–1808), Kartograph in Weimar. – *Karte:* Mit einer Landkarte Palästinas wollte G. den für die ›Horen‹ gedachten Aufsatz über Moses illustrieren, s. Nr. 312.
343  *5 die Theologen:* z. B. Eichhorn und Johann David Michaelis (1717–1791), s. zu Nr. 300; vgl. Eichhorns ›Einleitung ins Alte Testament‹, 2. Tl., S. 396 f.; s. zu Nr. 302. – *8 den Aristoteles:* ›Aristoteles Dichtkunst, ins Deutsche übersetzet, Mit Anmerkungen, und besondern Abhandlungen versehen, von Michael Conrad Curtius.‹ Hannover 1753. – *13 Vieilleville:* s. Nr. 294 und zu Nr. 183. – *14 Don Jouan:* G. schickte vermutlich nicht das italieni-

sche Libretto von ›Don Giovanni‹, sondern eine der in Weimar greifbaren deutschen Bearbeitungen von Christoph Friedrich Bretzner (1748–1807) oder Heinrich Gottlob Schmieder (1753–1828); vgl. NA 37 II, S. 40.

311. SCHILLER    JENA, 5. MAI 1797

344,15 *er, uns:* er, und uns; 344,27 f. *rhapsodistische:* rhapsodische; 344,37 *Dichterwerk:* Dichtwerk; 345,11 *Stadiums:* Studiums; 345,16 *spezifizischen:* spezifischen; 345,22 *viele:* viel: 345,23 *höhern:* neuen hohen; 345,39 *Neuern:* Neuen; 346,17 *4:* – .

343 *26 Aristoteles:* s. zu Nr. 310; vgl. auch NA 42, S. 235. – *27 mit mir selbst:* Sch. sah seine Arbeit am ›Wallenstein‹ im erfreulichen Einklang mit dem von französisch-klassizistischen Regulierungen noch freien ›Poetik‹-Text des Aristoteles; vgl Sch. an Körner, 3. Juni. – *30 Höllenrichter:* So wie der griechischen Mythologie gemäß Aiakos, Minos und Rhadamanthys über die Toten zu Gericht sitzen, richtet Aristoteles seine klassizistische Rezeption im Frankreich des 17. Jh.s. Zum Richteramt G.s und Sch.s in den *Xenien*, vgl. den Unterweltszyklus X 332–424 (Bd. 4.1, S. 815–825). – *32 Liberalität:* s. zu Nr. 307. – *38–344 3 Jetzt begreife ich erst ⟨...⟩ Tragödie:* vgl. Lessings Gegenüberstellung der frz. ›Ausleger‹ mit Shakespeare in: ›Briefe, die neueste Literatur betreffend‹, 17. Brief; ›Hamburgische Dramaturgie‹ 44.–46., 69., 73., 81., 82. Stück.

344 *13 auf empirischen Gründen:* vgl. Nr. 307 und Sch. an Körner, 3. Juni. – *18 Repräsentation:* ›Aufführung‹, ›Inszenierung‹. – *22 ihre Gattung ⟨...⟩ machten:* Auch G.s *Herrmann und Dorothea* sah Sch. als den Musterfall eines Einzelwerks, das eine Gattung rein ausdrückt; s. Nr. 305. – *27 rhapsodistische:* ›assoziativ reihende‹, ›sprunghafte‹; vgl. auch Curtius in seiner Übersetzung zum 20. Kap., s. zu Nr. 310. – *39 der Tragödie den Vorzug:* Aristoteles/Curtius, Kap. 5 und 26, S. 11 und 66.

345 *4 satisfacieret:* (lat.) ›befriedigt‹. – *18–20 sagen, ⟨...⟩ könne:* Aristoteles/Curtius, Kap. 5, S. 11. – *20 pragmatisch-poetische:* s. zu Nr. 305. – *28 wenn Sie hier sind:* vom 19. Mai bis 16. Juni; vgl. G.s Tgb., 20. Mai. – *30 Verknüpfung der Begebenheiten:* Aristoteles/Curtius, Kap. 6, S. 13. – *33 die Poesie und die Geschichte:* ebenda, Kap. 9; vgl. Lessing, ›Hamburgische Dramaturgie‹, 89. St.; Sch., ›Über das Pathetische‹ (NA 20, S. 218 f.). – *38 von den Meinungen:* ebenda, Kap. 6. Curtius übersetzte griech. ›dianoia‹ mit ›Meinungen oder Gesinnungen‹ vgl. Nr. 494.

346 *2 historischer Namen:* Aristoteles/Curtius, Kap. 9, S. 20. – *3 den Euripides:* Der griech. Tragödiendichter lebte ca. 485/80

-407/6 v.Chr.; vgl. ebenda, Kap. 11, 13, 14. – *7 Brief von Voß:* J. H. Voß an G., 24. April. Sein Brief an Sch. ist nicht überliefert. – *9 Übersetzung von Ovids Phaethon:* ›Phäthon‹ (›Horen‹ 1797, 5. St.) erschien als Vorabdruck von Voß' vollständiger ›Metamorphosen‹-Übersetzung: J. H. Voß, ›Verwandlungen nach Publius Ovidius Naso‹. 2 Tle. Berlin 1798. – *10 Detresse:* frz. ›Notstand‹. – *11 Reise:* Der Rektor des Eutiner Gymnasiums traf auf seiner Reise von Ende Mai bis Ende August nach Berlin, Giebichenstein, Halberstadt mit *Xenien*-Geschädigten wie Nicolai, Reichardt, Ramler, Gleim zusammen. Das Weimarer Reizklima hingegen, das eine Rezension seines ›Musenalmanachs‹ 1797 von Wieland verdorben hatte, mied er wie schon ein Jahr zuvor; s. zu Nr. 169 und Nr. 313. – *13 Karte zum Moses:* s. zu Nr. 298 und 300. – *14 Lenzischen Aufsatz:* der 2. Teil des Romans ›Der Waldbruder‹, s. zu Nr. 270 und 276. Da Lenz verstorben war, erübrigten sich Honorarzahlungen. – *16 Cotta versprochen:* Sch. an Cotta, 9. November 1796. – *23 mir gleich kommen lassen:* Sch. an Cotta, 10. Mai 1797. Die Curtius-Ausgabe war vergriffen; Cotta an Sch., 21. Mai. – *25 neue Horen:* Die Pakete mit dem 3. Stück der ›Horen‹ 1797 hatte Sch. am 1. Mai erhalten. – *28 die neue LebensArt:* im Gartenhaus, s. Nr. 309 und zu Nr. 275.

312. GOETHE                                      WEIMAR, 6. MAI 1797

346  *37 zur rechten Stunde:* Die Beschäftigung mit der Poetik von Aristoteles kam Sch. bei der ›Wallenstein‹-Arbeit zugute und beiden Autoren in ihren Entwürfen zum gemeinsamen Aufsatz *Über epische und dramatische Dichtung,* s. zu Nr. 307.

347  *1 nichts begriffen:* vgl. *Dichtung und Wahrheit,* 12. Buch (Bd. 16, S. 574). – *5 Arbeiten über die alte Geographie:* Voß gab seiner Übersetzung von Vergils ›Bucolica‹ Landkarten aus dem klassischen Altertum von Eratosthenes und Eudoxos bei. Voß: ›Alte Weltkunde‹ in: ›Jenaische Literatur-Zeitung‹ 1804 (Bd. 2, S. 1ff.); s. Nr. 78. – *8 Homerische Karten:* Der Voßschen Homer-Übersetzung von 1793 war u.a. eine Homerische Welttafel beigegeben, die G. verschenkt hatte; G. an Voß, 6. Dezember 1796. Voß versprach zwei Exemplare, die G. am 28. Mai erhielt; Voß an G., 24. April. – *9 ovidischen Verwandlungen:* s. zu Nr. 311. – *11 den großen Wert derselben:* Die auf philologisch treue Wiedergabe bedachte, kongeniale, auch metrisch gelungene Übersetzung der ›Ilias‹ und ›Odyssee‹ von Voß – ›Homers Werke‹ (Altona 1793) – machte Homer in Deutschland populär. 1796 las G. einen Gesang der ›Ilias‹ in der ›Freitagsgesellschaft‹ vor. Vgl. die Elegie *Herrmann und Dorothea,* Vers 45 (Bd. 4.1, S. 859), Xenion 129

(ebenda, S. 791). – *13 Tournüre:* (frz.) ›Wendung‹, ›Einkleidung‹, auch: ›Stilhaltung‹. – *14 Gerechtigkeit widerfahren:* Der Hauptansatzpunkt der Kritik an Vossens Versuch, die ›Naturgrammatik‹ des griechischen Originals in das durch Gottsched und Adelung reglementierte Deutsch poetisch zu transformieren, war der Vorwurf ungrammatischer Graezismen; vgl. Wieland: ›Briefe über die Vossische-Übersetzung des Homers‹ (›Neuer Teutscher Merkur‹ (1795), Bd. 2 und 4). A. W. Schlegels Rezension – ›Homers Werke, von J. H. Voß‹, in: ALZ, Nr. 262–267 (August 1796) (Fambach IV, S. 1–34) – wurde zum literarischen Tagesgespräch im Herbst 1796. Schlegel selbst revidierte 1801 seine strengen Maßstäbe erheblich. G. explizierte später im Kap. *Übersetzungen* der *Noten und Abhandlungen zu besserem Verständnis des Westöstlichen Divans* die bahnbrechende Leistung von Voß. – *17 Ertrag von Lenzens Mumie:* das eingesparte Honorar, s. zu Nr. 311. – *20 Idee Italiens:* Nach dem Ende des 1. Koalitionskrieges schienen die Hemmnisse für die geplante zweite (bzw. dritte) Italienreise beseitigt; vgl. Schiller an Körner, 1. Mai; s. zu Nr. 305; G. an Meyer, 28. April (Bd. 4.2, S. 605–608). – *22 meine Kollektaneen:* ⟨Vorbereitung zur zweiten Reise nach Italien⟩, s. zu Nr. 100. – *24 Den 15ᵗᵉⁿ:* G. kam am 19. Mai und blieb bis 16. Juni in Jena. – *25 zerstreuten Woche:* durch tägliche gesellschaftliche Verpflichtungen »bei Hofe« (Tgb.), s. zu Nr. 371.

313. SCHILLER                                    JENA, 10. MAI 1797

347 *34 gestern:* Dienstag, einem der üblichen Botentage. – *36 Voß:* s. zu Nr. 311 und 312. – *38 aus Ovid:* s. zu Nr. 311.

348 *1 St(r)eitigkeiten:* s. zu Nr. 311, 312 und 169, 173. – *5 Übersetzungsweise:* Sch. stimmte A. W. Schlegels Vorwurf der Modernisierung Homers zu und fand Vossens Übersetzungen nach der ›Odysee‹ (1781) zunehmend pedantisch; Sch. an W. von Humboldt, 22. Juli 1796; an Körner, 25. Mai 1798. – *9 Ihren Moses:* s. zu Nr. 298 und 300. – *14 im freien:* s. zu Nr. 299. G. war vom Aufenthalt in Sch.s Gartenhaus weniger angetan; G. an Christiane Vulpius, 28. Mai.

314. GOETHE                                      WEIMAR, 13. MAI 1797

348,24 *manches entscheiden muß:* manches zu entscheiden hat.

348 *23 hier zu tun:* Am 14. und 15. Mai beschäftigte G. der Schloßbau. Am 15. Mai entwarf er als Mitglied der Baukommission einen Jahresplan mit umfassenden Arbeits- und Beschaffungsanweisungen. Mitte Mai übersandte Herder G. Akten zur *Verbes-*

*serung des Konviktoriums in Jena,* (GaS II/1, Nr. 124); s. Nr. 316. – *25 Zeit bei Ihnen:* s. zu Nr. 312. – *26 Unentschiedenheit:* hinsichtlich der Italienreise. Zum einen war die politische Lage in Oberitalien noch ungeklärt, wo Frankreich zwei Tochterrepubliken – die Cisalpine und die Ligurische Republik – gründete, Venedig jedoch an Österreich abtrat; G. an W. von Humboldt, 14./15. Mai. Zum andern blieb durch Meyers Erkrankung in Florenz die Wahl zwischen einem Treffpunkt in der Schweiz oder in Italien noch offen; G. an Meyer, 8. Mai und 6. Juni (Bd. 4.2, S. 608–610). – *28 Von Humboldt:* W. von Humboldt an G., 6. Mai. Während seines Berlinaufenthalts vom 2. Mai bis 11. Juni überwachte W. von Humboldt den Druck von *Herrmann und Dorothea.* Vieweg hatte die ersten vier Gesänge in Händen; s. Nr. 300. – *31 Montag:* 15. Mai. Das Manuskript der nächsten vier Gesänge ging durch Böttiger erst am 21. Mai ab. – *32 endigen:* am 7. Juni. – *33 Friede:* s. zu Nr. 305. – *34 reinere Einheit:* vgl. *Herrmann und Dorothea,* 9. Gesang, Verse 298–318 (Bd. 4.1, S. 629). – *37 Zerstreuung:* Am 12. war Generalprobe, am 13. Premiere des Singspiels ›Das Petermännchen‹ von Karl Friedrich Hensler, s. zu Nr. 312.

315. SCHILLER    JENA, 16. MAI 1797

349,16 f. *mir aber übrigens:* mir übrigens; 349,22 *stark:* sehr.

349 *3 Gedicht:* In Jena hatte G. im September 1796 mit *Herrmann und Dorothea* begonnen. – *4 Judenstadt:* Nach der Judengemeinde aus dem Spätmittelalter benannter Stadtteil in Jena, in dem G.s Domizil, das Schloß, lag; s. zu Nr. 398. – *9 eine Woche später:* s. Nr. 312. – *12 Hauses:* s. zu Nr. 275 und 299. – *19 Schlegelische Kritik von Schloßern:* zu G.s Schwager s. zu Nr. 203. Sein ›Schreiben an einen jungen Mann, der die kritische Philosophie studieren wollte‹ (Lübeck und Leipzig 1797) bietet den gesunden, christlichen Menschenverstand gegen Kants Angriff ›Von einem neuerdings erhobenen vornehmen Ton in der Philosophie‹ (s. zu Nr. 199) auf. Friedrich Schlegel griff in den Streit mit dem Aufsatz ›Der deutsche Orpheus. Ein Beitrag zur neuesten Kirchengeschichte‹ ein (›Deutschland‹ 1796, 10. St.). Kant replizierte auf Schlosser mit der ›Verkündigung des nahen Abschlusses eines Traktats zum ewigen Frieden in der Philosophie‹ (›Berlinische Monatsschrift‹, Dezember 1796); s. Nr. 363, 365. Schlosser reagierte mit einem ›Zweiten Schreiben‹, s. zu Nr. 420. – *22 Frid⟨rich⟩ Schlegel:* zu F. Schlegels ›Horen‹-Rezension s. zu Nr. 227. Der letzte Teil über das 9.–11. St. der ›Horen‹ 1796 (in ›Deutschland‹ 1796, 12. St.) erschien im Frühjahr 1797. Sch. brach nach der

Lektüre im Mai mit beiden Brüdern Schlegel; Sch. an A. W.
Schlegel, 31. Mai und 1. Juni. Sch. hatte bereits F. Schlegels Rezension seines ›Musen-Almanachs‹ für 1796 schwer getroffen. Vgl. F.
Schlegel: ›An den Herausgeber Deutschlands, Schillers Musen-
Almanach betreffend‹ (›Deutschland‹ 1796, 6. St.; Fambach II,
S. 265–269) – *24 die Agnes:* s. zu Nr. 247 und 252. Aufgrund der
ersten Fortsetzung des von Sch.s Schwägerin anonym publizierten
Romans ›Agnes von Lilien‹ hatte F. Schlegel bereits im Januar G.
als Verfasser ausgeschlossen und eher auf Sch. getippt; F. Schlegel
an Körner, 30. Januar. – *29 Unwissenheit:* G.s Publikation des
Briefwechsels 1828/29 provozierte A. W. Schlegel zum Epigramm
›An Schiller‹ (erschienen 1831) s. S. 78. – *35 Annalen der leidenden Menschheit:* hg. von August Adam Friedrich Hennings
(1746–826) in Altona. Der Beitrag ›Die neuesten Musenalmanache‹ erschien 1797, H. 3, s. auch zu Nr. 273. – *37 Cellini:* s. zu
Nr. 326. – *39 für die Horen:* Die 11. *Cellini*-Fortsetzung war G.s
letzter eigener ›Horen‹-Beitrag. – *Almanach:* Zu Sch.s ›Musen-
Almanach für das Jahr 1798‹ steuerte G. die folgenden Balladen
und Gedichte bei: *Der neue Pausias und sein Blumenmädchen, Der
Zauberlehrling, Der Schatzgräber, Die Braut von Corinth, Legende, Der Gott und die Bajadere* (Bd. 4.1, S. 863–877, 886–901),
*An Mignon, Erinnerung, Abschied, Der neue Amor* (ebenda,
S. 658, 902f.).

316. GOETHE                           WEIMAR, 17. MAI 1797

350,9 *Zeitverderb:* Zeitvertreib.

350 *13 aufzuräumen:* s. zu Nr. 314. G. fertigte ferner ein
Schreiben an den Wegebaukommissar Goetze in Jena aus. – *14 die
Stimmung vom Schluß:* Frieden, s. zu Nr. 314. – *17 bei allen
Urteilen:* zu den Angriffen auf die *Xenien* vgl. Nr. 237, 251–256,
258, 265f., 279, 315. – *20 gelobte ⟨...⟩ Land:* Italien als G.s
Kanaan. Zum Reiseplan s. zu Nr. 312. – *31 Cellini:* G. arbeitete an
der Übersetzung am 27./28. Mai und 12. Juni.

317. GOETHE                              JENA, 23. MAI 1797

351 *4 Schloß- und Bibliothekwesen:* G. wohnte in Jena neben
Büttner im Schloß und arbeitete teilweise in der Bibliothek; s. zu
Nr. 209. – *6 Laren:* altrömische Schutzgötter des Hauses. – *7 Konzert:* wohl das Flötenkonzert des blinden Dülon von Petersburg,
das auch A. von Humboldt, Fichte, A. W. Schlegel und Schütz
besuchten; vgl. J. F. Fries an K. von Zezschwitz, 23. Mai (Grumach IV, S. 311). – *8 Loder:* s. zu Nr. 12. G. sprach mit Loder

vermutlich über die Herausgabe von Arbeiten zur vergleichenden Anatomie; vgl. G. an Böttiger, 6. Juni. – *11 Einleitung unseres Blumenmädchens:* der Vorspann aus Plinius des Älteren (23–79 n. Chr.) ›Naturalis historia‹ (35. Buch, Kap. 11) (Bd. 4.1, S. 886), s. zu Nr. 315. G. las Sch. den am 22. Mai verfaßten Text der dialogischen Elegie vor. – *14 SchmutzTitel:* die dem eigentlichen Titelblatt vorausgehende Seite. – *16 Abschrift:* s. Nr. 326. – *17 kleines Gedicht:* G.s *Der Schatzgräber,* s. zu Nr. 315. – *19 so gut daß die Vernunft des Petrarchs:* G. benutzte die deutsche Übersetzung von Petrarcas Werk ›De remediis utriusque fortunae‹: Franciscus Petrarcha: ›Von der Artzney bayder Glück, des guten vnd widerwertigen‹. Augspurg 1532. Die Illustration zu Buch I, Kap. 55 (›Von erfyndung eines schatz‹) zeigt die in der Ballade entworfene Szenerie mit magischen Kreisen, Flammen, Knabe und Schale. Im Dialog treten sich die ernste Vernunft, die an den Glücksumschwung erinnert, und die Freude gegenüber; vgl. NA 37 II, S. 60 f.

318. SCHILLER                JENA, 23. MAI 1797

351,26 *Ihr:* ihr; 351,37 *Sie:* sie.

351 *26 Gedicht: Der Schatzgräber.* – *32 Geistesatmosphäre:* der Rhythmus von Tagesarbeit und abendlich-geselliger Entspannung. Unter Umständen wußte Sch. auch vom Hamburger Lotterielos G.s; vgl. Bd. 4.1, S. 1216. – *34 sentimentalisch:* durch den Bezug eines Gegenstands (der Erzählung) auf eine Idee; vgl. ›Über naive und sentimentalische Dichtung‹ (NA 20, S. 441) und Nr. 332. – *36–39 die schöne Muse (...) zuzugesellen:* Anspielung auf die gedichtimmanente Thematisierung der fruchtbaren Verbindung von Poesie und Liebe in *Der neue Pausias und sein Blumenmädchen* und auf Christiane Vulpius, die in Bertuchs Blumenfabrik gearbeitet und G. am 20. Mai zuletzt besucht hatte; vgl. Bd. 4.1, S. 1228 f.

319. GOETHE                  JENA, 27. MAI 1797

352 *3 Quittung:* Auf der Rückreise von der Leipziger Messe hatte Cotta am Vortag in Jena mit Sch. das Honorar für die ›Horen‹-Beiträge der vergangenen zwölf Monate und den ›Musen-Almanach‹ für 1797 abgerechnet und die Honorarzahlungen geleistet; vgl. Cotta an Sch., 21. Mai Nr. 320. Die Quittung betraf u. U. den von G. einbehaltenen Vorschuß (s. Nr. 226) oder Auslagen für die Neuauflage des ›Musen-Almanachs‹ für 1797 (Nr. 258). – *6 Moses und Cellini:* s. zu Nr. 298, 320 und 326. – *10 Plutarchen:* In

seinen ›Parallelbiographien‹ (›Βίοι παράλληλοι‹, entstanden ca. 105–115 n.Chr.) stellt Plutarch die Lebensbeschreibung jeweils eines griechischen und römischen Staatsmanns zum Vergleich zusammen.

320. SCHILLER                                      JENA, 27. MAI 1797

*Überlieferung:* Unter der Datumszeile der Beilage steht in der Hs. von G.: »Quittiert den 28. Mai. 1797.«. Beilage zuerst in: ›Versteigerungskatalog 64 von Leo Liepmannssohn‹. Berlin 1934, S. 133.

352 *20 die Parallele greulich:* Cellini liebte Abenteuer, Händel und landete zweimal im Gefängnis. – *22 selbst geben:* G. erhielt das Geld noch am selben Tag. – *34 ZimmerVerzierung:* J. H. Meyer: ›Neueste Zimmerverzierung in Rom‹ (›Horen‹ 1796, 9.St.). – *36 gehen ab:* Cotta hatte G. Geld für Meyer vorgestreckt und an Escher überwiesen; vgl. Sch. an Cotta, 7. September 1796; s. zu Nr. 246 und 321.


321. GOETHE                                        JENA, 28. MAI 1797

353,9 *beglaubte:* beglaubigte.

353 *3 reellen Theaterbeutel:* Die als Requisit sonst nur mit Theatergeld gefüllte Börse war prall von Cottas ›schönen Doppellouisdoren‹; G. an Christiane Vulpius, 28. Mai; s. Nr. 319 und 320. – *6 ajoustieren:* (frz.) ›ausgleichen‹, ›ordnungsgemäß ausstellen‹. – *7 Copia:* s. zu Nr. 281. – *9 Escherische Quittung:* G. hatte 200 Laubtaler über Cotta und Escher an Meyer in Florenz überwiesen, von denen er 132 Laubtaler an Sch. bezahlte und den Rest von Cotta verrechnen ließ; s. zu Nr. 246; G. an J. Escher, 7. September 1796. – *13 Gerning:* G. erwog zeitweilig, die als Schweizerreise endende dritte Italienreise mit dem Frankfurter Kaufmann, Juristen und Schriftsteller Johann Isaak von Gerning (1767–1837) zu unternehmen. Zwischen dessen Familie und der G.s bestanden freundschaftliche Beziehungen. G. hatte 1794/95 Gerning nach Weimar eingeladen, wo er – wie später häufig – die Wintermonate verlebte. Der mit dem Königshaus von Neapel, das er 1798 auf dem Rastatter Kongreß vertrat, gut bekannte Diplomat reiste im Juli 1797 allein nach Neapel und kehrte ein Jahr später wieder nach Frankfurt zurück. Gerning an G., 27. Februar und 30. Mai 1797; G. an Meyer, 18. März; G. an Gerning, 6. Juni, 14. Juni und 3. Juli (WA IV 30, S. 63). – *15 Böttiger:* Böttiger an G., 22. und 27. Mai; G. an Böttiger, 26. Mai. Böttiger kündigte seinen Besuch in Jena für den 29.–31. Mai an; vgl. Böttiger über G.s Gesprächsäußerungen in ›Literarische Zustände‹ I, S. 65 f.; s. Nr. 322. – *16 Grund*

*und Boden:* Sch.s Garten und Gartenhaus, s. zu Nr. 275 und 299. – *19 bei Tage ⟨...⟩:* wegen der Hitze; vgl. G. an Christiane, 28. Mai. – *20 Feierlichkeiten:* Sie fanden in einem Vergnügungslokal in Jena-Prießnitz und in der akademischen Gaststätte ›Die Rose‹ statt; vgl. G.s Tgb., 28. Mai; s. zu Nr. 39. – *21 Prologs:* G. und Sch. bezeichneten ›Wallensteins Lager‹ noch über ein Jahr als ›Prolog‹ oder als ›Die Wallensteiner‹; vgl. G. an Meyer, 6. Juni und Nr. 341, 342, 510. – *25 historisch:* vgl. Sch.s ›Geschichte des Dreißigjährigen Kriegs‹. – *27 Zyklus:* Schon am 22. Februar erörterten G. und Sch. »Verschiednes über die Teilung des Wallensteins« (G.s Tgb.), s. Nr. 383. Die endgültige Teilung wurde am 23. September 1798 besprochen; s. zu Nr. 383. – *28 Privatgegenstände:* die Liebeshandlung zwischen Max und Thekla, s. Nr. 279. – *33 ein Gedicht: An Mignon,* s. zu Nr. 176 (Bd. 4.1, S. 903 und 1230).

322. SCHILLER                                JENA, 29. MAI 1797

354  *11 Urania:* letzter Gesang von *Herrmann und Dorothea.* – *poetischen und biblischen Plane:* das geplante Epos ⟨*Die Jagd*⟩ und *Moses* bzw. *Israel in der Wüste;* s. zu Nr. 302 und Nr. 298; vgl. G.s Tgb., 29. Mai. – *14 heut Abend:* G. kam zur Verabschiedung Woltmanns bei Sch.; Woltmann ging nach Oldenburg und Berlin.

323. GOETHE                                  JENA, 3. JUNI 1797

354,28 *gehöht:* erhöht; 354,34 *denke:* gedenke; 354,35 *Tag fruchtbar:* Tag recht fruchtbar.

354  *19 neune:* Die neun Musen, die den neun Gesängen von *Herrmann und Dorothea* im Titel zugeordnet sind. – *20 epischen Schweife:* Noch ca. 100 Hexameter fehlten am Schluß des Epos, das G. am 13. Juni beendete; G. an Böttiger, 3., 6. und 13. Juni. – *22–24 Meine Schriften ⟨...⟩ fortschicken:* Als Dank für die Übersendung der englischen Übersetzung des ›Cellini‹ schickte G. Boie die ersten sechs Bände seiner ›Neuen Schriften‹; s. Nr. 230, 244, 263–265, 416; G. an Boie, 6. Juni. – *26 Zeichnung:* Die Zeichnung sowohl für das Umschlagsornament des ›Musen-Almanachs‹ für 1798 wie für das Titelkupfer – es stellt Diana und drei Nymphen im Reigen dar – verfertigte J. H. Meyer; Meyer an G., 13.–15. Januar und 18.–20. Februar; Nr. 284 (vgl. H. Wahl: ›Zeichnungen von J. H. Meyer‹. Weimar 1918, S. 11). – *27–29 die Absicht ⟨...⟩ sollten:* vgl. G. an Meyer, 12. Oktober 1796; Meyer an G., 18.–20. Februar 1797; Sch. an Cotta, 16. Juni. – *30 Kupferstecher:* Gestochen wurde die Decke von Ludwig Friedrich Autenrieth (1773–1857) in der Stuttgarter Kupferstecherschule (vgl. NA 37 II, S. 71). – *33 ab-*

*zusenden:* Am 3. Juni schickte G. Böttiger den (unvollendeten) letzten Gesang mit der Bitte um Weiterleitung an W. von Humboldt und Vieweg in Berlin. Humboldts Korrekturen der Gesänge 5 und 6 arbeitete G. am 7. Juni ein. Am 8. Juni übersandte G. (lt. Briefverzeichnis) Vieweg Gesang 9. Den Schlußteil davon übersandte G. Böttiger für Vieweg erst am 13. Juni.

324. GOETHE                                    JENA, 10. JUNI 1797

355,7 *diesen Abend:* heute.

355 *3 Schlegelschen Aufsatz:* A. W. Schlegel: ›Über Shakespeare's Romeo und Julia‹ (›Horen‹ 1797, 6. St.). Nach dem Bruch Sch.s mit den Brüdern Schlegel (s. zu Nr. 315) suchte G. die verhärtete Frontenbildung zu lockern; s. Nr. 431, 447. Auch am ›Musen-Almanach‹ arbeitete August Wilhelm weiter mit. Rückblickend interpretierte A. W. Schlegel das Zerwürfnis mit Sch. als positiven Anstoß zur Entwicklung einer eigenen (romantischen) Position (Schlegel/Schiller/Goethe, S. 202). In seinen Vermittlungsbemühungen übernahm G. nach A. W. Schlegel Sch. gegenüber die Rolle »eines zärtlichen Ehemannes für seine nervenschwache Frau« (ebenda). G. selbst zu seinen Abwiegelungsversuchen: G. an Adele Schopenhauer, 16. Januar 1830; an Zelter, 20. Oktober 1831; S. 60, 62. Über G.s Stellung zur Jenaer Romantik vgl. Bd. 6.1, S. 854–860. – *8 berichtige (...) Montag:* G. sprach mit A. W. Schlegel erst wieder Dienstag, den 13. Juni, und sandte Sch. am 14. Juni den korrigierten Aufsatz; vgl. G. an A. W. Schlegel, 14. Juni; A. W. Schlegel an Sch., 14. Juni, Nr. 327. – *9 hungrigen Stunden:* Doppelanspielung auf die gefräßige Zeit (vgl. Ovid, Metamorphosen, Buch 15, Vers 234; Henkel/Schöne, Emblemata, Sp. 652f.) und den Manuskriptbedarf der ›Horen‹, die als Allegorien der Tagesstunden die Gesetzmäßigkeit des Zeitablaufs verkörpern (vgl. Hyginus, Fabulae 183). Griech. ›ὥρα‹ heißt sowohl ›Stunde‹ wie ›Jahreszeit‹. Gegenüber der NA 37 II ist festzuhalten, daß hier nicht G., sondern Hederich irrt! s. Nr. 48. – *9 Bissen Cellini:* s. Nr. 326. – *11 Taucher:* An der Ballade ›Der Taucher‹ (erschienen im ›Musen-Almanach‹ für 1798) arbeitete Sch. vom 6.–15. Juni; vgl. G.s Tgb., 11. Juni. – *12 in das Feuer: Die Braut von Corinth,* s. zu Nr. 315. – *aus dem Feuer: Der Gott und die Bajadere,* s. zu Nr. 315.

325. GOETHE                                    JENA, 13. JUNI 1797

*Datierung:* G. schrieb das Gedicht am 13. Juni und übersandte es Sch. vermutlich erst am 16. Juni als Beilage zu Nr. 328.

355 *19–22 Dem Herren ⟨...⟩ sein:* Anspielung auf Christi Versuchung, Mt. 4,1–3. – *19 Wüste:* Sch. klagte oft über Isoliertheit; vgl. Nr. 46, 110, 277, 293. – *24 Steinen:* Über G.s riesige mineralogische Sammlungen – er besaß bei seinem Tod 17 800 Stücke und hatte schon 1781 von C. G. Voigt regionale Gesteinssammlungen anlegen lassen – vgl. Hahn (Hg.): ›G. in Weimar‹, S. 203f.; s. Nr. 436. M. Semper: ›Die geologischen Studien Goethes‹. Leipzig 1914, S. 220–236, 381–389. Für die Jenaische Sammlung übersandte Carl August G. Opale und andere Steine am 21. Mai. – *26 Ideen:* So wie Jesus den Versucher auf das »Wort« Gottes aufmerksam macht (Mt. 4,4), erhofft sich (Mephisto) G. vom (Idealisten) Sch. Anregungen; s. Nr. 186, 188, 332, 346; G. *Glückliches Ereignis* (Bd. 12, S. 88ff.); G. an C. F. Schultz, 10. Januar 1829; S. 58f.

326. GOETHE                                    JENA, 13. JUNI 1797

355 *34 Restchen Cellini:* den Schluß der *Cellini*-Übertragung für das 6. Stück der ›Horen‹ 1797. – *das Blumenmädchen: Der neue Pausias und sein Blumenmädchen*, s. zu Nr. 315 (Bd. 4.1, S. 886–900). – *35 Dame des belles cousines:* Antoine de la Sale (1385–1461): ›L'Hystoire et plaisante cronicque du petit Jehan de Saintré et de la ieune Dame des belles Cousines sans autre nom nommer‹ (1456/1518). G. las den altfrz. Ritterroman in einer Ausgabe von 1724 (G.s Tgb., 13. Juni). Eine deutsche Übersetzung erschien 1797 in Leipzig. – *36 unbekannter Weise:* vgl. den Romantitel. Die Dame des Schlüsselromans heißt Ellinde. – *37 Würde der Frauen:* Sch.s Gedicht erschien im ›Musen-Almanach‹ für 1796, S. 186. Der Sch. verschwiegene Grund für das Interesse am Gedicht könnte in G.s Schlichtungsverhandlungen mit den Brüdern Schlegel zu suchen sein. Seit dem Zerwürfnis mit Sch. sprach er sie an sieben Tagen, auch am 13. Juni, s. G.s Tgb., Nr. 315, 324. Sch.s Text provozierte Distanzierungen der Romantiker in der Frauenfrage und Geschlechtercharakteristik: F. Schlegel machte sich in seiner Almanach-Rezension über das Gedicht lustig, A. W. Schlegel in einer Parodie und Caroline Schlegel in Briefen. Vgl. Th. Verweyen/G. Witting: ›Die Parodie in der neueren deutschen Literatur‹. Darmstadt 1979, S. 162–167.

356 *2 helle Nachtmahl:* eine literarische Referenz? Vollmond war am 9. Juni gewesen.

### 327. GOETHE  JENA, 14. JUNI 1797

356 *9 Club:* s. zu Nr. 39. – *12 Schlegelschen Aufsatz:* s. zu
Nr. 324. Zum Aufsatz trug Caroline maßgeblich bei; vgl. Caroline I, 426–432. Zu den Änderungen vgl. A. W. Schlegel an Sch.,
14. Juni; G. an Schlegel, 14. Juni. – *13 Taucher:* s. zu Nr. 324. –
*15 Amlet:* Saxo Grammaticus (ca. 1150–1216) berichtet in seinen
›Gesta Danorum‹ (Buch 3 und 4) über den Dänenprinzen Amleth.
G. benutzte eine Ausgabe der Büttnerschen Bibliothek: ›Historiae
Danicae libri XVI‹ (Sorae 1644/45) für seine Übersicht *Amlets
Geschichte nach dem Saxo Grammatikus* (Bd. 4.2, S. 70–73); vgl.
G.s Tgb, 14.–15. Juni. – *19 Vergleichung:* Saxo Grammaticus war
für Shakespeares ›Hamlet‹ eine Quelle, s. zu Nr. 49.

### 328. GOETHE  JENA, 16. JUNI 1797

356 *29 mineralogischen Gabe:* s. Nr. 325. – *30 abgerufen
werde:* Mit einem Eilboten hatte Voigt G. über ein Immobilienangebot in Oberroßla informiert; Voigt an G., 15. Juni; s. zu
Nr. 440. – *31 ich komme:* G. besuchte Sch. noch vor seiner Rückreise nach Weimar. – *32 die beiden Fischbücher:* Ein Exemplar des
Werks von G. Fischer, das G. kannte, befand sich in der Jenaer
Schloßbibliothek, s. zu Nr. 264. Vermutlich benötigte Sch. die
Bücher für seinen ›Taucher‹, s. zu Nr. 324.

### 329. SCHILLER  JENA, 18. ⟨19.?⟩ JUNI 1797

*Datierung:* Einige Indizien sprechen für eine Datierung auf den
19. Juni:
1) Sch. legte seinem Brief den am 19. Juni fertiggestellten ›Handschuh‹ bei.
2) Sch. ließ den Brief am 20. Juni per Botenfrau befördern.
3) Den vorher geschriebenen Briefen an Körner und W. von
Wolzogen vom 18. Juni zufolge – der letztere kann auch erst am
19. Juni geschrieben sein – war Lotte Schiller an diesem Tag noch in
Jena. Vgl. auch Fielitz in ALG 8 (1879), S. 428.
357,1 *kann viel im:* kann im; 357,10 *sie:* Sie; 357,16 *praktischen,
besonders:* praktischen und besonders; 357,33 f. *Vieilleville diese
Woche nicht:* Vieilleville nicht.

356 *38 Ihrer Entfernung:* Nach vierwöchigem Aufenthalt in
Jena war G. am 16. Juni nach Weimar zurückgekehrt. – *39 völlige
Abreise:* Zur geplanten dritten Italienreise, die nur bis in die
Schweiz führte, brach G. am 30. Juli auf und kehrte am 20. November 1797 zurück.

357 *1 im Freien:* s. zu Nr. 299. – *2 der Vieilleville:* s. zu Nr. 183; vgl. Wilhelm von Wolzogen: ›Denkwürdigkeiten aus dem Leben des Marschalls von Vieilleville‹ (›Horen‹ 1797. H. 6–9, 11). Sch. überarbeitete und kürzte die Übersetzung seines Schwagers und versah sie mit einer Einleitung. Vgl. Sch. an Wolzogen, 18. Juni. – *die Stunden drängen:* Das Erscheinen der ›Horen‹ verspätete sich im 3. Jg.; das 6. Stück erschien erst im August; s. zu Nr. 324. – *3 Nachstück zum Taucher:* Sch. legte dem Brief seine Ballade ›Der Handschuh‹ bei (›Musen-Almanach‹ für 1798); s. Nr. 330. – *5 S⟨aint⟩ Foix:* Germain François Poullain de Saint-Foix (1698–1776): ›Essais historiques sur Paris.‹ Tl. 1, Londres 1759, S. 202. – *6–8 poetischen Tätigkeit ⟨...⟩ bringen:* Balladen und Gedichte für den ›Musen-Almanach‹ für 1798. Sch. vollendete bis Ende Juli ›Der Ring des Polykrates‹, ›Nadoweßische Totenklage‹, ›Ritter Toggenburg‹ und Anfang September ›Die Kraniche des Ibycus‹. – *9–11 Die Entscheidung ⟨...⟩ Ungeduld:* s. Nr. 366. – *11 Je mehr Verhältnissen ⟨...⟩:* Der Bruch mit den Brüdern Schlegel lag noch keine drei Wochen zurück; s. zu Nr. 315. W. von Humboldt hatte Jena verlassen, s. Nr. 305. – *17–19 vom allgemeinen zum individuellen ⟨...⟩ fort:* G.s berühmte Gegenüberstellung von Symbol und Allegorie knüpft explizit an diese Briefstelle an. Vgl. *Mein Verhältnis zu Schiller (Maximen und Reflexionen,* Nr. 279; Bd. 17); s. Nr. 7, 357, 362, 494. – *26 Humboldt:* Seit seiner Abreise aus Jena am 25. April schrieb W. von Humboldt Sch. erst am 18. Juni aus Dresden. – *28 Körner:* vgl. Körner an Sch., 10. Juni. – *29 Senf:* Friedrich Christian Ludwig Senf(f)t von Pilsach (1774–1855). Der Hof- und Justizrat in Dresden, spätere Diplomat und Minister, kam von Italien zurück; vgl. Körner an G., 29. Mai; Körner an Sch., 10. Juni. – *33 auf etliche Tage:* Charlotte Schiller kehrte am 23. Juni nach Jena zurück. – *35 Chor aus Prometheus:* s. zu Nr. 299 und Nr. 330.

330. GOETHE  WEIMAR, 21. JUNI 1797

359,9 *mit:* mir.

358 *3 Burg:* Sch.s Gartengrundstück lag vor den Toren Jenas über der Leutra, zu der es sich in einer steilen Böschung senkte. Das Erdgeschoß des Gartenhauses bewohnte das Dienstpersonal, den ersten Stock Sch.s Familie, er selbst hatte die geräumige Mansarde mit der hübschen Aussicht bezogen; s. zu Nr. 275; Caroline von Wolzogen, Sch.s Leben 2, S. 174; vgl. G., *Epilog zu Schillers Glocke,* Vers 33 (Bd. 6.1, S. 91). – *10–12 Hier ist ⟨...⟩ gefallt:* Die mutige Tat vollbringt der Ritter aus ritterlicher Ehre. Vom intendierten Liebesbeweis führt sie zur Liebesabsage. Oellers

interpretiert den »umgekehrten Zweck« poetologisch als Gegenzug zum ›Taucher‹; vgl. N. Oellers: ›Der »umgekehrte Zweck« der »Erzählung« »Der Handschuh«‹ (JDSG 20, 1976). – *14 Geschichte der Peterskirche:* Bereits 1795/96 hatte sich G. mit der Baugeschichte der Peterskirche in Rom beschäftigt; G. an Meyer, 16. November 1795. Für das Schema *Zur Geschichte der Peterskirche nach Bonanni* (Bd. 4.2, S. 61–64) benützte G. am 15. und 18. Juni Filippo Bonannis Werk ›Historia ecclesiae Vaticanae‹ (Rom 1686), das ihm G. Hufeland am 14. Juni übersandt hatte; nicht das von Seidel und in Bd. 4.2, S. 963 genannte numismatische Werk des gleichen Autors ›Numismata summorum Pontificum‹. (Rom 1715) (Ruppert Nr. 2480). Vgl. G. an G. Hufeland, 15. Juli; vgl. auch ⟨*Grundlage zu einer architektonischen Bibliothek*⟩ (Bd. 4.2, S. 65–70, bes. S. 69). – *16 Moses:* s. zu Nr. 298. – *18 Ungewißheit:* der geplanten Italienreise, s. zu Nr. 314 und 321. – *21 Chor aus Prometheus:* s. zu Nr. 299 und 329. G. hatte W. von Humboldt die Abschrift des Chors zur metrischen Überarbeitung gegeben. Vgl. W. von Humboldt an seine Frau, 3. April. Sch. wollte das Chorlied in die ›Horen‹ einrücken und wandte sich darum am 6. August an Humboldt, der ihn am 4. September vertröstete. – *25 Dresden:* Seit Anfang Juni hielt sich Caroline von Humboldt hier auf. – *27 Wieland:* Er hatte sich im Frühjahr ein Landgut in Oßmannstedt gekauft. Dort besuchte ihn G. mit Knebel am 19. Juni. – *37 einer großen und kleinen Expedition:* nach Italien oder nur in die Schweiz; vgl. Charlotte von Stein an F. von Stein, 19. Juni (Bode II, S. 107). – *40 Michael:* 29. September. G. kehrte mit J. H. Meyer am 20. November aus der Schweiz zurück.

359 *2 letzten 4 Wochen theoretisch und praktisch:* Während G.s Aufenthalt in Jena vom 19. Mai bis 16. Juni entstanden Balladen im Diskussionsraum gemeinsamer poetologischer Reflexionen über die Gattungsmerkmale des Epischen und Dramatischen. Vgl. Bd. 4.1, S. 1212–1214; s. zu Nr. 302. – *8 der alte Meister:* Meyer brachte aus Italien Kunstobjekte, Kopien und Aufzeichnungen über italienische Kunstwerke mit; vgl. Meyer an G., 18.–20. Februar und 3.–8. Juni. – *12 Nach- und Gegenstück:* Kein sträflicher Frevel als Herausforderung der Götter wie im ›Taucher‹, sondern die Frevelnde wird in Schranken gewiesen. Vgl. Oellers, S. 399.

331. GOETHE  WEIMAR, 22. JUNI 1797

359 *23 unruhigen Zustande:* zur ungewissen Abreise in den Süden s. zu Nr. 330, 314 und 321. – *24 Faust:* Mehrfach schon hatte Sch. G. zur Wiederaufnahme des *Faust* gedrängt; s. Nr. 26, 37, 86. Die Neukonzeption in der über drei Jahrzehnte sich erstreckenden

Entstehungsgeschichte vom *Urfaust* (Bd. 1.2, S. 134–188) über *Faust. Ein Fragment* (1790) (Bd. 3, S. 521–587), zu *Faust. Eine Tragödie* (1808) (Bd. 6.1, S. 535–673) erhielt bis 1801 durch Sch. wesentliche Impulse (vgl. ebenda, S. 978–984); Nr. 332, 334, 454, 461, 741. Das gesamte Faustgeschehen stellt G. von jetzt an in einen religiösen und theatralischen Rahmen. Mephistopheles wird als Diener des Herrn in den Kosmos dramaturgisch integriert, s. Nr. 335. Nach dem Schema vom 23. Juni entsteht am 24. Juni die *Zueignung* und bald auch das *Vorspiel auf dem Theater*. – *26 was gedruckt ist: Faust. Ein Fragment* (Leipzig 1790), als 7. Band von *Goethe's Schriften* und als Einzeldruck bei Göschen. – *auflöse:* im chemischen Sinn durch Zugabe eines Lösemittels; vgl. Nr. 85. – *29 eine Idee:* die Idee zu einem Plan! vgl. G.s Tgb., 23. Juni: »Ausführlicheres Schema zum Faust«. Erhalten ist ein späteres Gesamtschema, s. Bd. 6.1, S. 1052. Die NA 37 II identifiziert ein solches Konstruktionskonzept mit der Ausarbeitung eines zentralen inhaltlichen Themas, auf das G. anders als Sch. niemals die unausrechenbare Komplexität seiner Tragödie reduzieren wollte. – *35 mir meine eignen Träume ⟨...⟩ deuten:* s. zu Nr. 306. – *40 subjektiv:* Anspielung auf Sch.s Charakterisierung von *Faust* in ›Über naive und sentimentalische Dichtung‹, NA 20, S. 460; s. Nr. 332.

360 *3 Unser Balladenstudium ⟨...⟩ gebracht:* s. zu Nr. 330. G. bezieht sich in erster Linie auf die eigenen Balladen von 1797, die düstere Aspekte wie Magie, Tod, Vampirismus thematisieren. Nach *Der Schatzgräber, Die Braut von Corinth, Der Gott und die Bajadere* entstand Anfang Juli *Der Zauberlehrling*; s. zu Nr. 315. Für das »Vampyrische Gedicht« verwendete G. die nämliche Quelle aus dem 17. Jh. wie für die Walpurgisnachtszenen in *Faust I* (s. Bd. 4.1, S. 1220). Zum nordischen »Dunst und Nebelweg« vgl. *Zueignung*, Vers 6 (Bd. 6.1, S. 535); Nr. 333, 334, 341. – *7 epischen Plans:* ⟨*Die Jagd*⟩, s. zu Nr. 302. – *9 cohobieren:* (lat.) ›sich durch Destillation klären, läutern‹. G. verwendet den alchemistischen Terminus in *Faust II*, Vers 6325 und 6853. – *10 Karl:* Sch.s vierjähriger Sohn besuchte mit seiner Mutter vom 18. bis 23. Juni Wolzogens in Weimar. – *16 Expedition:* Sch. besuchte G. vom 11. bis 18. Juli in Weimar.

## 332. SCHILLER JENA, 23. JUNI 1797

360 *23 Reise nach Italien:* s. Nr. 270, 314, 329. – *25 gewöhnlichen Logik:* Sch. sah einen Widerspruch zwischen G.s Streben nach der antiken Formenklarheit Italiens und seiner Beschäftigung mit dem nordisch-gestaltlosen *Faust*komplex; vgl. Nr. 4. – *29 Desideria:* lat. ›Wünsche‹. – *35 Symbolische Bedeutsamkeit:* Sie wird

nach Sch. erreicht, wenn das poetische Subjekt den ideenlosen Gegenstand zum Träger einer Idee macht, s. Nr. 362. Die sentimentalische Gegenüberstellung von Idealem und Wirklichem, subjektiver und objektiver Vorstellungsweise hatte Sch. am *Faust*fragment schon in ›Über naive und sentimentalische Dichtung‹ (NA 20, S. 459f.) analysiert.

361 *2 zu Ideen:* Ähnlich suchte Sch. auf G. bei der Arbeit an *Wilhelm Meisters Lehrjahren* einzuwirken; s. Nr. 187, 231. – *3 zugleich philosophisch und poetisch:* Konstitutiv für den ästhetischen Zustand ist nach Sch. die sinnlich-geistige Harmonie. – *16 Karl:* s. zu Nr. 331. – *17 Montag:* 26. Juni. – *18 neue Ballade:* ›Der Ring des Polykrates‹ wurde am 24. Juni abgeschlossen, s. zu Nr. 329. – *19 Darstellung von Ideen:* s. zu Nr. 318.

333. GOETHE                                   WEIMAR, 24. JUNI 1797

361,39 *und das so:* und so.

361 *24 wieder auflebenden Faust:* vgl. die am gleichen Tag entstandene *Zueignung* (Bd. 6.1, S. 535f.) und zu Nr. 331. – *31 Meyers Gesundheitsumständen:* J. H. Meyer war in Florenz erkrankt und vereinbarte in der Korrespondenz mit G. ein Treffen in der Schweiz; Meyer an G., 16. April, 27. Mai, 3.–8. Juni; G. an Meyer, 8. Mai und 6. Juni (Bd. 4.2, S. 608–610). – *35 Rückzug ⟨...⟩ vor:* vgl. *Zueignung.*

334. SCHILLER                                   JENA, 26. JUNI 1797

363,21 *ich auch darin:* ich darin; 363,23 *Vernunft nur kann ihn glauben, und der Verstand nur kann ihn so:* Vernunft nur kann ihn so.

362 *9 neulich:* s. Nr. 331. – *10 die Jagd:* s. zu Nr. 302. Nach *Gespräche mit Eckermann,* 18. Januar 1827 (Bd. 19, S. 193) riet Sch. zu »achtzeiligen Stanzen«. – *14 Hermann:* Herrmann und Dorothea, s. zu Nr. 274. – *16 modernen Dichtkunst:* im Unterschied zum reimlosen, antiken Hexameter von Herrmann und Dorothea. – *22 romantischen Gedichts:* hier noch im Sinn des ›wunderbaren‹, ›mittelalterlich-fabulösen‹ Gedichts. Sch. dachte an Versepen, wie sie in Stanzen Ariost (›Orlando furioso‹), Tasso (1544–1595) (›La Gierusalemme liberata‹), Wieland (›Oberon‹) vorgelegt hatten. – *33 die mittlere und neue Welt:* Mittelalter und Neuzeit. – *35 Faust ⟨...⟩ Auflösung:* s. zu Nr. 331. – *Auflösung:* Problemlösung; vgl. Sch. an W. von Humboldt, 29. und 30. November 1795.

363 *3 keinen poetischen Reif:* Als formale Lösungsmöglichkeit

auch für ähnliche Probleme bei ›Wallenstein‹ entdeckten Sch. und G. im Verlauf ihrer Gattungsdiskussion den Vorteil der Episierung der Tragödie: s. Nr. 335 und 395. – *13 Verstand und Vernunft:* ›Vernunft‹ im Sinn der ›praktischen‹ (moralischen) Vernunft Kants. – *22 realistisch ⟨...⟩ idealistisch:* vgl. Sch.s Ausführungen im Schlußteil von ›Über naive und sentimentalische Dichtung‹ (NA 20, S. 492 f.). – *28 meine Ballade:* ›Der Ring des Polykrates‹, s. zu Nr. 329. – *29 Ihren Kranichen:* Noch wollte G. den Stoff der ›Kraniche des Ibycus‹ zu einer Ballade verarbeiten. Er lud Sch. bei dessen Weimarbesuch (11.–18. Juli) zu einem poetischen Wettbewerb ein; vgl. Böttiger an J. von Müller, 16. Juli (Gespräche 1, S. 673); s. Nr. 346.

335. GOETHE                                WEIMAR, 27. JUNI 1797

364,23 *eigentliche:* eigentlich.

363 *39 in Suspenso:* lat. ›in der Schwebe‹. – *40 Gegenstück:* G.s Balladenplan mit dem Stoff der ›Kraniche‹, s. zu Nr. 334.

364 *4 barbarischen Komposition:* Die Dimensionen des unantiken, ›nordischen‹ Fauststoffs sprengten die klassisch-geschlossene Dramenform. Im Anhang zu seiner Diderot-Übersetzung *Rameaus Neffe* (Kap. *Geschmack;* s. Bd. 7) weist G. gegenüber der klassizistischen Gattungstrennung im Blick auf das Genie Shakespeare auf die »barbarischen Avantagen« einer offenen, zeitbezogenen Dramenform für »uns Nordländer« hin; vgl. Nr. 456, 767 (D. Borchmeyer, ›Über eine ästhetische Aporie in Schillers Theorie der modernen Dichtung‹, in: JDSG 22 (1978), S. 324 f., 341). – *7–9 Klopffechter ⟨...⟩ auszuruhen:* ›Klopffechter‹: Gegen Bezahlung auftretende Zweikämpfer, auch übertragen auf gelehrte Disputanten. Zur Theatralisierung und Neuintegration Mephistos s. zu Nr. 331. – *11 Fragment bleiben:* s. zu Nr. 331. – *12 neue Theorie des epischen Gedichts:* In G.s und Sch.s Diskussion der Gattungsmerkmale von Epos und Drama kamen die größere Selbständigkeit der Teile und die Distanz des Rezipienten als epische Charakteristika zur Sprache; s. zu Nr. 302 und Nr. 303. Vgl. auch F. Schlegel, ›Über die Homerische Poesie‹; s. zu Nr. 307. – *16 in freier Luft:* zu Sch.s Garten s. zu Nr. 275 und 299. – *21 noch einiges: Der Zauberlehrling* wurde Anfang Juli für den ›Almanach‹ für 1798 geschrieben. – *22 Tiger und Löwen in diese Form:* das geplante Versepos ⟨*Die Jagd*⟩ in Stanzen wie die *Zueignung* im *Faust;* s. zu Nr. 302, 333 und 334. – *25 das Schifflein:* vgl. Nr. 271, 278. – *27 Mittwochs:* 28. Juni.

### 336. SCHILLER  JENA, 27. JUNI 1797

364 *342 Gedichte:* Hölderlins Hymne ›An den Aether‹ (›Musen-Almanach‹ für 1798) und seine Elegie ›Der Wanderer‹ (›Horen‹ 1797, 6. St.); vgl. Hölderlin an Sch., 20. Juni; s. Nr. 337 und 338. – *38 kein reines Urteil:* Hölderlins Texte spiegelten für Sch. seine eigenen wieder; s. Nr. 338. – *40 mein Rat ⟨...⟩ wird:* Der Inhalt von Sch.s nicht überliefertem Brief an Hölderlin (28. Juli) läßt sich teilweise Hölderlins Antwort vom 15.–20. August entnehmen; s. zu Nr. 338. Im Brief vom 20. Juni 1797 beklagte Hölderlin seine bis zur Abhängigkeit reichende Bewunderung Sch.s (»von Ihnen dependir' ich unüberwindlich«).

### 337. GOETHE  WEIMAR, 28. JUNI 1797

365,7 *Denen:* Den; 365,8 *nicht ganz ungünstig:* nicht ungünstig; 365,28 *Ingeredienzchen:* Ingredienzien.

365 *9–12 die Africanische Wüste und der Nordpol ⟨...⟩ dargestellt:* vgl. Hölderlins Elegie ›Der Wanderer‹, Verse 1–36. – *15 naturhistorisch:* s. zu Nr. 198. G.s Kritik der Hymne ›An den Aether‹ ist nicht frei von Widersprüchen. – *20 nur durch Überlieferung:* G.s Rügen an der mangelnden Konkretheit und Naturtreue der ekstatischen Lyrik Hölderlins gab Sch. an Hölderlin weiter; vgl. Hölderlin an Sch., 15.–20. August. – *21 quellenden Wald:* ›Der Wanderer‹, Vers 5. Eine Textvariante Hölderlins von Vers 5 lautete »Ach! hier sprang, wie ein sprudelnder Quell, der unendliche Wald nicht.« Sch. redigierte den Vers. Vgl. F. Hölderlin, Frankfurter Ausgabe, Bd. 6, S. 55. – *26 Moiens:* frz. ›Mittel‹. – *28 gute Ingredienzchen ⟨...⟩ machen:* G.s Fehlurteil fällt etwas milder aus, wenn man einen Hörfehler des Schreibers für ›Ingredienzien‹ annimmt. – *34 der Äther ⟨...⟩ stehen:* Sch. folgte G.s Rat, s. zu Nr. 336. – *36 Ring:* s. Nr. 335.

366 *2 Gartenbewohnern:* Familie Sch., s. zu Nr. 335 und 330.

### 338. SCHILLER  JENA, 30. JUNI 1797

366,18 *mahnte:* erinnerte; 366,22 *neuern:* neuen; 366,30 *Poesie bloß auf:* Poesie auf; 367,14 *Übersetzungen:* Übersetzung.

366 *11 Freunde und Schutzbefohlenen:* Nach der ersten Begegnung im Herbst 1793 empfahl Sch. den jungen Magister an Frau von Kalb als Hauslehrer. Hölderlin bezog mit ihrem Sohn Fritz die Jenaer Universität und verkehrte bei Sch., der ihm den Druck des ›Hyperion‹ bei Cotta vermittelte. In der ›Neuen Thalia‹ (Jg. 1793, 4. Tl.) brachte Sch. das ›Hyperion‹-Fragment und das Hölderlin-

Gedicht ›Das Schicksal‹ heraus, im ›Musen-Almanach‹ für 1796 ›Der Gott der Jugend‹. – *20 Sein Zustand ist gefährlich:* Aus größerer Nähe nahm Sch. Hölderlins Gefährdungen sensibler als G. wahr. Hölderlin war im Mai 1795 aus Jena überstürzt abgereist. – *24 vor etlichen Jahren bei mir gesehen:* Anfang November 1794 hatte Hölderlin G. im Hause Sch.s nicht erkannt; vgl. Hölderlin an Neuffer, Mitte November 1794. Im Januar 1795 hatte Hölderlin G. bei Frau von Kalb getroffen; Hölderlin an Neuffer, 19. Januar 1795; an Hegel, 26. Januar 1795. – *29 KaufmannsHause zu Frankfurth:* von 1796–1798 im Haus des Frankfurter Bankiers Jakob Friedrich Gontard (1764–1843). – *33 Dichterin Mereau:* vgl. Sch. an Sophie Mereau, 27.⟨?⟩ Juni (NA 29, Nr. 95), s. zu Nr. 225. – *35 Anfang eines Romans:* Die ersten Teile des Briefromans ›Briefe von Amanda und Eduard‹ erschienen in den ›Horen‹ 1797, 6., 7. und 10. St. – *38 Fehlern:* vgl. Sch. an Sophie Mereau, Mitte Juli 1796 (NA 28, Nr. 207).

367 *1 unsere Weiber:* neben Sophie Mereau Caroline von Wolzogen, Amalie von Imhoff. Louise Brachmann kam bald hinzu; s. Nr. 356; vgl. NA 42, S. 241. – *5 Ahlwarth:* Der Altphilologe und spätere Greifswalder Professor Christian Wilhelm Ahlwardt (1760–1830) hatte 1794 in Berlin eine Übersetzung von Kallimachos' Hymnen und Epigrammen publiziert. – *7 zu d⟨en⟩ Horen angeboten:* Sein Brief und Sch.s Antwort vom 7. Juli fehlen. Von Ahlwardt erschien kein ›Horen‹-Beitrag. – *9 im Merkur 95 ⟨...⟩ stehen:* ›Der neue Teutsche Merkur‹ von Wieland brachte an Übersetzungen Ahlwardts: ›Ovids zehnte Heroide. Ariadne an Theseus‹ (1794, 11. St), ›Probe einer Übersetzung der Lusiaden, aus dem Portugiesischen des Luis de Camoëns‹ (1795, 1. St.), ›Probe einer Übersetzung der Medea des Euripides‹ (1795, 3. St.). – *11 Böttiger:* Ihn traf Sch. spätestens am 3. Juli; vgl. Böttiger an G., 3. Juli. – *13 Hero und Leander:* Kleinepos von Musaios (ca. 500 n.Chr.). 1801 bearbeitete Sch. den Stoff zu einer Ballade; s. Nr. 823. – *20 Faust:* s. Nr. 331. – *24 Reise durch Nordamerika von Thomas Carver:* Sch. las C. D. Ebelings deutsche Übersetzung des Reiseberichts von Jonathan Carver (1710–1780): ›Johann (!) Carvers Reisen durch die innern Gegenden von Nord-Amerika‹ (Hamburg 1780). Das 15. Kap. über die Bestattungsriten der Sioux-Indianer – Auszüge davon in NA 29, S. 424 – regte Sch. zu seinem Gedicht ›Nadoweßische Totenklage‹ an, das er am 3. Juli fertigstellte; s. zu Nr. 329. – *28 Knebeln:* Knebel war Ende Juni in seine fränkische Heimat gereist, wo er sich ein halbes Jahr aufhielt.

339. GOETHE					WEIMAR, 1. JULI 1797

367 *36 Gedichten:* von Hölderlin, s. Nr. 336–338.
368 *4 Unsere Frauen:* s. Nr. 338. – *12 Hirt:* s. zu Nr. 12. Der jetzige Professor an der Akademie der Künste in Berlin und Mitglied der Akademie der Wissenschaften hatte während seines langjährigen römischen Aufenthalts von 1782 bis 1796 zu G.s Bekanntenkreis gehört. Die ausgiebigen Gespräche G.s mit Hirt vom 28. Juni bis 6. Juli 1797 gewannen angesichts der bevorstehenden Reise in den Süden an Aktualität. – *13 fremde Erscheinung:* Auf Hirts Dogmatismus und auf bestehende Meinungsverschiedenheiten weist G. im Brief an Meyer vom 14. Juli hin (Bd. 4.2, S. 611–614) und in *Italienische Reise. Zweiter römischer Aufenthalt. November 1787, Bericht;* s. auch Nr. 341, 408. – *14 unverrückt:* noch vor dem Kunstraub der Franzosen in Italien. Unter den von Napoleon im Frieden von Tolentino (19. Februar 1797) erbeuteten Kunstwerken war auch die Laokoon-Gruppe und der Apoll von Belvedere; s. zu Nr. 212 und 411. – *18–22 bekannte Idee ‹...› herzuleiten:* vgl. *Italienische Reise,* a. a. O.; Meyer an G., 12. Februar 1796; G. an Meyer, 3.–9. März 1796. Meyer hielt Hirts Ableitung von Steinbau- aus Holzbaukonstruktionen für völlig verfehlt; Meyer an G., 12. Februar 1796. Nach Hirt bestimmt das Charakteristische weithin den Wert eines Kunstwerks, vgl. *Italienische Reise,* ebenda; Nr. 342. In *Der Sammler und die Seinigen* vertritt der »Gast« die Position Hirts (*Propyläen,* Bd. 2, 2. St. (1799); Bd. 6.2, S. 76–130, bes. S. 99 ff). – *34 Mitarbeiter:* Ahlwardt, s. zu Nr. 338. – *Carber:* Carver. – *36 Blatt wegen der andern Bücher:* vermutlich Literatur für ›Wallenstein‹, die Sch. aus der Weimarer Bibliothek entliehen hatte; s. Nr. 340. – *39 Faust:* s. Nr. 331–335.
369 *1 deutliche Baukunst ‹...› verscheucht:* Mit Hirt führte G. ausführliche Gespräche über Baukunst und besichtigte das neue Römische Haus im Park (G.s Tgb., 28.–30. Juni). Ferner studierte G. die von Carl August übersandten architektonischen Schriften; G. an Carl August, 29. Juni; s. Nr. 341. Zur Nebelwelt vgl. Nr. 331, 333, 341. – *4 Schwammfamilie:* vgl. Sch.s Pilzsendung, Nr. 337. – *5 meiner Reise:* s. zu Nr. 270, 314, 329. – *10 Meyer:* Am 7. Juli erhielt G. Meyers Brief vom 26. Juni aus Stäfa am Zürcher See; s. Nr. 330. – *11 Gedichte: Herrmann und Dorothea,* s. zu Nr. 274.

340. SCHILLER                           JENA, 4. JULI 1797

369 *18 drei Tagen:* A. L. Hirt hielt sich vom 2.–5. Juli in Jena auf. (Die Angabe in Bd. 4.2, S. 974 ist hier ungenau.) – *19 manches zurückgelassen:* Möglicherweise bezieht sich Sch. hier konkret auf das Manuskript von Hirts Aufsatz ›Versuch über das Kunstschöne‹, den Sch. unautorisiert im 7. Stück der ›Horen‹ 1797 herausgab; vgl. Hirt an Matthisson, 14. Oktober; s. Nr. 342. – *24 Hauptsache ‹...› Meiern:* Hirts Kernthese war, daß »Charakteristik«, d. i. die dem dargestellten Gegenstand eigentümliche Formen- und Farbgestaltung den »Hauptgrundsatz des Kunstschönen« ausmacht (ebenda, S. 35); s. Nr. 341 und 342. – *33 MichelAnge:* Michelangelo Buonarroti (1475–1564). G. bewunderte am bedeutendsten Künstler des 16. Jahrhunderts dessen »Großheit« und Natur; vgl. *Italienische Reise*, 22. November 1786, 31. Juli und 23. August 1787.

370 *6 Maler Müller:* s. zu Nr. 276. – *8 wie der Aufsatz ‹...› entstanden ist:* Im Juniheft 1795 des ›Neuen Teutschen Merkurs‹ hatte Fernow die Ausstellung seines Freundes Carstens auf Kosten anderer deutscher Maler in Rom herausgestrichen, den Aufsatz aber vor der dortigen Künstlergemeinde geheimgehalten. Sie bekam davon Wind. Als Sprecher der frustrierten Partei entlieh Müller die Zielscheibe seiner Polemik – das ominöse ›Merkur‹-Stück mit Fernows Beitrag – auf Umwegen von Fernow selbst, der in der Villa ›Malta‹ eine Lesegesellschaft und Bibliothek eingerichtet hatte. Vgl. Carl Ludwig Fernow: ›Römische Briefe‹. Hg. von H. von Einem und R. Pohrt. Berlin 1944, S. 42, 244. Meyer an G., 13. Mai; zu Nr. 276. – *14 Nordamerikanischen Lied:* s. zu Nr. 338. – *16 Bücherzettel:* Sch.s Bestätigung für die aus der Weimarer Bibliothek entliehenen Quellen für seinen ›Wallenstein‹. Zu den einzelnen Werktiteln vgl. R. Boxberger: ›Schillers Lektüre‹. In: ALG 2, S. 211. – *16 Brief von Humboldt:* W. von Humboldt an G., 28. Juni. Humboldt hatte wegen G.s aktuellem Reisevorhaben den Brief an Sch. adressiert. – *17 Schwager:* W. von Wolzogen.

341. GOETHE                            WEIMAR, 5. JULI 1797

370,35 *sehr:* ganz.

370 *24–26 Faust ‹...› worden:* s. Nr. 339 und 456; vgl. *Faust*, Vers 2497. – *29 römischen Freund:* A. L. Hirt. Zu G.s Kritik an ihm s. zu Nr. 339. – *39 Michel Agnolo:* So lautete die Namenseintragung Michelangelos auf seiner Geburtsurkunde.

371 *1 Aufsatz über Laokoon:* Hirt, ›Laokoon‹ (›Horen‹ 1797,

10. St.; nicht 3. St. wie in Bd. 4.2, S. 977 angegeben.); vgl. Böttiger an Sch., 12. November; Bd. 4.2, S. 978 f. – *2–5 da er nicht einsieht (...) begrenzen:* Hirt polemisiert gegen Lessings und Winckelmanns Betonung der gefaßten Leidenschaftsdarstellung in der bildenden Kunst der Antike und gegen die der »Schönheit« bzw. »edler Einfalt und stiller Größe« eingeräumte Prävalenz vor Wahrheit und Charakteristik, die nach Hirt den Vorzug verdienen (›Horen‹ 1797, 10. St., S. 22–24); vgl. auch *Der Sammler und die Seinigen*; Bd. 6.2, S. 100 ff. – *4 Enunciationen:* (lat.) ›Aussagen‹, s. zu Nr. 409. – *7 Aufsatzes:* zu Vorstufen des verlorenen Aufsatzes vgl. *Laokoonfragment* (1774) und *Ephemerides* (Bd. 1.2, S. 490 und 524 f.). G. besichtigte bereits 1769 die späthellenistische Gruppe im Mannheimer Antikensaal, die auch Sch. später beschreibt; vgl. G. an Langer, 30. November 1769; an Oeser, 14. Februar 1769; *Dichtung und Wahrheit*, 11. Buch (Bd. 16, S. 535 f.). Sch., ›Brief eines reisenden Dänen‹ (NA 20, S. 103); s. zu Nr. 364. G. publizierte den vom 2. bis 5. Juli geschriebenen Aufsatz *Über Laokoon* in den *Propyläen I* (1798), 1. St. (Bd. 4.2, S. 73–88). – *12 Sonnabend:* 8. Juli; s. Nr. 344. – *15 Meyer:* s. zu Nr. 330. – *17 Peterskirche:* s. zu Nr. 330. – *19 Totenlied:* ›Nadoweßische Totenklage‹, s. zu Nr. 338. – *27 Von Meyer:* s. zu Nr. 339. – *31 Wallensteiner:* s. zu Nr. 321. – *32 Herzogin:* Während seines Weimarbesuchs las Sch. selbst am 14. Juli Herzogin Louise aus ›Wallensteins Lager‹ vor.

342. SCHILLER JENA, 7. JULI 1797

372,19 *und ähnliche:* und andere ähnliche; 373,8 *Krünitz:* Krünitzens; 373,18 *nächsten auszuführen:* nächsten Woche auszuführen; 373,19 f. *selbst. Leben:* Selbst mit. Leben. Im Erstdruck nach Nr. 343.

371 *40 Charakteristischen:* s. zu Nr. 339–341. Zu den ästhetischen Diskussionen über den Stellenwert des Schönen und Charakteristischen, Idealen und Individuellen, die die Laokoongruppe auslöste, vgl. auch W. von Humboldt an Sch., 16. Juli.
372 *3 allerneuesten Ästhetiker:* F. Schlegel. – *18 vaticanischen Apoll:* Apollon von Belvedere; vgl. Sch.s ›Brief eines reisenden Dänen‹ (NA 20, S. 103 f.) – *21 ignobeln:* (lat.) ›gemeinen‹. – *33 Hirtischen Aufsatz:* ›Laokoon‹. Die Vermutung der NA 29 und Seidels läßt sich nicht nur durch Nr. 341 beweisen, sondern auch durch Hirts Bezugnahme auf Winckelmann und Lessing, die in seinem anderen ›Horen‹-Aufsatz (›Versuch über das Kunstschöne‹) fehlt; s. zu Nr. 344. – *40 Untersuchungen über das Griechische Trauerspiel:* Tragödienproblemen, die für Sch. die Arbeit

an ›Wallenstein‹ aufwarf, begegnete er mit dem Studium der Aristotelischen Poetik und der attischen Tragiker.

373 *2 Ihren Aufsatz: Über Laokoon.* – *4 musikalische Teil:* neun Gedichte des ›Musen-Almanachs‹ für 1798 aus der Feder von G., Sch., Matthisson, Amalie von Imhoff und Siegfried Schmid wurden vertont: von Sch. ›Elegie an Emma‹ und ›Reiterlied. Aus dem Wallenstein‹; von G. *An Mignon, Der Gott und die Bajadere, Erinnerung.* – *5 der Komponist:* Sch. nahm zwei Komponisten in Anspruch: Zelter in Berlin und seinen Jugendfreund, den Stuttgarter Operndirektor Johann Rudolf Zumsteeg (1760–1802); vgl. Sch. an Zelter, 6. Juli; an Cotta, 21. Juli; zu Nr. 672 und 901. – *7 Glockengießerlied:* ›Das Lied von der Glocke‹ vollendete Sch. erst 1799; es erschien im ›Musen-Almanach‹ für 1800. – *8 Krünitz Enzyklopädie:* Johann Georg Krünitz: ›Oeconomische Encyklopädie ⟨...⟩‹, 19. Tl., Brünn 1788, S. 81–175. Der Artikel über die Geschichte und Herstellung der Glocke wurde Sch.s Hauptquelle. – *13 noch 4 oder 5 kleine Nadoweßische Lieder:* Sch. verzichtete auf sie, s. Nr. 349; Körner an Sch., 21. Juli. – *16 Reise nach Weimar:* s. zu Nr. 331. – *18 Der Prolog:* s. zu Nr. 321. Sch. hatte ›Wallensteins Lager‹ am 18. Juni Körner zugeschickt.

## 343. GOETHE WEIMAR, 7. JULI 1797

373,28 *Augenblicke einziger:* Augenblicke mein einziger; s. zu Nr. 342.

373 *26 Briefchen:* Meyer an G., 26 Juni aus Stäfa, s. zu Nr. 333. – *29 einziger Wunsch:* vgl. G. an Meyer, 7. Juli. – *30 das vorige mal:* Als Meyer im Herbst 1789 in Rom erkrankte, hatte er sich 1790 zur Genesung nach Stäfa begeben, seinem Schweizer Heimatort. – *32 Abreise:* s. zu Nr. 329. – *33 Ankunft des Herzogs:* Carl August kehrte am 25. Juli von einem Kuraufenthalt in Teplitz zurück; s. Nr. 351.

## 344. GOETHE WEIMAR, 8. JULI 1797

374,17 *nordischen:* nordischem.

374 *3 Hirtische Aufsatz:* ›Laokoon‹. Der von der NA 37 II zusätzlich in Betracht gezogene ›Horen‹-Beitrag von Hirt ›Versuch über das Kunstschöne‹ kann ausgeschlossen werden; s. Nr. 341 und 342. Auch im Brief an Meyer vom 14. Juli erwähnt G. nur den ›Laokoon‹-Beitrag. – *7 der meinige:* G.s *Über Laokoon,* s. zu Nr. 341. – *10 Meyers Urteile:* vgl. G. an Meyer, 14. Juli (Bd. 4.2, S. 611–614); Meyer an G., 26. Juli. – *14 im Felde der Tragödie:* aufgrund der Thematisierung des Charakteristischen

und Leidenschaftlichen in Hirts Aufsatz, vgl. G. an Meyer, 14. Juli. — *20 die Glocke:* s. zu Nr. 342. — *21 einigen nadowesischen Liedern:* s. zu Nr. 342. — *22 kommen Sie:* s. zu Nr. 331. — *24 Architektonischen Deduktionen:* s. zu Nr. 339.

345. SCHILLER    JENA, 10. JULI 1797

374,33 *schwere:* schöne; 375,6 *gefreut:* erfreut.

374 *31 Aufsatz: Über Laokoon,* s. zu Nr. 341. Zum programmatischen Stellenwert und zur Nachwirkung dieser vielbeachteten Abhandlung G.s vgl. Bd. 4.2, S. 973. — *37 Mündlich:* Sch. wohnte vom 11. bis 18. Juli als Gast in G.s Haus am Frauenplan.

375 *1 Schwager:* W. von Wolzogen. — *4—8 Meiers 〈...〉 tröstlich:* s. zu Nr. 343, 333 und 329. — *11 Humboldt:* G. war in Jena in der letzten Märzwoche mit W. von Humboldt dessen Übersetzung des ›Agamemnon‹ von Äschylos durchgegangen, die erst 1816 erschien. Humboldt hatte G. schon einmal um die Rückgabe des Manuskriptteils gebeten, den G. in Händen hatte; Humboldt an G., 24. April; s. Nr. 775.

346. GOETHE    19. JULI 1797

375 *19 zum Abschiede:* G. brach am 30. Juli in die Schweiz auf. — *26 Rückkunft:* G. kehrte am 20. November nach Weimar zurück. — *28 die größeren:* ›Wallenstein‹ und *Faust.* — *29 kleinere:* die Balladen für den ›Musen-Almanach‹ für 1798. Als letzte Ballade hatte G. den *Zauberlehrling* geschrieben; s. zu Nr. 315. — *32 Polycrates:* s. zu Nr. 329; Nr. 334, 335. Sch. hatte am 14. Juli die Ballade ›Der Ring des Polykrates‹ der Herzogin vorgetragen, und G. das Manuskript zu Vortragszwecken noch zurückbehalten. Vgl. G. an Böttiger, 19. Juli. — *die Kraniche:* G. trat Sch. die Stoffidee zu ›Die Kraniche des Ibycus‹ ab; s. zu Nr. 334 und 358. Nähere Auskunft über die antiken Quellen gab Böttiger. Vgl. G. an Böttiger, 16. Juli; Böttiger an G., 16. Juli. — *33 Sonnabend:* 22. Juli. — *35 Schlegel:* G. an A. W. Schlegel, 19. Juli. Durch seinen freundlichen Dankesbrief für das von Schlegel am 16. Juli zum ›Musen-Almanach‹ für 1798 übersandte Gedicht ›Prometheus‹ suchte G. zwischen den Brüdern Schlegel und Sch. nach dem Zerwürfnis zu vermitteln; s. zu Nr. 324 und Nr. 348. Sch. hingegen sparte in seiner Antwort an A. W. Schlegel vom 27. Juli nicht mit Kritik an dem 23 Seiten umfassenden Verstext.

347. SCHILLER                                    JENA, 21. JULI 1797

376,36 *zu der:* zur; 376,40 *sie:* Sie; 377,8 *Den ⟨...⟩ vergessen.:* zuerst in Sch./G.² (1856).

376  *3 von Ihnen gehen:* s. zu Nr. 345. – *6 Perfektibilität:* s. zu Nr. 413. – *20 Einleitung zum Laokoon:* G. Über Laokoon (Bd. 4.2, S. 73, Z. 30–35); s. zu Nr. 341 und Nr. 344. – *22 alles Allgemeine ⟨...⟩ verwandeln:* die theoretische Reflexion in literarische Praxis umsetzen. – *26 unserm Commercio:* (lat.) ›Handel‹; vgl. W. Barner, E. Lämmert, N. Oellers: ›Unser Commercium‹. Stuttgart 1984, S. 11; s. Nr. 579. – *33 die Lieder zum Almanach:* s. zu Nr. 342. – *34 die Komponisten:* Sch. setzten die eigenen Versprechungen unter Druck. Zelter hatte er mit einer Textsendung am 6. Juli noch weitere Kompositionsvorlagen in drei bis vier Wochen in Aussicht gestellt; ähnlich an Cotta und Zumsteeg. Zelter erkundigte sich am 14. Juli lediglich nach den Chorstimmen und dem Kontext des ›Reiterliedes‹. – *35 Kranichen:* s. zu Nr. 346. – *36 September:* Am 2. Oktober erst nahm Sch. die Arbeit an ›Wallenstein‹ wieder auf; s. Nr. 367. – *38 einfache Existenz:* im Gegensatz zur ›Existenzverdopplung‹, die Sch. der Dialog mit G. verschaffte.

377  *3 unserm Freunde:* J. H. Meyer in Stäfa, s. Nr. 345. Sch. legte dem Schreiben seinen aufschlußreichen, in den Erstdruck aufgenommenen Brief an Meyer vom 21. Juli bei; s. S. 76. – *4 Meine Frau:* Charlotte Schiller an G., 21. Juli. – *8 Chor aus Prometheus:* s. zu Nr. 299 und 330.


348. GOETHE                                      WEIMAR, 22. JULI 1797

377,21 *diesmal hierher:* diesmal wieder hieher; 377,26 *einige:* ein Paar.

377  *14 beiderseitigen Abschiedsgruß:* Vor G.s Abreise in die Schweiz hatte auch Sch.s Frau an G. geschrieben, s. zu Nr. 347. – *15 Horen:* Das 5. Stück der ›Horen‹ 1797 war Beilage zu Nr. 347. – *16 Kleinigkeiten:* G. regelte testamentarische Angelegenheiten; vgl. G. an Carl August, 22. Juli; ⟨*Testament vom 24. Juli 1797*⟩ (Bd. 4.2, S. 512f., 1133–1135). – *19 ungeduldig:* G. wartete auf die Rückkehr des Herzogs, s. zu Nr. 343. – *20 Rat Schlegel:* A. W. Schlegel, s. zu Nr. 346. – *25 an Meyer geschickt:* den ›Ring des Polykrates‹ schickte G. Meyer erst am 5. August; vgl. Meyer an G., 10. August, s. zu Nr. 329. – *26 unterwegs:* vgl. Nr. 353.

349. SCHILLER                                JENA, 23. JULI 1797

Die Nachschrift 378,19–21 im Erstdruck zu Beginn von Nr. 350.

**377** *39 Humboldt:* W. von Humboldt an Sch., 16. Juli. Im nicht überlieferten Schlußteil berichtete Humboldt vermutlich von der Erkrankung seiner Frau. – *40 Reise:* s. zu Nr. 299 und Nr. 305.

**378** *2 Jude zum Schylock:* Tubal zu Shylock in Shakespeares ›Der Kaufmann von Venedig‹ III/1. – *4 drei Stücke:* Sch.s Balladen ›Der Ring des Polykrates‹, ›Der Handschuh‹, ›Der Taucher‹. – *5 nadoweßischen Liede:* s. zu Nr. 338 und zu Nr. 342. Zur ›Nadoweßischen Totenklage‹ äußerte sich W. von Humboldt im nicht überlieferten Schlußteil seines Briefs an Sch. vom 16. Juli. – *11 Stuttgardter Komponisten:* Zumsteeg, s. zu Nr. 342. Der ›Musen-Almanach‹ für 1798 enthält keine Notenbeilage zum *Zauberlehrling.* – *19 Böttichern:* Sch. an Bötticher, 23. Juli. Die Aushängebogen der Oden (Bd. 1) der von Göschen 1798 veranstalteten Prachtausgabe der Werke Klopstocks hatte Bötticher Sch. in Weimar übergeben; s. zu Nr. 345.

350. SCHILLER                           JENA, 24. ⟨25.⟩ JULI 1797

*Datierung:* s. NA 29, S. 444.
379,20 *etwas:* was; s. zu Nr. 349.

**378** *26 Die Nachricht ⟨...⟩:* Sch. antwortet auf einen nicht überlieferten Brief G.s, den er am 25. Juli erhielt; s. Nr. 351. – *29 die Ankunft des Herzogs:* s. zu Nr. 343. – *31 abwarten:* s. Nr. 349. – *34 Opus:* Georg Konrad Horst (1767–1832), ›Gustav III. Tod. Ein psychologisch-moralisches Gemälde der Verirrungen des Enthusiasmus und der Leidenschaften‹. 4 Bde. Leipzig 1797. Vgl. Horst an Sch., 3. Juli. Das Werk des Pfarrers in Lindheim bei Hanau erreichte Sch. am 24. Juli. – *Industrie:* (lat.) hier: ›Fleiß‹, ›Produktion‹.

**379** *1 Citation:* (spätlat./frz.) ›Zitat‹. – *2 ipsissima verba:* lat. ›ureigensten Worte‹. – *7 Schmidt:* Der Kaufmannssohn Siegfried Schmid (1774–1859) hatte auf Wunsch seines Vaters Theologie unter anderem in Jena studiert und sich dort für die Kantianer erwärmt. Im Herbst 1797 freundete er sich in Frankfurt mit Hölderlin an, der ihm die Elegie ›Stuttgart‹ widmete. Vgl. Schmid an Sch., 20. Juli; Sch. an Schmidt, 28. Juli; s. Nr. 355. – *9 Condition:* (lat./frz.) ›Stand‹, ›soziale Position‹. Schmid lebte von 1795–97 ohne eine Anstellung im großbürgerlichen Elternhaus. – *10 Proben:* Sch. nahm in den ›Musen-Almanach‹ für 1798 vier Gedichte von Schmid auf. – *16 für die künftigen Almanache:* In ihnen erschien nichts mehr von Schmid. – *19 Steigentesch:* Der spätere

Diplomat und Schriftsteller August Ernst Freiherr von S. (1774–1826) lieferte für alle ›Musen-Almanache‹ Sch.s von 1797–1800 poetische Beiträge. Vgl. Steigentesch an Sch., 18. Juni 1796. – *19 in Frankfurt:* G. traf in seiner Vaterstadt Schmid, nicht aber den jungen Hauptmann der österreichischen Armee. s. Nr. 355.

351. GOETHE                                        WEIMAR, 26. JULI 1797

379 *34 reisen:* s. zu Nr. 353. – *34–36 der abermals ermordete (...) Dritte:* s. zu Nr. 350. Der schwedische König Gustav III. war 1792 ermordet worden. – *37 Bettelsuppe (...) liebt:* vgl. *Faust I,* Verse 2392 f. (Bd. 6.1, S. 601). – *38 Gespräche im Reiche der Toten:* Die auf Lukian zurückgehende Gattung fiktiv-biographischer ›Totengespräche‹ war im 17. Jh. durch Fontenelle wie Fénélon wiederbelebt worden und erlebte in Deutschland im 18. Jh. eine Hochkonjunktur, zu der vor allem David Faßmanns (1685–1744) erfolgreiche ›Gespräche in Dem Reiche derer Toten‹ (Leipzig 1718–39) beigetragen hatten. – *40 neue Dichter:* Siegfried Schmid, s. zu Nr. 350.

380 *5 Herzog:* s. zu Nr. 343. – *6 berühmte Mariane Meyer:* s. zu Nr. 80. Die getaufte Tochter eines vermögenden jüdischen Kaufmanns in Berlin lebte seit 1797 in heimlicher Ehe mit Fürst Heinrich XIV. von Reuß-Greiz (1749–1799). Vgl. Carl August an G., 17. Juni; G. an Carl August, 29. Juni; W. von Humboldt an Sch., 23./25. Juli; Marianne Meyer an G., 28.–30. September. – *10 Gedichte:* von S. Schmid. – *Schreibers:* Georg Gottfried Rudolph (1777–1840); oder der »Copist« Gottlieb Leonhardt Heubner (geb. 1767) aus Jena. – *11 die Kraniche:* s. zu Nr. 346.

352. SCHILLER                                        JENA, 28. JULI 1797

380,31 *Agnes v. Lilien:* Agnes Lilien; 380,39 *meinem:* meinen; 381,3 *diese:* die; 381,6 f. *finden und sehen was an ihm ist. Noch:* finden. Noch.

380 *20 zum Abschied:* s. zu Nr. 353. – *25 fliegt (...) Taube:* Anspielungskontamination auf Genesis 8,8–12 und die poetologische Metapher, s. zu Nr. 271. – *27 Kraniche:* s. zu Nr. 334 und 346. G. hatte damals den Gedanken an eine eigene Bearbeitung des Balladenstoffs noch nicht ganz aufgegeben; s. Nr. 359. – *29 einiges andre:* Beiträge zum ›Musen-Almanach‹ für 1798: die Ballade ›Ritter Toggenburg‹, die am 31. Juli fertig wurde, ›Das Geheimnis‹, ›Die Worte des Glaubens‹. – *30 Gedichte der Freunde und Freundinnen:* die Auswahl der Manuskripte für den ›Musen-

Almanach‹ für 1798, u. a. von Conz, Hölderlin, Matthisson, W. von Humboldt, Amalie von Imhoff, Sophie Mereau. – *31 Agnes v. Lilien:* s. zu Nr. 247. Den Roman seiner Schwägerin machte Sch. druckfertig. An den Verleger Unger, zu dem er die Fäden gesponnen hatte, ging am 11. August der erste Teil des Manuskripts, im Herbst folgte der zweite Teil. Der Roman erschien in zwei Bänden Ende 1797 (Jahreszahl ›1798‹). – *32 Horen:* Sch. hatte Cotta am 21. Juli Manuskripte für das 7. ›Horen‹-Stück 1797, das in der ersten Septemberhälfte erschien, versprochen. Cotta erhielt sie am 4. und 11. August. – *32 Diversionen:* (frz.) ›Ablenkungen‹. – *34 Schlegeln:* Sch. an A. W. Schlegel, 27. Juli; s. zu Nr. 346. – *35 Antwort:* A. W. Schlegel an Sch., 28. Juli. – *37 ich habe das meinige getan:* Selbstzitat aus ›Don Carlos‹, Verse 5367f.: das kalte Schlußwort des Königs. – *39 Schmidt:* s. zu Nr. 350; Sch. an Schmid, 28. Juli. – *40 Hölderlin:* Der Brief an Hölderlin vom 28. Juli ist nicht überliefert; s. Nr. 336–339, 359.

381 *6 Steigentesch:* s. zu Nr. 350. – *8 Noch einmal ⟨...⟩ Reise:* s. Nr. 347 und 87.

### 353. GOETHE                                         WEIMAR, 29. JULI 1797

Die Nachschrift 381,39–382,3 zuerst in Sch./G.² (1856).

381 *13 abgehen:* G. brach am 30. Juli zu seiner dritten Reise in die Schweiz auf. – *144 Wochen später:* vgl. G. an Meyer, 8. Mai (Bd. 4.2, S. 608); s. Nr. 343. – *15 Schwierigkeit loszukommen:* Neben testamentarischen Regelungen und einer Darlehensrückzahlung veranlaßte G. die kommissarische Fortführung der Theaterleitung während seiner Abwesenheit und einen Ausbau des Theaters in Lauchstädt; s. Grumach IV, S. 329; G. an Kurfürst Friedrich August von Sachsen, 25. Juli. – *20 vorgelesen:* Böttiger, dem G. am 19. Juli einen Balladenvortrag versprochen hatte, kündigte seinen Besuch mit Sander für den 28. Juli an (Böttiger an G., 26. Juli). Auch die in Weimar anwesende Marianne Meyer dürfte unter den Zuhörern gewesen sein; vgl. M. Meyer an G., 28.–30. September; s. zu Nr. 351. – *21 Handschuh:* Sch. beherzigte die Kritik: Vers 27 der Ballade »Und leckt sich ⟨lecket⟩ die Zunge« verbesserte Sch. in »Und recket die Zunge«. – *25 Schlegels Aufsatz:* ironisch für A. W. Schlegels ausführlichen Rechtfertigungsbrief an Sch. vom 28. Juli; s. zu Nr. 324 und 346. – *32 Es graut ⟨...⟩ Weltbreite:* vgl. Nr. 356, 357. – *39 Boie:* s. zu Nr. 323. Sch. schrieb nicht mehr an Boie.

354. SCHILLER                           JENA, 7. AUGUST 1797

382,31 *diesen:* den; 382,38 *vorgehabt:* vorgeholt; 383,4 *Gegenstande:* Zustande

382  *9 Reise:* Der nach Frankfurt adressierte Brief Sch.s kreuzte sich mit Nr. 355. – *18 Zelter:* Zelter an Sch., 28. Juli (eingegangen am 6. August). An G.-Texten hatte Zelter *Der Gott und die Bajadere* sowie *An Mignon* vertont; s. zu Nr. 342 und 321. – *20 Die Melodie (...) Strophen:* Wieland urteilte anders; vgl. Zelter an G., 16. Mai 1829. – *25 Herder:* Herder an Sch., 28. Juli. – *26 was für Eindruck:* Den abschließenden Paarreim jeder Strophe in ›Der Taucher‹ hätte Herder lieber männlich als weiblich geendet gesehen. G.s *Der Gott und die Bajadere* und *Die Braut von Corinth* fand er sexuell anstößig. Vgl. Herder an Knebel, 5. August (Bode II, S. 110). – *29 Nicolaus Pesce:* Name des Tauchers – nicht der eines Autors! – in den Überlieferungen der Sage, die Sch. von G. hörte; s. zu Nr. 324 und Nr. 356. Vgl. A. Leitzmann: ›Die Quellen von Sch.s und G.s Balladen‹ (Bonn 1911), S. 48. Als erbauliches Exempel in Christian Gottlieb Göz: ›Tischgebete und Unterhaltungen in Liedern und Versen‹. Stuttgart (Cotta) 1790. (Vgl. R. Breymayer in ›Blätter für württembergische Kirchengeschichte‹ 1983/84, S. 54–96). – *37 Diderot sur la peinture:* s. Nr. 256–258.

383  *2–5 Er sieht (...) Darstellung:* Die ästhetische Autonomie des Kunstwerks vertritt Sch. wiederholt in Briefen und Abhandlungen; vgl. Sch. an Körner, 25. Dezember 1788 (nach der Lektüre von K. Ph. Moritz' ›Über die bildende Nachahmung des Schönen‹); an Herder, 4. November 1795; Nr. 53, 356, 536, 805, 941. ›Über die ästhetische Erziehung‹, (NA 20, S. 359, 381 f.); Fragmente aus Schillers ästhetischen Vorlesungen, NA 21, S. 88. – *12 eine reine Formel:* vom »reinen uninteressierten Wohlgefallen«, vgl. Kant, ›Kritik der Urteilskraft‹ (1790), I. Tl., § 1, 2, 5, 13. – *17 die Kleinen:* Sch.s Kinder Karl (4 Jahre) und Ernst (1 Jahr).


355. GOETHE                           FRANKFURT, 9. AUGUST 1797

383,35 *käme:* kämen; 383,35 *nun:* mir; 383,36 *vorgekommen ist so:* vorgekommen so; 384,4 *Vergnügungen:* Vergnügen; 384,26 f. *suche so ist:* suche ist. Die Nachschrift (386,36–39) zuerst in ›Marbacher Schillerbuch‹, hg. von O. Günttter, Bd. 3. Stuttgart und Berlin 1909, S. 24. Im Erstdruck ist der 2. Teil des Briefs (385,13–386,32) als 1. Teil von Nr. 356 wiedergegeben. G. tilgte den Schlußsatz des Briefkonzeptes (386,32): »Vielleicht finden sich aus ähnlichen Ursachen unter den Juden keine Dichter noch Künstler.« – Eckermann nahm G.s Brief bis 385,2 in *Aus einer Reise in die Schweiz über Frankfurt, Heidelberg, Stuttgart und Tübingen im Jahre 1797* auf (Bd. 4.2, S. 605–764; hier S. 615–617). Vgl. den Kommentar in Bd. 4.2, S. 1167f. Bei allen G.-Briefen an Sch. aus der *Reise in die Schweiz 1797*, die in Bd. 4.2 bereits kommentiert sind, setzen wir den betreffenden Kommentar voraus und geben nur ergänzende Erläuterungen.

383 *25 Frankfurth:* Nach einer viertägigen Reise war G. am 3. August in seiner Heimatstadt eingetroffen, s. zu Nr. 353. – *35 Ich will ⟨...⟩:* Die programmatische Selbstreflexion und Situationsbeobachtung steht bei G. im Dienst eines mit Meyer geplanten Reiseberichts; s. zu Nr. 100; *Tag- und Jahres-Hefte* zu 1797 (Bd. 14, S. 54); G. an Carl August, 8. August (Bd. 4.2, S. 617f.). Zum Reiseschema ebenda, S. 1167. Am 8. Juni hatte G. in Jena mit Sch. über »Ideen zu einem Reiseschema« konferiert. – *40–384,16 Sehr merkwürdig ⟨...⟩ Liebhaberin:* vgl. *Faust, Vorspiel auf dem Theater*, Verse 112–120. Dazu R. Engelsing: ›Die Perioden der Lesergeschichte in der Neuzeit‹, in: ›Archiv für Geschichte des Buchwesens‹ X (1970), Sp. 958ff.

384 *3 Stimmung:* Bei G. im Sinn der Sensibilität, Affizierbarkeit von Objekten, Personen, Situationen. Vgl. ⟨*Selbstschilderung*⟩ (Bd. 4.2, S. 515–519). Sch. verwendet den Begriff im Sinn von ›Gestimmtheit für die ästhetische Produktion und Rezeption‹, für Einstimmung von Sinnlichkeit und Vernunft, für die ästhetisch aktive Bestimmbarkeit. Vgl. ›Über die ästhetische Erziehung‹, 19.–22. Brief (NA 20, S. 368–383), ›Über naive und sentimentalische Dichtung‹ (NA 20, S. 491). – *25 Entwurf:* Er ist nicht überliefert. – *26 auszufüllen suche:* Über Dekorationen und Mitglieder des Frankfurter Theaters mit ihren Rollenfächern vgl. Bd. 4.2, S. 622–628, 1172f. – *34 Impietät:* Pietätlosigkeit. – *39 Studtgarter:* vgl. Tgb., 31. August, 4. und 6. September.

385 *4 Gartenhause:* s. zu Nr. 275 und 299. – *5 jenaische Schloß:* G.s Domizil in Jena. – *7 Musenalmanach:* s. zu Nr. 315. – *9 Phönix:* mythologischer Vogel der alten Ägypter und der Spätantike. Vgl. jedoch Nr. 361. – *13 Schmidt:* biographische Ergänzungen zum Porträt von Siegfried Schmid, der G. am 8. August besuchte, s. zu Nr. 350. – *20 Aber um die Stirne ⟨...⟩ Götter:* Selbstzitat aus *Iphigenie auf Tauris*, Verse 330f. (3. Fassung, Bd. 3.1, S. 170). Sch. greift das Zitat im 24. Brief ›Über die ästhetische Erziehung‹ auf (NA 20, S. 389). – *29 Nationalgarde:* Beginnende Volksbewaffnung in deutschen Territorien. Schmid trat 1799 in die österreichische Armee ein. – *40 Sie ihn ⟨...⟩ schicken:* s. Nr. 352.

386 *3 Reinholdt:* Der Kantianer Karl Leonhard Reinhold (1758–1823), vor seiner Berufung nach Kiel als Philosophieprofes-

sor bis 1794 der Vorläufer Fichtes in Jena, hatte Sch.s Interesse für Kant geweckt. Sein Kampf als Aufklärer und Freimaurer in Wien gegen Klerikalismus hatte ihn 1783/84 in die Emigration nach Leipzig und Weimar geführt. – *17 diesen gesehen:* am 22. August, s. Nr. 359. – *18 Da (...) begegnet:* Aus Kaufmannsfamilien stammten J. J. Eschenburg, S. Gessner, F. H. Jacobi und F. Nicolai, vgl. *Dichtung und Wahrheit* (Bd. 16, S. 294 ff., 352, 623 ff., 666). – *24 Tournüre:* (frz.) ›Benehmen‹, ›Auftreten‹. – *29 Kaste:* Stand. – *Stämmen:* Herkunft. – *36 Dieser Brief:* Schmid an G., 7. August (Marbacher Schillerbuch 3, S. 23 f.).

356. GOETHE     FRANKFURT, 12. UND 14. AUGUST 1797

387,9 f. *wenn denn auch:* wenn auch; 388,14 *doch so leicht:* doch leicht; 388,16 *Kosegarten:* T.; 388,38 *Besonnenheit:* Besinnung; 389,9 f. *manches Gute hervorbringen:* manches hervorbringen; 389,16 *ward:* wird; 390,5 *man aus:* man kann aus; 390,6 *kann:* kaum. – Abschnitte des ersten Briefs (387,14–34 und 388,29–39) sowie der zweite Brief vom 14. August, den G. ohne die beiden letzten Absätze in seinen Brief an Carl August vom 15. August übernahm, in: *Reise in die Schweiz 1797* (Bd. 4.2, S. 621 f., 629, 637 f.; vgl. den Kommentar S. 1172, 1174, 1182). Die Textlücke der Hs. (389,19) ergänzt G. zu ›Fuentes‹.

387   *8 wir:* G. reiste mit Christiane Vulpius, Sohn August und Sekretär Geist. – *16 auf der Reise zu leben:* G. hielt sich vom 3. bis 25. August in Frankfurt auf. – *18 Stimmung:* s. zu Nr. 355. – *23 empirischen Breite nichts mehr wissen:* vgl. Nr. 353, 357. – *24 Theater:* s. Bd. 4.2, S. 1168. – *26 Gotzischen Manier:* nach Art der phantastischen Märchenstücke und der Stegreifkomödie des italienischen Dramatikers Carlo Graf Gozzi (1720–1806); vgl. *Italienische Reise,* Venedig, 5. und 6. Oktober 1786. 1791–93 waren in Weimar drei Stücke nach Gozzi gespielt worden; Sch.s Bearbeitung der ›Turandot‹ wurde am 30. Januar 1802 uraufgeführt. – *28 Meyer (...) aufgenommen:* Meyer an G., 4. August. Am 10. August dankt J. H. Meyer für weitere Balladen. – *29 wöchentlich:* G. an Meyer, 7., 14., 21. Juli (Bd. 4.2, S. 610–615). – *30 mehrere Briefe:* Meyer an G., 20., 26. Juli und 4. August. – *33 nicht wieder von mir lassen:* G. traf Meyer am 20. September in Zürich und kehrte mit ihm am 20. November nach Weimar zurück, wo Meyer bis zu seinem Tod 1832 lebte. – *35 Alten auf dem Topfberge:* der 53jährige Herder, der am höher gelegenen Topfmarkt wohnte. Humorvolle Anspielung auf das Oberhaupt einer islamischen Sekte während der Kreuzzugszeit, den ›Alten vom Berge‹. – *37 Weg zu verkümmern:* hier: ›den Zugang (dem Besit-

zer) sperren‹, s. zu Nr. 20, 151, 168. – *39 Agioteurs:* frz. ›Spekulanten‹, ›Makler‹.

388 *2 Nikolaus Pesce:* s. zu Nr. 354. – *5 Chronik:* Vermutlich meint G. Athanasius Kircher: ›Mundus subterraneus‹. Amstelodami 1665 (A. Leitzmann, ›Die Quellen von Sch.s und G.s Balladen‹ (1911), S. 3–5). – *7 ob das denn alles fein wahr sei:* Selbstzitat aus der unveröffentlichten ersten Fassung der 2. *Römischen Elegie*, s. Bd. 3.2, S. 39. – *9 Diderot:* s. Nr. 354. – *12 keiner andern subordiniert:* zur Autonomieästhetik s. zu Nr. 354. – *16 Kosegarten:* s. zu Nr. 171. Kosegartens ›Ankündigung‹ der 2. Aufl. seiner ›Poesieen‹ (!) (Leipzig 1798) liest sich streckenweise wie eine unfreiwillige Schillerparodie. Vgl. Sch. an A. W. Schlegel, 3. Juli. A. Leitzmann in Preuß. Jbb. 177 (1919), S. 242f.; s. Nr. 358. – *24 Exhibitum:* lat. ›Beigabe‹, ›Anzeige‹. – *26 daß das Nichts ‹...› sei:* Anspielung auf den poetologischen Topos, daß der Dichter aus nichts etwas schaffe. Vgl. Georg Philipp Harsdörfer: ›Poetischer Trichter‹. 3 Tle. 1647–1653. Neudruck Darmstadt 1969, I, S. 3f. – *31 undenische Pygmeenweibchen:* das Undinen-Märchen *Die neue Melusine*, s. zu Nr. 121 und 278.

389 *1 rektifizieren:* (lat.) ›berichtigen‹. – *2 rhapsodischen Grillen:* s. zu Nr. 311. – *5 Agnes:* Caroline von Wolzogen nach ihrem Roman ›Agnes von Lilien‹, s. zu Nr. 247 und Nr. 338. – *Amalie:* Amalie von Imhoff (1776–1831). Im Haus ihrer Mutter, einer Schwester Frau von Steins, hatte Sch. seit 1787 in Weimar gewohnt. Amalies Vater war Maler, sie selbst eine Zeichenschülerin J. H. Meyers. Die Schriftstellerin publizierte in den ›Horen‹ 1797 wie im ›Musen-Almanach‹ für 1798. Vgl. Sch. an Amalie von Imhoff, 17. Juli. – *12 lernen:* Im Briefkonzept schließen sich noch ein paar bissige Bemerkungen über Sophie von La Roche an: »Gestern war ich in Offenbach bei Frau von *la Roche*, sie hat mich mit ihren sentimentalen Sandsäckchen so abgebläut, daß ich mit dem größten Mißbehagen wieder fortfuhr und beinah die herrliche Gegend darüber nicht angesehen hätte. Es ist erschrecklich was eine bloße Manier durch Zeit und Jahre immer leerer und unerträglicher wird.« s. Nr. 608, 634. – *19 Mailänder:* In die Lücke der Hs. trug G. ›Fuentes‹ ein, s. Bd. 4.2, S. 623, 629f. und 1172. Das Briefkonzept enthält die erläuternde Fußnote: »er ist eigentlich ein Spanier, Schüler des Mayländers Gonzaga, der nach Petersburg gegangen ist«. – *37 Gradation:* (lat.) ›Steigerung‹.

390 *6 Werken des Albertolli:* Giocondo Albertolli (1742–1839), klassizistischer Bildhauer und Dekorateur in Mailand. In der Weimarer Bibliothek waren vorhanden: ›Ornamenti diversi, Inventati, disegnati ed eseguiti da G. Albertolli‹. Milano 1782; ›Alcune decorazioni di nobili sale ed altri ornamenti di G.

Albertolli‹ (Milano) 1787; ders.: ›Miscellanea per i giovani studiosi del disegno‹. Milano 1796, 3. Tl. – *10 Manier:* vgl. G.s Aufsatz *Einfache Nachahmung der Natur, Manier, Styl,* s. zu Nr. 4. Ähnlich Sch. in ›Kallias oder Über die Schönheit‹, 28. Februar 1793. – *14 Direktionspunkten:* perspektivischen Fluchtpunkten. – *23 ausführe:* Über Ansätze kam G. nicht hinaus, s. Bd. 4.2, S. 622 f., 1172. – *25 stillen Höhe:* Sch.s Gartenhaus, s. zu Nr. 330. – *27 Gossen:* ›Rinnsale‹.

357. GOETHE    FRANKFURT, 16. UND 17. AUGUST 1797

Erstdruck in ›Morgenblatt für gebildete Stände‹ 1829, Nr. 48 (25. Februar). *391,1 Beobachtens:* Beobachters; 391,35 *(man):* ich; 393,20 *oder:* und; 393,27 *nichts:* etwas.

390 *38 Ihre Meinung:* s. Nr. 362.
391 *1 kalten Weg des Beobachtens:* Zu G.s Entwicklung des Schauens vgl. W. Keller: ›Goethes dichterische Bildlichkeit‹. München 1972, S. 237–259. – *15 Sentimentalität:* Der von G. mit der ›poetischen Stimmung‹ (s. Nr. 355) zusammengebrachte Begriff zeigt neben Affektkomponenten auch den Reflexionsaspekt, entsprechend Sch.s Begriff des ›Sentimentalischen‹, s. zu Nr. 190, 245, 318. – *23 symbolisch:* G.s Formulierung des Symbolbegriffs, der von nun an ins Zentrum seiner Poetik rückt, entwickelt Anregungen Sch.s weiter; s. Nr. 329, 332, 459. – *35 mißbrauchten Ausdruck:* Das aus dem Englischen entlehnte ›sentimental‹ wurde neben der Bedeutung von ›empfindsam‹, ›poetisch‹, ›schwärmerisch‹ auch im abwertenden Sinn von ›rührselig‹, ›süßlich‹, ›verlogen‹ gebraucht. – *40 empfindsame Reisen:* Literarische Modegattung der zweiten Hälfte des 18. Jh.s im Gefolge von Laurence Sternes ›A Sentimental Journey through France and Italy‹ (London 1768). Von den deutschen Nachahmungen Johann Georg Jacobis (1740–1814), Johann Gottlieb Schummels (1748–1813), Moritz August von Thümmels (1738–1817) distanzierte sich G.. Vgl. *Tag- und Jahres-Hefte* zu 1789 (Bd. 14, S. 15).

392 *6 was Sie selbst ⟨...⟩:* Sch., ›Über naive und sentimentalische Dichtung‹, s. zu Nr. 21 und 318. – *10 das Ideale unmittelbar mit dem gemeinen:* Die Indirektheit der Bezeichnung ist konstitutiv für G.s Symbolbegriff, vgl. WA I 47, S. 95. – *14 dem bedeutenden:* Das ›Bedeutende‹ nähert sich bei G. dem Symbolbegriff an, s. zu Nr. 459; vgl. auch G. an Schultz, 18. September 1831. – *18 ich wohne:* Nachdem das Elternhaus im ›Großen Hirschgraben‹ verkauft war, wohnte G. bei seiner Mutter am Roßmarkt schräg gegenüber der Hauptwache. – *20 großväterlichen Hauses:* Johann Wolfgang Textors (1693–1771) Anwesen in der Friedberger Gasse;

vgl. *Dichtung und Wahrheit*, 1. Buch (Bd. 16, S. 40f.). – *24 Marktplatz:* Aus dem Haus wurde ein Warenmagazin. – *26 Bombardement:* s. zu Nr. 197 und 200. – *29 die Meinigen:* G.s Onkel Johann Jost Textor (1739–1792) hatte das Anwesen für 12000 Gulden verkauft.

393 *6 Tiefe:* Sie wird nach G. durch die Präsenz der allgemeinen Idee im einzelnen Phänomen erreicht. – *16 Phantome:* vgl. die ›nordischen Phantome‹ des *Faust*, Nr. 341. – *19 Hydra der Empirie:* vgl. Nr. 353, 356, 481. Hydra, der neunköpfigen Schlange der griech. Mythologie, wuchsen zwei neue Köpfe nach, wenn Herakles einen abgeschlagen hatte. – *23 wichtiges Kapitel:* s. Nr. 359.

358. SCHILLER                                   JENA, 17. AUGUST 1797

394,12 *den:* dem; 394,31 *etwas:* was; 395,6 *einseitig:* einsilbig; 395,7 *primitivem:* Primitiverem; 395,16 *und eine Innigkeit:* und Innigkeit; 395,19 *natürliche und notwendige:* notwendige natürliche; 395,23 *was:* etwas; 395,29 *davon:* daran; 395,40f. *auf diese Bemerkung geraten. Unsre:* auf Bemerkungen geraten, die ich mitzuteilen mir vorbehalte. Unsre; 396,1–15 zuerst in Sch./G.² (1856); 396,16 *Kosegarten:* A.; 397,5 *aus:* von; 397,6 *noch nichts:* nichts weiter.

393 *34 welche Sie ⟨…⟩ geben:* vgl. Nr. 355. Nr. 356 und 357 erreichten Sch. erst am 20. August und 1. September. Zur Verspätung s. Nr. 362. – *38 daß man nur für sich selber ⟨…⟩ dichtet:* s. Nr. 580.

394 *10 Genius:* in der Antike die personifizierte Schöpfungskraft und der Schutzgeist der Person, der in der Kunst gewöhnlich bärtig, mit freiem Oberkörper, Füllhorn und Opferschale dargestellt wird; bei Sch. auch als holder Knabe. – *17 Realist ⟨…⟩ Idealismus:* Die fruchtbare Gegensätzlichkeit ihrer Dichterprofile bestimmen beide Autoren durch die Opposition von Realismus und Idealismus; vgl. Nr. 4, 188, 190, 358, 455, 812. – *22 ästhetische Stimmung:* s. zu Nr. 355. – *27 Schmidt:* S. Schmid, s. zu Nr. 350 und Nr. 355. – *28 Ehre aufgehoben:* Ehre erlangt. – *32 Hölderlin:* s. Nr. 336–339, 355; vgl. M. Mommsen: ›Hölderlins Lösung von Schiller‹, in: JDSG 9 (1965). – *34–36 die entgegengesetzte Karikatur ⟨…⟩ empirischen Welt:* ein Phantast. So wie Sch. den »gemeinen Empiriker« als Karikatur des »wahren Realisten« beschreibt, unterscheidet er am Gegensatzpaar den »wahren Idealisten« vom zügellosen »Phantasten«; vgl. ›Über naive und sentimentalische Dichtung‹; NA 20, S. 502f.

395 *4 Richter:* Jean Paul, s. Nr. 178. – *15 wahre Bemerkung:* s. Nr. 355, S. 386. – *31 liberalen Stande:* Rentiers und Adlige ohne

Berufsausübung, vgl. Nr. 417. – *34 das Charakteristische fast bis zur Karikatur:* Kant definiert die Karikatur als eine Übertreibung, die der Normalidee der Gattungsschönheit Abbruch tut (Kant, ›Kritik der Urteilskraft‹, 1.Tl., § 17). Ähnlich Sch., ›Über naive und sentimentalische Dichtung‹ (NA 20. S. 491).

396 *1 Mereau:* s. zu Nr. 225. Auch in die ›Horen‹ 1797 und in den ›Musen-Almanach‹ für 1798 nahm Sch. Beiträge von Sophie Mereau auf. – *5 Amelie Imhof:* Amalie von Imhoff, s. zu Nr. 356. – *8 das Ästhetische Ernst und Spiel:* s. zu Nr. 461, 616. – *12 Schwägerin:* Caroline von Wolzogen, s. zu Nr. 352. – *16 Kosegarten:* s. zu Nr. 356. Sch.s Brief an Kosegarten vom 9. Juni fehlt. – *18 Er hat mir nun geschrieben:* Kosegarten an Sch., 14. Juli. – *20 das Anzeigeblatt:* s. zu Nr. 356. – *23 Gott ⟨...⟩ geschmiedet:* s. Nr. 355. – *25 Ibykus:* ›Die Kraniche des Ibycus‹, s. zu Nr. 329. Sch. hatte vom 11. bis 16. August an der Ballade gearbeitet. – *31 die rohe Fabel:* vgl. Erasmus von Rotterdam, ›Adagiorum chiliades tres ac centuriae fere totidem‹. Venetiis 1508. 1. Tsd., Nr. 840. – *37 Ihnen begegnete:* s. zu Nr. 346. – *392 Aushängebogen:* die Bogen A und B des ›Musen-Almanachs‹ für 1798. – *40 Cotta:* Da G. vom 7. bis 16. September Cottas Gast in Tübingen war, schloß Sch. Brief Nr. 360 seinem Schreiben an Cotta vom 30. August bei.

397 *1 Schluß des Monats:* G. verließ Frankfurt am 25. August. – *5 Humboldts:* s. zu Nr. 305 und 330. W. von Humboldt hatte mit seiner Familie Dresden Ende Juli verlassen. Sein nächster Brief erreichte Sch. am 25. August. – *6 Gotterschen Nachlaß:* vgl. A. W. Schlegel an Sch., 3. Juli und 17. August; Sch. an A. W. Schlegel, 3. Juli. – *7 die Geisterinsel:* Das ›Singspiel in drei Akten‹ nach Shakespeares ›Sturm‹, erschienen in den ›Horen‹ 1797, 8. und 9. St., ging durch die Bearbeiterhände von Friedrich Hildebrand von Einsiedel (1750–1829), Gotter und A. W. Schlegel. G., der das von F. Fleischmann vertonte Singspiel 1798 in Weimar aufführen ließ, entnahm ihm Anregungen für Ariel in *Faust II*; s. zu Nr. 463. – *12 Genie und Xenien-Wesen ⟨...⟩ beklagt hat:* s. Nr. 222. Der am 18. März verstorbene Gotter hatte schon den jungen Sch. in Mannheim satirisch karikiert. – *14 lebend nichts ⟨...⟩:* Sch. hatte Gotter vergebens zur Mitarbeit an den ›Horen‹ eingeladen; vgl. Sch. an Cotta, 14. Juni 1794.

359. GOETHE  FRANKFURT, 22.–24. AUGUST 1797

Im Erstdruck drei Einzelbriefe. 397,37 *auch:* noch; 397,40 *Naturphänomen:* Naturphänomene; 398,10f. *gleichgültigen:* gleichzeitigen; 398,36 *einhefte:* einfüge; 399,19 *oder nicht:* oder gar nicht; 400,26 *um:* nun; 401,11f. *Auge, und wenn man eine so große Masse übersehen kann, so:* Auge. So; 401,22 *oder:* und. – 398,24–399,17 auch in *Reise in die Schweiz* (Bd. 4.2, S. 628 f.); s. zu Nr. 355.

397 *23 Paketchen:* Sch. hatte Nr. 358 Aushängebogen des ›Musen-Almanachs‹ für 1798 und die erste Fassung der ›Kraniche des Ibycus‹ beigelegt. – *27 Der Almanach ⟨...⟩:* Die übersandten ersten beiden Aushängebogen enthielten u. a. von G. *Der neue Pausias und sein Blumenmädchen* und die Balladen *Der Zauberlehrling, Der Schatzgräber,* von Sch. ›Der Ring des Polykrates‹, ›Der Handschuh‹, s. zu Nr. 315 und 329. – *28 erzählenden Gedichte:* Balladen. – *31 das Chor der Eumeniden:* Die Neutrumform war im 18. Jh. geläufig. W. von Humboldts ›Äschylos‹-Übersetzung (1793) hatte Sch. angeregt. – *34 meine Bearbeitung:* s. zu Nr. 334, 346, 352. – *37 Bemerkungen:* vgl. Nr. 362. Sch. erweiterte im Sinne G.s die Ballade um sechs Strophen: Strophe 2, 3, 5, 11, 19, 21.

398 *6 14$^{ten}$ Verse:* in der Endfassung Strophe 18. – *19 15$^{te}$ Vers:* Endfassung: Strophe 20. Sch. ging hier nicht auf G.s Vorschlag ein. – *24–399,12 Über ⟨...⟩ aussondert:* vgl. Bd. 4.2, S. 1174, 1195; s. Nr. 366. – *34 Preiskurrante:* (lat./frz.) ›Verzeichnis der üblichen Preise‹; vgl. WA I 34/2, S. 71 f.

399 *16 Faust:* s. zu Nr. 331; Nr. 332–335, 338–341. – *18 Wallenstein:* Erst im Oktober nahm Sch. wieder die Arbeit an ›Wallenstein‹ auf. – *22 Das hiesige Theater:* s. zu Nr. 355 (Bd. 4.2, S. 625–628, 1168. 1172 ff.). – *24 zu harten Stoß:* durch den kriegsbedingten Weggang bekannter Schauspieler und Sänger. August Heinrich Porsch (1759–1823), Friedrich und Henriette Eunicke, Therese Schachhofer verließen im Juli 1796 das Frankfurter Theater. – *33 meo voto:* lat. ›Wenn es nach mir ginge‹, s. zu Nr. 418.

400 *8 Hölterlein:* vgl. Nr. 352, zu Nr. 336 und 338. – *15 kleine Gedichte:* Ein Affront für den großen Hymniker und Elegiker, der schon von Sch. im Brief vom 24. ⟨25.?⟩ November 1796 einen ähnlich verständnislosen Tip erhalten hatte. – *17 mittlern Zeiten:* Mittelalter. Vaterländische Sujets dringen erst in Hölderlins späteres Werk nach 1800 ein. – *18 Steigendesch:* s. zu Nr. 350 und Nr. 352. – *23 dichterische Freundinnen:* s. Nr. 358. – *24 noch etwas zum Musen-Almanach:* Nach dem *Zauberlehrling* steuerte G. nichts mehr zum ›Musen-Almanach‹ für 1798 bei. – *27 bei Cotta:* s. zu Nr. 358. – *30 Arbeit:* Rezension einer Anzahl *französischer satyrischer Kupferstiche* (Bd. 4.2, S. 100–117). Nachdem Sch. die ›Horen‹ 1797 aufgeben mußte, erwog G. später die *Propyläen* als Publikationsmedium, um schließlich doch auf eine Veröffentlichung zu verzichten.

401 *14 lichtenbergisieren:* vgl. Georg Christoph Lichtenberg: ›Ausführliche Erklärung der Hogarthischen Kupferstiche‹. Göt-

tingen 1794–1799. Die bis 1797 erschienenen drei Lieferungen hatte Lichtenberg G. jeweils übersandt; s. zu Nr. 121. Die moralischen, informativen und witzig-satirischen Kommentare Lichtenbergs zu den von Riepenhausen gestochenen Hogarth-Blättern erlebten in vielfachen Auflagen (mit. ca. 10 000 Exemplaren) im 19. Jh. eine größere Verbreitung als alle anderen Werke des Autors zusammen. – *19 Oktoberstück:* der ›Horen‹. – *20 Merkur:* ›Der neue Teutsche Merkur‹. – *20 Modejournal:* F. J. Bertuch und G. H. Kraus (Hg.): ›Journal des Luxus und der Moden‹, März–April 1797, S. 205 ff, 244 ff., 271. – *31 der nächste:* ›Musen-Almanach‹ für 1799. – *34 nach Stuttgard:* vgl. G. an Rapp, 24. August. – *37 Bergstraße:* von Darmstadt nach Heidelberg.

### 360. Schiller                            Jena, 30. August 1797

402,13 *erhalten:* erhielt; 402,33 *Erkenntnis und Erfahrung doch:* Erkenntnis doch; 402,35 *sie:* Sie.

402 *3 Besserung:* s. Nr. 354. – *12 wo wir Sie jetzt:* Vom 29. August bis 7. September hielt sich G. in Stuttgart auf. – *13 Neue Aushängebogen:* die Bogen C–F (S. 49–145) des ›Musen-Almanachs‹ für 1798. – *14 Brief:* Nr. 356. Sch. beantwortete ihn am 7. September. – *17 Horen:* In der Sch.schen Monatsschrift, die wegen mangelnder Nachfrage 1797 ihr Erscheinen einstellte, erschien nichts mehr von G., s. zu Nr. 122, 152, 413. – *19 untauglich:* Sch. publizierte in den ›Horen‹ (1797, 10. St.) nur noch die Gedichte ›Hoffnung‹ und ›Die Begegnung‹. – *21 Glocke:* s. zu Nr. 342. – *28 Ihr letzter Brief:* Nr. 359. – *30 Ibykus:* Sch. berücksichtigte größtenteils G.s Vorschläge zur Erweiterung der Ballade, s. zu Nr. 359 und Nr. 362.

403 *3 Stimmung:* s. zu Nr. 355.

### 361. Goethe
### Stuttgart, 30./31. August und 4. September 1797

Im ED als drei Einzelbriefe. 403,29 f. *5 Uhr erst wieder:* 5 Uhr wieder; 403,38 *gleich:* bloß; 404,35 f. *auszubauen:* aufzubauen; 405,15 *seine:* dessen; 405,25 *Überdies:* Überdem; 405,30 *sichs:* sich; 406,9 *Trombut:* Trombul; 406,23 *Ruoff:* Rueff; 408,2 *abnehmen:* abnahmen. – 403,33–408,6 ist mit redaktionellen Veränderungen in *Aus einer Reise in die Schweiz 1797* aufgenommen (Bd. 4.2, S. 656–661). Ergänzende Hinweise zum Kommentar, ebenda S. 1184 f.); s. zu Nr. 355.

403 *14 schlaflosen Zustande:* Sch. litt häufig an Schlaflosigkeit und arbeitete gern nachts; s. Nr. 126, 258, 509. – *17 römischen*

*Kaisers:* Der angesehene Stuttgarter Gasthof an der Ecke Rotebühl-/Marienstraße wurde 1861 abgebrochen. – *21–32 Den 25ten ⟨...⟩ dalag:* Näheres zur Reise vgl. *Aus einer Reise in die Schweiz 1797* (Bd. 4.2, S. 641–656). – *33 recognoscierte ich:* vgl. ebenda, S. 656f. – *35 Rapp:* Gottlob Heinrich R. (1761–1832). Im Palais des Stuttgarter Kaufmanns und Bankiers neben der Stiftskirche hatte Sch. 1794 als Gast geweilt. Der Schwager Danneckers, ein Kunstmäzen, versuchte sich als Landschaftsmaler und Gartenarchitekt. Vgl. Sch.s Rezension ›Über den Gartenkalender auf das Jahr 1795‹ und ›Zu Rapps Kritik der »Resignation«‹. – *38 Dannekker:* Der Hofbildhauer war 1790–94 Professor an der Karlschule gewesen; s. zu Nr. 21 und 364. Von Danneckers G.-Verehrung zeugen seine Briefe, vgl. Dannecker an Wolzogen, 26. Oktober (Gespräche 1, S. 678f.) Dannecker an G., 5. Januar 1798. – *39 Hector:* Die nur in Gips ausgeführte Kollossalstatue ›Hektor, seinen Bruder Paris scheltend‹ wurde im Zweiten Weltkrieg vernichtet.

404 *1 sehnsuchtsvollen Sappho:* Die Marmorstatue der liegenden Sappho wurde 1802 fertig. Die griechische Lyrikerin soll Phaon unglücklich geliebt haben. – *4 Kopfes vom gegenwärtigen Herzog:* Die Marmorbüste des Herzogs Friedrich Eugen von Württemberg (1732–1797) war im Besitz seiner in Petersburg lebenden Tochter, der Zarin Maria Feodorowna. – *6 eigne Büste:* lebensgroßes Selbstporträt in Gips. – *9 Ihrer Büste:* s. zu Nr. 21. – *16 Wahl des Gegenstands:* vgl. G., *Über die Gegenstände in der bildenden Kunst* (Bd. 4.2, S. 121–124, 1006f.). J. H. Meyer (unter Mitwirkung von G. und Sch.): *Über die Gegenstände der bildenden Kunst,* in: *Propyläen* I/1 und 2 (1798/99); Bd. 6.2, S. 27–68. Vgl. G., *Einleitung ⟨in die Propyläen⟩;* Bd. 6.2, S. 13–18. Die Bedeutung der Gegenstandswahl bei der Herstellung und Beurteilung von Kunstwerken tritt als ein Zentralthema der *Propyläen* hervor; s. Bd. 6.2, S. 932–935, 944. Vgl. auch Nr. 279, 304, 462. G. an Meyer, 15. September 1796. – *18 Laokoon: Über Laokoon*; Bd. 6.2, S. 74, 77f., 86ff. – *23 Isopi:* Der italienische Bildhauer, Porzellankünstler und Stukkateur Antonio I. war 1793 nach Württemberg berufen worden. – *34 Herzog Karl:* Karl Eugen. – *35 auszubauen:* Die nach dem Brand im neuen Stuttgarter Schloß 1762 fortgeführten Bauarbeiten wurden mitsamt der Innenarchitektur erst 1807 abgeschlossen. – *38 Stukkaturen: Aus einer Reise in die Schweiz 1797* hat ›Stukkatoren‹ (Bd. 4.2, S. 658, Z. 25).

405 *4 Scheffauers:* s. zu Nr. 217. Der Bildhauer war gleichzeitig mit Dannecker an die Karlschule berufen worden. – *5 schlafende Venus:* Sie ging in königlichen Besitz über. Friedrich von Württemberg erwarb sie für seinen Schwiegersohn König Jérôme von Westfalen. – *10 Modelle:* Sie wurden nicht ausgeführt. –

*Gemahlin:* Friederike Dorothea Sophie, Markgräfin von Brandenburg-Schwedt (1736–1798), Herzogin von Württemberg. – *15 Hetsch:* Philipp Friedrich H. (1758–1838): Der Hofmaler war wie Dannecker und Scheffauer ein Mitschüler Sch.s an der Karlsschule, wo er bis 1794 gleichfalls als Professor wirkte. – *Gattin:* Louise Friederike Wilhelmine (1766–1800). – *20 aus der Messiade:* Klopstocks ›Messias‹, VII, Verse 324–496. – *39 Müllern ⟨...⟩ Graf:* s. Bd. 4.2, S. 1184. – *39 Grafischen Portrait:* Selbstbildnis in ganzer Figur (1794/95).

406 *6 Auch einem Tod eines Generals:* ›Der Tod des Generals Warren in der Schlacht von Bunker's Hill‹. G. spielt auf zwei ihm bekannte Gemälde an – ›Schwerins Tod‹ von Johann Christoph Frisch und ›Tod des Generals Wolfe‹ von Benjamin West – und wohl auch auf Sch.s ›Wallenstein‹. Vgl. ⟨*Schwerins Tod*⟩ Bd. 4.2, S. 9–11, 919–921. ⟨*Schwerins Tod*⟩ erschien im ›Neuen Teutschen Merkur‹ 1791, 8. St. (nicht erst aus G.s Nachlaß in WA I 47, wie NA 37 II, S. 167 vermerkt). – *9 Trombut:* John Trumbull (1756–1843), amerikanischer Historienmaler, ein Schüler von West. – *36–407 4 Besonders traurig ⟨...⟩ verfallen:* vgl. G. an Carl August, 11./12. September, Beilage, WA IV 12, S. 291 f., 294 f.

407 *4 Hohenheim:* vgl. *Reise in die Schweiz 1797,* Bd. 4.2, S. 664 ff., 1185. – *11 Gespräche in Liedern:* neben dem Müllerinnen-Zyklus (Bd. 4.1, S. 877–885; Bd. 4.2, S. 692 f., 719 ff., 763) und *Das Blümlein Wunderschön* (Bd. 6.1, S. 27–29), die im ›Musen-Almanach‹ für 1799 erschienen, *Trost in Tränen* (1803) (Bd. 6.1, S. 82 f.), s. Nr. 363. – *12 ältern deutschen Zeit:* vgl. J. G. Herder: ›Stimmen der Völker in Liedern‹. 2 Tle. 1778/79. Neudruck Stuttgart 1975, 1. Tl., I 6,16; II 1,9; III 2. Tl., I 29. – *15 ein Gespräch zwischen einem Knaben ⟨...⟩:* Der Junggesell und der Mühlbach (Bd. 4.2, S. 719–721; Bd. 4.1, S. 879 f.); fertiggestellt am 4. September; s. Nr. 369. – *30 angekündigt hat:* Meyer an G., 13. Mai und 26. Juli. Über Gegenstände der Kunst vgl. Meyer an G., Mitte Oktober 1796; G. an Meyer, 15. September 1796, 28. April 1797; G. zu Eckermann, 3. November 1823 (Bd. 19, S. 59 f.) – *40 Kriege:* s. Nr. 198.

408 *1–35 Millionen ⟨...⟩ 16 Millionen:* Die französischen Truppen belasteten Württemberg mit sechs Millionen Gulden, die österreichischen mit 3,5 Millionen. – *7 Ihrer und der Ihrigen:* von Sch.s dreivierteljähriger Schwabenreise her, die er mit der Familie 1793/1794 unternommen hatte. – *9 Cotta:* s. Nr. 358, 359; vgl. G. an Cotta, 31. August. – *13 gelitten habe:* Im Briefkonzept folgen noch zwei Abschnitte, die Eckermann in seine Bearbeitung der *Reise in die Schweiz 1797* aufgenommen hat; Bd. 4.2, S. 661, Z. 32 bis S. 662, Z. 18. – *17 einen:* G. fand Nr. 360 vor. – *19 Ihr kleines*

*Blatt:* Das Empfehlungsschreiben an Rapp ist nicht überliefert; vgl. M. Rapp an W. Vollmer (Grumach IV, S. 349). – *35 entrieren:* (frz.) ›sich hineindenken‹, ›sich einlassen auf‹. – *36 liberale:* ›freisinnige‹, ›großzügige‹, ›hochherzige‹.

409 *5 Akten:* s. Nr. 359. – *7 kleine Abhandlungen:* vgl. G.s Schriften zu Literatur und Kunst *Aus der Schweizerreise im Jahre 1797* (Bd. 4.2, S. 89–125). Ferner: *Einiges über Glasmalerei* (Bd. 4.2, S. 667 f. 688 ff.).

362. SCHILLER    JENA, 7. UND 8. SEPTEMBER 1797

Die Handschrift trägt den Vermerk von G.s Hand: »erh. Stäfa den 23. Sept.«. 409,26 *unerbittlich:* unerbittlichen; 411,19 *Menschlicher:* menschliche. Im Erstdruck nach Nr. 363.

409 *19 letzten Briefs:* Nr. 360. – *20 Übel:* s. Nr. 354 und 360. – *22 Vomitiv:* (lat.) ›Brechmittel‹. – *32 Beiwerke:* Decken und Kupfer des ›Musen-Almanachs‹ für 1798 trafen am 23. und 30. September ein, die Notenbeilagen am 7. Oktober; s. zu Nr. 323. – *33 Michaelis:* 29. September. Der Almanach wurde Anfang Oktober fertig. – *35 Ihrem Rat:* s. Nr. 359.

410 *8 embarrassiert.* (frz.) ›hemmt‹, ›in Verlegenheit bringt‹. – *34 noch eine Strophe:* ›Die Kraniche des Ibycus‹, Strophe 21 (Verse 161–168).

411 *1 an Böttcher gesendet:* Sch. an Böttiger, 6. September. – *4 zurückerhalte:* vgl. Böttiger an Sch., 8. September. – *5 nächsten Briefe:* Nr. 364. Sch. übersandte den ›Musen-Almanach‹ für 1798 erst mit Nr. 367, s. zu Nr. 358 und 360. – *7–9 Auch Schlegel ⟨...⟩ ist:* A. W. Schlegel an Sch., 3. September. Schlegels ›Arion‹ erschien im ›Musen-Almanach‹ für 1798. – *11 Sacontala:* Das sanskritische Drama ›Sakuntala‹ von Kalidasa (5. Jh. n.Chr.) hatte Johann Georg Forster 1791 in einer Übersetzung publiziert, aus der das 10. Heft der ›Thalia‹ einen Vorabdruck brachte. Schlegel verzichtete auf eine Balladenbearbeitung. – *15 Böttiger:* Böttiger hatte im August eine Reise nach Berlin unternommen; Böttiger an Sch., 31. August. – *16 Das sentimentale Phänomen:* vgl. Nr. 357; ›Über naive und sentimentalische Dichtung‹ (NA 20, S. 441, 445, 476); s. zu Nr. 190, 318. – *26 symbolischen Seite:* Sch.s Symbolbegriff unterscheidet sich deutlich von dem G.s, s. zu Nr. 332 und Nr. 494. – *32 poetische Stimmung:* s. zu Nr. 355.

412 *8 die zwei angeführten Plätze:* G.s Frankfurter Wohnung und das großväterliche Haus, s. Nr. 357. – *23 Brief von Cotta:* Cotta an Sch., 1. September. – *26 vor 16 Jahren:* 1779 hatte der Eleve Sch. den aus der Schweiz heimreisenden G. nur stumm bewundern dürfen. 1781 publizierte der unbekannte Stuttgarter

Regimentsmedikus ›Die Räuber‹. – *29 Local:* in der Bedeutung ›Ort‹ aus dem Französischen Ende des 18.Jh.s ins Deutsche übernommen. – *31 wie lang:* Vom 29. August bis 7. September hielt sich G. in Stuttgart, anschließend bis 16. September in Tübingen bei Cotta auf. – *33 mein Brief vom 30:* s. Nr. 363. – *34 in Zürich:* G. erhielt Nr. 362 am 23. September in Stäfa. – *35 unserm Freund:* J. H. Meyer. – *40 Horen:* s. zu Nr. 360.

413 *5 Hölderlin:* s. Nr. 359; Hölderlin an Sch., 15.–20. August. – *8 ein poetisches Genie:* Johann Diederich Gries (1775–1842) war ein bedeutender Übersetzer romanischer Autoren. Sein ›Phaethon‹ erschien im ›Musen-Almanach‹ für 1798; vgl. auch NA 42, S. 236f. – *10 Pygmalion:* A. W. Schlegels Gedicht war im ›Musen-Almanach‹ für 1797 erschienen. – *17 Kleiner:* G.s Sohn August war an einem fiebrigen Darmkatarrh erkrankt gewesen; vgl. August Goethe an G., 18. August; Voigt an G., 30. August, mit Beilage Dr. Huschke an Voigt, 30. August.

363. GOETHE    TÜBINGEN, 11. ODER 12. SEPTEMBER 1797

*Datierung:* Den 12. September nennt G.s Briefverzeichnis (WA IV 12, S. 469). Die von Fielitz übernommene Datierung Ekkermanns in *Reise in die Schweiz 1797* auf den 14. September ist unzuverlässig. Sch. erhielt den Brief am 18. September. Da Post von Tübingen ansonsten nie weniger als eine Woche nach Jena unterwegs war, kommen beide als Regentage im Tgb. vermerkten Daten in Betracht.

413,31 *übrigen:* übrigens; 413,35 *und besonderen Zierden:* und eine besondere Zierde; 415,17 *altenglischen:* Altenglisch. – 413,36–416,26 in *Reise in die Schweiz* (Bd. 4.2, S. 690–693); s. zu Nr. 355.

413 *24 ein zweiter:* G. erhielt Nr. 362 erst am 23. September. – *28 über den Ibykus:* s. Nr. 359. – *33 der Glocke:* ›Das Lied von der Glocke‹ wurde nicht mehr für den ›Musen-Almanach‹ für 1798 fertig, der bereits Anfang Oktober 1797 erschien; s. zu Nr. 342. – *38 noch manche Personen:* den Diplomaten Karl Georg von Lieven, Familie Beiling, Karl Friedrich Ernst Frommann, den Maler Heideloff, Oberstleutnant Josef von Koudelka, vgl. *Reise in die Schweiz 1797* (Bd. 4.2, S. 671–673, 1187f. – *39 manches Interessante:* vgl. ebenda, S. 670–679. – *40 Rapp und Dannecker:* s. Nr. 361 und *Reise in die Schweiz 1797* (Bd. 4.2, S. 670, 673, 677, 687).

414 *5 Herrmann:* G. las sein Epos *Herrmann und Dorothea* am 5. September bei Rapp vor. – *7 des Effekts:* vgl. Dannecker an Wolzogen, 26. Oktober (Bode II, S. 119); s. zu Nr. 361. –

*12 Cotta:* In Cottas Haus – Münzgasse 15 B – war G. vom 7. bis 16. September zu Gast. – *17 Meyer:* vgl. Meyer an G., 5. September. – *20–24 Je ⟨...⟩ ist:* vgl. Sch. an Cotta, 21. September. – *25 hiesigen Professoren:* Plouquet, Gmelin, Schott, Kielmeyer, Schnurrer, Majer, Müller, Leybold; s. *Reise in die Schweiz 1797* (Bd. 4.2, S. 681 f., 685, 1189 f.). – *29 Stiftungen:* neben der Eberhard-Karls-Universität das evang. ›Tübinger Stift‹ im ehemaligen Augustinerkloster und das kath. ›Wilhelmsstift‹ (vgl. Bd. 4.2, S. 680, 1189). – *34 kleine Schrift von Kant:* s. zu Nr. 315 und Bd. 4.2, S. 681, 1189.

415 *1 vornehmen Philosophen:* vgl. Kants Aufsatz ›Von einem neuerdings erhobenen vornehmen Ton in der Philosophie‹; s. zu Nr. 199. – *4 Unredlichkeit:* vgl. Kant, ›Verkündigung des nahen Abschlusses eines Traktats zum ewigen Frieden in der Philosophie‹, in: I. Kant: ›Werke in zehn Bänden‹, hg. von W. Weischedel, Bd. 5, (Darmstadt 1968) S. 414 ff. – *12 noch drei Lieder ⟨...⟩:* s. Bd. 4.2, S. 1190 f.; zu Nr. 361. – *16 Der Edelknabe und die Müllerin:* Geringfügige Abweichungen der Beilage gegenüber der in *Reise in die Schweiz 1797* (Bd. 4.2, S. 692 f.) und Bd. 4.1, S. 877 f. wiedergegebenen Druckfassung des ›Musen-Almanachs‹ für 1799 seien im folgenden aufgelistet: *17 nach dem altenglischen:* ›Altenglisch‹. – *25 Fremder:* ›Edelknabe‹.

416 *26 Müller Knecht:* ›Müllerknecht‹. – *30 Fortschritt des Almanachs:* s. Nr. 360. – *31 Ritter Toggenburg:* s. zu Nr. 352.


364. SCHILLER       JENA, 14. UND 15. SEPTEMBER 1797

Im Erstdruck als zwei Einzelbriefe. 417,4 *mangelte:* mangelt; 419,4 *keinen treffendern Fall:* keinen Fall; 420,4 *übeln Befinden:* Übelbefinden; 420,30 *Sie wohl:* Sie recht wohl.

416 *36 Stuttgardter Briefe:* Sch. erhielt Nr. 361 am 14. September.

417 *2 Danneker und Rapp:* s. zu Nr. 361 und 21. Dannecker gilt als der bedeutendste bildende Künstler Schwabens seit der Reformation. – *7 seine Fehlgriffe:* G. hatte die problematische Gegenstandswahl Danneckers als Symptom der Moderne diagnostiziert. – *12 confondiere:* (frz.) ›vermenge‹. – *15 Poetisieren in der Kunst:* Sch. greift die von Lessing analysierte und von G. kommentierte Abgrenzung der Künste in deren ›Laokoon‹-Abhandlungen auf und bemüht sich um eine geschichtsphilosophische Einordnung des modernen Poetisierens in der Kunst, s. zu Nr. 341; vgl. Bd. 4.2, S. 87 f. Sch. selbst berührte das Thema in ›Über das Pathetische‹ (NA 20, S. 204–210) und am Beispiel der Gartenkunst in seiner Rezension von Rapps ›Über den Gartenkalender auf das

Jahr 1795‹; s. zu Nr. 361. Zu G.s Auffassung über das Verhältnis der Künste s. Nr. 16, 296; zum falschen Poetisieren in der Kunst vgl. *Über die Gegenstände der bildenden Kunst*; Bd. 4.2, S. 124. – *24–30 Aber da 〈...〉 äußern:* Aufgrund unterschiedlicher Darstellungsverfahren kann die Poesie anderen mimetischen Künsten Anregungen weniger in der Objektwahl als im künstlerischen Idealisierungs- und Stilisierungsprozeß bieten. – *34 Ich denke mir die Sache so 〈...〉:* vgl. ›Über naive und sentimentalische Dichtung‹ (NA 20, S. 481–503). Ähnlich G.s *Einfache Nachahmung der Natur, Manier, Styl*; s. zu Nr. 4.

418 *8 Reduktion empirischer Formen auf ästhetische:* Sch. führt die Diskussion um den Symbolbegriff weiter; vgl. Nr. 329, 332, 357, 362. – *27–29 mit Meiern 〈...〉 entwickelten:* s. zu Nr. 361 und Nr. 365. – *35 absoluten Bestimmtheit des Gegenstandes:* s. zu Nr. 301.

419 *1 prägnanten Moment:* Lessing und G. beziehen ihn zunächst auf den vom bildenden Künstler zu wählenden Augenblick, der tendenziell vergangenes und künftiges Geschehen am lebendigsten festhält. Lessing: ›Anhang‹ zu ›Laokoon‹ (Lessing, Sämtl. Schriften, hg. von Lachmann/Muncker, IX, S. 95 f.). G. *Über Laokoon* (Bd. 4.2, S. 74 f., 81 ff.); *Winkelmann und sein Jahrhundert* (Bd. 6.2, S. 355). In Sch.s Übertragung auf den dramatischen und epischen Produktionsprozeß gewinnt der dem lat. ›praegnans‹ (›schwanger‹) noch nahestehende Begriff die Bedeutung des handlungsdeterminierenden und -auslösenden Moments; vgl. Nr. 367 und Sch.s ›Die Kinder des Hauses‹ (NA 12, S. 139). – *5 Herrmann:* s. zu Nr. 363. – *21 bald etwas senden:* s. zu Nr. 363. – *29 Humboldt:* W. von Humboldt an Sch., 4. September. – *30 die italienische Reise:* s. zu Nr. 299 und 305. – *33 neuesten Ereignissen:* der Fructidor-Staatsstreich am 3./4. September 1797. Mit Hilfe napoleonischer Soldaten schalteten die drei links stehenden Direktoren unter Führung von Barras die zwei gemäßigten Direktoren Carnot und de Barthélemy aus und erzwangen auch in den beiden Kammern einen republikanischen Kurs. – *35 Nachricht geben:* W. von Humboldt an G., 5. September. – *38 meine Stimmung:* s. zu Nr. 355. – *40 malum domesticum:* lat. ›Hausübel‹. Zu Sch.s Erkrankung s. Nr. 360, 362.

420 *1 8 oder 10 Tagen:* Am 2. Oktober konnte Sch. endlich Exemplare des ›Musen-Almanachs‹ für 1798 versenden. – *2 Wallenstein:* vgl. ›Calender‹, 3. Oktober; Nr. 367. – *3 Lied von der Glocke:* s. zu Nr. 342. – *5 Kleinigkeiten:* Die Bogen I, K und L des ›Musen-Almanachs‹ enthalten auf S. 240 vier Distichen auf Bauwerke, die Sch. später unter dem Titel ›Kleinigkeiten‹ in seine Gedichte aufnahm: ferner die Gedichte ›Licht und Wärme‹, ›Breite

und Tiefe‹ (S. 258, 263). ›Die Worte des Glaubens‹ (S. 221 f.) kannte G. vermutlich schon; s. zu Nr. 352. – *7 meinen Anteil:* Sch.s Balladen- und Gedichtbeiträge zum ›Musen-Almanach‹ für 1798 belaufen sich insgesamt auf 65 von 318 Seiten, d. i. ein Anteil von ca. 20%. – *9 Kranichen:* s. zu Nr. 362. – *10 konsulierte:* (lat.) ›um Rat fragte‹. – *16 I und K Bogen:* ›Musen-Almanach‹ für 1798, S. 193–216; vgl. Sch. an Cotta, 13. September. G. erhielt die Aushängebogen am 25. September. – *17 noch einen:* Sch. konnte noch Bogen L beilegen. – *20 Karls Geburtstag:* Sch.s älterer Sohn wurde vier Jahre. – *22 Vent:* Der am Schloßbau beteiligte weimarische Ingenieuroffizier Christoph Gottlob V. (1752–1822) besuchte Familie Sch. mit Wolzogens.

365. SCHILLER                JENA, 22. SEPTEMBER 1797

421,36f. *vindiziert habe:* vindiziere; 422,2 *sie ganz unstreitig:* sie unstreitig.

420 *37 Ihr Brief:* Nr. 363. – *38 Das Lied:* Der Edelknabe und die Müllerin. – *39 diese Gattung:* ›Gespräche in Liedern‹, s. Nr. 361.

421 *neuen Sammlung:* nach dem Balladen-Almanach (für 1798). – *11 Stuttgardter Freunde:* Dannecker und Rapp, s. zu Nr. 21 und 361; Dannecker an Wolzogen, 26. Oktober; s. zu Nr. 363. – *15 Herrmann:* s. zu Nr. 363. – *28 Liederjahr:* ›Das Lied von der Glocke‹ erschien erst im ›Musen-Almanach‹ für 1800. Liedcharakter im Almanach für 1799 haben von Sch.s Texten das ›Bürgerlied‹ und ›Des Mädchens Klage‹, von G. der Müllerinnen-Zyklus und *Das Blümlein Wunderschön.* Vgl. auch Sch. an Körner, 15. September. – *35 Der Gang nach dem Eisenhammer:* Die am 25. September fertiggestellte Ballade erschien mit 30 Strophen im ›Musen-Almanach‹ für 1798. Der Stoff ist der 13. Novelle aus Nicolas-Edmé Restif de la Bretonnes Sammlung ›Les contemporaines ou aventures de plus jolies femmes de l'âge présent‹ (Leipzig 1780) entnommen. Frau von Stein hatte am 9. September Charlotte Schiller sechs Stücke übersandt (Charlotte II, S. 325). – *36 auch das Feuerelement ‹...› habe:* Sch.s selbstironische Anspielung auf seine Balladen ›Der Taucher‹ und ›Die Kraniche des Ibycus‹ knüpft an G.s Brief Nr. 324 an. – *vindiziert:* (lat.) ›in Anspruch genommen‹.

422 *1 jetzt lesen:* ›Die Kraniche des Ibycus‹, s. Nr. 359, 360, 362. – *6 Kants kleinen Traktat:* ›Verkündigung des nahen Abschlusses eines Traktats zum ewigen Frieden in der Philosophie‹, s. zu Nr. 315 und 363. – *8 alten Herrn:* Kant war 73. – *12 Schloßern:* s. zu Nr. 203, 315 und Nr. 363. – *23 Anstalten:* s. Nr. 433. – *27–31 Wir zweifeln ‹...› sehen könnten:* Noch waren die Verhand-

lungen zum Frieden von Campo Formio (17./18. Oktober) nicht abgeschlossen. Italien konnte erneut Kriegsschauplatz werden; s. zu Nr. 314; Vgl. auch Humboldt an Sch., 4. September. G. traf am 20. November in Jena ein. *–34 Wieder-Vereinigung:* G. sah seinen aus Italien heimkehrenden Freund und Hausgenossen J. H. Meyer am 20. September 1797 in Zürich nach zwei Jahren wieder.

366. GOETHE      STÄFA, 25. UND 26. SEPTEMBER 1797

Im Erstdruck zwei Briefe. 423,11 *als:* wie; 425,9f. *Antwort ohngefähr eben:* Antwort eben; 425,10 *werde ohngefähr in:* werde in; 425,27 *und siedet:* es siedet; 428,11 *Betrachtung:* Betrachtungen. Der Brief wurde in *Reise in die Schweiz 1797* ohne 424,12–33 *Und ⟨...⟩ sehen* und ohne die auch im ED fehlende Nachschrift vom 26. September (426,11–29) aufgenommen (Bd. 4.2, S. 716–719). Die im Erstdruck wiedergegebene Beilage der Reise von Tübingen nach Stäfa (S. 426–428; Bd. 4.2, S. 1194f.) faßt die ausführlicheren Berichte der Schweizer Reise (Bd. 4.2, S. 693–712) zusammen; s. zu Nr. 355.

**423** *3 Brief:* Nr. 362. – *12–14 er kommt ⟨...⟩ zurück:* s. zu Nr. 330. – *14 Wir wollen nun überlegen ⟨...⟩:* Material für das von G. und Meyer geplante Italienwerk wurde für die *Propyläen* genutzt, s. Nr. 355, 436, 484. Vgl. G. an Böttiger, 25. Oktober. – *17 in einigen Tagen:* vom 28. September bis 8. Oktober; vgl. *Von Stäfa auf den Gotthardt und zurück;* Bd. 4.2, S. 721–740. – *22 tüchtige Aktenfaszikel:* s. Bd. 4.2, S. 1195. – *26 für die Horen:* s. Nr. 359. Hier ist nicht, wie in Bd. 4.2, S. 1195 vermutet, die eineinhalb Jahre zurückliegende Bearbeitung der zweiten Schweizer Reise ⟨Werthers Reise⟩ gedacht (s. Nr. 154), aus der später die *Briefe aus der Schweiz. 1. Abt.* (1808) wurden, sondern an Material aus der gegenwärtigen dritten Schweizer Reise. – *34 Italien:* Im Verlauf seines Eroberungszugs hatte Napoleon bislang drei italienische Tochterrepubliken gegründet, in denen Frankreich Staatsstreiche inszenierte, um ihm genehme Regierungen gegen Oppositionsparteien am Ruder zu halten, s. zu Nr. 279 und 314. – *Frankreich:* s. zu Nr. 364; vgl. Cotta an G., 18. September. – *40 Fuchsturms:* östlich von Jena gelegene Ruine der Burg Kirchberg auf dem Hausberg.

**424** *2 Die sämtliche Karawane:* Die Reisegruppe der Brüder Humboldt bestand einschließlich der Familienmitglieder aus 13 Personen (vgl. NA 37 II, S. 176); s. Bd. 4.2, S. 1195. – *4 sämtlich nach der Schweitz:* W. von Humboldt an G., 5. September. Der jüngere Bruder Alexander von Humboldt und das mit ihm befreundete Ehepaar von Haeften blieben den Winter über in Salzburg, während Wilhelm von Humboldts Reisegesellschaft über München, Zürich und Basel nach Paris reiste; s. zu Nr. 299 und 305. – *13 Der Almanach:* die Bogen A–H des ›Musen-Almanachs‹ für 1798 (S. 1–192). – *20 Ibykus:* s. Nr. 362. – *23 Phaeton:* von Gries, s. zu Nr. 362. – *27 Prometheus:* von A. W. Schlegel, s. zu Nr. 346 und Nr. 352. – *29 Exemplare des Almanachs:* s. Nr. 377. – *31 regierenden Herzogin:* Herzogin Louise von Sachsen-Weimar übersandte Sch. am 6. Oktober ein Velin-Exemplar; vgl. ihren Brief an Sch. vom 9. Oktober. – *32 Werkchen beisammen:* s. Nr. 373. – *34 frühern Briefen:* Nr. 361, 363. – *40 Ihr Plan:* Aus dem Gartenhaus zog Sch. am 17. Oktober wieder in seine Jenaer Stadtwohnung bei Griesbach; s. zu Nr. 299, 200. Zu den Weimarplänen s. Nr. 376.

425 *7 Rittmeister Ott zum Schwerdt:* Anton Ott (1748–1800), Besitzer des Gasthofs zum Schwert. – *16 Briefe ⟨...⟩ stocken:* vgl. G. an Christiane Vulpius, 25. Oktober; Katharina Elisabeth Goethe an Christiane, 23. September. – *26 der Vers:* Sch.s ›Der Taucher‹, Verse 31 und 67. – *33 abgesondert bemerkt:* vgl. G.s Tgb. (WA III 2, S. 144–153), *Reise in die Schweiz 1797* (Bd. 4.2, S. 700–708). – *37 durch Cotta:* vgl. Cotta an G., 20. September, s. Nr. 364. – *40 Meyer:* Meyer an Sch., 25. September.

426 *5 wirklich gemacht:* vgl. *Reise in die Schweiz* (Bd. 4.2, S. 708): »Ein Apfelbaum mit Efeu umwunden, gab Anlaß zur Elegie *Amyntas*« (›Musen-Almanach‹ für 1799; Bd. 4.1, S. 904 f.) – *13 Graf Burgstall:* Wenzel Johannes Gottfried Graf von Purgstall (1772–1812), österreichischer Gutsbesitzer und Politiker. Den literarisch und philosophisch interessierten Grafen hatte eine mehrjährige Bildungsreise nach Jena, Weimar, Dresden, Göttingen, Berlin und Königsberg geführt. Er war ein Freund des Historikers Johannes von Müller sowie der Grafen Stolberg und Schimmelmann. – *14 jungen Frauen:* Johanna Anna Gräfin von Purgstall, geb. Cranestone (1765–1835). – *19–21 seine frühere Tendenz ⟨...⟩ Bekanntschaft mit mir:* Purgstall, ein Schüler des Kantianers Reinhold in Jena und Kiel (1793/94), war Kants wegen nach Königsberg gereist; Sch. hatte er zur Jahreswende 1795/96 besucht, G. mit Wieland bereits Ende März/Anfang April 1794. Vgl. Sch. an W. von Humboldt, 9. und 11. Januar 1796; Wieland an G., 30./31. März 1794; G. an Voigt, 26. September. – *23 18$^{ten}$ Fructidor:* 4. September; s. zu Nr. 364. – *28 Wielanden ⟨...⟩ zu grüßen:* Ende September 1797 erhielt Wieland über Voigt einen Gruß von Graf Purgstall aus Stäfa (Starnes, Wieland II, S. 599). Ihn hatte Wieland durch Reinhold Ende Januar 1794 kennengelernt und als Gast um die Weihnachtszeit 1795 zwei Wochen aufgenommen (Starnes II, S. 333–336, 471–474).

428 *8 Escher:* Johann Escher, bei dem G. für Meyer einen Kredit beglichen hatte; s. zu Nr. 246, 320, 321. – *13 Kunstwerke:* s. zu Nr. 330. Die Kopie der ›Aldobrandinischen Hochzeit‹ traf erst am 17. Oktober ein; Nr. 369.

367. SCHILLER  JENA, 2. OKTOBER 1797

429,21 *poetischen:* praktischen; 430,14 *einfachsten:* kleinsten; 430,37 *rumorieren:* rumoren; 430,40 f. *geschrieben. Danks ihm der T–! Leben:* geschrieben. Leben.

428 *30 Almanach:* Den ›Musen-Almanach‹ für 1798 erhielt G. erst Ende Oktober in Tübingen; s. Nr. 373. – *31 Musik:* Die Notenbeilagen bekam Sch. am 7. Oktober, G. am 25. November; s. Nr. 378 und 379. – *Ihrem nächsten Brief:* s. Nr. 392. G. empfing Sch.s Brief erst Mitte Dezember in Weimar. – *32 die übrigen Exemplarien:* s. Nr. 377. – *33 Oberons goldne Hochzeit:* Erweitert nahm G. die Satire *Walpurgisnachtstraum oder Oberons und Titanias goldne Hochzeit* in *Faust I*, Verse 4223–4398, auf (Bd. 6.1, S. 660–665, 1040–1045); s. Nr. 392. – *36 alle Stacheln:* Der *Walpurgisnachtstraum* war als Fortsetzung der *Xenien* gedacht, die als Insekten in ihm auftreten (Verse 4303 ff.); vgl. auch G. an Voigt, 24. September 1796.

429 *3 der Elegien:* im ›Musen-Almanach‹ für 1798, S. 204–215; vgl. Sch. an Horner, 26. Juni. – *5 Keller:* Der Zürcher Bildhauer Heinrich K. (1771–1832) lebte seit 1794 in Rom; s. Nr. 392. – *8–10 Horner (...) gegeben:* Horner an Sch., 22. Juli. Der Zürcher Kunstschriftsteller und Philosophieprofessor Johann Jakob H. (1772–1831) besuchte G. in Stäfa am 24. September (s. Bd. 4.2, S. 713). In den ›Horen‹ 1796 (6. St.) war von Horner, den G. seit 1794 kannte, ›Ein Nachtrag zu der Untersuchung über Idealisten und Realisten. Aus Platons Theätetus‹ erschienen. – *12 Wallenstein:* vgl. Sch.s ›Calender‹, 3. Oktober. – *22 beide Abwege:* vgl. Nr. 364 und G.s *Einfache Nachahmung der Natur, Manier, Styl,* s. zu Nr. 4. – *24 Stimmung:* s. zu Nr. 355. – *26 faux frais:* frz. ›Unkosten‹; hier: ›unnütze Aufwendungen‹. – *29 prägnant:* s. zu Nr. 364. Für die auf vier Tage zusammengedrängte Handlung aus der Geschichte des Dreißigjährigen Kriegs ist der dramatische Ausgangspunkt die Übermittlung der kaiserlichen Forderungen durch Questenberg und Wallensteins Zusammenziehung von Truppen sowie die Zusammenführung der Familie in Pilsen. – *34 Präzipitation:* (lat.) ›reißendes Gefälle‹. – *36 Da der Hauptcharakter (...) zur Krise:* Wallensteins hinhaltendes Taktieren wird von den politischen Ereignissen in den Sog der Zeitläufte gerissen. – *40 Stoff zur Tragödie:* Die analytische Dramentechnik verwendet

Sch. in ›Maria Stuart‹ und in ›Die Braut von Messina‹. – *Oedipus Rex:* von Sophokles; s. Nr. 293.

430 *12 tragische Analysis:* Sch. entdeckt für die Literaturwissenschaft hier das analytische Drama. – *19 Species:* hier in der lat. Bedeutung ›Erscheinung‹, ›Musterbild‹. – *20 fabelhaften:* mythischen. – *26 lange nichts von Ihnen gehört:* Am 18. September erhielt Sch. Nr. 363, am 6. Oktober Nr. 366. – *29 Humboldts:* s. Nr. 364 und 366. – *32 Entwicklung antiker Bildhauerwerke ‹...› ist:* s. Nr. 344, 345. Über Laokoon s. zu Nr. 341. – *37 Herrmann und Dorothea:* G.s Epos war gerade erschienen. – *rumorieren:* (lat.) ›verbreiten sich gerüchtweise‹. – *38 Körner:* Körner an Sch., 27. September. Körners gleichmütiges Lob fand später auch Zelter nichtssagend; vgl. Zelter an G., 26. Juli 1830.

431 *2 Meiern:* J. H. Meyer, s. zu Nr. 365. – *4 schönen Exempl.:* auf Velin-Papier, im Unterschied zu den einfachen Exemplaren auf Postpapier; s. Nr. 385.

368. SCHILLER   JENA, 6. OKTOBER 1797

431,11 *wenigen:* einigen; 431,12 *bei:* vor.

431 *10 Ihr und Meiers Brief:* Nr. 366 und Meyer an Sch., 25. September. – *12 Rückkehr aus den Gebirgen:* s. zu Nr. 366. – *16 baldigen Rückkehr:* am 20. November. – *19 meinem Befinden:* s. zu Nr. 364. – *20 Ernst:* Sch.s dreivierteljähriger Sohn. – *22 Wohnung in der Stadt:* s. zu Nr. 366. – *24 in Weimar leben:* Das geschah in diesem Winter noch nicht; s. zu Nr. 644. – *32 Homers Beschreibung:* Odyssee XII, Verse 235–243, nutzte Sch. für den ›Taucher‹; s. Nr. 366. – *35 Eisenhammer:* ›Der Gang nach dem Eisenhammer‹, Strophe 11 und 12; s. zu Nr. 365. – *38 Almanach:* ›Musen-Almanach‹ für 1798, s. Nr. 367. – *39 Nativität:* (frz.) ›Horoskop‹. – *40 Phaethon:* von J. D. Gries, s. zu Nr. 362.

432 *2 Schlegels Beiträgen:* Von A. W. Schlegel erschienen im ›Musen-Almanach‹ für 1798 die Verstexte ›Prometheus‹, ›Gesang und Kuß‹, ›Zueignung des Trauerspiels Romeo und Julia‹, ›Die entführten Götter‹, ›Arion‹. – *5 seiner dichterischen Freundin:* Amalie von Imhoff, s. zu Nr. 356. – *8 Absatz:* Anders als der *Xenien*-Almanach für 1797 brachte es der Balladen-Almanach nur auf eine Auflage.

369. GOETHE   STÄFA, 14. UND 17. OKTOBER 1797

Im Erstdruck als drei Briefe vom 14./17./1. Oktober. 432,39 *verloschen:* erloschen; 433,13 *und:* oder; 433,38 *den unfruchtbaren Gipfeln:* dem unfruchtbaren Gipfel; 434,2 *durchs unmittelbare*

*Anschauen:* durch unmittelbares Anschauen; 436,2 *ich nun auch:* ich auch; 437,23 fehlt im Erstdruck. – 432,23–435,38 in *Reise in die Schweiz 1797* (Bd. 4.2, S. 740–743); s. zu Nr. 355.

432 *29 Meyer zusammengefunden:* s. zu Nr. 365. – *31 mitgebrachten Arbeiten:* s. zu Nr. 330 und Nr. 367. – *37 vor zwanzig Jahren:* Beide Schweizer Reisen hatten G. auf den Gotthard geführt: sowohl die empfindsame erste Schweizer Reise, die G. im Juni 1775 vom Zürcher und Vierwaldstätter See aus mit den Grafen Stolberg und Haugwitz unternahm, wie die vom Oktober bis Dezember 1779 mit Carl August, von Wedel u. a. durchgeführte geologische Expedition, die über Basel, Bern, Genf, Chamonix der Rhône aufwärts folgte. Vgl. Bd. 1.2, S. 545; Bd. 2.2, S. 595–647. Letztere stand G. wohl vor Augen, vgl. G. an Carl August, 17. Oktober (Bd. 4.2, S. 745 f.).

433 *1 rektifizieren:* (lat.) ›berichtigen‹. – *3 Meyers Wohlbefinden:* Eine Erkrankung hatte Meyers Rückkehr aus Italien nach zweijährigem Aufenthalt veranlaßt. – *9 Beilage:* s. S. 436 (Seidel bezieht G.s Äußerung irrtümlich auf das Tgb.). – *11 Tagebuch:* Bd. 4.2, S. 1203. G. teilte es Sch. brieflich nicht mit. – *12 Ihre liebe Frau ⟨...⟩:* Charlotte von Lengefeld hatte im Frühjahr 1783 mit ihrer Familie und ihrem künftigen Schwager eine Schweizer Reise unternommen; vgl. Charlotte I, S. 37–46; Charlotte Schiller an G., 30. Oktober; s. zu Nr. 372. – *16 Briefe:* Nr. 364 und 365. – *18 vorzustellenden Gegenständen:* s. zu Nr. 361; Bd. 4.2, S. 740. – *21 eine kleine Abhandlung: Über die Gegenstände der bildenden Kunst* (Bd. 4.2, S. 121–124). – *23 Meyers Beschreibungen:* Notizen über italienische Kunstwerke, s. zu Nr. 330.

434 *3 naturhistorischen:* s. zu Nr. 198. – *5 Chronik:* von Ägidius Tschudi (1503–1572); s. Bd. 4.2, S. 1200 f. – *7 Umschriebenheit:* ›Begrenztheit‹. – *22 Fabel vom Tell:* s. Bd. 4.2, S. 740 und 1201; vgl. *Tag- und Jahres-Hefte* zu 1797 und 1804 (Bd. 14, S. 55, 124–127); G. zu Eckermann, 6. Mai 1827 (Bd. 19, S. 569–571). – *29 Local:* s. zu Nr. 362. – *37 meinen eignen alten:* s. Bd. 4.2, S. 519–605 und zu Nr. 100.

435 *4 Italien oder Frankreich:* zum potentiellen Kriegsschauplatz Italien vor dem Frieden von Campo Formio s. zu Nr. 365. Zum französischen Staatsstreich vom 4. September s. zu Nr. 364 und Bd. 4.2, S. 745. – *7 nach Frankfurth:* G. nahm den Rückweg über Nürnberg nach Weimar. – *30 andere Betrachtungen:* G. wollte Christiane und seinen Sohn nicht längere Zeit entbehren, vgl. G. an Christiane Vulpius, 25. Oktober. – *32 das erbeutete:* Meyers geistiger ›Kunstraub‹ im Unterschied zum reellen der Franzosen, s. zu Nr. 212, 339. – *38 ausgewanderte:* während der

Kriegswirren nach Basel ausgelagerte Kunstwerke. G. reiste nicht über Basel zurück. – *39 noch in Zürich:* s. zu Nr. 367.
**436** *1 Ibykus:* s. Nr. 365. – *4 Müllerin:* s. Nr. 363. – *6 reich an Liedern:* s. Nr. 365. – *7 die Glocke:* s. Nr. 365. – *30 den Motiven:* vgl. G.s Tgb., 15. Oktober. – *39 Nachrichten vom Rhein:* zu den französischen Forderungen, die im Januar 1798 zu kriegerischen Auseinandersetzungen führten, s. Bd. 4.2, S. 745 und 1204; zu Nr. 436 und 441.
**437** *3 Aldobrandinische Hochzeit:* s. zu Nr. 154; vgl. Bd. 4.2, S. 747 und 1204. – *10 Uri den 1$^{ten}$ Oktobr. 1797:* Das Gedicht erhielt später den Titel *Schweizeralpe* (Erstdruck in Sch.s ›Musen-Almanach‹ für 1799 unter dem Titel *Am 1. Oktober 1797*); s. Bd. 4.1, S. 906. – *16 Jugend, ist ach!:* in der Almanach-Fassung umgestellt.
**439** *15 Der Junggesell und der Mühlbach:* mit kleinen Veränderungen erschienen im ›Musen-Almanach‹ für 1799; s. zu Nr. 361.

370. SCHILLER                                    JENA, 20. OKTOBER 1797

439,20 *überschickte:* schickte; 439,31 *die:* eine; 440,10 *zerfließen:* verfließen; 440,13 *davon:* daran; 440,17 *erneuenden:* erneuernden; 440,20 *aus der wirklichen:* aus einer wirklichen; 440,23 *dem neuen Lesen:* dem Lesen. – Der in der NA 29 fehlende, 1983 aufgefundene Schlußteil des Briefs (440,35–441,15: »Sie werden ⟨...⟩ S.« ist nach S. Ormanns (JDSG 27 (1983), S. 6–8) wiedergegeben.

**439** *20 Böttiger:* Böttiger an Sch., 17. Oktober, s. zu Nr. 274. Sch. erhielt ein Exemplar in Maroquin, seine Frau eines in Seide; vgl. G. an Böttiger, 26. Juli. – *23 Homerischen Rhapsoden:* Sch. übernimmt den Ausdruck aus Böttigers Begleitbrief der Sendung von *Herrmann und Dorothea* und äußert sich gegenüber Böttiger über die Bedeutung der mündlichen Deklamation; Sch. an Böttiger, 18. Oktober; G. an F. A. Wolf, 26. Dezember 1796; Nr. 302. – *25 wieder ⟨...⟩ gelesen:* vgl. Sch. an Körner, 28. Oktober 1796; Nr. 305, 323, 372; vgl. Charlotte Schiller an G., ca. 30. Oktober. – *27 vollkommen in seiner Gattung:* s. Nr. 305. – *30 den Meister:* vgl. Sch.s frühere Briefe über *Wilhelm Meisters Lehrjahre*, z. B. Nr. 178, 181, 182, 183, 187, 190, 231. – *32 Die Form ⟨...⟩ nicht poetisch:* vgl. Sch.s Unterscheidung von Dichter und Romancier, »der nur sein Halbbruder ist«, in ›Über naive und sentimentalische Dichtung‹ (NA 20, S. 462). Vgl. Nr. 187, 373. Eine Gegenüberstellung von Sch.s und Novalis' Kritik an den *Lehrjahren* bietet D. Borchmeyer: ›Höfische Gesellschaft und Französische Revolution bei Goethe‹. Kronberg 1977, Kap. III/14; s. Bd. 5, S. 694–696. Daß G. Elemente des Trivialromans in seinem modernen Roman

verarbeitet, sprengt vollends die Grenzen einer humanistischen Gattungspoetik. – *38 Schwanken zwischen einer prosaischen und poetischen Stimmung:* F. Schlegel kritisierte in seinen Notizheften zur gleichen Zeit dieses Schwanken an den *Lehrjahren.* F. Schlegel: ›Literary Notebooks 1797–1801‹. Hg. von H. Eichner. London 1957.
440 *12 die reinste Form:* des Epos. – *24 von der Tragödie:* vgl. Nr. 181 und 388; G. zu Eckermann, 18. Januar 1825 (Bd. 19, S. 128). – *29 Grundlosigkeiten:* s. Nr. 190. – *40 Zurückkunft:* G. kehrte am 8. Oktober von einer Reise zum Gotthard und Vierwaldstättersee nach Stäfa zurück. – *ein Paquet Briefe:* s. Nr. 367, 368, 373.
441 *6 wieder in die Stadt:* s. zu Nr. 366. – *8 Ernst:* s. Nr. 368. – *10 Von Humboldt:* s. Nr. 364, 366 und zu Nr. 305. – *14 in wenigen Wochen:* s. zu Nr. 329. – *19 Taschenbuch:* Viewegs ›Taschenbuch für 1798‹ enthielt *Herrmann und Dorothea.*

371. GOETHE  ZÜRICH, 25. OKTOBER 1797

441,30 *denn:* dann; 442,2 *zuläßlichen:* zulässigen; 442,5 *gegen Minerven:* gegen die Minerven; 442,7 *des Hedrichs:* des Hederich; 442,8 *daher Gelegenheit:* von ihr Anlaß. – Mit einer von Eckermann bearbeiteten Fortsetzung, die nicht an Sch. abging, aufgenommen in *Reise in die Schweiz 1797;* Bd. 4.2, S. 758–760; s. WA IV 12, S. 449f. und zu Nr. 355.

441 *24 von Zürch abgehe:* am 26. Oktober; s. *Reise in die Schweiz 1797* (Bd. 4.2, S. 760). – *25 zerstreut:* ›abgelenkt‹, ›vielfältig beansprucht‹, ›unruhig‹. – *26 Basel:* s. Nr. 373. – *28 etwas von Ihnen:* s. Nr. 373. – *Musenalmanach:* s. zu Nr. 367 und Nr. 373. – *29 Herrmann:* G. erhielt die ersten Druckexemplare seines Epos *Herrmann und Dorothea* Anfang November in Nürnberg; s. zu Nr. 274; G. an Rapp, 8. November. – *35–37 alte Verfassungen (...) strebt:* Ihre Aufhebung stand unmittelbar bevor: Im Frühjahr 1798 wurde unter französischen Diktat die Helvetische Republik gegründet.
442 *1 Schema über die zuläßlichen Gegenstände:* vgl. Paralipomena zu *Über die Gegenstände der bildenden Kunst* (Bd. 4.2, S. 1008); s. zu Nr. 369. – *7 Hedrichs:* Nach Hederichs ›Gründlichem mythologischem Lexikon‹ (Leipzig 1741, 2. Aufl., Sp. 840) leistete Minerva dem geilen Vulkan erfolgreich Widerstand. Dessen tropfendem Samen entwuchs Erichthonios, der König Athens. – *8 Raphael:* Unter Raffaels (1483–1520) Anleitung führten seine Schüler Gianfrancesco Penni (1488–1528) und Giulio Romano (1499–1546) im Badezimmer des Kardinals Bibbiena im Vatikan

das Fresko ›Geburt des Erichthonios‹ mit Vulkans Notzuchtversuch aus. Auf dem Fresko tauchen aus dem Boden Kopf und Oberkörper eines Kindes zwischen den Füßen des Gottes auf, von dem ein weißer Faden herabführt. Meyer hatte sich in Rom und Florenz ausgiebig mit Raffael beschäftigt; s. zu Nr. 212, 238; vgl. Meyer an G., 12. und 24.–27. Januar, 12. Februar, 3. und 24. April, 26. Mai – 4. Juni, 5., 21. und 29. Juli, 7. Oktober, Mitte Oktober, 21.–26. November 1796, 18.–20. Februar, 3.–8. Juni 1797. Vgl. auch J. H. Meyer: ›Rafaels Werke besonders im Vatikan‹ (*Propyläen* I (1798), 1. und 2. St.; III (1800), 2. St.). – *11 Leben Sie 〈...〉 wohl*: Anstelle der Schlußwendung nahm Eckermann ein vom gleichen Tag datiertes wichtiges Schreiben G.s an Sch. über die Beschaffenheit von künstlerischen Gegenständen und ihre Tauglichkeit für die bildende Kunst in die *Reise in die Schweiz 1797* auf (Bd. 4.2, S. 759f. und Bd. 6.2, S. 977f.). Das nicht abgesandte Konzept von Schreiberhand beginnt nach der Adresse: »Zürch am 25. Okt. 97. Ich habe in meinem letzten Briefe über einen Fall gescherzt, 〈...〉«. Vgl. WA IV 12, S. 449f.

372. SCHILLER                    JENA, 30. OKTOBER 1797

442,21 *konnten:* könnten; 443,24 *Rumdohr:* Rumford.

442 *16 wieder Nachricht:* Sch. erhielt Nr. 369 am 27. Oktober. – *20 Wilh〈elm〉 Tell:* s. zu Nr. 369. G. gab seinen epischen Plan auf. Sch. nahm 1802 die Vorarbeit zu seinem Schauspiel auf; s. Nr. 850. – *21 Meister: Wilhelm Meisters Lehrjahre . – 22 Herrmann: Herrmann und Dorothea.*

443 *2 mit Ihnen vereinigt:* s. zu Nr. 329. – *3 jetzt eher gewöhnen:* s. Nr. 307, 209. G. sah das anders, vgl. G. zu Eckermann, 14. November 1823 (Bd. 19, S. 66). – *10 Lied vom Mühlbach: Der Junggesell und der Mühlbach,* s. Nr. 369. – *14 die Distichen: Uri den $1^{ten}$ Oktobr. 1797,* s. Nr. 369. – *15 Humboldt:* W. von Humboldt an Sch., 24. Oktober; s. zu Nr. 305. – *21 Berchtoldsgaden:* Berchtesgaden. – *24 Rumdohr:* fälschlich für Benjamin Thompson Graf von Rumford (1753–1814). – *25 menschenfreundlichen Anstalten:* Der amerikanische Philanthrop und bayrische Kriegsminister gründete Schulen, ließ täglich an 1200 Menschen eine Armensuppe austeilen und legte im Kampf gegen die Arbeitslosigkeit Manufakturen an. – *26 wieder in der Stadt:* s. zu Nr. 366. – *30 Almanach:* s. zu Nr. 367 und Nr. 373. – *31 Brief vom 2ten, 6ten und 20 8br:* G. erhielt Nr. 367 erst Mitte Dezember; Nr. 368 und 370 empfing G. am 29./30. Oktober in Tübingen. – *32 Meiern:* s. zu Nr. 365 und 369. – *34 Meine Frau:* Charlotte Schiller an G., ca 30. Oktober; vgl. NA 29, S. 492. – *35 Gesellschaft von Freunden:*

Der philosophisch interessierte Kammerherr und Rudolstädter Fürstenerzieher Wilhelm Heinrich Karl von Gleichen-Rußwurm (1765–1816) war mit seiner Frau Friederike (1765–1852), einer Freundin Charlottes, am 24. Oktober zu Besuch bei Schillers, wo sich auch die Schwiegermutter Louise von Lengefeld aufhielt. – *38 Abende:* im September 1796; vgl. Sch. an Körner, 28. Oktober 1796.

373. GOETHE        TÜBINGEN, 30. OKTOBER 1797

Der Brief wurde gekürzt – ohne 444,8–21 *Den 〈...〉 mag.* – in die *Reise in die Schweiz 1797* aufgenommen (Bd. 4.2, S. 761 f.); s. Zu Nr. 355.

444 *2 Basel:* s. zu Nr. 371. – *7 welchen Weg:* Er führte nicht über Frankfurt, sondern über Stuttgart, Nürnberg, Kronach, Jena nach Weimar zurück. – *8 Almanach:* ›Musen-Almanach‹ für 1798; s. Nr. 367. – *9 Eisenhammer:* ›Der Gang nach dem Eisenhammer‹, s. zu Nr. 365. – *10 Humor:* ›Stimmung‹. – *10 die retardierende Messe:* Strophe 17–24. – *11 das Geheimnis:* s. zu Nr. 352. – *13 Herrmann: Herrmann und Dorothea,* s. Nr. 370. – *14 Meister: Wilhelm Meisters Lehrjahre,* s. Nr. 370. – *22 wenn wir kommen:* G. und Meyer trafen am 20. November in Jena ein. – *27 Humbold:* W. von Humboldts Brief ist nicht überliefert.

374. GOETHE        NÜRNBERG, 10. NOVEMBER 1797

Im ED ohne Nachschrift und Beilage (445,9–447,31). Eckermann fügte in *Aus einer Reise in die Schweiz 1797* dem Brief einen Passus hinzu (Bd. 4.2, S. 764, Z. 9–12); s. Nr. 355.

444 *34 Knebeln:* G.s Weimarer Freund hielt sich seit dem Sommer in Franken auf, zunächst in Bayreuth, seit dem 20. August in Nürnberg; s. zu Nr. 338. – *38 politische Verhältnisse:* Am 7. November besichtigte G. das Nürnberger Rathaus. Im ›Roten Hahn‹ am alten Kornmarkt speisten mit G. neben dem kaiserlichen Kommissar von Seyfarth und hohen Beamten der einheimischen Administration zahlreiche Gesandte benachbarter Territorien sowie Kaufleute ausländischer Firmen; s. Grumach IV, S. 382.

445 *2 Verrat: Der Müllerin Verrat* wurde erst am 16. Juni 1798 fertig und erschien im ›Musen-Almanach‹ für 1799, s. Bd. 4.1, S. 881–883; s. Nr. 363, 369, 474. – *9 Vossischen Liedes:* Verse 5–8 aus ›Das Wintermahl‹, erschienen in dem von J. H. Voß selbst hg. ›Musenalmanach für das Jahr 1798‹. – *17 Reue:* Reue. *Altspanisch* erschien im ›Musen-Almanach‹ für 1799; vgl. Bd. 4.1, S. 883–885.

375. GOETHE    WEIMAR, 22. NOVEMBER 1797

447,37 *goldene⟨n⟩ Bürgen:* goldnen Bürgen; 448,35 *Zeichen:* Zeugnis.

**447** *37 goldene⟨n⟩ Bürgen:* vermutlich eine der von Meyer aus Rom mitgebrachten alten Münzen als Pfand für die entliehene Summe, s. Nr. 376. – *38 Betrag:* Als Honorar für G.s Beiträge zum ›Musen-Almanach‹ für 1798 hatte Sch. Cotta 25 Louisdor vorgeschlagen, die G. in Kunstobjekte ummünzte; vgl. Sch. an Cotta, 27. September; G. an Cotta, 27. September; Cotta an G., 12. Oktober. – *39 Sprichwort:* Aus dem Frz.: ›Ce qui vient de la flûte, retourne au tambour‹ (Unsolider Gewinn geht unsolide flöten).

**448** *1 Kunstwerk:* Ein seinerzeit Claude Lorrain zugeschriebenes Gemälde hatte G. in Stuttgart über Rapp und Dannecker für 21 Louisdor erworben; vgl. G. an Cotta, 27. September; Rapp an G., 10. November; Wolzogen, Literarischer Nachlaß I, S. 462. – *4–6 Meyer ⟨...⟩ gefreut:* Meyer blieb einen Tag in Jena, während G. noch am 20. November nach Weimar weiterreiste.. – *5 Spekulationen: Über die Gegenstände der bildenden Kunst,* s. zu Nr. 361, 369, 371. – *12 Ihrer Loge:* Aus Rücksicht auf Sch.s Krankheit hatte G. 1796 für ihn eine eigene Proszeniumsloge im Weimarer Theater installieren lassen. – *21 Ziegler:* Das Familienstück ›Weltton und Herzensgüte‹ des Wiener Schauspielers und Dramatikers Friedrich Julius Z. (1759–1827) war am 21. November gegeben worden. – *23 extemporan:* (lat.) ›unvorbereitet‹. – *31 Ihrer Ankunft:* s. Nr. 366 und zu Nr. 376. – *33 übersendeten Horen:* Während G.s Schweizer Reise waren die Stücke 6–8 der ›Horen‹ 1797 erschienen, die Sch. am 6. Oktober und 16. November übersandt hatte. – *35 Beiliegender Brief:* Er ist nicht überliefert. – *36 Rätsel-Geschichte:* Der Schreiber suchte u. U. das *Märchen* zu enträtseln; vgl. Nr. 376. – *39 Reichsanzeiger:* Gemeint sind die *Xenien* auf den Gothaischen ›Reichsanzeiger‹ (X 252 und 283, Bd. 4.1, S. 806 und 810). – *40 Schätze:* s. zu Nr. 330.


376. SCHILLER    JENA, 22. NOVEMBER 1797

449,16 *Versuche:* Versuchen; 449,16 *sollte:* sollten; 449,17 *Schriftstellerei:* Schrift.

**449** *9 Ankunft:* Am 20. November war G. mit Meyer aus der Schweiz zurückgekehrt. – *14 in Ihrer Nähe:* Sch.s Plan, im Winter ein Haus in Weimar zu mieten, zerschlug sich; s. Nr. 384; vgl. W. von Wolzogen an Sch., 22. Juni. – *17 Einsiedels Schriftstellerei:* (Friedrich Hildebrand von Einsiedel:) ›Grundlinien zu einer Theorie der Schauspielkunst‹. Leipzig 1797. Der Weimarer Kammerherr, seit 1802 Geheimer Rat und Oberhofmeister der Herzogin Anna Amalia, später der Herzogin Louise, F. H. von Einsiedel-Scharfenstein (1750–1828) war ein Gründungsmitglied der ›Freitagsgesellschaft‹. G. duzte sich mit dem Schriftsteller und Übersetzer seit den ersten stürmischen Weimarer Jahren. – *21 die Garvischen Briefe:* Garve an Sch., 23. September und 26. Oktober. In seinem ausführlichen Brief vom 23. September hatte der aufklärerische Gesellschafts- und Moralphilosoph Christian Garve (1742–1798) seine Betroffenheit über den *Xenien*-Almanach ausgedrückt und seinen Freund Manso in Schutz genommen. Aus popularaufklärerischer Position kritisierte er Sch.s metaphysische Dunkelheit sowie G.s unsittliche Epigramme und Gedichte; s. Nr. 378. Sch. hatte den Breslauer Schriftsteller ursprünglich als ›Horen‹-Beiträger umworben. Garve verzichtete aus Gesundheitsrücksichten auf eine Mitarbeit. Sch. an Garve, 6. November. – *28 Freitag:* 24. November.

### 377. SCHILLER    JENA, 24. NOVEMBER 1797

450,28 *ausführt, er dadurch:* ausführt, dadurch; 450,28 *seinen:* seine; 451,11 *Sie bestens wohl:* Sie wohl; 451,12 *Sätzen:* Schätzen.

449 *36 jetzigen Geschäft:* Arbeit an ›Wallenstein‹. – *38 poetische = rhythmische:* Seit dem 4. November arbeitete Sch. die Prosafassung in Jamben um. Schon im September 1797 erwog Sch. die Möglichkeit, nach den Knittelversen des ›Lagers‹ am Schluß den 5. Akt im jambischen Versmaß zu schreiben. NA 42, S. 237; vgl. auch Sch. an Körner, 20. November.

450 *14 Antagonism zwischen dem Inhalt und der Darstellung:* Sch. widerlegt hier das von der literaturwissenschaftlichen Forschung gedankenlos der Klassik unterstellte Einheitspostulat von Form und Inhalt, indem er deren Spannungsverhältnis unter Verfremdungsaspekten hervorhebt. Vgl. auch ›Über naive und sentimentalische Dichtung‹ (NA 20, S. 445). – *22 Aristoteles:* in der Ausgabe der Aristotelischen Poetik von Curtius, die Sch. benützte, S. 523; s. Nr. 310 und 311. – *25–30 daß er ⟨...⟩ zu verlangen:* Die vereinheitlichende Tendenz gemessener Verssprache verkörpert das klassische Stilideal, indem sie am Besonderen das Typische transparent macht. – *388 Almanache:* Exemplare des ›Musen-Almanachs‹ für 1798. Zur Ausstattung s. zu Nr. 367.

451 *2–4 Die Herzogin ⟨...⟩ Böttiger:* An die Herzogin Louise sandte Sch. am 6. Oktober, an Herder am 3. Oktober, an Voigt und Böttiger am 10. Oktober je ein Velin-Exemplar. – *5 Zelter:*

Zelter an Sch, 15. ⟨?⟩ November. Zelter hatte G.s *Der Gott und die Bajadere* sowie *An Mignon* für den ›Musen-Almanach‹ 1798 vertont. – *12 ästhetischen Sätzen:* s. zu Nr. 375.


378. GOETHE                       WEIMAR, 24. UND 25. NOVEMBER 1797

Im ED als zwei getrennte Briefe. 451,21 *für:* auf; 451,39 *Manso:* \*; 452,22 *zuerst:* überhaupt; 452,24 *fast:* weiter; 453,19 *Meinung:* Überzeugung; 453,19 *gehegt:* gehabt.

451 *19 die Garvischen Briefe:* s. zu Nr. 376. – *20 alte kranke Mann:* Der fast erblindete Garve starb ein Jahr später an Gesichtskrebs. – *28 materiell:* ›stoff- und inhaltsbezogen‹. – *31 drei Worte:* Anspielung auf den Beginn von Sch.s ›Die Worte des Glaubens‹, die Garve überschwenglich pries, und auf Sch.s Antwortbrief vom 6. November; s. zu Nr. 364; vgl. Garve an Sch., 28. Oktober. – *35 hudeln:* ›plagen‹, ›quälen‹. – *38 ecce Homo:* lat. ›Seht, welch ein Mensch!‹. Pilatus' Ausruf vor dem dornengekrönten, verspotteten Christus (Joh. 19,5) wurde ein Hauptmotiv religiöser Kunst. – *39 Manso:* s. Nr. 117, 242; zu Nr. 376.
452 *11 poetische Prosa:* Eine dem Versrhythmus nahekommende Prosa, wie sie Klopstock angeregt und Geßner gepflegt hatte; vgl. Sch., ›Über naive und sentimentalische Dichtung‹ (NA 20, S. 471). – *27 selbstständiges Werk:* Der Autonomiegedanke wird hier mit der Absetzung von zeitüblicher Trivialdramatik verbunden, s. zu Nr. 354 und 536. – *33 die neuere Philosophie:* des deutschen Idealismus. – *36 pathologischen:* (griech.) ›leidenden‹.
453 *3 die Aussprüche ⟨...⟩ vorzutragen:* in ›Die Worte des Glaubens‹. – *6 unsittlichen Stoffen:* Garve hatte G.s *Braut von Corinth* deshalb gerügt. – *8 Polikrates und Ibykus:* Sch.s Balladen. – *16 meine Elegie: Amyntas,* s. zu Nr. 366. – *20 Indische Legende:* Zelters Vertonung von *Der Gott und die Bajadere.* – *24 ganzen Wege:* der Reise in die Schweiz 1797. – *27 Exemplare der Melodien:* s. zu Nr. 379. – *31 bei uns:* s. zu Nr. 376.


379. GOETHE                                WEIMAR, 28. NOVEMBER 1797

453 *38 Pakete:* Die Notenbeilage zum ›Musen-Almanach‹ für 1798 hatte Sch. tags zuvor übersandt.
454 *2 in der Welt gelebt:* am Hof beschäftigt. G. speiste vom 25. bis 28. November täglich mittags an der Fürstlichen Tafel. – *4 wir:* G. und sein Hausgenosse Meyer. – *5 Kunstsachen:* s. zu Nr. 330. – *8 Rambach:* s. zu Nr. 289. Eine Rückfrage Rambachs

vom 30. September nach seinem Stück lag der Weimarer Theaterdirektion vor. – *11 rhithmischer Wallenstein:* s. Nr. 377. – *12–14 zu mute ⟨...⟩ kommt:* s. Nr. 381.

### 380. Schiller    Jena, 28. November 1797

454,35 *Erstaunen:* Staunen; 454,38 *selbst:* sonst; 455,12f. *präsentieren:* repräsentieren.

454 *23 Elegie:* Amyntas, s. zu Nr. 378. Zu Sch.s Interpretation vgl. Bd. 4.1, S. 1231 f. – *34 Krieg der zwei Rosen:* Die englischen Rosenkriege (1455–1485) behandelt Shakespeare in ›Henry VI‹ (3 Tle.) und ›Richard III‹. Darüber hinaus las Sch. noch die Lancaster-Tetralogie: ›Richard II‹, ›Henry IV‹ (2 Tle), ›Henry V‹ in Eschenburgs Übersetzung. Vgl. Sch. an Cotta, 15. Dezember.

455 *7 Nemesis:* griech. ›Verhängnis‹. Die strafende Schicksalsgöttin der Antike. – *13 Kunst Symbole zu gebrauchen:* s. Nr. 329, 362, 494. – *19 für die Bühne:* G. hatte bereits 1792 ›Heinrich IV‹ in einer eigenen Bearbeitung von Eschenburgs Übersetzung in Weimar inszeniert.

### 381. Goethe    Weimar, 29. November 1797

456,7f. *Gerningische:* \*sche.

455 *35 beschränkt worden:* s. Nr. 379.

456 *4 Unternehmen:* Vor der in Nr. 380 erwogenen Bearbeitung von acht Shakespeare-Dramen schreckte Sch. schließlich doch zurück: Er bearbeitete jedoch noch ›Macbeth‹ und ›Othello‹. – *7 Gerningische Ode:* s. zu Nr. 321. Der produktive Dilettant schrieb in Italien mehrere lange Oden, u. a. ›Die Wallfahrten‹, ›Der Friede Neapels‹ sowie den ›Hymnus an Neptun‹; vgl. G. an Meyer, 14. Juli.

### 382. Schiller    Jena, 1. Dezember 1797

456 *14 Lustspiel:* von Rambach, s. zu Nr. 289 und 379; vgl. G. an Rambach, 11. Dezember. – *17 Sonntag:* 3. Dezember. – *20 die Jamben:* s. zu Nr. 377. – *21 poetische Gemütlichkeit:* hier: epischer Geist; s. Nr. 494. – *23 erster Akt:* in der noch einteiligen Dramenkonzeption, s. zu Nr. 261. – *24 Ihrer Iphigenia:* Die Akte I–III von G.s *Iphigenie auf Tauris* umfassen 1368 Verse (Bd. 3, S. 161–197). – *28–30 epischer Geist ⟨...⟩ sein mag:* G.s *Herrmann und Dorothea* sowie seine Epospläne *Die Jagd, Tell* hatten die auch für Sch.s ›Wallenstein‹ folgenreiche Gattungsdiskussion um die konstitutiven Merkmale von Epos und Drama angeregt. Vgl. Sch.

an Körner, 7. April, Nr. 300, 305, 311, 394–397. – *34 statistisch:* hier im doppelten Sinn der ›Zustandsschilderung‹ und ›politischen Lehre‹.

457 *3 Meiern neulich:* wohl am 20. November, s. zu Nr. 376. – *Ihre Zeichnung:* Sch.s alter Plan, dem ›Musen-Almanach‹ ein G.-Porträt voranzustellen, zerschlug sich auch diesmal; s. Nr. 187, 188, 383. Meyer zeichnete das Titelkupfer des ›Musen-Almanach für das Jahr 1799‹; s. Nr. 383, 449. – *7 Nemesis:* ›Wallenstein‹ erschien 1800 ohne die Vignette; vgl. Sch. an Cotta, 30. November 1796, 18. Januar 1797, 30. Oktober; Nr. 380; s. zu Nr. 727. – *11 für die Horen:* G. trug nichts mehr bei. – *14 den Moses:* s. zu Nr. 298. – *19 erbeuteten Kunstschätze:* s. zu Nr. 330 und 369.

383. GOETHE                    WEIMAR, 2. DEZEMBER 1797

457 *31 Zyklus von Stücken:* Die definitive Entscheidung für eine Trilogie fiel erst im September 1798 nach vielen Gesprächen mit G.; s. zu Nr. 321; Sch. an Körner, 30. September 1798. – *40 Kupferstecher:* Das allegorische Titelkupfer ›Psyche, von einer Nymphe gesäugt‹ zum ›Musen-Almanach‹ für 1799 stach Heinrich Guttenberg (1749–1818) aus Nürnberg, s. zu Nr. 382; Meyer an G., 12. Juni 1798.

458 *7 Umgang mit Meyer:* s. zu Nr. 365. – *15 Ihrer Ankunft:* s. zu Nr. 376.

384. SCHILLER                    JENA, 5. DEZEMBER 1797

459,15 *was:* etwas.

458 *25 Arbeit:* an ›Wallenstein‹. – *28 hier zuzubringen:* s. zu Nr. 376. – *30 Lungenentzündung:* im Januar 1791 und 1792. Auch im Januar 1796 litt Sch. an schweren ›Suffocationen‹. Vgl. NA 36 II, S. 102 ff. – *36 das besprochene Logis:* Sch. hatte laut Frau von Stein bereits eine Wohnung gemietet. Charlotte von Stein an ihren Sohn Fritz, 10. November (NA 29, S. 498).

459 *1 ein Logis:* Auch dieser Plan wurde fallengelassen. – *5 Dezembertage:* Sch. besuchte G. erst am 1. Juni 1798. – *8 Zumsteg:* Zumsteeg an Sch., 24. November; s. zu Nr. 342. Zumsteeg rühmt vor allem Balladen Sch.s und G.s im ›Musen-Almanach‹ für 1798.

385. GOETHE                    WEIMAR, 6. DEZEMBER 1797

460,4 *alte Wieland, laudator:* alte laudator.

459 *25 nach dem neuen Jahr:* G. kam erst am 20. März nach Jena. – *32 Faust:* s. zu Nr. 331 und 359. Erst vom 9. April 1798 an

verzeichnet das Tgb. die Wiederaufnahme der Arbeit an *Faust*. – *32 Tragelaphen:* s. zu Nr. 71; Nr. 73, 76. Mit dem Fabeltier persifliert G. die latente Inhomogenität von *Faust*. – *34 Tell:* s. zu Nr. 369 und 372. – *35 Almanach:* Ein Teil von G.s Beiträgen zum ›Musen-Almanach‹ für 1799 war während der Schweizer Reise bereits entstanden, das größere Quantum wurde im Juni 1798 fertig. – *36 Horen:* s. zu Nr. 382.

460 *4 laudator temporis acti:* lat. ›Lobredner der Vergangenheit‹, aus Horaz, ›De arte poetica‹, Vers 173. – *5 diesen Hefen des achzehnten Jahrhunderts:* wörtliches Zitat aus Wielands Anmerkung zu Klopstocks Ode ›Der Wein und das Wasser‹ im ›Neuen Teutschen Merkur‹ 1797, 11. St. Wieland, der Klopstock als größten deutschen Dichter feiert und neben ihm Gleim rühmt, stand mit seiner Klage über die verlorene Blüte der deutschen Literatur nicht allein da. Vgl. *Xenien* 309, 313, 318 (Bd. 4.1, S. 813f.).

386. SCHILLER                    JENA, 8. DEZEMBER 1797

460 *18 die Reise nach Weimar:* s. Nr. 384. – *21 kommenden Monat:* G. besuchte Jena erst vom 20. März bis 6. April 1798. – *23 erstes und zweites Epos: Herrmann und Dorothea* und das *Tell*-Projekt. – *27 Stimmung:* s. zu Nr. 355. – *33 pathologische Interesse:* Die psychophysische Anspannung bei der literarischen Produktion zehrte an Sch.s Gesundheit; vgl. Nr. 94, 252. ›Pathologisch‹ heißt bei ihm oft ›unfrei‹, ›von Leidenschaft mitgerissen‹. Bei Kant bezieht sich der Begriff auf die Affizierbarkeit des Subjekts durch sinnliche Neigungen und Glücksbestrebungen. Vgl. I. Kant: ›Kritik der praktischen Vernunft‹ (Riga 1788), I/1, 3. Hauptst.; I/2, 2. Hauptst. III. – *35 alteriert:* (lat.) ›verändert‹.

461 *1 Wallenstein (...) Sommer:* Uraufgeführt wurden ›Wallensteins Lager‹ am 12. Oktober 1798, ›Die Piccolomini‹ am 30. Januar 1799 und ›Wallensteins Tod‹ am 20. April 1799; der Schlußteil der Trilogie nach der Fertigstellung des Textes (März 1799), der Ende Juni 1800 gedruckt vorlag; s. zu Nr. 481 und 727. – *3 Malthesern:* s. zu Nr. 14 und 245. – *13 die Blockade:* Die türkische Flotte liegt nach Sch.s Dramenkonzept vor den beiden Seehäfen Maltas; Soliman, der dem Malteser Orden den Untergang geschworen hat, belagert die Forts des Ordens (Vgl. NA 12, S. 16 ff.). – *22 griechischen Form:* vgl. Sch. an Körner, 20. August 1788. – *23 Aristoteles Schema:* die drei Einheiten der Handlung, der Zeit und des – von Aristoteles noch ausgeklammerten – Orts. – *Chören:* vgl. Sch. an W. von Humboldt, 5. Oktober 1795; Sch. an Körner, 5. Oktober 1795; vgl. Aristoteles, ›Poetik‹, Kap. 12. – *25 die Akten Einteilung:* Aristoteles kannte sie noch nicht (vgl. ›Poetik‹, 12. Kap.); erst

Horaz nennt fünf Akte (›De arte poetica‹, Verse 189f.). - *25 im Aristoteles:* Sch. und G. hatten sich im April/Mai mit der ›Poetik‹ des Aristoteles beschäftigt, s. Nr. 307, 310-312. - *28 Körner:* Körner an Sch., 1. Dezember. - *Geßler:* Karl Friedrich Graf G. (1752-1829), von 1788-1791 preußischer Gesandter in Dresden, danach Privatgelehrter. Sch. hatte den Freund Körners 1792 in Dresden kennengelernt. 1796 besuchten beide Sch. in Jena, Geßler brach nach Italien auf und kehrte im November 1797 zurück; s. zu Nr. 162. - *29 Italienerin:* Graf Geßler heiratete seine römische Geliebte nicht. - *30 formieren:* (lat.) ›bilden‹. Das hübsche Mädchen stammte aus einfachen Verhältnissen; vgl. Sch. an Körner, 20. November. - *Hoffentlich (...) durch:* Schon Körner schließt das nicht aus. Die junge Frau arbeitete als Künstlermodell und stand nicht im besten Ruf; Körner an Sch., 1. Dezember; Sch. an Körner, 20. November. - *32 Von Humboldt:* Seinen letzten Brief vom 24. Oktober hatte Sch. am 30. Oktober erhalten; s. Nr. 373. W. von Humboldts nächsten Brief aus Paris vom 7. Dezember empfing Sch. am 28. Dezember. - *38 alten Meier:* Sch. sah G.s aus Italien zurückgekehrten Hausgenossen J. H. Meyer (geb. 1760) erst am 1. Juni 1798 wieder.

387. GOETHE                         WEIMAR, 9. DEZEMBER 1797

463,12 *schon die häusliche:* schon häusliche; 463,19 *vielleicht was:* vielleicht schon etwas; 463,32 *ist noch ungewiß:* ist ungewiß.

462 *3 nicht zu uns kommen:* s. Nr. 384. - *9-11 Zwischen dem (...) Unterschied:* Der Interrollenkonflikt ergab sich, weil G. in Personalunion von 1791-1817 Intendant, Dramaturg und oft auch Regisseur am Weimarer Hoftheater war. - *27-30 ob ich (...) könnte:* Die Unversöhnlichkeit der Tragödie widersprach G.s konzilianter Natur; vgl. G. an Zelter, 31. Oktober 1831. - *31 Schnaus:* Der für Bibliothek und Münzkabinett zuständige Weimarer Geheimrat Christian Friedrich Schnauß (1722-1797) war am 4. Dezember gestorben. Seine Zuständigkeiten wurden am 7. Dezember durch ein landesherrliches Reskript G. und Voigt übertragen; s. Bd. 6.2, S. 1279. - *33 die Idee (...):* vgl. *Über die verschiednen Zweige der hiesigen Tätigkeit* (Bd. 4.2, S. 880), *Tag- und Jahres-Hefte* zu 1817 (Bd. 14, S. 255f.); Bd. 6.2, S. 1279-1281. - *35 die Büttnerische:* s. zu Nr. 209. - *Akademische Bibliothek:* Universitätsbibliothek Jena. - *35 virtualiter:* neulat. ›womöglich‹. G. schwebte die Idee eines Gesamtkatalogs der jenaischen und weimarischen Bibliotheken vor. An deren tatsächlichen Zusammenschluß war vorläufig nicht zu denken. Vgl. Bd. 4.2, S. 1242. Die um die Büttnerschen Bestände vermehrte

Jenaer Schloßbibliothek wurde erst 1817–1824 mit der Universitätsbibliothek vereinigt.
**463** *18 Band Gedichte:* Johann Heinrich Witschel: ›Dichtungen‹. Nürnberg 1798. G. hatte den Prediger Witschel (1769–1847) in Nürnberg vor einem Monat kennengelernt und seine Gedichte auf der Rückreise nach Weimar gelesen. Vgl. auch Knebel an G., 6. März 1798; G. an Knebel, 9. März 1798. – *22 Da sie so gern ⟨...⟩:* s. Nr. 358. – *29 nicht angetroffen haben:* Graf Geßler traf auf seiner Rückreise von Italien W. von Humboldt, aber nicht G. in der Schweiz. Im Mai 1796 hatte Geßler G. in Jena besucht; G. an Meyer, 20.–22. Mai 1796. – *30 Meyer kennt die Schöne:* vgl. Sch. an Körner, 20. November. – *30–32 Übrigens ⟨...⟩ ungewiß:* Angesichts der Mesalliance von Graf Geßler denkt G. an die Liaison des 53jährigen Knebel mit der 20jährigen Sängerin Luise Rudorf (1777–1852). Bis zur ehelichen Legalisierung am 9. Februar 1798 bot das Verhältnis mit Carl August als Dritten im Bunde reichlichen Klatschstoff. Sich selbst betrachtete G. als »verheiratet, nur nicht mit Zeremonie« (Biedermann I; S. 174). Die offizielle Heirat mit Christiane erfolgte 1806. Als Brautpaare waren am 3. Dezember ferner Charlotte von Steins ältester Sohn Karl (1765–1837) und Amalie von Seebach (1775–1860) sowie Ludwig von Seebach (1770–1840) und Karoline von Beulwitz (1776–1803) aufgeboten. – *31 Hymens:* von Hymen, dem griechischen Hochzeitsgott. – *33 historischen Versuch:* Christian August Vulpius plante eine der Sch.schen Sammlung verwandte Kollektion historischer Memoiren, für die G. einen Verleger zu vermitteln versprochen hatte; s. zu Nr. 155. Er empfahl Christianes Bruder einen Aufsatz zu dem Projekt. Vgl. Vulpius an G., 2. Oktober; G. an Christiane, 25. Oktober; Nr. 388.

**388. Schiller**　　　　　　　　　Jena, 12. Dezember 1797

464,7 *erfoderte:* erfordert; 464,16f. *Auffführung:* Ausführung; 464,30 *erlassen:* verlassen; 465,12 *so gar:* sogar; 465,12 *am:* an; 465,18 *enthält doch manches:* enthält manches; 465,20 *die aus:* die nur aus; 465,21 *Betrachtung nur geschöpft:* Betrachtung geschöpft.

**464** *3 Liebesszenen:* s. zu Nr. 279. – *12 menschlichen Kreis:* Sch. postuliert für die Kunst, »der Menschheit ihren möglichst vollständigen Ausdruck zu geben« (NA 20, S. 437). Die Kreisstruktur des ›Prologs‹ zu ›Wallenstein‹ nimmt bereits die Idylle des Schönen und Heiteren vorweg, s. zu Nr. 515. Auch G. situiert die Liebe im Stück zwischen Idealischem und Sittlich-Verständigem, so daß es einen menschlichen Kreis vollendet. G., *Die Piccolomini. Wallensteins Erster Teil* (Bd. 6.2, S. 689); s. zu Nr. 570 und

Nr. 423. – *16 jeden Gedanken (...) verbannen:* Sch. trennt im Anschluß an Aristoteles die Probleme der Theatralisierung von denen der Dramatisierung (vgl. Curtius' ›Poetik‹-Übersetzung, S. 15). Seit den ›Räubern‹ unterschied Sch. zwischen den dramatischen und theatralischen Erfordernissen, vgl. NA 3, S. 243; NA 6, S. 346. Zu rivalisierenden Ansprüchen von Poesie und Theater s. Nr. 390, 448, 459, 510, 511, 531. – *23 mehr als Eine Tragödie:* s. Nr. 370. – *26 Gemütlichkeit:* Entfaltung der geistigen und sinnlich-emotionalen Kräfte. – *39 Personale der Schauspieler:* Die Personenverzeichnisse erbat Sch. wegen seiner Arbeit an ›Wallenstein‹ und dem ›Malteser‹-Projekt. Zur Beurteilung der Hauptdarsteller in ›Wallenstein‹ vgl. G., *Die Piccolomini* (Bd. 6.2, S. 689 ff.).
**465** *10 Nürnbergische Dichter:* J. H. Witschel. – *15 historischen Aufsatz:* von Vulpius. – *17 Freitag:* 15. Dezember, s. Nr. 390. – *18 Einsiedels Schrift:* s. Nr. 376.

389. GOETHE                                WEIMAR, 13. DEZEMBER 1797

**465** *33 Die neuen Kunstwerke:* Meyers Italienbeute, s. zu Nr. 330. – *34 Damenbesuch:* Wer G. besuchte, ist nicht bekannt.
**466** *5 sonderbare Veranlassung:* Plausibler als Düntzers Vermutung, der nahe Abschluß der Theaterrechnung habe G. zu einer Bestandsaufnahme veranlaßt, erscheint das von der NA 37 II erwogene Motiv der Beschäftigung mit dem *Vorspiel auf dem Theater* zu *Faust*, s. Nr. 385 und 355. – *10 ein gesammeltes Dasein:* Zur Sammlung in Jena kam G. erst ein Vierteljahr später; s. zu Nr. 386.

390. SCHILLER                                JENA, 15. DEZEMBER 1797

466,19 *zurückfolgt:* zurück erfolgt; 467,12 f. *übergeben:* ergeben.

**466** *17 Mereau:* s. zu Nr. 225 und 358. Für das 10. Stück der ›Horen‹ steuerte sie neben einem Gedicht die 2. Fortsetzung der ›Briefe von Amanda und Eduard‹ bei. – *19 Aufsatze:* von Vulpius, s. zu Nr. 387. – *26 Merkur:* Wielands ›Neuer Teutscher Merkur‹. – *33 Punctum saliens:* lat. ›der springende Punkt‹. Seit Aristoteles übernahmen Naturwissenschaftler den Ausdruck für das entstehende Herz im Vogelei. In Sch.s Produktionsästhetik verkörpert das ›Punctum saliens‹ den Motor der Handlungsentwicklung. Es nimmt in der Stofforganisation eine Schlüsselstelle ein, indem es die zentrale Konfliktsituation bezeichnet, die auf eine Entscheidung drängt und den weiteren Handlungsverlauf bestimmt; s. Nr. 663 und Sch. an Körner, 13. Mai 1801. – *35 Armut an solchen Stoffen:* vgl. Sch. an Körner, 21. Juli. – *37 Hyginus:* Die Sammlung der 277 ›Fabulae‹ schrieb man zur Goethezeit dem Polyhistor und

Grammatiker C. Julius Hyginus (gest. ca. 10 n.Chr.) zu, s. Nr. 391.
467 *5 Elisa von Recke:* Elisabeth von der Recke, geb. Reichsgräfin von Medem (1756–1833), Schriftstellerin und Schwägerin des Herzogs von Kurland. Vgl. von der Recke an Sch., 26. November. Das ›Landtag‹ betitelte Stück blieb ungedruckt. – *7 Plenipotenz:* (lat.) ›Vollmacht‹. – *15 Humboldt:* s. zu Nr. 386.

### 391. GOETHE WEIMAR, 16. DEZEMBER 1797

467,38 *bin bis jetzt:* bin jetzt.

467 *24 Higin:* ›Hygini Quae hodie extant, adcurante Joanne Schefferó (...)‹. Hamburgi 1674 (Ruppert Nr. 1396). – *25 Adagia des Erasmus:* Erasmi Roterodami adagiorum chiliades tres ac centuriae fere totidem. (1. Aufl. 1500) Venedig 1508. Die Sprichwörtersammlung des Humanisten wurde im 16. und 17. Jh. oft aufgelegt; G. besaß ein Exemplar der Ausgabe von 1520. – *31 vergreift:* zum Risiko der Stoffwahl s. Nr. 304, 364. – *32 seine Gedanken:* J. H. Meyer, *Über die Gegenstände der bildenden Kunst,* s. zu Nr. 361. – *35 ihr weibliches Zeitalter:* Die Hälfte der Beiträge zu den drei letzten ›Horen‹-Stücken bestreiten Autorinnen: Amalie von Imhoff, Sophie Mereau, Elisa von der Recke, Caroline von Wolzogen, Louise Brachmann, s. Nr. 338, 339, 390, zu Nr. 415. – *37 Leben erhalten:* Die ›Horen‹ stellten Ende 1797 nach drei Jahren ihr Erscheinen ein. – *40 Herodot:* Die ›Historien‹ des ältesten griechischen Geschichtsschreibers (ca. 484–424 v.Chr.) enden mit den Perserkriegen. – *Thucydides:* Thukydides (ca. 460–396 v.Chr.) schloß mit seinem Geschichtswerk ›Peleponnesischer Krieg‹ an Herodot an.
468 *3 bald bei Ihnen:* s. zu Nr. 386.

### 392. GOETHE WEIMAR, 20. DEZEMBER 1797

468,16 *Kunstprodukte:* Naturprodukte; 468,33 f. *Schilderung desselben machen:* Schilderung machen.

468 *13 wieder in leidlichen Gesundheitsumständen*: s. Nr. 393. – *15 Schreiben Ihrer lieben Frau:* Charlotte Schiller an G., 19. Dezember. – *16 märkischen Kunstprodukte:* Sch.s Frau legte ihrem Brief im Auftrag ihres Mannes »einige proben von der neuen Poesie der Grazien Schmidts« aus seinem in Berlin erschienenen ›Almanach romantisch-ländlicher Gemälde für 1798‹ bei. Zu G.s Parodie *Musen und Grazien in der Mark* auf F. W. A. Schmidts Poesie s. zu Nr. 167, 168. – *18 Ihr Brief (...):* Nr. 367. Cotta hatte Sch.s Brief in die Schweiz weitergeleitet, ohne G. dort zu errei-

chen. – *21 Oberons goldne Hochzeit:* s. Nr. 367. – *25 Schlegelschen Rezension:* A. W. Schlegels bewundernde Rezension von *Herrmann und Dorothea* erschien in der ALZ, 11.–13. Dezember. – *27 wieder durchgedacht:* s. zu Nr. 302. – *30 Aufsatz: Über epische und dramatische Dichtung,* s. zu Nr. 302. – *32 Verfasser der Elegien:* H. Keller, s. zu Nr. 367.

393. SCHILLER  JENA, 22. DEZEMBER 1797

469,16 *ziemlich frisch fortdauerten:* ziemlich fortdauerten.

469 *3 Cholera:* Sch. erkrankte 18./19. Dezember. – *8 Cotta:* Cotta an Sch., 8. Dezember. – *9 Almanachs:* ›Musen-Almanach‹ für 1798. – *10 den Leipzigern:* Buchhändlern der Leipziger Messe. – *17 eine zweite Auflage:* Sie wurde nicht erforderlich, s. zu Nr. 368. – *19 Glück des vormjährigen Almanachs:* Der Xenien-Almanach erlebte drei Auflagen, s. zu Nr. 239. – *30 Gemüt:* die abgestimmte Totalität der intellektuellen, emotionalen und sensitiven psychischen Kräfte, s. zu Nr. 388. Auch bei G. bezeichnet der Begriff die Gesamtheit der seelischen und geistigen Kräfte. – *35 ein halbes Jahr:* Mitte Juli war Sch. G.s Gast in Weimar gewesen. – *38 seine Arbeiten:* s. zu Nr. 330.

394. GOETHE  WEIMAR, 23. DEZEMBER 1797

Erstdruck in *Über Kunst und Altertum* (1827), Bd. 6, H. 1 (ohne den Schlußpassus 472,30–36, der auch in Sch./G.¹ fehlt) als Anhang zu *Über epische und dramatische Dichtung.* Veröffentlicht auch in ›Morgenblatt für gebildete Stände‹ 1829, Nr. 75. – Varianten im Erstdruck (1827): 470,11 *Moderne und die:* Modernen die; 470,15 *ihren:* ihrer; *dem:* jenem; 470,17 *finden nachgeben:* finden, gefällig nachgeben; 471,5 *ein Basrelief:* das Basrelief; *ein wenig:* ein nur wenig; 471,14 *desto mehr:* umso mehr; 471,16 *die Figuren aus Ton glasiert und erst einfärbig dann mehrfärbig:* die aus Ton gebildeten Figuren erst glasiert, dann einfärbig, endlich mehrfärbig; 471,35 *ob gleich nicht auffallend:* ob es gleich nicht auffallend ist,; 472,6 *ob nicht zwischen:* ob zwischen; 472,10 *retrogradierendes mehr findet:* Retrogradierendes findet; 472,17 *Polixena und Hecuba:* Polyxena, Hekuba; 472,19 *als Erfüllungsmoment:* als ein Erfüllungsmoment; 472,30–36 zuerst in Sch./G.² (1856). – Varianten in Sch./G.¹ (1829): 470,11 *so sehr zu:* so zu; 471,31f. *weil bei einem:* weil einem; 471,35 wie oben.

470 *3 Aufsatz:* G. übersandte zwei Drittel des in Sch./G.¹ aufgenommenen Aufsatzes *Über epische und dramatische Dichtung* (Bd. 4.2, S. 126–127,32); s. zu Nr. 302. Vgl. K. Gerlach: ›Zur

Neudatierung eines Aufsatzes von Goethe und Schiller‹, in: GJb 104 (1987). – *4 erweitern:* Er wurde modifiziert und erweitert, s. Nr. 395. – *6 Sophokles:* Vermutlich las G. Sophokles' Tragödien ›Ajas‹ und ›Philoktet‹, s. S. 472. – *7 epischen und tragischen Gegenständen: Achilleis* (Bd. 6.1, S. 793–815), s. S. 472. – *8 motivieren:* die geeigneten literarischen Motive finden. Vgl. *Über epische und dramatische Dichtung,* Bd. 4.2, S. 126 f. – *11 die Genres so sehr zu vermischen:* vgl. *Einleitung* ‹in die *Propyläen*›; Bd. 6.2, S. 20. – *17–20 Meyer ‹...› kann:* vgl. J. H. Meyer, ›Neue Unterhaltungen über verschiedene Gegenstände der Kunst‹ (1808), in: Ders., ›Kleine Schriften zur Kunst‹. Heilbronn 1886, S. 46–56; G., *Einleitung* ‹in die *Propyläen*›; Bd. 6.2, S. 20. – *21 alles zum Drama:* vgl. *Einleitung* ‹in die *Propyläen*›, S. 21. C. F. von Blanckenburg, ›Versuch über den Roman‹. Leipzig und Liegnitz 1774, S. 99. – *22–26 So sind die Romane in Briefen ‹...› sein:* vgl. K. R. Mandelkow, ›Der deutsche Briefroman‹, in: Neophilologus 46 (1960), S. 204 f. – *24 Richardson:* s. zu Nr. 181.

471 *15 Meyers Abhandlung:* J. H. Meyer, ›Sammlung von Gefässen in gebrannter Erde zu Florenz‹, erschienen in: Karl August Böttiger: ›Griechische Vasengemälde mit archäologischen und artistischen Erläuterungen‹. Bd. 1, H. 2. Weimar 1798, S. 20 f. – *25 retrogradierendes:* (frz.) ›rückwärts schreitendes‹, s. *Über epische und dramatische Dichtung,* Bd. 4.2, S. 127, s. Nr. 304. – *die vier andern:* s. ebenda, S. 126 f. – *30 Epopé:* (griech.) frz.: ›Épopée‹ ›Epos‹. – *31 der Gleichnisse enthält:* Dies hatte auch A. W. Schlegel in seiner Rezension unterstrichen, s. zu Nr. 392. – *35 dritten Welt: Über epische und dramatische Dichtung,* Bd. 4.2, S. 127.

472 *8 ein episches Gedicht:* vgl. G.s Fragment *Achilleis* (Bd. 6.1, S. 793–815). Im Frühjahr 1798 und 1799 arbeitete G. an Schemata, s. ebenda, S. 1103–1114. W. Schadewaldt wagte einen Rekonstruktionsversuch aus dem Fragment, s. Schadewaldt: ›Goethestudien‹. Zürich/Stuttgart 1963, S. 301–395. – *12 retardierende:* s. Nr. 302. – *16 Tod des Ajax ‹...› Philoctets:* s. zu Nr. 293; vgl. *Achilleis* und *Paralipomena* (Bd. 6.1, S. 813, 1105–1113). – *17 Polixena und Hecuba:* s. *Achilleis*; vgl. Euripides' Tragödie ›Hekabe‹. – *23 Virgils ‹...› Behandlung:* Aeneas erzählt den Untergang Trojas im 2. Buch von Vergils ›Aeneis‹, das Sch. frei übersetzt hatte, s. ›Die Zerstörung von Troja im zweiten Buch der Aeneide‹ (›Neue Thalia‹ 1792, 1. H.). – *23 sentimentale:* s. zu Nr. 180. – *25 salvo meliori:* lat. ›unter Vorbehalt eines Besseren‹. – *32 Almanach:* ›Musen-Almanach‹ für 1798. – *34 Theaterangelegenheiten:* G. wohnte den Proben zur Oper ›Die Prinzessin von Amalfi‹ von Joseph Weigl (1766–1840) bei (Tgb., 3. und 5. Januar 1798). Möglicherweise war G. auch mit der nahen Inventur beschäftigt.

395. SCHILLER          JENA, 26. DEZEMBER 1797

Erstdruck in *Über Kunst und Altertum* 6/1 (1827), wie Nr. 394. – Varianten im Erstdruck (1827): 473,17 *Bewegens so:* Bewegens einem so; 473,34 *stillstehend:* stille stehend; 474,3 *hinzu.:* hinzu:; 474,10 *gegenwärtige:* Gegenwärtige; 474,11 *nahe:* Nahe; 475,3 *Ihre:* ihre; 475,10 *ist generisch poetisch, nicht:* ist, generisch, poetisch nicht. – Varianten in Sch./G.¹ (1829): 473,11 *hielt:* hielte; 473,15 *affektvolle:* effektvolle; 473,24 *die sinnliche Gegenwart:* die Gegenwart; 473,31 *Bedürfnis mich länger:* Bedürfnis länger; 475,4 *man ihr den:* man den; 475,10 *ist generisch poetisch, nicht tragisch:* ist, generisch, poetisch und tragisch.

473 *3 Gegeneinanderstellung:* s. *Über epische und dramatische Dichtung,* Bd. 4.2, S. 126–128. – *13 Repräsentation:* (lat./frz.) ›Vorstellung‹, ›Anschauung‹, ›Aufführung‹. – *40–474,2 Daß der Epiker ⟨...⟩ ein:* Sch. selbst hatte dieses Kriterium in ›Über die tragische Kunst‹ (NA 20, S. 164f.) schon genannt.

474 *4 Dichtung als Genus mit der Spezies:* s. zu Nr. 305. Hier: der Wesensbegriff der Poesie gegenüber ihren Gattungen. Zur Affinität von Tragödie und Epos s. Nr. 311. – *14 poetische Freiheit:* Die Freiheit der ästhetischen Rezeption stellt eine zentrale Intention der Sch.schen Wirkungsästhetik dar; vgl. ›Über die ästhetische Erziehung des Menschen‹, 22. Brief; ›Über naive und sentimentalische Dichtung‹ (NA 20, S. 380ff, 445); Nr. 465. – *25 Contrepoids:* frz. ›Gegengewicht‹. – *36 Hermann:* Herrmann und Dorothea. – *39 pathologisches Interesse:* emotionales Engagement, Anteilnahme des Rezipienten; s. zu Nr. 386.

475 *19 keiner ordentlichen Arbeit fähig:* s. Nr. 393.

396. GOETHE          WEIMAR, 27. DEZEMBER 1797

Erstdruck in *Über Kunst und Altertum* 6/1 (1827) wie Nr. 394. – Varianten im Erstdruck: 476,7 *nur eigentlich:* eigentlich nur; 476,16 *in Vorteil:* im Vorteil. – Varianten in Sch./G.¹ (1829): 475,29 *Aufsatz Sie einigermaßen:* Aufsatz einigermaßen; 476,14 *allenfalls:* ebenfalls.

475 *29 mein Brief und Aufsatz:* s. Nr. 394. – *33–36 ganzen Gattung ⟨...⟩ außen kommen:* s. Nr. 396. G. bleibt nicht auf Sch.s poetologischer Argumentationsebene, sondern setzt für den logischen Speciesbegriff die historische Empirie ein. – *37 ein Epigramm im griechischen Sinne:* Gegenüber Lessing, der in der Martialtradition pointierten Scharfsinn als gattungsbestimmend für das Epigramm ansieht, akzentuiert Herders historisch-genetische Abhandlung anhand der ›Anthologia graeca‹ den darstellen-

den, der griechischen Plastik verwandten Charakter sinnerhellender Aufschriften; vgl. J. G. Herder: ›Anmerkungen über das griechische Epigramm‹ (Herder SW XV, S. 340–348, 355–384). Für die Humanität des griechischen Epigramms sind schon nach Herders lebensweltlicher Bedingungen wie Klima, politische Verfassung, Mythologie und Kunst ausschlaggebend. Vgl. G.s Analyse der Umweltbedingungen einer Nationalliteratur in *Literarischer Sansculottismus*, (Bd. 4.2, S. 16–18); *Über epische und dramatische Dichtung* (Bd. 6.2, S. 126).

476 *7 eine Epopé:* die *Achilleis,* s. Nr. 394. – *17 pathologisches Interesse:* s. zu Nr. 386 und 395. – *19 Abhandlung:* Meyer, *Über die Gegenstände der bildenden Kunst,* s. zu Nr. 361. – *22 wie nah ⟨...⟩ verwandt ist:* Autonomie, Ganzheit und Selbstgenügsamkeit bezeichnen gemeinsame ästhetische Postulate; vgl. Bd. 6.2, S. 28, 56f. Zur Darstellung von Handlungszusammenhängen s. Bd. 6.2, S. 60. – *24 nächstens besuchen:* G. weilte erst vom 20. März bis 6. April in Jena.

397. SCHILLER                          JENA, 29. DEZEMBER 1797

Erstdruck in *Über Kunst und Altertum* 6/1 (1827) wie Nr. 394. Varianten: 477,27 *andrem:* andern; 478,1 *Gestalt loswickeln:* Gestalt sich loswickeln.

476 *32 Brief:* W. von Humboldt an Sch., 7.–11. Dezember. Sch. erhielt den Brief aus Paris am 28. Dezember; s. zu Nr. 299 und 305. – *neugeschaffenen Paris:* Humboldt geht auf die politischen, lokalen und kulturellen Veränderungen im nachrevolutionären Paris ein; auf Auswirkungen des Staatsstreichs vom 18. Fructidor und die Exponate von Napoleons italienischem Kunstraub; s. zu Nr. 339, 364. – *35 gewissen Art ⟨...⟩ zu empfinden:* Humboldt äußert sich ausführlich zum ›Musen-Almanach‹ für 1798. – *39 die beiden Gattungen zu sondern:* Epos und Tragödie, s. Nr. 394, 396. Den von der NA 29 (S. 518) erhobenen Vorwurf einer einseitigen Festlegung G.s hat Sch. schwerlich verdient; s. Nr. 399.

477 *3 alles darin ⟨...⟩ gebührt:* s. Nr. 395. – *12 sieben Repräsentationen:* Tetralogien und Trilogien wurden bei den athenischen Dionysien im Dichterwettbewerb nacheinander gespielt. Vielleicht dachte Sch. auch an die sieben von Aischylos erhaltenen Stücke. – *24 Reforme:* frz. ›Reform‹. – *32 Begriff vom Symbolischen:* Der gegen servile Naturnachahmung bemühte Symbolbegriff hängt eng mit dem Sch.schen Postulat der Idealisierung zusammen, die wiederum Aufgaben der Verfremdung übernimmt; vgl. Nr. 494; ›Über den Gebrauch des Chors in der Tragödie‹ (NA 10, S. 10); ›Über die tragische Kunst‹ (NA 20, S. 158). –

*39–478,1 Oper ⟨...⟩ sollte:* Die akzeptierte Artifizialität von Tragödienchor und Oper macht sich Sch. zunutze, um »dem Naturalism in der Kunst offen und ehrlich den Krieg zu erklären« (›Über den Gebrauch des Chors‹, NA 10, S. 11). Auch G. erläutert anhand der Oper den Unterschied von Kunstwahrheit und Naturwahrheit, vgl. *Über Wahrheit und Wahrscheinlichkeit der Kunstwerke* (Bd. 4.2, S. 91–93); Nr. 416. Vgl. auch Nr. 394, 417, 494, 743. – *15 Nach und nach ⟨...⟩ Arbeit:* an ›Wallenstein‹, s. Nr. 395.

### 398. GOETHE WEIMAR, 30. DEZEMBER 1797

478,29 *nachher wieder etwas durch:* nachher durch; 478,30 *Teile etwas:* Teile wieder etwas; 478,39 *tat:* tut.

478 *25 Gesellschaft:* Zu ihr gehörte Caroline Herder, vermutlich auch Wieland; vgl. Grumach IV, S. 392 f. – *25 Meiers Arbeiten:* s. zu Nr. 330. – *34 Die Theoretischen Betrachtungen:* über die Gattungsmerkmale von Epos und Drama, s. zu Nr. 302. – *36 Jenaische Kanapé:* Knebels ehemalige Wohnung im Jenaer Schloß bot G. ungestörte Arbeitsbedingungen. – *37 Dreifuß:* Sitz der orakelnden Pythia in Delphi. Möglicherweise schon erste Idee zu den *Weissagungen des Bakis* (Bd. 6.1, S. 33–40); s. zu Nr. 414. – *38 in unserm Kreise:* 1798 unternahm G. keine größere Reise. – *39 Frau:* Charlotte Schiller hatte Weimar vom 27. bis 30. Dezember besucht; vgl. G. an Ch. Schiller, 29. ⟨30.⟩ Dezember. – *40 Kunstschätzen:* vgl. Charlotte Schiller an G., 19. Dezember; s. zu Nr. 330.

479 *2 Don Juan:* Mozarts ›Don Giovanni‹ war zuletzt am 27. Dezember aufgeführt worden, s. Nr. 144. – *4 Mozarts Tod:* Der Tod von Wolfgang Amadeus Mozart (1756–1791) lag sechs Jahre zurück.

# 1798

399. SCHILLER  JENA, 2. JANUAR 1798

483,26 *die poetische Ökonomie:* die Ökonomie; 483,27 *verriet:* verriete.

483 *9 Werke:* Sch. denkt an ›Wallenstein‹. – *sublimieren:* (lat.) ›vergeistigen‹, ›läutern‹.– *15 Sie (...)arbeiten im Dunkeln:* Die größtenteils unbewußte Produktionstätigkeit des Genies bzw. des naiven Dichters haben Kant und Sch. anerkannt. Vgl. Kant, ›Kritik der Urteilskraft‹, §§ 46 und 47; Sch., ›Über naive und sentimentalische Dichtung‹, NA 20, S. 475 f., 482. Auch G. charakterisiert vielerorts sein poetisches Hervorbringen als spontane Eingebung; Brief an Herder, ca. 10. Juli 1772; Nr. 16, 271, 812; *Dichtung und Wahrheit,* 16. Buch (Bd. 16, S. 716 f.); *Gespräche mit Eckermann,* 14. November 1823 (Bd. 19, S. 66); vgl. jedoch Nr. 123. – *17 tritt das innere Licht (...):* G. übernahm die Wendung in *Die Wahlverwandtschaften* II/3 (*Aus Ottiliens Tagebuch*), Bd. 9, S. 417. – *21 Rezension:* ›Neue Nürnbergische Gelehrte Zeitung‹, 12. Dezember 1797; vgl. Braun, Goethe Bd. 2, S. 266. – *26 poetische Ökonomie:* s. zu Nr. 242. – *30 Retif:* Nicolas-Edme Restif de la Bretonne (1734–1806): ›Monsieur Nicolas ou le Cœur-humain dévoilé‹. 16 Bde. Paris 1794–1797. Sch. hatte die Autobiographie des französischen Schriftstellers vermutlich über Frau von Stein erhalten, die sie am 9. September ankündigte; s. zu Nr. 365; vgl. auch Carl August an G., 22. März.

484 *2 Cellini:* G.s Benvenuto Cellini, s. zu Nr. 148. – *5 Erklärung von dem jüngern Schlegel:* Im Intelligenzblatt der ALZ vom 16. Dezember 1797 hatte F. Schlegel die Fortsetzung seines Aufsatzes ›Über Lessing‹ in J. F. Reichardts ›Lyceum der schönen Künste‹ (Berlin 1797, I/2) aufgekündigt. Zum Bruch zwischen F. Schlegel und dem ›Lyceum‹-Herausgeber war es gekommen, weil dieser einen Angriff von Schlegel gegen Voß' Homerübersetzung mißbilligt hatte; s. Nr. 240, 247, 315, 400. – *11 zu uns kommen:* s. zu Nr. 396. – *12 Meiern:* Sch. sah J. H. Meyer erst am 1. Juni in Weimar.

400. GOETHE  WEIMAR, 3. JANUAR 1798

484,35 *völlig:* völliger.

484 *20 nahe sind:* Die geplante längere Italienreise hatte 1797 lediglich bis in die Schweiz geführt, s. zu Nr. 329. – *21 wieder*

*sehen:* s. zu Nr. 396. – *Kontinuation:* (lat.) ›ununterbrochene Folge‹. – *28 dies Jahr vollbringen:* ›Wallenstein‹ wurde erst 1799 fertig, s. zu Nr. 386. – *29 Sonntag:* 7. Januar. – *30 Hindernis:* G. war lt. Tgb. vom 4. bis 8. Januar intensiv mit Bibliotheksangelegenheiten befaßt, s. Nr. 387. – *32 Abschrift eines alten Gesprächs:* s. zu Nr. 402. – *34 schaffender Idealist:* G. denkt an Schelling, mit dessen ›Ideen zu einer Philosophie der Natur‹ (1797) er sich gegenwärtig beschäftigte (s. S. 485), möglicherweise noch an Fichte. Vgl. C. G. Voigt an G., 31. Dezember 1797. – *35 Reinholdianer:* Der Kantianer Reinhold hatte bis 1794 in Jena gelehrt, s. zu Nr. 355. – *39 zu erhalten suchen:* s. zu Nr. 399. G. las das Werk von Restif la Bretonne im Juni und Juli in Jena.

485 *13 so vieles andere:* vgl. das erstmalig in Bd. 6.1, S. 851 f. gedruckte Arbeitsprogramm G.s aus den ersten Januartagen. – *16 Elephanten:* In Weimar gastierte Anfang Januar eine Tierschau. – *17 Florentinische Madonna:* Meyers Kopie von Raffaels ›Madonna della Seggiola‹, s. Nr. 212. – *20 Schellings Ideen:* (s. o.). G. hatte sich für die Berufung von Friedrich Wilhelm J. Schelling (1775–1854) nach Jena eingesetzt, der dieser 1803 wieder verließ. G. fand in dem Naturphilosophen einen verständnisvollen Gesprächspartner für seine Farbenlehre und stand mit dem Schöpfer der idealistischen Identitätsphilosophie bis 1827 in lockerem Briefkontakt; vgl. auch *Materialien zur Geschichte der Farbenlehre* (Bd. 10, S. 913). – *24–29 Friedrich Schlegel ⟨...⟩ brouillierten:* F. Schlegel, ›Kritische Fragmente‹, in Reichardts ›Lyceum‹ Nr. 115, s. Nr. 399. – *28 brouillierten:* (frz.) ›überwarfen‹.

401. SCHILLER                                JENA, 5. JANUAR 1798

Erstdruck in ›Morgenblatt für gebildete Stände‹ 1829, Nr. 201 (22. August). 485,35–40 *Meine ⟨...⟩ freuen:* zuerst in Sch./G.[1] (1829); 487,4f. zuerst in Sch./G.[2] (1856).

485 *35 Hauswirte:* Der Theologe Griesbach hatte mit seiner Frau Friederike Juliane (1755–1831) G. am 3. Januar besucht, s. zu Nr. 200. – *36 schönen Sachen:* s. zu Nr. 330. – *38 der Alte:* Griesbach war nur vier Jahre älter als G.

486 *1 Anherokunft:* alemannisch ›Ankunft‹, s. zu Nr. 396. – *2 frühern Brief:* Nr. 391 oder 392. – *5 Prolog:* ›Wallensteins Lager‹, s. zu Nr. 321. – *6 III Akte:* 3. Akt. Akt I und II der noch einteiligen Fassung entsprachen ungefähr den ›Piccolomini‹ in der Trilogiefassung. – *11–17 über mich selbst hinausgegangen ⟨...⟩ zu rücken:* s. Nr. 272 und 347. – *22 keine andre als historische Stoffe:* Mit der ›Braut von Messina‹ besann sich Sch. eines andern; vgl. auch Nr. 592. – *24 das realistische zu idealisieren:* s. zu Nr. 397; vgl. Sch.

an Humboldt, 21. März 1796; an Körner, 28. November 1797. – *34 Julian dem Apostaten:* Flavius Claudius Julianus (331–363). Der von den Christen ›Apostata‹ (›der Abtrünnige‹) genannte römische Kaiser suchte das Heidentum zu restituieren. Den alten, über ein Jahrzehnt gehegten Plan verwirklichte Sch. nicht. Vgl. Körner an Sch., 25. April 1788; G.s Tgb., 25. Mai 1798. – *37 fürchterliche:* ›furchterregende‹. – *40 Misopogon ⟨...⟩ Briefe:* Die Weimarer Bibliothek führte Lasius' deutsche Übersetzung von Julians Satire auf Antiochiens Christen ›Antiochikos oder Misopogon‹ und eine französische Übersetzung seiner Briefe.

487 *4 Charlotte Kalb:* Sie erblindete 1820. Zu ihrer Sehschwäche vgl. ihre Briefe an Jean Paul, 4. Januar, 12. Februar, 15. März (Nerrlich, S. 23–25). – *6 von Körnern:* Körner an Sch., 25. Dezember 1797. – *7 Pausias:* s. zu Nr. 315 und 317. – *8 Humboldtischen Brief:* s. Nr. 397. – *9 Montag:* 8. Januar.

402. GOETHE WEIMAR, 6. JANUAR 1798

Erstdruck in ›Morgenblatt für gebildete Stände‹ 1829, Nr. 201 (22. August). 488,30–32 zuerst in Sch./G.¹ (1829). – Varianten in Sch./G.¹: 487,24f. *zurückgeführt, Sie:* zurückgeführt. Sie; 488,22 *Sein:* Sind; 488,30 *Kalb:* L.; 489,1 f. *umständlicher:* umständlich; 489,40 *brauche:* nötig habe; 490,4 *verleben:* erleben.

487 *16 Ihres Werkes:* ›Wallenstein‹. – *22 Repräsentanten mancher Objekte:* Im doppelten Sinn: 1. G. führte Sch. zu einer genaueren Darstellung mancher Objekte. 2. G. repräsentiert Züge Wallensteins. Vgl. auch Sch., ›Kallias oder über die Schönheit‹, 28. Februar 1793, Sch. SW V, S. 428 f.. – *27 zweite Jugend:* vgl. *Tag- und Jahres-Hefte* zu 1794 (Bd. 14, S. 34); *Faust,* (Vorspiel auf dem Theater), Vers 197; Nr. 255, 270. – *31 Reise:* in die Schweiz 1797; s. zu Nr. 329. – *39 erster ⟨...⟩:* nächster; s. zu Nr. 396. – *40 Körnersche Aufnahme des Pausias:* Der Passus aus Körners Brief an Sch. vom 25. Dezember 1797 ist wiedergegeben in Bd. 4.1, S. 1228 f.

488 *8 letzten Musenalmanachs:* für 1798. – *11 So lange ein Kunstwerk ⟨...⟩:* vgl. Böttiger, Literarische Zustände 1, S. 217; *Gespräche mit Eckermann,* 18. Januar 1827 (Bd. 19, S. 193). – *24 nicht gut sein:* ›nicht recht zugehen‹. – *30 Kalb:* G.s lose Beziehung zur einstigen Freundin Sch.s datiert von 1790 und war durch den Prozeß gegen ihren Schwager, den Weimarer Kammerpräsidenten, getrübt worden; s. zu Nr. 34; *Tag- und Jahres-Hefte* zu 1795 (Bd. 14, S. 47 und 635). – *34 Philosophische Unterredung:* aus Erasmus Francisci: ›Neu-polirter Geschicht- Kunst- und Sitten-Spiegel ausländischer Völker ⟨...⟩‹, Nürnberg 1670, S. 42 f. Der

philosophisch-theologische Disput zwischen Pater Matteo Ricci S.J. (1552–1610) und einem buddhistischen Priester ist bei Düntzer, Schiller und Goethe, und in der NA 37 II wiedergegeben. – *37 ich erschaffe sie:* Aus der Sicht der idealistischen Philosophie ironisiert G. die im historischen Disput angeschnittene Frage des gegenständlichen Erschaffens; s. Nr. 400. – *40 Schällingischen Buches:* s. Nr. 400.

489 *6 Newton:* Isaak N. (1643–1727). Die Apfelanekdote überliefert Voltaire in ›Éléments de la Philosophie de Newton‹ (1741). Auch Schelling erwähnt in seinen ›Ideen‹ Newton. – *7 Theorie:* das Gravitationsgesetz. – *11 Transzend⟨ent⟩elle Idealist:* Als Weiterentwicklung der Kantischen Transzendentalphilosophie und der Fichteschen ›Wissenschaftslehre‹ entwarf Schelling 1800 das ›System des transzendentalen Idealismus‹. Für Kant ist »alle Erkenntnis transzendental, die sich nicht sowohl mit Gegenständen, sondern mit unserer Erkenntnisart von Gegenständen, so fern diese a priori möglich sein soll, überhaupt beschäftigt« (›Kritik der reinen Vernunft‹, Einleitung B S. 25). – *15 Zweckmäßigkeit der organischen Naturen nach außen:* Für Schelling besteht jedes organische Produkt autonom für sich selbst und trägt den Grund seines Daseins in sich selbst als unbewußten Geist, der im Menschen schließlich zu seinem Selbstbewußtsein erwacht. Das bei Kant nur methodisch regulative Zweckprinzip erhob Schelling zum konstruktiven Naturprinzip. – *19–21 wie sehr ich ⟨...⟩ nach innen hänge:* s. zu Nr. 244; *In wiefern die Idee: Schönheit sei Vollkommenheit mit Freiheit, auf organische Naturen angewendet werden könne,* s. Nr. 6.; vgl. zur Morphologie ⟨Ordnung des Unternehmens⟩, *Betrachtung über Morphologie überhaupt;* Bd. 4.2, S. 192, 202; G. an Batsch, 26. Februar 1794. – *26 Dinge an sich:* nach Kant das unabhängig von unserer Erkenntnis Seiende, das zwar postulierbar, aber nicht genauer erkennbar bleibt. Schelling negiert es. – *er stößt ⟨...⟩ an die Dinge:* Ähnlich begründet Nikolai Hartmann im transkognitiven ›Widerstandserlebnis‹ die Realitätserfahrung. – *33–35 in den philosophischen Naturstande ⟨...⟩ zu machen:* Im »(philosophischen) Naturzustande« war der Mensch »mit sich selbst und der ihn umgebenden Welt« noch eins. Die Reflexion der Trennung von Ich und Außenwelt markiert nach Schellings ›Ideen‹ (S. 16) den Beginn der Philosophie; s. zu Nr. 400. – *40 nächsten Operationen:* G. wandte sich wieder der Farbenlehre zu, s. Nr. 404.

490 *3 Kontinuation:* s. zu Nr. 400.

403. Schiller                    Jena, 9. Januar 1798

490,10f. *ferner damit kontinuieren:* ferner kontinuieren.

490 *10 Inlage:* Die erste Nummer der vom Tübinger Historiker Ernst Ludwig Posselt (1763–1804) herausgegebenen Tageszeitung ›Die neueste Weltkunde‹ erschien bei Cotta am 1. Januar; Cotta an Sch., 31. Dezember 1797. – *17 nicht hier:* s. zu Nr. 396.


404. Goethe                     Weimar, 10. Januar 1798

490,36f. *übersehen kann, wobei ich alle unnütze Papiere zerstören kann, indem:* übersehen kann, indem; 491,10 *Bouterweks:* C.; 491,23f. *Wenn Freund Cotta nur seine Rechnung dabei findet.:* zuerst in Sch./G.² (1856); 491,25 *Beitrag ihm dienen:* Beitrag dienen; 491,26 *habe ich:* ist mir; 491,27 *erhalten:* zugekommen; 491,29 *Januar noch hier:* Januar hier.

490 *27 Farbenlehre:* Mit der Farbenlehre beschäftigte sich G. laut Tgb. vom 8. bis 21. Januar; danach im Februar; vgl. G. an Knebel, 12. Januar; *Tag- und Jahres-Hefte* zu 1798 (Bd. 14, S. 58f.). – *33 Volumina:* lat. ›Bände‹. – *Papiersäcke:* Einige sind im GSA noch vorhanden.
491 *7 Aufsatz: Der Versuch als Vermittler von Objekt und Subjekt* (Bd. 4.2, S. 321–332, 1075f.). – *10 Bouterweks:* Friedrich Bouterwek: ›Grundriß akademischer Vorlesungen über die Ästhetik‹. Göttingen 1797; s. zu Nr. 301. G. hatte die schmale Stichwortsammlung von G. Hufeland erhalten; Hufeland an G., 8. Januar. – *15 neuen Philosophie:* vor allem Kants. – *17 aufstellen:* ›nachforschen‹, ›suchen‹; vgl. G. an Hufeland, 10. Januar. – *19 selbst danken:* G. an Cotta, 11. Januar. – *21 die Manier widersteht:* Die ersten beiden Nummern der ›Neuesten Weltkunde‹ würdigten die epochale Bedeutung der Französischen Revolution; s. Nr. 408. – *22 Schubartische Chronik:* Christian Friedrich Daniel Schubart (1739–1791) gab von 1774 bis 1791 – unterbrochen von zehnjähriger Festungshaft – unter wechselndem Titel seine ›Deutsche‹ bzw. ›Vaterländische Chronik‹ heraus. – *25 Beitrag:* G. steuerte erst etwas zu Cottas Nachfolgeblatt bei. – *29 Oper:* Zum Geburtstag der Herzogin Louise – s. zu Nr. 21 – wurde in Weimar Cimarosas Oper ›Die bestrafte Eifersucht‹ aufgeführt.


405. Schiller                   Jena, 12. Januar 1798

493,18 *Boutterwecks:* C.; 493,29 *dann wie von:* dann von; 493,30 *den zwei ersten:* den ersten.

491 *39 Aufsatz: Der Versuch als Vermittler von Objekt und Subjekt*, s. zu Nr. 404. – *40 naturhistorischen:* s. zu Nr. 198.

492 *2 rationellen Empirie:* Insofern G. vom Wissenschaftler Bemühen um Objektivität und ›Entäußerung‹ verlangt, ohne dabei seine konstruktive Freiheit zu fesseln, sucht er nach Sch. die Synthese von Empirismus und Rationalismus; vgl. Bd. 4.2, S. 323; s. Nr. 409. – *5 meine Bemerkungen:* s. Nr. 409. – *6 einen theoretischen Satz 〈...〉 wollen:* s. Bd. 4.2, S. 326–329. Um übereilte Folgerungen, Voreingenommenheiten bei der Versuchsauswahl und Elimierungen mißliebiger Daten zu vermeiden, schlägt G. vor, alle Parameter eines Experiments nach allen Seiten hin zu testen. Die »Vermannigfaltung eines jeden einzelnen Versuches« soll der realen Verknüpfung der Faktoren auf die Spur kommen. Vgl. G.s Kritik an Newton 〈*Über Newtons Hypothese der diversen Refrangibilität*〉 (Bd. 4.2, S. 377ff., 386f.). – *15–17 Überhaupt kann 〈...〉 adäquat sein:* Die Konkretheit einzelner Phänomene kann nie eine allgemeine Hypothese verifizieren.

493 *3–6 daß die Mannichfaltigkeit der Vorstellungsarten 〈...〉 der Despotism einer einzigen stiftet:* Wissenschaftliche Kooperation und der kritische Dialog unter Forschern soll nach G. ungerechtfertigte Paradigmenbildungen verhindern, s. Bd. 4.2, S. 322–325, 327f.; vgl. Thomas S. Kuhn: ›Die Struktur wissenschaftlicher Revolutionen‹. Frankfurt 1973; vgl. auch G.: *Einige allgemeine chromatische Sätze* (Bd. 4.2, S. 364). – *9 metaphysische Gespräch:* s. Nr. 402. – *11 gotischen:* ›barocken‹. – *15 Morceau:* frz. ›Stück‹. – *22 rhapsodistischen:* s. zu Nr. 311. – *23 Herreise:* s. zu Nr. 396. – *30 zwei ersten Akten:* s. zu Nr. 401.

406. GOETHE                                    WEIMAR, 13. JANUAR 1798

494,5–7 *glaube 〈...〉 bemerken:* fürchte; 494,8 *ist:* sei; 494,23 *Verse:* Versen; 494,35 *dem:* den; 495,6 *meinen:* einen.

493 *39 Farben der aneinandergedruckten Glasplatten:* vgl. G., *Entwurf einer Farbenlehre*, §§ 432–454 (Bd. 10, S. 144–151); LA II/3, S. 322. – *40 Sie selbst 〈...〉 interessierte:* vgl. G.s Billett an Charlotte Schiller, Mai/Juni 1797 (Charlotte II, S. 235).

494 *6 Schellingischen Buches:* s. zu Nr. 400. – *7 neuern Philosophen:* des deutschen Idealismus. – *16 phisische:* (griech.) ›naturwissenschaftliche‹. – *19 die Kräfte ihres Individuums:* s. *Der Versuch als Vermittler von Objekt und Subjekt* (Bd. 4.2, S. 322ff, 327f.). – *21 Newton 〈...〉 Optik:* Isaak Newton: ›Optics, or a Treatise of the Reflections, Refractions, Inflections and Colours of Light‹ (1704). Vgl. G., *Materialien zur Geschichte der Farbenlehre (18. Jahrhundert)* (Bd. 10, S. 742f.); zu Nr. 422, 426. – *Geometer:* (frz.) ›Ma-

thematiker‹; vgl. ⟨*Über Newtons Hypothese der diversen Refrangibilität*⟩ (Bd. 4.2, S. 379ff.). *Der Versuch als Vermittler von Objekt und Subjekt* (ebenda, S. 330). – *24–29 der Mechaniker* ⟨...⟩ *haben:* vgl. die Anmerkungen K. Th. von Dalbergs zum *Versuch die Elemente der Farbenlehre zu entdecken*; LA I/3, S. 464–474; Bd. 4.2, S. 413–432. Zur Cartesianischen Korpuskeltheorie s. *Materialien zur Geschichte der Farbenlehre* (Bd. 10, S. 657–660); *Der Descartische Versuch mit der Glaskugel* (Bd. 4.1, S. 440f.). – *27 Chemiker: Materialien zur Geschichte der Farbenlehre (18. Jh./Chemiker/Westfeld)* (Bd. 10, S. 857–860). – *28 Oxygen:* Sauerstoff. – *30 Klügel* ⟨...⟩ *Lichtenberg:* Zu Georg Simon Klügel (1739–1812) und Lichtenberg vgl. die Abschnitte Klügel und Delaval in *Materialien zur Geschichte der Farbenlehre* (Bd. 10, S. 855f., 881–885). Der Newtonianer Klügel übersetzte und kommentierte Joseph Priestleys ›Geschichte der Optik‹ (Leipzig 1775/76). Vgl. Lichtenbergs ›Anfangsgründe der Naturlehre‹, §§ 362–382; s. zu Nr. 121. – *32–36 Wünsch* ⟨...⟩ *Gren:* zum Mathematiker und Physiker Christian Ernst Wünsch (1744–1828) und zum Mediziner, Chemiker und Philosophen Friedrich Albert Carl Gren (1760–1798) vgl. *Erklärung der zu Goethes Farbenlehre gehörigen Tafeln* (Bd. 10, S. 450, 955f., 958, 962f.); Xenion 175 (Bd. 4.1, S. 797); C. E. Wünsch: ›Versuche und Beobachtungen über die Farben des Lichtes‹. Leipzig 1792. Im März 1794 hatte sich G. ausführlicher mit Wünschs Farbentheorie auseinandergesetzt; s. LA I 3, S. 218–227; F. A. C. Gren: ›Grundriß der Naturlehre‹. Halle 1793, §§ 716–746. Zu G.s Beschäftigung mit Grens Werk im Winter 1793/94 vgl. LA III, S. 200–217. – *36 Simbolisches Glaubensbekenntnis:* Der lat.-griech. Ausdruck ›Symbolum‹ hat in der theologischen Tradition die Bedeutung ›Glaubensbekenntnis‹, vgl. ›Symbolum Apostolicum‹. – *40 Konvenienz:* (lat.) ›Bequemlichkeit‹.

**495** *3 Aperçu:* ›skizzenhafte Darstellung‹, ›Exposé‹. Gemeint ist ⟨*Das reine Phänomen*⟩ (Bd. 6.2, S. 820f.); s. Nr. 408. – *8 philosophische Gespräch:* s. Nr. 402.

407. SCHILLER                     JENA, 15. JANUAR 1798

**495** *19 mit der Post:* anstelle der üblichen Beförderung durch Botenfrauen. – *20 Hauptszene:* In der noch einteiligen ›Wallenstein‹-Fassung war Sch. bis zum Ende der späteren ›Piccolomoni‹ gekommen; s. zu Nr. 401.

### 408. GOETHE WEIMAR, 17. JANUAR 1798

496,9 *Böttiger:* X.; 496,13 *Bemerkenswert:* Bemerkungswert; 496,24 *Kreidegrund:* Kreidegrund; 496,25f. *Erschüttrung gewiß abgefallen:* Erschüttrung abgefallen.

**495** *31 fördert:* ›vorankommt‹. – *33 Aufsatz:* ⟨Das reine Phänomen⟩, s. zu Nr. 406. – *37 Grens Naturlehre:* darin §§ 1229–1419; s. zu Nr. 406.

**496** *2 Vortrag:* ›Darstellung‹. – *3–6 einen Vorzug ⟨...⟩ haben:* Lt. Tgb. beschäftigte sich G. mit ›Lamberts Photometrie‹, s. zu Nr. 432; vgl. auch *Materialien zur Geschichte der Farbenlehre* (Bd. 10, S. 846f.). – *4 Zeichen:* mathematisch quantifizierende Symbole. – *7 Nachtrag ⟨...⟩ Laokoon:* Aloys Ludwig Hirt: ›Nachtrag über Laokoon‹. In: ›Horen‹ 1797, 12. St.; s. zu Nr. 341. Vgl. Bd. 4.2, S. 978f.; vgl. G. an Hirt, 25. Dezember 1797 (WA IV 13 datiert auf 30. Januar 1798). – *9 Böttiger ⟨...⟩ beliebten Art:* Durch Böttigers Indiskretion waren Sch.s ›Kraniche des Ibycus‹ nach Dresden gelangt; Sch. an Körner, 2. Oktober 1797. – *9 meinen Aufsatz: Über Laokoon,* s. zu Nr. 341. – *11 größte Bewegung:* vgl. Hirt an Matthisson, 14. Oktober 1797 (›F. von Matthissons Literarischer Nachlaß‹. Berlin 1832, 4, S. 15); Hirt an G., 2. Dezember 1797. – *13 Basreliefen ⟨...⟩:* vgl. ›Horen‹ 1797, 12. St., S. 27f. Zur kritischen Beurteilung von Flachreliefs s. Nr. 394, 486. – *15 Familie der Niobe:* vgl. G., *Über Laokoon* (Bd. 4.2, S. 78 und 86). Zur Statuengruppe und der antiken Mythostradition s. ebenda, S. 984f; *Der Sammler und die Seinigen* (Bd. 6.2, S. 101). – *18 in Paris angelangt:* Die Laokoongruppe gehörte zur Beute des napoleonischen Kunstraubs; s. zu Nr. 212, 339, 411. – *23 Cecilie von Raphael:* Raffaels Gemälde ›Die Heiligen Cäcilia, Paulus, Johannes, Augustinus und Magdalena‹ wurde von einem französischen Restaurator von Holz auf Leinwand übertragen. – *26 Posselt:* s. zu Nr. 403 und 404, Nr. 458. – *27 Success:* (lat./frz.) ›Erfolg‹. – *31 Geburtstag:* der Herzogin Louise, s. Nr. 404 und 414.

### 409. SCHILLER JENA, 19. JANUAR 1798

497,25 *denn:* sondern; 499,12 *rationelle:* wissenschaftliche; 499,17 *des:* die; 499,27 *Naturkündiger:* Naturkundiger; 500,37f. *Cotta ⟨...⟩ gedeckt sei:* dem Verleger nicht zum Schaden gereichen; 501,1 *Hirt:* Y.

**497** *4 jenem ältern und ⟨...⟩ neuesten Aufsatz:* G.s *Der Versuch als Vermittler von Objekt und Subjekt* (s. zu Nr. 404) und ⟨Das reine Phänomen⟩ (s. zu Nr. 406). – *5 Kategorien:* Sch. operiert im folgenden mit der Kategorientafel Kants, die im Sinn der Trans-

zendentalphilosophie alle apriorischen Verstandesbegriffe enthält.
Vgl. die von G. benützte 2. Aufl. der ›Kritik der reinen Vernunft‹
(B), S. 106: »*Tafel der Kategorien*

*1. Der Quantität*
Einheit
Vielheit
Allheit

*2. Der Qualität*
Realität
Negation
Limitation

*3. Der Relation*
der Inhärenz und Subsistenz
(substantia et accidens)
der Kausalität und Dependenz
(Ursache und Wirkung)
der Gemeinschaft (Wechselwirkung zwischen dem
Handelnden und Leidenden)

*4. Der Modalität*
Möglichkeit – Unmöglichkeit
Dasein – Nichtsein
Notwendigkeit – Zufälligkeit.«

*11 dreierlei Phänomenen:* das »empirische«, »wissenschaftliche«
und »reine Phänomen«, nach ⟨*Das reine Phänomen*⟩ (Bd. 6.2,
S. 821). – *16 mithin keine Erfahrung:* Eine von keinem kategoria-
len Interpretationsschema erfaßte isolierte Erfahrung hebt sich als
Erfahrung auf. – *17 asseriert:* (lat.) ›behauptet‹. – *17–19 ohne zu
⟨...⟩ vergleichen:* Entgegensetzung, Einschränkung und Vergleich
überschreiten bereits die einzelne empirische Erfahrung. – *20 Zufällige:* (lat.) ›Accidens‹.
498 *2 Wahrheit ⟨...⟩ weiß:* Zur Wahrheit gehört nach Sch.
Allgemeinheit und Notwendigkeit. – *5–8 wie Sie in ihrem Aufsatz
⟨...⟩ machen will:* Der Versuch als Vermittler von Objekt und
Subjekt; Bd. 4.2, S. 327f. – *26 Ihren Aufsatz:* ebenda, S. 326ff. –
*35 Conditio sine qua non:* (lat.) ›unerläßliche Bedingung‹.
499 *2 rationelle Empirism:* s. zu Nr. 405. – *8–12 daß nur ⟨...⟩
führt:* Wissenschaftliche Erkenntnis kommt bei Sch. der ästhetischen sehr nahe, während G. die gegensätzlichen Verfahrenswei-
sen unterstreicht (Bd. 4.2, S. 325, 329). – *19–22 er wird dem
Objekt ⟨...⟩ abschneidet:* vgl. G.s Maxime von 1795; LA I 3, S. 92.
– *20 blinde Gewalt:* die mechanische Notwendigkeit der Natur. –
*27 Naturkündiger:* Naturkundigen. – *33 die ganze Natur in einer
reziproken Wirksamkeit:* G., *Der Versuch als Vermittler von
Objekt und Subjekt* (Bd. 4.2, S. 329–331). – *38 Der Modalität ⟨...⟩
Notwendigkeit:* vgl. *Das reine Phänomen* (Bd. 6.2, S. 821).
500 *5 feige und ängstliche Limitation:* vgl. LA II 3, S. 323f. –
*12 Assertionen und Enunciationen:* (lat.) ›Behauptungen und Aussagen‹. – *17 Hieherkunft:* G. kam am 20. März. – *23 mittelbare
Anwendung: Der Versuch als Vermittler von Objekt und Subjekt*

(Bd. 4.2, S. 326, 328f.). – *25 poetische Arbeit:* ›Wallenstein‹. – *34 neuen Xenion:* vielleicht eine der *Weissagungen des Bakis,* s. zu Nr. 398 und Nr. 414. – *37 er schreibt:* Cottas verlorengegangenen Brief vom 3. Januar erhielt Sch. am 9. Januar; vgl. auch Cotta an Sch., 20. Januar. – *40 die Geisterinsel:* s. zu Nr. 358. Die Oper wurde am 19. Mai in Weimar uraufgeführt.
  501 *2 in die Horen:* G.s *Über Laokoon* erschien in den *Propyläen,* s. zu Nr. 341.

410. GOETHE                                    WEIMAR, 20. JANUAR 1798

501,15 *unabläßlich:* unablässig; 502,4–8 zuerst in Sch./G.² (1856).

  501 *13 diese Gegenstände:* Die Beschäftigung mit Optik und Farbenlehre hatte methodologische und wissenschaftstheoretische Fragen aufgeworfen, die G. in den beiden Aufsätzen anschnitt, s. zu Nr. 404 und 406. – *14 Freiheit des Denkens:* vgl. *Der Versuch als Vermittler von Objekt und Subjekt* (Bd. 4.2, S. 328, 331); Nr. 409. – *17 die reinsten Resultate:* ebenda, S. 331; ⟨*Das reine Phänomen*⟩ (Bd. 6.2, S. 821). – *21 acht Jahre:* vgl. *Tag- und Jahres-Hefte* zu 1790 (Bd. 14, S. 16); ⟨*Geschichte der Farbenlehre*⟩ (Bd. 6.2, S. 795). – *24 die letzte Arbeit:* Sie zog sich noch über ein Jahrzehnt hin. Auch nach dem Erscheinen des Werks *Zur Farbenlehre* 1810 beschäftigte sich G. noch weiter mit dem »Farbenwesen«, bis an sein Lebensende. – *27 Entwurf zur Geschichte der Farbenlehre:* Erhalten ist nur der überarbeitete spätere Entwurf von 1799; vgl. ⟨*Geschichte der Farbenlehre*⟩ (Bd. 6.2, S. 789–798, 1247f.). – *31–35 Die ganze Geschichte ⟨...⟩ finden sich:* vgl. ⟨*Das reine Phänomen*⟩, a. a. O. – *40 Die öftern Rückfälle:* vgl. Nr. 9, 28, 62, 71, 73, 82, 94, 99, 126, 155, 252, 258, 338, 354, 360, 362, 364, 384, 393, 395, 403.
  502 *5 herrliches Blatt:* ironische Abqualifizierung der ›Neuesten Weltkunde‹, s. zu Nr. 403 und 404. – *6 goldne Beifall:* s. Nr. 410.

411. SCHILLER                                    JENA, 23. JANUAR 1798

503,29–31 *Cotta ⟨...⟩ blasen.:* zuerst in Sch./G.⁴ (1881).

  502 *24 im besten Zuge:* in der Arbeit an ›Wallenstein‹. – *37 Franzosen:* Mariotte, Castel, Gauthier, s. ⟨*Geschichte der Farbenlehre*⟩ (Bd. 6.2, S. 792f.). – *38–503 2 Den Deutschen ⟨...⟩ erntet:* vgl. ⟨*Geschichte der Farbenlehre*⟩ (Bd. 6.2, S. 798); Sch.s Fragment ⟨*Deutsche Größe*⟩.
  503 *9 nach keinem mehr umsehen:* vgl. G., ebenda, S. 797. – *12 auf einmal hervor zu treten:* Sch. spielt auf die auch von G.

beschriebene kühle Aufnahme seiner bisherigen Veröffentlichungen zur Farbenlehre an; vgl. ebenda, S. 796. Auch seiner zweibändigen Publikation *Zur Farbenlehre* (1810) blieb die Anerkennung der Fachwelt versagt; vgl. Bd. 10, S. 1034–1073. – *24 Bötticher ⟨...⟩ Vandalism der Franzosen:* Mit dem um 1793 aufgekommenen Fremdwort ›Vandalismus‹ verglich man die Zerstörung von Kulturdenkmälern in der Französischen Revolution mit der Plünderung Roms durch die Vandalen 455 n. Chr. – Napoleon hatte im Friedensvertrag von Tolentino am 19. Februar 1797 vom Papst die Auslieferung berühmter Kunstwerke an Frankreich erpreßt. Sie wurden auf dem Transport nach Paris z. T. beschädigt. Zu diesem kunstpolitischem Thema hatte Sch. bereits zwei Gedichte herausgegeben: A. W. Schlegels ›Die entführten Götter‹ (s. zu Nr. 368) und Gries' ›Die Gallier in Rom‹ (›Horen‹ 1797, 9. St.). Vgl. auch Sch.s eigenes Gedicht ›Die Antiken zu Paris‹; s. zu Nr. 212 und 339. Auch G. suchte kunsterzieherische Konsequenzen aus den neuen Verhältnissen in den *Propyläen* zu ziehen; vgl. G. an Cotta, 27. Mai 1798 (Bd. 6.2, S. 948); *Einleitung (in die Propyläen)* (Bd. 6.2, S. 26). – *29 für die Horen:* Böttigers Aufsatz ›Und wie wird alles dies in Paris aufgehoben sein?‹ erschien nicht, wie avisiert, in den ›Horen‹, sondern im ›Neuen Teutschen Merkur‹ 1798, 2. St.; vgl. Böttiger an Sch., 31. Januar. – *30 kalt und warm blasen:* nach Äsops Fabel Nr. 60. Die Inkonsequenz bezieht sich auf Cottas frankophiles Blatt ›Neueste Weltkunde‹ und die in seinem Verlag erscheinenden ›Horen‹; s. zu Nr. 404. – *32 8 Tagen:* s. zu Nr. 396.

412. GOETHE                                WEIMAR, 24. JANUAR 1798

504,23 *man sonst keine:* man keine; 504,40 *Böttiger:* X.

503 *39 ein besseres Schema:* s. Nr. 410.

504 *5 Geschichte a priori:* eine geschichtsphilosophische Konstruktion aufgrund der Natur des Menschen und der Gegenstände. – *11 Versuches mit einem gläsernen Kubus:* vgl. G., *Refraktion im allgemeinen* (Bd. 6.2, S. 807–811). Von Hebung und Brechung handelt G. auch in *Wie durchsichtige Mittel auf Licht und Blick im allgemeinen wirken* (LA I 3, S. 395f.); weitere Ausführungen in *Zur Farbenlehre* (Bd. 10, S. 65). – *14 Snellius:* Willibrord S. (1580–1626). Der niederländische Mathematiker und Physiker entdeckte das Brechungsgesetz des konstanten Verhältnisses zwischen dem Sinus des Einfallswinkels und des gebrochenen Winkels der Lichtstrahlen; vgl. *Materialien zur Geschichte der Farbenlehre* (Bd. 10, S. 643–645). – *16 Huygens:* Christian H. (1629–1695). Der niederländische Physiker und Jurist handelt über Reflexion

und Brechung im ›Traité de la lumière‹. Leiden 1691 (Kap. 2 und 3); s. Bd. 10, S. 644. – *20 perpendikulare:* ›lotrechte‹. – *31 mit Niemanden mehr:* s. Nr. 411. – *39 Masken und Theater-Welt:* anläßlich der Vorbereitungen zur Geburtstagsfeier von Herzogin Louise am 30. Januar; s. Nr. 414 und 416. – *40 An Böttiger ⟨...⟩ bringen lassen:* durch Meyer, vgl. Böttiger an Sch., 31. Januar.

505 *2 tückischem Streich:* Böttiger hatte Hirt über G.s Aufsatz *Über Laokoon* informiert, s. Nr. 408.

413. SCHILLER  JENA, 26. JANUAR 1798

505,14 *Jahr so vegetieren:* Jahr vegetieren.

505 *9 drei Göttinnen:* die griechischen ›Horen‹ Eunomia (soziale Ordnung und politische Verfassung), Dike (Gerechtigkeit), Eirene (Friede), s. zu Nr. 1 und 19. Das Ende der so hoffnungsvoll begonnenen Monatsschrift zeichnete sich schon geraume Zeit ab. Wegen sinkender Abnehmerzahlen ließ Cotta gegenüber den 1500 Exemplaren des 2. Jahrgangs vom 3. Jahrgang 1797 nur noch 1000 Exemplare drucken. Vgl. Cotta an Sch, 24. Januar und 1. November 1797; Nr. 122, 152, 235; Sch. an Cotta, 5. Januar 1798; Sch.s Brief an Cotta vom 26. Januar ist nicht erhalten. – *23 bis auf den März:* Das 12. Stück des Jahrgangs 1797 erschien erst im Juni 1798. – *30 Stimmung:* s. zu Nr. 355. – *Arbeit:* ›Wallenstein‹. – *31 Niebuhrs und Volneys Reise:* ›Carsten Niebuhrs Reisebeschreibung nach Arabien und andern umliegenden Ländern‹. 2 Bde. Kopenhagen 1774/1778. Constantin François de Chasseboeuf Volney: ›Voyage en Syrie et en Égypte, pendant les années 1783, 1784 et 1785 ⟨...⟩‹. 2 Bde. Paris 1787. – *39 Perfektibilität:* (lat.) ›Anlage zur Vervollkommnung‹. ›Perfektibilität‹ ist ein Schlüsselbegriff der europäischen Aufklärung.

506 *4–6 beide Anlagen ⟨...⟩ zusammen:* vgl. ›Über naive und sentimentalische Dichtung‹ (NA 20, S. 491).

414. GOETHE  WEIMAR 26. UND 27. JANUAR 1798

506,22 *beste:* schönste; 506,35 *kommen noch sechs:* kommen sechs; 507,28 f. *Atmosphäre und Ozean, ihre:* Atmosphäre; ihre; 508,13 *Hoffnung Vorstellend. Die:* Hoffnung. Die.

506 *19 Stanzen: Maskenzug zum 30. Januar 1801* ⟨1798⟩ (Bd. 6.1, S. 786). Die vier Stanzen waren der Text zu einem Maskenzug, der zur Vorfeier des Geburtstags der Herzogin Louise in Weimar am 26. Januar veranstaltet wurde; vgl. Louise von Göchhausen an G., 18. ? Januar 1798; J. C. von Werthern an G., 17. Januar. Zu Böttigers Schilderung auf dem Einzeldruck der

Stanzen s. Bd. 6.1, S. 1091. Publiziert wurde der Text nicht erst in Sch.s ›Musen-Almanach‹ für 1799, sondern schon im ›Journal des Luxus und der Moden‹ 1798, Bd. 13, Februarheft V; vgl. Nr. 506 und 507. – *25 Zindel:* zartes Gewebe. – *Lahn:* Metallfäden für Gespinste. – *29 Wolfskeel:* Henriette Albertine Antonie von W. (1776–1859), Hofdame der Herzogin Anna Amalia. – *30 Eglofstein:* Caroline Freifrau von Egloffstein (1767–1828), die Frau eines Weimarer Regierungsrats. – *31 Seckendorf:* Es könnte sich um die Tochter des verstorbenen Weimarer Kammerherrn Karl Friedrich Siegmund Freiherr von Seckendorff (1744–1785) handeln. Sie verkörperte die Hoffnung; s. *Maskenzug*, Vers 12. – *32 Werther:* Juliane Cäcilie von Werthern von Beichlingen, geb. von Ziegesar (1773–1831), die stattliche Frau des Weimarischen Oberkammerherrn Christian Ferdinand Georg von Werthern von Beichlingen (1738–1800). – *33 Beust:* Christiane Caroline Louise von B., Hofdame in Weimar. – *34 Seebach:* Charlotte Elisabeth Sophie Wilhelmine von S. (1781–1849). – *35 sechs Kinder:* als Genien. Zu ihren Attributen vgl. Böttiger (Bd. 6.1, S. 1091). – *38 von Nachdenken:* Die Allegorien beziehen sich auf den Frieden von Campo Formio (17. Oktober 1797) wie auf die Weimarer Herzogin.

507 *2 Der botanische Garten:* Erasmus Darwin: ›The Botanic Garden, A Poem, in Two Parts. Part I, containing the Economy of Vegetation. Part II., The Loves of the Plants. With Philosophical Notes‹. London 1791. G. las die 2. oder 3. Aufl. des Werks. Ein Exemplar der 4. Aufl. von 1799 ist im Besitz des ›Instituts für Geschichte der Medizin und der Naturwissenschaften‹ (Ernst-Haeckel-Haus) der Universität Jena. Der Chemiker A. N. Scherer bot G. sein Exemplar an; Scherer an G., 30. Januar, s. zu Nr. 137. – *44:* Quart (als Buchformat). – *7 Lot:* als Handelsgewicht 1/32 Pfund. – *12 allegorischen Kupfern:* s. den Vergleich mit Ovids ›Metamorphosen‹ in Darwins Vorrede: Während dort Menschen und Götter zu Pflanzen werden, gebe er diesen wieder ihre Seele zurück. – *13 Füßli:* Mit den Arbeiten des in England lebenden Schweizer Malers Johann Heinrich Füssli (1741–1825) war G. durch Lavater seit 1775 bekannt gemacht worden; s. Bd. 4.2, S. 986–988; G.s Notiz von 1797 *Über Heinrich Füeslis Arbeiten* (Bd. 4.2, S. 89); *Der Sammler und die Seinigen* (Bd. 6.2, S. 86); s. zu Nr. 339. Unter den drei Abbildungen Füsslis ist auch eine Darstellung der Nachtmahre. – *14 Tags und Liebhaber Darstellungen:* für Interessenten, nicht für Fachleute. – *18 Fabrik und Handelswesen:* Darwin interessierte sich für die frühindustrielle Nutzung technischer Erfindungen und naturwissenschaftlicher Entdeckungen. – *20 simpathetischen Dinte:* farblose Tinte, die erst

durch Erwärmen oder chemische Behandlung sichtbar wird. – *24 nur keine Vegetation:* Sie wird im 2. Teil behandelt. – *26 Inhalt des Zweiten Gesangs:* G. liefert im folgenden eine freie Übersetzung des Inhaltsverzeichnisses vor dem 2. Gesang des 1. Teils. ›Canto II‹ behandelt die Entstehung der Erde und andere geologische Fragen mit zahlreichen Abschweifungen zu den Auswirkungen für die Menschheit. – *27 Gnomen:* Erdgeister. Die vier Gesänge des 1. Teils sind den vier Elementen gewidmet; der 2. Gesang der Erde. – *39 Herkules:* der ›Farnesische Herkules‹ von Glykon (1. Jh. v. Chr.). – *Antinous:* Es gibt mehrere Statuen, die Kaiser Hadrians Liebling Antinoos (110–130 n. Chr.) darstellen. – *39 Apoll von Belvedere:* antike Apollo-Statue von Leochares (4. Jh. v. Chr.). – *40 Venus Medicis:* antike Venus-Statue (1. Jh. v. Chr.) in den Uffizien von Florenz. – *Lady ⟨...⟩ Damer:* Die weiblichen Marmorbüsten schuf eine Dame, die englische Bildhauerin Anne Seymour Damer (1748–1828).

508 *5 Michels ⟨...⟩ Magneten:* John Michell (1724–1795): ›Treatise of Artificial Magnets‹ (1750). – *8 Fluß:* Flußspat. – *Mocka:* Der Mokkastein ist eine Achatart. – *11 Wedgwoods Werke:* Die klassizistische Keramik des englischen Industriellen Josiah Wedgwood (1730–1795) wurde in ganz Europa geschätzt. Mit seiner Werkgründung ›Etruria‹ entstand in der Grafschaft Staffordshire ein Ort gleichen Namens. Darwin war mit Wedgwood verschwägert. – *12 Kamé ⟨...⟩ Vorstellend:* Darwin nennt als Produkte Wedgwoods Kameen, also in Relief geschnittene Steine, die einen Mohrensklaven und die Hoffnung darstellen. – *14 Portland ⟨...⟩ Vase:* Die im 18. Jh. vielbewunderte antike Portland- oder Barberini-Vase (1. Jh. n. Chr.), von der Wedgwood eine Kopie anfertigte, stammte aus dem Besitz der römischen Adelsfamilie Barberini. Ende des 18. Jh.s war sie in den Besitz des Herzogs von Portland übergegangen. Die Figuren auf dem Fries der Vase interpretieren Winckelmann als Peleus und Thetis, Darwin und Wedgwood als Allegorien des Todes und unsterblichen Lebens;. Darwin, ›The Economy of Vegetation‹, Verse 320–340. – *15 Naphta:* (russ. ›Naphtha‹) ›Erdöl‹. – *Obsidian:* dunkles Gesteinsglas. – *16 Franklins:* Benjamin Franklin (1706–1790), amerikanischer Staatsmann, Schriftsteller, Erfinder. – *19 Merkurius:* (engl. ›mercury‹) alchemistische Bezeichnung für Quecksilber. – *Platina ⟨,⟩:* (span.) ›Platin‹, (im Text fehlt ein Komma). – *20 Untergang der Heere des Cambyses:* Der persische König Kambyses II. (gest. 522 v. Chr.) verlor im Feldzug gegen Ägypten und Äthiopien sein Heer durch einen Sandsturm. – *21 Himmelsmaschine:* Planetarium. – *25 Wanderungen ⟨...⟩ Adonis:* Im englischen Original der 1. Aufl. fehlt der Passus; in der 4. Aufl. findet er sich.

Adonis verkörpert in der orientalischen Mythologie die schnell aufsprießende, von der heißen Sommersonne versengte Frühlingsvegetation. – *35 Tournüre:* s. zu Nr. 312. – *Silbenmaße:* fünffüßige gereimte Jambenpaare (›heroic couplets‹). – *36 so viel englische Dichter:* Englische Lehrgedichte sind Popes ›Essay on Criticism‹ (1711), ›Essay on Man‹ (1733/34), Thomsons ›The Seasons‹ (1730), Youngs ›Night Thoughts‹ (1742–1745). Vgl. G., *Über das Lehrgedicht,* Bd. 13.

509 *4 ich bin Darwin ⟨...⟩ günstig:* vgl. G. an Alois Clemens, 15. Januar 1826. Darwin gab G. Anregungen zum Lehrgedicht. Vgl. LA II 9 B, S. 131. – *5 Zoonomie:* s. zu Nr. 136, 137. – *14 engen Raum:* vgl. Nr. 148. – *19 Freundinnen:* ›Die Horen‹. – *29 Böttigers Aufsatz:* s. zu Nr. 411. – *besprechen:* ›bestellen‹. – *30 Einsiedel ⟨...⟩ Märchen:* F. H. von Einsiedel, ›Die Feste der Arramanden‹; in: ›Horen‹ 1797, 11. und 12. St.; s. zu Nr. 376 und Nr. 418. – *30 artig:* s. zu Nr. 296. – *32 Einfall:* G.s Weissagungen des Bakis (Bd. 6.1, S. 33–40, 885 ff.) erschienen nicht in Sch.s ›Musen-Almanach‹ für 1799, sondern in ›Goethes neue Schriften‹ Bd. 7 (1800). Morris (1902, S. 231) nimmt an, daß sich die 28. ›Weissagung‹ auf Darwins Lehrgedicht bezieht. – *36 abermaligen Anhangs:* wie der der *Xenien* im ›Musen-Almanach‹ für 1797.

510 *5 in ihrer Nachbarschaft:* s. zu Nr. 396. – *6 Thouret:* Der Stuttgarter Architekt Nikolaus Friedrich T. (1767–1845) leitete von Ende Mai an Bauarbeiten an Schloß und Theater. G., der Thouret 1797 in Stuttgart und Tübingen begegnet war, schrieb in der Angelegenheit am 15. Januar dreifach an Rapp, Thouret und Dannecker; vgl. Rapp an G., 27. März.

415. SCHILLER                    JENA, 30. JANUAR 1798

510,24 *diese:* die; 510,32 *diese:* die; 511,29 *bezahlt. Bei:* bezahlt. Wie bei.

510 *28 Volksklasse:* Nation. – *31 Ich glaube ⟨...⟩ ungeschickt ist:* zur Lehrdichtung vgl. Sch.s Äußerungen über Haller in ›Über naive und sentimentalische Dichtung‹ (NA 20, S. 453 f.).

511 *4 kontradiktorische:* ›widersprechende‹. – *6 Trumpf: Weissagungen des Bakis,* s. zu Nr. 414. – *16 Ende Julius:* zur Fertigstellung ›Wallensteins‹ s. zu Nr. 386. – *18 keine gemeinschaftliche Unternehmung:* wie die *Xenien,* s. Nr. 177, 203, 206, 234. – *21 Böttichers Aufsatz:* s. zu Nr. 411. – *30 wo man ⟨...⟩ hernehmen sollte:* Von den einstigen ›Horen‹-Mitarbeitern waren nach Auseinandersetzungen mittlerweile Herder, Jacobi, Fichte und A. W. Schlegel abgeschwenkt. – *32 ungewöhnlich großen Honorars:* vgl. ›Contract über die literarische Monatsschrift Die Horen‹,

§ 6 (NA 27, S. 208); s. Nr. 152. Sch. an Cotta, 30. Oktober 1795, 12. Februar und 3. November 1796.
512 *1 neuer Poet:* Karoline Marie Louise Brachmann (1777–1822). Schon im vergangenen Sommer hatte Novalis' Schwester sich für ihre Freundin L. Brachmann verwandt; vgl. Sidonie von Hardenberg an Sch., 12. Juli 1797. Sch. reagierte positiv mit der Übernahme zweier Gedichte der Weißenfelser Poetin in seinen ›Musen-Almanach‹ für 1798. Mit den am 29. Januar 1798 übersandten Texten bat die Brachmann dringend um Wahrung ihrer Anonymität. Die G. beigelegte Idylle ›Die Kapelle im Walde‹ publizierte Sch. neben einem Hexameter-Epyllion, einer Ballade und zwei Gedichten im 12. Stück der ›Horen‹ 1797. – *3 Widerschein Ihres Geistes:* im Hinblick auf G.s Epos *Herrmann und Dorothea,* s. Nr. 418.

416. GOETHE                                    WEIMAR, 31. JANUAR 1798

512,33 *Deutsch:* Deutsche; 512,36–40 zuerst in Sch./G.² (1856); 513,1 *oder:* und.

512 *10 Geschäfte:* Schloßbau- und Stipendienangelegenheiten, Opernproben; Tgb., 28. Januar–2. Februar. – *12 hinüber zu kommen:* G. kam erst im März, s. zu Nr. 396. – *15 Oper:* Am 30. Januar wurde die komische Oper ›Die bestrafte Eifersucht‹ des italienischen Komponisten Domenico Cimarosa in Weimar gegeben. Das Libretto des neapolitanischen Lustspieldichters Giovanni Battista Lorenzi (ca. 1719–1807) hatte Einsiedel ins Deutsche übersetzt, s. zu Nr. 404. – *27 Ankündigung:* von ›Grübels Gedichte in Nürnberger Mundart‹. ⟨Nürnberg⟩ 1798. Zwei weitere Bände mit Dialektgedichten aus der Feder des Nürnberger Handwerksmeisters Johann Konrad Grübel (1736–1809) erschienen bis 1803. Vgl. G.s Rezensionen *Grübels Gedichte in Nürnberger Mundart. 1798* und ⟨*Johann Konrad Grübel: Gedichte in Nürnberger Mundart*⟩ (1800) (Bd. 6.2, S. 554–559, 588–592). – *29 Meistersänger:* G. vergleicht Grübel mit Hans Sachs in der Rezension von 1805 (Bd. 6.2, S. 589); ferner G. an Knebel, 26. Februar 1798. – *31 in Nürnberg:* auf der Rückreise von der Schweiz vom 6. bis 15. November 1797, s. zu Nr. 329. – *34 durch Knebeln:* G. subskribierte auf zwei Exemplare, die er über den Nürnberger Kaufmann Paul Wolfgang Merkel (1756–1820) zu erhalten suchte; G. an Knebel, 26. Februar und 9. März. – *36 in Ilmenau angelangt:* zurück von seinem halbjährigen Aufenthalt in Franken; vgl. Knebel an G., 24. Januar. – *38 alten steifen Nacken:* s. zu Nr. 387.
513 *6 Boie:* s. zu Nr. 230 und 323.

417. SCHILLER                                   JENA, 2. FEBRUAR 1798

514,4–6 zuerst in Sch./G.⁴ (1881); 514,8 *Jahren:* Jahr; 514,11f.
*Gelegenheitlich:* Gelegentlich.

513 *15 ästhetischen Briefen:* hier vor allem Sch.s Ausführungen
über den Spieltrieb und über die »energische« und »schmelzende
Schönheit«. ›Über die ästhetische Erziehung des Menschen‹,
14.–17., 21. Brief. Zur Oper s. Nr. 397. – *30 den einen Teil:* die
Geschäftsleute. – *den andern:* die Hofleute, Rentiers. – *34 Knebeln
schreiben:* G. an Knebel, 26. Februar; s. Nr. 553.

514 *2 in den Horen:* G.s erste Rezension erschien in Cottas
›Allgemeiner Zeitung‹, 23. Dezember 1798. – *4 Welt geurteilt
wird:* vgl. die Urteile von Charlotte und Fritz von Stein, Charlotte
Schiller und Herders (Charlotte I, S. 449f.; NA 37 II, S. 257f.;
Knebel an G., 5. Januar). – *5 Ich fürchte ⟨...⟩ aufliegen:* zu Knebels
Eheproblemen vgl. Knebel an G., 7. und 18. Juli, 1. August. –
*7 nur einmal:* Sch. an Boie, 23. November 1796; Boie an Sch.,
5. Februar 1797. Davor Sch. an Boie, 26. November 1784. –
*9 Paquete:* G.s Geschenkbänden, s. Nr. 416. – *15 alten Schloß:* s.
zu Nr. 397.


418. GOETHE                                    WEIMAR, 3. FEBRUAR 1798

514,27f. *die ⟨...⟩ können:* zuerst in Sch./G.² (1856); 516,37f.
zuerst in Sch./G.⁴ (1881).

514 *22 Umstände:* Eine geplante Schloßbausession fand am
11. Februar statt; vgl. Grumach IV, S. 398f. Zu G.s Bebauungsplänen für den ehemaligen Schweinemarkt in Weimar s. zu Nr. 420. –
*25 in Jena:* vom 20. März bis 6. April. – *27 Arbeit von Einsiedeln:*
›Die Feste der Arramanden‹, s. zu Nr. 414. – *33 Böttigers Aufsatz:*
s. zu Nr. 411. – *34 seligen Hintritt ⟨...⟩ Nymphen:* s. zu Nr. 413. –
*37 Aufsatzes über die Farbenlehre:* s. zu Nr. 410. – *39 der Literatur:* G. las Anfang Februar Abhandlungen von Tobias Mayer,
Boyle, Delaval, Rizzetti und Aristoteles zur Farbenlehre; vgl. G.s
Tgb., 2.–4. und 11.–15. Februar. In den *Materialien zur Geschichte der Farbenlehre* diskutiert G. später ausführlich die Theorien von Mayer und Delaval (Bd. 10, S. 842–846, 881–885). Von
Humboldt bestellte G. zwei Abhandlungen – von Gautier und
›Metophile‹/›Euphronophe‹ –, die sich mit Newtons Farbentheorie auseinandersetzen; G. an W. von Humboldt, 7. Februar. –
*40 Geschichte:* s. Nr. 410–412.

515 *4 einem Ihrer ⟨...⟩ Briefe:* Nr. 411. – *11 Märchen und
Geschichten:* Die geplante Fortsetzung der *Unterhaltungen deutscher Ausgewanderten* realisierte G. nicht (s. zu Nr. 19); die

*Unterhaltungen* selbst nahm G. nicht in die bei Unger erscheinenden ›Neuen Schriften‹ auf. – *22 Idylle:* Louise Brachmanns ›Die Kapelle im Walde‹, s. Nr. 415. – *30 Meo voto:* (lat.) ›Wenn es nach mir ginge‹, ›meines Erachtens‹.

516 *1 Styl ⟨...⟩ Manier:* vgl. G., *Einfache Nachahmung der Natur, Manier, Styl* (Bd. 3.2, S. 186), s. zu Nr. 4. – *7 dichterische Freundinnen:* s. zu Nr. 338, 391. – *8 Amelie:* Amalie von Imhoff schrieb am Hexameterepos ›Die Schwestern von Lesbos‹ (›Musen-Almanach‹ für 1800), s. zu Nr. 356. – *9 das Sujet:* eine Dreiecksgeschichte: Ein Jüngling liebt zwei Schwestern und zieht am Ende die jüngere der älteren vor, die mit ihm verlobt ist und freiwillig verzichtet. – *11 der Gegenstand:* Die Relevanz der richtigen Stoffwahl stellen Sch. und G. mehrfach heraus; s. Nr. 304, 364, 391, s. zu Nr. 361. – *13 2$^{ten}$ Teil von Agnes von Lilien:* s. zu Nr. 247 und 352. – *18 Behaglichkeit:* Für G. und Sch. ein konstitutives Merkmal epischer Rezeptionssteuerung, vgl. Nr. 302 und 303. – *21 Sodezz:* (ital. ›sodezza‹) ›Gediegenheit‹, ›Festigkeit‹. – *37 Humboldts ⟨...⟩ schreiben:* vgl. G. an W. von Humboldt, 7. Februar.

419. SCHILLER                               JENA, 6. FEBRUAR 1798

518,2 *wie auch meine:* wie meine; Beilage 518,5–7 zuerst in Gräf/Leitzmann (1912).

517 *4 Idylle:* von Louise Brachmann, s. Nr. 415. – *6 naturalistische:* ›spontane‹, ›unreflektierte‹, s. Nr. 756. – *dilettantische:* Sch. kennzeichnet Frauenliteratur gern als dilettantisch, s. Nr. 338. – *8 Produkt meiner Schwägerin:* ›Agnes von Lilien‹ von Caroline von Wolzogen, s. zu Nr. 247 und 352. – *30 neue Epopee:* das ⟨*Tell-Epos*⟩ oder auch die *Achilleis*, s. Nr. 369, 372, 385, 386, 394, 396. – *32 die Göttin:* die Muse oder Fortuna. – *35 diejenige Szene:* Für die Liebesszenen in ›Wallenstein‹ war für Sch. das Gartenhaus der gegebene Produktionsort, s. Nr. 279, 508. – *36 Influenz:* (lat.) ›Einfluß‹. – *37 in meinen Garten:* Sch. zog am 7. Mai in sein Gartenhaus; vgl. zu Nr. 275 und 299. – *38 dritten Akt:* der einteiligen Fassung (›Wallensteins Tod‹ I und II). – *39 Vierte und fünfte:* ›Wallensteins Tod‹ III–V.

518 *5–7 ⟨Beilage⟩:* W. von Humboldts Pariser Adresse; vgl. Humboldt an Sch., 7. Dezember 1797.

420. GOETHE                                 WEIMAR, 7. FEBRUAR 1798

518,40 *Schlossers:* Zs.

518 *13 die Verfasserin:* Caroline von Wolzogen. – *18 Sujet:* ›Agnes von Lilien‹ ist die Geschichte der leidvollen Erfahrungen

und der Liebe einer Adligen, der ihre mütterliche Herkunft aus dem Hochadel lange verborgen bleibt. – *23 Scheinheirat mit Julius:* Der opferwillige Julius möchte durch eine Scheinheirat den fürstlichen Wünschen nach außen hin entsprechen. – *30 praktischen:* G. erledigte am 6. Februar Bibliotheksangelegenheiten und entwickelte am 7. Februar und 1. März zwei Bebauungsvorschläge für den Weimarer Schweinsmarkt, wo im August 1797 über 40 Scheunen abgebrannt waren; vgl. WA IV 13, S. 382; WA I 53, S. 257–266. Zur Sitzung der Schloßbaukommission s. zu Nr. 418. – *39 zu Ihnen:* s. zu Nr. 396. – *40 Schlossers zweites Schreiben:* Johann Georg Schlosser: ›Zweites Schreiben an einen jungen Mann, der die kritische Philosophie studieren wollte, veranlaßt durch den angehängten Aufsatz des Herrn Professor Kant über den Philosophen-Frieden‹. Lübeck und Leipzig 1798; s. zu Nr. 315 und 363.

519 *9 Ihre Frauenzimmer:* Charlotte Schiller und ihre Schwester Caroline von Wolzogen.

421. SCHILLER   JENA, 9. FEBRUAR 1798

519,16 und 520,7 *Schloßer:* Z.; 519,24 f. *vielleicht richtiger und:* vielleicht und; 519,29 *einen:* einem; 520,21 *Schloßer:* Z.Z.; 520,32 *Schrift selbst werden:* Schrift werden.

519 *16 Schloßer:* s. zu Nr. 315 und 420. – *17 Schlegel:* s. zu Nr. 315. – *18 seinsollenden Apologie:* Wortspiel: prätendierten Verteidigung, die auf leere Postulate hinausläuft; s. Nr. 420. – *38 Dogmatism:* Kants ›Kritik der reinen Vernunft‹ (2. Abt. ›Die transzendentale Dialektik‹) analysiert verschiedene Annahmen des philosophischen Dogmatismus. Schlosser zählt sich selbst zu den platonischen ›Dogmatisten‹; vgl. Schlosser, ›Zweites Schreiben an einen jungen Mann‹, S. 20 (s. Nr. 420).

520 *5 Allegorie anmarschiert:* ›Allegorie‹ hier im traditionellen poetologischen Sinn der ›fortgeführten Metapher‹. Schlosser walzt die Metapher der ›Fußstapfen‹ (= Spuren) der Wahrheit aus (ebenda, S. 16–20). – *84 philosophischen Sekten:* die ›Dogmatologen‹, ›Skeptiker‹, ›Kritizisten‹, ›Dogmatisten‹. – *14 verbundenes Ganzes:* ›Über die ästhetische Erziehung‹, 14.–16., 18.–22. Brief; ›Über naive und sentimentalische Dichtung‹ (NA 20, S. 463 f., 473 ff., 486 f.). – *23 überall synthetisch erkennen:* hier: durch die Verbindung von Denken und Empfinden; Schlosser, a. a. O., S. 24. – *25 Affektation:* (frz.) ›Ziererei‹, ›Sucht‹. – *38 alten Übel:* s. Nr. 409, 411.

KOMMENTAR ZU S. 520—525

### 422. GOETHE WEIMAR, 10. FEBRUAR 1798

521,6 *Schlosserische:* Z.; 521,34f. *in ewigem:* im ewigen; 522,14 *Arbeit:* Arbeiten.

521 *3–5 Fakultäten ⟨...⟩ kann:* s. Nr. 421; (frz. ›faculté‹) ›Fähigkeiten‹, ›Vermögen‹. – *7 seit 30 Jahren:* G. hatte in Leipzig 1766 Schlosser kennengelernt, der 1773 G.s Schwester Cornelia heiratete. Vgl. *Dichtung und Wahrheit,* 7. Buch (Bd. 16, S. 289 ff.). In Heidelberg war 1793 G. seinem Schwager, für dessen Positionen er in Nr. 363 Verständnis zeigt, zuletzt begegnet. – *8 wissenschaftlichen Fache:* der Farbenlehre. – *13 Pater Castel:* Louis Bertrand C. (1688–1757), französischer Mathematiker und Optiker, Jesuit; s. zu Nr. 133; vgl. auch *Materialien zur Geschichte der Farbenlehre* (Bd. 10, S. 817–823). – *15 monumentis opticis:* Gemeint sind Newtons 1669–1671 gehaltene Vorlesungen, die als ›Lectiones opticae‹ (London 1729) postum erschienen. – *Optik:* ›Optics‹, s. zu Nr. 406; vgl. G., *Versuch die Elemente der Farbenlehre zu entdecken* (Bd. 4.2, S. 425–429, 432). – *19 Konfidenz:* (lat.) ›Selbstvertrauen‹, ›Dreistigkeit‹. – *20 Scheinbarste:* ›Wahrscheinlichste‹, ›Annehmbarste‹. – *31 konstitutiv:* ›Recht setzend‹. – *37 vorigen Briefe:* Nr. 420. – *40–522,2 Die Philosophie ⟨...⟩ scheiden:* vgl. Nr. 405.

522 *5 Schema der Farbenlehre:* vgl. LA I 3, Abschnitt VI A, S. 315–334; s. zu Nr. 410, Nr. 424. Anstelle des verlorengegangenen Schemas vgl. den späteren *Inhalt der Abhandlung über die Farbenlehre* (Bd. 6.2, S. 801–805). – *7 Boyle:* Robert B. (1627–1691), englischer Physiker und Chemiker. G. las Robert Boyle: ›Experimenta et considerationes de coloribus‹ (London 1665; engl. 1663) am 4. Februar. Vgl. ⟨*Geschichte der Farbenlehre*⟩ Bd. 6.2, S. 791); *Materialien zur Geschichte der Farbenlehre* (Bd. 10, S. 752–758). – *16 honet:* (frz.) ›rechtschaffen‹. – *16–19 Er unterläßt ⟨...⟩ überdenken:* vgl. *Materialien zur Geschichte der Farbenlehre* (Bd. 10, S. 682–688). – *29 des Baco gutem Rat:* Der englische Empiriker und Lordkanzler Francis Bacon (1561–1626) gründete die Wissenschaften auf Erfahrung. G. zitiert eben einen Brief von Bodley an Bacon zu dessen Rat, angeborene Begriffe tunlichst abzulegen; s. Bd. 10, S. 629–631. – *39 Arbeiten:* vor allem an ›Wallenstein‹.

### 423. SCHILLER JENA, 13. FEBRUAR 1798

523,8 *und guten Stimmung:* und Stimmung; 523,15 *enthalten können, zu:* enthalten, zu.

523 *3 Ausbleiben:* s. Nr. 396. – *5 Arbeit:* ›Wallenstein‹. – *9 Zufall:* s. zu Nr. 299. Zu Sch.s Halsschmerzen und Katarrh s.

Nr. 409, 411. – *10 alte Übel:* Krämpfe im Unterleib aufgrund einer chronischen Bauchfellentzündung, s. Nr. 3, 82, 155, 338; zu Nr. 9. – *13 eine entferntere:* im wörtlichen wie übertragenen Sinn: Aus der Beschäftigung mit Reisebeschreibungen gingen Sch.s Exposés zu den ›Seestücken‹ ›Das Schiff‹, ›Die Flibüstiers‹, ›Das Seestück‹ hervor. – *14 viele Reisebeschreibungen:* s. Nr. 413. Schon die Bauerbacher Entleihungen aus der Meininger Bibliothek vor einem Jahrzehnt bezeugen Sch.s frühes Interesse für exotische Reisebeschreibungen. Vgl. auch Sch. an Charlotte von Lengefeld, 27. November 1788. – *18 epischen und dramatischen Behandlung:* s. zu Nr. 302. – *21 Cook:* James C. (1728–1779). ›Cooks Reisen‹ hatte Sch. von Knebel entliehen; vgl. Knebel an G., 17. Februar. Sch. bezieht sich vermutlich auf Georg Forster, ›Cook, der Entdecker‹ (1781). – *26 selbständige Bedeutung:* s. Nr. 303–305; vgl. *Über epische und dramatische Dichtung* (Bd. 4.2, S. 126f.). – *28 menschlicher Kreis:* s. zu Nr. 388. – *29 das physische:* die sinnlich wahrgenommenen Objekte.

524 *6 Le Vaillant:* ›Voyage de M. Le Vaillant dans l'intérieur de l'Afrique ⟨...⟩ ⟨1780–85⟩‹. Paris 1790. Vermutlich las Sch. die deutsche Übersetzung von Johann Reinhold Forster ›Le Vaillants erste Reise in das Innere von Afrika ⟨...⟩‹. Berlin 1790; ›Le Vaillants zweite Reise in das Innere von Afrika ⟨...⟩‹. Berlin 1796. Mit der Reisebeschreibung des französischen Entdeckungsreisenden und Ornithologen François Levaillant (1753–1824) hatte sich G. schon am 17. Januar 1797 befaßt.

424. GOETHE  WEIMAR, 14. FEBRUAR 1798

525,9 *trifft:* betrifft; 526,10 *jede guten Augenblicke:* jeden guten Augenblick.

524 *19–21 die Phänomene ⟨...⟩ nach den Kategorien:* G. entwarf das nicht überlieferte Schema am 13. Februar (G.s Tgb); vgl. Nr. 409, 422. – *20 Enunciationen:* s. zu Nr. 409. – *27 Dreifachen Einteilung:* als physiologische, physische und chemische Farben, s. Nr. 426. – *30 bis ich komme:* s. zu Nr. 396. – *40 übereilte:* s. Nr. 406, 410, 422.

525 *1 impräscriptiblen:* (frz.) ›unverjährbaren‹. – *9 Verhältnisse:* ›Zustand‹. – *25 Nausikaa:* Über die aufkeimende Liebe Nausikaas, der Tochter des Phäakenkönigs Alkinoos, zu Odysseus berichtet der 6. Gesang der ›Odyssee‹, Verse 236ff. G. hatte im Frühjahr 1787 in Palermo an einem *Nausikaa*-Drama gearbeitet, s. Bd. 3.1, S. 229–232. – *27 Medea, Helena, Dido:* Die griechischen Sagengestalten verbindet ihre jeweilige Liebe zu einem Reisenden miteinander: Jason kam nach Kolchis, Paris nach Lakedä-

mon, Aeneas nach Karthago. – *den Verhältnissen nach:* dem allgemein gültigen Verhalten nach. – *28 Die Narine des Vaillants:* Levaillant überraschte auf seiner ersten Afrikareise junge Hottentottinnen beim Baden, unter ihnen ›Narina‹, die schöne ›Blume‹. Sie schloß sich Levaillants Expedition an. Vgl. ›Le Vaillants erste Reise‹, S. 200 ff.; s. zu Nr. 423. – *29 Parodie:* hier im humanistischen Sinn des (nicht notwendig komischen) ›Nebengesangs‹, der Kontrafaktur. – *35 Mittellandes:* ›Binnenlandes‹. – *39 Glanze:* vgl. *Nausikaa,* Dritter Auftritt (Bd. 3.1, S. 232); *Beiträge zur Optik,* 1. St. (Bd. 4.2, S. 265 f.). – *40 als ich ⟨...⟩ las:* vgl. *Italienische Reise,* Palermo, 7. und 16. April 1797; Taormina, 8. Mai 1787 (Bd. 15).

526 *1 eingeschlagenes:* ›matt gewordenes‹. – *4 die Natur selbst:* vgl. *Italienische Reise,* Neapel, 17. Mai 1787; *Zweiter Römischer Aufenthalt,* 6. September 1787.

425. SCHILLER                                JENA, 16. FEBRUAR 1798

528,8 *gelegenheitlich:* gelegentlich.

526 *16 Unternehmung:* s. zu Nr. 424 und 409. – *21 subsumiert:* Einzelfälle einer Kategorie zugeordnet. – *25 rhapsodistisches:* s. zu Nr. 311.

527 *11–17 Qualität ⟨...⟩ Lichts ist:* s. zu Nr. 409. – *22–32 Bei der Relation ⟨...⟩ selbstständiges?):* s. zu Nr. 409. – *27 substantiellen Agens:* (lat.) ›selbständig Handelndem‹. – *40 physische Farbe:* s. Nr. 426. Vgl. G.s Definition physischer Farben in: *Zur Farbenlehre. Didaktischer Teil. Entwurf einer Farbenlehre,* § 136, Bd. 10, S. 64.

528 *2 prismatische Farben:* Sie entstehen bei der Lichtbrechung durch ein Prisma. Vgl. G. über dioptrische Farben, ebenda, §§ 143 ff., 209–211 (Bd. 10, S. 66 ff., 83 f.); *Beiträge zur Optik,* 1. Stück (Bd. 4.2, S. 267, 273, 275 ff.); Nr. 426. – *chemischen Farben:* vgl. *Zur Farbenlehre,* § 486 (Bd. 10, S. 159). – *3 Pigmente:* Lichtenbergs Bezeichnung für »färbende Körper«, s. *Beiträge zur Optik, 1. Stück,* §§ 28 und 29 (Bd. 4.2, S. 274). – *8 Kapelle im Walde:* s. zu Nr. 415.

426. GOETHE                                WEIMAR, 17. FEBRUAR 1798

Erstdruck in Riemers Briefe (1846). 528,35 *phisiologische:* pysiologisch; 528,37 *phisische:* pysisch; 529,9 f. *die letztern müssen:* in der letztern mußten; 529,12 *neuern:* neuen; 529,34 *sollte:* soll; 530,14 *derselben:* denselben.

528 *14 ersten Versuches:* s. Nr. 424. – *17 zusammenkommen:* s. zu Nr. 396. – *29 Vernunfteinheit:* die Kantische ›Kategorie‹. –

*31 Vortrags:* ›Darstellung‹. – *33 Einteilung:* vgl. *Zur Einleitung ⟨der Farbenlehre⟩* (Bd. 6.2, S. 787f.); *Inhalt der Abhandlung über die Farbenlehre* (ebenda, S. 801 f.); *Zur Farbenlehre. Entwurf einer Farbenlehre. Einleitung und § 141* (Bd. 10, S. 19–26 und 65).

529 *8 zwei Teile ⟨...⟩ Meinungen:* vgl. G.s Entwurf der *Einleitung in die Geschichte der Farbenlehre,* in: WA II 5/2, S. 234 und 247f. – *12 neuern Aristoteliker:* G. nennt in seinen Abrissen zur Geschichte der Farbenlehre aus dem 16. Jh. Simon Portius und Julius Cäsar Scaliger, aus dem 17. Jh. die Jesuiten Aguilonius, Kircher, Grimaldi, ferner Funccius, Sennert, Mersenne; vgl. *⟨Geschichte der Farbenlehre⟩* (Bd. 6.2, S. 790f.); *Materialien zur Geschichte der Farbenlehre* (Bd. 10, S. 608–612, 651–653, 660ff., 678ff., 693f., 704). – *15 dialektische Fach:* die Logik. In der scholastischen Philosophie wurde die Quaestio (Fragestellung) nach der Dynamik von These und Gegenthese entfaltet. – *25 Prädikabeln:* (lat.) ›Aussagbaren‹. – *29 Emanations oder Emissionssystem:* Wie im Neuplatonismus die Einzeldinge dem einheitlichen Urgrund entströmen, fließen in Newtons ›unitarischer‹ Lehre die verschiedenen Farben aus dem Sonnenlicht, vgl. *Zur Farbenlehre. Polemischer Teil, §§ 16–22* (Bd. 10, S. 281–283). – *32 unruhigen Dialektik:* G.s Farbenlehre geht Newton gegenüber vom Urgesetz der Polarität von Licht und Finsternis aus, ebenda § 22 (Bd. 10, S. 283 und 1120f.); vgl. Nr. 481. – *34 meo voto:* s. zu Nr. 418. – *40 Schema über das Ganze:* s. zu Nr. 410.

530  *3–6 Alles ⟨...⟩ getan:* Erst im August 1801 erreichte dies G. in Göttingen, s. *Inhalt der Abhandlung über die Farbenlehre,* Bd. 6.2, S. 801–805. – *11 ein Dutzend Autoren:* s. zu. Nr. 418 und Nr. 422.

427. GOETHE                             WEIMAR, 18. FEBRUAR 1798

530,26 *Brinkmann:* Sch.

530 *26 Brinkmann:* Der schwedische Diplomat und Schriftsteller Karl Gustav von Brin⟨c⟩kmann (1764–1847), ein naher Freund Humboldts, Rachel Levins und der Romantiker, war von 1792–97 schwedischer Legationssekretär in Berlin gewesen. Auf dem Weg nach Paris, wohin er als Geschäftsträger versetzt worden war, lernte er in Weimar und Jena durch Humboldts und Hirts Vermittlung G. und Sch. kennen. Vgl. Hirt an G., 31. Januar; von Brinckmann an Sch., 19. Februar; G. an A. W. Schlegel, 24. Februar. – *28 durch die Musen schon empfohlen:* Im ›Musen-Almanach‹ für 1798 hatte Sch. 15 Epigramme und ein Ehrengedicht ›An Alexander von H.⟨umboldt⟩‹ von Brinckmann veröffentlicht. – *34 Arbeit:* ›Wallenstein‹.

428. SCHILLER                               JENA, 20. FEBRUAR 1798

531,18 *und:* oder; 531,26–28 *Gegen ⟨...⟩ haben.:* zuerst in Sch./G.² (1856); 532,22 *ungeneigt:* abgeneigt.

531 *3 Schall der menschlichen Rede:* Selbstzitat aus dem ›Taucher‹, Vers 125. – *9 Filiation:* (lat.) ›Abstammung‹. – *10 Humboldts:* Brinckmann war seit 1790 mit den Brüdern Humboldt befreundet. – *18 dahin und dorthin streuen:* Brinckmann besuchte am 19. Februar neben Sch. auch A. W. Schlegel und seine Frau. In Weimar war er u. a. mit Wieland und Herder zusammengekommen; in Paris befreundete er sich mit M^me de Staël. – *29 Die Anwendung der Kategorien:* s. Nr. 409 und 424. – *36 der Natur Gewalt anzutun fürchten:* vgl. G.s Maxime von 1795 (LA I 3, S. 92).

532 *2–4 Wechselwirkung ⟨...⟩ Notwendigkeit:* zur Rubrizierung der Begriffe auf Kants Kategorientafel s. zu Nr. 409. Zur Schlüsselposition der ›Wechselwirkung‹ in G.s Farbenlehre vgl. Bd. 4.2, S. 1062 f.; Bd. 6.2, S. 1238; *Zur Farbenlehre. Didaktischer Teil. Vorwort* und *Einleitung,* Bd. 10, S. 9–26. – *5 polemisch:* vgl. *Zur Einleitung ⟨der Farbenlehre⟩,* Bd. 6.2, S. 789; *Zur Farbenlehre. Polemischer Teil. Enthüllung der Theorie Newtons* (Bd. 10, S. 275–472). – *13 approfondieren:* (frz.) ›vertiefen‹. – *21 Schröder:* s. zu Nr. 203 und 459. Der bedeutende Schauspieler und Theaterleiter in Hamburg trat in ›Wallenstein‹ nicht auf; s. Nr. 533; ›Prolog‹ zu ›Wallenstein‹, Verse 18 ff. (Bd. 6.2, S. 662); vgl. Böttiger an Sch., 23. Dezember 1797 und 31. Januar 1798; Sch. an Böttiger, 25. Januar 1798; s. zu Nr. 459. – *23 Unger:* Ungers Brief an Sch. ist nicht überliefert. – *25 Honorar:* Sch. erhielt die verlangten 60 Friedrichsdor für das Bühnenmanuskript der ›Piccolomini‹ und des ›Wallenstein‹. Die beiden Teile der Trilogie wurden im Berliner Theater am 18. Februar und 17. Mai 1799 aufgeführt, s. zu Nr. 578. – *30 Zauberflöte:* Die in Weimar am häufigsten – 82 mal – gespielte Mozartoper wurde am 19., 21 und 24. Februar in einer Neuinszenierung gegeben; Charlotte Schiller sah die Aufführung am 21. Februar.


429. GOETHE                                  WEIMAR, 21. FEBRUAR 1798

533,1 *Brinkmann:* Sch; 533,14 *Räume:* Reime.

533 *1 Brinkmann:* s. zu Nr. 427 und 428. – *5 Schriftstellerinnen:* Amalie von Imhoff und Caroline von Wolzogen; vgl. Grumach IV, S. 400. – *8 Versart ⟨...⟩ Prometheus:* Schlegels Gedicht ist in Terzinen geschrieben, s. zu Nr. 346. – *10 habe etwas vor:* Möglicherweise spielte G. mit dem Gedanken, *Die Metamorphose*

*der Pflanzen* in Stanzen abzufassen; vgl. die Äußerungen zu Darwins ›The Botanic Garden‹ (s. Nr. 414, 415); oder er dachte an den *Faust*. Die *Zueignung* war allerdings bereits entstanden. – *11 obligat:* s. zu Nr. 186. – *14 Räume:* G.s Verbesserung des Hörfehlers seines Schreibers in »Reime«, der Kontext sowie Sch.s Antwort Nr. 430 deuten darauf hin, daß hier die Verzahnung der Terzinenstrophen durch Kettenreime gemeint ist. Die von der NA 37 II (S. 315) bemühte Doppelbedeutung von ital. ›stanza‹ ›Strophe‹ und ›Zimmer‹ trägt wenig zum inhaltlichen Verständnis bei, weil Stanzenstrophen durch Paarreime deutlich abgeschlossen werden. – *17 rationelle Empire:* s. zu Nr. 405. – *20 wieder an den Baco:* s. zu Nr. 422. – *26 bald mündlich:* s. zu Nr. 396.

430. SCHILLER JENA, 23. FEBRUAR 1798

534,20 *Brinkmann:* Sch.; 534,25–40 zuerst in Sch./G.² (1856); 534,28 *würde:* werde; 535,4f. zuerst in Sch./G.² (1856).

533 *31 Arbeiten:* an der Farbenlehre. – *33 Einsicht in die Operation des Geistes:* vgl. G. an die Fürstin Gallitzin, 6. Februar 1797. – *34 Philosophie des Geschäfts:* wissenschaftstheoretische Methodologie; vgl. G.s *Der Versuch als Vermittler von Objekt und Subjekt* und ⟨*Das reine Phänomen*⟩; s. zu Nr. 404 und 406.

534 *2 an der Spitze ihres Werks:* G. hat in das *Vorwort* und die *Einleitung* zum *Didaktischen* und zum *Historischen Teil Zur Farbenlehre* nur sparsame wissenschaftstheoretische Reflexionen eingestreut (Bd. 10, S. 9–16, 19–26); entschiedener greift er den Vorschlag später in der *Einleitung* zum *Polemischen Teil* und in den *Materialien zur Geschichte der Farbenlehre* auf (Bd. 10, S. 277–281, 473–519). – *17 durch Humboldt:* W. von Humboldt an Sch., 20. Januar. Sch. erhielt den Brief aus Paris am 18. Februar. – *17 daß Schlegels ⟨...⟩ wollen:* A. W. Schlegel reiste Mitte Mai von Jena nach Berlin und von dort Ende Juni nach Dresden, wo sich seine Frau seit dem 10. Mai aufhielt. Anfang Oktober kehrte er nach Jena zurück. – *20 meine Frau:* Charlotte Schiller hatte die Aufführung der ›Zauberflöte‹ in Weimar besucht, s. zu Nr. 428. – *Brinkmann:* Von der gastfreundlichen Aufnahme bei G. und von Amalie von Imhoff schwärmt Brinkmann im Brief an Luise von Berg, 25. Februar (Grumach IV, S. 401 f.). Vgl. auch Caroline von Humboldt an Charlotte Schiller, 15. Mai (Charlotte II, S. 177); ›Briefe von Amalie von Imhoff an ihren Vetter Fritz von Stein‹. Berlin 1911, S. 34. Distanziert äußerte sich über ihn Frau von Stein (Charlotte II, S. 325; NA 37 II, S. 323). – *22 verwitweten Hofe:* Zum Hof der Herzogin Anna Amalia von Sachsen-Weimar-Eisenach (1739–1807), der Nichte Friedrichs des Großen, gehörten der

Kammerherr von Einsiedel, die Hofdamen Louise von Göchhausen und Henriette von Wolfskeel. Regelmäßig verkehrten hier auch Caroline Freifrau von Egloffstein, Henriette Gräfin von Egloffstein und die Schwestern Gore. – *26 Vieweg:* s. zu Nr. 274. – *27–34 »Er habe ⟨...⟩ seien«:* Sch. zitiert nicht wörtlich; er paraphrasiert Humboldts Brief. Vgl. auch Voß an Gleim, 24. September 1797 (Bd. 4.1, S. 1087); s. Nr. 434. – *28 Louise:* Mit seiner Hexameter-Dichtung ›Luise‹ hatte J. H. Voß G. zu *Herrmann und Dorothea* angeregt. – *36 folglich auch ⟨...⟩ der Poesie überhaupt:* Für Sch. ist *Herrmann und Dorothea* »ein reiner Ausdruck der epischen Gattung« insgesamt, s. Nr. 305.

535 *1 etwas beilegen:* Charlotte Schiller an G., 23. Februar. – *5 ein andermal:* s. Nr. 433.

431. GOETHE        WEIMAR, 24. FEBRUAR 1798

535 *10 Mittwochs:* 21. Februar. – *ein Blatt:* Nr. 432. – *15 Von Schlegeln:* vgl. A. W. Schlegel an G., 19. Februar. – *18 hinüber komme:* s. zu Nr. 396. – *20 aus Unmut:* zum Bruch Sch.s mit den Brüdern Schlegel s. zu Nr. 315. Zu G.s Vermittlungsbemühungen s. zu Nr. 324 und Nr. 447. – *Beiträge ⟨...⟩ Almanach:* Zu Sch.s ›Musen-Almanach‹ für 1799 lieferte A. W. Schlegel vier Gedichtbeiträge; vgl. Sch. an A. W. Schlegel, 7. Mai 1798.

432. GOETHE        WEIMAR, 21. UND 25. FEBRUAR 1798

535,33 *Schweden:* Sch.; 536,23 *sie wohl begreifen:* sie begreifen; 536,34 *tuschen:* vertuschen; 537,9 *heute Abend:* ungesäumt.

535 *32 am Abend:* Charlotte Schiller überbrachte als Botenfrau am 21. Februar Nr. 428. – *33 Schweden:* von Brinckmann, s. Nr. 427–430. – *34 Unsere Frauen:* s. zu Nr. 430. – *38 zur affirmativen Seite:* Seiner »religiöse⟨n⟩ Bewunderung« für das »größte Genie des Jahrhunderts« verleiht Brinckmann Ausdruck im Brief an Luise von Berg vom 25. Februar (Grumach IV, S. 401 f.).

536 *2 Ihrer Arbeiten:* vor allem an ›Wallenstein‹. – *3 die Stuttgarder:* Rapp, Thouret, Dannecker und Leybold; s. zu Nr. 414. Leybold antwortete am 24. Februar. – *4 Thourets Ankunft:* s. zu Nr. 414. Thouret antwortete erst am 31. März und traf dann mit einmonatiger Verspätung am 25. Mai ein. – *7 heute früh:* s. Nr. 429. – *8 rationellen Empirism:* s. Nr. 405, 409, 429. – *10 gewisse Vorstellungsarten neben einander:* Rationalismus und Empirismus. – *14 drei Einteilungen:* der Phänomene in ›empirische‹, ›wissenschaftliche‹ und ›reine‹; der methodologischen Zuordnung nach: Empirismus, Rationalismus und rationaler Empirismus. –

*15 Enunciationen:* ›Aussagen‹. – *21–23 die Natur ⟨...⟩ könnte:* vgl. *Der Versuch als Vermittler von Objekt und Subjekt* (Bd. 4.2, S. 321–332) und Nr. 460. – *26 Schelings Ideen:* zu Schellings Werk s. zu Nr. 400 und Nr. 402. – *27 merkwürdig:* ›interessant‹, ›anregend‹. – *32–34 die Mathematiker ⟨...⟩ tuschen:* vgl. *Der Versuch als Vermittler zwischen Objekt und Subjekt,* Bd. 4.2, S. 330f.; *Einige allgemeine chromatische Sätze,* ebenda, S. 365f. Vgl. auch *Maximen und Reflexionen* Nr. 1391, 1389, 1285 (Bd. 17); *Über Kunst und Altertum,* Bd. 6, H. 1 (1827), S. 213 ff.; *Über Mathematik und deren Mißbrauch* (1826); *Zur Farbenlehre. Didaktischer Teil,* §§ 722–729, Bd. 10 (S. 217–219). – *35 forcieren:* (frz.) fachsprachlich: ›das Wachstum der Reifung beschleunigen‹. – *39 Lamberts Photometrie:* Johann Heinrich Lambert: ›Photometria sive de mensura et gradibus luminis, colorum et umbrae.‹ Augustae Vind. 1760; s. zu Nr. 408. – *40–5372 liebenswürdig ⟨...⟩ beizukommen:* vgl *Faust II,* Vers 7488 (Bd. 18).

537 *8 dies Blatt:* Es ist nicht erhalten. – *9 nach Gotha:* Herzog Carl August und seine Gattin erwiderten vom 24.–27. Februar einen Besuch des Erbprinzen August von Sachsen-Gotha und seiner Gemahlin. – *10 Bibliotheks Einrichtungen:* s. das bislang ungedruckte *P⟨ro⟩ M⟨emoria⟩* G.s vom 26. Februar, Bd. 6.2, S. 883f.; vgl. auch G. an Voigt, 26. Februar; s. zu Nr. 387. – *13 Mittwoch:* 28. Februar.

433. SCHILLER                    JENA, 27. FEBRUAR 1798

537,30 *zugleich:* sogleich.

537 *25 Gartenhause und Garten:* s. zu Nr. 275 und 299, Nr. 479; vgl. W. von Wolzogen an Sch., 22. Juni 1797. – *31 Leitra:* Die Leutra floß an der Westseite von Sch.s Garten vorbei. Sch.s Bad und ›Belvedere‹ lag in der Südwestecke des Gartens. – *32 Lambrechtischen Seite:* Der Ökonom und Fleischermeister Johann Rudolph Lamprecht (1748–1828) war Eigentümer des Nachbargrundstücks im Norden. Sch.s Küche lag in der Nordwestecke seines Gartens.

538 *1–5 das ganze gemeine moralische Urteil ⟨...⟩ vertilgen:* Für die von Sch. in ›Wallenstein‹ angesprochene Situation kommen mehrere Szenen in Betracht: die Auseinandersetzung zwischen Wallenstein und Max in ›Wallensteins Tod‹ II/2, die Auseinandersetzung zwischen Octavio und Max in ›Piccolomini‹ V/1. An Iffland schreibt Sch. am 24. Dezember 1798, Gordon spreche die Moral aus (vgl. dazu ›Wallensteins Tod‹ IV/2 und 6; V/4, Vers 3547). In jedem Fall will Sch. das ästhetische Interesse des Zuschauers über das Moralurteil ansprechen; vgl. Sch. an Körner, 13.

Juli 1800. – *27–29 das Verhältnis der allgemeinen Begriffe ⟨...⟩ Intuitionen:* Sch. berührt das sprachphilosophische Problem der Unaussprechbarkeit des Individuellen (›Individuum est ineffabile‹). Dazu G. in ⟨*Bedenken*⟩ (LA I 3, S. 300ff.). – *35 Humboldts letzten Brief:* s. zu Nr. 430.

434. GOETHE  WEIMAR, 28. FEBRUAR 1798

539,18 *ich ihn denn:* ich denn; 540,2–7 *Wie sehr ⟨...⟩ fortbedient.:* zuerst in Sch./G.² (1856); 540,12–14 *immer ⟨...⟩ soll:* daß sie sich immer im stillen ein gewisses Präcipuum vorbehalten manches besser zu wissen, über manches besser zu denken glauben; 540,15–31 zuerst in Sch./G.² (1856); 540,32 *den Gedanken daß:* dem daß; 540,39 *Suppe:* Soupé.

539 *3 Stuttgarder Freunde:* s. zu Nr. 432. – *6 alles übrige:* Bibliotheksangelegenheiten und Stadtsanierung, s. zu 432 und 420. – *9 Humboldten:* s. Nr. 430 und 433. – *10 gewisse Unterhaltungen:* über Ästhetik und Kunsttheorie, vgl. Humboldt an Sch., 20. Januar. – *13 eludieren:* (frz.) ›ausweichen‹. – *15 daß etwas ⟨...⟩ ist:* Der in Frankreich gepflegten extravertierten Schauspielkunst fehlt es nach Humboldt an idealischer Verinnerlichung. Er bringt dies mit der Abneigung gegenüber Kant in Paris zusammen; vgl. Humboldt an Sch., 20. Januar. – *16 Mounier:* Das Mitglied der Französischen Nationalversammlung von 1789 Jean Joseph M. (1758–1806) leitete im Weimarer Exil eine Unterrichtsanstalt. Vgl. ⟨*Votum zur Gründung eines Erziehungsinstituts für Ausländer*⟩ (Bd. 4.2, S. 884 und 1243f.); vgl. auch G. an Mounier, 31. Januar und 4. Mai 1797 (WA IV 30, S. 62f.). – *20 ein schönes Ganze:* s. Nr. 365. – *25 une sorte de creation:* frz. ›eine Art Schöpfung‹. – *30 Verhältnis:* s. zu Nr. 424. – *33 Schwägerin:* Caroline von Wolzogen. – *34–37 daß auch Mounier ⟨...⟩ unsittlich erklärt:* Kant hatte in seinem Aufsatz ›Über ein vermeintes Recht aus Menschenliebe zu lügen‹ (›Berlinische Blätter‹. 1. Jg. 1797) gegenüber Benjamin Constant die Pflicht zur Wahrheit als heiliges, uneinschränkbares Vernunftgebot verbindlich gemacht. Gegen Kant argumentierte Mounier in ›Lettre sur la Philosophie de Kant‹ (Kolumnentitel ›Du Mensonge‹). In: ›Magasin encyclopédique ou Journal des sciences, des lettres et des arts‹. Hg. von A. L. Millin, Bd. 5, Paris 1797; s. Nr. 442 und 443. – *39 Decade Philosophique:* Mouniers Aufsatz erschien nicht in der Pariser Zs. ›La Décade philosophique, littéraire et politique par une societé des républicains‹. (1794–1804).

540 *2 Freund ubique:* auch ›Magister ubique‹, nach einer komischen Person in Tiecks Märchennovelle ›Die Vogelscheuche‹;

(lat. ›ubique‹ = ›überall‹). Spottname für den umtriebigen Böttiger, der überall seine Hand im Spiel hatte und in vielen Zss.
mitmischte; s. zu Nr. 136 und 237, Nr. 582. Vgl. auch G.s Gedicht
*Triumvirat* (Bd. 6.1, S. 68 f.). – *5 Bücher geliehen:* G. regelte in
diesen Tagen den Leihverkehr der Weimarer Bibliothek neu; s. zu
Nr. 432. Vgl. Voigt an G., 15. ? Februar. – *8 Grafen und der Gräfin
Fouquet:* Der französische General Jean-Gabriel-René François
Comte de Foucquet (1751–1821), Teilnehmer des Feldzugs von
1792/93, gehörte mit seiner Frau Marie-Louise-Eugénie bis 1800
zum Kreis der Emigranten in Weimar. – *9 naturhistorischer Gegenstände:* Lt. Tgb. vom 28. Februar und 1. März beschäftigte sich G.
wieder mit Raupenanatomie, s. zu Nr. 280. Comte und Comtesse
de Foucquet an G., 23.–28. Februar. – *12 wie Voßen:* s. Nr. 430. –
*15 Mein Gedicht:* das Epos *Herrmann und Dorothea*. – *16–24 Ich
bin ⟨...⟩ kann:* vgl. G. an Voß, 1. Juli 1795 und 6. Dezember 1796.;
G.s Elegie *Herrmann und Dorothea*, Verse 45 f. (Bd. 4.1, S. 859). –
*18 Pfarrer von Grünau:* Vater der Titelheldin in Voß' Versepos
›Luise‹, s. zu Nr. 64. – *25 se defendendo:* lat. ›indem er sich
verteidigt‹. Voß ließ sich wohl durch Gleim beeindrucken, der in
zwei Briefen hartnäckig *Herrmann und Dorothea* als Satire auf
dessen ›Luise‹ interpretierte; Gleim an Voß, 4. November 1797
und 23. Januar 1798 (Bode II, S. 120, 123 f.). – *33 kleine Sachen:*
vielleicht die *Weissagungen des Bakis,* s. zu Nr. 414. – *38 gothaischen fürstl. Jugend:* Erbprinz August von Sachsen-Gotha
(1733–1822) und seine Gemahlin Luise Charlotte (1779–1801)
begleiteten das Weimarer Herzogpaar zurück, s. zu Nr. 432. –
*39 Suppe:* Soupé, s. Variantenverzeichnis; G.s Tgb., 27. Februar.

435. SCHILLER                                    JENA, 2. MÄRZ 1798

541,30 *auch einmal auf:* auch auf.

541 *10 jetzt nicht hier:* s. Nr. 396. – *20–22 daß die Schlaffheit
⟨...⟩ zeigt:* Das von Humboldt bedauerte Desinteresse an der
(idealistischen) Ästhetik in Paris paßt nach Sch. zur Aufweichung
moralischer Grundsätze in Mouniers Beitrag, s. zu Nr. 434. Vgl.
Sch.s Beschreibung der »Schlaffheit und einer Depravation des
Charakters« in den zivilisierten Klassen in ›Über die ästhetische
Erziehung des Menschen‹, 5. und 6. Brief (NA 20, S. 319 ff.). –
*25 die Reiche der Vernunft und des Verstandes:* Hier ist im Kantischen Sinn die praktische Vernunft gemeint, insofern sie durch das
Sittengesetz den Willen bestimmt. Ihr steht der Verstand als
Vermögen der Begriffe und Urteile gegenüber und die Vernunft im
engeren Sinn als das Vermögen zu Schlußfolgerungen; vgl. ›Über
die ästhetische Erziehung‹ (ebenda). – *29 Pendant:* frz. ›Gegen-

stück‹. – *29 Garven ⟨...⟩ prostituierte:* In ›Versuche über verschiedene Gegenstände aus der Moral, der Literatur und dem gesellschaftlichen Leben‹. 1. Tl. (Breslau 1792), I (S. 111–116) wendet sich Garve von einer eudämonistischen Position aus gegen die Pflichtethik Kants. Dieser wies in einer Replik darauf hin, daß das Pflichtgebot nicht den Verzicht auf Glückseligkeit, sondern nur deren Abstraktion impliziere. Vgl. Kant, ›Über den Gemeinspruch: Das mag in der Theorie richtig sein, taugt aber nicht für die Praxis‹ (I.) (›Berlinische Monatsschrift‹ 1793, H. 9). – *31 Französische Bürger Diplom:* Sch. erhielt von Campe zwei Schriftstücke zugestellt: 1. Das ›Loi Qui confère, le titre de Citoyen François à plusieurs Etrangers‹ vom 26. August 1792, unterzeichnet von Danton und Clavière. 2. Ein von Roland de la Platière am 10. Oktober 1792 unterzeichnetes Begleitschreiben (s. NA 37 II, S. 316–320; zu Nr. 436). Neben Sch., der als »sieur Gille, publiciste Allemand« firmiert, wurde das französische Bürgerrecht bedeutenden englischen und amerikanischen Politikern, Philanthropen und Publizisten verliehen; auch den deutschsprachigen Autoren Klopstock, Campe und Pestalozzi. Die Dokumente waren über General Custine von Mainz nach Straßburg, Rastatt und schließlich Braunschweig gelangt. Vgl. Campe an Sch., 21. Februar, 3. und 9. März; Sch. an Körner, 16. März. – *32 vor 5 Jahren in den Zeitungen:* Sch. las die ›Gazette Nationale ou Le Moniteur Universel‹ (Nr. 239 vom 26. August 1792).

542 *2 notifiziere:* (lat.) ›bekanntmache‹. – *4 κατ εξοχην:* griech. ›schlechthin‹. – *6 Posttag:* Sch. schrieb noch Campe, Karl Fischer und Cotta.


436. GOETHE WEIMAR, 3. MÄRZ 1798

542 *13 aus dem Reiche der Toten:* Die Urkunden zu Sch.s französischem Bürgerrecht von 1792 waren unterzeichnet vom Finanzminister Étienne Clavière (1735–1793), der den Freitod nach Verhaftung suchte, vom guillotinierten Justizminister Georges Jacques Danton (1759–1794) und vom Innenminister Jean Marie Roland de la Platière (1734–1793), den Revolutionsgegner gleichfalls in den Selbstmord trieben. Das Staatssiegel Ludwig XVI. krönte das Gesetzesdokument, s. zu Nr. 435. Zur Gattung der ›Totengespräche‹ s. zu Nr. 351. – *17–19 Herr Campe ⟨...⟩ zu liegen:* Campes frühe Revolutionsbegeisterung bezeugen seine ›Briefe aus Paris zur Zeit der Revolution geschrieben‹ (Braunschweig 1790). Obwohl er die späteren Terrorakte verurteilte, stand er zur Revolution als solcher positiv. – *22 Insekten:* s. zu Nr. 434. – *23 Mineralien:* Seine umfangreiche Mineraliensamm-

lung ordnete G. vom 2.–4. und 7. März, s. Tgb.; zu Nr. 325. – *27 Meyer:* Er arbeitete über die florentinische Kunstgeschichte, s. S. 543, Z. 2 und Nr. 438. – *29 neusten Begebenheiten:* Am 15. Februar war von den in Rom einmarschierenden Franzosen die Römische Republik ausgerufen und Papst Pius VI. abgesetzt worden, s. zu Nr. 314 und 366. In der Schweiz versuchte Peter Ochs, der Führer der Schweizer Republikaner, der Eidgenossenschaft 1798 eine Verfassung in Anlehnung an die französische von 1795 zu geben. Es kam in Bern zu militärischen Auseinandersetzungen zwischen Bernern und Franzosen, die am 6. März die Stadt nach blutigen Kämpfen eroberten und am 19. März die Helvetische Republik ausriefen. – *30 unsern Rückzug:* aus der Schweiz, s. zu Nr. 270, 329, 376. – *31 was wir gesammelt:* s. zu Nr. 100. – *35 Einleitung:* Aus dem mit Meyer geplanten Italienwerk entwickelte sich der Plan zu den *Propyläen,* s. zu Nr. 366 und 454. An der *Einleitung ‹in die Propyläen›* (Bd. 6.2, S. 9–26) arbeitete G. bis August 1798. – *36 Schema:* Im ausführlichen Brief an Cotta vom 27. Mai 1798 detailliert G. das Programm der *Propyläen* (Bd. 6.2, S. 946–948). Eine Reihe von Schemata zu den *Propyläen* insgesamt wie zur *Einleitung* sind erhalten; s. Bd. 6.2, S. 962–974. – *39–543 1 Meine Betrachtungen ‹...› entgegen:* Die genauere Kenntnis organischer Naturen und der Farbenlehre erachtete G. für bildende Künstler unerläßlich; s. *Einleitung* (Bd. 6.2, S. 13–16); G. an Cotta, 27. Mai, Bd. 6.2, S. 946 f., 962 f.

543 *1 zweite Ausgabe des Cellini:* s. zu Nr. 148 und 244. An der Vorbereitung der Buchausgabe arbeitete G. intensiv im März. – *2 florentinische Kunstgeschichte:* G. wollte ursprünglich den überarbeiteten *Cellini* innerhalb der *Propyläen*-Folge herausbringen; vgl. Sch. an Cotta, 28. März. Auch in der Cotta mitgeteilten Programmübersicht der *Propyläen* überlegt G., ob man den »vollständigen Vorrat zur Geschichte der Florentinischen Schule ‹...› nicht bei einer neuen Ausgabe des Cellini nutzen sollte« (Bd. 6.2, S. 948). Vgl. ferner Nr. 438; Tgb., 22.–25. März; in J. H. Meyers ›Geschichte der Kunst‹ (hg. von H. Holtzhauer und R. Schlichting. Weimar 1974) behandelt das Kapitel ›Zeitraum von Cimabue bis auf Raffael‹ die florentinische Kunst. – *4 Form einiger Briefe:* Dies unterblieb. – *6 Wort an uns:* s. zu Nr. 437.

437. SCHILLER                                  JENA, 6. MÄRZ 1798

543,40 *gesellschaftliches:* gesellschaftlich; 544,1 *recht gut sein:* recht sein.

543 *26 dritte Idealische:* Im triadischen Denkmodell Sch.s die Synthese einer »wahren« – nicht: »wirklichen« – Natur bzw. einer

natürlichen Kunst; vgl. ›Über naive und sentimentalische Dichtung‹ (NA 20, S. 476–480). Ähnlich bestimmt Sch. die »lebende Gestalt« des Spieltriebes als Synthese von Leben und Gestalt; ›Über die ästhetische Erziehung des Menschen‹, 15. Brief (NA 20, S. 355). – *39 Anteil daran nehmen:* Sch.s Anteil an der Kunstzeitschrift hielt sich in Grenzen: Von ihm erschienen in den *Propyläen:* ›An den Herausgeber der Propyläen‹ und ›Dramatische Preisaufgabe‹. (*Propyläen* III/2; s. Bd. 6.2, S. 437f.).

544 *1 dritte Mann:* Sch., nach G. und Meyer. Die LA II 3 zählt als dritten Meyer. Vgl. dagegen Nr. 547. – *2 Rigorism:* vgl. G., *Über strenge Urteile* (Bd. 6.2, S. 142–144). – *9 piquanter:* (frz.) ›beißender‹, ›schärfer‹, ›verletzender‹. – *11 langen poetischen Praxis:* an ›Wallenstein‹. – *13 zum Raisonnement zurückzukehren:* Sch. blieb bei der poetischen Praxis. – *14 Meine Frau:* s. Nr. 438. – *17 Professor ordinarius:* Auf Betreiben von Carl August lag die Zustimmung von Weimar, Meiningen und Gotha zu Sch.s Ernennung zum ordentlichen Honorar-Professor in Jena seit dem Januar 1796 vor, während das ernestinische Herzogtum Coburg die Unterzeichnung zwei Jahre hinauszog; s. zu Nr. 438, 466. Vgl. Prorektor und Senat der Universität Jena an Sch., 14. März; Sch. an dieselben, 19. März. Der Historiker Sch. war seit 21. Januar 1789 formell Professor extraordinarius der Philosophie. Er bezog seit 1791 ein Jahresgehalt von 200 Talern. Die letzte Vorlesung hatte er im SS 1793 gehalten. – *19 mehreren Würden:* s. Nr. 435. – *20 wärmer hielten:* Die Ehrungen blieben ohne finanzielle Substanz. – *22 erwarten darf:* s. zu Nr. 396.

438. GOETHE  WEIMAR, 7. MÄRZ 1798

544,40 *als den im:* als im; 545,37 *Sie wohl:* Sie recht wohl.

544 *28 Frau:* Charlotte Schiller hatte nach einem Frühstück mit G. Meyers italienische Kunstschätze besichtigt, s. zu Nr. 330. Vgl. auch G. an Charlotte Schiller, 6. März (Charlotte II, S. 236). – *33 Schwager:* s. zu Nr. 211, 245, 257, 283. – *34 Quartier für den Winter:* s. zu Nr. 376 und 384. Vom 4. Januar bis 7. Februar 1799 bewohnte Sch. im Weimarer Schloß die Räume, die Thouret zur Verfügung gestanden hatten; s. Nr. 558 und 559. – *38 artig:* s. zu Nr. 296.

545 *1 Proscenio:* s. zu Nr. 387. Sch.s Proszeniumsloge wurde beim Theaterumbau im Sommer 1798 beseitigt. – *6 Zodiak:* (griech.) Tierkreis der astrologischen Konstellationen, s. Nr. 440. – *8 Sonnabends:* 10. März. – *10 Cellini:* s. zu Nr. 148 und 244. – *17 florentinische Kunstgeschichte:* s. zu Nr. 436. – *23 Coburger Reskript:* s. zu Nr. 437. Die Hintergründe der Verschleppung

erläutert Volker Wahl: ›Coburger »Canzley Unfug« oder späte Revanche?‹ In: ›Jb. d. Coburger Landesstiftung‹ 1985, S. 189–222. – *25 ein Dutzend Reskripten:* Die Verzögerung der Besetzung des juristischen Ordinariats mit Gottlieb Hufeland dürfte der Hauptanstoß für die weimarische Initiative gewesen sein. – *26 Sollicitation:* (lat.) ›dringliche Bitte‹, ›Mahnung‹. – *29 Herzog und die Herzogin:* Herzog Ernst Friedrich von Sachsen-Coburg (1724–1800); Herzogin Sofie Antonie (1724–1802). – *33 Humboldts Brief:* s. Nr. 430 und zu Nr. 434.

439. SCHILLER                     JENA, 9. MÄRZ 1798

546,40 *abschreiben lassen, und:* abschreiben, und.

546 *7 herkommen:* s. zu Nr. 396. – *10 das Theater ⟨...⟩ zu benutzen:* Daß Sch. die Nähe des Theaters als Dramatiker braucht, nennt er mehrfach als Motiv für den Umzug nach Weimar. s. Nr. 644, 650; Sch. an Körner, 9. August 1799; an Carl August, 1. September 1799; an Cotta, 12. Oktober 1799. – *11 Anstalten zur Wohnung:* s. zu Nr. 376 und 384. – *18 Geschäft:* ›Wallenstein‹. – *23 Walpole:* Horace W. (1717–1797), ein früher Vertreter der englischen Schauerromantik, behandelt in ›The Mysterious Mother‹ (1768 bzw. 1796) den Inzest zwischen Mutter und Sohn. Gerühmt wurde die Tragödie in mehreren literarischen Blättern: dem Intelligenzblatt der ALZ vom 24. Februar (Sp. 296), der ›Neuen Bibliothek der schönen Wissenschaften und der freien Künste‹ 60 (1797). Das Juli-Heft der Zs. ›The Monthley Review; or Literary Journal‹ vergleicht das Stück mit ›König Ödipus‹, der für ›Die Braut von Messina‹ richtungweisend wurde. Vgl. auch *Tag- und Jahres-Hefte* zu 1800 (Bd. 14, S. 62). – *35 Raisonnement über die Gattung:* An Sophokles' ›König Ödipus‹ entdeckte Sch. das Baugesetz des analytischen Dramas, s. Nr. 367. – *38 BürgerDiplom:* s. Nr. 435. – *40 attestieren lassen:* vgl. Voigt an G., .8.? Mai und 12./19. Mai.

547 *2 in Frankreich niederlassen:* Das geschah nicht.

440. GOETHE                      WEIMAR, 10. MÄRZ 1798

547,21 *indem:* während.

547 *12 das zehnte Haus:* Die Astrologie teilt den Sternenhimmel in zwölf Kreise oder ›Häuser‹ von verschiedenem Charakter ein, in denen der Eintritt, Austritt und Stand der Planeten für das Horoskop Bedeutung erlangen. Das zehnte ist das Haus der sozialen Position. – *15 Oberroßlaer Freigut:* Das zwischen Apolda und Oßmannstedt 15 km nordöstlich von Weimar gelegene freie

Lehngut unterstand unmittelbar der Regierung. Die 1796 angesetzte Versteigerung hatte sich aufgrund von Neuausschreibungen bis 1798 hingezogen; am 8. März war G. das Gut zugeschlagen worden; s. *Tag- und Jahres-Hefte* zu 1798 (Bd. 14, S. 59). Vgl. A. Doebben: ›Goethe und sein Gut Ober-Roßla‹. In: JbGG 6 (1919). – *16 Pächter:* Johann Caspar Hofmann (gest. 1797). – *17 Gruner:* Christian Gottfried G. (1744–1815), Professor der Medizin in Jena. – *18 sauer gemacht:* Beide waren am Erwerb des Gutes interessiert. Gruner hatte tüchtig mitgeboten. – *19 Preise:* 13 125 Reichstaler. – *20 Sibyllischen Büchern:* Sibylle trieb der römischen Sage nach beim Verkauf ihrer prophetischen Bücher den Preis gegenüber König Tarquinius in die Höhe, indem sie auf ihrem zunächst abgelehnten Angebot bestand und zur Warnung eigene Bücher verbrannte. – *28 acht Tage aufhalten:* Mit Gutsangelegenheiten beschäftigte sich G. vom 11. bis 19. März. – *30 Oper:* Am 15. März hatte die Cimarosa-Oper ›Die vereitelten Ränke‹ Premiere. – *31 Kotzebuisches Stück:* Am 17. März fand die Uraufführung von Kotzebues Schauspiel ›Die Corsen‹ statt. – *33 Meyern:* s. zu Nr. 20. – *40 Bürgerdiplom:* s. Nr. 435 und 468. Das Geheime Consilium faßte am 9. März den Beschluß, die Schriftstücke in der Bibliothek aufzubewahren. Vgl. Protokoll vom 9. März in NA 37 II, S. 340 f. – *40 vidimierte:* (frz.) ›beglaubigte‹.

548 *3 artig:* s. zu Nr. 296. – *4 reponiert:* (lat.) ›zurückgelegt‹. – *8 Meyerischen Arbeiten gesehen:* s. zu Nr. 330. Sch. sah sie erst am 1. Juni.

441. SCHILLER                    JENA, 13. MÄRZ 1798

548,31 *einstweilen:* einstweiligen; 548,32 *mit ihm:* damit; 548,37 *besonders sehr gute:* besonders gute; 549,17 *Sie wohl:* Sie recht wohl.

548 *21 Reise zu Ihnen:* s. zu Nr. 440. – *24 Ihrer Hieherkunft:* s. zu Nr. 396. – *27 kleinen Besitztum:* Sch.s Garten und Gartenhaus, s. zu Nr. 275, 299, 433. – *30 braven Menschen für Mouniers Institut:* Den Württemberger Karl Gottlieb Fischer (geb. 1766, gest. nach 1815), einen Studienkollegen Niethammers und Jenaer Magister, hatte Sch. selbst Anfang der 1790er Jahre mit Schreibarbeiten beschäftigt. Fischer wurde wohl erst Jahre später in Mouniers Erziehungsinstitut angestellt. Vgl. Fischer an Sch., 7. März, 1. August 1798, 20. Mai 1803; s. zu Nr. 434. – *31 einstweilen:* schwäb. Adjektivform von ›einstweiligen‹. – *34 Franzosen bei Murten:* s. zu Nr. 436. Der Ein-Tages-Sieg der Berner am 5. März über französische Truppen bei Neuenegg konnte nicht die Kapitu-

lation Berns am 6. März verhindern. Bei Murten, das Sch. beschwört, hatten die Eidgenossen 1476 Karl den Kühnen von Burgund geschlagen. – *40 Fust von Stromberg:* Jakob Maier (1739–1784): ›Fust von Stromberg. Ein Schauspiel in fünf Aufzügen. Mit den Sitten, Gebräuchen und Rechten seines Jahrhunderts‹. Mannheim 1782. Den ›Wallenstein‹-Dichter interessierte am Ritterstück aus der Zeit der Kreuzzüge, das 1782 in Mannheim uraufgeführt wurde, die Bauart des historischen Dramas; vgl. ›Über die tragische Kunst‹ (NA 20, S. 167).

549 *7 Gelehrsamkeit:* Der Vf. gab mit dem Schauspiel ›Anmerkungen zum Fust von Stromberg‹ heraus.

442. GOETHE                    WEIMAR, 14. MÄRZ 1798

550,4 *daß Sie:* daß sie (die Franzosen); 550,9 *archivalische:* archivarische; *drinne:* darin.

549 *27 Akquisition:* des Gutes in Oberroßla, s. Nr. 440. – *31 Gruner:* s. zu Nr. 440. – *38 französische Blätter:* G. schickte Mouniers ›Lettre sur la Philosophie de Kant‹ und Johann Gottfried Schweighäusers Besprechung ›Hermann und Dorothea‹, in: ›Magasin encyclopédique‹ Bd. 5 (Paris 1797), s. zu Nr. 434; wieder abgedruckt in: Fambach, G. und seine Kritiker, S. 26–30. Vgl. auch Schweighäuser an G., 7. April; Schweighäuser an Sch., 8. April; G. an Schweighäuser, April 1798. Der Straßburger Philologe und Archäologe, von 1798 bis 1801 Hauslehrer bei W. von Humboldt, verkehrte im Kreis der M^me de Staël, später der Romantiker. Er wurde ein Vermittler deutsch-französischer Kultur. Vgl. Caroline II, S. 178 und 181.

550 *4 Basel besetzen:* Auch ohne die Besetzung Basels, des Tagungsorts der Schweizer Nationalversammlung, wurde die Schweiz zum französischen Vasallenstaat. – *8 Sturm von Bocksberg:* Jakob Maiers »pfälzisches Originalschauspiel in drei Aufzügen« (Mannheim 1778) war am 28. April 1795 in Weimar aufgeführt worden.

443. SCHILLER                    JENA, 14. MÄRZ 1798

550 *20 leibhaften Franzosen:* Schweighäuser war Elsässer, s. zu Nr. 442. – *21 Empfänglichkeit (...) der Form:* Schweighäuser spricht in seiner Rezension vom zeitgeschichtlichen Hintergrund der an Pfälzern begangenen Grausamkeiten durch die französischen Invasoren und referiert ausführlich den 6. Gesang aus *Herrmann und Dorothea.* Hinweise auf Homer umrahmen die Anzeige, vgl. Fambach, Goethe und seine Kritiker, S. 26 und 30. –

*23 in seinem Briefe:* Mounier, ›Lettre sur la Philosophie de Kant‹, s. zu Nr. 434. – *27 Instanz:* (lat.) ›Einwand‹. Mounier zieht das Resümee, daß Kant seine philosophischen Überlegungen und Schlüsse vom »bon sens« und »instinct morale« abgeführt haben. Kein Dorfrichter könne mit Kants Prinzipien etwas anfangen. – *30 umgekehrterweise:* als Gegenargument. – *33 Ansicht ihres Kaufs:* G. sah das Oberroßlaer Gut am 11. März zum ersten Mal; s. Nr. 440. – *36 Mein Kommen:* s. zu Nr. 440.

444. SCHILLER                                 JENA, 16. MÄRZ 1798

551 *7 Ihrer Ankunft:* s. zu Nr. 396. – *11 Meiers Arbeiten ‹...› hier sind:* Sch. wollte über Meyers italienische »Schätze« mit G. sprechen; s. zu Nr. 330. – *13 Geschriebenes ‹...› Ausarbeitungen:* zur *Farbenlehre* und den *Propyläen,* s. Nr. 426 und zu Nr. 436, 437. – *16 Geschäft:* ›Wallenstein‹. – *18 Meiers Arbeiten:* zur florentinischen Kunstgeschichte und *Über die Gegenstände der bildenden Kunst*; s. zu Nr. 361, 436 und 462.

445. GOETHE                                    WEIMAR, 17. MÄRZ 1798

552,1 *er:* es; 552,3 *wunderlich:* wunderliches; 552,24 *Tag dazu verwenden:* Tag verwenden.

551 *28 wieder zusammen befinden:* G. hielt sich vom 20. März bis 6. April in Jena auf. – *die Geschäfte:* die Verpachtung des Gutes in Oberroßla, Baumaßnahmen vor dem Erfurter Tor, Bibliotheksregelungen; s. zu Nr. 420, 432, 440, 444. Zum Stand der Reparaturarbeiten im Ilmenauer Bergwerk vgl. Voigt an G., 8. März; Steffany an G., 12. und 16. März; Osann an G., 16. März. – *34 wunderliche Briefe:* Sie sind nicht bekannt. – *38 Aufsatz über Herrman:* s. zu Nr. 442 und 443.

552 *5 in verschiednen Fächern:* In einer längeren Fußnote zur Rezension Schweighäusers wies der Hg. Aubin Louis Millin auf G.s breite naturwissenschaftliche Forschungen und Publikationen hin; vgl. Fambach, G. und seine Kritiker, S. 30f. – *8 Die armen Berner:* s. zu Nr. 436 und 441. – *9 Meyer:* Er stammte aus dem Kanton Zürich. – *16 in der unbeweglichen nordischen Masse:* zum Neutralitätsabkommen s. zu Nr. 197. – *20 Planen, Aufsätzen und Einfällen:* Neben ›Wallenstein‹ betrafen die Jenaer Gespräche mit Sch. die Gattungsdiskussion *Über epische und dramatische Dichtung,* Meyers *Über die Gegenstände der bildenden Kunst,* G.s *Weissagungen des Bakis,* die *Achilleis,* das *Tell*-Epos, den Anhang zu *Cellini,* das *Propyläen*-Projekt. – *22 Ries:* Dem Papiermaß entsprachen 480 Bogen Schreibpapier. – *23 Herreise:* s. zu Nr. 440.

### 446. SCHILLER            JENA, 21. MÄRZ 1798

552 *33 nicht sehe:* zu G.s Jenaer Aufenthalt s. zu Nr. 445. – *34 Vierten Akt:* In der noch einteiligen ›Wallenstein‹-Fassung entsprach der 4. Akt ungefähr dem 3. Akt von ›Wallensteins Tod‹, s. zu Nr. 419. Vom 20. bis 22. März konferierten Sch. und G. über ›Wallenstein‹. – *35 Phædra:* Gemeint ist Euripides' Tragödie ›Hippolytos Stephanephoros‹ (428 v. Chr.). Die von Sch. 1805 übersetzte Tragödie Racines ›Phèdre et Hippolyte‹ (1677) behandelt denselben Stoff; s. zu Nr. 990. Auch G. las vom 26. bis 28. März Euripides. – *36 Steinbrüchel:* Johann Jakob Steinbrüchel (1729–1796): ›Das tragische Theater der Griechen. Des Euripides Erster Band‹. Zürich 1763. Der Zürcher Theologe, Philologe und Pädagoge legte eine Prosaübersetzung vor.

### 447. GOETHE            JENA, VERMUTLICH 4. APRIL 1798

*Datierung:* Am 3. April hatte G. zwei Zusammenkünfte mit A. W. Schlegel, hielt sich mittags lange bei Sch. auf und sah abends Tischbein; am 5. April verbrachte er den Mittag und den Abend bei Sch. Obwohl G. auch am 4. April abends Sch. sah, kommt zwischen 3. und 5. April dieser Tag als Billettdatum am ehesten in Frage. Vgl. Tgb.
Erstdruck in Riemers Briefe (1846).

553 *3 Schlegels:* A. W. Schlegel. – *4 in einem Briefe:* Nr. 431. – *8 Tischbein:* der Porträt- und Hofmaler des Fürsten von Anhalt-Dessau, Johann Friedrich August Tischbein (1750–1812), ein Cousin des ›G.-Tischbein‹. Er porträtierte als Freund A. W. Schlegels dessen Familie und fertigte 1804/05 auch ein Porträt Sch.s an. – *9 S⟨chlegel⟩ nach Ostern fortgeht:* s. zu Nr. 430. – *11 Tischbein ⟨...⟩ nicht vermeiden kann:* Tischbein wohnte bei A. W. Schlegel. G. lehnte Tischbeins Mal-Ansinnen ab. – *14 Mittlerschaft:* s. zu Nr. 324 und Nr. 431. – *14 Fortschritte:* im ›Wallenstein‹.

### 448. SCHILLER            JENA, 6. APRIL 1798

553,22 *Charlotte:* B.

553 *21 unglückselige Charlotte:* Die unglücklich verheiratete Charlotte von Kalb litt an einem schweren Augenleiden, s. zu Nr. 401 und 402. – *23 noch materieller:* Ihre zerrütteten Vermögensverhältnisse zwangen sie zu kaufmännischen Unternehmungen; vgl. Charlotte von Kalb an Jean Paul, 11. Juli 1796 (Nerrlich, S. 17f.). – *26 Ihr Aufenthalt:* s. zu Nr. 445. – *27 lange Abwesen-*

*heit:* G.s letzter längerer Besuch war vom 19. Mai bis 16. Juni 1797 gewesen; G.s Kurzbesuch vom 20. November zählt Sch. nicht. – *36 theatralischen Foderungen:* G. sah Probleme, den Umfang der einteiligen Fassung bühnengerecht für nur eine Vorstellung einzurichten; vgl. G. an Meyer, 23. März; s. zu Nr. 388, 446 und 873.

449. GOETHE                                                      WEIMAR, 7. APRIL 1789

554,31 *er:* jener.

554 *3 häuslichen Geschäfte:* die Verpachtung des erworbenen Freiguts in Oberroßla an Johann Friedrich Fischer, s. zu Nr. 440. – *7 Arbeit:* Im Zuge des *Achilleis*-Projekts las G. bis zum 5. April antike und altphilologische Literatur in Jena. Am 9. April nahm er, vom Frühling inspiriert, die Arbeit an *Faust* wieder auf, s. Nr. 451. – *9 das nächste mal:* Vom 20. Mai bis 21. Juni hielt sich G. (mit einer 5tägigen Unterbrechung vom 31. Mai bis 4. Juni) wieder in Jena auf. – *12 langen Entfernung:* Vom 11. bis 18. Juli 1797 hatten beide in Weimar die letzte ausführliche Unterredung geführt. – *24–26 die ideale Behandlung ⟨...⟩ Gegenstande:* s. zu Nr. 401. – *28 Amor ⟨...⟩ Meyer:* das von Meyer gezeichnete und von Guttenberg gestochene Titelkupfer zu Knebels Properz-Übersetzung, die im Herbst erschien; s. zu Nr. 121. – *33 für den Almanach:* s. zu Nr. 382 und 383. – *37 Vorsorge:* ›Fürsorge‹. – *38 Büchelchen:* Es ist nicht bekannt.

450. SCHILLER                                                      JENA, 10. APRIL 1798

555,18 *Jacobi:* M.M.; 555,20 *schlimmes daran bemerkt;* schlimmes bemerkt; 555,28–37 zuerst in Sch./G.² (1856); 556,5 *nichts davon zu:* nichts zu.

555 *4 Meisters:* J. H. Meyer. – *5 Werkleins:* ›Elegieen von Properz‹, übersetzt von Knebel, s. zu Nr. 121 und 449. – *18 Jacobi:* Maximilian Jacobi, s. zu Nr. 251. – *19 Die Gedichte:* vermutlich die Idyllen ›Des Kantors Brautwerbung‹ und ›Der Wahrsager‹; vgl. Johannes Herting: ›Carl Wigand Maximilian Jacobi, ein deutscher Arzt (1775–1858)‹. Görlitz 1930, S. 199–206. M. Jacobi an Schiller, 29. März. – *22 das letzte Horenstück:* s. zu Nr. 413. In den ›Horen‹ erschien nichts von Maximilian Jacobi. – *29 Niethammer:* s. zu Nr. 277. – *32 Rival:* S. G. Lange, s. zu Nr. 277. – *34 Schellings Sache:* vgl. ⟨*Berufung Schellings als a.o. Professor der Philosophie nach Jena*⟩ (Bd. 6.2, S. 922f. und 1296f.); G. an Schelling, 5. Juli. – *35 uns jenaische Philosophen:* Im Herbst 1797 hatten sich die Philosophieprofessoren Schiller, Fichte und Niethammer zusam-

men mit dem Orientalisten Paulus für Schellings Berufung eingesetzt; s. zu Nr. 437. – *40 altes Übel:* s. zu Nr. 423.

556 *1 an einem Punkt:* vermutlich Liebeszenen zwischen Max und Thekla in ›Wallenstein‹, s. zu Nr. 419 und 446. – *3 Ifland:* Iffland trat in Weimar vom 24. April bis 4. Mai in neun Gastrollen auf. – *5 Hiersein:* G. war vom 20. März bis 6. April in Jena. – *7 alten Empfang:* Bei seinem Gastspiel 1796 war Iffland begeistert gefeiert worden; s. zu Nr. 159; G., ⟨*In das Stammbuch August Wilhelm Ifflands*⟩ (Bd. 4.1, S. 843); Böttiger, ›Entwickelung des Ifflandischen Spiels‹, s. zu Nr. 242. Die Weimarer zollten Ifflands Können erneut Bewunderung, vgl. *Tag- und Jahres-Hefte* zu 1798 (Bd. 14, S. 57); Nr. 453, 455, 456; K. A. Böttiger: ›Iffland in Weimar‹, in: ›Journal des Luxus und der Moden‹ 1798, 1. Teil (Mai-Stück); A. W. Schlegel: ›Der neue Pygmalion. An Iffland‹ (Sch.s ›Musen-Almanach‹ für 1799). – *8 gestief⟨elter⟩ Kater:* Ifflands Rührstücke und Böttigers Laudatio werden in Ludwig Tiecks ›Der gestiefelte Kater‹ (Berlin 1797) satirisch bloßgestellt. Zu Sch.s Genugtuung s. zu Nr. 452. – *10 Schwager:* Wilhelm von Wolzogen. – *11 Touret:* s. zu Nr. 414, 432.

451. GOETHE                                   WEIMAR, 11. APRIL 1798

556,30 *ich doch hier:* ich hier; 556,36 *Jacobi:* Mm.

556 *23 allgemeine als besondere Angelegenheiten:* Schloßbau, Bibliotheksordnung und die Verpachtung des Guts in Oberroßla, s. Tgb., 7.–10., 12.–16. April; s. zu Nr. 445. – *25 Sechs Repräsentationen:* Iffland trat an acht Tagen in zehn Vorstellungen auf. – *28 Zudrang:* s. Nr. 458. – *32 Faust:* Zwischen dem 9. und 21. April arbeitete G. wieder intensiv an *Faust*. – *Ihre Bemerkung:* s. Nr. 435. – *34 rhapsodischen:* ›locker reihenden‹, s. zu Nr. 311.

557 *1 bei uns eintreffen:* Sch. kam nicht. – *2 neben Meyern:* s. zu Nr. 20 und Nr. 440.

452. SCHILLER                                   JENA, 24. APRIL 1798

557 *10 selbst:* Während Sch.s fiebriger Erkrankung vom 11. bis 25. April schrieb Charlotte Schiller im Auftrag ihres Mannes dreimal – am 13., 17. und 20. April – an G. und übersandte Exemplare des neu erschienenen 11. Stücks der ›Horen‹ 1797. G. antwortete Charlotte Sch. am 14., 18. und 21. April. – *23 Wahl der Stücke:* in der Mehrzahl Trivial- und Rührstücke; s. zu Nr. 203. Iffland spielte neben ›Pygmalion‹ (s. u.) in Schröders Bearbeitung des Mercier-Stücks ›Der Essigmann mit seinem Schubkarren‹ und eines Lustspiels von Beaumont/Fletcher ›Stille Wasser sind tief‹, in

Otto von Gemmingens ›Der deutsche Hausvater‹, in August von Kotzebues ›Menschenhaß aus Reue‹ und ›Graf Benjowsky‹, in Wolfgang Heribert von Dalbergs ›Die eheliche Probe‹, in Goldonis ›Die verstellte Kranke‹ und in seinem eigenen Stück ›Die Aussteuer‹. Näheres s. NA 37 II, S. 358 f. – *25 Pygmalion:* Jean-Jacques Rousseaus Melodrama ›Pygmalion‹ (1762) in der Übersetzung von F. W. Gotter, mit der Musik von Benda, wurde am 27. April und 1. Mai gespielt. Kritisch wie Sch. äußerte sich auch Tieck in seinem Beitrag ›Über die geschichtliche Entwicklung der neueren Bühne‹ (1831) (vgl. N. Oellers, Schiller – Zeitgenosse aller Epochen I, S. 178). – *26 Benda:* Georg Anton B. (1722–1795), Kapellmeister in Gotha. – *29 verfehlten Gegenstandes:* Sch. ironisiert die eifrigen Bemühungen G.s und Meyers – auch seine eigenen – um die künstlerische Wahl des richtigen Gegenstandes; s. Nr. 304, 361, 364. – *29–37 absolut unbegreiflich ⟨...⟩ abscheulich war:* Sch.s gemischte Gefühle gehen auf alte Verletzungen zurück. Als Schauspieler hatte Iffland ihn in einer Mannheimer Posse parodiert, als Dramatiker rivalisierte er mit ihm; s. zu Nr. 126 und Nr. 450.

### 453. GOETHE    WEIMAR, 25. APRIL 1798

558,17 *ihnen:* ihm.

**558** *11 Iffland:* Als ›Alter Dominique‹ trat Iffland am 24. April in ›Der Essigmann‹ auf, s. zu Nr. 452. – *20 Freitag:* Am 27. April wurden ›Pygmalion‹ und ›Stille Wasser sind tief‹ gegeben. – *24 mehrmals gesehen:* vgl. *Dichtung und Wahrheit,* 11. Buch (Bd. 16, S. 522); Kommentar zu *Proserpina,* Bd. 2.1, S. 626. In Weimar war Rousseaus ›scène lyrique‹ von Bellomo am 29. Januar 1791 gespielt worden. Vgl. G. an Sophie von La Roche, 19. Januar 1773.

### 454. SCHILLER    JENA, 27. APRIL 1798

558,34–559,15 zuerst in Sch./G.² (1856); 559,17 *verstehe:* versteht; 560,11 *jetzt öfters umgibt:* jetzt umgibt.

**558** *34 Cottas Antwort:* Cotta an Sch., 10. April. – *meine Anfrage:* Sch. an Cotta, 28. März. – *35 kleinen Abhandlungen p.:* (›p⟨erge⟩‹ ›usw.‹) Aus ihnen entstanden die *Propyläen,* die in drei Bänden zu je zwei Stück erschienen, s. zu Nr. 436. – *37 Desideria:* lat. ›Anliegen‹. – *38 ganz offen:* In einem nur für Sch. bestimmten Schreiben vom 11. April spricht Cotta seine »eigentl. HerzensMeinung« offen aus.

**559** *3 nicht Unrecht geben:* Cottas und Sch.s Befürchtungen bewahrheiteten sich: Die Kunstzeitschrift *Propyläen* wurde zum geschäftlichen Flop; vgl. Cotta an Sch., 16. ⟨18.⟩ Juni 1799; Cotta an G., 17. Juni 1799. Vgl. Bd. 6.2, S. 952 f. – *5 Expectanz:* (lat.) ›Hoffnung‹, ›Aussicht‹. – *6 Faust:* so Cotta an Sch., 11. April. – *7 verakkordieren:* (frz.) ›gewähren‹, ›vereinbaren‹. – *10 Vier Louisdors:* G. forderte und erhielt sieben Louisdor, genauer: 60 Carolin für ein elf Bogen umfassendes Stück der *Propyläen*; vgl. Sch. an Cotta, 29. Mai. – *11 Faust Acht Louisdors: Faust I* erschien bei Cotta als 8. Band von ›Goethes Werken‹, für deren zwölf Bände der Verleger insgesamt 10 000 Reichstaler zahlte. – *12 Unger:* Für die von Unger edierte Ausgabe ›Goethes neue Schriften‹ (1792–1800), deren Bände 3–6 *Wilhelm Meisters Lehrjahre* boten, erhielt G. 5400 Taler; s. Unger an G., 15. April 1794. W. von Humboldt hatte G.s Honorar für die Bände 3 und 4 mit 1500 rt. beziffert; Humboldt an Sch, 25. August 1795. – *Vieweg:* s. zu Nr. 274. Er zahlte für *Herrmann und Dorothea* ein Bogenhonorar von 18 Louisd'or. – *14 in Leipzig:* zur Jubilatemesse. – *16 Pygmalion:* s. zu Nr. 452 und 453. – *22 Gesundheit:* s. zu Nr. 452. – *24 Arbeit:* an ›Wallenstein‹. – *25 Homer:* G.s Arbeit an der *Achilleis* und die Unterhaltungen über Gattungsfragen während seines Jenaaufenthalts regten zur gemeinsamen Vertiefung in Homer an, s. zu Nr. 445. – *31 Rhapsodische Aneinanderreihung:* Sch. greift Wolfs Thesen zur Entstehungsgeschichte der Homerischen Epen an, s. zu Nr. 302 und Nr. 113. – *36 Die unterstrichene Stelle:* G. hatte Humboldts Brief an ihn vom 10. ? April seinem Schreiben an Charlotte Schiller vom 18. April beigelegt und um die Entzifferung einer unleserlichen Stelle gebeten; s. zu Nr. 452. Im Zusammenhang mit Plänen zu seiner großen Darstellung des 18. Jh.s und zu einer vergleichenden Anthropologie versucht W. von Humboldt an der betreffenden Stelle eine Kennzeichnung des französischen Nationalcharakters; vgl. NA 29, S. 572.

560 *4 Adhärentien:* (lat.) ›Anhänge‹, ›Beigaben‹. – *7 Realisten als Idealisten:* vgl. Sch.s ›Über naive und sentimentalische Dichtung‹ (NA 20, S. 492–503). – *11 Gewühl von Menschen:* Während Ifflands Weimarer Gastspiel gab G. fast täglich große Frühstücksempfänge, vgl. Grumach IV, S. 412–420.


455. GOETHE (KONZEPT)　　　WEIMAR, 27. APRIL 1798

Erstdruck in GJb. 16 (1895) und WA IV 18 (1895), S. 79. – G. übersandte Sch. anstelle dieses fragmentarischen Konzepts Nr. 456. Im Entwurf steht 560,35: »Bedingungen dieser Erscheinung«; daneben von G.s Hand »Einschränkungen seines Talents«.

560 *18 geselligen und Theatralischen Bewegungen:* s. zu Nr. 452–454. – *25 Stockrealiste:* s. Nr. 150, 188, 190, 358. –

*30 idealistisch:* zur Verbindung von Idealismus und Realismus vgl. den Schluß von ›Über naive und sentimentalische Dichtung‹, s. zu Nr. 358.

**456. GOETHE WEIMAR, 28. APRIL 1798**

561,24–562,2 *Für ⟨...⟩ kommen.:* zuerst in Sch./G.² (1856); 562,20 *vor:* für; 562,34 *habe. Indessen:* habe, unterdessen.

**561** *3 Wallen:* Rolle Ifflands in F. L. Schröder: ›Stille Wasser sind tief‹ (Stuttgart 1868), s. zu Nr. 452 und 453. – *12 Pygmalion:* s. zu Nr. 452 und 453. – *17 Böttiger:* s. zu Nr. 450. – *20 Benjovsky:* A. von Kotzebues Schauspiel ›Graf Benjowsky oder die Verschwörung auf Kamtschatka‹ wurde am 30. April gegeben. – *taube Apotheker:* Rolle Ifflands in Goldonis ›Die verstellte Kranke‹. Die Komödie wurde donnerstags, den 3. Mai, gespielt. – *21 zum Schlusse:* Am 4. Mai präsentierte Iffland schließlich sein eigenes Stück ›Die Aussteuer‹. – *23 bald bei Ihnen:* s. zu Nr. 449. – *24 Cottas Erklärung:* s. Nr. 454. – *25 Manuskript: für die Propyläen.* – *34 nordischen Natur:* s. Nr. 331, 341; ferner G. an Charlotte Schiller, 14. April. – *36 barbarischen Produktion:* s. zu Nr. 335. – *37 Zeichnungen:* G. ließ den Plan fallen; vgl. G. an Cotta, 25. November 1805.

**562** *3–7 Humboldt ⟨...⟩ vorzulegen gedenke:* In seinem Brief an G. vom 10.? April hatte W. von Humboldt von der Arbeit an seinem Buch ›Über Göthes Herrmann und Dorothea‹ (1798) und von den Beratungen mit Brinckmann über prosodische Verbesserungsvorschläge berichtet, s. zu Nr. 296. In seinem Antwortbrief vom 16. Juli ermuntert G. beide zu einer »Prosodie unserer Sprache« und kündigt von sich ein neues episches Projekt an. – *9 jene Arbeit:* Achilleis, s. zu Nr. 394, 445 und 454. Den 1. Gesang schrieb G. ein Jahr später. Am 31. März hatte G. sein ältestes Schema entworfen; s. Bd. 6.1, S. 1103–1107. – *12 Chorizonten:* (griech.) ›die Trennenden‹. Antike Gelehrte, die Homer nur die ›Odyssee‹ zuerkannten; hier auf F. A. Wolf bezogen, s. zu Nr. 454; vgl. Xenion 91 (Bd. 4.1, S. 787). – *Fluche des Bischof Erulphus:* Anspielung auf Laurence Sternes (1713–1768) Roman ›The Life and Opinions of Tristram Shandy‹ (3. Buch, 11. Kap.), in dem ein maßloser Exkommunikationsfluch des Bischofs Ernulph von Rochester zitiert wird. – *13–15 Franzosen ⟨...⟩ verteidigen:* Die französische Textkritik zu Homer bot durchaus ein kontroverses Bild. François Hédélin Abbé d'Aubignac hatte in seinen ›Conjectures académiques ou dissertation sur l'Iliade‹ (Paris 1715) Thesen Wolfs vorweggenommen. G. bezog sich auf die im ›Magasin encyclopédique‹ (1797, Bd. 5) publizierte ›Réfutation d'un paradoxe sur Homère‹ des französischen Altphilologen Guillaume-Emanuel-J.-G. Baron de Sainte-Croix (1746–1809), der sich gegen eine positive Rezension der Wolfischen Arbeiten in der nämlichen Pariser Zs. (1797, Bd. 3) wandte. – *17 musikalischen Frühstücks:* s. zu Nr. 453. Die Opernsängerin Caroline Jagemann war wieder eingeladen. Sie hatte schon am 25. April gesungen. – *21 schicken Sie ‹...› Montags:* Charlotte Schiller kam erst Donnerstag, den 3. Mai, zu G.s Frühstücksbüffet und zur abendlichen Goldoni-Komödie, s. Nr. 459. – *24 Impresar:* (ital. ›impresario‹) ›Theaterunternehmer‹; s. zu Nr. 387. – *25 erhöhten Preise:* Von 16 Groschen hatte G. den Eintrittspreis auf 24 Groschen (1 Taler) angehoben. – *27 sieben:* s. zu Nr. 451. – *28 Schröter kommen:* Sch. und G. suchten vergeblich, Schröder für ›Wallenstein‹ in Weimar zu gewinnen, s. Nr. 533, zu Nr. 428; G. an Meyer, 23. März. Die Leitung des Hamburger Theaters legte Schröder Ende März nieder. – *30 Iffland künftig:* Iffland gab sein nächstes Weimarer Gastspiel erst im Dezember 1812.

457. SCHILLER            JENA, 1. MAI 1798

563,3 *Wonnemond:* Wonnemonat.

563 *5 meinem Garten:* s. zu Nr. 419 und Nr. 461. – *8 Iflands Vorstellungen:* s. zu Nr. 450–452. – *10 Zeit verlor:* zu Sch.s Erkrankungen s. Nr. 384, 393, 395, 403, 409, 411, 421, 423, 450, 452. – *11 bestimmten Termin:* Sch. wollte ›Wallenstein‹ im Herbst 1798 abschließen, vgl. Sch. an Cotta, 30. April. Zur Fertigstellung s. zu Nr. 386. – *18 meine Erwartung:* s. Nr. 452, 454. – *34 einen Schritt getan:* Nachdem G. bei Böttiger vorgefühlt hatte, unternahm er wegen Schröder nichts Neues. Vgl. G. an Meyer, 23. März; Böttiger an G., 21. März; Kirms an G., 21. März; WA IV 13, S. 388; Nr. 458. – *37 Cotta:* Auf der Rückreise von der Leipziger Messe kam Cotta am 17. Mai nach Jena. – *40 Vorschläge:* die *Propyläen* betreffend.

564 *6 Odyßee:* Homer, ›Odyssee‹, 8. Buch, Verse 72 ff. (in der Übersetzung von Voß). Der Sänger Dämodokos trägt hier aus einem berühmten Lied den Streit zwischen Achilles und Odysseus vor, s. Nr. 458. – *8 wieder in ihrer homerischen Welt:* s. zu Nr. 454.

458. GOETHE            WEIMAR, 2. MAI 1798

Im Erstdruck als zwei Einzelbriefe. 564,25 *weiß:* versteht; 565,25–27 zuerst in Sch./G.² (1856); 565,39 *Posselt:* P.; 565,40 *Gentz:* G.; die Nachschrift 566,17–568,8 *Vorstehendes ‹...› G im*

Erstdruck als 2. Brief; *567,6 Tagen bei:* Tagen wieder bei; *567,16 in die Pandekten:* in Pandekten.

**564** *20 Iffland:* s. zu Nr. 450–452. – *25 Humor:* vgl. Nr. 416.

**565** *2 Genie, Kunst und Handwerk:* Die handwerkliche Grundlage der Kunstausübung gewann für G. seit Italien an Bedeutung; vgl. G. an die Herzogin Louise 12.–23. Dezember 1786; G. an Seidel, 15. Mai 1787; ⟨*Kunst und Handwerk*⟩ (Bd. 4.2, S. 118–121). Vgl. Kant, ›Kritik der Urteilskraft‹, § 43. Vgl. H.-J. Schrimpf: ›Kunst und Handwerk‹, in: Goethe 17 (1955). – *3 Assiduität:* (frz.) ›Beharrlichkeit‹, ›Frequenz‹. – *6 das vorige mal:* s. zu Nr. 159. – *7 erhöhte Preis:* s. zu Nr. 456. – *10 Hofkammerrat:* Kirms, s. zu Nr. 200. – *16 Tauben Apotheker:* s. zu Nr. 456. – *20 hinüber komme:* s. zu Nr. 449. – *25 Didaskalie:* (griech.) ›Unterweisung‹, in der Antike Aufzeichnung über Dramenaufführungen mit Personenangaben. – *26 über Pygmalion:* s. zu Nr. 450. – *29-33 Wielanden ⟨...⟩ gehorcht:* Von Februar bis Mai publizierte Wieland die ersten vier »Gespräche unter vier Augen« stückweise im ›Neuen Teutschen Merkur‹ und las am 9./10. April in Freundeskreisen Auszüge vor. Knebel äußerte gegenüber Böttiger am 4. April und im ›Literarischen Nachlaß und Briefwechsel‹ (III, S. 32f.) politische Bedenken – unter den Augen Napoleons – gegen die Gespräche. Vgl. Starnes, Wieland II, S. 639. Das fünfte und letzte Gespräch erschien im Juli-Heft 1798. Die von der Wiener Zensur verbotenen ›Gespräche‹ kreisen um die Entwicklung der Französischen Revolution und ziehen politische Folgerungen für die deutschen Territorien. Wieland setzt auf die Staatsform des aufgeklärten Absolutismus und Reformen von oben. – *29 ein heimlich demokratisches Gericht:* Es bestand nach Böttiger aus Redaktionskollegen des ›Merkur‹ und liberalen Freunden, die Abbestellungen frankophiler Leser auf die aristokratische Parteinahme der Monatsschrift »gegen den Frankendespotismus« zurückführten; Böttiger an Gleim, 25. Mai; Böttiger an J. von Müller, 20. Mai; vgl. auch Wieland an Reinhold, 14. Mai; Starnes, S. 646 ff. Am 23. Mai meldet Meyer G., daß Wieland »des unveräußerlichen Rechts der Preßfreiheit zum großen Leidwesen derer, die ihm dasselbe geraubt hatten, sich wieder anzumaßen für gut befindet«. G. äußerte sich befriedigt; G. an Meyer, 25. Mai. Über G.s Vorschläge zur Handhabung der Zensur, s. ⟨*Votum an C. G. Voigt*⟩ (Bd. 4.2, S. 855–860); ⟨*Verbesserung der akademischen Disziplin*⟩ (Bd. 6.2, S. 894–897). – *34 goldnen Spiegels:* Kurz vor Wielands Berufung als Prinzenerzieher nach Weimar war 1772 sein Roman ›Der goldne Spiegel, oder die Könige von Scheschian‹ in Leipzig erschienen, der das Thema der Fürstenerziehung und vernunftgerechten Staatsverfassung behandelt. – *34 Agathons:* Im 10.–13. Buch von Wielands Bildungsroman ›Geschichte des Agathon‹ (Frankfurt/Leipzig 1766/67) werden politische Verfassungsfragen behandelt. – *36 auf die Verfassungen ⟨...⟩ verstand:* »Seine Hauptidee« – so Böttiger 1791 – »auf die sich fast alle seine Lektüre und Schriftstellerei bezieht, ist die französische Constitution und Legislatur« (Böttiger, Literarische Zustände), S. 139). Von den Weimaranern war Wieland der bestinformierte politische Beobachter. – *37 edle Vorläufer des neuen Reiches:* s. S. 566, Z. 12. Dem republikanischen Ideal hatte Wieland schon in der Schweiz angehangen. Er setzte sich für Pressefreiheit ein; vgl. Wieland, ›Über die Rechte und Pflichten der Schriftsteller‹ (›Teutscher Merkur‹ 1785). – *39 Posselt:* s. zu Nr. 403, 404 und Nr. 408. – *40–566,2 Gentz ⟨...⟩ abtrutzt:* vgl. ›Seiner Königlichen Majestät Friedrich Wilhelm dem III. Bei der Thronbesteigung alleruntertänigst überreicht. Am 16ten November 1797‹ (Berlin); s. zu Nr. 101. Gentz hatte die Flugschrift Sch. am 9. Dezember 1797 übersandt.

566 *3 Liebeskindern:* unehelich Geborenen. – *5 nach Weimar:* von seinem Gut in Oßmannstedt, s. zu Nr. 330. – *12 aristo-demokratischen Ehebandes:* Wielands Dialoge zwischen Monarchisten, Girondisten und Republikanern suchen ausgewogen für eine konstitutionelle Monarchie nach englischem Muster zu plädieren. – *20 Pygmalion:* s. Nr. 452–457. – *26 Monodram:* monologisches Drama mit nur einer handelnden Person. – *32–34 Manieristen ⟨...⟩ Natur und Styl:* vgl. G.s *Einfache Nachahmung der Natur, Manier, Styl* (Bd. 3.2, S. 186), s. zu Nr. 4. – *37 Meyern:* G. denkt an dessen Aufsatz *Über die Gegenstände der bildenden Kunst;* insbesondere den Abschnitt über mythische und allegorische Darstellungen (Bd. 6.2, S. 38–44). – *40 Schröders:* s. zu Nr. 456 und 457.

567 *7 Cotta:* Er traf G. nicht; s. zu Nr. 465. – *13 c(o)alescierten:* (lat.) ›zusammenwuchsen‹. Zu Wolfs These s. zu Nr. 454. – *14 Epigrammensammlung:* die ›Anthologia Graeca‹, s. zu Nr. 102. – *16 digerierte:* (lat.) ›aufteilte‹. – *17 chorizontische:* s. zu Nr. 456. – *39 Frühstück:* beim Herzog im Römischen Haus. Auch A. W. Schlegel und Mellish waren geladen, die G. einander bekannt machte; vgl. G. an A. W. Schlegel, 1. Mai. – *40 Frau:* s. zu Nr. 456.

568 *2 Melisch:* Der englische Diplomat und Weimarer Titularkammerherr Joseph Charles Mellish of Blythe (1769–1823), lebte von 1798–1802 in Weimar und Dornburg. Seine englische Übersetzung von *Herrmann und Dorothea* wurde trotz Verlagsankündigung nicht publiziert. Vgl. Mellish an G., 20. Mai 1801.

459. SCHILLER                                       JENA, 4. MAI 1798

568,18 *scheint augenblicklicher:* scheint hier augenblicklicher;
568,39 *zwar zur Not eine:* zwar eine; 569,14 *etwas noch eher:*
etwas eher; 569,23 f. *gegenwärtigen:* gegenwärtig.

568 *13 Meine Frau:* s. zu Nr. 456. – *15 Apotheker:* s. zu
Nr. 456. – *23 bedeutend:* auf das Ideale und Allgemeine symbolisch verweisend. Sch. übernimmt hier G.s Begriff des ›Bedeutenden‹, der dem des ›Symbolischen‹ nahekommt. Vgl. G., *Über die Gegenstände der bildenden Kunst* (Bd. 4.2, S. 123 f.); *Der Sammler und die Seinigen*, Bd. 6.2, S. 84f; s. zu Nr. 357. – *30 Schrödern:* s. zu Nr. 428, 456, 457. – *31 Repräsentation des Wallensteins:* die erwogene Uraufführung im Herbst in Weimar mit Schröder in der Titelrolle. – *36 eignen Erklärung:* Böttiger hatte Schröders Schreiben vom 5. Dezember 1797 und vom 26. Januar seinen Briefen an Sch. vom 23. Dezember 1797 und 31. Januar 1798 beigelegt, s. zu Nr. 428. Im Brief an Böttiger vom 10. März nannte Schröder als Spielsaison den Herbst. Am 5. Dezember 1797 hatte Schröder Böttiger mitgeteilt, daß er für das Rollenstudum die Zeit von Dezember bis Ostern benötige. Vgl. H. Uhde: ›Friedrich Ludwig Schröder in seinen Briefen an K. A. Böttiger (1794–1816)‹. In: ›Historisches Taschenbuch‹. Hg. von W. H. Riehl. 5. Jg. Leipzig 1875, S. 266 ff.

569 *2 Stimmung:* s. zu Nr. 355. – *6 die guten Schauspieler:* am Weimarer Theater, s. Nr. 458. – *12 gedruckt:* s. zu Nr. 386. – *15 bald wieder hier:* s. zu Nr. 449. – *17 Homer:* Am 21. wie 22. Mai sprachen Sch. und G. über die ›Ilias‹ und begannen mit der Lektüre von Humboldts Abhandlung ›Über Göthes Herrman und Dorothea‹, s. zu Nr. 465. Darin vergleicht Humboldt ausführlich G.s Epos mit dem Homers. – *18 Arbeit:* Am 23. Mai beschäftigte sich G. mit der *Achilleis*, s. Nr. 464–467. – *22 Tragikern:* Aischylos, Sophokles, Euripides. Am 26. Mai konferierten die Freunde im Anschluß an Humboldts Abhandlung über epische und dramatische Dichtung. – *24 ausziehe:* s. Nr. 457 und 461.


460. GOETHE                                         WEIMAR, 5. MAI 1798

570,18–24 zuerst in Sch./G.² (1856).

569 *34 Aussteuer:* Schauspiel von Iffland, s. zu Nr. 452 und 456.

570 *5 bei dieser Gelegenheit:* Ifflands Weimarer Gastspiel, s. zu Nr. 450. – *8 Homerischen Gesängen:* Schon vor seinem Jenabesuch am 20. Mai beschäftigte sich G. vom 11. bis 17. Mai als Vorarbeit zur *Achilleis* mit der ›Ilias‹ und fertigte ein Schema von ihr an, das

1821 überarbeitet und in *Über Kunst und Altertum* publiziert wurde; s. Bd. 13 und zu Nr. 459. – *11 Faust:* s. zu Nr. 331. – *18 Einige tragische Szenen:* die drei Schlußszenen von *Faust I* (Bd. 6.1, S. 665–673). Von ihnen arbeitete G. bis 1801 nur die *Kerker*-Szene in Verse um. *Trüber Tag / Feld* und *Nacht, offen Feld* ließ G. in der Prosa des *Urfaust.* – *22–24 Reime (...) gedämpft wird:* vgl. Sch. über die Versifizierung von ›Wallenstein‹ Nr. 377. – *31 Fichte (...) geschickt:* J. G. Fichte: ›Grundlage des Naturrechts nach Prinzipien der Wissenschaftslehre. Zweiter Teil oder Angewandtes Naturrecht‹. Jena und Leipzig 1797. Fichte hatte G. das Buch durch Abegg überreichen lassen; Fichte an G., 3. Mai; Grumach IV, S. 417 f. – *36 neulich:* s. Nr. 432.

461. SCHILLER JENA, 8. MAI 1798

571,11 *bei dem gestrigen:* gestern bei dem; 571,16–35 *Einen darunter (...) nimmt.:* zuerst in Sch./G.² (1856); die Nachschrift 570,31–571,5 im Erstdruck ein eigener Brief.

571 *12 Auszug:* Am 7. Mai zog Sch. laut ›Calender‹ von der Stadtwohnung hinaus in sein Gartenhaus, s. zu Nr. 255 und 299. – *17 Retzer:* Josef Friedrich Freiherr von R. (1754–1824), österreichischer Publizist, Hofsekretär und Aufklärer, seit 1783 Buchzensor in Wien; s. Nr. 464. – *21 Morgenstern:* Johann Karl Simon M. (1770–1852), Privatdozent für Altphilologie in Halle, seit 1797 Professor in Danzig. G. hatte den Schüler Wolfs nachweislich am 3. Mai eingeladen. Vgl. G.s Einladungsliste in Grumach IV, S. 417; s. auch Morgenstern an G., Mai 1795; G. an Morgenstern, 18. Juni 1795; Sch. an Morgenstern, 9. Juli 1795; Morgensterns Reisebericht in JbGG N.F. 4, S. 87. – *23 Woltmann:* s. Nr. 301. – *25 kurrent Münze:* ›gängige Münze‹. – *Eschen:* Friedrich August E. (1776–1800). Der Voßschüler, Übersetzer und Dichter hatte sich seit 1796 in Jena mit Philologie und Philosophie beschäftigt. Sch. nahm poetische Übersetzungen aus dem Griechischen und eigene Gedichte Eschens in die ›Horen‹ 1797 (12. St.) und in den ›Musen-Almanach‹ für 1799 auf. – *27 ganz untreu geworden:* vgl. Eschen an Sch., 13. Juli. – *28–30 Das Schlegelische Haus (...) entführt:* A. W. und Caroline Schlegel. Voß warf Eschen auch den Umgang mit F. Schlegel vor. Vgl. Voß an Eschen, 28. Februar; ALG 15, S. 373; F. an A. W. Schlegel, S. 290. – *32 Louise neue Idyllen:* s. zu Nr. 64; vgl. auch Böttiger an Sch., 31. August 1797. Voß verwirklichte sein Vorhaben nicht. – *38 mir schien immer das unbegrenzbare:* vgl. Nr. 332 und 334.

572 *2 Mariane im Meister:* vgl. *Wilhelm Meisters Lehrjahre,* 1. Buch, 17. Kap. (Bd. 5, S. 73 f.). – *6 Ernst und Spiel:* vgl. Nr. 358

und 417.; ›Wallenstein‹, Prolog Verse 1 und 138; ›Über die ästhetische Erziehung des Menschen‹, 26. und 27. Brief. – *9 Hiersein:* s. zu Nr. 449.

462. GOETHE     WEIMAR, 9. MAI 1798

573,24 *und den Kindern:* und Kindern.

572 *20 Verlust ⟨...⟩ Abende:* Während Ifflands Weimarer Gastspiel gab G. fast täglich Empfänge, s. zu Nr. 452–454. – *24 Stimmung:* s. zu Nr. 355 und Nr. 357. – *27 zweiten Teil der Zauberflöte:* vgl. G.s Fragment *Der Zauberflöte zweiter Teil* (Bd. 6.1, S. 101–126). ED: ›Taschenbuch auf das Jahr 1802‹. Bremen 1801. – *31 wieder vorgenommen:* s. Bd. 6.1, S. 914f. G. arbeitete an der Fortsetzung des Opernlibretts vom 5. bis 10. Mai. – *34 Vorteils:* ›Profits‹, ›finanziellen Gewinns‹. G. wollte das Werk für 100 Dukaten verkaufen. Iffland an Kirms, 3. Juni 1810 (GJb 26, S. 63); s. Nr. 463. – *38 Stimmung zu was bessern vorbereitet:* Tamino, Pamina und Genius deuten auf Faust, Helena und Euphorion voraus. – *39 Thouret:* s. zu Nr. 414 und 432. – *40 Cotta:* s. zu Nr. 457.

573 *8 Abhandlung über die Familie der Niobe:* J. H. Meyer ›Niobe mit ihren Kindern‹ und ›Die Familie der Niobe‹. In: *Propyläen* II/1 und 2 (1799). Über die Statuengruppe aus den Uffizien von Florenz äußert sich Meyer im Brief an G. vom 20. August 1796. – *10 über die Wahl der Gegenstände: Über die Gegenstände der bildenden Kunst,* s. zu Nr. 361. – *11 modifizieren:* zu Sch.s und G.s Überarbeitung vgl. Paralipomena, Bd. 6.2, S. 990–999. – *13 Wie lesen sie vielleicht nochmals zusammen:* Vom 22. bis 24. März und am 27. März lasen und diskutierten G. und Sch. Meyers Aufsatz; s. Nr. 444. Mit ihm beschäftigte sich G. am 23. Mai und 9. Juni, vgl. G.s Tgb. – *15 Rafaelischen Werken:* s. zu Nr. 371. – *17 Bändchen:* der *Propyläen*. – *17–19 Womit wir ⟨...⟩ würzen wollen:* Um Cottas berechtigten Verlegerwünschen nach einer Ausweitung des Zielpublikums der *Propyläen* entgegenzukommen, nahm G. in die Cotta am 27. Mai übersandte Inhaltsliste (unter den Punkten 16.–18. sowie im Anhang) auch Reiseberichte, kulturelle, militärische und geographische Betrachtungen auf, s. Bd. 6.2, S. 947f. und Nr. 454; vgl. auch *Einleitung ⟨in die Propyläen⟩* (Bd. 6.2, S. 25f.). In die *Propyläen* selbst wurden sie jedoch nicht aufgenommen. Vgl. Paralipomena zu *Wilhelm Meister* WA I 25/2, S. 289–293; GJb 32 (1911), S. 188ff. – *19 wo nicht belohnt ⟨...⟩ vergeben werden:* abgewandeltes Zitat aus Klopstocks ›Messias‹, 7. Gesang, Vers 421; vgl. Xenion 353 (Bd. 4.1, S. 818). – *22 Retzer ⟨...⟩ in Weimar:* s. zu Nr. 461. Er war mit Empfehlungsschreiben von Lerse und vom ehemaligen Weimarer

Beamten und jetzigen Wiener Reichshofrat Franz Paul Christoph von Seckendorff (1750–1823) vom 9. April versehen; s. zu Nr. 267; Grumach IV, S. 421. Die Weimarer Zensur konnte als liberal gelten, s. zu Nr. 458.

463. SCHILLER  JENA, 11. MAI 1798

573 *35 fünften Aktes:* des noch einteiligen ›Wallenstein‹ (darin die Szenen in Eger), s. zu Nr. 419. – *39 die Hauptsache: Achilleis,* s. Nr. 464, 465; *Faust,* s. Nr. 461. – *40 Realisten (...) Observanz:* s. zu Nr. 190, 358. Ironische Anspielung auf Regeln von Mönchsorden. Zu G.s Geschäftstüchtigkeit s. Nr. 133.
574 *2 Trachtet (...) zufallen:* vgl. Mt. 6,33 und Kol. 3,2. – *5 Komponisten:* Mozart war 1791 gestorben. – *13 kleinen Aufsätze (...) Merkur eingerückt:* Im ›Teutschen Merkur‹ erschienen 1788/89 von G.: *Zur Theorie der bildenden Künste. Baukunst. Material der bildenden Kunst* (›Merkur‹, Oktober 1788, Bd. 4); *Einfache Nachahmung der Natur, Manier, Styl; Von Arabesken; Naturlehre* (Februar 1789, Bd. 1); *Über die bildende Nachahmung des Schönen von Carl Philipp Moritz. Braunschweig, 1788. in der Schulbuchhandlung* (Juli 1789, Bd. 3); *Über Christus und die zwölf Apostel nach Raphael von Marc Anton gestochen, und von Herrn Prof. Langer in Düsseldorf kopiert* (Dezember 1789, Bd. 4); s. Bd. 3.2, S. 275. – *19 Divertissements:* frz. ›Unterhaltungen‹, ›Belustigungen‹. – *21 Fränzl:* Ferdinand F. (1770–1833). Der gefeierte Geigenvirtuose, Komponist und Dirigent unternahm ausgedehnte Konzertreisen in Europa. Mit 19 Jahren wurde er Konzertmeister in München, mit 22 Musikdirektor in Frankfurt, 1806 Hofkomponist und Operndirektor in München. Vgl. G.s Mutter an ihren Sohn, 19. März 1796. – *22 Bianchi:* Antonio B. (geb. 1758, gest. nach 1817), Mailänder Sänger und Komponist. – *23 Intermezzo:* (ital.) im 18. Jh.: kurze opera buffa, oft mit Balletteinlagen. – *Krüger:* Der Schauspieler Karl Friedrich K. (1765–1828) hatte in Weimar ein Engagement von 1791–1793. – *26 der Herzog (...) eingeladen:* Krüger erhielt auf seine Anfrage an den Herzog vom 14. Mai einen abschlägigen Bescheid. Vgl. G. an Crüger und Bianchi, 15. Mai; Carl August an G., 15. Mai (WA IV 13, S. 395 f.); Kirms an G., 24., 26., 28. Mai; G. an Kirms, 27. Mai. – *28 Theatergesellschaft:* In Weimar endete die Theatersaison am 16. Juni, in Lauchstädt wurde sie am 21. Juni eröffnet; s. zu Nr. 200. – *32 Cotta:* s. zu Nr. 457 und 458. Sein Brief, den Sch. am 12. Mai erhielt, ist nicht überliefert. – *35 Geisterinsel:* s. zu Nr. 358. Das von Friedrich Fleischmann (1766–1798) vertonte Singspiel fiel bei der Weimarer Uraufführung am 19. Mai durch.

### 464. GOETHE  WEIMAR, 12. MAI 1798

576,4 *Thouret noch:* Thouret ist noch.

575 *3 Ilias:* s. zu Nr. 459 und 460. – *5 Montgolfiere:* Warmluftballon. – *18 pathologische:* s. zu Nr. 386. – *19 Gedicht:* die *Achilleis,* s. zu Nr. 394. – *27 schon etwas gesagt:* Über epische und dramatische Dichtung (Bd. 4.2, S. 127); s. Nr. 394. – *29 Zerstreuung:* s. zu Nr. 371. – *35 Zauberflöte:* s. zu Nr. 462. – *38 artige:* s. zu Nr. 296.

576 *3 der Herzog ⟨...⟩ zurück:* Carl August kam noch am gleichen Tag von der Leipziger Frühjahrsmesse zurück. – *4 Thouret:* s. zu Nr. 432. – *6 Johanni:* 24. Juni. – *12 Retzer:* s. zu Nr. 461. – *14 Gedicht:* ›An Gleim bei Übersendung meines und des Herrn von Sonnenfels Bildnisse‹ (›Neuer Teutscher Merkur‹ 1798, Bd. 2, S. 168ff.). – *15 Unger:* Unger an G., 7. Mai. Der Verleger und Drucker hatte ein Schriftbild mit sehr kleinen deutschen Lettern entwickelt, vgl. Unger an G., 11. Februar; s. zu Nr. 5. – *17 geben soll:* Es kam nicht dazu. – *18 Almanach:* s. zu Nr. 385. – *20 Arbeiten:* an ›Wallenstein‹.

### 465. SCHILLER  JENA, 15. MAI 1798

576,29–33 *Schreiben ⟨...⟩ geben.:* zuerst in Sch./G.² (1856); 576,34 *Ungarische:* Ungerische.

576 *28 Himmelfahrtstag:* 17. Mai. Cotta rechnete mit Sch. über die ›Horen‹-Honorare ab; s. zu Nr. 457. – *29 hier sein:* G. kam erst am 20. Mai. – *31 Ihre Schrift:* die *Propyläen.* Über die Verlagsverhandlungen mit Cotta s. zu Nr. 436, 454, 462. – *34 Ungarische:* Schreibfehler für »Ungerische«. – *38 Aufsatz von Forberg:* Friedrich Karl Forberg (1770–1848): ›Versuch einer Deduktion der Kategorien‹, in: ›Philosophisches Journal einer Gesellschaft Teutscher Gelehrten‹, hg. von Niethammer und Fichte. Jena und Leipzig 1797, Bd. 7, H. 4 (erschienen im April 1798); s. Nr. 409, 410, 424–428. Im Herbst lieferte Forberg Zündstoff für den aufflammenden Atheismusstreit um Fichte.

577 *2 Novität:* Das Manuskript seiner Schrift ›Über Göthes Herrmann und Dorothea‹ hatte W. von Humboldt mit seinem Brief vom 19. April (über Cotta) Sch. geschickt, der es am 12. Mai erhielt. ED: als 1. Tl. von W. von Humboldts ›Ästhetischen Versuchen‹ (Braunschweig 1799). Humboldt bat um das Urteil G.s und Sch.s, die das Werk vom 21. bis 27. Mai großenteils gemeinsam lasen und diskutierten. Den letzten Teil las G. allein. Vgl. G. an W. von Humboldt, 16. Juli; Sch. an Humboldt, 27. Juni; s. Nr. 467. – *8 Stimmung:* s. zu Nr. 355. – *9 Sophocles:* griechischer

Tragödiendichter (495–405 v. Chr.); s. Nr. 293, 305, 367, 394. – *15 Aisance:* frz. ›Zwanglosigkeit‹, ›Leichtigkeit‹. – *15 Freiheit:* s. zu Nr. 395. – *18 Meiers Niobe:* s. zu Nr. 462. – *19 über Laocoon:* s. zu Nr. 341 und Nr. 345. – *21 Schlegel:* A. W. Schlegels Ernennung zum außerordentlichen Professor der Philosophie an der Universität Jena erfolgte im Juli; vgl. A. W. Schlegel an G., 9. Mai und 18. Juli; Nr. 466. – *22 Athenæum:* ›Athenaeum. Eine Zeitschrift von A. W. Schlegel und F. Schlegel. Ersten Bandes Erstes Stück‹. Berlin 1798. Das auch G. zugegangene 1. Stück der Zs., die zum Hauptorgan der Frühromantik wurde, enthielt neben der ›Vorerinnernung‹ der Hg. und ihrer ›Elegien aus dem Griechischen‹ zwei Beiträge von A. W. Schlegel und einen von Novalis. Vgl. A. W. Schlegel an G., 9. Mai; G. an A. W. Schlegel, 18. Juni. – *24 Retzer:* s. zu Nr. 461 und 464. – *27 Paulus:* s. zu Nr. 225.

466. GOETHE                                     WEIMAR, 16. MAI 1798

578,2 *Indes:* Indessen; 578,18 *bloßes:* bloß; 579,5 *diesen:* diesem; 579,10 *verlange herzlich:* verlange recht herzlich; 579,11 *und etwas bedeutendes:* und bedeutendes.

577 *33 Ilias:* s. Nr. 464. – *36 Einheit und Unteilbarkeit des Gedichts:* im Gegensatz zu F. A. Wolf, s. Nr. 113, 302, 454 und 456.

578 *2 Aperçü einer Achilleis:* s. zu Nr. 394, 406, 456. – *14 sentimental:* im Sinn des ›Sentimentalischen‹ bei Sch.; s. zu Nr. 190, 245, 357, 362. – *16 realistische:* ›naive‹, vgl. Sch.s ›Über naive und sentimentalische Dichtung‹ (NA 20, S. 492–503). – *jene beide (...) Eigenschaften:* der Tragik und Epik. – *26 nach meiner alten Weise:* s. Nr. 307, 372, 402. G. las am 26. März 1799 Sch. den Anfang der *Achilleis* vor. – *33 Sonntag:* 20. Mai; s. zu Nr. 449. – *36 liberal:* s. zu Nr. 361. – Cotta hatte G. während der Schweizer Reise 1797 großzügig aufgenommen; vgl. G. an Cotta 6. November 1797; Nr. 363. – *37 abzurechnen:* vgl. Cottas Rechnung vom 20. April in: Goethe/Cotta 1, S. 21. Die Rechnungsposten betreffen Auslagen für G.s Reise in die Schweiz und Buchbestellungen. – *39 theoretisch empirischen Aufsätze:* G.s und Meyers *Propyläen*-Beiträge, s. zu Nr. 366 und 436. – *40 neulich:* s. Nr. 456.

579 *1 Alphabet:* alphabetische Zählung der Druckbogen eines Werks. Im Oktavformat umfaßt ein ›Alphabet‹ 368 Druckseiten. – *4 versagen:* hier: ›versprechen‹. – *6 der Herzog:* Carl August war nominell Rektor der Universität Jena, die von insgesamt vier fürstlichen ›Nutritoren‹, den Ernestinischen Herzogtümern Weimar, Gotha-Altenburg, Meiningen und Coburg-Saalfeld unterhalten wurde. Schlegel hatte sein Gesuch an die vier thüringischen

Höfe gerichtet; Schlegel an G., 9. Mai. – *7 Shakespearschen Übersetzung:* Von den neun Bänden der bis heute klassisch gebliebenen Übertragung ›Shakespeare's dramatische Werke, übersetzt von August Wilhelm Schlegel‹ (Berlin 1797–1810) lagen zwei Bände von 1797 vor. Vgl. Goedeke VI, S. 9. – *8 nach Gotha:* Dreiviertel der Universitätskosten wurden von Weimar und Gotha getragen, die bei Berufungsverhandlungen die gewichtigsten Stimmen hatten. – *12 nichts getan:* seit *Herrmann und Dorothea* (Juni 1797) kein größeres Werk abgeschlossen. – *14 unter freiem Himmel:* in Sch.s Garten, s. zu Nr. 461.

### 467. SCHILLER                    JENA, 18. MAI 1798

579,21 f. *keine Ilias nach der Ilias mehr:* keine Ilias mehr; 580,22 *besonders von ihm zu:* besonders zu; 580,23 f. *Ausbreitung Herrmanns und Dorotheas:* Ausbreitung von Herrmann und Dorothea; 580,33 *Tausende:* tausend.

**579** *22 Ilias:* s. zu Nr. 460. – *25 Achilleis:* s. zu Nr. 394, Nr. 464, 466. – *34–39 sicher ⟨...⟩ entgegensetzen soll:* Die mit G. geteilte Bewunderung für die antike Klassik verleitet Sch. nie zur Vernachlässigung der unübersehbaren kulturellen Unterschiede zwischen Antike und Moderne. Vgl. ›Über die tragische Kunst‹ (NA 20, S. 156f.); ›Über naive und sentimentalische Dichtung‹ (NA 20, S. 429–431; 425f.); NA 42, S. 240; Nr. 465; ›Über die ästhetische Erziehung‹, 9. Brief (NA 20, S. 333f.); Sch.s – von G. in den Erstdruck (1829) aufgenommenen – Brief an Süvern vom 26. Juli 1800. – *40 Zeitgenosse ⟨...⟩ beider Dichterwelten:* s. Nr. 4.
**580** *5 Novität:* s. zu Nr. 465. – *8 dickes Buch:* im ED von 390 Seiten. – *11 mit einander lesen:* s. zu Nr. 465. – *12 über die Gattung und die Arten der Poesie:* s. zu Nr. 459; vgl. W. von Humboldt, ›Über Göthes Herrmann und Dorothea‹, II–XII, XVf., XIX, XXI, XXV, XXVIII, LI–LIV, LXII–LXX, LXXVII. – *18 über jeden Widerstand:* Klopstock, Voß und Gleim verhielten sich reserviert; vgl. Bd. 4.1, S. 1087ff. – *21 mit Cotta gesprochen:* in Verlagsverhandlungen über die *Propyläen,* s. Nr. 462, zu Nr. 465. – *23 ungeheuren Ausbreitung Herrmanns und Dorotheas:* s. zu Nr. 275. Bis 1799 erschienen bei Vieweg bereits vier Auflagen; ferner ein Nachdruck. – *24 Sie haben sehr recht gehabt:* s. Nr. 400. – *31 schlechte Ausgabe:* schlichte Ausgabe auf Druckpapier, s. zu Nr. 283.

468. GOETHE UND VOIGT  WEIMAR, 18. MAI 1798

Erstdruck in ›Marbacher Schillerbuch‹ 1 (1905).

581 *3 Bibliotheks Kommission:* s. zu Nr. 387. – *4 vidimierte:* s. zu Nr. 440. – *7 französischen Bürger:* s. Nr. 435, 439, 440.

469. GOETHE  WEIMAR, 19. MAI 1798

581 *16 ersten Blatt:* Die Hs. von Nr. 467 ist ein Doppelblatt mit vier beschriebenen Seiten. – *19 Furcht mich im Stoffe zu vergreifen:* s. Nr. 304, 364, 391, 418. – *24 Humboldts Arbeit:* s. zu Nr. 465. – *26 seine Reise:* s. zu Nr. 299 und 305. – *28 wenigstens auf der letzten Strecke ⟨...⟩ in Einstimmung gerate:* G.s Wirkungsgeschichte unter Zeitgenossen ist durch gespaltene Urteile bestimmt. Ablehnung steht neben Anerkennung und Glorifizierung. Den *Werther* kritisierten Goeze, Nicolai und Lessing, am *Götz* mißbilligte Christian Heinrich Schmid die Verletzung dramatischer Regeln (Bd. 1.1, S. 961–965). Zwiespältig bleiben auch die Urteile in der Zss.-Kritik der 90er Jahre. G.-Gegner unter den Spätaufklärern waren neben Nicolai A. von Kotzebue und Garlieb Merkel, unter den Religiösen distanzierten sich von G. die Grafen Stolberg, Herder, Klopstock. Vgl. A. Bettex: ›Der Kampf um das klassische Weimar‹. Leipzig 1925; Mandelkow I, Einleitung, S. 20 f., 27–39, 41–47. – *31 zerstreut:* s. zu Nr. 371. – *33 vier Wochen:* s. zu Nr. 449.

470. GOETHE  JENA, 24. MAI 1798

Erstdruck in Sch./G.² (1856).

582 *3 Aufsatz:* vermutlich die mit G.s Brief vom 27. Mai an Cotta beigelegte Liste der *Propyläen*-Beiträge, s. Bd. 6.2, S. 947 f. G. nennt auch im Tgb. am 26. Mai die Aufstellung für Cotta einen »Aufsatz«. Von der erst Mitte August fertig gestellten *Einleitung ⟨in die Propyläen⟩*, die die NA 37 II auch in Betracht zieht, war bis dato allenfalls ein Schema entworfen; vgl. Paralipomena, Bd. 6.2, S. 962 f. – *8 das Gespräch:* Über Wahrheit und Wahrscheinlichkeit der Kunstwerke. Ein Gespräch, Bd. 4.2, S. 89–95. Der am 18./19. August 1797 in Frankfurt geschriebene Dialog erschien in *Propyläen* I (1798), 1. St. – *10 Fortsetzung:* Es erschien keine Fortsetzung. – *12 Ihrer Nachbarschaft:* Bei Schütz, dessen Haus neben Sch.s Garten lag, war G. mit Bergrat Voigt und den Professoren Lange und Eichstädt eingeladen. – *13 gestrige Lectur:* Humboldts ›Über Göthes Herrmann und Dorothea‹, s. zu Nr. 465.

471. SCHILLER  JENA, 30. ODER 31. MAI 1798

*Datierung:* Die NA 29 und Seidel datieren den Brief auf den 30. Mai, Gräf/Leitzmann und die RA II auf 31. Mai. In brieflicher Übereinstimmung mit Irmtraut Schmid vom GSA Weimar halte ich beide Daten für vertretbar: Das Billett dürfte wohl nachts geschrieben worden sein. Sch. reagiert erschrocken über G.s unvermutete Abreise, von der beim mittäglichen Treffen offensichtlich noch nicht die Rede war. G. brach am 31. Mai morgens um $5^{30}$ auf.

582 *21 böser Geist:* scherzhafte Anspielung auf G.s Schreiber, s. zu Nr. 177. Seinen Jenaaufenthalt mußte G. wegen des Schloßbaus unterbrechen, s. zu Nr. 432. Der Herzog wollte G. noch vor der Abreise nach Eisenach am 1. Juni sprechen. Vgl. Voigt an G., 29. Mai; Geist an C. Vulpius, 30. Mai (Gräf, G.s Briefwechsel mit seiner Frau I, S. 190). – *23 zurückkehren:* G. kehrte am 4. Juni zurück. – *24 August:* G.s Sohn hielt sich nach dem 31. Mai vermutlich ein paar Tage bei Schillers auf; vgl. August Goethe an seinen Vater aus Weimar, 30. Mai; Charlotte II, S. 328 f. – *28 Humboldts Werk:* s. zu Nr. 465. – *29 Trapizius:* Johann Nikolaus Trabitius (1739–1807), Schloßvogt in Jena; s. zu Nr. 397.

472. GOETHE  JENA, 11. JUNI 1798

582,37 *doch noch vorher:* doch vorher.

582 *35 Humboldtische Werk:* G. benötigte ›Über Göthes Herrmann und Dorothea‹ für seinen Antwortbrief an Humboldt vom 16. Juli, s. zu Nr. 465. – *35 eisernen Stab:* für magnetische Versuche, s. Tgb., 5./6. Mai und 9. Juni; vgl. G. an Knebel, 15. Mai. – *36 Loders:* s. zu Nr. 12. – *38 kursorischen Vortrag:* ›fortlaufende Darstellung‹. – *39 Farbenlehre:* s. zu Nr. 410. Vom November 1798 an beschäftigte sich G. den Winter hindurch wieder intensiver mit der Farbenlehre. – *40 Schellingische Werk:* F. W. J. Schelling, ›Von der Weltseele, eine Hypothese der höhern Physik zur Erklärung des allgemeinen Organismus‹. Hamburg 1798. G. las das Werk am 7./8. Juni; vgl. *Tag- und Jahres-Hefte* zu 1798, Bd. 14., S. 58; s. zu Nr. 400 und Nr. 402.

583 *4 angekommen ist:* Charlotte Schiller war mit ihrem Sohn Karl zu ihrer Mutter nach Rudolstadt am 3. Juni gefahren und wollte am 10. Juni zurückkehren.

473. GOETHE  JENA, 21. JUNI 1798

583 *10 zu fahren:* G. hatte keine Reitpferde erhalten können; vgl. G. an Christiane, 21. Juni. Die Gutsübergabe in Oberroßla

verlangte seine Anwesenheit, s. zu Nr. 440. – *12 Fischersche Wörterbuch:* Johann Carl Fischer (1763–1833): ›Physikalisches Wörterbuch oder Erklärung der vornehmsten zur Physik gehörigen Begriffe und Kunstwörter ⟨...⟩.‹ 1. Tl. Göttingen 1798; vgl. Fischer an G., 30. Mai. Fischer war Physikprofessor in Jena. G. und Sch. beschäftigten sich am 19./20. Juni mit magnetischen Phänomenen. – *14 Loder:* s. zu Nr. 12; vgl. Loder an Sch., 27. April. W. von Humboldt hatte bei Loder Vorlesungen gehört. – *Montags:* 25. Juni. – *15 meinen Brief:* G. an W. von Humboldt, 16. Juli; s. zu Nr. 465. – *16 Euphrosyne:* s. Bd. 6.1, S. 9–14, 879f. Die am 13. Juni vollendete Elegie erschien im ›Musen-Almanach‹ für 1799. – *17 Ihrem Schreiben:* Sch. an W. von Humboldt, 27. Juni; s. Nr. 478.

474. GOETHE  WEIMAR, 24. JUNI 1798

583  *26 von Jena entferne:* Die Gutsübernahme fand am 22. und 23. Juni in Oberroßla statt; s. zu Nr. 440 und 449; vgl. JbGG 6 (1919), S. 211–214. – *27 andern Polarität:* Anspielung auf mit Sch. unternommene magnetische Versuche und auf dessen zu G. gegensätzliche Natur; s. Nr. 472, 473; vgl. *Den Magnet betr.,* Bd. 6.2, S. 831–833, 1269f. – *28 mehr als Eine Veranlassung:* Am 26. Juni schloß G. den endgültigen Pachtvertrag mit Fischer ab. Ende Juni/Anfang Juli führte G. Unterredungen mit dem Herzog und Thouret wegen der Schloßbauarbeiten; s. zu Nr. 414. – *30 Herzogs Ankunft:* Carl August kehrte von einem vierwöchigen Badeaufenthalt Donnerstag, den 28. Juni, zurück, s. zu Nr. 471. – *32 wieder bei Ihnen:* Vom 6. bis 9. Juli hielt sich G. in Jena auf und besuchte Sch. am 7. und 8. Juli. – *37 französische Romanze:* die Erzählung ›La folle en pélerinage‹ als Vorlage der Ballade *Der Müllerin Verrat,* s. zu Nr. 474; Bd. 4.1, S. 1226f. – *38 artige Tournüren:* s. zu Nr. 296 und 312. – *40 beiliegende Manuskript:* G.s Fragment *Elpenor* (Bd. 2.1, S. 357–379); zur Entstehungsgeschichte ebenda, S. 697ff. Zu Riemers Versifizierung s. Bd. 6.1, S. 506–534, 971f.

584  *4 Nativität:* s. zu Nr. 368. – *6 Assistenten:* der Weimarer Regierungsrat Friedrich Heinrich Gotthelf Osann (1753–1803), der Kammerrat Johann August Bernhard Rühlmann (1759–1834), der Bauverwalter Georg Christoph Steffany (1749–1807). – *11 nicht lange:* Am 7. Juli reiste der Herzog nach Berlin. – *13 lyrischen:* für den ›Musen-Almanach‹ für 1799. – *14 Horen:* Sch. hatte die ›Horen‹-Exemplare des letzten Stücks am 12. Juni erhalten, s. Nr. 413. – *23 Wieland:* G. hatte u. a. Wieland aus dem benachbarten Oßmannstedt nach Oberroßla am 23. Juni zum Mittagessen eingeladen, s. zu Nr. 330; G. an Wieland, 22. Juni; Wieland an G., 22. Juni.

475. SCHILLER                                     JENA, 25. JUNI 1798

584 *38 längere Entfernung:* s. zu Nr. 449 und 474.
585 *1 Briefe an Humboldt:* s. Nr. 473. – *4 ein Lebenszeichen:* Sch. an Humboldt, 27. Juni. Sch. ging in seinem Brief ausführlich auf Humboldts Werk ein, s. zu Nr. 465. – *6 das Mskrpt:* s. zu Nr. 472. – *8 verlangten Gedichte:* u. U. die abgeschriebenen Manuskripte von G.s insgesamt 14 Beiträgen zum ›Musen-Almanach‹ für 1799, die Sch. am 19. Juni erhalten hatte. Vom 15. bis 18. Juni stellte G. *Die Metamorphose der Pflanzen, Sängerwürde (Deutscher Parnaß), Die Musageten, Das Blümlein Wunderschön* und *Der Müllerin Verrat* fertig; s. Nr. 474 und Bd. 6.1, S. 14–29; s. zu Nr. 506. – *9 Drama: Elpenor.* – *18 Long⟨u⟩eurs:* frz. ›Längen‹. – *19 schon angestrichen:* Herder korrigierte vermutlich 1786 den Text, s. Bd. 2.1, S. 698. – *20 der letzte Monolog:* Bd. 2.1, S. 378 f. – *25 die 2 Idyllen:* ›Die Kapelle im Walde‹ und ›Magelone und der Ritter von Maßilia‹ von Louise Brachmann (in: ›Horen‹ 1797, 12. St.); s. zu Nr. 415. – *26 haben Sie ⟨...⟩ gelesen:* vgl. Nr. 418. – *31 der lyrische Geist:* vgl. Nr. 485, 479.

476. GOETHE                                      WEIMAR, 28. JUNI 1798

*Datierung:* s. NA 37 II, S. 405.
586,37 *Werkstete:* Werkstätte.

586 *3 16 Jahre:* G. begann *Elpenor* 1781 und setzte den Text 1783 fort; s. zu Nr. 474. – *4 nahm ⟨...⟩ in Aversion:* Gallizismus, analog zu frz. ›prendre en aversion‹ ›Abneigung entwickeln‹. – *10 zwei kleine Gedichte:* A. W. Schlegels ›An Friederike Unzelmann als Nina‹ und ›Der neue Pygmalion. An Iffland‹ (›Musen-Almanach‹ für 1799), s. zu Nr. 450; vgl. Schlegel an G., 20.? Juni; G. an Schlegel, 18. Juni. – *11 als Manuskript anzusehen:* Die Gedichte lagen bereits als Einblattdrucke bei. – *14 an bestimmte Personen:* ›Sokrates und Alcibiades‹ von Hölderlin; ›Sappho‹ von Jonathan Ludwig Lebrecht Noeller (geb. 1773). Den biographischen Bezug von G.s *Euphrosyne* nennt das Inhaltsverzeichnis des ›Musen-Almanachs‹ für 1799; s. zu Nr. 473. – *15 andern Gedichte:* A. W. Schlegel hatte aus Berlin G. am 10. Juni vier Gedichte von Tieck für den ›Musen-Almanach‹ für 1799 beigelegt, die Sch. aufnahm: ›Herbstlied‹, ›Kunst und Liebe‹, ›Auf der Reise‹, ›Der neue Frühling‹. – *17 zur Realität oder Nullität:* Anspielung auf ›Über die ästhetische Erziehung des Menschen‹, 22. Brief, in dem Sch. die Unbestimmtheit des ästhetischen Zustands einerseits als »Null«, anderseits als einen alle menschlichen Kräfte vereinigenden »Zustand der höchsten Realität« beschreibt. – *19 der Brief:* Die

NA 37 II vermutet Gernings Brief an G. vom 20. Juni. Doch weder der Briefinhalt noch die freundschaftlichen Familienbeziehungen rechtfertigen die scharfen Worte G.s. Er hatte den Frankfurter Juristen als Reisegefährten nach Italien in Betracht gezogen, s. zu Nr. 321, 381. Meyer erwartete Gerning mit einem Münz- und Gemmenkabinett in Weimar; Meyer an G., 12. Juni. – *27 wie lange:* s. zu Nr. 474. – *29 bei Ihnen:* s. zu Nr. 474. – *29 in Roßla:* Am 2. und 3. Juli kümmerte sich G. in Oberroßla um Bauangelegenheiten, s. zu Nr. 440. – *35 C. A. Eschenmeier:* Der Arzt und Philosoph Adam Karl August Eschenmeyer (1768–1852) stand damals der Schellingschen Naturphilosophie nahe und wurde 1811 Professor der Philosophie und Medizin in Tübingen. – *37 Werkstete:* wohl Schreiberversehen für ›Werkstätte‹. Die denkbare Anspielung auf die ›Stete‹ des benannten apriorisch und naturphilosophisch argumentierenden Werks kann aufgrund von G.s Erstdruck-Korrektur ausgeschlossen werden. – *39 als Naturforscher:* s. Nr. 478.

587 *1 beim Aufstellen der Phänomene* ⟨...⟩ *ist:* vgl. Tgb., 8. Juli; *Das reine Phänomen,* s. zu Nr. 406; ⟨*Physische Wirkungen*⟩ (Bd. 6.2, S. 822–825, 1267). – *6 Propyläen:* G. legitimiert den Titel in der *Einleitung* ⟨*in die Propyläen*⟩, Bd. 6.2, S. 7; ebenda, S. 946, 960. Sch. hatte als Zs.-Titel ›Der Künstler‹ vorgeschlagen; vgl. Sch. an Cotta, 29. Mai.

477. SCHILLER    JENA, 28. JUNI 1798

587,38–588,15 zuerst in Sch./G.² (1856).

587 *14 Elpenor:* s. zu Nr. 474 und Nr. 475. – *21 für die Geschichte Ihres Geistes und seiner Perioden:* Sch.s Interesse an G.s literarischer Entwicklung trug dazu bei, daß G. sich mehr und mehr historisch wurde, s. Bd. 14, S. 605 ff.; vgl. Nr. 4, 7, 270; zu Nr. 915. – *24 Magnetischen Kursus:* s. Nr. 472–474, zu Nr. 476. – *25 Fischerischen Wörterbuch:* Der 1. Teil von Fischers ›Physikalischem Wörterbuch‹ reichte von ›A‹ bis ›El‹, s. zu Nr. 473. – *28 Elektrizität, Galvanism und Chemische Dinge:* s. Nr. 481. Fischer behandelt den Galvanismus unter dem Stichwort ›Elektrizität‹. Ritter hatte mit seinem Vortrag ›Über den Galvanismus‹ im Oktober 1797 vor der ›Naturforschenden Gesellschaft‹ in Jena und seinem 1798 erschienenen Werk den Galvanismus als Zentralphänomen der Natur herausgestellt, s. zu Nr. 487. – *32 heute:* Sch.s Brief an Humboldt vom 27. Juni ging am 29. Juni ab. – *33 sein Werk:* W. von Humboldt, ›Über Göthes Herrmann und Dorothea‹, s. zu Nr. 465 und Nr. 472, 475. – *34 diese Gedankenrichtung* ⟨...⟩ *widerstrebend ist:* Die Arbeit an ›Wallenstein‹, die Lyrikpro-

duktion zu den ›Musen-Almanachen‹ und der poetologische Dialog mit G. führten Sch. zur Abkehr von Problemen der philosophischen Ästhetik und zur Hinwendung zu handwerklichen und dramaturgischen Fragen, s. Nr. 40, 130, 837; Sch. an Humboldt, 27. Juni; an Rochlitz, 16. November 1801; an Schütz, 22. Januar 1802; an Körner, 25. Mai 1798 und 10. Dezember 1804. Vgl. auch Skizzen aus dem Nachlaß, ›Methode‹; NA 21, S. 90. – *35 in generalibus:* lat. ›im allgemeinen‹. – *37 Ihrem Briefe:* G. an Humboldt, 16. Juli. – *38 noch etwas bedeutendes:* Außer A. W. Schlegels »Gelegenheitsversen« (s. zu Nr. 476) erschienen von ihm im ›Musen-Almanach‹ für 1799 ›Kampaspe‹ und ›Lebensmelodien‹.

588 *1 nicht einmal ausdrücklich dafür schickt:* Sch. hatte A. W. Schlegel nur höchst beiläufig an die Mitarbeit am ›Musen-Almanach‹ erinnert. Der irritierte Romantiker reagierte seinerseits distanziert; Sch. an Schlegel, 7. Mai 1797; Schlegel an G., 10. und 20.? Juni 1798. – *4 so wenig honnete Behandlung:* zu Sch.s Bruch mit den Brüdern Schlegel s. zu Nr. 315. – *8 Frau Schlegel:* Caroline Schlegel, s. zu Nr. 222. – *13 zum zweitenmal:* s. zu Nr. 362 und 450. – *17 Meine Gründe dagegen:* Sch. versprach sich von seinem Titelvorschlag ›Der Künstler‹ eine größere Marktbreite für G.s Kunstzeitschrift, s. zu Nr. 476.


478. GOETHE                                    WEIMAR, 30. JUNI 1798

589,12f. zuerst in Sch./G.² (1856).

588 *26 Ihr Schreiben:* Sch. an W. von Humboldt, 27. Juni. – *28 diese Arbeit:* W. von Humboldt, ›Über Göthes Herrmann und Dorothea‹. – *33 kein Verbindungsmittel:* Sch. hatte in seinem Brief die fundamentale Kluft zwischen idealistischer Ästhetik und poetischer Praxis Humboldt gegenüber herausgestellt. – *35 verbunden wirken:* vgl. ⟨Selbstschilderung⟩, Bd. 4.2, S. 515–519. – *37 Naturphilosophen:* Schelling, Eschenmayer, s. zu Nr. 472, 476; vgl. Xenion 181 (Bd. 4.1, S. 797). – *40 Anschauung:* s. Nr. 357, 455, 476; vgl. ⟨Beobachten und Ordnen⟩ (Bd. 6.2, S. 830f.).

589 *4 das Feld der Phisik:* s. Nr. 476 und 481. – *5 Wir ⟨...⟩ durchgehen:* vgl. Tgb., 8. Juli: »Abends bei Schiller, magnetische Versuche«. – *15 Motivierung:* ›Handlungsverknüpfung‹. – *des Tells:* s. Nr. 369 und zu Nr. 372. – *17 ersten: Herrmann und Dorothea,* s. zu Nr. 274. – *24 Mittwoch:* 4. Juli, s. zu Nr. 474. – *28 das älteste:* G.s 1768/69 entstandenes Gedicht *An meine Lieder* erschien im ›Musen-Almanach‹ für 1799, s. Bd. 1.1, S. 153 und 827.

479. SCHILLER                           JENA, 11. JULI 1798

589,38 *sie:* Sie.; 590,5 f. zuerst in Sch./G.² (1856).

589 *34 Magnetica:* Instrumente für magnetische Versuche; vgl. F. W. Voigt an G., 15. Juni; s. Nr. 472–474, 476–478, zu Nr. 481. – *Geist:* G.s Diener, s. zu Nr. 177. – *36 Störungen:* Voigt hatte G. am 7. Juli Akten und Aufträge vom Herzog übermittelt. G. arbeitete einen Entwurf zum Theaterumbau aus; s. Tgb., 14. Juli. – *39 Spätsommer von 96:* Im September 1796 hatte G. in Jena den Hauptteil von *Herrmann und Dorothea* geschrieben, s. zu Nr. 215.

590 *1 lyrische Stimmung:* s. zu Nr. 475, 485. – *2 wenn Sie kommen:* Nach seiner Abreise am 9. Juli folgte G.s nächster Jena-Aufenthalt vom 1. bis 16. August. – *5 Grieß:* Gries hatte Sch. sein Gedicht ›Der Wanderer‹ bereits zum zweiten Mal vorgelegt; Gries an Sch., 8. Juli. Sch. war es für den ›Musen-Almanach‹ für 1799 zu lang. Es erschien in J. D. Gries: ›Gedichte und poetische Übersetzungen‹ I (Stuttgart 1829). – *7 Gartenhäuschen:* Zusätzlich zum massiven Gartenhaus besaß Sch. im Südwesten seines Gartens ein hölzernes Gartenhäuschen, das er aufstockte, s. zu Nr. 433; NA 42, S. 227f. und 581.

480. SCHILLER                           JENA, 13. JULI 1798

590,20f. *Gedicht von Gries, ob:* Gedicht, ob.

590 *17 Krämpfe:* s. zu Nr. 423. – *22 leidlicher Mensch:* Von Karl Mathias Hirt aus Erlangen erschienen im ›Musen-Almanach‹ für 1799 die Sonette ›Lebensgenuß‹ und ›Einladung‹; Hirt an Sch., Anfang Juli 1798. – *25 nichts von Ihnen:* Seit seiner Abreise am 9. Juli hatte G. noch nicht geschrieben.

481. GOETHE                            WEIMAR, 14. JULI 1798

590,35 *ich, ihm zu:* ich ihm, zu; 591,32 *eingeschlagen haben mit:* eingeschlagen mit.

590 *33 weg bin:* s. zu Nr. 479. – *34 der böse Engel ⟨...⟩ geschlagen:* Anspielung auf 2. Kor. 12,7; s. zu Nr. 357. – *35 ein Schema:* Erhalten ist das erweiterte Schema vom 30./31. Juli; s. ⟨*Physische Wirkungen*⟩, Bd. 6.2, S. 822–829; vgl. Tgb., 13., 30., 31. Juli. – *37 Dualität:* Polarität, s. zu Nr. 426.

591 *8 eisernen Körper:* Am 9. Juli übersandte Knebel die von G. erbetenen geometrischen Eisenmodelle; vgl. G. an Knebel, 15. Mai. – *13 Gedicht:* ›Der Wanderer‹ von Gries, s. zu Nr. 479. – *21 Riß zum neuen Theater:* Nach Thourets Entwurf wurde der

Theatersaal mit einem Balkon auf einem Säulenhalbkreis ausgestattet; vgl. G.s Beschreibung in *Weimarischer, neudekorierter TheaterSaal*, Bd. 6.2, S. 639, 1171; *Tag- und Jahres-Hefte* zu 1798, Bd. 14, S. 57; K. A. Böttiger, ›Nachrichten von dem Weimarischen Hof-Theater‹, in: ›Journal des Luxus und der Moden‹, 13. Bd. (November) (Fambach II, S. 401–407); s. zu Nr. 414; vgl. auch NA 42, S. 240. – *23 artig:* s. zu Nr. 296. – *27 Repräsentationen:* s. zu Nr. 395. – *28 zur rechten Zeit:* Sch.s ›Prolog‹ und ›Wallensteins Lager‹ eröffneten die neue Theatersaison am 12. Oktober im renovierten Theater.

482. GOETHE                                                WEIMAR, 15. JULI 1798

591 *39 Zerstreuung:* s. zu Nr. 371. G. führte Besprechungen wegen des Theaterbaus und expedierte mehrere Briefe. – *40 Brief an Freund Humboldt:* G. an W. von Humboldt, 16. Juli, s. Nr. 478. – *Elegie: Euphrosyne,* s. Nr. 473.
592 *10 die erste Sendung ‹...› an Cotta:* Die Manuskripte der ersten drei Beiträge – ohne die *Einleitung* – zu den *Propyläen* I/2 sah Sch. nicht mehr; s. Nr. 488. – *15 Sonnabend:* 14. Juli. – *16 Humor:* s. zu Nr. 20. – *17 nähere Wege:* Annäherungen. – *28 Mangold:* Von der Schweizer Reise hatte G. Mangoldsamen mitgebracht und verschenkt; s. *Reise in die Schweiz* 1797, Bd. 4.2, S. 705. – *29 das Gartenhäuschen:* s. zu Nr. 479.

483. SCHILLER                                                JENA, 16. JULI 1798

Erstdruck in ALG 8 (1879).

592 *37 kritische Geschäft:* kritisch in mehrfacher Hinsicht: Die differenzierte Beurteilung von W. von Humboldts ›Über Göthes Herrmann und Dorothea‹ erwies sich als heikel; s. zu Nr. 467, Nr. 477, 478.
593 *1 Krämpfen:* s. Nr. 480. – *4 Zerstreuungen:* s. zu Nr. 371. Im einzelnen der Bau des Gartenhäuschens, Besuche von der Schwiegermutter, von Wolzogens, der Druckbeginn des ›Musen-Almanachs‹ für 1799. – *5 über Ihre ‹...› Entdeckungen:* s. Nr. 472–474, zu Nr. 476–479, 481. – *9 physischen:* ›physikalischen‹. – *11 fünf Fächern:* s. Nr. 481. – *19 dieser äußern Reforme ‹...› entgegen kommen:* Der klassizistisch verjüngte Theaterumbau war selbst ein Baustein in einem humanistischen Erziehungsprogramm und gab einer neuen Kunstära den Rahmen; s. Sch. im Gespräch mit Morgenstern, 2. Mai (NA 42, S. 240); ›Prolog‹ zu ›Wallenstein‹, Verse 4–9, 50–69; zu Nr. 481. – *21 Schwager:* W. von Wolzogen, s. Nr. 257. – *24 Mein Häuschen:* Das Richtfest des

Gartenhäuschens wurde am 15. Juli gefeiert, s. Nr. 479. – *30 Schwiegermutter:* Louise von Lengefeld stattete Schillers einen längeren Besuch ab. – *32 Citoyen Humboldt:* vgl. Nr. 419.

### 484. GOETHE    WEIMAR 18. JULI 1798

594,1 *gewiß artig:* gewiß auch artig; 594,18 *vom:* von; 594,19 *allen:* allem.

**593** *40 Theateranlage:* s. zu Nr. 481.
**594** *1 artig:* s. zu Nr. 296. – *2 jeder Tätigkeit eine Negation entgegen:* Anspielung auf die naturwissenschaftliche »Dualität« des Magnetismus, s. Nr. 481. – *11 Reiseakten:* der Faszikelband der ⟨Vorbereitungen zur Zweiten Reise nach Italien⟩ und die angelegten Akten *Aus einer Reise in die Schweiz,* s. zu Nr. 100, 355, 366 und Nr. 359. – *12 Aufsatz über den Magneten: Den Magnet betr.,* s. zu Nr. 474; Bd. 6.2, S. 1269f. G. dachte an »ein Gedicht über die magnetischen Kräfte«, G. an Knebel, 16. Juli. – *13 ältern Aufsatz über die Kautelen des Beobachters: Der Versuch als Vermittler von Objekt und Subjekt,* s. zu Nr. 404. Zur Entstehungsgeschichte des 1792 entworfenen Aufsatzes s. Bd. 4.2, S. 1076f. Von einer geplanten Fortsetzung zeugen die Notizen ⟨Beobachten und Ordnen⟩, s. zu Nr. 478. – *15 Freitag:* 20. Juli. – *16 Zeitschrift: Propyläen,* s. zu Nr. 366 und 436. – *21 zwischen mir und Meyer ⟨...⟩ zur Sprache:* Am 17. Juli redigierte G. Meyers Aufsätze *Über die Gegenstände der bildenden Kunst* und ›Niobe mit ihren Kindern‹, s. zu Nr. 361 und 462. – *27 etwas beizutragen:* s. zu Nr. 437. – *29 zu Ihnen:* s. zu Nr. 479. – *32 Gartenhäuschen:* s. zu Nr. 479.

### 485. SCHILLER    JENA, 20. JULI 1798

595,12 *weggelegt:* zurückgelegt; 595,35 *Erzählungen von der:* Erzählungen der.

**595** *3 wieder besser:* s. Nr. 480 und 483. – *5 lyrischen Stimmung:* zum ›Musen-Almanach‹ für 1799, s. Nr. 475, 479. – *13 Hymnus in Distichen:* Sch. verfaßte im Juli ›Das Glück‹ (›Musen-Almanach‹ für 1799), dessen Plan ihn schon vor einem Jahr beschäftigt hatte; vgl. Caroline von Humboldt an ihren Mann, 26. Mai 1797 (Wilhelm und Caroline von Humboldt II, S. 71). Das Distichon ist eigentlich ein elegisches Versmaß. – *17 theatral(ischen) Bauwesen:* s. zu Nr. 481, 483. – *19 Dubium:* lat. ›Zweifel‹, s. Nr. 483. – *20 Thouret:* s. zu Nr. 414. – *21 Mein Bau:* s. zu Nr. 479. – *24 Ausstacken:* den Raum zwischen Balken, der mit Lehm gefüllt wird, mit Staken (Holzpfählen) auslegen. – *27 Ge-*

*schäft:* literarische Arbeiten. – *29 Ihrer Ankunft:* s. zu Nr. 479. – *Euphrosine:* G.s Elegie eröffnet den ›Musen-Almanach‹ für 1799. – *30 Reihen:* ältere, aus dem Mhd. stammende Form für ›Reigen‹. – *31 Guttenberg:* s. zu Nr. 383. – *33 Septembers:* Es dauerte bis Oktober. – *35 Erzählungen:* Vermutlich las Sch. die Übersetzung ›Erzählungen aus dem Französischen der Mad. Stael de Holstein übersetzt von Carl Theodor Damm‹. Frankfurt und Leipzig 1797. Zur französischen Ausgabe s. zu Nr. 129. Neben den ›Drei Erzählungen‹ (›Mirza‹, ›Adelaide und Theodor‹, ›Pauline‹) enthielt der Band ›Zulma. Ein Bruchstück eines größern Werks‹. – *35 Madame Stael:* Anna-Louise-Germaine Baronne de Staël-Holstein (1766–1817). Die von Napoleon verbannte Tochter des französischen Finanzministers Necker besuchte Weimar 1803/1804. Die Dolmetscherin der Kulturen und Wegbereiterin einer soziologisch fundierten Kunstauffassung sollte mit ihrem Buch ›De l'Allemagne‹ (Paris 1810) entscheidend das Deutschlandbild im Frankreich des 19. Jh.s bestimmen, s. zu Nr. 939. – *37 unpoetische Natur:* s. Nr. 941.

**596** *5 weibliche Fehler:* vgl. Nr. 108, 115, 338. – *11 zwei Brüder meines Schwagers:* Die preußischen Offiziere August (1771–1825) und Ludwig von Wolzogen (1773–1845) besuchten in Erbschaftsangelegenheiten ihren Bruder Wilhelm in Weimar; vgl. Ludwig Freiherr von Wolzogen: ›Memoiren des königl. preuß. Generals der Infanterie Ludwig Freiherr von Wolzogen ⟨...⟩ mitgeteilt von Alfred Freiherr von Wolzogen‹. Leipzig 1851, S. 13f. – *14 Schwiegermutter:* s. zu Nr. 483.

486. GOETHE                          WEIMAR, 21. JULI 1798

596,33 *diese:* die; 597,5 *mir viel:* mir sehr viel; 597,18 *mich diese Zeit mit:* mich mit; 597,24f. *gute und verständige:* gute verständige; 597,26 *wünschte:* wünsche; 598,5 *modifiziert:* motiviert, s. unten; 598,9 *an:* aus; 598,11 *mit:* von.

**596** *24 Ich kenne ⟨...⟩ Ableitung:* Die Bautätigkeit war für den Architekten und Bauherrn G. mehr als eine Ablenkung. Er war lenkend an allen großen Bauvorhaben des Landes beteiligt. Als Mitglied der Schloßbaukommission wirkte er von 1798 bis 1803 am Neubau des 1774 abgebrannten Residenzschlosses mit sowie am Neubau des Römischen Hauses, des Lauchstädter Theaters, des Hoftheaters, der Bibliothek, des Schießhauses und Reithauses. Vgl. Bd. 6.2, S. 1098. Sein eigenes Haus am Frauenplan gestaltete er von 1792–1798 um. – *31-33 die Herzoge von Sachsen ⟨...⟩ Bergschloß sperren:* Als Luther den geforderten Widerruf seiner Lehre verweigerte, ließ ihn Kurfürst und Herzog Friedrich III.

(der Weise) von Sachsen angesichts der drohenden Reichsacht am 4. Mai 1521 auf der Wartburg in Schutzgewahrsam nehmen. Hier begann Luther seine epochale Bibelübersetzung. Als thüringischer Herzog war Carl August ebenfalls Herr der Wartburg. – *34 Michael:* 29. September. – *Tell:* s. zu Nr. 369 und 372.

597 *1 Beilage:* Die Einbanddecke der *Propyläen* hat auf der Vorder- wie Rückseite eine Zierkante, die Pinienzapfen und Ähren zeigt; vgl. Goethe/Cotta 3/1, S. 115. – *anaglyphischer:* (griech.) eigentlich: ›durch Einkerben bewirkter‹; ›reliefartiger‹. G.s und Meyers Nachahmung verfeinerter Holzschnitt-Techniken in Kupfer als Hochdrucktechnik; vgl. G. an Meyer, 15. Juni; G. an Cotta, 25. Juli und 14. September; vgl. Bd. 6.2, S. 178, 1011, 1020; *Über den Hochschnitt* (Bd. 6.2, S. 68–74). – *6 Facius:* s. zu Nr. 125. – *9 Wir wollen zum Almanach (...) besorgen:* Das neue Verfahren bewährte sich nicht; s. Goethe/Cotta 3/1, S. 108 und zu Nr. 502. – *18 mit Redaktion (...) beschäftigt:* s. zu Nr. 482. – *23 van Marum:* Martin van M. (1750–1837). G. zeigte dem Sekretär der holländischen Sozietät der Wissenschaften und Direktor der naturwissenschaftlichen Sammlungen von Haarlem am 17., 20. und 21. Juli seine eigenen Sammlungen und naturwissenschaftliche Arbeiten; vgl. van Marums Tgb. (›Neophilologus‹ 16, S. 262 f.); *Tag- und Jahres-Hefte* zu 1798 (Bd. 14, S. 59). – *28 dritten Teil seiner Schriften:* ›Description d'une très grande machine électrique, placée dans le muséum de Teyler à Harlem, et des expériences faites par le moyen de cette machine, seconde continuation‹. Haarlem 1795; vgl. van Marum an G., September 1798; G. an van Marum, 12. Dezember. Die Elektrizität war ein Forschungsschwerpunkt van Marums. – *31 die Redaktion (...) unglücklich macht:* wegen der Erinnerung an Italien. – *36 Familie der Niobe:* s. zu Nr. 408, 462; vgl. auch Knebel an G., 19. März 1799. – *38 Romane:* Erzählungen, s. zu Nr. 129 und 485.

598 *2 das genialisch naive (...) durch Schule überliefert:* G. spielt auf den von Sch. unterstrichenen Zusammenhang von Genialität und Naivität an; vgl. ›Über naive und sentimentalische Dichtung‹ (NA 20, S. 424, 475); Nr. 4, 16. In seiner wichtigen kunstpädagogischen und -soziologischen Abhandlung ›Über Lehranstalten, zu Gunsten der bildenden Künste‹ (s. zu Nr. 627) rühmt Meyer das kunstdidaktische Vorbild der bologneser Malerschule der Carracci (*Propyläen* II/2, S. 146 f.) – *5 modifiziert:* G. hat in der Hs. aus dem »motivicirt« des Schreibers das ›c‹ gestrichen. Die Setzerentscheidung ›motiviert‹ fügt sich jedoch weniger gut in den Kontext ein. – *9 Vorschlag Danneckers:* Dannecker hatte Thouret eine Zeichnung zu einem Basrelief mitgegeben, das die leidende Andromache darstellen sollte; vgl. Dannecker an G.,

30. September. In seinem ablehnenden Antwortbrief verwies G. auf Meyers Abhandlung *Über die Gegenstände der bildenden Kunst*, s. Bd. 6.2, S. 55 ff; G. an Dannecker, 7. Oktober. – *10 Basrelief:* zur kritischen Beurteilung des Flachreliefs s. Nr. 394, 408. – *11 Thouret:* s. zu Nr. 414 und 432. – *16 Einer meiner nächsten Aufsätze:* G. schrieb ihn nicht. – *18 vom gestaltlosen zur Gestalt:* vgl. *Einleitung ‹in die Propyläen›*, Bd. 6.2, S. 19.

487. SCHILLER                                             JENA, 23. JULI 1798

598 *27 Anstand:* ›Bedenken‹, ›Schwierigkeit‹. – *32 Druck des Almanachs:* Der ›Musen-Almanach‹ für 1799 war seit dem 20. Juli bei Göpferdt in Jena im Druck. – *34 Sängerwürde:* s. *Deutscher Parnaß* (Bd. 6.1, S. 19–25). Zur Entstehung und den Alternativ-Titeln von G.s Satire auf Gleims *Xenien*-Reaktion, s. ebenda, S. 883.

599 *3 sentimentale Stimmung ‹...› eine Unart ist:* zum pejorativen Gebrauch von ›sentimental‹ s. zu Nr. 357. Auch die sentimentalische Dichtung hat nach Sch. ihren Ursprung in der »Naturwidrigkeit unsrer Verhältnisse«, ›Über naive und sentimentalische Dichtung‹ (NA 20, S. 430 f.). – *18 Schule für die Kunst:* Die kunstpädagogische Intention leitete spürbar die Herausgabe der *Propyläen*; vgl. Nr. 16 und G.s Überlegungen zu einer Schule für Poetik in Nr. 278; *Einleitung ‹in die Propyläen›*, Bd. 6.2, S. 21; Meyer, ›Über Lehranstalten‹, s. zu Nr. 486. – *20 Korrektionshäuser für Züchtlinge:* Besserungsanstalten für Zuchthäusler. – *30 symbolische Bücher:* im theologischen Sinn: ›Glaubensbekenntnisse‹ (vgl. ›Symbolum Apostolicum‹). – *36 Gemeinheit:* ›Gemeinde‹. – *38 Ritters Schrift:* Johann Wilhelm Ritter (1776–1810): ›Beweis, daß ein beständiger Galvanismus den Lebensprozeß im Tierreich begleite‹. Weimar 1798; s. zu Nr. 477, 488. Der junge Jenaer Physiker und Naturphilosoph bemühte sich um den Nachweis, daß Galvanismus ein weitverbreiteter Normalzustand der Natur ist, der ihre Allbelebtheit und Einheit (im Sinn Schellings und der romantischen Philosophie) nahelegt. Vgl. Bd. 6.2, S. 1210. W. D. Wetzels: ›Johann Wilhelm Ritter: Physik im Wirkungsfeld der deutschen Romantik‹. Berlin und New York 1973. Vgl. auch *Tag- und Jahres-Hefte* zu 1801 (Bd. 14, S. 66).

600 *3 Athenäum:* ›Athenaeum. Ersten Bandes Zweites Stück‹, s. zu Nr. 465. Das 2. Stück enthielt die ›Fragmente‹ der Brüder Schlegel, von Hardenbergs und Schleiermachers; ferner F. Schlegels Aufsatz ›Über Goethes Meister‹. Vgl. A. W. Schlegel an G., 18. Juli. – *7 bald herüber:* s. zu Nr. 479. – *8 Schwiegermutter:* s. zu Nr. 483.

**488. GOETHE** WEIMAR, 25. JULI 1798

601,3 *diese:* die; 601,4 *nur wenige gute:* die wenigen guten; 601,13 *und wie perfektibel:* und perfektibel; 601,15 *Wilhelm:* P.; 601,19 *wohl eigentlich nichts:* wohl nichts; 601,26 *will ihm einige:* will einige; 602,7 *Haidlof:* Heidlof.

600 *16 mich Ihrer Worte ⟨...⟩ bediene:* G. griff Sch.s Gedanken auf, daß das Genie durch Schulung zur schönen Naturwahrheit geführt werde; s. Nr. 486, 487; *Einleitung ⟨in die Propyläen⟩,* Bd. 6.2, S. 13 und 23. – *18 erste Transport an Cotta:* G. an Cotta, 25. Juli; s. zu Nr. 482. Er enthielt G.s *Über Laokoon,* G.s und Meyers *Über die Gegenstände der bildenden Kunst* I, Meyers ›Über Etrurische Monumente‹. – *22 Reste der Etrurier:* J. H. Meyer, ›Über Etrurische Monumente‹ *(Propyläen* I/1). – *23 Sonnabends:* 28. Juli. G. legte seinem Brief Nr. 490 Meyers Manuskript bei. – *23 Das ganze ⟨...⟩ beisammen sein:* am 31. Juli; vgl. G. an Cotta, 31. Juli; Nr. 497. – *33 Vortrag:* s. zu Nr. 408 und 487. – *35 Belvedere:* vier Kilometer südlich von Weimar gelegenes Lustschloß. – *Scherer:* Alexander Nikolaus S. (1771–1824). Den Weimarer Chemiker, Bergrat und Begründer des ›Allgemeinen Journals der Chemie‹ besuchten G. und van Marum am 20. Juli in seinem Labor in Belvedere. – *39 Ingredïens:* neulat. ›Bestandteil‹, ›Zutat‹. In den anvisierten ›Athenaeum‹-Fragmenten wird der Begriff selbst verwendet, vgl. ›Athenaeum‹ I/2, S. 243, s. zu Nr. 487; zu G.s Urteil s. Caroline I, S. 455 f. – *40 Olla potrida:* spanisches Eintopfgericht, ›Mischmasch‹.

601 *7 Freund Ubique:* Böttiger, s. zu Nr. 434. – *12 Liberalität:* hier: ›Aufgeschlossenheit‹, ›geistige Weite‹; vgl. ›Athenaeum‹ I/2, S. 319. – *13 perfektibel:* s. zu Nr. 413. – *15 Wilhelm:* A. W. Schlegel an G., 18. Juli. – *Gedicht:* A. W. Schlegels ›Kampaspe‹, s. zu Nr. 477. – *18 daß ein Sultan ein Mädchen verschenkt:* Alexander der Große überläßt dem Maler Apelles seine Geliebte Kampaspe, die der Maler als Modell für Aphrodite vergöttert hatte. – *22 klar:* Wieland am 15. Juli: »Klarheit ist jetzt das Lieblingswort von Goethe« (Böttiger, Literarische Zustände 1, S. 221). – *23 wieder ein Pygmalion:* s. Nr. 477, zu Nr. 362 und 450. – *26 freundliche Einwendungen:* G. äußerte sich nicht schriftlich. – *28 interloquiert:* (lat.) ›miteinander gesprochen‹, s. zu Nr. 315 und 324. – *29 auf die Huldigung des Königs:* A. W. Schlegels Preisgedicht auf Friedrich Wilhelm III. von Preußen (1770–1840) ›Am Tage der Huldigung. Berlin 6. Juli 1798‹ erschien in ›Jbb. der preuß. Monarchie‹ II, Juli 1798, und als Einblattdruck. – *32 jene Partei:* vermutlich Böttiger, s. zu Nr. 450. – *34 anaglyphische Versuche:* s. zu Nr. 486. – *35 Kauz auf einer Leier:* Das Deckendekor des ›Musen-

Almanachs‹ für 1799 – Früchteranken und ein Käuzchen auf zwei Leiern – wurde zunächst zum Holzschnitt vorbereitet, aber dann in Kupfer gestochen, s. zu Nr. 502; Goethe/Cotta III/1, S. 108.
  602 *4 Theatereinrichtung:* s. zu Nr. 481. – *7 Thouret:* s. zu Nr. 414. – *Haidlof:* Johann Friedrich Carl Heideloff (1773–1816). Der mit Thouret aus Stuttgart angereiste Maler blieb in Weimar und wurde 1811 Hofmaler. – *8 Wallenstein:* s. zu Nr. 481.

489. SCHILLER                    JENA, 27. JULI 1798

602,21 *fremden:* fremde; 603,7f. *Sache selbst einen:* Sache einen; 603,13 *Sie wohl:* Sie recht wohl.

  602 *16 Brief an Humboldt:* Sch. an Humboldt, 27. Juni, s. zu Nr. 477 und Nr. 478. W. von Humboldt hatte ihn am 8. Juli in Paris erhalten. – *17 Antwort:* W. von Humboldt an Sch., 12. Juli. – *19 Durchsicht seines Werks:* Sch. fand keine Zeit zu einer detaillierten Kritik; vgl. Humboldt an Sch., 5. September; Nr. 490. Er sandte das Manuskript von ›Über Göthes Herrmann und Dorothea‹ am 13. August an Vieweg. – *23 kritische Welt:* Kritisch wurde Humboldts Werk von Manso in der ›Neuen Allgemeinen Deutschen Bibliothek‹, Bd. 58 (1801) rezensiert. Ansonsten fand es wenig Beachtung. – *die Schlegelsche:* Nur Spott für Humboldts Werk hat die satirische ›Preis-Aufgabe‹ in ›Athenaeum‹ II/2, (S. 333) übrig; s. Nr. 646. – *37 Herrmann:* vgl. A. W. Schlegels Rezension von G.s *Herrmann und Dorothea,* s. zu Nr. 392; vgl. auch ›Athenaeum‹ I/2, S. 247.
  603 *9 zwei Sendschreiben:* I. Kant, ›Über Buchmacherei. Zwei Briefe an Herrn Friedrich Nicolai‹. Königsberg 1798. – *13 Familiengesellschaft:* Schwager, Schwägerin und Schwiegermutter, s. zu Nr. 483, 211, 257.

490. GOETHE                     WEIMAR, 28. JULI 1798

603,37 *gut:* freundlich; 604,10 *Unterhandlung:* Unterhaltung; 604,18f. *und über den Vortrag:* und Vortrag.

  603 *30 Kants Zurechtweisung:* s. zu Nr. 489. Der erste Brief richtet sich gegen den Herausgeber, der zweite gegen den Romancier Nicolai.
  604 *1 meinen Brief:* s. zu Nr. 473. – *3 Arbeit:* W. von Humboldt, ›Über Göthes Herrmann und Dorothea‹, s. zu Nr. 465. – *11 Fragmente:* s. zu Nr. 487 und Nr. 488. – *12 zum interessanten Gespräch:* Es fand lt. Tgb. am 1. August statt; s. zu Nr. 479. – *16 An Cotta:* s. zu Nr. 482 und 488. – *die zweite:* Meyers Beitrag ›Über Etrurische Monumente‹, s. zu Nr. 488; vgl. G. an Cotta,

3. August. – *19 Vortrag:* s. zu Nr. 408. – *20 Einleitung:* G. hatte zuletzt am 27. Juli an ihr gearbeitet, s. zu Nr. 436. Er beendete sie am 11. August. – *22 wie Freund Humboldt sagt:* G. bezieht sich nicht »höchst ungenau«, wie NA 37 II vermutet, auf Humboldts Brief an G., Anfang April, sondern höchst genau auf Humboldt an Sch., 19. April. Humboldt spricht hier von »Deutscher Feierlichkeit«, »Extase« und bekennt die pathetische Stimmung, in die ihn als Deutschen in Paris die Beschäftigung mit *Herrmann und Dorothea* versetzte. (Den »Hang zu Ideen« hatte Humboldt bei den Franzosen schon am 20. Januar vermißt.) – *27 Anzeige der neuen Anaglyphik:* In der Anzeige *Propyläen. Eine periodische Schrift* (Allgemeine Zeitung, 10. April 1799) (Bd. 6.2, S. 131–139, hier S. 138) geht G. auf die Gleichwertigkeit der neuen englischen Holzstich-Technik mit dem Kupferstich ein. Vgl. G. und Meyer, *Über den Hochschnitt,* s. zu Nr. 486. Eine spezielle Bezugnahme im Manuskript der Anzeige auf die neue Anaglyphik wurde nicht in den publizierten Text aufgenommen; s. Bd. 6.2, S. 1020; vgl. auch das Schema zur Anzeige S. 1019. – *31 das zweite Stück:* G. beschäftigte sich am 28. Februar mit dem 2. Tl. von Meyers *Über die Gegenstände der bildenden Kunst,* s. zu Nr. 361. Die Manuskripte zu den *Propyläen* I/2 (1799) gingen am 31. August, 7. und 28. November an Cotta. – *36 Ihr Anteil zum Almanach:* s. zu Nr. 485, 491. – *37 auch noch was:* s. zu Nr. 506 und Nr. 507. – *38 den ersten gedruckten Bogen:* s. zu Nr. 487 und Nr. 499.

491. SCHILLER                                    JENA, 31. JULI 1798

606,11 *Schelling:* O.

605 *3 Der Aufsatz:* s. zu Nr. 488 und 490. – *14 vom alten Meister:* J. H. Meyer als Künstler. – *15 zweiten Briefe:* Meyers Aufsatz ›Über Etrurische Monumente‹ besteht aus zwei Briefen. Der 2. Brief behandelt ›Architektonische Reste‹. – *18 unterhaltender:* Er beschreibt Fiesole in der Art eines Reiseberichts. – *27 einige ⟨...⟩ Beiträge:* Am 27. Juli erhielt Sch. von Friedrich August Eschen (1776–1800) fünf übersetzte ›Hymnen, aus dem Griechischen‹, am 28. Juli Gedichte von Amalie von Imhoff, am 30. Juli Gedichte von Louise Brachmann für den ›Musen-Almanach‹ für 1799; vgl. Eschen an Sch., 13. Juli; Friedrich von Hardenberg an Sch., 23. Juli. – *29 meinen möglichen Anteil:* Von Sch. erschienen im ›Musen-Almanach‹ für 1799 die Balladen ›Die Bürgschaft‹ und ›Der Kampf mit dem Drachen‹, die Gedichte ›Das Glück‹, ›Bürgerlied‹ (›Das Eleusische Fest‹), ›Poesie des Lebens‹, ›Des Mädchens Klage‹ sowie ›Prolog zu Wallensteins Lager‹. – *32 Freiherrlichen Autor:* ein bis heute unbekannter »Herr von E. aus Coppen-

hagen« (Sch.s ›Calender‹, 30. Juli). — *39 fertig geworden:* ›Das Glück‹. — *ein anderes:* Im September wurde das ›Bürgerlied‹ abgeschlossen.

606 *3 Scherern:* s. zu Nr. 488. — *11 Schelling:* Die von G. und Sch. unterstützte Berufung Schellings nach Jena war am 30. Juni vom Herzog genehmigt worden; s. zu Nr. 450. G. hatte in seinem Votum an Voigt vom 20./21. Juni 1798 auf eine komplementäre Kooperation von Schelling und Scherer gesetzt. Vgl. ⟨*Berufung Schellings als a. o. Professor der Philosophie nach Jena* (Bd. 6.2, S. 922f.). Am 28. Mai hatten sich Schelling und G. bei Sch. gesprochen; vgl. Schelling an G., 8. Juli. — *13 Geschäfte:* der Schloß- und Theaterbau, s. zu Nr. 414 und 486. — *18 wieder allein:* Louise von Lengefeld war abgereist, s. zu Nr. 483.

492. SCHILLER                JENA, 21. AUGUST 1798

606 *24 Freitag:* 17. August. — *25 Besuch:* in Oberroßla; s. zu Nr. 440. G. war nach dem Jenaer Aufenthalt am 16. August auf sein Gut gefahren; s. zu Nr. 479. — *30 Ballade:* ›Der Kampf mit dem Drachen‹. — *33 Kupferstiche:* wohl aus Meyers italienischen ›Schätzen‹, s. zu Nr. 330 und Nr. 493. NA 29 stellt einen gewagten Bildzusammenhang mit Meyers Aufsatz ›Niobe mit ihren Kindern‹ her; s. Nr. 496. — *34 zwei letzten Akte:* der noch einteiligen ›Wallenstein‹-Fassung, s. zu Nr. 446 und 462; vgl. Sch. an Körner, 15. August.

607 *6 Humboldten:* Sch. an W. von Humboldt, 17. Juni. Zum Inhalt des nicht überlieferten Briefs vgl. Humboldt an Sch., 5. September. — *7 Schicksal seiner Schrift:* Sch. hatte Humboldts ›Über Göthes Herrmann und Dorothea‹ Vieweg am 13. August zum Druck übersandt; s. zu Nr. 465. — *9 Paulus:* s. zu Nr. 225. — *10 schreibe Morgen:* Sch. schrieb erst am 24. August.

493. GOETHE                WEIMAR, 22. AUGUST 1798

607,24 *fingen wir von:* wir fingen wieder von; 607,38 *Durchl. der Herzog:* Durchl. Herzog.

607 *17 Musen und Grazien von Oberroßla:* Anspielung auf das eigene Gedicht *Musen und Grazien in der Mark,* s. zu Nr. 166. — *22 die erstern:* G. hatte die ersten drei Akte der noch einteiligen ›Wallenstein‹-Fassung im März kennengelernt, s. zu Nr. 446. — *24 von vorn an:* Sch. besuchte G. vom 10. bis 15. September in Weimar und sprach am 13. und 14. September mit ihm über ›Wallenstein‹ (s. G.s Tgb.). — *32 ins Theater:* Sch. inspizierte mit G. die Umbauarbeiten am Theater am 10. September, s. zu

Nr. 481. – *33 artig:* s. zu Nr. 296. – *35 über das Tragische und Epische:* s. zu Nr. 302. – *37 Sonnabend:* 25. August. – *38 der Herzog:* Carl August kam am 23. August aus Berlin zurück. – *39 bei Ihnen:* G. hielt sich wieder vom 22. September bis 1. Oktober in Jena auf.

608 *1 erste Bogen Laokoon:* G.s *Über Laokoon,* s. zu Nr. 341; vgl. Cotta an G., 10. August. – *der Druck:* Differenzierte typographische Anweisungen gab G. im Brief an Cotta vom 31. August. – *2 Einleitung:* G.s *Einleitung (in die Propyläen),* s. zu Nr. 436. – *3 der Inhalt:* die ausführliche Inhaltsangabe vermutlich des gesamten Stücks der *Propyläen* I/1 (S. XXXIX–XLV), von dem nur noch die *Einleitung* in Arbeit war. – *4 nächsten Brief Cottas:* Cotta an G., 17. August. – *schicke ich:* G. an Cotta, 31. August.

494. SCHILLER                JENA, 24. AUGUST 1798

608,25 *davon:* dazu; 609,30 *realistisch, hart:* realistisch hart.

608 *21 für den Almanach:* s. Nr. 508. Der ›Musen-Almanach‹ für 1799 erschien im Oktober 1798. – *23 Wallenstein:* Sch. nahm die Dramenarbeit wieder am 8. September auf. – *24 Ökonomie des Stücks:* s. zu Nr. 242. – *25 Schema:* Es ist nicht überliefert. – *39 pathologischem Wege:* s. zu Nr. 386.

609 *11 im Drama:* in G.s *Iphigenie* und *Tasso* (Bd. 3). – *16 was Aristoteles die Gesinnungen und Meinungen nennt:* zu Sch.s Lektüre der Aristotelischen ›Poetik‹ s. zu Nr. 310 und 311. Sch. rekurriert auf das 19. Kap. in Curtius' Übersetzung ›Von den Meinungen und deren Abteilungen‹ (Curtius, S. 41). Mit »Gesinnungen und Meinungen« kombiniert Sch. den Übersetzungs- und Anmerkungsteil (zu Kap. 6), in dem Curtius (S. 120 und 285) die Übersetzung von griech. ›dianoia‹ durch »Meinungen oder Gesinnungen« begründet. – *21 symbolische Wesen:* s. zu Nr. 397 und Nr. 362. – *24–26 daß der Dichter ⟨...⟩ tut:* s. Nr. 397; vgl. ›Prolog‹ zu ›Wallenstein‹, Verse 135–138. – *35 Richter:* Sch. ließ sich krank melden; vgl. Jean Paul an Otto, 23. August. – *37 Mathisson:* vgl. Sch. an Matthisson, 28. Juli. – *38 deren Anzahl:* Von Matthisson erschienen insgesamt zehn Gedichte im ›Musen-Almanach‹ für 1799. – *40 Gries:* vgl. Gries an Sch., 19. August. Von Gries erschienen vier Gedichte im ›Musen-Almanach‹ für 1799.

610 *2 Göpferdt:* s. zu Nr. 487. – *6 Häuschen:* s. zu Nr. 433 und 479. – *9 neulich:* Charlotte Schiller hatte Weimar besucht.

495. GOETHE                                    WEIMAR, 25. AUGUST 1798

610 *15 Theaterbau:* s. zu Nr. 481. – *19 Intention:* s. zu Nr. 483.
– *20 artig:* s. zu Nr. 296. – *20 weil ⟨...⟩ das Publikum sich wechselweise selbst sieht:* Sowohl G.s Theaterreden wie Sch.s ›Prolog‹ zu ›Wallenstein‹ konfrontieren das Publikum mit sich selbst. Auf der Innenwand des Theaters waren in der Gegend der Galerie eine Reihe gemalter Zuschauerköpfe abgebildet. Die Theaterreden thematisieren »das Verhältnis der Bühne und des Publikums«, vgl. Bd. 6.1, S. 1084 f. – *22 sehr viel Menschen:* Das ausgebaute Theater umfaßte 600 Plätze. – *24 manches Kapitel:* s. zu Nr. 493. – *28 Hochzeitgenuß:* G. war am 24. August Gast bei der Hochzeit von Christian Gottlob Voigt Junior (1774–1813) und Amalia Henriette Ludecus (1778–1849), der Nichte von Kirms.

496. GOETHE                                    WEIMAR, 27. AUGUST 1798

610 *36 Rechnung:* ›Berechnung‹. Cotta hatte G. am 17. August ein Defizit an Manuskriptseiten für die *Propyläen* I/1 gegenüber G.s Kalkulation (im Brief vom 25. Juli) gemeldet; s. Nr. 493. – *38 Niobe:* Meyers Aufsatz ›Niobe mit ihren Kindern‹ erschien erst in *Propyläen* II/1. G. schickte am 31. August von Meyer ›Rafaels Werke besonders im Vatikan‹ an Cotta. – *39 tipographischen Seite:* s. zu Nr. 493. Cotta hatte für die Standardbeiträge zu den *Propyläen* kleinere Drucktypen gewählt; vgl. Cotta an G., 17. August.
611 *4 mich zu besuchen:* s. zu Nr. 493.

497. GOETHE                                    WEIMAR, 27. AUGUST 1798

611 *13 seines Drucks:* Der Druck des ›Musen-Almanachs‹ für 1799 wurde Anfang Oktober abgeschlossen, s. zu Nr. 487. – *16 im Garten:* s. zu Nr. 461. – *18 Theaterbau:* s. zu Nr. 481. – *19 Freitag:* 31. August. G. übersandte Cotta am 31. August den Rest der Manuskripte zum ersten *Propyläen*-Stück: *Einleitung,* Inhaltsangabe und Meyers Beitrag ›Rafaels Werke‹, s. zu Nr. 482, 488. – *21 neuen: Propyläen* I/2; s. zu Nr. 490. – *23 naturhistorische Observationen:* s. zu Nr. 198 und Nr. 505. – *28 Wallenstein:* s. zu Nr. 493. – *33 nach Jena:* s. zu Nr. 493.

498. SCHILLER                                  JENA, 27. AUGUST 1798

612,13 f. *bei Naturwissenschaften:* bei den Naturwissenschaften.

612 *3 Rechnungsfehler:* s. zu Nr. 496. – *4 Missionen:* (lat.) ›Sendungen‹. – *8 substituieren ⟨...⟩ als:* ›an Stelle von ... setzen‹. –

*Niobe:* s. zu Nr. 462. G. übersandte an Cotta am 31. August Meyers anderen Aufsatz ›Rafaels Werke besonders im Vatikan‹, s. zu Nr. 371. – *13 Ihr Aufsatz:* G.s *Der Versuch als Vermittler von Objekt und Subjekt.* – *16 den Boten:* s. Nr. 496. – *18 windigen Wohnung:* im Gartenhaus, s. Nr. 494. – *19 Arbeit:* an den Balladen für den ›Musen-Almanach‹ für 1799; s. zu Nr. 491. – *23 Memoires von Clery:* Jean-Baptiste Hanet (1759–1809) publizierte als M. Cléry das ›Journal de ce qui c'est passé à la tour du Temple, pendant la captivité de Louis XVI, roi de France‹. London 1798. Sch. erbat die Memoiren möglicherweise für Paulus, der die Herausgabe der ›Allgemeinen Sammlung Historischer Mémoires‹ übernommen hatte, s. zu Nr. 155.

499. SCHILLER    JENA, 28. AUGUST 1798

613,9 *heimischten:* heimischen; 613,30f. *und mit Beziehung:* und Beziehung.

612 *30 Geburtstag:* G. wurde 49. – *34 Erinnerung ⟨...⟩ ist:* vgl. Sch. an Körner, 31. August. – *37 Fichte:* Er besuchte Sch. am 25. August. – *38 den Anfang gemacht:* Sch.s Ablehnung von Fichtes Beitrag ›Über Geist und Buchstab in der Philosophie‹ hatte die Beziehungen beider abgekühlt, s. zu Nr. 77 und Nr. 79.

613 *4 griechischen Sprichwörtern:* s. zu Nr. 391. – *6 Hyginus:* s. Nr. 390 und 391. Den Balladenstoff zur ›Bürgschaft‹ entnahm Sch. Hyginus' 257. ›Fabula‹. – *16 Medea:* Den Argonautenzug mit der Medeasage schildern die ›Fabulae‹ 14–27. Vor Kleist, Grillparzer und Jahnn dramatisierten den Stoff u. a. Euripides, Seneca, Corneille und Klinger. – *17 Thyest und der Pelopia:* Die antike Sage um Bruderzwist und Blutschande – bei Hyginus ›Fabulae‹ 86–88 – wurde von Euripides, Seneca und französischen Autoren aufgegriffen. – *21 eines epischen Gedichtes:* G. war anderer Auffassung gewesen, s. Nr. 306. – *25 Compressibus:* lat. ›Umarmungen‹. – *36 Almanachs:* zum Druck des ›Musen-Almanachs‹ für 1799 s. zu Nr. 487 und 497.

500. GOETHE    WEIMAR, 29. AUGUST 1798

614,21 *in dem:* im; 614,28 *Conz und Bürde:* C. und B.; 614,30 *Matthison:* M.

614 *5 zerstreut:* s. zu Nr. 371. – *10 neuen Lehre:* von F. A. Wolf, dem sich F. Schlegel in seinem Aufsatz ›Über die Homerische Poesie‹ anschloß, s. zu Nr. 302 und Nr. 307. – *12 rhapsodischen:* s. zu Nr. 311. – *15 Freitags:* s. zu Nr. 497. – *16 Einleitung:* s. zu Nr. 436 und 490. – *20 Aushängebogen:* Am 10. und 17. August

hatte Cotta die ersten beiden Aushängebogen der *Propyläen* geschickt. – *21 Wesen:* in der Philosophie: das gleichbleibende Sosein der Dinge. – *24 von Ihnen:* s. zu Nr. 437. – *28 Conz:* Karl Philipp C. (1762–1827), ein Jugendfreund Sch.s, war Diakon in Württemberg. G. hat dessen Gedicht ›Liebeszuruf‹ (›Musen-Almanach‹ für 1799) im Auge. – *Bürde:* Der Kanzleibeamte Samuel Gottlieb B. (1753–1831), der schon für die ›Horen‹ Gedichte und Übersetzungen beigesteuert hatte, lieferte zum ›Musen-Almanach‹ für 1799 u. a. die anakreontische Verserzählung ›Die Überraschung‹. – *30 Matthison ⟨...⟩ Spaß machen:* s. zu Nr. 9 und 206. Die Gedichte Matthissons ›An die Nymphe‹ und ›Tibur‹ (›Musen-Almanach‹ für 1799) verherrlichen die keusche Liebe, die neuplatonisch überhöht auch ›Der Bund‹ (›Musen-Almanach‹ für 1797) feierte. Der Pastorensohn Matthisson, der G. 1778 und 1783 begegnete, hatte sein Theologiestudium aufgegeben und 1781 die ›Reliquien eines Freidenkers‹ publiziert. – *31 curiös:* (lat./frz.) ›interessant‹, ›merkwürdig‹. – *33 alte Hexenmeister ⟨...⟩ Wundergerte:* G.s Ballade *Der Zauberlehrling* in Matthissons Gedicht ›Hexenfund‹. – *35 noch etwas:* s. Nr. 507. – *37 Deckel:* zum Einband des ›Musen-Almanachs‹ für 1799 s. zu Nr. 488 und 502.

615 *1 bei Ihnen:* s. zu Nr. 493.

501. SCHILLER                              JENA, 31. AUGUST 1798

615,26 *Conz, Matthisson u. a.:* zuerst in Jonas V (1895); 615,30–38 zuerst in Jonas V (1895).

615 *13 komme ich:* s. zu Nr. 493. – *14 Beiträgen zum Almanach:* s. zu Nr. 491. – *17 das Gedicht:* ›Bürgerlied‹ (›Musen-Almanach‹ für 1799, S. 189–199). – *19 abgedruckten Gedicht:* ›Das Glück‹, s. zu Nr. 485. – *21 außerdem ⟨...⟩ beschert:* s. zu Nr. 506. Ferner nahm Sch. seine ›Poesie des Lebens‹ auf, s. zu Nr. 73. – *30 kleinen Gedicht:* ›Liebeszuruf‹. – *31 Geheimnis:* s. zu Nr. 352. – *32 Rezension:* in: ›Tübingische gelehrte Anzeigen auf das Jahr 1798‹, 2. St. (4. Januar 1798), S. 15 f. Conz nimmt zu Sch.s Balladen im ›Musen-Almanach‹ für 1798 nur ›Die Kraniche des Ibycus‹ und ›Der Gang nach dem Eisenhammer‹ beifällig auf. ›Der Handschuh‹ und ›Der Taucher‹ hingegen mißfielen ihm ebenso wie ›Die Worte des Glaubens‹ und ›Nadoweßische Totenklage‹. – *36 Matthisson:* s. zu Nr. 494. Sch. erhielt das Gedicht am 29. August. – *39 völligen Ausfertigung:* s. zu Nr. 497.

616 *2 Beitrag von mir:* Im 4. Stück der *Propyläen* erschien kein Beitrag von Sch., s. zu Nr. 437. – *3 Beendigung des Wallensteins:* s. zu Nr. 386. – *5 Die Ausarbeitung ⟨...⟩ fürs Theater:* Sch. fertigte erst 1802 eine zweiteilige, für einen Abend berechnete Bühnenfas-

sung an, zu der er die Druckfassung der Trilogie um ein Drittel des Textes kürzte; vgl. K. S. Guthke: ›Die Hamburger Bühnenfassung des »Wallenstein«‹. In: JDSG 2 (1958). Vgl. auch Sch. an Körner, 27. April; an Humboldt, 27. Juni; an Kotzebue, 16. November 1798; an Nöhden, 5. Juni 1799. – *8 Theaterbau:* s. zu Nr. 493. – *9 glaube Ihnen:* s. zu Nr. 495. – *10 Zeitschrift oder Zeitung:* Die Berliner ›Annalen des Theaters‹, 20. H., berichten vom Mißerfolg eines Iffland-Stücks in Hamburg. – *15–17 daß das Publikum (...) Gesellschaft:* Über die Trivialität und Plattheit des zeitgenössischen Publikumsgeschmacks waren sich Sch. und G. einig; vgl. Sch. in Nr. 102, 234, 253, 454; G. in Nr. 220, 253, 355, 416, 460, 488. – *23 Decke:* s. zu Nr. 488 und 502. – *26 Meiern:* Meyer wohnte in G.s Haus, s. zu Nr. 20.

502. GOETHE                    WEIMAR, 1. SEPTEMBER 1798

617,8 *und sehr sorgfältig:* und sorgfältig.

616 *34 Decke des Almanachs:* s. zu Nr. 488. Das von Meyer entworfene Dekor für den Einband des ›Musen-Almanachs‹ für 1799 wurde vom Weimarer Kupferstecher und Drucker Johann Christian E. Müller (1766–1824) fertiggestellt. – *39 Grabstichel:* Gravierstichel.

617 *4 Ries:* altes Papiermaß: 1 Ries = 480 Bogen. – *10 Buch Papier:* s. zu Nr. 283.

503. SCHILLER                    JENA, 2. SEPTEMBER 1798

617 *27 Lindahl:* Der weitgereiste Großkaufmann und Büchersammler Johann Niclas L. (1762–1813) hatte sein Haus in Norrköping (Schweden) zu einem kulturellen Kommunikationszentrum gemacht; vgl. auch Sch.s Stammbucheintragung vom 2. September (NA 29, S. 623). G. trug sich am 3. September in sein Stammbuch ein, vgl. Grumach IV, S. 444. – *32 wünsche:* bitte. – *35 auf Velin-Papier:* zur Ausstattung des ›Musen-Almanachs‹ s. zu Nr. 367.

618 *3 Morgen:* s. Nr. 504. Das Papier überbrachte Sch. selbst am 10. September, s. zu Nr. 493. – *7 Donnerstag:* 6. September.

504. SCHILLER                    JENA, 4. SEPTEMBER 1798

618 *13 Brief vom Sonntag:* Nr. 503. – *14 Proben:* der Almanach-Decke. – *15 Balladen:* ›Der Kampf mit dem Drachen‹ und ›Die Bürgschaft‹, s. zu Nr. 491. Sch. legte beide Balladen bei. – *18 disparaten Momente:* der äußere und innere Kampf des Ritters. – *20 Erzählung:* ›Kampf mit dem Drachen‹, Verse 53–252. –

*26 andere Geschichte:* zum Stoff der ›Bürgschaft‹ s. zu Nr. 499. – *36 Mangold:* s. zu Nr. 482. – *39 Sternbald:* Ludwig Tieck: ›Franz Sternbalds Wanderungen. Eine altdeutsche Geschichte‹. 1. Tl. Berlin 1798.

505. GOETHE   WEIMAR, 5. SEPTEMBER 1798

619,20–22 *Den vortrefflichen ⟨...⟩ Gefäß ist.:* zuerst in Sch./G.² (1856).

619 *3 morgen zu sehen:* Sch. kam erst am 10. September, s. zu Nr. 493. — *7 passieren:* (frz.) ›durchgehen lassen‹. – *8–13 daß einer ⟨...⟩ recht:* Sch. griff G.s Kritik nicht auf. – *18 Lenz:* Johann Georg L. (1748–1832). Der Jenaer Professor der Mineralogie war Gast in G.s ›Freitagsgesellschaft‹ und Vorsitzender der ›Mineralogischen Sozietät‹, zu deren Ehrenmitglied G. 1798 ernannt wurde; vgl. M. Semper: ›Die geologischen Studien Goethes.‹ Leipzig 1914, S. 224–227. – *das Buch:* vermutlich: Pierre Lyonnet: ›Traité anatomique sur la chenille, qui ronge le bois de saule‹. La Haye 1760; s. Nr. 264, zu Nr. 280, 287, 509. Der beiliegende Zettel ist nicht überliefert. – *21 Sternbald:* s. zu Nr. 504; vgl. Tieck an G., 10. Juni; G. an Tieck, Mitte Juli. Zu G.s Kritik vgl. ⟨*Schema und Bemerkungen zu Ludwig Tieck: Franz Sternbalds Wanderungen*⟩ (Bd. 6.2, S. 549–554, 1128f.); Gespräche I, S. 708.

506. SCHILLER   JENA, 5. SEPTEMBER 1798

619,35 *der göttliche Matthisson:* \*; zuerst in Sch./G.² (1856).

619 *28 Schnupfen:* s. Nr. 504. – *meine Wanderung:* s. zu Nr. 493. – *30 Korrektur:* Sch. las Korrektur zum ›Musen-Almanach‹ für 1799, s. zu Nr. 487, 497. – *31 Gedicht:* ›Das Bürgerlied‹ wurde am 7. September fertig. – *33 noch etwas ⟨...⟩ stiften:* über die Sch. von G. zugegangenen Beiträge zum ›Musen-Almanach‹ für 1799 s. zu Nr. 475. G. steuerte nichts Neues bei. – *35 Matthisson:* s. Nr. 494 und 501. – *36 Dichterinnen:* drei Gedichte Amalie von Imhoffs (unter den Siglen »D.« und »E.«) und Louise Brachmanns, ein für den vorjährigen Almanach bestimmtes Gedicht von Sophie Mereau; s. zu Nr. 491. – *38 Stanzen:* Maskenzug zum *30. Januar 1801* ⟨1798⟩, s. Nr. 414.

620 *1 hier:* im Gartenhaus, s. zu Nr. 461. – *3 Liedchen:* ›Des Mädchens Klage‹, s. zu Nr. 491. In ›Piccolomini‹ III/7 singt Thekla die ersten beiden Strophen. – *8 gestrigen Sendung:* Nr. 504.

507. GOETHE          WEIMAR, 6. SEPTEMBER 1798

620,26 *gereeht:* gerecht; 620,26 *gereiht:* gereicht; 621,8 *Richter:* Q.

620 *17 Theater:* s. zu Nr. 481. – *21 einen Titel:* Sch. nannte es ›Stanzen‹, s. Nr. 506 und 510. – *22 Lied:* ›Des Mädchens Klage‹. – *25 Druckfehler:* Die Druckfehler in G.s Elegie *Die Metamorphose der Pflanzen* (Vers 46) und in Matthissons ›Stummes Dulden‹, (Vers 4) (›Musen-Almanach‹ für 1799) wurden nicht mehr korrigiert. – *31 Umschlags:* zum ›Musen-Almanach‹ für 1799, s. zu Nr. 488 und 502. – *32 das bessere Papier:* s. Nr. 503. – *35 Umschlag zu den Propyläen:* s. zu Nr. 486. – *39 Facius:* s. zu Nr. 125.

621 *3 Voigtischen Hochzeit:* s. zu Nr. 495. – *4 Gedicht:* Seine Disposition ist nicht erhalten. – *6 Stimmung:* s. zu Nr. 355. – *8 Richter:* Jean Paul hielt sich vom 23. August bis 3. September in Weimar auf. – *11–14 daß es ⟨...⟩ entzücke:* Jean Paul gibt eine abweichende Darstellung des Gesprächs im Brief an Otto vom 2. September. – *17 Duplum und Triplum:* lat. ›Zweifache‹ und ›Dreifache‹. – *21 Matizeck:* Die Opernsängerin und Schauspielerin Maticzek war von 1794 bis 1801 in Weimar engagiert, danach in Hamburg und Kassel; vgl. Jean Paul an Otto, 3. November.

508. SCHILLER          JENA, 7. APRIL ⟨SEPTEMBER⟩ 1798

Im Erstdruck unter die Briefe vom April eingeordnet.

621 *32 morgen:* s. Nr. 509 und zu Nr. 493. – *33 Almanach:* ›Musen-Almanach‹ für 1799. – *34 letzte Gedicht:* ›Bürgerlied‹, s. zu Nr. 506. – *36 Gartenaufenthalts:* s. zu Nr. 461. Erst am 6. November zog Sch. wieder in seine Stadtwohnung, s. Nr. 537. – *37 Liebesszenen:* s. zu Nr. 279 und 419; Nr. 388 und 539.

622 *1 Buch von Lenz:* s. zu Nr. 505.

509. SCHILLER          JENA, 9. SEPTEMBER 1798

622 *8 am Samstag:* für Samstag, den 8. September. – *18 Lyonet:* s. zu Nr. 505.

510. SCHILLER          JENA, 18. SEPTEMBER 1798

623,8 f. *Er scheint ⟨...⟩ zu setzen.:* zuerst in Sch./G.² (1856).

622 *26 Zurückkunft:* s. zu Nr. 493. – *27 Prolog:* ›Wallensteins Lager‹, s. zu Nr. 321. – *32 mehr ⟨...⟩ Reichtum:* Sch. verdoppelte den bisherigen Umfang von ca. 500 Versen und vermehrte das Personal um die Hälfte; vgl. Sch. an Cotta, 1. Februar 1797; Sch.

an Körner, 30. September. – *35–38 daß über der Menge ⟨...⟩ vorkommt:* im Sinn einer epischen Strukturierung des ›Lagers‹. – *39 noch einige Figuren:* den Kapuziner; vielleicht auch den Dragoner und Wachtmeister, s. Nr. 513; Sch. an Zelter, 6. Juli 1797; Sch. an Körner, 30. September 1798.

**623** *2 Sonnabend:* 22. September. Erst eine Woche später wurde laut ›Calender‹ »Wallensteins Lager abgeliefert«; vgl. Nr. 513. – *4 Cotta schreibt:* Cotta an Sch., 11. September. – *der Herzog:* Herzog Friedrich II. von Württemberg. – *ein neues Zeitungsprivilegium gegeben:* Das reaktionäre Österreich hatte beim Wiener Reichshofrat ein Verbot der bei Cotta verlegten Tageszeitung ›Die neueste Weltkunde‹ durchgesetzt. Der württembergische Herzog gestattete Cotta den Verlag einer neuen Zeitung, wenn er sie der Zensur unterwarf. Vgl. Schiller/Cotta, S. 309 ff., 625–652. An der demokratischen Tendenz des verbotenen Blattes hatte auch G. Anstoß genommen, s. zu Nr. 403, 404; Nr. 408, 458; G. an Cotta, 14. September. – *7 Poßelt:* Posselt, der Blattmacher der ›Neuesten Weltkunde‹, war bei der seit dem 9. September von L. F. Huber herausgegebenen ›Allgemeinen Zeitung‹ nur noch Mitarbeiter. – *10 einen Bogen:* des ›Musen-Almanachs‹ für 1799, s. zu Nr. 497. – *11 Gedicht an die Herzogin:* s. zu Nr. 506 und 507. – *16 in dem Theatersinn zu vollenden:* zur Fertigstellung s. Nr. 386 und 481. Die Entscheidung, ›Wallenstein‹ als Theaterstück zu schreiben, ist nicht erst, wie NA 29 konstruiert, bei Sch.s letztem Weimarbesuch gefallen, s. Nr. 386, 501. In Nr. 388 abstrahiert Sch. lediglich bei der Konzeption der Liebesszenen von der Aufführung, in Nr. 459 will er sich nicht unter Zeitdruck setzen lassen! – *19 Meyern:* den Zimmernachbar in G.s Haus, s. Nr. 501.

511. GOETHE                    WEIMAR, 21. SEPTEMBER 1798

**623** *29 Mittwochs:* 19. September. G. hatte sich vom 18. bis 20. September auf seinem Gut in Oberroßla aufgehalten; s. zu Nr. 440. – *31 Sie zurückgelassen:* s. zu Nr. 493. – *36–38 auf unser Theater ⟨...⟩ Manuskripte:* s. zu Nr. 386 und G. an Kirms, 25. September. G., *Eröffnung des weimarischen Theaters* (Bd. 6.2, S. 661). Sch. an Iffland, 15. Oktober.

**624** *3 zusammen konferieren:* G. hielt sich vom 22. September bis 1. Oktober in Jena auf.

512. GOETHE                    WEIMAR, 21. SEPTEMBER 1798

**624** *15 Schweizer Papier:* weiches Qualitätspapier. – *15 Titelkupfers:* s. zu Nr. 382 und 383. – *16 Hertel:* Johann Friedrich

August H. (1757–1811), ›privilegierter Papierhändler‹ in Jena. – *17 bald zu schicken:* G. übernahm dies selbst, vgl. G. an Meyer, 26. September.

513. SCHILLER                                    JENA, 21. SEPTEMBER 1798

624,35 *freilich nicht:* freilich selber nicht; 625,3 *unserm Arrangement:* unseren Arrangements; 625,4–12 *aber er ⟨...⟩ wegen.*: zuerst in Sch./G.⁴ (1881); 625,15 *Richter:* W.

**624** *26 Woche bei Ihnen:* s. zu Nr. 493. – *29 Prolog:* ›Wallensteins Lager‹, s. zu Nr. 321. – *30 der Abschreiber:* Sch. beschäftigte den »Kopisten« Gottlieb Leonhardt Heubner (geb. 1767), vgl. Sch. an Sophie Mereau, 27.⟨?⟩ Juni 1797. – *31 Gestalt ⟨...⟩ bekommt:* s. Nr. 510. – *37 Kapuziner:* ›Wallensteins Lager‹, 8. Auftritt. Er signalisiert im humoristischen Zeitkolorit des »Ganzen« die klerikale Opposition gegen Wallenstein am Wiener Hof.
**625** *1 Humboldt:* W. von Humboldt an Sch., 5. September. – *2 Ihren Brief nebst dem Gedicht:* G. an Humboldt, 16. Juli, mit *Euphrosyne* als Beilage, s. Nr. 473 und 490. – *3 ehestens antworten:* Humboldt antwortete erst am 18. März 1799. – *Arrangement mit seinem Werk:* bezüglich der Drucklegung von ›Über Göthes Herrmann und Dorothea‹, s. zu Nr. 492. – *10 als daß man sie liest:* s. zu Nr. 489. Die nämlichen Bedenken formuliert satirisch die Schlegelsche ›Preisaufgabe‹ (›Athenäum‹ II/2). – *13 Retif:* Restif de la Bretonne. – *15 Richter:* Jean Paul erfuhr über Charlotte von Kalb von dem Vergleich (NA 42, S. 254). – *18 ein andres passendes Stück:* ›Wallensteins Lager‹ wurde bei der Uraufführung zusammen mit Kotzebues Drama ›Die Corsen‹ gegeben, s. zu Nr. 481. – *30 beginnt mit einem Lied:* Das von G. und Sch. gemeinsam verfaßte *Soldatenlied zu Wallensteins Lager* (Bd. 6.1, S. 29 f.) wurde in der Druckfassung gestrichen. – *20 endigt mit einem:* ›Wohl auf, Kameraden, aufs Pferd, aufs Pferd!‹ – *21 in der Mitte:* Lied des Rekruten im 7. Auftritt. – *27 Bechers:* vielleicht eine Vorlage für die Beschreibung des Pokals in der Kellermeisterszene ›Die Piccolomini‹ IV/5.

514. GOETHE                                      JENA, 29. SEPTEMBER 1798

**625** *33 Geschichte des Dreißigjährigen Kriegs:* Sch.s historische Abhandlung war 1791–93 stückweise in Göschens ›Historischem Calender für Damen‹ und 1793 in einer einbändigen Ausgabe erschienen. – *35 Anfangsliede: Die Zerstörung Magdeburgs* (Bd. 6.1, S. 30–32) wurde als Anfangslied für ›Wallensteins Lager‹ wieder verworfen; s. zu Nr. 513, Nr. 520, 521. – *38 modern-*

*antiken Preußen und Sachsen:* vermutlich Lessings ›Minna von Barnhelm‹, s. Nr. 515.
626 *2 manches durchzureden:* Am 30. September sprachen G. und Sch. über den ›Prolog‹, ›Wallensteins Lager‹ und Diderots ›Versuch über die Malerei‹, s. zu Nr. 256, 511.

515. SCHILLER                           JENA, 29. SEPTEMBER 1798

626 *10 Beitrag zum Prolog:* Mit Beitrag meint Sch. den eigentlichen ›Prolog zu Wallensteins Lager‹. Gesprochen bei Wiedereröffnung der Schaubühne in Weimar im Oktober 1798‹ (Bd. 6.2, S. 662–669); s. Nr. 519 und zu Nr. 321.

516. SCHILLER
JENA, ERSTE AUGUSTHÄLFTE ODER ENDE SEPTEMBER 1798

*Datierung:* vgl. NA 29, S. 633 und NA 42, S. 593. Der Besuch der Brüder Wolzogen ist zum letzteren Termin wahrscheinlicher, zwischen 23. und 28. September. G. war am 23., 24. und 27. September bei Sch. zu Besuch; s. zu Nr. 485.
*Überlieferung:* Auf der zweiten Seite der Hs. notierte G. drei Stichwörter: »Gegenstand«, »abteilung« und »Unterabteilung«.

626 *21 zwei Brüder:* August und Ludwig von Wolzogen, s. zu Nr. 485.

517. SCHILLER                           JENA, 2. OKTOBER 1798
626,39 *Zwecke:* Endzwecke.

626 *32 Schwägerin:* Caroline von Wolzogen. – *33 das Gedicht:* ›Prolog zu Wallensteins Lager‹, s. zu Nr. 515. – *38 an den Almanach:* als letzten Beitrag, s. zu Nr. 491.
627 *2 Poßelt einzuverleiben:* Sch. und G. hielten Poßelt für den Hg. der ›Allgemeinen Zeitung‹, in der der ›Prolog‹ am 24. Oktober erschien, s. zu Nr. 522 und 510. – *5 vor Ende ⟨...⟩ Woche:* 13. Oktober. Die Wiedereröffnung des Weimarer Theaters war am 12. Oktober, s. zu Nr. 515. – *9 zu ändern:* s. Nr. 522. – *13 Decken und Titelkupfer:* Sie wurden unter Meyers Aufsicht in Weimar gedruckt, s. zu Nr. 382, 383, 502, Nr. 512, 518.

518. GOETHE                             WEIMAR, 3. OKTOBER 1798

627 *21 Prolog:* ›Prolog zu Wallensteins Lager‹. – *24 Ubiquität:* ›Allgegenwart‹. Anspielung auf den umtriebigen Böttiger, dem G. mit der Rezension der Uraufführung zuvorkommen wollte, s. zu

Nr. 434; vgl. Sch. an Körner, 29. Oktober. – *26 Anlage:* Sch. hatte G. offensichtlich einen Rohentwurf des Prologs in Jena gezeigt, s. zu Nr. 511.

519. SCHILLER    JENA, 4. OKTOBER 1798

628 *3 Prolog:* ›Prolog zu Wallensteins Lager‹, s. zu Nr. 515 und 517. – *5 geändert wünschen:* s. Nr. 522 und 524. – *12 schließen wir (...) Absatz:* G. kürzte und veränderte den letzten Absatz, s. Bd. 6.2, S. 669 und 1180. – *15 Decken und Titelkupfern:* s. zu Nr. 517. – *19 Ihre Schauspieler:* s. Nr. 524, 525; G.s *Eröffnung des Weimarischen Theaters,* Bd. 6.2, S. 643 f., 660 f., 1174 f.; Sch. an Körner, 29. Oktober; Böttiger, ›Nachrichten von dem Weimarischen Hoftheater‹ (Fambach II, S. 405).

520. GOETHE    WEIMAR, 5. OKTOBER 1798

628 *26 wie er angelegt war:* s. zu Nr. 518. – *30 penetrieren:* (frz.) hier: ›anrühren‹, ›durchdringen zu lassen‹. – *34 meine Edition:* s. zu Nr. 522 und 524. – *35 den Druck:* im ›Musen-Almanach‹ für 1799, s. Nr. 517. – *37 Montag (...) Stuttgard:* G. übersandte das Manuskript für die ›Allgemeine Zeitung‹ wie angekündigt am 8. Oktober, s. zu Nr. 517 und 522. – *39 Vohs:* Johann Heinrich Andreas V. (1762–1804) sprach im Kostüm von Max Piccolomini den Prolg, s. Bd. 6.2, S. 643, und Böttiger (s. zu Nr. 519); NA 8, Anhang. – *Vorspiel:* ›Wallensteins Lager‹. – *40 Leißring:* Christian August Joachim L. (1777–1852) spielte den ersten Holkischen Jäger, s. Bd. 6.2, S. 660. – *Weyrauch:* Vincent W. (1765–1802), von 1793 bis 1800 Schauspieler und Opernbuffo in Weimar, spielte den Wachtmeister (ebenda).

629 *1 Haide:* Friedrich Johann H. (1770–1832), seit 1793 Schauspieler in Weimar, verkörperte zahlreiche Hauptrollen und spielte hier den wallonischen Kürassier (ebenda). – *deklamieren die gereimten Verse (...) hätten:* In mehreren Anläufen bereiteten Sch. und G. Publikum und Schauspieler auf das ungewohnte Versdrama vor. Vgl. Sch., Prolog, Verse 129–138; Sch. an Iffland, 15. Oktober; an Cotta, 19. Oktober; G., *Weimarischer, neudekorierter TheaterSaal,* Bd. 6.2, S. 641 f.; *Eröffnung des Weimarischen Theaters,* Bd. 6.2, S. 643, 661; 1173 ff.; vgl. Nr. 377, 382, 725; die Berichte von Böttiger, C. Falk und Devrient in Grumach IV, S. 471, 474 f. – *6 zu unserm Zwecke:* s. Nr. 514. – *8 Band des Pater Abraham:* G. übersandte aus der Weimarer Bibliothek Abraham à S. Clara (1644–1709): ›Reimb dich oder du Liss dich (...).‹ Luzern 1687. Die Ausgabe ist angebunden an ders., ›Judas der Ertz-

Schelm‹ I. Bonn 1687. – *9 Kapuzinerpredigt:* Für ›Wallensteins Lager‹, 8. Auftritt, verwendete Sch. aus ›Reimd dich‹ den Traktat: ›Auff, auff, ihr Christen!‹. – *10 Das Raben Cras:* Im Traktat ›Mercks Wien!‹, S. 77. Sch. griff Megerles lautmalerisches Eifern gegen das Vertagen – (lat. ›cras‹ ›morgen‹) – nicht auf. – *Genasts Munde:* Anton Genast (1765–1831), von 1793 bis 1817 Wochen-Regisseur in Weimar, spielte den Kapuziner; vgl. Eduard Genast, ›Aus dem Tagebuche eines alten Schauspielers.‹ 4 Bde. Leipzig 1862; s. zu Nr. 573, 920. – *14 Anfangslied:* s. zu Nr. 514 und Nr. 521. – *15 etwas 〈...〉 zu substituieren:* das *Soldatenlied zu Wallensteins Lager,* s. zu Nr. 513. – *19 Repräsentationen:* s. zu Nr. 395. – *21 Ihre Ankunft:* Sch. hielt sich wegen der Aufführung von ›Wallensteins Lager‹ vom 11. bis 14. Oktober in Weimar auf.

521. SCHILLER                      JENA, 5. OKTOBER 1798

630,35 *Tage hier kennen:* Tage kennen; die Nachschrift 631,12–24 im Erstdruck zu Nr. 523 plaziert.

629 *29 Prolog:* ›Prolog zu Wallensteins Lager‹. – *die drei Herren:* Leißring, Weyrauch und Haide. – *31 den Abdruck:* im ›Musen-Almanach‹ für 1799, s. Nr. 517. – *35 das Exemplar 〈...〉 Poßelten schicken:* für die ›Allgemeine Zeitung‹. – *36 gleichlautend:* zu den Abweichungen vgl. NA 8, S. 417. – *39 Schelling:* Er war von einer Dresdener Reise nach Jena zurückgekommen. Zu seiner Berufung s. zu Nr. 450 und 491. – *40 prevenieren:* (frz.) ›vorinformieren‹, ›warnen‹.

630 *1 andere Veränderungen:* s. Nr. 523, 526. – *2 Montag:* 8. Oktober. – *8 Stelzfuß:* Die Figur des Konstablers blieb. – *10 Zeitungsblatt:* s. Nr. 523. – *12 Herzog Bernhard:* Herzog Bernhard von Sachsen-Weimar (1604–1639) kämpfte im Dreißigjährigen Krieg auf schwedischer Seite. Die Komplimente an den Vorfahren von Herzog Carl August verlegte Sch. in die ›Piccolomini‹, Verse 1068 und 2119. G. selbst hatte zu einer Biographie Herzog Bernhards seit 1780 reichlich Material gesammelt; vgl. Böttiger, Literarische Zustände I, S. 65; G. an Herzog Ernst II. von Sachsen-Gotha und Altenburg, 28. Februar 1780. – *15 Liedlein von Magdeburg:* s. zu Nr. 514. – *18 an Zeit dazu fehlt:* Die Uraufführung von ›Wallensteins Lager‹ fand am 12. Oktober statt. – *anders substituieren:* s. zu Nr. 520. – *27 Über die Farbenlehre 〈...〉 viel nachgelesen:* s. zu Nr. 400. – *31 bei Ihnen melden:* Schelling meldete sich im November, vgl. Schelling an G., 11. November; G.s Tgb., 16. und 17. November. – *32 Ihrer Hieherkunft:* G. hielt sich vom 14. bis 22. Oktober wieder in Jena auf. – *34 Original:* Johann Baptist Lacher (1776–1809) aus Kempten studierte in Jena. Der revolu-

tionsbegeisterte junge Mann reiste am 5. Oktober über Schwaben nach Paris und schloß sich der französischen Armee an. Sein Bruder war Sekretär beim Augsburger Domherrn Graf Waldstein, einem Nachkommen Wallensteins. Vgl. Sch. an Cotta, 4. Oktober; Charlotte II, S. 179; Schiller/Cotta, S. 316f. – *36 Wieland und Herder:* Beide zeigten Verständnis für Lachers Vorhaben, in die französische Armee einzutreten; vgl. Schiller/Cotta, S. 316.

631 *7 Ihren Veränderungen:* s. Nr. 522 und 523. Die Vermutungen der NA 29 bezüglich G.s Texteingriffen sind durch den Hs.-Fund von Anita Golz präzisiert worden, s. zu Nr. 524. – *19 so kann ich mich (...) darnach richten:* Der Expreßverkehr klappte, s. Nr. 522 und 523.

522. GOETHE                              WEIMAR, 6. OKTOBER 1798

631 *31 die andere eingefügt werde:* ›Prolog‹, Verse 10–31, (Verszählung nach NA 8). – *33 von unsern Schauspielern:* vgl. Verse 10–14. – *34 Von Iffland:* Verse 15–17; s. zu Nr. 159 und 450. – *35 auf Schrötern:* Verse 18–21. Zu den fehlschlagenden Hoffnungen, Schröder für die Wallensteinrolle in Weimar zu gewinnen, s. zu Nr. 428, 456, 457. – *37 gedruckte Exemplare:* aus dem ›Musen-Almanach‹ für 1799. G. schickte jedoch Abschriften des Prologs, s. Nr. 524. – *38 Montags:* 8. Oktober. – *39 an Schrötern:* G. an Schröder, 7. Oktober; s. Nr. 524. – *40 nach Stuttgard:* für die ›Allgemeine Zeitung‹; vgl. G.s Briefkonzept an Cotta vom 8. Oktober (Goethe/Cotta III/1, S. 117f.).

632 *2 Korrekturbogen:* vom Druck im ›Musen-Almanach‹ für 1799, s. Nr. 517. – *6 Vorspiels:* ›Wallensteins Lager‹. – *13 alles vorbei sein:* Am 6. Oktober war die dritte Leseprobe auf dem Theater, s. Nr. 524.

523. SCHILLER                              JENA, 6. OKTOBER 1798

632,28 *folgt hier der:* folgt der; 633,2 *setzten:* setzen.

632 *24–27 Wenn Sie (...) abgehen:* G. übernahm dies selbst, s. zu Nr. 522. – *29 kleinen Veränderungen:* s. Nr. 521. – *33–38 Lassen Sie (...) gekommen:* Die Weimarer Hs. (h) von ›Wallensteins Lager‹ (Vers 111) übernahm für die Uraufführung diese Änderung (NA 8, S. 418 f.).

633 *1 Perücke:* Die Allongeperücke wurde im altdeutschen Reich erst in der zweiten Hälfte des 17. Jh.s Mode. – *3–10 Nro. 3 (...) etc.:* ›Wallensteins Lager‹ (Verse 70ff.). Die Uraufführung bot die Veränderungen. – *15 Termin:* 12. Oktober, s. zu Nr. 481. – *16 Kapuzinerpredigt:* s. zu Nr. 520 und Nr. 526.

524. GOETHE  WEIMAR, 6. OKTOBER 1798

633 *26 Prolog:* ›Prolog zu Wallensteins Lager‹, s. zu Nr. 515. – *27 Der ⟨...⟩ Periode:* (mittellat. ›periodus‹ fem.) ›Satzgefüge‹; s. Nr. 522. – *29 andere Ausgabe:* Die von Anita Golz 1983 gefundene Hs. der Uraufführung *Prolog, von Schiller ⟨von G. bearbeitet⟩* ist erstmalig wiedergegeben in Bd. 6.2, S. 663–667. Die Hs. weist die genannten Änderungen bezüglich »Mimen«, »Ären« und »Wallenstein« auf, s. Bd. 6.2, S. 1179. Ferner: A. und J. Golz: ›Ernst ist das Leben, heiter sei die Kunst‹. In: K.-H. Hahn (Hg.): ›Im Vorfeld der Literatur‹. Weimar 1988. – *37 Der Saal ⟨...⟩ artig:* s. zu Nr. 481, 483, 296. – *39 Widersacher:* s. Nr. 483–485.

634 *1 Vorspiel:* ›Wallensteins Lager‹. – *3 neue und fremde Aufgabe:* Verse zu sprechen, s. zu Nr. 520. – *10 Soldatenlied:* s. zu Nr. 513. – *11 Die Musik:* Das *Soldatenlied* wurde nach Reichardts Melodie des Liedes *Mit Mädeln sich vertragen* aus *Claudine von Villa Bella* (Bd. 1.2, S. 91) gesungen. Als Ouvertüre wurde ein »kriegerische⟨s⟩«, von Konzertmeister Johann Friedrich Kranz (1754–1807) komponiertes Musikstück gespielt. Vgl. Böttiger, ›Nachrichten von dem Weimarischen Hof-Theater‹ (Fambach II, S. 404), s. zu Nr. 481. – *12 wohl im Hause stehen:* Anspielung auf den Luther-Reim und das altdeutsche Sprichwort ›Ein jeder lerne seine Lektion/ so wird es gut im Hause stohn‹; vgl. *Dichtung und Wahrheit*, 12. Buch, Bd. 16, S. 570. – *14 Mittwoch:* 10. Oktober. – *22 an Schröter und Posselt:* s. Nr. 521 und 522. – *23 Vorrezension ⟨...⟩ schematisiert:* s. Paralipomena zu G.s *Eröffnung des Weimarischen Theaters*, Bd. 6.2, S. 1177–1179. – *26 Unverschämtheit ⟨...⟩ aufnimmt:* Die Rezensionspolitik war Bestandteil der literaturpolitischen Allianz der Klassiker angesichts spürbarer Widerstände; s. Nr. 436, 439; G. an Cotta, 8. Oktober (WA IV 13, S. 416); vgl. auch Sch.s Rezensionsabsprachen mit Schütz, zu Nr. 15. G. beabsichtigte mit seiner prompten Rezension, »daß er sie Böttichern aus den Zähnen reiße« (Sch. an Körner, 29. Oktober). – *37 Kupfer:* die Abzüge des Titelkupfers zum ›Musen-Almanach‹ für 1799, s. zu Nr. 382, 383, 517.

525. GOETHE  WEIMAR, 7. OKTOBER 1798

635,11 *trefflich:* vortrefflich; 635,21 *wirklich alles:* alles wirklich.

635 *3 Abdrücke:* der Titelkupfer und Decken für den ›Musen-Almanach‹ für 1799, s. zu Nr. 502 und 517, Nr. 518. – *7 Eröffnung unsers Theaters,* s. zu Nr. 481. – *8 Freitag:* 12. Oktober. – *sich Donnerstags ⟨...⟩ einzufinden:* zu Sch.s Weimarbesuch s. zu Nr. 520. – *11–13 Die Hauptfiguren ⟨...⟩ ein wenig:* s. Nr. 520; vgl.

G.s *Eröffnung des Weimarischen Theaters,* Bd. 6.2, S. 643 f., 660. – *14 versteht man ⟨...⟩ Wort:* vgl. ebenda. – *16 das Pensum:* Für die noch junge ›Allgemeine Zeitung‹ (s. zu Nr. 510) hatte G. schon am 29. September seinen Beitrag *Weimarischer, neudekorierter TheaterSaal* (Bd. 6.2, S. 639–642) übersandt. Es folgten der *Prolog* (am 24. Oktober) und G.s Aufführungsbericht *Eröffnung des Weimarischen Theaters. Aus einem Briefe* (Bd. 6.2, S. 642–661) (erschienen am 7. November), in dem er ausführlich aus ›Wallensteins Lager‹ zitiert. – *20 Humor:* s. zu Nr. 20. – *22 Abdrücke des Prologs:* aus dem ›Musen-Almanach‹ für 1799, s. zu Nr. 517. – *23 Kapuziner Predigt:* s. Nr. 523 und 526.

526. SCHILLER    JENA, 7. ⟨?⟩ ODER 8. OKTOBER 1798

*Datierung:* Der Brief datiert eher vom 8. Oktober. Nr. 526 ist die Antwort auf Nr. 524. Der letzte Satz von Nr. 526 ergäbe wenig Sinn, wenn mit »Morgen« (636,22) bereits der 8. Oktober gemeint wäre, weil G. in Nr. 524 (634,28–30) beim voraussichtlichen Verschiebungsfall der Aufführung für Dienstag, den 9. Oktober, einen Boten angekündigt hatte. Dank der am Montag fahrenden Post von Jena nach Weimar traf die Kapuzinerpredigt bereits am 8. Oktober in Weimar ein. Vgl. E. Genast, ›Aus dem Tagebuch eines alten Schauspielers‹. Leipzig 1862/1865, I, S. 99.

635  *30 Kapuzinerpredigt:* s. zu Nr. 520. – *31 Besuchen:* Schelling u. a., s. Nr. 521. – *35 würdiges Vorbild:* Abraham à S. Clara, s. Nr. 520, 521.

636  *5 Gradation:* (lat.) ›Steigerung‹. – *9 vor der Ertappung ⟨...⟩ Zelt:* ›Wallensteins Lager‹, 9. Auftritt. Davor plazierte Sch. die Kapuzinerpredigt. – *11 Ökonomie:* s. zu Nr. 242. – *15 Spielman(n):* Vermutlich hat G. den Spielmann in Bergknappen (8. Auftritt) geändert. – *20 ein paar Strophen anflicken:* s. Nr. 527. – *23 abzureisen:* s. zu Nr. 521.

527. SCHILLER    JENA, 9. OKTOBER 1798

637,7 *ihm zugleich in:* ihm in; 637,12 *Zuschauer Anfangs etwas:* Zuschauer etwas.

636  *29 Decken und Kupfer:* s. Nr. 525. Der in Jena gedruckte Textteil des ›Musen-Almanachs‹ für 1799 lag gerade vor, s. zu Nr. 497. – *32 Aufschub:* s. Nr. 525. – *33 Donnerstag:* 11. Oktober. Sch. sah an diesem Tag noch die Generalprobe von ›Wallensteins Lager‹ in Weimar. – *37 viel mehr für das Ganze:* NA 29 und NA 8 geben einen veralteten Forschungsstand wieder, wenn sie von einer »nur losen Verknüpfung« des ›Lagers‹ mit den Hauptteilen der

Trilogie sprechen. Bereits bei der unangetasteten Fassung präludiert eine Fülle von Motiven solche der beiden fünfaktigen Dramen. – *38 Striche ⟨...⟩ soll:* hier: ›Züge‹. Sch. beließ es bei der Fassung der Uraufführung.

**637** *10 Soldatenlied ⟨...⟩ vermehrt:* Eine schlüssige Zuordnung der Anteile von Sch. und G. gelang auch NA 8 (S. 417) nicht. G. scheint den Grundstock an Strophen geschrieben zu haben, s. Nr. 524. – *18 Veränderungen:* G. nennt selber die Verse 11/12 von ›Wallensteins Lager‹; vgl. G. zu Eckermann, 25. Mai 1831 (Bd. 19, S. 453f.). Zum Spielmann s. zu Nr. 526. Böttiger schreibt in seiner widerrechtlichen Abschrift des ›Lagers‹ (h⁴) G. großzügig die Verse 71, 122–125, 256–266, 429–454 und die ganze Kapuzinerpredigt zu; vgl. NA 8, S. 413. – *30 noch etwas zu sagen haben:* G.s Antwortbrief, den Sch. am 10. Oktober erhielt, ist nicht überliefert.

528. GOETHE                    JENA, 18. OKTOBER 1798

**638** *4 geistlichen und leiblichen Müdigkeit:* G. hielt sich vom 14. bis 22. Oktober in Jena auf und hatte – nach einer Einladung zur Weinlese – mit Sch. Besuch aus Weimarer Hofkreisen erhalten: vom jungen Erbprinzen Carl Friedrich von Sachsen-Weimar, C. G. Voigt mit Familie und Kammerrat Ridel. Vgl. G. an Christiane, 15. Oktober; Ridel an G., 16. Oktober; Grumach IV, S. 452. – *7 Abschreiber:* Heubner wurde nicht mehr benötigt, s. zu Nr. 351 und Nr. 530.

529. SCHILLER                  JENA, 18. OKTOBER 1798

**638** *18 morgen ⟨...⟩ zu sehen:* s. Nr. 530.

530. GOETHE                    JENA, 19. OKTOBER 1798

**638** *26 Opus:* G.s *Eröffnung des Weimarischen Theaters,* s. zu Nr. 525. – *28 abschicken:* Dies geschah; vgl. WA IV 13, S. 436. – *30 mit anderer Schrift:* Die umfangreichen Verszitate aus ›Wallensteins Lager‹ wurden im Aufführungsbericht in keiner anderen Schrift gesetzt. – *33 vom Garten aus:* s. zu Nr. 508.

531. SCHILLER                  JENA, 23. OKTOBER 1798

639,26 zuerst in Sch./G.² (1856).

**639** *3 nicht noch in Jena:* s. zu Nr. 521. – *5 Arbeit:* an den ›Piccolomini‹. – *7 Theatersprache:* zu Sch.s Problemen der Theatralisierung s. zu Nr. 388. – *9 Vorstellung der Wirklichkeit:* der Weimarer Bühnenbedingungen. – *12 Besogne:* frz. ›Arbeit‹. – *23 Meiern:* J. H. Meyer. – *26 Almanach:* ›Musen-Almanach‹ für 1799.

532. SCHILLER                          JENA, 26. OKTOBER 1798

639,36 *die 24 Ldors:* die Ldors; 640,1–3 *Ich muß ⟨...⟩ Eil.:* zuerst in Sch./G.² (1856).

**639** *32 Besuch:* Er ist nicht ermittelt. – *33 Auslagen für den Almanach:* s. zu Nr. 517. Für seine Zeichnungen zu den ›Musen-Almanachen‹ für 1798 und 1799 erhielt Meyer 26 Reichstaler, für Auslagen nahezu 90 Reichstaler; vgl. Sch. an Cotta, 28. Oktober; Schiller/Cotta, S. 686. – *36 24 Ldors:* Die Summe entspricht einem Bogenhonorar von 12 Louisd'or, s. Nr. 541. Zu G.s Beiträgen zum ›Musen-Almanach‹ für 1799, s. zu Nr. 475. – *38 Montags:* G. war am 29. Oktober nicht in Jena.

533. GOETHE                        WEIMAR, 27. OKTOBER 1798

640,15 *verlangt es gar:* verlangt gar.

**640** *9 Redoute:* Die erste Redoute hatte am 26. Oktober im renovierten Theater stattgefunden; vgl. G. an Knebel, 30. Oktober. Zu ihrem Programm vgl. WA IV 30, S. 66. – *11 verschiednen Geschäften:* Schloßbau, Theater und Gutsangelegenheiten. – *12 Dienstag:* 30. Oktober. G. fuhr zu seinem Gut in Oberroßla erst am 2. November, s. zu Nr. 440. – *13 vierten November ⟨...⟩ zuzubringen:* G. hielt sich vom 11. bis 29. November wieder in Jena auf. – *15 Folge ⟨...⟩ Tätigkeit:* ungestörter Geistesarbeit. – *17 Nova:* lat. ›Neuigkeiten‹. In der zweiten Novemberhälfte fanden die Premieren von Richard Cumberlands Schauspiel ›Der Jude‹, Christian Heinrich Schalls ›Die erste Liebe‹ und von Ferdinand Kauers Oper ›Wilibald und Erminia‹ statt. – *25 remittieren:* (lat.) ›zurückerstatten‹. G. verrechnete sein *Propyläen*-Honorar bei Cotta vorläufig mit der Bezahlung der Stuttgarter Künstler, die am Weimarer Schloß- und Theaterbau mitwirkten; vgl. G. an Cotta, 17. Oktober; s. Nr. 541. – *26 Von Schrödern:* Schröder an G., 17. Oktober (vgl. J. Wahle, ›Das Weimarer Hoftheater unter G.s Leitung‹. Weimar 1892, S. 138); vgl. auch Böttiger an G., 26. Oktober. Zu den Weimarer Plänen Schröders s. zu Nr. 428, 456, 457, 522. – *33 Hoffen und harren:* vgl. das Sprichwort ›Hoffen und harren macht manchen zum Narren‹.

## 534. Schiller · Jena, 30. Oktober 1798

641,11 *wenigen:* einigen.

641 *3 im Garten:* s. zu Nr. 508. – *8 Das Geschäft:* die Arbeit an den ›Piccolomini‹. – *14 Propyläen:* Das 1. Stück der *Propyläen* I war im Oktober erschienen. – *20–22 wie mancher ‹...› wird:* Sch. dürfte an die Brüder Schlegel, vielleicht auch an Böttiger gedacht haben. – *27 Verkauf des Wallensteins:* Sch. wollte dem Hamburger Theater die Trilogie für 50 Louisd'or überlassen; vgl. Sch. an Cotta, 21. September. Für das Hamburger Bühnenmanuskript und die ›Turandot‹-Bearbeitung erhielt Sch. 1802 24 Louisd'or; vgl. Herzfeld an Sch., 4. Mai 1802. – *29 Direktion des Theaters:* s. zu Nr. 456. – *30 vier oder fünf Schauspieler:* Gottfried Eule (1774–1826), Jakob Herzfeld (1763–1826), Karl Daniel Langerhans (1748–1810). – *31 Iffland:* Auf Ifflands Anfrage vom 5. Oktober hatte Sch. ihm die Trilogie für 60 Friedrichsd'or angeboten; vgl. Sch. an Iffland, 15. Oktober. Iffland akzeptierte die Summe; Iffland an Sch., 17. November. – *32 Rechnungen:* s. Nr. 532; Sch. an Cotta, 28. Oktober.

## 535. Goethe · Weimar, 31. Oktober 1798

642 *3 Schröderischen Brief:* s. zu Nr. 533. – *7 Herzog:* Während der Erkrankung von Carl August war G. »die meiste Zeit« bei ihm; G.s Tgb., 31. Oktober. – *etwas später kommen:* eine Woche später, s. zu Nr. 533. – *9 nach Roßla:* G. war vom 2. bis 6. November in Oberroßla, s. zu Nr. 440. – *10 Farbenwesen:* s. Nr. 538 und zu Nr. 542. – *15 gemütlich:* ›willkommen‹, ›genehm‹ (mit Dativ der Person). – *18 neuen Ofen:* Der Ofen aus dem 17. Jh. in G.s Jenaer Domizil im Schloß wurde verlegt; vgl. G. an Knebel, 28. November. In der Ofenplatte war die Jahreszahl von Wallensteins Abfall eingraviert, die abgebildeten Kostüme gaben Anregungen für die Garderobe der ›Piccolomini‹-Inszenierung.

## 536. Schiller · Jena, 2. November 1798

643,9 *in Weimar wohl:* wohl in Weimar.

642 *29 Schröders Brief:* s. Nr. 533. – *31 unsere Artigkeiten:* zu dem auf Schröder gemünzten Kompliment im ›Prolog‹ s. Nr. 522. – *39 600 Kupfer und Umschläge:* Zum Binden der druckfrischen Exemplare des ›Musen-Almanachs‹ für 1799 brauchte Sch. 115 Titelkupfer weniger; s. Nr. 517 und 539.

643 *3 Mittwoch:* 7. November. – *6 auf Kommission zu versenden:* Der Kommissionsbuchhandel dient der Vermittlung des Ge-

schäftsverkehrs zwischen Verlags- und Sortimentsbuchhandel; Böhme etwa war in Leipzig ein Kommissionär Cottas. – *12 Von Körnern erwarte ⟨...⟩ Brief darüber:* Körner hatte in seinem Brief vom 13. Oktober »Nächstens mehr« angekündigt. Er legte die ausführlichere Almanach-Kritik in Fortsetzungen seinen Briefen vom 19. November, 27. Dezember 1798 und 20. Februar 1799 bei. – *21 Stimmung:* hier: ›Tonlage‹, ›Sprechregister‹, ›Einstimmung‹; vgl. zu Nr. 355. – *22 Sperlingskritiken:* Sch.s wiederholt geäußerte Unzufriedenheit mit Körners Rezeption der eigenen und Goetheschen Arbeiten deutet auf eine Entfremdung von Körner hin, der gegenüber G. als Gesprächspartner für Sch. stark an Bedeutung verliert; vgl. Nr. 367. – *25 Teil Ihrer Einleitung in die Propyläen:* s. zu Nr. 436 (Bd. 6.2, S. 13–17, 20). – *26 des Gesprächs: Über Wahrheit und Wahrscheinlichkeit der Kunstwerke,* s. zu Nr. 470 (Bd. 4.2, S. 90–95). – *29–31 Foderung des Moralischen ⟨...⟩ anzugreifen:* aufgrund der Sch. und G. gemeinsamen Autonomieästhetik; s. zu Nr. 354; Bd. 4.2, S. 92; Bd. 6.2, S. 19. Sch. verzichtete auf das »Gegenstück«. – *39 Wall⟨ensteins⟩ Lager:* Es wurde am 3. November zum drittenmal gegeben.

## 537. SCHILLER  JENA, 6. NOVEMBER 1798

644 *7 Kastell in der Stadt:* Nach dem Sommeraufenthalt im Gartenhaus zog Sch. wieder in seine städtische Mietwohnung bei Griesbach, s. zu Nr. 200. – *12 Arbeit:* an den ›Piccolomini‹.

## 538. GOETHE  WEIMAR, 7. NOVEMBER 1798

644,29 *Schröters:* Schröders; 645,1 *wieder ganz:* ganz wieder.

644 *23 von Roßla zurück:* s. zu Nr. 535. – *24 die Abdrücke:* s. Nr. 536. – *29 Schröters Antwort:* zu Schröders Brief s. Nr. 533 und 536. – *33 Säemann im Evangelio:* G. säkularisiert das biblische Gleichnis schon in Nr. 129 und überträgt es auf den Literaturbetrieb. – *37 Gedichtes:* Dichtung. – *39 Farbenwesen:* s. Nr. 535 und zu Nr. 542; vgl. G.s Tgb., 12. November: »Neue Einleitung in die Farbenlehre«; s. zu Nr. 426; Tgb., 12.–15. November. – *40 letzten Tage:* vgl. G.s Tgb., 6. November.
645 *4 nicht lange mehr außen bleiben:* s. zu Nr. 533.

## 539. SCHILLER  JENA, 9. NOVEMBER 1798

645,11 *wichtigsten bis jetzt immer aufgesparten Teil:* wichtigsten Teil; 646,4 *mystische:* magische; 646,15 *ernstlich:* herzlich; 646,17 *produktiven:* Produzieren; 646,24 *Zeit:* möglich.

645 *13–16 der Liebe ⟨...⟩ entgegengesetzt:* s. zu Nr. 279. Zu Sch.s spezifischer Dramaturgie der politisch bedrohten Liebe s. K. L. Berghahn: ›Doch eine Sprache braucht das Herz‹. In: F. Heuer/ W. Keller: ›Schillers Wallenstein‹. Darmstadt 1977, S. 389–395. Zur Spannung zwischen Idyllik und Dramatik s. G. Sautermeister: ›Idyllik und Dramatik im Werk F. Schillers‹. Stuttgart, Berlin 1971, S. 98 ff. – *34 frais:* s. zu Nr. 367. – *36–38 nicht eher ⟨...⟩ Feder ist:* Sch. durchbrach seinen Vorsatz.

646 *4 geheime mystische Geschichte:* zur Rechtfertigung von Wallensteins bedenkenlosem Vertrauen in Octavio. Sch. nahm die Traumerzählung in ›Wallensteins Tod‹ II/3 (Verse 897–942) auf. G. zitierte sie in seiner Theaterkritik *Die Piccolomini,* Bd. 6.2, S. 686 f.; s. zu Nr. 570. – *5 Präsentation Questenbergs an die Generale:* die Audienzszene in ›Piccolomini‹ II/7. Zu älteren Fassungen s. NA 8, S. 456–460. – *13 jeden Tag erwarten:* s. zu Nr. 533. – *25 Ifland:* s. zu Nr. 534. – *26 er pressierte mich:* ›drängte‹, vgl. Iffland an Sch., 5. Oktober. – *29 in der Stadt:* s. zu Nr. 537.

540. GOETHE                    WEIMAR, 10. NOVEMBER 1798

646 *36 Abdrücke:* s. Nr. 536. – *38 eine Zeitlang:* s. zu Nr. 533.
647 *1 Wallenstein:* ›Die Piccolomini‹. – *4 Theatralisch zweckmäßig:* s. zu Nr. 388, 585; Nr. 531. – *Familienszenen:* ›Die Piccolomini‹ II/2–4. – *5 Audienszene:* ebenda, II/7. – *8 Wallenstein zweimal genannt:* Prolog, von Schiller ⟨von Goethe bearbeitet⟩, Bd. 6.2, S. 667 und 669; s. zu Nr. 524.

541. SCHILLER
           JENA, ZWISCHEN 11. UND 29. NOVEMBER 1798

*Datierung:* s. NA 30, S. 235.
Erstdruck in Sch./G.[4] (1881).

647 *18 Vier und zwanzig Ldors ⟨...⟩ erfolgen:* Die Geldanweisung ist für G.s Auslagen beim ›Musen-Almanach‹ für 1799; s. zu Nr. 532 und Nr. 533.

542. GOETHE                      JENA, 16. NOVEMBER 1798

647 *24 Schema der phisiologischen Farben:* G.s ⟨Harmonie der Farben⟩ (Bd. 6.2, S. 777–779, 1240–1243); G. an Meyer, 15. November. – *26 Diszeptationen:* (lat.) ›Erörterungen strittiger Fragen‹. – *27 Knebel:* Knebel an G., 14. November. – *Properz* Knebel legte für Sch. ein Exemplar seines im Herbst erschienenen Buches ›Elegieen von Properz‹ bei; s. zu Nr. 106. – *28 Sulzers Wörterbuch:*

Johann Georg Sulzer: ›Allgemeine Theorie, der schönen Künste nach alphabetischer Ordnung‹. Leipzig 1771–74; vgl. auch Bd. 1.2, S. 397–402. – *32 Propyläen:* Bd. I, 1. St.

543. SCHILLER     JENA, 21. NOVEMBER 1798
Erstdruck in Sch./G.⁴ (1881).

647 *38 die Piccolominis:* Sch. hatte G. das noch nicht abgeschlossene Manuskript übersandt, s. Nr. 539. – *Iffland:* Iffland an Sch., 17. November. Iffland wollte die Trilogie vor der Drucklegung spielen.

648 *2 in diesen Tagen ⟨...⟩ Theaterfoderungen:* s. Nr. 540. G. besuchte Sch. in Jena fast täglich; s. zu Nr. 533; G.s Tgb., 21.–27. November.

544. GOETHE     JENA, 24. NOVEMBER 1798
Erstdruck in Sch./G.⁴ (1881).

648 *13 Feenpalast der Literatur:* G. war abends bei Schütz eingeladen, der zusammen mit Wieland und Bertuch die ›Allgemeine Literatur-Zeitung‹ gegründet hatte und sie herausgab, s. zu Nr. 9. Als Gäste waren u. a. Jean Paul, das Ehepaar Mereau, Böttiger, Loder und Gries anwesend. Neben der Anspielung auf Wielands ›Oberon‹ sprechen biographische Indizien für den Bezug auf Shakespeares ›Sommernachtstraum‹: G. kam in der Arbeit an *Der Sammler und die Seinigen* am 24. November bis zur Mitte des 3. Briefs. Der 2. Brief – Gesprächsstoff u. U. der gestrigen Abendunterhaltung mit Sch. – thematisiert romantisch-literarische Bilderserien Füsslis zu Shakespeares ›Sommernachtstraum‹, u. a. »Titanien mit ihrem Feengefolge« (Bd. 6.2, S. 86f., 1006). – *15 Familiengemälde der ⟨...⟩ Sammler:* G.s *Der Sammler und die Seinigen*, s. zu Nr. 339; vgl. G. an Meyer, 27. November. – *16 Dienstag Abend ⟨...⟩ Grund dazu gelegt:* Sch.s erstes Schema vom 20. November wurde von G. erweitert, s. Bd. 6.2, S. 1004, 1010f. – *18 nächsten Dienstag ⟨...⟩ könnte:* G. arbeitete kontinuierlich eine Woche an den ersten sieben Briefen des *Sammlers*. Er beendete die kunstpädagogische Brieferzählung aber erst am 12. Mai 1799. – *19 Ihrer Arbeit:* ›Die Piccolomini‹. – *21 Geschichte der Atlanten:* G. las nach Tisch ein Werk des französischen Geographen und Kartographen Abbé Guillaume de L'Isle (1675–1726). In Frage kommt am ehesten dessen ›Nouvelles cartes des découvertes de l'amiral de Fonte et autres navigateurs ⟨...⟩ avec leur explication, qui comprend l'histoire des voyages ⟨...⟩.‹ Paris 1753.

545. SCHILLER  JENA, 24. NOVEMBER 1798

648 *32 Charakter Ausstellung:* Die von der französischen Moralistik belebte literarische Gattungsbezeichnung der ›Charaktere‹ ist auf die Abendgesellschaft bei Schütz bezogen, s. zu Nr. 544. – *34 Schelling:* Sch. setzte große Hoffnungen auf den neu berufenen Professor, s. zu Nr. 450 und 491; vgl. Sch. an Körner, 31. August. – *40 Diderots Kunstreflexionen:* s. zu Nr. 256; Nr. 258, 262. Ende September hatte G. das erste Kapitel seiner vor zwei Jahren erwogenen Übersetzung fertiggestellt. Vom 16. bis 21. November arbeitete er an der des zweiten Kapitels; vgl. G. an Meyer, 5. August 1796.

546. SCHILLER  JENA, 30. NOVEMBER 1798

649,14 *daß es uns:* daß uns; 650,14 *grüßt Sie bestens:* grüßt bestens.

649 *10 diese Tage:* während G.s Jenaaufenthalt vom 11. bis 29. November. – *15 chromatischen Kursus anzufangen:* Ergebnisse der Diskussion gingen ein in G.s *Zur Einleitung ⟨der Farbenlehre⟩*, s. Nr. 426, 428. – *21–23 in der Methode ⟨...⟩ zu halten:* vgl. Bd. 6.2, S. 788 f. – *24 Newtonischen Falsums:* (lat.) ›Irrtums‹, ›Fälschung‹. s. zu Nr. 122, 406; *Versuch die Elemente der Farbenlehre zu entdecken* (Bd. 4.2, S. 425–429).

650 *4 Wallenstein:* ›Wallensteins Lager‹; vgl. Iffland an Sch., 18. Dezember.. – *5 an Ifland:* Sch. an Iffland, 30. November. Der Brief ging verloren. – *5–7 Die Costumes ⟨...⟩ könnte:* die von Iffland am 17. November erbetenen und von K. Horny ausgeführten Zeichnungen der Weimarer Kostüme; vgl. G. an Kirms, 23. November; Meyer an G., 24.⟨?⟩ November. Kirms schickte Iffland am 30. Dezember die Zeichnungen. – *9 Zurücksendung der quittierten Rechnung:* Über den Empfang von vier Carolin für vier Zeichnungen Meyers zu den ›Musen-Almanachen‹ für 1798 und 1799; s. zu Nr. 323, 382, 383, 488, 502; vgl. Cotta an Sch., 7. November. – *11 jetzigen Zerstreuungen:* s. Nr. 547, zu Nr. 371. – *13 jetzigen Arbeit:* ›Die Piccolomini‹.

547. GOETHE  WEIMAR, 1. DEZEMBER 1798

651,6 *künftig jemals:* für die Zukunft je.

650 *22 Getöse:* Neben zahlreichen Besuchen verzeichnet das Tgb. G.s am 30. November eine Redoute, am 1. Dezember die Aufführung der ›Zauberflöte‹ und ein Souper beim Herzog. – *24 Fries:* Der Wiener Bankier und Kunstfreund Moritz Christian Johann Graf von F. (1777–1826), den G. durch Lerse schon früher

kennengelernt hatte, besuchte zusammen mit Lerse G. am 20. November. – *25 Martin Schön:* Martin Schongauer (um 1450–1491), Maler und Kupferstecher aus Colmar. – *26 schematisieren könnte:* vgl. ⟨*Zu Meyers Aufsatz über die Passion des Martin Schön*⟩, Bd. 6.2, S. 75 und 1003; G.s Tgb., 5. Dezember: »Rezension von Mart. Schöns Passion«. Macht man den folgenreichen Lesefehler rückgängig, den die MA (Bd. 6.2, S. 1003) von der WA übernimmt (»konnte« statt »könnte«), dürfte damit G.s schematisierte Rezension selbst gemeint sein. – *28 Freund Lerse:* G.s Straßburger Jugendfreund war jetzt Lehrer an der Militärschule in Colmar, der Geburtsstadt Schongauers; vgl. *Dichtung und Wahrheit*, Bd. 16, S. 402 f.; s. zu Nr. 267. – *31 Massaccios Tode:* eigentlich Tommaso di Giovanni di Simone Guidi (1401–1428). Masaccio gilt als der Schöpfer der Renaissance-Malerei in Italien. Vgl. Meyer an G. aus Florenz, 5. Juli 1796. J. H. Meyer: ›Masaccio‹, in: *Propyläen* III/1 (1800). – *31 vierzig Jahre:* Es waren über 60 Jahre.

651 *2 jeder Vortrag ⟨...⟩ hypothetisch ist:* vgl. *Zur Einleitung* ⟨*der Farbenlehre*⟩, Bd. 6.2, S. 787 f.; Vorwort in *Zur Farbenlehre*, Bd. 10, S. 9–16. Zu G.s symbolischer Naturbetrachtung s. Bd. 6.2, S. 1213 f. – *4 Dritter:* zu G. und Meyer, s. Nr. 437. – *8–10 Ferner ⟨...⟩ habe:* vgl. G. an Meyer, 15. November. – *12 Freunde zum Frühstück:* Fries, Lerse und Wieland. – *13 Zauberflöte ⟨...⟩ feenmäßig:* G. besuchte die Aufführung der Mozartoper, deren Libretto Motive aus Wielands ›Dschinnistan, oder auserlesene Feen- und Geistermärchen‹ (1786–89) verarbeitet; vgl. auch zu Nr. 544. – *16 Braten:* ein Wildschweinstück. Die Adresse des Briefs trägt den Vermerk: »mit einem Paket«.

548. SCHILLER                            JENA, 4. DEZEMBER 1798

651,37 f. *würde immer nur:* würde nur; 652,8 *wünschte:* wünsche.

651 *23 astrologischen Frage:* vgl. Nr. 295. – *26 größere Ausdehnung der Piccolomini:* ›Die Piccolomini‹ umfaßten damals – und noch bei der Weimarer Uraufführung am 30. Januar 1799 – zusätzlich die ersten beiden Akte der Druckfassung von ›Wallensteins Tod‹, also die volle ›Piccolomini‹-Handlung; vgl. Sch. an Iffland, 24. und 31. Dezember. – *30 ersten Entwurf:* Zur Beibehaltung der hier von Sch. als undramatisch verworfenen Szene (›Wallensteins Tod‹ I/1) gaben G.s Argumente den Ausschlag; s. Nr. 551. – *32 Speculum astrologicum:* lat. ›astrologisches Bild‹. Hier konkret auf die Darstellung der Planetenkonstellation für das Horoskop Senis bezogen. – *40 Beilage:* vgl. NA 8, S. 466–469, s. zu Nr. 551.

652 *1 Die Szene:* ›Wallensteins Tod‹ I/1. – *4 große Monolog:*

ebenda, I/4. – *9 durch das Wunderbare ⟨...⟩ zu geben:* vgl. Nr. 401, 449. – *16 anstößig:* Der barocke astrologische Aberglaube provoziert als tragisches Motiv den Erwartungshorizont eines aufgeklärten Publikums. – *35 Schematibus:* Schemata zur altdeutschen Kunst und zur Farbenlehre, s. Nr. 547, 551.

549. GOETHE                                    WEIMAR, 5. DEZEMBER 1798

653,12 *vielleicht immer nur:* vielleicht nur.

653 *3 Zerstreuung:* s. zu Nr. 371. G. machte mehrere Besuche am 4. und 5. Dezember, hörte ein Konzert, traf sich mit Lerse. – *9 acquiesieren:* (lat.) ›sich beruhigen, bescheiden‹. – *22 fünffachen Buchstaben:* s. zu Nr. 551. – *23 astrologische Zimmer:* vgl. die Bühnenanweisung zu ›Wallensteins Tod‹ I/1 und Theklas Beschreibung in ›Piccolomini‹ III/4.

550. SCHILLER                                    JENA, 7. DEZEMBER 1798

653 *34 wieder in ⟨...⟩ entgegengesetzten Zuständen:* vgl. Nr. 110, 293, 294, 650.

654 *7 seltsame Verbindung heterogener Elemente:* des Tragisch-Ernsthaften und Aberglaubisch-Törichten, s. Nr. 548. – *15 andere Fratze:* das F-Pentagramm, s. zu Nr. 551. – *18 das neulich überschickte:* die Beilage zu Nr. 548. – *24 Buch über den Caucasus:* Jakob Reinegg: ›Allgemeine historisch-topographische Beschreibung des Kaukasus‹. Hg. von F. E. Schröder. 2 Tle. Gotha / St. Petersburg 1796/97.

551. GOETHE                                    WEIMAR, 8. DEZEMBER 1798

655,11 *Einrichtung:* Einwirkung; 655,35 *einen:* einem; 655,38f. *ich nichts weiter:* ich weiter; 656,16 *Eine:* Einen.

654 *34 die vorliegende Frage:* die Wahl des astrologischen Motivs, s. Nr. 548. – *37 Rüstung:* Wallensteins, der erst in ›Wallensteins Tod‹ III/13 im Harnisch erscheint.

655 *1 astrologische Aberglaube:* vgl. den Beginn von *Dichtung und Wahrheit*, Bd. 16, S. 13 und 922 f.; den Artikel ›Astrologie‹ in Zeitler (1955), S. 413–419. Zur Symolfunktion der Sterne vgl. Keller, G.s dichterische Bildlichkeit, S. 257. – *2–6 Die Erfahrung ⟨...⟩ aufhört:* Sch. griff das Argument auf in ›Piccolomini‹, Verse 986–994. – *14 läßlich:* ›zulässig‹. – *18 verstorbne König in Preußen:* Friedrich Wilhelm II. hielt viel von Astrologie und Alchemie. – *22 diejenige Spezies:* s. Nr. 548. – *24 Chronodistichen:* (griech.) ›Zeitverse‹, in denen die als römische Ziffern gebrauchten

Majuskeln zusammengezählt eine Jahreszahl ergeben. – *32 Buchstabenwesen:* Das Pentagramm-Orakel, dessen fünffaches ›F‹ im Szenenentwurf gedeutet wird als »FIDAT FORTUNAE FRIEDLANDUS, FATA FAVEBUNT«, s. NA 8, S. 468. – *34 M des Matthias:* Keplers Voraussage vom Tod des Kaisers Matthias stellt im Szenar ein siebenfaches ›M‹ dar: »MAGNUS MONARCHA MUNDI MATTHIAS MENSE MAJO MORIETUR« (NA 8, S. 467).
**656** *3 zerstückelte Zeit bis Neujahr:* Zu G.s vielfältigen Tätigkeiten vgl. Steiger III, S. 782–788. – *4 zweite Stück ⟨...⟩ ganz abgegangen:* G. an Cotta, 7. Dezember. Die erste Manuskriptsendung ging an Cotta am 19. Oktober; weitere Sendungen am 7. und 12. November. *Propyläen* I/1 enthält von G. *Diderots Versuch über die Malerei* (1. Kap.), Meyers (und G.s) Beiträge *Über die Gegenstände der bildenden Kunst* (Forts.), ›Rafaels Werke, besonders im Vatikan‹, *Über den Hochschnitt,* ›Einige Bemerkungen über die Gruppe Laokoons und seine Söhne‹; vgl. Bd. 6.2. – *5 Manuskript zum dritten ist vorrätig:* G.s *Diderots Versuch über die Malerei* (2. Kap.), Meyers ›Niobe mit ihren Kindern‹, s. zu Nr. 545 und Nr. 462. – *9 besondern Einfall:* vielleicht zu den Preisaufgaben, deren erste ein Thema aus der ›Ilias‹ vorschlug (Bd. 6.2, S. 412). Außerdem wurde der 2. und 3. Band der *Propyläen* auf Anregung G.s bei den Brüdern Gaedicke gedruckt; G. an Cotta, 7. und 10. Dezember. – *12 größern Arbeit:* Im März 1799 nahm G. die Arbeit an der *Achilleis* wieder auf. – *Schemata zur Chromatik:* s. Nr. 546, 547; vgl. ⟨Harmonie der Farben⟩, s. zu Nr. 542; vgl. auch *Entwurf einer Farbenlehre, Didaktischer Teil, Totalität und Harmonie,* §§ 803ff.; Bd. 10, S. 238ff.; ⟨Von Personen welche gewisse Farben nicht unterscheiden können⟩ (Bd. 6.2, S. 780–783).

552. SCHILLER      JENA, 11. DEZEMBER 1798

**657,12** *grüßt Sie herzlich:* grüßt herzlich.

**657** *3 Piccolomini zum Christgeschenk:* Sch. übersandte sie an Sylvester, s. Nr. 564. – *6 im Januar ⟨...⟩ zurückkehren:* Sch. reiste im Januar nach Weimar, G. kehrte mit ihm erst am 7. Februar nach Jena zurück. – *11 Hausherrn:* Griesbach, s. zu Nr. 200.

553. GOETHE      WEIMAR, 12. DEZEMBER 1798

**658,4** *Sie wohl:* Sie recht wohl.

**657** *19 wieder erstatten:* s. Nr. 551. Dankbar wie Sch. für G.s Rat zum astrologischen Motiv in ›Wallenstein‹ hatte G. selbst Sch.s Briefe zu *Wilhelm Meisters Lehrjahren* empfangen. – *24 Vollen-*

*dung:* der ›Piccolomini‹, s. Nr. 564. – *26 etwas ganz neues:* vielleicht die von Schelling angeregte Idee zu einem umfassenden philosophischen Naturgedicht, s. zu Nr. 521 und Nr. 581; Tgb., 8. Mai. – *30 Grübels Gedichte:* s. zu Nr. 416 und 417. – *32 Rezension: Grübels Gedichte in Nürnberger Mundart. 1798.* (Bd. 6.2, S. 554–559, 1130–1132). Erstdruck in ›Allgemeine Zeitung‹, 23. Dezember. – *31–33 Ich habe ⟨...⟩ geschickt:* G. übersandte die am 10. und 11. Dezember entstandene Rezension Cotta erst am 14. Dezember. – *38 an dieses bald an jenes:* Numismatik, Hochschnitt, Mineralogie; s. zu Nr. 551.

658 *1–4 erstes Stück ⟨...⟩ besuchen:* ›Die Piccolomini‹, s. zu Nr. 552.

554. SCHILLER                    JENA, 14. DEZEMBER 1798

658 *13 harten 3 Wochen:* der Vollendung und Einstudierung der ›Piccolomini‹. – *15 Nürnberger Dichter:* Grübels Gedichte. – *22 ich Sie ⟨...⟩ in Weimar sehen:* Sch. wohnte (mit seiner Familie) wegen der Proben und ersten Aufführungen der ›Piccolomini‹ vom 4. Januar bis 7. Februar 1799 in Weimar. – *24 nicht unvollendet:* s. zu Nr. 552 – *26 neuen Szenen:* s. Nr. 539 und zu Nr. 549.

555. GOETHE                      WEIMAR, 15. DEZEMBER 1798

658 *37 Weihnachtsgeschenk:* s. Nr. 552. – *39 bei Gelegenheit Grübels:* G.s Rezension, s. zu Nr. 553. – *40 eine gewisse Partei ärgern:* die Romantiker durch die Verteidigung der realistischen Volksdichtung gegenüber einer romantisch-frommen, vgl. Bd. 6.2, S. 1131.

659 *1 in den Propyläen ⟨...⟩ erneuert werden:* In den *Propyläen* erschien kein entsprechender Beitrag. Zu G.s Interesse an Volks- und Dialektdichtung, s. Bd. 6.2, S. 1141 ff. – *4 Gädickes Forderung:* Auf G.s Betreiben wurde der 2. und 3. Band der *Propyläen* beim Buchdrucker und Verlagsbuchhändler Johann Christian Gaedicke (1763–1837) und seinen Brüdern in Weimar gedruckt. Dessen Kostenvoranschlag legte G. seinem Brief an Cotta vom 10. Dezember bei; vgl. Goethe/Cotta I, S. 44 f. – *9 dritten Stücks:* Propyläen II/1; s. zu Nr. 551. Vgl. G. an Knebel, 28. November.

556. SCHILLER                    JENA, 18. DEZEMBER 1798

660,18 *60 Dukaten:* -.

659 *20 von unserm Volksdichter ⟨...⟩ sagen:* G.s Rezension *Grübels Gedichte in Nürnberger Mundart,* s. zu Nr. 553. –

*39 Boufflers:* Stanislas Chevalier de Boufflers (1738–1815): ›Discours sur la littérature‹. Berlin 1798, S. 39. Die Geschmacksdefinition des französischer Politikers und Schriftstellers ist wiedergegeben in Bd. 6.2, S. 1131.
660 *4 Hospitalité:* frz. ›Gastfreundschaft‹. Der Emigrant Boufflers war vom Preußenkönig Friedrich Wilhelm II. freundlich aufgenommen worden und hatte seinen ›Discours‹ am 9. August vor der Akademie der Wissenschaften in Berlin gehalten. – *8 Garve:* Er starb in Breslau am 1. Dezember; s. zu Nr. 376 und Nr. 378. – *10 Wieland:* vgl. ›Neuer Teutscher Merkur‹, November 1797, S. 193; s. Nr. 385. – *11 Niethammerische Journal verboten:* Die Beschlagnahmung des von Niethammer und Fichte herausgegebenen ›Philosophischen Journals‹ durch die kursächsische Regierung und damit der politische Beginn des Atheismusstreits, der schließlich zu Fichtes Entlassung am 1. April 1799 führte. In Bd. 8, H. 1, des ›Journals‹ hatte der Fichteaner Forberg in seinem Beitrag ›Entwickelung des Begriffs der Religion‹ einen theologischen Agnostizismus vertreten und die Religion allein aus der Ethik begründet; s. zu Nr. 465. Fichte selbst leitete in seinem flankierenden Beitrag ›Über den Grund unsers Glaubens an eine göttliche WeltRegierung‹ die Religion vom Glauben an eine moralische Weltordnung ab. Gegen die beiden Artikel war im Herbst 1798 die anonyme Flugschrift erschienen: ›Schreiben eines Vaters an seinen studierenden Sohn über den Fichtischen und Forbergischen Atheismus‹. Zum weiteren Verlauf s. Bd. 6.2, S. 1298–1301; Nr. 571, 637. – *13 Anschlag:* Kostenvoranschlag. – *16 Francfurtern:* zu Sch.s Honorarwünschen für ›Wallenstein‹ an andere deutsche Bühnen s. Nr. 534. – *20 Kotzebue:* Der 1798 als Direktor des Burgtheaters nach Wien berufene Kotzebue verhandelte mit Sch. wegen ›Wallensteins‹; vgl. Kotzebue an Sch., 3. November; Sch. an Kotzebue, 16. November. Kotzebues Antwort vom 1. Januar 1799, die Sch.s Zensurbedenken rechtgeben mußte, traf am 16. Januar 1799 ein. – *21 im Verhafte sitzt:* Das Gerücht hatte sich verbreitet, Kotzebue sei als Jakobiner arretiert worden. – *24 Theatralische Mutter:* Für Mütterrollen wurde am Weimarer Theater Luise Teller (1755–1810) verpflichtet. In den ›Piccolomini‹ spielte sie Gräfin Terzky. Vgl. G. an Kirms, 23. November; G.s Rezension *Die Piccolomini*, Bd. 6.2, S. 690. – *27 Arbeit:* an den ›Piccolomini‹.

557. GOETHE            WEIMAR, 19. DEZEMBER 1798

661,1 *vor:* für; 661,5 *in eben demselben:* in demselben.

660 *39 kleinen Aufsatz:* G.s Rezension, s. zu Nr. 553.
661 *2 Pikenick:* Bei einem »Piquenique« bringt in einer Gesell-

schaft jeder ein anderes Gericht zum Tausch der Schüsseln mit (vgl. die Moralische Wochenschrift ›Der Gesellige‹ 1748, I/2, S. 17). – *11 Kants Anthropologie:* Immanuel Kant: ›Anthropologie in pragmatischer Hinsicht‹. Königsberg 1798. Kants Werk regte zur ⟨*Temperamentenrose*⟩ an, Bd. 6.2, S. 786. – *14 nicht erquicklich:* Im Dienst der Menschenkenntnis systematisiert Kant – vor allem im 2. Teil – pedantisch alle erdenklichen kognitiven, psychischen, moralischen, sozialen und physiognomischen Charakteristika des Menschen. Ausführliche Kritik an der pessimistischen, illiberalen, gegenüber Kunst borniertem Optik Kants übt G. im Brief an Voigt vom gleichen Tag. – *15 pathologischen Zustande:* vgl. G. an Voigt, 19. Dezember: »von der Vernunftshöhe herunter sieht das ganze Leben wie eine böse Krankeit und die Welt einem Tollhaus gleich«. Die ›physiologische‹ Anthropologie Kants zeigt im Unterschied zur ›pragmatischen‹, was die Natur aus dem Menschen macht. (Ebenda Vorrede; vgl. auch 1. Tl., 1. Buch »Von den Schwächen und Krankheiten der Seele«); s. zu Nr. 386, 395. – *16 vor dem 60*$^{sten}$ *Jahr nicht vernünftig:* Zum »vollständigen Gebrauch seiner Vernunft« kommt der Mensch nach Kant in der Geschicklichkeit im 20., in der politischen Klugheit im 40., in der Weisheit im 60. Lebensjahr; ebenda, 1. Tl., § 40. – *21–23 Übrigens* ⟨...⟩ *beleben:* vgl. Nietzsche, ›Unzeitgemäße Betrachtungen‹, 2. St., Vorwort. – *28 Mechanische Arbeiten:* über Probleme beim Schloßbau s. G. an Voigt, 26. Dezember.

558. SCHILLER             JENA, 22. ⟨21.⟩ DEZEMBER 1798

*Datierung:* vgl. Vollmer, Sch./G.[4] (1881) II, S. 396.
662,26 *seh:* sah; 662,30 *worden:* geworden; 663,11 *letztern:* letzten. In 662,10 und 26 sind Schreibfehler der Hs. korrigiert.

662 *7 praktischen Philosophie:* Moralistik. – *grämliches Ansehen* ⟨...⟩ *jovialische Geist:* zu Sch.s Kritik am Kantischen Rigorismus s. zu Nr. 21. Sch. arbeitete gerade an den astrologischen Szenen im ›Wallenstein‹, vgl. die Kennzeichnungen von Saturn und Jupiter in ›Piccolomini‹, Verse 1606f., 1616f. – *10 düstere Eindrücke der Jugend:* Der 1724 als Sohn eines Sattlermeisters geborene Kant verlor mit 14 Jahren seine Mutter und empfand den strengen Pietismus, der die Lateinschule beherrschte, als »Jugendsklaverei«; vgl. E. Cassirer: ›Kants Leben und Lehre‹. Berlin 1921, S. 10ff. Ebenso verurteilte im Rückblick Kants Mitschüler D. Ruhnken die »pedantisch-düstere Zucht der Fanatiker«; Ruhnken an Kant, 10. März 1771. – *13 Mönch:* vgl. Nr. 638. – *16 Bouflerss:* s. zu Nr. 556. – *23 Farbenschema:* s. zu Nr. 551. – *25 mein hinüber kommen:* s. zu Nr. 554. – *26 Schelling:* s. zu Nr. 450 und 491. –

*28 l'hombre:* Kartenspiel. – *34 problematisch:* ›rätselhaft‹, ›problematisierend‹. – *36 Humboldt:* s. zu Nr. 305. Der letzte Brief W. von Humboldts datiert vom 5. September. – *39 Logis:* Thouret hatte von Mai bis Oktober im Schloß gewohnt, s. zu Nr. 414.

663  *1 Schwägerin:* Caroline von Wolzogen, s. zu Nr. 283. – *2 Kindern:* die Söhne Karl und Ernst. – *10 Arbeit:* ›Die Piccolomini‹ in der Fassung der Uraufführung, s. zu Nr. 548. – *16 Epoche:* (griech.) ›einschneidender Zeitpunkt‹; (frz. ›faire époque‹ ›Aufsehen erregen‹); s. Nr. 559.

559. GOETHE                    WEIMAR, 22. DEZEMBER 1798

664,17 *schickte:* schicke; 664,20 *auf den:* am.

663  *39 Apologie des Spiels:* vgl. Kant, ›Anthropologie in pragmatischer Absicht‹, §§ 12, 23, 44; bes. 57f.
664  *4 Mineralogie:* vgl. G. an van Marum, 12. Dezember; G. an Lenz, 26. Dezember; G.s Beitrag *Mineralogische Gesellschaft,* Bd. 6.2, S. 897f.; s. Nr. 436; vgl. *Aus der Schweizerreise 1797,* Bd. 4.2, S. 442–446; M. Semper: ›Die geologischen Studien Goethes‹. (Leipzig 1914), S. 224–227. – *14 Mittwochs:* 26. Dezember. – *17 neuen Aktrice:* Luise Teller war zunächst für die Rolle der Herzogin von Friedland vorgesehen, s. zu Nr. 556. – *20 30$^{sten}$:* Am 30. Januar war der Geburtstag der Herzogin, s. zu Nr. 386.

560. SCHILLER                    JENA, 24. DEZEMBER 1798

665,2 *verbracht:* vollbracht; 665,3 *und qualvoll:* und so qualvoll; 665,16–20 zuerst in Sch./G.² (1856); 665,24 *etwas leihen:* etwas daran leihen.

664  *33 Ifland:* Sch. an Iffland, 24. Dezember. – *Briefe:* Iffland an Sch., 18. Dezember. – *34 tribuliert:* (lat.) ›bedrängt‹, ›geplagt‹.
665  *9 Tempo:* (ital.) ›Zeit‹, ›Gelegenheit‹. – *13 2$^{ten}$:* s. zu Nr. 554. – *21 Logis:* s. zu Nr. 558. – *22 mein Schwager:* W. von Wolzogen, s. zu Nr. 283. – *29 Evenement:* frz. ›Ereignis‹, ›Begebenheit‹.

561. GOETHE                    WEIMAR, 25. DEZEMBER 1798

663,3 *in:* an.

665  *37 Arbeit:* ›Die Piccolomini‹. – *39 alle Hoffnung zu vergehen anfing:* vgl. G. an Meyer, 27. November.
666  *11 30$^{sten}$:* s. zu Nr. 559.

562. GOETHE WEIMAR, 29. DEZEMBER 1798

666,38 *geben:* werden.

666 *22 Bestimmung Ihrer Dekoration:* G. bezieht sich wohl auf einen nicht überlieferten Brief Sch.s; vgl. dazu G.s Rezension *Die Piccolomini,* Bd. 6.2, S. 691. – *24 die Sache:* Düntzer tippt auf Sch.s Bühnenanweisung zum astrologischen Zimmer (›Wallensteins Tod‹ I/1). – *30 wie Iffland:* s. Nr. 560. – *31 Direktor spiele:* zu G.s Theaterleitung s. zu Nr. 387. – *33 ein Bote:* s. Nr. 563. – *34 die Rolle der Herzogin:* für Luise Teller, s. Nr. 556, 559. – *39–667,1 an den übrigen Lustbarkeiten ⟨...⟩ nichts entbehren:* Es kam zu Konflikten mit Hofleuten, weil der Theatersaal auch als Redoutensaal diente; vgl. Wolkskeel von Reichenberg an G., 22. Januar 1799; G. an Wolfskeel, 22. Januar 1799.

667 *1 Montags:* 31. Dezember. – *Soldatencostums des Vorspiels:* s. zu Nr. 546. – *3 zur Reise:* s. zu Nr. 554.

563. GOETHE UND KIRMS WEIMAR, 30. DEZEMBER 1798

*Datierung:* Vollmer, die WA und HA datieren das Billett auf den 27. Dezember, die NA 38 I und Seidel auf den 29. Dezember. Für eine Datierung auf den 30. Dezember sprechen mehrere Anhaltspunkte: 1. G. kündigt am 29. Dezember einen Boten für den 30. Dezember an (Nr. 562). 2. Sch. fertigt den Boten am 31. Dezember mit dem erbetenen ›Piccolomini‹-Manuskript um 3 Uhr ab (s. Nr. 564). 3. Laut Auskunft des G.-Museums in Düsseldorf weist die Hs. neben der Adresse den Vermerk auf: »Durch einen bezahlten Boten der allenfalls erst Montags zurück erwartet wird«. Montag war der 31. Dezember, so daß das Billett wohl am Sonntag geschrieben wurde.

Erstdruck in ›Weimars Album zur vierten Säkularfeier der Buchdruckerkunst am 24. Juni 1840‹.

667 *11 Detaschement:* (frz. ›detachement‹) ›Abteilung‹. – *18 Melpomenische ⟨...⟩:* Trauerspiel-(Kommission). – *Unwesen:* im doppelten Sinn der (Noch-)Nichtexistenz und der verwerflichen Handlungen Wallensteins.

564. SCHILLER JENA, 31. DEZEMBER 1798

667,38 *nach:* zu; 668,11 *schicklichern:* schicklichen; 668,18 *IIten:* dritten.

667 *27 Herzogin Rolle:* s. Nr. 562. – *Wolzogen:* vermutlich Wilhelm von Wolzogen. – *37 halb Sechs:* ›Die Piccolomini‹ begannen bereits am 30. Januar 1799 um $17^{30}$, s. NA 8, Anhang. –

*39 zweiten Akt:* Der II. Akt in der Fassung der Uraufführung entspricht ›Piccolomini‹ III und IV in der Endfassung.

**668** *6 An Ifland:* vgl. Sch. an Iffland, 31. Dezember. – *9 Äußerung Wallensteins:* vgl. ›Wallensteins Tod‹ III/4, Verse 1443–1455. – *12 Rollenbesetzung:* vgl. NA 8, Anhang; G.s Rezension *Die Piccolomini*, Bd. 6.2, S. 689 ff. – *13 Jagemann:* s. zu Nr. 274. – *14 zu singen:* ›Der Eichwald brauset‹ (›Piccolomini‹ III/7), publiziert im ›Musen-Almanach‹ für 1799. – *Gräfin:* Gräfin Terzky wurde von Luise Teller verkörpert, s. zu Nr. 562. – *14 Slanzovsky:* Elisabeth S⟨ch⟩lanzovsky war 1797–1800 Schauspielerin in Weimar. – *22 Hunnius:* Friedrich Wilhelm Hermann H. (1762–1835) spielte Oberst Wrangel.

## 1799

565. SCHILLER  JENA, 1. JANUAR 1799

671 *4 ein paar Blätter von Körnern über den Almanach:* die Fortsetzung der ausführlichen Rezension des ›Musen-Almanachs‹ für 1799, die Körner seinem Brief an Sch. vom 27. Dezember 1798 beigelegt hatte, s. zu Nr. 536. – *6 Mein opus:* ›Die Piccolomini‹. – *7 Nativität:* s. zu Nr. 368. – *8 das dritte Stück:* ›Wallensteins Tod‹. – *13–15 seit meinen zwei hitzigen Brustfiebern in d⟨en⟩ Jahren 91 und 92:* Von der ernsten Erkrankung in diesen Jahren, die Sch. in Lebensgefahr brachte, hat er sich nicht mehr erholt, s. zu Nr. 423. – *22 Kammerrat:* Kirms; vgl. das Schreiben der ›Melpomenischen Kommission‹ Nr. 563. – *24 meinem Schwager neulich:* Wilhelm von Wolzogen am 30. Dezember 1798, s. Nr. 564. – *28 übermorgen:* Am 4. Januar reiste Sch. mit seiner Familie nach Weimar, um den Proben und ersten Aufführungen der ›Piccolomini‹ beizuwohnen; er blieb bis zum 7. Februar.

566. GOETHE  WEIMAR, 2. JANUAR 1799

671 *36 Hauptpunkte:* die Entscheidung für die Trilogie anstelle der einteiligen ›Wallenstein‹-Fassung, s. zu Nr. 321 und 383. – *37 nicht früher schließen konnten:* zur ›Piccolomini‹-Fassung der Weimarer Uraufführung s. zu Nr. 548. – *39 zärtlichen Szenen:* s. zu Nr. 279 und Nr. 539. – *40 Einleitung der Astrologie:* ›Piccolomini‹ III/4.
672 *4 Quartier:* im Weimarer Schloß, s. Nr. 558.

567. GOETHE  WEIMAR, 5. JANUAR 1799

672 *12 angekommen:* s. zu Nr. 554. – *14 Mittag mit mir essen:* Sch. nahm die Einladung an, s. Nr. 568 und G.s Tgb. – *17 gute Gesundheit ⟨...⟩ nötig:* zur Einstudierung der ›Piccolomini‹ für die Uraufführung s. Nr. 561.

568. SCHILLER  WEIMAR, 5. JANUAR 1799

672 *29 in dem niedlichen und bequemen Logis:* s. Nr. 558.

569. SCHILLER WEIMAR, 10. JANUAR 1799

**672** *39 wieder besser:* s. Nr. 567. – *40 Gestern:* »Bei Hofe ⟨...⟩ mit Hr. Schiller zur Tafel« (G.s Tgb., 9. Januar). – *nach einer schlecht schlafenden Nacht:* Derartige Wendungen sind schon im Mhd. belegt; vgl. auch ›bei nachtschlafender Zeit‹.
**673** *4 Probe:* Am Abend des 8. Januar war Leseprobe der drei ersten Akte der ›Piccolomini‹ gewesen, am Abend des 10. Januar fand eine weitere Leseprobe mit den beiden Schlußakten und der Wiederholung des ersten Aktes statt. – *6 Meine Arbeit:* an ›Wallensteins Tod‹. – *Nulla dies sine linea:* lat. ›Kein Tag ohne Zeile‹. Das antike Sprichwort hat Sch. möglicherweise bei Plinius d. Ä. (Naturalis historia 35, 36, 12) gefunden. – *8 Allg⟨emeinen⟩ Zeitung:* s. zu Nr. 510. – *kommunizieren:* (lat.) hier: ›weiterreichen‹.

570. GOETHE WEIMAR, 17. JANUAR 1799

Im Erstdruck nach Nr. 571. 673,16 f. *ich aus mehrern Ursachen, nicht:* ich nicht; 673,17 *mag:* darf; 673,29 *völligsten:* völligen; 673,33 *mehr:* eher.

**673** *16 der Herzog ⟨...⟩ einladen läßt:* Am fürstlichen Mittagstisch war auch der Herzog von Meiningen anwesend. – *17 mehrern Ursachen:* Böttiger hatte um teilweise Entbindung von seinen Schulverpflichtungen nachgesucht, vgl. Grumach IV, S. 468 f. Im Atheismusstreit um Fichte hatte Carl August seine Verärgerung gezeigt, vgl. Bd. 6.2, S. 1299 f und zu Nr. 571. – *18–20 heute Abend ⟨...⟩ versammeln wird:* zur Leseprobe der drei ersten ›Piccolomini‹-Akte s. zu Nr. 548. – *21 Propyläen:* I/2. Zum Inhalt s. zu Nr. 551. Vgl. Cotta an G., 7. und 9. Januar. – *23 böslichen Druckfehler:* vgl. G. an Cotta, 10. Dezember. – *27 von Ihrer Arbeit:* s. zu Nr. 437. – *30 das Aperçü über Piccolomini:* Die von Sch. und Sch. gemeinsam verfaßte Rezension *Die Piccolomini. Wallensteins Erster Teil. Ein Schauspiel in fünf Aufzügen von Schiller* erschien in der ›Allgemeinen Zeitung‹ Nr. 84–90 (25.–31. März 1799), (Bd. 6.2, S. 670–691); s. zu Nr. 510. – *33 die Berliner:* Sch. hatte Iffland das Manuskript der ›Piccolomini‹ am 31. Dezember 1798 übersandt, s. zu Nr. 171. In Berlin gab F. Schlegel das ›Athenaeum‹, Nicolai die ›Neue Allgemeine Deutsche Bibliothek‹ heraus, F. L. W. Meyer und F. E. Rambach das ›Berlinische Archiv der Zeit und ihres Geschmacks‹, J. E. Biester die ›Berlinischen Blätter‹. Rambach besprach ›Wallensteins Tod‹. Eine ausgewogene Kritik der Berliner Inszenierung erschien von Woltmann in den ›Jbb. der preuß. Monarchie‹ 1799, 1. Bd. (Braun, Schiller II, S. 355). Vgl. Unger an Sch., 22. Juni; Nr. 619. Verrisse der Buchfassung publizierten 1801 in Berlin Garlieb Merkel (21. ›Brief an ein Frauenzimmer über die wichtigsten Produkte der schönen Literatur‹) und ein anonymer Verfasser (›Kritische Bemerkungen über Schillers Wallenstein‹, Januar 1801). Vgl. Braun, Schiller III, S. 22–24, 54–76.

571. SCHILLER  WEIMAR, 19. ODER 23. JANUAR 1799

*Datierung:* Die eindeutige Entscheidung der NA 30 für den 19. Januar stützt sich auf G.s Tgb., demzufolge Sch. am 23. Gast an G.s Mittagstafel war. Sofern Sch. Ifflands Brief vom 12. Januar am Nachmittag des 23. erhalten hat – der ›Calender‹-Eintrag für den 13. ist ein Schreibfehler –, widerspricht die Bemerkung vom (literarischen) »Nachtisch« nicht mehr dem mittäglichen Treffen. Zudem traf Ifflands Brief verspätet ein, also nach dem 19.; Opernaufführungen waren an beiden Tagen.
Im Erstdruck vor Nr. 570.

674 *3 zwei sehr heterogene Novitäten:* Gemeint sind vermutlich Fichtes ›Appellation an das Publikum über die durch ein Kurfürstlich sächsisches Konfiskationsreskript ihm beigemessenen atheistischen Äußerungen‹ (Tübingen 1799), die dieser am 18. Januar Sch. geschickt hatte, und Ifflands enthusiastischer Brief vom 12. Januar über die ›Piccolomini‹; s. zu Nr. 556. – *6 Succeß:* (lat.) ›Erfolg‹. – *augurieren:* (lat.) ›vorhersehen‹, ›erwarten‹, ›vermuten‹. – *7 wegen der von ihm zu übernehmenden Rolle:* In seinem Billett vom 12. Januar schwankte Iffland, durch Sch.s Brief vom 24. Dezember 1798 verunsichert, ob er statt Octavio Piccolomini Gordon oder Buttler spielen solle. – *9 Repräsentation:* Die Berliner Premiere fand erst am 18. Februar – später als die Weimarer – statt. – *12 Oper:* ›Die Hochzeit des Figaro‹ von Mozart wurde gegeben. Stammt der Brief allerdings vom 23. Januar, handelt es sich um Cimarosas ›Heimliche Heirat‹.

572. GOETHE  WEIMAR, 25. JANUAR 1799

674 *20 Probe:* Am Abend fand die erste Theaterprobe der ›Piccolomini‹ statt (G.s Tgb.). – *22 des Übels:* Charlotte Schiller hatte G. Mitte Januar Sch.s Unwohlsein gemeldet. – *Mad. Teller:* s. zu Nr. 556 und 559. – *27 Leseprobenmäßig:* Für die Regie waren Leseproben »die eigentliche Basis der ganzen Kunstleistung« (Grumach IV, S. 474 f.).

573. GOETHE                          WEIMAR, 27. JANUAR 1799

675 *4 nächsten Zweck:* die Uraufführung der ›Piccolomini‹ am 30. Januar als Geburtstagsgeschenk für die Herzogin. – *6 Wöchner:* Bezeichnung am Weimarer Theater für die Wochen-Regisseure, s. zu Nr. 251.

574. GOETHE                          WEIMAR, 28. JANUAR 1799

675 *22 Audienz und dem Banquet:* ›Piccolomini‹ II/7 und IV. – *25 3 Akte:* Sie entsprechen in der Druckfassung dem gesamten Stück ›Die Piccolomini‹, s. zu Nr. 548.

575. GOETHE                          WEIMAR, 30. JANUAR 1799

675 *36 der große Tag:* s. zu Nr. 573. – *39 Vohs:* Er spielte Max Piccolomini. – *40 Kollett:* Lederharnisch. Am 29. Januar war Kostümprobe gewesen.

676 *2 Reiherfedern:* Als Auszeichnung sollte Wallenstein, der von Johann Jacob Graff (1768–1848) verkörpert wurde, unter den weißen Federn zwei rote am Hut tragen, vgl. NA 42, S. 257.

576. GOETHE                          WEIMAR, 3. FEBRUAR 1799

676,20 *Herzog aufs Zimmer eingeladen:* Herzog eingeladen.

676 *14 die gestrige Aufführung:* Am 2. Februar fand die zweite Vorstellung der ›Piccolomini‹ statt. – *15 besser als die erste:* Sch. äußerte sich gegenüber kritischen Zuschauern über die Premiere zufriedener als – privat – G.; vgl. NA 42, S. 257; Grumach IV, S. 475 f. – *16 nach einer Pause:* Die dritte Aufführung fand am 17. April statt. – *18 zu Tische:* Sch. folgte der Einladung. – *19 morgen ⟨...⟩ eingeladen:* Sch. war mit G. eingeladen, vgl. Carl August an G., 3. und 4. Februar.

577. GOETHE                          JENA, 16. FEBRUAR 1799?

*Datierung:* Biedermann und Gräf/Leitzmann datieren das Billett auf Juli 1800 und beziehen G.s Bitte auf das gedruckte Werk ›Wallenstein‹ (Tübingen 1800); vgl. ALG 11, S. 304. Dagegen spricht: Sch. erbat das ›Piccolomini‹-Manuskript am 1. März; G. gab es am 6. März zurück; s. Nr. 579, 582. Außerdem hätte G. die Buchausgabe schwerlich erbitten müssen. Er besaß sie selbst. Erstdruck in Sch./G.[4] (1881).

676 *28 Piccolomini:* G. arbeitete vom 16. bis 18. Februar laut Tgb. an der »Anzeige der Piccolomini«, s. zu Nr. 570.

578. GOETHE JENA, 17. FEBRUAR 1799

676 *35 erste Lage:* Papierbogen des Manuskripts von G.s Rezension *Die Piccolomini,* s. zu Nr. 570. – *die politische Möglichkeit ⟨...⟩ zu machen:* vgl. Bd. 6.2, S. 672, Z. 12–20.
677 *1 wieder bei mir:* G. hielt sich vom 7. bis 28. Februar in Jena auf. Sch. kam zum Mittagessen. – *2 Ifflands Brief:* Iffland an Sch., 10. Februar. Die politische (Selbst-)Zensur vereitelte die Aufführung von ›Wallensteins Lager‹ – nicht die der ›Piccolomini‹ – in Berlin. Das Räsonnieren einer Armee über Befehle von oben war für den Militärstaat Preußen unannehmbar.

579. SCHILLER JENA, 1. MÄRZ 1799

677,13 *Beisammensein:* Zusammensein; 677,17–21 *Das Humboldtische ⟨...⟩ gesetzt wird.:* zuerst in Sch./G.² (1856); 677,22–28 *Wie gut ⟨...⟩ verfallen mußte.:* zuerst in Sch./G.⁴ (1881).

677 *9 Nach acht Wochen Stillstand ⟨...⟩:* Seit dem 4. Januar war Sch. in Weimar gewesen, am 7. Februar kehrte er mit G. nach Jena zurück, der bis zum 28. Februar gleichfalls dort blieb. – *Commercium:* s. zu Nr. 347. Gemeint ist der regelmäßige Briefverkehr. – *14 der Wallensteinischen Massa:* ›massa‹: lat. ›Masse‹ – die Masse des Wallenstein-Stoffes, s. zu Nr. 481. – *17 Körner hat geschrieben:* Brief vom 20. Februar, den Sch. am 1. März erhielt. – *Das Humboldtische Werk:* ›W. v. Humboldts ästhetische Versuche. Erster Teil. Über Göthes Herrmann und Dorothea‹. Braunschweig 1799; vgl. Nr. 465. Körner fällt ein kritisches Urteil, s. zu Nr. 580. – *21 in Cours gesetzt:* ›cours‹: frz. ›Umlauf‹. – *22 daß Sie bei den Propyläen nicht auf Humboldt gerechnet haben:* Von W. von Humboldt erschienen nur zwei Beiträge, s. zu Nr. 664. Über weitere Projekte s. *Propyläen* (Neudruck Darmstadt 1965, S. 1110). – *26 dilettantischen Leichtigkeit:* s. ⟨*Über den Dilettantismus*⟩, Bd. 6.2, S. 176. – *27 autores nobiles:* lat. ›adlige Autoren‹. – *29 einen Brief von der Schimelmann:* Brief der Gräfin Charlotte von Schimmelmann vom 16. Februar an Charlotte Schiller (Charlotte II, S. 372–375). – *30 die bewußte Sache:* Gräfin Schimmelmann geht auf den Atheismus-Streit um Fichte ein, s. zu Nr. 556 und Nr. 571; Sch. an Fichte, 26. Januar. – *32 daß Wallensteins Lager in Coppenhagen ist:* In ihrem Brief spricht die Gräfin von einer Vorlesung des Manuskripts und einer anläßlich des Geburtstages ihres Mannes geplanten Aufführung in ihrem Hause, die dann doch nicht stattfand. – *36 ubique:* s. zu Nr. 434. Böttiger hatte tatsächlich das von Schall entliehene Manuskript veruntreut, indem er eine insgeheim angefertigte Abschrift Friderike Brun

nach Kopenhagen schickte, die es an Gräfin Schimmelmann weitergab. Frau von Stein vermutete ebenfalls sofort Böttiger als Quelle der Indiskretion. G.s Untersuchung dieses Vorfalls und Böttigers Briefwechsel sind dokumentiert von Robert Boxberger: ›Die Veruntreuung des Manuskriptes von Wallensteins Lager‹, in: ALG 9 (1880), S. 339–355; ergänzend dazu Moritz Albert Spiess, in: ALG 15 (1887), S. 388–398. Vgl. G. an Kirms, 2. April; F. Brun an Böttiger, 19. März.

678 *2 in Coppenhagen Mäkelei:* Böttiger lehnte eine Berufung nach Kopenhagen, die ihm Ende 1798 angeboten worden war, schließlich doch ab, s. zu Nr. 582. – *5 den Ubique abfertigen:* vgl. Sch.s Brief vom selben Tag an Böttiger, in dem er auf dessen Besprechung der ›Piccolomini‹-Premiere im Februarheft des ›Journals des Luxus und der Moden‹ reagiert. An der Rezension, die ihm am 22. Februar vom Verfasser zugeschickt worden war, lehnt Sch. die Interpretation der Haupt-Charaktere ab; s. Nr. 582. – *6 Meiern:* J. H. Meyer. – *7 der Loderischen Komödie:* Anläßlich von Loders Geburtstag wurde Kotzebues Stück ›Der Schauspieler wider Willen‹, unter Einfügung »übertrieben deklamatorischer Stellen« aus Dramen von Sch. und Iffland, aufgeführt. G. kritisierte bei der Generalprobe die Einbeziehung Sch.scher Textteile (vgl. Henrich Steffens: ›Was ich erlebte‹, Bd. 3. Breslau 1841, S. 97–100). Es gab Initiativen zur Gründung eines Liebhabertheaters in Jena, vgl. Voigt an G., 22. und 24. Februar, 5. März.

580. GOETHE    WEIMAR, 3. MÄRZ 1799

678,15 *zu Stande:* in Gang; 679,7 *schlimmen:* schlimmsten.

678 *22 Körners Brief:* Neben seiner betont subjektiven Reaktion auf W. von Humboldts Werk ›Über Göthes Herrmann und Dorothea‹ setzte Körner seine Almanach-Besprechung fort, s. zu Nr. 535 und Nr. 565. – *25 Spinnengewebe selbst machen:* Schon Francis Bacon hatte die naturferne Philosophie der Scholastik mit Spinnweben, die Scholastiker mit Spinnen verglichen. Vgl. Bacon: ›De dignitate et augmentis scientiarum‹ (1623), in: J. Spedding/R. L. Ellis u. a. (Hg.): ›The works of Francis Bacon‹ (London 1858) Neudruck Stuttgart 1963, Bd. 1, S. 453 ff. Körner besprach zudem das Gedicht ›Die Spinnen‹ von A. Kochen (›Musen-Almanach‹ für 1799). – *27 Man befriedigt 〈...〉 sich selbst am meisten:* s. Nr. 358. – *31 Ihre Vermutung:* Böttigers unbefugte Weitergabe des Manuskripts. – *38 Humor:* s. zu Nr. 20.

679 *4 wieder in Ihrer Nähe:* G.s nächster Jena-Aufenthalt erstreckte sich vom 21. März bis 10. April. Anschließend reiste Sch. mit G. nach Weimar und blieb bis zum 25. April.

581. SCHILLER  JENA, 5. MÄRZ 1799

680,9 *anderer:* andere.

679 *16 mehr Geistesfreiheit:* ›Wallenstein‹ absorbierte Sch.s ganze Konzentration. – *23 Ihre Idee zu einem didaktischen Gedichte:* der Plan zu einem ›Naturgedicht‹, vgl. dazu G. an Knebel, 22. Januar; G.s Tgb., 18. Januar und 8. Mai; *Tag- und Jahres-Hefte* zu 1799 (Bd. 14, S. 61); Bd. 6.1, S. 881 f.; zu Nr. 553. – *35 Ihr Realism (...) Ideen:* s. Nr. 190 und 358.

680 *1 den Gesang aus der Achilleis:* vgl. Nr. 394, 456. – *3 jenes kurze Gespräch:* vielleicht am 17. Februar; der 22. März 1798 oder ein Termin im Mai 1798 könnten ebenfalls in Betracht kommen. – *8 ein Brief von Ubique:* s. zu Nr. 579. Der Brief Böttigers an Sch. datiert vom 3. März. – *12 Schröders Mütlein (...):* Böttiger fordert in diesem Brief Sch. auf, eine Handschrift des ›Wallenstein‹ Schröder zu überlassen, der in Hamburg zwar nicht darin auftrete, aber möglicherweise doch noch nach Weimar komme, s. zu Nr. 428, 456, 457, 533, 534. – *14 Opitz:* Christian Wilhelm O. (1756–1810) war Theaterdirektor in Dresden und Leipzig; sein Brief an Sch. stammt vom 20. Februar. – *18 Ifland:* s. zu Nr. 571, 578. – *19 die erste Vorstellung der Piccolomini:* am 18. Februar. – *22 das abgekürzte Stück:* vgl. die Rezension von Woltmann in: ›Jbb. der preuß. Monarchie‹, 1799, Bd. 1, S. 313. – *28 Mad. Fleck:* Sophie Luise F., geb. Mühl (1777–1846) war Schauspielerin in Berlin, verheiratet mit dem Schauspieler Johann Friedrich Ferdinand Fleck (1757–1801). – *Succeß:* s. zu Nr. 571. – *30 Gries:* s. zu Nr. 362. – *30 aus dem Schlegelischen Hause:* vgl. F. Schlegel an Caroline Schlegel, 19. Februar und Februar (o. D.) (Kritische F.-Schlegel-Ausgabe 24, S. 230, 233). – *32 Auf den Freitag:* 8. März. – *Wallenstein:* ›Wallensteins Tod‹. – *33 An Iffland:* Ifflands Brief vom 26. Februar erhielt Sch. erst am 7. März, den ›Wallenstein‹ schickte er ihm am 18. März.

582. GOETHE  WEIMAR, 6. MÄRZ 1799

681,11 *Natur so sehr:* Natur sehr.

681 *6 Druck der Propyläen:* bei Gaedicke, s. zu Nr. 555. – *12 im Wollen:* G. unterstreicht mehrfach die Unbewußtheit und Unsteuerbarkeit des poetischen Produktionsprozesses, s. zu Nr. 399. – *14 die Piccolomini:* s. zu Nr. 577. – *den Brief:* Böttiger an Sch., 3. März. – *15 allgegenwärtigen Freundes:* ›Freund ubique‹, s. zu Nr. 434. – *16 Veruntreuung von Wallensteins Lager:* s. zu Nr. 579. – *17 Mäkelei:* vgl. Böttiger an Sch., 3. März. – *20 Schuften:* Zwei weitere Vorfälle hatten G.s Groll gegen Böttiger Nahrung gege-

ben: Durch trickreiche Rufabwendungsverhandlungen suchte sich der vielbeschäftigte Gymnasialdirektor Befreiungen von Lehrverpflichtungen und andere Vergünstigungen zu erschleichen. Außerdem hatte er G.s Bedienten um eines Kunstwerkes aus G.s Sammlung willen bestochen. Vgl. Grumach IV, S. 468 f. Zu früheren Indiskretionen Böttigers s. zu Nr. 408, 412. – *21 Octavio einen Buben:* s. zu Nr. 579. – *23 Palmira:* Die Oper ›Palmira. Prinzessin von Persien‹ von Antonio Salieri (1750–1825) wurde am 2. und 9. März in Weimar aufgeführt; s. Nr. 356 und Bd. 4.2, S. 1169, 1172. Vgl. Wieland an G., 3. März. Die deutsche Bearbeitung war von C. A. Vulpius.

583. SCHILLER                                    JENA, 7. MÄRZ 1799

*682,12 gegeben worden. Zwei:* gegeben. Zwei.

681 *38 Versprochener maßen:* s. Nr. 581. – *38 des Wallensteins:* ›Wallensteins Tod‹, in der Fassung der Uraufführung, s. zu Nr. 548.

682 *1 Sonntag abends Post:* am 10. März. – *4 Iflands Nachricht von der Vorstellung der Piccolomini:* Ifflands Brief über die erste Aufführung am 18. Februar in Berlin datiert vom 26. Februar und erreichte Sch. am 7. März. – *7 Das dritte Stück:* ›Wallensteins Tod‹. – *12 Zwei (...) Hauptleute:* Deveroux und Macdonald. – *15 Präparatorien:* (lat.) ›Vorbereitungen‹.

584. GOETHE                                     WEIMAR, 9. MÄRZ 1799

682 *40 dritte Stück vom Athenäum:* ›Athenaeum‹ II/1 (1799); s. zu Nr. 465, Nr. 487–489; vgl. A. W. Schlegel an G., 8. März.

683 *5–7 Ein großer Teil des Gedichts (...) organisiert:* vgl. Paralipomena zur *Achilleis*, Bd. 6.1, S. 1110 ff. G. arbeitete vom 9. bis 13. März an der *Achilleis* (Tgb.). – *7 das unendlich endliche:* zu G.s und Sch.s Symbolbegriff s. zu Nr. 329, 357. – *10 bis Ende Septembers fertig:* Die *Achilleis* blieb Fragment, s. zu Nr. 394. – *11 Wahn:* ›Hoffnung‹, ›Erwartung‹, ›Annahme‹. – *15 Schlusse des Trauerspiels:* s. Nr. 588.

585. GOETHE                                    WEIMAR, 10. MÄRZ 1799

683 *24 Sendung:* Die Rücksendung von ›Wallensteins Tod‹ III, s. zu Nr. 583. – *26 theatralischen Effekt:* zu Sch.s Problemen mit der theatralischen Einrichtung ›Wallensteins‹ s. zu Nr. 388; Nr. 501, 510, 511, 531, 540, 543, 559. – *28 Ebene von Troja:* zur *Achilleis*-Arbeit s. zu Nr. 584.

586. SCHILLER JENA, 12. MÄRZ 1799

683 *38 meine 2 ersten Akte:* von ›Wallensteins Tod‹.
684 *2 avanciert:* (frz.) ›geht voran‹. – *5 kommenden Montag:* vgl. Kalendereintrag Sch.s vom 18. März. – *6 Erinnerungen:* hier: ›Einwände‹. – *7 Iffland:* s. Nr. 583. – *8 expedieren:* (lat.) ›absenden‹, ›befördern‹. – *11 das trojanische Feld:* Schauplatz der *Achilleis,* vgl. Nr. 584 und 585. – *13 secondieren:* (frz.) ›sekundieren‹. – *16 Der Grieß:* eine von G. bei Körner bestellte Grieß- und Nudelsendung, vgl. Körner an Sch., 20. Februar; Dora Stock an Charlotte Schiller, 24. Februar (Charlotte III, S. 22f.).

587. GOETHE WEIMAR, 13. MÄRZ 1799

684,31 *beiden:* zwei; 684,33 *in:* im.

684 *29 neues Werk:* die *Achilleis;* vielleicht auch das Lehrgedicht, s. zu Nr. 581. – *36 die Feiertage bei Ihnen:* Der Ostersonntag fiel auf den 24. März, s. zu Nr. 580.
685 *5 meinen Göttern und Helden:* in der *Achilleis.* Anspielung auf die Farce *Götter, Helden und Wieland* (Bd. 1.1, S. 681–693). – *7 Sonnabend:* 16. März.

588. SCHILLER JENA, 15. MÄRZ 1799

685 *14 neulich:* s. Nr. 586. – *Montags:* am 18. März. Sonntagabend schickte Sch. den ›Wallenstein‹ per Expreßboten an G. – *15 parentiert:* (lat.) ›Leichenrede gehalten‹.

589. GOETHE WEIMAR, 16. MÄRZ 1799

685,26 *meinem:* meinen.

685 *25 gratuliere zum Tode:* Gratulationen zum Beginn, Fortgang und Abschluß einer literarischen Arbeit waren ansonsten in der Korrespondenz ernstgemeint, s. Nr. 590, 591, 602, 608, 632. – *theatralischen Helden:* Wallenstein. – *26 epischen:* Achilles, s. zu Nr. 584. – *28 Montägige Sendung:* s. Nr. 586, 590. – *29 grünen Donnerstag:* G. kam am Gründonnerstag, dem 21. März. – *32 Vorstellung von Wallenstein:* zur Uraufführung von ›Wallensteins Tod‹ am 20. April s. zu Nr. 386. Am 17. April wurden nochmals die ›Piccolomini‹ gegeben. – *33 Unzelmann:* G. hatte Friederike Auguste Constantine U. (1760/68–1815) in Karlsbad kennengelernt, s. zu Nr. 80. Wie schon vor einem Jahr kam auch 1799 kein Gastspiel der Berliner Schauspielerin in Weimar zustande. Sie reiste von einem Wiener Gastspiel über Prag nach Berlin zurück.

Vgl. Unzelmann an G., 1. April 1798; G. an Unzelmann, 12. April 1798; A. W. Schlegel an G., 8. März 1799. Die Briefe von Kirms an G., 26.–29. März 1799, 27. April , 9. Mai; G. an Kirms, 28. April, 7. Mai. – *35 artige:* s. zu Nr. 296. – *39 fünf gesänge motiviert:* s. Bd. 6.1, S. 1103–1112.

686 *2 Fortsetzung nicht bange:* s. zu Nr. 584. – *3 Propyläen beistehen:* s. zu Nr. 437.

590. SCHILLER                                                 JENA, 17. MÄRZ 1799

686 *11 das Werk:* ›Wallensteins Tod‹. – *14 den theatralisch-tragischen Zweck:* s. zu Nr. 388 und 585. – *19 Einheit der Haupt-Empfindung:* s. Nr. 591. Zu Sch.s Problemen der Integration der Liebeshandlung s. Nr. 279, 388, 539. – *21–24 ob der IVte Akt ‹...› Szenen:* In der endgültigen Fassung ist der Monolog der Thekla der 12. Auftritt, gefolgt von den kurzen Auftritten 13 und 14. – *26 expedieren:* s. zu Nr. 586. – *31 Progressen:* (lat.) ›Fortschritten‹. – *Achilleis:* s. zu Nr. 584 und 595. – *33 Stimmung:* s. zu Nr. 355. – *34 auf die Feiertage:* Am 21. März, Gründonnerstag, kam G. zu Sch.

591. GOETHE                                                 WEIMAR, 18. MÄRZ 1799

Erstdruck in Sch./G.² (1856).

687 *3 vollendeten Werke:* ›Wallenstein‹. – *5 zerstreuten:* s. zu Nr. 371. – *9 den Piccolominis ‹...› abnehmen:* s. zu Nr. 548. – *14 das historische ‹...› ein leichter Schleier wodurch das rein-menschliche durchblickt:* Das Zeitgebundene macht in der durchsichtigen Verhüllung der Poesie das überzeitlich Humane transparent. Zur ästhetischen Chiffre des ›Schleiers‹, dessen gleichzeitiges Verbergen und Enthüllen im Kontext von Wahrheit und Fiktion G. zum Sinnbild der Dichtung erhebt, vgl. G.s *Zueignung,* Verse 95 f. (Bd. 2.1, S. 96); W. Keller: ›Goethes dichterische Bildlichkeit‹ (München 1972), S. 23 ff., 47, 69, 113. – *17 Monolog der Prinzessin:* ›Wallensteins Tod‹ IV/12. – *18 den Akt schließen:* Sch. behielt die Szenen IV/13 und 14 bei. – *20 Stallmeister:* von Rosenberg, vgl. ›Wallensteins Tod‹ IV/13. – *22 Adresse des Briefs:* »Dem *Fürsten* Piccolomini«. – *28 Donnerstag:* s. zu Nr. 589. – *30 zusammen lesen:* am 21. und 22. März (G.s Tgb.). – *33 Feiertage:* s. zu Nr. 587. – *35 Arbeit:* an der *Achilleis.*

**592. Schiller** Jena, 19. März 1799

688,13 *dieser:* diese.

**688** *4 meines Werks los zu sein:* zum Abschluß der ›Wallenstein‹-Trilogie s. Nr. 590. – *16 einige tragische Stoffe:* so z. B. die Dramenprojekte ›Die Braut von Messina‹, ›Die Polizei‹ und ›Die Kinder des Hauses‹. – *17 in dem Gegenstande, einen Mißgriff:* zu G.s und Sch.s Besorgnissen um die richtige Stoffwahl s. Nr. 304, 364, 391, 418, 469, 474. – *21 vor jetzt:* ›für jetzt‹. – *19 frei phantasierten:* vgl. G. an Meyer, 22. März. – *22 Ihre jetzige nächste Tätigkeit:* die *Achilleis*, s. zu Nr. 584. – *27 den Besuch der Thetis beim Vulcan:* ›Ilias‹ 18, Verse 369–617. Vgl. *Achilleis*, Bd. 6.1, S. 796. – *32 das naive:* Über Naivität und göttliche Genialität, über Homer als naiven Dichter handelt Sch. in ›Über naive und sentimentalische Dichtung‹ (NA 20, S. 424, 432 f.); vgl. Nr. 631. – *34 Achilleis zu vollenden:* s. zu Nr. 595. – *36 raschen Ausführungsweise (...) Zeuge war:* beim Epos *Herrmann und Dorothea* im September 1796, vgl. Sch. an Körner, 28. Oktober 1796 (Bd. 4.1, S. 1048). – *38 da Sie den April nicht einmal zu Ihrer Arbeit rechnen:* s. Nr. 589.

**689** *5 die Imhof die 2 letzten Gesänge ihres Gedichts:* ›Die Schwestern von Lesbos‹, vgl. Amalie von Imhoff an Sch., 14. März. Während seines Aufenthalts in Weimar im Januar/Februar 1799 hatte Amalie von Imhoff Sch. wohl die ersten vier Gesänge ihres Epos gegeben; s. zu Nr. 418, 593. – *9 zusammen besprechen:* vgl. Sch. an Amalie von Imhoff, 25. März; G. an Meyer, 22. März. – *12 an Körnern:* Am 25. März schickte Sch. ›Die Piccolomini‹ und ›Wallenstein‹ in der Bühnenfassung an Körner. – *14 Der Kasten mit Grieß:* s. Nr. 586. – *H. Meiern:* Er ist unbekannt. – *18 Donnerstags:* An Gründonnerstag, dem 21. März, kam G. und blieb bis zum 10. April.

**593. Goethe** Weimar, 20. März 1799

**689** *25 Wallenstein:* ›Wallensteins Tod‹ in der Fassung der Weimarer Uraufführung, s. zu Nr. 548. – *34 Imhofischen Gedicht hat mir Meyer:* Amalie von Imhoff war eine Zeichenschülerin Meyers, s. zu Nr. 356. – *35–37 unsere Frauenzimmer (...) avancieren:* s. zu Nr. 338, 391. Sch. beabsichtigte zunächst, A. von Imhoffs umfangreiches Hexameterepos in sechs Gesängen ›Die Schwestern von Lesbos‹ anstelle seines ›Musen-Almanachs‹ für 1800 herauszugeben. Schließlich nahm er es in ihn auf (S. 1–182). Vgl. G. an Meyer, 22. und 27. März; Sch. an Cotta, 13. April; s. Nr. 647. Am 22. März sprachen G. und Sch. über »Dilettantism« (Tgb.). –

*38 bei Zeiten ⟨...⟩ Mittag:* G. verließ Weimar um 9 Uhr und war vor 12 Uhr in Jena (Tgb.). – *39 diätetischen Künste:* griech. διαιτητικαὶ τέχναι: Lehren von der gesunden Ernährung.

690 *5 Kästchen:* mit der Grießsendung, s. zu Nr. 586. – *7 Mühllache:* s. zu Nr. 597.

594. GOETHE         JENA, 26. MÄRZ 1799

690,15 *den folgenden Abschnitt:* den Abschnitt.

690 *14 Rede der Minerva: Achilleis,* Bd. 6.1, S. 805, Vers 354. Vgl. zu Nr. 584 und Nr. 592. – *17 Vor Tische lesen:* vgl. G.s Tgb., 26. März. – *18 Botenexpedition:* Kirms hatte im Brief vom 24. März in Theaterangelegenheiten Entscheidungen G.s erbeten. G. übersandte am 27. März Rollentexte aus ›Wallensteins Tod‹ und erwartete »durch den rückkehrenden Boten« ›Wallensteins Lager‹; G. an Kirms, 26. März. Für die *Propyläen* II/1 (1799) redigierte G. die von Meyer übersandte *Nachricht an Künstler und Preisaufgabe* (Bd. 6.2, S. 411–418) und schickte Meyers Aufsatz mit Vorschlägen zur Ausstattung der ›Schwestern von Lesbos‹ zurück. Vgl. Meyer an G., 24. März; G. an Meyer, 27. März. – *22 Hellesponts:* der Dardanellen, von denen Troja nur sechs Kilometer landeinwärts lag.

595. GOETHE         JENA, 2. APRIL 1799

690 *29 ersten Gesang:* der *Achilleis,* s. zu Nr. 394. – *kleine Pause:* Am 5. April schloß G. den ersten Gesang ab, am 10. und 11. Mai erarbeitete er die letzten Schemata. – *37 Wallensteins Lager:* Kirms hatte auf G.s Bitte das Manuskript am 27. März übersandt – s. zu Nr. 594 – und schlug die Aufführung der Trilogie für den 15., 17. und 20. April vor; Kirms an G., 28. März. Das Vorspiel, das im April ausfiel, wurde als Trilogiebeginn erst wieder am 18. Mai gegeben.

596. SCHILLER         JENA, 2. APRIL 1799

*Überlieferung:* G. notierte auf der Rückseite des Billetts »Ifland Voigt / Schluß der Propyl⟨äen⟩«.

691 *3 Ihre Sendung:* der 1. Gesang der *Achilleis.* – *7 bald zu sehen:* Am Abend des 4. April war G. bei Sch.

597. SCHILLER  JENA, 26. APRIL 1799

692,4 *Cotta schon:* schon Cotta.

691 *14 in Weimar:* Vom 10. bis 25. April war Sch. in Weimar gewesen, um den Proben und den beiden ersten ›Wallenstein‹-Aufführungen beizuwohnen. – *17 Regierungsgeschichte der Königin Elisabeth ‹...› den Prozeß der Maria Stuart:* William Camden's ›Annales rerum Anglicarum et hibernicarum regnante Elizabetha ad annum salutis M.D.LXXXIX‹ (London 1615) hat Sch. am 24. April aus der Weimarer Bibliothek entliehen; ebenso kommt aber auch der Aufsatz von Johann Wilhelm von Archenholtz ›Geschichte der Königin Elisabeth von England‹ im ›Historischen Kalender für Damen für das Jahr 1790‹ in Frage, den Sch. als Geschenk von Göschen besaß. Zu den Quellen für ›Maria Stuart‹ s. NA 9, S. 340. – *22 Euripidischen Methode:* ›Alkestis‹, ›Andromache‹, ›Hekabe‹, ›Medea‹, ›Hippolytos Stephanephoros‹ beginnen mit dem besiegelten Untergang oder Verlusten der Titelfigur. Sch. hatte von Cotta am 13. April die Tragödien des Euripides bestellt, mit G. in Jena am 4. und 6. April über den griechischen Tragiker diskutiert. – *31 Mühltal:* das Leutratal vor Jena, wo sich seit 1657 eine Papiermühle befand. – *33 die notierten Werke:* Georges Buchanan: ›Rerum Scoticarum historia‹. Ultrajecti 1668; André du Chesne: ›Histoire générale d'Angleterre, d'Ecosse et d'Irelande‹. Paris 1614 (oder: Paris 1634). – *Bibliothek:* die Herzogl. Bibliothek Weimar, s. Bd. 4.2, S. 1239. – *34 durch das Botenmädchen:* Am 27. April schickte G. die Bücher an Sch., s. Nr. 598. – *37 den Genzischen Historischen Kalender:* Die Studie ›Maria Königin von Schottland‹ von Friedrich von Gentz war in Viewegs ›Taschenbuch für 1799‹ (Berlin 1798) erschienen.

692 *3 am ersten Mai hier zu sein:* s. zu Nr. 598. – *4 Cotta:* vgl. Sch. an Cotta, 25. April. – *6 Meiern:* J. H. Meyer.

598. GOETHE  WEIMAR, 27. APRIL 1799

692,17f. *einmal wieder zusammen:* einmal zusammen.

692 *13 Mittwoch:* 1. Mai. G. hielt sich vom 1. bis 27. Mai in Jena auf. – *14 nächsten Propyläenstück ‹...› zu drucken:* Propyläen II/2 (1799), s. Nr. 582. – *15 erste Hälfte des Sammlers:* der Kunstnovelle *Der Sammler und die Seinigen,* s. Nr. 544. Vgl. G. an Cotta, 10. April; G.s Anzeige *Propyläen. Eine periodische Schrift,* Bd. 6.2, S. 138f. Die Hs. $H^1$ enthält den Text bis zum Schluß des Vierten Briefes; s. Bd. 6.2, S. 1008. – *16 limbo patrum:* lat. ›Vorhölle der Kirchenväter‹, s. zu Nr. 226; figürlich für ›im unfertigen Zustand‹. – *19 Tournüre:* s. zu Nr. 312. – *23 Die Bücher:* von

Buchanan, Duchesne, Gentz. – *25 zu vernehmen:* Am 1. und 9. Mai sprach Sch. mit G. »über die dramatische Behandlung von Maria Stuart« und über »Englische Geschichte«; (G.s Tgb.).

599. GOETHE                                    JENA, 11. MAI 1799

Nach Nr. 598 folgen im Erstdruck die Briefe Nr. 602, 600, 599, 601.

692 *35 feuchten Auszug:* Sch. war am 10. Mai in sein Gartenhaus umgezogen, s. zu Nr. 275, 299, 461. – *37 mündlich:* vgl. Tgb. – *38 sechsten Brief:* von *Der Sammler und die Seinigen.* – *39 als Skizze:* Die von der Druckfassung stark abweichende Variante des 6. Briefs in der Hs. ›H‹ ist wiedergegeben in Bd. 6.2, S. 1009–1013. Vgl. Tgb., 5., 6. und 11. Mai.

600. SCHILLER                                  JENA, 11. MAI 1799

Zur Reihenfolge der Briefe im Erstdruck s. zu Nr. 599.

693 *9 Ihr Mskrpt:* des 6. Briefs von *Der Sammler und die Seinigen.* Vgl. G.s Tgb., 10. Mai; s. zu Nr. 339 und Nr. 599. – *16 Kommen Sie diesen Abend etwas zeitig:* G.s Tgb. vom 11. Mai: »Abends zu Schiller: über den 7ten Brief des Sammlers und einige Charaktere als Kotzebue, Schlegel pp.«. – *17 bei unsern Philosophen:* Schelling und Niethammer, mit denen Sch. regelmäßig l'Hombre spielte, s. Nr. 558.

601. GOETHE                                    JENA, 12. MAI 1799

Zur Reihenfolge der Briefe im Erstdruck s. zu Nr. 599.

693 *23 Leißring:* Er hatte sich wegen seiner Schulden heimlich davongemacht, s. zu Nr. 520. Vgl. Kirms an G., 6. April und 11. Mai. – *24 das Manuskript:* von ›Wallensteins Lager‹ für die Aufführung in Weimar am 18. Mai, s. zu Nr. 595. – *26 Fest:* Pfingsten, das Fest des Hl. Geistes. – *27 achte Brief ⟨...⟩ hinter uns:* Erst am 14. Mai schloß G. die Korrektur der letzten drei Briefe von *Der Sammler und die Seinigen* ab; vgl. G. an Meyer, 12. Mai. – *30 treffe:* s. Nr. 602.

602. SCHILLER                                  JENA, 12. MAI 1799

Zur Reihenfolge der Briefe im Erstdruck s. zu Nr. 599.

693 *36 Zu der Geistigen Produktion:* des 8. Briefs von *Der Sammler und die Seinigen,* mit dem G. am Pfingstsonntag das Werk abschloß, vgl. G.s Tgb., 12. Mai und Nr. 601.

694 *1 ist ziemlich erträglich:* ›fühlt sich leidlich‹. Charlotte war schwanger. – *3 etwas philosophisches:* Was Sch. hiermit meint, ist unerschlossen.

603. SCHILLER  JENA, 29. MAI 1799

694,10f. *förderlich sein wird:* förderlich wird.

694 *8 in den zwei Tagen:* Am 27. Mai war G. nach Weimar zurückgekehrt. – *8 in meinem angefangenen Geschäft:* den Quellenstudien zu ›Maria Stuart‹. – *11 letzten Zusammensein:* s. zu Nr. 598. – *14 Idee 〈...〉 von dem notwendigen Auseinanderhalten der Natur und Kunst:* s. zu Nr. 397, 743. – *17 Aufsatz über den Dilettantism:* Das gemeinsam geplante Projekt über den »nützliche〈n〉 und schädliche〈n〉 Einfluß des Dilettantismus auf alle Künste« gelangte trotz eingehender Vorarbeiten, besonders während G.s Maiaufenthalt in Jena, zu keiner endgültigen Abfassung; s. *Tag- und Jahres-Hefte* zu 1799, Bd. 14, S. 61; 〈*Über den Dilettantismus*〉, Bd. 6.2, S. 174–176; zu Nr. 579. – *19 Das Schema über diesen Aufsatz:* Die tabellarischen Schemata von der Hand beider Dichter, die ein allgemeines Schema, sieben spezielle Schemata über die einzelnen Künste und Paralipomena enthalten, wurden am 26. Mai abgeschlossen; s. Bd. 6.2, S. 151–173; 1030–1041. – *21 Aurora und Hesperus:* Gemeint sind Herder und Jean Paul, die am 20. Mai eine neue gemeinsame Zeitschrift mit dem Titel ›Aurora‹ (hg. von J. G. Herder) angekündigt hatten. Jean Paul wohnte seit Ende Oktober 1798 längere Zeit in Weimar. Sein Roman ›Hesperus‹ war 1798 in erweiterter Neuausgabe erschienen, s. zu Nr. 71, 129. – *23 ein Leben des Christian Thomasius:* Sch. besaß die ›Allgemeine Biographie‹ von Johann Matthias Schröckh, deren 5. Tl. (Berlin 1778, S. 266–394) die Lebensbeschreibung von Thomasius enthält. Der Wegbereiter der Aufklärung in Deutschland, Christian Th. (1655–1728), lehrte als Philosoph und Jurist in Leipzig und Halle. Im Kampf gegen orthodoxe Theologen trat er für religiöse Toleranz und eine Humanisierung der Strafprozeßordnung ein. – *26 Pedanterei des Zeitalters:* Sein Eintreten für nützliches Wissen und eine weltläufige Bildung bekämpfte den akademisch-scholastischen »Pedantismus«. – *32 Monatliche Gespräche:* ›Freymüthige Lustige und Ernsthaffte iedoch Vernunfft= und Gesetz=Mässige Gedancken Oder Monats=Gespräche 〈...〉‹. Halle 1688–1690. Neudruck Frankfurt 1972. – *37 eine davon:* ›Christian Thomas eröffnet Der Studirenden Jugend zu Leipzig in einem Discours Welcher Gestalt man denen Frantzosen in gemeinem Leben und Wandel nachahmen solle? ein COLLEGIUM über des GRATIANS Grund=Reguln/ Vernünfftig/ klug und artig zu

leben‹. Leipzig 1687. Das Kolleg gehörte an deutschen Universitäten zu den ersten landessprachlichen Vorlesungen.
**695** *1 Fr. Imhof und ihrem Werke:* ›Die Schwestern von Lesbos‹, s. zu Nr. 418, 592, 593, 645; Nr. 604. Der »poetische Kongreß« zwischen G., Sch. und der empfindlichen Autorin über ihr Werk am 13. Mai hatte zu Verstimmungen geführt. Vgl. G. an Meyer, 14. Mai; A. von Imhoff an Sch., 16. Mai.

604. GOETHE                              WEIMAR, 29. MAI 1799
695,18 *auch wohl:* wohl auch.

**695** *22 besondern Zwecke:* die gemeinsame Arbeit ⟨*Über den Dilettantismus*⟩ für die *Propyläen.* – *23 des Gedichtes:* ›Die Schwestern von Lesbos‹ von Amalie von Imhoff, s. zu Nr. 418, 593. – *24 Gravamina:* lat. ›Einwände‹, ›Beschwerden‹. – *26 epische Retardation:* s. Nr. 302. – *28 Ruhe und Klarheit:* vgl. Nr. 303. – *35 das mögliche zu tun:* s. zu Nr. 603.

**696** *1 ohne ungeduldig ⟨...⟩ zu werden:* Die Arbeiten zum Themenkreis ⟨*Über den Dilettantismus*⟩ verdanken sich kultur- und gesellschaftskritischen Impulsen. – *9 Von Meyern:* s. zu Nr. 605.

605. SCHILLER                              JENA, 31. MAI 1799
697,29 *abgeschickt:* abgesendet.

**696** *15 das Gedicht unserer Dilettantin:* ›Die Schwestern von Lesbos‹ von Amalie von Imhoff, s. zu Nr. 592. Zum weiblichen Dilettantismus s. Bd. 6.2, S. 170, 175; vgl. auch Nr. 338, 419, 805. – *17 Dilettantism:* s. zu Nr. 603. – *25 Mühe:* s. Nr. 604. G. verbesserte den inzwischen umgearbeiteten ersten Gesang des Epos von Amalie von Imhoff selbst. – *26 Sectionem cadaveris:* lat. (medizinische) ›Sektion‹. – *32 repondieren:* (frz.) ›bürgen‹. – *33 Corneillens Rodogune, Pompée und Polyecte:* Gemeint sind folgende Dramen des französischen Dichters Pierre Corneille (1606–1684): ›Rodogune, princesse des Parthes‹ (Paris 1647), ›Pompée‹ (Paris 1644) und ›Polyeucte, martyr‹ (Paris 1643). Vermutlich benutzte Sch. die Ausgabe: ›Théatre de P. Corneille, avec les commentaires de Voltaire‹, Tome 5 et 6, Paris 1797, von der auch Carl August ein Exemplar besaß. Insgesamt überwiegen bei Sch. – in der Nachfolge Lessings – die negativen Äußerungen über den französischen Dramatiker, die vor allem den Mangel an Natur hervorheben, s. Nr. 952.

**697** *10 Ingrediens:* s. zu Nr. 488. – *12 Racine:* Jean Baptiste R. (1639–1699), französischen Dichter, neben Corneille wichtigster

Vertreter des klassischen französischen Dramas. – *13 Manier:* s. zu Nr. 356. – *15 Voltaires Tragödie:* Sch. war offensichtlich G.s Plan einer Übersetzung des ›Mahomet‹ von Voltaire schon bekannt, s. Nr. 659. – *16 Kritiken:* Sch. bezieht sich offenkundig auf die kritischen Kommentare Voltaires zu den Dramen Corneilles in der oben erwähnten Ausgabe. – *19 mein eigenes Pensum:* die Vorarbeiten zu ›Maria Stuart‹, s. Nr. 597 und 607. – *24 Wallenstein:* ›Wallensteins Tod‹. – *24 Kotzebue:* Seit seiner Amtsniederlegung als Theaterdirektor des Wiener Burgtheaters im Dezember 1798 lebte Kotzebue abwechselnd in Jena und Weimar, s. zu Nr. 556. – *28 Seinen Brief:* Den Brief von J. H. Meyer hatte Sch. am 29. Mai erhalten; möglicherweise geht es um dessen Zeichnungen für den ›Musen-Almanach‹ für 1800. – *Böttcher:* Der Kupferstecher Johann Gottlieb Boettger (1763–1825) in Leipzig sollte Meyers Zeichnungen stechen, vgl. Sch. an Cotta, 13. April.

606. GOETHE                                   WEIMAR, 1. JUNI 1799

**697** *38 Gedicht:* A. von Imhoffs ›Die Schwestern von Lesbos‹, s. zu Nr. 604.

**698** *1 Konferenz:* vgl. G.s Tgb., 31. Mai. – *Frau von Wolzogen:* Caroline von Wolzogen. – *2 Freundinnen:* Amalie von Imhoff, Caroline von Wolzogen. – *4 Hoffnung ⟨...⟩ geben:* vgl. Amalie von Imhoff an G., ? Juni 1799 (RA 3, Nr. 222). – *6 der Herzog ⟨...⟩ verreist:* Carl August verreiste mit dem Erbprinzen und Gefolge für 14 Tage. – *8 nächsten 8 Tage:* Schloßbauarbeiten; G. stellte Meyers Anzeige in der ALZ ›Preisaufgabe für Künstler‹ fertig, vgl. Bd. 6.2, S. 1085 f.; G. an Cotta, 5. Juni; s. zu Nr. 594. – *12 drei Wallensteine:* die Manuskripte der Trilogie, die in Weimar zuletzt vom 18. bis 22. Mai aufgeführt worden war.

607. SCHILLER                                    JENA, 4. JUNI 1799

699,24 *uns:* mir.

**698** *23 Körners Aufsatz über den Wallenstein:* Am 3. Juni war nach Sch.s Bitte Körners Anzeige von ›Wallensteins Tod‹ mit Brief vom 30. Mai eingetroffen. Der Text war für die ›Allgemeine Zeitung‹ bestimmt, wurde aber nicht gedruckt, weil er Sch.s und G.s Ansprüchen nicht entsprach, vgl. Sch. an Körner, 8., 19. (20.) Mai und 20. Juni; Körner an Sch., 17. und 30. Juni; Nr. 608. – *30 pressant:* (frz.) ›eilig‹, ›dringend‹. – *32 nach der vierten Vorstellung des Wallenstein:* von ›Wallensteins Tod‹, am 2. Juli. – *37 das Schema zu den ersten Akten der Maria:* zur Entstehungsgeschichte der ›Maria Stuart‹ vgl. NA 9, S. 339.

**699** *2 den 4ten Juni:* vgl. Kalendereintrag: »Maria angefangen auszuarbeiten«. – *6 Schwestern zu Lesbos:* s. zu Nr. 592 und 605. – *7 meine Schwägerin schrieb mir:* Der Brief Caroline von Wolzogens an Sch. ist nicht erhalten. – *8 Zusammenkunft:* Am 31. Mai trafen sich G. und Amalie von Imhoff bei Caroline von Wolzogen wegen des ersten Gesangs der ›Schwestern von Lesbos‹. – *11 Leßings Dramaturgie:* ›Hamburgische Dramaturgie‹ (1767–1769). – *15 liberalsten:* s. zu Nr. 361. – *21 die Königin von Preussen den Wallenstein ⟨...⟩:* Das preußische Königspaar sah sich die Aufführung am 2. Juli in Weimar an; s. Nr. 608. – *24 ob die la Roche in Oßmanstedt angelangt ist:* Die Schriftstellerin Marie Sophie von La Roche, geb. Gutermann (1731–1807), die Jugendverlobte Wielands, besuchte diesen erst Mitte Juli auf seinem Landgut Oßmannstedt bei Weimar; s. Nr. 608 und zu Nr. 330. – *26 Vulpius:* s. zu Nr. 239. – *das Verzeichnis ⟨...⟩:* Zu der Dublettenauktion der Weimarer Bibliothek im Juli des Jahres gab Sch. einige seiner Bücher, vgl. ›Zum 9. Mai 1905. Schiller-Ausstellung im Goethe- und Schiller-Archiv‹. Weimar 1905, S. 79–83.

608. GOETHE                                WEIMAR, 5. JUNI 1799

701,5 *von Fritsch:* L.; 701,14 *vorgestern die Vorproben:* gestern die Proben und Vorproben.

**699** *36 neuen Stücks:* ›Maria Stuart‹.
**700** *2 Relation:* frz. ›Erzählung‹, ›Bericht‹. – *Aktenextrakt:* s. Nr. 607. – *16 Schwestern von Lesbos:* von Amalie von Imhoff, s. zu Nr. 418. – *17 Konferenz:* s. Nr. 606. – *21 la Roche:* G. kannte Sophie von La Roche seit 1772 und verkehrte in ihrem berühmten literarischen Salon; vgl. *Dichtung und Wahrheit* 13. Buch, Bd. 16, S. 590–597; *Tag- und Jahres-Hefte* zu 1798, Bd. 14, S. 59f. – *24 Lobedaischen Ableitern:* Die Naturdichterin Johanne Susanne Bohl (1738–1806), die Gattin des Bürgermeisters in Lobeda bei Jena, war von einem Unglück – einem Brandschaden vermutlich – heimgesucht worden; s. Nr. 630. Insofern erschien sie als geeignetes Objekt des Bedauerns für die empfindsame, etwas larmoyante Großmutter von Bettina, Sophie und Clemens Brentano. Vgl. Bd. 16, S. 619; zu Nr. 356. – *25–28 Wieland ⟨...⟩ ersehen:* Wieland war im Maiheft seines ›Neuen Teutschen Merkur‹ mit ›Ein Wort über Herders »Metakritik zur Kritik der reinen Vernunft«‹ Herder spontan zur Seite getreten, s. u. Z. 32. Seit den 80er Jahren verbanden beide Vorklassiker engere Beziehungen, auch über die politische Einstellung zur Französischen Revolution. Wieland übte Sprachkritik an der Dunkelheit und Spitzfindigkeit der Kantischen Terminologie. Als ihn sein Schwiegersohn Reinhold auf

Herders Mißverständnisse des Kantischen Erkenntniskritizismus hinwies, stoppte Wieland die Fortsetzung seiner Meta-Metakritik. Dessen Skeptizismus stand Kant näher als Herders Einfühlungslehre. Vgl. Jean Paul an Otto, 8.? Mai, und die Äußerungen Caroline Herders in Grumach IV, S. 499. – *29 Christen behaupten:* apokryphe Überlieferung. – *31 neuen philosophischen Evangelii:* Der Generalsuperintendent hatte 1798 in ›Vom Geist des Christentums‹ ein überkonfessionelles Christentum gepredigt. Ein rezensierender Kantianer entdeckte darin »leidenschaftlichen Widerwillen gegen die kritische Philosophie«, gespeist von »Popularphilosophie« (›Göttingische Anzeigen von gelehrten Sachen‹ 1798, II.). – *32 Geburtsstunde der Metakritik:* Herders ›Verstand und Erfahrung. Eine Metakritik zur Kritik der reinen Vernunft‹ (Leipzig 1799) war im April erschienen. Kant hatte 1785 in der ALZ die ›Ideen zur Philosophie der Geschichte der Menschheit‹ scharf kritisiert, insbesondere gegen die Herderschen Analogiebelege von Natur und Mensch einen klaren Trennungsstrich zwischen Tier und Mensch gezogen, und gegen Herders Historismus den Fortschrittsgedanken der menschlichen Kulturentwicklung ausgespielt. »Herder haßt Kanten«, berichtet Sch. schon am 24. Juli 1787 an Körner. Herders pädagogische Sorgen um Theologen, die ins Fahrwasser der kritischen Philosophie geraten waren, motivierten ihn zu seiner Metakritik. Sein Erkenntnisprinzip der fühlenden Anschauung revoltierte gegen die logisch-abstrakte Begrifflichkeit und Deduktion Kants. Herders Aversionen gegen den Jenaischen Kantianismus führten u. a. zur wachsenden Distanzierung gegenüber G. und Sch., s. zu Nr. 20, 129; B. Suphan: Einleitung in Herder SW XXI, S. XV. – *33 alte zu Königsberg:* Kant. – *34 Dagon:* der gestürzte Götze nach 1 Samuel 5,1–5.

701 *3 Humboldtische Brief:* Humboldt an Sch., 26. April. – *5 Gesuch ⟨...⟩ von Fritsch:* s. Nr. 609. Der Brief des Weimarer Regierungsrats Carl Wilhelm von Fritsch (1769–1851) ist nicht überliefert. – *9 Paket an Hufeland:* G. legte Meyers ›Preisaufgabe für Künstler‹ seinem Brief an G. Hufeland vom 5. Juni bei, s. zu Nr. 606. Dieser war Mitherausgeber der ALZ. – *11 Theatralischen Abenteuer:* Die von G. übersetzte Cimarosa-Oper ›L'Impresario in angustie‹ wurde in Vulpius' dritter Bearbeitung unter dem Titel *Die theatralischen Abenteuer* in Weimar am 5. Juni aufgeführt; vgl. Bd. 4.1, S. 204–215, 991–995. – *12 vorzüglich gut:* G. war mit der Aufführung unzufrieden; G. an Kirms, 6. Juni. – *13 König:* Friedrich Wilhelm III. von Preußen. – *15 wieder die Bemerkung:* vgl. ⟨*Über den Dilettantismus*⟩, Bd. 6.2, S. 174f.

609. SCHILLER                          JENA, 7. JUNI 1799

701,35 *Gelegenheit:* Anlaß; 702,3 *gerückt:* vorgerückt; 702,15 *v Fritsch:* L.; 702,15 f. *er (wahrscheinlich für irgend ein Stammbuch) zu:* er zu.

701 *29 da ich hoffe Sie morgen selbst zu sehen:* Am 8. Juni war Sch. in Weimar und traf sich mit G. – *30 Lodern zugesagt ⟨...⟩:* Der Jenaer Medizinprofessor Loder hatte zum 8. Juni auf Schloß Belvedere bei Weimar (s. zu Nr. 488) zu Mittag eingeladen; G. und Sch. folgten der Einladung. – *33 Dohm:* Christian Wilhelm von Dohm (1751–1820) war als preußischer Gesandter auf dem Kongreß zu Rastatt. Am 6. Juni hatte er Sch. besucht, an den folgenden Tagen dreimal G. – *Nachricht von der Rastädter Geschichte:* Die beiden französischer Gesandten Bonnier und Roberjot waren bei ihrer Abreise vom Rastätter Kongreß von Szekler Husaren überfallen und ermordet worden. Dohm hatte über diesen Vorfall, der den zweiten Koalitionskrieg auslösen sollte, den offiziellen Bericht verfaßt. Vgl. Voigt an G., 8., 11., 13., 15/16., 23. Mai; Meyer an G., 7. Mai; Gespräche I, S. 723.

702 *3 In meiner Arbeit:* an ›Maria Stuart‹. – *6 Wieland von Herders Buch:* s. Nr. 608. – *13 allgemeine Zeitung:* s. zu Nr. 510. – *Böttcher:* Böttiger hatte seit 1797 gute Beziehungen zu Cotta. – *15 H. vFritsch:* s. Nr. 608. – *18 Grafs Rolle:* Der Weimarer Schauspieler Johann Jakob Graff (1768–1848) spielte den Wallenstein.

610. SCHILLER                         JENA, 11. JUNI 1799

702 *26 neulich:* am 8. Juni, s. Nr. 609. – *33 Gartensälchen:* s. zu Nr. 600. – *34 Die Arbeit:* an ›Maria Stuart‹. – *40 das Stück:* Am 12. Juni wurde in Weimar ›Der Friede am Pruth‹ von Franz Kratter aufgeführt. Das historische Schauspiel behandelt den 1711 zwischen Peter dem Großen und den Türken geschlossenen Frieden; vgl. Kirms an G., 9. Mai.

703 *12 Mellisch ⟨...⟩ mit seiner Gesellschaft:* Der englische Diplomat und Schriftsteller Mellish of Blythe (1768–1823) hatte sich für den 12. Juni mit einem Billett vom Vortag mit seiner Frau, Frl. von Bose und einem fremden Gast »aus dem Walliserland« namens Jandor bei Sch. angemeldet; s. Nr. 611, 615; zu Nr. 458.

611. SCHILLER                         JENA, 14. JUNI 1799

703,25 *Roßel:* Roßla; 704,10 *Kalb:* K.; 704,26 *Die:* Meine.

703 *25 in Roßel:* G. war vom 10. bis 16. Juni auf seinem Gut in Oberroßla (s. zu Nr. 440) und in Oßmannstedt bei Wieland (s. zu

Nr. 330). – *28 Mellischens:* s. Nr. 610. – *30 einen Fremden aus dem Walliserland:* s. zu Nr. 610; vgl. auch Sch. an Cotta, 14. Juni und Cotta an Sch., 25. Juni. – *35–704,5 Fichte 〈...〉 kompromittieren soll:* Der Atheismusstreit um Fichte (s. zu Nr. 556) hatte am 1. April 1799 zu seiner Entlassung aus dem Jenaer Universitätsamt durch die Weimarer Regierung geführt. Vgl. 〈*Entlassung Fichtes aus Jena*〉, Bd. 6.2, S. 923 f., 1298–1302. *Tag- und Jahres-Hefte* zu 1803, Bd. 14, S. 104 f., 649 f. (H. Tümmler: ›Goethes Anteil an der Entlassung Fichtes von seinem Jenaer Lehramt‹, in: Ders.: ›Goethe in Staat und Politik‹. Köln/Graz 1964.) Nachdem Fichte sein Vorhaben aufgegeben hatte, in der französischen Republik unterzukommen, stellte er einen Antrag auf freies Quartier in Rudolstadt. Die Ablehnung seines Asylgesuchs brachte er mit Intrigen des Weimarer Hofs in Verbindung. Anfang Juli siedelte Fichte schließlich nach Berlin über. – *35 Rudolstädter Fürsten:* Fürst Ludwig Friedrich II. von Schwarzburg-Rudolstadt, s. zu Nr. 308. – *38 refüsiert:* (frz.) ›abgelehnt‹. – *40 incorrigibel:* (frz.) ›unverbesserlich‹.

704 *9 Mittwochs:* 12. Juni. – *10 die Kalb:* s. zu Nr. 34. – *11 3 ersten Expositionsszenen:* der ›Maria Stuart‹, s. Nr. 597 und zu Nr. 747. – *16 zwei Anträge aus London:* Der Übersetzer des ›Don Carlos‹ ins Englische, Symonds, hatte in einem Brief, der Sch. am 4. Juni erreichte, um dessen künftige Stücke zur Übersetzung gebeten. Der Londoner Hofprediger C. H. Giese hatte ihn in einem Brief vom 26. Mai, den Sch. am 14. Juni erhielt, speziell um die Wallenstein-Übersetzung ersucht. Vgl. auch Sch. an Cotta, 14. Juni. – *17 Buchhändlern:* Sch. bezieht sich wohl auf die schon ältere Bitte des Londoner Buchhändlers John Bell (1745–1831) um ein ›Wallenstein‹-Manuskript für eine englische Übersetzung, vgl. Sch. an Cotta, 28. Oktober 1798, 10. Februar 1799; Cotta an Sch., 17. Mai; Sch. an Nöhden, 5. Juni und an Cotta vom selben Tag. Samuel Taylor Coleridges Übersetzung der ›Piccolomini‹ und ›Wallensteins Tod‹ erschien im Frühjahr 1800 bei den Londoner Verlegern T. N. Longman und O. Rees. – *21 Aeschylus:* Eher als die griechisch/lateinischen Ausgaben aus G.s Bibliothek könnte Sch. die Übersetzung von Georg Christoph Tobler (Weimar 1781/82) gemeint haben, die in der herzoglichen Bibliothek vorhanden war. Ob G. dem Wunsch Sch.s nachkam oder die Ausleihe des ›Agamemnon‹ am 11. Juli damit in Verbindung stand, ist ungeklärt.

612. GOETHE					OBERROSSLA, 15. JUNI 1799

705,7 *drunter:* darunter; 705,8 *der:* Ihrer.

**704** *32 Zweiten lieben Brief:* Nr. 611. – *33 Geschäfte:* Gutsangelegenheiten, Besuch bei Wieland; vgl. Tgb., 11.–15. Juni; G. an Carl August, Mitte Juni; Voigt an G., 13. Juni. – *40 Mittwoch:* 19. Juni.
**705** *3 Spiritus:* der Schreiber J. L. Geist. – *4 meine Feder:* G. schrieb eigenhändig, s. Nr. 613. – *7 halb Einsamkeit:* im Gartenhaus, s. zu Nr. 599. – *8 Arbeit:* ›Maria Stuart‹.

613. SCHILLER					JENA. 18. JUNI 1799

705,19 *Minister Haugwitz:* Minister von Haugwitz; 705,25 f. *Schwester mit meinem Schwager dem:* Schwester und meinen Schwager den; 705,26 f. *Meinungen:* Meynungen; 705,27–29 *meiner Schwester ‹...› sein.:* zuerst in Sch./G.² (1856); 705,32 *bis jetzt:* bisher.

**705** *17 die Züge Ihrer Hand:* Brief Nr. 612 stammt ausnahmsweise von G.s eigener Hand und ist nicht diktiert. – *17 Hier hatte man uns gesagt:* vgl. Frau von Stein an Charlotte Schiller, 12. Juni (Charlotte II, S. 336). – *18–20 um dem Minister Haugwitz ‹...› Gesellschaft zu leisten:* G. wurde gebeten, den ihm bekannten Politiker in seinem Haus aufzunehmen; vgl. Egloffstein an G., 29. Juni. Der Herzog, der am 31. Mai nach Eisenach und Kassel gereist war, kehrte jedoch am 14. Juni ohne den preußischen Minister Christian August Heinrich Karl von Haugwitz (1752–1831) nach Weimar zurück. Da G. durch einen Brief Voigts vom 13. Juni davon unterrichtet war, blieb er länger in Oberroßla. – *25–27 in etwa 8 Tagen meine Schwester ‹...› hier:* Sch.s Schwester Christophine (1757–1847) war mit dem Meininger Bibliothekar und Hofrat Wilhelm Friedrich Hermann Reinwald (1737–1815) verheiratet. Am 24. Juni besuchten sie Sch. – *26 Meinungen:* bei Sch. häufig für ›Meinungen‹. – *31 Ende meines ersten Akts:* der ›Maria Stuart‹. – *Ihrer Hieherkunft:* Erst Mitte September kam G. wieder nach Jena, s. zu Nr. 625. – *33 nulla dies sine linea:* s. zu Nr. 569. – *34 tragischen Qualität:* vgl. Sch.s Abhandlungen ›Über den Grund des Vergnügens an tragischen Gegenständen‹ und ›Über die tragische Kunst‹. Im letzteren Aufsatz leitet Sch. die elementaren Bausteine der Tragödie vom Zweck der Rührung und des Mitleids ab (NA 20, S. 153 f., 168 f.). – *39 Furcht des Aristoteles ‹...› Mitleiden:* Zentralbegriffe der aristotelischen Poetik, die vor allem durch Lessings Interpretation in der Dramaturgie des 18. Jahrhunderts an Aktualität gewannen. Anders jedoch als bei Lessing fällt in Sch.s Publikumsdramaturgie dem aristotelischen ›Phobos‹ (›Furcht‹, ›Schrecken‹) eine bedeutsame Distanzierungsfunktion gegenüber identifikatorischem Mitleid zu, s. Nr. 661, 895.

706 *2 physisches Wesen:* ein von Leidenschaft bestimmtes Naturwesen, vgl. zu Nr. 406, 423. – *3 das pathetische:* vgl. Sch.s Erläuterungen in ›Über das Pathetische‹ und ›Vom Erhabenen‹ (»II. Das Pathetischerhabene«). (NA 20, S. 192–221). Dazu: K. L. Berghahn: ›Das Pathetischerhabene‹. In: ›Schiller‹. Hg. von K. L. Berghahn und R. Grimm. Darmstadt 1972). – *10 Vohs ⟨...⟩ nach Petersburg:* Der Schauspieler J. H. Vohs verließ erst im September 1802 das Weimarer Theater und starb 1804 in Stuttgart. – *18 Sonnabend:* 22. Juni. – *die Bilder:* Mit Brief vom 15. Juni hatte J. H. Meyer Sch. zwei Zeichnungsentwürfe für die Decke seines Gartenpavillons geschickt.

614. GOETHE                                WEIMAR, 19. JUNI 1799

707,31 *Sie wohl:* Sie recht wohl.

706 *26 wunderlichen Projekten:* Im Mai hatte G. Interesse für die Darstellung der Geschichte des hl. Joseph in der Malerei gewonnen, die er später in der Novelle *Sankt Joseph der Zweite* (1807) verwertete. Vom 21. bis 24. Juni stellte G. seine Gedichte für die ›Neuen Schriften‹ zusammen; s. zu Nr. 618. – *31 wie Wieland:* auf seinem Gut in Oßmannstedt, s. zu Nr. 330. – *33 Arbeit:* ›Maria Stuart‹. – *36 Ob ich ⟨...⟩ kommen kann:* Zuerst kam Sch. nach Weimar, s. Nr. 621. – *37 Der Prinz ⟨...⟩ gezogen:* Die Suite des Erbprinzen im Weimarer Schloß wurde für den bevorstehenden Besuch des preußischen Königspaares benötigt. Carl Friedrich von Sachsen-Weimar-Eisenach (1783–1853) zog darum am 18. Juni in G.s Haus.

707 *4 Inflexion:* (lat.) Beugung von Lichtstrahlen. Grimaldi entdeckte zuerst die Erscheinung, daß das Licht an Begrenzungen sich nicht völlig geradlinig fortpflanzt, sondern gegenüber seiner ursprünglichen Richtung – aufgrund von Interferenzerscheinungen – gebeugt wird. Vgl. G.s entsprechende Ausführungen in *Geschichte der Farbenlehre,* 5. Abt., 17. Jh. (Bd. 10, S. 680f.). G. behandelt das Phänomen im *Didaktischen Teil Zur Farbenlehre* unter *Paroptische Farben,* §§ 389–428 (Bd. 10, S. 134–143). – *artige Entdeckung:* ›artig‹ s. zu Nr. 296. Das Phänomen optischer Nachbilder erörtert G. in *Zur Farbenlehre,* Didaktischer Teil, § 54 (Bd. 10, S. 41 f.). Zum »Blitzen der Blumen« s. *Physiologe Farben* (5. *Leuchtende Blumen*), Bd. 12, S. 568. – *12 phisiologisches Phänomen:* Die Einteilung des *Didaktischen Teils* der *Farbenlehre* in

physiologische, physische und chemische Farbenerscheinungen ist ein Ergebnis der Diskussionen mit Sch. vom vergangenen Winter; s. *Zur Einleitung (der Farbenlehre)*, Bd. 6.2, S. 787 und 1246f. – *14 geforderten sehr hellgrünen Farbe:* als komplementäres »Scheinbild« der roten Blumen, s. Bd. 12, S. 567–569. – *14–18 Keine Blume die man gerad ansieht (...) völlig ausgeruht und empfänglich ist:* Für das Sehen in der Dämmerung sind die Sinneszellen in der Peripherie der Retina zuständig. Nicht die Mitte, sondern der Rand der Retina vermittelt bei Dämmerung scharfe Bilder. Mit »ausgeruht« gibt G. die Beobachtung wieder, daß das Auge für Lichtreize empfänglicher ist, d. h. geringere Lichtintensitäten wahrnehmen kann, wenn die Sehzellen vorher keinem starken Lichtreiz ausgesetzt waren. – *24 Sam(m)ler:* G.s Kunstnovelle *Der Sammler und die Seinigen*, s. zu Nr. 339 und 544. – *35 meine Julie:* die zum Träumerischen neigende Nichte des Arztes und Sammlers in der Novelle.

615. SCHILLER                                JENA, 20. JUNI 1799

708,3 *uns:* mir; 708,32f. *die schöne:* der schönen.

708 *3 Der Franzose (...) mit Mellisch:* Jandor, s. zu Nr. 610. – *5 das Propyläenstück:* II/2 (1799), S. 26–122: *Der Sammler und die Seinigen*, s. zu Nr. 544 und Nr. 614. Während seines Mai-Aufenthalts in Jena hatte G. an der Kunstnovelle gearbeitet. – *7 Gestalt (...) jetzt ist:* s. Bd. 6.2, S. 1004, 1008–1013. – *11 wundersam:* ›wie ein Wunder‹. – *14–17 Die Auffführung der Charaktere (...) aufgestellt wird:* vgl. Bd. 6.2, S. 96ff., 114, 122ff., 129. – *20 des Falschen, des Unvollkommenen und des Vollkommenen:* Bd. 6.2, S. 130. – *22 Die letztern Ausführungen:* im 8. Buch des Werks, das G. am 12. Mai abgeschlossen hatte. – *26 Xenien:* zur hellen Aufregung über die *Xenien* und zum Verkaufserfolg des ›Musen-Almanachs‹ für 1797 s. zu Nr. 316, 239, 393. – *29 Humor:* s. zu Nr. 20. – *30 Besuch der Fremden:* im 7. Brief, s. Bd. 6.2, S. 116ff.

616. GOETHE                                  WEIMAR, 22. JUNI 1799

709,7 *gefälliges haben:* gefälliges Ansehen haben; 710,8 *Verkäufer:* Vorkäufer; 710,22 *Anlagen:* Anlage; 711,4 *dem einmal eingeschlagnen:* dem eingeschlagnen.

709 *3 Sammler:* Der Sammler und die Seinigen. – *8 scharfe Ingredientien:* der gesellschaftskritische Impetus darin, der sich gegen Fehlformen der Kunstrezeption wie -produktion richtet. – *14 wahre Nutzen:* Meyer sollte Künstler der in *Der Sammler und die Seinigen* entworfenen Typologie zuordnen; vgl. Bd. 6.2,

S. 122–130. – *23 Julius Roman:* Giulio di Pietro de' Gianuzzi, gen.
Gulio Romano (1499–1546), Raffaelschüler, der zahlreiche Entwürfe seines Lehrers vollendete. Vgl. Meyer, *Über die Gegenstände der bildenden Kunst*, Bd. 6.2, S. 39 und 986. – *26 Enunciation:* ›Aussage‹, s. zu Nr. 409. – *27 Michel Angelo:* s. zu Nr. 340;
Meyer, *Über die Gegenstände der bildenden Kunst*, Bd. 6.2, S. 45.
– *28 Phantasmisten: Der Sammler und die Seinigen*, Bd. 6.2,
S. 123 f. – *Correggio:* Antonio da (Allegri) C. (ca. 1494–1534),
italienischer Maler; s. Meyer, *Über die Gegenstände der bildenden Kunst*, Bd. 6.2, S. 43. – *29 Raphael:* vgl. ebenda, S. 28–33, 39,
52 f.; *Propyläen. Eine periodische Schrift*, Bd. 6.2, S. 134 f.; ferner
zu Nr. 212, 371, 408. – *33 die Deutschen:* vgl. G. an Reichardt,
15. Juni 1789. Zu G.s Problemen mit den »Deutschen« s. H.-J.
Weitz in ›Vision‹ 1 (1948); Nr. 416. – *34 Nebulisten: Der Sammler und die Seinigen*, Bd. 6.2, S. 124. – *35 Oeser:* s. Nr. 267; vgl. J. H.
Meyer: ›Oeser‹, in: *Propyläen* III/1, S. 126, 128. Meyer schrieb
den Beitrag vor dem 22. Mai, s. G. an Meyer, 24. Mai. – *37 Fortsetzung des Sammlers:* Sie kam nicht zustande. – *39 Ernst und Spiel: Der Sammler und die Seinigen*, Bd. 6.2, S. 129 f.; s. Nr. 358, 461.

710 *2 Dilettantismus:* s. zu Nr. 603. – *29 chalkographischen Gesellschaft:* Gesellschaft zur Förderung der Kupferstichtechnik,
s. Bd. 6.2, S. 1014 f. G. und Meyer publizierten in *Propyläen* II/1
(1799) den Beitrag *Chalkographische Gesellschaft zu Dessau*. Zu
G.s Anteilen s. Bd. 6.2, S. 1014 f.; vgl. G.s Anzeige *Propyläen.
Eine periodische Schrift*, Bd. 6.2, S. 138; Meyer: ›Über Lehranstalten zu Gunsten der bildenden Künste‹, in: *Propyläen* III/1, S. 65. –
*38 poetischen Dilettanten:* möglicherweise Gerning, den G. um
den 10. Juni zweimal traf, s. Grumach IV, S. 510, und zu Nr. 381.

### 617. SCHILLER JENA, 25. JUNI 1799

711,17–32 *Mein Schwager ⟨...⟩ erwartete.:* zuerst in Sch./G.²
(1856); 711,33 *dieser:* ein; 711,33 *Aufenthalt:* Besuch; 711,33 *bis auf den:* bis den; 712,11 *Fußtapfen:* Fußstapfen; 712,18 f. *dahin recht wohl:* dahin wohl.

711 *17 pénible:* frz. ›beschwerlich‹, ›unerfreulich‹. – *17 Mein Schwager ist hier ⟨...⟩:* Am 24. Juni waren Wilhelm und Christophine Reinwald gekommen (s. zu Nr. 613), am 27. Juni besuchten
sie gemeinsam Mellish in Dornburg, am 30. Juni begleitete Sch. sie
bis Weimar auf ihrer Heimreise. – *19 sechzig Jahr alt:* geb. am
11. August 1737 in Wasungen. – *30 imperfectible:* frz. ›vervollkommnungsunfähig‹, s. zu Nr. 413. – *34 Sonntag:* 30. Juni. –
*37 der Sammler: Der Sammler und die Seinigen*, s. Nr. 615 und
616.

712 *1 Verhältnis gegen das Publikum 〈...〉 der Krieg:* vgl. hierzu auch frühere Bemerkungen Sch.s an Huber, 7. Dezember 1784; an Fichte, 4. August 1795; Nr. 245, 358, 437, 707. – *3 Dilettantism:* s. zu Nr. 603 und 616. – *6 den Deutschen 〈...〉 so derb sagen:* ein Topos der antigrobianischen Satire; vgl. Caspar Scheidt: ›Grobianus‹ (1551; Neudruck Darmstadt 1979), S. 88, 239; *Faust II*, Vers 6771. – *10 Swifts Satyren:* Hier spielt Sch. wohl vor allem auf den ›Gulliver‹ (›Travels into several remote nations of the world‹, by Lemuel Gulliver) (1726, deutsch von Risbeck 1788) des englischen Schriftstellers Jonathan Swift (1676–1745) an; auch an dessen Verssatiren ›The battle of books‹ und ›A tale of a tub‹ mag Sch. gedacht haben, s. zu Nr. 104. – *11 in Herders Fußtapfen:* Herders ›Metakritik‹ an Kant zitiert in der satirischen Einleitung Figuren der nordischen Mythologie herbei, s. zu Nr. 608. (Herder SW XXI, S. 3–12); Gräf/Leitzmann vermuten Herders frühe Polemik gegen Schlözer und Spalding. – *12 Pantagruel:* François Rabelais: ›Gargantua et Pantagruel‹ (1532–1564). Im Brief Gargantuas an Pantagruel (Kap. VIII der Satire) werden Ideale der Renaissance vertreten. – *14 nach Weimar:* s. zu Nr. 621. – *15 trotz des Getümmels:* Vom 1. bis 3. Juli besuchte das preußische Königspaar den Weimarer Hof und sah am 2. Juli den ›Wallenstein‹, s. Nr. 607.

618. GOETHE                                   WEIMAR, 26. JUNI 1799

712 *26 Mittwoch:* Die Botenfrau ging Dienstagmittag in Jena weg und kam am Abend in Weimar an. Die Post trug sie üblicherweise am Mittwochmorgen aus, s. Nr. 432. Zu ihrem Versehen s. Nr. 619. – *30 kleinen Gedichte zusammen schreiben:* für Band 7 der ›Neuen Schriften‹, der bei Unger in Berlin 1800 erschien; s. zu Nr. 5 und 639. Ferner Sch. an Unger, 26. Mai. – *32 Taucher:* zu Sch.s Ballade s. zu Nr. 324 und Nr. 366. – *35 Inflexion:* s. zu Nr. 614. – *40 Enunciation:* s. zu Nr. 409.

619. SCHILLER                                 JENA, 26. JUNI 1799

713 *17 Unger hat mir heute geschrieben:* Der undatierte Brief stammt wohl vom 22. Juni. – *18 wegen Ihrer Gedichtsam⟨m⟩lung:* vgl. Sch. an Unger, 26. Mai und Nr. 618. Sch. hatte in diesem Brief an Unger, nach Absprache mit G., für den 7. Band von ›Goethes neue Schriften‹ eine Sammlung von Gedichten der letzten acht Jahre angeregt. – *19 Vielleicht schrieb er Ihnen selbst:* Unger schrieb erst am 23. Juli an G. – *20 eine Sam⟨m⟩lung deutscher Schauspiele:* vgl. Sch. an Unger, 26. Mai. Der Plan der »Entreprise

eines Theater-Calenders«, über den Sch. bereits am 22. Dezember 1797 mit Unger korrespondierte und über den G. in den Annalen zu 1799 berichtet, kam schließlich doch nicht zur Ausführung (vgl. Bd. 14, S. 60). – *30 etwas von Berlin aus über den Wallenstein:* Im Brief an Unger vom 26. Mai hatte Sch. um Informationen über die Berliner Wallenstein-Aufführung vom 17. Mai gebeten. Er erhielt nun nach einem Monat Nachricht. – *35 ein Berliner Schmierer:* Die Rezension über die Berliner Aufführung von ›Wallensteins Tod‹ erschien in den ›Jbb. der preuß. Monrchie‹, Bd. 2, 1799, S. 135–166 (Braun, Schiller 2, S. 326–367). Unger nennt F. E. Rambach als Verfasser, s. zu Nr. 289. – *37 à la Böttiger:* s. zu Nr. 579. – *39 Wir machen morgen einen Besuch bei Mellisch:* Am 27. Juni besuchte Sch. mit Reinwalds Mellish in Dornburg, vgl. dessen Einladungsbilletts vom 26. Juni.

714 *1 optischen Beschäftigungen:* s. Nr. 614 und 618.

620. SCHILLER                    JENA, 28. JUNI 1799

714 *9 Gesellschaft:* die Reinwalds, s. Nr. 617. – *10 auf den Sonntag:* am 30. Juni, s. zu Nr. 621. – *11 nicht viel geschehen:* an ›Maria Stuart‹, s. zu Nr. 613. – *17 eine andere Wartburg:* Anspielung auf Luthers Zufluchtsort am Rande des Thüringer Waldes, s. Nr. 486.

621. GOETHE                    WEIMAR, 29. JUNI 1799

714 *25 morgen zu sehen:* Sch. reiste am 30. Juni mit Reinwalds nach Weimar und kehrte am 3. Juli nachts zurück. – *29 Königl. Gegenwart:* Das preußische Königspaar besuchte Weimar vom 1. bis 3. Juli und sah mit Sch. die am 2. Juli veranstaltete Aufführung von ›Wallensteins Tod‹, s. zu Nr. 607. – *32 verschiednes zu sprechen:* zu den Arbeiten ⟨*Über den Dilettantismus*⟩ s. zu Nr. 603, 604, 616, 617; zur Optik s. Nr. 614, 618. Anfang Juli notiert G. im Tgb. Gedankensplitter zum Wechselverhältnis von Erfahrung und Idee.

622. SCHILLER                    JENA, 5. JULI 1799

715 *3 bei meiner Ankunft:* Am 3. Juli kam Sch. nachts aus Weimar zurück. – *einen Brief von Cotta:* vom 16. ⟨18.⟩ Juni; vgl. Bd. 6.2, S. 952 f. – *4 über einen Brief:* Cotta an G., 17. Juni. – *5 der Propyläen wegen:* zum schlechten Absatz der *Propyläen*, die nicht über eine Auflage von 450 Stück hinauskamen, s. auch zu Nr. 454 und 823, Nr. 623, 635 sowie Sch. an Cotta, 5. Juli. – *7 das Kunst-*

*treibende und Kunstliebende Publikum in Deutschland* ⟨...⟩: s. zu Nr. 122, 501, 617; vgl. Sch. an Cotta, 5. Juli. – *14 das neueste Stück: Der Sammler und die Seinigen* (in: *Propyläen* II/2); s. Nr. 615, 629, zu Nr. 544; Sch. an Cotta, 5. Juli. – *32 für die Auktion:* s. Nr. 607. – *33 zwei Bänden von Montesquieu:* Sch. gab die ›Oeuvres‹. Nouv. édit. T. I–III. London 1771, in die Auktion, vgl. ›Zum 9. Mai 1905‹. Weimar 1905, S. 83.

716 *1 wann wir sie erwarten können:* G. konnte erst im September Sch. besuchen, weil der Herzog seine Anwesenheit wegen des Schloßbaues wünschte, s. Nr. 625. – *3 Meiern:* J. H. Meyer.

623. GOETHE                         WEIMAR, 6. JULI 1799

716,11 *schon so ziemlich:* schon ziemlich; 716,14 *ich mit:* ich Ihnen mit; 716,17 *verwundern:* wundern; 716,33 *grüßen Ihre:* grüßen Sie Ihre.

716 *13 letzten Beisammenseins:* s. zu Nr. 621. – *14 Geschichte:* Cottas Nachricht vom enttäuschenden Absatz der *Propyläen*, s. zu Nr. 454, Nr. 622. – *21 Die Bücher und die Liste:* s. zu Nr. 607 und Nr. 622. – *23 an Kirms:* s. Nr. 624 und zu Nr. 200. – *Den Wallenstein:* Das Manuskript von ›Wallensteins Tod‹. – *24 Prinzen:* Neben dem Weimarer Erbprinzen Carl Friedrich (s. zu Nr. 614) kommen noch die Gothaer Prinzen August und Friedrich in Frage sowie der Erbprinz Georg von Mecklenburg-Strelitz, die alle zum Besuch des preußischen Königspaares erschienen waren. Vgl. auch G.s Mutter an G., 20. Juli. – *25 in Lauchstädt:* s. zu Nr. 200. Die Weimarer Bühne spielte in Bad Lauchstädt vom 6. Juli bis 14. August. ›Wallensteins Lager‹ wurde am 29. Juli und 12. August gegeben, ›Die Piccolomini‹ am 31. Juli und 7. August, ›Wallensteins Tod‹ am 1. und 8. August. – *25 Souffleur:* Johann Andreas Seyfarth (1771–1819) war Souffleur und Kassier am Weimarer Theater. – *ad protocollum:* lat. ›zu Protokoll‹. – *27 für die Stücke stehen:* damit sich keine Manuskriptveruntreuung mehr wie bei ›Wallensteins Lager‹ wiederhole, s. zu Nr. 579. – *28 Gartenhaus:* s. zu Nr. 599.

624. SCHILLER                         JENA, 9. JULI 1799

716 *38 der Hofkammerrat:* Kirms (s. zu Nr. 200), s. Nr. 623 und Sch. an Kirms, 7. Juli, worin die Bedingungen für das ›Wallenstein‹-Gastspiel der Weimarer Bühne in Lauchstädt genannt werden: Sicherheitsmaßnahmen für die Manuskripte (s. zu Nr. 579), Überlassen der Kasseneinnahmen der jeweils zweiten ›Piccolomini‹- und ›Wallenstein‹-Aufführung und Besetzung der Thekla-Rolle mit Madame Vohs (s. u.), des Fräulein Neubrunn mit Mlle.

Maticzek. – *39 notifiziert:* (lat.) ›angezeigt‹, ›mitgeteilt‹. – *40 Lauchstädt:* s. zu Nr. 200, Nr. 623. – *akkordieren:* (lat./frz.) ›bewilligen‹.

717 *1 schwerlich mehr Lust dazu haben:* Dennoch kam die Aufführung der ›Wallenstein‹-Trilogie in Lauchstädt zustande, s. zu Nr. 623. – *Äquivalent:* (lat.) ›Gegenwert‹. – *4 Negotiation mit Opitz:* ›Negotiation‹: (lat.) ›Geschäftsverhandlung‹. Die Verhandlungen mit dem Dresdner und Leipziger Theaterdirektor über den Erwerb eines ›Wallenstein‹-Manuskripts waren noch nicht entschieden, und Sch. schien damals noch mit einem günstigen Ausgang zu rechnen. Tatsächlich kam die Leipziger Aufführung der Trilogie erst am 2., 3. und 4. Oktober 1800 zustande, s. Nr. 581. – *9 Auskunft:* hier im Sinne von ›Ausweg‹. – *Konvenienz:* (lat.) hier: ›Zufriedenstellung‹. – *11 wegen Besetzung der Thecla:* Die Rolle wurde von Caroline Jagemann gespielt, die jedoch vertraglich nicht zur Teilnahme an auswärtigen Gastspielen verpflichtet war. Deshalb wurde die Rolle, auch auf Sch.s Wunsch, der Schauspielerin Friederike Margarete Vohs (1777–1860) übertragen, die sie später in Weimar nicht mehr an die Jagemann abtreten wollte. – *13 etwa eine andere:* Welche Schauspielerin Sch. meinte, ist nicht zu ermitteln. – *15 seit meiner Zurückkunft von Weimar:* s. zu Nr. 622. – *16 weiter vorgerückt:* vgl. Nr. 620. – *21 in Absicht auf die Propyläen:* s. Nr. 622. – *25 poussieren:* (frz.) ›vorantreiben‹, ›fördern‹. – *23 Cotta:* s. Nr. 622. – *32 mehr Publizität:* Außer der Anzeige *Propyläen. Eine periodische Schrift* (s. zu Nr. 490) und der zweiten Anzeige in der ALZ (Bd. 6.2, S. 1020f.) ist nur noch ein Anzeigenentwurf formuliert worden (Bd. 6.2, S. 1022f.). – *Bei der ersten Ansicht:* s. Nr. 622. – *34 etwas aus dem Faust:* Sch. drängte G., seinen *Faust* im Sommer diesen Jahres zu Ende zu bringen, vgl. Sch. an Cotta, 16. Dezember 1798; zum zögerlichen Fortschritt des *Faust* vgl. auch G. an Cotta, 1. Januar. – *38 Maria:* ›Maria Stuart‹. – *der darstellende Teil:* im Sinne von ›literarisch-fiktionale‹.

625. GOETHE                                    WEIMAR, 9. JULI 1799

718,20 *Stoff:* Sitz.

718 *8 noch nicht kommen kann:* G. konnte sich erst im September freimachen. Sein nächster Jenaaufenthalt erstreckte sich vom 16. September bis 14. Oktober. – *10 beim Schloßbau:* s. zu Nr. 486 und Nr. 628; ferner Tgb., 5., 12., 13., 18. Juli. – *17 Ihre Arbeit:* ›Maria Stuart‹.

626. GOETHE                    WEIMAR, 10. JULI 1799

718,29 *sonst so ökonomische:* sonst ökonomische; 718,38 *Herausgeber und Verleger:* Herausgeber, Verleger; 719,3f. *den man einem:* dem man einen.

718 *29 Bedingungen:* s. zu Nr. 624. – *ökonomische Freund:* Kirms, s. zu Nr. 200. – *33 gegen das Publikum ⟨...⟩ ihn:* G. nimmt die Situation des freien Schriftstellers ernst, der sich mit dem literarischen Markt im 18. Jahrhundert herausgebildet hatte. – *38 Verfasser, Herausgeber und Verleger:* Meyer, G. und Cotta. Als Autoren kamen noch Sch. und W. von Humboldt mit seiner Frau hinzu.

719 *3 verlornen Pfeil ⟨...⟩ nachschießt:* Anspielung auf sprichwörtliche Redensarten, z. B. ›Wenn der erste Pfeil nicht trifft, so schiesse den zweiten‹; oder: ›Nicht jeder Pfeil das schwartze fint/ der offtmal schiest, zuletzt gewint‹ (Zincgref) (Wander III, Sp. 1264).

627. SCHILLER                    JENA, 12. JULI 1799

720,11 *Arbeit:* Zeit; 720,15 *und Lilien:* und die Lilien.

719 *16 Die Vorteile:* G. mußte die Bedingungen, die Sch. Kirms für die Lauchstädter ›Wallenstein‹-Aufführungen gestellt hatte (s. Nr. 624), gleichfalls bewilligen, s. zu Nr. 758. – *19 die Fazilität des Hofkammerrats:* ›Fazilität‹: (lat.) ›Gefälligkeit‹, ›Entgegenkommen‹, auch: ›Zahlungsbereitschaft‹. Kirms war, nicht zuletzt wegen der schwierigen Situation der Theaterfinanzen, als knickerig bekannt. – *21 Theatralischen Gabe:* die ›Wallenstein‹-Trilogie. – *22 ein schönes Geschenk von Silberarbeit:* ein Kaffeeservice von der Herzogin, das Sch. am 13. September bei seinem Besuch in Weimar erhielt. – *28 die Aufsätze über Akademien und Zeichenschulen:* Die Beiträge von J. H. Meyer ›Über Lehranstalten, zu Gunsten der bildenden Künste‹ erschienen in den Propyläen II/2 und III/1 und 2; die zweite und dritte Niederschrift dieser Abhandlung wurde von G. durchkorrigiert. – *35 Propylæen:* zum geschäftlichen Mißerfolg s. Nr. 622–626, zu Nr. 454. – *40 wenn Sie hieher kommen:* s. zu Nr. 625 und 628.

720 *1 Anzeigen:* s. zu Nr. 624 und Nr. 629. – *4 meiner Arbeit:* ›Maria Stuart‹. – *10 Die englische Geschichte von Rapin Thoyras:* Paul Rapin de Thoyras: ›Histoire d'Angleterre‹. Nouv. Edit. T. I–XVI. A la Haye 1749 (Erstdruck: 1724–1735); Sch. kann auch die deutsche Übersetzung mit Kommentar (Halle 1755–1760) benutzt haben. – *12 Local:* s. zu Nr. 362. – *14 mein Garten:* s. zu Nr. 275, 299, 600.

### 628. GOETHE　　　　　　　　　　　WEIMAR, 13. JULI 1799

720,30 *Anfangs August:* Anfangs Augusts.

720 25 *Zerstreuung:* s. zu Nr. 371. – *neue Verhältnis:* zum Hof in Petersburg, vgl. GaS II/2, S. 620. Durch die geplante Heirat der russischen Zarentochter Maria Pawlowna (1786–1859) mit dem weimarischen Erbprinzen und die beabsichtigte Teilnahme des Herzogs am russischen Feldzug waren auch die diplomatischen Beziehungen zwischen Weimar und Preußen betroffen; ebenda, S. 620–630. Vgl. das Votum von D. von Haren (und G.) für Carl August vom 27. Juni (Grumach IV, S. 512f.); Voigt an G., 14. und 22. Februar, 11.? Juli. – *26 Schloßbau:* s. zu Nr. 486. Der Besuch des preußischen Königspaars in Weimar hob den unvollendeten Bauzustand des Weimarer Schlosses schmerzlich ins Bewußtsein, s. Nr. 621. – *28 neuen ⟨...⟩ Mensur:* (lat.) ›Zeitmaß‹, hier: Zeitplanung der Bauphasen. – *31 Paket:* Es enthielt die *Propyläen* II/2 (G.s Tgb.).

### 629. SCHILLER　　　　　　　　　　　JENA, 15. JULI 1799

721,14 *durch den:* auf dem; 721,15 *dahin:* dorthin; 721,32–36 *Dieser Becker ⟨...⟩ hegt.:* zuerst in Sch./G.² (1856).

720 40 *Entledigung vom Musen Almanach:* Offensichtlich hatte G. nun das Vorhaben eines Einleitungsgedichts für ›Die Schwestern von Lesbos‹ (s. zu Nr. 418) der A. von Imhoff aufgegeben. Zu diesem ursprünglichen Plan vgl. G. an J. H. Meyer, 27. März, und Sch. an Cotta, 13. April. Zum letzten ›Musen-Almanach‹ für 1800 lieferte G. keinen Beitrag.

721 *1 gewissen Leuten:* dem Herzog, der G. wegen des Schloßbaus nicht nach Jena reisen ließ. – *3 in 14 Tagen:* s. zu Nr. 625. – *7 in meinem Geschäfte:* ›Maria Stuart‹. – *8 Mit den Philosophen:* Mit Niethammer und Schelling spielte Sch. sonnabends l'Hombre, s. Nr. 600. – *10 Kotzebue ⟨...⟩ dieses einzige gesellschaftliche Vergnügen:* s. zu Nr. 203 und Nr. 605. G. wertet in *Des neuen Alcinous zweiter Teil* Kotzebues Kegelleidenschaft satirisch aus, Bd. 6.1, S. 65 ff. – *19 den Aufsatz vom Kunstsammler: Der Sammler und die Seinigen* (*Propyläen* II/2). – *20 in der Anzeige, die man im Poßelt davon macht:* Die Anzeige für das Heft II/2 der *Propyläen*, die für die ›Allgemeine Zeitung‹ geplant war, kam nicht heraus, s. zu Nr. 510. – *22 Dilettantism:* s. Nr. 603. – *29 Postverwalter Becker:* Der Versuch des Postmeisters Carl August Becker (1765–1838), der die herzogliche Landespost in Jena gepachtet hatte, im Sommer 1799 die Brief- und Paket-Zustellung durch Botenfrauen zu unterbinden, schlug fehl. Die Weimarer Regierung hatte bereits 1791

und dann neuerlich 1804 die Konkurrenz der Botenfrauen, die gegen Botengeld die Post zwischen Jena und Weimar von Haus zu Haus austrugen, zu der staatlichen Posthoheit gebilligt. – *35 gemeinen Wesens:* ›Gemeinwesens‹. – *Ordensunfug:* Sch. spielt wohl auf Jenaer Studentenverbindungen an, die wegen ihres Auftretens in der Öffentlichkeit berüchtigt waren.

630. GOETHE                                          WEIMAR, 17. JULI 1799

722 *4 was gegenwärtig ⟨...⟩ muß:* der Schloßbau, s. zu Nr. 625. – *10 Anfang des Augusts:* s. zu Nr. 625. – *11 Roßlaer Gutssache:* s. zu Nr. 440 und 449. – *12 Lehn zu empfangen:* G. hatte mit Voigts Hilfe einen Antrag beim Herzog auf Umwandlung seines Guts vom Status eines »Sohn- und Tochterlehns« in ein freies Erblehn gestellt; vgl. Voigt an G., vor 10. Juli und 10. Juli; G. an Carl August, 10. Juli; ⟨*Kodizill zum Testament vom 24. Juli 1797*⟩, Bd. 6.2, S. 926. – *14 Madame la Roche:* s. Nr. 607. – *17 Unglücksburgemeisterin:* J. S. Bohl, s. Nr. 608. – *23 Ihr Geschäft:* ›Maria Stuart‹.

631. SCHILLER                                          JENA, 19. JULI 1799

722 *32 Schlegels Lucinde:* ›Lucinde‹. Ein Roman von Friedrich Schlegel. 1. Teil. Berlin 1799. – *34 wundershalber:* ›des Staunens halber‹. –. *35 alles Darstellende:* s. zu Nr. 624. – *37 das ewig formlose und fragmentarische:* eine exemplarische Kritik der Klassik an der frühromantischen Ästhetik. – *38 Paarung des Nebulistischen mit dem Charakteristischen:* vgl. *Der Sammler und die Seinigen*, 8. Brief, Bd. 6.2, S. 123–126.

723 *2 Witz:* ›Verstand‹, ›Ironie‹. – *5 die Frechheit erklärt er selbst für seine Göttin:* vgl. die »Allegorie von der Frechheit« in der ›Lucinde‹, S. 40–59. – *9 Rodomontaden:* (ital./frz.) ›Prahlereien‹. – *Griechheit:* ›Griechentum‹. Griechenbegeisterung und Anerkennung der Vorbildfunktion der Antike kennzeichnen die Schlegelsche Frühromantik. – *10 auf das Studium derselben:* Schlegel studierte u. a. Altphilologie und schrieb vor der ›Lucinde‹: ›Von den Schulen der griechischen Poesie‹ (1794), ›Über die Homerische Poesie‹ (s. zu Nr. 307), ›Über das Studium der griechischen Poesie‹ (1797), ›Die Griechen und Römer‹ (1797), ›Geschichte der Poesie der Griechen und Römer‹ (1798); s. zu Nr. 307, 504. – *11 Simplizität und Naivität der Alten:* s. zu Nr. 592. – *14 Woldemar':* Roman von Friedrich Heinrich Jacobi (1779, neue Bearbeitung 1794), s. zu Nr. 13. Zu Schlegels Rezension s. zu Nr. 247. – *Sternbald:* ›Franz Sternbalds Wanderungen‹ (1798), Roman von Ludwig Tieck, s. zu Nr. 504. – *16 Aufsatz über den Dilettantism:* s. Nr. 603, 617, 629.

Eines der Einzelschemata zum Dilettantismus befaßt sich auch mit der Schauspielkunst (Bd. 6.2, S. 153, 172f.). – *18 ein Privattheater:* Briefzeugnisse und ergänzende Tagebucheintragungen deuten darauf hin, daß das ›Liebhabertheater‹ im Kreis um Anna Amalia zu lokalisieren ist, dem der Schriftsteller und Hofjunker Leo von Seckendorff-Aberdar (1775–1809), Henriette von Wolfskeel, Louise von Göchhausen angehörten. Vgl. RA 3, Nr. 315–317, 320. Während seines Gartenaufenthalts vom 31. Juli bis 15. September in Weimar half G. der »Liebhaber-Gesellschaft« mehrmals bei der Probenarbeit (Tgb., 18. Juli und 13. September). Vgl. Nr. 632, 635. – *20 Jenenser:* In den neunziger Jahren gab es mehrere Privattheater in Jena. Das Projekt eines Liebhabertheaters, das die Hofrätin Schütz Anfang des Jahres 1799 verfolgte, versuchte Sch. offenbar zu vereiteln, gleichwohl scheint das Privattheater zustande gekommen zu sein (vgl. Caroline Schlegel an Pauline Gotter, 25. Januar, in: ›Caroline. Briefe an ihre Geschwister ⟨...⟩‹. Hg. von Georg Waitz. 2 Bde. Leipzig 1871, Bd. 1, S. 238, und Hans Lederer: ›Schiller und die Liebhaberbühne in Jena‹, in: ›Schwäbischer Schillerverein Marbach-Stuttgart. Rechenschaftsbericht 27/28‹ (1922–1924), S. 69–72). – *24 den poetischen Kampf mit dem historischen Stoff:* s. zu Nr. 789. – *31 das Unglück aus Lobeda:* Johanne Susanne Bohl, s. Nr. 608 und 630. – *33 Nähe der betagten Freundin:* Sophie von La Roche (s. Nr. 607, 608, 630) war damals 69 Jahre alt. Sch. lernte nur ihre Enkelin Sophie Brentano (1776–1800) kennen, mit der sie am 15. Juli auf Wielands Wohnsitz Oßmannstedt eingetroffen war; Sophie von La Roche machte von dort nur Besuche in Weimar, nach Jena kam sie nicht. – *36 Beiliegendes Buch:* In einem nicht erhaltenen Brief, den Sch. am 19. Juli von Vulpius erhalten hatte, bat dieser wahrscheinlich um Rückgabe eines unbekannten Buches. – *Vulpius:* s. zu Nr. 163. – *38 Den August:* Bei ihrem Ausflug nach Triesnitz bei Jena am 18. Juli ließ Christiane Vulpius den Sohn August bei Schillers.

632. GOETHE                    WEIMAR, 20. JULI 1799

724,27 *dem:* denen.

724 *3 Schleglischen Produktion:* F. Schlegels ›Lucinde‹. – *4 ich hörte schon viel darüber:* vgl. Marianne Meyer (Eybenberg) an G., 19. Januar und 10. Juli; A. W. Schlegel an G., 8. März. – *9 in diesen Tagen:* am 18. Juli, s. zu Nr. 631 und Nr. 635. – *15 Tournüre:* s. zu Nr. 312. – *23 ersten Akt:* von ›Maria Stuart‹. – *25 Nachsommer:* zur Wortgeschichte vgl. W. Rehm: ›Nachsommer‹. Bern 1951, S. 10ff. – *26 August:* s. Nr. 632. – *27 Carl ⟨...⟩ Ernsten:* Sch.s Söhne, s. zu Nr. 163.

633. SCHILLER    JENA, 24.⟨23.?⟩ JULI 1799

*Datierung:* Auf Sch.s Kalendereinträge – die Umdatierung Vollmers und der NA 30 stützt sich auf einen – ist nur bedingt Verlaß. Oft notiert Sch. im ›Calender‹ das Absendedatum anstelle des Schreibdatums. Unzuverlässig sind auch andere Einträge: In Nr. 510 (18. September 1798) erwähnt Sch. den Inhalt eines Cotta-Briefs, den er laut ›Calender‹ erst am 19. September erhalten hat. Nr. 511 und Nr. 512 von G. vom 21. September sind im ›Calender‹ am 20. September verzeichnet. Nr. 183 (5. Juli 1796) ist lt. ›Calender‹ am 4. Juli abgeschickt worden, G.s Brief vom 22. Oktober 1796 (Nr. 233) erhielt Sch. angeblich am 21. Oktober. Weitere Unstimmigkeiten treten bei den Nummern 122, 762, 772 auf. Ebenso wie in Briefen können Sch. im ›Calender‹ Datierungsfehler unterlaufen sein. Auch mittwochs ging im übrigen Post von Jena nach Weimar. Vgl. Sch.s Briefe vom 3. Dezember 1794, 14. Dezember 1796, 14. März 1798.

724 *34 in Roßla:* Am Abend des 21. Juli war G. nach Oberroßla (s. zu Nr. 440 und 630) gefahren, am 23. Juli ist er wahrscheinlich zurückgekehrt. – *35 Hieherkunft:* s. zu Nr. 625.

725 *1 Tieck aus Berlin:* Der Besuch Ludwig Tiecks (1773–1853) bei G. fand am 21. Juli statt, Sch. besuchte er am 22. oder 23. Juli (NA 42, S. 613 f.). Die positive Gesprächsbeurteilung durch Sch. teilt Tieck umgekehrt nicht (vgl. Schillers Persönlichkeit III, S. 154 f.). – *6 Don Quixote:* Tiecks Übersetzung des Romans von Cervantes erschien in Berlin 1799–1801. – *9 Romantischen:* s. zu Nr. 334. – *12 Mellisch:* s. zu Nr. 458 und Nr. 610, 611. – *Burg:* Schloß Dornburg bei Jena, s. zu Nr. 681. – *einige Fragmente:* G.s Rezension der ›Piccolomini‹-Aufführung in der ›Allgemeinen Zeitung‹ 1799 enthielt ausführliche Dialogzitate, s. zu Nr. 570. Mellishs Übersetzung – von einer Notiz im Londoner ›German Museum‹ (Januar 1800) gleichfalls angekündigt – ist nicht überliefert. – *19 Sheridan:* Richard Brinsley S. (1751–1816), Theaterdichter und Mitdirektor des Londoner Drurylane-Theaters. Mellish bot ihm eine englische Übersetzung des ›Wallenstein‹ für eine Aufführung in dessen Theater an, vgl. auch Sch. an Nöhden, 5. Juni; Sch. an Cotta, 5. Juli. Sheridan hat wohl ablehnend reagiert. – *20 zu Ende dieser Woche:* Sch.s ›Calender‹ verzeichnet unter Mittwoch, dem 24. Juli, die Fertigstellung des 1. Aktes der ›Maria Stuart‹. – *25 Das Ungewitter aus Oßmanstädt:* Sophie von La Roche war am 15. Juli in Oßmannstedt angekommen, s. zu Nr. 607, 608. – *26 Anverwandte der La Roche:* Clemens Brentano, ihr Enkel, war damals Student in Jena, s. auch zu Nr. 631, 608. – *30 von dem Gedicht der Fr. Imhof:* ›Die Schwestern von Lesbos‹, s.

zu Nr. 418, 592 und 629. – *31 an Gädike:* Auch der ›Musen-Almanach für das Jahr 1800‹ wurde bei den Gebrüdern Gaedicke in Weimar gedruckt, s. zu Nr. 555, 645.

### 634. GOETHE WEIMAR, 24. JULI 1799

726,22 *hätte:* hatte.

726 *3 bald zu Ihnen:* s. Nr. 635 und zu Nr. 625. – *4 Sonnabend:* 27. Juli. – *5 in Tiefurt:* dem ländlichen Schloß und Park vor Weimar an der Ilm gelegen. G. besuchte den Lieblingsaufenthalt von Herzogin Anna Amalia (s. zu Nr. 430) am 17. Juli. Vgl. Sophie von La Roches Schilderung im Brief an Gräfin Solms-Laubach vom 20. Juli und in ›Schattenrisse abgeschiedener Stunden‹ (Leipzig 1800), S. 52. Vgl. Grumach IV, S. 516. – *6 Osmanstädt:* bei Wieland, s. zu Nr. 330; vgl. G. an Schlosser, 30. August; Sophie von La Roche: ›Schattenrisse‹, S. 58; Grumach IV, S. 517; Starnes, Wieland II, S. 728. – *12 Tiek (...) Hartenberg:* s. zu Nr. 633. A. W. Schlegel führte Tieck in Begleitung Friedrich von Hardenbergs (Novalis) (1772–1801) bei G. am 21. Juli ein. Vgl. A. W. Schlegel an G., 19. Juli; Grumach IV, S. 518. – *16 großes Gastmahl:* Das zu Ehren von Sophie von La Roche am 25. Juli bei G. veranstaltete »empfindsame Diner« schildern Charlotte von Stein und der Ehrengast, vgl. Grumach IV, S. 518–520. – *18 Gädike:* der Weimarer Buchdrucker, s. zu Nr. 555 und 634. – *zwei ersten Gesänge:* der ›Schwestern von Lesbos‹ von A. von Imhoff, s. zu Nr. 418 und Nr. 604–608.

### 635. GOETHE WEIMAR, 27. JULI 1799

726 *35 alte Litanei:* s. Nr. 625, 628.

727 *1 Werke:* Dichtungen. – *3 Die neusten Erfahrungen:* Der geschäftliche Flop der *Propyläen,* s zu Nr. 454 und 622. – *8 alten Freundin:* Sophie von La Roche, s. zu Nr. 607 und 608. – *9 Liebhabertheater:* s. zu Nr. 631, 632. – *24 ein Besuch der Laroschischen Nachkommenschaft:* Sophie Brentano, die Enkelin der La Roche, und die Bankiersgattin Susette Gontard (1768–1802), Hölderlins ›Diotima‹, wurden von Sch. am 27. Juli empfangen. Vgl. S. Gontard an Hölderlin, 18. August und 23. September; Sophie Brentano an Henriette von Arnstein, 8. August (›Die Briefe der Diotima‹. Hg. von C. Vietor. Leipzig 1921); NA 42, S. 273 und 614; vgl. G., *Tag- und Jahres-Hefte* zu 1798, Bd. 14, S. 60. – *33 sonderbare Produkte:* ›Jacobi an Fichte‹ (Hamburg 1799) und Évariste (Désiré Desforges Vicomte de) Parny (1753–1814): ›La Guerre des dieux anciens et modernes‹. Paris 1798/99. F. H. Jacobis offener Brief an

Fichte bezieht sich auf den Atheismusstreit vom 3. bis 21. März, s. Nr. 556, 636 und 637. – *das eine:* das komische Epos von Parny, s. Nr. 637.

### 636. SCHILLER JENA, 30. JULI 1799

728 *3 am Sonnabend:* 27. Juli. – *4 Philosophenklub:* das Kartenspiel samstags mit Niethammer und Schelling, s. Nr. 558, 600 und 629. – *6 Ihrem Brief:* Nr. 635. – *11 im Zweiten Akte bei meiner königlichen Heuchlerin:* Am 25. Juli hatte Sch. mit dem 2. Akt der ›Maria Stuart‹ begonnen (›Calender‹). – *14 der theoretischen Mitteilung 〈...〉 lieber enthalten:* betrifft wohl den Verzicht auf die Ausführung des Dilettantismus-Aufsatzes, s. Nr. 635. – *18 Imagination:* (lat./frz.) ›Einbildungskraft‹. – *25 Raisonnement:* (frz.) ›vernünftige Überlegung‹, auch: ›Urteilskraft‹. – *Erst mit der Reflexion fängt der Irrtum an:* Sch.s Einsicht, die Heinrich von Kleists Aufsatz ›Über das Marionettentheater‹ nahekommt, ergänzt und revidiert die früher gepriesene Abkehr vom Instinkt durch den Baum der Erkenntnis. Vgl. ›Etwas über die erste Menschengesellschaft nach dem Leitfaden der mosaischen Urkunde‹. – *34 Die zwei Damen:* Sophie Brentano und Susette Gontard, s. zu Nr. 635. – *35 Die kleine 〈...〉 ihren Fehler am Aug:* Als Kind hatte Sophie Brentano ihr linkes Auge verloren. – *38 Schnecke:* Der steile, gewundene Fahrweg, der von der Schwabhäuser Hochebene nach Jena hinunterführte, wurde damals ›Schnecke‹ genannt. – *die alte Großmutter:* Sophie von La Roche, s. zu Nr. 607, 608. – *39 Von dem eleganten Diner:* am 25. Juli, s. zu Nr. 634. – *40 wußte sie viel zu erzählen:* Susette Gontard schreibt Hölderlin (s. o.), Sch. habe sich viel mit Sophie Brentano über deren Großmutter und Wieland unterhalten.

729 *1 Relation:* (lat.) ›Bericht‹, ›Mitteilung‹. – *Meier:* J. H. Meyer. – *3 in einer Krisis:* Charlotte Schiller war schwanger. – *7 neulich:* mit Brief Nr. 635. – *8 Das Jacobische Werk:* ›Jacobi an Fichte‹, s. zu Nr. 635. – *9 das Gedicht:* von Parny, s. zu Nr. 635.

### 637. GOETHE WEIMAR, 31. JULI 1799

729,31 *Das verlorne:* Miltons verlornes; 730,34f. *psychologisch:* physiologisch; 730,38 *und:* noch.

729 *17 Produktionen 〈...〉 preise:* s. Nr. 635. – *18 doppelte Weise:* Fortschritte an ›Maria Stuart‹ und die Schwangerschaft von Sch.s Frau. – *20 Parny:* s. zu Nr. 635. – *28 express:* (lat.) ›ausdrücklich‹. – *29 Theophilanthropen:* (griech.) ›Gottes- und Menschenfreunde‹. Bezeichnung einer deistischen Religionsgemeinschaft im

Frankreich des späten 18. Jahrhunderts, für die Gottes- und Naturverehrung zusammenfiel. – *18 Das verlorne Paradies:* von John Milton (1608–1674). G. las in Miltons Epos am 28. Juli. Am 10. August entlieh er aus der Weimarer Bibliothek die Übersetzung von Zachariä. Vgl. Bd. 4.2, S. 987f. – *36 Der Gegenstand ist abscheulich:* Milton behandelt den Sündenfall im theologischen Kosmos der Heilsgeschichte; vgl. Nr. 639. – *37 scheinbar:* hier: ›blendend‹, ›glänzend‹.

730 *5 besser in die Rolle des Teufels:* Auch die Romantiker Blake und Shelley sehen im edlen Rebellen Satan den eigentlichen Helden dieses für die Literatur des 18. und 19. Jahrhunderts wegweisenden Epos. – *8 Verfasser blind:* Milton war zur Entstehungszeit des ›Paradise Lost‹ (1667) bereits erblindet. – *13 über den freien Willen:* Adam erliegt bei Milton nicht wie Eva den Einflüsterungen Satans, sondern begeht die Tat aus Liebe, in der Bewußtseinsklarheit eines freien Willensentschlusses, der Bodmer zu einer kritischen Anmerkung provozierte. Vgl. ›Johann Miltons Episches Gedichte von dem Verlornen Paradiese‹. Übersetzt ⟨...⟩ von Johann Jacob Bodmer. Zürich 1742, S. 418–424; s. Nr. 919. – *24 wie Kant ⟨...⟩ ein radikales Böse:* vgl. Immanuel Kant: ›Die Religion innerhalb der Grenzen der bloßen Vernunft‹. Königsberg 1793. 1. Stück: ›Von der Einwohnung des bösen Prinzips neben dem Guten: oder über das radikale Böse in der menschlichen Natur‹. Vgl. G. an das Ehepaar Herder, 7. Juni 1793; G. an Jacobi, 7. Juli 1793. – *31 die Reinholdischen Erklärungen über den Fichtischen Atheismus:* Karl Leonhard Reinhold: ›Sendschreiben an J. C. Lavater und J. G. Fichte über den Glauben an Gott‹. Hamburg 1799; s. zu Nr. 355. Über den Atheismusstreit s. zu Nr. 556. – *40 in den Garten zu ziehen:* Vom 31. Juli bis 15. September zog sich G. in das Gartenhaus am ›Stern‹ zurück; s. zu Nr. 275.

731 *1 Ankunft des Herzogs:* Carl August kehrte von Ruhla am 24. August zurück. – *2 Voigts:* C. G. Voigt, s. zu Nr. 60. – *7 nächste Zusammenkunft:* Sch. hielt sich vom 13. bis 15. September in Weimar auf, anschließend folgte ihm G. nach Jena, s. zu Nr. 625.

638. SCHILLER    JENA, 2. AUGUST 1799

731 *22 Miltons Gedicht:* ›Das verlorene Paradies‹, s. Nr. 637. – *23 Zeitraum ⟨...⟩ zu durchlaufen Gelegenheit gehabt:* Anspielung auf das Studium der englischen Geschichte für ›Maria Stuart‹. – *26 der Geschichtschreiber:* wohl Paul Rapin de Thoyras, s. Nr. 627. – *29 jene Revolutionsepoche:* die englischen Bürgerkriege des 17. Jahrhunderts, die zur Abschaffung des Königtums und zur

Republik unter Cromwell führten. Der Puritaner Milton bekämpfte auf Cromwells Seite die Royalisten und war unter dessen Regierung Staatssekretär des Äußeren. – *32 Jacobiner:* Sch.s grundsätzliche Anerkennung der Leitvorstellungen der Französischen Revolution geht seit 1793/94 einher mit Kritik am Revolutionsterror. Vgl. Sch. an Körner, 15. Oktober 1792; an den Herzog von Augustenburg, 13. Juli 1793; Schillers Persönlichkeit II, S. 170; NA 42, S. 124, 132, 179 f.; auch Füsslis Milton-Rezeption parallelisiert Cromwell und Robespierre, s. Bd. 4.2, S. 988. – *37 die Mißgeburten der Allegorischen (...) Darstellung:* s. zu Nr. 329.

732 *1 gar zu mönchisch:* vgl. Sch.s ähnliches Urteil in Nr. 558. – *22 kleine Reise:* vom 4. bis 13. September nach Rudolstadt zur Schwiegermutter.

### 639. GOETHE    WEIMAR, 3. AUGUST 1799

733,5 *mich wenigstens von:* mich von.

732 *34 Einsamkeit im Garten:* s. zu Nr. 637. – *35–37 meine kleinen Gedichte (...) zusammen stelle:* für Band 7 der ›Neuen Schriften‹, der zum Sorgenkind wurde, s. zu Nr. 5, 618; Unger an G., 23. Juli. – *39 Stimmung:* s. zu Nr. 355. – *neue Gedichte dazu tun:* Auf Ungers und Sch.s Anregung hin versammelte G. in Band 7 die verstreut publizierten neueren Gedichte, Balladen, die *Venezianischen Epigramme*, die *Römischen* und andere *Elegien,* s. Nr. 640–642; G. an Unger, 5. August; Sch. an Unger, 26. Mai.

733 *4 redlich gegen mich selbst:* Bekenntnisse zu einer monologischen Produktion, die das Publikum ignoriert, finden sich auch in G.s Rezension von Sulzers ›Die schönen Künste‹ (Bd. 1.2, S. 402); in *Schicksal der Handschrift* (Bd. 12, S. 70); *Italienische Reise, Zweiter römischer Aufenthalt* 5. Oktober 1787 (Bd. 15). G. an Körner, 26. November 1812; Riemer, Mitteilungen, S. 324. – *8 Miltons verlornes Paradies (...) Nachmittags lese:* s. zu Nr. 637. – *13 unbedingt:* ohne Handlungs- und Situationsmotivation. – *20 abgeschmackte Gegenstand:* s. zu Nr. 637. – *24 noch manches gegeben:* Ungers Bedenken gegen Viewegs Druckfassung von *Herrmann und Dorothea,* s. zu Nr. 467; Unger an G., 23. Juli. Am 30. Juli arbeitete G. an *Die erste Walpurgisnacht* (Bd. 6.1, S. 40–43). Vgl. auch G.s summarischen Tagebucheintrag vom 13. September.

640. SCHILLER  JENA, 6. AUGUST 1799

733 *35 meiner Arbeit:* ›Maria Stuart‹. – *39 Episteln und Balladen:* s. zu Nr. 17, 20, 22, 35; Nr. 315, 363, 369, 374.
734 *1 Elegien, Epigramme:* u.a. die *Römischen Elegien; Venezianischen Epigramme*, s. zu Nr. 20. – *2 Lieder:* In ›Goethes neuen Schriften‹, 7. Bd. (Berlin 1800) erscheint erstmals die Rubrik ›Lieder‹ mit geselligen, gesungenen Liedern. – *3 Vorsatz:* G. führte ihn nicht aus und nahm nur den *Sänger* aus den *Lehrjahren* auf, s. zu Nr. 49, 639. – *10 diesen neuen Almanach:* Im ›Musen-Almanach‹ für 1800 erschienen dann doch von Sch. ›Spruch des Konfucius‹, ›Die Erwartung‹ und ›Das Lied von der Glocke‹. – *14 Reise nach Rudolstadt:* s. zu Nr. 638. – *15 Diversion:* s. zu Nr. 681. – *16 den zweiten Akt:* Am 26. August konnte Sch. den 2. Akt der ›Maria Stuart‹ abschließen. – *18 August hat vorgestern:* Um ungestörter arbeiten zu können, hatte G. Christiane und Sohn August bis zum 9. August nach Jena geschickt, vgl. Christiane und August an G., 6. August; s. Nr. 163, 641. – *21 Parny:* s. Nr. 635–637.

641. GOETHE  WEIMAR, 7. AUGUST 1799

735,22 *weichen:* entweichen.
734 *27 Garteneinsamkeit:* s. zu Nr. 637. – *meiner Arbeit:* Sammlung und Redaktion der Gedichte für ›Göthes neue Schriften‹, Bd. 7, s. zu Nr. 639. – *31 erinnert mich an ‹...› dunklere Zeiten:* an die ruhelose Zeit der Leidenschaft für Frau von Stein. – *32 die Gedichte:* vgl. G. an Knebel, 17. September. – *35 Epigramme: Venezianische Epigramme*, s. zu Nr. 20. Vom 22. bis 29. September diskutierte G. intensiv mit A. W. Schlegel prosodische Verbesserungen an den *Venezianischen Epigrammen* und *Römischen Elegien*; s. Grumach IV, S. 525 ff. – *38 Römischen Elegien:* s. zu Nr. 20. – *40–735 2 Alexis und Dora ‹...› bringen kann:* Im 7. Band der ›Neuen Schriften‹ eröffnet das nach Vorschlägen von A. W. Schlegel stark verändertes Gedicht die Gruppe *Elegien II*, vgl. Bd. 4.1, S. 845–855.
735 *5 Perfektibilität:* s. zu Nr. 413. – *6 Voßen und seiner Schule:* s. zu Nr. 169. Vgl. G.s Rezension *Johann Heinrich Voß: Lyrische Gedichte*, Bd. 6.2, S. 575 f. Zu G.s Kritik am Voßischen Rigorismus s. zu Nr. 128. – *10–14 Meyer ‹...› symbolischen Bezug haben:* zu den »historischen Darstellungen« vgl. Meyer, *Über die Gegenstände der bildenden Kunst*, Bd. 6.2, S. 31–36; »symbolische Darstellungen«, ebenda, S. 44–48. Humboldt an G., 18. März; G. an Humboldt, 26. Mai. Zu Meyers Entwurf zur *Braut von Corinth* vgl. Wahl, Tafel XII. – *17 ganz neues:* die ersten

beiden Akte von ›Maria Stuart‹. – *19 Rudolstädter Fahrt:* s. zu Nr. 638. – *22 die Meinigen:* Christiane Vulpius reiste mit Sohn August am 3. August für sechs Tage nach Jena, s. zu Nr. 640.

642. SCHILLER                                           JENA, 9. AUGUST 1799

735 *34 prosodischen Verbesserungen in den Gedichten:* s. Nr. 641. – *35 in unserm Schema: ‹Über den Dilettantismus›,* s. zu Nr. 603. Vgl. das Schema über die lyrische Poesie, Bd. 6.2, S. 168–170. – *37 Punktierer:* Anspielung auf die Akribie und Regelmäßigkeit in der Punktiermanier, einer Drucktechnik des 18. Jahrhunderts, bei der das Druckbild durch nebeneinandergesetzte Punkte zustandekommt. Der Punktierer Boettger gestaltete die Kupfer für Sch.s ›Musen-Almanach‹ für 1800, s. zu Nr. 646.

736 *1 Lizenz:* hier: ›Freiheit‹. – *15 prosodische Gesetzgebung:* s. zu Nr. 128, 296, 456, 641. – *19 in einer Vorrede:* Dies geschah nicht. – *23 einige Kupfer:* Band 7 von G.s ›Neuen Schriften‹ enthielt zwei Stiche und ein Titelkupfer nach Zeichnungen von J. H. Meyer, s. Nr. 641; Tgb., 16. Januar 1800. – *26 individuelle Darstellungen:* s. Nr. 641 mit G.s Erwägung des symbolischen Bezugs und Meyers »historischen Darstellungen«. – *27 Die Katastrophe der Braut:* s. Nr. 641. – *37 meine bisherigen Acta:* der ›Maria Stuart‹.

737 *1 Wintermonate in Weimar:* Sch. erwägt hier zum ersten Mal eine Übersiedlung nach Weimar, wobei neben dem Bedürfnis nach Theaternähe auch die Möglichkeit des häufigeren Zusammenseins mit G. entscheidend war, der im Sommer 1799 seinen Besuch oft genug verschieben mußte. – *5 meine kleine Reise:* nach Rudolstadt, s. zu Nr. 638.

643. GOETHE                                           WEIMAR, 10. AUGUST 1799

737,20 *bis zur:* zu der; 738,1 f. *ihn wohl den Winter über:* ihn den Winter über wohl; 738,2 *Gespenstern:* Gespenster; 738,8 *indessen recht wohl:* indessen wohl.

737 *12 Einsamkeit meines Gartens:* s. zu Nr. 637. – *14 Schloß ‹...› lebhaft zugeht:* s. zu Nr. 486 und 628. – *25 An den Gedichten:* s. zu Nr. 639. – *27 Steinische Spiegelteleskop ‹...› Besuch im Monde:* s. Nr. 724. Stein war Optiker in Weimar. Vgl. auch Nr. 649. Das erste Mondviertel war am 8. August sichtbar, Vollmond am 15. August. – *31 mancherlei gelesen:* s. den retrospektiven Tagebucheintrag vom 23. August. – *40 Thouret:* Die Wohnung des Stuttgarter Baumeisters im Schloß hatte Sch. schon im Januar 1799 als Logis gedient; s. zu Nr. 558 und Nr. 559.

*738 3 Gräfl. Wertherische Haus:* Das sog. Lützelburgische Haus der Gräfin Christiane Benedikte Werthern von Beichlingen lag in Weimar in der Geleitstraße zwischen Böttchergasse und Zeughof.

## 644. SCHILLER JENA, 12. AUGUST 1799

738,40 *mit der Charlotte:* mit Charlotten.

*738 15 Beschreibung des lebhaften Baugeschäfts:* der Wiederaufbau des Schlosses, s. Nr. 643. – *20 meiner Arbeit:* am 2. Akt der ›Maria Stuart‹. – *23 Stimmung:* s. zu Nr. 355. – *das häusliche Evenement im Herbst:* ›événement‹: frz. ›Ereignis‹. Gemeint ist die Entbindung Charlotte Schillers, die am 11. Oktober die Tochter Caroline zur Welt brachte. – *24 Die Reise:* s. zu Nr. 638. – *27 meine Schwieger-Mutter:* Louise von Lengefeld. – *32 die Wintermonate künftighin in W⟨eimar⟩:* s. Nr. 642, 643. – *34 faux frais:* s. zu Nr. 367. – *40 mit der Charlotte wegen des Logis:* Gemeint ist Charlotte von Kalb, die Sch. ihre freiwerdende Wohnung (Windischenstr. 8) angeboten hatte. Sie wurde von Schillers schließlich bezogen.

*739 2 wegen des Wertherischen Hauses:* s. zu Nr. 643. – *3 die Komödie:* das Weimarer Hoftheater. – *4 meinem Schwager:* Das Haus Wolzogens lag neben dem Gelben Schloß gegenüber der alten Hauptwache; s. zu Nr. 283. – *6 Der Herzog hat mir in diesem Frühjahr:* nach der ›Wallenstein‹-Uraufführung am 20. April. Vgl. den von G. in den Erstdruck aufgenommenen Brief Sch.s an Carl August vom 1. September, auf Grund dessen der Herzog Sch. eine jährliche Zulage von 200 Talern gewährte; Carl August an Sch., 11. September. S. zu Nr. 42. – *20 den Almanach betreffend:* ›Musen-Almanach für das Jahr 1800‹, s. Nr. 645. – *21 Michaelis:* 29. September. – *22 die Hexameter der ganzen Gedichtes:* ›Die Schwestern von Lesbos‹ der Amalie von Imhoff (s. zu Nr. 418) erschienen im ›Musen-Almanach‹ für 1800. – *24 Etwas werde ich für den Almanach wohl geben müssen:* s. zu Nr. 640. – *25 die Glocke:* Die Konzeption des ›Lieds von der Glocke‹ reicht bis Juli 1797 zurück, s. zu Nr. 342 und 640. – *28 Ihre Wiederkunft:* s. zu Nr. 625.

## 645. GOETHE WEIMAR, 14. AUGUST 1799

*739 34 Almanachs:* Der ›Musen-Almanach‹ für 1800 wurde bei den Gebrüdern Gaedicke in Weimar gedruckt. – *35 dritte Gesang:* G. redigierte A. von Imhoffs ›Die Schwestern von Lesbos‹, s. Nr. 633, 634. – *39 Frauenzimmerlichkeiten:* s. zu Nr. 418; Nr. 604, 634.

**740** *3 noch etaws dazu:* s. Nr. 646. – *4 die Glocke:* ›Das Lied von der Glocke‹. – *ich will auch ‹...› schaffen:* Von G. erschien kein Beitrag im ›Musen-Almanach‹ für 1800. – *12 Moiens:* frz. ›moyens‹ ›Mittel‹, ›Gelegenheiten‹. – *14 im Garten:* s. zu Nr. 637. – *19 Arbeit:* ›Maria Stuart‹. – *21 in das Schloß:* wegen des Schloßbaus, s. zu Nr. 486 und 628.

### 646. SCHILLER                JENA, 16. AUGUST 1799

741,1 f. *und ‹...› taugen.:* zuerst in Sch./G.² (1856); 741,12 *in den Aphoristischen:* in Aphoristischen; 741,37 *Repräsentation etwas:* Repräsentation in etwas; 742,9 *Sie wohl:* Sie recht wohl.

**740** *31 ihr Athenäum:* s. zu Nr. 465. – *32 Zugabe von Stacheln:* s. u. zu S. 740, Z. 35. – *34 Die Xenien:* s. zu Nr. 61 und 133. – *35 in diesem literarischen Reichsanzeiger:* Sch. bezieht sich auf ›Athenaeum‹ II/2, dessen Anhang den Titel trägt: ›Literarischer Reichsanzeiger oder Archiv der Zeit und ihres Geschmacks‹, S. 328–340; darin werden u. a. Nicolai, Wieland, Herder, Humboldt, Hirt, Ramdohr, Böttiger und Kotzebue attackiert. – *37 Artikel über Böttichern:* über Böttiger unter dem Titel: »Künftige Schriften«, S. 328–330. – *39 Gegen Humboldt:* W. von Humboldts ›Über Göthes Herrman und Dorothea‹, ebenda S. 333, s. zu Nr. 489.

**741** *3 die, an Sie gerichtete, Elegie:* von A. W. Schlegel ›Die Kunst der Griechen. An Goethe‹, S. 181–192. – *7 noch nichts in diesem Hefte gelesen:* Es enthält ferner von A. W. Schlegel ›Über Zeichnungen zu Gedichten und John Flaxman's Umrisse‹, seine Übertragung des 11. Gesangs von Ariosts ›Rasendem Roland‹ und ›Notizen‹. – *12 in den Aphoristischen Sätzen:* in den Fragmenten von ›Athenaeum‹ I/2 (1798), s. zu Nr. 487. – *14 einiges in den Almanach stiften:* s. zu Nr. 645. – *15 meinen Beitrag:* s. zu Nr. 640. – *16 Matthissons:* ›Die neuen Argonauten‹. – Steigenteschs: ›Die Menschenalter‹. – *17 noch einige andre Beiträge:* von Herder, Gries, Knebel, Kosegarten. – *19 auch hier:* wie bei den Propyläen, s. zu Nr. 454, 622. – *20 von den Kupferstichen:* Wie der Brief Cottas an Sch. vom 25. Oktober deutlich macht, fielen die von J. G. Boettger nach Zeichnungen Meyers ausgeführten Kupferstiche enttäuschend aus, s. auch Nr. 647, zu Nr. 642. – *22 Ihrer Gedichtsammlung:* für den 7. Band von ›Göthes neue Schriften‹, s. zu Nr. 618, Nr. 639. – *23 didaktischer Gedichte:* s. zu Nr. 415. Zu G.s geplantem Naturgedicht s. zu Nr. 581. – *24 die Metamorphose der Pflanzen:* Das Gedicht war am 17./18. Juni 1798 in Jena entstanden und im ›Musen-Almanach‹ für 1799 erschienen, s. zu Nr. 475. – *32 In meiner dramatischen Arbeit:* ›Maria Stuart‹. – *34 vor Ende Augusts den Zweiten Akt:* s. zu Nr. 640. –

*35 Brouillon:* frz. ›Entwurf‹, ›Skizze‹. – *38 historisch:* vgl. zu Nr. 295 und 401.

742 *7 wie beim Wallenstein:* s. zu Nr. 388, 585. – *10 unsre Verpflanzung nach Weimar:* Die Umsiedlung erfolgte bereits Anfang Dezember, s. zu Nr. 642.


647. GOETHE                               WEIMAR, 17. AUGUST 1799

742,21 *im:* in; 742,23 *wieder leicht:* leicht wieder; 742,40 *drei:* zwei; 743,11 *sind wirklich sehr:* sind sehr; 743,16–21 *Böttiger ⟨...⟩ sollte.:* zuerst in Sch./G.² (1856).

742 *24 den Almanach:* s. zu Nr. 645. – *25 das meinige:* s. zu Nr. 645. – *29 Das Gedicht:* A. von Imhoffs ›Die Schwestern von Lesbos‹ füllte – anders als geplant – nur 2/3 des ›Musen-Almanachs‹ für 1800, s. zu Nr. 593. Das letzte Drittel des ›Almanachs‹ enthielt »Vermischte Gedichte«. – *33 undulistische Wesen:* vgl. G., *Der Sammler und die Seinigen,* Bd. 6.2, S. 126f. – *37 Der Mann ⟨...⟩ Punktierer:* vgl. ebenda S. 127f. Zu J. G. Boettger s. zu Nr. 605 und 647. – *38 Nächstens ⟨...⟩ hören:* s. Nr. 654, 660.

743 *1 Schlegelischen Streifzugs:* ›Notizen‹ und ›Literarischer Reichsanzeiger‹ (›Athenaeum‹ II/2). – *2 Die Elegie:* ›Die Kunst der Griechen. An Goethe‹. – *15 versetzen:* ›verrücken‹, ›entstellen‹. – *Meister in der Journalistik:* Böttiger; vgl. ›Athenaeum‹ II/2, S. 328. – *16 Canaillerie:* frz. ›Niederträchtigkeit‹, ›Gemeinheit‹. Zu G.s Haß auf Böttiger s. zu Nr. 579, 582. – *17 Umschlag des Merkurs zu gedenken:* vgl. ›Neuer Teutscher Merkur‹, Juli-Heft 1799 (über *Propyläen* II/2). Im 1. und 4. Stück hatte Böttiger die *Propyläen* I/2 und II/1 angezeigt. – *22 Impietät gegen Wieland:* vgl. ›Athenaeum‹ II/2, S. 331 und 340. Der Plagiatvorwurf in der ›Citatio edictalis‹ sollte die Wielandrezeption im 19. Jahrhundert entscheidend bestimmen. – *23 unter seiner Firma ⟨...⟩ schlecht traktiert:* Johann Daniel Sander hatte im Novemberheft des ›Neuen Teutschen Merkur‹ 1798 (›Auszüge aus Briefen‹, Nr. 3) der Zs. ›Athenaeum‹ ein frühes Ende prophezeit, Wieland selbst den Ausfall redigierend gemildert. Vgl. A. R. Schmitt: ›Wielands Urteil über die Brüder Schlegel‹. In: JEGP 65 (1966), S. 644f. – *25 Stimmung:* s. zu Nr. 355. – *27 längeres Zusammensein:* s. zu Nr. 625 und 637. – *28 Arbeit:* an ›Maria Stuart‹. – *Mad. Laroche:* Die pietistisch erzogene Sophie von La Roche hatte lange Jahre am Hof des Erzbischofs von Mainz und des Kurfürsten von Trier gelebt. Auch zu Wielands Verdruß segnete sie, statt zu danken.

648. SCHILLER                                  JENA, 20. AUGUST 1799

Erstdruck in Riemer, Mitteilungen (1841), Bd. 2. 744,28 *er als zu:*
er zu; 745,3 *tröstlichen Aussichten:* tröstliche Aussicht; 745,18
*Sache:* Sachen.

743 *39 Warbeck:* Der Plan einer ›Warbeck‹-Tragödie beschäftigte Sch. von nun an wiederholt, bis ihn schließlich der verwandte ›Demetrius‹-Plan verdrängte; s. Nr. 823. Nach ›Maria Stuart‹ wandte sich Sch. nicht dem ›Warbeck‹, sondern der ›Jungfrau von Orleans‹ zu. Die Entwürfe und Erläuterungen zu ›Warbeck‹ enthält NA 12. – *40 Eduard V:* recte: Eduard IV von England (1442–1483).

744 *9 manquierte:* (frz.) ›schlug fehl‹. – *16 mit völliger Freiheit erfunden:* zur poetischen Entfernung von der historischen Wirklichkeit vgl. zu Nr. 295, 789. – *20 eine mittlere Gattung von Stoffen:* vgl. Nr. 401, 592. – *26 durch den Kontrast des Betrügers mit seiner großen Rolle:* Auch G.s Lustspiel *Der Groß-Cophta* (Bd. 4.1, S. 9–93) ist auf diesem »Kontrast« aufgebaut.

745 *3 Almanach:* ›Musen-Almanach für das Jahr 1800‹. – *6 diese Manier:* zur Mode der Punktiertechnik s. zu Nr. 642. – *9 über das Gedicht selbst:* Die Kupferstiche illustrieren ›Die Schwestern von Lesbos‹ der A. von Imhoff (s. Nr. 644, 645, 647). – *14–16 anzuhängenden kleinen Gedichten ⟨...⟩ mit bedeutenden Sachen:* s. Nr. 646. – *17 meinen zweiten Akt:* der ›Maria Stuart‹, s. zu Nr. 640.


649. GOETHE                                    WEIMAR, 21. AUGUST 1799

746,39 *Kalb:* K.; 747,5 *denkt:* gedenkt.

745 *25 im Garten:* s. zu Nr. 637. – *27 Winkelmanns Leben und Schriften:* Von der Herzoginmutter Anna Amalia hatte G. die bislang ungedruckten Briefe Johann Joachim Winckelmanns (1717–1768) an Berendis, ihren Geheimsekretär, erhalten. Den einflußreichen Archäologen und Kunsthistoriker, der die Kultur- und Geistesgeschichte des 18. Jahrhunderts in Deutschland maßgeblich prägte, hatte G. schon durch seinen Lehrer Oeser und auf der italienischen Reise schätzen gelernt, vgl. Bd. 6.2, S. 1046, 1051. Während seines sommerlichen Gartenaufenthalts 1799 ließ G. die ungedruckten Briefe Winckelmanns abschreiben und vertiefte sich in das »Studium seiner schon gedruckten Briefe so wie seiner ersten Schriften« (Tgb., 23.–25. August und 13. September). Als Frucht des Studiums gab G. nach *Ungedruckte Winkelmannische Briefe* (Intelligenzblatt der JALZ 1804, Nr. 26) 1805 mit dem Sammelwerk *Winkelmann und sein Jahrhundert* das klassische Credo

der Weimarer Kunstfreunde heraus; s. Bd. 6.2, S. 188–401, 1046–1079. – *31 kleinen Gedichten:* s. Nr. 639, 641, 643. – *34 strengeren Sylbenmaßes:* s. zu Nr. 641. – *37–39 Voß ⟨...⟩ Georgiken:* ›Publii Virgilii Maronis Georgicon libri quatuor. Des Publius Virgilius Maro Landbau. Übersetzt und erklärt von J. H. Voß‹. Eutin und Hamburg 1789. Voß legt in der Einleitung seine prosodischen Prinzipien dar. Vgl. G.s Tgb., 25. August; G. an Humboldt, 16. September.

746 *2 den Mond:* vgl. Tgb., 23. und 27. August. Vollmond war am 15. August gewesen. Vgl. Nr. 643; *Tag- und Jahres-Hefte* zu 1799, Bd. 14, S. 61. – *3 Auchische Teleskop:* Jakob Auch (1765–1842), seit 1798 Hofmechanikus in Weimar, konstruierte astronomische und meteorologische Präzisionsinstrumente. – *7 Schröterische Werk:* Johann Hieronymus Schröter: ›Selenotopographische Fragmente zur genauen Kenntnis der Mondfläche ⟨...⟩‹. Lilienthal und Helmstedt 1791. – *8 Selenotopographie:* von griech. seléne ›Mond‹. – *13 Lucifugen:* (lat.) ›Lichtscheuen‹. Humorvolle Analogiebildung zu einer zoologischen Ordnungsbezeichnung. – *15 tragische Gegenstand:* ›Warbeck‹. – *23–25 man entfernt sich ⟨...⟩ Gedränge:* zu G.s Auffassung der Beziehung von Poesie und Historie vgl. Nr. 591. – *26 Von Preiszeichnungen ist erst Eine ⟨...⟩ hat:* von Christian Ferdinand Hartmann (1774–1842). Vgl. Hartmann an G., 3. August. Als Stichtag für die von Meyer und G. ausgeschriebene Preisaufgabe – s. zu Nr. 594, 606 und Nr. 654 – war der 25. August angesetzt; vgl. Bd. 6.2, S. 413. – *28 einige andere:* vgl. Joseph Bergler an G., 6. August; Kümmel an G., 15. August; Bertram an Kümmel, 12. August. Kolbes Zeichnung scheint G. noch nicht erhalten zu haben. Vgl. Kolbe an G., 15. August; J. H. Meyer: ›Preiserteilung und Rezension der eingegangenen Konkurrenzstücke‹, in: *Propyläen* III/1 (1800), S. 130–149; Scheidig, S. 33–55. – *30 Almanachs:* ›Musen-Almanach‹ für 1800. – *31 dritte Gesang:* der ›Schwestern von Lesbos‹ von A. von Imhoff, s. zu Nr. 645. – *32 den Frauenzimmern:* Amalie von Imhoff, Caroline von Wolzogen, s. Nr. 606. – *39 Frau von Kalb:* s. zu Nr. 644.

747 *5 Scherer:* s. zu Nr. 488. – *7 bei Wolzogen:* s. zu Nr. 283 und Nr. 644. – *8 Thouretische:* s. Nr. 643.


650. SCHILLER                    JENA, 24. ⟨23.⟩ AUGUST 1799

*Datierung:* Aufgrund der nur bedingten Zuverlässigkeit der ›Calender‹-Einträge ist die Umdatierung in NA 30 vertretbar, aber nicht zwingend, s. zu Nr. 633. Für sie spricht neben G.s Antwortbrief auch der übliche Postverkehr: Die Botenfrauen gingen frei-

tags (23. März) nach Weimar und kehrten am Samstag nach Jena zurück.
747,33 *Beschäftigungen:* Beschäftigung; 747,36 *Kalb:* K.; 748,29 *Herrn Humboldts und Brinkmann:* Herren von der strikten Observanz.

747 *21 Ihre Hieherkunft:* s. zu Nr. 625. – *23 zu meinem Geschäft:* ›Maria Stuart‹, s. zu Nr. 640. – *27 den Winter in Weimar zuzubringen:* s. zu Nr. 642 und 646. – *34 absolute Einsamkeit:* s. zu Nr. 550. – *36 Antwort von der Fr. v. Kalb:* Sch.s Korrespondenz mit Charlotte von Kalb in der Wohnungsangelegenheit (s. Nr. 644) ist nicht erhalten. – *38 Michaelis:* s. zu Nr. 644.

748 *1 wegen des Thouretischen Logis:* im Schloß, wo Sch. schon im Januar gewohnt hatte, s. zu Nr. 558. – *2 meine Frau mit ihren Wochen:* s. zu Nr. 644. – *3 Ende Novembers:* Am 3. Dezember fand der Umzug mit der Familie statt. – *10 zu Ihnen hinüber zu kommen:* s. zu Nr. 637. – *14 Mondbetrachtungen:* s. Nr. 649. – *21 einige Distichen darüber:* Diese Verse Sch.s auf den Mond sind nicht erhalten. Seine Charakterisierung des Mondes als »entfernter Fremdling« ist für das 18. Jahrhundert ungewöhnlich; in der repräsentativen Lyrik erscheint er eher als ›Gefährte‹ und ›Gedankenfreund‹, so z. B. bei Klopstock, Gleim und Miller. – *25 zur Auktion geschickten Büchern:* s. Nr. 607. – *29 Ihre Genauigkeit in der Metrik:* zur Überarbeitung der Gedichte für Band 7 der ›Neuen Schriften‹ s. Nr. 639–642; zu Nr. 618. – *29 die Herrn Humboldts und Brinkmann:* s. zu Nr. 456, Nr. 296 und 454.

651. GOETHE                    WEIMAR, 24. AUGUST 1799

749,24 *grüßen Sie Ihre:* grüßen Ihre.

748 *39 Sommerplane:* G. hatte einen Jenaaufenthalt geplant, s. zu Nr. 625.

749 *1 Ihres Quartiers:* s. zu Nr. 644. – *10 in die Auktion:* s. zu Nr. 607. – *15 Konferenzen wegen der Schwestern von Lesbos:* mit Amalie von Imhoff und Caroline von Wolzogen, s. zu Nr. 649 und Nr. 606; vgl. Tgb., 23. August. – *19 Ihre Arbeit:* ›Maria Stuart‹.


652. GOETHE                    WEIMAR, 27. AUGUST 1799

749,34 *Kalb:* K.

749 *33 Quartiers:* s. zu Nr. 644. – *34 Frau von Kalb ⟨...⟩ Scherer:* s. zu Nr. 649. – *37 Müller:* Das Haus, in dem Charlotte von Kalb wohnte, gehörte dem Weimarer Perückenmacher Friedrich

Wilhelm Gottfried Müller, s. zu Nr. 644. – *38 Sublokation:* (lat.) ›Untervermietung‹.
750 *4 Ihr Stück:* ›Maria Stuart‹ (Akt I und II). – *6 im Garten:* s. zu Nr. 637. – *10 mit der Post:* nicht – wie sonst – mit den Botenfrauen. Am Dienstag fuhr Post von Weimar nach Jena; s. zu Nr. 125.

653. SCHILLER JENA, 27. AUGUST 1799

750 *18 ein schweres Paquet vom H. Hofkammerrat:* Mit Brief vom 26. August übersandte Kirms (s. zu Nr. 200) Sch. 150 Reichstaler als Honorar für die ›Wallenstein‹-Aufführungen in Lauchstädt, vgl. Sch. an Kirms, 7. Juli und 27. August; s. Nr. 623, 624, 626, 627. – *20–22 Dank dafür, ⟨...⟩ geleitet haben:* In seiner Funktion als Theaterleiter mußte G. Honorarforderungen bewilligen, s. zu Nr. 627 und 758; G. an Kirms, 21. August. – *23–25 Auch in Rudolstadt ⟨...⟩ viel Zulauf zum Wallenstein gewesen:* Die erfolgreiche Aufführung der ›Wallenstein‹-Trilogie in Rudolstadt vom 20. bis 22. August lockte pro Abend 350 bis 430 Zuschauer an. – *26 die Vohs:* die Darstellerin der Thekla in Lauchstädt und Rudolstadt, s. zu Nr. 624. – *27 Meinen zweiten Akt:* der ›Maria Stuart‹, s. zu Nr. 640. – *29 den Almanach:* ›Musen-Almanach‹ für 1800. – *33 die achttägige Reise nach Rudolstadt:* s. zu Nr. 637, 638 und 650. – *40 neue Art Xenien:* Entgegen der Konzeption der 1796 mit G. verfaßten polemisch-satirischen *Xenien* auf literarische Gegner (s. zu Nr. 133) greift Sch. mit diesem Plan auf die griechische Xenien-Tradition der ›Anthologia graeca‹ und die eigenen *Tabulae votivae* zurück; s. zu Nr. 204, 215, 236.
751 *1 Jahrhunderts Wechsel:* Sch. denkt hier an die um die Jahrhundertwende modische Form des rückblickenden Säkular-Gedichts; vgl. Sch.s ›Der Antritt des neuen Jahrhunderts‹. – *6 vestigia terrent:* lat. ›Spuren schrecken ab‹. Zitat aus Horaz' ›Episteln‹ I, 1, 74. – *7 das wiedergefundene Paradies ⟨...⟩ das verlorene:* Miltons Weiterführung seines Epos ›Paradise Lost‹ (s. Nr. 637–639) unter dem Titel ›Paradise Regain'd‹ (1671) wird allgemein als weniger gelungen eingeschätzt. – *8 Dantes Himmel ⟨...⟩ als seine Hölle:* In seinem Hauptwerk, dem Epos ›Divina Commedia‹, stellt der italienische Dichter Dante Alighieri (1265–1321) eine visionäre Wanderung durch Hölle, Fegefeuer und Himmel dar.

654. GOETHE                     WEIMAR, 28. AUGUST 1799

751 *25 die Preisstücke:* s. zu Nr. 649. – *26 Helena:* Die Preisaufgabe bestand in einer Darstellung der »Szene, am Ende des dritten Buchs der Ilias, wo *Aphrodite* (Venus) *dem Alexandros* (Paris) *die Helena zuführt*«; s. Meyer, Nachricht an Künstler und Preisaufgabe, Bd. 6.2, S. 412. – *279 zusammen gekommen:* von Ferdinand Hartmann (Stuttgart), Heinrich Kolbe (Düsseldorf), Joseph Bergler d. J. (Passau), Peter Friedel (Berlin), Bertram (Grimpe/Halle), Carl Schultheß (Bayreuth), Ernst von Valentini (Detmold). Der Bildhauer Johann Christian Ruhl aus Kassel übersandte zwei Zeichnungen. Vgl. Scheidig, S. 24–64; Abb. 1–3. – *28 Almanach:* ›Musen-Almanach‹ für 1800, s. Nr. 645–647.

655. SCHILLER                    JENA, 28. AUGUST 1799

751,37 und 752,12 *Kalb:* K.; 752,1 *geschwollnem:* geschwollenen; 752,8 *Millern:* Müllern; 752,9 *mirs:* es mir; 752,26f. *ich auf den Sonnabend:* ich Sonnabends.

751 *37 Charlotte Kalb hat nun auch geschrieben:* Der Brief ist nicht erhalten; vgl. Sch. an Ch. von Kalb, 4. September. – *38 das Quartier:* s. Nr. 644. – *39 Scherern:* s. Nr. 649, 652.

752 *8 Millern:* Müller, s. zu Nr. 652. – *den Kontrakt:* zum Abschluß des Mietvertrags s. Nr. 657. – *15 meine Wünsche und Calculs:* zur herzoglichen Zulage s. zu Nr. 644. – *22 sehne ich mich ⟨...⟩ so lang entbehrten Kommunikation:* Seit dem 3. Juli waren Sch. und G. nicht mehr zusammengekommen, s. zu Nr. 621, 637. Sch. vergaß heute G.s 50. Geburtstag! – *26 auf den Sonnabend:* 31. August. Sch. kam erst am 13. September nach Weimar.

656. SCHILLER                    JENA, 3. SEPTEMBER 1799

753,6 *zu der:* in die.

752 *33 keine weitere Nachricht:* Nr. 652 war die letzte Nachricht G.s in der Wohnungsangelegenheit; vgl. Nr. 657. – *35 die Rudolst⟨ädter⟩ Reise:* vom 4. bis 13. September. – *37 Dienstag oder Mittwoch:* 10. und 11. September. Sch. kam erst am 13. September nach Weimar. – *40 die Theaterdepeschen von Weimar nach Rudolstadt:* durch das Gastspiel des Weimarer Theaters vom 19. August bis 23. September in Rudolstadt, s. Nr. 657. – *3 in meiner dramatischen Arbeit eine Zeitlang pausieren:* In seinem ›Calender‹ notiert Sch. am 3. September eine Unterbrechung der Arbeit an ›Maria Stuart‹ bis zum 1. Oktober. – *4 den Almanach:* ›Musen-Almanach‹

für 1800. – *6 bis zu der Szene:* ›Maria Stuart‹ III/4. – *8 moralisch unmöglich:* Dem Sprachgebrauch des 18. Jahrhunderts von der »moralischen Gewißheit« gemäß hier in der Bedeutung ›höchst unwahrscheinlich‹, als Verstoß gegen den klassischen Kodex des französischen Dramas; vgl. H. S. Schultz: ›Moralisch unmöglich‹, in: V. J. Günther – H. Koopmann u. a. (Hg.): ›Untersuchungen zur Literatur als Geschichte‹. Berlin 1973, S. 86 ff. – *14 Mannichfaltigkeit im Silbenmaß:* Neben der variierenden Realisierung des Versschemas (s. Nr. 642) denkt Sch. vor allem an den Wechsel von Reim und Metrum in ›Maria Stuart‹ III/1; vgl. G. Storz: ›Der Dichter F. Schiller‹ (1959), S. 340. – *15 Diese Abwechslung:* vgl. auch Knebels früheren Hinweis an Sch. über die Variabilität des Pentameters bei den Griechen (JDSG 3 (1959), S. 87). – *20 von Rudolstadt nach Weimar:* Am 13. September kam Sch. von Rudolstadt nach Weimar, wo er bis zum 15. September blieb; s. zu Nr. 637, 638.

### 657. GOETHE  WEIMAR, 4. SEPTEMBER 1799

753 *28 Theaterdepesche:* s. zu Nr. 656. – *31 Müllern:* s. zu Nr. 652 und Nr. 655. – *32 Charlotte:* von Kalb, s. zu Nr. 652. – *36 Marie:* ›Maria Stuart‹. – *38 romantischen:* in der Gattung ›romanzo‹, etwa in Ariosts ›Orlando furioso‹, 36. Gesang, oder im Nibelungenlied, 14. Abenteuer. Vgl. H. S. Schultz: ›Moralisch unmöglich‹, S. 87; s. zu Nr. 656. – *modernen:* hier Bezug auf die ›Querelle des anciens et des modernes‹, genauer auf die Praxis des französischen und englischen Dramas, ebenda, S. 87f. – *40 Wahrscheinlichkeit:* Dryden beruft sich für ›All for love‹ III auf die Natur und die Wahrscheinlichkeit, um seinen Verstoß gegen das Decorum der französischen Bühne zu verteidigen, ebenda.

754 *3–5 Preiszeichnungen ⟨...⟩ Kreis von Urteilen:* s. zu Nr. 654. In Meyers *Nachricht an Künstler und Preisaufgabe* wurde eine Ausstellung und öffentliche Beurteilung der eingesandten Zeichnungen angekündigt; s. Bd. 6.2, S. 413, 415 und zu Nr. 649. – *8 Mittelmäßige:* vgl. ⟨*Über den Dilettantismus*⟩, Bd. 6.2, S. 156. – *17 Vollkommene ⟨...⟩ Schein:* vgl. G., *Der Sammler und die Seinigen,* Bd. 6.2, S. 123, 129f. – *23 Das Schema:* ⟨*Über den Dilettantismus*⟩, s. zu Nr. 603. – *25 was die Leute urteilen müssen:* Die Beschäftigung mit dem Dilettantismus zielte u. a. auf die Erhellung von Rezeptionsnormen und -einstellungen.

658. Schiller  Jena, 21. oder 22. September 1799

*Datierung:* Ob die Sendung Meyers an G. vom Abend des 20. September Sch. am 21. September erreichte, ist ungewiß. Das Tgb. G.s verzeichnet erst am 22. September »Briefe und Packete von Weimar«. Außerdem spricht Sch. davon, daß das Wetter die »Gartenpartie« vereitle, was mit G.s Tagebucheinträgen vom 22. September, nicht aber mit denen vom 21. (und 23. September) übereinstimmt.

754 *37 Das Paquet:* mit Herders Beiträgen (17 Gedichte) für den ›Musen-Almanach für das Jahr 1800‹. Herder hatte das Gedicht ›An den Kunstprosector‹ obenauf gelegt, das Meyer auf sich bezog. Vgl. Sch. an Gaedicke, 24. September. – *39 den Beitrag zum Almanach:* zu Sch.s Beiträgen s. zu Nr. 640.
755 *1 Maria:* ›Maria Stuart‹. – *3 heute bald:* vgl. Tgb. 21. September: »Gegen 4 Uhr mit Sch. spazieren gefahren«.

659. Schiller  Jena, 15. Oktober 1799

755,39 *Stücke, die:* Stücke. Die; 755,40 *Personen. Alles:* Personen, alles.

755 *11 Unsre kleine Caroline:* Sch.s Tochter kam am 11. Oktober zur Welt, auch der abwesende G. war Taufpate. – *15 den Mahomet zu durchgehen:* Während seines Aufenthalts in Jena vom 16. September bis 14. Oktober schloß G. seine Bearbeitung von Voltaires Tragödie ›Mahomet‹ (1742) am 11. Oktober ab, die er auf Wunsch Carl Augusts vorgenommen hatte, s. zu Nr. 605. G. ließ Sch. das Manuskript zur Durchsicht zurück, nachdem er mehrfach mit Sch. darüber gesprochen und ihm daraus vorgelesen hatte (4., 10. und 13. Oktober). G.s Übersetzung erschien 1802 in Tübingen. Vgl. Bd. 6.1, S. 127–180, 918–924. – *16 auf den Freitag:* 18. Oktober, s. Nr. 661. – *22 von der französischen Manier:* s. zu Nr. 605. Humboldts Brief an G. vom 18. August hat Sch.s und G.s Gespräch über das französische Theater nachhaltig beeinflußt, s. Nr. 664 und G. an Humboldt, 28. Oktober. Vgl. *Einige Szenen aus Mahomet, nach Voltaire* (Bd. 6.2, S. 691 f.). – *22 als die übrigen Stücke:* vgl. etwa Sch.s Urteil über Corneille und Racine in Nr. 605 und G.s Tgb., 5. Oktober. – *30 Manier:* s. zu Nr. 356. – *37 Couplet:* hier im metrischen Sinn von frz. ›couplet de deux vers‹: ›Reimpaar‹.
756 *2 die zweischenklige Natur des Alexandriners:* Die Zäsur des klassischen Versmaßes der ›tragédie classique‹ begünstigt die Antithetik der Aussage. – *7 mit Aufhebung des Alexandrinischen Reims:* G. ersetzte den französischen Alexandriner durch den

flexibleren deutschen Blankvers. – *12 wenig Neues für unsre deutsche Bühne:* vgl. auch G.s und Sch.s Gespräch »Über das mögliche tragische Theater der Deutschen« am 2. Oktober in Jena (G.s Tgb.) anläßlich von Humboldts Brief (s. o.). – *17 die sämtlichen Bogen des Almanachs:* ›Der Musen-Almanach‹ für 1800 wurde bei Gaedicke in Weimar gedruckt.

660. GOETHE WEIMAR, 16. OKTOBER 1799

756 *26 Wöchnerin 〈...〉 Kleine:* Charlotte und Caroline Schiller. – *29 Zerstreuung:* s. zu Nr. 371. – *34 über das Stück: Mahomet,* s. Nr. 661. – *36 sobald als möglich:* Am 17. November beendet G. die Übersetzungsarbeit.
757 *1 Musenalmanachs:* ›Musen-Almanach‹ für 1800.

661. SCHILLER JENA, 18. OKTOBER 1799

758,37 *wünschte:* wünsche.

757 *14 das Kleine:* Caroline, s. Nr. 659. – *22 Anordnung des Ganzen:* s. Nr. 659, 660; G.s Tgb., 13. Oktober. – *23 Ammon handelnd einzuführen:* G. griff die Anregung nicht auf; vgl. *Mahomet* III/11, IV/1, V/1. – *25 Geheimnis mit den Kindern:* Mahomets Sklaven Seide und Palmire sind Sopirs Kinder. – *29 Furcht:* s. zu Nr. 613. – *33 den vorhabenden Mord:* im Sinne von ›Mordvorhaben‹; vgl. *Mahomet* IV/1.
758 *16 refusieren:* s. zu Nr. 611. – *21 Schauer:* s. zu Nr. 613. – *25 mit Vater und Sohn:* vgl. *Mahomet* III/8. – *28 jetzt durch des Arabers Brief:* vgl. III/11. – *40 hier:* G.s Vorhaben eines erneuten Jena-Aufenthalts, s. Nr. 662.
759 *1 den Schwestern zu Lesbos:* das Epos der A. von Imhoff, s. zu Nr. 418.

662. GOETHE WEIMAR, 19. OKTOBER 1799

759,26f. *Meyer 〈...〉 wäre:* zuerst in Sch./G.[4] (1881).

759 *12 Der Gedanke 〈...〉 sehr gut:* G. verwarf dann doch die Idee, s. zu Nr. 661. – *17 mancherlei Geschäften:* Erbhuldigung und Amtseid an den Herzog, Überwachung des Schloßbaus, Arbeit an den *Propyläen,* Rücksendung der eingegangenen Zeichnungen zur Preisaufgabe, s. zu Nr. 654. – *19 Sie 〈...〉 zu besuchen:* vom 10. November bis 8. Dezember. – *20 Geschichte des Martinuzzi:* Antoine Béchet: ›Histoire du ministère du Cardinal Martinusius‹. Paris 1715. Zum Stoff vgl. J. Minor: ›Aus dem Schiller-Archiv‹. Weimar 1890, S. 105–110. – *21 sein Billet:* Carl August an G., 18.? Okto-

ber. – *22 Schema Ihrer Maltheser:* s. zu Nr. 14. – *25 Voßischen Almanach:* ›Musenalmanach für 1800. Von Johann Heinrich Voß‹. Neustrelitz. – *28 des Almanachs:* von Sch.s ›Musen-Almanach‹ für 1800, s. Nr. 659.

### 663. SCHILLER  JENA, 22. OKTOBER 1799

760,19 *liefert nichts brauchbares:* scheint mir nicht brauchbar; 760,28 *etwas:* was; 760,31 f. zuerst in Sch./G.² (1856).

759 *40 Zufällen:* s. zu Nr. 299, auch im Sinn von ›Anfälle‹. – *das Kleine:* Caroline, s. Nr. 659.

760 *6 die Disposition meiner Malthesertragödie:* s. zu Nr. 14 und 662; NA 12. Am 25. November unterhielten sich G. und Sch. über das Projekt (Tgb.). – *7 dem Herzog:* s. Nr. 662. Den Brief von Carl August an G. vom 18. Oktober hatte dieser an Sch. weitergeleitet. – *8 bei meiner Ankunft:* Durch die Krankheit von Charlotte Schiller verzögerte sich die Übersiedlung nach Weimar bis zum 3. Dezember. – *10 Punctum saliens:* s. zu Nr. 390. – *18 Geschichte des Martinuzzi:* s. Nr. 662. – *23 Vossens Almanach:* s. Nr. 662. – *24 seine Kompagnons:* Die Beiträger des Musenalmanachs von Voß waren u. a. Boie, Baggesen, Giseke, Gleim, Haug, die Karschin, Pfeffel, Fr. L. Stolberg. – *28 Mahomet:* s. Nr. 659–662. – *29 In der Erlanger Zeitung:* Sch. bezieht sich auf die anonyme, sehr abfällige Rezension von Herders Schriften ›Verstand und Erfahrung. Eine Metakritik zur Kritik der reinen Vernunft‹ und ›Vernunft und Sprache. Eine Metakritik ⟨...⟩‹. Leipzig 1799, die in der Literatur-Zeitung, Erlangen, 9. und 10. Oktober 1799, Nr. 199 und 200, erschienen war; s. Nr. 608 und 609. – *31 Unser Almanach:* ›Musen-Almanach‹ für 1800. – *33 den neuen Band von Schlegels Shakespear:* ›Shakespeare's dramatische Werke, übersetzt von August Wilhelm Schlegel‹. Fünfter Teil. Berlin 1799. Der Band enthält ›König Johann‹ und ›Richard II.‹; s. zu Nr. 466.

### 664. GOETHE  WEIMAR, 23. OKTOBER 1799

762,4 f. *Unsere ⟨...⟩ geschlossen.:* zuerst in Sch./G.⁴ (1881).

761 *3 guten Aspekten:* ›Aussichten‹; vgl. dagegen Nr. 665. – *4 Wochenstube:* s. Nr. 659. – *7 hiesigen Verhältnissen:* s. zu Nr. 662. – *9 Mahomet:* s. zu Nr. 659, 660. – *12 Humboldts Brief:* Aus W. von Humboldts Brief vom 18. bis 26. August publizierte G. den Bericht ›Über die gegenwärtige französische tragische Bühne‹ in den *Propyläen* III/1 (1800). Über Humboldts Bericht und »das mögliche tragische Theater der Deutschen« sprach G. mit Sch. am 2. Oktober (Tgb.); vgl. auch G. an Humboldt, 16. Sep-

tember und 28. Oktober (Bd. 6.1, S. 921); vgl. *Einige Szenen aus Mahomet* (Bd. 6.1, S. 691). – *15 Crebillon:* Prosper Jolyot de Crébillon d. Ältere (1674–1762). – *20–22 zarten chemischen Verwandtschaft ⟨...⟩ herstellen:* vgl. *Die Wahlverwandtschaften* (1809), »Notiz« und I/4, Bd. 9, S. 285, 312–320, 1202–1204. – *33 ersten Novembr:* s. zu Nr. 662. – *36 Von Frankfurth ⟨...⟩ Schlosser gestorben:* vgl. G.s Mutter an G., zwischen 17. und 20. Oktober. G.s Schwager hatte seit einem Jahr wiederum in Frankfurt, als Stadtsyndikus, gewirkt, s. zu Nr. 203. Er war am 17. Oktober gestorben.

762 *4 Unsere botanische Korrespondenz:* vgl. Schlosser an G., 24. August; G. an Schlosser, 30. August. Schlosser hatte ausführlich seine Gartenanlagen und botanischen Studien geschildert, G. seinen *Versuch die Metamorphose der Pflanzen zu erklären* ins Gespräch gebracht, s. zu Nr. 136.

### 665. SCHILLER JENA, 25. OKTOBER 1799

762 *16 mit meiner Frau verschlimmert:* vgl. Sch.s Notizen im ›Calender‹ über die schwere Erkrankung seiner Frau: »An diesem Tage ist Lolo sehr krank geworden. Gewacht.« (23. Oktober); »Gewacht« (25., 27., 29. Oktober, 1. und 6. November). Erst ab 21. November trat eine Besserung ein. – *Zufälle:* s. zu Nr. 299 und 663. – *17 ein förmliches Nervenfieber:* zur schwierigen Therapie dieser Erkrankung vgl. die Ausführungen von Stark (s. u.) in seinem ›Handbuch zur Kenntnis und Heilung innerer Krankheiten des menschlichen Körpers‹, Bd. 1, Jena 1800, S. 327. – *22 Starke:* J. C. Stark d. Ä., Leibarzt der herzoglichen Familie in Weimar. Seit er Sch. bei seiner schweren Krankheit 1791 behandelt hatte, wurde er bei allen Erkrankungen in der Familie konsultiert; s. zu Nr. 191. – *30 meine Schwiegermutter:* Louise von Lengefeld war seit dem 14. Oktober in Jena. – *32 Das Kleine:* Caroline, s. Nr. 659. – *35 Sie bald zu sehen:* G. kam erst am 10. November.

### 666. GOETHE WEIMAR, 26. OKTOBER 1799

736 *7 übertragen:* ›standhaft ertragen‹. – *16 zwischen den Botentagen:* Sie waren für Jena dienstags und freitags.

### 667. SCHILLER JENA, 28. OKTOBER 1799

*Überlieferung:* Neben der Adresse steht »man bittet es bald zu bestellen«.

763 *27 Delirio:* lat. ›Delirium‹, s. zu Nr. 665. – *Friesel:* bläschenförmiger Hautausschlag, vor allem nach Fieberkrankheiten und heftigem Schwitzen. Vgl. Sch. an Körner, 1. November. – *28 Stark:* s. zu Nr. 665 und 191. – *31 drei Nächte ganz durchwacht:* s. zu Nr. 665.

## 668. SCHILLER  JENA, 30. OKTOBER 1799

763,40 *jetzt zwar außer:* jetzt außer; 764,5 *mich zwar bis:* mich bis; 764,9 f. *einmal wieder:* wieder einmal.

763 *38 nach Weimar:* G. war allerdings vom 28. bis 31. Oktober in Oberroßla (s. zu Nr. 440), s. auch Nr. 669. – *40 Starkens:* s. zu Nr. 665.
764 *2 Accesse:* (frz.) ›Anfälle‹. – *Verrückung des Gehirns:* vgl. die Ausführungen von Stark (s. zu Nr. 665) in seinem ›Handbuch‹ (2. Bd., S. 343) über die vier Arten von ›Verrückung‹, darunter zum Phantasieren im Delirium. – *6 nach der Vierten Nacht:* s. zu Nr. 665.

## 669. GOETHE  NIEDERROSSLA, 31. OKTOBER 1799

764 *18 diese paar Tage:* Vom 28. bis 31. Oktober hielt sich G. auf seinem Gut in Oberroßla, ferner in Niederroßla und Buttstädt auf, s. zu Nr. 440. – *24 besuche ich Sie:* s. zu Nr. 662. – *26 Mahomet:* s. Nr. 659, 660 – *einige Zeit in Jena:* in der Stille des Schlosses, s. zu Nr. 398.

## 670. SCHILLER  JENA, 1. NOVEMBER 1799

764 *36 Der 21ste Tag der Krankheit:* seit der Geburt Carolines am 11. Oktober. – *40 phrenetischen Accessen:* ›Accesse‹: s. zu Nr. 668; ›phrenetisch‹: (griech./lat.) ›wahnhaft‹, ›geistesgestört‹.
765 *3 Starke:* s. zu Nr. 665 und 191. – *6 kalte Umschläge:* Durch Salmiakumschläge sollte eine stärkere Durchblutung bewirkt werden. – *8 appliziert:* (lat.) ›angewendet‹, ›verabreicht‹. – *9 ihre Mutter:* s. Nr. 665.

## 671. GOETHE  WEIMAR, 2. NOVEMBER 1799

Erstdruck in Sch./G.[4] (1881).

765 *23 Beßrung:* zur Erkrankung Charlotte Schillers s. Nr. 665. – *27 mit Ihnen zuzubringen:* s. zu Nr. 662. – *30 auf dem Lande:* s. zu Nr. 669. – *31 Büry (...) Römischer Freund:* Mit Friedrich Bury (1763–1823), Tischbein und andern deutschen

Künstlern hatte G. 1786 vier Monate in einer Wohngemeinschaft am Corso in Rom gelebt. Bury hielt sich von November 1799 bis August 1800 in Weimar auf; vgl. G.s Tgb., 1.–3. und 9. November. – *32 17 Jahre in Rom:* von 1782 bis 1799; vgl. Bury an G., 28. Juni.

672. SCHILLER                    JENA, 4. NOVEMBER 1799

766,14 *ließ:* ließe; 766,14 *Erfindungskunst:* Erfindungskraft.

766 *4 wie vor 3 Tagen:* s. Nr. 670. – *13 judizieren:* (lat.) hier: ›beurteilen‹. – *14 Starkens:* s. zu Nr. 665 und 191. Die im folgenden aufgezählten Medikamente nennt Starks Handbuch zum Teil als Kreislauf anregende Mittel gegen Bewußtlosigkeit oder zur Lösung von Krämpfen. – *15 Hyosciamus:* griech./lat. ›Bilsenkraut‹. – *China:* Mischung aus Chinarinde und Kampfer. – *16 Zinkblumen:* Zinkoxyd. – *Vesicatorien:* Hautreizmittel zum Entzug von Giftstoffen. – *Sinapismen:* Senfpflaster zur Förderung der Durchblutung. – *19 Belladonna:* aus den Blättern der Tollkirsche gewonnen. – *22 einen halben Tag:* am 6. November, s. zu Nr. 673. – *23 meine Schwiegermutter:* s. Nr. 665, 673. – *25 Grießbachin:* s. zu Nr. 200 und 401. – *28 den beiden hier zurückkehrenden Stücken:* ›Die Piccolomini‹ und ›Wallensteins Tod‹. – *31 aus dem Hause:* Seit Böttigers Veruntreuung (s. zu Nr. 579) verfuhr Sch. mit Bühnenmanuskripten übervorsichtig. – *34 liegen noch alle Geschäfte bei mir:* alle Geschäfte bleiben liegen. – *36 Daß ich Bury neulich nicht sehen konnte:* s. Nr. 671. Mit einem Billett vom 30. Oktober hatte J. H. Meyer Sch. den Wunsch Burys mitgeteilt, ihm bei einem Abstecher nach Jena vorgestellt zu werden.

767 *4 Seiffarth:* der Theatersekretär und Souffleur, s. zu Nr. 623. – *4 Anfangslied:* Das ›Soldatenlied‹ wurde offensichtlich nach einer Melodie aus G.s Singspiel *Claudine von Villa Bella* gesungen, das Reichardt 1789 vertont hatte (vgl. ›Aus dem Tagebuche eines alten Schauspielers‹. Von Eduard Genast. Leipzig 1862. Bd. 1, S. 101); s. zu Nr. 513. – *5 2) dem Rekruten- 3) dem Reiter-Lied:* ›Trommeln und Pfeifen‹ (7. Auftritt) und ›Wohl auf, Kameraden‹ (11. Auftritt) aus ›Wallensteins Lager‹. Die Vertonungen beider Lieder stammen von Christian Jakob Zahn, Cottas Kompagnon. – *6 des Mädchens Klage:* s. zu Nr. 491, 506. Ob das Lied nach der Komposition Zelters, der es bereits nach dem Musenalmanach vertont hatte, oder der Reichardts bei den Weimarer Aufführungen gesungen wurde, ist nicht zu ermitteln. – *Loder:* s. zu Nr. 12. Er hatte bei einem Aufenthalt in Magdeburg dem Ratmann Fritze, einem der dortigen Theaterdirektoren, die Vermittlung eines ›Wallenstein‹-Manuskripts angeboten. In seinem

Brief an Sch. vom 24. Oktober hatte er diesem ein Honorar von 20, möglicherweise sogar 30 Louisd'or in Aussicht gestellt. – *7 eilig schicken:* Fritzes Brief vom 31. Oktober macht deutlich, daß Loder die Situation zu optimistisch beurteilte: Das bekundete Interesse der Magdeburger Theaterleitung für ›Wallenstein‹ ging nicht bis zu einer Bestellung; s. zu Nr. 678. – *9 kopieren:* abschreiben für das Stuttgarter Theater.

673. SCHILLER                    JENA, 5. NOVEMBER 1799

767,16 *ein:* einem.

767 *16 die hier folgenden Stücke:* ›Die Piccolomini‹ und ›Wallensteins Tod‹, s. Nr. 672. – *20 morgen nach Weimar:* Am 6. November reiste Sch. kurz nach Weimar und kehrte nach einem Gespräch mit G. noch am selben Tag zurück (G.s Tgb.). – *meine Schwiegermutter:* s. zu Nr. 665. – *21 meinem Schwager:* Wilhelm von Wolzogen.

674. SCHILLER                    JENA, 8. NOVEMBER 1799

767 *29 vorgestern bei meiner Zurückkunft:* s. zu Nr. 673. – *36 den bewußten Auftrag:* Am 7./8. November hatten Jenaer Studenten die »Soldatenpatrouille« angegriffen, vgl. Voigt an G., 12. November. Wolzogen wurde offensichtlich mit der Aufstellung einer »Wachordnung« betraut, für die G. ihm am 10. November dankt. Er überbrachte auch persönlich Voigts Bericht vom 13. November über die Studentenausschreitungen an G.; s. zu Nr. 677. – *37 den Karl:* Sch.s sechsjähriger Sohn war vorübergehend in G.s Haus untergebracht worden.

675. GOETHE                    WEIMAR, 8. NOVEMBER 1799

768 *3 morgen:* G. fuhr erst am 10. November nach Jena, s. zu Nr. 662. – *5 Ableitung:* Ablenkung. – *6 dauernden Übel:* Charlotte Schillers Nervenfieber, s. zu Nr. 665. – *12 vieles:* G. besprach mit Sch. am 10. November die »nächsten dramatischen und physikalischen Angelegenheiten« (Tgb.), beschäftigte sich in Jena mit *Mahomet*, las Voltaires ›Tancred‹, ›Merope‹, ›Semiramis‹, ferner ein Quellenwerk zu *Die natürliche Tochter* (s. Nr. 677), und arbeitete am Schema zur *Farbenlehre*.

## 676. GOETHE JENA, MITTE NOVEMBER? 1799

*Datierung:* Gegen die Billettdatierung von Vollmer und Gräf/ Leitzmann auf Mitte Dezember spricht der Krankeitsverlauf von Charlottes Nervenfieber vom 23. Oktober bis 21. November. Ab 18. November notiert Sch. Fortschritte in der Genesung, die erst Ende November erlangt war. Sch. an Körner, 18. November; vgl. auch G. an Kirms, 26. November.
Erstdruck in Sch./G.⁴ (1881).

## 677. GOETHE JENA, 19. NOVEMBER 1799

768 *26 Loders:* s. zu Nr. 12, 672, 678. Zu G.s Jenaaufenthalt s. zu Nr. 662. – *27 Ihrer Arbeit:* Redaktion der Gedichte für die Ausgabe beim Leipziger Verlagsbuchhändler Siegfried Lebrecht Crusius (1738–1824), s. zu Nr. 765. Vgl. Sch. an Crusius, 15. Oktober, 29. November; Crusius an Sch., 30. Oktober. Ferner arbeitete Sch. an ›Maria Stuart‹. – *28 Kranken:* Charlotte Schiller. – *30 Voigt ⟨...⟩ Milkau:* Wegen Ausschreitungen und Störungen der öffentlichen Ordnung in Jena reisten C. G. Voigt und der Weimarer Hof- und Regierungsrat Wolfgang Gottlob Christoph von und zu Egloffstein (1766–1815) zu einer Besprechung mit dem Kommandanten der Jenaer Garnison an, Major Christian Wilhelm Gottlob von Milkau (1740–1802), s. zu Nr. 674. – *34 Anerbieten der Magdeburger:* s. zu Nr. 762 und Nr. 678. – *35 Ihre Stücke:* der ›Wallenstein‹-Trilogie. – *38 Princeß Conti:* ›Mémoires historiques de Stéphanie-Louise Bourbon-Conti, écrits par elle-même‹. T. 1.2. Paris 1797/1798. Das Memoirenwerk wurde die Hauptquelle für G.s *Die natürliche Tochter,* s. Bd. 6.1, S. 931–933.

## 678. SCHILLER JENA, 18. ⟨19.⟩ NOVEMBER 1799

*Datierung:* Antwort auf Nr. 677.
769,9 *Magdeburger:* M.; 769,10 *Lodern:* L.; 769,10 *Lodern von meinetwegen:* Lodern meinetwegen; 769,11 *Rathmann Fritze:* R. F.

769 *7 eine heitre Unterhaltung:* G.s Einladung bei Loder, s. Nr. 677. – *9 Die Magdeburger Herren:* Nach dem Empfang von Loders Brief vom 24. Oktober hatte Sch. sogleich die ›Wallenstein‹-Manuskripte abschreiben lassen, ohne sich zuvor mit dem Magdeburger Theater in Verbindung zu setzen, s. Nr. 672. In einem Brief an Ratmann Fritze vom 28. Oktober verlangte er ein Honorar von 20 Carolin, Fritze konnte jedoch nicht mehr als

10 Carolin bieten (Brief vom 4. November). Daraufhin forderte Sch. die Manuskripte zurück und den Ersatz der Schreibgebühren (Brief vom 18. November). Nach Fritzes Antwort vom 28. November sah Sch. die Schuld allerdings weniger bei den Magdeburgern als in Loders »Voreiligkeit« (Brief an Louise von Lengefeld, 8. Dezember). – *10 Lodern:* s. zu Nr. 672, 677. – *11 Rathmann Fritze:* Georg Nathanael F. (1749–1811), Ratsherr in Magdeburg. – *meine Meinung gestern geschrieben:* Der Brief vom 18. November an Fritze ist ebenso wie der Brief vom 28. Oktober nicht erhalten. – *15 II Teil der Conti:* s. zu Nr. 677.

679. SCHILLER                JENA, 2. DEZEMBER 1799

*Datierung:* Der Brief wurde am Abend vor Sch.s Umzugstag nach Weimar abgefaßt.
769,24 *fürchte:* befürchte.

769 *22 heut einen schriftlichen guten Abend:* An den Abenden davor waren G. und Sch. zusammen gewesen; s. zu Nr. 662. – *23 Packanstalten:* für den Umzug am nächsten Tag, s. zu Nr. 650. – *27 besinne mich kaum:* komme kaum zur Besinnung. – *29 Büttners Bibliothek:* s. zu Nr. 209, 387.

680. SCHILLER                WEIMAR, 4. DEZEMBER 1799

769 *37 Fr. v. Stein:* Während Sch. mit Sohn Ernst bereits die neue Weimarer Wohnung bezog (s. zu Nr. 644), wohnte seine Frau nach dem gestrigen Umzug mit Carl und Caroline bei Charlotte von Stein. Charlotte Schillers verstorbener Vater war Pächter des Gutes Heisenhof gewesen, das dem Oberstallmeister von Stein gehörte und für die Schwestern Lengefeld die Kinderheimat bedeutet hatte. Vgl. auch die Briefe Frau von Steins an Charlotte Schiller in: Charlotte II, S. 252–359. – *Troubles:* frz. ›Unruhen‹, ›Unannehmlichkeiten‹. – *38 Zufälle:* s. zu Nr. 663.
770 *1 meinen Anverwandten:* dem Ehepaar Wolzogen.

681. GOETHE                  JENA, 6. DEZEMBER 1799

770 *11 Einsamkeit:* des Jenaer Schlosses, s. zu Nr. 398. – *bei Melisch:* Ende 1798 hatte Mellish das Dornburger Schloß zur Pacht erhalten. – *12 Loders:* vgl. Tgb., 3. Dezember; s. zu Nr. 12. – *Vorlesung ⟨...⟩ von Tiek:* J. L. Tieck: ›Leben und Tod der heiligen Genoveva‹. Jena 1800. Tiecks von G. mit Beifall bedachte Lesung fand am 5. und 6. Dezember statt. Vgl. *Tag- und Jahres-Hefte* zu 1799, Bd. 14. S. 62; Gespräche I, S. 735 f. – *13 Diversion:* frz. ›Ab-

lenkung‹, ›Zerstreuung‹. – *16 Malones Abhandlung:* Edmund Malone (1741–1812): ›An attempt to ascertain the order in which the plays of Shakespeare were written‹. London 1790. – *17 Ein Trauer- und ein Lustspiel von Ben Johnson:* Ben Jonson (1574–1637): ›Sejanus‹ und ›Volpone or the fox‹. London 1605. G. las sie am 5./6. Dezember. Tieck machte G. auf Ben Jonson aufmerksam. Vgl. Gespräche I, S. 736; Grumach IV, S. 542 f. – *18 zwei apokryphische Stücke von Schakespear:* Shakespeare: ›Pericles, prince of Tyre‹. London 1609; ›A Yorkshire tragedy‹. London 1608. G. las sie am 4./5. Dezember. Vgl. *Tag- und Jahres-Hefte* zu 1799, Bd. 14, S. 61. – *21 seiner neuen Ausgabe:* J. J. Eschenburg: ›Shakespeares Schauspiele, neue ganz umgearbeitete Ausgabe‹. Zürich 1798–1806; s. zu Nr. 171. Der 3. Band war 1799 erschienen. – *25 letzten englischen Ausgabe von Malone:* Malones Shakespeareausgabe war 1790 in London in zehn Bänden erschienen. – *27 Aperçüs:* s. zu Nr. 406. – *31 wie schon vormals geschehen:* Seiner zwölfbändigen Shakespeareübersetzung (Zürich 1775–77) hatte Eschenburg 1782 einen 13. Band von sieben Dramen mit unsicherer Autorschaft nachgeschickt. – *36 Sonntag:* 8. Dezember, s. zu Nr. 662.


682. SCHILLER WEIMAR, 9. ⟨7.⟩ DEZMBER 1799

*Datierung:* s. NA 30, S. 335.
771,20 *Freund Meier hat:* Freund hat; 771,35 *der Wegbau-Pferde:* Ihres Geschirres.

771 *4 die Pole ⟨...⟩ haben sich jetzt umgekehrt:* Mit dieser Erinnerung an gemeinsame Versuche mit magnetischen Stäben spielt Sch. auf den Ortstausch an. – *9 andern Expeditionen:* die Absendung des Druckmanuskripts der Gedichte und eines Teils der prosaischen Schriften an Crusius und Göpferdt; vgl. Sch. an Crusius, 6. Dezember, s. zu Nr. 677 und 765. – *14 in diesen 5 Tagen:* seit dem Umzug nach Weimar am 3. Dezember. – *17 Rezidiv:* (lat.) ›Rückfall‹. – *19 Das bekannte Sonett:* Gemeint ist das Sonett ›Ein Knecht hast für die Knechte du geschrieben‹ von A. W. Schlegel und Tieck, das im Oktober entstanden war und als Privatdruck in 120 Exemplaren in Umlauf kam (vgl. die Miszelle von H. Henkel im GJb 18 (1897), S. 275–276; zur Entstehungs- und Druckgeschichte des Sonetts vgl. Schlegel/Schiller/Goethe, S. 227; NA 30, S. 336). Der Text ist gegen den Schriftsteller Garlieb Merkel (1769–1850) gerichtet, der in Berlin die Schlegels diffamiert hatte. Sch. kannte das Gedicht durch G., der es von Schlegel oder Tieck bekam, s. A. W. Schlegel an G., 5. November; zu Nr. 681. Während G. und Sch. den Angriff auf ihren alten Gegner Merkel

wohl guthießen, nahm die Weimarer Gesellschaft offensichtlich Anstoß an der scharfen Satire. – *21 es in Horreur zu nehmen:* (frz.) ›zu verabscheuen‹. Offenbar änderte Meyer sein anfänglich wohlwollendes Urteil, vgl. Brief an G., 22. November. – *25 Urteil des Tages:* zu Sch.s Beurteilung des Publikumsgeschmacks s. zu Nr. 186, 501 und 617. – *26 Eschenburg:* s. zu Nr. 681. – *27 Schlegel:* Von A. W. Schlegels Shakespeare-Übersetzung war 1799 der 5. Band erschienen, s. zu Nr. 466, 663. – *29 kuriose:* ›aufsehenerregende‹, s. zu Nr. 500. – *30 bei dem Wolfischen Homer:* s. zu Nr. 302. – *32 Fichte:* Seit seiner Entlassung hatte Fichte in Berlin gelebt (s. zu Nr. 611) und war nun nach Jena gekommen, um seine endgültige Übersiedlung mit der Familie in die Wege zu leiten. – *wie ich gehört:* durch Frau Griesbachs Brief vom 5. Dezember. – *33 mit Ihrem Fuhrwerk:* Darüber ist nichts bekannt. – *35 Wegbau-Pferde:* Nach den Mitteilungen Voigts an G. (28. und 29. November, 1. Dezember) hat Sch. für seinen Umzug nicht die Wegbau-Pferde bekommen, sondern herzogliche Gespanne. – *38 Lokal:* s. zu Nr. 362.

772 *3 morgen:* vgl. G.s Tgb. vom 8. Dezember: »Von Jena nach Weimar. Abends Hr. Hofr. Schiller«. – *5 Grießbachs:* s. zu Nr. 200 und Nr. 672. – *6 Loders:* s. zu Nr. 12.

683. GOETHE                    WEIMAR, 9. DEZEMBER 1799

772 *13 Mittags:* vgl. Tgb. – *14 Abend:* G. und Sch. trafen sich, s. Nr. 684.

684. SCHILLER                  WEIMAR, 10. DEZEMBER 1799

772 *22 Das Stück:* Im Oktober hatte Kotzebue sein jambisches Trauerspiel ›Octavia‹ mit einem anonymen Schreiben an G. geschickt, eine Aufführung in Weimar erhoffend. Als er in einem neuerlich anonymen Brief Ende November um Rückgabe des Manuskripts bat, holte G. das Urteil Sch.s über die Tragödie ein, bevor er sie am 12. Dezember wegen »Mangel⟨s⟩ dramatischer Eigenschaften« bedauernd zurücksandte; vgl. WA IV 14, S. 234, 287f. – *das beste:* laut G.s Brief »die poetischen und besonders rednerischen Verdienste«; G. an Jacobäer, 12. Dezember. – *23 gestern:* s. zu Nr. 683. – *27 aus der Vorrede:* ›Theater von August v. Kotzebue‹, Bd. 12, Leipzig/Wien 1840, S. 31; unter Berufung auf Plutarch charakterisiert Kotzbue den Antonius hier als ›einfältig‹. – *29 Cleopatra ist nur widerwärtig:* In der Vorrede (S. 32) schreibt Kotzebue der Cleopatra »sinnlichsten Egoismus« und »konsequente Bosheit« zu. – *30 Octavia begreift man nicht:* vgl. etwa die

schwach motivierte Szene IV/6. – *31 Das Motiv mit den Kindern:* Die Kinder Octavias treten nach bewährter rhetorischer Rührdramaturgie in jedem Akt auf.

685. GOETHE WEIMAR, 11. DEZEMBER 1799

773 *6 Herzogin Mutter:* bei Anna Amalia, s. zu Nr. 430; vgl. Tgb.

686. GOETHE WEIMAR, 15. DEZEMBER 1799

773 *14 in der Komödie:* Am 14. Dezember wurde das Schauspiel ›Der Lorbeerkranz‹ von F. J. W. Ziegler gegeben, s. zu Nr. 375. – *16 Abends:* Sch. sprach mit G. über den 3. Akt der ›Maria Stuart‹; vgl. Tgb.; s. zu Nr. 688.

687. GOETHE WEIMAR, 17. DEZEMBER 1799

773 *24 Vorlesung des Mahomets:* Die zahlreichen Gäste der Weimarer Hofgesellschaft, zu der sich auch Prinz August von Gotha und Sch. gesellten, verzeichnet G.s Tgb. G. hatte auf Anregung von Carl August Voltaires Drama übersetzt; s. zu Nr. 659. Vgl. auch Carl August an G., nach 17. Dezember (RA III, Nr. 506–508); G. an Prinz August von Gotha, 3. Januar 1800.

688. GOETHE WEIMAR, 20. DEZEMBER 1799

773 *33 Sie mich (...) besuchen:* G. hatte Sch. am 19. Dezember besucht. Bei Sch.s Gegenbesuch wurde der Schluß des 3. Akts von ›Maria Stuart‹ erörtert, s. zu Nr. 686. G. beschäftigte sich ferner mit Johann Gottlieb Gerhard Buhle: ›Lehrbuch der Geschichte der Philosophie‹. 8 Tle. Göttingen 1796–1804. Vgl. Tgb., 19.–21. Dezember.

689. GOETHE WEIMAR, 23. DEZEMBER 1799

774 *5 das prophetische Übermaß (...) von unsern Zirkeln:* G. las diesmal den *Mahomet* dem Kreise um Herzoginmutter Anna Amalia vor. Auch Herder, Familie Mellish, Bury, Wolzogens, Charlotte Schiller nahmen neben anderen Gästen an der Lesung teil. Vgl. Tgb., 23. Dezember; s. zu Nr. 687 und 430; Gespräche I, S. 737. – *7 die Musen günstig:* Sch. arbeitete an ›Maria Stuart‹.

690. Schiller                     Weimar, 23. Dezember 1799

774 *16 mein Geschäft:* ›Maria Stuart‹. – *18 Mellischen:* s. zu Nr. 610. – *22 nach ausgestandenem Abenteuer:* G.s zweite Vorlesung seiner ›Mahomet‹-Bearbeitung (s. zu Nr. 659) in seinem Haus, s. Nr. 687 und zu Nr. 689. – *23 Lust und Zeit:* s. G.s Einladung (Nr. 691) auf 1/2 9 Uhr. – *25 Die Frau wird Ihre Einladung:* s. zu Nr. 689.

691. Goethe                      Weimar, 23. Dezember 1799

774 *34 einige zurückgebliebene Freunde:* s. zu Nr. 689.

692. Goethe                      Weimar, 27. Dezember 1799

775 *3 nach Hof tragen:* mit der Sänfte. Das seit dem 17. Jahrhundert gängige Traghäuschen (›portechaise‹) kam in Europa erst im 19. Jahrhundert außer Gebrauch. – *4 zusammen treffen:* vgl. Tgb. Carl August hatte Sch. und G. zu einem Privatessen eingeladen. Vgl. Carl August an G., 26. Dezember. – *5 Den Abend:* vgl. Tgb., 27. Dezember: »Abends Wieland G.R. Voigt«.

693. Goethe                      Weimar, 29. Dezember 1799

775 *12 ob Sie mich heute ⟨...⟩ besuchen wollen:* Gestern war G. bei Sch. gewesen. G. sprach am Abend des 29. mit Sch. über ein Werk des Freiberger Geologen Johann Friedrich Wilhelm von Charpentier ›Beobachtungen über die Lagerstätte der Erze, hauptsächlich aus den sächsischen Gebirgen‹ (Leipzig 1799) und über das *Propyläen*thema, wie der bildende Künstler den Anforderungen an ihn gerecht werden kann. Vgl. Tgb., 28. und 29. Dezember.

694. Schiller                    Weimar, 30. Dezember 1799

775 *22 in der Komödie:* Am Abend wurde Ifflands Lustspiel ›Alte und neue Zeit‹ gegeben. – *26 das Schlafmachende Mittel:* Sch. hatte an diesem Tag eine Sendung von Cotta vom 18. Dezember erhalten, der vermutlich für G. die eben erschienene Versdichtung ›Alins Abenteuer‹ von Matthisson beilag, vgl. Cotta an G., 12. bzw. 16. Dezember. – *27 Meiern:* Sch. dürfte J. H. Meyer die sechs Karolin übergeben haben, die dieser für seine Zeichnungen zum ›Musen-Almanach‹ für 1800 von Cotta erhielt. Vgl. Sch. an Cotta, 12. Januar 1800.

695. GOETHE　　　　　　　　WEIMAR, 31. DEZEMBER 1799

775 *35 Propyläen: Propyläen* III/1 (1800); vgl. Tgb., 1. Januar 1800; K. A. Böttiger in ›Der neue Teutsche Merkur‹ Januar 1800. – *36 heute Abend.* vgl. Tgb.; G. sprach mit Sch. über ein geologisches Thema, s. zu Nr. 693.

696. SCHILLER　　　　　　　WEIMAR, 31. DEZEMBER 1799

776 *6 einen meiner Helden noch unter die Erde zu bringen:* Sch. arbeitete gerade an der Todesszene Mortimers (IV/4 der ›Maria Stuart‹). – *7 die Keren des Todes:* in der griechischen Mythologie Personifikationen der individuellen Todesart.

# 1800

**697. Schiller**            Weimar, 1. Januar 1800

779,6f. *dort vielleicht:* vielleicht dort.

**779** *5 gesund:* s. zu Nr. 695. – *6 Oper:* ›Cosa rara‹, Musik von Giambattista Martini. – *8 Vohs:* s. zu Nr. 520. Vohs spielte die Titelrolle in ›Gustav Wasa‹. – *Heide:* Haide war ab 1793 bis zu seinem Tod als Schauspieler am Weimarer Theater beschäftigt. In ›Gustav Wasa‹ spielte er den Banner; s. zu Nr. 520. – *9 Gustav Wasa:* Das Schauspiel von Kotzebue hatte in Weimar am 4. Januar Premiere (Erstdruck: Leipzig 1801).

**698. Goethe**            Weimar, 1. Januar 1800

779,23 *Goors:* Gore.

**779** *19 gestern Abend:* s. Nr. 695 und 696. Vgl. auch G. an Knebel, 1. Januar 1800. – *23 Goors:* Der englische Kaufmann, Schiffstechniker, Kunstliebhaber und Maler Sir Charles Gore (1726/29–1807) war mit seinen Töchtern Eliza (1754–1802) und Emily (gest. 1826) seit 1791 in Weimar ansässig.

**699. Goethe**            Weimar, 2. Januar 1800

Im Erstdruck nach Nr. 700.

**779** *34 Gors:* Gores, s. zu Nr. 698. – *Komödie:* s. zu Nr. 697. – *38 besuchen möchten:* G.s Tgb. verzeichnet keinen Besuch Sch.s, vgl. auch zu Nr. 702. Jedoch Sch. an Körner, 5. Januar: »Göthen seh ich alle Tage«.

**700. Schiller**            Weimar, 2. Januar 1800

Im Erstdruck vor Nr. 699.

**780** *3 Club:* Die Mitglieder des ›Clubs zu Weimar‹ hatten Räume im Stadthaus gemietet und boten gebildeten Bürgern der Stadt dort einen Treffpunkt. Versammlungstag war Donnerstag. G. und Sch. erhielten im Februar 1801 die Ehrenmitgliedschaft des ›Clubs‹. Vgl. ›Constitution und Gesetze des CLUB zu Weimar‹ (9. Januar 1801) in K.-H. Hahn (Hg.): ›Goethe in Weimar‹. Leipzig 1986, S. 244f.; Knebel, Literarischer Nachlaß, Bd. 2, S. 330. – *4 Schwager:* W. von Wolzogen.

701. SCHILLER                    WEIMAR, 3. JANUAR 1800

780 *13 Kotzebuischen Stücks:* ›Gustav Wasa‹, s. zu Nr. 697. – *14 verwit⟨weten⟩ Herzogin:* Anna Amalia. – *18 Palais:* Wittumspalais.


702. GOETHE                      WEIMAR, 3. JANUAR 1800

780 *28 ein Stück:* Kotzebues ›Gustav Wasa‹, s. zu Nr. 697. – *31 Sie treffen mich:* G.s Tgb. verzeichnet keinen Besuch Sch.s, s. zu Nr. 699. – *33 im Stillen ⟨...⟩ beschäftigt:* mit der *Farbenlehre,* den Elegien für ›Göthes neue Schriften‹, Bd. 7. Vgl. G. an Jacobi, 2. Januar; G. an A. W. Schlegel, 1. Januar; s. zu Nr. 618. – *35 Humors:* s. zu Nr. 20.


703. SCHILLER                    WEIMAR, 5. JANUAR 1800

781 *3 gestrigen Helden und Tyrannen:* die Aufführung des ›Gustav Wasa‹, s. zu Nr. 697. – *5 Die Schauspieler:* Außer Vohs und Haide (s. zu Nr. 697) spielten Johann Jakob Graff (s. zu Nr. 609) den dänischen König und Christian Heinrich Schall (s. zu Nr. 55) den Erzbischof Gustav Trolle. – *9 Die Stimme des hiesigen Publikums:* vgl. Caroline Herder an Knebel, 3. Januar (K. L. von Knebel, Literarischer Nachlaß, Bd. 2, S. 329). Caroline Herder zeigt sich in ihrem Brief vom Stück angenehm überrascht. – *12 ob ich Sie heute sehen werde:* G.s Tgb. verzeichnet an diesem Tag ein Gespräch mit Sch. über ›Gustav Wasa‹.


704. GOETHE                      WEIMAR, 6. JANUAR 1800

781 *21 wieder mit den Kranichen ⟨...⟩ nach Norden:* zum Schwedenkönig ›Gustav Wasa‹. Kotzebues Schauspiel wurde am 6. Februar wiederum aufgeführt; s. zu Nr. 702. – *24 darnach richten:* vgl. G.s Tgb. Bei Sch.s abendlichem Besuch unterhielt man sich »Über das gebundnere Trauerspiel« und weitere Aufführungspläne. Vgl. G.s Tgb., 6. Januar, und Nr. 705. – *25 Malepartus ⟨...⟩ zu verlassen:* die Höhle des Reineke Fuchs als Name der eigenen Behausung; vgl. Bd. 4.1, S. 1033, s. zu Nr. 170. G. unternahm mit seinem Sohn eine Schlittenfahrt.


705. SCHILLER                    WEIMAR, 6. JANUAR 1800

781 *31 den vorgestrigen langen Weg:* Am 6. Januar fand die Wiederholung des zwei Tage zuvor erstmals aufgeführten ›Gustav

Wasa‹ statt, s. zu Nr. 702. – *35 Prolog quæstionis:* lat. der »fragliche« Prolog; Sch.s Gedicht ›An Goethe / als er den Mahomet von Voltaire auf die Bühne brachte‹ sollte als Prolog der Uraufführung am 30. Januar vorangestellt werden, was dann aber nicht geschah. – *39 contramandieren:* (frz.) ›abbestellen‹, ›widerrufen‹.

706. SCHILLER WEIMAR, 7. JANUAR 1800

782,4 *gleich nach meiner Erfahrung etwas:* gleich etwas.

782  *3 Geschäft:* Die Proben zur Aufführung des *Mahomet* am 30. Januar beschäftigten G. vom 12. Januar an, s. zu Nr. 659, 660. – *7 Iphigenie:* Zu der geplanten Bearbeitung der *Iphigenie* kam Sch. erst Anfang 1802; s. zu Nr. 704. Vgl. Schiller SW III, S. 966f.); NA 14, S. 330–336. – *14 gegen 7 einstellen:* G., Voigt und Sch. erörterten physikalische Fragen und historische Skandale, s. Tgb.; G. an Voigt, 8. Januar; Voigt an G., 11. Januar. – *15 Hufeland:* G. Hufeland.

707. SCHILLER WEIMAR, 8. JANUAR 1800

782,24 *den:* einen; 782,25 *machen:* bringen.

782  *22 gestriges Quartett:* s. zu Nr. 706. Der vierte im Bunde könnte Meyer oder Hufeland gewesen sein. – *24 meine Stanzen:* Prolog zu G.s *Mahomet,* s. zu Nr. 705 und 660.

708. GOETHE WEIMAR, 8. JANUAR 1800

782  *35 edeln Vorhaben:* Sch.s Gedicht ›An Goethe ⟨...⟩‹, s. zu Nr. 705. – *36 in physicis:* lat. ›in der Naturwissenschaft‹. G. beschäftigte sich am 7. und 8. Januar mit Magnetismus, Geologie; am 9. Januar mit Optik und Farbenlehre. Vgl. zu Nr. 702. – *37 Lese Probe:* zu *Mahomet,* s. Nr. 709.

709. GOETHE WEIMAR, 9. JANUAR 1800

783  *5 Abend:* s. Nr. 710. Das Gespräch drehte sich um Experimente zur Widerlegung Newtons, vgl. Tgb. – *6 Stanzen:* s. zu Nr. 707.

710. SCHILLER WEIMAR, 9. JANUAR 1800

783  *14 die Probe:* s. zu Nr. 708 und Nr. 711. – *16 regierenden Herzogin:* Herzogin Louise, s. Nr. 711. – *19 Stanzen:* Prolog zu

*Mahomet,* s. zu Nr. 705. – *23 Heute Abend:* G.s Tgb. verzeichnet für diesen Abend ein Gespräch mit Sch. über Newton und naturwissenschaftliche Experimente.

711. SCHILLER  WEIMAR, 11. JANUAR 1800

783,31 *ich Sie so:* ich so.

783 *33 Oper:* ›Die theatralischen Abenteuer‹, s. zu Nr. 608. – *34 oder vorher:* G. unternahm mit Sch. gegen Abend eine Schlittenfahrt (Tgb.).

712. GOETHE  WEIMAR, 13. JANUAR 1800

784 *3 Ihrer Gesundheit:* s. Nr. 713. – *5 kommen:* s. Nr. 713. – *10 artige:* s. zu Nr. 296. – *Palmire ⟨...⟩ angelegen sein läßt:* Nicht Manon Caspers, wie in den Kommentaren einhellig behauptet wird, sondern Caroline Jagemann ist hier gemeint. Sie spielte die Rolle der Palmire am 30. Januar in *Mahomet* und leitete mit dem Herzog die Proben. Das von Demoiselle Caspers persönlich überbrachte (zweite) Empfehlungsschreiben von G.s Mutter datiert erst vom 29. Januar. – *14 Costums:* zu *Mahomet,* vgl. Tgb., 12. Januar. – *17 Iphigenia:* s. Nr. 706.

713. SCHILLER  WEIMAR, 13. JANUAR 1800

784,29 *aufgestanden:* ausgeschlafen.

784 *31 Macbeth:* Sch.s Plan, Shakespeares ›Macbeth‹ zu übersetzen, reicht anderthalb Jahrzehnte zurück. Am 6. Januar faßt er den endgültigen Entschluß hierzu. Ende März beendet Sch. die Bearbeitung. Die Uraufführung findet am 14. Mai in Weimar statt (Erstdruck im April 1801 bei Cotta in Tübingen). – *33 Probe:* zweite Leseprobe von G.s Bearbeitung des ›Mahomet‹.

714. SCHILLER  WEIMAR, 15. JANUAR 1800

785 *5 meinem Schwager:* Wilhelm von Wolzogen; s. zu Nr. 283. – *9 morgen:* Am 16. Januar war G. abends bei Sch. – *6 wirklich einziger Fall:* Selbstironie des ›Stubengelehrten‹ Sch., s. zu Nr. 550. G. hatte eine Schlittenfahrt in großer Gesellschaft vor; vgl. Tgb., 16. Januar.

715. SCHILLER WEIMAR, 19. JANUAR 1800

785,18f. *Geschäfte zu bleiben:* Geschäfte zu Hause zu bleiben.

785 *18 bei meinem Geschäfte:* Bearbeitung des ›Macbeth‹, s. zu Nr. 713. – *19 laulicht:* ein wenig lau. – *21 Dienstag nach der Probe:* Am 21. Januar fand eine Probe des *Mahomet* statt. – *die Schauspieler vom Mahomed:* H. Vohs (Mahomet), J. J. Graff (Sopir), Heinrich Becker (Omar), Friedrich Haide (Seide), Caroline Jagemann (Palmire) und Karl Friedrich Malcolmi (1745–1819) (Phanor).

716. GOETHE WEIMAR, 19. JANUAR 1800

785 *34 Gestern ⟨...⟩ Akt:* Mozarts ›Zauberflöte‹ wurde am 18. Januar wieder einmal gegeben, s. zu Nr. 428. – *37 morgen:* s. Nr. 717.

717. GOETHE WEIMAR, 20. JANUAR 1800

786 *4 Humboldtischen Brief:* vermutlich Humboldt an G., 28. November 1799 aus Madrid. – *5 Iphigenia:* G.s *Iphigenie auf Tauris,* s. zu Nr. 706 und Nr. 712. – *die Künste des Herrn von Eckardtshausen:* Neben juristischen und belletristischen Werken publizierte der kurbairische Archivar, ehemalige Aufklärer und gegenwärtige Schwarmgeist Karl von Eckartshausen (1752–1803) auch parapsychologische und alchemistische Schriften. Zuletzt im ›Kaiserlich privilegierten Reichsanzeiger‹ Nr. 3 (4. Januar 1800) den ›Avis aux amis des recherches secrètes de la nature ou découvertes intéressantes pour le commencement du dix-neuvième siècle‹. – *8 palingenesieren:* (griech.) ›wiedergebären‹, ›wiedererwecken‹. 1798 waren Jean Pauls ›Palingenesien‹ erschienen. – *9 die Schauspieler morgen nach der Probe:* zu *Mahomet,* s. zu Nr. 715. – *13 besuchen:* s. Nr. 718; vgl. auch G.s Tgb.

718. SCHILLER WEIMAR, 20. JANUAR 1800

786 *23 Serenissimus:* ›Durchlauchtigster‹; ironische Bezeichnung für den Herzog, bei dem G. am 18. Januar war. – *23 Iphigenia:* s. zu Nr. 706, 836. – *auguriert:* ›geweissagt‹, s. zu Nr. 571. – *25 Macbeth:* s. zu Nr. 713. – *27 neulich bei der Herzogin:* am 10. Januar, s. Nr. 711. – *28 Herdern mit großem Vertrauen:* Knebel warnte Herders Frau drei Tage später vor den Charlatanerien Eckartshausens. (Von und an Herder, Bd. 3, S. 153f.) – *31 Szene aus Wallenstein für Vulpius:* Noch vor der Buchausgabe erschien

im Februarheft 1800 der von C. A. Vulpius herausgegebenen Zs. ›Janus‹ ›Wallensteins Tod‹, IV/1 und 2. – *33 Notizen:* hier: ›Bemerkungen‹, ›Nachrichten‹.

719. GOETHE　　　　　　　　　　WEIMAR, 2. FEBRUAR 1800

787,7 *Weimar:* Jena.

787　*4 Zapf:* Johann Justinus Zapf(f) war Weinhändler in Suhl, s. Nr. 720. – *5 heute Abend:* s. Nr. 720.

720. SCHILLER　　　　　　　　　 WEIMAR, 2. FEBRUAR 1800

787　*16 Original von Shakespear:* ›Macbeth‹. – *21 beiden Vorgänger:* C. M. Wielands Übersetzung erschien 1765 in Zürich innerhalb der Prosaausgabe von 22 Dramen ›Shakespear. Theatralische Werke‹ (1762–1766). Zu Eschenburg s. zu Nr. 681. Vgl. NA 13, S. 366–371.

721. GOETHE　　　　　　　　　　WEIMAR, 3. FEBRUAR 1800

787,30 *mich eben nicht:* mich nicht.

787　*28 die Lästerschule:* R. B. Sheridans Lustspiel ›Die Lästerschule‹ wurde in der Bearbeitung von F. L. Schröder in Weimar am 10. März aufgeführt. – *29 die Verschleierte:* Das Lustspiel in vier Aufzügen von dem Straßburger Schauspieldirektor Wilhelm Vogel (1772–1843) war bereits 1798 in Weimar aufgeführt worden. – *32 mich besuchen:* Sch. folgte der Einladung, vgl. G.s Tgb.

722. GOETHE　　　　　　　　　　WEIMAR, 5. FEBRUAR 1800

787　*39 gestrigen Abend:* Sch. hatte ihn im Palais der ›Herzoginmutter‹ verbracht, s. zu Nr. 744.
788　*1 ins Theater:* Am 5. Februar wurde *Mahomet* zum zweiten Mal wiederholt. – *4 willkommen:* s. Nr. 723.

723. SCHILLER　　　　　　　　　 WEIMAR, 5. FEBRUAR 1800

Im Erstdruck nach dem 6. März eingeordnet.

788　*12 meiner Arbeit:* ›Macbeth‹. – *13 damit fertig:* Die ersten beiden Akte des ›Macbeth‹ las Sch. am 6. Februar G. vor (Tgb.).

724. Goethe  Weimar, 11. Februar 1800

788 *23 Macbeth hinauslesen:* s. zu Nr. 723. Sch. arbeitete noch bis in den April an seiner Shakespeare-Nachdichtung. Sie wurde am 14. Mai in Weimar uraufgeführt. Vgl. Sch. an Mellish, 16. März. – *25 astronomischen Partie:* Am 9. Februar war Vollmond. Tags zuvor war das für Knebel vom Kieler Mathematik- und Physikprofessor Schrader angefertigte siebenfüßige Teleskop eingetroffen. Vgl. Tgb., 8.–11. Februar; G. an Knebel, 6. Februar; Knebel an G., 7. Februar. – *26 drei Teleskope:* von Stein, Auch und Johann Gottlieb Friedrich Schrader (geb. 1763, gest. nach 1819); s. zu Nr. 643, 649, 739.

725. Goethe  Weimar, 12. Februar 1800

788 *38 Zeit heran ⟨...⟩ Wallenstein:* Am 17. und 22. Februar wurde ›Wallensteins Tod‹ gegeben, s. zu Nr. 726 und 728. – *39 Mad. Vohs:* Weil sie bei Gastspielen die Thekla verkörpert hatte, konnte man ihr nicht die Nebenrolle der Neubrunn zumuten; Caroline Jagemann beanspruchte in Weimar die Rolle der Thekla, s. zu Nr. 624.
789 *1 Caspers:* Luise Manon Caspers. Auf ihre Bekanntschaft mit Caroline Jagemann hat schon G.s Mutter im Brief vom 20. Juli 1799 hingewiesen. Vgl. auch Kirms an G., 13. Februar; G. an Kirms, 14. Februar. – *5 rhythmische Sprache:* Zur ungewohnten Deklamation von Versen erzogen Sch. und G. im Zuge ihrer klassizistischen Theaterreform die Schauspieler. Vgl. die Berichte von Böttiger, Devrient und C. Falk in Grumach IV, S. 471, 474 f.

726. Goethe  Weimar, 12. Februar 1800

789,15 *kalten:* halben.

789 *14 Schauspiel:* Am 12. Februar wurden ›Wallensteins Lager‹ und das Lustspiel ›Es ist die Rechte nicht‹ des Leipziger Schriftstellers Johann Friedrich Rochlitz (1769–1842) aufgeführt. Vgl. Böttiger an Rochlitz, 5. April 1800, Grumach V, S. 12; Gespräche I, S. 739. – *16 Mondshöhen und Tiefen:* s. Nr. 724. Sch. erschien zur teleskopischen Mondbeobachtung; vgl. G.s Tgb. – *18 so langen Pause:* sechs Tage, s. zu Nr. 723.

727. Goethe  Weimar, 14. Februar 1800

789,25 *besuchen, so sollen:* besuchen, sollen; 789,29 *sieht so weiß:* sieht, weiß.

789 *25 uns:* G. und Meyer. – *27 Meyers Wallenstein:* In der Druckfassung der Trilogie, die bei Cotta Ende Juni unter dem Titel ›Wallenstein. Ein dramatisches Gedicht von Schiller. Erster und Zweiter Teil‹ (Tübingen 1800) erschien, fehlen die ursprünglich geplanten Illustrationen. Mit Meyers im März übersandter Porträtzeichnung Wallensteins war Cotta halbwegs zufrieden. Vgl. Sch. an Cotta, 12. Januar und 5. Februar; Cotta an Sch., 27. Januar und 4. April; Wahl, S. 12; s. zu Nr. 382. – *30 Schluß Ihres Macbeths:* s. zu Nr. 724.

728. GOETHE                                   WEIMAR, 16. FEBRUAR 1800

789,40 *Für 〈...〉 sorgen.:* zuerst in Sch./G.² (1856).

789 *38 die Aderlasse gut bekommen:* Das Gegenteil war der Fall. Sch. erkrankte am 16. Februar an einem Nervenfieber, von dem er sich erst in der zweiten Märzhälfte erholte. Vgl. G. an Voigt, 25. Februar; Sch. an Mellish, 16. März; Sch. an Cotta, 24. März; Charlotte I, S. 378 und 455. – *39 das englische Lexikon:* ein Wörterbuch für die ›Macbeth‹-Bearbeitung und -Übersetzung, s. Nr. 720. Die von C. Grawe angedeutete Verwendung des Lexikons für die Arbeit an ›Maria Stuart‹ ist wegen Sch.s derzeitiger Konzentration auf ›Macbeth‹ weniger wahrscheinlich. (›Erläuterungen und Dokumente‹. F. Schiller, Maria Stuart. Stuttgart 1986, S. 93); s. Sch. an Mellish, 16. März.

790 *1 Piccolominis:* Sie waren am 15. Februar aufgeführt worden. – *3 Nach 7 〈...〉 entfernen:* G. besuchte abends Bertuch, vgl. Bertuch an G. (RA 3, Nr. 602) und Tgb.

729. GOETHE                                   WEIMAR, 22. MÄRZ 1800

790 *10 noch einen Herbst 〈...〉 die vier Jahrszeiten:* Den Distichenzyklus *Vier Jahrszeiten* stellte G. für den 7. Band seiner ›Neuen Schriften‹ aus dem ›Musen-Almanach‹ für 1797 zusammen. Vgl. Bd. 4.1, S. 832–842, 1188–1192; s. zu Nr. 618. – *12 fällt Ihnen etwas ein:* Von den aus der gemeinsamen *Xenien*produktion hervorgegangenen Distichen nahm Sch. die Nummern 45, 54 und 55 in seine Gedichte auf, vgl. Bd. 4.1, S. 1191. – *16 Doktor:* Wilhelm Ernst Christian Huschke (1760–1828) war seit 1792 Hofmedikus in Weimar. – *Kur:* G. begann mit ihr am 31. März (Tgb.). – *18 mich besuchen:* Der genesene Sch. besuchte G. am 23. März, s. Nr. 732.

730. SCHILLER  WEIMAR, 22. MÄRZ 1800

790,36 *indes noch genau:* indes genau.

790 *29 kann ich es vielleicht wagen:* s. zu Nr. 728. – *31 Auskunft:* hier: ›Auswahl‹. – *33 eins oder das andere einstreuen:* die Distichen 38, 48, 84; s. Bd. 4.1, S. 1191 und zu Nr. 729.

731. GOETHE  WEIMAR, 23. MÄRZ 1800

791 *4 Medikus:* Huschke, s. zu Nr. 729. – *6 Sie wieder zu den Gesunden:* s. zu Nr. 728. – *7 Ihres Besuchs:* s. zu Nr. 730 und 732. – *8 Pflanzensammlung in Ordnung:* Mit Botanik beschäftigte sich G. am 20., 27. und 31. März. – *10 Je mehr das Einzelne verwirrt ⟨...⟩:* vgl. G.s Gedicht *Die Metamorphose der Pflanzen,* Verse 1–6. – *13 Ausfall auf das weimarische Theater:* Der in Wielands ›Neuem Teutschen Merkur‹ (Februar 1800) erschienene Prolog zu Kotzebues Posse ›Das neue Jahrhundert‹ ironisiert S. 155 die astronomischen Beobachtungen G.s und Sch.s; s. Nr. 643, 649, 724, 726, 744; vgl. auch Nr. 684.

732. GOETHE  WEIMAR, 24. MÄRZ 1800

791 *23 unerwartet:* nach Sch.s langer Krankheit, s. zu Nr. 728. – *27 Theaterreden:* Sechs Prologe und Epiloge für das Weimarer Hoftheater, die bereits einzeln in Zeitschriften veröffentlicht waren, gliederte G. dem Band 7 seiner ›Neuen Schriften‹ ein; vgl. Bd. 4.1, S. 192–203, 986f.; s. zu Nr. 618. – *30 noch eine:* Der erst im Herbst 1800 fertiggestellte Epilog *An die Herzogin Amalia* wurde nicht mehr in den ›Neuen Schriften‹ publiziert; s. Bd. 6.1, S. 749. – *32 die Oppositionspartei:* Kotzebue, Böttiger, s. zu Nr. 408, 579, 582, 850; Nr. 744. – *37 der beiden Vorstellungen:* Kotzebues am 12. März uraufgeführtes Schauspiel ›Die Hofmeister‹ wurde am 24. März wiederholt.

733. SCHILLER  WEIMAR, 24. MÄRZ 1800

792 *3 gestern:* Sch. hatte G. am 23. März besucht. – *11 häuslichen Charakter:* G. vermittelt dem Publikum in den Programmreden Intentionen seiner Arbeit am Weimarer Hoftheater, s. Bd. 4.1, S. 986f.; Bd. 6.1, S. 1082f. – *14 die noch ungedruckte Elegie:* G.s 1796 entstandene Elegie *Herrmann und Dorothea,* s. zu Nr. 253. – *15 soviel persönliche Beziehung:* s. Nr. 255 und 847. – *19 Oberons Hochzeit:* Das Intermezzo *Walpurgisnachtstraum oder Oberons und Titanias goldne Hochzeit* erschien erstmals in der Ausgabe von

*Faust I* 1808 (Bd. 6.1, S. 660ff.). – *22 gutmütigen Ton:* Die Persiflage des zeitgenössischen Literaturbetriebs war zunächst als Fortsetzung der *Xenien* gedacht, s. Nr. 392. – *25 das heutige Stück:* ›Die Hofmeister‹ von Kotzebue. – *26 Bayard:* Schauspiel von A. Kotzebue. Erstaufführung: Weimar, 5. April; Erstdruck: Leipzig 1801.

734. GOETHE  WEIMAR, 27. MÄRZ 1800

792 *35 schicke ich noch einiges:* Manuskripte zu Band 7 der ›Neuen Schriften‹, s. zu Nr. 618 und Tgb., 3. April. Gräf/Leitzmann und Seidel vermuten eher Aushängebogen. Sie kündigt Unger am 22. März an, sendet sie jedoch erst am 12. April. G. sandte Manuskriptsendungen an Unger am 3. März, 2. ⟨3.⟩ und 10. April.

735. SCHILLER  WEIMAR, 27. MÄRZ 1800

793,9 *Gesellschaft:* Unterhaltung.

793 *3 Korrekturen:* zur Buchausgabe von ›Wallenstein‹ s. zu Nr. 727.

736. GOETHE  WEIMAR, 3. APRIL 1800

793,17 *denn etwa heute:* denn heute; s. zu Nr. 740.

793 *16 Schluß von Macbeth:* s. zu Nr. 724. Über Sch.s ›Macbeth‹-Bearbeitung und ›Maria Stuart‹ sprach G. mit ihm am selben Tag (Tgb.).

737. GOETHE  WEIMAR, 5. APRIL 1800

793,31 *kein:* keine.

793 *25 Schlegel ⟨...⟩ beikommendes:* A. W. Schlegel beriet G. in metrischen Fragen bei der Redaktion von Band 7 der ›Neuen Schriften‹. Vgl. G. an Schlegel, 26. Februar, 5. und 20. März, 2. April; Schlegel an G., 28. Februar, 8., 23. März, 1. April; s. zu Nr. 618, 641. Seinem Brief vom 4. April legte Schlegel für G. und Sch. je ein Exemplar des ›Athenaeum‹ III/1 (1800) bei. – *26 ins Schauspiel:* Kotzebues ›Bayard‹ wurde aufgeführt, s. zu Nr. 733. – *28 Sie einladen:* s. Nr. 738. – *29 Wieland:* Er war am 5. April nach Weimar gefahren, wo er die Vorstellung des ›Bayard‹ durch einen Zwischenruf störte, und besuchte G. jedenfalls am 8. und 12. April. – *31 kein Periode:* von lat. ›periodus‹ (fem.), s. Variantenverzeichnis.

738. Schiller  Weimar, 5. April 1800

794,6 indessen: recht.

794 *3 in meinem Geschäft:* der Bearbeitung des ›Macbeth‹, s. zu Nr. 724. – *4 Stimmung:* s. zu Nr. 355.

739. Goethe  Weimar, 10. April 1800

794 *12 Das Teleskop:* G. hatte Knebel das Schradersche Teleskop am 5. April abgekauft. Vgl. G. an Knebel, 2. April; Knebel an G., 5. April; s. zu Nr. 724 und 726. – *13 ihn sehen:* Am Abend des 9. April trat eine partiale Mondfinsternis ein. – *15 die schönen Damen 〈...〉 locken:* zum ernsten Hintergrund des Scherzes vgl. Bd. 6.2, S. 1206. – *17 die Musik von Macbeth:* von J. F. Reichardt; vgl. NA 13, S. 364. – *19 Pförtnerlied:* ›Macbeth‹ II/5 (NA 13, S. 102 f.), s. zu Nr. 713. – *20 gestrigen Musik:* Der Violinspieler Paul Aemil Thieriot (1780–1831), ein Freund Jean Pauls, hatte in G.s Haus ein Konzert gegeben; vgl. Grumach V, S. 14.

740. Schiller  Weimar, 11. April 1800

Im Erstdruck nach Nr. 735.

794 *28 jungen Schweitzer:* Der Tübinger Konrad Ziegler (1772–1832) aus Schaffhausen, später Pfarrer und Naturwissenschaftler, wurde von Herder wegen der Nachrichten über Cotta zu Sch. gesandt. – *29 Nachricht von Cotta:* Nach einer brisanten diplomatischen Mission war Cotta vom württembergischen Herzog Friedrich II. wegen des Verdachts auf Hochverrat verhaftet worden. Erbitterte Auseinandersetzungen zwischen dem Herzog, der gegen die französischen Invasoren 1799 einen Landsturm von 4000 Mann zur Unterstützung der österreichischen Armee aufgeboten hatte, und den gegen die Aushebung protestierenden Landständen hatten zur Inhaftierung von Ausschußmitgliedern des Landtags auf dem Hohenasperg und schließlich zur Aufhebung der landschaflichen Ausschüsse durch kaiserliches Dekret geführt. Cotta hatte im Auftrag der Landstände im November 1799 in Paris Friedensverhandlungen mit dem ihm befreundeten Außenminister Karl Friedrich Reinhard (1761–1837) anzuknüpfen gesucht. Das trug ihm die persönliche Feindschaft seines Landesvaters ein, der gegen Cottas ›Allgemeine Zeitung‹ wiederholt intervenierte. Cotta konnte seine diplomatischen Schritte jedoch rechtfertigen. Vgl. Cotta an Sch., 18. April 1800; Schiller/Cotta, S. 378–386; Goethe/Cotta III/1, S. 140. – *33 Messe:* die Leipziger Frühjahrsmesse.

## 741. GOETHE  WEIMAR, 11. APRIL 1800

Erstdruck in GJb 11 (1890), S. 77f.

**795** *4 wieder musiziert:* vgl. G.s Tgb.: »Abends klein Konzert«. – *6 Brief vom ihm über Faust ⟨...⟩ haben:* Cotta an G., 4. April. Auf Sch.s Anregung hatte Cotta G. ein großzügiges Angebot von 4000 Gulden für den *Faust* ohne Kenntnis des Werkumfangs unterbreitet. Vgl. Sch. an Cotta, 24. März; Cotta an Sch., 4. April. – *8 das Werk heute vorgenommen:* In der neu einsetzenden intensiven Arbeitsphase an *Faust* bis zum 24. April dürften das *Schema zur gesamten Dichtung* sowie die später nicht aufgenommenen Partien *Abkündigung* und *Abschied* (Paralipomena 2, 3, 5; Bd. 6.1, S. 1050 ff.) entstanden sein, s. zu Nr. 331.

## 742. GOETHE  WEIMAR, 16. APRIL 1800

Die Nachschrift 795,30–32 zuerst in Sch./G.⁴ (1881).

**795** *15 Weissagungen des Bakis:* s. zu Nr. 414. Vgl. G. an A. W. Schlegel, 20. März; A. W. Schlegel an G., 23. März und 1. April; G. an Unger, 10. April. – *17 Gesellschafts oder Schäferstück: Die Laune des Verliebten,* vgl. Bd. 1.1, S. 289–310, 908 (zu Erstdruck und Erstaufführung). – *21 Schelling:* vgl. Schelling an G., 16. und 17. April; G. an Schelling, 16. April (JFDH 1982, S. 343) und 19. April. – *25 kleinen Konzert:* Caroline und Marianne Jagemann sangen. Unter den Gästen waren u. a. Herder und das Ehepaar Wolzogen (Grumach V, S. 15). – *26 Der Teufel:* Mephisto in *Faust*.

## 743. GOETHE  LEIPZIG, 4. MAI 1800

796,4 *einem sogenannten tierischen:* einem tierischen; 796,37 *Sie wohl:* Sie recht wohl.

**795** *38 noch die nächste Woche hier:* Vom 28. April bis 16. Mai hielt sich G. zur Messezeit in Leipzig auf.

**796** *4 sogenannten tierischen Kunsttrieb:* vgl. Hermann Samuel Reimarus: ›Allgemeine Betrachtungen über die Triebe der Tiere, hauptsächlich über ihre Kunsttriebe‹. Hamburg 1760; Kant: ›Kritik der Urteilskraft‹, §43. – *9 Von Gemälden, Kupfern ⟨...⟩ Zeiten:* Vom 29. April bis 2. Mai besichtigte G. die Gemäldesammlungen der Kunsthändler Drapeau, Pfarr und die im Schlafischen Hause am Anfang der Peterstraße. Er sah Gemälde nach Raffael aus dem Besitz des Grafen Piccolomini, Gouache-Landschaften von Karl Ludwig Kaaz (geb. 1776), Füßlis Kupferstichfolge ›Shakespeare-

Galerie‹, die G. als manieriert einstufte. Vgl. Tgb. und *Der Sammler und die Seinigen*, Bd. 6.2, S. 86. – *11 Portrait von einem Maler:* von Jean Mosnier aus Hamburg, vgl. Tgb., 1. Mai. – *12 bei Bausen:* dem Leipziger Kupferstecher Johann Friedrich Bause (1738–1814). – *14 Eine Wolke für eine Juno:* Anspielung auf das Dramolett von J. M. R. Lenz ›Tantalus‹ im ›Musen-Almanach‹ für 1798, S. 227, 229ff.; s. Nr. 276. – *16–27 In dem Theater (...) fallen:* G. übernimmt die Passage teilweise wörtlich aus dem Tgb., 3. Mai. – *17 Naturalism:* vgl. die Ablehnung serviler Naturnachahmung in Nr. 394, 397, 494, 603; *Einleitung (in die Propyläen),* Bd. 6.2, S. 13, 20; *Der Sammler und die Seinigen*, Bd. 6.2, S. 79–83, 89, 96f., 106f., 110f. – *19 Kunst und Anstand:* G.s und Sch.s Bühnenreform rehabilitiert die Decorumregeln des frz. Klassizismus. Vgl. D. Borchmeyer: ›... Dem Naturalism in der Kunst offen und ehrlich den Krieg zu erklären ...‹. In: W. Barner, E. Lämmert u. a.: ›Unser Commercium‹. Stuttgart 1984. – *26 Manier:* s. zu Nr. 356.

744. SCHILLER WEIMAR, 5. MAI 1800

Erstdruck in Sch./G.², weil G. den Brief in sein Leipziger Reisetagebuch eingeheftet hatte. 797,27f. *und (...) will.:* zuerst in Sch./G.⁴ (1881).

797 *10 mich wie einen gesunden:* s. zu Nr. 728. – *13 vier ersten Akte der Maria:* Sch. arbeitete an ›Maria Stuart‹. Am 11. Mai las er den Schauspielern vier Akte vor. – *16 Macbeth:* s. zu Nr. 713 und 720. – *18 Mittwoch über 8 Tage:* am 14. Mai. – *20 Cotta:* Sch. hatte Cotta bei dessen Durchreise zur Leipziger Messe gesehen (s. zu Nr. 740). Vgl. G.s Tgb., 5. Mai. – *22 Schützische Replik auf Schellings Angriff:* Schelling war über Rezensionen seiner ›Ideen zu einer Philosophie der Natur‹ in der ›Allgemeinen Literatur-Zeitung‹ (3./4. Oktober 1799) erbost, worüber es zu einem Streit mit dem Herausgeber Schütz kam. In seiner ›Zeitschrift für spekulative Physik‹ griff Schelling die ALZ an und veröffentlichte seine Invektive auch als eigenständige Broschüre (›Über die Jenaische Allgemeine Literaturzeitung‹. Jena 1800). Auf diesen Angriff replizierte Schütz in seiner Zeitung am 30. April (was Sch. hier anspricht) und am 10. Mai. Der Streit endete schließlich in einer Beleidigungsklage; beide Kontrahenten wurden bestraft. – *26 nach Bamberg abgereist:* Schelling war am 2. Mai abgereist. – *27 Madame Schlegel (...) ein Bad:* Caroline Schlegel, Schellings spätere Frau, war mit ihrer Tochter Auguste Böhmer (1785–1800) nach Bad Boklet bei Kissingen gereist. Dort starb Auguste am 12. Juli an der Ruhr. – *29 Kotzebue (...) gegen die Propyläen:* In seinem Schauspiel ›Der

Besuch oder Die Sucht zu glänzen‹ bezeichnet Kotzebue die *Propyläen* ironisch als »Vorhöfe des Tempels«, s. zu Nr. 731, 732. – *32 Sottise:* frz. ›Dummheit‹, ›Grobheit‹. – *35 Palais:* dem ›Wittumspalais‹ als Wohnsitz von Anna Amalia, s. zu Nr. 430.

798 *7 Opitzen meinen Macbeth:* Am 26. April fragte Sch. bei Opitz (s. zu Nr. 581) wegen seiner ›Macbeth‹-Bearbeitung an; Opitz lehnte in einem Brief vom 3. Mai das Stück ab; s. zu Nr. 713. – *9 Friderich Schlegel ⟨...⟩ und Jean Paul:* Schlegel war am 28. April nach Weimar gekommen, um G. zu sehen, der jedoch schon abgereist war. Er blieb dann anderthalb Tage mit Jean Paul zusammen. Vgl. die Briefe Jean Pauls an Oertel, 1. Mai; an Otto, 16. Mai; an Jacobi, 29. Mai; A. W. Schlegel an G., 27. April und 4. Mai. – *11 Seckendorf:* Franz Karl Leopold von Seckendorff-Aberdar (1775–1809) war Regierungsassessor in Weimar. Er gab das ›Neujahrs Taschenbuch von Weimar, auf das Jahr 1801‹ heraus, in dem u. a. G.s Festspiel *Palaeophron und Neoterpe* veröffentlicht wurde (Bd. 6.1, S. 335–347). – *13 Richter ⟨...⟩ mit Herdern abgereist:* Die beiden fuhren am 2. Mai nach Ilmenau, wo sie sich mit Jean Pauls Braut Caroline von Feuchtersleben trafen. Hier kam es zur Auflösung der Verlobung. – *14 kopulieren:* ›trauen‹.

745. SCHILLER   WEIMAR, 9. MAI 1800

Erstdruck in Sch./G.² (1856), s. zu Nr. 744.

798 *22 jemand aus Ihrem Hause:* Christiane Vulpius fuhr mit ihrem Sohn August nach Leipzig, wo sie am 10. Mai eintraf; G. an Christiane, 4. und 5. Mai. – *31 Mittwoch:* 14. Mai. – *32 mit dem Macbeth empfangen:* Die erste Aufführung des ›Macbeth‹ fand am 14. Mai in Weimar statt. G. kam jedoch erst am 16. Mai von Leipzig zurück und sah sich die zweite Vorstellung am 17. Mai an. – *36 Meine Kleine ist ⟨...⟩ inokuliert worden:* Wie schon seine älteren Kinder wurde auch Sch.s Tochter Caroline vom Jenaer Arzt Johann Christian Stark gegen die Pocken geimpft, s. zu Nr. 283, 659. – *38 Ausbruch der Blattern:* Möglicherweise sind hier die Windpocken gemeint, an denen Sch.s Tochter im Juni erkrankte.

799 *1 meine poetische Einsamkeit beziehen:* Sch. hielt sich vom 15. Mai bis 2. Juni in Ettersburg auf, vom 23. bis 25. Mai kam er wegen einer Leseprobe der ›Maria Stuart‹ kurz nach Weimar zurück. – *5 Inlage:* Brief Sch.s vom gleichen Tag an Cotta.

746. SCHILLER WEIMAR, 23. MAI 1800

*Datierung:* s. Gräf/Leitzmann.

799 *12 Leseprobe:* Die nachmittägliche Leseprobe von ›Maria Stuart‹ (Akt I–IV) verzögerte sich bis zum Abend. Von den Teilnehmern an der Lesung sind nur Caroline Jagemann und Amalie von Voigt bekannt. Vgl. Schillers Persönlichkeit III, S. 113–115. – *20 Faustische Erscheinungen:* G.s Arbeit an *Faust I* geriet damals ins Stocken.

747. GOETHE WEIMAR, 11.? ODER 12. JUNI 1800

*Datierung:* Vollmer datiert in Sch./G.[4] (II, S. 400) den Brief aufgrund einer Bleistifteintragung G.s auf der Kopie der Hs. auf 12. Juni, die RA III das Schreiben von Carl August an G. auf 11. oder 12. Juni. G.s Tgb. und das Fourierbuch notieren sowohl am 11. wie 12. Juni Besuche G.s im Schloß und am 11. Juni eine Teilnahme an der herzoglichen Tafel. Sch.s Besuch macht den 12. Juni wahrscheinlicher.

799 *27 eine Kommunion aufs Theater:* ›Maria Stuart‹ V/7. – *28 ich werde veranlaßt:* Carl August an G., 11. oder 12. Juni. Genast zufolge bewog der Superintendent Herder den Herzog zur Intervention. Wie aus den Theatermanuskripten hervorgeht, änderte Sch. gegenüber der Druckfassung die Szene (vgl. NA 9, S. 341, 351–353). Ob dies vor oder nach der Uraufführung am 14. Juni in Weimar geschah, läßt sich aufgrund widersprechender Zeugnisse nicht entscheiden. Vgl. Sch. an Iffland, 22. Juni; Sch. an Körner, 3. Juli; Haide an Böttiger, 22. Juni 1812 (NA 42, S. 298); E. Genast: ›Aus Weimars klassischer und nachklassischer Zeit‹. Stuttgart o. J., S. 71; Cäcilie: ›Erste Aufführung der Maria Stuart am 14. Juni 1800‹. In: ›Weimars Album zur vierten Säkularfeier der Buchdruckerkunst am 24. Juni 1840‹, S. 155; (Anonym:) ›Einige Briefe über Schillers Maria Stuart und über die Aufführung derselben ⟨...⟩‹. Jena 1800, S. 106. – *33 diesen Morgen ⟨...⟩ besuchen:* »Abends war Hr. Hofr. Schiller bei mir« (Tgb.).

748. SCHILLER WEIMAR, 15. JUNI 1800

800 *3 gestrigen Vorstellung:* Am 14. Juni wurde Sch.s ›Maria Stuart‹ in Weimar uraufgeführt. – *5 heute sehen:* s. Nr. 749. – *Schauspieler:* Friederike Vohs (Maria), Caroline Jagemann (Elisabeth), Friedrich Cordemann (Leicester), Heinrich Becker (Burleigh), Friedrich Haide (Mortimer und Melvil), J. J. Graff (Shrewsbury), Anna Amalia Christiane Malcolmi (Hanna Kennedy).

749. GOETHE WEIMAR, 15. JUNI 1800

800 *13 mit der Aufführung sehr zufrieden:* von ›Maria Stuart‹. Vgl. *Weimarisches Hoftheater* (Bd. 6.2, S. 694). Stimmen zur Uraufführung gibt C. Grawe wieder in ›F. Schiller – Maria Stuart‹. Stuttgart 1986, S. 64–74. Vgl. auch Sch. an H. Becker, 15. Juni. – *15 heute Abend:* vgl. Tgb.

750. GOETHE WEIMAR, 24. JUNI 1800

800,27 *Sie bei dieser Gelegenheit Ihre:* Sie Ihre; 800,28 *kleinen:* kleinern.

800 *24 mit nach Tiefurt:* s. zu Nr. 634. Meyer und Bury fuhren mit. – *25 das Schlegelische Gedicht:* der erste Gesang von A. W. Schlegels ›Tristan‹, den dieser am 30. Mai mit der Bitte um Weitergabe an Sch. übersandt hatte; vgl. auch G. an A. W. Schlegel, 10. Juni. – *28 kleinen Stück der jüngern Zeit: Die Laune des Verliebten,* s. zu Nr. 742. – *30 in der Stadt:* G. wohnte seit vier Tagen in seinem Garten.

751. GOETHE WEIMAR, 27. JUNI 1800

800 *37 meinen ersten Entwurf: Die guten Frauen* (Bd. 6.1, S. 816–842). G. diktierte die Erzählung in den letzten drei Tagen. – *40 Endzweck ⟨...⟩ gut genug:* G. hatte Cotta einen Kommentar zu den Karikaturen von Ludwig Catel versprochen. Als Zweck der Arbeit nennt G., »den unangenehmen Eindruck der Kupfer einigermaßen abzustümpfen«, G. an Cotta, 9. Juli.

801 *1 von Hof:* Die jenaischen Stände wurden verabschiedet (Tgb.).

752. SCHILLER WEIMAR, 2. HÄLFTE JUNI 1800?

*Datierung:* s. NA 30, S. 379.
Im Erstdruck (VI, S. 48 f.) unter den Briefen von 1801. 801,12 *hüten und:* hüten muß und.

753. GOETHE WEIMAR, 22. JULI 1800

801 *22 nach Jena:* G. hielt sich bis 4. August in Jena auf. – *25 Sonnabend:* 26. Juli.

754. SCHILLER WEIMAR, 22. JULI 1800
Erstdruck in Sch./G.⁴ (1881).

801 *32 schnellen Entschluß:* Noch am Abend vorher war Sch. bei G. gewesen, ohne von der Abreise zu hören. – *34 Ihre Arbeiten:* G. begann in Jena sofort mit der Übersetzung des ›Tancred‹ von Voltaire (Bd. 6.1, S. 181–240); vgl. Tgb. und Nr. 755. – *35 im Schloß:* s. zu Nr. 398. – *39 Successen:* s. zu Nr. 571.

755. GOETHE JENA, 25. JULI 1800
802,16 *verschlendert:* verschleudert.

802 *13 Büttnerische Bibliothek:* s. zu Nr. 209. – *14 Jeden Morgen ⟨...⟩ gearbeitet:* vgl. Tgb., 22.–30. Juli. G. kam bis zum Ende des 4. Akts von *Tancred*. – *17 in manchem Sinne fördern:* G. dachte an chorische Zwischenspiele und schuf eine poetische deutsche Bühnensprache, s. Bd. 6.1, S. 926 ff. – *19 noch 8 Tage hier:* s. zu Nr. 753. – *22 viele Menschen gesehen:* s. Tgb.; u. a. F. Schlegel. – *24 Ihrer Tätigkeit:* s. zu Nr. 756. – *25 nach Lauchstädt:* Hier gastierte in der Sommersaison 1800 das Weimarer Theater vom 22. Juni bis 13. August; s. zu Nr. 200, 463, 623.

756. SCHILLER WEIMAR, 26. JULI 1800
Erstdruck in ›Morgenblatt für gebildete Stände‹ (1829), Nr. 208 (31. August); auch in Sch./G.¹ (1829). 803,6 *Abend eines Tages nichts:* Abend nichts; 803,9 *wenige:* wenig; 803,11 *viele:* viel; 803,19 *Schlegelisches:* Schlegelscher.

802 *33 Spiritus familiaris:* lat. ›Hausgeist‹. – *37 Faust:* s. zu Nr. 746 und 766.

803 *1 meiner Tragödie:* ›Die Jungfrau von Orleans‹; Sch. hatte bereits im Juni mit ersten Vorarbeiten dazu begonnen. Uraufgeführt wurde die Tragödie am 11. September 1801 in Leipzig (Erstdruck: Berlin 1802). – *16 Gattungsbegriff ⟨...⟩ beweglich erhalten:* In Abkehr von apriorischer Gattungsnormativität bestimmen Stoff und Gehalt die dramatische Form, so daß in sie epische Elemente eindringen, s. zu Nr. 302; Nr. 311, 395, 397. – *18 neues Journal:* ›Memnon. Eine Zeitschrift‹. Hg. von August Klingemann (1777–1831), erschien ein einziges Mal 1800 in Leipzig. Vgl. Klingemann an Sch., 15. Juli. – *19 Einfluß Schlegelischer Ideen:* Der junge Herausgeber studierte in Jena bei A. W. Schlegel, Fichte und Schelling. Seine Zs. orientierte sich am ›Athenaeum‹. – *26 Ihrem Genius zum großen Vorzug:* In ›Memnon‹ wird G.s Genialität gepriesen, weil dieser seine Schöpfungen »bewußtlos« geschaffen

habe (S. 82), s. zu Nr. 123, 399; Nr. 811, 812. – *31 Naturalism:* ›Unreflektiertheit‹, ›Unbewußtheit‹, s. zu Nr. 419. – *32 Sophocles:* Er wird in ›Memnon‹ als Gipfel der griechischen Poesie gefeiert (S. 91). – *34 Brief ⟨...⟩ von Körnern:* vgl. Körner an Sch., 25. Juli. – *35 Projekt:* Körner und Sch. wollten sich mit ihren Familien Anfang August für einige Tage in Lauchstädt treffen, auch um gemeinsam ›Maria Stuart‹ zu sehen. Körner sagte das Treffen kurz vorher ab (vgl. Nr. 758). – *36 Ettersburg:* s. zu Nr. 217.

757. GOETHE                                              JENA, 29. JULI 1800

Erstdruck wie Nr. 756.

804 *3 Arbeit:* an *Tancred,* s. zu Nr. 754. – *9 zu unsern Zwecken ⟨...⟩ behülflich:* s. Nr. 755. – *13 geniert:* s. zu Nr. 136. – *17 Chöre:* G. verzichtete später auf Chorpartien, s. Bd. 6.1, S. 927f. – *24 Übersicht derer Gaben:* vgl. Tgb., 22.–29. Juli. – *29 Loder:* s. zu Nr. 12, 56, 672. – *38 Frommann:* Karl Friedrich Ernst F. (1765–1837). Beim Jenaer Verlagsbuchhändler und Drucker waren die Publikationen von Gries und Tieck erschienen. – *39 Griesens Tasso:* ›Torquato Tassos Befreites Jerusalem‹ 2 Tle., übers. von J. D. Gries. Jena 1800–1803; s. zu Nr. 362. – *40 Tyks Journal:* J. L. Tieck: ›Poetisches Journal‹. Jena 1800.

805 *2 eignes Gedicht:* wohl eines der Gedichte F. Schlegels aus ›Athenaeum‹ III/2. – *4 Lenz:* s. zu Nr. 505. – *10 Ilgen:* Karl David I. (1763–1834): ›Die Geschichte Tobis nach drei verschiedenen Originalen ⟨...⟩ übersetzt‹. Jena 1800. Der Jenaer Orientalist wohnte im selben Haus wie W. von Humboldt. – *16 Cotta – Philiberts Botanik:* Jean Charles Philibert: ›Introduction à l'étude de la botanique‹. Paris 1798/99. Durch Cotta ließ G. ein Exemplar für die Fürstliche Bibliothek bestellen. G. an Cotta, 16. September. – *19 Gustav Wasa von Brentano:* C. Brentanos Literatursatire erschien unter dem Titel ›Satiren und poetische Spiele von Maria. Erstes Bändchen‹. Leipzig 1800. – *20 Die Literaturhändel:* die Kontroverse zwischen Schelling und Schütz, s. zu Nr. 744. – *21 Steffens kleine Schrift:* Henrik Steffens: ›Versuch über die Mineralogie und das mineralogische Studium‹. Altona 1797. Steffens (1773–1845) war Physikprofessor in Halle. – *23 Graf Veltheim:* August Ferdinand Graf von Veltheim (1741–1801): ›Sammlung einiger Aufsätze historischen, antiquarischen, mineralogischen und ähnlichen Inhalts‹. Helmstedt 1800. – *37 Tag meiner Rückkunft:* s. zu Nr. 753.

758. SCHILLER                          WEIMAR, 30. JULI 1800

806,11f. *denn ⟨...⟩ lästig.*: zuerst in Sch./G.² (1856); 806,23 *und: um*; 806,37 *wo es sehr utopisch zugeht.*: zuerst in Sch./G.² (1856). – Teilveröffentlichung auch in ›Morgenblatt für gebildete Stände‹ (1829), Nr. 208 (s. zu Nr. 756), ohne die Abschnitte 806,7–12 *Unter diesen ⟨...⟩ lästig.* und 806,27–39 *Göpferdt ⟨...⟩ gelitten.*

806  *6 Krämpfe:* s. zu Nr. 423. – *7–9 Nachricht ⟨...⟩ nicht nach Lauchstädt:* Sch. hatte Körners Brief am 28. Juli erhalten (s. zu Nr. 756). – *16 auguriere:* s. zu Nr. 571. – *17 Mahomet:* s. zu Nr. 659, 660. – *22 meinem Stück:* ›Die Jungfrau von Orleans‹, s. zu Nr. 756. – *25 Schluß meiner Gedichtsammlung:* Der erste Teil der ›Gedichte‹ von Sch. erschien Ende August bei Crusius in Leipzig, s. zu Nr. 677. – *26 Stanzen über den Mahomet:* s. zu Nr. 705. – *27 Göpferdt:* Der Jenaer Buchdrucker brachte die von Crusius verlegten ›Gedichte‹ Sch.s auf den Markt, s. zu Nr. 165. – *30 Kirms hat mir ⟨...⟩ Dank sage:* Kirms hatte Sch. am 29. Juli das Honorar für die Aufführung der ›Maria Stuart‹ zugestellt. Jede Honorarzahlung bedurfte der Bewilligung G.s; s. zu Nr. 200. – *34 Mellisch:* s. zu Nr. 681. – *36 lustigen Leben ⟨...⟩ in Wilhelmstal:* Der Weimarer Hof hielt sich vom 3. Juli bis zum 15. August in Eisenach und Wilhelmstal im herzoglichen Jagd- und Lustschloß auf. – *37 Meine Schwägerin:* Caroline von Wolzogen.

759. GOETHE                             JENA, 1. AUGUST 1800

807,10f. *dem allem ohngeachtet:* dem ohngeachtet; 808,10 *Raupenarten:* Raupen; 808,17 *indessen recht wohl:* indessen wohl.

807  *3 Tankreden:* s. zu Nr. 745, 755. – *8 einiges Belebende andichten:* s. Bd. 6.1, S. 928 f. – *10 Die Chöre:* s. zu Nr. 757. – *16 kleinen Knoten im Faust gelöst:* im Helena-Teil, vgl. Gräf, Goethe über seine Dichtungen II 2, S. 93, Anm. 3. – *23 Braut in Trauer:* Sch.s Fragment ›Rosamund oder Die Braut der Hölle‹ (NA 12, S. 259–268) war ursprünglich wohl als Ballade, dann als Operntext geplant, s. Nr. 760. Darüber hinaus beschäftigte Sch. die Fortsetzung der ›Räuber‹ unter dem Fragmenttitel ›Die Braut in Trauer‹. – *Tiek:* Tieck: ›Poetisches Journal‹, H. 1., S. 59–64 (›Briefe über Shakespeare‹). – *33 Von Baadern ⟨...⟩ eine Schrift:* Franz Xaver von Baader (1765–1841): ›Über das pythagoreische Quadrat in der Natur‹. Tübingen 1798. – *35 diesen Vorstellungsarten:* Der katholische Philosoph und Theosoph beeinflußte stark die Romantik. – *39 frühere Schrift:* ›Beiträge zur Elementarphysiologie‹. Hamburg 1797.

808  *1 Ein Studierender:* Posselt, s. Tgb., 31. Juli; vgl. Nr. 207, 280, zu Nr. 287. – *15 Montag:* 4. August.

760. SCHILLER  WEIMAR, 2. AUGUST 1800

808,25 *Zurückkunft:* Rückkunft.

808 *31 Göpferdt:* s. zu Nr. 758. – *312 Korrekturen:* vom
1. Band der ›Gedichte‹ Sch.s (s. zu Nr. 758). – *32 Bibliothek*
⟨...⟩ *ganze Literatur:* Am 2. August entlieh Sch. aus der herzoglichen Bibliothek einen Stapel deutscher und französischer Werke über Geschichte und Kultur des Mittelalters, vgl.
NA 30, S. 395. – *33 Mein Stück:* ›Die Jungfrau von Orleans‹,
s. zu Nr. 756.


761. GOETHE  WEIMAR, 12. AUGUST 1800

809 *10 Bertuch:* s. zu Nr. 217, 221; vgl. Bertuch an G., 11. August. – *12 meiner Gedichte:* Band 7 der ›Neuen Schriften‹, s. zu
Nr. 618. – *14 im Wallenstein:* zum Druck der Trilogie s. Nr. 727.

762. SCHILLER  OBERWEIMAR, 15. AUGUST 1800

*Datierung:* s. NA 30, S. 396.

809 *27 nach OberWeimar:* Ursprünglich hatte Sch. einen Aufenthalt in Jena geplant. Das Befinden seiner Frau und seiner Kinder
bewog ihn jedoch, nur ins nahe Oberweimar zu fahren. – *31 spazieren zu fahren:* G. unternahm die abendliche Spazierfahrt mit
Sch.; Sch. an Charlotte, 16. August. – *33 neue Konkurrenz-stücke:*
Die diesjährige Preisaufgabe für bildende Künstler, die von Meyer
in den *Propyläen* III/1 veröffentlicht worden war, stellte zwei
Themen aus der ›Ilias‹ zur Wahl: Hektors Abschied von Andromache und die Ermordung des Rhesus. An dem Wettbewerb beteiligten sich 18 Künstler mit ihren Arbeiten. Vgl. Bd. 6.2, S. 1088 und
Abb. S. 425–428; Scheidig, S. 65–95.


763. SCHILLER  OBERWEIMAR, 17. ⟨19?⟩ AUGUST 1800

*Datierung:* L. Blumenthals entschlossene Umdatierung von gleich
zwei Schillerbriefen um mehrere Tage (NA 30, S. 397) aufgrund
einer Auskunft des Pfarramts in Oberweimar stützt sich auf zwei
unbefragte Annahmen:
1. auf die lokale Identität des Orts, an dem eine Trauung und eine
Hochzeitsfeier stattfanden. Kann erstere nicht in Weimar vollzogen und nur die Hochzeit in Oberweimar ausgerichtet worden
sein?
2. auf die temporale Identität zweier verschieden datierter Briefe
Sch.s an seine Frau und an G. (NA 30, Nr. 224 und 225). Sie

müssen aufgrund ihres Inhalts keineswegs am nämlichen Tag geschrieben sein.
So betrachtet ließen sich Sch.s eigene Daten u. U. retten.
810,11 *Späßen:* Spaßen.

764. GOETHE                       WEIMAR, 2. SEPTEMBER 1800

810,27 *beisammen:* zusammen.

810 *22 Humboldtischen Aufsatz:* Der von W. von Humboldt als Teil einer ausführlicher geplanten Reisebeschreibung am 18. August übersandte Aufsatz ›Der Montserrat bei Barcelona‹ konnte nicht mehr in den *Propyläen* erscheinen. Er wurde erst in den ›Allgemeinen geographischen Ephemeriden‹, Bd. 11, März 1803, St. 3., veröffentlicht. – *24 Akademie:* hier: Zeichenakademie. – *die Sachen:* die Konkurrenzstücke, s. Nr. 762. – *25 wundersame Dinge:* Nach Sch.s letzter Anfrage trafen vor dem Ablieferungstermin am 25. August im August noch Arbeiten von Kolbe, Karsch, Dornbusch (vom 15., 20., 22.), Hoffmann (13.), Valentini (17.), Hartmann, Schnorr von Carolsfeld, Pochmann, Friedel (19., 22., 23.) ein. – *27 zu guter letzt:* G. reiste vom 3. bis 6. September nach Jena und hielt sich dann wiederum vom 10. September bis 4. Oktober dort auf.

765. SCHILLER                     WEIMAR, 5. UND 6. SEPTEMBER 1800

811,1–4 *Die Beschreibung ⟨...⟩ nach helfen.:* zuerst in Sch./G.⁴ (1881); 811,15–25 *welche ⟨...⟩ sitzt.:* zuerst in Sch./G.² (1856); 811,37 f. *Schelmen:* Schelm.

811 *8 Ihrer Einsamkeit:* im Jenaer Schloß, s. zu Nr. 398, 764. – *10 etwas produziert:* G.s Arbeit am *Faust.* – *11 beim Anfang angefangen:* an der ›Jungfrau von Orleans‹, s. Nr. 756, 758. – *12 nach Jena hinüber komme:* am 21. September. – *13 Gemälde Galerie:* Die eingesandten Werke für die Preisaufgabe der *Propyläen* wurden zusammen mit Arbeiten von Lehrern und Schülern der Weimarer Zeichenschule dort vom 3. September bis 10./11. Oktober ausgestellt. – *14 Bemerkungen:* hier: ›Wahrnehmungen‹, ›Beobachtungen‹. – *17 Meier ⟨...⟩ richtet und mustert:* J. H. Meyer beurteilte in den *Propyläen* III/2 (S. 102–141) die ausgestellten Werke der Preisaufgabe (›Rezension der eingegangenen Stücke‹). – *19 Crusius:* vgl. Crusius an Sch., 3. September. Bevor 1800 der erste Teil der ›Gedichte‹ Sch.s bei Crusius erschien, waren dort bereits seine ›Geschichte der merkwürdigsten Rebellionen‹ (1788) und die ›Geschichte des Abfalls der vereinigten Niederlande‹ (1788) sowie der erste der auf drei Bände angelegten ›Kleineren

prosaischen Schriften‹ (1792) veröffentlicht worden; s. zu Nr. 677. Der 2. Band (erschienen 1800) war im Druck. – *20–24 Zeichnung vor meinen Gedichten (...) Herrn Schnorr:* Die zweite Auflage von Sch.s Gedichten, die 1804 erschien, zeigt auf dem Titelblatt einen Kupferstich des Leipziger Malers Veit Hans Friedrich Schnorr von Carolsfeld (1764–1841); s. zu Nr. 764. – *26 Wallenstein:* s. zu Nr. 727. – *28 neuen Auflage:* Die zweite Auflage des ›Wallenstein‹ erschien bereits im November 1800. – *30 für Ihren Faust ein sehr gutes Omen:* G.s *Faust* erschien erst 1808 im 8. Band von ›Goethes Werken‹ bei Cotta. – *33 Eschen (...) Übersetzer des Horaz:* Friedrich August Eschen (s. zu Nr. 491) war in Eutin Schüler von J. H. Voß. Nach dem Studium in Jena zog er 1798 als Hauslehrer in die Schweiz, wo er am 7. August 1800 bei der Besteigung des Mont Buet verunglückte. Im gleichen Jahr erschienen in zwei Bänden ›Horazens lyrische Gedichte. Übersetzt und erläutert von F. A. Eschen‹, 2 Bde. Zürich 1800.

766. GOETHE                JENA, 12. SEPTEMBER 1800

812 *11 Abenteuern:* G. war in der letzten Woche von Jena nach Weimar, von dort nach Oberroßla, Mattstedt, Niederroßla, Dornburg und zurück nach Jena gereist, vgl. Grumach V, S. 49 f.; s. zu Nr. 764. – *14 die Situationen:* in die Faust im 2. Teil gerät, s. Nr. 767. – *15 Helena ist wirklich aufgetreten: Helena im Mittelalter. Satyrdrama. Episode zu* ›*Faust*‹, Bd. 6.1, S. 327–334. Erst 1825–27 vollendete G. den analogen 3. Akt von *Faust II*, Verse 8489–8802 (Bd. 6.1, S. 948). – *17 in eine Fratze:* s. Bd. 6.1, S. 947. – *19 eine ernsthafte Tragödie:* vgl. F. Schlegel an seinen Bruder A. W., 24. November. – *23 Ihrer Unternehmung:* ›Die Jungfrau von Orleans‹. – *24 collegialiter:* lat. ›einträchtig‹. – *25 etwas für die Anzeige des Ausgestellten:* Sch. ließ sich auf keine Zusammenarbeit mit Meyer ein, sondern verfaßte unabhängig von dessen Rezension seinen fingierten Brief ›An den Herausgeber der Propyläen‹, s. zu Nr. 765, 767.

767. SCHILLER              WEIMAR, 13. SEPTEMBER 1800

813,10 *Unreinere:* Unreine; 813,29 *einen Stoff sinnlich:* den Stoff; 813,33 *Woltmann:* W.

813 *1 Das Barbarische der Behandlung:* s. zu Nr. 335, Nr. 771. Im Umkreis des »Satyrdramas« *Helena im Mittelalter* geht es um den Kontrast von nordischer Nebelwelt und klassischer Kultur sowie um die ästhetische Legitimität des Häßlichen, s. zu Nr. 766 und Bd. 6.1, S. 947. – *15 den Brief:* Sch.s ›An den Herausgeber der

Propyläen‹, in: *Propyläen* III/2 (1800). – *18 mit Meiers und Ihren:* s. zu Nr. 765 und G.s *Die Preisaufgabe betreffend. 1. Preiserteilung 1800* (Bd. 6.2, S. 422–430). – *25 Mit meiner Arbeit:* ›Die Jungfrau von Orleans‹. – *31 Novitäten aus Berlin:* Fichtes Ankündigung seiner geplanten Zeitschrift ›Jahrbücher der Kunst und der Wissenschaft‹ vom 28. Juli und ein Brief Woltmanns (s. zu Nr. 322) vom 6. September an Sch., worin der neue Diplomat bekennt, sich bei der preußischen Königin für die Berufung G.s als Minister nach Berlin einzusetzen.

768. GOETHE          JENA, 16. SEPTEMBER 1800

814,10 *als:* und; 814,21 *künftigen:* auf den; 814,29 *etwas ⟨...⟩ öffentlich:* öffentlich etwas; 815,1 *Woltmannische Brief:* W.; 815,3 *sowohl zu:* sowohl darum zu.

814 *7 seltsame Erscheinungen:* G. arbeitete an *Helena im Mittelalter* und am Helenaakt von *Faust II*, s. zu Nr. 766. – *13 Mit Niethammern:* Fast täglich traf sich G. vom 13. September bis 3. Oktober mit Niethammer und sprach mit ihm u. a. über Naturphilosophie (Tgb.), s. zu Nr. 51 und 277. – *21 künftigen Sonntag:* 21. September. Sch. kam mit Meyer zu Griesbachs, s. Tgb. und Nr. 769, zu Nr. 200. – *26 im Schlosse:* s. zu Nr. 398. – *30 die Aufgabe auf das folgende Jahr:* Die neue Preisaufgabe auf *1801. Achill auf Scyros / Der Kampf Achills mit den Flüssen* (in: *Propyläen* III/2), s. Bd. 6.2, S. 432 f. – *34 Brief an Humboldt:* G. an Humboldt, 15. September. Erhalten ist nur dieser zweite Teil, nicht der erste Teil von Ende Juli. – *35 seinen letzten Brief:* vom 18. August, s. zu Nr. 764. Sch. hatte den Brief. – *38 Schwägerin:* Caroline von Wolzogen.

815 *5 uns dorthin zu ziehen:* Dem nach Berlin berufenen G. sollte Sch. als Mitglied der Akademie folgen, s. zu Nr. 767. – *6 Ankündigung:* von Fichte, s. zu Nr. 769.

769. SCHILLER          WEIMAR, 17. SEPTEMBER 1800

816,14 f. *Reichsverhandlungen:* Reichsverhandlung; 816,21–35 zuerst in Sch./G.[4] (1881); 816,36 *H⟨umboldt⟩:* H.

815 *21 meiner Arbeit:* ›Die Jungfrau von Orleans‹. – *29 sich ⟨...⟩ präzipitieren:* (lat.) ›herabstürzen‹; hier: ›sich setzen‹. – *33 Woltmanns Schrift über die Reformation:* Karl Ludwig Woltmann: ›Historische Darstellungen. Erster Band. Geschichte der Reformation in Deutschland‹. 1. Tl. Altona 1800. – *38 Abfall vom Dogmatismus und dem Empirie:* Kants idealistische Kritik an tradierter Schulphilosophie und am englischen Empirismus.

816 *4 brutale Herrschaft:* möglicherweise auch eine politische Anspielung, insbesondere auf Napoleon. – *6 das weitläufig werden könnte:* Der 3. Teil von Woltmanns Werk erschien 1805. – *7 seine vorhergegangene Staatengeschichten:* ›Geschichte Frankreichs‹. Berlin 1797 und ›Geschichte Großbritanniens‹. 1. Bd. Berlin 1799. – *21 Cottas Damen Kalender:* ›Taschenbuch für Damen auf das Jahr 1801‹. Hg. von L. F. Huber, A. H. J. Lafontaine, G. K. Pfeffel u. a. Tübingen 1800. In dem Kalender wurden auch Sch.s ›Die Worte des Wahns‹ veröffentlicht. – *26 Königin ‹...› Spitze stehen:* Das Buch ist der Königin Luise von Preußen gewidmet. – *27 gegen Herrn Wilmans zurückbleibe:* Das von Gerhard Friedrich Wilmans 1799 herausgegebene ›Taschenbuch auf das Jahr 1800 der Liebe und Freundschaft gewidmet‹ eröffnet mit einem Widmungsgedicht an die Königin von Preußen. Der Bremer Buchhändler hatte G. und Sch. vergeblich um Beiträge gebeten. – *29 Körner schreibt mir:* Brief vom 10. September. – *30 die Humboldte:* Wilhelm und Alexander. – *31 Geßlern:* Graf Geßler, preußischer Gesandter in Dresden, war mit Körner befreundet, s. zu Nr. 386, 387. – *34 Geist seiner Mutter:* Maria Elisabeth von Humboldt war 1796 gestorben.

770. GOETHE                                JENA, 23. SEPTEMBER 1800

817,3 *neulicher:* neuerlicher; 817,10 *vorwärts gerückt:* vorgerückt.

817 *3 neulicher Besuch:* am 21. September, s. zu Nr. 768. Vgl. dazu Abekens Aufzeichnungen in: Schillers Persönlichkeit III, S. 119 f. – *4 Meyers Vorlesung:* Er las seine Rezension der für den Wettbewerb eingegangenen Gemälde vor, s. zu Nr. 765. – *5 Briefe, Geld und Anzeige:* die Benachrichtigung der Preisträger und G.s *Preise (1800),* Bd. 6.2, S. 436 f. und 1096. – *7 Introitus:* lat. Eingangsteil der kath. Messe. Gemeint ist G.s *Propyläen*-Beitrag *Preiserteilung 1800,* s. zu Nr. 767. – *8 Ihre Peroration:* (lat.) ›Schlußansprache‹, ›Schlußgebet‹. Hier: Sch.s ›An den Herausgeber der Propyläen‹, s. zu Nr. 767. – *10 Meine Helena:* s. zu Nr. 768. – *15 von diesem Gipfel aus:* zur kardinalen Bedeutung der Helena-Episode s. Bd. 6.1, S. 948. – *25 Die philosophischen Colloquia:* mit Niethammer, s. zu Nr. 768. – *28 dritten Wunder:* der junge, geniale Schelling nach Kant und Fichte. Niethammer hatte G. Schellings ›System des transzendentalen Idealismus‹ zu erklären unternommen. Auch Schellings Naturphilosophie, die das »Wunder« des Empordrängens des unbewußten Geistes nach Selbstbewußtsein in den Stufenfolgen der Naturerscheinungen darstellt, gewann für G. seinerzeit eine hohe, explizit anerkannte Attraktivität. Vgl. G. an Schelling, 27. September; Bd. 6.1,

S. 854f.; Tgb., 17. September; N. Hartmann: ›Die Philosophie des deutschen Idealismus‹. Berlin ²1960, S. 117f.; s. Nr. 775, zu Nr. 851.

771. SCHILLER    WEIMAR, 23. SEPTEMBER 1800

818,36 *Preisaufgaben:* Preisaufgabe; 819,3 *Interessenten zu verlosen:* Interessenten verlosen.

817 *37 Ihre neuliche Vorlesung:* G. hatte Sch. bei dessen Besuch in Jena am 21. September die fertigen Teile des *Helena*-Projekts zu *Faust* vorgelesen, s. zu Nr. 766. – *5–7 Synthese des Edeln mit dem Barbarischen 〈...〉 Schlüssel zu dem übrigen Teil:* s. Nr. 766; zu Nr. 767, 770. – *13 Ausarbeitung meines Briefes:* s. zu Nr. 767. – *14 Freitags:* 26. September. Sch. schickte seinen Aufsatz erst am 29. September ab. – *16 Aufenthalt in meinem Garten:* s. zu Nr. 299, 330. Sch. reiste nicht nach Jena (s. auch Nr. 772 und 773). – *24 Mellisch:* s. zu Nr. 458. – *25 Ihrer Optik:* s. zu Nr. 259. – *32 Unhaltbarkeit der Newtonischen Lehre:* s. zu Nr. 406. – *36 Anzeige der neuen Preisaufgabe:* s. zu Nr. 768. Die Preisaufgaben für 1801 wurden auch angezeigt in *Preise (1800)*, s. zu Nr. 770.

772. SCHILLER    WEIMAR, 26. ⟨27?⟩ SEPTEMBER 1800

*Datierung:* Die Umdatierung von Fielitz (ALG IV, S. 478), Vollmer und der NA 30 (S. 409) verdient ein Fragezeichen. Sie stützt sich
1. auf einen ›Calender‹-Eintrag Sch.s (27.),
2. auf den Botentag Samstag (27.).
Zu 1: Die oft fragwürdige Zuverlässigkeit von ›Calender‹-Eintragungen belegen mehrere Fälle, s. zu Nr. 633. Außerdem kann Sch. im ›Calender‹ das vom Schreibedatum häufig abweichende Absendedatum des Briefs vermerkt haben.
Zu 2: Auch am Freitag gab es Botengänge von Weimar nach Jena, vgl. Nr. 29, 154, 166, 180, 307.
3. Versprochen war der Brief außerdem für Freitag, den 26.; s. Nr. 771.
819,36 *etwas von ihm zu:* etwas zu.

819 *23 Krämpfe:* s. zu Nr. 423. – *Mit der morgenden Post:* Sch. sandte das *Propyläen*-Manuskript nicht am 28., sondern erst am 29. September ab, vgl. Nr. 771, 774; zu Nr. 767. – *27 Herrmann von den griechischen Sylbenmaßen:* Gottfried Hermann: ›De metris poetarum Graecorum et Romanorum‹. Leipzig 1796. – *29 Ihre neuliche Vorlesung 〈...〉 Trimeters sehr aufmerksam gemacht:* s. zu Nr. 771. Wie G. in den *Helena*partien von *Faust II* verwendet Sch.

in den Montgomery-Szenen der ›Jungfrau von Orleans‹ den Trimeter, s. Nr. 780. – *35 wenn Humboldt hieher kommt:* Wilhelm von Humboldt wollte im Oktober 1800 nach Weimar zurückkehren, kam aber erst im Sommer 1801. Er war als Altphilologe für G. wie Sch. ein Metrik-Experte, s. zu Nr. 296, 456. Den Vorsatz, seine Griechischkenntnisse zu verbessern, teilte Sch. Humboldt schon am 9. November 1795 mit. – *37 welche griechische Grammatik:* G. ließ Sch. die ›Griechische Grammatik‹ von Joachim Lange (1670–1744) schicken, die erstmals 1705 in Halle erschienen war. – *38 welches Lexikon:* G. besorgte Sch. aus der Bibliothek: Benjamin Hederich: ›Graecum lexicon manuale ex cura Jo. Aug. Ernesti‹. Leipzig 1754. – *39 Fr⟨iedrich⟩ Schlegel:* s. zu Nr. 307.

820 *1 Tragödie:* Helena-Akt des *Faust II, Helena im Mittelalter,* s. zu Nr. 766. – *2 in meiner Produktion:* der entstehenden ›Jungfrau von Orleans‹.

773. GOETHE                    JENA, 28. SEPTEMBER 1800

820,9 *er:* der; 820,14 *hineinblickt:* hinblickt; 820,16f. *ich auch nur:* ich nur; 820,18 *wie etwa Humboldt:* wie Humboldt.

820 *9 Vulpius geschrieben:* G. nennt im Billett an Vulpius die Sch. zu übergebenden Bücher; s. Tgb. und zu Nr. 772. – *16 Meiner Arbeit:* Helenateil zu *Faust II,* s. zu Nr. 766. – *24 Beitrag:* Sch.s ›An den Herausgeber der Propyläen‹, s. zu Nr. 767. – *25 seines Teils:* J. H. Meyer: ›Rezension der eingegangenen Stücke‹, s. zu Nr. 765. – *Mein Schema:* s. Bd. 6.2, S. 1091–1096. – *30 Colloquia mit Niethammer:* s. zu Nr. 768. – *32 Rittern:* s. zu Nr. 477, 487.

774. SCHILLER                  WEIMAR, 29. SEPTEMBER 1800

821,16 *sie:* Sie; 821,17 *Sie wohl:* Sie recht wohl.

821 *3 Brief:* s. zu Nr. 767. – *5 nicht auf meinem Felde:* Sch.s *Propyläen*-Beitrag ist seine einzige Gemäldekritik. Er bekennt mehrfach, daß ihm »das Interesse und der Sinn für die bildenden Künste fehlt« (Sch. an Humboldt, 17. Februar 1803) und bezeichnet sich als »Barbar in allem, was bildende Kunst betrifft« (Sch. an Reinhart, 7. ⟨14.⟩ März 1803); s. Nr. 776.

775. GOETHE                    JENA, 30. SEPTEMBER 1800

Die Nachschrift 822,18–39 im Erstdruck als eigene Nummer; 822,36 *in:* im; die Beilage 823,1–824,9 als G.-Text zuerst in Sch./G.[4] (1881).

821 *25 Preiserteilung:* s. zu Nr. 767. – *den Schluß dazu schematisiert: Rezension der eingegangenen Stücke (Schluß),* Bd. 6.2, S. 430f., s. zu Nr. 773. – *26 Ihrer und Meyers Arbeit:* s. zu Nr. 773, 774. – *28 Mittwoch:* 1. Oktober. – *34 Aufsatz von Humboldt:* vgl. L. Blumenthal: ›Wilhelm von Humboldts Aufsatz über den Trimeter‹, in: GJb 96 (1979). – *37 ein Teil seines Agamemnons:* G.s Nachlaß enthält eine ältere Fassung von Humboldts Äschylos-Übersetzung (9.–11. Szene), s. zu Nr. 345. – *39 mit Nietham(m)er ⟨...⟩ transzendentalen Idealism:* s. zu Nr. 770. – *40 mit Rittern höhere Phisik:* s. zu Nr. 477, 487, Nr. 773; Tgb., 30. September bis 3. Oktober.

822 *7 diesen Winter ⟨...⟩ hier:* G. hielt sich in Jena wieder vom 14. bis 25. November und 12. bis 26. Dezember 1800 auf. – *13 vorjährige Bemerkungen:* aus der vorigen Theatersaison. Der Intendant und Spielleiter G. hatte die zweite Vorstellung der Sch.schen ›Macbeth‹-Bearbeitung am 17. Mai 1800 gesehen; s. zu Nr. 713. – *15 Beckern:* Heinrich Becker (1764–1822) war Wochen-Regisseur, s. zu Nr. 573. – *21 jede Partei in Venedig:* vgl. *Italienische Reise,* Venedig, 3. Oktober 1786. – *23 Plaidiren:* ›plädieren‹. – *24 konkludiert:* (lat.) ›die Schlußfolgerung zieht‹. – *26 Peroration:* s. zu Nr. 770. – *28 Preisaufgabe aufs folgende Jahr:* s. zu Nr. 768. – *38 flüchtigen Skizze: Flüchtige Übersicht über die Kunst in Deutschland,* s. zu Nr. 304.

823 *18 Gebt mir mein Schwert:* vgl. ›Macbeth‹ II/1, Vers 586 (NA 13, S. 96). – *20 Nicht so starr:* Diese Worte fehlen in Sch.s Bearbeitung.

824 *2 Eilenstein:* Johann Friedrich Adam Eylenstein (geb. 1757), Schauspieler in Weimar. – *8 Caspers:* Manon Caspers. – *9 Donalbän:* Donalbain.

776. SCHILLER                    WEIMAR, 1. OKTOBER 1800

824 *14 Ihre historischen Resultate: Die Preisaufgabe betreffend.* Sch. visiert insbesondere G.s Momentaufnahme der deutschen Kunstszene in *Flüchtige Übersicht über die Kunst in Deutschland* an, s. zu Nr. 304. – *18 diese 29 Künstler:* An der Preisaufgabe 1800 beteiligten sich 17 Maler und ein Bildhauer mit insgesamt 29 Arbeiten; vgl. Scheidig, S. 65–156. – *23 meiner Arbeit:* s. zu Nr. 767. – *29 Nahls Zeichnung:* Für seine Zeichnung ›Hektors Abschied‹ erhielt Johann August Nahl (1752–1825), Kassel, den ersten Preis des Wettbewerbs, s. Bd. 6.2, S. 425. – *39 außer meiner Kompetenz:* s. zu Nr. 774.

825 *7 Major zu seiner Minor:* Zu ergänzen aus der Logik jeweils ›Propositio‹: Der (allgemeine) Obersatz zum (singulären) Unter-

satz im Schlußschema. – *11 Herrmanns Buch:* s. zu Nr. 772. – *15 Schauspieler ⟨...⟩ auf Rudolstadt:* Das Weimarer Theater gastierte vom 18. August bis 25. September mit 26 Vorstellungen in Rudolstadt. – *17 Kotzebue:* In Rudolstadt wurden einige Stücke Kotzebues aufgeführt: ›Das Schreibepult‹, ›Bayard‹, ›Die Corsen‹, ›Üble Laune‹, ›Der Besuch oder Die Sucht zu glänzen‹, ›Der Wildfang‹ und ›Die beiden Klingsberge‹. – *23 Vohs:* Heinrich Vohs (s. zu Nr. 520), der Darsteller des Macbeth, war erkrankt und wollte Weimar ohnehin verlassen, was G. allerdings bis September 1802 verweigerte. – *24 Spangler:* Johann Samuel Spangler war nur von März bis September 1800 am Weimarer Theater engagiert. Im ›Macbeth‹ hatte er den Lenox gespielt. – *27 Cotta scheint ⟨...⟩ zu erwarten:* Cotta befürchtete, G. sei »ungehalten« auf ihn, wie er in einem Brief an Sch. vom 23. September schreibt. – *28 Die Nachdrucker ⟨...⟩ Wallenstein zu schaffen:* Goebhard in Bamberg und Doll in Wien druckten den ›Wallenstein‹ nach; vgl. Cottas Brief.

777. GOETHE                                    JENA, 3. OKTOBER 1800

826,5 *nicht gerade das:* gerade das nicht.

826 *7 in manchem vorwärts gekommen:* insbesondere im *Helena*-Akt für *Faust II*; vgl. Sch. an Körner, 21. Oktober; s. zu Nr. 764. – *9 Bayard:* Kotzebues Stück wurde am 4. Oktober in Weimar aufgeführt. – *10 unter uns dreien noch erst ein Konsilium:* vgl. G.s Tgb., 4. Oktober: »Nachmittag Konferenz mit Hrn. Hofr. Schiller und Prof. Meyer über die Konkurrenzstücke und Preisaufgabe«. – *11 meiner Schematen:* Die Preisaufgabe betreffend, s. zu Nr. 773.

778. GOETHE                                    WEIMAR, 9. NOVEMBER 1800

826 *24 Preisaufgabe des Intriguenstücks:* Sch.s ›Dramatische Preisaufgabe‹ (in: *Propyläen* III/2, 1800); s. Bd. 6.2, S. 437 f. – *27 Alte und neue Zeit:* Noch im November änderte G. den ursprünglichen Titel seines Festspiels auf F. Schlegels Anregung in *Palaeophron und Neoterpe* (vgl. Verse 10 und 52), s. Bd. 6.1, S. 951; vgl. *Tag- und Jahres-Hefte* zu 1800, Bd. 14, S. 62.

779. GOETHE                                    JENA, 18. NOVEMBER 1800

827 *4 Philosophen, Naturforschern:* Während seines Jenaaufenthalts vom 14. bis 25. November traf G. mit Schelling, Niethammer, F. Schlegel und Loder zusammen und besuchte den ›Club‹ Jenaer Professoren, s. zu Nr. 39 und 775. – *12 Donnerstags:*

20. November. – *18 Festum Saeculare:* lat. ›Jahrhundertfest‹. Carl August unterband die für den Anfang des neuen Jahrhunderts geplanten Festlichkeiten, s. Nr. 787. Ob das neue Jahrhundert mit dem 1. Januar 1800 oder 1801 einsetzte, war in den deutschen Staaten eine umstrittene Frage. Preußens Festlegung auf 1801 schloß sich Weimar an. Für die Festgestaltung dachte Sch. an einen Römischen Karneval mit Marktbuden und Festmahl im Theater. Zum Festkomitee zählten Kammerrat Ridel und die Verwaltungsbeamten Leopold von Seckendorff und Carl Wilhelm von Fritsch. Vgl. NA 42, S. 303. – *20 Helena:* s. zu Nr. 766. – *24 Ihren Unternehmungen:* ›Die Jungfrau von Orleans‹.

780. SCHILLER                    WEIMAR, 19. NOVEMBER 1800

827,40 *Trimeters:* Trimetern.

827 *33 Freitag:* 21. November. Sch. kam mit Meyer. – *34 Schwiegermutter und Schwägerin:* Louise von Lengefeld und Caroline von Wolzogen. – *40 Szenen mit den Trimeters:* Die Szenen 6–8 im 2. Akt der ›Jungfrau von Orleans‹, s. zu Nr. 772.

828 *1 bei Iffland und 〈...〉 Opitz angefragt:* Sch.s Brief an Iffland, in dem er ihn auffordert, den ›Wallenstein‹ zur Jahrhundertfeier in Weimar zu spielen, datiert vom gleichen Tag; der Brief an Opitz ist nicht erhalten, s. zu Nr. 126, 159, 534, 581. – *3 Iffland 〈...〉 vor einigen Tagen:* Iffland an Sch., 8. November. – *4 Maria:* ›Maria Stuart‹. – *6 als Schauspieler zurückgesetzt:* Iffland fühlte sich durch den Erfolg, den der Berliner Schauspieler Johann Friedrich Ferdinand Fleck (1757–1801) – vor allem durch seine Darstellung des Wallenstein – am Berliner Theater hatte, etwas zurückgesetzt. – *8 Fleck 〈...〉 mit seiner Krankheit:* Fleck war lungenkrank und starb schon im folgenden Jahr.

781. GOETHE                    WEIMAR, 2. DEZEMBER 1800

Im Erstdruck steht Nr. 784 vor Nr. 781.

828 *25 Prof. Gentz:* Der Architekt Heinrich von Gentz (1765–1811), der Bruder des berühmten Publizisten, leitete von 1800 bis 1803 den Schloßbau in Weimar, s. zu Nr. 486; G. an H. Gentz, 10. November. – *27 Gores:* s. zu Nr. 698. – *28 zusagen:* Die kleine Gesellschaft speiste bei G. (Grumach V, S. 68). – *29 Melisch:* s. zu Nr. 458; vgl. Mellish an G., 2. Dezember.

782. GOETHE                      WEIMAR, 11. DEZEMBER 1800

828 *37 morgen nach Jena:* s. zu Nr. 775. – *38 Iphigenia von Gluck:* Die Oper ›Iphigenie auf Tauris‹ von Christoph Willibald Gluck (1714–1787) hatte in Weimar am 27. Dezember Premiere. – *39 Repräsentation:* s. zu Nr. 395.
829 *4 zum Säkularfest:* s. zu Nr. 779. – *5 die Schöpfung:* Das Oratorium von Franz Joseph Haydn (1732–1809) wurde am 1. Januar 1801 aufgeführt.

783. SCHILLER                    WEIMAR, 11. DEZEMBER 1800

Im Erstdruck vor Nr. 790.

829 *13 wenig Kompetenz:* wohl eher eine Schutzbehauptung. Zu Sch.s Beschäftigung mit der Oper vgl. K. Burdach: ›Schillers Chordramen und die Geburt des tragischen Stils aus der Musik‹. Halle 1926; P. Michelsen: ›Studien zu Schillers »Räubern«‹, in: JDSG 8 (1964); s. zu Nr. 397. – *22 Kapellmeister Cranz:* Der gebürtige Weimarer J. F. Kranz war seit 1799 Kapellmeister und Direktor der Oper in Weimar, s. zu Nr. 524. – *23 schaffen:* ›verschaffen‹. – *24 Hrn Koadjutor:* Der spätere Mainzer Kurfürst und Fürstprimas des Deutschen Reichs Karl Theodor von Dalberg war seit 1787 Koadjutor von Mainz und Worms, seit 1788 auch von Konstanz, wo er 1800 Bischof wurde, s. zu Nr. 196. – *25 diesen Brief:* Sch.s Brief an Dalberg ist nicht erhalten.

784. SCHILLER                    WEIMAR, 12. DEZEMBER 1800

Zur Reihenfolge im Erstdruck s. zu Nr. 781.

829 *34 Eben schreibt mir Iffland:* Brief vom 4. Dezember. – *36 Flecks:* s. Nr. 780. – *37 schnell zurückschreiben:* Sch.s Antwortbrief ist vom 18. Dezember. – *38 H. Hofkammerrat:* Franz Kirms (s. zu Nr. 200). – *39 glückliche Reise:* s. Nr. 782.

785. GOETHE                      JENA, 16. DEZEMBER 1800

830 *3 durch Kirms:* Kirms an G., 13. Dezember. – *4 Tancred:* s. zu Nr. 754, 755. Die Berliner Erstaufführung von G.s *Tancred* erfolgte erst am 10. März 1801. – *6 zwei Akte:* die Akte III und IV; vgl. G. an Iffland, 16. Dezember. – *8 die Chöre:* s. Nr. 757. – *15 keinen Philosophen noch Phisiker:* s. Nr. 779. – *23 auf den Mai:* Ein neues Gastspiel Ifflands in Weimar kam erst wieder 1810 zustande, s. zu Nr. 159, 450. – *32 Aufführung der Iphigenia:* von Gluck, s. Nr. 782, 783.

786. SCHILLER                WEIMAR, 17. DEZEMBER 1800

831,11 *gespielt sondern:* gespielt werden, sondern; 831,11 *Cho si van tutti:* Cosi fan tutte.

831 *6 Aktweise:* Nach den beiden Akten des *Tancred* vom 16. Dezember folgten Akt II am 18. und I und V am 24. Dezember an Iffland. – *10 Sonnabend:* Am 20. Dezember wurde die Mozartoper gegeben, Glucks Oper erst eine Woche darauf, s. zu Nr. 782. – *13 Konvenienz:* s. zu Nr. 406. – *12 will ich schreiben:* Sch. an Iffland, 18. Dezember. – *15 Delabrement:* frz. ›Zerrüttung‹, ›Verfall‹. – *Graffs:* s. zu Nr. 575, 609. – *16 Vohs Krankheit:* s. zu Nr. 776. – *Wahl mancher Stücke:* Wie aus einem Brief Sch.s an Iffland vom 18. Dezember hervorgeht, war an ›Wallenstein‹, *Mahomet* und Ifflands Stücke ›Der Spieler‹ und ›Der Fremde‹ gedacht. – *17 genieren:* s. zu Nr. 136. – *22 mein Geschäft:* ›Die Jungfrau von Orleans‹. – *26 die poetische Muse ‹...› kommandieren läßt:* vgl. G.s *Faust, Vorspiel auf dem Theater,* Vers 220f. (Bd. 6.1, S. 540f.). Zu unterschiedlichen Auffassungen hinsichtlich der Bewußtheit der literarischen Produktion s. zu Nr. 123, 399; Nr. 756.

787. SCHILLER                WEIMAR, 18. DEZEMBER 1800

Erstdruck in Sch./G.² (1856).

831 *33 Säkularische Festlichkeiten:* s. zu Nr. 779. Neben den Kosten, die der Herzog scheute, scheinen auch Verletzlichkeiten und Intrigen rivalisierender Gruppen am Hof Carl August zur Absage des geplanten Jahrhundertfestes bestimmt zu haben. Vgl. NA 42, S. 303, 634f.; Voigt an G., 13. Dezember; ›Die deutschen Säkulardichtungen an der Wende des 18. und 19. Jahrhunderts‹. Hg. von A. Sauer. Berlin 1901, S. CII; Sch. an Körner, 5. Januar 1801. – *37 Theater-Direktion:* G. und Kirms, s. zu Nr. 387.

832 *1 Ifland oder Fleck:* s. Nr. 784. – *2 Ich selbst schreibe an Ifland:* Sch. an Iffland, 18. Dezember. – *4 Insinuation:* hier: ›Eingabe‹. – *6 unser nach Jena gesandtes Zirkular:* In dem Rundschreiben wurde zu festlichen Veranstaltungen am 31. Dezember in Weimar eingeladen; vgl. Voigt an G., 13. Dezember. – *7 Lodern:* s. zu Nr. 12, Nr. 785. – *8 Circulare wegen der Münze:* Der Weimarer Münz- und Gemmenschneider Facius hatte den Auftrag bekommen, eine Medaille zur Jahrhundertwende anzufertigen, nach dem Entwurf von J. H. Meyer wahrscheinlich, s. zu Nr. 125.

788. GOETHE                    JENA, 22. DEZEMBER 1800

832,19 *in:* im; 832,30 *stickt:* steckt; 833,8 *die Abende mit:* die langen Abende bei und mit.

832 *19 anmutige Heft:* A. W. Schlegels virtuose Satire auf einen bei den Säkular-Intrigen wohl nicht Unbeteiligten unter dem Titel ›Ehrenpforte und Triumphbogen für den Theaterpräsidenten von Kotzebue bei seiner gehofften Rückkehr ins Vaterland‹ (o. O. 1800) war die Quittung für Kotzebues Persiflage ›Der hyperboreische Esel‹ von 1799. Vgl. Fambach IV, S. 540–563; Schlegel an G., 16. Dezember, s. zu Nr. 787. – *23 meinen Rittern: Tancred,* s. zu Nr. 754 und 789. – *25 gegen Iffland nicht engagiert:* s. Nr. 785. – *31 zu Anfang des Jahrs: Tancred* wurde am 31. Januar 1801 in Weimar uraufgeführt.

833 *1 Haarbauer:* der Jenaer Arzt Franz Joseph Harbaur (1776–1824). – *3 Freitag:* 26. Dezember.

789. SCHILLER                    WEIMAR, 24. DEZEMBER 1800

833,31 *Materie:* Materien; 833,36 *Borgsdorf:* Burgsdorf; 834,13 f. *kehren vergnügt zu uns zurück:* kehren recht wohl und vergnügt zurück.

833 *15 Ich erwarte Sie:* G. kehrte am 26. Dezember nach Weimar zurück. – *Ihre Arbeit:* G. schloß seine Übersetzung von Voltaires ›Tancred‹ am 24. Dezember ab (Tgb.). – *16 Besogne:* frz. ›Arbeit‹, ›Geschäft‹. – *18 im dramatischen aller Art:* G. arbeitete 1800 an *Faust, Tancred* und *Mahomet.* – *20 Iphigenia:* Glucks Oper, s. zu Nr. 782, 786. – *36 Borgsdorf:* Wilhelm von Burgsdorff kam auf einer Reise von Paris durch Weimar und Jena und hatte Briefe von Humboldt mitgebracht, s. zu Nr. 250. – *37 unsern Freunden in Paris ⟨...⟩ erst im Mai:* Humboldts kehrten erst im August 1801 nach Deutschland zurück, s. zu Nr. 299, 305. – *40 meine Tragödie:* ›Die Jungfrau von Orleans‹.

834 *4 Das historische ist überwunden:* vgl. Nr. 311, 494, 631, 648, 891. Zum Bezug von Historie und Poesie s. auch zu Nr. 295, 401, 591. – *8 Roman der Mad. Genlis:* Es ist nicht bekannt, welchen Roman der Félicité Ducrest de St. Aubin von Genlis (1746–1830) Sch. gelesen hat. – *10 unserm Hermes:* Johann Timotheus Hermes (1738–1821), Pastor in Breslau, wurde durch sein Werk ›Sophiens Reise von Memel nach Sachsen‹ (Leipzig 1769–75) bekannt. Die darin enthaltene Moralbotschaft deckt sich mit den Anliegen der Madame de Genlis.

790. Goethe　　　　　　　Weimar 30. Dezember 1800

834,27 *inzwischen:* indessen.

834  *20 den Tancred:* einen Vorabdruck von III/4–6; s. Bd. 6.1, S. 929. – *24 philosophisch-artistischen Gesellschaft:* mit Schelling und Meyer, s. Nr. 788.

## 1801

791. GOETHE                          WEIMAR, 29. JANUAR 1801

837 *4 heute Abend:* Wie schon an den vorausgehenden Abenden besuchte Sch. auch heute G. (Tgb.). – *Probe:* zur Uraufführung des *Tancred* am 31. Januar. – *7 Götze:* Johann Georg Paul Goetze (Götze) (1761–1835), 1777–1794 G.s Diener, seit 1794 Konduktuer, 1803 Wegebaukommissar in Jena. – *11 leidlich:* Anfang Januar war G. an einer Gehirnhautentzündung und Gesichtsrose lebensgefährlich erkrankt; vgl. *Tag- und Jahres-Hefte* zu 1801, Bd. 14, S. 63 f. – *die Rolle:* Amenaïde wurde von Manon Caspers gespielt.

792. GOETHE                          WEIMAR, 6. FEBRUAR 1801

Erstdruck in Sch./G.² (1856).

837 *21 durchreisender Schauspieler:* Er ist unbekannt. – *22 Probe:* Am 11. Februar hatte die Oper ›Der Dorfbarbier‹ Premiere, am 9. fand die Zweitaufführung der ›Octavia‹ Kotzebues statt, am 21. die des *Tancred*. – *26 zu mir bringen:* Sch. kam (Tgb.).

793. SCHILLER                        WEIMAR, 9. FEBRUAR 1801

838,2 *Mskrpt vom Faust auf:* Mskrpt auf; 838,3 *Schlafen:* Leben.

838 *1 immer mehr ⟨...⟩ erholen:* zu G.s gerade überstandener schwerer Krankheit s. zu Nr. 791. – *2 Mskrpt vom Faust:* Seit dem 7. Februar wandte sich G. wieder dem *Faust* zu und arbeitete an ihm – mit Unterbrechungen – bis zum 7. April (vgl. Tgb.); z. Zt. wohl gerade an der Walpurgisnacht-Szene von *Faust I*. Vgl. dazu S. Scheibe: ›Zur Entstehungsgeschichte der Walpurgisnacht im Faust I‹. In: S. Scheibe, I. Jensen, W. Hagen, H. Praschek: ›Goethe-Studien‹. Berlin 1965, S. 43–46. Nach dem 7. April ruhte die Arbeit am *Faust* vermutlich fast fünf Jahre lang. – *3 morgen zu sehen:* Es gelang erst am 11. Februar (Tgb.), s. Nr. 794.

794. GOETHE                          WEIMAR, 9. FEBRUAR 1801

838 *9 Sturm:* Sch.s Schüttelfrost und Erkältung, s. Nr. 793. – *14 Motive:* Seit Juli 1800 war Sch. mit der ›Jungfrau von Orleans‹ beschäftigt und dies in regem Austausch mit G. (s. zu Nr. 756). Am Abend zuvor (8. Januar) hatte zwischen beiden eine einge-

hende Unterhaltung über das Theatervorhaben stattgefunden (Tgb.). Bis in die Endphase seiner Arbeit hielt Sch. das Projekt geheim; vgl. NA 42, Nr. 695; Caroline Schlegel an A. W. Schlegel, 27. Februar; Caroline II, S. 50. Selbst Unger wurde während der Vertragsverhandlungen im unklaren gelassen; s. zu Nr. 801.

795. SCHILLER   WEIMAR, 11. FEBRUAR 1801

838,32 *bleiben:* bleiben Sie; 838,35 *kommen wollen, so:* kommen, so.

838 *24 Jungfrau:* Zum erstenmal erwähnt Sch. schriftlich und explizit sein Schauspiel ›Die Jungfrau von Orleans‹ (s. zu Nr. 794). Am Abend des gleichen Tages hört G. die ersten drei Akte. Vgl. Tgb.; Nr. 796. – *30 mich einfinden:* Sch. kam wegen G.s Erkrankung, s. zu Nr. 791 (Tgb.).

796. GOETHE   WEIMAR, 11. FEBRUAR 1801

839 *6 Starke:* s. zu Nr. 191 und 665. Als G.s Befinden sich zusehends verschlechterte (s. zu Nr. 791), ließ Herzog Carl August seinen Leibarzt, den Jenaer Mediziner Stark, nach Weimar kommen. Vgl. dazu Loder an Sch., 12. und 13. Januar. – *7 Operation am Auge:* Die Gesichtsrose hatte beide Augen G.s entzündet. Vgl. Caroline Herder an Knebel, 22. Januar (Düntzer, Zur deutschen Literatur 2, S. 1f.).

797. GOETHE   WEIMAR, 20. FEBRUAR 1801

839 *19 Probe vom Tancred:* s. zu Nr. 788 und Tgb. G. konnte erst die zweite Aufführung am 21. Februar besuchen.

798. SCHILLER   WEIMAR, 26. FEBRUAR 1801

839 *30 Depeschen nach Leipzig und nach Berlin:* In Sch.s ›Calender‹ sind an diesem Tag u. a. zwei Sendungen nach Leipzig vermerkt. Ein Paket an Crusius enthielt wahrscheinlich das Restmanuskript der überarbeiteten ›Geschichte des Abfalls der vereinigten Niederlande‹. Bereits im Herbst 1799 wurde eine Neuausgabe des 1801 zweibändig erschienenen Werkes erwogen. Vgl. Sch. an Crusius, 15. Oktober 1799; Crusius an Sch., 14. Dezember 1799 und 18. Juli 1801; s. zu Nr. 765. Der Brief an Göschen (NA 31, Nr. 12) handelt u. a. über die veränderte Neuauflage des ›Don Karlos‹. Vgl. dazu auch Sch. an Göschen, 15. und 21. Januar und 5. März. Zudem ist für den gleichen Tag eine Manuskriptliefe-

rung an Göpferdt in Jena notiert, die den dritten Teil der ›Kleineren prosaischen Schriften‹ enthielt und von Göpferdt für Crusius gedruckt wurde. Der Band erschien zur Leipziger Ostermesse, s. zu Nr. 765. Der vermutliche Adressat einer möglichen Sendung nach Berlin könnte Unger gewesen sein. Vgl. Sch. an Unger, 5. März; NA 31, S. 213 f. – *35 meine Tragödie:* ›Die Jungfrau von Orleans‹. – *38 morgen ⟨...⟩ zu sehen:* vgl. Tgb., 27. Februar.

## 799. GOETHE           WEIMAR, 28. FEBRUAR 1801

840,4 *gefälligen:* freundlichen.

840 *4 gefälligen Teilnahme an den Propyläen:* s. zu Nr. 437. – *5 angekommnen Weintransports:* vgl. Gebrüder Ramann an G., 27. Februar.

## 800. GOETHE           WEIMAR, 7. MÄRZ 1801

840 *17 Hartmann:* Auf Einladung Meyers traf der Stuttgarter Maler C. F. Hartmann mit einem Empfehlungsschreiben Cottas am 7. März in Weimar ein, zur Dekoration des Schlosses (vgl. Goethe/Cotta I, S. 80). Der Preisträger und Teilnehmer an den Preisaufgaben 1799–1801 übersiedelte 1801 nach Dresden, wo er zu Philipp Otto Runge und Caspar David Friedrich in Kontakt kam; s. zu Nr. 649, 654, 764. – *20 Preisfrage:* Der venezianische Graf Alvise Luigi di Zenobio (1757–1817) hatte während seines Weimarer Aufenthalts im Februar eine kulturgeschichtlich akzentuierte Preisaufgabe angeregt, die Stufen der menschlichen Kultur- und Gesellschaftsentwicklung zum literarischen Thema hatte; vgl. Zenobio an G., 27. Februar. Zur öffentlichen Ausschreibung kam es jedoch nicht, weil man die Problemstellung als zu komplex und die Zusammenstellung einer Jury erst recht als problematisch empfand. Vgl. Zenobio an G., 31. Mai und 26. August 1802; G.s Entwurf an Zenobio (WA IV 16, S. 108 f., 428) und G.s Schema aus dem Nachlaß (WA I 40/2, S. 432); ferner Nr. 801 und 810. Ein Resümee zieht G. in den *Tag- und Jahres-Heften* zu 1804, Bd. 14, S. 127 f. – *23 zwischen dem Philosophen und Historiker:* vgl. Aristoteles, ›Poetik‹, Kap. 9. – *25 Gehalts ⟨...⟩ Stoff:* vgl. Nr. 279. – *31 die Veränderung:* Jena, s. Nr. 801.

## 801. SCHILLER           JENA, 10. MÄRZ 1801

841 *2 Jena:* Vom 5. März bis 1. April hielt sich Sch. in Jena auf. – *3 Preisfrage:* s. zu Nr. 800. Vermutlich war Sch. Ende Februar über Zenobios Projekt informiert worden (G.s Tgb.). – *5–7 ob*

*man die Frage ⟨...⟩ verlegen sollte:* Während Zenobio mit der Preisfrage thematisch die Kulturgeschichte anvisierte (vgl. WA IV 16, S. 428), stimmte Sch. zunächst dem G.schen Konzept eines anthropologisch-psychologischen Rahmens zu. Vgl. jedoch S. 841, Z. 13 ff. – *7 Moles:* lat. ›Last‹, ›Mühe‹. – *8–10 die Geschichte ⟨...⟩ empirisch:* Auch der Historiker Sch. betrachtete die Geschichte aus universalhistorischer Sicht, vgl. ›Was heißt und zu welchem Ende studiert man Universalgeschichte?‹. – *13 Naturstand zur Basis:* Sch. gab gerade zur Leipziger Ostermesse die ›Kleineren prosaischen Schriften‹ in Druck, die unter anderem ›Über die ästhetische Erziehung des Menschen‹ enthielten; s. zu Nr. 798. Im 3. ästhetischen Brief handelt Sch. im Anklang an Rousseau über den »Naturstaat« und den »Naturstand«, über letzteren als »wirklichen« und als einen »in der Idee«. (NA 20, S. 313 ff.). »Natur« im engeren Sinn kann bei Sch. die sinnliche Macht bezeichnen, zu der das personale Ich im Zwiespalt steht; im weiteren Sinn umfaßt der Naturbegriff die sinnliche und moralische Natur des Menschen, die in ihrer Totalität auch zum Richtpunkt für das Streben wird. Vgl. 13., 17.–20. Brief. – *19 in Ihrem nächsten Brief noch bestimmter:* G. äußert sich in der Folgezeit zwar noch öfters zur Problematik der Preisaufgabe, ohne sie jedoch zu präzisieren (s. Nr. 806, 810 und 812). Sch. nimmt brieflich zu den weiteren Überlegungen G.s nicht mehr Stellung. – *21 mit unsern Philosophen darüber ⟨...⟩ konferieren:* Niethammer und Schelling, mit denen Sch. während seines Jenaer Aufenthalts wiederholt zusammentraf. Die zum Wettbewerb eingereichten Aufsätze sollten von einer aus Jenaer Professoren zusammengesetzten Jury bewertet werden. – *24 die Ferien:* Mitte März endete die Vorlesungszeit des Wintersemesters. – *26 Deduktion ⟨...⟩ a priori:* vgl. F. W. J. Schelling: ›Philosophie der Kunst‹. (Schelling SW, 1. Abt., Bd. 5). Darin: I C) ›Konstruktion des Besonderen oder der Form der Kunst‹; II. ›Besonderer Teil der Philosophie der Kunst‹. Schelling hielt vom Wintersemester 1800/01 an Vorlesungen über die Philosophie der Kunst (Schelling, Briefe I, S. 235). Angeregt wurde Sch.s Interesse an Schellings kunstphilosophischem Konzept vermutlich durch die Lektüre des ›Systems des transzendentalen Idealismus‹ (1800). (Vgl. dazu Sch. an Schelling, 1. Mai 1800). Dort findet sich im letzten Abschnitt (IV) eine Deduktion der kunstphilosophischen Hauptsätze Schellings; s. auch zu Nr. 811. – *29 mein eigenes Tun:* Sch. arbeitete gerade am 4. Akt seiner ›Jungfrau von Orleans‹ (s. zu Nr. 795). – *32 Furcht, nicht ⟨...⟩ fertig zu werden:* Gemäß den Absprachen zwischen Sch. und Unger sollte das neue Schauspiel im März fertiggestellt und der Druck im Juni abgeschlossen sein, ohne daß Unger über Titel und Sujet der

Tragödie informiert war! Vgl. Sch. an Unger, 6. und 28. November 1800 und Ungers Antworten vom 14. November und 13. Dezember 1800; s. auch zu Nr. 794. – *34 pathologischen:* s. zu Nr. 386. – *40 Garten:* s. zu Nr. 433.

802. GOETHE   WEIMAR, 11. MÄRZ 1801

842,11 *gegangen:* ergangen; 842,22 *mit:* auch mit; 842,23 *und auch in:* und in; 843,7 *dem:* den.

842 *12 Hartmann:* s. zu Nr. 800. – *16 Kunstgesinnung:* Der in Rom von Carstens und Fernow beeinflußte Maler ließ durchaus eine gewisse Affinität zu den kunsttheoretischen Anschauungen der ›Weimarischen Kunstfreunde‹ erkennen. Vgl. seine Briefe an G., 5. Oktober 1799 und 19. August 1800; an Meyer, 19. August 1800 (vgl. Scheidig, S. 74–78). Während seines Aufenthalts wünschte ihn G. stärker an den eigenen Kreis zu binden. – *17 Sein großes Bild:* ›Äneas reißt sich aus den Armen der Kreusa‹ stammte aus Hartmanns Italienaufenthalt. – *31 Preisfrage:* s. zu Nr. 800, 801.

843 *3 über unsere Kunsturteile:* in den *Propyläen.* In Berlin und in den Kreisen der Romantiker war die darin propagierte klassizistische Kunsttheorie auf heftige Kritik gestoßen. Vgl. Tieck an F. Schlegel, Mitte März (Tieck/Schlegel, S. 58) und F. Schlegel an A. W. Schlegel, 20. Februar. Zur Auseinandersetzung J. G. Schadows mit G. vgl. E. Boehlich: ›Goethes Propyläen‹. Stuttgart 1915, S. 168 f. Auch in Stuttgarter Kunstkreisen wurde laut Hartmann das letzte Stück der Zs. vom November 1800 (*Propyläen* III/2) reserviert aufgenommen. Umstritten waren vor allem G.s Beiträge *Preiserteilung 1800* und *Flüchtige Übersicht über die Kunst in Deutschland,* Meyers ›Rezension der eingegangenen Stücke‹ und Sch.s ›An den Herausgeber der Propyläen‹. – *13 ein Trauerspiel:* Das Manuskript des Trauerspiels ›Ugolino Gherardesca‹ von Casimir Ulrich von Boehlendorff (1775–1825) war G. vom Autor am 18. Februar zugesandt worden. Für Boehlendorff galt Sch.s ›Wallenstein‹ als dramatisches Vorbild (vgl. Boehlendorff an G., 18. Februar). Vier Jahre später folgte G.s Verriß in der ALZ (Bd. 6.2, S. 598–600).

803. SCHILLER   JENA, 13. MÄRZ 1801

843,36 *dies:* das; 844,10 *derselben:* desselben.

843 *23 Hartmann:* s. zu Nr. 800. Zwischen 7. und 15. März war G. viel mit Hartmann zusammen (Tgb.). – *30 KunstKritik in den Propyläen:* s. zu Nr. 802. – *36 im nächsten Fall ⟨...⟩ weiter treiben:* G. hatte schon *Die neue Preisaufgabe auf 1801* in den

*Propyläen* angezeigt, s. zu Nr. 768. Sch. beteiligte sich jedoch in der Folgezeit nicht mehr an der Weimarer Kunstkritik. – *38 specialiter:* lat. ›insbesondere‹. – *40 Von dem Stück:* s. zu Nr. 802.

844 *1 abermals ein Beleg:* Sch. und G. betrachteten zahlreiche literarische Produktionen zeitgenössischer jüngerer Schriftsteller und Schriftstellerinnen als bloße Nachahmungen bedeutender – auch eigener – Werke; vgl. u. a. dazu Sch. an W. von Humboldt, 2. April 1805. – *2 scheinbares:* s. zu Nr. 637. – *4 in specie:* lat. ›in seiner Art‹. – *5 Gerstenbergischen Ugolino:* Die Tragödie ›Ugolino‹ von Heinrich Wilhelm von Gerstenberg (1737–1823) war 1768 anonym erschienen und Sch. vermutlich seit seiner Jugend bekannt (vgl. NA 42, Nr. 12 und 296). – *7 welche Sie vielleicht nicht kennen:* G. kannte das Drama ebenfalls schon lange; vgl. G. an Friederike Oeser, 13. Februar 1769 (WA IV 1, bes. S. 198 f.); an Gerstenberg, 18. Oktober 1773 und Gespräche I, Nr. 143. – *10 die Idee der Tragödie:* s. zu Nr. 613. – *13 mit Ziegesar und andern bei Lodern:* Außer Sch. waren bei Loder noch der Geheime Rat und Kanzler der Regierung in Gotha, August Friedrich Carl Freiherr von Ziegesar (1746–1813), C. W. Hufeland und Griesbach geladen; vgl. Sch. an Charlotte Schiller, 13. März. – *15 Kränzchen:* vermutlich bei Niethammers; vgl. Sch. an Charlotte Schiller, 10. März. – *18 meiner Arbeit:* dem 4. Akt der ›Jungfrau von Orleans‹; s. zu Nr. 801.

804. GOETHE WEIMAR, 14. MÄRZ 1801

844,37 *ihn:* ihm.

844 *29 Hartmanns Aufenthalt:* s. zu Nr. 800. – *32 auf die Kunst ⟨...⟩ eine geheime Gesellschaft:* Geheimgesellschaften spielten im Zeitalter des Absolutismus als indirekte dritte Gewalt und Gewissen der Gesellschaft eine Schlüsselrolle für die Entstehung des Bürgertums im 18. Jahrhundert. G. hatte dem Illuminatenorden angehört und wurde 1782 mit Carl August und Loder zum Meister der Freimaurerloge ›Anna Amalia zu den drei Rosen‹ ernannt, der auch Wieland und Herder angehörten. – *34 höhern Grade:* Die königliche Kunst, Menschen zu ›polieren‹, war nach Graden der Einweihung in das esoterische Maurergeheimnis geregelt.

845 *1 einen etwas widerstrebenden Gegenstand:* die thematische Aufgabe ›Herkules im Hause des Admet‹. Admetos, der um die verstorbene Alkmene trauernde thessalische König, nimmt Herkules gastfreundlich in seinem Hause auf. Zur mythologischen Vorlage vgl. Euripides' ›Alkestis‹ (bes. Verse 476–567). Da man Hartmann mit Arbeiten für die Dekoration des Weimarer Schlos-

ses betrauen wollte, suchte man wohl zunächst seine künstlerischen Entwürfe zu diesem Thema an den Prinzipien der ›Weimarischen Kunstfreunde‹ zu testen. Hartmanns Skizzen enttäuschten. Vgl. Nr. 806 und 808 sowie Scheidig, S. 161–165; (Tafel 11–13 zeigen drei Entwürfe Hartmanns). – *7 akademischen Sozietät:* in der Gesellschaft Niethammers, Schellings, Griesbachs, Loders.

805. SCHILLER     JENA, 16. MÄRZ 1801

845,14 *solange als ich:* solange ich; 845,25 ⟨wieder hervorgezogen⟩: Hs.: zu setzen; von G. für den Erstdruck so korrigiert; 845,30 *Augusti:* A.; 845,30f. *Augusti, ein ⟨...⟩ worden,:* zuerst in Sch./G.² (1856); 845,36 *Feierlichkeiten:* Feierlichkeit; 846,10 *die:* diese; 846,27f. *Die Beilagen ⟨...⟩ zu lassen.:* zuerst in Sch./G.⁴ (1881).

845  *14 über meinen Garten noch disponieren:* Seit seinem Umzug nach Weimar im Dezember 1799 hatte Sch. sein Gartenhaus an G. Hufeland verpachtet. – *15 bis Ostern:* Sch. kehrte schon vor dem Ostersonntag (5. April) nach Weimar zurück, s. zu Nr. 801. – *16 die rohe Anlage des ganzen Stücks:* In Jena schloß Sch. den 4. Akt der ›Jungfrau von Orleans‹ ab und beendete Mitte April das gesamte Schauspiel. – *21 Schlegel mußte disputieren:* Nach seiner Probevorlesung ›Über den Enthusiasmus oder die Schwärmerei‹ am 18. Oktober 1800 war Friedrich Schlegel als Privatdozent der Philosophie in Jena tätig. Der öffentlichen Disputation vor der Fakultät als Abschluß des Habilitationsverfahrens stellte sich Schlegel am 14. März. Vgl. dazu R. Haym: ›Die romantische Schule. Ein Beitrag zur Geschichte des deutschen Geistes‹. Berlin 1928, S. 738–740, sowie J. Körner in: ›Friedrich Schlegel. Neue philosophische Schriften‹. Frankfurt/M. 1935, S. 35–45. – *22 die Herrn Ulrich, Heinrich, Hennings etc:* Johann August Heinrich Ulrich (1746–1813), Professor der Philosophie und Dekan der Philosophischen Fakultät; Christian Gottlieb Heinrich (1748–1810), Professor der Geschichte; J. C. Hennings, Professor für Logik und Metaphysik, s. zu Nr. 39. Die eher konservativen Professoren waren gegen Schlegel voreingenommen. Zu Sch.s Auseinandersetzung mit Heinrich anläßlich der eigenen Berufung nach Jena vgl. auch Sch. an Caroline von Beulwitz und Charlotte von Lengefeld, 10. November 1789. – *23 ihm selbst die Opponenten zu setzen:* Schlegel durfte jedoch zwei selbstgewählte Opponenten benennen: Johann Bernhard Vermehren (1774–1803) und Stefan August Winkelmann (1780–1806). Vgl. R. Haym (a. a. O., S. 739) und J. Körner (S. 38). – *26 einiger Freunde:* u. a. Paulus. – *27 den einen dieser ⟨...⟩ Opponenten:* Johann Friedrich Ernst

Kirsten (1768–1820), Assistent der Philosophischen Fakultät. – *29 Professor Augusti:* Johann Christian (Christoph) Wilhelm A. (1772–1841), Theologe und Orientalist. Er wurde von der Regierung in Gotha zur Besetzung des Jenaer Lehrstuhls für Orientalistik vorgeschlagen, den er dann seit August 1802 innehatte. Über dessen Berufung vgl. Voigt an G., 9. und 12. März und 4. August 1802 sowie GaS 2/II, S. 675–678; 3, S. 306f. – *32 Beleidigungen und Anzüglichkeiten:* zur Disputation vgl. den bei J. Körner (a. a. O., S. 39f.) abgedruckten Bericht des Dekans Ulrich. – *36 relevierte:* (lat./frz.) von ›relevieren‹: ›wieder aufheben‹.

846 *1 als Dozent ⟨...⟩ gesunkenen Kredit:* F. Schlegel war während seiner Vorlesungstätigkeit der Konkurrenz Schellings nicht gewachsen. Vgl. dazu Schelling an Fichte, 31. Oktober 1800 (Schelling, Briefe 2, S. 283). Zur Charakterisierung des eigenen Vorlesungsstils vgl. F. Schlegel an Schleiermacher, 23. Januar (Schleiermacher, S. 256). – *4 Von Mad. Veit ist ein Roman:* Der Roman ›Florentin‹ von Dorothea Veit, geb. Brendel (Veronika) Mendelssohn (1764–1839), erschien im Januar anonym (Lübeck, Leipzig 1801). Die Tochter von Moses Mendelssohn lebte nach ihrer Scheidung mit F. Schlegel zusammen. – *6 Die Gespenster alter Bekannten:* Der Roman zeigt – vor allem in den Nebenfiguren – eine große Nähe zu *Wilhelm Meisters Lehrjahren*, ferner zu Tiecks ›Franz Sternbalds Wanderungen‹. – *10 Dilettanterei:* s. zu Nr. 605. – *13 Die Aufgabe an Hartmann:* s. zu Nr. 804. – *17 refractaire:* frz. ›widerspenstig‹. – *18 vollkommene Selbständigkeit des Gemäldes:* zum Autonomiepostulat s. zu Nr. 354 und 536. – *20 ohne den Schlüssel:* Ohne Kenntnis der mythologischen Vorlage ist der psychologische Gehalt des Motivs nicht leicht zu erschließen. – *23 Fortschritten im Faust:* s. zu Nr. 793. – *die hiesigen Philosophen:* s. zu Nr. 801. – *27 Die Beilagen:* die Briefe an Charlotte Schiller und von Seckendorff, 16. März.

806. GOETHE WEIMAR, 18. MÄRZ 1801

847,11 *wünsche:* wünschte; 847,30 *sind als wie:* sind wie.

846 *33 Florentin:* s. zu Nr. 805. – *40 ein Student freuen:* Der Roman begleitet einen romantischen Vagabunden und dilettierenden Maler auf abenteuerlichen Reisen.

847 *3 eine andere Erscheinung:* Herders Vierteljahresschrift ›Adrastea‹ (griech. ›die Unentrinnbare‹; ursprünglich Beiname der Nemesis). Das erste Stück von insgesamt zehn Stücken erschien am 12. März (Leipzig 1801). Mit dem programmatischen Anspruch auf Wahrheit und Gerechtigkeit versuchten die Adrasteen eine Gesamtdarstellung des 18. Jahrhunderts in Einzelporträts zu lie-

fern. Fast alle Beiträge aus dem 1. Stück stammen von Herder selbst. – *4 vom Himmel:* s. zu Nr. 807. – *20 Keinen ⟨...⟩ Stillstand an Faust:* s. zu Nr. 793. – *22 die Philosophen:* s. zu Nr. 801. Hegel bezeichnete später *Faust* als »die absolute philosophische Tragödie«. (›Ästhetik‹. Hg. von F. Bassenge. Frankurt o. J. Bd. II, S. 574). – *24 Hartmanns erster Entwurf:* s. zu Nr. 800 und 804. – *29 Julian gegen das Christentum:* Der christlich erzogene Flavius Claudius Iulianus, gen. Apostata, wandte sich dem Neuplatonismus zu und suchte als römischer Kaiser die alten heidnischen Kulte und Gesetze zu restituieren; s. zu Nr. 401. – *35 Preisfrage:* s. zu Nr. 800 und 801.

807. SCHILLER                    JENA, 20. MÄRZ 1801

849,1 f. *H⟨errn⟩ D⟨oktor⟩ Gries aus Hamburg:* Herrn *.

848 *3 Die mitgeteilten Novitäten:* Herders ›Adrastea‹ (s. Nr. 806) und Tressans Ritterroman, s. u. – *5 Adrastea:* s. zu Nr. 806. – *9 Tiere mit Flügeln und Klauen:* Das Titelkupfer symbolisiert das Programm der Zeitschrift (vgl. Herders Vorrede in: SW, Bd. 23). Ein Greifenpaar zieht die beiden im Wagen sitzenden Adrasteen vom Himmel zur Erde. Ein Greif richtet seinen Blick nach vorne (in das gerade angebrochene Jahrhundert), der andere zurück (in das vergangene). – *16 Reichsanzeiger:* Der ›Kaiserlich privilegierte Reichs-Anzeiger‹ wurde von R. Z. Becker in Gotha herausgegeben. G. und Sch. kritisierten ihn bereits 1796 in den *Xenien* (Bd. 4.1, S. 806). Vgl. auch Nr. 237 und 279. – *17 dieses erbärmliche Hervorklauben der ⟨...⟩ abgelebten Literatur:* zu Sch.s Kritik an Herder vgl. auch Sch. an Körner, 1. Mai 1797; Körner an Sch., 22. Mai 1801, und Nr. 168, 171. – *20 Aeonis:* dem dramatischen Gedicht ›Aeon und Aeonis. eine Allegorie‹ (in: ›Adrastea‹ I/1, Herder SW, Bd. 28, S. 247–263). – *25 in Nachahmung Ihres Vorbildes:* G.s Palaeophron und Neoterpe, s. zu Nr. 744, 778. – *31 Die Erzählung von Tressan:* Louis-Elisabeth de la Vergne Comte de Tressan (1705–1783), Bearbeiter provençalischer Ritterromane und Ariost'scher Epen. Im vorliegenden Fall ist die posthum von seinem gleichnamigen Sohn angeblich herausgegebene, in Wahrheit verfaßte Erzählung ›Histoire de Robert, surnommé le Brave‹ (1800) gemeint. Vgl. P. Wespy: ›Der Graf Tressan, sein Leben und seine Bearbeitungen der französischen Ritterromane des Mittelalters‹. Diss. Leipzig 1888, S. 47 und 50. Sch. hatte einige dieser Romane schon früher kennengelernt. Vgl. Charlotte II, S. 301 f. Im Dezember erhielt er durch Cotta eine Ausgabe der Werke von Tressan; vgl. Sch. an Cotta, 10. Dezember 1801 und 2. Januar 1802. – *40 Ugolino:* s. zu Nr. 803.

849 *1 D⟨oktor⟩ Gries:* J. D. Gries war mit Boehlendorff befreundet, s. zu Nr. 362. – *6 im Garten:* s. zu Nr. 433, 805. – *8 Arbeit:* ›Die Jungfrau von Orleans‹.

808. GOETHE  WEIMAR, 21. MÄRZ 1801

849,35 *nächsten:* nächstem.

849 *15 die Rittergeschichte:* von Tressan, s. zu Nr. 807. – *19 Hartmann:* s. zu Nr. 800; Nr. 802–806. Vgl. Scheidig, Abb. 11 und 12. – *21 ganz symbolisch ⟨...⟩ natürlich darstellt:* s. hierzu Scheidig, S. 162 ff. – *22 eine Kluft befestigt:* vgl. Lk. 16,26. – *28–30 Prof. Meyer ⟨...⟩ zu machen:* vgl. Scheidig, Abb. 14. – *33 der Herzog:* Carl August kam am 26. März aus Berlin zurück (Tgb.). – *40 Bitterkeit und Trauer:* vgl. *Tag- und Jahres-Hefte* zu 1795 (Bd. 14, S. 45); *Herder* (Bd. 14, S. 567 f.).
850 *5 Faust:* s. zu Nr. 793.

809. SCHILLER  JENA, 24. MÄRZ 1801

850 *14 meine zwei Philosophen:* s. zu Nr. 801. – *16 meinem jungen Vetter:* Friedrich Karl Albert Ludwig von Wurmb (1777–1843) war Charlotte Schillers Vetter. – *17 holländischen französischen Armee:* Holland war 1795 von den Franzosen besetzt und in die Batavische Republik umgewandelt worden. – *21 Mit der Arbeit:* am 4. Akt der ›Jungfrau von Orleans‹, s. zu Nr. 805.

810. GOETHE  WEIMAR, 25. MÄRZ 1801

850 *34 acht Tage nach Roßla:* G. hielt sich vom 25. März bis 15. April auf seinem Freigut auf, s. zu Nr. 440. Vgl. Tgb.; *Tag- und Jahres-Hefte* zu 1801, Bd. 14, S. 67. – *37 Ihr Aufenthalt in Jena:* s. zu Nr. 801.
851 *1 portugiesische Reisebeschreibung:* Heinrich Friedrich Link: ›Bemerkungen auf einer Reise durch Frankreich, Spanien und vorzüglich Portugal‹. 2 Tle. Kiel 1801. – *5 Nachdenken übers Beharrende:* G.s Überlegungen beziehen sich auf Zenobios Preisausschreibung, s. zu Nr. 800. – *7 vier Grundzustände:* Eine Explikation gibt G. im Briefkonzept vom 1. Mai (WA IV 15, Nr. 4391).

811. SCHILLER  JENA, 27. MÄRZ 1801

Gleichzeitig mit dem Erstdruck wurde der Brief ohne den ersten und letzten Abschnitt (851,24–30 *Ich werde ⟨...⟩ Auch* und

853,24–31 *Ich danke ⟨...⟩ Tage*) unter dem falschen Datum »27. Mai 1801« 1829 auch im ›Morgenblatt für gebildete Stände‹, Nr. 268 (9. November) publiziert. 853,23 *können wieder:* können alsdann wieder.

851 *24 Jena nun bald verlassen:* Am 1. April kehrte Sch. nach Weimar zurück, s. zu Nr. 801. – *25 nicht ohne alle Frucht:* dem 4. Akt der ›Jungfrau von Orleans‹. – *30 von der hiesigen Welt:* zu den gesellschaftlichen Begegnungen Sch.s in Jena s. Nr. 801, 803 und Sch. an Charlotte Schiller, 10., 13. und 20. März. – *34 Behauptung s⟨einer⟩ Transzendentalphilosophie:* Schellings ›System des transzendentalen Idealismus‹ (1800) war Sch. schon länger bekannt, s. zu Nr. 801. Zur umstrittenen, hier paraphrasierten These Schellings s. Schelling SW, 1. Abt. Bd. 3, S. 612 ff. – *38 Gegensatz zwischen dem Natur- und dem Kunstprodukt:* In der Natur ist nach Schelling nicht die Produktion zweckmäßig (bewußt), wohl aber das Produkt, s. zu Nr. 402. In der Kunst ist der Produktionsprozeß bewußt, nicht aber das unerschöpfliche Produkt.

852 *1 allzuwenig Notiz von der Erfahrung:* Einer eher deduktiv-philosophischen Verfahrensweise stellt Sch. programmatisch die poetische Erfahrung gegenüber. Zur Problemkonstellation des vorliegenden Briefs vgl. D. Jähnig: ›Schelling: Die Kunst in der Philosophie‹. Bd. 2: ›Die Wahrheitsfunktion der Kunst‹. Pfullingen 1969, S. 167–172, sowie S. Dietzsch: ›Friedrich Wilhelm Joseph Schelling‹. Leipzig, Jena, Berlin 1978, S. 58–66. Zu Sch.s Skepsis gegenüber der idealistischen Philosophie s. zu Nr. 477. Vgl. auch Sch. an Schütz, 22. Januar 1802. – *14 Anspruch auf Notwendigkeit:* Hier, und nicht im vertretenen Zusammenwirken von bewußter und unbewußter Tätigkeit bei der künstlerischen Produktion, legen Sch. und Schelling unterschiedliche Akzente: Notwendigkeit kommt nach Schelling der unbewußt-naturhaften Produktionstätigkeit zu. Sch. hingegen stellt der natürlichen die moralische Notwendigkeit gegenüber und als Synthese beider die höhere, »schönere Notwendigkeit« des ästhetischen Spiels, dem zugleich die generalisierbare Wesenserkenntnis der Objekte eignet. Vgl. ›Über die ästhetische Erziehung‹, 3., 15., 27. Brief; ›Kallias oder Über die Schönheit‹, 28. Februar 1793 (Schiller SW V, S. 429 f.). – *19 Das Bewußtlose mit dem Besonnenen vereinigt:* s. zu Nr. 123, 399. Auch Schelling vertritt die These, daß in der künstlerischen Produktion die unbewußte und die bewußte, freie Tätigkeit zusammenwirken. Er unterstreicht jedoch im Sinn der Romantik die Unendlichkeit des Kunstwerks (ebenda, S. 616–620). – *21 Man hat ⟨...⟩ verwirrt:* Vermutlich ist der Kreis der Frühromantiker gemeint. Der im vorliegenden Brief beschriebene Antagonis-

mus erinnert an die Ausführungen am Ende der Abhandlung ›Über naive und sentimentalische Dichtung‹, wo der ›Idealist‹ dem ›Realisten‹ gegenübergestellt und die Synthese beider gefordert wird (NA 20, S. 500ff.). – *35 das Ganze der Menschheit:* vgl. Nr. 362; ›Über naive und sentimentalische Dichtung‹ (NA 20, S. 437); G., *Der Sammler und die Seinigen*, Bd. 6.2, S. 107. – *37 weit ausgebildete Menschen:* Wahrscheinlich sind die Gebrüder Schlegel gemeint. Vgl. auch Nr. 489 und die von G. überlieferte Äußerung Sch.s im Brief an Zelter vom 20. Oktober 1831 (hier S. 62).

853 *21 auf den Mittwoch:* 1. April.


812. GOETHE                OBERROSSLA, 3. ODER 4. APRIL 1801

*Datierung:* vgl. WA 15, S. 215 und 349.
Im Erstdruck unter dem falschen Datum »6. März 1800« eingeordnet. 854,33 *Muse:* Muße.

854 *1 hiesiger Aufenthalt:* s. zu Nr. 810. – *3 depotentiiert:* (lat.) ›entkräftet‹. – *9 das Genie ⟨...⟩ unbewußt geschehe:* s. zu Nr. 399. – *16 musterhafte Werke:* Seit Lessing und dem Sturm und Drang wird in der Geschichte der Genieästhetik die Auffassung vertreten, daß das Genie der Kunst die Regeln gibt und durch sein Vorbild gültige Muster schafft. Vgl. J. G. Hamann: ›Schriften‹. Hg. von F. Roth, Bd. II (Berlin 1822), S. 430f.; Herder SW V, S. 604; Lessing, 17. Literaturbrief; Hamburgische Dramaturgie 30. und 101.–104. St.; Kant: Kritik der Urteilskraft §§ 46, 49. – *23 ins Reale verliebte Beschränktheit ⟨...⟩ das Absolute verborgen:* zu G.s Selbsteinschätzung als Realist s. zu Nr. 188. Zu seiner Symboldefinition s. Nr. 357, 584. – *26 für lauter Poesie ⟨...⟩ nicht Poesie:* G. zielt auf F. Schlegels Fragmente zur progressiven Universalpoesie (›Athenaeum‹ I/2, S. 204 ff., 247). – *32 neusten Arbeit:* ›Die Jungfrau von Orleans‹. – *33 Muse:* Schreiberversehen für ›Muße‹. – *36 der Disputationsactus:* vgl. das Material zur nicht ausgeführten Disputationsszene in *Faust I*, Paralipomena 14–20, Bd. 6.1, S. 1054–56. – *39 famose Preisfrage:* s. zu Nr. 800.

855 *3 Linkischen Reise:* s. zu Nr. 810. – *über Portugal gelesen und ⟨...⟩ Spanien:* Die von G. aus der Weimarer Bibliothek entliehenen Bücher führt Seidel (III, S. 495f.) auf. – *8 Ritter:* am 3. April (Tgb.); s. zu Nr. 487. – *9 Die neuen Entdeckungen Herschels:* Friedrich Wilhelm Herschel (1738–1822): ›Untersuchungen über die Natur der Sonnenstrahlen‹. Celle 1801. Der hannoveranische Astronom lebte seit 1757 in England. Vgl. G.s ausführliche Stellungnahme im Brief an Ritter vom 7. März (Bd. 10, S. 1274ff.); *Zur Farbenlehre*, Bd. 10, S. 857f., 926f. Herschel entdeckte die infra-

rote Strahlung, Ritter ein Jahr später, am 22. Februar 1801, die ultraviolette, die er G. sogleich vorführte; vgl. G.s Tgb., 23.–25. Februar; Bd. 6.2, S. 1210. – *13 die bonnonischen Leuchtsteine:* phosphoreszierendes Schwefelbarium aus Bologna (›Bononia‹), vgl. ›Versuche mit Leuchtsteinen‹, Bd. 4.2, S. 315–321; *Zur Farbenlehre, Didaktischer Teil* §§ 596, 678 (Bd. 10, S. 183 f., 204). G. an Sömmering, 2. Juli 1792. – *25 dem ich ⟨...⟩ geschrieben habe:* G.s Brief an Meyer ist nicht überliefert.

813. SCHILLER            WEIMAR, 3. APRIL 1801

855 *34 Am Mittwoch:* 1. April. – *habe sehr beklagt:* G. wollte ursprünglich nur acht Tage in Oberroßla bleiben; s. zu Nr. 810. – *37 mein Geschäft:* ›Die Jungfrau von Orleans‹ stellte Sch. am 16. April fertig. – *40 auguriere:* s. zu Nr. 571.

856 *1 er erklärt den Ersten:* den ›Prolog‹ zur ›Jungfrau von Orleans‹; vgl. H. Kraft: ›Über sentimentalische und idyllische Dichtung‹. In: ›Studien zur Goethezeit‹. Hg. von H. Holtzhauer und B. Zeller. Weimar 1968, S. 212. – *3 deseriert:* (lat.) ›im Stich gelassen‹, ›verlassen‹. – *5 Der Schluß des vorletzten Akts:* ›Die Jungfrau von Orleans‹ IV/11, bes. Verse 3016–3029. – *8 Meier hat ⟨...⟩ gemalt:* s. ›Friedrich Schiller. Eine Dokumentation in Bildern‹. Ausgewählt und erläutert von B. Zeller und W. Scheffler. Marbach 1977, S. 234. Vgl. auch Charlotte Schiller an Sch., 7., 18. und 21. März. – *14 meinen Garten:* s. zu Nr. 433, 805.

814. SCHILLER           WEIMAR, 15. APRIL 1801

856 *28 willkommen in Weimar:* s. zu Nr. 810. – *29 nach einer so langen Abwesenheit:* Sch. und G. hatten sich seit Anfang März nicht mehr gesehen. – *31 in der Komödie:* Abends wurde im Weimarer Hoftheater Kotzebues Stück ›Die Versöhnung‹ gegeben, das G. und Sch. jedoch nicht besuchten. – *33 Ich werde heute ⟨...⟩ fertig:* mit ›Die Jungfrau von Orleans‹; vgl. auch den Vermerk in Sch.s ›Calender‹, 16. April. – *37 Niethammer:* Das Ehepaar Niethammer beabsichtigte einen Besuch in Weimar; vgl. Niethammer an Sch., 10. April.

815. GOETHE            WEIMAR, 15. APRIL 1801

857 *5 Epoche:* s. zu Nr. 558. – *10 Brief:* Charlotte Schiller an G., 9. April.

816. SCHILLER  WEIMAR, 18. APRIL 1801

857 *18 das verlangte Werk:* das Manuskript der ›Jungfrau von Orleans‹. – *Entwurf der Rollenbesetzung:* Er ist nicht mehr erhalten. Für die Hauptrolle war Caroline Jagemann vorgesehen, s. zu Nr. 854 und Caroline Schlegel an A. W. Schlegel, 11. Mai (Caroline II, S. 133–137). Dagegen erklärt sich die Hofdame Henriette von Egloffstein (1773–1864) selbst zur Kandidatin der Hauptrolle (vgl. NA 42, Nr. 741). – *21 Nathan:* Sch. widmete sich in der Folgezeit seiner Bühnenbearbeitung von Lessings ›Nathan der Weise‹. Das Stück wurde am 28. November in Weimar uraufgeführt; s. zu Nr. 819. Erst Sch.s Bearbeitung verschaffte dem als Lesedrama abgestempelten »dramatischen Gedicht« Bühnenwirksamkeit; vgl. NA 13, S. 315–320 und S. 406–419 sowie G. Rudloff-Hille: ›Schiller auf der deutschen Bühne seiner Zeit‹. Berlin und Weimar 1969, S. 191–193. – *22 in der Oper:* Im Programm des Hoftheaters standen auf dem Spielplan: das Lustspiel ›Jedem das Seine‹ von Friedrich Rochlitz und die Oper ›Töffel und Dortchen‹ von Nicolas Desaides (1740/45–1792).

817. GOETHE  WEIMAR, 20. APRIL 1801

857 *32 wieder auf Land:* G. hielt sich vom 22. bis 30. April wieder auf seinem Landgut in Oberroßla auf; vgl. zu Nr. 810 und Tgb.

818. GOETHE  OBERROSSLA, 27. APRIL 1801

858,1 f. *gerichtlichen und außergerichtlichen Händeln:* gerichtlichen Händeln.

857 *39 theatralische Ergetzlichkeiten:* s. zu Nr. 819.

858 *1 gerichtlichen 〈...〉 Händeln:* s. zu Nr. 820. – *4 Sonnabends:* 2. Mai. – *5 Nathan:* Sch. arbeitete gerade an einer Bühnenfassung von Lessings ›Nathan der Weise‹; s. zu Nr. 816 und 819. – *die tapfere Jungfrau:* die fertiggestellte ›Jungfrau von Orleans‹, s. zu Nr. 814 und Nr. 819. – *9 rekonvaleszierenden Zustand:* s. zu Nr. 791 und 796.

819. SCHILLER  WEIMAR, 28. APRIL 1801

858,21 *viel:* sehr viel; 858,27 *und:* oder; 859,1 *gaben:* geben; 859,14 f. *bei* 〈...〉 *steht,:* zuerst in Sch./G.² (1856); 859,19 *Erstlich:* Erst.

858 *18 diese musikalische Woche:* Neben zwei Lustspielen kamen in der Woche vom 25. April bis 2. Mai drei Opern

zur Aufführung: Mozarts ›Zauberflöte‹ (25. April) und ›Don Giovanni‹ (2. Mai) sowie Salieris ›Tarare‹ (27. April). – *20 Gern:* Johann Georg G. (1759–1830), Opernsänger und Schauspieler in München und Berlin. Vgl. Beck an Sch., 31. März. Zu Gerns künstlerischer Ausstrahlung s. Zelter an G., 15. (bis 23.) März 1830. – *21 im Sarastro:* Gern hatte in der ›Zauberflöte‹ die Rolle des Sarastro übernommen. – *im Tarare:* Hier trat Gern als König Axur auf. – *22 brusque:* frz. ›grob‹. – *23 Die Tänzer (...) im Intermezzo:* Während der Pausen in Salieris Oper (27. April) trat das am Berliner Nationaltheater engagierte Ehepaar Telle mit Tanz- und Balletteinlagen auf; vgl. auch Kirms an G., 27. April. – *31 Cotta (...) durchgereist:* Unterwegs zur Leipziger Frühjahrsmesse, machte Cotta in Weimar kurze Zwischenstation; vgl. ›Calender‹, 26. April. – *32 auf seiner Rückreise:* Am 16. und 17. Mai hielt sich Cotta wieder in Weimar auf; vgl. Sch. an Cotta, 11. Mai; an Voigt d. Ä., 16. Mai, und G.s Tgb. – *34 Kupferstecher Miller:* Johann Gotthard Müller, bis 1772 ›Miller‹, (1747–1830), Professor an der Stuttgarter Akademie und ab 1798 Leiter einer eigenen Kupferstecherschule. Sch. schätzte den renommierten Meister des Porträtstichs, der auch Graffs Schillergemälde in Kupfer gestochen hatte; vgl. Sch. an Frauenholz, 26. Mai 1794; an Müller, 3. Januar 1802. G. hatte Müller 1797 kennengelernt, s. Nr. 361. – *38 4 Zeichnungen Wächters:* Georg Friedrich Eberhard Wächter (1762–1852), Historienmaler. Im Auftrag Cottas hatte er Zeichnungen für den Erstdruck des ›Wallenstein‹ anfertigen sollen; vgl. Cotta an Sch., 18. Dezember 1799, 27. Januar 1800, und Sch.s Briefe an Cotta, 12. Januar und 5. Februar 1800. Das Projekt wurde ebensowenig realisiert wie der Plan, die Zeichnungen in einer möglichen Gesamtausgabe von Sch.s dramatischen Werken zu drucken (Cotta an Sch., 5. Dezember 1800). Stattdessen finden sich zwei Kupferstiche nach Wächters Zeichnungen im von G. und Wieland herausgegebenen ›Taschenbuch auf das Jahr 1804‹.

859 *2 Meier (...) gesehen:* zu Meyers ›Wallenstein‹-Skizze s. zu Nr. 727. – *5 Der Nathan:* Fertigstellung der Bühnenfassung von Lessings ›Nathan‹ für das Weimarer Theater, s. zu Nr. 816. Die Rollenverteilung übernahm Kirms (vgl. Tgb.). Am 29. Oktober begannen die Theaterproben. Die Premiere fand am 28. November statt. – *6 Ich will (...) zu schaffen haben:* Die kürzliche Rollenverteilung hatte zwischen Sch. und dem Schauspieler J. H. Vohs einen Konflikt ausgelöst. Dieser fand die geplante Rollenübernahme der Daja für seine Frau eine Zumutung. Vgl. Vohs an Sch., 25. April (NA 39 I, Nr. 62 und 63). Zu Sch.s Unmut über die Schauspieler schon während der Proben zur dritten Wiederholung des *Tancred* Anfang April vgl. NA 42, Nr. 739; ferner Sch. an Charlotte Schil-

ler, 13. März (vgl. NA 31, S. 222). – *11–17 Die Jungfrau ⟨...⟩ Recht haben:* Carl Augusts lebhaftes Interesse für die »romantische Tragödie« dokumentierte sich in mehreren Briefen an Caroline von Wolzogen. Anfängliche Vorbehalte, gespeist aus der Rezeption von Voltaires Parodie ›La Pucelle d'Orleans‹, zerstreute die Lektüre von Sch.s »Poem«, von dem der Herzog allerdings fürchtete, es könne als Theaterstück von seiner poetischen Wirkung verlieren (Wolzogen, Literarischer Nachlaß 1, S. 449–454). Noch mehr fürchtete er, sich und seine für die Hauptrolle der Jungfrau vorgesehene Geliebte Caroline Jagemann kompromittiert zu sehen (ebenda, S. 455 f.). – *18 nicht aufs Theater bringen:* Sch.s Entscheidung wurde von Carl August dankbar aufgenommen (vgl. Wolzogen, Literarischer Nachlaß 1, S. 454 f.). Die Uraufführung fand am 11. September in Leipzig statt. Einem kleineren Weimarer Kreis wurden einige Szenen am 26. November vorgestellt; vgl. Böttiger an Rochlitz, 3. Dezember (GJb 18, S. 146); Charlotte Schiller an Fritz von Stein, 2. Januar 1802 (Charlotte I, S. 465), sowie NA 42, Nr. 774–775. Die Premiere am Hoftheater erfolgte erst am 23. April 1803 mit Amalie Malcolmi in der Hauptrolle. – *20 Unger:* vgl. Sch. an Unger, 5. März und 7. April. – *21 Novität zur Herbstmesse:* Unger gestattete Sch. den selbständigen Vorverkauf des Stückes an einzelne Theater; vgl. Unger an Sch., 11. Juli; s. zu Nr. 756. – *22 mich gut bezahlt:* Das von Unger an Sch. vorausbezahlte Honorar betrug insgesamt 100 Carolin; vgl. NA 38 I, Nr. 468 und Ungers Briefe vom 9. und 17. Januar. – *26 mit zwei neuen dramatischen Sujets:* An dieser Stelle sind wahrscheinlich ›Die Braut von Messina‹ und ›Warbeck‹ (oder auch ›Die Gräfin von Flandern‹) gemeint; vgl. Sch. an Körner, 13. Mai und NA 12. – *29 auf den Sonnabend:* 2. Mai. G. kehrte aus Oberroßla schon am 30. April zurück.

820. GOETHE OBERROSSLA, 28. APRIL 1801

860,10 *Da:* Daß; 860,11 *Didaskali:* Didaskalie; 860,21 *mir sonst zuletzt:* mir zuletzt.

859 *37 das ekelhafteste Mein und Dein:* Da die Pächter Johanna Christiane Maria Fischer und ihr Mann Johann Friedrich ein Defizit auf G.s Gut erwirtschaftet hatten, kam es zu einem gerichtlichen Vergleich; s. *Tag- und Jahres-Hefte* zu 1801, Bd. 14, S. 67; G. an Steffany, 26. und 28. April; Schenck an G., 26. April; Steffany an G., 6. Mai; Voigt an G., Anfang März. – *40 Johannis:* 24. Juni. – *Sonnabends:* 2. Mai. G. kehrte schon am 30. April zurück.

860 *9 theatralische Erfahrungen:* s. zu Nr. 819. – *Glauben,*

*Liebe und Hoffnung:* die drei ›theologischen‹ Tugenden. – *11 Didaskali⟨e⟩:* (griech.) ›Unterweisung‹, ›Einübung eines Bühnenstücks‹. – *21 die Anlage:* eine Weidenpflanzung und Parkanlagen; vgl. G. an Henriette von Wolfskeel, 23. April; Bd. 14, S. 67; Tgb. – *23 neue Schöpfungen:* s. zu Nr. 819.

821. GOETHE                                      WEIMAR, 12. MAI 1801

860 *30 heute:* G. sprach mit Sch. über Schellings ›Zeitschrift für spekulative Physik‹ (II/2) und dessen in ihr erschienene ›Darstellung meines Systems der Philosophie‹ (Tgb.). – *die bewußten Versuche:* wahrscheinlich zur *Farbenlehre*, s. zu Nr. 812.

822. GOETHE                                     GÖTTINGEN, 11. JUNI 1801

860 *38 Göttingen:* Auf seiner Reise zur Kur in Pyrmont (13. Juni–17. Juli) machte G. in Göttingen vom 6. bis 12. Juni Zwischenstation. Von Pyrmont zurückkehrend, hielt er sich nochmals dort auf (18. Juli–14. August), bevor er über Kassel, Eisenach und Gotha am 30. August in Weimar eintraf. – *40 merkwürdigsten:* s. zu Nr. 432. – *Anstalten:* G. besuchte die Universitätsbibliothek in Göttingen, die naturwissenschaftlichen und ethnologischen Sammlungen, die Entbindungsanstalt, den botanischen Garten.
861 *1 Professoren:* G. verkehrte in Göttingen u. a. mit den Professoren Heyne, Blumenbach, Pütter, Osiander, Sartorius, Grellmann, mit Privatdozent Kestner, dem Sohn von Charlotte Kestner (geb. Buff). Vgl. Tgb., *Tag- und Jahres-Hefte* zu 1801, Bd. 14, S. 69 f., Nr. 824. – *2 viel Neigung:* Die Göttinger Studenten unter Führung von Achim von Arnim und Clemens Brentano brachten G. ein Vivat; vgl. Grumach V, S. 139–143. – *6 meine Akten:* ein Faszikel mit 118 Blättern *Acta auf der Reise nach Pyrmont 1801*, das G. für die *Tag- und Jahres-Hefte* benutzte; vgl. WA III/3, S. 425 ff. – *7 nach der Schweiz:* vgl. Bd. 4.2, S. 1195; Nr. 359, 366. – *10 wieder herstelle:* G. war noch rekonvaleszent, s. zu Nr. 791 und Nr. 818. – *15 Reisegefährte August:* G.s Sohn (geb. 1789), der Freund von Sch.s ältestem Sohn Carl (geb. 1793), begleitete G. auf seiner Reise, s. zu Nr. 163. – *22 Früchten Ihres Fleißes:* s. zu Nr. 819.

823. SCHILLER                           WEIMAR, 28. ⟨UND 29.⟩ JUNI 1801

861,33 *P⟨yrmont⟩:* P.; 862,31 f. *Er ⟨...⟩ fehlen.:* zuerst in Sch./G.² (1856); 863,3 f. *Es ⟨...⟩ geistlos.:* zuerst in Sch./G.² (1856); 863,26 f. *Menschen also doch:* Menschen doch; 864,2 *wichtigstes:* nichtiges;

die mögliche Lesart »nichtigstes« schließt Volker Wahl nach Einsicht in die Handschrift aus.

861 *32 durch eine Gelegenheit:* Wahrscheinlich nahm der Weimarische Oberforstmeister F. A. Freiherr von Fritsch Sch.s Brief an G. mit nach Pyrmont; vgl. Meyer an G., 26. Juni. – *33 nach P(yrmont):* s. zu Nr. 822. – *38–862 1 Für Cotta ⟨...⟩ vorzutragen hoffe:* Die Gedichte ›An ***‹, ›Voltaires Pücelle und die Jungfrau von Orleans‹ und ›Hero und Leander. Ballade‹ (vgl. Sch. an Cotta, 17. ⟨bis 19.⟩ Juni) erschienen im ›Taschenbuch für Damen auf das Jahr 1802‹. Unter veränderten Titeln wurden sie im 2. Teil der ›Gedichte von Friedrich Schiller‹ (1803) veröffentlicht: ›Der Antritt des neuen Jahrhunderts‹, ›Das Mädchen von Orleans‹ und ›Hero und Leander‹.

862 *1 Das Schauspiel:* Möglicherweise sind ›Die Malteser‹, wahrscheinlich jedoch ›Warbeck‹ gemeint. In Betracht zu ziehen ist auch noch ›Die Gräfin von Flandern‹ (vgl. dazu den ›Calender‹-Eintrag am 4. Juli). G. selbst bleibt darüber im unklaren; s. Nr. 824. – *5–8 mein Entschluß ⟨...⟩ zurückzugehen:* Die beabsichtigte Erholungsreise ins Ostseebad Doberan unterblieb; vgl. dazu Sch. an Seckendorff, 1. August; an Cotta, 21. September. Stattdessen hielten sich Schillers vom 9. August bis 15. September in Körners Loschwitzer Gartenhaus (vgl. Sch. an Körner, 20. und 31. Juli) und in Dresden auf. Über Leipzig kehrte man dann am 20. September nach Weimar zurück. – *9 in Berlin ⟨...⟩ peinliche Tage:* Dort hatten sich A. W. Schlegel und Unger zerstritten. Zudem gab es Probleme bei der Rollenbesetzung der ›Jungfrau von Orleans‹. Vgl. Sch. an A. W. Schlegel, 14. Mai. – *12 Theatervorstellungen:* Sch. hatte Iffland, dem Leiter des Berliner Nationaltheaters, seinen Besuch angekündigt und ihn gebeten, einige Theatervorstellungen zu arrangieren; vgl. Sch. an Iffland, 29. Juni. – *14 die alten Freunde:* Dora Stock und das Ehepaar Körner in Dresden. – *19 Dobberan:* Bad Doberan, ca. 20 km westlich von Rostock. – *23 seit Ihrer Abreise:* G. war am 5. Juni nach Göttingen und Pyrmont abgereist; s. zu Nr. 822. – *24 Badischen Herrschaften:* Mitte Juni besuchte der Erbprinz Carl Ludwig von Baden (1755–1801) mit Familie Weimar. Die Erbprinzessin Amalie Friederike von Baden (1754–1832) war die Schwester von Herzogin Louise. – *25 Frau von Hack:* Caroline Philippina von Haacke, geb. von Rathsamhausen (1754–1830). Die ehemalige Hofdame der badischen Erbprinzessin stand in losem Kontakt zu G. (vgl. WA I 39, S. 465, und RA I, Nr. 1426 und 1465). – *26 in dem Bilde von Buri:* F. Bury hatte zu Beginn des Jahres 1800 zwei Goetheporträts angefertigt; vgl. S. E. Schulte-Strathaus: ›Die Bildnisse Goethes‹.

München 1910, Tafel 82 und 83; Scheidig, Titelbild und S. 131–139. – *27 Knebel:* Das Ehepaar Knebel war seit dem 24. Juni auf Einladung der Herzogin in Weimar bei Herders zu Gast; vgl. Knebel an Caroline Herder, 6., 13. und 19. Juni (Von und an Herder, Bd. 3, S. 194–197). – *30 Rochlitz:* Johann Friedrich R. (1769–1842), Schriftsteller und Musikkritiker. Auf Wunsch G.s (G. an Rochlitz, 3. und 25. Dezember 1800) beteiligte sich Rochlitz an der von Sch. formulierten Preisausschreibung für die beste Intrigenkomödie, s. zu Nr. 778. Er schickte Sch. Teile seines Stücks ›Liebhabereien oder die neue Zauberflöte‹ zu; vgl. Rochlitz an Sch., 27. Juni. Im August erhielt G. das Manuskript des Werks; vgl. Sch. an Rochlitz, 8. Juli. Aber keines der insgesamt 13 eingesandten Lustspiele entsprach den Erwartungen Sch.s und G.s; vgl. Bd. 6.2, S. 1097. – *37 auf den bestimmten Termin:* Einsendeschluß war Mitte September.

863 *5 einen leidlichen Bescheid:* vgl. Sch. an Rochlitz, 8. Juli und Nr. 827. – *6 die Aufgabe eines Intriguenstücks:* vgl. Sch.s Unterscheidung zwischen Intrigenstück und Charakterkomödie in der ›Dramatischen Preisaufgabe‹ (Bd. 6.2, S. 438) und in den Briefen an Körner, 13. Mai, und Rochlitz, 8. Juli. – *11 Daß 〈...〉 versprechen:* Das Versprechen einer Aufführung in Weimar blieb uneingelöst; Sch. an Rochlitz, 8. Juli und 16. November. Am 17. Dezember wurde Rochlitz von G. vertröstet. Nachdem G.s programmatischer Aufsatz *Weimarisches Hoftheater* am 3. März 1802 im ›Journal des Luxus und der Moden‹ (vgl. Bd. 6.2, S. 692 ff.) erschienen war, begrub Rochlitz die letzten Hoffnungen auf eine mögliche Aufführung in Weimar; vgl. Rochlitz an G., März 1802. – *15 Seckendorf:* Franz Karl Leopold Freiherr von Seckendorff-Aberdar wurde im April Württembergischer Legationsrat am Reichstag in Regensburg; s. zu Nr. 744. – *17 Eugen:* Wilhelm E. (1775–1829?), Schauspieler in Regensburg und Salzburg. Zu einem Engagement Eugens in Weimar kam es nicht. – *18 die Buffons:* (frz.) ›Possenreißer‹, ›komische Personen‹. – *21 Kordeman und Heide:* Friedrich Cordemann (1769–1808), von 1798–1805 Schauspieler in Weimar. Zu Haide s. zu Nr. 520, 697. – *29 mit den Propyläen:* Die *Propyläen* fanden keinen Markt, s. zu Nr. 454, 622. Vom letzten Stück der Zeitschrift, das im November 1800 erschienen war, wurden nur 510 Exemplare verkauft. Vgl. Goethe/Cotta I, S. 77. – *31 wenn Sie 〈...〉 Verzicht täten:* Wegen des finanziellen Mißerfolgs hatten G. und Cotta sich für die letzten beiden Stücke der *Propyläen* auf die Hälfte des ursprünglich vereinbarten Honorars geeinigt; vgl. G. an Cotta, 16. September 1800; Cotta an G., 9. Dezember 1800 und 22. Juni 1802. – *34 Lit〈eratur〉 Zeitung:* ›Allgemeine Literatur-Zeitung‹, s. zu Nr. 9. –

*36 Sie würden ⟨...⟩ ausbedingen:* G. dachte bereits an eine neue, vierteljährlich erscheinende Kunstzeitschrift (›Weimarische Kunstausstellung‹); vgl. ⟨*Entwurf einer Ausstellungsschrift*⟩, Bd. 6.2, S. 438 f. und 1097. Da sich aber dieses Vorhaben zerschlug, wurden seine Rezensionen 1802 und 1803 in der ALZ veröffentlicht. Die 1804 gegründete ›Jenaische Allgemeine Literatur-Zeitung‹ stellte für G. in der Folgezeit das wichtigste Publikationsforum dar.

864 *5 Zusammenkunft mit Ihnen:* Meyer traf G. am 15. August in Kassel. Vermutlich erst gegen Ende des Jahres beschäftigte sich G. stärker mit der Zukunft der *Propyläen;* vgl. WA III/3, S. 40–43. – *10 Schwägerin:* Caroline von Wolzogen. – *von Karln an Augusten:* s. zu Nr. 822.

824. GOETHE    PYRMONT, 7. ODER 8. UND 12. JULI 1801

*Datierung:* Der Brief bis 866,3 muß unmittelbar vor der Ankunft des Herzogs in Pyrmont am 9. Juli geschrieben sein; vgl. 865,31. 865,10 *hierinne:* hierin.

864 *20 die Kur:* s. zu Nr. 822. – *23 Schütz:* Johann Gottfried S. (1769–1848). – *24 Griesbach:* s. zu Nr. 401; vgl. *Tag- und Jahres-Hefte* zu 1801, Bd. 14, S. 71. – *26 seinen Geschwistern:* neben Frau Griesbach auch C. G. Schütz, der Herausgeber der ALZ. – *31 immer mehr für mich:* s. zu Nr. 639. – *40 Engagement:* frz. ›Verpflichtung‹.

865 *8 untergeschobenen Prinzen:* ›Warbeck‹. – *11 Totalität des Pyrmonter Zustandes:* vgl. *Tag- und Jahres-Hefte* zu 1801, Bd. 14, S. 71–75; Tgb. (WA III/3, S. 22–26; Grumach V, S. 144–150). – *13 an Göttingen fehlt:* Ausführlich über den vierwöchigen Göttinger Aufenthalt zwischen 18. Juli und 14. August auf der Rückreise von Bad Pyrmont berichtet G. in *Tag- und Jahres-Hefte* zu 1801, S. 75–79; Grumach V, S. 151–159. – *Kassel:* ebenda, S. 79 f., Grumach V, S. 159–161. – *17 Meine Akten:* s. zu Nr. 822. – *20 Theater:* vgl. Bd. 14, S. 73. – *21 perfektibel:* s. zu Nr. 413. – *23–25 Naturalismus ⟨...⟩ Manierierten:* vgl. ⟨*Über den Dilettantismus*⟩, Bd. 6.2, S. 172 f.; *Weimarisches Hoftheater,* Bd. 6.2, S. 693; ⟨*Regeln für Schauspieler*⟩, Bd. 6.2, S. 703, 706. – *31–33 Der Herzog ⟨...⟩ zurück zu gehen:* Carl August traf am 9. Juli ein, G. reiste am 17. Juli ab (Tgb.). – *33 Blumenbachs:* s. zu Nr. 225, 226, 822. – *36 Hoffmann:* Georg Franz H. (1760–1826), Professor der Botanik in Göttingen. – *Cryptogamischen Gewächsen:* Sporenpflanzen. – *39 Farbenlehre:* vgl. *Tag- und Jahres-Hefte* zu 1801, Bd. 14, S. 75–78.

866 *9 Weile ⟨...⟩ länger:* Wortspiel mit ›Langeweile‹.

825. GOETHE  WEIMAR, 18. OKTOBER 1801

866,32 *beisammen:* zusammen; 866,35 *Paar Lustspiele:* paar Lustspiel. Die Reihenfolge der Briefe im Erstdruck: 824, 827, 830, 831, 825, 826, 828, 829.

866 *31 Parforcejagd:* Am 20. Oktober begann G. nach Schemavorarbeiten mit der Ausarbeitung der *Natürlichen Tochter,* deren 1. Akt Jagdszenen im dichten Wald zeigt; s. Bd. 6.1, S. 241 ff. – *33 nach Jena:* Vom 18. bis 22. Oktober hielt sich G. in Jena auf; vgl. Tgb.

826. GOETHE  WEIMAR, 10. NOVEMBER 1801

Zum Erstdruck s. zu Nr. 825.

867 *3 meine Ankunft:* G. hatte sich seit dem 31. Oktober wieder in Jena aufgehalten. – *4 Glückwunsch:* zum 42. Geburtstag Sch.s – *6 morgen:* Mittwoch, den 11. November. – *7 zur bekannten freundschaftlichen Zusammenkunft:* zum sog. ›Mittwochskränzchen‹, einem geselligen »Cour d'amour« von sieben Paaren der Weimarer Gesellschaft – die Ehepaare Schiller, Wolzogen, Egloffstein gehörten neben J. H. Meyer dazu. Man traf sich vierzehntägig bei G. Die Herren sorgten für Wein, die Damen für Speisen, G. und Sch. für gesellige Lieder; s. *Tag- und Jahres-Hefte* zu 1802, Bd. 14, S. 88 f. und 646; Bd. 6.1, S. 867 f., 893; Sch. an Körner, 16. November; Grumach V, S. 185–188; H. Düntzer: ›Die Stiftung von G.s Mittwochskränzchen‹. In: GJb 5 (1884).

827. SCHILLER  WEIMAR, 10. NOVEMBER 1801

Zum Erstdruck s. zu Nr. 825. 867,18–21 *Ich ⟨...⟩ zurück.:* zuerst in Sch./G.² (1856).

867 *16 daß die Musen ⟨...⟩ gewesen:* Anspielung Sch.s auf den eigenen Jenaer März-Aufenthalt mit der Arbeit an der ›Jungfrau von Orleans‹; s. zu Nr. 805. – *18–21 Ich erhielt ⟨...⟩ Mskrpt zurück:* Rochlitz' ›Liebhabereien oder die neue Zauberflöte‹, s. zu Nr. 823.

828. GOETHE  WEIMAR, 27. NOVEMBER 1801

Zum Erstdruck s. zu Nr. 825.

867 *29 wieder einmal sähen:* Am 21. November waren G. und Sch. zuletzt zusammen gewesen. – *30 heute Abend:* Sch. kam (G.s Tgb.).

## 829. GOETHE      WEIMAR, 15. DEZEMBER 1801

Zum Erstdruck s. zu Nr. 825. 868,6 *etwa:* ungefähr.

868 *3 wie es ⟨...⟩ steht:* Sch.s Frau und die drei Kinder waren an Bronchitis und Masern erkrankt; vgl. Sch. an Körner, 10. Dezember; an Stark, 12., 13. und 15. Dezember. – *4 den Aufsatz über die Kunstausstellung: Weimarische Kunstausstellung vom Jahre 1801 und Preisaufgaben für das Jahr 1802,* Bd. 6.2, S. 441–490, 1099–1103. – *14 Langers Lucretia:* vgl. *Tod der Lucretia, von Herrn Langer, Sohn, aus Düsseldorf,* ebenda, S. 481–484, 1101; Scheidig, S. 205. Joseph Robert Langer (1782/83–1846) war der Sohn von J. P. Langer, s. zu Nr. 304. – *16 das allgemeine Übel:* In Weimar grassierten die Masern.

## 830. SCHILLER      WEIMAR, 17. DEZEMBER 1801

*Datierung:* s. NA 31, S. 367.
Zum Erstdruck s. zu Nr. 825.

868 *26 Zufälle:* s. zu Nr. 299. – *30 August ⟨...⟩ Carl:* zur Freundschaft der Knaben s. zu Nr. 163. – *34 wieder zu sehen:* lt. Tgb. war das letzte Treffen am 29. November.

## 831. SCHILLER      WEIMAR, 18. DEZEMBER 1801

*Datierung:* s. NA 31, S. 369.
Zum Erstdruck s. zu Nr. 825. 869,4 *oder:* und.

869 *3 das Mskrpt:* s. Nr. 829. – *5 Weglassung:* s. Nr. 829. – *gestern:* während der Spazierfahrt am 17. Dezember; vgl. Nr. 830 und Tgb. – *9–11 da der Aufsatz ⟨...⟩ adressiert wird:* Die Rezension erschien nicht mehr, wie in den Jahren zuvor, in den *Propyläen,* sondern in der ALZ (Extra-Beilage zum 1. Januar 1802, S. III–XXVIII). – *14 in der Komödie:* Im Theater wurde ›Wallensteins Tod‹ gegeben.

## 832. GOETHE      WEIMAR, 30. ODER 31. DEZEMBER 1801

*Datierung:* Am 31. Dezember fand die Sylvesterfeier des ›Mittwochskränzchens‹ bei G. statt. (Grumach V, S. 212). Am 28. ging es Sch. seinem Brief an Körner zufolge noch leidlich. Am 29./30. erfolgte ein kurzer, heftiger Fieber- und Cholera-Anfall mit Krämpfen und Schwächezuständen; s. Nr. 833. G.s Wunsch deutet eher auf den 31. Dezember hin.
Erstdruck in Sch./G.[4] (1881).

869 *21 kleinen Feste:* der Sylvesterfeier des ›Mittwochskränzchens‹, s. zu Nr. 826; vgl. Amalie von Imhoff an G., 28. Dezember, und G.s Gedicht *Zum neuen Jahr,* Bd. 6.1, S. 52f., 894. – *24 völlig genesen:* Eine Besserung trat an Neujahr ein, s. Nr. 833 und Sch. an Körner, 3. Januar 1802.

# 1802

### 833. Schiller                                              Weimar, 1. Januar 1802

Erstdruck in *Über Kunst und Altertum* 5/1 (1824). Danach in Sch./G.¹ (1829).

873 *11 der morgenden Vorstellung:* die Uraufführung von A. W. Schlegels ›Ion‹, einer modernen Adaption der Euripideischen Tragödie. Das Schauspiel wurde nach der Premiere besonders von Herder, Böttiger, Knebel und Wieland kritisiert und provozierte – vor allem durch G.s Beschlagnahmung von Böttigers Kritik – eine scharfe Auseinandersetzung mit der Fraktion Kotzebues. Vgl. *Weimarisches Hoftheater*, Bd. 6.2, S. 695–699; *Tag- und Jahres-Hefte* zu 1802, Bd. 14, S. 85 f., 645 f.; Fambach IV, S. 564–621; Grumach V, S. 216–224; Gespräche I, S. 825–831, 837–841; s. zu Nr. 850; Bode II, S. 198–219. – *12 den Euripides:* vermutlich die von J. Barnes und S. Musgrave edierte griech./lat. Ausgabe ›Euripidis Tragoediae et Epistolae 〈...〉‹. Lipsiae 1778–1788.

### 834. Goethe                                              Weimar, 1. Januar 1802

Erstdruck in *Über Kunst und Altertum* 5/2 (1825). Hier wie in Sch./G.¹ (1829) datiert vom 11. Januar.

873 *23 gestern sehr vermißt:* s. zu Nr. 832. – *26 morgen der Vorstellung:* s. zu Nr. 833. – *28 den verlangten Teil des Euripides:* wohl den 2. Band der Edition von Barnes und Musgrave, der den ›Ion‹ enthält. – *30 die Vergleichung:* s. *Weimarisches Hoftheater*, Bd. 6.2, S. 699. – *35 Umrisse der Preisstücke:* die in der Kunstausstellung von 1801 mit Preisen ausgezeichneten Werke von Nahl und Hoffmann, vgl. Bd. 6.2, S. 454–462, 480 f.; s. zu Nr. 829.

### 835. Goethe                                           Weimar, 16. Januar 1802

Erstdruck wie Nr. 834.

874 *3 Aufsatz über die Kunstausstellung:* s. zu Nr. 829. G. hatte von Bertuch Exemplare des Publikationsorgans – der ALZ-Beilage – erhalten. Vgl. G. an Bertuch, 16. Januar. – *5 nach der Komödie mit mir nach Hause:* Nach der Vorstellung von *Tancred* kam Sch. zu Tisch, vgl. Tgb. – *7 vor meiner Abreise:* G. hielt sich vom 17. bis 28. Januar in Jena auf, s. Nr. 836.

836. GOETHE                              WEIMAR. 19. JANUAR 1802

Erstdruck wie Nr. 834. 874,19 *einen:* einem: 874,25 f. *erstaunt:* erstaunlich; 874,30 *sie:* Sie; 874,40 *Literarwesens:* Literaturwesens; 875,10 *mit:* bei. Die drei letzten Korrekturen übernommen in Sch./G.¹ (1829).

874  *16 in Knebels alter Stube:* im Jenaer Schloß, s. zu Nr. 398. – *24 Schnurre über das Weimarische Theater:* Weimarisches Hoftheater (vgl. Tgb., 18. Januar); s. zu Nr. 823. – *29 gräcisierenden Schauspiels: Iphigenie auf Tauris,* in der Textfassung der Göschen-Ausgabe ›Goethes Schriften‹, Bd. 3 (1787). Nur in der Prosafassung war das Stück in einer Liebhaberaufführung (mit G. als Orest) 1779 aufgeführt worden. Sch.s seit 1800 ins Auge gefaßte Bearbeitung der Jambenfassung wurde am 15. Mai in Weimar uraufgeführt; s. zu Nr. 706 und 864; Nr. 712, 717, 718. – *31 ganz verteufelt human:* Bei aller Bewunderung für G.s Entwurf gelingender Menschlichkeit befürchtete Sch. von der Akzentuierung sittlicher Bildungswerte in der Tat eine Beeinträchtigung der dramatischen Wirkung. Vgl. Nr. 706, 839; Sch. an Körner, 21. Januar. Ferner Sch.s 1789 entstandene Rezension ›Über die Iphigenie auf Tauris‹ (NA 22, S. 211–238). – *36 Bibliothekswesen:* zur Büttnerischen Bibliothek s. Nr. 209. Die Neuordnung der Bestände des am 8. Oktober 1801 verstorbenen Hofrats, dessen 30 000–40 000 Bände in den Besitz von Carl August übergegangen waren, zwang G. bis in den Mai hinein zu langen Jena-Aufenthalten. Vgl. *Tag- und Jahres-Hefte* zu 1802, Bd. 14, S. 91 f., sowie die Korrespondenz zwischen G. und Voigt vom 19. Januar bis 11. Mai. – *37 Idee eines virtualen Katalogs:* s. zu Nr. 387. Die Katalogisierung benötigte mehrere Jahre.

875  *4 Sonntags:* 17. Januar. – *5 Lodern:* s. zu Nr. 12.

837. SCHILLER                              WEIMAR, 20. JANUAR 1802

Erstdruck wie Nr. 833. 875,25 *über den Erfolg etwas:* etwas über den Erfolg (Sch./G.¹); 876,8 *auf bildende Künste:* auf die bildende Kunst (Sch./G.¹); 876,21 *Sie:* sie (Erstdruck); Nr. 876,23 *möchten:* mögen (Erstdruck).

875  *20 Iphigenia: Iphigenie auf Tauris,* s. zu Nr. 836. – *25 Nächsten Sonnabend:* 23. Januar; s. Nr. 839. – *27 Schütz:* vgl. Schütz an Sch., 17. Januar; Sch. an Schütz, 22. Januar. – *27 Rezension meiner J(ungfrau):* Die anonym veröffentlichte Rezension stammte vom Leipziger Juristen, Schriftsteller und Privatgelehrten Johann August Apel (1771–1816). Sie war in der ALZ (Nr. 14–16) erschienen. Vgl. Fambach II, S. 426–483. – *29 die*

*der Maria:* Die Rezension der ›Maria Stuart‹ von Johann Friedrich Ferdinand Delbrück (1772–1848) war ebenfalls anonym in der ALZ publiziert worden (Nr. 1 und 2); vgl. Braun, Schiller I/3, S. 173–192. – *31 Schellingische Kunstphilosophie:* vgl. Nr. 801, 811; Sch. an Schütz, 22. Januar; Caroline an A. W. Schlegel, 18. Januar (Caroline II, S. 274 ff.). – *33 Transzendentalen:* s. zu Nr. 402.

876 *4 die Philosophie und die Kunst:* zu Sch.s Abkehr von einer spekulativen Ästhetik s. zu Nr. 477; Sch. an Schütz, 22. Januar. – *6 Organon:* griech. ›Werkzeug‹. Als philosophischer Terminus: ›Grundwissenschaft‹, ›Systematik‹. Denkbar wäre hier auch der Kontextbezug auf Schellings ›System des transzendentalen Idealismus‹, S. 627 (s. zu Nr. 811). – *7 Propyläen:* s. zu Nr. 823. – *14 Die Turandot:* Als Vorlage seiner jambischen Bearbeitung der Gozzischen ›Turandot, fiaba chinese teatrale tragicomica‹ (1762) vom Jahresende 1801 für die Premiere am 30. Januar 1802 diente Sch. die Prosaübertragung von F. A. C. Werthes ›Turandot. Ein chinesisches tragikomisches Märchen für die Schaubühne, in fünf Akten‹; s. zu Nr. 356; NA 14, S. 276–285. – *Dienstag:* Am 26. Januar fand die erste Theaterprobe statt. – *18 Detouches:* Franz Seraph Destouches (1772–1844), ab 1799 Konzertmeister am Hoftheater. Er schrieb u. a. die Bühnenmusik zu ›Die Braut vom Messina‹, ›Die Jungfrau von Orleans‹ und ›Wilhelm Tell‹.

838. GOETHE                                JENA, 22. JANUAR 1802

Erstdruck wie Nr. 834. 876,36 *äußerst merkwürdig die mannigfaltigen:* merkwürdig die äußerst mannigfaltigen; 876,37 *einfacher:* äußerst einfacher; 877,5 *Wirrzopf:* Wirrkopf; 877,6 f, *wo ich die Sachen herum stecke:* wo die Sachen herumstecken. Die selben Korrekturen in Sch./G.¹ (1829).

876 *29 die Beilage:* ›Gita-Govinda oder Die Gesänge Jajadevas, eines altindischen Dichters. ⟨...⟩ mit Erläuterungen von F. J. H. von Dalberg‹. Erfurt 1802. – *31 Jones ⟨...⟩ Dalberg:* Die vom europäischen Wegbereiter der Orientalistik Sir William Jones (1746–1794) ins Englische übertragene sanskritische Dichtung Dschajadewas war von Johann Friedrich Hugo von Dalberg (1752–1812) ins Deutsche übersetzt worden, s. zu Nr. 846. – *39 Donnerstag:* 28. Januar. Am Tag der Hauptprobe von ›Turandot‹ kehrte G. nach Weimar zurück, s. zu Nr. 835.

877 *2 Büttnerischen Nachlasses:* s. zu Nr. 836. – *3 dem neuen Kommandanten Platz zu machen:* F. L. A. von Hendrich, seit 1802 Kommandant von Jena und Oberst, sollte auf Geheiß von Carl August das ehemalige Büttnersche Quartier im Schloß bezie-

hen; vgl. G. an Voigt, 21. Januar; s. zu Nr. 245. – *9 Demenagement:* frz. ›Umzug‹. – *13 Die Philosophen:* Niethammer und Schelling.

839. SCHILLER                                    WEIMAR, 22. JANUAR 1802

Erstdruck wie Nr. 833. 879,5 *mochte:* möchte (im Erstdruck, nicht in Sch./G.¹).

877 *21 Mskrpt:* der *Iphigenie auf Tauris,* s. zu Nr. 836. – *26 daß ‹...› wegbleiben:* Sofern das Berliner Dirigierbuch Rückschlüsse auf Sch.s Bühnenbearbeitung erlaubt, tilgte er 360 Verse; vgl. Borcherdt in NA 14, S. 334ff. – *30 zu reflektierend:* vgl. Sch. an Körner, 21. Januar; Sch.s Rezension ›Über die Iphigenie auf Tauris‹ (NA 22. S. 211f., 231); Nr. 395. – *39 in der Handlung selbst zuviel moralische Kasuistik:* s. zu Nr. 836. Zu Sch.s Übereinstimmung mit Aristoteles' Handlungsbewertung s. Nr. 311. G. selbst definierte in der Entstehungszeit der Versfassung das Drama als »rastlose Handlung«; G. an Kayser, 23. Januar 1786.

878 *7 ohne Furien ist kein Orest:* Sch. hätte am liebsten wie in Glucks Oper die Furien auf der Bühne gehabt; vgl. E. Genast: ›Aus dem Tagebuche eines alten Schauspielers‹. 1. Tl. Leipzig 1862, S. 127f. G. hingegen hatte die Heilung des Muttermörders bewußt ›ungriechisch‹ nach innen verlagert, in den therapeutischen Nachvollzug des Schrecklichen. – *11 alten und neuen Trauerspiels:* vgl. Sch. an Körner, 21. Januar; Sch.s ›Iphigenie‹-Rezension (NA 22, S. 211 f., 233). – *14 Ökonomie:* s. zu Nr. 242. – *29 ad extra:* lat. ›nach außen‹. Hier: ein die äußere Handlung beeinflussendes dramatisches Motiv.

879 *4 etwas Stoffartiges:* das Interesse an Inhalt, Fabel und Mythos. Bei Sch. auch das Gefesseltsein von Spektakulärem oder sentimentale Gerührtheit; vgl. Nr. 253, 873; Sch. an Körner, 5. Oktober 1801. – *9 alles vorhergegangene:* Vermutlich dachte Sch. an Einsiedels Terenz-Bearbeitung (vgl. Sch. an Göschen, 29. Oktober 1801), A. W. Schlegels ›Ion‹ (s. zu Nr. 833) und die eigene Bühnenfassung von Lessings ›Nathan der Weise‹ (s. zu Nr. 816 und 819). – *10 Bei unsrer Kennerwelt:* Vor allem Böttiger und Herder hatten die Diskrepanzen zwischen A. W. Schlegels ›Ion‹ und seiner antiken Vorlage kritisiert, s. zu Nr. 833. – *16 verfestete Produkt:* Unter Anspielung auf Nr. 85, 331 ist hier die *Iphigenie* gemeint. G. wehrte jedoch ab und überließ Sch. die Inszenierung, s. Nr. 853 und 854.

840. SCHILLER                    WEIMAR, 2. FEBRUAR 1802

Erstdruck wie Nr. 833. 879,22 *Weimar, 2. Februar 1802:* den 1sten Febr. 1802 (im Erstdruck und in Sch./G.¹).

879 *26 zwei Rätsel:* Anläßlich der zweiten ›Turandot‹-Aufführung in Weimar am 3. Februar (vgl. auch Nr. 837) hatte Sch. die Rätsel ›Der Regenbogen‹ und ›Der Blitz‹ gedichtet (NA 14, S. 141f. und 327f.); s. zu Nr. 837. – *28 gegen die alten:* Die an Iffland übersandte ›Turandot‹-Abschrift (vgl. Sch. an Iffland, 21. November) enthielt die drei ältesten Rätsel der Turandot (›Turandot‹ II/4): ›Das Jahr‹, ›Das Auge‹ und ›Der Pflug‹. Zu den Weimarer Aufführungen wurden die Rätsel stets ausgewechselt. Insgesamt entstanden bis 1804 vierzehn Rätsel von Sch. und eins von G.; s. NA 14, S. 139–146. – *30 Das Ihrige: Rätsel,* Bd. 6.1, S. 55. – *34 die nötigen Worte für Calaf:* Sch.s Antwort für den Prinzen Kalef, s. Bd. 6.1, S. 895.

841. GOETHE                      WEIMAR, 2. FEBRUAR 1802

Erstdruck wie Nr. 834. 880,4 *des:* das des (Erstdruck); 880,21f. *Ich bemerke ⟨...⟩ hat.:* zuerst in Sch./G.²; 880,8 *Regenbogen* und 880,11 *Blitz* von G. eigenhändig in die Textlücken der Schreiber-Hs. nachgetragen.

880 *7 Meo voto:* s. zu Nr. 418. – *17 nach Jena:* G. hielt sich vom 8. bis 21. Februar in Jena auf. – *21 August:* G.s Sohn.

842. SCHILLER                    WEIMAR, 11. FEBRUAR 1802

Erstdruck wie Nr. 833. 880,30 *dieser:* der (Erstdruck); 880,34–881,9 *Die Anzeige ⟨...⟩ besser.:* zuerst in Sch./G.² (1856); 881,23–28 *Ich ⟨...⟩ zuzuwenden.:* zuerst in Sch./G.²; 881,31 *Leben ⟨...⟩ wohl:* zuerst in Sch./G.¹ (1829).

880 *27 Ankauf des Hauses:* Sch. hatte den Entschluß gefaßt, den Besitz von Mellish zu erwerben, um sich endgültig in Weimar niederzulassen; vgl. dazu u. a. Sch. an Cotta, 5. Februar, und an Göschen, 10. Februar. Ende April erfolgte der Umzug in das neue Haus auf der Esplanade, das heutige ›Schillerhaus‹; s. Nr. 859. Am 5. Mai erhielt Sch. den Lehensbrief von Herzog Carl August. – *29 nicht wohlfeil:* Der Kaufpreis betrug 4200 Reichstaler. – *32 Jenaischen Besitz:* Gartenhaus und Garten in Jena, s. zu Nr. 275, 299, 433. – *33 Goetzen:* Paul Götze, seit 1794 in Jena als Baukondukteur tätig; s. zu Nr. 791. – *34 Anzeige ⟨...⟩ Wochenblatt:* ›Jenaische Wöchentliche Anzeigen‹, Nr. 13 (17. Februar 1802). – *38–40 Ich möchte ⟨...⟩ etwas gewinnen:* Sch.s Hoffnungen auf

gewinnträchtigen Verkauf seines Jenaer Anwesens erfüllten sich nicht. Für 1150 Reichstaler erwarb es der Jurist Thibaut am 19. Juni.
881 *5 verinteressieren:* ›verzinsen‹. – *7 Johannis:* 24. Juni. – *8 Michaelis:* 22. September. – *11 mit Büchertiteln und Nummern:* Gemeint ist die Katalogisierung der Büttnerschen Bibliothek; vgl. zu Nr. 836. – *20 Cassandra:* Das Gedicht erschien im September in Cottas ›Taschenbuch für Damen auf das Jahr 1803‹. – *24 eine hinterlassene Oper:* Das Singspiel ›Elbondocani‹ des gerade verstorbenen Stuttgarter Konzertmeisters Zumsteeg, s. zu Nr. 342. Friedrich Haug hatte Sch. gebeten, das Werk für das Weimarer Theater zu erwerben; vgl. Haug an Sch., 5. Februar; Sch. an Haug, 5. März. – *26 Frau ⟨...⟩ mit vielen Kindern:* Von Luise Zumsteegs (1760–1837) sieben Kindern lebten noch vier. – *29 herculische BücherExpedition:* Die Bibliotheksreise dient vergleichsweise der Reinigung des Augiasstalls, s. zu Nr. 836 und 841.

843. GOETHE                             JENA, 12. FEBRUAR 1802

Erstdruck wie Nr. 834. 881,40 *nur mir:* mir nur (Erstdruck); 882,9 *des Raums:* an Raum (Erstdruck und Sch./G.¹); 882,11 *ist aber abermals:* ist abermals (Sch./G.¹).

882 *4 Aufsatz:* Weimarisches Hoftheater, von G. am 12. Februar beendet; s. zu Nr. 823. – *7 Bibliotheksgeschäft:* s. zu Nr. 836. – *9 deployieren:* (frz.) ›ausbreiten‹. – *19 zu den überirdischen:* in den Himmel der Poesie.

844. SCHILLER                          WEIMAR, 17. FEBRUAR 1802

Erstdruck wie Nr. 833. 882,32 *müßte:* möchte (Erstdruck).

882 *26 Sie ⟨...⟩ zu sehen:* s. zu Nr. 841. – *28 unsern Prinzen:* Der Erbprinz Carl Friedrich unternahm am 24. Februar gemeinsam mit Wilhelm von Wolzogen eine Bildungsreise über Stuttgart nach Paris. – *31 einige Verse:* das Gedicht ›Dem Erbprinzen von Weimar als Er nach Paris reiste, in einem freundschaftlichen Zirkel gesungen‹. – *31 in unserm Kränzchen produziren:* dem ›Mittwochskränzchen‹, s. zu Nr. 826. Sch.s Gedicht wurde nach der Melodie von Matthias Claudius' ›Rheinweinlied‹ gesungen (vertont von Johann Andrés); vgl. auch Sch. an Henriette von Egloffstein, 15.–17. Februar. – *33 auf den Montag:* 22. Februar. – *34 zwei neue Melodien:* Die Gedichte ›Der Sänger‹ (später: ›Die vier Weltalter‹) und ›An die Freunde‹ waren von Körner vertont worden. – *37 zu meinem Garten:* Der Jenaische Besitz Sch.s stand zum Verkauf an, s. zu Nr. 842. – *37 bei Hufeland:* dem Pächter, s. zu Nr. 805; Sch. an G. Hufeland, 10. Februar.

845. SCHILLER                WEIMAR, 18. FEBRUAR 1802

Erstdruck wie Nr. 833. 883,9 *H.v Kozebue:* der Widersacher (Erstdruck und Sch./G.¹); 883,10f. *Der Prinz ‹...› und würde:* Auch würde der Prinz (Erstdruck und Sch./G.¹); 883,12 *Zirkel:* Kreis (Sch./G.¹).

883  *5 unsere geschlossene Gesellschaft:* Anläßlich der Abreise des Erbprinzen gaben die Mitglieder des ›Mittwochskränzchens‹ am 22. Februar eine kleinere Gesellschaft im Hause G.s; vgl. Nr. 848 und zu Nr. 844. – *8 mit einem großen Club:* Zur Abreise des Erbprinzen hatte Kotzebue gemeinsam mit Mitgliedern des ›Club‹ (s. zu Nr. 700) feinsinnige Kulturabende inszeniert; als Höhepunkt war ein Abschiedsball geplant. Er fiel durch G.s listige Alternativveranstaltung für den Prinzen ins Wasser. – *9 negotiiert:* (lat.) ›zustande bringt‹, ›betreibt‹. – *10 nach der Komödie:* Am 22. Februar wurden G.s Schauspiel *Die Geschwister* (Bd. 2.1, S. 113–130) und das Lustspiel ›Der Jurist und der Bauer‹ von Johann Rautenstrauch (1746–1801) am Hoftheater gegeben. – *13 H. v Pappenheim:* Wilhelm Maximilian Freiherr von P. (1764–1815), Kammerherr, Major und Hofmeister des Erbprinzen. – *16 unwillkommenen Gäste:* der Kreis um Böttiger und Kotzebue. Die schwelende Auseinandersetzung mit letzterem erhielt in den nächsten Tagen durch G.s Zensur der ›Deutschen Kleinstädter‹ neuen Zündstoff; s. zu Nr. 731, 744, 833; Gespräche I, S. 841–845; Grumach V, S. 246–248.

846. GOETHE                  JENA, 19. FEBRUAR 1802

Erstdruck wie Nr. 834. 883,29 *Unserm:* Unsern (Erstdruck); 883,30f. *Wolzogen vielmals und:* Wolzogen und (Erstdruck); 883,32 *ist mir ganz:* ist ganz (Erstdruck); 883,40 *noch auf poetische:* noch poetische (Erstdruck); 884,6f. *Paulus, der ‹...› vorlegte, habe:* P. habe (Erstdruck), M. habe (Sch./G.¹), vollständig zuerst in Sch./G.² (1856); 884,7 *ich auch eine:* ich eine; 884,28 *scheint:* erscheint (Erstdruck und Sch./G.¹); 884,32 *ihnen:* Ihnen (Erstdruck und Sch./G.¹).

883  *25 Ihrer Einladung:* s. Nr. 844, 845. – *26 den Rocken:* Gemeint ist die langwierige Bibliotheksarbeit, s. zu Nr. 836 – *27 abweifen:* ›Garn von der Spindel haspeln‹. – *29 Prinzen ‹...› Lebewohl:* s. zu Nr. 844 und Nr. 848. – *33 ein paar Lieder, auf bekannte Melodieen: Generalbeichte* und *Tischlied,* Bd. 6.1, S. 56–59, 895 f. – *36 Zirkels:* Die Lieder wurden im ›Mittwochskränzchen‹ am 22. Februar zur Abreise des Erbprinzen gesungen; vgl. *Tag- und Jahres-Hefte* zu 1802, Bd. 14, S. 88. – *35 Sie auch*

*etwas:* s. zu Nr. 844. – *37–40 Mit Schelling ⟨...⟩ poetische Momente:* Allen Bedenken zum Trotz entstand noch im Frühjahr 1802 in Anlehnung an Schellings Schrift G.s naturphilosophische Freundschaftshymne *Weltseele* (Bd. 6.1, S. 53 f.). – *40 die Philosophie ⟨...⟩ Poesie:* zu G.s Skepsis gegenüber einem Brückenschlag von der idealistischen Ästhetik zur literarischen Praxis vgl. Nr. 398, 478; G. an Knebel, 15. März 1799. Zu Sch.s Abkehr von der philosophischen Ästhetik s. zu Nr. 477.

884 *6 Mit Paulus:* vgl. Tgb., 17. Februar. – *Kommentars:* Heinrich Eberhard Gottlob Paulus: ›Philologisch-kritischer Kommentar über das Neue Testament‹. Lübeck 1800–1804; s. zu Nr. 225. Zu G.s biblischer Textkritik vgl. Nr. 298, 300. – *21 Gita Govinda:* s. zu Nr. 838. Jones' Übersetzung war 1799 in Kalkutta erschienen; vgl. auch ⟨*Indische und chinesische Dichtung*⟩ (Bd. 13). – *29 Vielleicht übersetzt ich:* G. unterließ es. – *31 der alte Dichter:* Dschajadewa stammte aus dem 12. Jahrhundert. – *32 vor ihnen:* gemeint: ›Ihnen‹. – *35 Gartenverkauf:* s. zu Nr. 842. – *38 Hufeland:* s. zu Nr. 844.


847. SCHILLER                                   WEIMAR 20. FEBRUAR 1802

Erstdruck wie Nr. 833. 885,26 *jenem:* jenen (Sch./G.¹); 885,30 *Paulus:* – – (Erstdruck), M. (Sch./G.¹); 886,3 *Govanda:* Govinda (Erstdruck), Givinda (Sch./G.¹); 886,3 *zur:* zu (Erstdruck); 886,15 *Schauspielerin viel:* Schauspielerin (Demoiselle Maas) viel (Erstdruck und Sch./G.¹); 886,27 *kleine:* kleinere (Erstdruck und Sch./G.¹).

885 *3 uns allen:* den Mitgliedern des ›Mittwochskränzchens‹. – *3 Sie ⟨...⟩ nicht zu sehen:* s. Nr. 848. – *4 so gut beschäftigt:* mit der Neuorganisation der Bibliothek; vgl. zu Nr. 836. – *5 der Früchte Ihrer Tätigkeit:* G.s Gedichte, s. zu Nr. 846. – *8 gespenstischen Doktor:* Seit April 1801 hatte sich G. nicht mehr mit dem *Faust* beschäftigt, s. zu Nr. 793. Erst 1806 wandte er sich dem Stoff wieder zu. – *9 Büttners Manen:* s. zu Nr. 836. – *10 Ihre Elegien und Idyllen:* G.s *Römische Elegien* und vermutlich die Elegie und das Epos *Herrmann und Dorothea* sowie die Idylle *Alexis und Dora,* s. Nr. 270. – *15 Ihr Individuum:* s. Nr. 255, 733. – *17 Ihre anschauende Natur mit der Philosophie:* seit den ersten Diskussionen ein Leitthema der sich ergänzenden Dichternaturen; vgl. *Glückliches Ereignis* (Bd. 12, S. 88–90); Einführung, Nr. 4, zu Nr. 478. Sch. erinnert an das in G. geweckte Interesse für die idealistische Philosophie. – *20 unsers Freundes:* Schelling. – *23 nur das, was ⟨...⟩ zusagt:* Trotz aller Nähe zur Naturphilosophie Schellings rezipiert G. nur, was seinem eigenen Denken entgegen-

kommt; vgl. G. an Schelling, 27. September 1800; an Boisserée, 2. März 1828. – *34 nach und nach, atomistisch:* ›Einzelpartikel mechanistisch sammelnd‹. – *36 Effort:* frz. ›Anstrengung‹. – *37 Concretum:* hier im etymologischen lat. Sinn: ›Zusammengesetztes‹. – *38 Fust von Stromberg:* von J. Maier, s. zu Nr. 441.

886 *3 Gita Govanda:* ›Gitagovinda‹, s. zu Nr. 838. – *4 Sacontala:* ›Sakuntala oder Der Erkenntnisring‹ von Kalidasa (ca. 4./5. Jh.). Sch. besaß seit 1791 die Übersetzung von J. G. Forster; vgl. Sch. an Huber, 23. August 1790; an Göschen, 28. November 1791; an W. von Humboldt, 17. Dezember 1795. – *5 fürs Theater:* Der lyrische Charakter des Werks stand nach Sch. und G. einer Theaterinszenierung entgegen; vgl. auch G. an de Chézy, 9. Oktober 1830. – *7 von allen 32 Winden:* die Einteilung der Windrose. – *8 Schiff:* zur Schiffahrtsmetapher s. zu Nr. 271. – *13 Klima:* vgl. A. W. Schlegel an Sch., 3. September 1797. – *15 von der neuen Schauspielerin:* Wilhelmine Maaß (1786–1834?) debütierte am 17. Februar im Schauspiel ›Das Mädchen von Marienburg‹ von Franz Kratter. Sie war bis 1805 in Weimar engagiert. Vgl. *Tag- und Jahres-Hefte* zu 1802 (Bd. 14, S. 89). – *20 die Schule der Unzelmann:* Friederike Unzelmann hatte Wilhelmine Maaß in Berlin ausgebildet. Zu Sch.s weitgehender Zufriedenheit mit Unzelmanns Weimarer Gastspiel im September/Oktober 1801 vgl. Sch. an Körner, 23. September 1801; an Iffland, 23. September 1801. Vgl. auch Sch. an F. Unzelmann, 17. November 1801. – *22 ihrem zweiten Debüt:* Die Rolle des Lottchens im Schauspiel ›Der deutsche Hausvater‹ von Otto Heinrich Freiherr von Gemmingen (1755–1836) war ihr dritter Auftritt. – *27 auf kleine Rollen (...) einzuschränken:* Wilhelmine Maaß übernahm schon bald Hauptrollen, vgl. *Tag- und Jahres-Hefte* zu 1802 (Bd. 14, S. 89). *32 Schwager:* Wilhelm von Wolzogen.

848. GOETHE                                    JENA, 20. FEBRUAR 1802

Erstdruck in Sch./G.² (1856).

886 *38 Ihren wiederholten Antrag:* Nr. 844 und 845. – *39 Montag:* 22. Februar.

887 *2 dem allgemeinen Konvent:* s. zu Nr. 845. – *4 In Absicht auf Gäste:* Zur Verabschiedung des Erbprinzen Carl Friedrich waren außer den Mitgliedern des ›Mittwochskränzchens‹ folgende Gäste geladen: die Kammerherrn Franz August von Hintzenstern (1770–1830) und von Pappenheim, Prinzessin Caroline (1786–1816), deren Hofdame und Erzieherin Magdalene Henriette von Knebel (1755–1813) und Landkammerrat Cornelius Johann Rudolph Ridel (1759–1821), s. zu Nr. 844. – *11 wegen der*

*alten Verhältnisse:* Ridel war der frühere Erzieher des Erbprinzen gewesen. – *13 jener beiden Männer hier:* Hintzenstern, Pappenheim und Ridel hatten G. am 20. Februar besucht (Tgb.). – *16 die Gesellschaft:* das ›Mittwochskränzchen‹, s. zu Nr. 826. – *17 avertieren:* (frz.) ›benachrichtigen‹.

849. GOETHE   JENA, 9. MÄRZ 1802

Erstdruck wie Nr. 834. 887,35 *und aus vielen:* und vielen (Sch./G.¹); 888,10 *glückt:* gelingt (Erstdruck und Sch./G.¹).

887 *25 hier:* Vom 4. bis 23. März betreute G. in Jena die Neuordnung der Bibliothek, s. zu Nr. 836. – *eine lustige und gesellige Epoche:* G.s Tgb. verzeichnet Zusammenkünfte mit Loders, Frommanns, der Familie von Ziegesar, dem Medizinprofessor Karl Gustav von Himly (1772–1837) und Schelling (WA III 3, S. 52 f.) – *27 keine produktiven Momente:* vgl. Nr. 482 und 876. Dritten gegenüber kritisierte Sch. unverblümt G.s vermeintliche Produktionspausen: Sch. an Körner, 21. Oktober 1800; an Cotta, 18. Dezember 1801; an W. von Humboldt, 17. Februar 1803. – *29 Soulavie:* Jean-Louis-Giraud Soulavie: ›Mémoires historiques et politiques du règne de Louis XVI depuis son mariage jusqu'à sa mort‹. Paris 1801, Straßburg 1802. Vgl. Carl August/Goethe 1, S. 299 f. Für die Arbeit an *Die natürliche Tochter* fand G. in Soulavies Memoiren eine erregende Bestätigung seiner Vorstellungen von den Ursachen und Folgen der Französischen Revolution. Vgl. Bd. 6.1, S. 932 und zu Nr. 825. – *39 Natur ⟨...⟩ Freiheit:* Die kantianische Begriffsopposition ist auf den Zwiespalt im Menschen zwischen sinnlichen Antrieben und personaler Freiheit bezogen. Vgl. zu Nr. 801; Nr. 637, 919. Zu G.s Sicht der Französischen Revolution als Naturereignis s. Bd. 4.2, S. 899; Bd. 6.1, S. 931, 933; Bd. 14, S. 756 f.

888 *1 Bonapartes Persönlichkeit:* G. sah nach dem Sturz des Direktoriums 1799 den Ersten Konsul als Überwinder der Revolution, der innenpolitisch durch eine vorbildliche zentralistische Administration und außenpolitisch durch das Konkordat mit dem Papst 1801, die Friedensschlüsse von Lunéville (1801) und bald auch Amiens (27. März 1802) Europa eine politische Ordnung in Frieden zu bringen versprach. In späteren Jahren kennzeichnete er die faszinierende historische Größe und Aura des französischen Kaisers mit dem Begriff des ›Dämonischen‹. Vgl. *Unterredung mit Napoleon,* Bd. 14, S. 576–580, 845 f. – *4 vier Bände:* von insgesamt sechs.

850. SCHILLER  WEIMAR, 10. MÄRZ 1802

Erstdruck wie Nr. 833. 888,37–889,2 *der Herzog ⟨...⟩ erinnern.:* zuerst in Sch./G.² (1856); 889,12 *fruchtbare:* furchtbare (Erstdruck und Sch./G.¹). Die Handschrift läßt nach Volker Wahl beide Lesarten zu.

888 *16 in Jena ⟨...⟩ Freunden:* s. zu Nr. 849. – *20 Ein mächtiger Interesse:* Im Januar beschäftigte sich Sch. mit dem ›Warbeck‹, im Februar/März mit dem ›Tell‹-Stoff, den er bereits 1797 durch G. kennengelernt hatte. Vgl. zu Nr. 369, 372 und G. zu Eckermann, 6. Mai 1827 (Bd. 19, S. 569 f.). Im Dezember 1801 hatte Sch. aus der Herzoglichen Bibliothek ›Der Geschichten schweizerischer Eidgenossenschaft Erster und Zweiter Teil‹ (Leipzig 1786) von Johannes Müller, im März das ›Chronicon Helveticum‹ (1734/36) von Aegidius Tschudi entliehen. Zu weiteren Quellen des ›Wilhelm Tell‹ s. NA 10, S. 389 ff.; NA 12, S. 493 ff. – *28 daß Wieland ⟨...⟩ zu übersetzen:* Wielands Übertragung des ›Ion‹ resultiert u. a. aus der Kontroverse um das im Januar uraufgeführte Schauspiel A. W. Schlegels (s. zu Nr. 833). Vgl. Wieland an Böttiger, 19. Januar; Caroline Herder an Knebel, 18. März (Bode II, S. 217 f.); zur Entstehungsgeschichte der Übersetzung vgl. B. Seuffert ›Prolegomena zu einer Wieland-Ausgabe‹. III. IV. Berlin 1905, S. 29 f. – *32 Der fünfte März:* Kotzebue hatte an Sch.s Namenstag (5. März) zu dessen Huldigung einen Festakt initiiert. Die Pläne wurden jedoch durchkreuzt, weil Meyer die Herausgabe der Schillerbüste von Dannecker und Bürgermeister Schultze am 3. März die vereinbarte Benutzung des gerade renovierten Stadthaussaales verweigerte. Zum Konflikt vgl. G.s *Tag- und Jahres-Hefte* zu 1802 (Bd. 14, S. 86–88); Grumach V, S. 249–253; ferner Nr. 851–854. – *32 als dem Cäsar der fünfzehente:* Cäsar wurde am 15. März 44 v. Chr. ermordet. – *35 die Gemüter besänftigt:* Seit den Auseinandersetzungen um Kotzebues Lustspiel ›Die deutschen Kleinstädter‹ Ende Februar waren die Ressentiments G.s gegenüber dem rivalisierenden Erfolgsautor ein stadtbekannter Gesprächsstoff, s. zu Nr. 845; G.s und Sch.s Briefe an Kotzebue, 18. Februar. Hinter dem Scheitern der demonstrativen Schillerapotheose vermutete man G. als Drahtzieher. Vgl. Charlotte von Stein an ihren Sohn Fritz, 15. März (NA 31, S. 447); Meyer an G., 13. März; Nr. 851. – *35–39 Wie aber ⟨...⟩ zum Rat erklärt:* Ein Zufallsgag krönte den Skandal: die gleichzeitige öffentliche Ernennung von Bürgermeister Carl Adolf Schultze (1758–1818) zum Fürstlichen Rat. Die Beförderung war jedoch bereits einen Tag zuvor erfolgt und stand mit den Ereignissen um die mißglückte Schillerfeier in keiner Verbindung. – *39 Üble Laune:* Das passende Schauspiel war in

Weimar erstmals am 26. Dezember 1798 aufgeführt worden, s. zu Nr. 776.
889 *2 Histoire des Favorits:* Pierre Dupuy: ›Histoire des plus illustres favoris anciens et modernes‹. Leiden 1658; s. Nr. 851. – *3 eine Geschichte der Päpste:* ›Herrn Archibald Bowers ⟨...⟩ Unparteiische Historie der Römischen Päpste, Von der Gründung des Römischen Stuhls bis auf die gegenwärtige Zeit. Aus dem Englischen übersetzt von Friedrich Eberhard und Johann Jacob Rambach‹. 1.–10. Tl. Magdeburg und Leipzig 1751–1779. – *14 Ihr Geschäft:* Büttners Bibliothek, s. zu Nr. 836.

851. GOETHE                                   JENA, 16. MÄRZ 1802

Erstdruck in ›Die Grenzboten‹ Nr. 41 (10. Oktober 1873). 890,5 *dieser:* diese.

889 *24 den weimarischen Stürmen:* den Auseinandersetzungen um die gescheiterte Schillerfeier am 5. März; s. zu Nr. 850. – *26 einige lyrische Kleinigkeiten:* u. a. die Gedichte *Frühzeitiger Frühling* und *Schäfers Klagelied* (Bd. 6.1, S. 49f., 55 f.). – *30 einem zweiten Aesculap, einen Hahn:* Dem griechischen Gott der Heilkunst opferte man Hähne; vgl. Platon: ›Apologie des Sokrates‹, Schluß, ›Phaidon‹ 118. – *35–37 um die Geschichte ⟨...⟩ fordert:* vgl. Nr. 836, 849.
890 *1–4 Schelling ⟨...⟩ zusammen:* F. W. J. Schelling: ›Bruno oder über das göttliche und natürliche Prinzip der Dinge‹. Berlin 1802. Schelling konzipiert seine Identitätsphilosophie als Synthese der realistischen Naturphilosophie und idealistischen Geistesphilosophie. G. faszinierte die pantheistisch-religiöse Weltsicht, in der jedes Einzelne das Ganze repräsentiert, Natur sichtbarer Geist und Geist unsichtbare Natur ist, das Weltgesetz der Polarität und Steigerung die Differenzierung des Mannigfaltigen aus dem Umfassend-Einen erreicht; s. zu Nr. 770; Bd. 6.2, S. 1207–1209; LA I 10, S. 299 f.. – *10 edlern Meister:* J. H. Meyer. – *12 unsere Freundinnen:* s. zu Nr. 854. – *15 versprochene Buch:* von Dupuy, s. zu Nr. 850.

852. SCHILLER                                 WEIMAR, 17. MÄRZ 1802

Erstdruck (eines Teildrucks) wie Nr. 833. 890,25–891,7 *Der Herzog ⟨...⟩ Geschäft.:* zuerst in Sch./G.² (1856); 891,8f. *zu der:* zur (Erstdruck); 891,10 *Bestialität:* – – (Erstdruck und Sch./G.¹); 891,15–33 *Ich ⟨...⟩ Zurückkunft:* zuerst in Sch./G.¹ (1829); 891,29 *ihm:* ihnen.

890 *22 etwas poetisches:* s. zu Nr. 851. – *23–25 denn die Sozietät ⟨...⟩ zu liegen:* s. zu Nr. 850. – *Der Herzog ⟨...⟩ zu präokkupie-*

*ren suchte:* Man versuchte, Carl August gegen den Bürgermeister Schultze und indirekt gegen G. einzunehmen; vgl. Voigt an G., 12. und 15. März; Carl August an G., 16. März. – *27 quästioniert:* (lat.) ›befragt‹. – *30 Regulus:* Tragödie von Heinrich Joseph von Collin (1771–1811), die in Wien im Oktober 1801 uraufgeführt wurde und 1802 in Berlin im Druck erschien. G. war das Stück 1801 über Iffland zugestellt worden; er ließ es liegen. Vgl. Collin an G., 20. Juli 1801; Heinrich Schmidt an G., 29. Oktober 1801. In Weimar wurde das Stück erst im März 1805 aufgeführt, nachdem es G. kurz zuvor in der ALZ kritisch rezensiert hatte; vgl. Bd. 6.2, S. 592–595, 1146f. – *30 von Berlin:* Die weithin günstige Resonanz in der Kritik verhalf dem Stück zu keinem Erfolg. Einen Verriß schrieb A. W. Schlegel in der ›Zeitung für die elegante Welt‹, Nr. 49 und 50. – *35 beiliegendem Billet:* Carl August an Sch., um den 15. März. – *38 kondemniert:* (lat.) ›ablehnt‹, ›verwirft‹.

891 *1 Replik:* Sie ist nicht erhalten. – *5 den Radamist:* die Tragödie ›Rhadamiste et Zénobie‹ von Prosper Jolyot de Crébillon d. Ä. (1674–1762); vgl. Sch. an W. H. von Dalberg, 24. August 1784. – *9 Irene von Halem:* Unger hatte am 6. März Sch. brieflich um Beiträge von sich und G. für die bei ihm erscheinende Zs. ›Irene, Deutschlands Töchtern geweiht 〈...〉‹ gebeten. Herausgeber war der Oldenburger Schriftsteller Gerhard Anton von Halem (1752–1819), s. zu Nr. 193. Bereits im 1. Jg. 1801 waren der Prolog aus der ›Jungfrau von Orleans‹ und eine Szene aus *Mahomet* erschienen. – *10 diese Herren:* die Herausgeber mittelmäßiger Konkurrenzblätter und fahrlässige Verleger. Der ›Prolog‹ war von Unger oder Woltmann über Sch.s Kopf hinweg an Halem transferiert worden. – *11 annihilieren:* (lat.) ›zunichte machen‹, ›vernichten‹. – *13 Ungern 〈...〉 zu antworten:* Der Brief vom 1. April ist nicht erhalten. Unger zieht jedenfalls seine Bitte um Beiträge zur ›Irene‹ zurück, Unger an Sch., 13. Mai. – *15 mit dem heiligen Bernhard:* Sch. lernte B. von Clairveaux (1091–1153) durch die Lektüre von Archibald Bowers ›Geschichte der Päpste‹ kennen; s. zu Nr. 850. – *28 Grießbach oder Paulus:* Theologieprofessoren in Jena, s. zu Nr. 200, 255.

853. GOETHE    JENA, 17. ODER 18. UND 19. MÄRZ 1802

*Datierung:* Zwischen dem Hauptteil und der Nachschrift der Antwort auf Sch.s Brief vom 17. März liegt eine zeitliche Zäsur, in der sich der Entschluß G.s zur Rückkehr konkretisiert. Der erste Briefteil dürfte am 17. oder 18. März geschrieben sein, weil die ersten Hindernisse für den Lauchstädter Theaterbau inzwischen durch eine Auszahlung aus dem Weg geräumt sind. (Vgl. Proto-

kollakten Theaterbau in Lauchstädt, 16. und 18. März). Am 18. März spricht Götze von Verlegenheiten mit dem Baumaterial, »weil das Kurfürstliche Hauptgeleite in Kösen Schwierigkeiten mache ⟨...⟩ Holz durchzulassen« (Grumach V, S. 255).
Erstdruck wie Nr. 834. Die drei ersten Varianten übereinstimmend im Erstdruck und in Sch./G.¹ (1829): 892,6 *ein:* einen; 892,23 *Lage recht gut:* Lage gut; 892,23 f. *denn vielleicht für:* denn für. 892,25 *Radamist und Zenobie ist:* Rhadamist und Zenobia, das zur Sprache kam, ist (Erstdruck); 893,4 *worden:* werden (Erstdruck).

891 40 *zu Ihnen zu kommen:* G. traf am 22. März wieder in Weimar ein, s. zu Nr. 849.

892 4 *die dabei interessierte Gesellschaft:* Die Hoffnung G.s, daß nach seiner Rückkehr nach Weimar der Skandal um die mißlungene Schillerhuldigung vergessen wäre, erfüllte sich nicht. Einige Mitglieder des ›Mittwochskränzchens‹ aus dem Kreis um Anna Amalia waren an den Vorbereitungen zu Kotzebues geplanter Feier beteiligt gewesen, für deren Scheitern sie G. verantwortlich machten, s. zu Nr. 826, 850. Neben Henriette und Caroline von Egloffstein, Frl. von Göchhausen, Henriette von Wolkskeel verließen auch die Brüder Gottlob und August von Egloffstein (1771–1834) den Zirkel. Vgl. Henriette von Egloffstein an G., 24. März; Charlotte von Stein an ihren Sohn Friedrich, nach dem 25. März (Bode II, S. 218). Eine letzte Zusammenkunft der verbliebenen Mitglieder fand am 24. März statt. Vgl. Amalie von Imhoff an G. und G. an Henriette von Egloffstein, 25. März. – *Abenteuer vom 5ten:* s. zu Nr. 850. – *5 h. m.:* lat. ›d. M.‹. – *6 die neuen Lieder:* s. zu Nr. 851. – *8 Zeltern mitgegeben:* Zelter vertonte damals Sch.s Gedichte ›Die vier Weltalter‹ und ›Der Kampf mit dem Drachen‹; ›An die Freunde‹ hatte er noch nicht in Angriff genommen; s. Zelter an Sch., 7. April. – *die Körnerischen Kompositionen:* s. zu Nr. 844. – *10 Humor:* s. zu Nr. 20. – *11 irenische Einladung:* Anspielung auf die etymologische Bedeutung (griech. ›friedliebend‹) und die Bitte um Beiträge zur Zs. ›Irene‹, s. zu Nr. 852. – *15 Johanna:* zur Zurückstellung der Weimarer Premiere der ›Jungfrau von Orleans‹ s. Nr. 819. – *19 Iphigenie:* Sch. führte die Bühnenbearbeitung zu Ende und leitete auch die Theaterproben, s. zu Nr. 706 und 836, Nr. 837, 839, 854, 859–864. – *24 Nathan:* s. zu Nr. 816, 819. – *25 Radamist und Zenobie:* s. zu Nr. 852. – *27 die Voltairischen Stücke:* Crébillon, »le Terrible«, war der Hauptrivale Voltaires, vgl. Nr. 605, zu Nr. 675, 755. – *29 die kainische Lage:* In Crébillons blutrünstiger Tragödie geht es nicht um einen Geschwister-, sondern einen Generationenkonflikt. –

*34 Specialiora:* lat. ›Spezielleres‹. – *37 Frau:* zu ihrer »Krankheit« s. Nr. 858.

**893** *1 Zelter:* Der wichtigste Freund des älteren G. lernte während seines Weimarer Aufenthalts (23.–28. Februar) erstmals Sch. und G. persönlich kennen (WA III 3, S. 51 f.). Vgl. dazu Zelters Erinnerungen (NA 42, Nr. 782¹); Zelter an G., 7. und 13. April 1802, 13. November 1830, sowie Caroline Schlegel an A. W. Schlegel, 4. März (Caroline II, S. 310 f.); s. zu Nr. 165. – *3 unsere Lieder und Balladen:* Zelter hatte zuletzt G.s *Frühzeitiger Frühling, Schäfers Klagelied* vertont, s. zu Nr. 851; von Sch.s Balladen nach dem ›Taucher‹ ›Der Kampf mit dem Drachen‹. Seine nächsten Kompositionsvorhaben waren G.s *Tischlied* und *Hochzeitlied* (Bd. 6.1, S. 57–59, 79–82). Zu weiteren Kompositionen vgl. zu Nr. 165, 173, 354; s. Zelter an G., 7. April. – *5 Das Bibliothekswesen:* s. zu Nr. 836. – *5–7 Bretter ⟨...⟩ in Lauchstädt:* zum Theaterbau in Lauchstädt vgl. die Protokollakten (Grumach V, S. 255) und G.s Bericht in den *Tag- und Jahres-Heften* zu 1802 (Bd. 14, S. 92 f.); ebenda, S. 93: »im März lag das akkordierte Holz freilich noch bei Saalfeld eingefroren«; s. zu Nr. 200; ferner Bd. 6.1, S. 1083–1085. – *8 Ihre ältern Sachen:* Sch.s Jugenddramen, s. Nr. 854. G.s Bitte steht sicher auch im Zusammenhang mit den Auseinandersetzungen um Kotzebue Anfang März, s. zu Nr. 850. Bis auf seine älteren Stücke entzog Kotzebue dem Hoftheater die eigenen neueren Werke. Vgl. Böttiger an Rochlitz, 8. März (GJb 4, S. 326); Carl August an G., 16. März; Kirms an G., 13. März. – *15 Brauns medizinischen Elementen:* John Brown: ›Elementa medicinae‹. Edinburgh 1779; vgl. Tgb., 15. März. – *28 Dienstag nach Weimar:* G. kehrte schon am Montag (23.) zurück.

**854. SCHILLER**  WEIMAR, 20. MÄRZ 1802

Erstdruck wie Nr. 833. 894,15 *zu Stande:* fertig (Erstdruck); 894,26–36 *Ich muß ⟨...⟩ machen.:* zuerst in Sch./G.² (1856); 894,36 *Übrigens will ich:* Ich will (Sch./G.¹); 894,39 *mit:* in (Sch./G.¹); 895,2 *nur:* nun (Erstdruck); 895,3 f. *Gesellschaft dieses Jahr reicher:* Gesellschaft reicher (Erstdruck); 895,4 *niemals:* jemals (Erstdruck); 895,23 *Damen:* Singenden (Erstdruck und Sch./G.¹).

**894** *11 aus Dresden geschrieben:* vgl. Körner an Sch., 5. März. – *12 dort auf die Bühne:* Erst im Dezember 1820 wurde die *Iphigenie* in Dresden gegeben. – *13 noch andre Theater:* Die Sch.sche Bühnenfassung lag den Premieren in Fürth, Berlin (1802), Prag (1807), Leipzig (1818) und Hamburg (1831) nicht zugrunde. – *14 Mit dem Karlos:* Sch. arbeitete auf der Textgrundlage der Göschen-Ausgabe von 1801 an einer neuen Bühnenfassung des

›Don Karlos‹. Am Hoftheater wurde sie am 19. Juni aufgeführt (in Lauchstädt am 5. und 27. August); vgl. NA 7 II, S. 141–151. – *25 Jungfrau v⟨on⟩ O⟨rleans⟩:* Zur Aufführung in Lauchstädt kam es nicht, s. zu Nr. 819. – *27 der Herzog ⟨...⟩ dagegen erklärt:* s. zu Nr. 819. Mittlerweile hatte der Herzog einer Aufführung in Weimar zugestimmt unter der Bedingung, daß Caroline Jagemann nicht die Hauptrolle spielte; vgl. Carl August an G., 16. März. – *31 im vorigen Jahre ⟨...⟩ zugeteilt:* Caroline Jagemann war von Anfang an als Hauptdarstellerin für eine etwaige Weimarer Aufführung vorgesehen. Vgl. Caroline Schlegel an A. W. Schlegel, 11. Mai 1801 (Caroline II, S. 133–137). Henriette von Egloffstein glaubte dagegen, Sch. habe sie als Johanna favorisiert; vgl. NA 42, Nr. 741; s. auch zu Nr. 816. – *34 die Vohs:* s. zu Nr. 624. Die Titelrolle übernahm bei der Premiere (1803) Amalie Miller, geb. Malcolmi (1780–1851).

**895** *3 die Gesellschaft:* die Weimarer Truppe. – *6 eine neue Übersetzung der Frauenschule:* Molières Komödie ›L'escole des femmes‹ (1662) wurde vermutlich von Charlotte Schiller übersetzt; vgl. Sch.s ›Calender‹ (S. 209). – *12 Madame Mereau ⟨...⟩ bearbeite:* s. Mereau an Sch., 17.–19. März; Sch. an Mereau, 20. März. Sophie Mereaus Übersetzung von Pierre Corneilles ›Le Cid‹ (1636) ›Der Cid. Ein Trauerspiel in 5 Aufzügen‹ ist bis heute nur handschriftlich überliefert; s. H. Amelung: ›Die Geschichte einer Cid-Übersetzung‹. In: Preuß. Jbb. 180 (1920). Vgl. zu Nr. 659. – *9 ein anderes Stück:* Es ist unbekannt. – *16 Die Gesellschaft:* das ›Mittwochskränzchen‹, s. zu Nr. 853. – *20 Zeltern ⟨...⟩ machen wird:* s. zu Nr. 853; vgl. Sch. an Zelter, 28. Februar 1803. – *21 eine von den Körnerischen Melodien:* Körner hatte die Gedichte ›An die Freunde‹ und ›Die vier Weltalter‹ vertont. Die Melodie zu letzterem ist hier gemeint. Vgl. Körner an Sch., 10. Februar; Sch. an Körner, 17. März. – *22 unsre Damen:* Die Körnerschen Vertonungen wurden vermutlich anläßlich des Konzerts am 14. März gesungen; vgl. Christiane Vulpius an G., 15. März. Neben Charlotte Schiller und Caroline Jagemann kommen als Sängerinnen noch weitere Damen des ›Mittwochskränzchens‹ in Betracht; vgl. auch Sch. an Körner, 17. März. – *25 Schwägerin:* Sch. begleitete Caroline von Wolzogen nicht.

855. SCHILLER                              WEIMAR, 16. APRIL 1802

*Datierung:* Vollmer, Jonas, Gräf/Leitzmann und Seidel datieren das Billett auf den 17. Januar; Ormans (in NA 31, S. 469) mit überzeugenden Argumenten auf den 16. April. Bei beiden Daten stehen Reisen G.s und Aufführungen der ›Turandot‹ vor der Tür.

Gegen die erstere Datierung spricht:
1. Sch. kannte den im Brief erfragten Aufführungstermin am 30. Januar (vgl. Sch. an Göpferdt, 12. Januar).
2. Das von Sch. am 4. Januar nach Dresden übersandte Manuskript der ›Turandot‹ enthielt bereits die Rätsel; vgl. Sch. an Körner, 3. Januar; Körner an Sch., 10. Januar; s. zu Nr. 840.
Erstdruck in Riemers Briefe (1846).

895 *33 Gruß zum Abschied:* Zur Inspektion des Theaterneubaus hielt sich G. vom 16. bis 18. April in Lauchstädt auf (Tgb.). – *35 Von den Rätseln:* die Rätsel zur dritten ›Turandot‹-Aufführung in Weimar. Vermutlich ›Der Funke‹, ›Tag und Nacht‹ und ›Das Schiff‹ (vgl. NA 14, S. 142–143). Zu den ›Turandot‹-Rätseln vgl. auch Nr. 840. – *40 wann ‹...› gespielt werden:* Die Aufführung wurde auf den 24. April terminiert; s. Nr. 856.

856. GOETHE                     WEIMAR, 20. APRIL 1802

Erstdruck wie Nr. 834. 896,4f. *solche bei Zeiten an:* solche an (Erstdruck).

896 *3 auf den Sonnabend:* 24. April. – *4 die neuen Rätsel:* Die beiden noch ausstehenden ›Turandot‹-Rätsel (s. Nr. 855) erhielt G. am gleichen Tag; vgl. G. an H. Becker, 20. April.

857. GOETHE                     WEIMAR, 25. APRIL 1802

Erstdruck wie Nr. 834.

896 *13 verlangte Summe:* Für seinen Hauskauf benötigte Sch. mehrere Darlehen, s. zu Nr. 842. G.s Vorschuß betrug ca. 12 Carolin, s. zu Nr. 864 und ›Calender‹, 25. April. – *die beiden ersten Hogarthischen Lieferungen:* Von Lichtenbergs ›Ausführliche Erklärung der Hogarthischen Kupferstiche‹ erschienen postum noch Fortsetzungslieferungen, die ersten 1800 und 1801; s. zu Nr. 359. Vgl. Lichtenberg an G., 18. April 1794; G. an Lichtenberg, 7. Dezember 1795 und WA IV 10, Nr. 3116. – *19 Ehlers:* Wilhelm E. (1764–1845), von 1801–1805 Sänger und Schauspieler in Weimar; vgl. *Tag- und Jahres-Hefte* zu 1801, Bd. 14, S. 65.

858. GOETHE                     JENA, 4. MAI 1802

Erstdruck wie Nr. 834. 896,28f. *einem ‹...› Quartier:* einer ‹...› Wohnung (Erstdruck und Sch./G.¹); 896,37 *göttlichen:* göttlichem (Erstdruck und Sch./G.¹); 896,40–897,1 *Zeitenreihe, solche Menschen hervorbringt und bildet:* Zeitenreihe regelmäßig vorgenommen, solche Menschen hervorbringe und bilde (Erstdruck und

Sch./G.¹); 897,29–32 *Daß ‹...› Neuigkeiten.:* zuerst in Sch./G.¹ (als selbständiger Brief); 897,30 *Paulus:* M.; 897,31 *einem:* einen.

**896** *26 Veränderung des Quartiers:* Sch. war am 29. April von der Weimarer Mietwohnung in das jetzt nach ihm benannte Haus an der Esplanade umgezogen, s. zu Nr. 644 und 842. – *33 augurieren:* s. zu Nr. 571. – *Iphigenien ‹...› etwas verspätet:* Ursprünglich hatte die von Sch. bearbeitete Bühnenfassung der *Iphigenie auf Tauris* am 8. Mai aufgeführt werden sollen; s. Nr. 859. Die Premiere fand am 15. Mai statt, s. Nr. 861. – *34 M^me Bürger:* Die Schauspielerin und Schriftstellerin Elise (Marie Christine Elisabeth) Bürger, geb. Hahn (1769–1834), verheiratet mit Gottfried August Bürger von 1790 bis 1792, bewarb sich um ein Engagement am Hoftheater. Am 3. Mai hatte sie sich in der Titelrolle der ›Ariadne auf Naxos‹ von J. J. C. Brandes und G. A. Benda vorgestellt. Vgl. RA 4, Nr. 179, 188 und 195. Über ihren glücklosen Auftritt vgl. Christiane Vulpius und August von Goethe an G., 5. Mai; Sch. an Kirms, 4. Mai; Nr. 859, 860; Grumach V, S. 265. – *36 Bibliothekseinrichtung:* s. zu Nr. 836. Ihretwegen vor allem hielt sich G. vom 26. April bis 15. Mai in Jena auf.

**897** *7 Einiges lyrische:* Neben *Frühlingsorakel* kommen *Die glücklichen Gatten, Nachtgesang, Sehnsucht* in Betracht (Bd. 6.1, S. 59f., 74, 76f.). Eine exakte Bestimmung ist schwierig, vgl. die chronologische Tabelle in BA 4, S. 933 f.; Hagen, Die Drucke von G.s Werken, Nr. 486. – *8 die Urquelle der nordischen Mythologie:* die ›Edda‹, die G. seit 1770 in verschiedenen Übersetzungen kannte: die zweisprachige (altnordisch/lateinische) Ausgabe von Johannes Petrus Resenius ›Edda Islandorum‹ (1665), die ›Monuments de la Mythologie et de la Poésie des Celtes‹ (1756) von Paul-Henri Mallet mit einer französischen ›Edda‹-Übersetzung und die Auszüge Herders. Vgl. *Ephemerides* (Bd. 1.2, S. 537); *Dichtung und Wahrheit*, 12. Buch (Bd. 16, S. 570 f., 1017). – *19 physischen:* s. zu Nr. 406, 423, 613. – *geognostischen:* (griech.) ›geologischen‹. – *naturhistorischen:* s. zu Nr. 198. – *24 obern Gartenstube:* s. zu Nr. 330, 433, 805. – *einen Philosophen:* Johann Baptist Schad (1758–1834). Der Privatdozent der Philosophie in Jena war Anhänger Fichtes und Schellings. – *29 Schwiegervater:* August Gottlieb Richter (1742–1812), Professor der Medizin in Göttingen; vgl. G. an Loder, 17. September 1801. – *30 die Krankheit:* s. Nr. 853.

859. SCHILLER	WEIMAR, 5. MAI 1802

Erstdruck wie Nr. 833. Im Erstdruck geht Nr. 854 zäsurlos in Nr. 859 über. 898,1 f. *den nächsten Sonnabend:* den Sonnabend (Sch./G.¹); 898,4 *Vohsin:* Vohs (Sch./G.¹); 898,11 *in:* im (Erstdruck).

897 *37 aus der Regierung:* Sch. hatte von der Hochfürstlichen Landesregierung in Weimar den Lehnsbrief für seinen neu erworbenen Besitz empfangen; vgl. ›Calender‹, 5. Mai und zu Nr. 842.
898 *1 Iphigenie:* Sch. probierte seine Bearbeitung, s. zu Nr. 836, 853, 858. – *4 Vohsin:* Frau Vohs spielte die Iphigenie, s. zu Nr. 624. Über ihre Darstellung vgl. Genast I, S. 128; G. an Kirms, 9. Mai. – *8 unsere Schauspieler:* J. J. Graff (Thoas), F. Cordemann (Orest), Haide (Pylades), H. Becker (Arkas). – *9 Die Erzählung von den Thyestischen Greueln: Iphigenie auf Tauris* I/3; Bd. 3.1, S. 170 f. – *10 der Monolog des Orests:* III/2; Bd. 3.1, S. 195 f. – *19 Den übeln Erfolg der Ariadne:* Elise Bürger hatte sich in der Titelrolle des Duodramas mit Musik, ›Ariadne auf Naxos‹, vorgestellt. Sch. warnte in einem von G. in den Erstdruck aufgenommenen Brief Kirms am 4. Mai vor einem zweiten Reinfall, dieser unterrichtete G. am selben Tag; s. zu Nr. 858. – *23 die 〈...〉 unausstehlich wird:* Elise Bürger hatte Sch. während ihres Weimarer Aufenthalts einen Besuch abgestattet; vgl. Elise Bürger an Sch., 8. Mai. – *24 sie selbst sehen und hören:* Am 9. Mai reiste Elise Bürger mit einem vielsagenden »Empfehlungsschreiben« Sch.s an G. Hufeland vom 8. Mai nach Jena. Möglicherweise ist sie dort am 11. Mai aufgetreten; s. Nr. 860 und Hufelands Einladung an G., 11. Mai; Grumach V, S. 265. – *26 DeklamationsKonzert:* Soloprogramm mit Rezitationen und Liedern.


860. GOETHE	JENA, 7. MAI 1802

Erstdruck wie Nr. 834. 898,40 *morgen noch kommt:* Morgen kommt (Erstdruck); 899,10 *Theaterbau zu Lauchstädt recht:* Theaterbau recht (Erstdruck); 899,18 *Studien:* Studium (Erstdruck und Sch./G.¹); 899,30 *nun:* nur (Erstdruck und Sch./G.¹).

899 *2–4 nicht weit 〈...〉 gehen:* vgl. Johanna an C. F. E. Frommann, 17. Mai (Grumach V, S. 265). – *5 Iphigenie:* s. zu Nr. 836. – *10 Theaterbau zu Lauchstädt:* s. zu Nr. 853, 855. – *13 Alarkos:* Friedrich Schlegels Trauerspiel ›Alarcos‹ (Berlin 1802) war G. von A. W. Schlegel am 16. März zugesandt worden. Man bereitete die Weimarer Uraufführung am 29. Mai vor. Vgl. Schlegel/Schiller/Goethe, S. 130, 132; Tgb., 5. Mai; s. Nr. 861. – *15 neues dramatisches Produkt:* Das Lustspiel ›Amphitruon‹ von

Johannes Daniel Falk (1768–1826). Vgl. Falk an G., 5. Mai. Den von Steiger (IV, S. 288) vermuteten ›Octavian‹ von Tieck kannte G. schon länger. Vgl. A. W. Schlegel an G., 16. März; Caroline II, S. 270 f., 324. – *17 Kummer macht:* Falk war mit G. gut befreundet, vgl. Grumach V, S. 273. – *sorgfältiges Nachdenken, Studien der Alten:* Falk erwähnt sein 13 Monate währendes Studium von Plautus und Aristophanes und stellt ausführliche dramentheoretische Reflexionen an; vgl. RA IV, S. 85. – *20 Faςe macht:* ›standhält‹. Frz. ›faire face (aux difficultés)‹: ›Stirn bieten‹, ›Schwierigkeiten meistern‹. – *28 Bibliothekswesen:* s. zu Nr. 836. – *32 poetische Stunde:* s. zu Nr. 858.

861. SCHILLER                             WEIMAR, 8. MAI 1802

Erstdruck wie Nr. 833. 900,28 *Muße:* Muse (Sch./G.¹); 900,29 *heute den Cotta:* heute Cotta (Erstdruck).

900 *3 Alarcos:* F. Schlegels Trauerspiel war seit März auf dem Markt, s. zu Nr. 860. – *5 Amalgam des Antiken und Neuest Modernen:* F. Schlegel charakterisierte es selbst als antikisierende Tragödie »in romantischem Stoff und Costum«; vgl. Kritische F.-Schlegel-Ausgabe, Bd. 3, S. 14. – *8 eine totale Niederlage:* Die Weimarer Uraufführung vom 29. Mai wurde zum Fiasko, vgl. Grumach V, S. 270–274; NA 42, Nr. 790, 791; J. Körner: ›Romantiker und Klassiker‹. Berlin 1924, S. 116–122; Sch. an Körner, 5. Juli; Wieland an Böttiger, 25. Mai. – *10 die elende Partei:* um Kotzebue und Böttiger, die schon den ›Ion‹ verrissen hatten, s. zu Nr. 833 und 850. – *13 Anstand des französischen Trauerspiels:* Eine stilisierende Inszenierung sollte das Leidenschaftliche und die krassen Bühneneffekte des wildbewegten Stücks aufzufangen suchen; vgl. Caroline Herder an Gleim, 1. März (Bode II, S. 212 f.). – *18 Schritt zum Ziele:* vgl. *Weimarisches Hoftheater,* Bd. 6.2, S. 693 f., 699 f.; ›Alarcos‹ ist in kunstreich verschränkten Reimversen abgefaßt. – *21 Iphigenia:* s. zu Nr. 858, 859. – *22 Dienstag:* 11. Mai. – *24 Elise Bürger (...) nicht schenken:* s. zu Nr. 858–860. – *27 die Produkte Ihrer Muße:* s. zu Nr. 858. – *29 Cotta auf seiner Meß Reise:* Cotta machte auf seiner Reise zur Leipziger Ostermesse am 8. Mai kurze Zwischenstation in Weimar; s. Sch.s ›Calender‹, 8. Mai, und Nr. 864.

862. GOETHE                                 JENA, 9. MAI 1802

Erstdruck wie Nr. 834. 901,6 *was:* etwas (Erstdruck und Sch./G.¹); 901,14–20 *Ich (...) finden.:* im Erstdruck Anfang von Nr. 863, in Sch./G.¹ ein eigener Brief.

900 *36 Iphigenie:* s. zu Nr. 858. – *37 künftigen Sonnabend:* 15. Mai. – *40 Alarcos:* s. zu Nr. 861.

901 *4 obligaten:* s. zu Nr. 186. – *5 stoffartige Interesse:* s. zu Nr. 839. – *7 hier:* s. zu Nr. 858. – *14 beikommender Band:* Anton Edler von Klein (1748–1810): ›Athenor, ein Gedicht in sechzehn Gesängen‹. Frankfurt 1802; vgl. Klein an G., 17. April. – *16 Tollhausproduktion:* vgl. G.s Rezension in Bd. 6.2, S. 600–602. – *Curiosissimum:* mittellat. ›von seltenem Aberwitz‹.

863. GOETHE                    JENA, 11. MAI 1802

Erstdruck wie Nr. 834. 901,27 *einige:* einen (Erstdruck und Sch./ G.¹); 901,36 *literarischten:* literarischesten (Erstdruck), literarischen (Sch./G.¹); 902,5 f, *ungeordnete, nachgelassene:* ungeordnet nachgelassene (Erstdruck und Sch./G.¹).

901 *25 den 15ten:* s. zu Nr. 836. – *30 mehr als vergangenen:* Die Prosafassung der *Iphigenie* lag 23 Jahre, die Versfassung 15 Jahre zurück. – *32 Geschäft:* die Ordnung der Büttnerschen Bibliothek, s. zu Nr. 836. – *35 Execution:* frz. ›Erledigung‹, ›Ausführung‹. – *37 rektifiziert:* s. zu Nr. 304, 356. – *39 Vulpius:* s. zu Nr. 387.

902 *11 einiges getan:* an der *Natürlichen Tochter,* vgl. G. an Christiane Vulpius, 11. Mai. – *12 über den andern Abend:* ›den übrigen Abend‹, vgl. WA IV 15, S. 240; 7, S. 73.

864. SCHILLER                  WEIMAR, 12. MAI 1802

Erstdruck wie Nr. 833. 902,30 f. *Zustände in Ihnen erwecken:* Zustände erwecken (Erstdruck); 902,39 *Charlotte Kalb:* -- (Erstdruck), C. K. (Sch.G.¹); 903,5 *Kalb:* -- (Erstdruck), K. (Sch./ G.¹); 903,13 *gleichnamigten:* gleichnamigen (Erstdruck und Sch./ G.¹); 903,17 *Tagen:* Tage (Erstdruck und Sch./G.¹); 903,20 *wolle:* wollte (Erstdruck); 903,36–904,4 *Das Geld ⟨...⟩ darüber.:* zuerst in Sch./G.² (1856); 904,5 *nur:* um (Erstdruck); 904,10 f. *Leben ⟨...⟩ haben?:* zuerst in Sch./G.².

902 *24 Sonnabend:* s. zu Nr. 862. – *25 Titus:* Die achte Aufführung der von C. A. Vulpius für das Weimarer Hoftheater bearbeiteten Mozartoper ›La Clemenza di Tito‹ fand am 12. Mai statt. – *28 ich hoffe ⟨...⟩ nicht erschrecken sollen:* zu G.s Skepsis bezüglich einer *Iphigenie*-Inszenierung vgl. Nr. 836, 863 und seine Bemerkungen zu Eckermann am 27. März 1825 und 1. April 1827, Bd. 19, S. 513, 549–552. Über die Premiere vgl. auch Amalie von Imhoffs Tagebucheintragung (in: Henriette von Bissing: ›Das Leben der Dichterin Amalie von Helvig geb. Freiin von Imhoff‹. Berlin 1889, S. 60f.); G.s Lob in den *Tag- und Jahres-Heften* zu

1802, Bd. 14, S. 84. – *30 manche vergangene Zustände:* s. zu Nr. 863; G. an Zelter, 29. März 1827. – *34 hiesigen Freunden und Freundinnen:* die Besucher der Privataufführung der Prosafassung (am 6. und 12. April, 14. Juli 1779 und 30. Januar 1781), vornehmlich das herzogliche Haus, Louise von Göchhausen, Charlotte von Stein und Herders. G.s Verhältnis zu den Letztgenannten hatte sich einschneidend gewandelt, s. zu Nr. 20, 129, 608, 680. – *36 Mit dem Alarcos ⟨...⟩ belehren:* s. zu Nr. 860 und Nr. 861. – *38 unsern Schauspielern:* F. Haide, K. H. Schall, H. Becker, F. Cordemann, W. Ehlers, J. J. Graff, A. Malcolmi, F. Petersilie, W. Maaß, M. L. Teller. – *39 Charlotte Kalb:* Sie hielt sich von April bis August in Weimar auf; vgl. NA 39 I, Nr. 236, 278.

**903** *5 zu denen Lesern:* vgl. G.s Aufsatz *Weimarisches Hoftheater* (Bd. 6.2, S. 701 f.). – *8 für den Verfasser der Lucinde:* Sch. hatte F. Schlegels Roman scharf kritisiert, s. zu Nr. 631. – *9 Alarcos:* s. zu Nr. 860, 861. – *10 passionierteste:* (frz.) ›leidenschaftlichste‹. – *15–17 Cotta ⟨...⟩ hier zu finden:* s. zu Nr. 861. Auf dem Rückweg von Leipzig hielt sich Cotta vom 29. bis 30. Mai in Weimar auf und traf G. (Tgb.). – *15 vorigen Sonnabend:* 8. Mai. – *18 Mahomet und Tancred:* G. hatte seine Bearbeitungen der Voltaireschen Trauerspiele (s. zu Nr. 659, 754, 788) am 30. März Cotta – als erste größere poetische Arbeiten – zum Druck angeboten; vgl. Goethe/Cotta I, S. 88–98. – *19 Gädike:* Der Weimarer Buchdrucker J. C. Gaedicke lehnte im April den Druck der beiden Werke mit der Begründung ab, seine Kapazitäten seien ausgelastet und zudem habe ihn Cotta in der Vergangenheit wenig konsultiert, Vgl. WA IV 16, S. 422, und RA 4, Nr. 178. Die Stücke wurden dann von Hopfer in Tübingen 1802 gedruckt. Vgl. Goethe/Cotta 3/1, S. 166 f. – *23 beigeschlossnen Aufsatz von ⟨...⟩ Weinbrenner:* Friedrich W. (1766–1826) war Baudirektor in Karlsruhe. Er hatte 1797 Meyer in Rom kennengelernt. Im Aufsatz könnte Weinheber seinen Vorschlag zur Ausbildung von Architekten unterbreitet haben. Vgl. A. Valdenaire: ›Friedrich Weinbrenner. Sein Leben und seine Bauten‹. Karlsruhe 1919, S. 290–293. Über Weinbrenners Entwurf eines Schiller-Monuments vgl. Scheidig, S. 474–477. – *26 meiner hiesigen Ortsveränderung:* s. zu Nr. 858. – *28 durch die Nachricht:* zur Krankheit vgl. Louise Franckh an Sch., 21. April. Die Todesnachricht erhielt Sch. durch Johann Gottlieb Franckhs Schreiben vom 29. April erst am 11. Mai. Vgl. Charlotte I, S. 347 f. – *29 Mutter:* Elisabetha Dorothea Schiller, geb. Kodweiß (1732–1802). – *30 an demselben Tag:* vgl. die Eintragung Sch.s im ›Calender‹ unter dem 29. April. – *35 Ihrer wohlgelungenen Geschäfte:* s. Nr. 863. – *36 Das Geld ⟨...⟩ liegt parat:* die Rückzahlung von G.s Vorschuß, s. zu Nr. 857; vgl. ›Calender‹,

25. April und 3. Juni. – *39–904,4 sich von Niethammern (...) Anweisung darüber:* Anfang des Jahres war in Jena die Bibliothek von Niethammers verstorbenem Schwiegervater Johann Ludwig von Eckardt (1732–1800) versteigert worden. Sch. hatte sich an der Auktion beteiligt und einige Werke erstanden.

904 *5 Athenor:* G. hatte Sch. das Werk am 9. Mai zugesandt, vom Autor hatte Sch. es schon am 8. erhalten; s. Nr. 862. – *8 ein andres:* Elise Bürger hatte mit einem Brief vom 8. Mai Szenen aus einem Schauspiel und Gedichte Sch. zur Beurteilung vorgelegt. – *10 Elise Bürgern:* vgl. zu Nr. 859; Grumach V, S. 265.

865. GOETHE                                WEIMAR, 17. MAI 1802

Erstdruck wie Nr. 834. 904,22 *Ihre:* ihre (Erstdruck).

904 *17 Alarcos:* s. zu Nr. 860, 861. – *19 Colloquio:* lat. ›Gespräch‹. – *21 noch einiges vorzutragen:* Sch. und G. hatten sich zuletzt am 15. Mai getroffen. Am 18. berichtet Sch. Cotta ausführlich über G.s Publikationspläne in dessen Verlag, die vermutlich Gegenstand der Gespräche vom 15. und 17. Mai waren. – *23 geheime Concilium:* Ihm gehörten G., Voigt, Johann Christoph Schmidt und Wilhelm von Wolzogen an.

866. GOETHE                                  JENA, 8. JUNI 1802

Erstdruck wie Nr. 834. 904,30f. *Arbeit bis jetzt gut:* Arbeit gut (Erstdruck und Sch./G.¹); 904,39 *Inpromtu:* Inpromtu (Erstdruck und Sch./G.¹); 905,5 *Jena:* Weimar (Erstdruck).

904 *30 meine Arbeit:* G.s Jena-Aufenthalt vom 5. bis 12. Juni diente der Ausarbeitung des Vorspiels *Was wir bringen* zur Eröffnung des neugebauten Lauchstädter Theaters am 26. Juni; vgl. Bd. 6.1, S. 750–783; s. zu Nr. 853 und 870. – *35 durch Abwechslung (...) gewinnen könnte:* G. verwendet neben Prosa den Trimeter und Blankvers, baut Lied- und Sonettstrophen ein. – *37 Sonnabends:* 12. Juni. – *39 Inpromtu:* frz. ›Impromptu‹: ›Stegreifdichtung‹.

867. SCHILLER                              WEIMAR, 9. JUNI 1802

Erstdruck wie Nr. 833.

905 *11 die Mitteilung:* G. las am 13. Juni Sch. *Was wir bringen* vor (Tgb.). – *12 die Notwendigkeit:* Zur Ausarbeitung und den Proben des Vorspiels blieben nur etwa drei Wochen bis zur Uraufführung (26. Juni). G. unterstrich oft die Unwillkürlichkeit seiner literarischen Produktion; s. zu Nr. 756, 786. – *13 bei andern*

*Werken:* etwa bei *Faust,* mit dem sich G. lange nicht mehr beschäftigt hatte und auf den *Was wir bringen* anspielt (Bd. 6.1, S. 765); s. zu Nr. 793; Sch. an Cotta, 18. Mai. – *ich 〈...〉 nicht wohl:* Die gesamte Familie Schiller war in den folgenden Wochen an Katarrh erkrankt; vgl. Nr. 873. – *19 Zelters Aufsatz:* Am 9. Mai hatte Zelter an G. eine Rezension von Johann Friedrich Reichardts ›Der Tod des Herkules‹ gesandt. Sie wurde anonym im ›Journal des Luxus und der Moden‹ veröffentlicht (Nr. 8, August 1802).

868. GOETHE                                   JENA, 11. JUNI 1802

Erstdruck wie Nr. 834. 905,38 *worunter freilich sehr:* worunter sehr (Erstdruck und Sch./G.¹); 906,3 *diese:* die (Erstdruck).

905 *28 Meine Arbeit:* s. zu Nr. 866. – *33 Sonnabend Abend:* am 13. Juni, s. zu Nr. 867. – *35 Freilich 〈...〉 liegen lassen:* s. zu Nr. 867.

869. SCHILLER                                WEIMAR, 12. JUNI 1802

Erstdruck wie Nr. 833.

906 *11 indem ich Sie 〈...〉 selbst erwartete:* G. kehrte erst am Abend des gleichen Tages nach Weimar zurück (Tgb.). – *14 morgen Abends:* s. zu Nr. 867. – *17 Beckers Krankheit:* Heinrich Becker war schwer erkrankt, vgl. Kirms an G., 11. Juni. Er sollte in *Was wir bringen* die Rolle des Reisenden (Merkur) übernehmen. Zur Premiere in Lauchstädt konnte er auftreten. – *22 Ehlers:* s. zu Nr. 857. – *24 Personalität des Schauspielers:* G.s und Sch.s programmatische Theaterreden und Prologe thematisieren anhand des Weimarer Theaters das Verhältnis von Darsteller und Publikum; vgl. *Tag- und Jahres-Hefte* zu 1802, Bd. 14, S. 93 f.; G. an Zelter, 31. August. – *28 jetzt sehr lärmend:* Die Reparatur- und Renovierungsarbeiten an Sch.s neu erworbenem Haus dauerten bis zum August; vgl. Sch. an Charlotte Schiller, 13. (12.?) August, Nr. 879, zu Nr. 842. – *31 gar nicht wohl:* s. zu Nr. 867. – *33 Schwung des ewigen Zorns:* Anspielung auf G.s Formulierung in Nr. 866 (S. 905, Z. 2 f.).

870. SCHILLER                                WEIMAR, 24. JUNI 1802

Erstdruck wie Nr. 833. 907,10 *gelinge:* gelingt (Erstdruck und Sch./G.¹).

907 *5 zu dem vorhabenden Geschäft:* Seit dem 21. Juni hielt sich G. in Lauchstädt auf. Sch. mußte krankheitshalber auf die Reise dorthin verzichten. Das neue Theater wurde mit G.s Vor-

spiel *Was wir bringen* und Mozarts ›Titus‹ eröffnet, s. zu Nr. 866. Das Ensemble des Hoftheaters gastierte hier bis zum 12. August. – *7 während Ihrer Abwesenheit:* G. reiste nach der Lauchstädter Theatereinweihung weiter nach Halle und Giebichenstein. Er kehrte erst am 25. Juli nach Weimar zurück; vgl. Tgb. – *8 Apollo:* als Gott der Dichtkunst; Anspielung auf die Allegorien des Vorspiels. – *zu der neuen Theaterepoche:* Die neue Theatersaison begann am 25. September. – *10 seit meiner Dresdner Reise:* vom 6. August bis 20. September 1801, s. zu Nr. 823. – *12 Geist der Zerstreuung:* ähnlich Sch. an Körner schon am 17. März, s. zu Nr. 371. – *14 eine glückliche Entladung:* Die Gedichte ›Thekla. Eine Geisterstimme‹ und ›Kassandra‹ wurden Anfang Juli fertiggestellt, vgl. Sch. an Cotta, 9. Juli. Ab August widmete sich Sch. der ›Braut von Messina‹. Vgl. Sch. an Charlotte Schiller, 13. (12.?) August; an Körner, 9. September und Nr. 879.

871. GOETHE                                     LAUCHSTÄDT, 28. JUNI 1802

Erstdruck wie Nr. 834. 907,27 *welchen:* welchem (Sch./G.¹).

907 *21 Lauchstädt:* s. zu Nr. 870. – *22 Hofkammerrat:* Franz Kirms reiste am 29. Juni zurück nach Weimar. – *23 Erzählen mag er Ihnen:* Zur Begegnung zwischen Kirms und Sch. kam es zunächst wegen der Erkrankung der Familie Schiller nicht; s. zu Nr. 873. – *24 die Eröffnung:* Zur Einweihung des Lauchstädter Schauspielhauses s. *Tag- und Jahres-Hefte* zu 1802, Bd. 14, S. 93 f.; Bd. 6.1, S. 1083 f.; die Berichte von Genast, Ludecus und Christiane Vulpius in Gespräche I, S. 857 f., Grumach V, S. 281 ff. – *32 Mit Wolf ⟨...⟩ Büchlein von den Farben:* G. ging seine 1801 abgeschlossene Übersetzung von Theophrasts Schrift, die Simon Portius 1548 unter dem Titel ›De coloribus‹ herausgab, mit F. A. Wolf am 28./29. Juni durch; vgl. *Tag- und Jahres-Hefte* zu 1801, Bd. 14, S. 64, und Tgb. Er nahm sie später in den *Historischen Teil der Farbenlehre* auf, Bd. 10, S. 497–517, 1142 f. – *38 jugendliche Welt:* die Hallischen und Leipziger Studenten. Sie baten um eine Aufführung der ›Räuber‹, die ihnen G. am 22. Juli präsentierte. Der befürchtete Tumult blieb aus. Vgl. Gespräche, Nr. 1772 und Nr. 6571.

908 *3 Garten und Gartenhaus:* s. zu Nr. 275. – *10 Hällischen Zustandes:* Vom 9. bis 20. Juli hielt sich G. in Halle und Giebichenstein u. a. bei Wolf und Reichardt auf; vgl. *Tag- und Jahres-Hefte* zu 1802, Bd. 14, S. 94 f.

872. GOETHE    LAUCHSTÄDT, 5. JULI 1802

Erstdruck des ersten Briefteils: 908,19–910,16 *Es geht ‹...› begegnen kann* in Sch./G.⁴ (1881); des anschließenden Teils von 910,16–912,4 wie Nr. 834; 910,40 *sagt:* sagte (Erstdruck); 911,2 *und nun sei:* und sei (Erstdruck); 911,9–12 *Noch ‹...› gelesen,:* Mit dem höchst interessanten naturhistorischen Buche, wovon ich vor meiner Abreise sprach, hab' ich mich diese vierzehn Tage her beschäftigt; es gab mir viel zu denken, bezüglich auf das Abgehandelte und auch auf den Verfasser; er (Erstdruck und Sch./G.¹); 911,12 *Natur:* Art (Erstdruck und Sch./G.¹); 911,15 *weiter; und er dürfte:* weiter; doch dürfte er (Erstdruck und Sch./G.¹); 911,22 *ihn:* den Verfasser (Erstdruck); 911,23 *bin:* wäre (Erstdruck und Sch./G.¹).

908 *27 Geschäfte:* neben dem Theaterbau in Lauchstädt auch die Organisation der Bibliothek, s. zu Nr. 836, 853. – *30 die neunte Vorstellung überstanden:* Nach G.s Liste (908,36–909,7) standen folgende Vorstellungen auf dem Programm: die Uraufführung von G.s *Was wir bringen* und Mozarts Oper ›Titus‹ am 26. Juni (s. zu Nr. 870); *Was wir bringen* und Einsiedels Terenz-Bearbeitung ›Die Brüder‹ am 27.; ›Wallensteins Tod‹ am 28.; Paisiellos Oper ›Die Müllerin‹ am 29.; Kotzebues Lustspiel ›Die beiden Klingsberge‹ am 30. Juni; G.s *Tancred* (1. Juli); ›Wallensteins Tod‹ (2. Juli); Wranitzkys Oper ›Oberon‹ (3. Juli) und Ifflands Lustspiel ›Der Fremde‹ (4. Juli).

909 *15 verzeihliche Unarten:* vgl. G. an Kirms, 5. Juli: »Die Studenten haben Benda und die Teller ausgelacht, welches man ihnen keinesweges übel nehmen konnte.« – *35 theatralisch wirksamere lieferten:* Probleme der theatralischen Einrichtung hatte ›Wallenstein‹ aufgeworfen; s. zu Nr. 388, 448, 585. Zuletzt sah man von einer Aufführung der ›Jungfrau von Orleans‹ in Weimar ab; s. zu Nr. 819; vgl. zu Nr. 646. – *Epitomisieren:* (griech.): ›zusammenfassen‹, ›straffen‹. G. wollte Stücke von maximal drei Stunden, so daß Sch. häufig zu kürzen hatte; vgl. *Über das deutsche Theater,* Bd. 11; G. zu Eckermann, 17. März 1830 (Bd. 19, S. 663); *Tag- und Jahres-Hefte* zu 1805, Bd. 14, S. 129f.; G. an Körner, 23. April 1812.

910 *2 Avantage:* frz. ›Vorteil‹. – *6 Meyer verflucht ‹...› das Baden:* J. H. Meyer unterzog sich auf ärztliche Anweisung von Stark einer Kur in Bad Lauchstädt, s. zu Nr. 200. – *Beilage:* Meyer an Sch., 4. Juli. – *9 ein Kistchen Portwein:* s. Nr. 875. – *11 es stehet geschrieben:* Ironisierung der Bibelsprache. – *16 Die Hoffnung ‹...› unter den jungen Leuten:* s. zu Nr. 871. – *21 Zerstreuung:* s. zu Nr. 870. – *26 nach Halle:* s. zu Nr. 870, 871. – *27 Göttingen:* s.

Nr. 822. – *29 Mit Wolf:* s. zu Nr. 871. G. logierte bei F. A. Wolf; vgl. Tgb., 9., 10., 18. Juli; Grumach V, S. 286–289. – *30 nach seinen Kriterien:* Der Begründer der modernen Altphilologie setzte die historisch-kritische Methode der Textkonstitution durch; s. zu Nr. 67. – *31 peripatetischen:* Aristotelischen, vgl. Bd. 10, S. 1142. – *39 Weiß anstatt Schwarz:* vgl. *Materialien zur Geschichte der Farbenlehre,* Bd. 10, S. 515, Z. 1 »weiße Hirsche«; ebenda, S. 1144; vgl. G. an Schultz, 19. Juli 1816.

911 *1 als einen verwegnen Scherz:* ›Schwarz‹ in ›Weiß‹ zu verwandeln galt traditionell als Ausweis sophistischer Virtuosität, vgl. M. Beetz: ›Rhetorische Logik‹. Tübingen 1980, S. 268 f. – *4 Codicibus:* lat. ›Handschriften‹. – *5 ein unschätzbarer Gewinn:* G. preist Wolf ähnlich in den *Tag- und Jahres-Heften* zu 1802 und 1805. Dieser trat für G. später in die Lücke, die durch Sch.s Tod gerissen wurde. (Bd. 14, S. 94, 131–136). – *10 Sprengel:* Kurt Sprengel (1766–1833): ›Anleitung zur Kenntnis der Gewächse, in Briefen. Sammlung 1–3‹. Halle 1802–1804. 1802 waren zwei Bände erschienen. – *23 ihn persönlich kennen zu lernen:* Am 11. Juli machte G. bei dem Hallischen Professor für Botanik und Direktor des Botanischen Gartens »mikroskopisch physiologische Beobachtungen« (Tgb.). Vgl. G. an Sprengel, 14. Oktober; *Tag- und Jahres-Hefte* zu 1802, Bd. 14, S. 95. – *25 das Werk von Brandes:* Ernst B. (1758–1810) war zwischen 1791 und 1806 Kurator der Universität Göttingen und hatte die Schrift ›Über den gegenwärtigen Zustand der Universität Göttingen‹ (Göttingen 1802) verfaßt. Brandes rezensierte auch Sch.sche Dramen. Vgl. dazu ›Schiller – Zeitgenosse aller Epochen. Dokumente zur Wirkungsgeschichte Schillers in Deutschland‹. Tl. 1. Hg. von N. Oellers. Frankfurt/M. 1970, S. 21, 88–89, 520. – *28 als Rekapitulation:* s. Nr. 822. – *31 der Ausfall besonders gegen uns:* Brandes diskreditiert in seiner Werbeschrift für die Göttingische Universität die Jenaische, an der man vorzugsweise »abstrakte Philosophie, Idealismus, neue Literatur und Kunst (...) ein so genanntes ästhetisches Räsonnieren über Kunst« pflege, ohne Neigung zu Brotwissenschaften und Gelehrsamkeit; wo es Mode sei, »daß alles aus dem Ich heraus gesponnen werden soll« (a. a. O., S. 361 f.). Vorher hatte er sich über das Unwesen der Jenaer Studentenverbindungen ausgelassen (S. 310). – *40 Wildfang:* Kotzebues Lustspiel ›Der Wildfang‹ wurde am 5. Juli aufgeführt, s. zu Nr. 776.

873. SCHILLER  WEIMAR, 6. JULI 1802

Erstdruck wie Nr. 833. 912,29 *besagt:* sagt (Sch./G.¹); 913,8 *dann:* denn (Erstdruck); 913,10 *dieses:* das (Erstdruck); 913,19–22 *In der ⟨...⟩ können.:* zuerst in Sch./G.¹ (1829); 913,20 *diese lederne Manier:* diese Manier (Sch./G.¹); 913,23 *Kotzebue:* zuerst in Sch./G.¹; 913,23 *Masson:* Massow (Erstdruck und Sch./G.¹); 913,24 *ganz niederträchtig aber nach:* ganz nach (Erstdruck).

912 9 *nicht nach Lauchstädt folgte:* s. zu Nr. 870. – 10 *Katarrhfiebers:* zur Erkrankung der Familie Schiller vgl. Nr. 867. – 11 *Sonnabend:* am 26. Juni; s. zu Nr. 867. – 19–21 *Deswegen ⟨...⟩ vernehmen können:* s. zu Nr. 871. – 26 *während der Woche:* vom 28. Juni bis 2. Juli, s. zu Nr. 872. – 27 *nicht ⟨...⟩ fortsetzen dürfen:* Das Weimarer Ensemble legte bald spielfreie Tage ein, s. zu Nr. 870. – 29 *das Stoffartige:* vgl. zu Nr. 839. – 32–913,5 *Ich gebe Ihnen vollkommen recht ⟨...⟩ zu überwinden ist:* vgl. Nr. 872. Seit den ›Räubern‹ trennt Sch. dramatische und theatralische Erfordernisse, vgl. NA 3, S. 243; Nr. 388, 448; Sch. an Iffland, 22. April 1803; Sch. an seine Frau, 6. Juli 1803. Zum Gesamtzusammenhang ferner A. Gellhaus: ›Ohne der Poesie das Geringste zu vergeben‹. In: ›Genio huius loci‹. Hg. von D. Kuhn und B. Zeller. Wien, Köln, Graz 1982, S. 111–126. – 39 *ad extra:* lat. ›nach außen‹.

913 4 *ad intra:* lat. ›nach innen‹. – 6–10 *Ich glaube ⟨...⟩ zu beschäftigen:* vgl. Sch. an Körner, 16. November 1801. – 11 *Innigkeit:* vgl. dazu W. von Humboldt an Körner, 7. März 1797 (in: ›Wilhelm von Humboldts Briefe an Christian Gottfried Körner‹. Hg. von A. Leitzmann. Berlin 1940, S. 35–40) und Sch.s Briefe an Cotta und G. vom 5. Januar 1798 (Nr. 401) und an Körner, 8. Januar 1798. – 14 *von Wolf:* G. traf den Altphilologen und Altertumswissenschaftler in Lauchstädt, s. zu Nr. 872. – 15 *der verstorbene Reitz:* Friedrich Wolfgang Reiz (1733–1790) war Professor der klassischen Philologie in Leipzig. Er hatte eine griechische Ausgabe der Aristotelischen Poetik ediert (1786). Die unvollendete lateinische Übertragung hatte er kurz vor seinem Tod dem befreundeten Wolf zur Edition übergeben; sie unterblieb jedoch. Vgl. Wolf an Ernesti, 21. April 1790; an Garve, 9. Mai 1790 (›Friedrich August Wolf. Ein Leben in Briefen‹. Hg. von Siegfried Reiter. Bd. 1. Stuttgart 1935, S. 87–90). – 17 *ein interessantes Thema:* Schon Aristoteles hebt Ansprüche der Dramatisierung von solchen der Theatralisierung ab (Curtius-Ausgabe, S. 15; s. zu Nr. 307). Sch.s erneutes Interesse an der Aristotelischen Poetik erwuchs aus der Arbeit an der ›Braut von Messina‹; vgl. zu Nr. 879 und NA 10, S. 301–311. – 19 *Schrift von Brandes:* s. zu Nr. 872. – 23 *Eine Schrift gegen Kotzebue:* ›Briefe eines Franzosen an einen

Deutschen ‹...›‹ (Basel 1802) von Charles François Philibert Masson (1762–1807). Der aus russischem Militärdienst entlassene französische Offizier und Schriftsteller wirft Kotzebue Beschönigungen in ›Das merkwürdigste Jahr meines Lebens‹ (Berlin 1801) vor. Darin hatte Kotzebue Massons ›Mémoires secrets‹ (Paris 1800–1802) angegriffen. Der Streit provozierte als nächste Replik die ›Kurze und gelassene Antwort des Herrn von Kotzebue auf eine lange und heftige Schmähschrift des Herrn von Masson‹ (Berlin 1802). – *26 Indignation:* (lat.) ›Mißfallen‹, ›Entrüstung‹. – *28 Halle:* s. zu Nr. 870, 871. – *29 Ihrer Zurückkunft:* s. zu Nr. 870. – *33 Nächsten Posttag:* Ein Brief Sch.s an Meyer vom Juli ist nicht erhalten.

874. SCHILLER WEIMAR, 26. JULI 1802

Erstdruck wie Nr. 833. 914,3 *Sie hier willkommen:* Sie willkommen (Sch./G.¹); 914,5 *4.:* vier Uhr (Sch./G.¹).

914 *3 Herzlich ‹...› willkommen:* G.s Rückkehr erfolgte nach einem neuerlichen Aufenthalt in Lauchstädt (20.–25. Juli) am 25. Juli; s. zu Nr. 870. – *5 zwischen 3 und 4:* vgl. G.s Tgb.

875. GOETHE AN SCHILLER UND MEYER
WEIMAR, 29. JULI 1802

Erstdruck in WA IV 18 (1895), S. 87.

914 *15 Doktor Meyer:* Der Arzt und Literat Nicolaus M. (1775–1855) war seit seiner Jenaer Studentenzeit 1798–1800 mit G. bekannt. An Meyers Promotion und Abschied aus Jena schloß sich ein lockerer Briefwechsel bis 1831 an. Vom Januar bis April 1802 hatte sich der Bremer zuletzt in Weimar aufgehalten. Vgl. Sch. an N. Meyer, 1. März. – *Ohm:* altes deutsches Flüssigkeitsmaß von ca. 150 l. – *16 Bout‹eillen›:* (frz.) ›Flaschen‹.

876. GOETHE JENA, 10. AUGUST 1802

Erstdruck wie Nr. 834. 915,8f. *Was ‹...› fordern?:* zuerst in Sch./G.² (1856); 915,6 *vorzüglich zu:* vorzüglich darum zu (Erstdruck und Sch./G.¹).

914 *32 mein Vorspiel: Was wir bringen,* s. zu Nr. 866. Cotta hatte am 5. August brieflich angefragt, ob er das Vorspiel verlegen dürfe. Zur anfänglichen Skepsis G.s gegenüber dem Stück vgl. G. an Zelter, 31. August; Nr. 868. – *37 Aufsatz in der eleganten Zeitung:* Die Aufführungen in Lauchstädt (s. zu Nr. 872) waren am 26. und 27. Juli in der ›Zeitung für die elegante Welt‹ (3. Jg.

1802, Nr. 84, 15. Juli; Nr. 85, 17. Juli) von Reichardt rezensiert worden.

**915** *1 an Cotta zu schicken:* G. an Cotta, 13. August (abgesandt am 14.). – *3 Ausgabe mit Kupfern:* Das Werk wurde ohne Kupfer im gleichen Satzspiegel wie *Mahomet* und *Tancred,* jedoch nach G.s Vorschlag in größerer Type gedruckt. – *8 wegen des Honorars:* Sch. handelte mit Cotta als Honorar 60 Carolin aus; vgl. G. an Cotta, 13. August; Sch. an Cotta, 10. September und 8. Oktober; Cotta an Sch., 21. September. – *17 Jena:* G. hielt sich vom 3. bis 27. August in Jena auf.

877. SCHILLER  WEIMAR, 11. AUGUST 1802

Erstdruck in GJb 11 (1890); vgl. H. G. Gräf: ›Zum Schiller-Goethe-Briefwechsel‹ in: Euph. 19 (1912).

**915** *22 kleinen Werkes: Was wir bringen,* s. zu Nr. 876. – *25 zwischen 5 und 6 Bogen:* Das Werk samt *Prolog* erschien in einem Umfang von 80 Seiten, d. h. fünf Bogen (Kleinoktav); vgl. Bd. 6.1, S. 784 f., 1089. – *30 Auflage:* von 4000 Exemplaren. – *31 heraus zu bezahlen:* Cotta dachte zeitweilig an 70 Carolin, s. zu Nr. 876. – *33 das Mskrpt sogleich an Cotta zu schicken:* G. übersandte das Manuskript am 14. August (Tgb.) und den mit dem Vorspiel in Druck gegebenen *Prolog* am 28. September. Das Werk erschien im Oktober; vgl. Cotta an G., 11. Oktober. – *36 mit seinem Kalender:* Cottas ›Taschenbuch für Damen auf das Jahr 1803‹ erschien im September; vgl. Cotta an Sch., 9. September; s. zu Nr. 769. – *40 nicht viel besser gegangen ist:* G. hatte in seinem letzten Brief an Sch. über mangelnde poetische Kreativität geklagt (s. Nr. 876). Vgl. auch Nr. 878, 879; zu Nr. 849 und G. an Zelter, 31. August.

**916** *1 ist doch etwas geschehen:* Sch. beschäftigte sich mit der ›Braut von Messina‹, die im Dezember fertiggestellt wurde; vgl. NA 42, Nr. 802. – *2 mit der Gesundheit:* vgl. zu Nr. 867.

878. GOETHE  JENA, 17. AUGUST 1802

Erstdruck wie Nr. 834. 917,5 *Heere:* Herrn (Sch./G.¹).

**916** *10 hiesigen Aufenthalt:* s. zu Nr. 876. – *wenig Produktives:* s. zu Nr. 877. – *18 unangenehme äußere Vorfälle:* Die Nachricht vom Ertrinkungstod Emil Hendrichs (1778–1802), des Sohnes des Jenaer Kommandanten, traf G. am 12. August (Tgb.); vgl. G. an Christiane, 17. August. – *21 morgens badete:* vgl. Tgb. – *25 im naturhistorischen Fache:* s. zu Nr. 198. Probleme der Anatomie besprach G. mit Loder, der Optik mit Himly. Er studierte die

Entwicklung der Wolfsmilchraupe und arbeitete an einem Aufsatz zur vergleichenden Knochenlehre; vgl. Bd. 12, S. 361–369; *Tag- und Jahres-Hefte* zu 1802, Bd. 14, S. 95 f.; Tgb., 5., 6., 9., 10., 12., 19., 26. August; Batsch an G., 15. August; Bd. 4.2, S. 236, 243; s. zu Nr. 280. – *31 potentiieren:* (lat.) ›stärken‹, ›erhärten‹. – *37 Honorars:* s. zu Nr. 876, 877. – *in Suspenso:* lat. ›in der Schwebe‹. – *39 kompromittieren:* s. zu Nr. 7.

917 *1 Ihnen die Muse günstiger:* Sch. arbeitete an der ›Braut von Messina‹. – *2 mir vielleicht auch:* G. dachte an die *Natürliche Tochter,* vgl. Tgb., 6. August. – *5 Heere:* Das bislang kurmainzische Erfurt ging damals in preußischen Besitz über; vgl. Kirms an G., 17. August.

879. SCHILLER WEIMAR, 18. AUGUST 1802

Erstdruck wie Nr. 833. 917,38 *den ältern Plinius:* den Plinius; 918,25 *bewillkommen:* bewillkommnen.

917 *18 Sie können nie untätig sein:* s. zu Nr. 877; Nr. 581. – *25 dieses Geschäft (...) in die Ferne schieben:* 1810 erschienen die beiden Bände *Zur Farbenlehre* (Bd. 10). Die weiteren Arbeiten G.s wurden erst ab 1817 durch die Schriftenreihe *Zur Naturwissenschaft überhaupt, besonders zur Morphologie* (Bd. 12) einem breiteren Publikum bekannt. Zur Redaktions- und Publikationsgeschichte vgl. Bd. 12, S. 833–838. – *29 wie Ihnen (...) widerfahren:* Eher als Nachahmungen poetischer Werke dürfte Sch. hier den verschwiegenen Einfluß naturwissenschaftlicher Werke auf Zeitgenossen – etwa Himly, Lichtenberg – im Auge haben; vgl. LA II/4, S. 119 und Nr. 121. – *32 Hätten wir uns (...) früher gekannt:* Der promovierte Mediziner Sch. begegnete dem aus Italien zurückkehrenden G. schon am 7. September 1788, jedoch ohne einen Annäherungserfolg; s. Nr. 4. – *33 mich (...) bemächtigen:* vgl. die wissenschaftstheoretisch geprägte Korrespondenz im Januar und Februar 1798, Nr. 404–412, 422–430. – *38 über den ältern Plinius:* Plinius d. Ä., Gaius Plinius Secundus (23/24–79), römischer Beamter und Schriftsteller. Sch. hatte gerade die ›Histoire des Empereurs Romains, depuis Auguste jusqu'a Constantin‹ von J. B. L. Crévier (1693–1765) aus der Herzoglichen Bibliothek entliehen, in der biographische Anekdoten über Plinius zu finden sind. Vgl. Ortlepp, S. LXVIII.

918 *2 Haller:* Albrecht von H. (1708–1777) war als Schriftsteller wie als renommierter Naturforscher und Wissenschaftsorganisator über vier Jahrzehnte rastlos tätig. Sch. kannte ihn seit seiner Studienzeit; vgl. zu Nr. 415; NA 42, Nr. 34, 141, 178, 254; Bd. 4.2, S. 333. – *6–8 seinem Neffen (...) gehen sah:* Plinius d. J.,

Gaius Plinius Caecilius Secundus (geb. 61/62, gest. um 113); vgl. Crévier, Bd. 6, S. 525; Plinius' ›Epistulae‹ 3,5 Verse 15 f. – *9 Sukzeß:* (frz.) ›Erfolg‹. – *10 meinem Stücke:* ›Die Braut von Messina‹. – *13–15 erfreulichere Aufgabe ⟨...⟩ einzuschränken:* vgl. Sch. an Körner, 13. Mai 1801, 9. September 1802; Nr. 872, 873. – *17 politischen Dinge:* Die Abtretung der linksrheinischen Reichsgebiete war im Frieden von Lunéville (1801) an das Versprechen rechtsrheinischer Entschädigung für die betroffenen Fürsten geknüpft worden. Die bevorstehende Säkularisation geistlicher Besitztümer betraf als Kurfürsten von Mainz auch Sch.s Gönner C. Th. von Dalberg, s. zu Nr. 196. Dalbergs Brief vom 28. August nährte alte Förderungshoffnungen. Nach dem Reichsdeputationshauptschluß von 1803 wurde Dalberg unter Beibehaltung seiner bisherigen Privilegien der erzbischöfliche Stuhl in Regensburg zuerkannt. In der Folgezeit erhielt Sch. zwar gelegentliche finanzielle Unterstützung von Dalberg (vgl. Sch. an Dalberg, 8. Februar 1803; an Charlotte Schiller, 10. Oktober 1803; Nr. 890), die aber keine dauerhafte materielle Sicherheit gewährleistete. – *19 noch andere Dinge:* möglicherweise die Nobilitierung; vgl. Sch. an Voigt, 12., 18. Juli und 17. November; s. zu Nr. 884. – *22 Meine Baureparaturen:* s. zu Nr. 869. – *27 zurückkehren:* s. zu Nr. 876.

880. GOETHE   WEIMAR, 15. SEPTEMBER 1802

Erstdruck wie Nr. 834.

918 *32 Teutschen Andria:* August Hermann Niemeyer (1754–1828): ›Die Fremde aus Andros‹. Der Theologe und Direktor des Hallischen Pädagogiums hatte G. am 1. September persönlich seine Bearbeitung und Übersetzung der ›Andria‹ von Terenz überreicht (Tgb.), die G. aufzuführen und drucken zu lassen versprach; vgl. Niemeyer an G., 30. November; *Tag- und Jahres-Hefte* zu 1802, Bd. 14, S. 94; zu Nr. 914. – *erste Buch meines Cellini:* Seit dem 6. September redigierte G. seine Übersetzung *Benvenuto Cellini* und ergänzte sie um den Anhang für die Buchausgabe bei Cotta 1803, s. zu Nr. 148, 244.

881. SCHILLER (AN GOETHE?)
   WEIMAR, VERMUTLICH 17. ODER 18. SEPTEMBER 1802

Erstveröffentlichung eines Teildrucks (919,3–6 *Der Übersetzung ⟨...⟩ sein.*) in Henrici-Auktionskatalog 149 (1929), S. 91. Vollständiger Erstdruck in NA 31 (1985), S. 162.

919 *3 Übersetzung d⟨er⟩ Irrungen:* eine Übertragung von Shakespeares ›Comedy of Errors‹, die G. am 17. September von

Schelling zugesandt worden war. Vgl. auch G. an Schelling, 18. September. Der Übersetzer ist bisher nicht eindeutig identifiziert; vgl. NA 31, S. 547. – *6 für die Vorstellung:* Zu einer Aufführung unter G.s Leitung ist es nie gekommen.

882. GOETHE                                    WEIMAR, 16. OKTOBER 1802

Erstdruck wie Nr. 834.

919 *18 kleines Promemoria:* ein Schema über Umfang und Inhalt des *Benvenuto Cellini,* s. zu Nr. 880; Cotta an G., 1. November. Dieses Inhaltsverzeichnis ist nicht überliefert, vgl. WA IV 16, S. 436–438. – *20 an Cotta:* Sch. an Cotta, 24. Oktober. Die Buchausgabe des *Cellini* hatte Sch. an Cotta am 18. Mai vermittelt. – *näherer Verhandlung:* um Honorar und Druckeinrichtung. – *22 eine Anzeige:* Sie erschien – vermutlich aus Cottas Feder – in der Beilage 15 der ›Allgemeinen Zeitung‹ vom 30. Juli 1803 (Goethe/Cotta 3/1, S. 178). – *23 nach der Komödie:* Gespielt wurden Einsiedels Terenzbearbeitung der ›Brüder‹ und G.s *Der Bürgergeneral,* vgl. Sch.s ›Calender‹. – *25 nach Jena:* G. hielt sich vom 17. bis 23. Oktober in Jena auf.

883. SCHILLER                                  WEIMAR, 16. DEZEMBER 1802

In der Erstveröffentlichung in ›Baers Autographenkatalog 527‹ 1906, S. 18, Nr. 781 fehlt 919,35–38 *denn ⟨…⟩ zu hoffen ist.* Vollständig zuerst in Stargardt-Auktionskatalog 502 (1952).

919 *33 zu einem angenehmen Ereignis:* die Geburt der Tochter Kathinka. – *38 auch für die Zukunft:* Das Kind starb drei Tage später am 19. Dezember (s. Nr. 885). – *39 der Kleinen:* Christiane Vulpius.

884. GOETHE                                    WEIMAR, 16. DEZEMBER 1802

Erstdruck in Sch./G.⁴ (1881). Die Adresse »Herrn Hofrat v. Schiller Hochwohlgeb.« berücksichtigt zum ersten Mal Sch.s Nobilitierung. Das Adelsdiplom war aus Wien am 16. November eingetroffen; vgl. Carl August an Sch., 16. November.

920 *5 Die Kleine:* Christiane Vulpius, s. Nr. 883.

885. GOETHE                                    WEIMAR, 19. DEZEMBER 1802

Erstdruck wie Nr. 834. 920,13 *Oper:* Komödie (Erstdruck).

920 *13 Oper:* ›Camilla‹ von Ferdinando Paër (1771–1839). – *der neue Gast:* s. zu Nr. 883. Mit Kathinka verloren G. und Christiane ihr viertes Kind im Säuglingsalter.

886. GOETHE                    WEIMAR, 26. DEZEMBER 1802

Erstdruck wie Nr. 834.

920 *26 v. Podmanitzky:* Der slowakische Bergrat Karl Freiherr Podmanitzky (Podmaniczky) von Aszód (1761–1833) studierte als Anhänger Schellings in Jena; vgl. *Tag- und Jahres-Hefte* zu 1802, Bd. 14, S. 96; Schelling an G., 21. Dezember; Von und an Herder, Bd. 3, S. 227f.; Jacobi an G., 27. Juli 1803.


887. SCHILLER                  WEIMAR, 26. DEZEMBER 1802

*Datierung und Erstdruck :* s. Ormanns in GJb 103 (1986), S. 387.

920 *33 zum Arbeiten:* Sch. arbeitete an der ›Braut von Messina‹; vgl. NA 42, Nr. 802. – *35 in der Komödie:* Im Theater wurde die Oper ›Die Saalnixe‹ von Kauer, Hensler und Vulpius gegeben; vgl. Sch.s ›Calender‹.

## 1803

888. GOETHE  WEIMAR, 6. JANUAR 1803

923 *5 Numismatische Talisman:* eine Sammlung von Schwefelabgüssen griechischer Münzen, die der französische Numismatiker Théodore Edme Mionnet (1770–1842) nach den Originalen des Pariser Nationalmuseums zum Verkauf anbot. An den Pasten war G. lebhaft interessiert, vgl. G. an Cotta, 11. Mai 1801, 25. Januar 1802; Cotta an G., 5. Februar und 9. April 1802; G. an Knebel, 28. November 1802; Goethe/Cotta 3/1, S. 161; G. an W. von Humboldt, 27. Januar.

889. GOETHE  WEIMAR, 13. JANUAR 1803

923 *15 Abendgesellschaft, Sonnabends:* Damit ist nicht der Weimarer »Club« gemeint, der donnerstags Versammlungstag hatte, s. zu Nr. 700. – *19 der Herzog:* Carl August an G., 12. und 13. Januar.

890. GOETHE  WEIMAR, 26. JANUAR 1803

924,27 *befördert:* gefördert; 924,36 *Sie wohl:* Sie recht wohl; 924,38 *jener:* jene.

923 *29 wie es Ihnen ginge:* In der Januarkälte fühlten sich beide angegriffen, s. zu Nr. 891. – *32 Supplement zu Cellini: Anhang zur Lebensbeschreibung des Benvenuto Cellini, bezüglich auf Sitten, Kunst und Technik* (Bd. 7); s. zu Nr. 880. Vgl. Tgb., 7.–12., 26. Januar. – *35 Einige neue Kupfer:* Nach Thieles vorletzter Sendung vom 24. Dezember 1802 übersandte er am 16. Januar 1803 die von G. am 10. bestellten Kupferstiche, vgl. G. an Thiele, 24. Januar; G. an Humboldt, 27. Januar. – *37 Abguß des Kopfs einer Venus urania:* Auf seiner Rückreise von Bad Pyrmont hatte G. am 17. August 1801 im Kasseler Museum antike Statuen besichtigt, vgl. Grumach V, S. 159f.; G. an W. von Humboldt, 27. und 29. Januar. – *40 das Nebulistische:* vgl. *Der Sammler und die Seinigen,* Bd. 6.2, S. 124.

924 *1 Kollisivfalle:* ›Kollisionsfall‹, ›Interessenkonflikt‹. – *3 An Humboldt:* G. an W. von Humboldt, 27. und 29. Januar 1803. – *4 Münzen:* s. zu Nr. 888. – *6 Doktor Chladni ‹...› Akustik:* Ernst Florens Friedrich Chladni (1756–1827): ›Die Akustik‹. Leipzig 1802. Vgl. Tgb.; G. an W. von Humboldt, 14. März; G. an Zelter,

31. Januar. – *10 Eckhel:* Josef Hilarius von E. (1737–1798), Archäologe und Numismatiker in Wien. – *11 unter die Glückseligen:* nicht im ironischen Sinn! G. betont mehrfach die vorzüglichen Dienste, die ihm Eckhels numismatisches Werk ›Doctrina nummorum veterum‹ (1792–1798) beim Studium der Pasten leistete, s. zu Nr. 888; G. an Humboldt, 27. Januar; G. an M. von Eybenberg, 25. April. – *12 Naturphilosophie:* Die von Chladni entdeckten Klangfiguren beim Aufstreuen von Staub auf schwingende Platten wurden jedoch für die romantische Philosophie bedeutsam und deuteten später auch für G. auf den »immer geheimnisvollere⟨n⟩ Bezug aller physikalischen Phänomene auf einander«; *Tag- und Jahres-Hefte* zu 1820, Bd. 14, S. 283, 706; vgl. G. an Humboldt, 14. März 1803. – *19 Direction:* frz. ›Richtung‹, ›Linie‹. – *23 Zeltern erwarten:* Er kam erst im Juni, vgl. Zelter an G., 18. Dezember 1802 und 3. Februar 1803; G. an Zelter, 24. Januar. – *32 Rudolstadt* ⟨...⟩ *eine empfehlende Zeile:* Zum Hof von Schwarzburg-Rudolstadt hatten Sch.s Frau und Schwiegermutter gute Beziehungen. – *38 jener Verliebte, über den Schirm:* analog zu Pyramus und Thisbe in Shakespeares ›Ein Sommernachtstraum‹ III/1, s. Variantenverzeichnis.

891. SCHILLER                           WEIMAR, 26. JANUAR 1803

925,15 *andern jetzt ganz:* andern ganz; 926,1 *hindurch gelesen:* durchgelesen; 926,2 *Angelegenheit mit Ihnen zu verhandeln:* Angelegenheit zu verhandeln.

925 *8 4 ersten Akte:* Die Druckfassung der ›Braut von Messina‹ (Tübingen 1803) verzichtet nach griechischem Vorbild auf eine Akteinteilung. Die Hs. der Hamburger Bühnenfassung enthält eine Aufteilung nach vier Akten (und 29 Auftritten). Vgl. NA 10, S. 319 ff. – *11 das letzte Sechsteil:* Den zunächst länger geplanten Schlußakt reduzierte Sch. auf die drei letzten Auftritte, die ca. 1/12 des Gesamtumfangs ausmachen, vgl. Nr. 893. – *14 des Bruders:* Don Manuels. – *21–23 bedenkliche Vermischung* ⟨...⟩ *vermieden:* Sch. hebt die aufwühlenden Ereignisse an der Totenbahre Don Manuels und in der Eifersuchtsszene eines blutschänderischen Geschlechts ab von Don Cesars antikem Freitod, der kathartisch Gefaßtheit und Läuterung bei Protagonist wie Publikum intendiert. – *24 Lauf meines bisherigen Geschäfts:* Sch. arbeitete nach einzeln aufblitzenden Vorüberlegungen intensiv an der ›Braut von Messina‹ seit dem Spätsommer 1802 und schloß sie unerwartet am 1. Februar ab, s. Nr. 367, zu Nr. 592, 819, 870, 893. – *29 Geburtstag des Archichancelier:* Carl Theodor von Dalberg, seit 1802 Kurfürst von Mainz mit dem Titel eines Erzkanzlers, wurde am

8. Februar 59 Jahre, s. zu Nr. 196, 879. Zu seinem Geburtstag übersandte ihm Sch. eine Abschrift der ›Braut von Messina‹ mit einem Dank für jene 650 Reichstaler, die ihm Dalberg zu Jahresbeginn anonym hatte zukommen lassen (vgl. ›Calender‹, 7. Januar). – *33 Theatralia:* Zwischen dem 22. Januar und dem 9. Dezember 1803 entlieh Sch. 30 Bände der Sammlung ›Recueil de diverses Pieces de Théâtre, par divers auteurs‹. Paris 1792–1803. – *38 Alfieri:* Vittorio A. (1749–1803), italienischer Dramatiker. Die französische Übersetzung seiner Werke ›Oeuvres dramatiques du Comte Alfieri traduites de l'italien, par C.-B. Petitot. T. 1–4‹ (Paris 1802) entlieh Sch. aus der Fürstlichen Bibliothek am 22. Januar.

**926** *7 aus der Prosa und Geschichte ⟨...⟩ herausgewunden:* vgl. zu Nr. 789. – *9 Ihre Quarantaine:* Sie war von Stark verordnet, vgl. Stark an G., 12. Januar; Nr. 890; G. an Humboldt, 27. Januar.

892. GOETHE                    WEIMAR, 4. FEBRUAR 1803

**926** *21 tragischen Schmause:* s. zu Nr. 891. – *25 Abguß der ⟨...⟩ Venus von Arles:* W. von Wolzogen war vor dem Erbprinzen Carl Friedrich aus Paris zurückgekehrt, s. zu Nr. 844. In Paris hatte er G. am 6. Juni 1802 den Ankauf von Büsten- und Statuenabgüssen empfohlen und einen Katalog des ›Musée central des arts‹ beigelegt. G. bestellte die bei Arles gefundene römische Kopie einer griechischen Marmorfigur aus dem 4. Jh. v. Chr.; G. an Wolzogen, 2. August. – *29 heute Abend:* s. Nr. 893. – *31 beiden Damen:* die Schwestern Charlotte von Schiller und Caroline von Wolzogen.

893. SCHILLER                   WEIMAR, 4. FEBRUAR 1803

927,6 *eine:* einige.

**927** *3 Mein Stück:* ›Die Braut von Messina‹, vgl. ›Calender‹, 1. Februar; s. zu Nr. 891. – *5 mein Dienstherr:* Herzog Georg von Sachsen-Meiningen hatte Sch. auf seine Bitte hin mit Dekret vom 2. Januar 1790 zum Sachsen-Meiningischen Hofrat ernannt und war als einer der vier Erhalter der Jenaer Universität Dienstherr des Philosophieprofessors, s. zu Nr. 437, 466; 254; Sch. an den Herzog, 22. Dezember 1789. – *6 Attention:* frz. ›Aufmerksamkeit‹. – *8 Gesellschaft ⟨...⟩:* Außer dem gefeierten Herzog waren bei dieser Lesung im Hause Sch.s zugegen: Böttiger, H. Becker, Bertuch, Caroline von Wolzogen, J. H. Meyer mit Frau Amalie, geb. von Koppenfels, Christina Friederike von Loewenstern mit Tochter Auguste, Amalie von Imhoff, Sophie von Schardt und James

Henry Lawrence. – *10 nicht gern ausgehen:* s. Nr. 890. – *12 Katastrophe:* s. zu Nr. 891. – *16 unterbrochnen Mitteilungen:* s. Nr. 890.

894. GOETHE                        WEIMAR, 5. FEBRUAR 1803

927,35 *Antrag und Bitte freundlichst:* Anfrage und freundlichste Bitte.

927 *29 die gestrige Vorlesung:* s. Nr. 895. – *33 des Stücks:* ›Die Braut von Messina‹. – *36 Schwager und beiden Damen:* s. zu Nr. 892. – *37 Komödie:* Am 7. Februar wurden ›Wallensteins Lager‹ und das Ballett ›Die Zaubertrompete‹ des weimarischen Tanzmeisters C. D. Morelli wiederholt. – *Dienstags:* 8. Februar, s. Nr. 896. – *38 Chladni'schen Konzert:* Chladni führte am 8. Februar seinen 1800 erfundenen ›Clavicylinder‹ vor, ein Tastenfriktionsinstrument ähnlich der Glasharmonika, vgl. Grumach V, S. 327 f.; W. G. C. von Egloffstein an G., 26. Januar; G. an W. von Humboldt, 14. März; s. zu Nr. 890. – *40 Cellinischen Anhang:* s. zu Nr. 890.

928 *5 Einsiedeln ⟨...⟩ veränderten Mohrensklavin:* An F. H. von Einsiedels Bearbeitung des ›Eunuchus‹ von Terenz unter dem Titel ›Die Mohrin‹ hatte der Herzog anstößige Stellen gerügt; vgl. Einsiedel an G., 25. und 28. November 1802; Carl August an G., 26. November 1802; Einsiedel an Knebel, 11. Februar (Knebels literarischer Nachlaß I, S. 247). G. half Einsiedel bei der Redaktion, vgl. Einsiedel an G., 4. Februar. – *6 die Ansicht von höhern Orten:* Einsiedel schreibt an G. am 7. Februar, der Herzog finde ›Die Mohrin‹ in der Überarbeitung »ganz weiß gewaschen«. Sie wurde am 19. Februar uraufgeführt; G. an Einsiedel, 12. Februar. – *10 zum Werke:* zum Probieren der ›Braut von Messina‹ für die Uraufführung am 19. März.


895. SCHILLER                      WEIMAR, 5. FEBRUAR 1803

928,25 *ihrer:* Ihrer; 928,40 *Vielleicht aber kann:* Vielleicht kann.

928 *19 Vorlesung:* s. zu Nr. 893. – *21 recht schöne Teilnahme:* zur Rezeption vgl. NA 42, S. 346 f.; ›Aus K. L. Knebels Briefwechsel mit seiner Schwester Henriette‹, hg. von H. Düntzer, Jena 1858, S. 164; Bertuch an Seckendorff, 14. Februar (JbGG, N.F. 17, S. 305 f.); NA 10, S. 356. – *22 heterogenen ⟨...⟩ Publikums:* s. zu Nr. 893; Sch. an Körner, 6. Februar. – *24 Die Furcht und der Schrecken:* s. zu Nr. 613. ›Furcht‹ und ›Schrecken‹ sollen in Sch.s Tragödientheorie zum Gefühl des Erhabenen führen. Vgl. ›Vom Erhabenen‹ (NA 20, S. 173 ff., 178 ff., 188 f.). – *27 naiven*

*Motive:* s. zu Nr. 592; ›Über den Gebrauch des Chors in der Tragödie‹ (NA 10, S. 11). – *29 gehöriger Anordnung:* s. Nr. 897. – *31 Beckern:* s. zu Nr. 775. – *32 abnehmen:* ›erkennen‹. – *34 theatralischen Wirkung:* vgl. Iffland an Sch., 18. Juni; Sch. an Iffland, 12. Juli; Braun, Schiller 3, S. 303–307; NA 10, S. 355–363. – *37 an den Herzog:* Carl August kritisierte Sch.s romantisch-antikes ›Trauerspiel mit Chören‹ ausführlich im Brief an G. vom 11. Februar.
929 *4 die Bühne betreten:* s. zu Nr. 894. – *6 Berlin, Hamb⟨ur⟩g und Leipzig:* an die Theaterdirektoren Iffland (Berlin) und Herzfeld (Hamburg) am 28.; an Körner am 14. Februar, vgl. ›Calender‹.

896. GOETHE                    WEIMAR, 8. FEBRUAR 1803

929 *20 Konzert:* von Chladni, s. zu Nr. 894.

897. SCHILLER                  WEIMAR, 8. FEBRUAR 1803

929 *30 Konzerte sämtlich:* s. zu Nr. 894. – *36 Der Chor:* vgl. NA 10, S. 315f., 321–327; Genast in NA 42, S. 347; Sch. an Körner, 6. Februar.

898. GOETHE                    WEIMAR, 12. FEBRUAR 1803

930,3 *heute:* heut.

930 *3 Die Mohrin ⟨...⟩ gegeben werden:* s. zu Nr. 894. – *5 des Trauerspiels:* ›Die Braut von Messina‹. – *7 Leseprobe:* s. Nr. 900. – *9 Schelling:* Er kam wegen der Scheidung Caroline Schlegels, seiner künftigen Frau, vgl. Schelling an G., 9. Februar.

899. SCHILLER   WEIMAR, 27. ? FEBRUAR ODER MÄRZ 1803

*Datierung:* Die definitive Festlegung des undatierten Billetts erschweren die sowohl bei der ›Braut von Messina‹ wie der ›Jungfrau von Orleans‹ anstehenden Besetzungsfragen (vgl. Nr. 898, 903). Der delikate Briefinhalt paßt als diplomatische Antwort Sch.s auf Carl Augusts Brief an G. vom 27. Februar, in dem sich der Herzog gegen die gesellschaftliche Ächtung seiner Mätresse durch Sch.s Schwägerin und Frau wehrt.
Erstdruck in JbGG 12 (1926).

930 *16 Die Frau ⟨...⟩ zugegen sein:* vermutlich Caroline von Wolzogen, die Gast bei Familie Schiller war. Als herzoglicher Anwalt und Schlichter wünschte G. wohl ihre Anwesenheit bei der am 27. Februar stattfindenden Leseprobe zur ›Braut von Messina‹

im Hause Sch.s, s. Carl August an G., 27. Februar. Zur Premierenverschiebung der ›Jungfrau von Orleans‹ s. zu Nr. 819, 854. Mit »Frau« kann auch Charlotte Schiller gemeint sein. – *18 Komödie:* ›Das Unterbrochene Opferfest‹, eine Oper von Peter von Winter (1754–1825), wurde am 26. Februar aufgeführt. – *19 Mll. Jagemann:* Caroline Jagemann spielte die Rolle der Beatrice in der ›Braut von Messina‹. Vgl. auch Nr. 903, zu Nr. 274.

900. SCHILLER  WEIMAR, 28. FEBRUAR 1803

*Datierung:* Die von der NA 32, Nr. 20, offengelassene Datierungsalternative läßt sich durch G.s datiertes Antwortschreiben vom selben Tag (Nr. 901) entscheiden.

930 *28 erste Leseprobe:* ›Die Braut von Messina‹ wurde am 27. Februar im Hause Sch.s gelesen, s. zu Nr. 899. – *29 Chor:* s. Nr. 895. – *29 auguriere:* ›vermute‹, s. zu Nr. 571. – *33 Schwager:* Wilhelm von Wolzogen. – *33 Reussische Familie:* die Familie des Grafen Heinrich XLIII. von Reuß-Köstritz (1752–1824). – *36 zweite Leseprobe:* s. Nr. 901. G. schlägt die Verschmelzung von Abendgesellschaft und Leseprobe vor. – *Braut:* ›Die Braut von Messina‹. – *39 Donnerstag:* 3. März.
931 *2 Berlin und Hamburg:* s. zu Nr. 895.

901. GOETHE  WEIMAR, 28. FEBRUAR 1803

931 *10 morgen ⟨...⟩ etwas Musik:* Von den Dienstagskonzerten bei G. berichtet C. A. Vulpius (vgl. Gespräche I, Nr. 1821). – *12 Tenoristen:* Der Opernsänger und Schauspieler Franz Brand aus Frankfurt war 1803/04 in Weimar engagiert, vgl. Grumach V, S. 330. – *die neue Komposition vom Reuterlied:* Das ›Reiterlied‹ aus ›Wallensteins Lager‹ hatten bereits Körner und Zahn vertont. Am 3. Februar übersandte Zelter seine Partitur. Vgl. auch G. an Zelter, 10. März; Sch. an Zelter, 28. Februar; zu Nr. 342, 672; Sch. an Körner, 18. Juni 1797. – *16 Ihre Frauenzimmer:* s. zu Nr. 892.

902. SCHILLER  WEIMAR, ANFANG MÄRZ 1803

*Datierung:* vgl. NA 32, S. 278.

931 *30 Braut v⟨on⟩ Meßina:* s. zu Nr. 891, 894. – *31 Anzeigemacher:* insbesondere Böttiger, vgl. seine Anzeige im ›Neuen teutschen Merkur‹ und die Veruntreuung des Manuskripts von ›Wallensteins Lager‹, zu Nr. 579, 582, 647. – *33 die Maltheser:* die vermutlich letzte Beschäftigung Sch.s mit dem seit 1788 geplanten Dramenprojekt, s. zu Nr. 14, 245.

903. SCHILLER                          WEIMAR, 7.? MÄRZ 1803

*Datierung:* s. NA 32, S. 279.
Im Erstdruck nach Nr. 904.

932  *3 Graff:* J. J. Graff übernahm die Rollen des Talbot und des schwarzen Ritters in der Weimarer Erstaufführung der ›Jungfrau von Orleans‹, s. zu Nr. 609. – *5 das Stück:* ›Die Jungfrau von Orleans‹, s. zu Nr. 819. – *6 Jagemann ⟨...⟩ Sorel:* Agnes Sorel, Geliebte Karls VII. in der ›Jungfrau von Orleans‹. Die Rolle spielte Wilhelmine Maaß und nicht, wie von Sch. vorgesehen, Caroline Jagemann, s. zu Nr. 819, 854, 899. – *7 Besetzung ⟨...⟩:* vgl. Nr. 904.


904. GOETHE                            WEIMAR, 8. MÄRZ 1803

Im Erstdruck vor Nr. 903.

932  *16 Austeilung:* Die Besetzungsliste der ›Jungfrau von Orleans‹ ist nicht erhalten, s. zu Nr. 819. – *18 Schall:* Karl (Christian) Heinrich Sch. (um 1765–1806) war als Schauspieler und Regisseur von 1797–1803 in Weimar verpflichtet. – *Zimmermann:* Der Theatermaler und Schauspieler in Weimar 1803/04 Karl Wilhelm Z. (geb. 1766?) verkörperte den Vater Thibaut. – *Oels:* Karl Ludwig O. (1771–1833) spielte Karl VII. von Frankreich. – *Brandt:* s. zu Nr. 901, als Freier Etienne. – *21 Europa:* Friedrich Schlegels Zs. ›Europa‹ erschien mit dem 1. Heft in Frankfurt 1803.


905. SCHILLER                          WEIMAR, 8. MÄRZ 1803

*Datierung:* s. NA 32, S. 281. Die Neudatierung von A. Gellhaus in NA 32 (S. 281) anhand des Theaterspielplans und der Arbeitsprojekte Sch.s auf 8. März anstelle der handschriftlichen Datierung G.s auf den 10. Januar 1804, der sich die früheren Editoren, Gräf/Leitzmann und noch Seidel anschlossen, läßt sich mit weiteren Argumenten erhärten:
1. Ex negativo, durch Ausschluß der Datierungsalternative. Dem Billett zufolge besuchte Sch. am Vortag G. und rechnet am Schreibtag mit einem weiteren abendlichen Zusammentreffen mit G. Am 10. Januar 1804 war G. unpäßlich und verbrachte die meiste Zeit im Bett (Tgb., Riemer an Frommann, 11. Januar 1804). G.s Tgb. vermerkt lediglich einen Besuch Meyers.
2. Positiv: Am 8. März 1803 fand eines der regelmäßigen Dienstagskonzerte statt, dem auch Sch. beiwohnte: Es bestand aus Zelters Vertonungen von »Goethe- und Schillerschen Romanzen«

(Grumach V, S. 331 f.; RA IV, Nr. 632; G. an Zelter, 10. März; an Wolzogen, 9. März).
Erstdruck in Sch./G.² (1856).

932 *27 gestern Nachts:* Sch. war im Theater, vgl. ›Calender‹. – *28 Genast:* Anton Genast, s. zu Nr. 520; Sch. an Genast, 7. oder 8. März. – *28 neue Rätsel ⟨...⟩ Turandot:* nach Goedecke: ›Das Fernrohr‹, ›Mond und Sterne‹, ›Das Weltgebäude‹. – *31 werten Gast:* vermutlich das erste Heft der ›Europa‹, vgl. Nr. 904, 907. – *35 neue Figuren ⟨...⟩:* s. Nr. 904. – *36 Jungfrau:* ›Die Jungfrau von Orleans‹.

906. GOETHE                                WEIMAR, 10. MÄRZ 1803

933 *3 heutige Probe:* der ›Braut von Messina‹. – *4 den 19ten:* Am 19. März fand die Uraufführung statt, s. zu Nr. 894.

907. GOETHE                                WEIMAR, 15. MÄRZ 1803

933 *16 Europa:* s. zu Nr. 904, 905. – *17 Auszug für Humboldt:* vgl. G.s Tgb., 14. März und 4. April; G. an W. von Humboldt, 14. März (WA IV 16, S. 197–200, 449).

908. GOETHE                                WEIMAR, 22. MÄRZ 1803

933,27 f. *Befehlen ⟨...⟩ Kutsche:* zuerst in Sch./G.⁴ (1881).

933 *24 gerettete Venedig:* s. zu Nr. 14. Das 1794/95 in Weimar gegebene Trauerspiel von Otway wurde nicht mehr wiederholt. G. dachte u. U. an eine Neubearbeitung. – *26 verwünschte Akklamation:* Die laute Beifallsbekundung Jenaer Studenten für Sch. am Schluß der Premiere der ›Braut von Messina‹ (s. zu Nr. 906), hervorgerufen von einem »Vivat!« des jungen Dozenten Friedrich Carl Julius Schütz (1779–1844), stieß auf obrigkeitliche Mißbilligung. Auf Geheiß des verärgerten Herzogs ließ G. durch den Jenaer Stadtkommandanten nicht nur dem Sohn des Herausgebers der ALZ, sondern diesem selbst einen amtlichen Verweis und eine säuerliche Anstandslektion erteilen. G. an Major von Hendrich, 21. März; Sch. an Körner, 28. März; Schillers Persönlichkeit III, S. 184; von Hendrich an G., 23. März.

909. SCHILLER                              WEIMAR, 26. APRIL 1803

933 *35 Cotta:* Auf dem Weg zur Leipziger Messe machte der Verleger wie üblich in Weimar Station. – *38 des bewußten:* Zwei Anliegen kommen in Betracht:

1. der bevorstehende Abschluß des Verlagsvertrags zwischen G. und Cotta am 15. Mai (Goethe/Cotta 1, S. 107f.), s. Nr. 911–913; 2. die diskreten Berufungsbemühungen Sch.s für seinen Freund Hoven nach Jena, in die Sch. Cotta einbezogen hatte, vgl. NA 32, Nr. 32, 34, 37, 40, 46, 54; NA 40/I, Nr. 49, 53, 55, 60, 78.

910. GOETHE    WEIMAR, 13. MAI 1803

934 *3 das jüngste Gericht:* Der Komponist und Kapellmeister Georg Joseph Vogler wollte für das Theater an der Wien ein Oratorium ›Das jüngste Gericht‹ komponieren, dessen Text Sch. verfassen sollte; Vogler an Sch., 3. Mai; Marianne von Eybenberg an G., 5. März. – *4 Nepotian:* Das Drama über die kurze Schrekkensherrschaft und Ermordung des römischen Kaisers Flavius Popilius Virius Nepotianus im Jahr 350 hatte vermutlich Siegfried Schmid für die Weimarer Bühne G. übersandt, s. zu Nr. 350; Schmid an G., 28. April. – *8 nach Jena:* G. hielt sich vom 15. bis 29. Mai in Jena auf.

911. GOETHE    JENA, 15. MAI 1803

934,24 *die:* der.

934 *16 die Papiere:* der Verlagsvertrag mit Cotta vom selben Tag, s. zu Nr. 909, 916. – *21 innerhalb des Sommeringischen Wassers:* Der Mediziner und Naturforscher Samuel Thomas Sömmering (1755–1830), den G. seit 1783 kannte, lokalisierte in seiner Schrift ›Über das Organ der Seele‹ (Königsberg 1796) die menschliche Seele in der wässerigen Flüssigkeit der Hirnhöhlen. Vgl. Sömmering an G., 1. September 1795 und 27. Februar 1796; *Campagne in Frankreich* und *Tag- und Jahres-Hefte* zu 1794/95 (Bd. 14, S. 29, 37, 46, 338). – *22 Spiritus:* J. L. Geist, s. zu Nr. 177. – *24 Ausarbeitung der Farbenlehre:* vgl. Tgb., 19. Mai. Am 15. und 20. Mai war G. mit Schelling zusammengetroffen, der in der Farbenlehre mit G. übereinstimmte (Grumach V, S. 350). Gleichfalls im Mai konferierte G. mehrfach mit Wolf, den er zum *historischen Teil* der *Farbenlehre* befragt hatte; vgl. Wolf an G., 5. April; s. Nr. 913. Alles in allem blieben die erhofften Fortschritte zwischen 1802 und 1805 schmal; vgl. Bd. 6.2, S. 1205.

912. GOETHE    JENA, 18. MAI 1803

934 *34 Genius:* s. zu Nr. 358. – *35 deutschen Zeitmessung:* Johann Heinrich Voß: ›Zeitmessung der deutschen Sprache‹. Königsberg 1802. Zur wiederholten Beschäftigung G.s mit dem

Verstheoretiker s. zu Nr. 128, 169, 641, 649; Tgb., 21. April und 9. Mai. Den pensionierten Eutiner Rektor, der nach Jena umgezogen war und hier bis 1805 als Privatgelehrter lebte, besuchte G. öfters. Vgl. *Tag- und Jahres-Hefte* zu 1802, Bd. 14, S. 95; Gespräche I, Nr. 1833–1835; Grumach V, S. 346f. – *37 hiesigen Aufenthalt:* s. zu Nr. 910.

**935** *1 Sonnabend:* 21. Mai, dem Ankunftstag Cottas, vgl. Sch.s ›Calender‹. – *Aufsatz ⟨...⟩ Quittung:* Außer dem Verlagsvertrag (G. an Cotta, 15. Mai) sind keine besonderen drucktechnischen Anweisungen erhalten. Sie gingen u. U. direkt an Frommann, s. Nr. 916; Goethe/Cotta 3/1, S. 183. Zur Quittung vgl. Goethe/Cotta 1, S. 108; 3/1, S. 185. – *6 Ihres neuen Dramas:* Sch.s am 3. Mai fertiggestelltes Lustspiel ›Der Neffe als Onkel‹ nach Picard hatte heute Premiere, s. zu Nr. 914.

913. GOETHE                                                JENA 20. MAI 1803

**935** *13 Aufsatz für Cotta:* s. zu Nr. 912. – *15 chromatischen Akten:* zur *Farbenlehre*, s. Nr. 911, 915. – *18 neuliche Drama:* ›Der Neffe als Onkel‹, s. zu Nr. 912 und Nr. 914.

914. SCHILLER                                              WEIMAR, 20. MAI 1803

Im Erstdruck unter dem Datum »30. Mai«. 936,18 *man Ehrenhalber in:* man in; 936,19 *muß:* wird; 936,28–937,9 *Ich ⟨...⟩ einflößt.:* im Erstdruck als eigenständiger Brief nach Nr. 914.

**935** *33 Voßische Prosodie:* s. zu Nr. 912. – *38 Ihr Gedanke, sie zu schematisieren:* entweder Bezug auf eine mündliche Äußerung G.s oder Verwechslung mit der *Farbenlehre*, s. Nr. 913; Nr. 641, 642.

**936** *1 Herrmannsschlacht:* ›Herrmanns Schlacht. Ein Bardiet für die Schaubühne‹. Das 1769 erschienene Trauerspiel Klopstocks wollte man zum Gedenken an den zwei Monate zuvor verstorbenen Dichter aufführen. Vgl. *Über das deutsche Theater* (1815) (Bd. 11). Zu Sch.s Kritik vgl. ›Über naive und sentimentalische Dichtung‹ (NA 20, S. 455–458); zu Nr. 247. – *8 Mein kleines Lustspiel:* Sch. übersetzte die Komödie ›Encore des Ménechmes‹ des französischen Dichters Louis Benoît Picard (1769–1828). Unter dem Titel ›Der Neffe als Onkel‹ fand ihre deutsche Erstaufführung am 18. Mai 1803 in Weimar statt. – *14 extemporiert:* (lat.) ›aus dem Stegreif gesprochen‹. – *16 Das zweite Picardische Stück:* ›Médiocre et rampant ou le moyen de parvenir‹, von Sch. übersetzt als ›Der Parasit‹, wurde erst am 12. Oktober in Weimar gespielt. – *17 Graff und Becker:* Schauspieler in Weimar, s. zu Nr. 609 und

775. – *Niemeierischen Stück:* Niemeyers Terenz-Übersetzung ›Die Fremde aus Andros‹ wurde am 6. Juni in Weimar sowie am 23. Juni 1803 in Lauchstädt aufgeführt; vgl. G. an Niemeyer, 8. Juni; Niemeyer an G., 14. Juni; *Tag- und Jahres-Hefte* zu 1803, Bd. 14, S. 101 f.; zu Nr. 880. – *18 Ehrenhalber in Lauchstädt:* s. zu Nr. 200, 866. Niemeyer wohnte im benachbarten Halle. – *20 Ihr Gut mit Vorteil vom Hals geschafft:* Am 12. Mai hatte G. sein Gut Oberroßla an den Pächter Immanuel Reimann verkauft, s. zu Nr. 440 und 449; *Tag- und Jahres-Hefte* zu 1803, Bd. 14, S. 110 f.; G. an Christiane Vulpius, 28. Juni. – *23 Was Cotta ⟨...⟩ mitbringt:* Der Tübinger Buchhändler und Verleger machte auf seiner Rückreise von der Leipziger Frühjahrsmesse am 21. Mai in Weimar Station, s. zu Nr. 912. – *24 Gedichte:* s. Nr. 916. – *28 Grimmer:* Friedrich August G., Schauspieler seit 1802, zunächst in Berlin, ab 1803/04 in Weimar, später an der Wiener Burg; vgl. *Tag- und Jahres-Hefte* zu 1803, Bd. 14, S. 103. – *34 einige unserer Schauspieler:* Vermutlich sahen die in Weimar engagierten Schauspieler für Liebhaberrollen, nämlich Becker, Cordemann, Haide, Oels und Unzelmann, angeführt von Graff, in dem jungen Grimmer einen ernstzunehmenden Konkurrenten; vgl. Fischer an Sch. und Kirms an G., 20. Mai; Kirms an Sch. und Sch. an Kirms, 22. Mai.

937 *2 einige größere Flüge:* Im Brief an Kirms vom 22. Mai nennt Sch. ›Die Jungfrau von Orleans‹, ›Wallenstein‹ und ›Macbeth‹, während er zugleich wohl auch schon an ›Wilhelm Tell‹ und sein Fragment gebliebenes ›Warbeck‹-Drama dachte; vgl. *Tag- und Jahres-Hefte* zu 1803, Bd. 14, S. 103; zu Nr. 648, 850. – *4 Partie ⟨...⟩ ziehen:* frz. ›tirer parti de‹: ›Vorteil ziehen aus‹, ›profitieren‹. – *7 Cordemann:* s. zu Nr. 823.

915. GOETHE                                WEIMAR, 22. MAI 1803

937 *15 Farbenlehre:* s. zu Nr. 911. – *17 historisch:* s. u. Z. 40. – *23 exzerpiere ich:* s. Nr. 913. – *40 mich mir selbst historisch zu vergegenwärtigen:* vgl. *Konfession des Verfassers,* in: *Zur Farbenlehre,* Bd. 10, S. 902–919. G. schlägt im vorliegenden Brief schon das beherrschende Thema der autobiographischen Altersarbeiten an. Vgl. G. an Hecker, 7. Oktober 1829; G. an W. von Humboldt, 1. Dezember 1831; Einführung zu Bd. 14, S. 605–607 (»Goethe wird sich historisch«).

938 *5 Herrmann und sein Gefolge:* Klopstocks ›Herrmanns Schlacht‹, s. zu Nr. 914. – *exhibiert:* (frz.) ›präsentiert‹. – *6 Das Goldene Zeitalter ⟨...⟩ versorgt:* erneute Anspielung G.s auf Wieland, der im ›Neuen Teutschen Merkur‹ von 1797 Klopstock als

den »größten Dichter unsrer Nation« gefeiert hatte, zusammen mit Gleim und anderen, die das »goldene Alter unsrer Dichtkunst« einläuteten, s. zu Nr. 385.

916. SCHILLER   WEIMAR, 24. MAI 1803

938,39–939,6 *Humboldt ‹...› wird.:* zuerst in Sch./G.⁴ (1881).

**938** *14 Ihres Stoffs:* die *Farbenlehre*. – *20 über den tragischen Chor:* ›Über den Gebrauch des Chors in der Tragödie‹, als Vorrede zur ›Braut von Messina‹ (NA 10, S. 7–15). – *26 gemeinsam wichtig:* Als antinaturalistisches »Kunstorgan« filtert der moderne Chor Identifikationswünsche des Publikums. Sein Wechsel von emotionaler Parteinahme und Distanz liefert für den Zuschauer ein Modell der Rezeption. Vgl. M. Böhler: ›Die Zuschauerrolle in Schillers Dramaturgie‹. In: W. Wittkowski (Hg.): ›F. Schiller‹. Tübingen 1982. Zu G.s und Sch.s Wendung gegen servile Naturnachahmung s. zu Nr. 397, 743. – *28 Cotta:* s. zu Nr. 909, 912, 914. – *29 Natürl‹ichen› Tochter: Die natürliche Tochter* erschien als ›Taschenbuch auf das Jahr 1804‹ bei Cotta (gedruckt von Frommann 1803), wie es der Verlagsvertrag festgelegt hatte (Bd. 6.1, S. 241–326, 930–946); s. G. an Cotta, 15. Mai. – *30 Ehlers:* G.s Verlagsvertrag enthielt Bestimmungen über Ehlers' »24 Lieder zur Guitarre«. Sie erschienen als ›Gesänge mit Begleitung der Chittarra eingerichtet von Wilhelm Ehlers‹. Tübingen (Cotta) 1804, s. zu Nr. 857. – *32 pränumeriert:* (lat.) ›vorausbezahlt‹. – *33 wegen Cellinis bessern Mut:* Sch., der die Buchausgabe an Cotta vermittelte, hatte die Marktlage skeptisch beurteilt; Sch. an Cotta, 18. Mai 1802; s. Nr. 880, 882. Auch G. wies im Vertrag vom 15. Mai auf den älteren ›Horen‹-Druck hin. – *39 Humboldt:* W. von Humboldt an Sch., 30. April (NA 40/I, S. 61). – *40 mitten in Rom nach dem übersinnlichen:* am falschen Ort, vgl. G.s *Römische Elegien* (Bd. 3.2).

**939** *2 Schellings Schriften:* s. zu Nr. 801, 821, 851. – *4 im Vatican:* Schellings geplante Italien-Reise kam nicht zustande. – *5 Jenaischen Fuchsturm:* Burgruine oberhalb der Stadt, s. zu Nr. 366. – *7 poetische Fabrikate:* neben dem ›Siegesfest‹ wahrscheinlich die Ballade ›Der Graf von Habsburg‹, das ›Punschlied. Im Norden zu singen‹, vielleicht auch ›Punschlied‹, ›Der Pilgrimm‹ sowie ›Der Jüngling am Bache‹ (›Liebes-Klage‹). – *8 unser Kränzchen:* G.s ›Mittwochskränzchen‹, s. zu Nr. 826. – *11 platten Ton der Freimäurerlieder:* Gegen die Tendenz zum »Platten« im Gesellschaftslied wendet sich Sch. auch in Briefen an Körner vom 18. Februar 1802 und an W. von Humboldt vom 18. August. Zum Freimaurertum s. zu Nr. 804. – *16 Zelter:* s. zu Nr. 164; Zelter besuchte Weimar für zwei Wochen, in denen sich die Freundschaft zu G. anbahnte. Vgl. Zelter an G., 1.–9. Juli; G. an Zelter, 1. Juli; *Tag- und Jahres-Hefte* zu 1803, Bd. 14, S. 107f., 651f.; Grumach V, S. 351–354.

917. GOETHE                        WEIMAR, 15. JUNI 1803

939  *22 meine Lieder:* Neben dem Maskenzug zum 30. Januar 1802 wurden 21 gesellige Lieder und Balladen, 1801–1803 meist für das ›Mittwochskränzchen‹ gedichtet, zusammen mit zwei Erzählungen Wielands für Cottas ›Taschenbuch auf das Jahr 1804‹ zusammengestellt; Bd. 6.1, S. 49–86, 787f.; s. zu Nr. 846, 851, 853, 858; Sch. an Cotta, 18. Mai 1802; G. an Cotta, 15. Mai 1803; Goethe/Cotta 3/1, S. 184; s. zu Nr. 919; Hagen, Die Drucke von Goethes Werken, S. 203, Nr. 486. – *23 fünften: Generalbeichte* steht im ›Taschenbuch‹ 1804 an 5. Stelle.

918. GOETHE                        WEIMAR, 23. JUNI 1803

939  *31 erste Konzept:* eventuell ein Entwurf zur *Farbenlehre* (s. Nr. 911–916) oder zum Opernfragment *〈Der Löwenstuhl〉*; vgl. G. an Christiane, 21. Juni; vgl. *Tag- und Jahres-Hefte* zu 1813, Bd. 14, S. 232.

919. GOETHE                          JENA, 5. JULI 1803

940,12 *andern    Argonauten:* andern wunderlichen Argonauten; von G. erst für den Erstdruck eingefügt; 940,14 *neue aufgeklärte:* neuaufgeklärte; 940,35 *Sie:* sie.

940  *3 verschiednen Zeugs:* vgl. G. an Cotta, 15. Mai. – *4 hier:* 3.–9. Juli. – *Frommann:* s. zu Nr. 757 und Nr. 916; G. an Christiane, 5. Juli; Frommann an G., 1. Juli; Tgb., 2. Juli. – *6 Maitre en page:* Richtig: ›Metteur en page‹: frz. der Setzer, den den Spaltensatz zu Seiten umbricht. – *8 Loder 〈...〉 Halle:* Der Mediziner Loder, der seit 25 Jahren die Entwicklung der Universität Jena entscheidend mitgeprägt hatte, folgte 1803 einem Ruf nach Halle; vgl. GaS III, S. 310; G. an Sömmering, 8. Juni und 8. Juli; Reichardt an G., 23. Juni. – *12 Argonauten, den eignen Kahn 〈...〉 schleppen:* Nach dem griechischen Mythos strandeten die Argonauten auf der Heimfahrt von Kolchis an einer Sandbank Lybiens. Den Spuren eines Meerpferdes folgend trugen sie ihr langes Boot ›Argo‹ mit 50 Rudern zwölf Tage und Nächte über Land. – *15 Halle:* Sch. hielt sich vom 2. bis 14. Juli im benachbarten Bad Lauchstädt auf, s. zu Nr. 200. Sein Besuchsversprechen an Nie-

meyers erfüllte Sch. am 8. Juli in Halle, s. Nr. 920; Sch.s ›Calender‹. – *16 ob ich ⟨...⟩ komme:* G. fuhr nicht nach Lauchstädt. – *21 Das Altdeutsche ⟨...⟩ Drama: Götz von Berlichingen mit der eisernen Hand,* Bd. 6.1, S. 348–461. Zur mühevollen Erstellung der ›Bühnenausgabe‹ von 1804 – der dritten Version seit dem *Ur-Götz* von 1771 – vgl. ebenda, S. 954–957. – *23–25 organisiert, oder kristallisiert ⟨...⟩ auf eins hinauslaufen:* Schelling stellt die Organisation der gesamten Natur unter die Regie des unbewußten Geistes, der die dynamische Einheit von organischer und anorganischer Natur stiftet, s. zu Nr. 770, 851; Vorrede zu ›Von der Weltseele‹. Zu G.s Unterscheidung von »Kristallisation« und vegetativer und animalischer »Organisation« innerhalb der Morphologie vgl. *Naturlehre* (1789) (Bd. 3.2); *Zur Morphologie* I/3, *Vorträge über ⟨...⟩ Osteologie: III. Über die Gesetze der Organisation überhaupt* (Bd. 12, S. 205–212). G. sprach mit Sch. am 23. Juli »Über Organisation. Dann über Götz. bes. d. 5ten Akt.« (Tgb.). Zum Begriff ›sich organisieren‹ s. Nr. 823, zu Nr. 402. – *27 Natur ⟨...⟩ Freiheit:* s. zu Nr. 849; Nr. 637. Hier Anspielung auf Schellings ›System des transzendentalen Idealismus‹, in dem Kunst als »Synthesis von Natur und Freiheit« verstanden wird. (Schelling, Sämtliche Werke I/3, S. 619). – *30 wie Bileam:* vgl. 4 Moses 23,11. – *37 Beilage:* Sie ist unbekannt. Denkbar wären:
1. Reichardts Brief an G. vom 23. Juni mit einer Empfehlung Johann Gottfried Ebels (1764–1830) für den vakanten Lehrstuhl von Loder; Ebel hatte u. a. geographische und ethnographische Werke über die Heimat Tells publiziert, die Sch. interessierten, vgl. Sch. an Cotta, 9. August und 14. Oktober;
2. das von Johann Nepomuk von Kalchberg (1765–1827) für das Weimarer Theater G. am 26. Juni übersandte Schauspiel ›Attila, König der Hunnen‹;
3. eine der von Düntzer (S. 261) genannten Spottschriften auf die Weimarer Bühne.

920. SCHILLER                                        LAUCHSTÄDT, 6. JULI 1803

941,13 *für die:* der; 942,8 *den:* der; 942,31 *Sie wohl:* Sie recht wohl.

941 *11 Jageman:* Caroline Jagemann reiste am 6. Juli vorübergehend nach Weimar und nahm den Brief mit, s. zu Nr. 274. – *15 resolviert:* (lat.) ›entschließt‹. – *20 Theatergebäude:* Eine leichte Dachkonstruktion mit Holzschindeln überwölbte das neue Fachwerkgebäude in Lauchstädt, s. zu Nr. 853, 855. – *25 Braut v⟨on⟩ M⟨essina⟩ fiel ein Gewitter:* vgl. den Bericht über die Aufführung vom 3. Juli in Sch.s Brief an seine Frau, 4. Juli; Christiane Vulpius an G., 4.–10. Juli. – *33 Die natürl⟨iche⟩ Tochter ⟨...⟩ letzte Hälfte:*

Akt III–V. Ähnlich hebt L. F. Huber in seiner Rezension im ›Freimüthigen‹ vom 25. Oktober die Dramatik des 3. Akts hervor (Braun, Goethe 3, S. 65). – *35 Einige Bemerkungen ⟨...⟩ mündlich:* Sch. wollte G. zu Kürzungen der »erstaunlichen Longeurs« bewegen, unter denen das Publikum am 4. Juli stöhnte; Sch. an seine Frau, 6. Juli; G.s Tgb., 27. Juli. Zur geteilten Rezeption insgesamt s. Bd. 6.1, S. 934 ff. – *39 Becker ⟨...⟩ Heide:* H. Becker, F. J. J. Haide, s. zu Nr. 520, 775.

942 *5 die Mara ⟨...⟩ noch hören:* Gertrud Elisabeth M. (1749–1833). Sch. versäumte die Konzerte des europäischen Gesangsstars. – *8 Wöchnern:* s. zu Nr. 573. – *10 Genast:* einer der Wochen-Regisseure, den G. in den *Tag- und Jahres-Heften* zu 1803 rühmt (Bd. 14, S. 102); s. zu Nr. 520. – *12 Cassa:* vgl. NA 42, S. 357; s. zu Nr. 200; Kirms an G., 6. Juli. – *14 Schmalz:* Georg Anton Heinrich S. (1760–1831), Jurist in Königsberg, seit 1803 Geheimer Justizrat und Kanzler der Universität Halle. G. hatte ihn in Halle vom 6. bis 8. Mai täglich getroffen (Tgb.); Sch. an seine Frau, 6. Juli. – *19 Niemeiers:* August Hermann und Wilhelmine Niemeyer, s. zu Nr. 880, 919. – *21 Wolfen:* F. A. Wolf, s. zu Nr. 67, 872. – *22 Herzog von Wirtemberg:* Eugen Friedrich Heinrich Prinz von Württemberg (1758–1822), General in preußischen Diensten; vgl. Sch. an seine Frau, 4. Juli. – *28 Männern, besonders aus Berlin:* Sch. spricht gegenüber Charlotte (4. und 7. Juli) von preußischen Offizieren und jungen Berlinern. Der brandenburgische Baron, preußische Offizier (bis 1802) und romantische Dichter Friedrich de la Motte-Fouqué (1777–1843) berichtet von solchen Gesprächen (NA 42, S. 358–361). – *31 Goetz: Götz von Berlichingen,* s. zu Nr. 919. – *32 Meiern:* J. H. Meyer.

## 921. SCHILLER WEIMAR, 9. AUGUST 1803

942 *38 Arnold:* Johann Georg Daniel A. (1780–1829), Student in Göttingen, später Professor für Geschichte und Jurisprudenz in Straßburg, daneben Mundartdichter, vgl. *Tag- und Jahres-Hefte* zu 1817, Bd. 14, S. 263 f., 712; G.s Tgb., 18. August.

943 *7 zurückgekommen:* Sch. war am 6. August in Jena. – *8 wieder hier:* G. hielt sich in Jena vom 7. bis 11. August auf. – *10 um den Waldstättensee:* für die Arbeit an ›Wilhelm Tell‹, s. zu Nr. 850. – *13 auch die Lit⟨eratur⟩ Zeitung ⟨...⟩ auswandert:* Die von Schütz hg. ›Allgemeine Literatur-Zeitung‹ erschien 1804 erstmals in Halle. G. gründete als Konkurrenzblatt und lokale Fortsetzung die ›Jenaische Allgemeine Literatur-Zeitung‹, s. zu Nr. 9. Zur lebensbedrohlichen Krise der Universität Jena durch Abwanderung ihrer Kapazitäten und Auszug der renommierten ALZ vgl.

*Tag- und Jahres-Hefte* zu 1803/04, Bd. 14, S. 104–107, 112 f., 124, 650 f.; ‹Jenaische Allgemeine Literatur-Zeitung› (JALZ), Bd. 6.2, S. 916–921, 1292 f., Nr. 934, zu Nr. 936. – *16 Früchten Ihrer Einsamkeit:* G. beschäftigte sich mit den chemischen Farben, s. zu Nr. 911.

922. SCHILLER                                     WEIMAR, AUGUST 1803?

*Datierung:* s. NA 32, S. 349 f.

923. GOETHE                                    WEIMAR, 6. SEPTEMBER 1803

943 *34 die Sache:* Weggang der ALZ, Gründung der JALZ, s. zu Nr. 921. Am 29. August meldete G. Zelter die Ausstellung des Zeitungsprivilegs. – *35 widersprechenden ‹...› Nachrichten:* vgl. G.s intensive Korrespondenz der letzten zehn Tage, WA 16, S. 271–297; RA IV, S. 270–288; Grumach V, S. 376–380; Tgb., 26. August bis 5. September. – *36 alles heften:* vgl. Bd. 6.2, S. 916, 1293. – *regaliere:* s. zu Nr. 125.

944 *2 Ihrer Teilnehmung:* vgl. Sch. an Paulus, 2. und 3. September; Paulus an Sch., 5. September; G.s Tgb., 28. August bis 4. September.

924. SCHILLER                                 WEIMAR, 12. SEPTEMBER 1803

944,9 *soviele:* so viel.

944 *9 soviele dringende Briefexpeditionen:* vgl. die Briefe Sch.s an Humboldt, Körner, L. Brachmann vom 12.; an Cotta vom 11. September; nicht überliefert ist ferner ein Brief an Niemeyer vom 12. (›Calender‹). – *12 bei liegendem Brief:* W. von Humboldt teilte Sch. am 27. August aus Rom mit, daß sein neunjähriger Sohn an einem plötzlichen Fieberanfall starb, vgl. auch Charlotte II, S. 191–200. – *13 Schreiben Sie ihm:* G. schwieg. Vgl. jedoch Nr. 926; G. an Caroline von Humboldt, 25. Januar 1804; Humboldt an G., 25. Februar 1804.

925. SCHILLER                                 WEIMAR, 14. SEPTEMBER 1803

*Datierung:* A. Gellhaus (NA 32, S. 369) und noch entschiedener Seidel wollen die ältere Datierungsalternative auf den 16. September nicht ganz ausschließen. Dies erlauben jedoch G.s Tagebuchvermerke vom 14., 15., und 16. September. Nach dem Vermerk vom 14. (»Abends Leseprobe von Julius Cäsar. Zu Schiller der nicht wohl war«) heißt es am 15.: »Abends sämtl. Theater Gesellschaft zum Tee.« Hätte Sch., der weiterhin an starker Erkältung

litt (Nr. 927), die »zwei theatralische Rekruten« erst am 15. September bei G. gesehen, hätte er ihn nicht über diese Tatsache informieren müssen. Daß der ausgesprochen indisponierte Sch. am 15. Grüner und Wolff zum Vorsprechen zu sich bat, ist unwahrscheinlich. Am 16. fehlt in G.s Tgb. jeder Hinweis auf eine Leseprobe.
944,36 *gewissen ernsten Monotonie:* gewissen Monotonie.

944 *23 J⟨ulius⟩ Cesar:* Die Weimarer Premiere für A. W. Schlegels Übersetzung von Shakespeares Trauerspiel – erschienen 1797 als Band 2 seiner Shakespeareübertragung – war am 1. Oktober, s. zu Nr. 295, 466, 931. – *24 Sukzeß:* s. zu Nr. 571. – *27 zwei theatralische Rekruten:* Für die jungen Schauspieler Pius Alexander Wolff (1782–1828) und Karl Franz d'Akáts, gen. Grüner (1776/1780–1845), die in ›Julius Caesar‹ Cinna, Marcellus und Lucilius verkörperten, entwickelte G. seine ⟨*Regeln für Schauspieler*⟩, Bd. 6.2, S. 703–745, 1192–1201; vgl. *Tag- und Jahres-Hefte* zu 1803, Bd. 14, S. 102; Tgb., 22. Juli; G. an Zelter, 3. Mai 1816. – *28 Dialekt:* zu seiner Ächtung auf der Bühne vgl. Bd. 6.2, S. 706f., 713, 725. – *33 als Gespenst:* Grüner trat in der Vorstellung vom 17. September als Schwarzer Ritter auf; vgl. ›Die Jungfrau von Orleans‹ III/9. – *38 Graff:* Er spielte schon den Talbot, s. zu Nr. 609.
945 *1 Beckern:* H. Becker, s. zu Nr. 775.

926. GOETHE             WEIMAR, 17. SEPTEMBER 1803

945 *10 Schauspiel:* Aufführung der ›Jungfrau von Orleans‹, s. zu Nr. 925. – *12 Humboldten etwas freundliches:* s. zu Nr. 924. – *13 die natürliche Tochter stückweise:* G. schwebte eine Trilogie vor; vgl. Bd. 6.1, S. 936–942, mit ⟨*Eugenia. Schema der Fortsetzung*⟩, s. zu Nr. 916. – *17 Stoffartigen Eindruck:* s. zu Nr. 839.

927. SCHILLER           WEIMAR, 17. SEPTEMBER 1803

945 *29 Fernow:* Die Rückreise von Rom hatte den Kunstschriftsteller, der schon im letzten Jahr nach Jena berufen worden war, über Tübingen zu Cotta geführt, s. zu Nr. 79; Fernow an Sch., 17. September; Sch. an Fernow, 18. ⟨17.?⟩ September. Von 1803–1804 war Fernow a.o. Professor der Philosophie in Jena. Fernow an Cotta, 18. September (Grumach V, S. 380). – *38 Botentag:* Samstags wurde Post von Weimar nach Jena befördert. – *Katalog ⟨...⟩ Reichsgeschichte:* vermutlich ›Helvetische Bibliothek, bestehend in historischen, politischen und kritischen Beiträgen zu

den Geschichten des Schweitzerlands‹, hg. von Johann Jakob Bodmer und Johann Jakob Breitinger, 2 Bde. Zürich 1735–1736. Vgl. auch Nr. 931, wo nur von zwei Bänden »Bücher Katalog« die Rede ist. Ein Katalog zur Reichsgeschichte konnte nicht ermittelt werden. Sch. benötigte die Werke für die Arbeit am ›Tell‹. –
*39 Vulpius:* Der Bibliothekssekretär erledigte in Jena Arbeiten im Zuge der Neuordnung der Bibliothek, s. zu Nr. 387, 836. Am 19. September kündigte C. A. Vulpius G. den baldigen Abschluß seiner Bibliotheksarbeit in Jena an. Vgl. auch Vulpius an G., 7. September.
946 *2 Komödie:* Theater.

928. GOETHE  WEIMAR, 23. SEPTEMBER 1803

Im Erstdruck datiert auf den 13; 946,15 *S.en:* S.

946 *9 beikommendes Blatt:* Das den Advokaten Salzmann betreffende nicht erhaltene Schreiben übersandte Sch. Fichte am 23. September (›Calender‹). – *10 die ganze Sache:* Fichte hatte im Sommer 1803 in Jena zwei Prozesse anhängig, in denen ihn der Jenaer Hofgerichtsadvokat Johann Friedemann Gottfried Salzmann vertrat: 1. gegen den Käufer seines Hauses und säumigen Schuldner Johann Wilhelm Ernst Krieg (1761–1812); 2. gegen den Jenaer Buchhändler C. E. Gabler (s. zu Nr. 222) wegen unautorisierten Nachdrucks seiner ›Grundlage der gesamten Wissenschaftslehre‹ (Jena und Leipzig 1802). Gegen die Vermutung von Düntzer (S. 263), Gellhaus (NA 32, S. 373) und Seidel, die den Briefinhalt auf den ersten Prozeß beziehen, und für den zweiten Prozeß sprechen zwei Argumente:
a) Der erstgenannte Prozeß um das Haus war Ende Juli mit Fichtes Abtretung seiner Hypothek und Forderung an Sch. beigelegt. Vgl. Fichte an Sch., 9. Juni und 23. Juli; Wolzogen an Sch., 15. Juli; Sch. an Niethammer, 23. Juli; G. an Zelter, 4. August.
b) Schwierigkeiten mit Salzmann tauchen nicht im Verlauf des ersten, sondern des zweiten Prozesses auf. Fichte hatte seinem Brief an Sch. vom 18. August ein Schreiben Salzmanns und eine eigene Stellungnahme zum Rechtsstreit mit dem Buchhändler Gabler beigelegt, die an C. G. Voigt d. J. weiterzuleiten war. Fichte bittet um G.s Hilfe und bezichtigt seinen Rechtsbeistand der »Collusion mit der Gegenpartei«. Fichte an Cotta, 1. Juli. – *17 nach Tiefurth:* s. zu Nr. 634 und Nr. 929.

929. SCHILLER  WEIMAR, 23. SEPTEMBER 1803

946,34 *sehen und indem:* sehen, um, indem.

946 *25 Monate verschwendet:* In Bad Lauchstädt hatte sich Sch. vierzehn Tage erholt, s. zu Nr. 919.

930. GOETHE  WEIMAR, 30. SEPTEMBER 1803

947,5 *Nachmittag etwa irgendwo:* Nachmittag irgendwo; 947,6 *vom:* von.

947 *3 modernen Römerin:* Sie ist unbekannt. – *4 interessanten Brief von Johannes Müller:* Müllers Zusage zur Mitarbeit an der JALZ und Auskünfte über Wilhelm Tell vom 21. September als Antwort auf G.s Anfragen vom 4. September. Falk hatte G. den Brief am 30. zugestellt. Johannes von Müller zu Sylvelden (1752–1809) war Mitglied der Wiener Hof- und Staatskanzlei von 1792–1800, anschließend bis 1804 erster Kustos der kaiserlichen Bibliothek. G. hatte den Schweizer Geschichtsschreiber persönlich 1782 und 1797 kennengelernt. – *6 Hauptprobe vom Julius Cäsar:* s. zu Nr. 925.

931. SCHILLER  WEIMAR, 2. OKTOBER 1803

947,13–25 *Diesen ⟨...⟩ dienen.:* im Brief G.s an A. W. Schlegel vom 2. Oktober zitiert (mit den Auslassungen des Erstdrucks sowie 947,18 f. *Interesse der:* Interessante); 947,13 f. *weil ⟨...⟩ macht,:* zuerst in Sch./G.² (1856); 947,15 f. *Vorstellung des Cäsar werde:* Vorstellung werde; 947,18 *ein ordentlicher Pfeiler:* ein Pfeiler; 947,31 *Zimmer im Schloß? Ich:* Zimmer? Ich. Vollständig zuerst in Sch./G.⁴ (1881).

947 *13 nach Jena:* vom 2. bis 7. Oktober. – *13 Schwiegermutter:* Louise von Lengefeld reiste über Jena zurück nach Rudolstadt. – *14 großen Eindruck:* die Premiere von Shakespeares ›Julius Caesar‹, s. zu Nr. 925. Vgl. auch G.s Briefe an A. W. Schlegel, 2., 3., 6., 27. Oktober; Böttiger an G., 2. Oktober; Schlegel an G., 15. und 21. Oktober. – *15 zweiten Vorstellung:* am 8. Oktober. – *25 Fortschritte unsers Theaters:* s. zu Nr. 861. – *26 meinen Tell ⟨...⟩ Wert:* Sch. entnahm aus dem Shakespeare-Stück an Anregungen für seinen ›Wilhelm Tell‹: das Thema des Tyrannenmords mit seinen Loyalitätskonflikten, die epische Strukturierung und Gestaltung von Volksszenen (vgl. NA 42, S. 369) sowie für ›Tell‹ I/2 als Musterszene ›Julius Caesar‹ II/1. – *27 mein Schifflein:* s. zu Nr. 271. – *29 Donnerstag:* 6. Oktober. – *31 Trapizius:* Trabitius, s. zu Nr. 471. Bei seinen Aufenthalten in Jena wohnte G. üblicher-

weise im Schloß, s. zu Nr. 398. – *33 Freunden:* vermutlich Familie Griesbach, s. zu Nr. 200, 401. – *meinen Zweck:* Studien zu ›Wilhelm Tell‹ anhand von Werken der Jenaer Bibliothek. – *35 zwei Bänden Bücher Katalog:* s. Nr. 927.

932. GOETHE   WEIMAR, 2. OKTOBER 1803

Der Erstdruck übernimmt in 948,10 Sch.s falsche Schreibweise »Trapizius«, s. Nr. 931.

948 *4 Ihre Teilnahme:* Die Premiere von ›Julius Caesar‹ versetzte Sch. nach Genast »in Ekstase«, s. NA 42, S. 369. – *6 des Winters:* der Wintersaison in Weimar, nach dem Sommeraufenthalt des Weimarer Ensembles in Lauchstädt und Rudolstadt. – *8 Ihre wichtige Arbeit:* ›Wilhelm Tell‹, s. zu Nr. 931. – *mein Vornehmen:* G.s ⟨Regeln für Schauspieler⟩, s. zu Nr. 925. Vgl. auch G. an A. W. Schlegel, 2. Oktober. Über seine »Theaterschule« unterrichtet G. Zelter am 10. Oktober.

933. GOETHE   WEIMAR, 29. OKTOBER 1803

948 *21 der Kaufmann von Venedig:* A. W. Schlegels Übersetzung war 1799 als Band 4 seiner Shakespeare-Übertragung erschienen, vgl. zu Nr. 466. Böttiger berichtet vor der ›Julius Caesar‹-Premiere an Huber am 30. September: »Der ganze Schlegel'sche Shakespeare soll nach und nach so durchgespielt werden« (GJb 1, S. 332). Zu einer Aufführung in Weimar kam es erst neun Jahre später. – *25 dramatisch-musikalische Proben:* vgl. G.s Tgb., 30. Oktober. – *26 Taschenbuch:* Taschenbuch auf das Jahr *1804,* s. zu Nr. 917; Frommann an G., nach 9. Oktober.

934. SCHILLER   WEIMAR, 9. NOVEMBER 1803

Erstdruck in GJb 21 (1900).

948 *34 Jenaischen Freunden:* Sie sind unbekannt. – *36 Sie nicht sieht:* zum Jenaer Besucherkreis G.s während seines dortigen Aufenthalts vom 1. bis 12. November vgl. Grumach V, S. 392–396. – *37 fleißig:* am ›Wilhelm Tell‹. Die Hauptarbeit war am 18. Februar 1804 abgeschlossen, s. Nr. 966. Die anschließenden Korrekturen beschäftigten Sch. bis in den April hinein.

949 *1 Paulus:* G. setzte alles daran, den geschätzten Mitarbeiter der ALZ in Jena zu halten und für die JALZ zu gewinnen. G. an Voigt, 1. September; s. zu Nr. 225, 921, 922. Der von der herzoglichen Wissenschaftspolitik mit seinen Kollegen enttäuschte Hochschullehrer schlug selbst das Angebot von 200 Talern Gehaltsauf-

besserung aus und nahm im selben Jahr den Ruf nach Würzburg an, obwohl dort für das theologische Ordinariat nicht mehr als 1 800 Friedrichsdor winkten. Vgl. Paulus an Sch., 30. September; Paulus an Schnurrer, 9. September (NA 32, S. 357f.). – *3 die Zahl:* der Studenten. – *5 Die Philosophie verstummt nicht ganz:* Nach Fichte hatte auch Schelling Jena verlassen und war dem Ruf nach Würzburg gefolgt, s. zu Nr. 450, 491. Vergeblich bat er den Herzog, dessen Schloßbau die Kassen geleert hatte, um eine Pension. Schelling an Hegel, 31. August; Sch. an Humboldt, 18. August. – *6 Hegel:* Der hoffnungsvolle schwäbische Philosoph Georg Wilhelm Friedrich H. (1770–1831) war nach Hauslehrerjahren in Bern und Frankfurt (1793–1800) 1801 nach Jena gekommen, wo er von 1802 bis 1807 als Privatdozent der Philosophie über Naturrecht, Logik, Metaphysik und Naturphilosophie las. Seine ersten Publikationen – u. a. ›Differenz des Fichte'schen und Schelling'schen Systems der Philosophie‹ – erschienen in dem gemeinsam mit seinem (jüngeren) Lehrer Schelling herausgegebenen ›Kritischen Journal der Philosophie‹ (1801–1803). Hier seziert Hegel schonungslos Kant und Fichte. Vgl. Sch. an W. von Humboldt, 18. August. Zu Hegels Selbstkritik am Vorlesungsstil vgl. Herder an Paulus, 2. Mai 1816; Nr. 936, 937. – *10 Ritter:* Der Schellings Naturphilosophie beeinflussende Physiker stand in Berufungsverhandlungen mit der Bayerischen Akademie der Wissenschaften; vgl. zu Nr. 477, 487; Voigt an G., 9. November. Dem Ruf nach München folgte Ritter 1804. – *15 Gotha:* s. zu Nr. 466. Ritter hatte vorher in Gotha gelebt. – *17 Niethammer:* Der Jenaer Theologieprofessor folgte ebenfalls 1804 dem Ruf nach Würzburg, s. zu Nr. 51, 277. – *19 Herzogin Mutter:* Anna Amalia, s. zu Nr. 430. – *19 Grafen Brühl:* Karl Moritz Graf von B. (1772–1837). Der Berliner Kammerherr und spätere Theaterintendant aus dem Geschlecht des kursächsischen Staatsmanns Heinrich von Brühl hatte am 24. Oktober 1800 im Maskenspiel *Palaeophron und Neoterpe* mitgewirkt, s. zu Nr. 778. – *21 Brüdern:* Die Terenzkomödie ›Adelphoe‹ hatte Hildebrand von Einsiedel auf G.s Anregung hin für Weimar als Maskenspiel bearbeitet, s. zu Nr. 872, 882, 976. Vgl. *Weimarisches Hoftheater,* Bd. 6.2, S. 700; *Tag- und Jahres-Hefte* zu 1800, 1801, 1803, Bd. 14, S. 62, 83, 100. – *regalieren:* s. zu Nr. 125. – *24 Montag:* 14. November. Das Stück wurde erst am Mittwoch, 16. November, aufgeführt; vgl. Nr. 935. – *25 noch ein ander kleines Stück:* Entgegen Sch.s Vorschlag wurde nicht ›Wallensteins Lager‹ gegeben, sondern das einaktige Lustspiel von Anton Wall ›Die beiden Billets‹ nach ›Les deux billets‹ von Jean-Pierre Claris de Florian (1755–1794), vgl. Nr. 935; Bd. 4.1, S. 959–961.

935. SCHILLER   WEIMAR, 14. NOVEMBER 1803

*Datierung:* W. Fielitz in ALG V, S. 480.

**949** *34 Mittwoch ⟨...⟩ werden:* 16. November, s. zu Nr. 934. –
*36 Beschort:* Friedrich Jonas B. (1767–1846), in Weimar gastierender Berliner Schauspieler; vgl. G.s Tgb., 13. November. Da Ifflands Brief an Sch. vom 25. Oktober keinerlei Hinweis auf die geplante Inszenierung von ›Wallensteins Lager‹ gibt, dürfte Sch. die Information von Beschort mündlich erhalten haben. Vgl. Sch. an Iffland, 9. November. Zu Ifflands früherer Selbstzensur s. zu Nr. 578. – *40 jetzt drei Schauspieler mehr:* die Schauspieler P. A. Wolff, Grüner und Grimmer, s. zu Nr. 914 und 925.

**950** *1 den Croat, den Schwytzer und den zweiten Kürassier:* Rollen in ›Wallensteins Lager‹. – *5 Komödie:* Im Theater gab es das Lustspiel ›Die Schachmaschine‹ von Heinrich Beck (1760–1803), dem Mannheimer Dichter und Schauspieler.

936. GOETHE   JENA, 27. NOVEMBER 1803

950,34 *seinen Äußerungen:* der Klarheit seiner Äußerungen; 951,12 *noch:* auch.

**950** *11 bei Zeiten:* G. hielt sich vom 24. November bis 24. Dezember in Jena auf. – *14 Promemorias:* Zwei Denkschriften in verschiedenen Angelegenheiten beschäftigten G. lt. amtlichen Protokollen und der Korrespondenz in den letzten zehn Tagen:
1. Das drohende Verbot der JALZ in Preußen verlangte ein Promemoria an den preußischen Minister Graf Schulenburg, s. Nr. 937. Vgl. G. an Eichstädt, 17. November; G. an Voigt, 18. November; vgl. auch das Protokoll Voigts über die Verhandlung mit G. und Eichstädt im Geheimen Consilium, GaS 2 B, S. 707; daneben GaS 3, S. 324; RA IV, Nr. 1083, 1087, 1091, 1109, 1110, 1116.
2. Ein Gutachten an den Kurator der ukrainischen Universität Charkow war auszustellen mit Empfehlungsschreiben dreier Kandidaten für ausgeschriebene Professuren; vgl. G. an Graf Potocky, 27. November (Beilage: *Ganz gehorsamstes Promemoria*). Vgl. G.s Tgb., 25. November. – *15 das neue kritische Institut:* die ›Jenaische Allgemeine Literatur-Zeitung‹ als Rezensionsorgan, s. zu Nr. 9 und 921. – *18 Redaktion des Programms: Weimarische Kunstausstellung vom Jahre 1803 und Preisaufgabe für das Jahr 1804* mit G.s Beitrag *Polygnots Gemälde in der Lesche zu Delphi* für den Erstdruck in der JALZ, 1. Januar 1804 (Extrabeilage) (Bd. 6.2, S. 498–536, 1111–1121); s. zu Nr. 939. – *23 angenehme Stunden:* vgl. G.s Tgb., 26. November. – *Schelver:* Franz Joseph S. (1778–1832). Der hallische Privatdozent für Medizin und Bota-

nik war 1803 auf die Stelle des verstorbenen Batsch nach Jena berufen worden, wo er bis 1806 als Professor und Direktor des botanischen Gartens wirkte; vgl. *Aktenbericht vom 23. April* in Grumach V, S. 340f. G. ersuchte Schelver, ein botanisches und physiologisches Kabinett anzulegen; vgl. *Hegel an Schelling, 16. November.* Die von G. begrüßte Übereinstimmung übergeht Meinungsdifferenzen bezüglich der Metamorphosenlehre; vgl. *Schelver an Schelling, 7. November* (Grumach V, S. 395); *Tag- und Jahres-Hefte* zu 1803, Bd. 14, S. 106f. – *29 Potentiierung:* (lat.) ›Kräftigung‹, s. Nr. 878. – *31 Hegeln:* s. Nr. 934; vgl. *G. an Hegel, 27. November.* – *36 Fernow:* s. zu Nr. 927. Schon am 9. Oktober hatte sich G. mit seinem Hausgast Fernow über Polygnot unterhalten (Tgb.); vgl. *Tag- und Jahres-Hefte* zu 1803, Bd. 14, S. 107; *Frau von Staël,* Bd. 14, S. 326.

951 *1 nordischer Umgebung:* vgl. Nr. 4. – *3 (Hiatus):* lat. ›Lücke‹. – *4–7 daß das Historische (...) absurd ist:* zur Gegenstandswahl in der bildenden Kunst s. zu Nr. 361. Nach dem von G. redigierten Aufsatz Meyers *Über die Gegenstände der bildenden Kunst* zählten zu den historischen Gegenständen auch solche aus mythologischen Quellen; s. Bd. 6.2, S. 31–36. Erneuten Anlaß zur Reflexion historischer Gegenstände boten die Weimarische Kunstausstellung von 1803 und Polygnots Gemälde; vgl. Bd. 6.2, S. 500, 527, 530. – *10 Die Herren:* Die Professoren Schütz, Loder, Schelling, Paulus und G. Hufeland folgten den Rufen auswärtiger Universitäten, s. zu Nr. 921.

937. SCHILLER                WEIMAR, 30. NOVEMBER 1803

952,31–33 *der (...) Gegner.:* zuerst in Sch./G.² (1856).

951 *26 Ein- und Abgeschlossenheit:* wegen der Arbeit am ›Wilhelm Tell‹. – *31 Physik:* (griech.) ›körperliche Verfassung‹, ›Natur‹. – *33 Hegeln:* vgl. Nr. 934, 936. – *40 Fernow:* s. zu Nr. 927; Nr. 936, 938.

952 *4 verständigen:* ›vermitteln‹, ›klarmachen‹. – *8 Rehberg:* Der 1786 zum Professor der Berliner Akademie ernannte Historienmaler Friedrich R. (1758–1835) hatte während seines jahrzehntelangen Italienaufenthalts G., Meyer und Moritz kennengelernt. Er war mit Exponaten unterwegs nach England. Vgl. *Frau von Stael,* Bd. 14, S. 326. – *17 Verbot der Jenaischen Zeitung:* aus Gründen des Titelschutzes der ALZ, s. zu Nr. 921 und 936. – *20 Thibaut:* Der 1802 aus Kiel nach Jena berufene Jurist stand auch mit G. in gesellschaftlichem Verkehr, s. zu Nr. 276. – *23 Voß:* s. zu Nr. 912 und Nr. 938. – *25 Fr(au) v. Stael:* s. zu Nr. 485. Von Napoleon 1802 verbannt, emigrierte Germaine de Staël 1803 in

Begleitung ihrer Kinder und ihres Freundes Benjamin Constant nach Deutschland. Mitte November traf sie in Frankfurt/M. ein, Mitte Dezember in Weimar. – *25 wirklich:* schwäb. ›gegenwärtig‹, ›jetzt‹. – *28 unsre Religion:* die Kunst- und Literaturauffassung der Weimarer Klassik. – *29 Volubilität:* (frz.) ›Zungen-‹, ›Schlagfertigkeit‹. – *31 Jourdain:* Camille Jordan (1771–1821). Der französische Staatsmann und Schriftsteller emigrierte 1797 nach Weimar und wirkte bis 1799 an Mouniers Internat für junge Engländer in Schloß Belvedere. – *32 Locke:* John L. (1632–1704), englischer Aufklärungsphilosoph und Empirist, den schon Kant angegriffen hatte. Der Aufklärer Jordan sah sich in der Tradition Lockes. – *Je meprise:* frz. ›Ich verachte‹.

938. GOETHE JENA, 2. DEZEMBER 1803

953,26 *dazu:* hinzu; 953,30 *in:* an.

953 *3 Regierungsrat Voigt:* C. G. Voigt (d. J.), s. zu Nr. 495. Vgl. Voigt an G., 3. Dezember; Voigt (d. J.) an G., 7. Dezember; G. an Voigt (d. J.), 9. Dezember. – *6 literarischen Unternehmung:* der JALZ, s. zu Nr. 921. – *14 Programm:* s. zu Nr. 936. – *17 Meyer: Weimarische Kunstausstellung vom Jahre 1803* (II und III), Bd. 6.2, S. 498. – *29 Voß:* s. zu Nr. 912; vgl. G.s Tgb., 29. November. Voß wohnte in der Bachgasse vor dem Johannestor. – *30 Burkhardt Waldis:* Burkhard W. (geb. 1495, gest. um 1556), Dramatiker und Fabeldichter der Reformationszeit. – *32 ins Wörterbuch:* Voß arbeitete an einem neuhochdeutschen Wörterbuch, vgl. W. Herbst: ›Johann Heinrich Voss‹. 3 Bde. Bern 1970, II,2, S. 42f. – *35 so läse ich mit ihm wie sonst:* Ernestine Voß berichtet von gemeinsamen Lesungen, vgl. Gespräche I, Nr. 1835, 1864, 1871. – *37 Knebel hat sich bei Hellfeld:* Knebel wollte nach Jena umziehen und hatte sich wegen einer Wohnung an Griesbach gewandt; von Hellfelds Haus mit seiner hübschen Aussicht bewohnten früher Humboldts, s. zu Nr. 119. – *39 Rigorismus:* s. zu Nr. 128. Auch Vossens ›Zeitmessung der deutschen Sprache‹ (1802) dokumentiert mit ihrer rigorosen Übertragung der antiken Silbenquantität auf den akzentuierenden deutschen Vers eher Altersstarrsinn, s. zu Nr. 912.

954 *3 Fernow und Hegel zusammen:* vgl. G.s Tgb., 26. November und 3. Dezember. – *5 Tee (...) die heterogensten Elemente:* Zu G.s großer Teegesellschaft waren Professoren fast aller Fakultäten, Buchhändler und Verwaltungsbeamte geladen; Tgb., 3. Dezember; Grumach V, S. 401f. – *7 arme Vermehren:* Am 29. November war der 29jährige Jenaer Privatdozent der Philosophie verstorben, s. zu Nr. 805. Der Verehrer der Brüder Schlegel gab

1802/1803 zwei Jahrgänge eines Musenalmanachs heraus, zu dem G. Beiträge verweigert und über den er sich lustig gemacht hatte. Vgl. Goethe/Cotta 1, S. 78 f.; G. an Schelling, 5. Dezember 1801; Gespräche I, Nr. 1747. – *9 Die Postexpedition:* das Versandgeschäft der Almanache.

939. GOETHE                JENA, 13. DEZEMBER 1803

954,22 *zu:* an; 954,28 *daß das alles:* daß alles.

954 *16 daß man mich (...) berufen:* Mit Eilboten riefen der Herzog und die Herzogin G. nach Weimar zurück; vgl. RA IV, Nr. 1181–1183; G.s Tgb.; G. an M^me de Staël, 16. Dezember. – *Mad de Stael nach Weimar:* s. zu Nr. 485 und 937. Mit einem Empfehlungsschreiben von F. Jacobi an die Weimarer Größen versehen traf die berühmte Autorin der ›Delphine‹ am 13. Dezember in Weimar ein und blieb hier im Brennpunkt des gesellschaftlichen Lebens bis zu ihrer Abreise am 29. Februar 1804. Vgl. *Tag- und Jahres-Hefte* zu 1803 und 1804; *Frau von Staël,* Bd. 14, S. 111 f., 115–119, 325–327. Sie hatte in ihrem ›Essai sur les Fictions‹ und dem G. am 29. April übersandten Werk ›De la littérature considérée dans ses rapports avec les institutions sociales‹ (Paris 1799) den *Werther* enthusiastisch gewürdigt, s. zu Nr. 107. In der epochemachenden Bilanz ihres Deutschlandaufenthalts ›De l'Allemagne‹ (1810/13) sind das 7., 21.–23. Kap. des 2. Teils G. und seinen Werken gewidmet. – *22 so schweren und bedenklichen Geschäft:* der Gründung der JALZ, s. zu Nr. 9 und 921. – *25 Programms:* s. zu Nr. 936. – *26 Polygnotischen Tabellen:* s. Bd. 6.2, S. 510 f., 516 f. – *31 soulagiert:* (frz.) ›unterstützt‹, ›Arbeit abnimmt‹. – *33 Gemeines:* ›Selbstverständliches‹, ›Übliches‹. – *35 der Taucher:* Wie der sich übernehmende Balladenheld Sch.s ertrinkt G. in Arbeit. – *37 Mad. de Stael mich besuchen:* Sie begnete G. zum ersten Mal Weihnachten 1803 beim Diner im Haus am Frauenplan. – *39 Loderischen Quartiers:* Loder war nach Halle gezogen, s. zu Nr. 919.

955 *19 was Ihre Einsamkeit hervorbringt:* ›Wilhelm Tell‹. – *24 Polygnot und Homer:* Polygnotos von Thasos war ein attischer Maler aus dem 5. Jh. v. Chr. G. übersetzte die Homer folgende Darstellung Polygnotischer Wandgemälde von Pausanias, s. zu Nr. 936; Bd. 6.2, S. 1116. In *Weimarische Kunstausstellung vom Jahre 1802 und Preisaufgaben für das Jahr 1803* hatte G. bereits Homer als Bilderquelle hochgelobt; s. Bd. 6.2, S. 494–497. – *die Hölle eigentlich hier oben:* vgl. *Über den Besuch des Odysseus in der Unterwelt,* Bd. 6.2, S. 530–534, 536. Zur Strafe fruchtlosen Bemühens S. 532. Ähnlich später Sartre in ›Huis clos‹.

940. SCHILLER                         WEIMAR, 14. DEZEMBER 1803

956,24f. *Halten ⟨...⟩ will.:* zuerst in Sch./G.² (1856).

**955** *34 dem Herzog ⟨...⟩ gesucht:* mit Erfolg, vgl. Carl August und Voigt an G., 14. Dezember. – *35 Fr. v Stael:* s. zu Nr. 939. Vgl. ihre Briefe an G. vom 15. und 18. Dezember, sowie G.s Antworten vom 16. und 19. Dezember. – *37 Train:* frz. ›Aufwand‹, ›Lärm‹, ›Gang‹.

**956** *1 Ihrer jetzigen Geschäfte:* Gründung der JALZ und Einrichtung naturwissenschaftlicher Museen. – *3 Meine Geschäfte:* Arbeit am ›Tell‹. – *5 von Berlin aus:* Iffland und die Schauspielerin F. Unzelmann drängten Sch., den ›Tell‹ nicht erst Mitte April 1804 abzuschließen; vgl. Iffland an Sch., 25. Oktober und 26. November; Unzelmann an Sch., 22. November; Sch. an Iffland, 5. Dezember. – *6–8 Drachen ⟨...⟩ verschlingen wird:* vgl. Sch.s Ballade ›Der Kampf mit dem Drachen‹, Verse 187–192. Iffland wollte Sch. überreden, den noch unfertigen ›Tell‹ »parthiienweise« zu schikken. – *9 niederträchtige des Berlinischen Theaters:* Sch. hatte Ifflands Verzicht auf ›Wallensteins Lager‹ sowie Striche und Änderungen bei der ›Jungfrau von Orleans‹ hinnehmen müssen, s. zu Nr. 578. Über Berliner Inszenierungen der ›Braut von Messina‹, ›Jungfrau von Orleans‹ und G.s *Die natürliche Tochter* berichtete kritisch Wolzogen an Sch. am 13. Juli. Vgl. auch NA 10, S. 359, 361. Über weiteren Ärger mit Berlinern s. Nr. 852, zu Nr. 570. – *11 Cordemanns Bericht:* Nach Kirms meldete der Schauspieler, der vor seiner Weimarer Zeit zwei Jahre am Nationaltheater in Berlin engagiert war, Iffland erhalte jährlich 6000 Gulden, dürfe aber – vermutlich auf königlichen Befehl – nicht zur Ankunft des Erbprinzenpaares nach Weimar reisen. Die erbetene Partitur zu Kotzebues ›Hussiten vor Naumburg‹ schicke Iffland nicht; Kirms an G., 7. Dezember. – *12 Böttger nach Berlin:* Der Weimarer Gymnasialdirektor K. A. Böttiger hatte einen Ruf nach Berlin als Oberkonsistorial- und Oberschulrat erhalten. Auf der Reise nach Berlin bestimmten ihn Freunde in Dresden zur Annahme des Direktorats des kurfürstlichen Pageninstituts am Dresdner Hof. Vgl. Voigt an G., 14. und 17. Dezember. – *14 Nachfolger:* Nach zweijähriger kommissarischer Vertretung durch J. H. Voß wurde 1806 Christian Ludwig Lenz (gest. 1833) Böttigers Nachfolger. – *15 Riemern:* Der Philologe Friedrich Wilhelm Riemer (1774–1845) war 1799–1801 Privatdozent in Halle, danach zwei Jahre Hauslehrer bei W. von Humboldt gewesen. G. stellte ihn von 1803 bis 1805 als Hauslehrer für seinen Sohn August, anschließend bis 1812 als Sekretär mit Wohnung im Haus am Frauenplan ein. Erst von 1812 bis 1820 wirkte Riemer als Professor am Weimarer Gymnasium.

G. stattete seinen Mitarbeiter in späteren Jahren mit weitreichenden Vollmachten bei der Vorbereitung von Textausgaben aus. Nach G.s Tod wurde er mit Eckermann Nachlaßbetreuer und edierte den Briefwechsel mit Zelter. Riemers ›Mitteilungen über Goethe‹ (1841) entwerfen ein Gesamtporträt G.s und anhand des Briefwechsels zwischen Sch. und G. ein Bild ihrer Beziehung. – *18 Pilgerin:* M^me de Staël. Anspielung auf Sch.s Gedicht ›Der Pilgrim‹, s. zu Nr. 916. – *22 verte:* lat. ›bitte wenden!‹. – *23 Der Herzog ⟨...⟩ schreiben:* G.s Kommen schien wegen Frau von Staël geboten, vgl. Carl August an G., 14. Dezember. – *24 Komödie:* Im Theater wurde ›Don Ranudo de Colibrados‹ von Kotzebue nach Holberg aufgeführt.

941. Schiller　　　　　　　　　　Weimar, 21. Dezember 1803

Gleichzeitig mit dem Erstdruck auch in ›Morgenblatt für gebildete Stände‹ 1829, Nr. 271 (12. November). 956,36–957,27 *Frau v Stael ⟨...⟩ haben.:* s. unten; 957,5 *mir ⟨ihr⟩:* ihr; 958,1 *dringende:* dringendere.

956 *31 heterogenen Sozietäts-Zerstreuung:* unterschiedliche Begegnungen zwischen 15. und 21. Dezember; u. a. traf Sch. am 15. mit Madame de Staël zusammen, am selben Abend fand eine Gesellschaft bei Hofe statt, am 16. besuchte er mit Wieland die Baronin von Staël und nahm am selben Tag an der Abendgesellschaft der Herzogin-Mutter teil. Vgl. NA 42, S. 370–374, 679–682. – *34 meiner Frau ⟨...⟩:* zu den Briefen Charlotte Sch.s an G. vom 17. ⟨14.?⟩, 18. und 21. Dezember s. NA 32, S. 406–409. Vgl. auch G. an Charlotte Sch., 16., 19., 20. Dezember. – *36–957,27 Frau v Stael ⟨...⟩ ihr haben:* Sch.s geniale Porträtskizze übernahm G. in die *Tag- und Jahres-Hefte* zu 1803, Bd. 14, S. 111 f. Vgl. auch Sch.s bewundernde Äußerungen über die geistreiche Repräsentantin französischer Kultur in den Briefen an Körner vom 4. und an Reinwalds vom 5. Januar 1804. – *37 a priori:* hier: ›vorwegnehmend‹, vgl. W. von Humboldt an G., 30. Mai 1800. – *38 pathologischer:* s. zu Nr. 386, 395.

957 *12 Idealphilosophie:* der deutsche Idealismus in der Nachfolge Kants. Zu Sch.s Streitgespräch mit M^me de Staël über Kant vgl. NA 42, Nr. 864–866. – *14 Poesie:* vgl. Nr. 485. Mit dem poetologischen Autonomie- und Idealisierungskonzept konnte sich die Französin nicht anfreunden, s. zu Nr. 354, 536; NA 42, Nr. 868 f. – *28 Sonnabend:* 24. Dezember. G. empfing Madame de Staël in Weimar zum Diner, s. zu Nr. 939. – *31 länger als bis Neujahr:* s. zu Nr. 939. – *37 Meine Arbeit:* an ›Wilhelm Tell‹.

958 *1 die traurigen Ereignisse:* Im Dezember waren mehrere

Bekannte verstorben: vor drei Tagen Herder; vorher Vermehren (s. zu Nr. 938); am 12. Dezember Elisabeth von Ziegesar (1774–1803), die Schwiegertochter des Gothaischen Kanzlers; am 17. Dezember die Mutter Amalie von Imhoffs, Luise von Imhoff (1750–1803), die jüngste Schwester Charlotte von Steins.

942. GOETHE　　　　　　　　WEIMAR, 31. DEZEMBER 1803

958 *9 Programms:* s. zu Nr. 936. Eichstädt an G., 30. Dezember; G. an Eichstädt, 31. Dezember. – *13 Komödie:* An Sylvester wurde ›Die Saalnixe‹ von Kauer gegeben, s. zu Nr. 887. – *15 Wolf:* F. A. Wolf hielt sich vom 28. Dezember bis 6. Januar in Weimar auf, s. zu Nr. 67 und 872. Vgl. G.s Tgb.; Wolf an G., 25. Dezember; G. an Wolf, 26. Dezember.

943. SCHILLER　　　　　　　　WEIMAR, 31. DEZEMBER 1803

958 *26 Polygnotische Wesen:* s. zu Nr. 936. – *29 die an Wolzogen überlassenen Zeichnungen:* Sch.s Schwager fädelte in Petersburg die Heirat des Erbprinzen mit der Zarentochter Maria Pawlowna ein. In einem Brief vom 27. September an Charlotte Schiller hatte er im Auftrag der Zarenmutter Maria Feodorowna um Zeichenvorlagen für ein Petersburger Zeicheninstitut für Malschülerinnen gebeten, dabei auch an G. und Meyer appelliert; vgl. Charlotte II, S. 126; Sch. an Wolzogen, 24. November.

# 1804

944. GOETHE                                             WEIMAR, 4. JANUAR 1804

961 *4 Beiliegendes Blättchen:* möglicherweise *Einiges von dem Lebens- und Kunstgange Herrn Martin Wagners,* dessen Druckvorlage Eichstädt G. am 1. Januar übersandt hatte (Bd. 6.2, S. 539). – *5 die Balladen:* Ihr Verfasser war nicht zu ermitteln.

945. SCHILLER                                   WEIMAR, 5.? JANUAR 1804

*Datierung:* s. NA 32, S. 415. Die Datierungsalternativen auf den 6. und 7. Januar, die Seidel und Gräf/Leitzmann in Betracht ziehen, können wegen Sch.s Anfrage zu dem auf den 5. Januar angesetzten Konzert fallengelassen werden.
*Überlieferung:* Auf der Adressenseite des Briefs steht: »nebst 12 Laubthl.«

961 *14 Geburtstagsstück:* Der Geburtstag der regierenden Herzogin Louise war am 30. Januar, s. zu Nr. 21. – *Mithridat:* Racines Tragödie ›Mithridate‹ in der Übersetzung von August Bode (Berlin 1804) wurde am 30. Januar aufgeführt; vgl. Nr. 951 und 952. – *19 Bode:* Theodor Heinrich August B. (1778–1804), Schriftsteller und Übersetzer in Weimar. Vgl. Bode an Sch., 1. März (?) 1803; *Tag- und Jahres-Hefte* zu 1802, Bd. 14, S. 98. – *25 Geist:* J. J. L. Geist, G.s Sekretär, s. zu Nr. 177. – *25 Konzert ⟨...⟩ abgesagt:* Es sollten Orchesterausschnitte aus Mozarts ›Don Giovanni‹ und Kammermusik gegeben werden. Möglicherweise wurde das Konzert auf den 17. Januar verschoben, vgl. Nr. 950; Carl Augusts Briefe an G., 1.–4. Januar. – *28 Meiern:* J. H. Meyer schrieb eine Anzeige von Beckers ›Augusteum‹ für die JALZ 1804, Nr. 18. – *Augusteum:* vermutlich das erste Heft des von Wilhelm Gottlieb Becker herausgegebenen Galeriewerks ›Augusteum; ou Description des monumens antiques qui se trouvent à Dresde‹. Leipzig 1804–1811: ›Augusteum, Dresden's Antike Denkmäler enthaltend‹, Leipzig 1804; s. zu Nr. 132 und Ruppert Nr. 2175; Becker an Sch., 4. Dezember 1803. – *29 Fr. v. Stael:* s. Nr. 939–941. Eine Einladung der Baronin an G. und Sch. auf den 6. Januar sagte G. aus Krankheitsgründen noch am gleichen Tag ab. Vgl. RA IV, Nr. 1264. – *30 Benjamin Constant:* Henry-Benjamin Constant de Rebecque (1767–1830), französischer Schriftsteller und Politiker. Der Reisebegleiter und Freund M$^{me}$ de Staëls traf am 5. Januar in Weimar ein. Vgl. *Frau von Staël,* Bd. 14, S. 325 f.; NA 42, Nr. 869.

946. Schiller                    Weimar, 12. oder 13. Januar 1804

*Datierung:* G.s datierte Antwort vom 13. Januar setzt die sorgfältige Lektüre von 929 ›Tell‹-Versen voraus und damit wohl einen Tag Abstand zu Sch.s Anfrage vom – vermutlich – 12.
Im Erstdruck sind die Briefe in folgender Reihenfolge angeordnet: Nr. 955, 950, 951, 948, 946, 947, 949, 952, 953, 954, 956, 960, 961, 958, 959.

961 *38 Ihrer Gesundheit:* G. verbrachte mehrere Tage im Bett und fühlte sich noch längere Zeit unwohl, s. Nr. 949; G.s Tgb., 3.–10. Januar und *Tag- und Jahres-Hefte* zu 1804 (Bd. 14, S. 115).
962 *1 ersten Akt des Tell:* zu G.s Beurteilung des ersten Aktes von Sch.s ›Wilhelm Tell‹ s. Nr. 947. – *2 Iffland:* Sch. sandte dem Berliner Theaterdirektor am 23. Januar die ersten beiden Akte von ›Wilhelm Tell‹. – *4 widerstreitenden Zuständen:* Belastungen durch den Aufenthalt der Madame de Staël in Weimar und den Tod einiger nahestehender Personen, s. zu Nr. 941, Nr. 948. – *7 ganz fertig:* Sch. beendete den ›Wilhelm Tell‹ im wesentlichen am 18. Februar, s. zu Nr. 934 und Nr. 965. – *8 Rezension:* Denkbar wäre die Rezension von K. G. Schnelle über F. T. Rinck ›Immanuel Kant über die Pädagogik‹ (JALZ 1804, Nr. 46). In Frage kommen noch die abgelehnten Rezensionen von J. C. Greiling über K. C. E. Schmids ›Anthropologisches Journal‹ (Jena 1803) und von J. F. C. Werneburg über K. A. Eschenmayers ›Philosophie in ihrem Übergang zur Nichtphilosophie‹. Vgl. Eichstädt an G., 10. und 11. Januar; G. an Eichstädt, 11. und 12. Januar. – *13 Die Stahl:* phonetische Schreibweise von ›Staël‹. – *14 Herzogin Mutter:* Anna Amalia. – *15 Faß der Danaiden:* Die 50 Töchter des Königs Danaos waren in der griechischen Mythologie dazu verdammt, unablässig Wasser in ein durchlöchertes Faß zu schöpfen. Zugleich Anspielung auf *Polygnots Gemälde in der Lesche zu Delphi,* Bd. 6.2, S. 523. – *16 Ocnos:* Ein von Oknos aus Schilf geflochtenes Seil wird von einer Eselin mit konstanter Bosheit aufgefressen; vgl. ebenda, S. 518.


947. Goethe                                     Weimar, 13. Januar 1804

Zum Erstdruck s. zu Nr. 946. *962,34 Kuhreigen nicht hört:* Kuhreigen hört.

962 *23 ganzes Stück:* Der 1. Akt von ›Wilhelm Tell‹ enthielt in der Fassung des Berliner Manuskripts 929 Verse; u. a. die Attinghausen-Szene (II/1), vgl. NA 10, S. 449 f. – *34 Kuhreigen:* vgl. ›Tell‹, Vers 837 und 844. Zu Sch.s Orientierung an Ebels Quellen-

werk s. NA 10, S. 503 f. – *40 Hades der Sozietät:* s. zu Nr. 939. – *Schilf und Rohr:* wie Oknos, s. zu Nr. 946.

948. SCHILLER    WEIMAR, 13. ODER 14. JANUAR 1804

*Datierung:* s. NA 32, S. 417.
Zum Erstdruck s. zu Nr. 946.

963 *11 Eingang in den Tell:* s. Nr. 946, 947. – *13 gegenwärtigen Stickluft:* s. Nr. 946. – *14 Montag:* 16. Januar. – *Rütli:* Die am Westufer des Urner Sees gelegene Bergwiese bildete das ideale Bühnenbild für die Gründungsszene der Schweizer Eidgenossenschaft in ›Tell‹ II/2. – *17 Ihre Pforte:* s. Nr. 946. – *19 Komödie:* Im Theater wurde F. Paërs Oper ›Camilla oder das Bergverließ‹ (in der Übersetzung von J. J. Ihle) gegeben; s. Sch.s ›Calender‹ und zu Nr. 885. – *20 meine eigene Haut gespielt:* Den Spielplan der vorausgegangenen Wochen hatten Stücke oder Bearbeitungen Sch.s bestimmt: Im Dezember wurden ›Die Braut von Messina‹, ›Wallensteins Lager‹, ›Die Jungfrau von Orleans‹, ›Nathan der Weise‹ aufgeführt; im Januar ›Maria Stuart‹, erneut ›Die Braut von Messina‹ und ›Turandot‹. – *22 M⟨adame⟩ d⟨e⟩ St⟨aël⟩ ⟨…⟩ bleiben:* s. zu Nr. 939.

949. GOETHE    WEIMAR, 14. JANUAR 1804

*Datierung:* Anhand der einen Tag zurückliegenden Besprechung mit Voigt am 13. Januar ist der Brief auf 14. Januar zu datieren. G. selbst trug dieses Datum mit Bleistift am Briefanfang nach.
Zum Erstdruck s. zu Nr. 946. 963,37 *Herrn Geh⟨eimen⟩ Rat Voigt:* Herrn Voigt; 964,6 *wider:* gegen.

963 *36 Eine Unterredung mit ⟨…⟩ Voigt:* Sie betraf die Besetzung des theologischen Lehrstuhls in Jena, vgl. Voigt an G., 13. Januar, und G.s Tgb. – *39 Exposition:* von ›Wilhelm Tell‹.

964 *1 zudringliche Nachbarin:* Madame de Staël; vgl. auch RA IV, Nr. 1278 und 1283; *Tag- und Jahres-Hefte* zu 1804, Bd. 14, S. 115. – *6 Sünde wider den heiligen Geist:* eine unvergebbare Sünde, s. Mt. 12,31 f.; Mk. 3,29; Lk. 12,10. Vgl. Nr. 601, 602. – *8 bei Jean Paul ⟨…⟩ gegangen:* Von Oktober 1798 bis 1800 war Jean Paul nach Weimar übergesiedelt. – *15 Hackertischen Landschaften:* Die von Philipp Hackert (1737–1807), G.s Freund und zeitweiligem Mallehrer in Italien, am 17. Oktober 1803 übersandten Gemälde erhielt G. am 13. Januar 1804 (Tgb. und RA IV, Nr. 1048). G. veröffentlichte in der JALZ, Nr. 19 und 20 (1804), über sie die Besprechung ⟨*Zwei Landschaften von Philipp Hackert*⟩ (Bd. 6.2, S. 179–182).

950. SCHILLER WEIMAR, 17. JANUAR 1804

*Datierung:* vgl. Fielitz in ALG 4 (1875), S. 480 f.
Zum Erstdruck s. zu Nr. 946. 964,33 f. *Hause und auf:* Hause auf;
965,26 *schrieb:* schreibt.

964 *32 Übel:* Sch. erkrankte eineinhalb Wochen. – *37 mein Geschäft:* Arbeit an ›Wilhelm Tell‹. – *39 bei Serenissimo:* Herzog Carl August. – *40 Konzerts:* s. zu Nr. 945.

965 *1 ZeitungsBlätter:* Nummern der JALZ. – *2 theologische Exposition:* J. G. Eichhorn rezensierte in JALZ, Nr. 1 und 2 unter dem Stichwort ›Theologie‹ die jüngsten Ausgaben des ›Novum Testamentum Graece‹ von C. F. von Matthäi und J. J. Griesbach (mit bibelkritischer Einleitung); s. zu Nr. 302. – *5 Rezension des Sartorischen Werks:* Johannes von Müller rezensierte die ›Geschichte des Hanseatischen Bundes, von Georg Sartorius‹. 2 Tle. 1802/1803 (JALZ, Nr. 7 und 8). Der G. bekannte Göttinger Professor der Historie und Nationalökonomie Georg Friedrich Christoph Sartorius (1765–1828) besuchte ihn in diesen Tagen; vgl. Grumach V, S. 415; Tgb., 16. Januar; *Tag- und Jahres-Hefte* zu 1801/1802, Bd. 14, S. 77, 98. – *8 Cellini:* Fernows Rezension von G.s *Benvenuto Cellini,* s. zu Nr. 244 und 880. – *12 die Philosophie in dem Intelligenzblatt:* Das Intelligenzblatt zur JALZ, Nr. 5, bringt eine im selben Jahr fortgesetzte ›Übersicht der neuesten ausländischen Literatur. Französische Literatur. Philosophie.‹ Vgl. G. an Eichstädt, 1. Februar. Der unbekannte Verfasser ist vielleicht der Jenaer Privatdozent der Philosophie Johann Gottfried Gruber (1774–1851), vgl. Eichstädt an G., 7. Januar und 1. Februar; Nr. 951. – *20 Johannes Müller:* Johannes von Müller traf am 22. Januar in Weimar ein, s. zu Nr. 850, 930, 954; NA 42, Nr. 874; Sch. an Iffland, 5. Februar. – *Brief ‹...› von Körnern:* Körners Brief vom 15. Januar traf am 17. ein (vgl. ›Calender‹). – *22 Anstellung Bött(igers) in Dresden:* s. zu Nr. 940. – *26 Billet an meine Frau:* vgl. NA 32, S. 421 f. – *30 Leseprobe des Mithridat:* s. zu Nr. 945 und WA I 35, S. 313.

951. GOETHE WEIMAR, 17. JANUAR 1804

Zum Erstdruck s. zu Nr. 946. 966,23 *Mithridates:* Mithridat.

965 *37 Sie auch ‹...› leiden:* s. zu Nr. 946 und 950.

966 *5 Sie einigen Anteil daran:* Sch. steuerte keine Rezensionen bei, s. Bd. 6.2, S. 1293. – *7 ex professo:* lat. ›berufsmäßig‹, ›von Amts wegen‹. – *10–12 die vergangnen vier Monate ‹...› geschoben:* s. zu Nr. 921, 936. – *17 Der Verfasser:* s. zu Nr. 950. – *23 Mithridates:* s. zu Nr. 950. – *25 augurieren:* s. zu Nr. 571.

952. Schiller    Weimar, 17. Januar 1804

Zum Erstdruck s. zu Nr. 946.

966 *32 Mithridat:* s. Nr. 950; vgl. Bode an Sch., 17. Januar. – *33 abgelebten Werken:* der ›Tragédie classique‹, vgl. Nr. 605. – *38 Manier:* zum Manierbegriff s. zu Nr. 356. – *40 Rütli:* s. Nr. 948.

967 *2 Freitag:* 20. Januar. Sch. schickte die ersten beiden ›Tell‹-Akte erst am 23. Januar nach Berlin; s. zu Nr. 946.

953. Goethe    Weimar, 18. Januar 1804

967 *9 das Rütli:* ›Tell‹ II/2, s. zu Nr. 948. – *13 zur Vollendung:* s. zu Nr. 946.

954. Goethe    Weimar, 23. Januar 1804

Zum Erstdruck s. zu Nr. 946. Gleichzeitig auch in ›Morgenblatt für gebildete Stände‹ 1829, Nr. 271 (12. November). 967,28 *Nutzen:* Nutz; 967,28 *ließe:* ließen; 967,31 *ich Müller:* ich Johannes Müller (›Morgenblatt‹); 968,3 f. *Auch ⟨...⟩ Abend.:* fehlt im ›Morgenblatt‹.

967 *20 wie es Ihnen gehe:* Charlotte Sch. hatte um den 20. Januar G. von der Erkrankung ihres Mannes berichtet. – *23 zum erstenmal Mad. de Stael:* im neuen Jahr, s. zu Nr. 939; Tgb.; Gespräche I, Nr. 1891. – *26 Hyperboreern:* antiker Name eines kulturlosen Volkes im Norden, jenseits des kalten Nordwindes ›Boreas‹. – *31 Müller gesehen:* s. zu Nr. 930 und 950. Johannes von Müller verhandelte mit Herders Witwe über die Herausgabe von Herders Werken. Vgl. *Frau von Staël,* Bd. 14, S. 326; G. an Müller, 22. Januar; Tgb.

968 *3 neue Literaturzeitung:* s. Nr. 955.

955. Goethe    Weimar, 23. Januar 1804

Zum Erstdruck s. zu Nr. 946.

968 *10 die neuen Zeitungen:* JALZ, Nr. 6–13, die G. als zweite Sendung erhalten hatte, vgl. G. an Eichstädt, 19. Januar. – *an Meyer:* J. H. Meyer war ein fleißiger Rezensent der JALZ. – *11 No. 13:* Die Nummer der JALZ vom 17. Januar enthält Reichardts Rezension von Rousseaus ›Correspondance originale et inédite avec Mad. Latour de Franqueville et M. Du Peyron‹ (Paris 1802/1803). – *12 nichts Neues unter der Sonne:* vgl. Pred. 1,9. G. erkennt in Rousseaus Korrespondenz mit der adligen Französin einen Präzedenzfall seiner eigenen Kommunikation mit M$^{me}$ de

Staël. – *13–15 Reisende (...) drucken lassen:* Frau von Staëls Plan, ein »Werk über unsere Literatur« zu publizieren, war auch Böttiger bekannt, vgl. Grumach V, S. 422. – *15–17 Diese Nachricht (...) böses Spiel:* Daß Madame de Staëls fröhliches Eingeständnis G. deutlich reservierter machte, halten auch die Tag- und Jahres-Hefte zu 1804 fest (Bd. 14, S. 115 f., 653); Gespräche I, Nr. 1914. – *19 diamantnen/adamantinen Spiegel:* anagrammatische Doppelanspielung auf den diamantenen Schild, der in Tassos ›Befreitem Jerusalem‹ Ubaldos Schmach spiegelt, und auf die etymologische Wurzel (griech./lat. ›adamas‹ ›Diamant‹) des frz. ›adamantin‹ ›diamantartig‹, wobei griech. ›adamantinos‹ ›stählern‹ heißt; Goethe-Wörterbuch I, Sp. 260.

956. GOETHE    WEIMAR, 24. ODER 25.? JANUAR 1804

*Datierung:* Abendliche Besuche Johannes von Müllers vermerkt G.s Tgb. sowohl am 24. wie am 25. Januar. G. schrieb mit Blei an den Schluß des Billetts »1804. 24. Jan.«.
Zum Erstdruck s. zu Nr. 946.

968 *26 Johannes v Müller:* s. zu Nr. 950, 954. – *27 Münzschubladen:* Die von der Arbeit am *Cellini-Anhang* seit dem Frühjahr 1802 angelegte Sammlung von Medaillen in Erz und Kupfer, die von der zweiten Hälfte des 15. Jahrhunderts bis zur Moderne reichten, schätzte G. auf 1000 Stück; vgl. G. an Caroline von Humboldt, 25. Januar; G. an W. von Wolzogen, 4. Februar. Zu den 1400 Mionnetischen Schwefelpasten s. zu Nr. 888. – *29 die Geschichte in seiner Gewalt:* Als Quellenwerk für seinen ›Tell‹ benutzte Sch. ›Der Geschichten schweizerischer Eidgenossenschaft‹ Teil 1 und 2 (Leipzig 1786); vgl. NA 10, S. 389; zu Nr. 850. – *32 schweizer Helden:* des ›Tell‹, s. zu Nr. 946.

957. SCHILLER    WEIMAR, 24. ODER 25. JANUAR 1804

*Datierung:* umgehende Antwort auf Nr. 956.
Erstdruck in F. Muncker: ›Ungedrucktes von Schiller und Goethe‹, in: ›Allgemeine Zeitung‹ 1829, Beilage Nr. 79 (2. April), S. 5 f.

969 *2 langen Eingesperrtseins:* wegen seiner Krankheit, s. Nr. 950. – *5 Müller:* Johannes von Müller war am 22. Januar in Weimar eingetroffen. Er blieb bis zum 7. Februar, s. zu Nr. 950, 954, 956. – *7 Hallische Lit(eratur) Zeitung:* die ALZ, die ihren Sitz von Weimar nach Halle verlegt hatte, s. zu Nr. 921. – *8 Rezension der natürlichen Tochter:* Rezension von August Wilhelm Rehberg (1757–1836), Mitarbeiter der ALZ und Kanzleisekretär in Hannover, zu G.s Drama *Die natürliche Tochter* in der ALZ, Nr. 1 und 2

vom 2. und 3. Januar (Braun, Goethe 3, S. 72–75); s. zu Nr. 916. – *11 die Herrn:* wohl die Herausgeber der ALZ Christian Gottfried Schütz und Johann Samuel Ersch (1766–1828), bis 1803 Professor der Geographie in Jena, dann in Halle; s. zu Nr. 921, 936. – *12 Effort:* frz. ›Anstrengung‹. – *13 feurige Kohlen auf ihr Haupt sammeln wollen:* vgl. Sprüche Salomonis 25,22 und Paulus, Römerbrief 12,20.

958. GOETHE      WEIMAR, 25. ODER 28. JANUAR 1804

*Datierung:* Im Druckmanuskript für den Erstdruck wie im Erstdruck die Datumskorrektur 970,12 *25.:* 28. Weitere Argumente für die Umdatierung des Briefs auf den 28. fehlen in der Forschung. Zum Erstdruck s. zu Nr. 946.

969  *22 wie Sie sich befinden:* s. zu Nr. 950. – *24 leidlich:* s. zu Nr. 946. – *26 ein Gemälde ⟨...⟩ Manieristen:* Das Thema des bisher nicht identifizierten Gemäldes geht auf Plutarchs ›Moralia‹ zurück (›Von den Tugenden der Frauen‹). Vielleicht war es eines der Schlachtenbilder, die A. W. Küffner G. am 20. Dezember 1803 aus Nürnberg übersandte: von F. Francken ein Schlachtbild aus der römischen Geschichte und eine Schlacht mit Türken (vgl. Tgb., 23. Januar). Zur Begriffsbestimmung des ›Manieristen‹ s. zu Nr. 356, Nr. 458 und G.s Aufsatz *Antik und modern* (1818), Bd. 11. – *31 ein Stück von Calderon:* Don Pedro Calderón de la Barca (1600–1681): ›Der standhafte Prinz‹ (›Il principe constante‹). G. erhielt das Manuskript von A. W. Schlegels Übersetzung, die erst 1809 erschien, von Tieck. Vgl. A. W. Schlegel an G., 17. Januar. – *32 Fetz ⟨...⟩ Ceuta:* marokkanische Städte (Fès). – *34 den vorigen Stücken:* A. W. Schlegel hatte G. am 7. Mai 1803 den 1. Teil seines ›Spanischen Theaters‹ (Berlin 1803) übersandt, das die drei Calderon-Übersetzungen enthielt: ›Die Andacht zum Kreuze‹, ›Über allen Zauber Liebe‹ und ›Die Schärpe und die Blume‹. Vgl. G. an Schlegel, 5. September 1803. – *39 Andacht zum Kreuze:* ›La devoción de la cruz‹ (1633).

970  *7 von Tell:* s. Nr. 953 und zu Nr. 946.

959. SCHILLER      WEIMAR, 25. ODER 28. JANUAR 1804

*Datierung:* umgehende Antwort auf Nr. 958.
Zum Erstdruck s. zu Nr. 946.

970  *23 zwei ganz entgegengesetzte Zustände:* eine dialektische Spannung zwischen äußerer Selbstentehrung und Protest gegen die Entehrung; s. Nr. 958. – *26 Pensum:* ›Wilhelm Tell‹. – *27 Memoires von einem tüchtigen Seemann:* Sch. hat im ersten Halbjahr 1804

mehrere Reisebeschreibungen erworben, vgl. Leitzmann in ›Euphorion‹ 6, S. 145. Zu Sch.s Interesse an Reisebeschreibungen s. zu Nr. 423. – *31 wieder etwas schicken:* s. Nr. 966.

960. SCHILLER  WEIMAR, 26. JANUAR 1804

Zum Erstdruck s. zu Nr. 946. 971,9 *erbitte mir:* erbitte ich mir.

970 *37 Schwager:* Wilhelm von Wolzogens Brief ist nicht überliefert. – *Verlobung:* die Verlobungsfeier zwischen dem Erbprinzen Carl Friedrich von Sachsen-Weimar und Maria Pawlowna, s. zu Nr. 628, 943. Die Verlobung selbst war bereits im August 1803 geschlossen worden. – *38 Russischen Kalenders:* des Julianischen Kalenders. – *39 Vermählung:* Sie fand erst am 3. August statt.

971 *1 Cotta erkundigte sich ⟨...⟩ natürlichen Tochter:* Cotta hatte sich in seinem Brief an Sch. vom 16. Januar nach dem 2. Teil von G.s *Natürlicher Tochter* erkundigt, die entgegen der ursprünglichen Absicht nicht fortgesetzt wurde, s. zu Nr. 926. – *6 bisher immer über Jena:* Sch. hatte Cottas ›Allgemeine Zeitung‹ über Niethammer in Jena bezogen, bis dieser im September 1803 nach Würzburg übersiedelte; s. zu Nr. 510, 934. – *9 Adelung:* ›Versuch eines vollständigen grammatisch-kritischen Wörterbuches der hochdeutschen Mundart, mit beständiger Vergleichung der übrigen Mundarten, besonders aber der Oberdeutschen, von Johann Christoph Adelung‹, 1.–5. Teil, Leipzig 1774–1786, s. Nr. 961. – *11 kleine poetische Aufgabe:* Sch. legte das während der Arbeit an ›Tell‹ entstandene ›Berglied‹ bei, in dem ohne geographische Präzisierung der Weg über den Sankt Gotthard evoziert wird. Sch. selbst redigierte und publizierte G.s Bericht seiner zweiten Schweizer Reise von 1779, der ähnliche Motive aufgreift, unter dem Titel *Briefe auf einer Reise nach dem Gotthardt* (vgl. ›Horen‹ 1796, 8. St., S. 78–94); s. zu Nr. 154, Nr. 369, 961. – *13 französische Vorlesung:* zur kühlen Rezeption der Staëlschen Deklamation der ›Phèdre‹ von Racine vgl. *Frau von Staël* und *Tag- und Jahres-Hefte* zu 1804, Bd. 14, S. 116, 325; NA 42, Nr. 867, 869. – *16 lade ich mich bei Ihnen ein:* Sch. besuchte G. am 27. Januar.

961. GOETHE  WEIMAR, 26. JANUAR 1804

Zum Erstdruck s. zu Nr. 946. 971,30 *sende ich ⟨die⟩:* sende die; 971,36 *Constants:* Benj. Constant.

971 *23 Frau von Stael ⟨...⟩ Müller:* Johannes von Müller, s. zu Nr. 957 und G.s Tgb. – *25 Übersetzung des Fischers:* G. korrigierte die französische Übersetzung seines Gedichts *Der Fischer* (Bd. 2.1,

S. 42) nach den Berichten Frau von Staëls und Böttigers (Grumach V, S. 421f., 434). Vgl. auch Frau von Staël an G., 26. Januar. Die Besprechung wurde auf den 3. Februar verlegt. – *28–30 an Voß ⟨...⟩ bedurfte:* In seiner Rezension von Klopstocks ›Grammatischen Gesprächen‹ (1794) in der JALZ 1804, Nr. 24–26, 39–43, ging Voß auch auf Adelungs Wörterbuch ein und provozierte so dessen scharfe Replik in der Leipziger Literaturzeitung. Eichstädt hatte G. am 10. Januar um das Wörterbuch für Voß gebeten. – *31 Zeitungen:* Cottas ›Allgemeine Zeitung‹, s. Nr. 960. – *33 Ihr Gedicht:* ›Berglied‹. – *36 Constants:* B. Constant, s. zu Nr. 945; G.s Tgb., 27. Januar; Grumach V, S. 419.

## 962. GOETHE                  WEIMAR, 8. FEBRUAR 1804

972 *5 Schulchrie:* schematisierte Schulrede. Düntzer (S. 289f.) denkt an den mutmaßlichen Böttiger-Bericht in der ›Allgemeinen Zeitung‹ vom 31. Januar über Frau von Staëls Weimarreise. – *7 im Macbeth:* für die nächste Aufführung von Sch.s Bearbeitung am 7. April, s. Nr. 966, zu Nr. 713, 720. – *9 Berglied:* s. Nr. 960. – *10 verunglückter Versuch:* Der Historiker und Schriftsteller Gottfried Gabriel Bredow (1773–1814), Voßens Nachfolger in Eutin und bald Professor in Helmstedt, hatte G. am 17. Januar seine ›Elektra‹-Bearbeitung nach Sophokles zugesandt. – *14 Chor:* Im Anschluß an Sch.s ›Braut von Messina‹ hatte Bredow Wert auf die Deklamation der Chöre gelegt, Bredow an G., 17. Januar. – *15 heute Abend besuchen:* Sch. kam am 9. Februar, s. Tgb. und Nr. 963.

## 963. SCHILLER                WEIMAR, 8. FEBRUAR 1804

972 *22–24 Mit den griechischen Dingen ⟨...⟩ unserm Theater:* Die gescheiterten Versuche der Brüder Schlegel waren Sch. noch in bester Erinnerung: Friedrich Schlegels ›Alarcos‹ war in Weimar durchgefallen und auch August Wilhelms ›Ion‹ war verrissen worden, s. zu Nr. 833, 860, 861. – *25 abseiten:* oberdt. ›von seiten‹. – *Wielands:* Wieland schwebte die Idee einer melodramatischen Aufführung der ›Helena‹ nach Euripides vor. Am 17. Juni 1804 bekannte er Böttiger seine Absicht, mit Iffland darüber zu verhandeln. Am 16. Dezember übersandte er die ›Helena‹ Geßner für das ›Attische Museum‹ (Starnes III, S. 176, 193). Bei einer modernen Adaptation hatte Wieland an Sch. gedacht; vgl. Wieland an Unger, 22. Oktober. – *26 Helena des Euripides:* Wielands Übersetzung der Tragödie erschien 1805 in seiner Zs. ›Neues Attisches Museum‹, Bd. 1. – *27 Chor mit der Flöte soll begleitet:* Sch. selbst

plante ähnliches bei der ›Braut von Messina‹, vgl. Sch. an Zelter, 28. Februar; NA 42, Nr. 806. – *34 Mad. d⟨e⟩ St⟨aël⟩ zu Mittag:* Die Einladung erging durch ein Billett an Charlotte Sch., vgl. A. Götze in ›Zs. f. frz. Sprache und Literatur‹, Bd. 78 (1968), H. 1/2, S. 211; NA 42, Nr. 875; Böttiger an Sch., 10. Februar; Gespräche I, Nr. 1901. – *Ihren Brief:* G. an W. von Wolzogen, 4. Februar. – *35 seinen Inhalt ⟨...⟩ empfohlen:* G.s Bitte um russische Kupfermedaillen, s. zu Nr. 956; Sch. an Wolzogen, 7. Februar.

### 964. GOETHE          WEIMAR, 16. FEBRUAR 1804

Die Nachschrift 973,9 *Befehlen ⟨...⟩ Wagens* im Erstdruck vor Orts- und Datumsangabe.

**973** *3 abermals Zeitungen:* s. zu Nr. 961. – *4 Sie heute Abend:* Sch. entschuldigte sich, s. Nr. 965. – *5 Fr. v Stael und H. v. Constant:* vgl. Tgb.; Gespräche I, Nr. 1912, 1913; s. zu Nr. 939.

### 965. SCHILLER          WEIMAR, 16. FEBRUAR 1804

973,16 *sorgfältigst:* sorgfältig.

**973** *14 Ziel meiner Arbeit:* s. zu Nr. 966. – *18 evangelisch christlichen Liebe:* vgl. 1 Kor. 13,4–7.

### 966. SCHILLER          WEIMAR, 19. FEBRUAR 1804

974,4 *von dem:* vom.

**973** *25 mein Werk:* Sch. hatte einen Tag zuvor die Arbeit an ›Wilhelm Tell‹ beendet; vgl. Sch.s ›Calender‹. – *26 durchlesen:* ›durchgelesen‹. G. sandte das Manuskript bereits am 21. Februar an Sch. zurück, s. Nr. 968. – *29 Ostern:* 1. und 2. April. Die Uraufführung von ›Wilhelm Tell‹ war am 17. März. – *31 Zimmermanns Gegenwart:* Das Theaterengagement von K. W. Zimmermann endete nach Ostern, s. zu Nr. 904. – *32 aktuellen Zustand in Jena:* Der Exodus von Kapazitäten der Jenaer Universität ließ einen Rückgang der Studentenzahlen und damit auch rückläufige Besucherzahlen am Theater erwarten, s. zu Nr. 921, 934. – *34 Kleider ⟨...⟩ Dekorationen:* vgl. *Tag- und Jahres-Hefte* zu 1804 (Bd. 14, S. 126). – *35 Resolution:* frz. ›Beschluß‹, ›Entschluß‹. – *36 Macbeth:* Sch.s ›Macbeth‹-Bearbeitung wurde am 7. und 14. April in Weimar gespielt. G. hatte bereits am 8. Februar eine Besetzungsliste an Sch. geschickt, s. Nr. 962; Gespräche I, Nr. 1957. – *39 Rollenbesetzung:* Eine korrigierte Fassung übersandte Sch. am 24.⟨?⟩ Februar an G., s. Nr. 969. Zum überlieferten

Personenverzeichnis und zur endgültigen Besetzung der Weimarer Uraufführung des ›Wilhelm Tell‹ vgl. NA 10, S. 418–421, 447. – *40 Zimmermanns Rolle:* Zimmermann übernahm die Rollen des Ausrufers und des Rudolf der Harras.

974 *6 Beckern und Genast:* Die beiden Schauspieler mußten als Wochenregisseure vermutlich wegen der Probenarbeit benachrichtigt werden, s. zu Nr. 573. H. Becker übernahm die Rolle des Stauffacher, Genast die des Rößelmann. – *7 Meiern:* J. H. Meyer fertigte Blei- und Federzeichnungen zur Uraufführung des ›Wilhelm Tell‹. – *Heideloff:* Der an der Ausgestaltung des Schlosses und des Theaters beteiligte Maler wurde gemeinsam mit Meyer für Entwurf und Ausführung der Bühnenbilder zu ›Wilhelm Tell‹ herangezogen, s. zu Nr. 488.

967. GOETHE WEIMAR, 19. FEBRUAR 1804

974 *14 Ihrer Arbeit:* ›Wilhelm Tell‹. – *18 vor Ostern:* s. zu Nr. 966.

968. GOETHE WEIMAR, 21. FEBRUAR 1804

974 *29 Das Werk:* ›Wilhelm Tell‹. – *30 Aufführung vor Ostern:* s. zu Nr. 966.

969. SCHILLER WEIMAR, 24.? FEBRUAR 1804

*Datierung:* M^me de Staël lud Sch. Montag, den 20. Februar, für Freitag ein. Gegen den 24. spricht Böttigers Bericht, demzufolge die Französin am selben Abend bei der Herzogin geladen war, nachdem sie vorher G. gesprochen hatte. Ihren Nachmittagsbesuch bei G. kündigte sie tags zuvor in einem Billett an, vgl. Grumach V, S. 442 f. G. vermerkte mit Blei am unteren Briefrand: »28. Febr. 1804«.

974 *39 Rollen vom Tell:* Sch. übersandte wohl die abgeschriebenen Rollenhefte und eine korrigierte und ergänzte Besetzungsliste, s. Nr. 966. Vgl. auch die Liste in NA 10, S. 418 f.
975 *1 drei neue Weiber:* die Rollen der Bäuerinnen Hildegard, Mechthild und Elsbeth, deren Auftritte im Berliner und Hamburger Manuskript entfallen, s. NA 10, S. 481 f. – *die drei noch übrigen Schauspielerinnen:* nach Sch.s Besetzungsliste die Schauspielerinnen: Ida Baranius (genannt Malcolmi IV); Christiane Henriette Beck, geb. Zeitheim; Christiane Ehlers, geb. Knocke(n). – *3 Müller:* vermutlich Marie Elisa Müller, geb. Thau, die vom 11. Februar bis Ostern 1805 am Weimarer Theater als Schauspielerin und

Sängerin engagiert war. – *5 bei Madame:* Madame de Staël, vgl. NA 42, Nr. 879. – *6 manches lustige:* Genaueres ist nicht ermittelt. Denkbar wäre der Bericht von Gubitz in NA 42, Nr. 873.

970. SCHILLER WEIMAR, 5. ODER 6.? MÄRZ 1804

*Datierung:* s. NA 32, S. 444.

975 *13 des Tell annehmen:* zu G.s Anteil an der Weimarer Inszenierung des ›Wilhelm Tell‹ s. Nr. 968 und 972. Vgl. auch die Paralipomena zu den *Tag- und Jahres-Heften* zu 1804 (WA I 35, S. 313), in denen G. berichtet, die gesamte Last der Vorarbeit für die ›Tell‹-Aufführung habe auf ihm gelegen, da Sch. seit der ersten Leseprobe aus Krankeitsgründen verhindert war. Zur früheren Abtretung des ›Tell‹-Stoffs an Sch. s. zu Nr. 369, 372. – *15 Leseprobe:* Die erste Leseprobe zum ›Tell‹ fand am 1. März statt; vgl. G.s Tgb. und Sch.s ›Calender‹. – *17 Abreise unsrer Freundin:* Am 29. Februar war Madame de Staël von Weimar nach Berlin abgereist, s. zu Nr. 939.

971. GOETHE WEIMAR, 12. MÄRZ 1804

975 *24 die zwei ersten Akte:* des *Götz von Berlichingen*, s. zu Nr. 919. G. arbeitete seit einem Monat intensiv an der Bühnenbearbeitung, an der auch Sch. freundschaftlich mitwirkte, vgl. Tgb.; *Über das deutsche Theater* (Bd. 11); *Tag- und Jahres-Hefte* zu 1804, Bd. 14, S. 127. – *25 Szene zwischen Weislingen und Adelheid:* vermutlich III/4. In der Bühnenbearbeitung erscheint Adelheid nicht mehr in den ersten beiden Akten; vgl. Bd. 6.1, S. 955. – *27 von vorn herein:* s. zu Nr. 85.

972. SCHILLER WEIMAR, 15.? MÄRZ 1804

*Datierung:* s. NA 32, S. 446f.

975 *33 Stelle quaestionis:* lat. ›die fragliche Stelle‹. Die Apfelschußszene in ›Wilhelm Tell‹ III/3 (Verse 1874–1877), deren ungenügende Motivierung G. kritisiert hatte, s. auch G. zu Eckermann, 18. Januar 1825, Bd. 19, S. 130; NA 42, Nr. 881; die Lesarten in NA 10, S. 482–484. G. sorgte in der Weimarer Inszenierung zusätzlich für einen nahe plazierten Apfelbaum, vgl. Riemer, Mitteilungen II, S. 497. – *34 Eine bedeutende Änderung ⟨...⟩ nicht mehr:* Die Uraufführung war in zwei Tagen. – *39 heutige Probe:* entweder die des 15. oder die Generalprobe am 16. März.

973. GOETHE  WEIMAR, 2. APRIL 1804

976,6 *Zustände sonst (...) führen?:* Zustände?

976 *3 wie es (...) steht:* zur Erkrankung von Sch.s Familie s. Nr. 974. – *4 die Hussiten:* Kotzebues Stück wurde am 2. April gespielt, s. zu Nr. 940.


974. SCHILLER  WEIMAR, 3. APRIL 1804

Im Erstdruck nach Nr. 975. 976,14 *Besondernheiten:* Besonderheiten.

976 *12 Die Rezension:* J. F. Delbrücks Besprechung der ›Braut von Messina‹ erschien in der JALZ, Nr. 79/80 vom 2. und 3. April (Fambach II, S. 484–496). Vgl. dazu G.s Korrespondenz mit Eichstädt, ebenda, S. 497. – *15 kontroversiert:* ›Widerspruch geäußert‹. Delbrück beanstandet, daß der in Parteien gespaltene Chor die Weisheit und Idealität der antiken Reflexionsinstanz zerstört. Er tauge – anders als Sch. wolle – nur für die analytische Tragödie, in der die Handlung vom Geschick bestimmt sei. Schließlich opponiert Delbrück gegen die Vermischung historischer Religionen. – *19 heut Abend:* Sch. besuchte G. am Abend des 3. April (Tgb.). – *20 Hustenlazarett:* Sch.s schwangere Frau und die Kinder erkrankten 14 Tage an Fieber und Keuchhusten. Vgl. Sch. an Stark, 4. April; an Körner, 12. April.


975. GOETHE  WEIMAR, 16.? APRIL 1804

*Datierung:* G.s Datierung verdient aufgrund der Weimarer Aufführungstermine von Sch.s Shakespeare-Bearbeitung ein Fragezeichen. ›Macbeth‹ wurde am 7. und 14. April gegeben, s. zu Nr. 966. G.s Bühnenanweisungen nehmen jedoch auf eine unmittelbar anstehende Inszenierung Bezug. Die nächste Aufführung fand erst am 28. Juni in Lauchstädt statt. Ein naheliegenderes Datum stellte der 6. April als Tag der Hauptprobe dar.
Im Erstdruck vor Nr. 974. 976,27 *I.:* I. Akt; so auch bei den folgenden vier römischen Ziffern; 977,13 *du:* da.

976 *27 I:* Die römischen Zahlen bedeuten die Akte von Sch.s ›Macbeth‹-Bearbeitung. – *29 Wie weit (...) nach Foris:* ›Macbeth‹ I/5, Vers 153. – *32 Glockenschlag:* II/3, nach Vers 643. – *33 Der Alte (...) fortgehen:* ›Alter Mann‹, II/13. – *36 Der Bursche:* III/3. – *39 Eilensteins:* Eylensteins, s. zu Nr. 775.
977 *1 Bei Bankos Mord:* III/7. – *2 Die Früchte:* III/8. – *4 Bankos Geist:* III/8. – *8 Die Hexen:* IV/2–4. – *13 Komm herein*

⟨…⟩: II/4, Verse 1624f. – *16 Lady* ⟨…⟩ *andre:* V/1. – *17 Die Schilder:* V/2, 3, 8. – *18 Mackbeth* ⟨…⟩ *rüsten:* V/5. – *21 fechten:* V/9, 12.

## 976. SCHILLER WEIMAR, 30. MAI 1804

977,30 *und von Italienischen:* und Italienischen; 977,34 *Rollen welche:* Rollen des Selbstquälers welche; 977,37–40 *Heautontimorumenos* ⟨…⟩ *lassen.:* zuerst in Sch./G.⁴ (1881); 978,1 *wohl:* recht wohl.

977 *27 H. D. Kohlrausch:* Dr. Friedrich K. (1780–1865) begleitete Caroline von Humboldt auf ihrer Reise von Rom nach Paris. Über den fähigen jungen Hausarzt der Familie vgl. W. von Humboldt an Sch., 27. August 1803; Charlotte II, S. 195–199; NA 42, Nr. 914. – *28 Frau v Humboldt:* Caroline von Humboldt machte auf ihrer Reise vom 29. Mai bis 1. Juni in Weimar Station und besuchte ihren Vater in Erfurt. – *30 Humboldt:* Wilhelm von Humboldt war von 1802–1808 der diplomatische Vertreter Preußens beim Vatikan in Rom. – *32 Die Maschine ist noch nicht im Gange:* Sch. war durch Krankheit noch geschwächt, s. zu Nr. 950. – *34 Rollen:* Nach Ostern 1804 verließen die Schauspieler Zimmermann, Grüner, Grimmer und Brand das Weimarer Theater. Ihre Rollen mußten u. a. im personenreichen ›Wilhelm Tell‹ neu besetzt werden; s. zu Nr. 966. – *35 Ihrer Zurückkunft:* G. hielt sich vom 27. bis 31. Mai in Jena auf; Grumach V, S. 493 f. – *37 Heautontimorumenos:* griech. ›Selbstquäler‹. Die von Hildebrand von Einsiedel übersetzte Komödie von Terenz hatte am 30. April in Weimar Premiere. Weitere Aufführungen am 30. Mai, 21. Juli (in Bad Lauchstädt) und 11. März 1805. – *39 unser Freund:* s. zu Nr. 376. Einsiedels Übersetzung des ›Heautontimorumenos‹ war seine letzte Übertragung, die ins Repertoire des Weimarer Theaters übernommen wurde. Zuvor hatte er bereits andere Terenz-Komödien für Weimar bearbeitet, s. Nr. 894, 934. – *40 Terenz:* Publius Terentius Afer (um 195–159 v. Chr.), lat. Komödiendichter in Rom, neben Plautus der wichtigste Vertreter der altlateinischen Komödie.

## 977. SCHILLER WEIMAR, 6. JUNI 1804

*Datierung:* s. NA 32, S. 480.
Erstdruck in GJb 7 (1886), S. 198 f.

978 *8 Schritte* ⟨…⟩ *getan:* Sch. an Carl August, 4. Juni. Sch. spricht von lukrativen Berliner Angeboten und bittet den Herzog indirekt um Gehaltsaufbesserung. Auf seiner Berlinreise vom

26. April bis 21. Mai hatte Sch. eine Übersiedlung nach Berlin erwogen und Vorgespräche mit Regierungskreisen geführt. Man hatte ihm eine königliche Jahrespension von 3 000 Talern in Aussicht gestellt. Vgl. NA 42, Nr. 904, 906–909; Sch. an Körner, 28. Mai; an Beyme, 18. Juni. Mit dem Brief an Carl August vom 8. Juni entschied sich Sch., in Weimar zu bleiben. Vgl. zu Nr. 644. – *9 beifolgendes Billet:* In seiner Antwort vom 6. Juni ermunterte der Herzog Sch. zur Offenlegung seiner Gehaltswünsche. Vgl. auch Carl August an Voigt, 6./7. Juni (GJb 7, S. 200f.). – *14 rem familiarem:* lat. ›Privatvermögen‹. Sch. dachte an die Zukunftssicherung für seine Kinder. – *15 mit Anstand ⟨...⟩ leben:* die standesgemäße Lebensführung (eines adligen Hofrats) bestreiten; s. zu Nr. 884. – *22–25 hoffe ich ⟨...⟩ machen:* Carl August entsprach Sch.s Wünschen. – *26 was Sie ⟨...⟩ denken:* G. schickte den vorliegenden Brief mit einem Billett postwendend an den Herzog (GaS 2 II, S. 720). – *28 Terminis:* lat. ›Begriffen‹, ›Grenzen‹ (des finanziellen Spielraums).

978. GOETHE                                WEIMAR, 19. JUNI 1804

978 *36 im Garten:* s. zu Nr. 275, 637. G.s Tgb.: »Abends im Garten Mit Schiller spazieren.«

979. SCHILLER    WEIMAR, ZWISCHEN 7. UND 12. JULI 1804
*Datierung:* vgl. NA 32, S. 494f.

979 *3 schönen Sachen:* außer der Tragödie ›Charlotte Corday‹ vielleicht Wein, den der Herzog G. überbringen ließ; vgl. Carl August an G., 29. Juni. – *4 Die Reise nach Jena:* Sch. suchte wegen Charlottes bevorstehender Entbindung die Nähe seines Hausarztes Stark und hielt sich mit der Familie vom 19. Juli bis 19. August in Jena auf. – *6 bei uns zu sehen:* Belegt ist nur ein Besuch Sch.s bei G. (am 8. Juli). – *8 Charlotte Corday:* Der Historiker und Publizist Heinrich Luden (1780–1847), 1804 Hauslehrer bei C. W. Hufeland in Berlin, hatte G. sein Debütwerk ›Charlotte Corday‹ am 29. Juni übersandt, das die Ermordung des Jakobinerpräsidenten Marat und die Hinrichtung der Attentäterin verarbeitet. Das von Gräf/Leitzmann und der NA 32 vermutete gleichnamige Werk von Christine Westphalen ist nicht gemeint: G. wurde das Drama von Eichstädt erst am 30. September übersandt; Sch. hätte das titelidentische zweite Werk nicht als Novität begrüßt. Vgl. auch G. an Eichstädt, 3. Oktober. – *9 die Neugier groß:* Sch. selbst plante ein ›Corday‹-Stück (vgl. NA 12, S. 623).

980. GOETHE                              WEIMAR, 25. JULI 1804

979 *17 auch Ihr Exemplar:* s. Nr. 960, 961, 964. – *19 Götz:* s. zu Nr. 971; G.s Tgb., 16. und 21. Juli. – *21 eh die Schauspieler wiederkommen:* vom sommerlichen Gastspiel in Lauchstädt am 3. September, s. zu Nr. 200, 866. – *23 mit der Länge:* G.s Bühnenbearbeitung führte zu einer epischen Dehnung seines *Götz von Berlichingen.* Die Erstaufführung am 22. September dauerte über fünf Stunden, vgl. Bd. 6.1, S. 955. – *27 Eichstädt gut aufgenommen:* Heinrich Karl Abraham E. (1772–1848), seit 1797 Professor der Altphilologie in Jena, Herausgeber der ›Jenaischen Allgemeinen Literatur-Zeitung‹, s. zu Nr. 9 und 921. G. korrespondierte seit einem Jahr mit Eichstädt häufiger als mit Sch.; vgl. G. an Eichstädt, 19. Juli; Eichstädt an G., 22. Juli.


981. SCHILLER                                JENA, 3. AUGUST 1804

980,23 *grüßt Sie schönstens:* grüßt schönstens.

979 *35 Jena:* s. zu Nr. 979. – *36 freilich:* Sch. antwortet auf ein nicht erhaltenes Schreiben G.s, das Sch. laut ›Calender‹ am 1. August erhielt. G. hatte durch Eichstädt von Sch.s Erkrankung erfahren, vgl. Eichstädt an G., 27. Juli; G. an Eichstädt, 29. Juli. – *harten Anfall:* Sch. erlitt am 24. Juli einen derart schweren Kolikanfall, daß der Arzt ihn bereits aufgab. Die Schmerzen wurden zum Vorboten einer tödlichen Darmverschlingung, s. zu Nr. 423. Charlotte I, S. 351; NA 42, Nr. 925; Sch. an Cotta, 27. Juli.

980 *5 Götz v⟨on⟩ B⟨erlichingen⟩:* s. zu Nr. 971, Nr. 980. – *9 Graf Geßler:* Der preußische Gesandte in Dresden konsultierte während seines Jenaaufenthalts vom 30. Juli bis 8. August den Arzt (Prof. Stark), s. zu Nr. 386. – *12 Bodischen Rezension:* Zu Kotzebues ›Erinnerungen aus Paris im Jahre 1804‹ (Berlin 1804) hatte August Bode eine Rezension für die JALZ eingereicht, s. zu Nr. 945. Ihr wurde die später eingegangene Rezension von Reichardt vorgezogen (JALZ, Nr. 243 und 244; 10./11. Oktober 1804). – *16 mutatis mutandis:* lat. ›nach den notwendigen Änderungen‹. – *18 Hauptgriefs:* frz. ›grief‹: ›Klagegrund‹, ›Beschwerde‹. – *gegen Kotzebue:* s. zu Nr. 731, 744, 833, 845, 855. – *20 Beiliegende Melodien:* Der Berliner Kapellmeister Bernhard Anselm Weber (1766–1821) hatte neben einer Ouvertüre weitere Kompositionen zu Sch.s ›Tell‹ am 24. Juli übersandt. Vgl. auch Sch. an Iffland, 20. Februar; Weber an Sch., 20. März. – *21 Detouches:* F. Destouches, s. zu Nr. 837. – *23 alles wohl:* Charlotte Sch. hatte am 25. Juli die jüngste Tochter Emilie geboren. – *27 Frau v Stein:* zu ihrer Freundschaft mit Charlotte Schiller s. zu Nr. 680.

982. GOETHE  WEIMAR, 5. AUGUST 1804

980 *34 Unfall:* s. zu Nr. 64 und 981. – *38 Von Zelter:* Zelter an G., 22.–29. Juli; Zelter an Sch., 24. Juli. – *39–981,1 unter Päpsten ⟨...⟩ auf diesem Sand:* Gegenüberstellung des Felsens Petri mit dem märkischen Sand. G. bezieht sich konkret auf den von Zelter am 1. Mai übersandten Aufsatz über den Zustand und die Verbesserung des Kunstwesens in Preußen, in dem sich Zelter um eine akademische Institutionalisierung der Kirchenmusik bemüht. G. und Sch. schlugen in ihrer Antwort übereinstimmend vor, aus Klugheitsgründen den herrschenden Bildungsmächten in der Argumentation mehr Rechnung zu tragen; G. an Zelter, 13. Juli; Sch. an Zelter, 16. Juli.
981 *4 komme ich:* G. kam am 13. August für zwei Tage nach Jena. – *6 Eichstedt:* s. zu Nr. 980. – *11 v. Wolzogen:* Sch.s Schwägerin.

983. GOETHE  WEIMAR, 10. SEPTEMBER 1804

981 *17 traurige Lektüre:* Denkbar wäre Zacharias Werners ›Söhne des Thales‹ (Berlin 1803/04), die Sophie Sander G. am 20. Juli mit einem Begleitschreiben des Autors vom 9. Juli übersandte.

984. GOETHE  WEIMAR, 2. OKTOBER 1804

981 *27 ein Aufsatz:* der auf den 2. Oktober datierte Entwurf für ein Angebot an Cotta über die erste Gesamtausgabe von ›Goethes Werken‹ bei Cotta (A), die 1806–1808 und 1810 in 13 Bänden erschien; Goethe/Cotta III/1, S. 193 f. Die Hs. enthält in der linken Spalte Ergänzungen Sch.s; ebenda, S. 195. Vgl. ⟨*Goethes Werke. Erster bis zwölfter Band. 1806–1808*⟩; Bd. 6.2, S. 602, 1152–1154.

985. GOETHE  WEIMAR, 28. OKTOBER 1804

981 *35 das Rochlitzische Stück:* Es ist unbekannt. Das von der WA, von Düntzer und Steiger vermutete Lustspiel ›Revanche‹ kann nicht gemeint sein: Rochlitz fragte G. am 16. Oktober nach dem Verbleib seines vor sechs bis acht Wochen übersandten Manuskripts; G. lehnte in seiner Antwort vom 28. Oktober eine Inszenierung ab. ›Revanche‹ hingegen war am 22. Februar bereits in Weimar aufgeführt worden; vgl. Rochlitz an G., 9. Mai (März). Böttiger gegenüber erwähnt Rochlitz am 12. Juni 1805 seine ver-

geblichen Hoffnungen auf eine Weimarer Aufführung seiner
»Glycine« und des »ersten Märchens«; Grumach V, S. 530. –
*Lor⟨enz⟩ Starck:* Friedrich Ludwig Schmidt: ›Lorenz Stark, oder
die deutsche Familie‹ (1804), Schauspiel in fünf Aufzügen. – *36 die
beiden andern:* eines davon könnte das von Eichstädt G. am
30. September übersandte Drama ›Charlotte Corday‹ von E. C.
Westphalen (Hamburg 1804) sein, s. zu Nr. 979.

986. GOETHE                          WEIMAR, 5. NOVEMBER 1804

982 *3 die Geschäfte:* Vom 4. bis 8. November arbeitete Sch. das
»lyrische Spiel« ›Die Huldigung der Künste‹ zum festlichen Empfang »Ihrer Kaiserlichen Hoheit der Frau Erbprinzessin von Weimar Maria Paulowna Großfürstin von Rußland« und ihres jungvermählten Gatten, des Erbprinzen Carl Friedrich von Sachsen-Weimar, am 12. November aus. Vgl. NA 42, Nr. 938; G. an
Zelter, 5. November; Sch. an Körner, 22. November; s. zu
Nr. 960.

987. GOETHE                         WEIMAR, 20. DEZEMBER 1804

982 *11 das bewußte:* vermutlich eine Anfrage wegen G.s Diderot-Übersetzung *Rameaus Neffe,* s. Nr. 988. Sch. an Göschen,
21. April und 10. Dezember. Göschens letzte Antwort erhielt Sch.
am 18. Dezember. – *12 In meinem Kopfe ⟨...⟩ wüst:* G. war
erkrankt, vgl. G. an Charlotte von Stein, 19. Dezember; Charlotte I, S. 488. – *13 Minerva Velletri:* Athena Velletri im Goethehaus
Weimar, kleines Eßzimmer. Fernow, der die Plastik 1798 im
›Merkur‹ beschreibt, hatte für G. den Gipsabguß nach der römischen Marmorkopie einer griechischen Plastik aus dem 5. Jahrhundert v. Chr. aus Rom kommen lassen. Vgl. G. an Wolf, 24. Januar
1805; Charlotte I, S. 487.

988. GOETHE                         WEIMAR, 21. DEZEMBER 1804

982 *21 wie sie sich befinden:* Sch. war schwer erkältet, vgl.
NA 32, S. 176, 179f., 535 f. – *23–25 Die Hälfte der Übersetzung
⟨...⟩ zu können:* Sch. übergab G. am 26. November das noch
unpublizierte Manuskript von Diderots philosophisch-satirischem
Dialog ›Le Neveu de Rameau‹ (G.s Tgb.). Sch. hatte eine Abschrift
aus Petersburg über Maximilian Klinger und W. von Wolzogen
erhalten. Vgl. *Tag- und Jahres-Hefte* zu 1804, Bd. 14, S. 123 f.,
655 f.; *Nachträgliches zu Rameaus Neffe,* Bd. 7; G. an S. Boisserée,
12. Dezember 1823. Übersetzung und Anmerkungen nahmen G.

vom Januar bis Anfang April 1805 in Anspruch. Zur Ostermesse 1805 erschien bei Göschen in Leipzig *Rameaus Neffe. Ein Dialog von Diderot. Aus dem Manuskript übersetzt und mit Anmerkungen begleitet von Goethe.* – *28 Die Bombe dieses Gesprächs:* Diderot attackiert die ›Antiphilosophen‹ (Palissot, Poinsinet, Fréron u. a.), die über die französischen Enzyklopädisten und Aufklärer hergezogen waren. Anstoß erregte ferner Diderots Ablösung des Geniebegriffs von moralischer Verantwortung. Vgl. G.s Anmerkungen (insbesondere zum Stichwort *Rameaus Neffe*), Bd. 7. – *36 die Philosophen:* ›Les Philosophes‹ (1760), satirisches Lustspiel von Charles Palissot de Montenoy (1730–1814). Vgl. G.s Anmerkungen, Bd. 7. – *38 20 Mai:* 2. Mai. – *39 alte Rameau:* Jean Philippe R. (1683–1764), französischer Komponist und Musiktheoretiker, vgl. G.s Anmerkungen, Bd. 7. – *40 trois siecles de la Literature françoise:* von Abbé Antoine Sabatier de Castres (1742–1817).
983 *2 Man müßte also annehmen:* G.s Annahme trifft zu: Den um 1762 entstandenen Dialog hat Diderot bis 1774 mehrfach überarbeitet. – *8 vor Ostern die Schilderung Winkelmanns:* An den *Skizzen zu einer Schilderung Winkelmanns* (Bd. 6.2, S. 348–400) für sein Sammelwerk *Winkelmann und sein Jahrhundert* arbeitete G. mit Unterbrechungen bis zum 20. April 1805, s. zu Nr. 649.

989. GOETHE WEIMAR, 23. DEZEMBER 1804

*Datierung:* Sch. legt seinem Brief an Göschen vom 23. Dezember dieses Billett G.s bei, das darum nicht erst, wie in früheren Ausgaben vermutet, am 24. Dezember geschrieben sein kann; vgl. NA 32, S. 541.
Wiedergabe der Handschrift auf S. 47. Erstdruck von A. Cohn in ›Deutsche Rundschau‹ 14 (1878), S. 483.

983 *20 die Arbeit: Rameaus Neffe.* – *21 an die Luft wagen:* s. zu Nr. 987. – *24 keine Anzeige ins Publikum:* vgl. Sch. an Göschen, 23. Dezember; Göschen an Sch., 2. Januar 1805.

# 1805

990. GOETHE                          WEIMAR, 1. JANUAR 1805

*Datierung:* Der jüngere Voß berichtet von der hellsichtig verschriebenen Vorfassung des Neujahrsbilletts (»der letzte Neujahrstag«), Gespräche I, Nr. 2025.
987,5 *doch solche:* solche wohl.

987 *4 ein Pack Schauspiele:* Näheres ist nicht bekannt. Sie dürften nicht unter den 100 Bänden zu suchen sein, die aus Paris am 15. Dezember eintrafen, vgl. Carl August an G., 16. Dezember 1804. Pougens Katalog ›Extrait du catalogue des livres de fonds et d'assortiment‹ (Ruppert Nr. 609). – *7 Oels:* s. zu Nr. 904. – *8 Phädra:* Auf herzoglichen Wunsch übersetzte Sch. von Mitte Dezember 1804 bis Mitte Januar Racines ›Phèdre et Hippolyte‹ (1677), s. zu Nr. 960. Die Buchausgabe ›Phädra. Tragödie von Racine. Übersetzt von Schiller‹ (Tübingen 1805) erschien nach Sch.s Tod bei Cotta. – *10 ein Paar Akte:* vgl. G.s Tgb., 2. Januar: »Abends bei Schiller 3 Akte der Phädra«. – *Der Termin:* Die Uraufführung fand am 30. Januar, dem Geburtstag der Herzogin, statt; s. zu Nr. 21.

991. GOETHE                          WEIMAR, 9. JANUAR 1805

987 *17 Ihren Arbeiten:* ›Phädra‹, s. zu Nr. 990. Für das (posthum erschienene) ›Theater von Schiller‹ 5 Bde. (1805–1807) redigierte Sch. den ›Don Karlos‹ und übersandte Cotta am 6. Januar die vier ersten Bogen der letzten Fassung; vgl. Sch. an Cotta, 13. Dezember 1804. – *18 mich der hohen ⟨...⟩ Welt zu nähern:* Am 3. Januar besuchte G. die Erbprinzessin, am 4., 6. und 8. Herzogin Louise (Tgb.). – *20 ins Haus zurückgedrängt:* s. zu Nr. 987. – *23 den Donnerstag mit den Freundinnen:* Zum Donnerstagskränzchen adliger Damen war auch Charlotte von Stein geladen; vgl. G.s Billett vom 9. Januar; Tgb., 3. Januar. – *28 die Hoheit:* Großfürstin und Erbprinzessin Maria Pawlowna, vgl. Grumach V, S. 540 f.

992. SCHILLER                       WEIMAR, 14. JANUAR 1805

Im Erstdruck stehen die Briefe in dieser Reihenfolge: Nr. 992, 993, 997, 998, 991, 995, 999, 996, 1000. – 988,17 *Memories:* Memoiren; 988,23 *Sie wohl:* Sie recht wohl; *mich bald:* mich auch bald; 988,25 f. *ich Zeit zum Abschreiben lassen benutzen kann:* ich die Zeit zum Abschreiben benutzen lassen kann.

**987** *35 Ihr Zu hausebleiben:* G. war erkältet, s. zu Nr. 987; Tgb. vom Januar; Nr. 996; Grumach V, S. 542. – *36 uns allen schlecht:* Sch. litt an Katarrh, die Kinder erkrankten Mitte Januar an Windpocken, s. zu Nr. 998, 988. – *40 Übersetzung:* Sch. schloß seine ›Phädra‹ am heutigen Tag ab, s. zu Nr. 990. Vgl. auch Sch. an Körner, 20. Januar.

**988** *4 Demetrius:* Den Entschluß zum Demetriusstoff, der durch die Heirat des Weimarer Erbprinzen mit der russischen Großfürstin Maria Pawlowna an Aktualität gewann, notiert Sch. bald nach Fertigstellung des ›Tell‹ am 10. März 1804. Zur Entstehungsgeschichte s. NA 11, S. 431–436. Zu G.s Absicht, das Gespräch mit Sch. über dessen Tod hinaus durch Fortsetzung des Fragments fortzusetzen, s. *Tag- und Jahres-Hefte* zu 1805, Bd. 14, S. 129 ff. – *8 was abgeschrieben ist:* die ersten drei Akte der ›Phädra‹, s. Nr. 993. – *9 Rudolph:* s. zu Nr. 351. – *10 ersten Bogen:* s. Nr. 993. – *15 Sonntag:* 20. Januar (vgl. Sch.s ›Calender‹). – *16 3 osten:* Premiere der ›Phädra‹, s. zu Nr. 990. – *17 Memories von Marmontel:* Jean François M. (1723–1799): ›Mémoires d'un père pour servir à l'instruction de ses enfants‹, 6 Bde. 1800–1805. Deutsche Übersetzung: ›Leben und Denkwürdigkeiten‹, 4 Tle. 1805–1806, s. Nr. 993, 998. – *20 Großfürstin:* Maria Pawlowna. – *21 Vorlesung:* G. las am 10. Januar aus eigenen, der Erbprinzessin unbekannten Werken und Gedichten, vgl. Grumach V, S. 540 f.

993. GOETHE    WEIMAR, 14. ODER 15. JANUAR 1805

*Datierung:* G. antwortete nicht postwendend auf Nr. 992, sondern las zuerst sorgfältig die drei Akte der übersandten ›Phädra‹ und versah sie nach Sch.s Wunsch mit Korrekturen. In der Nachschrift geht G. auf die vermutlich am 15. Januar eingegangenen »letzten Blätter« ein, vgl. Nr. 994.
Zum Erstdruck s. zu Nr. 992.

**988** *32 gefährlichen Zeit:* für die Gesundheit, s. Nr. 992. – *33 drei Akte:* der ›Phädra‹.

**989** *1 Hiatus:* die Kollision zweier Vokale an der Grenze von zwei Wörtern. – *3 kurzen Vers:* Sch. übertrug die paarweise gereimten Alexandriner des französischen Originals in ungereimte fünffüßige Jamben. – *13 Bouret (...) Rameaus Vetter:* Étienne Bouret (1710–1777), reicher Finanzmann und Oberpostdirektor Ludwigs XV., vgl. G.s Anmerkungen zu *Rameaus Neffe* und Register von Bd. 7. – *15 Pagina:* lat. ›Seite‹. – *17 junge Fürstin:* Erbprinzessin Maria Pawlowna. – *19 mit dem Apostel:* Petrus, vgl. Apostelgeschichte 3,6. – *27 wagen darf auszugehen:* vgl. Gespräche I, Nr. 2030. – *28 Amadis von Gallien:* Der populärste Ritterroman Europas ›Amadís de Gaula‹ (Wales) von Garci Rodríguez de Montalvo wurde schon im 16. Jahrhundert ins Deutsche übersetzt. G. entlieh von Mitte Dezember 1804 für drei Monate eine Ausgabe in zwei Teilen (Amsterdam 1779) aus der Weimarer Bibliothek. – *31 Parodisten:* Cervantes parodiert den ›Amadís‹ in ›Don Quijote‹, s. zu Nr. 633.

## 994. SCHILLER WEIMAR, 15. JANUAR 1805?

*Datierung:* s. NA 32, S. 546f.
Erstdruck in Henrici-Auktionskatalog 96 (Auktion vom 17./18. November 1924), S. 68. Ausgelassen in der Erstveröffentlichung des Fragments ist Sch.s Hinweis auf die Übersendung einer Arbeit, vermutlich der ›Phädra‹, s. zu Nr. 990 und Nachschrift von Nr. 993.

990 *4 Krämpfe:* s. zu Nr. 423 und 981. Zusätzlich litt Sch. an einer schweren Erkältung, vgl. Nr. 998. – *8 Ihrem Vorsatz zu Haus zu bleiben:* zu G.s Erkältung s. zu Nr. 987, 992.

## 995. SCHILLER WEIMAR, 17. JANUAR 1805

Zum Erstdruck s. zu Nr. 992. G. schrieb an den oberen Briefrand: »Weimar 17 Jan. 1805«. 990,17 *mit diesem Vers besser:* besser mit diesem Vers.

990 *15 Die Mitschuldigen:* G.s Lustspiel war in der 3. Fassung – entstanden 1780–83, publiziert 1787 – (Bd. 2.1, S. 380–424) am Vortag aufgeführt worden. – *17 Vers:* Alexandriner. – *Becker:* Heinrich Becker spielte die Rolle des Wirts, s. zu Nr. 775. – *18 Silie:* Friederike Petersilie (1785–1867), genannt Silie, übernahm die Rolle der Sophie, s. zu Nr. 864. – *19 Unzelmann:* Karl August U. (1786–1843), verkörperte den Söller. – *20 Wolf:* Pius Alexander Wolff (1782–1828), in Weimar engagiert 1803–1816, spielte den Alcest, s. zu Nr. 925. – *21 etwas anstößiges:* s. Nr. 996. Zur schichtenspezifischen Rezeption vgl. Zelter an G., 27. November 1824; G. an Zelter, 3. Dezember 1824. – *22 gute Laune:* durch karnevalisierte Literatur zur Karnevalszeit, s. Bd. 1.1, S. 910. – *Dezenz-Rücksichten:* (lat.) ›Anstandsrücksichten‹. – *23 Großfürstin:* Erbprinzessin Maria Pawlowna, s. zu Nr. 628, Nr. 991–993. – *24 sublime Stelle mit dem Stuhl:* die Szene III/4 der *Mitschuldigen,* in der der Wirt auf einen Sessel einprügelt, s. Bd. 2.1, S. 412. – *26 Bürgergeneral:* Der 1793 entstandene Einakter G.s *Der Bürgergeneral* war ebenfalls am Vortag gegeben worden; Bd. 4.1, S. 94–130. – *27 moralischen Stellen: Der Bürgergeneral,* 13. und 14. Auftritt (Bd. 4.1, S. 126f., 129). – *28 Rolle des Edel-*

*manns:* s. Nr. 996. – *29 Interesse des Zeitmoments:* das Übergreifen revolutionärer Ideen nach Deutschland. – *32 in der Gunst erhalte:* Sch. selbst erwog eine Fortsetzung mit Schnaps als Haupthelden, s. NA 12, S. 347–352. – *37 Hippolyt:* männliche Hauptrolle in Racines ›Phèdre‹, s. zu Nr. 990, Nr. 1000. – *40 Oels:* Karl Ludwig Oels war bis zum 26. Januar beurlaubt, s. Nr. 996, zu Nr. 904.
991 *2 Mittwoch:* 23. Januar.

996. GOETHE                    WEIMAR, 17. JANUAR 1805

*Datierung:* durch umgehende Antwort auf Nr. 995 und Hinweis auf die »gestrige Vorstellung«. G, schrieb an den oberen Briefrand: »Weimar 17 Jan. 1805«.
Zum Erstdruck s. zu Nr. 992. 992,5 *besuchten:* besuchen.

991 *11 humores peccantes:* lat. ›schädlichen Körpersäfte‹. Die von Empedokles, Hippokrates und Galen entwickelte und bis ins 18. Jahrhundert tradierte Humoralpathologie führt Krankheiten – insbesondere rheumatische – auf eine fehlerhafte Mischung der körpereigenen Säfte (Blut, Schleim, gelbe und schwarze Galle) zurück. – *13 Désavantage:* frz. ›Nachteil‹. – *15 Diaphragma:* griech. ›Zwerchfell‹. – *16 ins Auge:* zu G.s aktueller Erkrankung s. zu Nr. 992. Vor vier Jahren hatte eine Gesichtsrose die Augen angegriffen, s. zu Nr. 796; G. an Frau von Stein, 18. Januar. – *18 gestrigen Vorstellung:* der *Mitschuldigen* und des *Bürgergenerals,* s. zu Nr. 995. – *19 das Stück: Die Mitschuldigen.* – *21 verschiedenes geändert:* zu G.s Änderungen gegenüber den ersten beiden Fassungen s. Bd. 1.1, S. 911; Bd. 2.1, S. 703–710. – *24 noch etwas ⟨...⟩ hineinretuschiere:* Zu einer 4. Fassung kam es nicht, vgl. Bd. 1.1, S. 911. – *35 die dogmatische Figur des Edelmanns:* s. Nr. 995. ›dogmatisch‹ hier: ›didaktisch‹. Der Edelmann als Repräsentant des aufgeklärten Fürsten vertritt die Harmonie-Doktrin einer ständischen Gesellschaftsordnung; vgl. Bd. 4.1, S. 129. – *36 herauszuwerfen:* G. verzichtet in späteren Ausgaben des *Bürgergenerals* darauf; Bd. 4.1, S. 963.
992 *1 Oels ⟨...⟩ Urlaub hat:* Der Weimarer Schauspieler befand sich auf einer Berlin-Reise, s. zu Nr. 995. – *3 Leseprobe:* der ›Phädra‹, s. zu Nr. 990. Sch. hielt sie am 20. Januar (›Calender‹).

997. GOETHE                 WEIMAR, ETWA 20. JANUAR 1805

*Datierung:* Der Brief dürfte im Zusammenhang mit einer Leseprobe stehen, die Sch. am 20. Januar für die Premiere der ›Phädra‹ am 30. hielt.
Zum Erstdruck s. zu Nr. 992.

992 *18 die Becker:* Die Weimarer Schauspielerin Amalie Becker, geb. Malcolmi (1780–1851), spielte die Phädra. G. hatte am 18. Januar ihren Mann gesprochen, vgl. Grumach V, S. 542. – *19 Austeilung des Stücks:* der Rollenhefte der ›Phädra‹. – *20 die Unzelmann:* Die vielgelobte und von Sch. geschätzte Berliner Schauspielerin hatte 1801 in Weimar ein Gastspiel gegeben, s. zu Nr. 589, 847. – *25 wie Sie Sich (...) befinden:* zur Erkrankung Sch.s und seiner Kinder s. Nr. 992.

998. SCHILLER          WEIMAR, NACH DEM 20. JANUAR 1805

*Datierung:* Antwort auf Nr. 997.
Zum Erstdruck s. zu Nr. 992. 992,33 *ihrenwillen:* ihretwillen.

992 *32 Übersetzung:* von Racines ›Phèdre‹. – *34 Brittanikus:* Anstelle von ›Phädra‹ plante Sch. im Dezember 1804 ursprünglich eine Übersetzung der Racine-Tragödie ›Britannicus‹ (1669) für die Festaufführung am 30. Januar, s. zu Nr. 990. Erhalten sind 142 Verse. Der Stoff führte Sch. zum ›Agrippina‹-Plan. (NA 12, S. 151–155, 484–492). – *37 Oelsen:* Oels, s. zu Nr. 996. – *40 Mad. Unzelmann:* Sie spielte in Berlin die Phädra, s. zu Nr. 997; Sch. an Iffland, 23. Februar.

993 *4 Kindern:* Sie hatten Windpocken, s. zu Nr. 992, 1000. – *Zufälle:* s. zu Nr. 299. – *6 Katarrh:* s. zu Nr. 988; Sch. an Körner, 20. Januar. – *7 Marmontels Memoires:* s. Nr. 992. – *8 Acheminements:* frz. ›Wege‹, hier: ›Voraussetzungen‹, ›Impulse‹. – *10 Necker:* Jacques N., (1732–1804), Vater von Anne Germaine de Staël. Die Entlassung des Reformpolitikers, der als Finanzminister 1789 die Berufung der Generalstände durchführte und als Favorit des Dritten Standes für Frankreich eine Verfassung nach englischem Muster plante, wird von Marmontel in den ›Memoires‹ zu Recht als einer der direkten Anlässe zum Sturm auf die Bastille gewertet. – *11 Schriften:* Necker war Autor nationalökonomischer, politischer und religiöser Schriften.

999. GOETHE          WEIMAR, 24. JANUAR 1805

Zum Erstdruck s. zu Nr. 992.

993 *19 das Opus: Rameaus Neffe,* s. Nr. 988.

1000. SCHILLER          WEIMAR, 24.? JANUAR 1805

*Datierung:* Ob Sch.s Brief eine umgehende Antwort auf Nr. 999 darstellt, bleibt fraglich. Immerhin muß er einen Großteil der Übersetzung von Rameaus Neffen gelesen und kontrolliert haben.

Außerdem erledigte er am 24. unter ungünstigsten häuslichen Verhältnissen weitere Briefe.
Zum Erstdruck s. zu Nr. 992.

993 *33 Rameau:* s. zu Nr. 988, 999. – *37 Unschicklichkeit:* Sch.s Bedenken zur Übersetzung der Höflichkeitsformen resultieren aus dem Wandel, der sich in der Sozialsemantik der Anredepronomina vom 18. zum 19. Jahrhundert vollzog. Im 18. Jahrhundert reden Höhergestellte einfache Leute wie Handwerker, Bauern mit »Ihr« an, während sie das höflichere »Sie« gegenüber Bürgern verwenden. Im 19. Jahrhundert vertauschten »Sie« und »Ihr« den Rang: »Sie« verliert die ständische Unterscheidungsfunktion, »Ihr« wird aufgewertet. Vgl. G. Augst: ›Zur Syntax der Höflichkeit‹. In: Ders.: ›Sprachnorm und Sprachwandel‹. Wiesbaden 1977, S. 38f.

994 *1 Dezenz:* (lat.) ›Anstand‹, ›Zurückhaltung‹. – *4 Wohlstand:* ›Anstand‹. – *6 Lazarett:* s. Nr. 998. – *7 Doktor:* vermutlich Huschke, s. zu Nr. 729. – *dem Kleinen:* Emilie Schiller, s. zu Nr. 981; Sch. an Cotta, 3. Februar. – *9 Phädra:* s. zu Nr. 990. Am 24. Januar fand eine Leseprobe statt. – *11 Hippolyt:* s. Nr. 995. – *12 neulich:* am 20. Januar, s. zu Nr. 997.

1001. GOETHE              WEIMAR, 22. FEBRUAR 1805

994 *22 wie es Ihnen geht:* Sch. erlitt in den Nächten vom 8./9. und 11./12. Februar heftige Fieber- und Ohnmachtsanfälle sowie Krämpfe, vgl. NA 42, S. 416–421; Sch. an Cotta, 10. Februar. – *25 Mit mir:* G. war vom 8. bis 12. Februar an einer gefährlichen Lungenentzündung erkrankt, der sich Nierenkoliken anschlossen; vgl. Gespräche I, Nr. 2037f.; Grumach V, S. 546–549; Bode II, S. 288f. – *26 Hervorbringen ‹...› noch nichts:* Am 23. Februar konnte G. wieder mit der Arbeit beginnen; Gespräche I, Nr. 2043. – *28 Winckelmannsche Wesen:* s. zu Nr. 649, 988; Riemers Bericht in Grumach V, S. 549.

1002. SCHILLER              WEIMAR, 22. FEBRUAR 1805

994 *37 die alten Zeiten:* vor Sch.s letzter schwerer Erkrankung im Sommer 1804, als er mit G. regelmäßig zusammentraf. – *39 zwei harten Stöße:* die Kolik im Sommer 1804 und die jüngsten Fieber- und Krampfanfälle, s. zu Nr. 981, 1001.

995 *5 geschwächten Zustand:* Sch. war den ganzen Winter über erkältet, s. zu Nr. 988, Nr. 995, 998. – *10 Mskrpt des Rameau:* s. Nr. 999, 1000, 1003; *Tag- und Jahres-Hefte* zu 1805, Bd. 14,

S. 131. – *11 Goeschen:* Der letzte Brief des Leipziger Verlegers war vom 2. Januar. Göschen dankte für die Übersendung am 9.(?) März. An Göschen hatte zuletzt Charlotte Schiller am 11. Februar geschrieben (NA 32, S. 563). – *14 mit Ihnen bessern:* s. zu Nr. 1001. – *15 wieder sehen:* Am 1. März war Sch. bei G. zu Gast, s. Nr. 1005. Vgl. Grumach V, S. 550f.

1003. GOETHE                         WEIMAR, 24. FEBRUAR 1805

*Datierung:* G.s Tgb. und Sch.s ›Calender‹ notieren die Manuskriptsendung an Göschen am 25. Februar.
995,30f. *alphabetischen, literarischen:* alphabetisch-literarischen;
995,31f. *hinzuzufügen:* hinzufügen.

995 *21 morgen ‹...› nach Leipzig:* vgl. Sch. an Göschen, 25. Februar. – *28 Rekonvaleszenz:* s. zu Nr. 1001. – *29 Winkelmannische Wesen abgefertigt:* s. zu Nr. 1001; G.s Tgb., 25. Februar. Zur Fertigstellung s. zu Nr. 988. – *30 alphabetischen ‹...› Anmerkungen:* vgl. *Anmerkungen über Personen und Gegenstände, deren in dem Dialog Rameaus Neffe erwähnt wird,* Bd. 7. – *33 Bemerkungen zu dem Mskrpt:* G. bat, beim Druck von *Rameaus Neffe* auf Grammatik- und Interpunktionsfehler zu achten; vgl. Göschen an Sch., 9.(?) März 1805. – *35 Phädra:* s. Nr. 1000, zu Nr. 990. – *40 Rapport:* frz. ›Beziehung‹, ›Verkehr‹.

996 *5 Kupfer zum Tell:* vom Direktor der Zeichen- und Kunstakademie in Weimar Georg Melchior Kraus (1733–1806), gestochen vom Weimarer Kupferstecher J. C. E. Müller, s. zu Nr. 502; Sch. an Cotta, 28. Mai, 1. und 15. Juni 1804; NA 10, S. 470. – *einige Nova:* J. von Müllers akademische Vorlesung (s. zu Nr. 1005) neben unbekannten Neupublikationen; vielleicht einige der von G. rezensierten Werke, s. Nr. 1004. Vgl. auch G. an Eichstädt, 2. Februar.

1004. GOETHE                         WEIMAR, 26. FEBRUAR 1805

996 *11 jetzigen Lage:* der Rekonvaleszenz, s. Nr. 1001, 1002, 1005. – *12 Literatur Zeitungen:* Ausgaben der JALZ, Nr. 37 und 38 vom 13. und 14. Februar, mit G.s Rezensionen zur deutschen Literatur, Bd. 6.2, S. 580–602; s. zu Nr. 1005. – *13 unsre Winckelmanniana: Ungedruckte Winkelmannische Briefe,* s. zu Nr. 649; G.s Tgb., 25. Februar. Möglicherweise legte G. – wie an Wolf – auch Meyers *Entwurf einer Kunstgeschichte des achtzehnten Jahrhunderts* bei (Bd. 6.2, S. 210–348). – *15 bewußten Anmerkungen:* zu *Rameaus Neffe,* s. zu Nr. 1003. – *17 mit mir vorwärts:* s. zu Nr. 1001, 1003. – *18 wieder zu sehen:* s. zu Nr. 1002.

1005. SCHILLER   WEIMAR, 27. ODER 28. FEBRUAR 1805

*Datierung:* NA 32, S. 564.

**996** *25 ästhetischen Rezensionen:* Zur deutschen Literatur, s. zu Nr. 1004: ⟨*Johann Friedrich, Kurfürst zu Sachsen, ein Trauerspiel*⟩, ⟨*Johann Peter Hebel: Allemannische Gedichte*⟩, ⟨*Johann Konrad Grübel: Gedichte in Nürnberger Mundart*⟩, ⟨*Heinrich Joseph von Collin: Regulus, eine Tragödie in fünf Aufzügen*⟩, ⟨*Der Geburtstag, eine Jägeridylle in vier Gesängen*⟩, ⟨*Ugolino Gherardesca, ein Trauerspiel*⟩, ⟨*Athenor, ein Gedicht in sechzehn Gesängen*⟩, Bd. 6.2, S. 580–602. – *30 Jenaischen Zeitung:* ›Jenaische Allgemeine Literatur-Zeitung‹ (JALZ), s. zu Nr. 9, 921. – *31 schöpferische Konstruieren:* vgl. Sch.s Unternehmen, angesichts von *Wilhelm Meisters Lehrjahren* »eine neue Art von Kritik, nach einer genetischen Methode« zu entwickeln (Nr. 110). – *37 Kotzebues Stücke:* Unter G.s Leitung war Kotzebue am Weimarer Theater der am häufigsten gespielte Autor (87 Stücke). G. griff Sch.s Vorschlag nicht auf. vgl. ⟨*Kotzebue*⟩, Bd. 9, S. 943 f. – *39 Saillies:* frz. ›Geistesblitze‹, ›Einfälle‹. – *40 Nürnb⟨erger⟩ Philister mit Bewußtsein:* Zitatparaphrase aus ⟨*Johann Konrad Grübel: Gedichte in Nürnberger Mundart*⟩, Bd. 6.2, S. 589.

**997** *1 Sonntags frühe:* Hebels Gedicht ›Sonntagsfrühe‹ beschließt G.s Rezension ⟨*Johann Peter Hebel: Allemannische Gedichte*⟩, Bd. 6.2, S. 586–588. – *2 hochdeutschen Dichtersprache:* vgl. das gelieferte Wörterverzeichnis in Bd. 6.2, S. 1144 f. (Paralipomenon). – *weil die Mundart ⟨...⟩ etwas störendes hat:* Sch. ähnlich in Nr. 556. G. schätzte demgegenüber Mundartdichtung höher ein, vgl. Bd. 6.2, S. 581, 584–586, 1141 f. – *6 Winkelmanns Briefe:* s. zu Nr. 1004. – *10 Schlözers Nestor:* ›NESTOR: Russische Annalen in ihrer Slavonischen GrundSprache verglichen, übersetzt und erklärt von August Ludwig Schlözer‹. Göttingen 1802. W. von Wolzogen hatte das Werk für ›Demetrius‹ empfohlen, vgl. NA 11, S. 421 f., 435. – *14 besuche Sie:* s. zu Nr. 1002. – *17 Müllers akademische Vorlesung:* Johannes von Müller: ›Über die Geschichte Friedrichs des Zweiten. Eine Vorlesung in der öffentlichen Sitzung der Königlichen Akademie der Wissenschaften zu Berlin am 24. Januar 1805‹. Berlin 1805 (Ruppert Nr. 99). Müller überschickte sie G. mit einem Brief am 9. Februar (HA Briefe an G. I, S. 424 ff.). – *19 Historiograph von Preußen:* Seit Mai 1804 war J. von Müller Mitglied der Akademie der Wissenschaften und Historiograph in Berlin, s. zu Nr. 930.

1006. GOETHE                         WEIMAR, 28. FEBRUAR 1805

997 *34 Anmerkungen zum Rameau:* Als Hauptquellen benutzte G. für die Anmerkungen Rousseau, Palissot und Marmontel, s. zu Nr. 988; *Tag- und Jahres-Hefte* zu 1805, Bd. 14, S. 128. – *39 entweder als Muster oder als Widersacher:* Als Vorbild wirkte die französische Literatur in Barock, Frühaufklärung, bei den Galanten und im Rokoko oder für die satirische Typenkomödie der Aufklärung; Gegner des französischen Dramas waren Lessing und der Sturm und Drang.

998 *1 überall ⟨...⟩ dasselbe Märchen:* Anhand der Anmerkungen *d'Alembert, Dorat, Fréron, Marivaux, Palissot, Rameaus Neffe* stellt G. allgemeinere Betrachtungen zum Literaturbetrieb, zur literarischen Kritik und zu Rezeptionsusancen an, s. Bd. 7, Nr. 1011. – *4 wiederzusehen:* s. zu Nr. 1002. – *5 nicht zu früh:* s. zu Nr. 1001, 1004. – *7 Neues ⟨...⟩ heute nicht:* s. Nr. 1003.

1007. SCHILLER                    WEIMAR, 27. ⟨25?⟩ MÄRZ 1805

*Datierung:* Das von G. zurückerhaltene Manuskript Diderots ›Le Neveu de Rameau‹ schickte Sch. laut ›Calender‹ am 25. März an Göschen, der die Sendung bereits am 27. März bestätigte.
998,30 *Sie wohl:* Sie recht wohl.

998 *17 Arbeit:* vermutlich ›Demetrius‹, s. zu Nr. 992; G.s *Tag- und Jahres-Hefte* zu 1805, Bd. 14, S. 130. – *18 nach ⟨...⟩ Zwischenfällen:* s. zu Nr. 1001, 1004. – *20 posto zu fassen:* (ital.) ›Stellung zu beziehen‹; hier: ›mit der Arbeit fortzufahren‹. – *26 französischen Rameau für Göschen:* Göschen hatte Sch. am 9.⟨?⟩ März um Übersendung des französischen Manuskripts von Diderots ›Le Neveu de Rameau‹ gebeten; s. zu Nr. 988, Nr. 1002. Der Verleger schickte das Petersburger Manuskript 1805 an Klinger zurück, ohne es zu publizieren. – *27 Ich will ⟨...⟩ empfehlen:* Sch. an Göschen, 27. ⟨25?.⟩ März. – *28 Aushängebogen:* erste Reindruckabzüge von G.s *Rameaus Neffe* (Bd. 7).

1008. GOETHE                         WEIMAR, 19. APRIL 1805

998 *35 Cottas nächster ⟨...⟩ Anwesenheit:* Auf dem Weg zur Leipziger Messe pflegte Cotta in Weimar Station zu machen. – *36 Herausgabe meiner Werke:* der ersten Gesamtausgabe bei Cotta, s. zu Nr. 984. Vgl. Goethe/Cotta I, S. 119–127. – *37 älteren Verhältnissen zu Göschen:* Die erste autorisierte Gesamtausgabe von G.s Werken (›Goethes Schriften‹, 8 Bde.) war 1787–1790 bei Göschen in Leipzig erschienen. Der Vertrag mit Göschen enthält

einen Rechtsvorbehalt für weitere Ausgaben, der zwischen den konkurrierenden Verlegern ähnlich zum Streitpunkt wurde wie die rivalisierende Edition Sch.scher Werke vor einem Jahrzehnt, s. zu Nr. 136; Goethe/Cotta I, S. 128–130; III/1, S. 207.

**999** *1 eine Ausgabe in 4 Bänden:* ›Goethes Schriften. Erster – Vierter Band‹. Leipzig (Göschen) 1787–1791. Vgl. Hagen, Die Drucke von Goethes Werken, Nr. 12 und 12a.

1009. GOETHE  WEIMAR, 20. APRIL 1805

*Überlieferung:* NA 40 I liest 999,24 *Noten* irrtümlich als »Voten«. Die Hs.-Autopsie von E. Zehm bestätigt die Lesart »Noten«, die auch der Erstdruck von 1829 bietet.

**999** *10 Durchsicht der Papiere:* Verlagskontrakte und Korrespondenz von 1786 mit Göschen, s. zu Nr. 984 und 1008. – *11 jener Obliegenheiten:* daß kein begründeter Einspruch Göschens statthat. – *17 Die drei Skizzen (...) Winkelmanns:* von G., Meyer und F. A. Wolf, Bd. 6.2, S. 348–400; s. zu Nr. 649, 988. – *19 in doloribus pinxit:* lat. ›Unter Schmerzen gemalt‹. Der gichtkranke Hobbymaler Friedrich Wilhelm I. von Preußen signierte eigene Bilder mit ›In tormentis pinxit‹ (›Unter Qualen gemalt‹). – *22 Späßen des Scarron:* Der französische Autor komischer Romane Paul Scarron (1616–1660) war seit 1640 gelähmt. – *24 Noten zu Rameaus Neffen:* hier: Wortspiel mit der Doppeldeutigkeit von Anmerkungen und Musiknoten, s. zu Nr. 1003, 1006. – *26 der Musik:* vgl. *Rameaus Neffe* (Bd. 7), Anmerkungen *Alberti, d'Auvergne, Bagge, Duni, Lulli, Musik, Rameau.* – *29 Arbeit:* ›Demetrius‹.

1010. GOETHE  WEIMAR, 23. APRIL 1805

1000,6 *es eigentlich ankommt:* es ankommt; 1000,11 *bekannte:* bekannt.

**999** *37 von Leipzig angekommen:* Göschens Brief an G. ist nicht erhalten. – *38 Anmerkungen:* s. zu Nr. 1003, 1006, 1009. – *renunzieren:* (lat./frz.) ›verzichten‹, ›aufkündigen‹. Göschen ließ G. seinen Dank für die Anmerkungen übermitteln, vgl. Göschen an Sch., 28. April.
**1000** *4 nicht die Hälfte der (...) Namen:* vgl. *Rameaus Neffe, Anmerkungen (Vorerinnerung),* Bd. 7. – *10 Clairon:* Claire Josephe Clairon de la Tude (1723–1803), Schauspielerin in Paris, s. zu Nr. 29. – *Préville:* Pierre Louis Dubus P. (1721–1799), französischer Schauspieler. – *Dumenil:* Marie Françoise Marchand D. (1714–1803), französische Schauspielerin.

1011. SCHILLER                                WEIMAR, 24. APRIL 1805

Reihenfolge der letzten Briefe im Erstdruck: Nr. 1010, 1013, 1015, 1012, 1011.

**1000** *22 Anmerkungen:* Anmerkungen G.s zu *Rameaus Neffe,* s. zu Nr. 1003, 1006; Nr. 1009, 1010. – *24 Geschmack:* s. G.s Stichwort *Geschmack* (Bd. 7). – *25 Autoren und Publikum:* s. zu Nr. 1006. – *Seitenblick auf unser Deutschland:* in den Stichwörtern *d'Alembert, Dorat, Rameaus Neffe.* – *27 Musik:* s. zu Nr. 1009. – *28 Palissot:* s. G.s Stichwort und zu Nr. 988. – *29 Voltaires Brief an Palissot:* Stichwort *Voltaire an Palissot.* – *30 Rousseaus Stelle über Rameau:* G. zitiert in seiner Anmerkung *Rameau* ein Urteil Rousseaus über den französischen Komponisten Jean Philippe Rameau, s. zu Nr. 988. – *37 morgendem Posttag:* vgl. Sch. an Göschen, 24. April. – *33 kleine Stelle im Artikel Geschmack:* Die von Sch. kritisierte Textstelle ist nicht ermittelt. – *38 15 Artikel:* insgesamt 31 Artikel.

**1001** *13 Bogen:* Tatsächlich waren es vier Druckbogen. – *4 Elpaenor:* Dramenfragment *Elpenor,* das G. in einer von Riemer ausgearbeiteten Versfassung in Band 4 der 1806 bei Cotta erschienenen Werkausgabe veröffentlichte (s. Bd. 6.1, S. 506–534); s. zu Nr. 474.


1012. GOETHE                           WEIMAR, 24. ODER 25. APRIL 1805

*Datierung:* Das nachgereichte Billett muß nach Nr. 1010 und dürfte vor Nr. 1013 geschrieben sein, mit der G. die Kommentierarbeit beschließt. Doch auch als Nachschrift zu Nr. 1013 ist es deutbar.
Zum Erstdruck s. zu Nr. 1011.

**1001** *13 Le Mierre:* Ein Artikel über die französische Opernsängerin Marie Jeanne Lemierre (1733–1786) ist in G.s Nachlaß erhalten; vgl. WA I 45, S. 338.


1013. GOETHE                                WEIMAR, 25.? APRIL 1805

*Datierung:* G.s Tagebuchvermerk vom 25. April (»Rameaus Neffe. durch ⟨...⟩ Schiller nach Leipzig«) legt die Datierung auf den 25. nahe. Anderseits besuchte G. an diesem Tag Sch., so daß er den »Rest des Mskpts.« persönlich hätte übergeben können; vgl. Sch. an Körner, 25. April.
Zum Erstdruck s. zu Nr. 1011.

**1001** *20 Rest des Mskpts.:* der Anmerkungen zu *Rameaus Neffe,* s. zu Nr. 1010. – *21 nach Leipzig abzuschicken:* Sch. kündigte Göschen den Rest des Manuskripts erst für den nächsten Posttag, den 29. April, an. Sch. an Göschen, 24. April (abgeschickt am 25.). – *22 extemporisiert:* s. zu Nr. 914. – *25 sine me ibis Liber:* lat. ›Buch, du wirst ohne mich gehen‹. Zitat aus Ovids ›Tristia‹ I 1, 1. – *28 Kapitel aus der Mitte heraus:* möglicherweise *Geschichte des Newtonischen Irrtums* (LA II 6, S. 118). Wie aus den *Tag- und Jahres-Heften* zu 1804 (Bd. 14, S. 122f.) und G.s Brief an Wolf vom 2. Mai hervorgeht, beschäftigte sich G. zuletzt mit der Geschichte der Königlichen Sozietät in London; vgl. *Zur Farbenlehre, Historischer Teil,* 6. Abt., 1. Epoche (Bd. 10, S. 725 ff.). – *30 reite:* G. betrieb den Reitsport nach der Krankheit auf ärztlichen Rat; G. an M. von Eybenberg, 26. April; s. zu Nr. 1001.

1014. SCHILLER
WEIMAR, ZWISCHEN 26. UND 29. APRIL 1805

*Datierung:* Gegenüber der NA 32 (S. 591) läßt sich der 25. April als ›Terminus a quo‹ ausschließen. Sch. hätte die noch fehlenden Anmerkungen G.s zu *Rameaus Neffe* seinem (am 25. abgeschickten) Brief an Göschen vom 24. April sicher nicht ohne ein Postscriptum beigelegt, weil sie im Brief erst für den nächsten Posttag angekündigt werden, s. Nr. 1013. Auch Göschen erwähnt in seiner Antwort vom 28. April nicht die letzte Ergänzung der Anmerkungen.
Erstdruck in Riemers Briefe (1846).

1001 *38 Die Anmerkungen:* zu *Rameaus Neffe,* s. Nr. 1013. – *Voltaire:* vgl. G.s letztes Stichwort (Bd. 7).
1002 *1 Register der Eigenschaften:* G. stellt eine umfangreiche Qualitätsliste auf. – *8 Genera und Species:* s. zu Nr. 305. – *11 Genie:* s. Nr. 4, 16, 486. – *Styl:* s. zu Nr. 4. – *15 Charakter:* s. Nr. 340–342. – *18 Voltairischen Proteus:* Anspielung auf die Vielseitigkeit Voltaires, s. zu Nr. 755. Proteus ist in der griechischen Mythologie ein weissagender Meergreis mit der Fähigkeit zur Verwandlung in verschiedene Gestalten. – *22 Gemüt:* s. zu Nr. 393. Hier im Sprachgebrauch der Empfindsamkeit. – *24 Herz:* das politische Schlagwort bürgerlicher Gefühlskultur im 18. Jahrhundert. – *28 Ludwig XIV:* Der französische König Ludwig XIV. (1638–1715) regierte seit Mazarins Tod 1661. Der ›Sonnenkönig‹ verkörperte als Inbegriff absolutistischen Herrschertums nach G.s Anmerkung die ganze Nation (»L'Etat c'est moi«). – *33 Ministerialregierungen:* unter den Kardinälen Armand-Jean du Plessis Richelieu (1585–1642) und Jules Mazarin (1602–1661). – *34 Heinrich IV:* Heinrich IV. von Navarra (1553–1610), König von Frankreich 1589–1610. Der tolerante Begründer des Absolutismus in

Frankreich wurde als Integrationsfigur und sozial gesinnter Idealherrscher in zahlreichen französischen Dramen gefeiert. – *36 heteros logos:* griech. ›abweichende Feststellung‹.

1015. GOETHE  WEIMAR, 26. ODER 27. APRIL 1805

*Datierung:* G.s Nachtrag war für die von Sch. am 29. April geplante Nachsendung an Göschen gedacht, s. zu Nr. 1013, 1014. Zum Erstdruck s. zu Nr. 1011.

1003 *3 kleine Note:* wohl ein Nachtrag zu G.s Anmerkungen zu *Rameaus Neffe,* s. zu Nr. 1003, 1006; Nr. 1009–1014. – *5 Versuch, die Farbengeschichte:* s. zu Nr. 1013.

Friedrich Schiller starb am 9. Mai 1805.

Für verschiedenste Mithilfe bin ich Martin Ehrenzeller, Eckhard Faul, Andrea Hahn, Peter Ludwig, Reiner Marx, Frank Steinmeyer, Volker Wahl, Edith Zehm und Matthias Ziegler zu Dank verpflichtet.

# REGISTER

Das Register gliedert sich in sechs Teile:

| | |
|---|---|
| Werke Goethes | S. 702 |
| Werke Schillers | S. 712 |
| Gemeinsame Werke | S. 718 |
| Personen und ihre Werke | S. 719 |
| Periodica | S. 788 |
| Anonyma | S. 793 |

Die Zahlen beziehen sich auf die *Nummern* der Briefe. *Zahlen in Winkelklammern* bedeuten: von diesem Werk oder dieser Person ist explizit nur im Anhang die Rede. *Gewöhnliche Zahlen* beziehen sich auf eine Erwähnung zumindest im Text, was eine zusätzliche Erwähnung im Kommentar nicht ausschließt. *Kursive Zahlen* verweisen auf bedeutsame Stellungnahmen.

*Zu den Werkregistern:* Zahlen mit Sternchen (\*) verweisen auf bibliographische Angaben. – Folgende Gattungen wurden zu Untergruppen zusammengefaßt: Balladen, Gedichte, Rezensionen, Theaterreden; eigens aufgeführt werden jedoch die *Römischen Elegien* und die *Venezianischen Epigramme*. – Unberücksichtigt bleiben im Register Belege aus Goethes Tagebüchern, den *Tag- und Jahres-Heften,* Schillers ›Calender‹ sowie reine Quellenangaben von Zeitschriften Goethes oder Schillers.

*Zum Personenregister:* Zahlen mit Sternchen verweisen hier auf biographische Angaben. – Die alphabetische Ordnung wird innerhalb von Familien durch die Generationenfolge ersetzt. Der historisch bekanntere Ehepartner rangiert an erster Stelle. – Fürsten sind unter dem Namen ihrer Territorien, Könige und Kaiser unter ihrem Vornamen eingeordnet. – Kursiv gesetzte Vornamen von Privatpersonen sind Rufnamen. – Unberücksichtigt bleiben die Verfasser von Sekundärliteratur sowie die im Kommentarteil genannten Schreiber oder Adressaten innerhalb bloßer Briefbelege bzw. bei Quellenangaben. – Sofern im Textteil Grüße von und an Schillers Frau oder Heinrich Meyer lediglich als Schlußfloskel fungieren, werden sie nicht registriert, ebensowenig pauschale Empfehlungen an Freunde oder ›die Familie‹. Grenzfälle sind als Nummern in runde Klammern aufgenommen.

# WERKE GOETHES

Achilleis 394*, 396, ⟨419⟩, ⟨445⟩, ⟨454⟩, ⟨456*⟩, ⟨459⟩, ⟨460⟩, ⟨463⟩, 464, 466, 467, ⟨551⟩, 581, 584*, 585–587, 589–592, 594, 595*, 596
⟨Acta geführt auf einer Reise nach Carlsbad im Juli 1795⟩ 76*
Amlets Geschichte nach dem Saxo Grammatikus 327*
Antik und modern ⟨958⟩
⟨Aufzucht von Pflanzen im Dunkeln⟩ 173, ⟨202⟩
Aus einer Reise in die Schweiz ⟨...⟩ im Jahre 1797 ⟨355*⟩, ⟨356⟩, ⟨359⟩, 361, ⟨363⟩, 366*, ⟨482⟩, ⟨484⟩

Balladen:
 Der Edelknabe und die Müllerin ⟨361⟩, 363*, 364, 365, 369
 Der Gott und die Bajadere 315*, 324, ⟨331⟩, ⟨342⟩, ⟨346⟩, 354, 377, 378
 Der Junggesell und der Mühlbach 361*, ⟨365⟩, 369*, 372
 Der Müllerin Verrat ⟨361⟩, ⟨365⟩, 374*, 474*
 Der Sänger 49*
 Der Schatzgräber 315*, ⟨331⟩, ⟨346⟩, ⟨359⟩
 Der Zauberlehrling ⟨315*⟩, ⟨331⟩, ⟨346⟩, 349*, ⟨359⟩, 500
 Die Braut von Corinth 315*, 324, ⟨331⟩, ⟨346⟩, ⟨354⟩, ⟨378⟩, 641, 642
 ⟨Die Kraniche des Ibykus⟩ 334*, 352*, 359
 ⟨Hero und Leander⟩ 164*, ⟨186⟩
 Hochzeitlied ⟨853*⟩
 Legende 315*
 Reue ⟨361⟩, ⟨365⟩, 374*
Baukunst 1795 111, 118*
⟨Bedenken (um 1800)⟩ ⟨433⟩
Beiträge zur Optik ⟨121*⟩, ⟨259⟩, ⟨262⟩, ⟨424⟩, ⟨425⟩
⟨Belsazar⟩ ⟨304⟩
Benvenuto Cellini 85, 148, 150, 151, 160, 161, 164, 168, 171–173, 178, 179, 184, 186, 188, 189, 192, 193, 202, 203, 224, 226–228, 230, 231, ⟨241⟩, 244*, 253, 270–272, 276, 277, 279, 293, 295–299, 315, 316, 319, 320, 324, 326*, 399, 416, 436, 438, 445, 880*, 882, 890, 894, 895, 916, 950
⟨Beobachten und Ordnen⟩ ⟨478*⟩, ⟨484⟩
Beobachtungen über die Entwickelung der Flügel des Schmetterlings Phalaena grossularia ⟨202⟩, ⟨207*⟩, ⟨208⟩–⟨210⟩
⟨Berufung Schellings als a. o. Professor der Philosophie nach Jena⟩ ⟨450*⟩, ⟨491⟩
⟨Betrachtung über Morphologie⟩ ⟨198⟩, ⟨228⟩, ⟨244⟩
Betrachtung über Morphologie überhaupt ⟨241⟩, ⟨244⟩, ⟨402⟩
Briefe auf einer Reise nach dem

Gotthardt (Briefe aus der Schweiz) ⟨42⟩, ⟨*154**⟩, ⟨156⟩, ⟨193⟩, *234*, *235*, *366**, ⟨960⟩

⟨Caesar⟩ *136*, ⟨304⟩
Campagne in Frankreich ⟨42*⟩, ⟨52⟩, ⟨128⟩, ⟨911⟩
Chalkographische Gesellschaft zu Dessau *siehe* J. H. Meyer
Claudine von Villa Bella *65*, *70*, ⟨524⟩, ⟨672⟩

Das Auge ⟨244⟩
⟨Das Hofleben⟩ ⟨304⟩
⟨Das Mädchen von Oberkirch⟩ ⟨304*⟩
⟨Das reine Phänomen⟩ ⟨406*⟩, ⟨408⟩–⟨410⟩, ⟨430⟩, ⟨476⟩
Das Römische Carneval ⟨148⟩
Den Magnet betr. ⟨474*⟩, *479*, *481*, *484*
Der Bürgergeneral ⟨123⟩, ⟨882⟩, *995**, *996*
Der Descartische Versuch mit der Glaskugel ⟨405⟩
⟨Der Falke⟩ ⟨304⟩
⟨Der gelöste Prometheus⟩ *299**, ⟨304⟩, *329*, *330**, *347*
Der Groß-Cophta ⟨64⟩, ⟨648*⟩
⟨Der Hausball⟩ ⟨304⟩
⟨Der Löwenstuhl⟩ ⟨918⟩
Der Sammler und die Seinigen ⟨339*⟩, ⟨341⟩, ⟨408⟩, ⟨414⟩, ⟨459⟩, *544**, *598*–*601*, *614*, *615*, *616*, ⟨622⟩, *629*, ⟨631⟩, ⟨647⟩, ⟨657⟩, ⟨743⟩, ⟨811⟩, ⟨890⟩
Der Tugendspiegel ⟨304⟩
Der Versuch als Vermittler von Objekt und Subjekt ⟨307⟩, *404**, *405*, *406*, *409*, *410*, ⟨429⟩, ⟨430⟩, ⟨432⟩, *484*, *498*

Der Zauberflöte zweiter Teil *462**, *463*, *464*
Dichtung und Wahrheit ⟨20⟩, ⟨42⟩, ⟨52⟩, ⟨121⟩, ⟨127⟩, ⟨137⟩, ⟨188⟩, ⟨267⟩, ⟨277⟩, ⟨298⟩, ⟨312⟩, ⟨341⟩, ⟨357⟩, ⟨453⟩, ⟨524⟩, ⟨547⟩, ⟨858⟩
Diderots Versuch über die Malerei ⟨256*⟩, ⟨514⟩, *545**, ⟨551⟩
Die Aufgeregten ⟨304*⟩
Die Geheimnisse ⟨304*⟩
Die Geschwister ⟨845⟩
Die guten Frauen *751**
⟨Die Jagd⟩ *siehe* Novelle
Die Laune des Verliebten *742**, ⟨750⟩
Die Leiden des jungen Werther *47*, ⟨117⟩, ⟨121⟩, ⟨129⟩, ⟨939⟩
Die Metamorphose der Pflanzen ⟨22⟩
Die Mitschuldigen *995**, *996*
Die natürliche Tochter ⟨675⟩, ⟨677⟩, *825**, ⟨849⟩, ⟨863⟩, ⟨878⟩, *916**, *920*, *926*, *927*, ⟨940⟩, *957*, *960*
Eugenia. Schema der Fortsetzung ⟨926*⟩, ⟨960*⟩
Die neue Melusine ⟨106⟩, ⟨120⟩, ⟨121*⟩, ⟨129⟩, *278**, *356*
Die neue Preisaufgabe auf 1801 *768**, *771*, *775*
Die Preisaufgabe betreffend ⟨304*⟩, *367**, *775*
*siehe* Preiserteilung 1800
Schema *773**, *775*–*777*
Die theatralischen Abenteuer *608**, ⟨711⟩
Die Wahlverwandtschaften ⟨181⟩, ⟨399⟩, ⟨664*⟩

Egmont ⟨134⟩, *160*, ⟨161⟩

Einfache Nachahmung der Natur, Manier, Stil ⟨4*⟩, ⟨294⟩, ⟨356⟩, ⟨364⟩, ⟨367⟩, ⟨418⟩, ⟨458⟩, ⟨463⟩

Einige allgemeine chromatische Sätze (Farbenlehre) ⟨405⟩, ⟨432⟩

Einige Szenen aus Mahomet, nach Voltaire. Von dem Herausgeber ⟨659*⟩, ⟨664⟩

Einiges über Glasmalerei 361*

Einiges von dem Lebens- und Kunstgange Herrn Martin Wagners ⟨944*⟩

Einleitung in die ›Propyläen‹ ⟨361⟩, ⟨394⟩, 436*, ⟨444⟩, ⟨462⟩, ⟨470⟩, ⟨476⟩, ⟨487⟩, ⟨488⟩, 490*, 491, 493, ⟨497⟩, 500, 536, ⟨743⟩

Elegien. Rom 1788 siehe ⟨Römische Elegien⟩

Elpenor ⟨304⟩, ⟨474*⟩, 475, 476, 477, 1011

Entlassung Fichtes aus Jena 611*

Entomologische Studien ⟨202*⟩, ⟨207⟩–⟨210⟩, ⟨264⟩, ⟨280⟩

Entwurf einer Ausstellungsschrift ⟨823*⟩

Ephemerides ⟨341⟩, ⟨858⟩

Epigramme Venedig, 1790 siehe ⟨Venezianische Epigramme⟩

Episteln:
1. Epistel ⟨13⟩, 17*, ⟨19⟩, 20, 21, 22*, ⟨35⟩, 68, ⟨149⟩, 640
2. Epistel 20*, 21, 22, 31, 34, 35, 37, 68, 640
⟨3. Epistel⟩ 21, 22, 35*, 62, 640

Erklärung der zu G.s Farbenlehre gehörigen Tafeln ⟨406*⟩

Eröffnung des Weimarischen Theaters. Aus einem Briefe ⟨511⟩, ⟨519⟩, ⟨520⟩, 524, 525*, 530

Erste Bekanntschaft mit Schiller ⟨3⟩

Farbenlehre siehe Zur Farbenlehre

Faust 26, 27, 37, *85*, *86*, ⟨107⟩, *331*⟩, *332*, *333*, *334*, *335*, 338–341, ⟨346⟩, ⟨351⟩, ⟨355⟩, ⟨357⟩, 359*, ⟨367⟩, 385*, 386, ⟨389⟩, 392, 418, ⟨429⟩, ⟨449⟩, 451*, 452, *454*, 456, 460*, 461, ⟨462⟩, ⟨463⟩, 624, 733, 741*, ⟨742⟩, 746*, 756, 759, 760, 765*, 767–771, ⟨786⟩, ⟨789⟩, 793*, 802, 804, 805, 808, 812, 847, ⟨867⟩

Faust II ⟨331⟩, ⟨334⟩, ⟨358⟩, ⟨432⟩, ⟨617⟩, ⟨766⟩, 767, ⟨768⟩, 769–773, 777

Faust. Ein Fragment 26*, 331, 332

Urfaust ⟨331⟩, ⟨460⟩

Vorspiel auf dem Theater ⟨355⟩, ⟨389⟩

siehe Helena im Mittelalter

Flüchtige Übersicht über die Kunst in Deutschland ⟨304*⟩, 775, ⟨776⟩, ⟨802⟩

Frau von Staël ⟨936⟩, ⟨939*⟩, ⟨945⟩, ⟨954⟩, ⟨960⟩

Gedichte:
Abschied ⟨315⟩
Alexis und Dora ⟨158⟩, ⟨163⟩, ⟨165⟩, ⟨166*⟩, ⟨168⟩, *171*, *173*, *182*, *185*, ⟨188⟩, 201, 211, 216, ⟨240⟩, 245, 270, 641*, 642, ⟨847⟩
Am 1. Oktober 1797 369*, 372

Amyntas ⟨253⟩, 366*, 378, *380*, 381
An meine Lieder ⟨478*⟩
An Mignon 176*, 187, ⟨315*⟩, 321*, 322, ⟨342⟩, 377, 378
Antwort bei einem gesellschaftlichen Fragespiel ⟨64*⟩
Auf die Geburt des Apollo 85*, 88, 90, 98
Das Blümlein Wunderschön ⟨361*⟩, ⟨365⟩, ⟨475⟩
Das Heilige und Heiligste ⟨240⟩
Dem Herren in der Wüste 325*
Der Besuch ⟨64*⟩, ⟨69⟩
Der Chinese in Rom ⟨176*⟩, 209, 210, ⟨240⟩
Der Fischer 961*
Der Freund ⟨240⟩
Der neue Amor ⟨315⟩
Der neue Pausias 315*, 317*, ⟨359⟩, 401, 402
Des neuen Alcinous erster Teil ⟨120⟩
Des neuen Alcinous zweiter Teil ⟨629*⟩
Deutscher Parnaß *siehe* Sängerwürde
Die Eisbahn 201, 212, 213, 234, ⟨240⟩
Die empfindsame Gärtnerin (Haus-Park) 307
Die erste Walpurgisnacht ⟨639*⟩
Die glücklichen Gatten ⟨858*⟩
Die Götter Griechenlands ⟨122⟩
Die Metamorphose der Pflanzen ⟨475*⟩, ⟨507⟩, 646, ⟨731⟩
Die Musageten ⟨475*⟩

Die Zerstörung Magdeburgs ⟨514*⟩, ⟨520⟩, 521
Eine nicht hält mich zurück 164*
Epilog zu Schillers Glocke 330
Erinnerung ⟨315⟩, ⟨342⟩
Euphrosyne 473*, ⟨476*⟩, 485, 490, 513
Frühlingsorakel ⟨858⟩
Frühzeitiger Frühling 851*, ⟨853⟩
Generalbeichte ⟨846⟩, ⟨917*⟩
Glückliche Fahrt ⟨64*⟩, ⟨69⟩, ⟨148⟩
Heiß mich nicht reden ⟨84*⟩
Herrmann und Dorothea (Elegie) ⟨67⟩, 253*, 254, 255, 256, 263, 264, 266, 270, 302, ⟨434⟩, 733, ⟨847⟩
Ich denke dein ⟨164⟩
Ilmenau ⟨42*⟩
Kennst du das Land ⟨49*⟩
Kophtische Lieder ⟨64*⟩, ⟨69⟩, ⟨148⟩
Meeresstille ⟨64*⟩, ⟨69⟩, ⟨148⟩
Mit Mädeln sich vertragen ⟨524*⟩
Musen und Grazien in der Mark ⟨165⟩, ⟨166*⟩, ⟨168*⟩, 234, ⟨240⟩, 307, ⟨392⟩
Nachtgesang ⟨858*⟩
Nähe des Geliebten ⟨64*⟩, ⟨148⟩
Rätsel ⟨840*⟩, ⟨841⟩
Sängerwürde ⟨475*⟩, 487*, 488
Schäfers Klagelied ⟨851*⟩, ⟨853⟩
Schweizeralpe *siehe* Am 1. Oktober 1797
Sehnsucht ⟨858*⟩

So laßt mich scheinen bis ich
werde ⟨165⟩, 173, 174, *178*,
218
Soldatenlied zu Wallensteins
Lager ⟨513*⟩, ⟨520⟩, 524,
526, 527*, 672*
Tischlied ⟨846*⟩, ⟨853*⟩
Triumvirat ⟨434⟩
Trost in Tränen ⟨361⟩
Verschiedene Empfindungen
an Einem Platze ⟨64*⟩, ⟨69⟩
Vier Jahrszeiten 729*, 730,
⟨734⟩
Weissagungen des Bakis
⟨398⟩, ⟨409⟩, ⟨414*⟩, ⟨415⟩,
⟨434?⟩, ⟨445⟩, 742
Welch ein erhabner Gedanke
107*
Weltseele 846*
Zueignung (1784) ⟨591⟩
Zum neuen Jahr ⟨832⟩
Geschichte der Farbenlehre
*siehe* Materialien zur
Geschichte der Farbenlehre
Glückliches Ereignis ⟨3*⟩,
⟨847⟩
⟨Goethes Werke⟩ ⟨985⟩
Götter, Helden und Wieland
⟨587*⟩
Götz von Berlichingen mit der
eisernen Hand ⟨919*⟩, 920,
971*, 980, 981
Grundlage zu einer architekto-
nischen Bibliothek ⟨330*⟩

Harmonie der Farben 542*,
⟨551⟩, ⟨558⟩
Helena im Mittelalter 766*,
767, ⟨768⟩, 770–773, ⟨777⟩,
779, ⟨789⟩
Herder 808*
Herrmann und Dorothea
(Epos) ⟨186⟩, ⟨215⟩, 226,
228, 238, 239, 244, 253, 263,
268, 270, *274*\*, *275*\*, *278*\*,
*283*\*, 284, ⟨285⟩, 287, 289,
290, *291*, 292, ⟨294⟩, 296,
300–302, 304, 305, *314*\*,
315, 316, 322, *323*\*, 334,
339, 356, 363, 364, 367, 370,
371, 372, 386, 392–395,
399, 400, ⟨415⟩, 418, *430*,
434, ⟨442⟩, 443, 445, ⟨454⟩,
458, ⟨465⟩, *467*\*, 478, ⟨479⟩,
489, ⟨639⟩, ⟨847⟩
Herzogliches Hoftheater zu
Weimar (1795) ⟨43*⟩

⟨Ilias-Übersetzung⟩ ⟨27⟩
⟨Ilmenauer Bergwerkssessio-
nen⟩ ⟨184*⟩
Indische und chinesische Dichtung ⟨846⟩
Inhalt der Abhandlung über
die Farbenlehre ⟨422*⟩,
⟨426*⟩
In wiefern die Idee: Schönheit
sei Vollkommenheit mit
Freiheit, auf organische
Naturen angewendet werden
könne 6*, 7, ⟨402⟩
Iphigenie auf Tauris 10, 11,
⟨355⟩, ⟨358⟩, 382, *395*,
⟨494⟩, 706, 712, 717, 718,
*836, 837, 839, 853, 854*, 862
*siehe* Gemeinsame Werke
G.s und Sch.s
Israel in der Wüste *siehe* Noten
und Abhandlungen zu bes-
serem Verständnis des West-
östlichen Divans
Italienische Reise ⟨16⟩, ⟨20⟩,
⟨124⟩, 236, 270, ⟨424⟩,
⟨639⟩

Jacobi ⟨52⟩
Jenaische Allgemeine Literatur-
Zeitung *siehe* Periodica 921*

⟨Kodizill zum Testament vom 24. Juli 1797⟩ ⟨630*⟩
⟨Kotzebue⟩ ⟨1005*⟩
⟨Kunst und Handwerk⟩ ⟨361⟩, 458*

⟨Laokoonfragment⟩ ⟨341⟩
Literarischer Sansculottismus 99*, 100, ⟨124⟩, ⟨127⟩, 132, ⟨149⟩, 243, ⟨396⟩

Märchen *siehe* Unterhaltungen deutscher Ausgewanderten
Mahomet (nach Voltaire) ⟨304⟩, ⟨605⟩, 659*, 660*, 661, 662–664, 669, ⟨675⟩, 687, 689, ⟨690⟩, ⟨706⟩, 707, ⟨708⟩–⟨713⟩, 715, ⟨722⟩, 758, ⟨786⟩, ⟨852⟩, 864*, 876
Maskenzug
 1796 ⟨148⟩
 1801 ⟨1798⟩ 414*, 506, 507, 510, 511
Materialien zur Geschichte der Farbenlehre ⟨16⟩, ⟨121⟩, ⟨133⟩, ⟨400⟩, 406, 410–412, 418, 422, 426, ⟨430⟩, 432, ⟨444⟩, ⟨614⟩, ⟨824⟩, ⟨871⟩, ⟨872⟩, ⟨911⟩, 915, 1013, 1015
Maximen und Reflexionen ⟨432⟩
Mineralogische Gesellschaft ⟨559⟩
Morphologie ⟨241⟩

Nachricht an Künstler und Preisaufgabe ⟨594*⟩
⟨Naturgedicht⟩ ⟨521⟩, ⟨553⟩, 581*, ⟨587⟩, ⟨646⟩
Naturlehre ⟨463*⟩, ⟨919⟩
⟨Nausikaa⟩ ⟨304⟩, ⟨424*⟩
Noten und Abhandlungen zu besserem Verständnis des West-östlichen Divans ⟨298*⟩, 300, 310–313, 319, 320, 322, 330, 382
Novelle (ursprünglich: Die Jagd) ⟨293⟩, 302*, 303, *304, 305, 306, 307,* ⟨322⟩, ⟨323⟩, 331, *334,* 335

⟨Ordnung des Unternehmens⟩ ⟨402⟩
⟨Odyssee-Übersetzung⟩ ⟨27⟩

Palaeophron und Neoterpe ⟨744*⟩, ⟨778*⟩, ⟨807⟩, ⟨934⟩
Physiologe Farben ⟨614⟩
⟨Physische Wirkungen⟩ ⟨259⟩, ⟨481*⟩
Plato als Mitgenosse einer christlichen Offenbarung ⟨121*⟩
Polygnots Gemälde in der Lesche zu Delphi 936*, 938, 939, 942, 943, ⟨946⟩
Preisaufgaben *siehe* Die Preisaufgabe betreffend; Nachricht an Künstler; Weimarische Kunstausstellung
Preise ⟨1800⟩ 770*, 771
Preiserteilung 1800 *siehe* Die Preisaufgabe betreffend 767*, 770, 775, ⟨802⟩
Propyläen. Eine periodische Schrift ⟨341⟩, ⟨359⟩, ⟨361⟩, 366*, ⟨409⟩, ⟨411⟩, ⟨436*⟩, ⟨444⟩, ⟨445⟩, ⟨454*⟩, ⟨456⟩, ⟨457⟩, 462*, 463, 465, 466, ⟨467⟩, 476*, 477, 482, 484, 486, ⟨487⟩, 490, 493, 496, 497, 500, 501, 507, 533–536, 539, 542, 551, 552, 555, 557, 570, 579, 582, 589, 598, ⟨604⟩, 615, 622, 623, 624, 626, 627, ⟨628⟩, 629, ⟨635⟩, ⟨646⟩, 647, 695,

744, 767, 768, 770–772, ⟨774⟩, 799, ⟨802⟩, 803, 823*, ⟨831⟩, 837
Propyläen. Eine periodische Schrift (Anzeige) ⟨490*⟩, ⟨598⟩, ⟨616⟩, ⟨624⟩
Proserpina ⟨453⟩
Punkte zur Beobachtung der Metamorphose der Raupe ⟨264⟩, ⟨280⟩

Rameaus Neffe ⟨335⟩, ⟨987⟩, 988*, ⟨989⟩, 999, 1000, 1002–1004, *1006**, ⟨1007⟩, 1009, 1010, *1011*, ⟨1012⟩, ⟨1013⟩, *1014*, ⟨1015⟩
Refraktion im allgemeinen ⟨412*⟩
⟨Regeln für Schauspieler⟩ ⟨824⟩, ⟨925*⟩, ⟨932⟩
⟨Revision⟩ ⟨304*⟩
Rezensionen:
  Athenor, ein Gedicht in sechzehn Gesängen ⟨862*⟩, ⟨1004⟩, ⟨1005⟩, ⟨1006⟩
  Der Geburtstag, eine Jägeridylle in vier Gesängen ⟨1004⟩, ⟨1005*⟩, ⟨1006⟩
  Grübels Gedichte in Nürnberger Mundart. 1798 417*, 553*, 555–557, ⟨1005*⟩
  Heinrich Joseph von Collin: Regulus, eine Tragödie in fünf Aufzügen 852*, ⟨1004⟩–⟨1006⟩
  Johann Friedrich, Kurfürst zu Sachsen, ein Trauerspiel ⟨1004⟩, ⟨1005*⟩, ⟨1006⟩
  Johann Heinrich Voß: Lyrische Gedichte ⟨173⟩, ⟨641⟩
  Johann Konrad Grübel: Gedichte in Nürnberger Mundart ⟨1004⟩, ⟨1005*⟩, ⟨1006⟩
  Johann Peter Hebel: Alemannische Gedichte ⟨1004⟩, ⟨1005*⟩, ⟨1006⟩
  Rezension einer Anzahl französischer satyrischer Kupferstiche 359*, ⟨361⟩
  Ugolino Gherardesca, ein Trauerspiel 802*, ⟨1004⟩–⟨1006⟩
⟨Römische Elegien⟩ (Elegien. Rom 1788) 17*, *18*, 20*, *21*, 24, 25, 30, *61–64*, 65, 67, 68, *82*, *85*, 86, ⟨106⟩, 119, *122*, ⟨125⟩, ⟨149⟩, ⟨253⟩, ⟨356⟩, ⟨639⟩, ⟨640⟩, 641, 642, ⟨847⟩, ⟨916⟩

Sankt Joseph der Zweite ⟨614⟩
⟨Schema über das Studium der bildenden Künste⟩ ⟨361⟩
⟨Schema und Bemerkungen zu Ludwig Tieck: Franz Sternbalds Wanderungen⟩ ⟨505*⟩
Schicksal der Handschrift ⟨639⟩
Schweizer Reise *siehe* Briefe auf einer Reise nach dem Gotthardt
⟨Schwerins Tod. Gemalt von Frisch, gestochen von Berger⟩ ⟨361⟩
⟨Selbstschilderung⟩ ⟨355⟩, ⟨478*⟩

Tagebuch der italienischen Reise 236*
Tancred ⟨675⟩, 754*, 755*, ⟨757⟩, ⟨758⟩, 785, 786, 788*, ⟨789*⟩, 790, 791, 798, ⟨819⟩, 864, 872, 876
Taschenbuch auf das Jahr 1804 (mit Wieland) ⟨819⟩, ⟨917*⟩, 933
⟨Tell-Epos⟩ 369*, 372*, 385,

⟨386⟩, ⟨419⟩, ⟨445⟩, 478,
486, ⟨970*⟩
⟨Testament vom 24. Juli 1797⟩
⟨348⟩
Theaterreden 732*, 733
    An die Herzogin Amalia
    ⟨732⟩
    Prolog bei Wiederholung
    des Vorspiels in Weimar
    877*
    Prolog zu dem Schauspiele:
    Alte und neue Zeit ⟨64*⟩,
    ⟨69⟩
    siehe Was wir bringen
Torquato Tasso 395, ⟨494⟩

Über Christus und die zwölf
    Apostel ⟨463*⟩
Über das deutsche Theater
    ⟨872*⟩, ⟨914⟩, ⟨971⟩
Über den Hochschnitt (mit
    Meyer) ⟨486⟩
Über die bildende Nach-
    ahmung des Schönen von
    Carl Philipp Moritz ⟨463*⟩
Über die Gegenstände der bil-
    denden Kunst ⟨148⟩, ⟨361*⟩,
    369, 371, ⟨375⟩, 377, ⟨459⟩
Über die Metamorphose der
    Pflanzen siehe Versuch die
    Metamorphose der Pflanzen
    zu erklären
Über die verschiednen Zweige
    der hiesigen Tätigkeit ⟨387⟩
Über Heinrich Füeslis Arbei-
    ten ⟨414*⟩, ⟨361⟩
Über Kunst und Altertum
    ⟨394⟩–⟨397⟩, ⟨432⟩, ⟨460⟩,
    ⟨833⟩–⟨847⟩, ⟨849⟩, ⟨850⟩,
    ⟨852⟩–⟨854⟩, ⟨856⟩–⟨886⟩
Über Laokoon 341*, 342, *344*,
    *345*, 347, 361, ⟨364⟩, 367,
    408–410, ⟨412⟩, 465, ⟨482⟩,
    ⟨488⟩, 493

Über Mathematik und deren
    Mißbrauch ⟨432⟩
Über Metamorphose der
    Schmetterlinge am Beispiel
    der Wolfsmilchraupe ⟨264⟩,
    ⟨280⟩
⟨Über Newtons Hypothese der
    diversen Refrangibilität⟩
    ⟨264⟩, ⟨405⟩, 406*
Über strenge Urteile ⟨437⟩
Über Wahrheit und Wahr-
    scheinlichkeit der Kunst-
    werke ⟨361⟩, 397, 470*,
    ⟨482⟩, 536
Ungedruckte Winkelmannische
    Briefe 649*, 1004, 1005
Unterhaltungen deutscher Aus-
    gewanderten ⟨19*⟩, *21**, 22,
    *25**, *26*, *27**, 28, *29**, 30–33,
    35, 38, *39*, 41, 49, 50,
    55–58, ⟨59⟩, 62*, *64*, 73–75,
    78, 79, *85**, 86, 88, 89, ⟨90⟩,
    98, 129, 135, 147, 148
    Märchen 26, 80*, 85, 86, *88*,
    89–92, *94*, 95–98, 101, 102,
    *103*, *104*, 105, *106*, 120,
    *121**, 129, 130, *133**, 134,
    135, ⟨148⟩, 149, ⟨375⟩,
    ⟨376⟩
    ⟨Fortsetzungen⟩ 106, 120,
    121, 129, 278, 418

•

⟨Venezianische Epigramme⟩
    ⟨Epigramme Venedig, 1790⟩
    *20**, 21, 40, ⟨42⟩, 70, 81, 83,
    *85*, 86, 94–96, *126*, 143,
    ⟨172⟩, 198, 204, 211, 247,
    270, ⟨639⟩, ⟨640⟩, 641, 642
⟨Verbesserung der akademi-
    schen Disziplin. Gutachten⟩
    ⟨458*⟩
Versuch die Elemente der Far-
    benlehre zu entdecken
    ⟨406*⟩, ⟨422⟩, ⟨546⟩

Versuch die Metamorphose der
 Pflanzen zu erklären (1790)
 136, 137, ⟨664⟩
⟨Versuche mit Leuchtsteinen⟩
 ⟨812*⟩
Versuch über die Dichtungen
 107*, 108–111, 115, 126,
 129, 130, 227
Von Arabesken ⟨463*⟩
Von Personen welche gewisse
 Farben nicht unterscheiden
 können ⟨551⟩, ⟨558⟩
⟨Vorbereitungen zur Zweiten
 Reise nach Italien⟩ *100*,
 114, 115, 145, ⟨241⟩, 312,
 313, ⟨369⟩, 436, ⟨484⟩
Vorteile, die ein junger Maler
 haben könnte ⟨...⟩ ⟨361⟩
⟨Votum an C. G. Voigt⟩
 ⟨458*⟩

Was wir bringen ⟨866*⟩,
 ⟨867⟩–⟨870⟩, 871, 872, 876,
 877*, 878
Weimarische Kunstausstellung
 vom Jahre 1801 und Preisaufgaben für das Jahr 1802
 (mit Meyer und Schiller)
 829*, ⟨834⟩, 835
Weimarische Kunstausstellung
 vom Jahre 1802 und Preisaufgaben für das Jahr 1803
 (mit Meyer) ⟨939⟩
Weimarische Kunstausstellung
 vom Jahre 1803 und Preisaufgabe für das Jahr 1804
 936*, 938, 939, 941–943
Weimarisches Hoftheater
 ⟨749⟩, 823*, ⟨824⟩, ⟨833⟩,
 836, 843*, ⟨861⟩, ⟨934⟩
Weimarischer, neudekorierter
 TheaterSaal ⟨481⟩, ⟨520⟩,
 ⟨525*⟩
Wie durchsichtige Mittel auf

Licht und Blick im allgemeinen wirken ⟨412*⟩
Wilhelm Meisters Lehrjahre 4,
 5*, 7, *15*, 20, 25, 27, *31–33*,
 *36*, *37*, 38*, *40*, *43*, *45*, *46*,
 *47*, *48*, *49*, *50*, *51*, *52*, *53*,
 54*, *55*, *56*, *58*, *59*, *63*, *64*,
 *66*, *68*, *70*, *71*, *72*, *73*, *75*, *76*,
 *79*, *82*, *83*, *84*, *85*, *97*, *98*,
 *105–109*, *110*, *112*, *120*, *121*,
 *122*, ⟨123⟩, *124*, *129*, *130*,
 *132*, *133*, *136*, *137*, *144*, *145*,
 *149–151*, ⟨161⟩, ⟨163⟩,
 *164–166*, *168*, *170*,
 *172–174*, *175*, *176*, *177*, *178*,
 *179*, *180*, *181–183*,
 *184–186*, *187*, *188*, *190*, *192*,
 *193*, *197–199*, ,*201*, *202*,
 *204*, *208*, *209*, *210–212*, *214*,
 *215*, *222*, *226*, *228*, *231*, *233*,
 *234*, *239*, *241*, *242*, *245*,
 ⟨248⟩, *249*, *252*, *264*, *270*,
 ⟨302⟩, ⟨306⟩, 370*, *372*, *373*,
 *388*, *454*, *461*, ⟨640⟩, ⟨805⟩,
 ⟨1005⟩
Wilhelm Meisters theatralische
 Sendung ⟨5⟩, ⟨49⟩, 76*
Wilhelm Meisters Wanderjahre
 192, ⟨278⟩
Winkelmann und sein Jahrhundert ⟨364⟩, 649*, 988*,
 1001, 1003, 1009*
Wirkung des Lichts auf organische Körper im Sommer
 1796 ⟨173⟩

Zu brüderlichem Andenken
 Wielands ⟨127⟩
⟨Zu Meyers Aufsatz über die
 Passion des Martin Schön⟩
 ⟨547⟩, ⟨548⟩
⟨Zum Bruch des Martinrodaer
 Stollens⟩ ⟨238⟩
Zur Einleitung ⟨der Farben-

lehre⟩ ⟨426*⟩, ⟨428⟩, ⟨538⟩, ⟨546⟩–⟨548⟩, ⟨614⟩
Zur Einleitung ⟨Farbe als Erscheinung⟩ ⟨259⟩
Zur Erinnerung des Städelschen Cabinets ⟨361⟩
Zur Farbenlehre 85, ⟨88⟩, 107, ⟨121⟩, *133*, 143, 264, ⟨265⟩, ⟨400⟩, ⟨402⟩, 404, 406, 408, 410*, 411*, 412, 418, 422, 425, 426, 428, 429, ⟨430⟩, ⟨444⟩, 472, 521, *535*, 538, 539, ⟨546⟩, ⟨547⟩, ⟨551⟩, *558*, *614*, ⟨702⟩, ⟨708⟩, 812, ⟨821⟩, 824, 871, ⟨879⟩, 890, 911–913, ⟨914⟩, *915*, 916, 918, 921
*siehe* Materialien zur Geschichte der Farbenlehre, Zur Einleitung ⟨der Farbenlehre⟩, Zur Einleitung ⟨Farbe als Erscheinung⟩
⟨Zur Geschichte der Peterskirche nach Bonanni⟩ 330*, 341
Zur Morphologie ⟨241⟩, ⟨919⟩
Zur Naturwissenschaft überhaupt, besonders zur Morphologie ⟨879*⟩
Zur Theorie der bildenden Künste. Baukunst. Material der bildenden Kunst 463*
⟨Zwei Landschaften von Philipp Hackert⟩ ⟨949*⟩
Zwo wichtige bisher unerörterte biblische Fragen ⟨298⟩, ⟨299⟩

# WERKE SCHILLERS

⟨Agrippina⟩ 998
Allgemeine Sammlung Historischer Mémoires ⟨1⟩, 155*, ⟨498⟩
An den Herausgeber der Propyläen ⟨437⟩, ⟨766⟩, 767*, 770, 771, 773–776, 802
Avertissement vom 10. Dezember 1794 (Horen-Ankündigung) ⟨19*⟩, 26*, ⟨55⟩, ⟨107⟩

Balladen:
Der Gang nach dem Eisenhammer *365*\*, 368, 372, ⟨501⟩
Der Graf von Habspurg ⟨916⟩
Der Handschuh 329*, *330*, 348, ⟨349⟩, *353*, ⟨359⟩, ⟨501⟩
Der Kampf mit dem Drachen ⟨491*⟩, *⟨492⟩*, ⟨498⟩, ⟨501⟩, 504, ⟨853⟩, ⟨940⟩
Der Ring des Polykrates ⟨329*⟩, ⟨332⟩, ⟨333⟩, 334, *335*, 337, 348, ⟨349⟩, ⟨359⟩, 378
Der Taucher 324*, 327, ⟨328⟩, 329, 330, 348, ⟨349⟩, *354*, *356*, 365, *366*, *368*, *618*, ⟨853⟩, ⟨939⟩
Die Bürgschaft ⟨491*⟩, ⟨498⟩, ⟨499⟩, ⟨501⟩, ⟨504⟩
Die Kraniche des Ibycus ⟨329*⟩, ⟨346*⟩, 347, 351, *352*\*, *358–360*, *362*, 364–366, 369, 378, 501
⟨Don Juan⟩ 309–311
Hero und Leander ⟨338⟩, 823*, 824
Ritter Toggenburg ⟨329*⟩, ⟨352*⟩, 363
Beschluß der Abhandlung über naive und sentimentalische Dichter *siehe* Über naive und sentimentalische Dichtung
Brief eines reisenden Dänen ⟨341⟩, ⟨342⟩
Briefe über die ästhetische Erziehung *siehe* Über die ästhetische Erziehung des Menschen
⟨Britannicus⟩ 998*

Das Schöne der Kunst *siehe* Kallias
⟨Demetrius⟩ 992*, ⟨1005⟩, ⟨1007⟩, ⟨1009⟩
Der Neffe als Onkel (nach Picard) 912*, 913, 914*
Der Parasit (nach Picard) ⟨914*⟩
⟨Die Braut in Trauer⟩ ⟨759*⟩
Die Braut von Messina ⟨367⟩, ⟨401⟩, ⟨439⟩, ⟨592⟩, ⟨819⟩, ⟨870⟩, ⟨877⟩–⟨879⟩, ⟨887⟩, 891*, 892–895, 897, 898, ⟨899⟩, 900, 902, 906, ⟨908⟩, 916, 920, ⟨940⟩, ⟨948⟩, ⟨962⟩, ⟨963⟩, ⟨974⟩
Die Gräfin von Flandern ⟨819⟩, ⟨823⟩
Die Horen *1\**, 2, 4, *5*, 7, ⟨9⟩, ⟨11⟩, *11–13*, *15*, 17, *19\**, 20, *21*, 22, *24*, *25*, 26, *27–32*, *33*, *34*, *35*, *37–39*, 41–44, *47*, *48*, *49*, *50*, *51*, *52–54*, *55*, *56*, *57*, *58*, *59*, 62, 64, 65,

68, 71–73, 79, *82*, *83*, *85*, 86, 87, 89, 94–98, 100, 102, 105–107, *110*, 115, *116*, 119, 121, *122*, 123, 125–134, 137, 150–153, 156, 167, 170, 176, ⟨178⟩, 183, 224, 226, 227, 230, 235, 237, 238, ⟨240⟩, 245, 247, 251, 258, 261, 266, 269–271, 276–279, 281, 282, 311, 315, 324\*, 329\*, ⟨336⟩, 337, 338, 342, 344, 352, 359, 360\*, 362, 366, 367, 382, 383, 385, 390, 391\*, 409, 411, *413*\*, ⟨414⟩, 415, 418, 450, ⟨452⟩, 474, 475
Die Horen (Einladung zur Mitarbeit) 1\*, ⟨2⟩, ⟨11⟩
Die Huldigung der Künste ⟨986\*⟩
Die Jungfrau von Orléans ⟨756\*⟩, ⟨758⟩, ⟨760⟩, ⟨765⟩–⟨767⟩, ⟨779⟩, ⟨780⟩, ⟨786⟩, ⟨789⟩, ⟨794\*⟩, 795, ⟨796⟩, ⟨798⟩, ⟨801⟩, ⟨803⟩, ⟨804⟩, 805\*, 807–809, 811, ⟨812⟩, *813*, 814–818, 819, 820, ⟨823⟩, ⟨827⟩, 837, ⟨852⟩, 853, 854, ⟨872⟩, ⟨899⟩, 903, 905, ⟨914⟩, 925, ⟨926⟩, ⟨927⟩, ⟨940⟩, ⟨948⟩
⟨Die Kinder des Hauses⟩ ⟨592⟩
⟨Die Malteser⟩ ⟨14\*⟩, 18, 21, 245\*, *386*, ⟨388⟩, 662, 663, 664, ⟨823⟩, ⟨824⟩, 902\*
⟨Die Polizei⟩ ⟨592⟩
Die Räuber ⟨126⟩, ⟨243⟩, ⟨362⟩, ⟨871⟩, ⟨873⟩
Die Zerstörung von Troja im zweiten Buch der Aeneide ⟨394\*⟩
Don Carlos ⟨13⟩, 14, 18, ⟨122⟩, ⟨136⟩, 352, ⟨798⟩, 854\*, 992\*

Dramatische Preisaufgabe ⟨437⟩, 778\*, ⟨823⟩

Erinnerung an das Publikum (1784) ⟨501⟩
Etwas über die erste Menschengesellschaft nach dem Leitfaden der mosaischen Urkunde ⟨636⟩

Freiheit in der Erscheinung ist eins mit der Schönheit *siehe* Kallias

Gedichte:
  Abschied vom Leser *siehe* Stanzen an den Leser
  An die Freunde ⟨844⟩, ⟨853⟩, ⟨854⟩
  An einen Weltverbesserer 98\*
  An Göthe als er den Mahomet von Voltaire ⟨...⟩ 705\*, 707–710, 758
  Archimedes und der Schüler ⟨110⟩
  Berglied ⟨960⟩, ⟨961⟩, 962
  Breite und Tiefe ⟨364⟩
  Bürgerlied ⟨365⟩, ⟨491⟩, 501\*, 506\*, ⟨508⟩
  Das Auge ⟨840\*⟩, 841
  Das eleusische Fest *siehe* Bürgerlied
  Das Geheimnis ⟨352\*⟩, 373, 501
  Das Glück 485\*, ⟨491⟩, ⟨501⟩
  Das Höchste 98\*
  Das Ideal und das Leben *siehe* Das Reich der Schatten
  Das Kind in der Wiege ⟨86⟩
  Das Jahr ⟨840\*⟩
  Das Lied von der Glocke 342\*, 344, 360, 363–366,

369, ⟨640⟩, 644, 645, ⟨646⟩
Das Mädchen von Orleans 823*
Das Reich der Formen siehe Das Reich der Schatten
Das Reich der Schatten ⟨82⟩, 98, 190
Das Siegesfest ⟨914⟩, 916
Das verschleierte Bild zu Sais ⟨86⟩, 98*
Dem Erbprinzen von Weimar ⟨844⟩
Der Abend 105, 107
Der Antritt des neuen Jahrhunderts ⟨653⟩, 823*
Der Besuch (Dithyrambe) ⟨165⟩, 218, 234
Der Blitz ⟨840*⟩
Der Eichwald brauset ⟨564*⟩
Der Jüngling am Bache ⟨916⟩
Der Pflug ⟨840*⟩
Der philosophische Egoist 98*
Der Pilgrim ⟨914⟩, ⟨916⟩, ⟨940⟩
Der Regenbogen ⟨840*⟩, 841
Der Sänger ⟨844⟩
Der Spaziergang siehe Elegie
Der spielende Knabe ⟨86⟩
Der Tanz ⟨82⟩
Des Mädchens Klage ⟨365⟩, ⟨491*⟩, ⟨506*⟩, 672
Deutsche Treue 98*
Die Antike an einen Wanderer aus Norden 98*
Die Antiken zu Paris ⟨411⟩
Die Begegnung 360
Die Erwartung ⟨640*⟩
Die Geschlechter 234
Die Ideale ⟨86⟩
Die Macht des Gesanges ⟨148⟩

Die Taten der Philosophen ⟨110⟩
Die Teilung der Erde 110, 116, 129, 132
Die vier Weltalter ⟨844⟩, ⟨853⟩, ⟨854⟩
Die Worte des Glaubens ⟨352⟩, ⟨364*⟩, 378, ⟨501⟩
Die Worte des Wahns 769*
Dithyrambe siehe Der Besuch
Einem jungen Freund ⟨110⟩
Elegie 99, 105, 107
Elegie an Emma ⟨342⟩
Elegie auf den frühzeitigen Tod J. C. Weckerlins ⟨151⟩
Für Friederike Brun ⟨81⟩
Hoffnung 360*
Ilias ⟨86⟩, 98*
Kassandra 842*, ⟨870⟩
Klage der Ceres ⟨165⟩, 166, 167, 168, 173, 174, 175
Licht und Wärme ⟨364⟩
Liebesklage ⟨916⟩
Nadoweßische Totenklage ⟨329⟩, ⟨338*⟩, 340, 341, 349, ⟨501⟩
Natur und Schule ⟨86⟩, 98*
⟨Pläne zu nadoweßischen Liedern⟩ 342, 344
Poesie des Lebens 73*, 74, ⟨491*⟩, ⟨501*⟩
Pompeji und Herkulanum ⟨208⟩, ⟨209⟩, 211
Punschlied ⟨914⟩, ⟨916⟩
Punschlied. Im Norden zu singen ⟨916⟩
Siegesfest ⟨916⟩
Soldatenlied zu Wallensteins Lager ⟨513*⟩, ⟨520⟩, 524, 526, 527*, 672*
Spruch des Konfuzius ⟨640*⟩
Stanzen an den Leser 105, 107

Tabulae votivae *siehe* Xenien
Thekla. Eine Geisterstimme ⟨870⟩
Theophanie ⟨110⟩
Trommeln und Pfeifen 672*
Unsterblichkeit 98*
Weisheit und Klugheit 98*
Wohl auf Kameraden 342*, ⟨513*⟩, 672*, ⟨901⟩
Würde der Frauen 148, 326
Geschichte der merkwürdigsten Rebellionen ⟨765*⟩
Geschichte des Abfalls der vereinigten Niederlande ⟨765*⟩, ⟨798*⟩
Geschichte des Dreißigjährigen Krieges ⟨1⟩, ⟨321⟩, 514*, 515

⟨Julianus Apostata⟩ 401*, 402

Kallias oder Über die Schönheit ⟨3⟩, ⟨4⟩, ⟨7⟩, ⟨8⟩, ⟨21⟩, ⟨356⟩, ⟨402⟩, ⟨811⟩
Das Schöne der Kunst ⟨4⟩, ⟨7⟩, ⟨8⟩
Freiheit in der Erscheinung ist eins mit der Schönheit ⟨7⟩, ⟨8⟩

Macbeth-Bearbeitung ⟨249⟩, 713*, 714, 715, 720*, 723, 724*, 727, 736, 738, 739, 744, 745, 775, ⟨914⟩, 962, 966, 975
Maria Stuart ⟨155⟩, 597, 598, ⟨603⟩, ⟨605⟩, 607, ⟨608⟩, 609–612, 613, 614, ⟨619⟩, ⟨620⟩, 624, 625, ⟨627⟩, ⟨629⟩, ⟨630⟩, 631, ⟨632⟩, 633, 636, ⟨638⟩, 640, ⟨641⟩, 642, 644, 645, 646, ⟨647⟩, 648, 650, 651, 653, 656, 657, 658, ⟨677⟩, ⟨686⟩, ⟨688⟩–⟨690⟩, ⟨696⟩, 744*, 745, 746, 747*, ⟨756⟩, 837, ⟨948⟩
Merkwürdige Belagerung von Antwerpen 26*, 27, 28, 30, 58, 59
Merkwürdiges Beispiel einer weiblichen Rache ⟨125*⟩
Musen-Almanach 19*, 20, 61, 70
Musen-Almanach für das Jahr 1796 5, 19–21, 64*, 69, 70, 72, 75, 78, 85, 98, 99, ⟨107⟩, 125, 126, 132, ⟨135⟩, 138*, 140–142, 167, ⟨187⟩, 198, 204, 211, ⟨315⟩
Musen-Almanach für das Jahr 1797 61, 62, ⟨81⟩, 133, 164–167, 169, 172, 173, 175, 187, 188, 193, 198, 202, 203, 204, 205, 209–211, 212, 215, 216–225, 227, 231, 234, 235–242, 244–247
Musen-Almanach für das Jahr 1798 ⟨212⟩, 245, 284, 296, 315*, 323, 335, ⟨336⟩, 337, 342, 347, 352, 355, 358–360, 362, 363*, 364*, 366, 367*, 368, 369, 371–373, 375, 377–379, 384, 392–294, 402, 633
Musen-Almanach für das Jahr 1799 ⟨73⟩, 359, 365, 382, 383, 385, 414, 418, 449, 450, 464, ⟨474⟩, 476, 477, ⟨478⟩, 479–481, 485–488, 490, 491, 494, 497*, ⟨498⟩, 499–503, 506–508, 510, 512, 517*, 518–521, 524, 525, 527, 531–533, 536, 537, 539, 540, ⟨541⟩
Musen-Almanach für das Jahr 1800 ⟨418⟩, ⟨593⟩, ⟨605⟩, 629, 633, 640, ⟨642⟩,

643, 644, *645*, 646, 647–650, 653, 654, 658, 659, 662, 663

Nathan der Weise (Bühnenbearbeitung nach Lessing) 816*, 818, 819*, 820, ⟨839⟩, 853, ⟨948⟩

Phädra. Tragödie von Racine 990*, 991, 992, ⟨993⟩, ⟨994⟩, 995, ⟨996⟩, ⟨997⟩, 998, 1000, 1003

⟨Rosamund oder Die Braut der Hölle⟩ ⟨759*⟩, 760

⟨Seestücke⟩
  ⟨Das Schiff⟩ 423
  ⟨Das Seestück⟩ 423
  ⟨Die Flibüstiers⟩ 423

Thalia
  Neue Thalia 7, 15, 24, ⟨136⟩
  Thalia 1785 ⟨125⟩
Turandot. Prinzessin von China (nach Gozzi) ⟨534⟩, 837*, 838, ⟨840⟩, 855, 856, 905, ⟨948⟩

Über Anmut und Würde ⟨21⟩
Über das Pathetische ⟨8*⟩, ⟨293⟩, ⟨311⟩, ⟨364⟩, ⟨613⟩
Über den Gartenkalender auf das Jahr 1795 ⟨15*⟩, ⟨361⟩, ⟨364⟩
Über den Gebrauch des Chors in der Tragödie ⟨397⟩, ⟨895⟩, 916*
Über den Grund des Vergnügens an tragischen Gegenständen ⟨613⟩
Über den moralischen Nutzen ästhetischer Sitten ⟨21⟩, ⟨638*⟩
Über die ästhetische Erziehung des Menschen in einer Reihe von Briefen 17*, *19–22*, 26, 30, 37–39, 40, *51*, *52*, 56, 58, 64, 68, ⟨116⟩, ⟨117⟩, ⟨130⟩, ⟨187⟩, 190, ⟨354⟩, 417, ⟨421⟩, ⟨435⟩, ⟨437⟩, ⟨461⟩, ⟨801⟩, ⟨811⟩
Über die Iphigenie auf Tauris ⟨122⟩, ⟨836*⟩, ⟨839⟩
Über die tragische Kunst ⟨249⟩, ⟨441⟩, ⟨613⟩
Über Matthissons Gedichte 9*
Über naive und sentimentalische Dichtung ⟨171⟩, ⟨190⟩, ⟨292⟩, ⟨305⟩, ⟨318⟩, ⟨331⟩, ⟨332⟩, ⟨355⟩, 357, 362, ⟨364⟩, ⟨370⟩, ⟨377⟩, ⟨378⟩, ⟨399⟩, ⟨413⟩, ⟨421⟩, ⟨437⟩, ⟨454⟩, ⟨455⟩, ⟨466⟩, ⟨486⟩, ⟨487⟩, ⟨646⟩, ⟨592⟩, ⟨811⟩, ⟨914⟩
Über das Naive 21*, 98, 110, 153
Die sentimentalischen Dichter ⟨120⟩, 122, 123, *124*, 125, 127–129, 153
Beschluß der Abhandlung über naive und sentimentalische Dichter *125*, 126, 128, ⟨132⟩, ⟨151⟩, 153, ⟨173⟩, ⟨187⟩, ⟨188⟩, ⟨334⟩

Versuch über den Zusammenhang der tierischen Natur des Menschen mit seiner geistigen ⟨225⟩
Vom Erhabenen 9*, ⟨21⟩, ⟨613⟩, ⟨895⟩
Von den notwendigen Grenzen des Schönen 80*, 98

Wallenstein 159, ⟨230⟩, 234, 236, ⟨237⟩, *242*, 244–246,

249, 250, 251, 258, 260, 261, 264, 269–272, 279, 282, 288, 293, *295*, 301, 302, 309, *321*, ⟨339⟩, 341, 342, ⟨346⟩, *347*, 359, ⟨361⟩, 364, *367*, 370, 372, 373, *377*, 378–381, *382*, *383*, ⟨384⟩, 385, 386\*, *388*, 389, 392, 397, ⟨399⟩, 400, *401*\*, 402, 404–409, 411, 413, 415, 418, 422, 423, ⟨427⟩, 428, ⟨432⟩, *433*, 434, ⟨437⟩, ⟨439⟩, ⟨444⟩, ⟨445⟩, 446, ⟨447⟩, 448, 450, 454, ⟨456⟩, 457–460, ⟨461⟩, 463, ⟨464⟩, 475, ⟨481⟩, ⟨483⟩, 485, 488, 492, 493, *494*, 496, 501, ⟨506⟩, 508, 510, 511, 513–515, 517–527, 531, 534, 536, *539*, 540, 543–546, 548–567, 569–596, 601, 605, 606–608, ⟨617⟩, 619, ⟨621⟩, 623, ⟨624⟩, ⟨626⟩, ⟨627⟩, 633, ⟨644⟩, 646, 653, 654, 672, 673, ⟨677⟩, 718, 725, ⟨726⟩, 727, 728, 735, 761, 765\*, ⟨780⟩, ⟨786⟩, 802, ⟨831?⟩, ⟨872⟩, ⟨914⟩
Prolog ⟨388⟩, ⟨481⟩, ⟨483⟩, ⟨491\*⟩, ⟨514⟩, 515\*, 517\*, 518, *519*, 520, 521, *522*, 523, 524, 536
Wallensteins Lager 321\*, 341, 342, *510*, 511, 513, 514, 519–522, *523*, 524, 525, *526*, *527*, ⟨530⟩, 546, 562, 579, 580, 582, 592, ⟨594⟩, 595, 596, 601, 606, 623, 633, ⟨653⟩, ⟨654⟩, 672, ⟨677⟩, ⟨726⟩, ⟨894⟩, ⟨901⟩, ⟨934⟩, 935, ⟨940⟩, ⟨948⟩
Die Piccolomini ⟨521⟩, ⟨531⟩, ⟨534⟩, 539, 540, 543–546, 548–566, 569–577, ⟨578⟩, 581, 583, 584, 587, ⟨589⟩, 591–593, ⟨595⟩, 605, 606, 619, 623, 633, ⟨653⟩, ⟨654⟩, ⟨672⟩, ⟨673⟩, ⟨677⟩, 728
Wallensteins Tod 539, 548–551, 556, 557, 559, ⟨562⟩, 565, 566, 579, 581, 583–593, ⟨594⟩, ⟨595⟩, 605–608, 619, ⟨621⟩, 623, 633, ⟨644⟩, ⟨653⟩, ⟨654⟩, ⟨672⟩, ⟨673⟩, ⟨677⟩, 718, 725, 872
*siehe* Gedichte
⟨Warbeck⟩ 648\*, 649, ⟨819⟩, 823, 824, 850, ⟨914⟩
Was heißt und zu welchem Ende studiert man Universalgeschichte ⟨801⟩
Wilhelm Tell ⟨850\*⟩, ⟨914⟩, 921, ⟨927⟩, 931, ⟨934⟩, ⟨937⟩, ⟨939⟩–⟨941⟩, 945, 946, 947, 948–950, 952–954, 956, 958, ⟨959⟩, ⟨960⟩, 961, 965, 966\*, 967, 968, 969, 970, 972, ⟨976⟩, 981, 1003

Zu Rapps Kritik der Resignation ⟨361⟩

# GEMEINSAME WERKE
# GOETHES UND SCHILLERS

Die Piccolomini. Wallensteins Erster Teil ⟨388⟩, ⟨539⟩, 570*, ⟨577⟩, 578, 633

Egmont 160, 161, ⟨243⟩

Iphigenie auf Tauris, Sch.s Bearbeitung 706*, 836*, 837, 839, 853, 854, 858, 859, 861

Prolog, von Sch., von G. bearbeitet 520–523, 524*, 540

Tabulae votivae *siehe* Xenien

⟨Temperamentenrose⟩ ⟨557⟩

⟨Über den Dilettantismus⟩ ⟨579⟩, 603*, 604, ⟨608⟩, 616, 617, ⟨621⟩, 629, 631, 632, ⟨636⟩, ⟨642⟩, ⟨657⟩, ⟨824⟩
Schemata 603*, ⟨657⟩
Über epische und dramatische Dichtung 85, ⟨302*⟩, 307, ⟨312⟩, 392, 393, *394, 395*, 396, ⟨397⟩, ⟨445⟩, ⟨463⟩

Weimarische Kunstausstellung vom Jahre 1801 und Preisaufgaben für das Jahr 1802 (mit Meyer) 829*, ⟨834⟩, 835

Xenien 61*, 72, *107*, 116, ⟨*117*⟩, ⟨121⟩, ⟨122⟩, *133**, *135, 136*, 140, ⟨141⟩, 142, 143, 144, 145, 147–150, 152, 155, 156, 159, 163, 164, *166, 167*, 170, *171*, 172, 173, *174, 175, 176*, 178, 179, 186, 187, ⟨188⟩, *189*, 192, 198, 199, *201–205*, 206, 207, 212–214, 215, 217, 229, 234, 236, *237*, ⟨238⟩, ⟨239⟩, 240, ⟨241⟩, 242, 244, *245*, 246, 247, 251, *252*, 253, 255, 256, 258, 265, 266, ⟨267⟩, 269–271, 273, 274, 279, ⟨301⟩, 315, 366, ⟨367⟩, 368, 375, 377, ⟨385⟩, 390, 393, 414, 415, ⟨462⟩, ⟨501⟩, 615, 646, 653, ⟨729⟩
Tabulae votivae ⟨86⟩, ⟨132⟩, 171, 189, 103, 204*, 205–207, 215*, 234, 236, ⟨241⟩

# PERSONEN UND IHRE WERKE

Abel, Jakob Friedrich (1751–1829) Philosophieprofessor in Tübingen, Sch.s früherer Lehrer an der Karlsschule ⟨47*⟩

Abraham a Sancta Clara (Johann Ulrich Megerle, 1644–1709) Augustinerpater, Barockautor 520*, 521, 526, 527
Auff, auff, ihr Christen ⟨520*⟩
Mercks Wien ⟨520*⟩
Reimb dich oder ich Liss dich ⟨520*⟩
Judas der Ertz-Schelm ⟨520*⟩

Abramson, Abraham (1754–1811) königlich preußischer Münzmeister und Medailleur in Berlin 152*, 156

Adelung, Johann Christoph (1732–1806) Sprachwissenschaftler und Bibliothekar in Dresden ⟨960⟩
Grammatisch-kritisches Wörterbuch 960*, 961

Äschylos (525/24–456/55 v. Chr.) griechischer Tragiker ⟨459⟩, 611
Agamemnon 345, ⟨611⟩, 775
Eumeniden ⟨359⟩

Äsop (Aisopos, um 550 v. Chr.) griechischer Fabeldichter ⟨411⟩

Ahlwardt, Christian Wilhelm (1760–1830) Rektor in Anklam, 1817 Professor der Altphilologie an der Greifswalder Universität, Herausgeber und Übersetzer 338*, ⟨339⟩
Kallimachos' Hymnen und Epigramme (Übersetzung) ⟨338*⟩

Alberti, Domenico (1710/17–1740/50), italienischer Komponist und Musiker ⟨1009⟩

Albertolli, Giocondo (1742–1839) Bildhauer und Dekorateur in Mailand 356*
Alcune decorazioni ⟨356*⟩
Miscellanea ⟨356*⟩
Ornamenti diversi ⟨356*⟩

Albrecht, Heinrich Christoph (1763–1800) Sprachlehrer und Historiker in Hamburg ⟨13⟩

Albrecht, Johann Friedrich Ernst (1752-1814) Arzt und Schriftsteller in Hamburg 13*

Aldobrandini, Cinzio (1571–1621) italienischer Kardinal 154*, 156, ⟨369⟩

Alembert, Jean le Rond d' (1717–1783) französischer Enzyklopädist ⟨1006⟩

Alfieri, Vittorio Graf (1749–1803) italienischer Dramatiker 891*
Oeuvres dramatiques 891*

Alxinger, Johann Baptist von (1753–1797) österreichischer Schriftsteller, Sekretär des Wiener Hoftheaters ⟨82⟩

Apel, Johann August
(1771–1816) Privatgelehrter
der Jurisprudenz und
Schriftsteller in Leipzig 837*
Rezension von Sch.s ›Jungfrau von Orleans‹ 837*
Antinoos (aus Bithynien,
110–130 n. Chr.) Kaiser
Hadrians Liebling 414*
Archenholtz, Johann Wilhelm
von (1743–1812) Schriftsteller und Historiker in Hamburg 122*, ⟨208⟩, ⟨597⟩
Annalen der britischen
Geschichte ⟨122*⟩
England und Italien ⟨122*⟩
Geschichte der Königin Elisabeth von England ⟨597*⟩
Geschichte des siebenjährigen Krieges ⟨122*⟩
Sobiesky 122*, 136
Arens, Johann August
(1757–1806) Baumeister und
Architekt in Hamburg 12*,
13
Argent, A. L. d' (gest. 1829)
Kupferstecher in Stuttgart
284
Ariosto, Lodovico (1474–1533)
italienischer Dichter
Orlando furioso ⟨334⟩,
⟨657⟩
Aristophanes (ca. 445–386 v.
Chr.) griechischer Dramatiker
Lysistrata 293, 296
Aristoteles (384–322 v. Chr.)
griechischer Philosoph ⟨305⟩
Physik 872
Poetik ⟨293⟩, 307*. *310**,
*311*, 312, ⟨342⟩, 377, 386,
⟨388⟩, 494*, ⟨800⟩, ⟨839⟩,
873
Arndt, Johann (1555–1621)
protestantischer Theologe
und Liederdichter 198*
Paradiesgärtlein 198
Arnim, Ludwig Achim von
(1781–1831) Dichter, Student in Göttingen ⟨822⟩
Arnold, Johann Georg Daniel
(1780–1829) Student in Göttingen, später Professor für
Gechichte und Jurisprudenz
in Straßburg, Mundartdichter 921*
Asverus, Ludwig Christoph
*Ferdinand* (1759–1830)
Universitätssyndikus in Jena,
ab 1797 Gerichtssekretär
290*
Auch, Johann Adolf
(1765–1842) Hof-Mechaniker in Weimar seit 1798
649*, ⟨724⟩
Augustenburg siehe Schleswig-Holstein-Augustenburg
Augusti, Johann Christian
Wilhelm (1772–1841)
Theologe und Orientalist
in Jena 805*

Baader, Franz Xaver von
(1765–1841) kath. Philosoph
und Theosoph in München
759*
Beiträge zur Elementarphysiologie 759
Über das pythagoreische
Quadrat in der Natur 759
Bacon, Francis Baron von
Verulam (1561–1626) englischer Philosoph und Staatsmann 422*, 429, 430
De dignitate et augmentis
scientiarum ⟨580*⟩
Baden, *Amalie* Friederike von,
geb. Prinzessin von Hessen-

Darmstadt (1754–1832) Erbprinzessin, Schwester von Herzogin Louise von Sachsen-Weimar ⟨823*⟩
Baden, Carl Ludwig Erbprinz von (1755–1801) ⟨823*⟩
Bagge, Karl Ernst von (gest. 1791) deutscher Baron und Musikliebhaber in Paris ⟨1009⟩
Baggesen, Jens Immanuel (1764–1826) dänischer Autor, Professor in Kiel und Kopenhagen 79*, ⟨82⟩, 198*, 199, 255, ⟨663⟩
Balde, Jakob (1603–1668) barocker Liederdichter und Jesuit 65, 68*
Baranius, Ida (gen. Malcolmi IV.) Stieftochter von Karl Malcolmi, seit 1795 Schauspielerin in Weimar ⟨969⟩
Batsch, August Johann Georg *Karl* (1761–1802) Botaniker, Professor für Naturgeschichte in Jena, Direktor des Botanischen Instituts ⟨306*⟩
Bauer, Friedrich Ernst (1755–1803), Buchbinder in Jena 218*, 224
Bause, Johann Friedrich (1738–1814) Leipziger Kupferstecher 743*
Beaumarchais, Pierre Augustin Caron de (1732–1799) französischer Schriftsteller
La mère coupable 200, 214
Béchet, Antoine (1649–1722) Kanonikus in Uzès (Languedoc)
Histoire du ministère du Cardinal Martinusius 662, 663

Beck, Heinrich (1760–1803) Dichter und Schauspieler in Mannheim ⟨935*⟩
Die Schachmaschine ⟨935⟩
Beck, Christiane *Henriette*, geb. Zeitheim, verw. Wallenstein (1744?–1833) Schauspielerin in Weimar von 1794–1823 969
Becker, Carl August (1765–1838) Postmeister in Jena 629*
Becker, Heinrich (1764–1822) Schauspieler und Wochen-Regisseur in Weimar, der Mann von G.s ›Euphrosyne‹, in Weimar 1791–1809, 1818–1822 ⟨137⟩, ⟨251⟩, ⟨715⟩, ⟨748⟩, 775*, ⟨859⟩, ⟨864⟩, 869, ⟨893⟩, 895, 914, 920, 925, 966, 995
Becker, Amalie, geb. Malcolmi (1780–1851) Schauspielerin in Weimar seit 1791; zweite Gattin von H. Becker 997*, 998
Becker, Rudolf Zacharias (1752–1822) Herausgeber des ›Kaiserlich privilegierten Reichs-Anzeigers‹, Schriftsteller in Gotha 237*, ⟨807⟩
Becker, Wilhelm Gottlieb (1753–1813) seit 1782 Professor der Moral und Geschichte an der Ritterakademie in Dresden, seit 1795 Inspektor der Antikengalerie 132*
Augusteum 945*
Bell, John (1745–1831) Buchhändler in London ⟨611*⟩
Bellini, Giovanni (1426–1516) italienischer Maler, lebte in Venedig 55*, 76

Benda, Georg Anton
(1722–1795) Kapellmeister
in Gotha, Komponist 452*,
453
Musik zu ›Pygmalion‹
452–454, 456–458
Ariadne auf Naxos ⟨858⟩,
859
Bendavid, Lazarus (1762–1832)
Schriftsteller in Berlin ⟨82⟩
Über griechische und gotische Baukunst ⟨82⟩, ⟨83⟩
Bergler, Joseph (d. J.,
1753–1829) Maler und
Radierer in Passau, seit 1800
in Prag ⟨649⟩, ⟨654⟩
Bernhard von Clairvaux
(1091–1155) Kirchenlehrer
und Abt 852*, 853
Bertram, Maler in Krimpe/
Schochwitz ⟨649⟩, ⟨654⟩
Bertuch, *Friedrich* (Johann)
*Justin* (1747–1822) Unternehmer und Verleger, Inhaber des Weimarischen Landes- und Industrie-Comptoirs, Geheimsekretär des
Herzogs Carl August, Mitherausgeber des ›Journals
des Luxus und der Moden‹
217*, 221*, 223, 304, ⟨728⟩,
761
Beschort, Friedrich Jonas
(1767–1846) Berliner Schauspieler seit 1796, gastierte
1803 in Weimar 935*
Beulwitz, Friedrich Wilhelm
Ludwig von (1755–1829)
Hofrat in Rudolstadt, erster
Gatte von Caroline von
Lengefeld ⟨81⟩, 258*
Beulwitz, Henriette Sophie,
geb. von Bibra (1768–1826)
dessen zweite Frau 258*

Beulwitz, Karoline von
(1776–1803) Hofdame in
Weimar ⟨387*⟩
Beulwitz, Ulrike (1759–1821)
Hofdame aus Rudolstadt,
Schwester von Sch.s früherem Schwager 81
Beulwitz, Christiane, ihre
Schwester 81
Beust, Christiane Caroline
Louise von, Hofdame in
Weimar 414*
Beyme, Carl *Friedrich*
(1765–1838) 1806–1819
preußischer Minister des
Auswärtigen ⟨Widmung⟩
Bianchi, Antonio (1758–nach
1817) Mailänder Sänger und
Komponist 463*
Biester, Johann Erich
(1749–1816) Bibliothekar in
Berlin, Mitherausgeber der
›Berlinischen Monatsschrift‹
und Herausgeber der ›Berlinischen Blätter‹ 237*, ⟨298⟩,
⟨570⟩, ⟨571⟩
Blumenbach, Johann Friedrich
(1752–1840) Professor der
Medizin in Göttingen 225*,
226*, ⟨822⟩, 824
Boccaccio, Giovanni
(1313–1375) italienischer
Dichter 21, 58
Decamerone 21, 58
Bode, Theodor Heinrich
*August* (1778–1804) Schriftsteller und Übersetzer in
Weimar 945*, 981, ⟨982⟩
Übersetzung des ›Mithridate‹ 945*
Bodmer, Johann Jakob
(1698–1783) Schweizer Literaturpatriarch ⟨637⟩
Johann Miltons Episches

Gedichte von dem Verlohrnen Paradiese ⟨637*⟩
Mitherausgeber der ›Helvetischen Bibliothek‹ ⟨927⟩, ⟨931⟩
Boehlendorff, Casimir Ulrich von (1775–1825) Schriftsteller in Riga 802*, ⟨807⟩
Ugolino Gherardesca 802, ⟨1005⟩
Böhme, Adam Friedrich (1735–1809) Buchhändler und Verleger in Leipzig, Cottas Kommissionär 227*, 239, ⟨536*⟩
Böhmer, Auguste (1785–1800) Tochter Caroline Schlegels ⟨744*⟩
Böninger, Johann (1756–1810) Kaufmann in Duisburg 299, ⟨304⟩, ⟨305⟩
Boettger, Johann Gottlieb (1763–1805) Kupferstecher in Leipzig seit 1796 605*, ⟨646*⟩, ⟨647⟩
Böttiger, Karl August (1760–1835) Gymnasialdirektor und literarischer Journalist in Weimar bis 1803, dann Studiendirektor in Dresden ⟨32⟩, ⟨82⟩, ⟨129⟩, 136*, ⟨137⟩, 148, ⟨154⟩, 237*, 242, 243*, ⟨251⟩, ⟨252⟩, ⟨262⟩, ⟨264⟩, 304, 321, 322, ⟨323⟩, *339*, ⟨346⟩, 349, ⟨353⟩, 362, 364, 370, 377, 408*, 411, 412*, 434*, 456, 458, 459, 488, ⟨518⟩, ⟨534⟩, ⟨544⟩, 579*, ⟨580⟩, 581, 582*, 609, 619, 646, 647, ⟨672⟩, ⟨725⟩, ⟨732⟩, 802, ⟨833⟩, ⟨839⟩, ⟨861⟩, ⟨893⟩, ⟨902⟩, ⟨933⟩, 940*, 950, ⟨961⟩, ⟨962⟩

Die aldobrandinische Hochzeit ⟨154⟩
Entwickelung des Ifflandischen Spiels 242*, 243, ⟨450⟩, ⟨488⟩
Gemahlte und geschriebene Neujahrsgeschenke der alten Römer ⟨148⟩
Griechische Vasengemälde ⟨394*⟩
Iffland in Weimar ⟨450⟩, 456, 458
Nachrichten von dem Weimarischen Hoftheater ⟨481*⟩, ⟨519⟩, ⟨524⟩
Rezension des Ion ⟨833⟩
Über die erste Aufführung der Piccolomini auf dem Weimarischen Hof-Theater ⟨579*⟩, ⟨581⟩, ⟨582⟩, 619
Und wie wird alles dies in Paris aufgehoben sein? 411*, 414, 415, 418
Bohl, Johanne Susanne, geb. Eberhard (1738–1806) Gattin des Bürgermeisters in Lobeda, Dichterin ⟨608*⟩, 630, 631
Boie, Heinrich Christian (1744–1806) Schriftsteller in Meldorf, dänischer Etatsrat (Ostfriesland), Schwager von J. H. Voß, Herausgeber des ›Musenalmanachs‹ 1776–1778 230*, 244, 263–265, 323*, 353, 416, 417, ⟨663⟩
Bolt, Johann Friedrich (1769–1836) Zeichner und Kupferstecher in Berlin ⟨70⟩, 187*, 189, ⟨216*⟩, 242, ⟨258⟩, ⟨284⟩
Bonaparte, Napoleon (1769–1821) Kaiser von

Frankreich ⟨168*⟩, ⟨212⟩, ⟨279*⟩, ⟨314⟩, ⟨339⟩, ⟨364⟩, ⟨366⟩, ⟨411⟩, 849*
Bonnier d'Arco, Ange Elisabeth Louis Antoine (1750–1799) französischer Gesandter in Rastatt 609*
Booth, Joseph (ca. 1750–nach 1800) englischer Maler und Unternehmer 304*
Bose, Karoline von, Hofdame in Weimar ⟨610⟩
Boufflers, Stanislas Chevalier de (1738–1815) französischer Politiker und Schriftsteller in Berlin 556*, 558
Discours sur la littérature 556–558
Bourbon-Conti siehe Conti
Bouret, Etienne Michel (1710–1777) Generalpächter und Oberpostdirektor Ludwigs XV. von Frankreich 993*
Bouterwek, Friedrich (1766–1828) seit 1796 Rhetorikprofessor in Göttingen 301*, 302, 404, 405
Grundriß akademischer Vorlesungen über die Ästhetik 404*, 405
Bower, Archibald (1686–1766) englischer Historiker und Theologe ⟨850⟩
Unparteiische Historie der Römischen Päpste 850*, ⟨852⟩
Boyle, Robert (1627–1691) englischer Physiker und Chemiker 422*
Experimenta et considerationes de coloribus 422*
Brachmann, Louise (1777–1822) Dichterin in Weißenfels ⟨338⟩, ⟨391⟩, 415*, 418, 419, ⟨491⟩, ⟨506⟩
Die Kapelle im Walde ⟨415*⟩, 418, 419, 425, ⟨475⟩
Magelone und der Ritter von Massilia ⟨475⟩
Branconi, Maria Antonia di, geb. Elsner (1746–1793) Geliebte des Erbprinzen von Braunschweig, danach in der Schweiz und in Frankreich 209*
Brand, Franz, Opernsänger und Schauspieler 1803/04 in Weimar ⟨901*⟩, 904, ⟨976⟩
Brandes, Ernst (1758–1810) Kurator der Universität Göttingen 872*, 873
Über den gegenwärtigen Zustand der Universität Göttingen ⟨872*⟩, ⟨873⟩
Brandes, Johann Jakob Christian (1735–1799) Bühnenautor in Berlin ⟨858⟩
Ariadne auf Naxos ⟨858⟩, 859
Brandis, Joachim Dietrich (1762–1846) Arzt in Braunschweig, später Professor in Kiel 136*, 137
Versuch über die Lebenskraft 137*
Herausgeber von E. Darwins ›Zoonomie‹ 136
Brantôme, Pierre de Bourdeille Seigneur de (ca. 1527–1614) französischer Offizier und Schriftsteller 155*
Biographische Nachrichten von erlauchten Damen Frankreichs ⟨155⟩
Braunschweig, Karl Wilhelm Ferdinand von (1735–1806) Herzog von Braunschweig 209*

Bredow, Gottfried Gabriel
(1773–1814) Historiker und
Schriftsteller, seit 1802 Rektor in Eutin, 1804–1809
Professor in Helmstedt
⟨962*⟩
Bearbeitung der ›Elektra‹
von Sophokles ⟨962⟩, ⟨963⟩
Breitinger, Johann Jakob:
Mitherausgeber der
›Helvetischen Bibliothek‹
⟨927⟩, ⟨931⟩
Brentano, Anna Elisabeth (Bettina, 1785–1859) spätere
Frau von Arnim ⟨608⟩
Brentano, Clemens
(1778–1842) Dichter ⟨232⟩,
⟨608⟩, ⟨633*⟩, 757, ⟨822⟩
Gustav Wasa 757
Brentano, Sophie (1776–1800)
Schwester von Clemens
Brentano ⟨631*⟩, 635, 636*
Bretzner, Christoph Friedrich
(1748–1807) Theaterschriftsteller in Leipzig ⟨251⟩,
⟨310*⟩, ⟨311⟩
Der Eheprokurator ⟨251⟩
Bearbeitung von ›Don Giovanni‹ ⟨310⟩, ⟨311⟩
Brin(c)kmann, Karl Gustav
von (1764–1847) schwedischer Diplomat und Schriftsteller 427*, 428*, 429, 430*,
432, 456*, 650
An Alexander von H. 427*
Brown, John (1735–1788) englischer Mediziner 853
Elementa medicinae 853*
Brühl, Johanna Margaretha
*Christina* (Tina) Gräfin von,
geb. von Schleierweber
(1756–1816) Besitzerin des
Anwesens von Seifersdorf
bei Dresden *135**

Brühl, *Karl* Friedrich Moritz
Paul Graf von (1772–1837)
Berliner Kammerherr 934*,
935
Brun, Friederike, geb. Münter
(1765–1835) Dichterin in
Kopenhagen ⟨80⟩, *81**,
⟨165⟩, ⟨579⟩
Brzozowska, Therese, Polin,
Karlsbader Bekanntschaft
G.s ⟨80⟩
Buchanan, George (1506–1582)
schottischer Gelehrter, Hofmeister Maria Stuarts ⟨597*⟩
Rerum Scoticarum historia
⟨597*⟩, ⟨598⟩
Bürde, Samuel Gottlieb
(1753–1831) Kammersekretär in Breslau, Dichter
⟨193⟩, 500*
Die Überraschung ⟨500*⟩
An Cäcilia ⟨500⟩
Bürger, Gottfried August
(1747–1794) Schriftsteller,
seit 1779 Herausgeber des
›Musenalmanachs‹ ⟨9⟩, ⟨230⟩
Bürger, Maria Christine *Elisabeth* (Elise), geb. Hahn
(1769–1834) verheiratet mit
G. A. Bürger von
1790–1792 *858**, *859*, *860*,
*861*, *864*
Büttner, Christian Wilhelm
(1716–1801) Philosophieprofessor in Jena, Büchersammler, Natur- und
Sprachforscher 209*, 317,
387, 679, ⟨836*⟩, 847
Burgsdorff, *Wilhelm* Theodor
Joachim von (1772–1822)
Gutsbesitzer, Freund der
Familie Humboldt ⟨247⟩,
250*, 789*
Bury, Friedrich (1763–1823)

Maler, Schüler A. W. Tischbeins. 1782–1799 in Italien, später in Berlin ⟨276⟩, 671*, 672, ⟨689⟩, ⟨750⟩, 823
G.-Porträt 823*

Caesar, Gaius Julius (100–44 v. Chr.) römischer Staatsmann 850

Calderón de la Barca, Don Pedro (1600–1681) spanischer Dichter 958*
Der standhafte Prinz ⟨958⟩
Die Andacht zum Kreuze 958
Die Schärpe und die Blume ⟨958⟩
Über allen Zauber Liebe ⟨958⟩

Calve, Johann Gottfried (1757–1805) Verleger und Buchhändler in Prag 83*

Camden, William (1551–1623) englischer Historiker 597*
Annales rerum Anglicarum et hibernicarum ⟨597*⟩

Camões, Luiz Vaz de (1524–1580) portugiesischer Dichter
Lusiaden 358

Campe, Joachim Heinrich (1746–1818) Schulrat und Kanonikus in Braunschweig, Verlagsgründer, pädagogischer Autor 273*, 435, 436*
Briefe aus Paris zur Zeit der Revolution geschrieben 436*

Carracci, Bolognesener Malerfamilie ⟨486⟩
Agostino (1557–1602), Annibale (1560–1609), Lodovico (1555–1619)

Carstens, Asmus Jakob (1754–1798) Maler, lebte seit 1792 in Rom ⟨148⟩, ⟨149⟩, ⟨154⟩, ⟨276⟩, ⟨802⟩

Carver, Jonathan (1710–1780) englisch-amerikanischer Reiseschriftsteller 338*
Johann (!) Carvers Reisen durch die innern Gegenden von Nord-Amerika 338*

Caspers, Luisa Manon (geb. 1781, bis 1814 in Weimar) Schauspielerin und Sängerin in Weimar 1800–1802 ⟨712⟩, 725, 775, 791

Castel, Louis Bertrand (1688–1757) französischer Mathematiker und Optiker, Jesuit 133, 422*
L'optique des couleurs 133*, 422

Cazotte, Jacques (1719–1792) französischer Romancier ⟨120*⟩
Le diable amoureux 120*

Cellini, Benvenuto (1500–1572) italienischer Goldschmied, Bildhauer (Erzgießer) und Münzschneider 148*, 361
Due trattati 148, 150, 167
Vita (lat.) 148*, 361
Vita (engl., übersetzt von Th. Nugent) 230, 244, 263, 264

Cervantes Saavedra, Miguel de (1547–1616) spanischer Schriftsteller
Novellen 131
Don Quijote 633*, ⟨993⟩

Charpentier, Johann Friedrich Wilhelm *Toussaint* von (1738–1805) Geologe in Freiberg in Sachsen ⟨693⟩
Beobachtungen über die Lagerstätte der Erze 693*

Chesne, du *siehe* Duchesne
Chladni, *Ernst* Florens Friedrich (1756–1827) Physiker aus Wittenberg 890*, 891, 894*, ⟨896⟩, ⟨897⟩
  Die Akustik 890*
Cimarosa, Domenico (1749–1801) italienischer Komponist ⟨251⟩, 416*
  Die bestrafte Eifersucht 404, 416*
  Die heimliche Heirat ⟨251⟩, ⟨275⟩, 276, ⟨571⟩
  Die vereitelten Ränke ⟨440⟩
  Die theatralischen Abenteuer ⟨608*⟩, ⟨711⟩
Clairon de la Tude, Claire Joséphe (1723–1803) französische Schauspielerin 1010*
  Mémoires 29*, 32, 33, 129
Claudius, Matthias (1740–1815) Dichter in Wandsbek/Hamburg ⟨208⟩, 234*, 273*, ⟨307⟩
  Urians Nachricht 273
  Rheinweinlied ⟨844⟩
Clavière, Etienne (1735–1793) französischer Finanzminister ⟨435⟩, ⟨436*⟩
Cléry *siehe* Hanet
Coleridge, Samuel Taylor (1772–1834) englischer Dichter und Übersetzer
  Übersetzung des ›Wallenstein‹ ⟨611*⟩
Collin, Heinrich Joseph von (1771–1811) Wiener Dramatiker und Hofbeamter 852*
  Regulus 852*, ⟨1005⟩
Condé, Ludwig Joseph von Bourbon, Prinz von (1736–1818) Heerführer gegen Frankreich 197*
Constant de Rebecque, Henry-Benjamin (1767–1830) französischer Schriftsteller und Politiker, Freund von Madame de Staël ⟨434⟩, ⟨937⟩, 945*, 961
Conti, Stéphanie-Louise Prinzessin von Bourbon-Conti (1756–1825)
  Mémoires historiques 677*, 678, ⟨825⟩
Conz, Karl Philipp (1762–1827) Diakon in Vaihingen, Dichter, Jugendfreund Sch.s 212, 500*, 501*
  Die Musen 212*
  Liebeszuruf 500*
Cook, James (1728–1779) englischer Weltumsegler 423*
Cordemann, Friedrich (d. Ä., 1769–1808) Schauspieler in Weimar von 1798–1805 ⟨748⟩, 823*, ⟨859⟩, ⟨864⟩, 914, 940
Corneille, Pierre (1606–1684) französischer Dichter 605*, 854
  Cid ⟨659⟩, 854*
  Médée ⟨499⟩
  Polyeucte, martyr 605*
  Pompée 605*
  Rodogune, princesse des Parthes 605*
Correggio, Antonio da (Allegri, ca. 1494–1534) italienischer Maler 616*
Cotta, Johann Friedrich (1764–1832) Verleger und Buchhändler in Tübingen 1*, 12, 13, 15, 24, 28, 30–32, 34, 35, 42, 44, 49, 54, ⟨58⟩, 64, 65, ⟨100⟩, 121, 122, 126, 132, *133*, *134*, 135, 152, 213, 214, 219, 221, 224, 226, 234, 239, 246, 247, 258,

358, 359, 361, 362, *363*, 364,
366, 368, 369, 375, ⟨392⟩,
393, 403, 404, 409–411,
*454**, 456, 457*, *458**, 462,
463, *465**, *466**, 467, 470,
482, 488, 490, 493, 496, 503,
523, 532–534,553, 556, 597,
609, 622, ⟨623⟩, 624, ⟨626⟩,
627, 644, 646, 694, *740**,
*741**, 743–745, 757, 765,
769, 776, ⟨800⟩, 819, 823,
861, 864, 876, 877, ⟨880⟩,
882, 909, 911–914, 916,
927, 960, 984, 1008

Crébillon, Prosper Jolyot de
(d. Ä., 1674–1762) französischer Dichter 664*
Rhadamiste et Zénobie 852*, 853

Crévier, Jean Baptiste Louis
(1693–1765) französischer Schriftsteller ⟨879⟩
Histoire des Empereurs Romains ⟨879*⟩

Crusius, Siegfried Lebrecht
(1738–1824) Leipziger Verlagsbuchhändler 677*,
⟨682⟩, ⟨758⟩, 765*, 798*

Cumberland, Richard
(1732–1811) englischer Lustspielautor
Der Jude ⟨533⟩

Curtius, Michael Conrad
(1724–1802) Philosophieprofessor in Marburg ⟨310⟩,
Aristoteles Dichtkunst (Übersetzung) 310*, 311

Custine, Adam Philippe
Comte de (1740–1793) französischer General ⟨435⟩

Dalberg, *Carl Theodor* Anton
Maria Reichsfreiherr von
(1744–1817) Statthalter in
Erfurt, Koadjutor, seit 1802
Kurfürst von Mainz, 1802/
1803 Erzkanzler des Reichs,
Mäzen Sch.s 196*, 197,
783*, 879*, 890*

Dalberg, Johann *Friedrich Hugo* von (1760–1812)
geistlicher Rat und Domherr
in Trier 838*, 846
Übersetzung der ›Gita-Govinda‹ 838*, 846, 847

Dalberg, Wolfgang Heribert
Reichsfreiherr von
(1750–1806) Mannheimer
Intendant ⟨125⟩, ⟨452⟩
Die eheliche Probe ⟨452⟩

Damer, Anne Seymour, geb.
Conway (1748–1828) englische Bildhauerin 414*
Lady Foster 414
Lady Melbourn 414

Dannecker, Johann Heinrich
(1758–1841) Bildhauer in
Stuttgart ⟨21*⟩, *361**, *363*,
*364**, 365, ⟨414⟩, ⟨432⟩, 486
Büste des Herzogs Friedrich
Eugen von Württemberg 361
Büste Sch.s ⟨21⟩, 361, ⟨850⟩
Hektor 361
Sappho 361
Selbstporträt 361

Dante Alighieri (1265–1321)
italienischer Dichter 653*
Divina Commedia 653*

Danton, Georges Jacques
(1759–1794) französischer
Revolutionär und Justizminister ⟨435⟩, ⟨436*⟩

Darwin, Erasmus (1731–1802)
englischer Naturforscher
und Dichter, Großvater von
Charles Darwin 137*, 414*
The botanic garden ⟨137⟩,
*414**, 415, ⟨428⟩

Zoonomia ⟨136*⟩, 137, 414
Delbrück, Johann Friedrich Ferdinand (1772–1848) Gymnasiallehrer in Berlin ⟨837*⟩, 974
Rezension der ›Braut von Messina‹ 974*
Rezension der ›Maria Stuart‹ 837*
Delisle siehe L'Isle
Desaides (Dezède), Nicolas (1740/45–1792) französischer Komponist ⟨816*⟩
Töffel und Dortchen ⟨816⟩
Descartes, René (Cartesius, 1596–1650) französischer Philosoph und Mathematiker ⟨406⟩
Destouches, Franz Seraph (1772–1844) Komponist, 1799 Konzertmeister am Weimarer Theater 837*, 981
Devrient, Eduard (1801–1877) Schauspieler und Regisseur in Berlin, Dresden und Karlsruhe ⟨520⟩, ⟨725⟩
Diderot, Denis (1713–1784) französischer Philosoph und Schriftsteller 3, 4
Essais sur la peinture 256*, 257, 258, 262, 354, 356; G.s Übersetzung ⟨256⟩, ⟨514⟩, 545*
Ja(c)ques le Fataliste et son maître 125*
La Religieuse 125*, 129, 130, 132
Le neveu de Rameau ⟨987⟩, 988*, 1007
Les bijoux indiscrets 3*, 4
Dittersdorf, Karl Ditters von (1739–1799) Komponist ⟨251⟩

Das rote Käppchen ⟨251⟩
Dohm, Christian Wilhelm von (1751–1820) preußischer Gesandter in Rastatt 609*
Gemeinschaftlicher Bericht über den an der französischen Friedensgesandtschaft ⟨...⟩ verübten Meuchelmord 609*
Doll, Anton ⟨d. J.⟩ Drucker und Verleger in Wien (Bischofsgasse) ⟨776⟩
Dornbusch, Theodor (um 1770–?) Maler in Düsseldorf ⟨764⟩
Dryden, John (1631–1700) englischer Dichter und Kritiker
All for love ⟨657⟩
Dschajadewa (Jajadewa, um 1150) indischer Dichter 838*, 846
Gita-Govinda 838*, 846, 847
Duchesne (du Chesne), Jean (André) Baptiste (1657–1745) französischer Hofgeograph und -historiker ⟨597*⟩
Histoire d'Angleterre, d'Ecosse et d'Irlande ⟨597*⟩, ⟨598⟩
Dumenil, Marie Françoise Marchand (1714–1803) französische Schauspielerin 1010*
Duplessis, Joseph-Siffred (1725–1802) französischer Maler 361
Gemälde Ludwigs XVI. 361
Dupuy, Pierre (1578/82–1651) königlicher Bibliothekar, Jurist, Historiker in Paris 850

Histoire des plus illustres favoris 850\*, 851
Dyk, Johann Gottfried (1750–1813) Verlagsbuchhändler, Schriftsteller, Übersetzer in Leipzig; Herausgeber der ›Neuen Bibliothek der schönen Wissenschaften‹ ⟨82⟩, ⟨117⟩, ⟨130⟩, ⟨136⟩, ⟨229⟩, ⟨242⟩, 251–253
Gegengeschenke an die Sudelköche ⟨242⟩, *251\**, *252*, *253*, ⟨255⟩

Ebel, Johann Gottfried (1768–1830) Naturwissenschaftler und Arzt aus Schlesien, lebte in Frankfurt und Zürich ⟨919\*⟩
Schilderung der Gebirgsvölker der Schweiz ⟨919⟩
Eberhard, Johann August (1739–1809) Philosophieprofessor in Halle 240\*
Ebreo ⟨Hebraeus⟩, Leone (ca. 1460–1521) jüdischer Arzt und Philosoph ⟨295\*⟩
De amore ⟨295⟩
Dialoghi d'amore ⟨295⟩
Eckhardt, Johann Ludwig (von, 1732–1800) Professor der Rechte in Jena, Niethammers Schwiegervater ⟨864\*⟩
Eckartshausen, Karl von (1752–1803) Archivar und Schwarmgeist in München 717\*, 718
Avis aux amis des recherches secrètes ⟨717\*⟩
Eckebrecht, Johann Friedrich (1746–1796) Dekorationsmaler in Weimar 144\*
Eckhel, Josef Hilarius von (1737–1798) Archäologe und Numismatiker in Wien 890\*
Doctrina nummorum veterum 890\*
Eduard IV., König von England (1442–1483) regierte seit 1461 648
Egloffstein, *August* Christoph *Carl* Friedrich Freiherr von (1771–1834) Hauptmann in Weimar, Bruder von Wolfgang Gottlob von Egloffstein ⟨853\*⟩
Egloffstein, Wolfgang *Gottlob* Christoph von und zu (1766–1815) Weimarer Hof- und Regierungsrat, seit 1802 Hofmarschall 677\*, ⟨826⟩, ⟨853⟩
Egloffstein, Caroline Freifrau von, geb. Aufseß (1767–1828) dessen Frau 414\*, ⟨430⟩, ⟨826⟩, ⟨853⟩
Egloffstein, Henriette Gräfin von, geb. von Egloffstein (1773–1864) Hofdame in Weimar ⟨430⟩, ⟨816\*⟩, ⟨826⟩, ⟨853⟩
Ehlers, Wilhelm (1764–1845) Sänger und Schauspieler in Weimar von 1801–1805 857\*, ⟨864⟩, 869, 916\*
Gesänge mit Begleitung der Chittarra 916\*
Ehlers, Christiane, geb. Knocke(n), Schauspielerin in Weimar ⟨969⟩
Eichhorn, Johann Gottfried (1752–1827) Göttinger Theologe, Orientalist und Philosoph ⟨298⟩, 302\*, ⟨310⟩, ⟨950⟩
Einleitung ins Alte Testament ⟨298⟩, 302\*, 304, ⟨310⟩

Eichstädt, Heinrich Karl Abraham (1772–1848) Professor der Altphilologie in Jena, Herausgeber der JALZ seit 1804 ⟨9⟩, ⟨470⟩, 980*, 982
Einsiedel-Scharfenstein, Friedrich Hildebrand von (1750–1828) Oberhofmeister, Schriftsteller und Übersetzer in Weimar, seit 1802 Geheimer Rat und Oberhofmeister von Anna Amalia, später von Herzogin Louise ⟨358⟩, 376*, ⟨430*⟩, 894*
Die bestrafte Eifersucht ⟨416⟩
Die Brüder (nach Terenz) ⟨872⟩, ⟨882⟩, 934*, 935
Die Feste der Arramanden ⟨414*⟩, 415, 418
Die Geisterinsel 358*, 463*
Die Mohrin (nach Terenz) 894*, 898
Grundlinien zu einer Theorie der Schauspielkunst 376, 388
Heautontimorumenos (von Terenz) 976*
Elisabeth, Königin von England (1533–1603) regierte seit 1558 597
England *siehe* Eduard IV., Elisabeth, Heinrich VII., Richard III.
Engel, Johann Jakob (1741–1802) Schriftsteller und Theaterdirektor in Berlin und Schwerin *19\**
Herr Lorenz Stark *102\**, *122*, *131*, *132*, *253*
Erasmus von Rotterdam, Desiderius (1466–1536) Humanist 391*
Adagia 391*

Erthal, *Friedrich* Karl Joseph von und zu (1719–1802) Erzbischof und Kurfürst von Mainz *104\**
Erxleben, Johann Christian Polycarp (1744–1777) Professor der Physik in Göttingen 121
Anfangsgründe der Naturlehre ⟨121*⟩
Ersch, Johann Samuel (1766–1828) von 1786–1800 Bibliograph in Jena, Göttingen und Hamburg, 1800–1803 Universitätsbibliothekar und Mitarbeiter der ALZ in Jena, 1802–1808 Professor der Geographie und Redakteur in Halle ⟨957*⟩
Eschen, Friedrich August (1776–1800) Student in Jena 1796–1798, dann Hauslehrer in Bern ⟨491*⟩, 765*
Horazens lyrische Gedichte 765*
Hymnen, aus dem Griechischen ⟨491*⟩
Eschenburg, Johann Joachim (1743–1820) Hofrat und Schriftsteller in Braunschweig, Freund Lessings 171*, 230, 244, 681, 682
Shakespeares Schauspiele (Übersetzung) 681*, 682, ⟨720⟩
Eschenmayer, Adam Karl August von (1768–1852) Professor der Medizin und Philosophie in Tübingen 476*, 478
Versuche die Gesetze magnetischer Erscheinungen aus Sätzen der Naturmeta-

physik (...) zu entwickeln 476*
Escher, Johann (1754–1819) Kaufmann in Zürich 246*, 247, ⟨320*⟩, 321*, 366*
Escher, Hans Kaspar (1775–1859) dessen Sohn, Zürcher Architekt ⟨197*⟩, ⟨246⟩
Eugen, Wilhelm (1775–nach 1829) Schauspieler in Regensburg 823*
Eule, Gottfried (1774–1826) Schauspieler in Hamburg ⟨534*⟩
Eunicke, Friedrich (1764–1844) Sänger am Frankfurter Theater, ab 1796 in Berlin ⟨359⟩
Eunicke, Henriette, geb. Meyer (1772–1849) Schauspielerin in Frankfurt am Main und Berlin ⟨359⟩
Euripides (ca. 485/80–407/6 v. Chr.) griechischer Tragiker 311*, 338, ⟨394⟩, ⟨459⟩, 597, 834
  Alkestis ⟨597⟩, ⟨804⟩
  Andromache ⟨597⟩
  Hekabe ⟨394⟩, ⟨597⟩
  Helena 963
  Hippolytos Stephanephoros ⟨446*⟩, ⟨597⟩
  Ion ⟨833⟩, ⟨834⟩
  Medea ⟨338⟩, ⟨499⟩, ⟨597⟩
Eylenstein, Johann Friedrich Adam (geb. 1757) Schauspieler in Weimar 775*, 975

Facius, Friedrich Wilhelm (1764–1843) Münzen- und Gemmenschneider in Weimar, 1829 Hofmedailleur ⟨58⟩, 125*, 183, 486, ⟨787*⟩

Falk, *Johannes* Daniel (1768–1826) Schriftsteller und Pädagoge aus Danzig, seit 1797 in Weimar ⟨860⟩
  Amphitruon ⟨860*⟩
Falk, Elisabeth Charlotte *Caroline*, geb. Rosenfeld (1780–1841) dessen Frau ⟨725⟩
Faselius, Johann Christian Wilhelm (gest. 1833) Stadtschreiber in Jena 290*
Faßmann, David (1685–1744) Literat und Journalist in Leipzig
  Gespräche im Dem Reiche derer Todten ⟨351⟩
Fénélon, François de Salignac de la Mothe (1651–1715) Erzbischof von Cambrai, französischer Schriftsteller ⟨351⟩
Fernow, Carl *Ludwig* (1763–1808) Ästhetiker, Schriftsteller, 1794–1803 in Rom, danach Philosophieprofessor in Jena, Bibliothekar 63, 79*, 81, ⟨154*⟩, 276, 278, 340*, ⟨400⟩, ⟨802⟩, 927*, 936–938, ⟨987⟩
  Einleitung in eine Reihe von Vorlesungen über Ästhetik ⟨276⟩
  Rezensionen ⟨950⟩
  Über einige neue Kunstwerke des Herrn Professor Carstens ⟨154⟩, ⟨276⟩
  Über den Stil in den bildenden Künsten 63*, 79, 81
Feuchtersleben, Henriette Susanne Friederike *Karoline* (1774–1842) Hofdame in Hildburghausen, Verlobte Jean Pauls ⟨744⟩

Fichte, Johann Gottlieb (1762–1814) Philosophieprofessor in Jena von 1794–1799, dann Schriftsteller in Berlin, 1797–1800 Mitherausgeber des ›Philosophischen Journals einer Gesellschaft Teutscher Gelehrten‹, seit 1810 Professor 1*, 2, *21**, 30, 37, 64*, ⟨65⟩, *77**, *79**, 81, 122, 123, ⟨135⟩, 136, 355, 460, ⟨465⟩, *499**, *556**, ⟨571⟩, ⟨579⟩, 611, 637, 682, ⟨756⟩, 768, 928, ⟨934⟩
  Ankündigung der ›Jahrbücher der Kunst und der Wissenschaft‹ ⟨767⟩, 768
  Appellation an das Publikum 571*
  Beitrag zur Berichtigung der Urteile des Publikums über die französische Revolution 1*
  Grundlage der gesamten Wissenschaftslehre ⟨21*⟩
  Grundlage des Naturrechts nach Prinzipien der Wissenschaftslehre 2. Teil 460*
  Über Belebung und Erhöhung des reinen Interesse für Wahrheit ⟨26*⟩, ⟨30⟩, ⟨37⟩, ⟨147*⟩
  Über den Begriff der Wissenschaftslehre ⟨21*⟩
  Über den Grund unsers Glaubens an eine göttliche WeltRegierung ⟨556*⟩
  Über Geist und Buchstab in der Philosophie 77*, 79*, ⟨499⟩
  Versuch einer Critik aller Offenbarung 1*
  Versuch einer neuen Darstellung der Wissenschaftslehre 285, 286
  Zurückforderung der Denkfreiheit von den Fürsten Europens 1
Fischer, Johann Carl (1763–1833) Physikprofessor an der Universität Jena 473*
  Physikalisches Wörterbuch 473*, 477
Fischer, Johanna Christiane Maria, Pächterin des Guts in Oberroßla ⟨820⟩
Fischer, Johann Friedrich, Pächter des Guts in Oberroßla ⟨820⟩
Fischer von Waldheim, Gotthelf (1771–1853) Naturforscher in Leipzig, später Professor der Zoologie in Mainz und Moskau 264*, 267, ⟨274*⟩, ⟨328⟩
  Versuche über die Schwimmblase der Fische ⟨264*⟩
Fleck, Johann Friedrich *Ferdinand* (1757–1801) Schauspieler in Berlin 780*, 784, 787
Fleck, Sophie Luise, geb. Mühl (1777–1846) dessen Frau, Schauspielerin in Berlin 581*, 780, 784
Fleischmann, Friedrich (1766–1798) Opernkomponist in Gotha
  Die Geisterinsel ⟨358*⟩, 409, 410, 463
Florian, Jean-Pierre Claris de (1755–1794) französischer Dichter
  Les deux billets ⟨934⟩
Fontenelle, Bernard le Bovier

de (1657–1757) französischer Schriftsteller ⟨351⟩

Forberg, Friedrich Karl (1770–1848) Konrektor in Saalfeld, Philosoph *(148)*, 465\*
Entwickelung des Begriffs der Religion ⟨556\*⟩
Versuch einer Deduktion der Kategorien 465\*

Forstenburg, Karl Anton Ferdinand Graf von (1767–1794) natürlicher Sohn des Erbprinzen von Braunschweig und seiner Mätresse di Branconi 209\*

Forster, Georg (1754–1794) Reiseschriftsteller, Politiker
Cook, der Entdecker ⟨423⟩

Foucquet, Jean-Gabriel-René François Comte de (1751–1821) französischer General, bis 1800 in der Weimarer Emigration 434

Foucquet, Marie-Louise-Eugénie, geb. Blondel d'Aubert, dessen Frau 434

Fränzl, Ferdinand (1770–1833) Geigenvirtuose, Musikdirektor in Frankfurt 463\*

Francisci, Erasmus (1627–1694) Barockautor
Neu-polierter Geschicht-Kunst- und Sitten-Spiegel ⟨400⟩, 402\*, 405, 406

Frankenberg, Sylvius Ludwig Freiherr von (1729–1815) sachsen-gothaischer Minister ⟨200\*⟩

Franklin, Benjamin (1706–1790) amerikanischer Staatsmann, Schriftsteller, Erfinder 414\*

Frankreich *siehe* Heinrich IV., Ludwig XIV., Ludwig XVI.

Fréron, Elie Catherine (1718–1776) französischer Kritiker, Gegner der Enzyklopädisten ⟨988⟩, ⟨1006⟩

Freuen, Friedrich (1760–1834), Schauspieler in Hamburg, Lübeck, Hannover, Berlin und München 55\*

Friedel, Peter (ca. 1774–vor 1814) Maler aus Wetzlar, 1791–1796 in Düsseldorf, 1798 in Berlin ⟨654⟩, ⟨764⟩

Friedländer, David (1750–1834) Bankier in Berlin ⟨126⟩

Friedrich I., König von Württemberg, *siehe* Württemberg

Friedrich August III., Kurfürst von Sachsen (1750–1827) regierte seit 1763, ab 1806 König Friedrich August I. 208

Friedrich Wilhelm I. von Preußen (1688–1740) seit 1713 König von Preußen ⟨1009\*⟩

Friedrich Wilhelm II. König von Preußen (1744–1797) regierte seit 1786 197\*, 208, 551, ⟨556⟩

Friedrich Wilhelm III. König von Preußen (1770–1840) regierte seit 1797 ⟨Widmung⟩, 488\*, ⟨607⟩, 608, 614, ⟨617⟩, 621, ⟨628⟩

Fries ⟨Frieß⟩, Moritz Christian Johann Graf von (1777–1826) Wiener Bankier, Freund Lerses 545\*

Fritsch, Carl Wilhelm von (1769–1851) Regierungsrat in Weimar, 1802 Generalpolizeidirektor, später Staatsminister, Sohn des Präsidenten des Geheimen Conseils Jacob Friedrich Freiherr von Fritsch 608*, 609, ⟨779⟩

Fritsch, *Ludwig* Heinrich Gottlieb Freiherr von (1772–1808) dessen Bruder, Offizier ⟨111⟩

Fritze, Georg Nathanael (1749–1811) Ratsherr in Magdeburg, Mitglied der Theaterdirektion ⟨672*⟩, ⟨677⟩, 678*

Frommann, Karl *Friedrich* Ernst (1765–1837) Verlagsbuchhändler und Buchdrukker in Jena 757*, 761, ⟨849⟩, ⟨912⟩, 916, 919

Fuentes, Giorgio (1756–1821) Bühnenbildner aus Mailand 356*

Füssli, Johann *Heinrich* (1741–1825) Schweizer Maler 414*, ⟨638⟩, ⟨743*⟩

Funck, Karl Wilhelm Ferdinand von (1761–1828) sächsischer Rittmeister, später Generalleutnant 151*, ⟨187⟩, 204, 231
Robert Guiscard 231

Gabler, Christian Ernst (1770–1821) Verleger und Buchhändler in Jena 222*, ⟨928⟩

Gädicke, Johann Christian (1763–1837) Buchdrucker in Weimar von 1799–1804, seit 1804 in Berlin, von 1795–1799 Teilhaber des Industrie-Comptoirs in Weimar ⟨551⟩, 555*, 556, ⟨582⟩, 633*, ⟨659⟩, 864

Garve, Christian (1742–1798) Popularphilosoph und Aufklärer aus Breslau ⟨251⟩, 376*, *378*, 435, 556*
Versuche über verschiedene Gegenstände aus der Moral, der Literatur und dem gesellschaftlichen Leben ⟨435⟩

Geist, Johann Jacob *Ludwig* (1776–1854) von 1795–1804 G.s Schreiber und Diener, später Hofrevisor 177*, ⟨178⟩, 203, 218, 220, 471, 479, 612, ⟨756⟩, 911, 945

Gemmingen-Hornberg, Otto Freiherr von (1755–1836) Hofkammerrat und Schriftsteller in Mannheim ⟨847*⟩
Der deutsche Hausvater ⟨452⟩, 847

Genast, Anton (1765–1831) Schauspieler in Weimar, von 1793–1817 auch Wochen-Regisseur ⟨251⟩, 520*, ⟨747⟩, 905, 920*, ⟨932⟩, 966

Genlis, Félicité Ducrest de St. Aubin Gräfin von (1746–1830) französische Schriftstellerin 789*

Gentz, Friedrich (1764–1832) Publizist, Diplomat, Politiker in Berlin und Wien, Herausgeber der ›Neuen Deutschen Monatsschrift‹ ⟨82⟩, 101*, 122*, 234, 268*, 458, 597, ⟨781⟩
Maria Stuart, Königin von England ⟨597*⟩, ⟨598⟩
Seiner Königlichen Majestät Friedrich Wilhelm dem III. 458*

Gentz, Heinrich von (1765–1811) dessen Bruder, Architekt in Berlin 781*

Gerber, Johann Friedrich
(1761–1814) Gerichtssekretär in Reval 151*
Der Ritter von Tourville 151

Germar, Heinrich von
(1735–1796) Obristlieutenant und Stadtkommandant von Weimar 284*

Germar, Amalia Christiane Wilhelmine von (1767–1809) Hausbesitzerin in Weimar, Tochter von Heinrich von Germar ⟨284⟩

Germar, Caroline Louise von (1771–1834) deren Schwester ⟨284⟩

Germar, Friedrich Ernst von (1773–1837) deren Bruder ⟨284⟩

Gern, Johann Georg
(1759–1830) Opernsänger in München und Berlin 819*

Gerning, Johann Isaak
(1767–1837) Jurist, Diplomat, Schriftsteller in Frankfurt und Neapel 18*, 70, 143*, ⟨278⟩, 321*, 381*, ⟨476⟩, ⟨616⟩
Der Friede Neapels ⟨381⟩
Die Wallfahrten ⟨381⟩
Hymnus an Neptun ⟨381⟩

Gerstenberg, Heinrich Wilhelm von (1737–1823) Schriftsteller und dänischer Beamter 171*, 803*
Ugolino 803*

Geßler, Karl Friedrich Graf (1752–1829) preußischer Gesandter in Dresden 1788–1791, Privatgelehrter ⟨162⟩, *386**, 387*, 981, 982

Geßner, Salomon (1730–1788) Zürcher Dichter und Maler, Verfasser pastoraler Rokoko-Idyllen 171*

Gianuzzi, Giulio di Pietro de', gen. Giulio Romano
(1499–1546) italienischer Maler und Architekt, Raffaelschüler 616*

Giese, Christian Hermann (1760–1819) seit 1798 Prediger an der deutschen Hofkapelle von St. James in London ⟨611*⟩

Giseke, Ludwig (geb. 1756) Braunschweigischer Hofrat, Mitarbeiter an Voß' ›Musenalmanach‹ ⟨663⟩

Giulio Romano siehe Gianuzzi

Glave-Kolbielski, Karl
(1752–1831) österreichischer Publizist und Geheimagent 173*, 174
Germania im Jahr 1795 173, *174*, 175

Gleichen-Rußwurm, Wilhelm Karl von (1765–1816) Kammerherr und Fürstenerzieher in Rudolstadt ⟨372*⟩

Gleichen-Rußwurm, Friederike, geb. von Holleben (1765–1852) dessen Frau, Freundin Charlotte Schillers ⟨372*⟩

Gleim, Johann Wilhelm Ludwig (1719–1803) Kanonikus in Halberstadt, Dichter ⟨311⟩, ⟨385⟩, ⟨487⟩, ⟨650⟩, ⟨663⟩, ⟨915⟩

Gluck, Christoph Willibald (1714–1787) Komponist 782*
Iphigenie auf Tauris 782*, 783, 785, 786, 789, ⟨839⟩

Glykon aus Athen (1. Jh. v. Chr.) griechischer Bildhauer
Farnesischer Herkules ⟨414⟩

# PERSONEN

Gmelin, Christian (1749–1818) Juraprofessor in Tübingen ⟨363⟩

Gmelin, Christian Gottlieb (1750–1823) Juraprofessor in Tübingen ⟨363⟩

Göbhardt, Tobias, Verlagsbuchhändler in Bamberg ⟨776⟩

Göchhausen, Louise von (1747–1807) Hofdame der Herzogin Anna Amalia 79*, ⟨200⟩, ⟨430⟩, ⟨853⟩

Göpferdt, Johann Christian Gottfried (1755–1814) Buchdrucker in Jena 165*, 166, 206*, 222, 224, 242, ⟨487⟩, 494, ⟨682⟩, 758, 760, ⟨798⟩

Göschen, Georg Joachim (1752–1828) Verlagsbuchhändler in Leipzig ⟨135⟩, 136*, ⟨798⟩, 1002, 1007, 1008, ⟨1009⟩, 1010, ⟨1013⟩
Johanns Reise 136, 137

Goethe (Vulpius), Julius *August* Walther von (1789–1830) G.s Sohn, 1801 legitimiert 163*, 189, 362, 366, 631, 632, 640, 641, ⟨745⟩, 820, 822, 823, 830, 842

Goethe, Katharina Elisabeth, geb. Textor (1731–1808) G.s Mutter 197, 200, *201*, 213

Goetze (Götze), Johann Georg *Paul* (1761–1835) G.s Diener von 1777–1794, seit 1794 Kondukteur, 1803 Wegebaukommissar in Jena 791*, 842, 843

Göz, Christian Gottlieb (1746–1803) Pfarrer in Plieningen und Hohenheim Tischgebete und Unterhaltungen ⟨356⟩

Goeze, Johann Melchior (1717–1786) Pastor in Hamburg ⟨469⟩

Goldoni, Carlo (1707–1795) italienischer Lustspielautor
Die verstellte Kranke ⟨452⟩, 456, 458, 459

Gontard, Jakob Friedrich (1764–1843) Bankier in Frankfurt am Main 338*

Gontard, Susette, geb. Brockenstein (1769–1802) Bankiersgattin, Hölderlins Freundin ⟨635*⟩, ⟨636⟩

Gonzaga, Pietro di Gottardo (1751–1831) italienischer Maler in Petersburg ⟨356⟩

Gore, Sir Charles (1726/29–1807) englischer Kaufmann und Kunstliebhaber, seit 1791 in Weimar 698*, 699, 781

Gore, Eliza (1754–1802) dessen Tochter ⟨430⟩, ⟨698⟩, ⟨699⟩, ⟨781⟩

Gore, Emily (gest. 1828) deren Schwester ⟨430⟩, ⟨698⟩, ⟨699⟩, ⟨781⟩

Gotter, Friedrich Wilhelm (1746–1797) Schriftsteller in Gotha, Theaterkritiker 222*, 358*, 409
Die Geisterinsel 358*, 409, 410
Pygmalion (Übersetzung) 452

Gotter, Luise, geb. Stieler (1760–1826) dessen Frau ⟨222⟩

Gozzi, Carlo Graf (1720–1806) italienischer Dramatiker 356*

Turandot ⟨356⟩, 837* *siehe* Sch.s Werke
Graff, Anton (1736–1813) Porträtmaler an der Kunstakademie Dresden ⟨24⟩, 361*
Sch.-Porträt ⟨24⟩
Selbstporträt 361
Graff, Johann Jakob (1768–1848) Schauspieler in Weimar 1793–1840 ⟨575*⟩, 609*, ⟨703⟩, ⟨715⟩ ⟨748⟩, 786, ⟨859⟩, ⟨864⟩, 903, 914, 925
Gren, Friedrich Albert Carl (1760–1798) Professor der Philosophie und Medizin in Halle 406*, 408
Grundriß der Naturlehre 406*, 408
Gries, Johann *Diederich* (1775–1842) Übersetzer aus Hamburg, seit 1795 Jurastudent in Jena 362*, 479, 494, ⟨543⟩, 581, ⟨646⟩, 757, 807
Der Wanderer ⟨479*⟩, ⟨480⟩, ⟨481⟩
Die Gallier in Rom ⟨411*⟩
La Gerusalemme liberata (Tasso) 757*
Phaethon 362*, 366, 368
Griesbach, Johann Jakob (1745–1812) Professor der Theologie, Prorektor der Universität Jena, Vermieter von Sch.s Wohnung seit 1795 ⟨200*⟩, 233, 266, 366, 401, 552, 682, ⟨803⟩, ⟨804⟩, 852, 853, ⟨931⟩, ⟨938⟩, ⟨950⟩
Novum Testamentum Graece 950
Griesbach, Friederike Juliane, geb. Schütz (1755–1831) dessen Frau 401*, 672, 682, 768, 824, ⟨931⟩
Grimm, Friedrich Melchior Baron von (1723–1807) Geheimrat und Schriftsteller in Gotha ⟨125⟩
Grimmer, Friedrich August, Schauspieler 1802 in Berlin, 1803/04 in Weimar 914*, ⟨935⟩, ⟨976⟩
Gros, Karl Heinrich von (1765–1840) seit 1796 Professor der Rechte in Erlangen, ›Horen‹-Mitarbeiter ⟨82⟩, 119*
Über die Idee der Alten vom Schicksal ⟨82⟩
Gruber, Johann Gottfried (1774–1851) Rezensent der JALZ, seit 1803 Privatdozent der Philosophie in Jena, später zusammen mit Ersch Mitbegründer einer Enzyklopädie ⟨950*⟩, ⟨951⟩
Grübel, Johann Konrad (1736–1809) Nürnberger Handwerker und Mundartdichter ⟨416*⟩, ⟨417⟩, 554, 556, ⟨1005⟩
Grüner, Karl *Franz* (eigentlich: d'Akáts, 1776/80–1845) 1803/04 Schauspieler in Weimar ⟨925*⟩, ⟨935⟩, ⟨976⟩
Gruner, Christian Gottfried (1744–1815) Professor der Medizin in Jena 440*
Güssefeld, Franz Ludwig (1744–1808) Kartograph in Weimar 310*
Guttenberg, Heinrich (1749–1818) Kupferstecher aus Nürnberg ⟨383*⟩, 449, 485

Haacke, Carolina Philippina von, geb. von Rathsamhausen (1754–1830) Hofdame der badischen Erbprinzessin 823*
Habel, Jakob Christian F., aus Kirberg bei Limburg ⟨68*⟩
Hackert, Jakob *Philipp* (1737–1807) Landschaftsmaler, 1768–1786 in Rom, bis 1799 Hofmaler in Neapel, dann in Florenz. G.s Mal- und Zeichenlehrer in Italien 949*
Haide, *Friedrich* Johann (1770–1832) seit 1793 Schauspieler in Weimar 520*, 521, 697*, ⟨703⟩, ⟨715⟩, ⟨748⟩, 823, ⟨859⟩, ⟨864⟩, ⟨914⟩, 920
Halem, Gerhard Anton von (1752–1819) Regierungsrat und Schriftsteller in Oldenburg 852*
Gemil und Zoe ⟨193⟩
Herausgeber der Zeitschrift ›Irene‹ 852*, 853
Haller, Albrecht von (1708–1777) Schweizer Dichter und Naturforscher ⟨415⟩, 879*
Hamann, Johann Georg (1730–1788) Schriftsteller in Königsberg ⟨812⟩
Hanet, Jean-Baptiste, gen. Cléry (1759–1809) Kammerdiener Ludwigs XIV. von Frankreich 498*
Journal de ce qui c'est passé 498
Harbaur, Franz Joseph (1776–1824) Arzt in Jena, später in Paris und Petersburg 788*

Hardenberg *siehe* Novalis
Harsdörf(f)er, Georg Philipp (1607–1658), Dichter in Nürnberg ⟨356⟩
Poetischer Trichter ⟨356*⟩
Hartmann, Christian *Ferdinand* (1774–1842) Maler aus Stuttgart, seit 1801 in Dresden ⟨649*⟩, ⟨654⟩, ⟨764⟩, 800*, 802*, 803, 804*, 805, 806, 808
Haug, Johann Christoph *Friedrich* (1761–1829) Schriftsteller und Sekretär in Stuttgart, Beiträger zu Voß' ›Musenalmanach‹ ⟨663⟩, ⟨842⟩
Haugwitz, *Christian* August Heinrich Karl von (1752–1831) preußischer Minister 613*
Haydn, Franz *Joseph* (1732–1809) Komponist 782*
Die Schöpfung 782, 783
Die sieben letzten Worte unseres Erlösers am Kreuz ⟨296⟩, ⟨300⟩
Hebel, Johann Peter (1760–1826) Volksdichter, Lehrer in Lörrach und Karlsruhe ⟨1005⟩
Allemannische Gedichte ⟨1005⟩
Hederich, Benjamin (1675–1748) Schulmann und Schriftsteller in Sachsen
Graecum lexicon manuale ⟨772*⟩, ⟨773⟩
Gründliches mythologisches Lexikon 123, 371
Heerbrandt, Jakob Friedrich, Verleger in Tübingen ⟨476⟩
Hegel, *Georg* Wilhelm Fried-

rich (1770–1831) von
1793–1800 Hauslehrer in
Bern und Frankfurt am
Main, seit 1801 in Jena,
1802–1807 Privatdozent in
Jena 934*, 936–938
Ästhetik ⟨806⟩
Differenz des Fichteschen
und Schellingschen Systems
⟨934*⟩
Herausgeber (mit Schelling)
des ›Kritischen Journals der
Philosophie‹ ⟨934*⟩
Heideloff, Johann Friedrich
Carl (1773–1816) Maler, seit
1811 Hofmaler in Weimar
488*, 966
Heinrich IV., König von
Frankreich (1553–1610)
regierte von 1589–1610
1014*
Heinrich VII., König von England (1457–1509) regierte
1485–1509 648
Heinrich, Christian Gottlieb
(1748–1800) seit 1782
Geschichtsprofessor in Jena
805*
Heinse, Johann Jakob *Wilhelm*
(1746–1803) Bibliothekar in
Mainz, Dichter
Hildegard von Hohenthal
147, 149
Hellfeld, Christian August
Friedrich von (1757–1840)
Medizinprofessor in Jena,
Vermieter von Humboldts
Wohnung ⟨109⟩, *119**, 938
Hendrich, Franz Ludwig
Albrecht von (1752–1828)
Geheimer Kammerrat,
1802–1813 Kommandant
von Jena, Oberst 245*,
838*, ⟨878⟩, ⟨908⟩

Hendrich, Emil von
(1778–1802) dessen Sohn
⟨878*⟩
Hennings, *August* Adam
Friedrich von (1746–1826)
Schriftsteller, Amtmann in
Plön, Publizist ⟨246⟩, ⟨273⟩,
⟨315*⟩
Herausgeber der ›Annalen
der leidenden Menschheit‹
*siehe* Periodica
Hennings, Justus Christian
(1731–1815) Aufklärer,
Moralphilosoph in Jena *39**,
*41*, 805
Von den Ahndungen und
Visionen ⟨39*⟩
Hensler, Karl Friedrich
(1761–1825) Bühnenautor in
Wien
Das Petermännchen 314
Die Saalnixe ⟨887⟩, ⟨942⟩
Herder, Johann Gottfried
(1744–1803) Generalsuperintendent in Weimar,
Schriftsteller 19, *20**, 44, 47,
64, 65, *68*, 78, 82, 99, ⟨105⟩,
*110*, 115, 122, 129, *130**,
*151**, 152, 159, 167, *168**,
*171*, 198, ⟨199⟩, 218, 224,
⟨230⟩, ⟨246⟩, 281, 356*,
377, ⟨428⟩, ⟨469⟩, 521, 531,
603, *608**, 617, ⟨646⟩, ⟨658⟩,
663, ⟨689⟩, 718, ⟨740⟩,
⟨742⟩, 744, ⟨747⟩, 806, 807,
⟨812⟩, ⟨833⟩, ⟨839⟩, ⟨858⟩,
⟨864⟩, ⟨941⟩
Adrastea 806*, 807
Älteste Urkunde des Menschengeschlechts 204
Amor und Psyche ⟨99⟩
Ankündigung einer neuen
Zeitschrift: Aurora 603*
Anmerkungen über die

## PERSONEN

Anthologie der Griechen ⟨396⟩
Briefe zur Beförderung der Humanität 167, *171*
Das eigene Schicksal 47*
Das Fest der Grazien 99*, 110
Der heilige Wahnsinn ⟨99⟩
Die Freundschaft 167
Die Horen ⟨110⟩
Die Trösterinnen 167
Epigramme 99, 102
Gedichte ⟨für den ›Musen-Almanach‹ für 1797⟩ 167, 212, ⟨218⟩
Gedichte ⟨für den ›Musen-Almanach‹ für 1800⟩ ⟨658⟩
Homer, ein Günstling der Zeit 78*, ⟨82⟩, *89**, 90, 98, 99, 102, *113*
Homer und Ossian ⟨82*⟩, 99*
Ideen zur Philosophie der Geschichte der Menschheit ⟨608⟩
Iduna, oder der Apfel der Verjüngung 110, ⟨151⟩
Journal meiner Reise im Jahr 1769 ⟨110⟩
Pallas-Athene 99*
Terpsichore 65*, 68
Vernunft und Sprache ⟨663*⟩
Verstand und Erfahrung. Eine Metakritik zur Kritik der reinen Vernunft 608*, 609
Vom Geist der Ebräischen Poesie 204
Vom Geist des Christentums ⟨608⟩

Herder, Caroline, geb. Flachsland (1750–1809) dessen Frau ⟨129*⟩, ⟨703⟩, ⟨718⟩, ⟨864⟩

Hermann, Johann Gottfried Jakob (1772–1848) Professor der klassischen Philologie in Leipzig 772, 776
De metris poetarum Graecorum et Romanorum 772*, ⟨773⟩, 774, 776

Hermes, Johann Timotheus (1738–1821) Pastor in Breslau 789*
Sophiens Reise von Memel nach Sachsen ⟨789*⟩

Herodot (Herodotos, ca. 484–424 v. Chr.) griechischer Begründer der Geschichtsschreibung 391
Historien 391

Herschel, Friedrich Wilhelm (1738–1822) hannoverischer Astronom, lebte seit 1757 in England 812*
Untersuchungen über die Natur der Sonnenstrahlen 812*

Hertel, Johann Friedrich August (1757–1811) Papierhändler in Jena 512*

Herz, Markus (1747–1803) Arzt und Literat in Berlin ⟨82⟩, ⟨130⟩

Herz, Henriette, geb. de Lemos (1764–1847) dessen Gattin ⟨45⟩

Herzfeld, Jakob (1763–1826) Schauspieler und Theaterdirektor in Hamburg ⟨534*⟩, ⟨895⟩

Heß, Johann Carl (1751–1816) Archivar und Hofrat in Gotha, seit 1792 auch kaiserlicher Kanzleisekretär in Coburg 203*

Heß, Johanna Wilhelmina, geb. Hufeland (geb. 1759)

dessen Frau, Schwester
Christoph Wilhelm Hufelands 203*
Hessen-Darmstadt, Ludwig X.
Landgraf von (1753–1830)
seit 1790 Landgraf, ab 1806
Großherzog, Bruder der
Herzogin Louise von Sachsen-Weimar 104*, 144, 197
Hessen-Darmstadt, *Louise*
Caroline Henriette Landgrädin von (1761–1829), dessen
Frau ⟨144⟩
Hessen-Darmstadt, Louise
Caroline Theodore Amalie
(1779–1811) ihre Tochter
⟨144⟩
Hetsch, Philipp Friedrich
(1758–1838) Hofmaler in
Stuttgart, 1790–1794 Professor an der Karlsschule, ehemaliger Mitschüler Sch.s
361*
Hetsch, Louise Friederike Wilhelmine, geb. Scholl
(1766–1800) dessen Frau
361*
Heubner, Gottlieb Leonhardt
(geb. 1767) Schreiber in
Jena, aus Schwarzenberg
351*, ⟨513*⟩, ⟨528⟩, ⟨529⟩,
⟨583⟩
Heyne, Christian Gottlob
(1729–1812) Altphilologe
und Rhetorikprofessor in
Göttingen ⟨119*⟩, ⟨822⟩
Himly, *Karl* Gustav
(1772–1837) Augenarzt und
Professor der Medizin von
1801–1803 in Jena, seit 1803
in Göttingen ⟨849*⟩, ⟨878⟩,
⟨879⟩
Hintzenstern, Franz August
von (1770–1830) weimarischer Kammerherr, Erzieher
des Prinzen Bernhard von
Weimar 848*
Hippel, Theodor Gottlieb von
(1741–1796) Schriftsteller in
Königsberg
Lebensläufe nach aufsteigender Linie 73*
Hirt, Aloys Ludwig
(1759–1837) Archäologe und
Kunsthistoriker bis 1796 in
Rom, dann in Berlin, Mitglied der Akademie der Wissenschaften und der Künste
12*, 193, 194, 206*, *339*,
340, 341*, 344, 408, 409,
⟨615⟩, ⟨646⟩
Laokoon 341*, 342, 344,
408
Nachtrag über Laokoon
408*, 409
Reise von Grottaferrata nach
dem Fucinischen See und
Monte Cassino *137*, 165,
166, ⟨168⟩, 193, 194, 214,
*217*, 221, 224, 234, *235*, 236,
238
Versuch über das Kunstschöne 340*
Hirt, Karl Mathias, aus Erlangen 480*
Einladung ⟨480⟩
Lebensgenuß ⟨480⟩
Hölderlin, Johann Christian
*Friedrich* (1770–1843) Dichter, Hauslehrer in Frankfurt
am Main ⟨34⟩, 336*, *337*,
*338**, 339*, ⟨350⟩, 352, 355,
358, *359*, 362
An den Äther 336*, *337*
Das Schicksal ⟨336⟩
Der Gott der Jugend
⟨336*⟩
Der Wanderer 336*, *337*

Fragment von Hyperion
⟨336⟩
Sokrates und Alcibiades
⟨476*⟩
Stuttgart ⟨350⟩
Hoffmann, Georg Franz
(1760–1826) Professor der
Botanik in Göttingen 824*
Hoffmann, Joseph (1764–1812)
Maler in Köln ⟨764⟩, ⟨834⟩
Hoffmann, Karl Ludolf
(1729–1780) Buchhändler in
Weimar (und Nachfolger)
219*, 221, 223, 224
Hofmann, Johann Caspar
(gest. 1797) Pächter und
Mitbesitzer des Guts in
Oberroßla 440*
Hogarth, William (1697–1764)
englischer Maler und Kupferstecher ⟨359⟩, 857
Holberg, Ludvig (1684–1754)
norwegisch-dänischer
Komödiendichter und
Historiker ⟨940⟩
Homer (ca. 800 v. Chr.) griechischer Dichter 4, 25–27,
67, 78, 100, 149, 302*, 370,
454, 459, 465, 939
Ilias 4, ⟨25⟩, ⟨27⟩, 67, ⟨100⟩,
302, 394, 396, 456–458,
⟨459*⟩, 460*, 464, ⟨465⟩,
466, 467, 499
Odyssee ⟨27⟩, 149, ⟨241⟩,
302, 304, 368, 396, 424, 457,
458, 460, 499
Horaz, (Quintus Horatius
Flaccus, 65–8 v. Chr.) römischer Dichter ⟨133⟩, 765
De arte poetica ⟨385⟩, ⟨386⟩
Episteln ⟨653⟩
Horner, Johann Jakob
(1771–1831) Zürcher Kunstschriftsteller und Professor
der Geisteswissenschaften
⟨130⟩, 367*
Ein Nachtrag zu der Untersuchung über Idealisten und
Realisten ⟨367⟩
Horny, Conrad (1764–1807)
Maler und Lehrer am Zeicheninstitut in Weimar,
Kupferstecher ⟨546⟩
Horst, Georg Konrad
(1767–1832) Pfarrer in Lindheim/Hanau 350*
Gustav III. Tod 350
Hoven, Friedrich Wilhelm
(1759–1838) Arzt in Ludwigsburg, Jugendfreund
Sch.s ⟨909⟩
Huber, Ludwig Ferdinand
(1764–1804) Schriftsteller
und Publizist, Freund Sch.s
⟨15⟩, 62*, ⟨229⟩, ⟨510⟩, ⟨920⟩
Rezension von G.s ›Die
natürliche Tochter‹ ⟨920*⟩
Mitherausgeber des
›Taschenbuchs für Damen‹
769*
Mitherausgeber der ›Flora‹
*siehe* Periodica
Hufeland, Christoph Wilhelm
(1762–1836) Professor der
Medizin in Jena, seit 1801 in
Berlin ⟨100⟩, ⟨107⟩, 233*,
234, ⟨803⟩
Kunst, das menschliche
Leben zu verlängern ⟨100*⟩
Hufeland, Gottlieb
(1760–1817) Jurist und
Staatsrechtler, bis 1803 Professor in Jena, dann in
Würzburg und Halle 32*,
64, 107*, ⟨162⟩, ⟨230⟩, 233,
⟨234⟩, 282, ⟨330⟩, ⟨404⟩,
⟨438⟩, 608, 706, ⟨805⟩, 844,
846, ⟨859⟩, ⟨936⟩

Humboldt, Friedrich Wilhelm
Heinrich *Alexander* von
(1769–1859) Naturforscher
und Oberbergrat in Bay-
reuth, später in Amerika,
Bruder Wilhelm von Hum-
boldts ⟨19⟩, 43, 46*, 47,
⟨76⟩, 147, 242*, 268*,
⟨269⟩, 298, 306*, ⟨307⟩,
308*, 315, ⟨366⟩, ⟨427⟩,
428, ⟨769⟩
Die Lebenskraft oder der
Rhodische Genius ⟨147⟩
Humboldt, Friedrich *Wilhelm*
Christian Karl Ferdinand
von (1767–1835) Gelehrter,
Schriftsteller, Diplomat, Bil-
dungspolitiker in Jena,
Paris, Berlin und Rom 1*.
10, 11, 13, ⟨19⟩, 24, 25, 26,
27, 29, *32*, 38, 43, 45, *49*, 56,
64, 67, 68, 71–73, 79, 82,
⟨86⟩, 90, 94, 96, 99, 102,
*105*, 107, 109, 112, 119, 122,
123, 125, 132, 138, 155, 156,
171, 175, 180, 208, 229, 230,
233, *234*, 237*, 239, 240,
*241*, 242, 244, 247*, 248,
249, 250, ⟨260⟩, 264, 265,
267, 268, ⟨269⟩, 274, *277*,
284, 293, ⟨294⟩, *296*, 298,
299*, *300*, 304, *305*\*, 314,
329, 330, 340, 345, 358,
364, 366, 367, 370, *372*, 373,
386, 390, 397, 398, 401, 418,
419, ⟨427⟩, 428, 430,
433, 434, 438, 454, 456, 467,
469, ⟨473⟩, 477, 478, 482,
483, 489, 490, 492, 513, 558,
579, ⟨626⟩, 646, 650,
664, 764, 768, 769, 772*,
773, 775, 789, 890, 907, 916,
924, 926, 927, ⟨938⟩,
976*

Agamemnon (Übersetzung)
⟨345*⟩, 775*, 776
Aufsatz über den Trimeter
775, 776
Der Montserrat bei Barce-
lona 764*, 765
Ideen über Staatsverfassung
⟨1*⟩
Ideen zu einem Versuch, die
Grenzen der Wirksamkeit
des Staats zu bestimmen
⟨1*⟩
Lysistrata (Aristophanes-
Übersetzung) 293*
Rezension von Jacobis ›Woldemar‹ 13*, ⟨247⟩
Über den Geschlechtsunterschied ⟨43*⟩
Über die gegenwärtige französische tragische Bühne
664*
Über Göthes Herrmann
und Dorothea 202, ⟨296⟩,
⟨456⟩, ⟨459⟩, 465*, *467*,
469–472, 475, 477, *478*,
⟨483⟩, 489*, 490, 492, 513,
579*, ⟨646⟩
Humboldt, Caroline Friederike
von, geb. von Dacheröden
(1766–1829) dessen Frau
⟨1⟩, 45*, 229, 237, 240–242,
244, ⟨246⟩, ⟨247⟩, 248, 249,
⟨260⟩, 272, ⟨277⟩, 298,
299*, 330*, 358, ⟨626⟩, 789,
⟨938⟩, 976*
Humboldt, Caroline von
(1792–1837) deren Tochter
237, 268, 299
Humboldt, Maria Elisabeth
von, geb. von Colomb
(1741–1796) Humboldts
Mutter 174*, 769
Humboldt, Theodor von
(1797–1871) Wilhelm von

Humboldts zweiter Sohn ⟨272⟩, 283
Humboldt, Wilhelm von (1794–1803) Wilhelm von Humboldts erster Sohn 44, 99, 237, 268, 299, 924*
Hummel, Johann *Erdmann* (1769–1852) in Rom lebender deutscher Maler ⟨148⟩, ⟨149⟩, ⟨154⟩
Hunnius, Friedrich Wilhelm Hermann (1762–1835) Schauspieler in Weimar 564*
Huschke, Wilhelm Ernst Christian (1760–1828) seit 1792 Hofmedikus in Weimar ⟨729*⟩, ⟨731⟩, ⟨1000⟩
Huygens, Christian (1629–1695) holländischer Physiker, Mathematiker und Jurist 412*
Hyginus, Gaius Julius (gest. ca. 10 n. Chr.) römischer Grammatiker und Mythologieforscher 390*, 499, 504
Fabulae 390, 391*, 499, 500, 504

Iffland, August Wilhelm (1759–1814) Schauspieler, Theaterdirektor und Bühnenautor in Mannheim, seit 1796 in Berlin als Direktor des Nationaltheaters 126*, 129, ⟨159*⟩, 160*, *171**, 203*, 242, *450*, 451, 452*, 453, 454, *456*, 457, *458*, *459*, 460, 462, 477, 522, 534, 539, 546, 560, 562, ⟨570⟩, 571, 578, 581, 583, 586, ⟨694⟩, 780, 784–788, ⟨823⟩, ⟨840⟩, ⟨895⟩, ⟨940⟩, 946
Alte und neue Zeit ⟨694⟩
Der Fremde ⟨786⟩
Der Spieler ⟨786⟩, 872
Die Advokaten 144
Die Aussteuer ⟨452⟩, ⟨456⟩, 460
Dienstpflicht ⟨114⟩
Verbrechen aus Ehrsucht ⟨55⟩
Ilgen, Karl David (1763–1834) Orientalist in Jena 757*
Die Geschichte Tobis 757
Imhoff, Anna *Amalia* (Amalie) von (1776–1831) Schriftstellerin in Weimar 119*, ⟨338⟩, ⟨342⟩, *356**, *358*, ⟨359⟩, 368, ⟨391⟩, 418, ⟨429⟩, ⟨491⟩, ⟨506⟩, 517, 592, ⟨593⟩, ⟨594⟩, 603*, 604–606, ⟨607⟩, 633, 645, 649, ⟨893⟩,
Die Schwestern von Lesbos ⟨418*⟩, 592*, 593*, ⟨594⟩, ⟨603*⟩, 604, 605–608, ⟨629*⟩, 633, 634, 644, 645*, 647, ⟨648⟩, 649, ⟨651⟩, 661, ⟨941⟩
Imhoff, Luise von (1750–1803) deren Mutter, Schwester Charlotte von Steins ⟨941*⟩
Isopi, Antonio (1758–1833) italienischer Bildhauer, Porzellankünstler, Stukkateur, Professor an der Kunstakademie in Stuttgart 361*

Jacobi, *Friedrich* Heinrich (1743–1819) Kaufmann, Jurist, Schriftsteller und Philosoph bis 1794 in Pempelfort bei Düsseldorf, dann in Wandsbek und Eutin, seit 1805 in München *11**, 42, 43, 44, *52**, *53*, 55, 63, *78**, 82, 97, *125**, ⟨208⟩, 247, ⟨939⟩
Jacobi an Fichte ⟨635*⟩, 636

Woldemar ⟨13⟩, ⟨247⟩, 631*
Zufällige Ergießungen eines einsamen Denkers 63*, 78*, 82, 97

Jacobi, Carl Wigand Maximilian (1775–1858) dessen Sohn, von 1793–1795 Medizinstudent in Jena, Arzt bei Aachen 251*, 262, ⟨278⟩, ⟨279⟩, 450, 451
Der Wahrsager ⟨450⟩
Des Kantors Brautwerbung ⟨450⟩

Jacobi, Johann Georg (1740–1814) Reiseschriftsteller und Literaturprofessor in Freiburg ⟨357*⟩

Jacobs, Friedrich (1764–1847) Gymnasiallehrer in Gotha, Mitherausgeber des ›Neuen Attischen Museums‹ ⟨251⟩

Jagemann, Henriette *Caroline* Friederike, spätere Frau von Heygendorf (1777–1848) Schauspielerin und Opernsängerin in Weimar, Mätresse des Herzogs Carl August 274*, 275, 278, ⟨284⟩, 564, ⟨624⟩, ⟨712⟩, ⟨715⟩, 725, 742, ⟨816⟩, ⟨819⟩, 854, 899, 903, 920

Jakob, Ludwig Heinrich von (1759–1827) Philosophieprofessor in Halle, Herausgeber der ›Annalen der Philosophie und des philosophischen Geistes‹ ⟨82⟩, ⟨116⟩, 117*, 143*, ⟨238⟩

Jean Paul (Johann Paul Friedrich Richter, 1763–1825) Dichter in Hof, Weimar, Dresden, Meiningen, seit 1804 in Bayreuth 129*, 170*, 171, *173*, ⟨176⟩, *178**, *179*, 209*, 210, *358*, 494, 507*, ⟨543⟩, 603, 744*, 949
Hesperus 71*, *73*, *76*, *129**, 130, 143, 603*
Palingenesien ⟨717⟩

Jenisch, Daniel (1762–1804) Schriftsteller, Popularphilosoph und Prediger in Berlin 99*, *122*
Berichtigung eines auffallenden Mißverständnisses in den Horen ⟨99*⟩, ⟨105⟩
Über Prose und Beredsamkeit der Deutschen ⟨99⟩
Über Schillers Genie ⟨122⟩

Johann III. Sobiesky, König von Polen (1624–1696) regierte seit 1674 ⟨122⟩

Jones, Sir William (1746–1794) englischer Orientalist, Oberrichter von Bengalen 838*, 846
Übersetzung der ›Gita-Govinda‹ ⟨838⟩, 846*

Jonson, Ben (1574–1637) englischer Dichter 681*
Sejanus 681*
Volpone 681*

Jordan, Camille (1771–1821) französischer Staatsmann und Schriftsteller, 1797–1799 Erzieher in Weimar 937*

Jünger, Johann Friedrich (1759–1797) Dramatiker ⟨43⟩
Die Geschwister vom Lande ⟨43⟩

Julianus, Flavius Claudius (gen. Apostata, 331–363) römischer Kaiser seit 361 401*, 806*
Misopogon 401*

Juvenal (Decimus Junius Juvenalis, ca. 50–ca. 130) römischer Satiriker 198, ⟨282⟩

Kalb, *Charlotte* Sophia Juliane von, geb. Marschalk von Ostheim (1761–1843) frühere Freundin Sch.s 34*, 35, 37, 95, 96, ⟨129⟩, 133, 145, 159, 171, 184, 193, 194, 242, ⟨243⟩, 401*, 402*, 448*, 449, 611, 644*, 649, 650, 652, 655, 864*

Kalb, Heinrich Julius Alexander von (1752–1806) deren Mann, Offizier in französischen Diensten ⟨129⟩, 185

Kalchberg, Johann Nepomuk von (1765–1827) österreichischer Historiker und Schriftsteller ⟨919*⟩
  Attila ⟨919*⟩

Kalidasa (ca. 400 n. Chr.) indischer Dichter 362
  Sakuntala 362, 847*

Kallimachos (310–238 v. Chr.) griechischer Dichter und Grammatiker 338

Kambyses II., Großkönig von Persien von 529–522 v. Chr. 414*

Kant, Immanuel (1724–1804) Philosophieprofessor in Königsberg *21**, *46, 47*, ⟨65⟩, 199, ⟨315⟩, ⟨402⟩, ⟨404⟩, 421, 443, 489, 557*, 558*, 608, 637, 638, ⟨769⟩, ⟨937⟩
  Anthropologie in pragmatischer Hinsicht *557**, *558*, *559*
  Beobachtungen über das Gefühl des Schönen und Erhabenen *46**, *47*
  Die Religion innerhalb der Grenzen der bloßen Vernunft ⟨21*⟩, 637, 638
  Kritik der praktischen Vernunft ⟨386⟩
  Kritik der reinen Vernunft ⟨21⟩, ⟨305⟩, ⟨402⟩, ⟨409⟩, ⟨421⟩, ⟨608⟩
  Kritik der Urteilskraft ⟨21⟩, ⟨354⟩, ⟨358⟩, ⟨399⟩, ⟨743⟩, ⟨812⟩
  Über Buchmacherei 489*, 490
  Über den Gemeinspruch: Das mag in der Theorie richtig sein, taugt aber nicht für die Praxis ⟨435*⟩
  Über ein vermeintes Recht aus Menschenliebe zu lügen ⟨434*⟩, ⟨441⟩, ⟨443⟩
  Verkündigung des nahen Abschlusses eines Traktats zum ewigen Frieden ⟨315*⟩, *363*, ⟨420⟩, 421
  Von einem neuerdings erhobenen vornehmen Ton in der Philosophie *199**, ⟨315⟩, *363*

Karsch, Karl (geb. um 1772) Maler in Düsseldorf ⟨764⟩

Karsch(in), Anna Luisa, geb. Dürbach (1722–1791) Dichterin in Berlin ⟨663⟩

Katharina II. Zarin von Rußland, geb. Prinzessin Sophie von Anhalt-Zerbst (1729–1796) 254*

Kauer, Ferdinand (1751–1831) Wiener Opernkomponist
  Wilibald und Erminia ⟨533⟩
  Die Saalnixe ⟨887⟩, ⟨942⟩

Keller, Heinrich (1771–1832) Bildhauer aus Zürich, seit 1794 in Rom 367*, 392
  Elegien 367*, 392

Kestner, *Theodor* Friedrich
Arnold (1779–1847) Arzt
und Chemiker, Privatdozent
in Göttingen, Sohn Char-
lotte Kestners, geb. Buff
⟨822⟩

Kircher, Athanasius
(1602–1680) Gelehrter,
Jesuit, Mathematiker,
Archäologe
Mundus subterraneus ⟨356⟩

Kielmeyer, Karl Friedrich
(1765–1844) Naturforscher
in Tübingen ⟨363⟩

Kircheisen, Friedrich Leopold
von (1749–1825) preußischer
Politiker (Vizepräsident)
⟨80⟩

Kirms, Franz (1750–1826)
Hofkammerrat, seit 1791
Mitglied der Hoftheater-
intendanz in Weimar
(Geschäftsführung) 200*,
458, ⟨495⟩, 563, 565, 623,
624, 626, 627, 653, 758*,
784, 785, ⟨787⟩, 859, 871

Kirsten, Johann Friedrich
Ernst (1768–1820) Philo-
soph in Jena ⟨805*⟩

Klauer, *Martin* Gottlieb
(1742–1801) Weimarer Bildhauer 156*

Klein, Anton Edler von
(1748–1810) Professor der
Philosophie und Dichtkunst
in Mannheim ⟨862⟩
Athenor ⟨862*⟩, ⟨864⟩,
⟨1005⟩

Klein, Ernst Ferdinand
(1744–1810) Juraprofessor in
Halle, mit Nicolai verschwägert 240*

Kleist, Ewald Christian von
(1715–1759) preußischer
Offizier, Lyriker und Epiker
171*

Kleist, Heinrich von
(1777–1811) Dramatiker und
Novellist
Über das Marionettentheater
⟨636⟩

Klingemann, Ernst *August*
Friedrich (1777–1831) Stu-
dent in Jena ⟨756*⟩
Herausgeber der Zeitschrift
›Memnon‹ ⟨757*⟩, 758

Klinger, Friedrich Maximilian
(1752–1831) russischer
Generalmajor, Dichter *80*,
82, ⟨988⟩, ⟨1007⟩
Geschichte Giafars des Barmeciden 80*

Klopstock, Friedrich Gottlieb
(1724–1803) Dichter in
Hamburg 37, ⟨82⟩, ⟨130⟩,
⟨143⟩, ⟨237⟩, 247*, 349,
⟨435⟩, ⟨469⟩, ⟨650⟩, *914*,
⟨915⟩
Grammatische Gespräche
247, 961*
Hermanns Schlacht 914, 915
Messias 361, ⟨462⟩
Oden ⟨349⟩, ⟨385⟩

Klügel, Georg Simon
(1739–1812) Professor der
Mathematik und Physik in
Halle 406*

Knebel, *Carl* Ludwig von
(1744–1834) Offizier, Prinzenerzieher in Weimar,
Schriftsteller in Ansbach,
Ilmenau und Jena, G.s
›Urfreund‹ ⟨9⟩, ⟨105*⟩,
*106**, *121*, 122, ⟨127⟩,
⟨*128**⟩, ⟨129⟩, ⟨131⟩, ⟨132⟩,
151, 152, ⟨153⟩, ⟨154⟩, 156,
170, 186, 193, 194, 209, 261,
262*, 264*, 265, 338*, 374*,

⟨387*⟩, ⟨398⟩, 416, 417,
542, ⟨646⟩, ⟨718⟩, ⟨724⟩,
823, ⟨833⟩, 836, 938*
Elegieen von Properz
⟨105*⟩, 106*, 121, 122,
127–129, 131, 132, 151, 153,
154, 156, 261*, 449*, 450,
542*
Knebel, Luise von, geb.
Rudorf(f) (1777–1852) Kammersängerin, dessen Frau
⟨387*⟩, 416, 823
Knebel, Magdalene Henriette
von (1755–1813) Hofdame
der Prinzessin Caroline von
Weimar, Knebels Schwester
848*
Körner, Christian Gottfried
(1756–1831) Jurist, Oberappellationsgerichtsrat in Dresden, Sch.s Freund 7*, 47, 49,
50, ⟨62⟩, 151*, 162*, 167,
168, 218, 220, 227, 229, *230*,
233, 239, *241*, 245, 246, 249,
⟨250⟩ 263, 264, 275, 276,
⟨295⟩, 329, 367*, 401, 402,
536*, 565, 579, ⟨586⟩, 592,
607, 608, 756, 769, ⟨823⟩,
844, 854, ⟨901⟩, 950
Ideen über Deklamation 7*
Kompositionen 49, 50, 844,
853, 854, ⟨901⟩
Über Wilhelm Meisters
Lehrjahre 245*, *246*, *249*,
⟨250⟩
Körner, Minna (Anna Maria
Jakobine), geb. Stock
(1762–1843) dessen Frau
⟨62⟩, 263, ⟨586⟩, ⟨823⟩
*siehe* Körners Schwägerin
Johanna Dorothea (Dora)
Stock
Kohlrausch, Friedrich
(1780–1865) 1803 Hausarzt
der Humboldts in Rom,
später Medizinalrat an der
Charité in Berlin 976*
Kolbe, *Heinrich* Christoph
(1771–1836) Maler in Düsseldorf, ab 1801 in Paris
⟨649⟩, ⟨654⟩, ⟨764⟩
Kosegarten, Gotthardt Ludwig
(Theobul) (1758–1808)
Schriftsteller und Propst in
Altenkirchen auf Rügen
171*, ⟨246⟩, *356*, *358*,
⟨646⟩
Kotzebue, *August* Friedrich
Ferdinand von (1761–1819)
Dramatiker, Schriftsteller,
Theaterdirektor, Diplomat
in Weimar, Wien und Berlin, Mithg. von ›Der Freimütige‹ ⟨151⟩, 203*, ⟨469⟩,
556*, ⟨600⟩, 605*, 629,
⟨646⟩, 703, ⟨731*⟩, ⟨732⟩,
744*, 776, ⟨833*⟩, ⟨845*⟩,
850*, ⟨851⟩–⟨853⟩, 855*.
⟨861⟩, 873, 981, 1005*
Bayard 733, 737, 738, ⟨776⟩,
777
Das merkwürdigste Jahr
meines Lebens ⟨873*⟩
Das neue Jahrhundert
⟨731*⟩
Das Schreibepult ⟨776⟩
Der Besuch 744, ⟨776⟩
Der hyperboreische Esel
⟨788*⟩
Der Schauspieler wider Willen ⟨579⟩
Der Wildfang ⟨776⟩, 872
Die beiden Klingsberge
⟨776⟩, 872
Die Corsen ⟨440⟩, ⟨513⟩,
⟨776⟩
Die deutschen Kleinstädter
⟨845⟩, ⟨850⟩

Die Hofmeister 732*, ⟨733⟩
Die Hussiten vor Naumburg ⟨940⟩, ⟨973⟩
Die Versöhnung ⟨814⟩
Don Ranudo de Colibrados ⟨940⟩
Erinnerungen aus Paris ⟨981*⟩, ⟨982⟩
Graf Benjowsky ⟨452⟩, 456
Gustav Wasa 697, 701, ⟨702⟩, ⟨703⟩, 704
Kurze und gelassene Antwort ⟨873*⟩
Menschenhaß und Reue ⟨452⟩
Octavia 684*, 685
Üble Laune ⟨776⟩, 850*
Herausgeber von ›Der Freimütige‹ ⟨920⟩
Kranz, Johann Friedrich (1754–1807) seit 1789 Konzertmeister, seit 1799 Kapellmeister in Weimar ⟨524*⟩, 783*
Kratter, Franz (1758–1830) Sekretär in Wien, Dramatiker und Theaterdirektor 610*
Das Mädchen von Marienburg ⟨847⟩
Der Friede am Pruth ⟨610⟩
Kraus, Georg Melchior (1737–1806) Direktor der Zeichen- und Kunstakademie in Weimar, Mitherausgeber des ›Journals des Luxus und der Moden‹ ⟨304⟩, ⟨1003*⟩
Krieg, Johann Wilhelm Ernst (1761–1812) kaiserlicher Notar in Jena ⟨928*⟩
Krüger, Karl Friedrich (1765–1828) von 1791–1793 Schauspieler in Weimar, später in Prag 463*, 464
Krünitz, Johann Georg (1728–1796) Naturwissenschaftler, Enzyklopädist
Oeconomische Encyklopädie 342

Lacher, Johann Baptist (1776–1809) Student in Jena, Soldat der französischen Armee ⟨521*⟩
Lafontaine, *August* Heinrich Julius (1758–1831) Abkömmling einer französischen Emigrantenfamilie, Erzieher und Hauslehrer, 1790–1800 Feldprediger, vielgelesener Verfasser von Trivialromanen in Halle, Mitherausgeber des ›Taschenbuchs für Damen‹ ⟨769*⟩
Klara du Plessis 130
Lambert, Johann Heinrich (1728–1777) Mathematiker, Physiker, Astronom ⟨408⟩, ⟨432⟩
Photometria ⟨408⟩, 432*
Lambrecht (Lamprecht), Johann Rudolph (1748–1828) Fleischermeister und Ökonom in Jena 433*
Lange, Joachim (1670–1740) evangelischer Theologe in Halle 772*, ⟨773⟩
Griechische Grammatik 772*, ⟨773⟩
Lange, Samuel Gottlieb (1767–1823) seit 1795 habilitiert, seit 1796 außerordentlicher Professor der Philosophie, 1798 außerordentlicher

Professor der Theologie in
Jena, danach Professor in
Rostock 277*, ⟨450⟩, ⟨470⟩
Langer, Johann *Peter*
(1756–1804) Maler, Direktor
der Kunstakademie in Düsseldorf ⟨299⟩, 304*, ⟨305⟩,
⟨829⟩
Langer, Joseph *Robert*
(1782/83–1846) dessen
Sohn, Maler in Düsseldorf
829*
Tod der Lucretia 829
Langerhans, Karl Daniel
(1748–1810) Schauspieler in
Hamburg ⟨534*⟩
La Roche, Marie *Sophie* von,
geb. Gutermann
(1731–1807) Schriftstellerin
in Offenbach, Wielands Verlobte, Großmutter von Clemens und Bettina Brentano
⟨356⟩, 607*, 608*, 630, 631,
633, 634, 635, ⟨636⟩, 647
Schattenrisse abgeschiedener
Stunden ⟨634*⟩
Lavater, Johann Caspar
(1741–1801) Pfarrer in
Zürich 225*, 226*, 227, 637
Lavater, Diethelm (1743–1826)
dessen Bruder, Arzt und
Apotheker in Zürich 225*,
227, 228
Lawrence, James Henry
(1773–1840) englischer
Schriftsteller in Weimar
⟨893⟩
Leißring, Christian *August*
Joachim (1777–1852) von
1796–1799 Schauspieler in
Weimar 520*, 521, 601*
Lemierre, Marie Jeanne
(1733–1786) französische
Opernsängerin 1012*

Lengefeld, Louise von, geb.
von Wurmb (1743–1823)
Sch.s Schwiegermutter aus
Rudolstadt ⟨9⟩, 110*, 112,
196*, ⟨258⟩, ⟨372⟩, 483*,
485, 487, ⟨489⟩, ⟨491⟩,
⟨638⟩, 644, 665, 670, 673,
780, 931
Lenz, Christian Ludwig (gest.
1833) Direktor des Weimarer Gymnasiums ⟨940*⟩
Lenz, *Jakob* Michael Reinhold
(1751–1792) Sturm-und-
Drang-Autor 270*, 276,
277*, 311*, 312
Der Waldbruder 276*, 311
Die Liebe auf dem Lande
276*
Tantalus 276*, ⟨743⟩
Lenz, Johann Georg
(1748–1832) Professor der
Mineralogie in Jena, 1803
Bergrat, Vorsitzender der
›Mineralogischen Sozietät‹
505*, 508, 757
Leochares (4. Jh. v. Chr.) griechischer Bildhauer ⟨414*⟩
Apoll von Belvedere ⟨339⟩,
342, 414*
Leonardo da Vinci (1452–1519)
italienischer Maler, Bildhauer, Architekt 16*
Trattato della Pittura 16*
Lerse, Franz Christian
(1749–1800) G.s Straßburger
Jugendfreund, Inspektor der
Militärschule in Colmar
⟨267*⟩, ⟨296⟩, ⟨462⟩, 547*
Lessing, Gotthold Ephraim
(1729–1781) Dramatiker und
Literaturtheoretiker der
Aufklärung 136, ⟨396⟩,
⟨469⟩, ⟨605⟩, 607, ⟨605⟩,
⟨816⟩

Briefe, die neueste Literatur
betreffend ⟨242⟩, ⟨311⟩,
⟨812⟩
Hamburgische Dramaturgie
⟨136⟩, ⟨311⟩, 607, ⟨812⟩
Laokoon ⟨296⟩, 341, 342,
364
Minna von Barnhelm ⟨514⟩,
⟨515⟩
Nathan der Weise ⟨816*⟩
(vgl. Sch.s Werke)
Levaillant, François
(1753–1824) französischer
Entdeckungsreisender,
Ornithologe 423*
Le Vaillants erste Reise
⟨423*⟩, ⟨424⟩
Le Vaillants zweite Reise
⟨423*⟩
Voyage de M. le Vaillant
⟨423*⟩
Levin, Rahel Antonie Friederike (1771–1833) spätere
Frau Varnhagen von Ense
⟨80⟩, ⟨250⟩, ⟨427⟩
Leybold, Johann Friedrich
(1755–1838) Kupferstecher
und Miniaturmaler in Stuttgart ⟨363⟩, ⟨432⟩
Lichtenberg, Georg Christoph
(1742–1799) Physikprofes-
sor in Göttingen, Aphoristi-
ker 121*, 122, ⟨148⟩, 359*,
406, ⟨425⟩, ⟨879⟩
Ausführliche Erklärung der
Hogarthischen Kupferstiche
359*, 857
Bearbeitung der ›Anfangs-
gründe der Naturlehre von
Erxleben‹ 121*, ⟨406⟩
Lindahl, Johan Niclas
(1762–1823) schwedischer
Großkaufmann 503*
Link, Heinrich Friedrich
(1767–1851) Naturwissen-
schaftler in Rostock 810
Bemerkungen auf einer
Reise durch Frankreich
810*, 812
Lips, Johann Heinrich
(1758–1817) Zürcher Kup-
ferstecher und Maler, 1791
Lehrer am Weimarer Zei-
cheninstitut 187*
L'Isle, Guillaume de
(1675–1726) französischer
Abbé, Geograph und Karto-
graph ⟨544*⟩, ⟨545⟩
Locke, John (1632–1704) englischer Philosoph 937*
Loder, Justus Christian
(1753–1832) Medizinprofessor in Jena, seit 1803 in
Halle 12*, 39, ⟨56*⟩, 107,
195, 233, 285, 288, 317, 472,
473*, 544, 579, 609, 672*,
677, 678, 681, 682, 757,
⟨779⟩, 780, 785, 787, 803,
⟨804⟩, 836, ⟨849⟩, 858,
⟨878⟩, 919*, ⟨936⟩, 939
Loder, Charlotte Luise Auguste, geb. Richter (geb. 1773)
dessen Frau 682, 803, ⟨849⟩,
858
Löhrs, Johann Karl Wilhelm
(gest. 1802) Schauspieler in
Hamburg ⟨534*⟩
Loewenstern, Christina Friederike von, geb. von Gersdorff,
Dame in Weimar ⟨893⟩
Loewenstern, Auguste von,
deren Tochter ⟨893⟩
Lorenzi, Giovanni Battista (ca.
1719–1807) italienischer
Lustspielautor ⟨416*⟩
Il marito desperato ⟨416⟩
Luden, Heinrich (1780–1847)
Historiker und Publizist,

1804 Hauslehrer bei C. W.
Hufeland in Berlin, 1806
Professor in Jena ⟨979*⟩
Charlotte Corday ⟨979⟩
Ludwig I. König von Bayern
(1786–1868) regierte
1825–1848 Widmung*
Ludwig XIV. König von
Frankreich (1638–1715)
regierte 1661–1715 1014*
Ludwig XVI. König von
Frankreich (1754–1793)
regierte 1774–1792 ⟨436⟩
Ludwig, Christian Friedrich
(1757–1823) Professor der
Naturgeschichte in Leipzig
264*
Luise, Königin von Preußen,
geb. Prinzessin von Mecklenburg-Strelitz (1776–1810)
607*, 608, ⟨614⟩, ⟨617⟩,
621, ⟨628⟩, ⟨767⟩, 769
Lukian (Lukianos, ca.
120–180) griechischer
Schriftsteller ⟨351⟩
Luther, Martin (1483–1546)
Reformator 486*, ⟨524⟩,
558, ⟨620⟩
Lyonnet, Pieter (1707–1789)
niederländischer Naturforscher ⟨505*⟩
Traité anatomique de la chenille ⟨505*⟩, ⟨508⟩, 509

Maaß, Wilhelmine
(1786–1834?) 1802–1805
Schauspielerin in Weimar
847*, ⟨864⟩, ⟨903⟩
Macdonald, James (1771–1810)
Hauslehrer aus Perth in
Schottland ⟨264⟩, 265*
Macdonald, William
(1780–1841) dessen Zögling
⟨264⟩, 265*

Mackensen, Wilhelm Friedrich
August (1768–1798) seit
1795 Philosophieprofessor in
Kiel, Kantianer ⟨130⟩
Rezension der ›Horen‹ 116*
Maier, Jakob (1739–1784)
Schriftsteller in Mannheim
441*
Der Sturm von Bocksberg
442*
Fust von Stromberg 441*,
847
Majer, Johann Christian
(1741–1821) Professor der
Rechte und Staatswissenschaften in Tübingen ⟨363⟩
Maimon, Salomon (1753–1800)
Philosoph und Schriftsteller
in Berlin 11*, 22
Das Genie und der methodische Erfinder ⟨22⟩
Über den Gebrauch der Philosophie ⟨22*⟩
Über die Ästhetik 11*
Über Stetigkeit in der Natur
⟨22⟩
Mainz siehe Erthal, Friedrich
Karl Joseph von und zu
Malcolmi, Anna Amalie Christiane, spätere Miller
(1780–1851) Schauspielerin
in Weimar 1791–1816, seit
1805 verheiratet mit Pius
Alexander Wolff ⟨748⟩,
⟨819⟩, ⟨854⟩, ⟨864⟩
Malcolmi, Karl Friedrich
(1745–1819) Schauspieler in
Weimar 1788–1817 ⟨715*⟩
Mallet, Paul-Henri
(1730–1807) Historiker und
Literaturwissenschaftler in
Kopenhagen ⟨858⟩
Monuments de la Mythologie ⟨858*⟩

Malone, Edmund (1741–1812) englischer Literaturkritiker 681*
  An attempt to ascertain ⟨...⟩ the plays of Shakespeare 681*
  The plays of Shakespeare 681*
Manso, Johann Caspar Friedrich (1760–1826) Breslauer Gymnasialdirektor und Historiker ⟨82⟩, *117**, ⟨130⟩, 222, ⟨229⟩, 242*, ⟨251⟩–⟨253⟩, ⟨376⟩, 378, ⟨489⟩
  Gegengeschenke an die Sudelköche in Jena 242, *251–253*, ⟨255⟩
  Rezension der ›Horen‹ ⟨117⟩, ⟨130⟩
Mantegna, Andrea (1431–1506) italienischer Maler in Padua, Mantua und Rom 55*, 76, 77
Mara, Gertrud Elisabeth, geb. Schmeling (1749–1833) europäischer Gesangsstar 920*
Maria Feodorowna, Zarin von Rußland, geb. Prinzessin Sophie Dorothea Augusta Louise von Württemberg (1759–1829) ⟨361⟩, ⟨943⟩
Marivaux, Pierre Carlet de Chamblain de (1688–1763) französischer Dichter ⟨1006⟩
Marmontel, Jean François (1723–1799) französischer Schriftsteller 992*, ⟨1006⟩
  Mémoires 992*, 993, 998, ⟨1006⟩
Martial (Marcus Valerius Martialis, ca. 40–ca. 104) römischer Epigrammatiker aus Spanien
  Xenia *133*, 148
Martini, Giambattista (1706–1784) italienischer Komponist
  Cosa rara ⟨697⟩
Martinuzzi, Georg (Frater Georgius, 1482–1551) kroatischer Staatsmann und Kardinal 662
Marum, Martin van (1750–1837) holländischer Naturwissenschaftler in Haarlem 486*, ⟨488⟩
  Description d'une très grande machine électrique 486*
Masaccio (Tommaso di Giovanni di Simone Guidi, 1401–1428) italienischer Renaissancemaler 547*
Masson, Charles François Philibert (1762–1807) französischer Offizier und Schriftsteller ⟨873*⟩
  Briefe eines Franzosen ⟨873*⟩
  Mémoires secrets ⟨873*⟩
Maticzek (Matiegzeck), Opernsängerin und Schauspielerin 1794–1801 in Weimar 507*, ⟨624⟩
Matthäi, Christian Friedrich (1744–1811) Philosophieprofessor in Wittenberg ⟨950⟩
  Novum Testamentum Graece 950
Matthaei, Karl (1744–1830) Privatsekretär und Haushehrer von Antonia di Branconi in Berlin, Legationsrat 209*, 211
Matthisson, Friedrich

(1761–1831) Schriftsteller in Wörlitz und Reisebegleiter der Fürstin von Dessau 9\*, 206\*, ⟨342⟩, 494, 500\*, 501, 506, 646, 647, ⟨694⟩
Alins Abenteuer ⟨694\*⟩
An die Nymphen ⟨500\*⟩
Der Bund ⟨500\*⟩
Die neuen Argonauten ⟨646\*⟩, ⟨647⟩
Hexenfund 500\*
Reliquien eines Freidenkers ⟨500\*⟩
Stummes Dulden ⟨507\*⟩
Tibur ⟨500\*⟩

Mauchart, Immanuel David (1764–1826) Diakon in Nürtingen ⟨68\*⟩

Mazarin, Jules (1602–1661) französischer Staatsmann und Kardinal ⟨1014\*⟩

Mecklenburg-Schwerin, Friedrich Ludwig Erbprinz von (1778–1819) ⟨154⟩

Mecklenburg-Strelitz, *Georg* Friedrich Karl (1779–1860), Erbprinz und späterer Großherzog von, regierte 1816–1860, Sohn der Prinzessin von Hessen-Darmstadt Friederike Caroline Luise ⟨623⟩

Medici, florentinisches Adels- und Kaufmannsgeschlecht, im 15./16. Jh. Großherzöge von Toscana 164

Meleagros von Gadara (2. und 1. Jh. v. Chr.) griechischer Epigrammatiker
Anthologia Graeca 102, 458, ⟨653⟩

Mellish of Blythe (Blith), Joseph Charles (1769–1823) englischer Diplomat und seit 1798 weimarischer Titularkammerherr, 1797–1802 in Weimar 458\*, 610, 611, 615, 619, 633, 681\*, ⟨689⟩, 690, 758, 781, 842
Übersetzung von G.s ›Herrmann und Dorothea‹ 458
Übersetzung von Sch.s ›Wallenstein‹ 633

Mellish of Blythe (Blith), Karolina Ernestina Friederika Sophia, geb. von Stein zu Nord- und Ostheim, dessen Frau ⟨610⟩, 611, ⟨619⟩, ⟨689⟩

Mereau, Friedrich Ernst Karl (1765–1825) Bibliothekar und Juraprofessor in Jena, bis 1801 verheiratet mit Sophie Mereau 232\*

Mereau, Sophie, geb. Schubert (1770–1806) Schriftstellerin in Jena, nach der Scheidung von F. E. K. Mereau Heirat mit Clemens Brentano 212, 225\*, 226, 232\*, *338*, *358*, ⟨359⟩, 390\*, ⟨391⟩, ⟨418⟩, ⟨506⟩, ⟨544⟩, 854
Andenken 212
Briefe von Amanda und Eduard 338\*, ⟨390⟩
›Cid‹-Übersetzung 854\*
Die Landschaft 212
Schwarzburg 98\*

Merkel, *Garlieb* Helwig (1769–1850) aus Litauen, 1797–1800 Student der Medizin in Jena, demokratischer Schriftsteller und Rezensent ⟨469⟩, ⟨570⟩, ⟨682\*⟩, Mithg. von ⟨Der Freimütige⟩
Briefe an ein Frauenzimmer ⟨570⟩

Merkel, Paul Wolfgang
(1756–1820) Senator und
Kaufmann in Nürnberg
⟨416⟩
Meyer, Friedrich Ludwig Wilhelm (1759–1840) Berliner
Schriftsteller und Publizist
212*, 237*, ⟨273⟩, ⟨570⟩,
⟨571⟩, ⟨619⟩
Herausgeber des ›Berlinischen Archivs der Zeit‹
Königin Kobold 212
Meyer, Johann *Heinrich*
(1760–1832) G.s Schweizer
Freund und Hausgenosse,
Maler und Professor, Direktor der Zeichenschule in
Weimar *20*\*, *21*\*, 23, 24, *37*,
40, *42*, *54*, *55*, *58*, *63*, 64, *70*,
71, 76, 77, 86, 87, 89, 91,
99, *100*, *103*, 104, 105, 110,
118, 119, *148*, 149, 154,
*156*\*, 168, 174, 187, 189,
197, 199, *201*, 205, 212, 214,
237, 238, 243, 245–247,
281, 284, ⟨314⟩, ⟨320⟩, *330*\*,
*333*\*, 339, 340\*, 341, 342,
*343*\*, 344, 345, 348, *356*\*,
361, 362, 364, 365\*, 366\*,
367, 368, *369*\*, 370–373,
378–380, 382, 383, 385,
386\*, 387, 391, 393, 394,
397, 399, 408, 412, 418, 436,
⟨437⟩, 438–440, 444, 445,
449, 451, 452, 456, 458, 462,
476, 477, 484, 486, *487*, 488,
491, ⟨492⟩, 493, 498,
501–503, 513, 524, 533,
536, 538, 539, 546, ⟨547⟩,
551, 562, 585, 593, 604, 605,
613, 614, 616, ⟨626⟩, ⟨627⟩,
635, 636, 641–643, ⟨646⟩,
⟨648⟩, 650, 652, ⟨658⟩, 662,
682, 694, 702, 724, 727,
⟨750⟩, *765*, 766–771, 773,
775–777, 779, 780, 785,
786, ⟨787⟩, ⟨790⟩, 795,
⟨800⟩, 802, 803, 806, 812,
813, 819, 823, 841, ⟨850⟩,
851, 863, 872, 873, 876,
⟨893⟩, 921, 938, 939, 945,
955, 966
Abbildung der Minerva ⟨42⟩
Abbildung des Hauptes der
Juno Ludovisi ⟨42⟩
Aldobrandinische Hochzeit
(Gemäldekopie) 154, 156,
⟨366⟩, 369
Beiträge zur Geschichte der
neuern bildenden Kunst 55\*,
⟨63⟩, ⟨64⟩, 76, 77, 98
Chalkographische Gesellschaft zu Dessau 616\*
Diana und drei Nymphen
im Reigen ⟨284⟩, ⟨323\*⟩
Drei Parzen 100
Einige Bemerkungen über
die Gruppe Laokoons
⟨551\*⟩
Entwurf einer Kunstgeschichte des 18. Jh.s ⟨1004\*⟩
Geschichte der Kunst 436\*,
⟨444⟩
G.-Porträt 187, 189, 193
Ideen zu einer künftigen
Geschichte der Kunst 21\*,
24, 37, ⟨42⟩, 54, 55
Illustrationen 456, 727
Madonna della Seggiola
(Kopie) 212, 238, 400
Masaccio ⟨547\*⟩
Nachricht an Künstler und
Preisaufgabe ⟨551⟩, ⟨594\*⟩,
⟨606\*⟩, ⟨608⟩ (Preisaufgabe
für Künstler) ⟨649⟩, ⟨654⟩,
⟨657⟩
Neueste Zimmerverzierung
137\*, ⟨237⟩, 319\*

## PERSONEN

Neue Unterhaltungen über
verschiedene Gegenstände
der Kunst ⟨394*⟩
Niobe mit ihren Kindern
462*, 465, ⟨484⟩, 486,
⟨492⟩, 496, 498, ⟨551⟩
Oeser ⟨616*⟩
Preisaufgabe fürs Jahr 1800
⟨762*⟩
Preiserteilung und Recension ⟨649*⟩
Rafaels Werke besonders im
Vatikan ⟨371*⟩, 462, ⟨496⟩,
⟨497⟩, ⟨498⟩, ⟨551⟩
Rezension der eingegangenen Stücke (1800) ⟨765*⟩,
⟨766⟩, ⟨767⟩, ⟨770⟩
Sammlung von Gefässen in
gebrannter Erde zu Florenz
⟨394*⟩
Skizzen zu einer Schilderung
Winkelmanns II 1009*
Tanz der Horen mit Apollo
⟨19⟩
Über den Hochschnitt
⟨486*⟩, ⟨490⟩, ⟨551⟩
Über die Gegenstände der
bildenden Kunst ⟨361*⟩,
⟨364⟩, 369, ⟨375⟩, ⟨377⟩,
391, 396, 397, ⟨444⟩, ⟨445⟩,
⟨458⟩, 462*, ⟨482⟩, ⟨484⟩,
⟨486⟩, ⟨488⟩, ⟨490⟩, ⟨551⟩,
⟨616⟩, ⟨641⟩, ⟨642⟩, ⟨936⟩
Über Etrurische Monumente
488*, ⟨490⟩, 491
Über Lehranstalten, zu
Gunsten der bildenden
Künste ⟨486⟩, ⟨487⟩,
⟨616⟩, 627*
Weimarische Kunstausstellung vom Jahre 1803
⟨938*⟩
Meyer, *Amalie* Karoline Friederike, geb. von Koppenfels
(1771–1825) dessen Frau,
Tochter des Weimarer
Kanzlers ⟨893⟩
Meyer, Marianne (1770–1812)
spätere Frau von Eybenberg,
heimliche Gemahlin des
Fürsten Heinrich XIII. von
Reuss 80*, ⟨153⟩, ⟨268⟩,
*351**, ⟨353⟩
Meyer, Nicolaus (1775–1855)
Arzt und Literat in Bremen
875*
Meyer, Sara (gest. 1828)
Schwester von Marianne
Meyer, spätere Frau von
Grotthus ⟨80⟩
Michaelis, Johann David
(1717–1791) Professor der
Orientalistik in Göttingen,
evangelischer Theologe
⟨300⟩, 310*
Michaelis, *Salomo* Heinrich
Karl August (1768–1844)
Verlagsbuchhändler in Neustrelitz *19**, 70, 126*, 138,
⟨140⟩, *141*
Michelangelo Buonarroti
(1475–1564) italienischer
Bildhauer und Maler 340*,
341, 616
Heilige Familie 212
Michell, John (1724–1795)
englischer Naturwissenschaftler 414*
Treatise of Artificial
Magnets 414*
Milkau, Christian Wilhelm
Gottlob von (1740–1802)
Major und Kommandant der
Jenaer Garnison 677*
Milton, John (1608–1674) englischer Dichter ⟨637*⟩
Das verlorene Paradies 637*,
638, 639, 653

Das wiedergewonnene Paradies 653*

Mionnet (Mionet), Théodore Edmé (1770–1842) französischer Numismatiker und Erfinder eines Abgußverfahrens ⟨888*⟩

Molière (Jean-Baptiste Poquelin, 1622–1673) französischer Dramatiker 854
L'école des femmes 854*

Montesquieu, Charles-Louis de Secondat, Baron de (1689–1755) französischer Philosoph und Politikwissenschaftler ⟨622⟩
Oeuvres ⟨622⟩

Morelli, Cosimo Damianus, 1801 Tanzmeister in Weimar, ab 1803 in Dresden ⟨894⟩
Die Zaubertrompete ⟨894⟩

Morgenstern, Johann Karl Simon (1770–1852) Dozent und Professor der Altphilologie in Halle und Danzig 461*

Moritz, Karl Philipp (1756–1793) Gymnasialprofessor in Berlin, Schriftsteller und Ästhetiker 3, 4, ⟨235⟩, 236*, ⟨462⟩
Versuch einer deutschen Prosodie 3*, 4

Mosnier, Jean Laurent (1743/44–1808) französischer Maler in Hamburg (1796–1800), seit 1802 in Petersburg ⟨743*⟩

Motte-Fouqué, Friedrich Baron de la (1777–1843) preußischer Offizier, Dichter ⟨920*⟩

Mounier, Jean-Joseph (1758–1806) französischer Politiker im Weimarer Exil, bis 1799 Leiter einer Erziehungsanstalt in Belvedere 434*, 435, 441, ⟨937⟩
Lettre sur la Philosophie de Kant 434*, ⟨441⟩, 443

Mozart, Wolfgang Amadeus (1756–1791) Komponist 398*, ⟨463⟩
Così fan tutte 786
Die Hochzeit des Figaro ⟨571⟩
Die Zauberflöte 428*, 547, ⟨716⟩, ⟨819⟩
Don Giovanni 144, 309, 398, ⟨819⟩, ⟨945⟩
La Clemenza di Tito ⟨864⟩, ⟨870⟩, 872

Müller, Friedrich (gen. Maler Müller, 1749–1825) Schriftsteller und Maler in Rom 276*, 340
Schreiben Herrn Müllers Mahlers 276*, 277, 278, 279, 340*

Müller, Friedrich Wilhelm Gottfried, Perückenmacher und Vermieter von Sch.s Wohnung in Weimar 652*, 655, 657

Müller, Johann *Christian* Ernst (1766–1824) Kupferstecher und Drucker in Weimar 502*, 1003

Müller, Johann Georg (1759–1819) Gymnasialprofessor für Hebräisch und Griechisch in Schaffhausen, 1803 Senator, Bekannter Herders, Bruder von Johannes von Müller ⟨740⟩

Müller, Johann Gotthard (1747–1830) Kupferstecher,

Professor an der Stuttgarter Akademie ⟨24⟩, 361*, ⟨363⟩, 819*
Müller zu Sylvelden, Johannes von (1752–1809) aus Schaffhausen, 1792–1800 Mitglied der Hof- und Staatskanzlei in Wien, bis 1804 1. Kustos der kaiserlichen Bibliothek, 1804–1807 Hofhistoriograph in Berlin 930*, 950*, 954*, 956, 957*, 961, *1005**
Der Geschichten schweizerischer Eidgenossenschaft ⟨850*⟩, ⟨956*⟩
Rezensionen ⟨950⟩
Über die Geschichte Friedrichs des Zweiten ⟨1005*⟩
Müller, Karl Ludwig *Methusalem* (1771–1837) Schriftsteller in Leipzig ⟨82⟩, ⟨129⟩, ⟨130⟩
An den Verfasser der Briefe über ästhetische Erziehung des Menschen in den Horen ⟨82⟩, ⟨129*⟩, ⟨130⟩
Müller, Marie *Elisa*, geb. Thau, 1805 Schauspielerin und Sängerin am Weimarer Theater 969*
Müller, Wenzel (1767–1835) Komponist ⟨43⟩
Das Sonnenfest der Braminen ⟨43⟩
Muratori, Lodovico Antonio (1672–1750) italienischer Historiker 187
Rerum italicarum scriptores 187, 189, 190
Murr, Christoph Gottlieb von (1733–1811) Zollamtmann, Polyhistor, Schriftsteller in Nürnberg
Haoh Kjöh Tschwen ⟨145⟩

Musaios (Grammatikos, 6. Jh. n. Chr.) hellenistischer Autor
Die Geschichte von Hero und Leander 338
Mylius, Wilhelm Christhelf Siegmund (1754–1827) Schriftsteller und Übersetzer in Berlin ⟨125⟩

Nahl, Johann August (1752–1825) Professor an der Kunstakademie in Kassel 776*, ⟨834⟩
Hektors Abschied 776
Napoleon *siehe* Bonaparte
Necker, Jacques (1732–1804) Bankier und Staatsmann aus Genf, französischer Finanzminister 1777–1790, Vater von Germaine de Staël 998*
Nepotianus, Flavius Papilius Virius (gest. 350) römischer Kaiser ⟨910*⟩
Neubeck, Valerius Wilhelm (1765–1850) Arzt in Schlesien
Die Gesundbrunnen ⟨141⟩
Newton, Isaac (1643–1727) englischer Mathematiker, Physiker und Philosoph ⟨107⟩, 122*, ⟨133⟩, 147, 149, 201, 261, 402*, ⟨405⟩, 406*, 422, 426, ⟨428⟩, 546, ⟨709⟩, 771, ⟨1013⟩
Lectiones opticae 422*
Optics 406*, 422
Nicolai, Christoph *Friedrich* (1733–1811) Buchhändler und Schriftsteller in Berlin *117*, 125, ⟨130⟩, 136*, 171, *237*, 240, 281*, 282, ⟨311⟩, ⟨469⟩, ⟨570⟩, ⟨571⟩, ⟨646⟩
Anhang zu F. Schillers

Musen-Almanach 281*
Beschreibung einer Reise
  durch Deutschland ⟨117*⟩
Niebuhr, Carsten (1733–1815)
  Forschungsreisender in dänischen Diensten
  Reisebeschreibung nach
  Arabien 413*
Niemeyer, August Hermann
  (1754–1828) Theologe und
  Pädagoge in Halle, Direktor
  des Pädagogiums ⟨880*⟩,
  914, ⟨919⟩, 920
  Die Fremde aus Andros
  (Übersetzung) 880, 914
Niemeyer, Agnes *Wilhelmine*
  Christiane, geb. von Köp-
  ken, dessen Frau ⟨919⟩,
  ⟨920⟩
Niethammer, Friedrich Immanuel (1766–1848) Philosophieprofessor in Jena, seit
  1803 in Würzburg ⟨Wid-
  mung⟩, ⟨21⟩, ⟨47⟩, ⟨50⟩, 51*,
  123, 158, 227, 236, 277*,
  ⟨285⟩, 450, 465, ⟨600⟩, ⟨636⟩,
  768*, 769, ⟨770⟩, 773, 775,
  ⟨779⟩, 788, ⟨801⟩,
  ⟨803⟩–⟨806⟩, ⟨809⟩, 811,
  814, ⟨838⟩, 864, 934*, ⟨960⟩
  Herausgeber des ›Philosophischen Journals einer
  Gesellschaft Teutscher
  Gelehrten‹ *siehe* Periodica
Noeller, Jonathan Ludwig
  Lebrecht (geb. 1773) Schriftsteller und Notar in Dresden
  ⟨476*⟩
  Sappho ⟨476*⟩
Nothnagel, Johann Andreas
  Benjamin (1729–1804) Tape-
  tenfabrikant und Maler in
  Frankfurt, G.s Lehrer im
  Ölmalen ⟨144⟩

Novalis (Georg *Friedrich*
  Philipp Freiherr von
  Hardenberg, 1772–1801)
  Dichter und Salinenassessor
  in Weißenfels 634*
  Fragmente ⟨487⟩, ⟨488⟩, 490
Nugent, Thomas (gest. 1772)
  englischer Übersetzer und
  Schriftsteller in London,
  Hamburg, Schwerin, Bre-
  men und Amsterdam
  The Life of Benvenuto Cel-
  lini 230*, 244, 263, 264

Obereit, Jacob Hermann
  (1725–1798) Arzt, Alchimist
  und Philosoph *36**, 37, ⟨76⟩,
  77, *137*
  Avertissement ⟨137⟩
  Finale Vernunftkritik für das
  grade Herz ⟨137*⟩
Oels, Karl Ludwig
  (1771–1833) Schauspieler in
  Weimar 904*, ⟨914⟩, 990,
  995, 996, 998
Oeser, Adam Friedrich
  (1717–1799) Direktor der
  Kunstakademie in Leipzig,
  G.s früherer Zeichenlehrer
  ⟨267*⟩, 616, ⟨649⟩
Opitz, Christian Ludwig Wil-
  helm (1756–1810) Theaterdi-
  rektor in Dresden und Leip-
  zig 581*, 624*, 744, 780
Osann, Friedrich Heinrich
  Gotthelf (1753–1803)
  Weimarer Regierungsrat
  ⟨474*⟩
Osiander, Friedrich Benjamin
  (1759–1822) Professor für
  Gynäkologie in Göttingen
  ⟨822*⟩
Ott, Anton (1748–1800)
  Schweizer Rittmeister und

Wirt des Gasthofs ›Zum
Schwert‹ in Zürich 366
Otway, Thomas (1652–1685)
englischer Dichter
Venice Preserved ⟨14*⟩, 908
Ovid (Publius Ovidius Naso,
43 v. Chr.–18 n. Chr.) römi-
scher Dichter
Heroides 338
Metamorphosen 311*,
⟨324⟩, ⟨414⟩
Tristia ⟨1013⟩

Paër, Ferdinando (1771–1839)
italienischer Komponist
⟨885*⟩
Camilla ⟨885⟩, ⟨948⟩
Paisiello, Giovanni
(1741–1816) italienischer
Komponist
Die Müllerin 872
Palissot de Montenoy, Charles
(1730–1814) französischer
Schriftsteller 988*, ⟨1006⟩,
1011
Les Philosophes 988*
Palladio, Andrea (1508–1580)
italienischer Renaissancearchitekt 101*
Pappenheim, Wilhelm Maximilian Freiherr von
(1764–1815) Kammerherr
und Major in Weimar (seit
1802) 845*, 848
Parny, Évariste (Désiré Defor-
ges) Vicomte de (1753–1814)
französischer Dichter ⟨635*⟩
La Guerre des dieux anciens
et modernes ⟨635*⟩, 636,
637, 640
Paulus, Heinrich Eberhard
Gottlob (1761–1851) Theo-
logieprofessor und Orientalist in Jena, seit 1803 in
Würzburg ⟨155⟩, 225*, 226,
227, 465, 492, ⟨805⟩, 846,
*847*, 852, 853, 934*, ⟨936⟩
Philologisch-kritischer
Kommentar über das Neue
Testament 846*
Paulus, Elisabeth Friederike
*Caroline* (1767–1844) dessen
Frau und Cousine, aus
Schorndorf ⟨158⟩, 163*,
190*, 192, 198, 853,
858
Paulus, Friederika Elisabetha,
geb. Bilfinger, die Mutter
der ›kleinen Paulus‹ 190
Perugino, Pietro (Vanucci, ca.
1446–1524) Maler in Rom
und Perugia 55*
Pestalozzi, Johann Heinrich
(1746–1827) Schweizer Päd-
agoge und Sozialreformer
⟨435⟩
Petersilie (gen. Silie), Johanna
Sophia *Friederike*
(1785–1867) Schauspielerin
in Weimar ⟨864⟩, 995*
Petrarca, Francesco
(1304–1374) italienischer
Dichter 317
De remediis utriusque fortunae 317
Pfeffel, Gottlieb Konrad
(1736–1809) aufklärerischer
Schriftsteller aus Colmar
⟨663⟩
Philibert, Jean Charles
(1768–1811) französischer
Botaniker 757
Introduction à l'étude de la
botanique 757
Philipp II. König von Spanien
(1527–1598) regierte seit
1556 26
Picard, Louis Benoît

(1769–1828) französischer
Dichter 914*
Encore des Ménechmes
⟨912⟩, ⟨913⟩, ⟨914*⟩
Mediocre et rampant ou
le moyen de parvenir
⟨914*⟩

Plato (427–348 v. Chr.) griechischer Philosoph
Apologie des Sokrates ⟨851⟩
Phaidon ⟨851⟩

Plautus (T. Maccius Plautus, gest. 184 v. Chr.) römischer Komödiendichter
Amphitruo ⟨133⟩

Plinius, Caecilius Secundus Gaius (d. Ä., 23–79) römischer Naturforscher und Schriftsteller 317, ⟨569⟩, 879*
Naturalis historia ⟨569⟩

Plinius, Gaius Plinius Caecilius Secundus (d. J., 61/62–um 113) römischer Redner und Schriftsteller 879*

Plouquet, Wilhelm Gottfried (1744–1814) Medizinprofessor in Tübingen ⟨363⟩

Plutarch (ca. 45–125) griechischer Historiker und Moralist 319*, ⟨958⟩
Moralia ⟨958⟩
Parallelbiographien 319

Pochmann, Traugott Leberecht (1762–1830) Maler in Dresden ⟨764⟩

Podmanitzky (Podmaniczky) von Aszód, Karl (Karoly) Freiherr von (1761–1833) Bergrat in Schemnitz in der Slowakei 886*

Poel, Pieter (1760–1837) Publizist, Mitherausgeber von ›Frankreich‹, Inhaber der Expedition des ›Altonaischen Merkurs‹ ⟨148⟩

Poinsinet de Noirville, Alexandre Henri (1735–1769) französischer Dramatiker und Opernlibrettist ⟨988⟩

Polen siehe Johann III

Polygnot (Polygnotos, 5. Jh. v. Chr.) attischer Maler aus Thasos ⟨936⟩, ⟨938⟩, 939*

Ponte, Lorenzo da (1749–1838) italienischer Librettist 309, ⟨310⟩

Pope, Alexander (1688–1744) englischer Dichter
Essay on Criticism ⟨414*⟩
Essay on Man ⟨414*⟩

Porsch, August Heinrich (1759–1823) Schauspieler in Frankfurt und Riga ⟨359⟩

Posselt, Ernst Ludwig (1763–1804) Historiker und Publizist in Tübingen ⟨125⟩, 403*, ⟨404*⟩, 408, 409, *458*, 510*, 517, 521, 524, 629
Herausgeber der ›Europäischen Annalen‹ siehe Periodica
Herausgeber von ›Die neueste Weltkunde‹ siehe Periodica

Preußen siehe Friedrich Wilhelm I., II., III., Luise

Préville, Pierre Louis Dubus (1721–1799) französischer Schauspieler 1010*

Properz (Sextus Aurelius Propertius, ca. 50–15 v. Chr.) römischer Dichter
Elegien ⟨105⟩, ⟨*106*⟩, 121, ⟨122⟩, ⟨127⟩, 128, ⟨129⟩, 131, 132, 151, 153, 154, ⟨156⟩, 542

Pütter, Johann Stephan

(1725–1807) Professor für
Staatsrecht in Göttingen
⟨822⟩
Purgstall, Johanna Anna Gräfin, geb. Cranestone
(1765–1835) Frau des Wenzel Graf Purgstall, aus
Schottland 366*
Purgstall, Wenzel Johannes
Gottfried Graf (1772–1812)
österreichischer Kammerherr, Gutsbesitzer in der
Steiermark 366*

Rabelais, François
(1494/95–1553) französischer Schriftsteller und
Humanist ⟨616*⟩
Gargantua et Pantagruel
616*
Racine, *Jean* Baptiste
(1639–1699) französischer
Dichter 605*
Britannicus ⟨242⟩
Mithridat ⟨659⟩, ⟨945⟩, 950,
⟨951⟩, *952*
Phèdre ⟨960⟩, 990*, ⟨998⟩
Racknitz, Joseph Friedrich
Freiherr von (1744–1818)
Hofmarschall in Dresden
136*, ⟨579⟩
Briefe über die Kunst an
eine Freundin 132
Raffael (Raffaello Santi,
1483–1520) italienischer
Maler 371*, 408, 616*
Die Heilige Cäcilia 408*
Madonna della Seggiola
212*, 238, 400
Raffaelschüler: Geburt des
Erichthonios 371*
Rambach, Friedrich Eberhard
(1767–1826) Gymnasiallehrer in Berlin, Dramatiker

und Publizist ⟨289*⟩, ⟨570⟩,
⟨571⟩
Der Hochverrat, oder der
Emigrant ⟨289*⟩, 379, 381,
⟨619⟩
Herausgeber der ›Jahrbücher
der preußischen Monarchie‹
*siehe* Periodica
Mitherausgeber des ›Berlinischen Archivs der Zeit und
ihres Geschmacks‹ *siehe*
Periodica
Ramdohr, Friedrich Wilhelm
Basilius von (1752–1822) seit
1788 Oberappellationsgerichtsrat in Celle, Kunstschriftsteller 8, 9*, *11*, *12*,
⟨130⟩, 136, 137, ⟨646⟩
Beschreibung der Gemäldegalerie ⟨...⟩ 9*
Charis 8*, 9, 10, 11, 137
Venus Urania ⟨646⟩
Rameau, Jean Philippe
(1683–1764) französischer
Komponist und Musiktheoretiker 988*, 993, ⟨1009⟩,
1011
Ramler, Karl Wilhelm
(1725–1798) Dichter und
Übersetzer in Berlin ⟨311⟩
Rapin de Thoyras, Paul
(1661–1725) französischer
Jurist, Erzieher, Historiker
627*
Histoire d'Angleterre
627*
Rapp, Gottlob *Heinrich*
(1761–1832) Kaufmann und
Bankier in Stuttgart, Schwager Danneckers *361**, *363*,
*364*, ⟨414⟩, ⟨432⟩, ⟨434⟩
Rautenstrauch, Johann
(1746–1801) Bühnenautor in
Wien und Hofagent ⟨845*⟩

Der Jurist und der Bauer
⟨845⟩
Recke, Charlotte *Elisabeth* von
der, geb. Reichsgräfin von
Medem (1756–1833) Schriftstellerin und Schwägerin des
Herzogs von Kurland 390*,
⟨391⟩
Rehberg, August Wilhelm
(1757–1836) Kanzleisekretär
in Hannover, Mitarbeiter
der ALZ ⟨957*⟩
Rezension von G.s ›Die
natürliche Tochter‹ 957*
Rehberg, Friedrich
(1758–1835) Historienmaler
in Rom, 1786 Professor der
Berliner Akademie 937*
Reichardt, Johann Friedrich
(1752–1814) Komponist und
Publizist in Giebichenstein
bei Halle 64*, 65, ⟨68⟩,
⟨143⟩, *147*–*149**, *151*,
169*, 170, *172*, *173**, 203,
*204*, *227*, *230*, *237*, *240*, *255*,
*265**, *266*, 269, 270, ⟨311⟩,
313, 399*, 400, ⟨524⟩,
⟨672⟩, ⟨867⟩, 871, ⟨981⟩
Der Tod des Herkules ⟨867*⟩
Liedvertonungen 147, 148
Rezension der ›Horen‹
147–149, 227
Rezension von Kotzebues
›Erinnerungen aus Paris‹
⟨981*⟩
Rezension von ›Was wir
bringen‹ ⟨876*⟩
Herausgeber von ›Deutsch-
land‹ siehe Periodica
Herausgeber von ›Frank-
reich‹ siehe Periodica
Herausgeber von ›Lyceum
der schönen Künste‹ 399,
400

Reimann, *Immanuel* Gottlieb
(geb. 1766) Ökonom in
Buttstädt, Pächter
(1801–1803) und späterer
Besitzer von G.s Freigut
Oberroßla ⟨914⟩
Reimarus, Hermann Samuel
(1694–1768) Bibelkritiker
der Aufklärung
Allgemeine Betrachtungen
über die Triebe der Tiere
⟨743⟩
Reinegg, Jakob (1744–1793)
Forschungsreisender
Allgemeine historisch-topographische Beschreibung des
Kaukasus 550*
Reinhard, Karl Friedrich Graf
von (1761–1837) französi-
scher Diplomat, 1799 Außen-
minister ⟨208⟩, ⟨740*⟩
Reinhold, Karl Leonhard
(1758–1823) 1787 Philoso-
phieprofessor in Jena, 1794
in Kiel; Kantianer, Schwie-
gersohn Wielands 355*, 400,
⟨608⟩, 637
Sendschreiben an J. C.
Lavater und J. G. Fichte
637*
Reinwald, Christophine, geb.
Schiller (1757–1847) Sch.s
älteste Schwester, Frau von
W. F. H. Reinwald ⟨198⟩,
⟨213⟩, 613*, 617, ⟨619⟩
Reinwald, Wilhelm Friedrich
Hermann (1737–1815)
Bibliothekar und Hofrat in
Meiningen, Sch.s Schwager
613*, *617*, ⟨619⟩
Reiz, Friedrich Wolfgang
(1733–1790) Professor der
Altphilologie in Leipzig
873*

## PERSONEN

Resen(ius), Johannes Petrus
(1625–1688) dänischer
Altertumsforscher ⟨858⟩
Edda Islandorum ⟨858*⟩
Restif de la Bretonne, Nicolas-
Edmé (1734–1806) französi-
scher Schriftsteller ⟨365⟩,
399*, 400, 513
Les Contemporaines ⟨365*⟩
Monsieur Nicolas 399*
Retzer, Josef Friedrich Freiherr
von (1754–1824) österreichi-
scher Publizist, Bücherzen-
sor in Wien 461*, 462, 464,
465
An Gleim 464*, 465
Reuß-Köstritz,
Heinrich XLIII. Graf von
(1752–1824) Kunstmäzen in
Weimar 900*
Reuß-Plauen-Greiz,
Heinrich XIV. Fürst von
(1749–1799) österreichischer
General, Gesandter in Ber-
lin, verheiratet mit Marianne
Meyer 1797–1799 ⟨351⟩
Ricci, Matteo (1552–1610)
Jesuit, Gründer der neueren
katholischen Chinamission
⟨402⟩
Richard III. König von Eng-
land (1452–1485) regierte
seit 1483 648
Richardson, Samuel
(1689–1761) englischer
Romancier 181*, 394
Clarissa Harlowe ⟨181⟩
Pamela ⟨181⟩
Sir Charles Grandison ⟨181⟩
Richelieu, Armand-Jean du
Plessis, Duc de (1585–1642)
französischer Staatsmann
und Kardinal ⟨1014*⟩
Richter, August Gottlieb

(1742–1812) Medizinprofes-
sor in Göttingen 858*
Ridel, Cornelius Johann
Rudolph (1759–1821) Kam-
merrat in Weimar, Erzieher
des Erbprinzen ⟨528⟩,
⟨779⟩, 848*
Riemer, Friedrich Wilhelm
(1774–1845) Philologe,
Schriftsteller, Sekretär G.s,
seit 1803 Hauslehrer von
August von Goethe, vorher
Hauslehrer bei Wilhelm von
Humboldt (1801–803) 940*
Mitteilungen über Goethe
940*
Ritter, Johann Wilhelm
(1776–1810) Physiker und
Naturphilosoph in Jena
⟨477*⟩, 487*, 488, 773, 775,
812, 934*
Beweis, daß ein beständiger
Galvanismus den Lebens-
prozeß ⟨...⟩ begleite 487*,
488
Roberjot, Claude (1753–1799)
französischer Gesandter in
Rastatt 609*
Rochlitz, *Johann Friedrich*
(1769–1842) Leipziger
Schriftsteller und Musik-
kritiker ⟨726*⟩, 823*, 827
Es ist die Rechte nicht
⟨726⟩
Glycine ⟨985⟩
Jedem das Seine ⟨816⟩
Liebhabereien ⟨823⟩, ⟨827⟩
Märchen ⟨985⟩
Revanche ⟨985⟩
Rochow, Friedrich Eberhard
Freiherr von (1734–1805)
Domherr in Halberstadt,
Schriftsteller 63*
Rodríguez de Montalvo, Garci

(15./16. Jh.) spanischer Romancier 993
Amadis de Gaula 993*
Rösch, Jakob Friedrich (1743–1841) Professor für Artillerietechnik und Kriegsbauwesen an der Karlsschule (1771–1794) 226*, *231*
Roland de la Platière, Jean Marie (1734–1793) französischer Innenminister ⟨435⟩, ⟨436*⟩
Romanus, Karl Franz (1731–1787) Geheimer Kriegsrat in Dresden 136*
Die Brüder (nach Terenz) 136, ⟨137⟩
Rousseau, Jean-Jacques (1712–1778) französischer Schriftsteller ⟨1006⟩
Correspondance originale ⟨955*⟩
Pygmalion 452*, 453–458
Rudolph, Georg Gottfried (1777–1840) Sch.s Sekretär, Diener seit 1797 351*, 992
Rühlmann, Johann August Bernhard (1759–1834) Weimarer Landkammerrat ⟨474*⟩
Ruhl, Johann Christian (1764–1842) Bildhauer in Kassel ⟨654⟩
Rumford, Benjamin Thompson Graf von (1753–1814) bayerischer Kriegsminister 372*
Ruoff, Adolf Karl Maximilian (gest. 1809) Regierungsrat und Konsistorialdirektor in Stuttgart 361*
Rußland *siehe* Katharina II., Maria Feodorowna

Sabatier de Castres, Abbé Antoine (1742–1817) französischer Schriftsteller 988*
Trois siècles de la Littérature françoise 988
Sachsen, Friedrich III. (der Weise), Kurfürst von (1463–1525) ⟨486⟩
Sachsen *siehe* Friedrich August III.
Sachsen-Coburg, Ernst Friedrich Herzog von (1724–1800) regierte seit 1764 438*, 466
Sachsen-Coburg, Sofie Antonie Herzogin von (1724–1802) dessen Frau 438*
Sachsen-Gotha und Altenburg, Ernst II. Ludwig Herzog von (1745–1804) regierender Herzog von Gotha seit 1772 235*, 236*, ⟨466⟩
Sachsen-Gotha und Altenburg, August Erbprinz von (1773–1822) dessen Sohn, Herzog seit 1804 ⟨432⟩, 434*
Sachsen-Gotha und Altenburg, August Prinz von (1747–1806) Bruder des regierenden Herzogs Ernst II., Diplomat 123*, *125*, ⟨129⟩, 130, ⟨*214*⟩, 238, *239*, 243, ⟨432⟩, 434, ⟨623⟩, ⟨687⟩
Distichen (unpubliziert) 238, 239
Princesse perruche 214
Sachsen-Gotha und Altenburg, Friedrich Prinz von (1774–1825) ⟨154⟩, ⟨623⟩
Sachsen-Gotha und Altenburg, Luise Charlotte Prinzessin von, geb. Prinzessin zu Mecklenburg-Schwerin

(1779–1801) Frau des Erbprinzen August ⟨432⟩, 434*
Sachsen-Meiningen, *Georg Friedrich Karl* Herzog von (1761–1803) Dienstherr Sch.s ⟨36⟩, 254*, ⟨466⟩, 893*
Sachsen-Weimar, Bernhard Herzog von (1604–1639) protestantischer Heerführer im Dreißigjährigen Krieg ⟨521⟩
Sachsen-Weimar-Eisenach, Anna Amalia Herzogin von, geb. Prinzessin von Braunschweig-Wolfenbüttel (1739–1807) Nichte Friedrichs des Großen, Mutter von Carl-August (›Herzogin-Mutter‹) 148, ⟨376⟩, 430*, ⟨631⟩, ⟨634⟩, ⟨649⟩, 685, ⟨689⟩, 701, ⟨744⟩, 934, ⟨941⟩, 946
Sachsen-Weimar-Eisenach, Carl August Herzog von (1757–1828) regierte seit 1775, erster Sohn Anna Amalias ⟨3⟩, 42*, *43, 44, 47,* 53, 60, ⟨82⟩, 94, 110, ⟨122⟩, 137, 152, ⟨230⟩, 237, ⟨251⟩, 257, 277, *343*\*, ⟨348⟩, 350, 351, ⟨376⟩, 432, ⟨434⟩, 435, 438, 439, ⟨458⟩, 464, 466, 468, ⟨471⟩, 474*, 476, 493*, 494, 507, ⟨521⟩, 535, 558, 576, 587, 606, 608, 613, ⟨622⟩, 625, ⟨629⟩, 637, 638, 644*, ⟨659⟩, 662, 663, 682, 687, ⟨712⟩, 714, 718, ⟨779⟩, 780, 786, 808, 819, 824, ⟨838⟩, 850, 852, 854, ⟨864⟩, 889, ⟨894⟩, 895, ⟨908⟩, ⟨934⟩, ⟨939⟩, 940, 950, 954, 961, 977, ⟨979⟩, ⟨990⟩

Sachsen-Weimar-Eisenach, Louise Auguste Herzogin von, geb. Prinzessin von Hessen-Darmstadt (1757–1830) dessen Frau 21*, 137, 148, 149, 229, 341, 366, ⟨376⟩, 377, ⟨404⟩, ⟨408⟩, ⟨412⟩, ⟨414⟩, 432, ⟨434⟩, 506, 507, 510, ⟨573⟩, 687, 710, 711, 718, ⟨823⟩, 864, ⟨939⟩, ⟨945⟩, ⟨990⟩, ⟨991⟩
Sachsen-Weimar-Eisenach, Carl Friedrich, Erbprinz von (1783–1853) ältester Sohn von Carl August und Herzogin Louise ⟨528⟩, ⟨606⟩, 614*, ⟨623⟩, ⟨628⟩, 844, 846, 848, 892, ⟨940⟩, ⟨943⟩, ⟨960⟩
Sachsen-Weimar-Eisenach, Maria Pawlowna Erbprinzessin von, geb. Großfürstin von Rußland (1786–1859) dessen Frau seit 1804, Zarentochter und -schwester, spätere Großherzogin von Sachsen-Weimar ⟨628*⟩, ⟨940⟩, ⟨943⟩, ⟨960⟩, 986, 991–993, 995
Sachsen-Weimar-Eisenach, *Caroline* Luise Prinzessin von (1786–1816) Tochter des Herzogs Carl August von Sachsen-Weimar 848*
Sainte-Croix, Guillaume-Joseph-Guilhem de Clermont-Lodève, Baron de (1746–1809) französischer Altphilologe
Réfutation d'un paradoxe sur Homère ⟨456*⟩
Saint-Foix, Germain François Poullain de (1698–1776)

französischer Schriftsteller
329*
Essais historiques sur Paris
329*
Sale, Antoine de la
(1385?-1461) 326*
L'Hystoire et plaisante cronicque du petit Jehan de Saintré 326*
Salieri, Antonio (1750-1825) italienischer Komponist, Dirigent in Wien 582*
Palmira 356, 582*
Tarare ⟨819⟩
Salzmann, Johann Friedemann Gottfried, Jenaer Hofgerichtsadvokat 928*
Sander, Johann Daniel (1759-1825) Buchhändler und Verleger in Berlin
Auszüge aus Briefen 647*
Sappho (um 630-570 v. Chr.) griechische Lyrikerin auf Lesbos 361
Sartorius (seit 1827 von Waltershausen), *Georg* Friedrich Christoph (1765-1828) seit 1797 Professor der Historie und Nationalökonomie in Göttingen ⟨822⟩, 950*
Geschichte des Hanseatischen Bundes 950*
Saxo Grammaticus (ca. 1150-1216) dänischer Geschichtsschreiber 327*
Gesta Danorum 327
Scarron, Paul (1616-1660) französischer Romancier 1009*
Schachhofer, Therese (1776-1849) Sängerin am Theater in Frankfurt am Main und Berlin ⟨359⟩
Schad, Johann Baptist (1758-1834) Privatdozent der Philosophie in Jena ⟨858*⟩
Schall, *Karl* Heinrich (Christian Heinrich, um 1765-1806) Schauspieler und Regisseur, 1797-1803 in Weimar ⟨55*⟩, ⟨251⟩, ⟨579⟩, ⟨703⟩, ⟨864⟩, 904*
Die erste Liebe ⟨533⟩
Schardt, *Sophie* Friederike Eleonore von, geb. von Bernstorff (1755-1819) Frau des Weimarer Geheimen Regierungsrats Ernst Karl Konstantin von Schardt, des Bruders Charlotte von Steins ⟨893⟩
Scheffauer, Philipp Jakob (1756-1808) Professor der Bildhauerkunst in Stuttgart (1790-1794), Jugendfreund Sch.s 217*, 361*
Scheidt, Caspar (ca. 1520-1565) Dichter und Schulmeister in Worms, Lehrer Fischarts
Grobianus ⟨616⟩
Schelling, Friedrich Wilhelm Joseph (1775-1854) seit 1798 Philosophieprofessor in Jena, seit 1803 in Würzburg 400*, 402, 406, 450*, ⟨478⟩, ⟨487⟩, 491*, 521*, ⟨526⟩, ⟨553⟩, 558, 559, ⟨600⟩, ⟨636⟩, 744*, ⟨756⟩, ⟨770⟩, ⟨775⟩, ⟨779⟩, 788, ⟨790⟩, 801, ⟨804⟩-⟨806⟩, ⟨809⟩, *811*, 837, ⟨838⟩, *846*, *⟨847⟩*, ⟨849⟩, *851*, ⟨881⟩, 886, 898, ⟨911⟩, 916, ⟨919⟩, ⟨934*⟩, 937
Bruno 851*, ⟨916⟩
Darstellung meines Systems

der Philosophie ⟨821⟩, ⟨916⟩
Ideen zu einer Philosophie
der Natur 400\*, *402*, 406,
*432*, ⟨744⟩
Philosophie der Kunst
⟨801\*⟩, ⟨837⟩
System des transcendentalen
Idealismus ⟨402⟩, ⟨770⟩,
⟨801⟩, *811*, ⟨837⟩, ⟨916⟩,
⟨919⟩
Über die Jenaische Allgemeine Literaturzeitung
⟨744⟩, ⟨757⟩
Von der Weltseele 472\*,
⟨846⟩, ⟨919⟩
Herausgeber der ›Zeitschrift
für speculative Physik‹
⟨744⟩, ⟨821⟩
Herausgeber (mit Hegel) des
›Kritischen Journals der Philosophie‹ ⟨934\*⟩
Schelver, Franz Joseph
(1778–1832) Mediziner und
Botaniker, 1802/03 Privatdozent in Halle, 1803–1806
Professor in Jena 936\*
Scherer, Alexander Nikolaus
(1771–1824) Chemiker und
Bergrat in Weimar
(1797–1800), 1794/95 Privatdozent in Jena, 1800 Professor in Halle, später in
Berlin 488\*, 491, 649, 652,
655
Schiller, Johann *Kaspar*
(1723–1796) Sch.s Vater,
Hofgärtner in Stuttgart,
Obristwachtmeister ⟨198⟩,
⟨202⟩–⟨204⟩, 213\*, ⟨214⟩
Schiller, Elisabetha Dorothea,
geb. Kodweiß (1732–1802)
Sch.s Mutter ⟨198⟩,
⟨202⟩–⟨204⟩, ⟨213⟩, 214,
864\*

Schiller, Karoline Christiane
(*Nanette*, 1777–1796) Sch.s
jüngste Schwester 213\*,
⟨214⟩
Schiller, *Louise* Dorothea
Katharina (1766–1836) Sch.s
zweite Schwester ⟨198⟩,
⟨202⟩–⟨204⟩ 213\*, ⟨214⟩
Schiller, Louise Antoinette
*Charlotte*, geb. von Lengefeld (1766–1826) Sch.s Frau
⟨1⟩, 4\*, 9, 11, 14, 15, 17, 32,
46, 47, 70, 71, 73, 86, 88,
94, 129\*, 130, 136, 171, 183,
186, 187, 189, 191–193, 198,
199, 201, 211, 235, 248,
⟨258⟩, 277, 287, ⟨293⟩, 294,
302, 322, 329, 331, 332, 345,
347, 361, 372, 388, 392, 398,
414, 428, 430, ⟨432⟩,
437–439, 456–459, 472\*
480, 504, 558, 567, 579,
⟨583⟩, 584, 585, 601, 602,
607, 614, 616, ⟨634⟩, 638,
644, 646, 650, 653–655,
659, 660, 663, 665\*–674,
676–680, 682, 689, 690,
⟨697⟩, ⟨698⟩, ⟨730⟩, 732,
733, ⟨744⟩, 750, 761, 771,
815, ⟨826⟩, ⟨829⟩, 830,
⟨867⟩, 883, 892, ⟨893⟩,
⟨894⟩, ⟨901⟩, 941, 950, 954,
⟨974⟩, ⟨981⟩, 991
Schule der Frauen (Molière-Übersetzung) 854\*
Schiller, *Carl* Friedrich Ludwig
(1793–1857) Sch.s ältester
Sohn 9\*, 44, 71–73, 163\*,
189, 190, 192, 268, 331\*,
332, 354, ⟨361⟩, 364, 365,
558, 632, 640, ⟨650⟩, ⟨653⟩,
674, 675, ⟨680⟩, 822, 823,
⟨829⟩, 830, ⟨867⟩, ⟨974⟩,
⟨992⟩, ⟨998⟩

Schiller, *Ernst* Friedrich Wilhelm (1796–1841) Sch.s zweiter Sohn 187*, 189, 190, 191*, 192, 193, 199, 201, 203, 268, 283*, *297*, 298–303, ⟨308⟩, 354, 368, 370, 558, 632, 640, ⟨650⟩, ⟨653⟩, ⟨680⟩, 813, ⟨829⟩, ⟨830⟩, ⟨867⟩, 873, ⟨974⟩, ⟨992⟩, ⟨998⟩

Schiller, *Caroline* Henriette Louise (1799–1850) Sch.s erste Tochter 644*, ⟨650⟩, 659*, 660, 663, 665, ⟨680⟩, 745, ⟨829⟩, ⟨830⟩, ⟨867⟩, ⟨974⟩, ⟨992⟩, ⟨998⟩

Schiller, *Emilie* Henriette Louise (1804–1872) Sch.s jüngste Tochter 981*, ⟨992⟩, ⟨998⟩, 1000

Schimmelmann, Ernst Heinrich Graf von (1747–1831) dänischer Finanzminister und Mäzen Sch.s ⟨79⟩

Schimmelmann, Charlotte Gräfin von, geb. von Schubart (1757–1816) dessen Frau 245*, 579

Schlegel, August Wilhelm (1767–1845) Schriftsteller und Literaturwissenschaftler, 1798–1800 Professor in Jena, 1801–1804 in Berlin ⟨82⟩, 120*, 132, 134, ⟨135⟩, 151*, 168, 170, 190, 192, 196, 227, 229, 235, 237, 252, 268, ⟨269⟩, 295, ⟨315*⟩, *324*, 346*, 348, 352, 353, 362, 392, 393, ⟨428⟩, 430, 431, 447, 458, 461, 465*, 466, 476, 477*, 478, 487, 488, ⟨534⟩, 581, ⟨584⟩, 634, ⟨641*⟩, 646, 682, 737*, ⟨756⟩, ⟨811⟩, ⟨850⟩, ⟨852⟩, ⟨860⟩

Am Tage der Huldigung 488*
An Friederike Unzelmann ⟨476*⟩
Arion 362*, ⟨368⟩
Aus Shakespeares ›Julius Caesar‹ 295*, 925*, 930, *931*, ⟨932⟩
Briefe über Poesie, Silbenmaß und Sprache 120*
Der neue Pygmalion 450*, ⟨476⟩, 477, 488
Der rasende Roland (Übersetzung) ⟨646*⟩
Die entführten Götter 368, ⟨411⟩
Die Kunst der Griechen 646*, 647
Ehrenpforte und Triumphbogen 788*, 789
Ein Knecht ⟨...⟩ ⟨682*⟩
Fragmente ⟨487*⟩, ⟨488⟩, 490, 646
Gesang und Kuß ⟨368⟩
Ion ⟨833*⟩, ⟨839⟩, ⟨850⟩, ⟨963⟩
Kampaspe ⟨477*⟩, *⟨488⟩*
Lebensmelodien ⟨477⟩
Literarischer Reichsanzeiger ⟨646⟩, ⟨647⟩
Notizen ⟨646*⟩, ⟨647⟩
Preisaufgabe ⟨489⟩, ⟨513⟩
Prometheus ⟨346*⟩, 352, 366, ⟨368⟩, 429
Pygmalion 362*, 477, 488
Rezension der ›Horen‹ ⟨120*⟩
Rezension von Collins ›Regulus‹ 852*
Rezension von ›Homers Werke, von J. H. Voß‹ ⟨312⟩
Rezension von G.s ›Herrmann und Dorothea‹ 392*, *393*, ⟨394⟩, 488

Shakespeare-Übersetzungen
466*, 663, 682, 925, 930,
*931*, 932, 933
Spanisches Theater ⟨958*⟩
Tristan 750
Über Shakespeares ›Romeo
und Julia‹ 324*, 327
Über Zeichnungen zu
Gedichten ⟨646⟩
Zueignung des Trauerspiels
›Romeo und Julia‹ 368
Mitherausgeber der Zeitschrift ›Athenaeum‹, siehe
Periodica
Schlegel, Caroline, geb.
Michaelis, verw. Böhmer
(1763–1809) dessen Frau,
nach der Scheidung (1803)
Ehefrau Schellings 190, 192,
196, 222*, 223, 252, ⟨268⟩,
⟨428⟩, 430, ⟨461⟩, 477, 744,
⟨898*⟩
Schlegel, Karl Wilhelm Friedrich (1772–1829) Schriftsteller und Literaturwissenschaftler in Jena, 1800/01
Privatdozent in Jena, dann
in Berlin, Dresden Paris und
Köln ⟨82⟩, ⟨130⟩, ⟨147⟩,
208, ⟨227⟩, ⟨237⟩, 240*,
247*, 252, *315**, ⟨346⟩,
⟨370⟩, ⟨393⟩, *399**, 400, 421,
⟨461⟩, ⟨477⟩, 487, ⟨489⟩,
⟨513⟩, ⟨534⟩, ⟨570⟩, 581,
⟨584⟩, 631, 646, 647, 744,
⟨755⟩, 757, 772, 775, ⟨776⟩,
⟨779⟩, 788, 805*, 806,
⟨811⟩, ⟨812⟩, 860
Alarcos 860*, *861**, 862,
864, ⟨962⟩
An den Herausgeber
Deutschlands, Schillers
Musen-Almanach betreffend
315*

Der deutsche Orpheus
⟨315*⟩, 421
Die Griechen und Römer
⟨631⟩
Fragmente ⟨487*⟩, ⟨488⟩,
490, 646
Kritische Fragmente ⟨399⟩,
⟨400*⟩
Literarischer Reichsanzeiger
⟨646⟩, ⟨647⟩
Lucinde *631**, 632, 864
Preisaufgabe ⟨489⟩, ⟨513⟩
Rezension der ›Horen‹
(1796) 227*, ⟨240⟩
Rezension von Jacobis ›Woldemar‹ 247*, ⟨631⟩
Über das Studium der griechischen Poesie ⟨631⟩
Über die Homerische Poesie
*307**, ⟨335⟩, ⟨500⟩, ⟨631⟩
Über Goethes Meister
⟨487⟩, ⟨488⟩
Über Lessing ⟨399*⟩
Von den Schulen der griechischen Poesie ⟨631*⟩
Herausgeber der Zeitschrift
›Europa‹ 904*, ⟨905⟩, 907
Mitherausgeber der Zeitschrift ›Athenaeum‹, siehe
Periodica
Schleiermacher, Friedrich
Daniel Ernst (1768–1834)
Theologe und Philosoph in
Berlin
Fragmente ⟨487*⟩, ⟨488⟩, 490
Schleswig-Holstein-Augustenburg, Friedrich Christian
Herzog von (1765–1814)
Sch.s Mäzen 17*, ⟨79⟩,
⟨245⟩
Schlichtegroll, Adolf Heinrich
Friedrich (1765–1822) Gymnasiallehrer in Gotha und
Publizist 235*, 236, ⟨237⟩

Herausgeber des ›Nekrologs
merkwürdiger Deutschen‹
235*, 236, 237
Schlözer, August Ludwig von
(1735–1809) Professor der
Politik und Geschichte in
Göttingen ⟨617⟩, 1005
Nestor ⟨1005*⟩
Schlosser, Johann *Georg*
(1739–1799) G.s Schwager,
Jurist, seit 1794 freier
Schriftsteller in Ansbach und
Eutin ⟨199⟩, 203*, ⟨208⟩,
⟨246⟩, 315*, 363, 365, *421,
422*, 664*
Fortsetzung des Platonischen Gespräches von der
Liebe 203
Schreiben an einen jungen
Mann, der die kritische Philosophie studieren wollte
⟨315*⟩, ⟨363⟩
Zweites Schreiben an einen
jungen Mann, der die kritische Philosophie studieren
wollte 420*, *421, 422*
Schlosser, Cornelia, geb.
Goethe (1750–1777) dessen
Frau, G.s Schwester ⟨422⟩
Schmalz, Georg Anton Heinrich (1760–1831) Jurist in
Königsberg, seit 1803
Geheimer Justizrat und
Kanzler der Universität
Halle 920*
Schmid, Carl Christian Erhard
(1761–1812) Theologieprofessor in Jena 51
Herausgeber des ›Philosophischen Journals für Moralität, Religion und Menschenwohl‹, *siehe* Periodica
Schmid, Christian Heinrich
(1746–1800) seit 1771 Professor der Rhetorik und Poetik
an der Universität Gießen,
Rezensent ⟨469⟩
Schmid, Johann Wilhelm
(1744–1798) Theologieprofessor in Jena, Prorektor
1795 51*
Schmid, Philipp *Siegfried*
(1774–1859) Freund Hölderlins, Dichter in Friedberg,
Hofmeister in Basel und
Erlangen ⟨342⟩, *350*, 352,
355, 358,* ⟨910⟩
Nepotian 910?
Schmieder, Heinrich Gottlieb
(1763–1811) Bühnenautor in
Stuttgart, Mainz, Mannheim, Erfurt und Dresden
Bearbeitung des ›Don Giovanni‹-Librettos ⟨310⟩,
⟨311⟩
Herausgeber des ›Theater
Kalender‹, *siehe* Periodica
Schmidt, Friedrich Ludwig
(1772–1841) Schauspieler,
Regisseur und Dramatiker in
Magdeburg
Lorenz Stark 985*
Schmidt, Friedrich Wilhelm
August (1764–1832) Prediger und Autor in
Werneuchen
Herausgeber des ›Almanachs
romantisch-ländlicher
Gemälde‹ für 1798 ⟨392⟩
Herausgeber des ›Calenders
der Musen und Grazien‹
(1797) ⟨168⟩
Schmidt, Georg Philipp
(1766–1849) aus Lübeck,
Student der Medizin in Jena,
später Bankdirektor in
Altona. Geliebter von
Sophie Mereau 232*

Schmidt, Johann Christoph
(1727–1807) Geheimer Rat
und Kammerpräsident in
Weimar 277*, ⟨865⟩
Schmidt, Johann Ludwig
(1726–1792) Juraprofessor
in Jena 275*, 276, 277,
⟨288⟩
Schnauß, Christian Friedrich
(1722–1797) Weimarer
Geheimrat 387*
Schnorr von Carolsfeld, Veit
Hans Friedrich (1764–1841)
Maler und Radierer in Leipzig ⟨764⟩
Schnurrer, Christian Friedrich
von (1742–1822) Theologe,
Philosoph und Orientalist an
der Universität Tübingen
⟨363⟩
Schocher, Christian Gotthold
(1736–1810) Magister der
Philosophie, Rezitator und
Privatlehrer in Leipzig 3*
Soll die Rede auf immer
ein dunkler Gesang
bleiben ⟨3*⟩
Schongauer (Schön), Martin
(ca. 1450–1491) Maler und
Kupferstecher aus Colmar
547*
Schott, Andreas Heinrich
(1758–1831) Philosophieprofessor und Bibliothekar
in Tübingen ⟨363⟩
Schrader, Johann Gottlieb
Friedrich (1763–nach 1819)
Mathematik- und Physikprofessor in Kiel 724*, ⟨739⟩
Schreyvogel, Joseph
(1768–1832) Dramaturg und
Schauspieler in Wien 24*
Die Witwe 24*
Schröckh, Johann Matthias
(1733–1808) Historiker an
der Universität Wittenberg
⟨603*⟩
Allgemeine Biographie
603*
Schröder, Friedrich Ludwig
(1744–1816) Schauspieler
und Leiter des Hamburger
Nationaltheaters 203*, 428*,
⟨452⟩, 456*, 457*, 458, 459,
522, 524, 533, 534*, 536,
581, ⟨721⟩
Der Essigmann mit seinem
Schubkarren ⟨452⟩, 453
Stille Wasser sind tief ⟨452⟩,
456
Schröter, Johann Hieronymus
(1745–1816) Astronom in
Lilienthal bei Bremen
Selenotopographische Fragmente ⟨649⟩
Schubart, Christian Friedrich
Daniel (1739–1791) Autor
und Komponist in Stuttgart
404*
Deutsche Chronik 404*
Schubart, Ludwig Albrecht
(1765–1811) dessen Sohn,
Schriftsteller ⟨68*⟩
Schütz, Christian Gottfried
(1747–1832) Philologe und
Publizist, 1779–1803 Professor der Poesie und Beredsamkeit in Jena, ab 1804 in
Halle 9*, 15*, 34, 44, 64, 79,
*132*, 134, 136, 235, 237,
⟨470⟩, ⟨544*⟩, ⟨545⟩, 744*,
⟨757⟩, ⟨824⟩, 837, ⟨908⟩,
⟨921*⟩, ⟨936⟩, ⟨957⟩
Begründer der ›Allgemeinen
Literatur-Zeitung‹, *siehe*
Periodica
Schütz, Friederike Henriette
Ernestine Sophie

(1781–1795) dessen Tochter 79*

Schütz, Friedrich Carl Julius (1779–1844) 1801 Privatdozent in Jena, Professor der Philosophie in Halle, Sohn von C. G. Schütz ⟨908⟩

Schütz, Johann Gottfried (1769–1848) von 1796–1800 Gymnasiallehrer, dann Prediger in Bückeburg, Bruder von C. G. Schütz 824*

Schultheß, *Karl* Johann Jakob (1775–1854) Maler aus Neuchâtel, seit 1797 in Dresden, 1799 in Bayreuth, 1801–1807 in Paris ⟨654⟩

Schultze, Carl Adolf (1758–1818) Bürgermeister in Weimar, fürstlicher Rat 850*, 851, ⟨852⟩

Schummel, Johann Gottlieb (1748–1813) Schriftsteller in Breslau ⟨357*⟩

Schwarzburg-Rudolstadt, Ludwig Friedrich II. Fürst von (1767–1807), regierte seit 1793 308*, 611, ⟨890⟩ Kinder: Günther (1793–1867) 308*, Thekla (1795–1861) 308*

Schweighäuser, Johann Gottfried (1776–1844) Straßburger Philologe, Hauslehrer der Familie Wilhelm von Humboldts 442* Rezension von G.s ›Herrmann und Dorothea‹ ⟨442⟩

Seckendorff, Ernst *August* Freiherr von (1765–1835) Kammerherr und Münzsammler in Dresden, 1801 Floßoberaufseher ⟨162⟩

Seckendorf(f)-Aberdar, Franz Karl *Leopold* von (1775–1809) Schriftsteller und Hofjunker in Weimar, 1801 Legationsrat in Regensburg, 1802 Regierungsrat und Kammerherr in Stuttgart ⟨631*⟩, 744*, ⟨779⟩, 823* Neujahrs Taschenbuch von Weimar, auf das Jahr 1801 ⟨744⟩

Seckendorff, *Franz* Paul Christoph von (1750–1823) bis 1785 Hof- und Regierungsrat in Weimar, dann Reichshofrat in Wien ⟨462*⟩

Seckendorff, Karl Friedrich Siegmund Freiherr von (1744–1785) Weimarer Kammerherr, Schriftsteller, Komponist ⟨414*⟩

Seckendorff, Fräulein von, dessen Tochter (?) 414

Seebach, *Amalie* (Amélie) Constantine Luise Henriette von, verh. von Stein (1775–1860) seit 1798 Schwiegertochter Charlotte von Steins ⟨387⟩

Seebach, Ludwig von (1770–1841) aus Weimar ⟨387⟩

Seebach, Charlotte Elisabeth Sophie Wilhelmine von (1781–1849) aus Weimar 414*

Seneca, Lucius Annaeus (4 v. Chr.–65 n. Chr.) römischer Philosoph, Dichter und Staatsmann Medea ⟨499⟩ Thyestes ⟨499⟩

Senf(f)t von Pilsach, Friedrich Christian Ludwig (gen.

## PERSONEN

Laun, 1774–1855) Hof- und
Justizrat in Dresden, später
österreichischer Staatsminister und Diplomat 329*
Seyfarth, Johann Andreas
(1771–1819) Souffleur und
Kassier am Weimarer Theater ⟨623*⟩, 672
Shakespeare, William
(1564–1616) englischer
Dichter 203, 293, 681, 702,
720
⟨A Yorkshire tragedy⟩
⟨681*⟩
Der Kaufmann von Venedig
349, 933*
Der Sturm ⟨358⟩
Die Komödie der Irrungen
305, 881
Ein Sommernachtstraum
⟨890⟩
Hamlet 49, 327
Julius Caesar 295, 925, 930,
931, 932
König Heinrich IV. 380,
⟨381⟩
König Heinrich V. 380,
⟨381⟩
König Heinrich VI. 380,
⟨381⟩
König Richard II. 380, ⟨381⟩
König Richard III. 380,
⟨381⟩
Macbeth 249, 305, ⟨381⟩,
713, 714, ⟨720*⟩
Othello ⟨381⟩
Pericles, prince of Tyre
⟨681*⟩
Sheridan, Richard Brinsley
Butler (1751–1816) Theaterdichter und -direktor in
London 633*
Die Lästerschule 721*
Silber, Benjamin (1772–1821)
Offizier und Schriftsteller in
Sachsen
Johann Friedrich, Kurfürst
zu Sachsen ⟨1005⟩
Silie *siehe* Petersilie
S(ch)lanzowsky, Elisabeth,
geb. Reimers, Schauspielerin
in Weimar von 1797–1800
564*
Snellius, Willibrord
(1580–1626) niederländischer Mathematiker und
Physiker 412*
Soden, Friedrich Julius Heinrich Reichsgraf von
(1754–1831) preußischer
Minister in Ansbach, ab
1804 Theaterdirektor in
Bamberg und Würzburg;
Dramatiker, Übersetzer und
Nationalökonom *120*\*
Aurora 120*
Soemmerring, Samuel Thomas
(1755–1830) Mediziner,
Naturforscher, Arzt in
Frankfurt und München
911*
Über das Organ der Seele
911*
Sophokles (ca. 495–405
v. Chr.) griechischer Tragiker 394, ⟨459⟩, 465*, 756
Ajax 293, 394
Antigone 293
Elektra ⟨962⟩, ⟨963⟩
König Oedipus 293, 305,
*367*, 439
Oedipus auf Kolonos 293
Philoktet 293, 394
Trachinierinnen 293
Soulavie, Jean-Louis-Giraud
(1722–1813) französischer
Historiker und Publizist 849
Mémoires historiques 849*

Spalding, Johann Joachim
(1714–1804) Propst und
Oberkonsistorialrat in Ber-
lin, protestantischer Theo-
loge und Moralphilosoph
⟨617⟩
Spangler, Johann Samuel,
Schauspieler in Weimar 776*
Spener, Johann Karl Philipp
(1749–1827) Verlagsbuch-
händler in Berlin 216*
Spinoza, Baruch (1632–1677)
jüdischer Philosoph in den
Niederlanden ⟨21⟩
Sprengel, *Kurt* Polycarp
Joachim (1766–1833) Profes-
sor für Botanik in Halle
872*
  Anleitung zur Kenntnis der
  Gewächse 872*
Staël-Holstein, Anna-Louise-
*Germaine* Baronne de, geb.
Necker (1766–1817) franzö-
sische Schriftstellerin ⟨428⟩,
⟨442⟩, 485*, 937*, 939*,
940, 941, 945, 946, 948, 949,
950, 954, 960, 961,
963–965, 970
  De la littérature ⟨939*⟩
  De l'Allemagne ⟨485*⟩,
  ⟨939*⟩
  De l'Influence des passions
  250*, 251–253, 255, 256,
  258, 262–264 (Deutsche
  Übersetzung: 255, 256)
  Delphine ⟨939⟩
  Erzählungen 129*, 485*, 486
  Essai sur les Fictions *107*,
  108*, 109–111, *115*, 126, 129,
  130, 227
Stark, Johann Christian (d. Ä.,
1753–1811) Medizinprofes-
sor in Jena, Sch.s Hausarzt,
Leibarzt der herzoglichen
Familie 190, 191*, 665*,
667, 668, 670, 672, ⟨745⟩,
796, ⟨872⟩, ⟨979⟩
  Handbuch zur Kenntnis und
  Heilung innerer Krankheiten
  ⟨665*⟩, ⟨672⟩
Starke, Johann Christian Thomas (um 1764–1840) Kup-
ferstecher in Weimar ⟨213*⟩,
220, 234, ⟨245⟩, 250*, ⟨258⟩
Steffany, Georg Christoph
(1749–1807) Bauverwalter in
Weimar ⟨474*⟩
Steffens, Henrik (1773–1845)
Physikprofessor in Halle
757*
  Versuch über die Mineralo-
  gie 757*
Stegmann, Karl David
(1751–1826) Schauspieler in
Hamburg ⟨534*⟩
Steigentesch, August Ernst
Freiherr von (1774–1826)
1797 Hauptmann der öster-
reichischen Armee in Frank-
furt, Diplomat und Schrift-
steller 350*, 352, 359, 646,
647
  Die Menschenalter ⟨646*⟩,
  ⟨647⟩
Stein, Optiker in Weimar 643
Stein, *Charlotte* Albertine
Ernestine von, geb. von
Schardt (1742–1827) G.s
Freundin für 12 Jahre,
Witwe des Weimarer Ober-
stallmeisters Gottlob Ernst
Josias Friedrich von Stein
⟨46⟩, ⟨63⟩, ⟨82⟩, ⟨129⟩,
⟨275⟩, ⟨283⟩, ⟨399⟩, 680*,
720, ⟨864⟩, ⟨941⟩, 981,
⟨991⟩
Stein, Gottlob Ernst Josias
*Friedrich* Freiherr von

(1735–1793) deren Mann ⟨110⟩

Stein, Gottlob *Friedrich* Konstantin von (1772–1844) jüngster Sohn Charlottes, 1794 Kammerjunker in Weimar, Jurist, 1798 preußischer Kriegs- und Domänenrat in Breslau 63*

Stein, Karl von (1765–1837) ältester Sohn Charlottes, Auditor in Mecklenburg-Schwerin ⟨387*⟩

Stein, Dietrich Philipp Freiherr von (1741–1803) aus Nordheim 185

Stein, Susanne Wilhelmine Elisabeth Freifrau von, geb. von und zu der Tann (1737–1797) dessen Frau 171*, ⟨185⟩

Steinbrüchel, Johann Jakob (1729–1796) Theologe, Philologe, Pädagoge in Zürich 446*
Das tragische Theater der Griechen ⟨446*⟩

Sterne, Lawrence (Pseudonym: Yorick, 1713–1768) englischer Romancier und Pastor ⟨456*⟩
Tristram Shandy ⟨456*⟩

Stock, Johanna *Dorothea* (Dora, 1760–1832) Körners Schwägerin, Malerin in Dresden ⟨62⟩, ⟨151⟩, ⟨161⟩, 263, ⟨823⟩

Stoelzel, Christian Friedrich (1751–1816) Kupferstecher und Bildniszeichner in Dresden ⟨100⟩

Stötzer (Stützer), Johann Adam (1733–1809) Hofadvokat und Stadtsyndikus in Weimar, Vermieter eines Hauses, das Wolzogens 1797/98 bewohnten 283*

Stolberg, Christian Graf zu (1748–1821) Amtmann in Tremsbüttel und Dichter, Mitglied des ›Göttinger Hains‹, Bruder von Friedrich Graf Stolberg 24*, 136, 171, ⟨293⟩, ⟨469⟩
Sophokles-Übersetzung ⟨24⟩, ⟨293⟩

Stolberg, Friedrich Leopold Graf zu (1750–1819) Regierungspräsident in Eutin, Schriftsteller, Mitglied des ›Göttinger Hains‹ 24*, 42, *121**, 122, *123*, 125, *136*, 171, *198**, 199, *203**, ⟨208⟩, 234, ⟨246⟩, ⟨469⟩, ⟨663⟩
Auserlesene Gespräche des Platon 121*, 122, 123, 125
Gedanken über Herrn Schillers Gedicht ›Die Götter Griechenlands‹ ⟨122*⟩
Reise in Deutschland, der Schweiz, Italien ⟨...⟩ ⟨24*⟩, ⟨42⟩

Stuart, Maria Königin von Schottland (1542–1587) Königin von 1542–1567 597, 598, *siehe* Sch.s Werke

Süßmay(e)r, Franz Xaver (1766–1803) Komponist und Kapellmeister in Wien
Die neuen Arkadier ⟨142⟩

Sulzer, Johann Georg (1720–1779) Philosoph und Ästhetiker, Mathematikprofessor in Berlin
Allgemeine Theorie der schönen Künste ⟨542*⟩

Swift, Jonathan (1667–1745)

englischer Satiriker ⟨104⟩, 616*
A Tale of a Tub ⟨104⟩, ⟨616⟩
The battle of books ⟨616⟩
Travels into several remote nations ⟨...⟩ by Lemuel Gulliver ⟨616⟩
Symonds, John (?) (1729–1807) englischer Übersetzer (des ›Don Carlos‹) und Schriftsteller, Professor für Geschichte in Cambridge ⟨611⟩

Tasso, Torquato (1544–1595) italienischer Dichter
La Gierusalemme liberata ⟨334⟩, 757*, ⟨953⟩
Teller, Luise (1755–1810) Schauspielerin in Weimar seit 1799 556*, 557, 559*, 562, 564, 572, ⟨864⟩, ⟨872⟩
Terenz (Publius Terentius Afer, um 190–159 v. Chr.) römischer Dichter 976*
Adelphoe 136, 137, 872, 882, 934, 935
Andria 880, ⟨914⟩
Eunuchus ⟨894⟩, ⟨898⟩
Heautontimoroumenos 976
Textor, Johann Wolfgang (1693–1771) G.s Großvater, Stadtschultheiß in Frankfurt am Main, kaiserlicher Rat 357*
Theokrit (Theokritos, ca. 310–250 v. Chr.) griechischer Dichter
Idyllen ⟨173⟩
Theophrast (Theophrastos, um 372–287 v. Chr.) griechischer Philosoph ⟨871⟩
De coloribus ⟨871*⟩, ⟨872⟩
Thibaut, Anton Friedrich Justus (1772–1840) Juraprofessor in Jena (1802–1806), vorher in Kiel ⟨276*⟩, ⟨842⟩, 937*
Thiele, Abraham Christoph (1729–1805) Bücherkommissionär in Leipzig, Hofsekretär ⟨890⟩
Thieriot, *Paul* Aemil (1780–1831) Violinspieler, Freund Jean Pauls ⟨739*⟩
Thomasius, Christian (1665–1728) Jurist und Philosoph in Leipzig und Halle 603*, 604
Discours Welcher Gestalt man denen Frantzosen ⟨...⟩ nachahmen solle 603*
Monats-Gespräche 603*
Thomson, James (1700–1748) englischer Dichter
The seasons ⟨414⟩
Thouret, *Nicolaus* Friedrich (1767–1845) Baumeister und Maler in Stuttgart, Leiter des Schloßbaus in Weimar 1798 414*, 432*, 434, 450, 462, 464, ⟨474⟩, ⟨481⟩, 485, 486, 488, 558*, 559, 643, 649, 650
Thümmel, Moritz August von (1738–1817) Schriftsteller in Gotha, Coburgischer Minister 136, ⟨357*⟩
Reise in die mittäglichen Provinzen von Frankreich 136
Thukydides (ca. 460–396 v. Chr.) griechischer Historiker 391*
Peloponnesischer Krieg 391
Tieck, Johann *Ludwig* (1773–1853) Dichter der Romantik, Journalist in Ber-

lin, Jena, Dresden und
Hamburg
Auf der Reise ⟨476*⟩
Der gestiefelte Kater 450*,
488
Der neue Frühling ⟨476*⟩
Die Vogelscheuche ⟨434⟩
Don Quijote (Cervantes-
Übersetzung) 633*
Ein Knecht hast ⟨...⟩ ⟨682*⟩
Franz Sternbalds Wanderun-
gen 504*, 505, 631, ⟨805⟩
Herbstlied ⟨476*⟩
Herzensergießungen eines
kunstliebenden Klosterbru-
ders ⟨268⟩
Kunst und Liebe ⟨476*⟩
Leben und Tod der heiligen
Genoveva 681*
Octavian ⟨860⟩
Poetisches Journal 757*, 759
Über die geschichtliche Ent-
wickelung der neueren
Bühne ⟨452⟩
Tieck, Christian *Friedrich*
(1776–1851) dessen Bruder,
Bildhauer in Berlin und
Paris, 1801–1805 zeitweise
in Jena und Weimar ⟨958⟩
Tischbein, Johann *Friedrich*
August (1750–1812) Porträt-
und Hofmaler des Fürsten
von Anhalt-Dessau, Direk-
tor der Kunstschule in Leip-
zig, ein Cousin des ›G.-
Tischbein‹ 447*
Trabitius, Johann Nikolaus
(1739–1807) Schloßvogt in
Jena 471*, 931, 932
Tressan, Louis Élisabeth de La
Vergne Comte de
(1705–1783) französischer
Schriftsteller 807*
Tressan, Louis-Élisabeth de

La Vergne, Abbé de
(1747/49–1809) dessen Sohn
Histoire de Robert 807
Trumbull, John (1756–1843)
amerikanischer Historien-
maler 361*
Der Tod des Generals War-
ren in der Schlacht von Bunker's Hill 361
Tschudi, Aegidius (1505–1572)
Schweizer Geschichtsschreiber, Landammann des Kan-
tons Glarus ⟨850⟩
Chronicon Helveticum
⟨850*⟩

Ulrich, Johann August Heinrich (1746–1813) Philoso-
phieprofessor in Jena 805*
Unger, *Johann Friedrich* Gottlieb (1753–1804) Buchdrukker und Verleger in Berlin,
Professor der Holzschneidekunst an der Kunstakademie
5*, 25, 26, 70, 105, 119, 125,
134, 147, ⟨148⟩, 173, 178,
⟨184⟩, 198, ⟨214⟩, 428,
464*, 465, ⟨618⟩, 619, 639,
⟨794⟩, ⟨798⟩, ⟨819⟩, ⟨823⟩,
852
Unruh, Johann Heinrich Christoph (1753–1809) Buchbinder in Weimar 216*, 217,
222, 223, 234
Unzelmann, *Friederike* Auguste Conradine, geb. Flittner
(1760/68–1815) seit 1788
Schauspielerin in Berlin, verheiratet mit dem Schauspieler K. W. F. Unzelmann
⟨80⟩, 589*, 847, ⟨940⟩, 997,
998
Unzelmann, *Karl* August
Friedrich Wilhelm

(1786–1843) deren Sohn, seit 1802 Schauspieler in Weimar ⟨914⟩, 995*, 1000
Uz, Johann Peter (1720–1796) Jurist und Dichter in Ansbach und Nürnberg *193**, 194

Valentini, Ernst von (1759–1835) Maler und Silhouetteur, Hofmaler und Zeichenlehrer in Detmold ⟨654⟩, ⟨764⟩
Veit, Dorothea, geb. Brendel Mendelssohn, gesch. Veit, spätere Schlegel (1764–1839) Tochter Moses Mendelssohns, Lebensgefährtin und (seit 1804) Frau von F. Schlegel 805*
Florentin 805*, 806
Veltheim, August Ferdinand Graf von (1741–1801) Schriftsteller, Polyhistor, Geologe, Gutsbesitzer in Harbke bei Helmstedt 757*
Sammlung einiger Aufsätze 757*
Vent, Christoph Gottlob (1752–1822) Weimarer Ingenieuroffizier, wirkte am Schloßbau mit 364*
Venuti, Niccolo Marcello Marchese di (1700–1755) italienischer Archäologe 209*
Beschreibung von Heraclea 209
Vergil (Publius Vergilius Maro, 70–19 v. Chr.)
Äneis ⟨149⟩, 394
Bucolica ⟨312⟩
Georgica ⟨649⟩
Vermehren, Johann *Bernhard* (1774–1803) Philosoph in Jena, Schriftsteller ⟨805*⟩, 938*
Vieilleville, François de Scepeaux, Sire de (1510–1572) französischer Marschall 183*, 189
Mémoires *183**, 189, 190, 277, 278*, 294, 310, 329*
Vieweg, Johann Friedrich (1761–1835) Verlagsbuchhändler in Berlin, dann in Braunschweig ⟨274*⟩, ⟨275*⟩, ⟨283⟩, ⟨370⟩, 430, 467, ⟨492⟩, 513, ⟨639⟩
Vogel, Wilhelm (1772–1843) Schauspieldirektor und Dramatiker in Straßburg und Dresden 721*
Die Verschleierte 721*
Vogler, Georg Joseph (1749–1814/16) Komponist, Kapellmeister, Pianist in München, Wien und Stockholm ⟨910*⟩
Vohs, *Friederike* Margarete, geb. Porth (1777–1860) Schauspielerin in Weimar 1790–1802, Frau von Johann Heinrich Vohs ⟨624*⟩, 653, 725*, ⟨748*⟩, ⟨819⟩, 854, 859
Vohs, Johann *Heinrich* Andreas (1762–1804) Schauspieler in Weimar (1792–1802), seit 1802 Direktor des kurfürstlichen Hofschauspiels in Stuttgart 520*, 575, 613*, 614, 697, ⟨703⟩, ⟨715⟩, 776*, 786, ⟨819⟩
Voigt, Christian Gottlob (d. Ä., 1744–1819) seit 1791 Mitglied des Geheimen Consiliums, seit 1794 Gehei-

mer Rat in Weimar 60*, 92, ⟨230⟩, ⟨241⟩, ⟨252⟩, 282, 288–290, 338, 377, 450, 468, ⟨528⟩, 569, 637, ⟨706⟩, 737, 779, 780, ⟨865⟩, 949

Voigt, Johanna Victoria, verw. Michaelis, geb. Hufeland (1741–1815) dessen Frau ⟨528⟩

Voigt, Christian Gottlob (d. J., 1774–1813) Sohn von C. G. Voigt, Weimarer Regierungsrat ⟨495*⟩, ⟨507⟩, ⟨528⟩, ⟨928⟩, 938

Voigt, Amalia Henriette, geb. Ludecus (1778–1840) dessen Frau ⟨495*⟩, ⟨507⟩, ⟨746⟩

Voigt, Johann Carl Wilhelm (1752–1821) Ilmenauer Bergrat und Bruder von C. G. Voigt d. Ä. 241*, ⟨470⟩

Voigt, Johann Gottfried, Besitzer einer Leihbibliothek in Jena 29*

Voigt, Johann Heinrich (1751–1823) Mathematikprofessor in Jena, 1795 Prorektor 50*, 51, 122

Volkmann, Johann Jakob (1732–1803) Reise- und Kunstschriftsteller in Leipzig 208, 209
Historisch-kritische Nachrichten aus Italien 208–210

Volney, Constantin François de Chasseboeuf Graf (1757–1820) französischer Schriftsteller
Voyage en Syrie 413*

Voltaire (François Marie Arouet, 1694–1778) 94, 97, 605, 755*, 853, 1014
Eléments de la Philosophie de Newton ⟨402⟩

La Pucelle d'Orléans ⟨819*⟩
Mahomet 605, 659
Mérope ⟨675⟩
Semiramis ⟨675⟩
Tancred ⟨675⟩, ⟨754*⟩, 755

Voß, Johann *Heinrich* (1751–1826) Schriftsteller, Philologe und Übersetzer, bis 1802 Rektor in Eutin, bis 1805 Privatgelehrter in Jena 64, ⟨68⟩, 78, *115*\*, *128*\*, 147, 169\*, *170*, *172*, *173*, ⟨208⟩, ⟨230⟩, 237, 244, 255, 311\*, *312*\*, *313*, 338, ⟨399⟩, 400, 430, *434*\*, 461, 641, 649, 765, ⟨912*⟩, 914, 937, 938\*

Alte Weltkunde ⟨78⟩, ⟨312⟩
Das Wintermahl 374*
Homers Werke ⟨25⟩, 312*
Luise 64*, 430, *434*, 461
Musenalmanach fürs Jahr 1796 *115*, 117
Musenalmanach für das Jahr 1797 237, *242*
Musenalmanach für das Jahr 1798 ⟨374⟩
Musenalmanach für 1800 662*, *663*, *664*
Publii Virgilii Maronis Georgicon libri quatuor 128, 649*
Rezensionen 961
Sängerlohn 147*
Verwandlungen nach P. Ovidius Naso 311–313
Weihe der Schönheit 147*
Zeitmessung der deutschen Sprache 912*, 914, ⟨938⟩

Voß, Johann Heinrich (d. J., 1779–1822) dessen Sohn, 1801–1803 Student in Jena, 1804–1806 Gymnasialprofessor in Weimar ⟨990⟩

Vulpius, Christian August
(1762–1827) Romancier und
Bühnenautor, seit 1797
Bibliothekssekretär in Weimar, Christianes Bruder
⟨251⟩, ⟨387*⟩, ⟨388⟩, ⟨390⟩,
⟨582⟩, 607, 631, 718, 773,
774, 863, ⟨901⟩, 927
Der Eheprokurator (Bearbeitung) ⟨251⟩
Die neuen Arkadier
(Libretto) ⟨142⟩, ⟨144⟩,
⟨150⟩
Die Saalnixe (Bearbeitung)
⟨887⟩, ⟨942⟩
Die theatralischen Abenteuer (Bearbeitung) 608*,
⟨711⟩
Palmira (Bearbeitung) ⟨582⟩
Vulpius, Christiane (Johanna
Christina Sophia,
1764–1816) G.s Lebensgefährtin und spätere Frau,
Schwester von C. A. Vulpius 194, 239*, ⟨245⟩,
⟨387*⟩, 607, ⟨631⟩, ⟨641⟩,
⟨745⟩, 883–885
Vulpius, Karl (geb./gest. 1795)
Christianes und G.s Sohn
114*, 115, 116, 120
Vulpius, Kathinka (geb./
gest. 1802) Christianes und
G.s Tochter 883*, 884, 885*

Wackenroder, Wilhelm Heinrich (1773–1798) Kammergerichtsassessor in Berlin
und Dichter der Romantik
⟨250⟩
Herzensergießungen eines
kunstliebenden Klosterbruders ⟨268⟩
Wacker, Johann Friedrich
(1730–1795) Inspektor des
Münzkabinetts und der
Antikengalerie in Dresden
⟨162*⟩, 276
Wächter, Georg Friedrich
Eberhard von (1762–1852)
Historienmaler in Wien,
ehemaliger Karlsschüler
819*
Zeichnungen zu ›Wallenstein‹ 819
Waldis, Burkhard (1495–um
1556) Dramatiker und
Fabeldichter 938*
Wall, Anton (eigentlich: Christian Leberecht Heyne,
1751–1821) Übersetzer
Die beiden Billets ⟨934*⟩
Wallenstein (Waldstein), Albrecht Wenzel Eusebius von
(1583–1634) Feldherr im
Dreißigjährigen Krieg 653*,
siehe Sch.s Werke
Walpole, Horace, Earl of
Oxford (1717–1797) englischer Schriftsteller 439*
The Mysterious Mother
439*, 440
Warren, Joseph (1741–1775)
amerikanischer General
⟨361⟩
Weber, Bernhard Anselm
(1766–1821) Berliner Kapellmeister und Komponist 981*
Kompositionen zu ›Tell‹
981
Wedel, Otto Joachim Moritz
von (1752–1784) Jäger des
Herzogs Carl August, Reitknecht, Kammerherr ⟨154⟩
Wedgwood, Josiah
(1730–1795) englischer
Keramiker und Industrieller
414*
Weinbrenner, Friedrich

(1766–1826) Baudirektor in Karlsruhe 864*
Weiße, Christian Felix (1726–1804) Dichter und Kreissteuereinnehmer in Leipzig ⟨229⟩, ⟨267*⟩
Herausgeber der ›Neuen Bibliothek der schönen Wissenschaften‹, *siehe* Periodica
Weißhuhn, Friedrich August (1759–1795) Studienfreund Fichtes, Privatdozent der Philosophie in Jena *21*\*, 47, 48, *50*\*, *122*\*, *123*
Beiträge zur Synonymik ⟨47*⟩, 50–52
Das Spiel in strengster Bedeutung 122*
Rezension von Fichtes ›Über den Begriff der Wissenschaftslehre‹ ⟨21⟩, ⟨51*⟩
Sätze und Gegensätze zur Grundlegung eines neuen Systems der Philosophie 123
Werner, Friedrich Ludwig Zacharias (1768–1823) Dramatiker in Warschau und Berlin
Söhne des Thales (?) ⟨983⟩
Werthern von Beichlingen, Christian Ferdinand Georg Freiherr von (1738–1800) Weimarer Oberkammerherr ⟨414*⟩
Werthern von Beichlingen, Luise Juliane *Cäcilie* von, geb. von Ziegesar (1773–1831) Frau des Freiherrn 414*
Werthern von Beichlingen, Christiane Benedikte Johanne Gräfin von (gest. 1829), geb. von Globig, Herrin auf Ichtershausen im Gothaischen 643, 644
West, Benjamin (1738–1820) amerikanischer Maler in London ⟨361⟩
Westphalen, Engel *Christine* (1758–1840) Hamburger Dichterin
Charlotte Corday ⟨979⟩, ⟨985*⟩
Weyrauch, Vincent (1765–1802) von 1793–1800 Schauspieler und Opernbuffo in Weimar 520*, 521
Wieland, Christoph *Martin* (1733–1813) Schriftsteller in Oßmannstedt (1797–1803) und Weimar ⟨36⟩, ⟨64⟩, *122*\*, ⟨127*⟩, 128, ⟨129⟩, 135, ⟨154⟩, 203*, 229, *237*, ⟨251⟩, ⟨252⟩, *269*\*, 279*, ⟨283⟩, 330*, 366, *385*\*, ⟨428⟩, 458*, 474, 521, ⟨544⟩, ⟨547⟩, 556, 608*, ⟨611⟩, ⟨634⟩, ⟨646⟩, 647, 737, 850, ⟨915⟩, ⟨917⟩, ⟨941⟩
Briefe über die Vossische-Übersetzung des Homers (Rezension) ⟨312⟩
Der goldne Spiegel 458*
›Dschinnistan‹-Märchen 547*
Ein Wort über Herders ›Metakritik zur Kritik der reinen Vernunft‹ 608*, 609
Geschichte des Agathon 458*
Gespräche unter vier Augen 458*
Helena (Euripides-Übersetzung) 963*
Ion (Übersetzung) 850
Oberon ⟨334⟩, ⟨544⟩

Rezension von Schillers
›Dom Karlos‹ ⟨122*⟩
Rezension der ›Musen-
Almanache für das Jahr
1797‹ 269, 279, 280
Shakespear Theatralische
Werke (Übersetzung) ⟨720*⟩
Über die Rechte und Pflich-
ten der Schriftsteller ⟨458⟩
Herausgeber des ›Neuen
Attischen Museums‹, siehe
Periodica
Mitherausgeber des
›Taschenbuchs auf das Jahr
1804‹ ⟨819⟩, ⟨917*⟩, siehe
G.s Werke
Wilmans, Gerhard *Friedrich*
(1764–1830) Buchhändler in
Bremen 769*
Herausgeber des ›Taschen-
buchs auf das Jahr 1800‹
769*
Winckelmann, Johann Joachim
(1717–1768) Archäologe und
Kunsthistoriker; vgl. G.s
›Winkelmann und sein Jahr-
hundert‹ ⟨208⟩, 341, ⟨342⟩,
649*
Gedanken über die Nach-
ahmung der griechischen
Werke in der Malerei und
Bildhauerkunst 341
Winkelmann, Stefan August
(1780–1806) Philosoph in
Jena ⟨805*⟩
Winter, Peter von (1754–1825)
Opernkomponist
Das unterbrochene Opfer-
fest ⟨899⟩
Withoeft-Nicola, Christine
Henriette (1763–1832) von
1785–1821 Schauspielerin
am Mannheimer National-
theater, verheiratet seit 1795
mit dem Schauspieler Nicola
203*
Witschel, Johann Heinrich
Wilhelm (1769–1847) Prediger und Dichter aus Nürn-
berg ⟨387*⟩, ⟨388⟩
Wolf, Friedrich August
(1759–1824) Professor der
Altphilologie in Halle 67*,
⟨82⟩, *113*\*, 114–116, 237*,
240*, ⟨302⟩, ⟨456*⟩, ⟨500⟩,
682, 871, 872*, 873, ⟨911⟩,
920, 942
Ankündigung eines deut-
schen Auszugs ⟨...⟩ 113*
Homeri et Homeridarum
opera 67, ⟨113⟩
Prolegomena ad Homerum
⟨67⟩, ⟨113⟩, 302*, ⟨454⟩, 682
Skizzen zu einer Schilderung
Winkelmanns III 1009*
Wolff, Pius Alexander
(1782–1828) Schauspieler
und Schriftsteller,
1803–1816 in Weimar
⟨925*⟩, ⟨935⟩, 995*
Wolfskeel von und zu Reichenberg, *Henriette* Albertine
Antonie von (1776–1859)
Hofdame der Herzogin
Anna Amalia von Sachsen-
Weimar, seit 1803 verheiratet mit Karl Wilhelm von
Fritsch ⟨256⟩, 414*, ⟨430⟩,
⟨853⟩
Woltmann, Carl Ludewig
(von, 1770–1817) Historiker
und Schriftsteller,
1795–1797 Professor in
Jena, seit 1800 Diplomat in
Berlin 1*, 64, 79, 134–136,
⟨137⟩, *145*, 147, ⟨193⟩, 237,
*301*\*, ⟨322*⟩, 461, ⟨570⟩,
767, 768, 769, ⟨852⟩

Allgemeine Sammlung Historischer Mémoires ⟨1⟩
Beitrag zu einer Geschichte des französischen National-Charakters 147*
Cecilie von der Tiver 134, 135
Gerichtshof der Liebe 134
Geschichte Frankreichs ⟨769*⟩
Geschichte Großbritanniens ⟨769*⟩
Grundriß der ältern Menschengeschichte 301*, *304*
Historische Darstellungen, 1. Bd., Geschichte der Reformation 769*
Mathilde von Meerveld 79*
Plan für historische Vorlesungen 64*
Theoderich ⟨193⟩

Wolzogen, *August* Philipp Friedrich Freiherr von (1771–1825) Rittmeister und Adjutant des Prinzen Eugen von Württemberg, danach in preußischen Diensten, Bruder von Wilhelm von Wolzogen 485*, 516

Wolzogen, Justus *Ludwig* Freiherr von (1773–1845) dessen Bruder, Offizier in württembergischen, preußischen und russischen Diensten, zuletzt General ⟨231⟩, 485*, 516

Wolzogen, *Wilhelm* Ernst Friedrich Franz August Freiherr von (1762–1809) Sch.s Schwager, Architekt, württembergischer Legationsrat, 1797–1801 Kammerrat in Weimar, 1801 Mitglied des Geheimen Consiliums und außerordentlicher Gesandter in Petersburg, seit 1803 Geheimer Rat ⟨206⟩, 211*, 214*, 217, 218, 220, 231, 245*, 246, *254*, *257*, 260, 281*, 283*, 284, 329, 340, 361, 364, 438, 439, 450, 485, ⟨489⟩, 516, 564, 565, 644, 649, 673, 674, ⟨680⟩, ⟨689⟩, 700, 712, 714, 742, ⟨826⟩, ⟨844⟩, 846, ⟨865⟩, 892–895, 900, 943, 960, 963, ⟨988⟩, ⟨1005⟩
Denkwürdigkeiten aus dem Leben des Marschalls von Vieilleville (Übersetzung) ⟨183⟩, ⟨278⟩, ⟨329*⟩

Wolzogen, Friederike Sophie *Caroline* Freiin von, geb. von Lengefeld, gesch. von Beulwitz (1763–1847) dessen Frau, Sch.s Schwägerin und frühere Freundin, Schriftstellerin ⟨206⟩, 211*, 214*, 217, 234, ⟨247⟩, ⟨258*⟩, 260*, ⟨281⟩, ⟨293⟩, ⟨338⟩, 356, 358, ⟨359⟩, 364, ⟨391⟩, 419, 420, ⟨429⟩, 434, ⟨483⟩, ⟨489⟩, 517, 558, 606, 607, ⟨644⟩, ⟨649⟩, ⟨651⟩, ⟨680⟩, ⟨689⟩, ⟨742⟩, 780, 823, ⟨826⟩, 854, 892, ⟨893⟩, ⟨894⟩, ⟨899⟩, ⟨901⟩, 982
Agnes von Lilien 247*, 252, 253, 258, *315*, 352*, 356, *418–420*

Wolzogen, Adolf von (1795–1825) deren Sohn 283*

Wranitzky, Paul (1756–1808) Opernkomponist und Kapellmeister in Wien ⟨284⟩
Oberon 284, 872

Wünsch, Christian Ernst
(1744–1828) Professor der
Mathematik und Physik in
Frankfurt an der Oder 406*
Versuche und Beobachtungen über die Farben des
Lichtes 406*

Württemberg, Karl Eugen
Herzog von (1728–1793)
Landesherr des jungen Sch.
257*, 361

Württemberg, Friedrich Eugen
Herzog von (1732–1797)
dessen Bruder ⟨361⟩

Württemberg, Friederike
Dorothea Sophie Herzogin
von, geb. Markgräfin von
Brandenburg-Schwedt
(1736–1798) dessen Frau
361*

Württemberg, Friedrich II.
Herzog von (1754–1816)
deren Sohn, regierte seit
1797, seit 1803 Friedrich I.
Kurfürst, 1806 König Friedrich I. von Württemberg
510*, ⟨740⟩

Württemberg, Eugen Friedrich
Heinrich Prinz von
(1758–1822) General in
preußischen Diensten 920*

Wurmb, *Friedrich* Karl Albert
Ludwig von (1777–1843)
Offizier, Charlotte Schillers
Vetter, ältester Sohn des
Landeshauptmanns und
Majors von Rudolstadt
W. C. L. von Wurmb 809*

York, Margaretha von, Herzogin von Burgund
(1446–1503) Witwe Karls
des Kühnen 648

Young, Edward (1683–1765)
englischer Dichter
Night thoughts ⟨414*⟩

Zahn, Christian Jakob
(1765–1830) Komponist und
Schriftsteller 1*, *12*, 13,
⟨672⟩
Liedvertonungen 672, ⟨901⟩
Mitherausgeber der ›Flora‹
*siehe* Periodica

Zapf(f), Johann Justinus,
Weinhändler in Suhl 719,
⟨720⟩

Zelter, Karl Friedrich
(1758–1832) Komponist,
Direktor der Singakademie
in Berlin, G.s Freund 165*,
173*, 174, 175, 216, *218*,
*220*, 221, 223, ⟨342⟩, ⟨347⟩,
353*, 377, 378, ⟨672⟩, *853*,
854, 867, 890, ⟨901⟩, 916*,
*982*
Rezension von J. F. Reichardts ›Der Tod des Herkules‹ ⟨867*⟩
Kompositionen von G.-
Gedichten:
An Mignon 354, 377, 378
Der Gott und die Bajadere
354, 377, 378
Frühzeitiger Frühling 853
Hochzeitlied 853
Musen und Grazien in der
Mark 165
Schäfers Klagelied 853
So laßt mich scheinen 165,
173, 354
Tischlied 853
12 Lieder am Klavier zu singen ⟨165⟩
Kompositionen von Sch.-
Gedichten:
An die Freunde 853, 854
Der Besuch (Dithyrambe) 165

Der Kampf mit dem Drachen 853
Der Taucher 853
Des Mädchens Klage 672
Die vier Weltalter 853, 854
Reiterlied aus ›Wallensteins Lager‹ 901
Zenobio, Alvise Luigi Conte di (1757–1817) Graf aus Venedig, zeitweise in London und Weimar 800*, ⟨801⟩, ⟨810⟩
Preisaufgabe 800*, 801, 802, 806, 810, 812
Ziegesar, August Friedrich Carl Freiherr von (1746–1813) sachsen-gothaischer Geheimer Rat und Kanzler 803*, ⟨849⟩, ⟨941⟩
Ziegesar, *Elisabeth* Charlotte Marianne von, geb. von Kamptz (1774–1803) dessen Schwiegertochter ⟨941*⟩
Ziegler, *Friedrich* Julius Wilhelm (1759–1827) Wiener Dramatiker und Schauspieler 375*
Barbarei und Größe 137
Der Lorbeerkranz ⟨686⟩
Weltton und Herzensgüte 375
Ziegler, Konrad, aus Schaffhausen, Student in Tübingen 740*
Zimmermann, Karl Wilhelm (geb. 1766?) Theatermaler und Schauspieler, 1803/04 in Weimar 904*, 966, ⟨976⟩
Zöllner, Johann Friedrich (1753–1804) Propst und Schriftsteller in Berlin 237*
Zumsteeg, Johann Rudolf (1760–1802) Komponist, Operndichter in Stuttgart, Sch.s Jugendfreund seit 1781 ⟨342*⟩, ⟨347⟩, 349, *384*, 842
Elbondocani 842*
Zumsteeg, Luise, geb. Andreä (1760–1837) dessen Frau 842*

# PERIODICA

Adrastea (Hg. J. G. Herder, Leipzig 1801–1803, Bd. 1–6) *siehe* Herder

Allgemeine geographische Ephemeriden (Hg. F. von Zach, A. C. Gaspari, F. J. Bertuch, Weimar 1798–1816, Jg. 1–19, Bd. 1–51) ⟨764⟩

Allgemeiner literarischer Anzeiger, oder: Annalen der gesamten Literatur für die geschwinde Bekanntmachung verschiedener Nachrichten aus dem Gebiete der Gelehrsamkeit und Kunst (Hg. J. Chr. F. Roch, Leipzig 1796–1801, Bd. 1–6) 237

Allgemeine Literatur-Zeitung (ALZ) (Hg. Chr. G. Schütz, G. Hufeland, F. J. Bertuch, Jena 1785–1803, Halle 1803–1849) 9\*, *15*, ⟨28⟩, 30, 32, 34, ⟨44⟩, 86, 90, *113*, 114, ⟨132⟩, 134, ⟨135⟩, ⟨136⟩, ⟨283⟩, ⟨299⟩, ⟨312⟩, ⟨439⟩, 544\*, ⟨608⟩, ⟨744\*⟩, 823, ⟨831⟩, 921\*, ⟨923⟩, 957\*

Allgemeine Deutsche Bibliothek (Hg. F. Nicolai, Berlin und Stettin 1765–1796, Bd. 1–118, Forts.: ›Neue Allgemeine Deutsche Bibliothek‹, Kiel 1793–1805) ⟨117\*⟩, ⟨489⟩, ⟨570⟩

Allgemeine Zeitung (Hg. L. F. Huber, Tübingen (Cotta) seit 1798, Ulm ab 1803, Augsburg 1810, München seit 1882) ⟨417⟩, ⟨510\*⟩, ⟨517⟩, 520–522, 525, 570, ⟨607⟩, 609, 628, ⟨740\*⟩, 960, 961, 964, 980

Annalen der leidenden Menschheit in zwanglosen Heften (Hg. A. F. Hennings, Altona 1795–1801, H. 1–10) 315\*

Annalen der Philosophie und des Philosophischen Geistes (Hg. L. H. von Jakob, Halle und Leipzig 1795–1797) ⟨82⟩, ⟨116⟩, ⟨238⟩

Annalen des Theaters (Hg. C. A. von Bertram, Berlin 1788–1797, H. 1–20) ⟨501⟩

Athenaeum. Eine Zeitschrift (Hg. A. W. und F. Schlegel, Berlin 1798–1800, Bd. 1–3) 465\*, *487*, *488*, *489*, ⟨570⟩, *584*, *646*, *647*, ⟨737⟩

Augusteum, Dresdens antike Denkmäler enthaltend (Hg. W. G. Becker, Leipzig 1804–1811) 945

Berlinische Blätter (Hg. J. E. Biester, Berlin 1797–1798 als Forts. der ›Berlinischen Monatsschrift‹

Forts.: ›Neue Berlinische Monatsschrift‹, Berlin und Stettin 1799–1811) ⟨434⟩, ⟨570⟩

Berlinische Monatsschrift (Hg. F. Gedike, J. E. Biester, Berlin 1783–1796, Forts.:

›Berlinische Blätter‹ ⟨237⟩, 298

Berlinisches Archiv der Zeit und ihres Geschmacks (Hg. seit 1795 F. L. W. Meyer, F. E. Rambach, seit 1797 F. E. Rambach, seit 1799 F. E. Rambach, J. A. Feßler, Berlin 1795–1800, Jg. 1–6) ⟨82⟩, ⟨99⟩, 102, 105, 106, ⟨135⟩, ⟨237⟩, 247, 273, ⟨570⟩

Calender der Musen und Grazien für das Jahr 1796 (Hg. F. W. A. Schmidt, Werneuchen) ⟨167⟩

Der Freimütige, oder Ernst und Scherz. Ein Unterhaltungsblatt (Hg. A. von Kotzebue und G. Merkel, Berlin 1804–1806) ⟨920⟩

Der Genius der Zeit. Ein Journal (Hg. A. von Hennings, Altona 1794–1802) ⟨135⟩, 273*

Der neue Teutsche Merkur (Hg. C. M. Wieland mit K. L. Reinhold, K. A. Böttiger; 1773 ›Der Deutsche Merkur‹, 1773–1789 ›Der Teutsche Merkur‹, 1790–1810 ›Der neue Teutsche Merkur‹) 63, 64, 79, 81, ⟨135⟩, 154, 262, 276, 338, 385, 390, ⟨411⟩, 608, ⟨695⟩, ⟨987⟩

Der Wandsbecker Bote (Hg. M. Claudius, 1775 Hg. B. Chr. d'Arien, 1771/72 ›Der Wandsbecker Bote‹, 1773–1775 ›Der deutsche, sonst Wandsbecker Bote‹) 273

Deutsche Monatsschrift (Hg. F. Gentz, G. N. Fischer, Berlin 1790–1794) *siehe* Forts. ›Neue Deutsche Monatsschrift‹

Deutsche Monatsschrift (›Von den bisherigen Herausgebern derselben fortgesetzt‹. Mitarbeiter: J. J. Eschenburg, J. W. L. Gleim, C. F. Pockels; Leipzig und Halberstadt 1795–1800) 135

Deutschland (Hg. J. F. Reichardt, Berlin 1796, 4 Bde., Forts.: ›Lyceum der schönen Künste‹ 1797) 147, 148*, 149, 198, *227*, 237, 266, ⟨570⟩

Die neueste Weltkunde (Tageszeitung, Hg. E. L. Posselt, Tübingen (Cotta) 1798) 403*, *404*, *408*, 409, 410, ⟨411⟩, ⟨510*⟩

Eudämonia, oder deutsches Volksglück, ein Journal für Freunde von Wahrheit und Recht (Hg. E. A. A. von Göchhausen, L. A. C. von Grolmann, J. A. Starck, Leipzig, Frankfurt, Nürnberg 1795–1798) 202*

Europa. Eine Zeitschrift (Hg. F. Schlegel, Frankfurt 1803–1805) 904*, ⟨905⟩, 907

Europäische Annalen (Hg. E. L. Posselt, Tübingen (Cotta) 1795–1820) 125

Flora. Teutschlands Töchtern geweiht von Freunden und Freundinnen des schönen Geschlechts (Hg. Chr. J.

Zahn, L. F. Huber, Tübingen (Cotta) 1793–1803) 125, ⟨135⟩
Frankfurter Kaiserliche Reichs-Ober-Post-Amts-Zeitung (gegr. 1621 vom kaiserl. Postmeister in Frankfurt J. von den Birghden, Frankfurt 1621–1866) ⟨306⟩
Frankreich im Jahre 1795(–1805). Aus den Briefen Deutscher Männer in Paris (Hg. 1795–1797 J. F. Reichardt, P. Poel, 1798–1802 P. Poel (anonym), Altona) ⟨147⟩, 148*, 237, 266

Göttingische Anzeigen von gelehrten Sachen (Göttingen 1753–1801, Bd. 1–214, Forts. von ›Göttingische Zeitungen von gelehrten Sachen‹ (seit 1739), Forts. (nach 1802): ›Göttingische gelehrte Anzeigen‹) ⟨608⟩

Hamburger Neue Zeitung (erschienen 1767–1811, 1813–1846) 255, 256
Helvetische Bibliothek, bestehend in historischen , politischen und kritischen Beiträgen zu den Geschichten des Schweitzerlandes (Hg. J. J. Bodmer, J. J. Breitinger, Zürich 1735–1741) 927*, 931

Irene. Deutschlands Töchtern gewidmet (Hg. G. A. von Halem, Berlin 1801/02, Münster 1803/04, Forts:

›Die neue Irene‹, Oldenburg 1805/06) 852*, 853

Jahrbücher der preußischen Monarchie (Hg. F. E. Rambach, Berlin 1798–1801) ⟨570⟩
Janus. Eine Zeitschrift auf Ereignisse und Tatsachen gegründet (Hg. C. A. Vulpius, Weimar 1800, H. 1–3, Jena 1801: ›Janus, eine monatliche Zeitschrift auf das Jahr 1801‹) ⟨718⟩
Jenaische Allgemeine Literatur-Zeitung (JALZ) (Hg. H. K. A. Eichstädt, Jena 1804–1841; begründet von Goethe, der ein Jahrzehnt ihr Chefredakteur ist) 9*, ⟨823⟩, ⟨921*⟩, ⟨923⟩, 936*, 937*, ⟨938⟩–⟨941⟩, ⟨945⟩, ⟨946⟩, ⟨949⟩, 950, 951, 954, 955, 980, 981, ⟨1004⟩, 1005
Jenaische Wöchentliche Anzeigen (Wochenblatt, erschienen seit 1763) 842
Journal des Luxus und der Moden (Hg. F. J. Bertuch, G. M. Kraus, Weimar 1786–1827) ⟨135⟩, 148, 304*, 359, ⟨823⟩

Kaiserlich privilegierter Reichs-Anzeiger (Hg. R. Z. Becker, Gotha seit 1791) 237*, 279, 717, ⟨718⟩, 807
Klio. Eine Monatsschrift für die französische Zeitgeschichte (Hg. P. P. Usteri, Leipzig 1795/96, Forts.: ›Neue Klio‹, Hg. L. F. Huber, Leipzig 1796–1798) 125

Literatur-Zeitung (Hg. J. G. Meusel, G. E. A. Mehmel, K. C. Langsdorf, Erlangen 1799–1802) 663

La Décade philosophique, littéraire et politique par une société de républicains (Pariser Zeitschrift 1794–1804, später ›gens de lettres‹) 434

Lyceum der schönen Künste (Hg. J. F. Reichardt, Berlin 1797, als Forts. von ›Deutschland‹) 399, 400

Magasin encyclopédique, ou Journal des sciences, des lettres et des arts (Hg. A. L. Millin, Paris 1792/93, 1795–1816) ⟨434⟩, ⟨442⟩, ⟨443⟩

Memnon. Eine Zeitschrift (Hg. A. Klingemann, Leipzig 1800) ⟨756*⟩

Minerva. Ein Journal historischen und politischen Inhalts (1792–1858, Hg. J. W. von Archenholtz, Berlin und Hamburg 1792–1805, spätere Hg. K. N. Röding, A. und F. Bran) ⟨135⟩

⟨Moniteur⟩, Gazette nationale ou le Moniteur Universel (gegr. 1789 von Ch.-J. Panckoucke, seit 1811 ›Moniteur universel‹, Paris 1789–1868) 65

Musen-Almanach für das Jahr 1776 (–1800) (Hg. J. H. Voß, 1780–1788 J. H. Voß, L. F. G. von Goeckingk, seit 1789 J. H. Voß) für das Jahr 1796: 115, 117, ⟨135⟩
für das Jahr 1797: 237

Musenalmanach für 1770–1807 (Hg. H. C. Boie, 1776–1778 L. F. G. von Goeckingk, 1779ff. G. A. Bürger, 1796 K. Reinhard, Göttingen) 1796: 115, 117

Neue Bibliothek der schönen Wissenschaften und der freien Künste (Hg. Chr. F. Weiße, später J. G. Dyk, Leipzig 1765–1806) ⟨82⟩, ⟨117⟩, ⟨136⟩

Neue Deutsche Monatsschrift (Hg. F. Gentz, Berlin 1795, Bd. 1–3) ⟨63⟩, ⟨82⟩, 101, 102, 105, 106, 122

Neue Nürnbergische Gelehrte Zeitung (Hg. Grattenauer, Nürnberg seit 1790, Forts. von ›Nürnbergische gelehrte Zeitung auf das Jahr 1777(–1789)‹, Nürnberg, M. J. Bauer in Kommission) 399

Neues Attisches Museum (Hg. C. M. Wieland, J. J. Hottinger, F. Jacobs, Zürich und Leipzig 1805–1811, Forts. von ›Attisches Museum‹, Hg. C. M. Wieland, Zürich und Leipzig 1796–1803) ⟨963⟩

Neujahrs Taschenbuch von Weimar, auf das Jahr 1801 (Hg. F. K. L. von Seckendorff) ⟨744*⟩

Oberdeutsche allgemeine Literaturzeitung (Hg. L. Hübner, A. Schelle, Salzburg, Mainz, Wien 1788–1808) 243, ⟨252⟩

Philosophisches Journal einer

Gesellschaft Teutscher
Gelehrten (Hg. F. J. Niethammer, Neustrelitz
1795–1797, Hg. F. J. Niethammer, J. G. Fichte, Jena
und Leipzig 1797–1800)
⟨21\*⟩, ⟨22⟩, ⟨47⟩, ⟨51\*⟩,
123, 236\*, 465, 556
Philosophisches Journal für
Moralität, Religion und
Menschenwohl (Hg. C. C.
E. Schmid, F. W. D. Snell,
Gießen und Jena 1793–1795)
⟨51\*⟩

Reichs-Anzeiger *siehe* Kaiserlich privilegierter Reichs-Anzeiger

Staats- und Gelehrte Zeitung
des Hamburgischen unparteiischen Correspondenten
(1731–1934, gegr. 1710 von
H. H. Holle als ›Schiffbeker
Posthorn‹, seit 1721 als
›Staats- und Gelehrte Zeitungen des Hollsteinischen
unparteiischen Correspondenten‹, seit 1731 unter dem
obigen Titel) 99

Taschenbuch (Hg. von J. G.
Jacobi und seinen Freunden
⟨J. G. Schlosser, F. L. und
K. Stolberg, J. H. Voß, J.
W. L. Gleim⟩, für 1795 und
1796 erschienen in Königsberg und Leipzig 1794/95,
für 1798 und 1799 erschienen in Basel) ⟨135⟩
Taschenbuch auf das Jahr 1800
der Liebe und Freundschaft
gewidmet (Hg. G. F. Wilmans, Bremen 1799) 769\*
Taschenbuch für Damen auf
das Jahr 1801 (Hg. L. F.
Huber, A. J. Lafontaine, G.
K. Pfeffel, Tübingen (Cotta)
1800) 769\*
auf das Jahr 1802 ⟨823⟩
auf das Jahr 1803 877\*
Theater Kalender (Hg. H. G.
Schmieder, Mannheim
1795/96) 135, 136
Tübingische Gelehrte Anzeigen
(Hg. C. F. Schnurrer, später
J. F. Gaab, Tübingen
1783–1807)
auf das Jahr 1798 ⟨501⟩
Teutscher Merkur *siehe* Der
neue Teutsche Merkur

Urania, für Kopf und Herz
(Hg. J. L. Ewald, Hannover
und Leipzig 1793–1796)
⟨135⟩

Wochenblatt *siehe* Jenaische
Wöchentliche Anzeigen

Zeitschrift für spekulative Physik (Hg. F. W. J. Schelling,
Jena 1800/01, Bd. 1 u. 2,
Forts.: ›Neue Zeitschrift für
spekulative Physik‹, Tübingen 1802) ⟨744⟩
Zeitung für die elegante Welt
(1801–1859, Hg. K. Spazier,
Leipzig 1801–1805, Hg. A.
Mahlmann 1805–1816, Hg.
K. L. M. Müller 1816–1832,
H. Laube 1832ff.) 876

# ANONYMA

*Anonyme Werke der Literatur*

Anthologia Graeca *siehe*
  Meleagros von Gadara

Berlocken an den Schillerschen
  Musenalmanach auf das Jahr
  1797 (Weißenfels, Jena und
  Weimar 1796) 258

Bibel
  Altes Testament 81, 298,
  299, 300, 302, 352, 608, 808,
  872, 919, 957
  Neues Testament 129, 299,
  463, 481, 538, 601, 602, 872,
  949, 957, 965, 993
  *siehe* G.s Werke ›Noten und
  Abhandlungen zu besserem
  Verständnis des West-östlichen Divans‹

Das Lied der Nibelungen ⟨657⟩
Der Geburtstag, eine Jäger-
  idylle in vier Gesängen
  ⟨1005⟩
Die Erzählungen aus den 1001
  Nächten 27, 551
Die Höllenbraut. Marionetten-
  stück 759
Don Juan. Marionettenstück
  759

Edda ⟨858*⟩

Faust. Marionettenspiel 759

La folle en pélerinage (erschienen in ›Nouvelles Folies sen-
  timentales, ou Folies par
  amour‹, Paris 1786) ⟨474⟩

Recueil de diverses Pièces de
  Théâtre par divers auteurs
  (Paris 1792–1803) ⟨891*⟩

*Anonyme Werke der bildenden Kunst*

Aldobrandinische Hochzeit
  154*, 156, ⟨366⟩, 369
Antinous 414*
Apoll von Belvedere *siehe*
  Leochares 342, 414
Athena (Minerva) Velletri 987*

Basreliefs 394, 408, 486

Farnesischer Herkules *siehe*
  Glykon 414*

Niobe mit ihren Kindern 408*,
  462, 465, 486, 496

Portland-Vase 414*

Venus von Arles 892*, 893
Venus von Medici 414
Venus Urania 890
Victoria (Bronzestatuette)
  162*, 167, 168

# INHALTSVERZEICHNIS

| | |
|---|---:|
| Einführung | 7 |
| Abbildungen von Handschriften | 35 |
| Goethe über den Briefwechsel | 49 |
| Zeitgenossen über den Briefwechsel | 63 |
| Zur Textgestalt | 131 |
| Kommentar | 133 |
|    Abkürzungen | 135 |
|    Zur Widmung | 143 |
|    Zu den Briefen | |
|       1794 | 144 |
|       1795 | 164 |
|       1796 | 219 |
|       1797 | 295 |
|       1798 | 389 |
|       1799 | 488 |
|       1800 | 551 |
|       1801 | 584 |
|       1802 | 607 |
|       1803 | 641 |
|       1804 | 669 |
|       1805 | 688 |
| Register | 701 |
|    Werke Goethes | 702 |
|    Werke Schillers | 712 |
|    Gemeinsame Werke Goethes und Schillers | 718 |
|    Personen und ihre Werke | 719 |
|    Periodica | 788 |
|    Anonyma | 793 |

Johann Wolfgang Goethe
Sämtliche Werke
nach Epochen seines Schaffens
Münchner Ausgabe

Herausgegeben von Karl Richter
in Zusammenarbeit mit Herbert G. Göpfert,
Norbert Miller und Gerhard Sauder

Band 1 Der junge Goethe 1757–1775
(Zwei Teilbände)
Band 2 Erstes Weimarer Jahrzehnt 1775–1786
(Zwei Teilbände)
Band 3 Italien und Weimar 1786–1790
(Zwei Teilbände)
Band 4 Wirkungen der Französischen Revolution
1791–1797 (Zwei Teilbände)
Band 5 Wilhelm Meisters Lehrjahre
Band 6 Weimarer Klassik 1798–1806
(Zwei Teilbände)
Band 7 Leben des Benvenuto Cellini
und Diderot-Schriften
Band 8 Briefwechsel mit Schiller (Zwei Teilbände)
Band 9 Epoche der Wahlverwandtschaften 1807–1814
Band 10 Zur Farbenlehre
Band 11 Divan-Jahre 1814–1819
Band 12 Zur Naturwissenschaft überhaupt,
besonders zur Morphologie
Band 13 Die Jahre 1820–1826
Band 14 Autobiographische Schriften der frühen
Zwanzigerjahre
Band 15 Italienische Reise
Band 16 Dichtung und Wahrheit
Band 17 Wilhelm Meisters Wanderjahre
Maximen und Reflexionen
Band 18 Letzte Jahre 1827–1832
Band 19 J. P. Eckermanns Gespräche mit Goethe
Band 20 Briefwechsel mit Zelter
(Zwei Teilbände)
Band 21 Register